2022 [제2개정판]

재건축·재개발사업을 위한

조합행정업무 지침서

[상 권]

박용범 편저
박정삼 감수

법률출판사

제2개정판을 출간하면서..

 정비사업을 추진하기 위해서는 정비사업에 관련되는 행정업무나 적용되는 제반 법령은 물론, 주택건설에 필요한 건축기술 등 다양한 분야에 대한 지식이 요구된다. 그러나 이러한 전문지식을 해당되는 각 분야의 전문가 이외에는 잘 알지 못하는 것은 자연스러운 일이라 할 것이다.

따라서 재건축사업이나 재개발사업을 직접 추진하는 대부분의 정비조합 임원들이 이러한 전문지식을 잘 알지 못할 뿐만 아니라, 이를 단기간 내에 모두 습득한다는 것 또한 불가능한 일이며, 습득의 필요성도 크게 느끼지 못하고 있는 것이 정비사업의 일면이기도 하다.

정비사업 추진과 관련된 현행의 법령 체계는 이러한 문제점들을 보완하기 위하여 정비사업을 추진하고자 하는 조합이 정비사업에 필요한 행정업무나 전문지식을 필요로 하는 경우에는 해당 전문가와의 용역계약이나 자문계약 등을 통해 필요한 전문지식을 언제든지 손쉽게 활용할 수 있는 기회를 마련하고 있는 것이다.

 이러한 법령이나 제도가 충분히 마련되어 있음에도 불구하고 대부분의 정비조합은 사업을 추진하는 과정에서 여러 건의 법적인 분쟁에 처하게 되는 경우가 발생되며, 일부 조합에서는 정비사업을 본격적으로 추진하는 과정에서 해당 정비조합의 조합원이나 이웃의 주민들에 의해 진행 중인 정비사업에 대한 '공사중지가처분'이 제기되는 사태가 발생하기도 한다.

퍼스티지아파트의 재건축업무를 조합의 창립에서부터 해산 시까지 기술담당 상근임원으로서 제반 업무를 직접 수행한 경험을 바탕으로 이러한 문제가 발생되는 근본적인 원인을 파악해 본 바로는, ① 조합원 상호간의 경제적 이해상충, ② 정비조합의 태생적 한계(일회성), ③ 정비사업에 대한 임원들의 전문성 결여 및 해당 전문가와의 충분한 사전협의 부족, 그리고 ④ **정비조합 행정업무의 법적인 처리절차에 대한 인식부족**이 주된 원인이라고 판단된다.

 정비사업을 추진하는 조합은 해당 사업의 시행자로서 법적인 측면에서는 정비사업의 모든 부문을 감독하고 중요한 사항들을 최종 결정하는 막중한 지위에 있으나, 조합의 임원진 중에는 정비사업 수행에 필요한 행정이나 건축기술 등 정비사업의 여러 분야에 대한 전문지식을 가진 인력이 매우 부족한 것이 엄연한 현실이다. 이와 더불어 정비사업의 모든 업무를 계획하고 책임지는 조합이 아파트의 품질을 좌우하게 되는 설계내역의 확인을 포함한 건축기술 분야를 총괄하여 검토하고 판단할 수 있는 임원의 선임 등 기술 관련 부문을 관리(管理)하는 구체적인 제도가 전혀 마련되어 있지 않은 상황에 대해 필자로서는 이해하기 힘든 경험이었다.

이러한 현실을 감안하면, 여러 부작용이 있음에도 불구하고 정비사업에 대한 풍부한 경험과 실질적인 업무수행능력 및 자금동원력을 갖추고 있는 시공자의 의견이 일정부분 반영되어 정비사업이 추진되고 있는 것이 어느 면에서는 불가피한 현상(現狀)이라 할 수 있을 것이다.

 이와 함께 2017년 2월 8일 전부개정 공포된 도시정비법 및 동 시행령 등에서는 조합설립 추진위원회가 **'정비사업전문관리업자'**를 선정할 수 있도록 규정하고 있으나, 설계내역의 검토, 시공자와의 공사도급계약 체결과 기타 주요 행정업무에 대한 참여 등 정비사업의 핵심적인 사안에 관해서는 **'정비사업자의 업무에 관한 규정'**을 통해 **'정비사업 전문관리업자'**가 직접 수행할 수 있는 업무범위에서 제외하고 있어, **'정비사업 전문관리업자'**의 역할에는 일정한 한계가 있다 할 것이다.

또한, 정비사업 추진과정에서 조합운영의 기준이라 할 수 있는 조합정관 등의 제정이나, 건축물의 성패를 좌우하는 건축설계에 대한 계획은 시공자가 선정되기 이전에 이미 확정되기 때문에 시공자가 선정된 이후에는 사업계획 등의 수정이나 설계의 획기적인 개선 등은 시기적으로나 공사도급금액의 변경이 수반되는 문제 등으로 인하여 이를 추진한다는 것이 매우 어려운 과제가 된다.

본 지침서는 이러한 여러 문제점들을 감안하여 편찬하게 된 것으로 편찬의 주된 목적은,

1) 정비사업에 대한 충분한 경험이 없는 조합의 임직원이나 조합원에게는 정비사업에 대한 법률상의 기본개념에 대한 이해와, 업무수행상의 유의사항 등을 사전에 파악하는데 참고가 되도록 하기 위함이며,

2) 정비사업전문관리업자에게는 비교적 성공적으로 수행된 정비사업에 대한 제반 자료를 제공함으로써 추후 더욱 향상된 업무수행을 위한 참고서가 될 수 있도록 하였고,

3) 시공자에게는 정비조합의 제반 행정업무를 이해함으로써 조합과의 업무협조에 도움이 될 수 있도록 하였으며, 시공자가 건축공정을 수행함에 있어서는 전 공정에 대한 사전 체크리스트의 역할을 함으로써 하자발생을 최소화 할 수 있도록 하기 위함이다.

정비사업을 추진하는 과정에서 발생되는 수많은 문제점들에 대한 해결방안으로 전문가들도 지적하고 있는 바와 같이, 정비사업의 초기단계에 PM(Project Management)제도를 사업의 주체인 조합이 도입할 필요가 있다고 생각한다. 그러나 PM제도는 조합이 사업초기단계에서부터 준공시까지 단계별로 해당 분야에 대한 전문가들의 조력을 받을 수 있다는 이점이 있는 반면, 많은 비용이 수반된다는 문제점이 있다.

이러한 문제점들을 감안하여 PM에 준하는 업무를 수행할 수 있도록 **외부의 「정비사업 전문인력」이나 「검증된 경력자」를 조합설립 추진위원회의 구성 초기에서부터 「사외이사」나 「자문위원」의 자격으로 정비사업에 직접 참여할 수 있도록 함으로써 해당 조합의 업무수행능력 중 부족한 부문을 직접 보완 할 수 있도록 하는 제도의 도입을 제안한다.**

한편, 현행 법령체계 아래에서 운영 중인 '책임감리자 제도'는 그 수행업무의 목표가 설계내역의 사전 개선이나 공사금액의 절감 등이 아니라, 이미 확정되어 있는 계획에 대한 이행여부만을 감독하는 수동적인 역할에 국한되어 있고, 인·허가기관의 대리자로서의 역할을 수행함에 있어 일부 부작용도 경험한 필자로서는, '실제적 측면에서는 민간기업의 사업시행자로서 책임감리에 따른 감리비를 지급하는 정비사업에서는, 책임감리자에 대한 선정권 및 감독권은 인·허가기관이 갖도록 하되, 사업시행자에게는 일방적인 "갑"과 "을"의 관계를 개선하기 위한 「재선정 청구권」을 갖도록 하는 등'의 현행 책임감리자 선정 및 운용방식에 대한 제도의 개선이 필요하다는 생각이다.

재건축사업을 통하여 정비사업에 대한 행정업무 등을 직접 경험한 바가 있는 필자는 본 지침서가 정비사업에 종사하는 여러분들에게 조금이나마 도움이 될 수 있기를 바라며, 정비사업에 관련되는 제도나 법령의 개선에도 일정부분 역할을 할 수 있기를 기대한다.

2022. 01.

필자 박 용 범

일러두기

본 지침서의 편찬을 계획하게 된 가장 큰 목적은 정비사업을 수행하는 관계자 여러분들이 정비사업에 대한 관계 법령이나 전문기술을 깊이 있게 습득하기 위한 참고서가 되도록 하기 위함이라기보다는, 정비사업에 대한 경험이나 지식이 거의 전무한 사업주체가 정비사업과 관련되는 법령이나 건축기술 분야에 대한 기본적인 부문을 체계적으로 이해함으로써 정비사업 추진과정에서 예상할 수 있는 과오들을 미연에 방지하는 데 도움이 되도록 하는 것이다. 그리고 조합의 임직원, 정비사업전문관리업자 및 건설회사 관계자들에게는 정비사업을 추진하는 과정에서 올바른 사업추진방향을 제시하는 PM의 역할을 할 수 있도록 하기 위함이다.

정비사업의 기본적인 이해와 PM의 역할이라는 편집방향에 따라 지침서의 맨 앞부분에 사업시행자가 기본적으로 알아두어야 할 관계 법령들을 정리하여 수록하였는데, 사업시행자에게 꼭 필요한 조항들을 발췌하여 수록하였다. 다음 장에는 정비사업 추진절차를 정리하여 기술하였고, 기 시행된 정비사업을 근거로 작성되고 활용되었던 자료들을 각 사업단계별로 상세히 수록하였으며, 사업추진단계별 유의사항을 추가함으로써 정비사업을 본격적으로 추진함에 있어 사업 전반에 대한 이해를 돕고 정비업무를 정확히 수행하는데도 일정한 역할을 할 수 있도록 하였다. 또한, 기술부문에서는 설계 및 각 공종별로 주의해야할 사항을 간략하게 기술하였다. 본 지침서는 문장을 구성함에 있어 지침서를 읽으면서 내용을 쉽게 이해할 수 있도록 하기 위해 평이한 문장으로 구성하였다.

2018년에 출간된 전부개정판은 2017년 2월 8일 전부 개정된 도시 및 주거환경정비법 및 이후 전부 개정된 시행령이나 시행규칙에 따라 지침서의 모든 내용이 전면 수정되었으며, 당시 서울시의 도시정비조례의 전부개정(안)이 확정·공포되지 않음에 따라 조례의 전부개정(안)을 기준으로 출간되었다. 이에, <u>2018년 7월에 확정 공포된 서울시 조례와 그동안 개정된 기타 제반 법령에 따른 내용 및 보완된 행정업무 시행자료를 반영하여 2022년도 **제2개정판**을 출간하게 된 것이다.</u>
본 지침서는 이미 완료된 정비사업의 추진과정을 단순하게 기록한 기록물로서가 아니라, 이미 완료된 정비사업을 통하여 새롭게 시작하는 정비사업에 하나의 표준자료 역할을 할 수 있도록 하기 위한 것인바, 본 지침서에 수록된 내용은 편찬의 기준이 된 특정한 정비사업장에서 시행된 자료들을 다른 모든 정비사업장에서 손쉽게 활용될 수 있도록 재구성하였으며, 예시한 아파트의 재건축사업을 추진할 당시에 미진한 사항들은 보완하였다. **지침서의 모든 내용은 『전부 개정된 도시 및 주거환경정비법령 등』에** 따라 새롭게 편집한 것이나, 독자 여러분이 업무를 수행함에 있어서는 본 지침서는 하나의 참고자료임을 감안하여, 해당 조합행정업무의 수행은 업무수행 당시의 여러 관계 법령의 개정여부 재확인 및 관련 전문가와의 충분한 협의 후 진행되어야 할 것이다.

<u>본 지침서 제2개정판이 출간된 시기는 아파트 준공 후 10년 이상이 경과한 시기로써, 아파트를 매입하여 이주하는 세대가 전면적인 인테리어 작업을 진행함에 있어, 건축물 외관에 대한 건축심의기관의 심의를 받은 외부 창호의 구성형식이나 색상 등을 미관심의 대상과는 상이하게 인테리어 작업을 진행하는 문제가 발생되고 있다. 이러한 문제를 해당 아파트 자치회에서 통제할 수 있도록 하기 위한 '공동주택관리법'과 '공동주택 관리규정 준칙'의 조속한 보완을 제안한다.</u>
(하권 제Ⅲ부(기술부문, 제4장 참조)

❖ 참고문헌과 개정/보정사항

1. **새로운 재건축·재개발이야기**(김종보·전연규 공저. 도시포럼 출판국)
 : 상·하권 약1,900쪽의 내용 중 각 분야의 전문가에게 필요한 내용은 제외하고, 조합의 임직원 등이 필히 알아야 할 기본적인 사항만을 정리한 후 필자의 현장경험과 견해 등을 추가하거나, **도시정비법이 전부 개정된 이후, 일부 개정된 내용과 주택법령 등 관계 법령의 일부 개정된 내용 등을 반영**하여 약 300쪽의 분량으로 편집 후 수록하였다.

2. **재건축·재개발의 실무와 쟁점**(서울대 법학전문대학원. 건설법센터)

3. **조합 공문서, 총회자료 등**(반포주공0단지 재건축사업 행정업무 수행자료)
 · 인용된 자료는 대부분 필자가 조합에서 업무수행 중 직접 관여한 자료들로서 해당 내용을 더욱 개선된 방향으로 보완하였으며, **2017년 2월 8일 전부 개정되어 2018년 2월 8일부터 시행되는 도시 및 주거환경정비법령의 이후 2022년 1월까지 일부 개정된 법령 등에 따라 내용을 수정**하였고, 지침서의 기준이 된 특정 정비조합의 특수한 환경이나 목적에 의해 제정되었거나 시행된 내용들은 삭제 및 보완하여 모든 정비조합에서 공히 참고가 될 수 있도록 하였다.
 · 조합원 총회(창립, 관리처분, 정기, 임시, 조합해산)자료는 일부 내용이 다른 장과 중복되는 내용이 있으나, 총회자료는 법률상으로나 행정적인 측면에서 조합행정의 가장 중요한 행정업무 중 하나임을 감안하여, 내용의 대부분을 [하권]에도 중복하여 수록함으로써 본 지침서를 더욱 편리하게 이용할 수 있도록 하였다.

4. **서울특별시 도시 및 주거환경정비 조례 및 동 시행규칙**
 서울특별시 도시 및 주거환경정비 조례는, 2018년 3월 15일 서울특별시 공고 제2018-642호로 공포된 전부개정(안)에 따라 2018년도 지침서가 출간되었는바, 2022년도 **제2개정판**은 **2018년 7월 19일 확정 공포된 서울시 조례를 기준으로 지침서를 개정하였다.**

5. 위의 참고 문헌 이외에 지침서 상·하권의 부록에 수록된 법령 등과 인용된 제반 자료는 2022년 1월 **현재의 최종 개정된 법령** 등에 따라 수정·보완한 자료이다.

6. 수록된 「자재선정 및 단위세대 마감목록」은 기존의 버튼식 개별 스위치를 각 실에 설치되는 월-패드에 통합하여 터치식으로 작동하고, IOT(사물인터넷)를 공동주택에 접목하여 인터넷이나 스마트폰으로 주택의 상황을 확인·통제하려는 근래의 공동주택 건축경향 등을 반영하였다.

7. 사업시행자는 사업시행계획의 수립이나 변경 시 공사비가 도시정비법 제29조의2에서 정하는 사항에 해당하는 경우에는 **한국부동산원** 혹은 **한국토지주택공사**에 공사비에 대한 검증요청을 하도록 의무화하는 등 그동안 개정된 법령 중 중요한 사항을 반영하였다.

8. 근래에 개정된 법령 중 특기할 사항은, '주택건설기준 등에 관한 규정' 제28조에 대한 **2020년 1월 7일 개정을 통하여 아파트 단지에 '근로자를 위한 휴게시설의 설치'를 의무화한 것이다.**

9. 2022년 이후에 정비사업이 개시되어 입주하는 시기에는 내연기관을 이용한 자동차에 대한 규제가 전차 강화될 것이 예상되며, 이에 따라 전기차의 사용이 일반화내지 의무화가 추진될 것에 대비하여, 지하층에 설치되는 주차장의 모든 기둥에는 진기차 충전용 콘센트의 설치가 필요할 것으로 판단하고, 이를 제Ⅲ부-제1장제11절(주차계획)에서 제안하였다.

제Ⅰ부 정비사업 관계 법령 및 사업추진 절차

[제1편] 정비사업의 이해

[제2편] 정비사업의 시행

[제6편] 정비사업의 세무와 회계

제Ⅱ부 재건축사업 행정업무 시행자료

[제1편] 사업시행계획의 수립 및 본공사 계약

수련[睡蓮] – 이제염오[離諸染汚]

제 I 부 :
정비사업 관계 법령 및
사업추진 절차

[제1편]
정비사업의 이해

제1장
관계 법령의 이해

　정비사업을 추진하는 과정에서 거의 모든 사업장에서는 많게는 수십 건 이상의 법적분쟁이 발생되고 있어 해당 사업의 시행자는 경제적으로나 시간적으로 많은 손실을 입게 된다. 이러한 분쟁들이 발생되는 원인으로는 조합원간의 경제적인 이해관계 상충(相衝)에서 비롯되는 것이 원인의 대부분이며 이웃주민과의 분쟁, 허가관청과의 법령해석 차이 등에서도 기인한다.
이러한 법적인 분쟁은 조합원간의 경제적 이해관계의 상충으로 발생되는 것이 대부분이기 때문에 분쟁을 근원적으로 예방할 수는 없을 것이다. 그러나 발생되는 분쟁에서 손실을 가능한 최소화하기 위해서는 정비사업과 관계되는 법령에 대한 많은 이해가 요구된다. 특히, 정비조합 임원들은 관계 법령에 대한 이해가 정비사업의 성공적인 추진을 위해 꼭 필요하다.

　본 지침서는 대부분의 정비조합에서 공통적으로 느낄 수 있는 이러한 여러 사항들을 감안하여 정비사업의 관계 법령 내용 중 정비조합의 업무와 직접 관련되거나 기본적으로 알아 두어야할 법령을 원문 그대로 지침서의 앞부분에 수록함으로써 정비사업에 직접 참여하는 조합의 임원 등이 필요한 법령 등을 언제나 손쉽게 찾아 볼 수 있도록 하였다. 수록된 법령들은 전부개정된 도시 및 주거환경정비법, 동 시행령, 동 시행규칙 중 정비사업 조합의 관계자가 사업을 수행하는 데 필요한 조항만을 수록하였으며, 개정된 주택법, 동 시행령, 동 시행규칙을 함께 수록하였다. 또한, 도시 및 주거환경정비법 등의 각항 우측에는 「전부개정 전의 조항」을 병기하였다.

　2017년 2월 8일 전부개정 공포된 도시 및 주거환경정비법은 「동법 부칙」 제1조에 따라 이 법이 공포된 후 1년이 경과한 날인 2018년 2월 8일부터 시행되었다. 또한, 정비사업의 시행방법에 관한 경과조치 사항으로는 1) 부칙 제3조에 따라 전부개정된 법 제23조제2항의 재개발사업의 시행방법은 전부 개정된 법이 시행된 후 최초로 관리처분계획인가를 신청하는 경우부터 적용되며, 2) 전부개정 전 일부개정된 법률 제6조제2항 및 제3항의 개정규정의 시행일인 2016년 1월 27일 전에 관리처분계획인가(변경인가를 포함한다)를 받았거나 신청한 (주택)재개발사업 및 (주택) 재건축사업의 경우에는 부칙 제30조에 따라 위의 같은 일부개정된 법률 제6조제2항 및 제3항의 개정규정에도 불구하고 종전의 규정에 따른다는 규정을 두고 있다.

　본 제1장에 수록된 제반 법령은 관계 법령 중 정비사업 종사자가 꼭 알아야할 기본적인 내용을 파악하는 데 이용되기를 바라며, 정비사업을 추진함에 있어 중요한 여러 사항들을 시행할 경우에는 반드시 각 분야 전문가의 자문과 당시의 관계 법령, 관련 전문서적 등을 참조하여 개정여부나 사실관계를 정확히 확인한 후 규정된 행정절차에 따라 시행되어야 할 것이다.

1 도시 및 주거환경정비법, 시행령, 시행규칙의 주요조항

1) 도시 및 주거환경정비법(약칭 : 도시정비법)

[시행 2021.11.11.] [법률 제18388호, 2021.8.10., 일부개정]

국토교통부(주택정비과) 044-201-3393

제1장 총칙

1] 정의(제2조)(구 조항 : 제2조) [시행일 : 2022.1.13.] 제2조

이 법에서 사용하는 용어의 뜻은 다음과 같다. <개정 2021.1.12.>, 2021.4.13.>

1. "정비구역"이란 정비사업을 계획적으로 시행하기 위하여 제16조에 따라 지정·고시된 구역을 말한다.

2. "정비사업"이란 이 법에서 정한 절차에 따라 도시기능을 회복하기 위하여 정비구역에서 정비기반시설을 정비하거나 주택 등 건축물을 개량 또는 건설하는 다음 각 목의 사업을 말한다.

　가. **주거환경개선사업**: 도시저소득 주민이 집단거주하는 지역으로서 정비기반시설이 극히 열악하고 노후·불량건축물이 과도하게 밀집한 지역의 주거환경을 개선하거나 단독주택 및 다세대주택이 밀집한 지역에서 정비기반시설과 공동이용시설 확충을 통하여 주거환경을 보전·정비·개량하기 위한 사업

　나. **재개발사업**: 정비기반시설이 열악하고 노후·불량건축물이 밀집한 지역에서 주거환경을 개선하거나 상업지역·공업지역 등에서 도시기능의 회복 및 상권활성화 등을 위하여 도시환경을 개선하기 위한 사업. 이 경우 다음 요건을 모두 갖추어 시행하는 재개발사업을 "공공재개발사업"이라 한다.

　　1) 특별자치시장, 특별자치도지사, 시장, 군수, 자치구의 구청장(이하 "시장·군수등"이라 한다) 또는 제10호에 따른 토지주택공사등(조합과 공동으로 시행하는 경우를 포함한다)이 제24조에 따른 주거환경개선사업의 시행자, 제25조제1항 또는 제26조제1항에 따른 재개발사업의 시행자나 제28조에 따른 재개발사업의 대행자(이하 "공공재개발사업 시행자"라 한다)일 것

　　2) 건설·공급되는 주택의 전체 세대수 또는 전체 연면적 중 토지등소유자 대상 분양분(제80조에 따른 지분형주택은 제외한다)을 제외한 나머지 주택의 세대수 또는 연면적의 100분의 50 이상을 제80조에 따른 지분형주택, 「공공주택 특별법」에 따른 공공임대주택(이하 "공공임대주택"이라 한다) 또는 「민간임대주택에 관한 특별법」 제2조제4호에 따른 공공지원민간임대주택(이하 "공공지원민간임대주택"이라 한다)으로 건설·공급할 것. 이 경우 주택 수 산정방법 및 주택 유형별 건설비율은 대통령령으로 정한다.

　다. **재건축사업**: 정비기반시설은 양호하나 노후·불량건축물에 해당하는 공동주택이 밀집한 지역에서 주거환경을 개선하기 위한 사업. 이 경우 다음 요건을 모두 갖추어 시행하는

재건축사업을 "공공재건축사업"이라 한다.

1) 시장·군수등 또는 토지주택공사등(조합과 공동으로 시행하는 경우를 포함한다)이 제25조제2항 또는 제26조제1항에 따른 재건축사업의 시행자나 제28조제1항에 따른 재건축사업의 대행자(이하 "공공재건축사업 시행자"라 한다)일 것

2) 종전의 용적률, 토지면적, 기반시설 현황 등을 고려하여 대통령령으로 정하는 세대수 이상을 건설·공급할 것. 다만, 제8조제1항에 따른 정비구역의 지정권자가 「국토의 계획 및 이용에 관한 법률」 제18조에 따른 도시·군기본계획, 토지이용현황 등 대통령령으로 정하는 불가피한 사유로 해당하는 세대수를 충족할 수 없다고 인정하는 경우에는 그러하지 아니하다.

3. "노후·불량건축물"이란 다음 각 목의 어느 하나에 해당하는 건축물을 말한다.

가. 건축물이 훼손되거나 일부가 멸실되어 붕괴, 그 밖의 안전사고의 우려가 있는 건축물

나. 내진성능이 확보되지 아니한 건축물 중 중대한 기능적 결함 또는 부실 설계·시공으로 구조적 결함 등이 있는 건축물로서 대통령령으로 정하는 건축물

다. 다음의 요건을 모두 충족하는 건축물로서 대통령령으로 정하는 바에 따라 특별시·광역시·특별자치시·도·특별자치도 또는 「**지방자치법**」 **제198조**에 따른 서울특별시·광역시 및 특별자치시를 제외한 인구 50만 이상 대도시(이하 "대도시"라 한다)의 조례(이하 "시·도조례"라 한다)로 정하는 건축물

1) 주변 토지의 이용 상황 등에 비추어 주거환경이 불량한 곳에 위치할 것

2) 건축물을 철거하고 새로운 건축물을 건설하는 경우 건설에 드는 비용과 비교하여 효용의 현저한 증가가 예상될 것

라. 도시미관을 저해하거나 노후화된 건축물로서 대통령령으로 정하는 바에 따라 시·도조례로 정하는 건축물

4. "정비기반시설"이란 도로·상하수도·구거(溝渠: 도랑)·공원·공용주차장·공동구(「국토의 계획 및 이용에 관한 법률」 제2조제9호에 따른 공동구를 말한다. 이하 같다), 그 밖에 주민의 생활에 필요한 열·가스 등의 공급시설로서 대통령령으로 정하는 시설을 말한다.

5. "공동이용시설"이란 주민이 공동으로 사용하는 놀이터·마을회관·공동작업장, 그 밖에 대통령령으로 정하는 시설을 말한다.

6. "대지"란 정비사업으로 조성된 토지를 말한다.

7. "주택단지"란 주택 및 부대시설·복리시설을 건설하거나 대지로 조성되는 일단의 토지로서 다음 각 목의 어느 하나에 해당하는 일단의 토지를 말한다.

가. 「주택법」 제15조에 따른 사업계획승인을 받아 주택 및 부대시설·복리시설을 건설한 일단의 토지

나. 가목에 따른 일단의 토지 중 「국토의 계획 및 이용에 관한 법률」 제2조제7호에 따른 도시·군계획시설(이하 "도시·군계획시설"이라 한다)인 도로나 그 밖에 이와 유사한 시설로 분리되어 따로 관리되고 있는 각각의 토지

다. 가목에 따른 일단의 토지 둘 이상이 공동으로 관리되고 있는 경우 그 전체 토지

라. 제67조에 따라 분할된 토지 또는 분할되어 나가는 토지

마. 「건축법」 제11조에 따라 건축허가를 받아 아파트 또는 연립주택을 건설한 일단의 토지

8. "사업시행자"란 정비사업을 시행하는 자를 말한다.

9. "토지등소유자"란 다음 각 목의 어느 하나에 해당하는 자를 말한다. 다만, 제27조제1항에 따라 「자본시장과 금융투자업에 관한 법률」 제8조제7항에 따른 신탁업자(이하 "신탁업자"라 한다)가 사업시행자로 지정된 경우 토지등소유자가 정비사업을 목적으로 신탁업자에게 신탁한 토지 또는 건축물에 대하여는 위탁자를 토지등소유자로 본다.

    가. 주거환경개선사업 및 재개발사업의 경우에는 정비구역에 위치한 토지 또는 건축물의 소유자 또는 그 지상권자

    나. 재건축사업의 경우에는 정비구역에 위치한 건축물 및 그 부속토지의 소유자

10. "토지주택공사등"이란 「한국토지주택공사법」에 따라 설립된 한국토지주택공사 또는 「지방공기업법」에 따라 주택사업을 수행하기 위하여 설립된 지방공사를 말한다.

11. "정관등"이란 다음 각 목의 것을 말한다.

    가. 제40조에 따른 조합의 정관

    나. 사업시행자인 토지등소유자가 자치적으로 정한 규약

    다. 특별자치시장, 특별자치도지사, 시장, 군수, 자치구의 구청장(이하 "시장·군수등"이라 한다), 토지주택공사등 또는 신탁업자가 제53조에 따라 작성한 시행규정

2] 도시·주거환경정비 기본방침(제3조)

국토교통부장관은 도시 및 주거환경을 개선하기 위하여 10년마다 다음 각 호의 사항을 포함한 기본방침을 정하고, 5년마다 타당성을 검토하여 그 결과를 기본방침에 반영하여야 한다.

1. 도시 및 주거환경 정비를 위한 국가 정책 방향
2. 제4조제1항에 따른 도시·주거환경정비기본계획의 수립 방향
3. 노후·불량 주거지 조사 및 개선계획의 수립
4. 도시 및 주거환경 개선에 필요한 재정지원계획
5. 그 밖에 도시 및 주거환경 개선을 위하여 필요한 사항으로서 대통령령으로 정하는 사항

제2장 기본계획의 수립 및 정비구역의 지정

1] 도시·주거환경정비기본계획의 수립(제4조)

① 특별시장·광역시장·특별자치시장·특별자치도지사 또는 시장은 관할 구역에 대하여 도시·주거환경정비기본계획(이하 "기본계획"이라 한다)을 10년 단위로 수립하여야 한다. 다만, 도지사가 대도시가 아닌 시로서 기본계획을 수립할 필요가 없다고 인정하는 시에 대하여는 기본계획을 수립하지 아니할 수 있다.

② 특별시장·광역시장·특별자치시장·특별자치도지사 또는 시장(이하 "기본계획의 수립권자"라 한다)은 기본계획에 대하여 5년마다 타당성을 검토하여 그 결과를 기본계획에 반영하여야 한다. <개정 2020.6.9.>

2] 기본계획의 내용(제5조)

① 기본계획에는 다음 각 호의 사항이 포함되어야 한다.

    1. 정비사업의 기본방향

2. 정비사업의 계획기간

3. 인구·건축물·토지이용·정비기반시설·지형 및 환경 등의 현황

4. 주거지 관리계획

5. 토지이용계획·정비기반시설계획·공동이용시설설치계획 및 교통계획

6. 녹지·조경·에너지공급·폐기물처리 등에 관한 환경계획

7. 사회복지시설 및 주민문화시설 등의 설치계획

8. 도시의 광역적 재정비를 위한 기본방향

9. 제16조에 따라 정비구역으로 지정할 예정인 구역(이하 "정비예정구역"이라 한다)의 개략적 범위

10. 단계별 정비사업 추진계획(정비예정구역별 정비계획의 수립시기가 포함되어야 한다)

11. 건폐율·용적률 등에 관한 건축물의 밀도계획

12. 세입자에 대한 주거안정대책

13. 그 밖에 주거환경 등을 개선하기 위하여 필요한 사항으로서 대통령령으로 정하는 사항

② 기본계획의 수립권자는 기본계획에 다음 각 호의 사항을 포함하는 경우에는 제1항제9호 및 제10호의 사항을 생략할 수 있다.

1. 생활권의 설정, 생활권별 기반시설 설치계획 및 주택수급계획

2. 생활권별 주거지의 정비·보전·관리의 방향

③ 기본계획의 작성기준 및 작성방법은 **국토교통부장관이 정하여 고시한다.**

3] 기본계획 수립을 위한 주민의견청취 등(제6조)

① 기본계획의 수립권자는 기본계획을 수립하거나 변경하려는 경우에는 <u>14일 이상 주민에게 공람</u>하여 의견을 들어야 하며, 제시된 의견이 타당하다고 인정되면 이를 기본계획에 반영하여야 한다.

② 기본계획의 수립권자는 제1항에 따른 공람과 함께 지방의회의 의견을 들어야 한다. 이 경우 지방의회는 기본계획의 수립권자가 <u>기본계획을 통지한 날부터 60일 이내에 의견을 제시하여야 하며,</u> 의견제시 없이 60일이 지난 경우 이의가 없는 것으로 본다.

③ 제1항 및 제2항에도 불구하고 대통령령으로 정하는 경미한 사항을 변경하는 경우에는 주민 공람과 지방의회의 의견청취 절차를 거치지 아니할 수 있다.

4] 기본계획의 확정·고시 등(제7조)

① 기본계획의 수립권자(대도시의 시장이 아닌 시장은 제외한다)는 기본계획을 수립하거나 변경하려면 관계 행정기관의 장과 협의한 후 「국토의 계획 및 이용에 관한 법률」 제113조 제1항 및 제2항에 따른 지방도시계획위원회(이하 "지방도시계획위원회"라 한다)의 심의를 거쳐야 한다. 다만, 대통령령으로 정하는 경미한 사항을 변경하는 경우에는 관계 행정기관의 장과의 협의 및 지방도시계획위원회의 심의를 거치지 아니한다.

② 대도시의 시장이 아닌 시장은 기본계획을 수립하거나 변경하려면 도지사의 승인을 받아야 하며, 도지사가 이를 승인하려면 관계 행정기관의 장과 협의한 후 지방도시계획위원회의 심의를 거쳐야 한다. 다만, 제1항 단서에 해당하는 변경의 경우에는 도지사의 승인을 받지 아니할 수 있다.

③ 기본계획의 수립권자는 기본계획을 수립하거나 변경한 때에는 지체 없이 이를 해당 지방자치단체의 공보에 고시하고 일반인이 열람할 수 있도록 하여야 한다.

④ 기본계획의 수립권자는 제3항에 따라 기본계획을 고시한 때에는 국토교통부령으로 정하는 방법 및 절차에 따라 국토교통부장관에게 보고하여야 한다.

5] 정비구역의 지정(제8조)

① 특별시장·광역시장·특별자치시장·특별자치도지사·시장 또는 군수(광역시의 군수는 제외하며, 이하 "정비구역의 지정권자"라 한다)는 기본계획에 적합한 범위에서 노후·불량건축물이 밀집하는 등 대통령령으로 정하는 요건에 해당하는 구역에 대하여 제16조에 따라 정비계획을 결정하여 정비구역을 지정(변경지정을 포함한다)할 수 있다.

② 제1항에도 불구하고 제26조제1항제1호 및 제27조제1항제1호에 따라 정비사업을 시행하려는 경우에는 기본계획을 수립하거나 변경하지 아니하고 정비구역을 지정할 수 있다.

③ 정비구역의 지정권자는 정비구역의 진입로 설치를 위하여 필요한 경우에는 진입로 지역과 그 인접지역을 포함하여 정비구역을 지정할 수 있다.

④ 정비구역의 지정권자는 정비구역 지정을 위하여 직접 제9조에 따른 정비계획을 입안할 수 있다.

⑤ 자치구의 구청장 또는 광역시의 군수(이하 제9조, 제11조 및 제20조에서 "구청장등"이라 한다)는 제9조에 따른 정비계획을 입안하여 특별시장·광역시장에게 정비구역 지정을 신청하여야 한다. 이 경우 제15조제2항에 따른 지방의회의 의견을 첨부하여야 한다.

6] 정비계획의 내용(제9조)<개정 2018.1.16., 2021.4.13.>

① 정비계획에는 다음 각 호의 사항이 포함되어야 한다.
1. 정비사업의 명칭
2. 정비구역 및 그 면적
3. 도시·군계획시설의 설치에 관한 계획
4. 공동이용시설 설치계획
5. 건축물의 주용도·건폐율·용적률·높이에 관한 계획
6. 환경보전 및 재난방지에 관한 계획
7. 정비구역 주변의 교육환경 보호에 관한 계획
8. 세입자 주거대책
9. 정비사업시행 예정시기
10. 정비사업을 통하여 **공공지원민간임대주택**을 공급하거나 같은 조 제11호에 따른 주택임대관리업자(이하 "주택임대관리업자"라 한다)에게 임대할 목적으로 주택을 위탁하려는 경우에는 다음 각 목의 사항. 다만, 나목과 다목의 사항은 건설하는 주택 전체 세대수에서 **공공지원민간임대주택** 또는 임대할 목적으로 주택임대관리업자에게 위탁하려는 주택(이하 "**임대관리 위탁주택**"이라 한다)이 차지하는 비율이 <u>100분의 20 이상, 임대기간이 8년 이상의 범위 등에서 대통령령으로 정하는 요건에 해당하는 경우로 한정한다.</u>
    가. **공공지원민간임대주택** 또는 **임대관리 위탁주택**에 관한 획지별 토지이용 계획
    나. 주거·상업·업무 등의 기능을 결합하는 등 복합적인 토지이용을 증진시키기 위하여

필요한 건축물의 용도에 관한 계획

다. 「국토의 계획 및 이용에 관한 법률」 제36조제1항제1호가목에 따른 주거지역을 세분 또는 변경하는 계획과 용적률에 관한 사항

라. 그 밖에 **공공지원민간임대주택** 또는 **임대관리 위탁주택**의 원활한 공급 등을 위하여 대통령령으로 정하는 사항

11. 「국토의 계획 및 이용에 관한 법률」 제52조제1항 각 호의 사항에 관한 계획(필요한 경우로 한정한다)

12. 그 밖에 정비사업의 시행을 위하여 필요한 사항으로서 대통령령으로 정하는 사항

② 제1항제10호다목을 포함하는 정비계획은 기본계획에서 정하는 제5조제1항제11호에 따른 건폐율·용적률 등에 관한 건축물의 밀도계획에도 불구하고 달리 입안할 수 있다.

③ 제8조제4항 및 제5항에 따라 정비계획을 입안하는 특별자치시장, 특별자치도지사, 시장, 군수 또는 구청장등(이하 "정비계획의 입안권자"라 한다)이 제5조제2항 각 호의 사항을 포함하여 기본계획을 수립한 지역에서 정비계획을 입안하는 경우에는 그 정비구역을 포함한 해당 생활권에 대하여 같은 항 각 호의 사항에 대한 세부 계획을 입안할 수 있다.

④ 정비계획의 작성기준 및 작성방법은 **국토교통부장관이 정하여 고시한다.**

7] 임대주택 및 주택규모별 건설비율(제10조)

① 정비계획의 입안권자는 주택수급의 안정과 저소득 주민의 입주기회 확대를 위하여 정비사업으로 건설하는 주택에 대하여 다음 각 호의 구분에 따른 범위에서 **국토교통부장관이 정하여 고시하는** 임대주택 및 주택규모별 건설비율 등을 정비계획에 반영하여야 한다. <개정 2021.4.13.>

1. 「주택법」 제2조제6호에 따른 국민주택규모의 주택(**이하 "국민주택규모 주택"이라 한다**)이 전체 세대수의 100분의 90 이하 에서 대통령령으로 정하는 범위

2. 임대주택(**공공임대주택** 및 「민간임대주택에 관한 특별법」 에 따른 민간임대주택을 말한다. 이하 같다)이 전체 세대수 또는 전체 연면적의 100분의 30 이하에서 대통령령으로 정하는 범위

② 사업시행자는 제1항에 따라 고시된 내용에 따라 주택을 건설하여야 한다.

8] 기본계획 및 정비계획 수립 시 용적률 완화(제11조)

① 기본계획의 수립권자 또는 정비계획의 입안권자는 정비사업의 원활한 시행을 위하여 기본계획을 수립하거나 정비계획을 입안하려는 경우에는(기본계획 또는 정비계획을 변경하려는 경우에도 또한 같다) 「국토의 계획 및 이용에 관한 법률」 제36조에 따른 주거지역에 대하여는 같은 법 제78조에 따라 조례로 정한 용적률에도 불구하고 같은 조 및 관계 법률에 따른 용적률의 상한까지 용적률을 정할 수 있다.

② 기본계획의 수립권자 또는 정비계획의 입안권자는 천재지변, 그 밖의 불가피한 사유로 건축물이 붕괴할 우려가 있어 긴급히 정비사업을 시행할 필요가 있다고 인정하는 경우에는 용도지역의 변경을 통해 용적률을 완화하여 기본계획을 수립하거나 정비계획을 입안할 수 있다. 이 경우 기본계획의 수립권자, 정비계획의 입안권자 및 정비구역의 지정권자는 용도지역의 변경을 이유로 기부채납을 요구하여서는 아니 된다. <신설 2021.4.13.>

③ 구청장등 또는 대도시의 시장이 아닌 시장은 제1항에 따라 정비계획을 입안하거나 변경 입안하려는 경우 기본계획의 변경 또는 변경승인을 특별시장·광역시장·도지사에게 요청할 수 있다. <개정 2021.4.13.>

9] 재건축사업 정비계획 입안을 위한 안전진단(제12조)

① 정비계획의 입안권자는 재건축사업 정비계획의 입안을 위하여 제5조제1항제10호에 따른 정비예정구역별 정비계획의 수립시기가 도래한 때에 안전진단을 실시하여야 한다.

② 정비계획의 입안권자는 제1항에도 불구하고 다음 각 호의 어느 하나에 해당하는 경우에는 안전진단을 실시하여야 한다. 이 경우 정비계획의 입안권자는 안전진단에 드는 비용을 해당 안전진단의 실시를 요청하는 자에게 부담하게 할 수 있다.

  1. 제14조에 따라 정비계획의 입안을 제안하려는 자가 입안을 제안하기 전에 해당 정비예정구역에 위치한 건축물 및 그 부속토지의 소유자 10분의 1 이상의 동의를 받아 안전진단의 실시를 요청하는 경우

  2. 제5조제2항에 따라 정비예정구역을 지정하지 아니한 지역에서 재건축사업을 하려는 자가 사업예정구역에 있는 건축물 및 그 부속토지의 소유자 10분의 1 이상의 동의를 받아 안전진단의 실시를 요청하는 경우

  3. 제2조제3호나목에 해당하는 건축물의 소유자로서 재건축사업을 시행하려는 자가 해당 사업예정구역에 위치한 건축물 및 그 부속토지의 소유자 10분의 1 이상의 동의를 받아 안전진단의 실시를 요청하는 경우

③ 제1항에 따른 재건축사업의 안전진단은 주택단지의 건축물을 대상으로 한다. 다만, 대통령령으로 정하는 주택단지의 건축물인 경우에는 안전진단 대상에서 제외할 수 있다.

④ 정비계획의 입안권자는 현지조사 등을 통하여 해당 건축물의 구조안전성, 건축마감, 설비 노후도 및 주거환경 적합성 등을 심사하여 안전진단의 실시 여부를 결정하여야 하며, 안전진단의 실시가 필요하다고 결정한 경우에는 대통령령으로 정하는 안전진단기관에 안전진단을 의뢰하여야 한다.

⑤ 제4항에 따라 안전진단을 의뢰받은 안전진단기관은 **국토교통부장관이 정하여 고시하는** 기준(건축물의 내진성능 확보를 위한 비용을 포함한다)에 따라 안전진단을 실시하여야 하며, 국토교통부령으로 정하는 방법 및 절차에 따라 안전진단 결과보고서를 작성하여 정비계획의 입안권자 및 제2항에 따라 안전진단의 실시를 요청한 자에게 제출하여야 한다.

⑥ 정비계획의 입안권자는 제5항에 따른 안전진단의 결과와 도시계획 및 지역여건 등을 종합적으로 검토하여 정비계획의 입안 여부를 결정하여야 한다.

⑦ 제1항부터 제6항까지의 규정에 따른 안전진단의 대상·기준·실시기관·지정절차 및 수수료 등에 필요한 사항은 대통령령으로 정한다.

10] 안전진단 결과의 적정성 검토(제13조)

① 정비계획의 입안권자(특별자치시장 및 특별자치도지사는 제외한다. 이하 이 조에서 같다)는 제12조제6항에 따라 정비계획의 입안 여부를 결정한 경우에는 지체 없이 <u>특별시장·광역시장·도지사</u>에게 결정내용과 해당 안전진단 결과보고서를 제출하여야 한다.

② 특별시장·광역시장·특별자치시장·도지사·특별자치도지사(이하 "시·도지사"라 한다)는 필요한

경우 「국토안전관리원법」에 따른 **국토안전관리원** 또는 「과학기술분야 정부출연연구기관 등의 설립·운영 및 육성에 관한 법률」에 따른 **한국건설기술연구원**에 안전진단 결과의 적정성에 대한 검토를 의뢰할 수 있다. <개정 2020.6.9.>

③ 국토교통부장관은 시·도지사에게 안전진단 결과보고서의 제출을 요청할 수 있으며, 필요한 경우 시·도지사에게 안전진단 결과의 <u>적정성에</u> 대한 검토를 요청할 수 있다. <개정 2020.6.9.>

④ 시·도지사는 제2항 및 제3항에 따른 검토결과에 따라 정비계획의 입안권자에게 정비계획 입안결정의 취소 등 필요한 조치를 요청할 수 있으며, 정비계획의 입안권자는 특별한 사유가 없으면 그 요청에 따라야 한다. 다만, 특별자치시장 및 특별자치도지사는 직접 정비계획의 입안결정의 취소 등 필요한 조치를 할 수 있다.

⑤ 제1항부터 제4항까지의 규정에 따른 안전진단 결과의 평가 등에 필요한 사항은 대통령령으로 정한다.

11] 정비계획의 입안 제안(제14조)

① 토지등소유자(제5호의 경우에는 제26조제1항제1호 및 제27조제1항제1호에 따라 사업시행자가 되려는 자를 말한다)는 다음 각 호의 어느 하나에 해당하는 경우에는 정비계획의 입안권자에게 정비계획의 입안을 제안할 수 있다. <개정 2018.1.16., <u>2021.4.13.</u>>

1. 제5조제1항제10호에 따른 단계별 정비사업 추진계획상 정비예정구역별 정비계획의 입안시기가 지났음에도 불구하고 정비계획이 입안되지 아니하거나 같은 호에 따른 정비예정구역별 정비계획의 수립시기를 정하고 있지 아니한 경우

2. 토지등소유자가 제26조제1항제7호 및 제8호에 따라 토지주택공사등을 사업시행자로 지정 요청하려는 경우

3. 대도시가 아닌 시 또는 군으로서 시·도조례로 정하는 경우

4. 정비사업을 통하여 **공공지원민간임대주택**을 공급하거나 임대할 목적으로 주택을 주택임대관리업자에게 위탁하려는 경우로서 제9조제1항제10호 각 목을 포함하는 정비계획의 입안을 요청하려는 경우

5. 제26조제1항제1호 및 제27조제1항제1호에 따라 정비사업을 시행하려는 경우

6. 토지등소유자(조합이 설립된 경우에는 조합원을 말한다. 이하 이 호에서 같다)가 3분의 2 이상의 동의로 정비계획의 변경을 요청하는 경우. 다만, 제15조제3항에 따른 경미한 사항을 변경하는 경우에는 토지등소유자의 동의절차를 거치지 아니한다.

7. **토지등소유자가 공공재개발사업 또는 공공재건축사업을 추진하려는 경우**

② 정비계획 입안의 제안을 위한 토지등소유자의 동의, 제안서의 처리 등에 필요한 사항은 대통령령으로 정한다.

12] 정비계획 입안을 위한 주민의견청취 등(제15조)

① 정비계획의 입안권자는 정비계획을 입안하거나 변경하려면 주민에게 서면으로 통보한 후 주민설명회 및 30일 이상 주민에게 공람하여 의견을 들어야 하며, 제시된 의견이 타당하다고 인정되면 이를 정비계획에 반영하여야 한다.

② 정비계획의 입안권자는 제1항에 따른 주민공람과 함께 지방의회의 의견을 들어야 한다.

이 경우 지방의회는 정비계획의 입안권자가 정비계획을 통지한 날부터 60일 이내에 의견을 제시하여야 하며, 의견제시 없이 60일이 지난 경우 이의가 없는 것으로 본다.

③ 제1항 및 제2항에도 불구하고 대통령령으로 정하는 경미한 사항을 변경하는 경우에는 주민에 대한 서면통보, 주민설명회, 주민공람 및 지방의회의 의견청취 절차를 거치지 아니할 수 있다.

④ 정비계획의 입안권자는 제97조, 제98조, 제101조 등에 따라 정비기반시설 및 국유·공유 재산의 귀속 및 처분에 관한 사항이 포함된 정비계획을 입안하려면 미리 해당 정비기반 시설 및 국유·공유재산의 관리청의 의견을 들어야 한다.

13] 정비계획의 결정 및 정비구역의 지정·고시(제16조)

① 정비구역의 지정권자는 정비구역을 지정하거나 변경지정하려면 지방도시계획위원회의 심의를 거쳐야 한다. 다만, 제15조제3항에 따른 경미한 사항을 변경하는 경우에는 지방도시계획 위원회의 심의를 거치지 아니할 수 있다. 이 경우 지형도면 고시 등에 있어서는 「토지이용 규제 기본법」 제8조에 따른다. <개정 2018.6.12.>

② 정비구역의 지정권자는 정비구역을 지정(변경지정을 포함한다. 이하 같다)하거나 정비 계획을 결정(변경결정을 포함한다. 이하 같다)한 때에는 정비계획을 포함한 정비구역 지정의 내용을 해당 지방자치단체의 공보에 고시하여야 한다. 이 경우 지형도면 고시 등에 있어서는 「토지이용규제 기본법」 제8조에 따른다. <개정 2020.6.9.>

③ 정비구역의 지정권자는 제2항에 따라 정비계획을 포함한 정비구역을 지정·고시한 때에는 국토교통부령으로 정하는 방법 및 절차에 따라 국토교통부장관에게 그 지정의 내용을 보고하여야 하며, 관계 서류를 일반인이 열람할 수 있도록 하여야 한다.

14] 정비구역 지정·고시의 효력 등(제17조)

① 제16조제2항 전단에 따라 정비구역의 지정·고시가 있는 경우 해당 정비구역 및 정비 계획 중 「국토의 계획 및 이용에 관한 법률」 제52조제1항 각 호의 어느 하나에 해당하는 사항은 같은 법 제50조에 따라 지구단위계획구역 및 지구단위계획으로 결정·고시된 것으로 본다. <개정 2018.6.12.>

②「국토의 계획 및 이용에 관한 법률」에 따른 지구단위계획구역에 대하여 제9조제1항 각 호의 사항을 모두 포함한 지구단위계획을 결정·고시(변경 결정·고시하는 경우를 포함한다) 하는 경우 해당 지구단위계획구역은 정비구역으로 지정·고시된 것으로 본다.

③ 정비계획을 통한 토지의 효율적 활용을 위하여 「국토의 계획 및 이용에 관한 법률」 제52조 제3항에 따른 건폐율·용적률 등의 완화규정은 제9조제1항에 따른 정비계획에 준용한다. 이 경우 "지구단위계획구역"은 "정비구역"으로, "지구단위계획"은 "정비계획"으로 본다.

④ 제3항에도 불구하고 용적률이 완화되는 경우로서 사업시행자가 정비구역에 있는 대지의 가액 일부에 해당하는 금액을 현금으로 납부한 경우에는 대통령령으로 정하는 공공시설 또는 기반시설(이하 이 항에서 "공공시설등"이라 한다)의 부지를 제공하거나 공공시설등을 설치하여 제공한 것으로 본다.

⑤ 제4항에 따른 현금납부 및 부과 방법 등에 필요한 사항은 대통령령으로 정한다.

15] 정비구역의 분할, 통합 및 결합(제18조)

① 정비구역의 지정권자는 정비사업의 효율적인 추진 또는 도시의 경관보호를 위하여 필요하다고 인정하는 경우에는 다음 각 호의 방법에 따라 정비구역을 지정할 수 있다.

　　1. 하나의 정비구역을 둘 이상의 정비구역으로 분할

　　2. 서로 연접한 정비구역을 하나의 정비구역으로 통합

　　3. 서로 연접하지 아니한 둘 이상의 구역(제8조제1항에 따라 대통령령으로 정하는 요건에 해당하는 구역으로 한정한다) 또는 정비구역을 하나의 정비구역으로 결합

② 제1항에 따라 정비구역을 분할·통합하거나 서로 떨어진 구역을 하나의 정비구역으로 결합하여 지정하려는 경우 시행 방법과 절차에 관한 세부사항은 시·도조례로 정한다.

16] 행위제한 등(제19조)(구 조항 : 제5조)

① 정비구역에서 다음 각 호의 어느 하나에 해당하는 행위를 하려는 자는 시장·군수등의 허가를 받아야 한다. 허가받은 사항을 변경하려는 때에도 또한 같다.

　　1. 건축물의 건축

　　2. 공작물의 설치

　　3. 토지의 형질변경

　　4. 토석의 채취

　　5. 토지분할

　　6. 물건을 쌓아 놓는 행위

　　7. 그 밖에 대통령령으로 정하는 행위

② 다음 각 호의 어느 하나에 해당하는 행위는 제1항에도 불구하고 허가를 받지 아니하고 할 수 있다. <개정 2019.4.23.>

　　1. 재해복구 또는 재난수습에 필요한 응급조치를 위한 행위

　　2. 기존 건축물의 붕괴 등 안전사고의 우려가 있는 경우 해당 건축물에 대한 안전조치를 위한 행위

　　3. 그 밖에 대통령령으로 정하는 행위

③ 제1항에 따라 허가를 받아야 하는 행위로서 정비구역의 지정 및 고시 당시 이미 관계 법령에 따라 행위허가를 받았거나 허가를 받을 필요가 없는 행위에 관하여 그 공사 또는 사업에 착수한 자는 대통령령으로 정하는 바에 따라 시장·군수등에게 신고한 후 이를 계속 시행할 수 있다.

④ 시장·군수등은 제1항을 위반한 자에게 원상회복을 명할 수 있다. 이 경우 명령을 받은 자가 그 의무를 이행하지 아니하는 때에는 시장·군수등은 「행정대집행법」에 따라 대집행할 수 있다.

⑤ 제1항에 따른 허가에 관하여 이 법에 규정된 사항을 제외하고는 「국토의 계획 및 이용에 관한 법률」제57조부터 제60조까지 및 제62조를 준용한다.

⑥ 제1항에 따라 허가를 받은 경우에는 「국토의 계획 및 이용에 관한 법률」제56조에 따라 허가를 받은 것으로 본다.

⑦ 국토교통부장관, 시·도지사, 시장, 군수 또는 구청장(자치구의 구청장을 말한다. 이하 같다)은

비경제적인 건축행위 및 투기 수요의 유입을 막기 위하여 제6조제1항에 따라 기본계획을 공람 중인 정비예정구역 또는 정비계획을 수립 중인 지역에 대하여 3년 이내의 기간(1년의 범위에서 한 차례만 연장할 수 있다)을 정하여 대통령령으로 정하는 방법과 절차에 따라 다음 각 호의 행위를 제한할 수 있다.

1. 건축물의 건축
2. 토지의 분할

⑧ 정비예정구역 또는 정비구역(이하 "정비구역등"이라 한다)에서는 「주택법」 제2조제11호 가목에 따른 지역주택조합의 조합원을 모집해서는 아니 된다. <신설 2018.6.12.>

17] 정비구역등의 해제(제20조)

① 정비구역의 지정권자는 다음 각 호의 어느 하나에 해당하는 경우에는 정비구역등을 해제 하여야 한다. <개정 2018.6.12.>

1. 정비예정구역에 대하여 기본계획에서 정한 정비구역 지정 예정일부터 3년이 되는 날 까지 특별자치시장, 특별자치도지사, 시장 또는 군수가 정비구역을 지정하지 아니하거나 구청장등이 정비구역의 지정을 신청하지 아니하는 경우
2. 재개발사업·재건축사업[제35조에 따른 조합(이하 "조합"이라 한다)이 시행하는 경우로 한정한다]이 다음 각 목의 어느 하나에 해당하는 경우
   가. 토지등소유자가 정비구역으로 지정·고시된 날부터 2년이 되는 날까지 제31조에 따른 조합설립추진위원회(이하 "추진위원회"라 한다)의 승인을 신청하지 아니하는 경우
   나. 토지등소유자가 정비구역으로 지정·고시된 날부터 3년이 되는 날까지 제35조에 따른 조합설립인가(이하 "조합설립인가"라 한다)를 신청하지 아니하는 경우(제31조 제4항에 따라 추진위원회를 구성하지 아니하는 경우로 한정한다)
   다. 추진위원회가 추진위원회 승인일부터 2년이 되는 날까지 조합설립인가를 신청하지 아니하는 경우
   라. 조합이 조합설립인가를 받은 날부터 3년이 되는 날까지 제50조에 따른 사업시행 계획인가(이하 "사업시행계획인가"라 한다)를 신청하지 아니하는 경우
3. 토지등소유자가 시행하는 재개발사업으로서 토지등소유자가 정비구역으로 지정·고시된 날부터 5년이 되는 날까지 사업시행계획인가를 신청하지 아니하는 경우

② 구청장등은 제1항 각 호의 어느 하나에 해당하는 경우에는 특별시장·광역시장에게 정비 구역등의 해제를 요청하여야 한다.

③ 특별자치시장, 특별자치도지사, 시장, 군수 또는 구청장등이 다음 각 호의 어느 하나에 해당하는 경우에는 30일 이상 주민에게 공람하여 의견을 들어야 한다.

1. 제1항에 따라 정비구역등을 해제하는 경우
2. 제2항에 따라 정비구역등의 해제를 요청하는 경우

④ 특별자치시장, 특별자치도지사, 시장, 군수 또는 구청장등은 제3항에 따른 주민공람을 하는 경우에는 지방의회의 의견을 들어야 한다. 이 경우 지방의회는 특별자치시장, 특별자치 도지사, 시장, 군수 또는 구청장등이 정비구역등의 해제에 관한 계획을 통지한 날부터 60일 이내에 의견을 제시하여야 하며, 의견제시 없이 60일이 지난 경우 이의가 없는 것 으로 본다.

⑤ 정비구역의 지정권자는 제1항부터 제4항까지의 규정에 따라 정비구역등의 해제를 요청 받거나 정비구역등을 해제하려면 지방도시계획위원회의 심의를 거쳐야 한다. 다만, 「도시 재정비 촉진을 위한 특별법」 제5조에 따른 재정비촉진지구에서는 같은 법 제34조에 따른 도시재정비위원(이하 "도시재정비위원회"라 한다)회의 심의를 거쳐 정비구역등을 해제 하여야 한다. <개정 2021.4.13.>

⑥ 제1항에도 불구하고 정비구역의 지정권자는 다음 각 호의 어느 하나에 해당하는 경우에는 제1항제1호부터 제3호까지의 규정에 따른 해당 기간을 2년의 범위에서 연장하여 정비 구역등을 해제하지 아니할 수 있다.

1. 정비구역등의 토지등소유자(조합을 설립한 경우에는 조합원을 말한다)가 100분의 30 이상의 동의로 제1항제1호부터 제3호까지의 규정에 따른 해당 기간이 도래하기 전까지 연장을 요청하는 경우

2. 정비사업의 추진 상황으로 보아 주거환경의 계획적 정비 등을 위하여 정비구역등의 존치가 필요하다고 인정하는 경우

⑦ 정비구역의 지정권자는 제5항에 따라 정비구역등을 해제하는 경우(제6항에 따라 해제하지 아니한 경우를 포함한다)에는 그 사실을 해당 지방자치단체의 공보에 고시하고 국토교통부 장관에게 통보하여야 하며, 관계 서류를 일반인이 열람할 수 있도록 하여야 한다.

18] 정비구역등의 직권해제(제21조)

① 정비구역의 지정권자는 다음 각 호의 어느 하나에 해당하는 경우 지방도시계획위원회의 심의를 거쳐 정비구역등을 해제할 수 있다. 이 경우 제1호 및 제2호에 따른 구체적인 기준 등에 필요한 사항은 시·도조례로 정한다. <개정 2019.4.23., 2020.6.9>

1. 정비사업의 시행으로 토지등소유자에게 과도한 부담이 발생할 것으로 예상되는 경우

2. 정비구역등의 추진 상황으로 보아 지정 목적을 달성할 수 없다고 인정되는 경우

3. 토지등소유자의 100분의 30 이상이 정비구역등(추진위원회가 구성되지 아니한 구역 으로 한정한다)의 해제를 요청하는 경우

4. 제23조제1항제1호에 따른 방법으로 시행 중인 주거환경개선사업의 정비구역이 지정· 고시된 날부터 10년 이상 지나고, 추진 상황으로 보아 지정 목적을 달성할 수 없다고 인정되는 경우로서 토지등소유자의 과반수가 정비구역의 해제에 동의하는 경우

5. 추진위원회 구성 또는 조합 설립에 동의한 토지등소유자의 2분의 1 이상 3분의 2 이하의 범위에서 시·도조례로 정하는 비율 이상의 동의로 정비구역의 해제를 요청하는 경우(사업시행계획인가를 신청하지 아니한 경우로 한정한다)

6. 추진위원회가 구성되거나 조합이 설립된 정비구역에서 토지등소유자 과반수의 동의로 정비구역의 해제를 요청하는 경우(사업시행계획인가를 신청하지 아니한 경우로 한정한다)

② 제1항에 따른 정비구역등의 해제의 절차에 관하여는 제20조제3항부터 제5항까지 및 제7항을 준용한다.

③ 제1항에 따라 정비구역등을 해제하여 추진위원회 구성승인 또는 조합설립인가가 취소되는 경우 정비구역의 지정권자는 해당 추진위원회 또는 조합이 사용한 비용의 일부를 대통령령으로 정하는 범위에서 시·도조례로 정하는 바에 따라 보조할 수 있다.

19] 도시재생선도지역 지정 요청(제21조의2) [본조신설 2019.4.23.]

제20조 또는 제21조에 따라 정비구역등이 해제된 경우 정비구역의 지정권자는 해제된 정비구역등을 「도시재생 활성화 및 지원에 관한 특별법」에 따른 도시재생선도지역으로 지정하도록 국토교통부장관에게 요청할 수 있다.

20] 정비구역등 해제의 효력(제22조)

① 제20조 및 제21조에 따라 정비구역등이 해제된 경우에는 정비계획으로 변경된 용도지역, 정비기반시설 등은 정비구역 지정 이전의 상태로 환원된 것으로 본다. 다만, 제21조제1항제4호의 경우 정비구역의 지정권자는 정비기반시설의 설치 등 해당 정비사업의 추진 상황에 따라 환원되는 범위를 제한할 수 있다.

② 제20조 및 제21조에 따라 정비구역등(재개발사업 및 재건축사업을 시행하려는 경우로 한정한다. 이하 이 항에서 같다)이 해제된 경우 정비구역의 지정권자는 해제된 정비구역등을 제23조제1항제1호의 방법으로 시행하는 주거환경개선구역(주거환경개선사업을 시행하는 정비구역을 말한다. 이하 같다)으로 지정할 수 있다. 이 경우 주거환경개선구역으로 지정된 구역은 제7조에 따른 기본계획에 반영된 것으로 본다.

③ 제20조제7항 및 제21조제2항에 따라 정비구역등이 해제·고시된 경우 추진위원회 구성승인 또는 조합설립인가는 취소된 것으로 보고, 시장·군수등은 해당 지방자치단체의 공보에 그 내용을 고시하여야 한다.

제3장 정비사업의 시행

제1절 정비사업의 시행방법 등

1] 정비사업의 시행방법(제23조)

① **주거환경개선사업**은 다음 각 호의 어느 하나에 해당하는 방법 또는 이를 혼용하는 방법으로 한다.
  1. 제24조에 따른 사업시행자가 정비구역에서 정비기반시설 및 공동이용시설을 새로 설치하거나 확대하고 토지등소유자가 스스로 주택을 보전·정비하거나 개량하는 방법
  2. 제24조에 따른 사업시행자가 제63조에 따라 정비구역의 전부 또는 일부를 수용하여 주택을 건설한 후 토지등소유자에게 우선 공급하거나 대지를 토지등소유자 또는 토지등소유자 외의 자에게 공급하는 방법
  3. 제24조에 따른 사업시행자가 제69조제2항에 따라 환지로 공급하는 방법
  4. 제24조에 따른 사업시행자가 정비구역에서 제74조에 따라 인가받은 관리처분계획에 따라 주택 및 부대시설·복리시설을 건설하여 공급하는 방법

② **재개발사업**은 정비구역에서 제74조에 따라 인가받은 관리처분계획에 따라 건축물을 건설하여 공급하거나 제69조제2항에 따라 환지로 공급하는 방법으로 한다.

③ **재건축사업**은 정비구역에서 제74조에 따라 인가받은 관리처분계획에 따라 주택, 부대시설·복리시설 및 오피스텔(「건축법」 제2조제2항에 따른 오피스텔을 말한다. 이하 같다)을 건설하여 공급하는 방법으로 한다. 다만, 주택단지에 있지 아니하는 건축물의 경우에는

지형여건·주변의 환경으로 보아 사업 시행상 불가피한 경우로서 정비구역으로 보는 사업에 한정한다.

④ 제3항에 따라 오피스텔을 건설하여 공급하는 경우에는 「국토의 계획 및 이용에 관한 법률」에 따른 준주거지역 및 상업지역에서만 건설할 수 있다. 이 경우 오피스텔의 연면적은 전체 건축물 연면적의 100분의 30 이하이어야 한다.

2] 주거환경개선사업의 시행자(제24조)

① 제23조제1항제1호에 따른 방법으로 시행하는 주거환경개선사업은 시장·군수등이 직접 시행하되, 토지주택공사등을 사업시행자로 지정하여 시행하게 하려는 경우에는 제15조 제1항에 따른 공람공고일 현재 토지등소유자의 과반수의 동의를 받아야 한다.

② 제23조제1항제2호부터 제4호까지의 규정에 따른 방법으로 시행하는 주거환경개선사업은 시장·군수등이 직접 시행하거나 다음 각 호에서 정한 자에게 시행하게 할 수 있다.

  1. 시장·군수등이 다음 각 목의 어느 하나에 해당하는 자를 사업시행자로 지정하는 경우

    가. 토지주택공사등

    나. 주거환경개선사업을 시행하기 위하여 국가, 지방자치단체, 토지주택공사등 또는 「공공기관의 운영에 관한 법률」 제4조에 따른 공공기관이 총지분의 100분의 50을 초과하는 출자로 설립한 법인

  2. 시장·군수등이 제1호에 해당하는 자와 다음 각 목의 어느 하나에 해당하는 자를 공동 시행자로 지정하는 경우

    가. 「건설산업기본법」 제9조에 따른 **건설사업자**(이하 "**건설사업자**"라 한다)

    나. 「주택법」 제7조제1항에 따라 **건설사업자**로 보는 등록사업자(이하 "등록사업자"라 한다)

③ 제2항에 따라 시행하려는 경우에는 제15조제1항에 따른 공람공고일 현재 해당 정비예정 구역의 토지 또는 건축물의 소유자 또는 지상권자의 3분의 2 이상의 동의와 세입자(제15조제1항에 따른 공람공고일 3개월 전부터 해당 정비예정구역에 3개월 이상 거주하고 있는 자를 말한다) 세대수의 과반수의 동의를 각각 받아야 한다. 다만, 세입자의 세대수가 토지등소유자의 2분의 1 이하인 경우 등 대통령령으로 정하는 사유가 있는 경우에는 세입자의 동의절차를 거치지 아니할 수 있다.

④ 시장·군수등은 천재지변, 그 밖의 불가피한 사유로 건축물이 붕괴할 우려가 있어 긴급히 정비사업을 시행할 필요가 있다고 인정하는 경우에는 제1항 및 제3항에도 불구하고 토지등 소유자 및 세입자의 동의 없이 자신이 직접 시행하거나 토지주택공사등을 사업시행자로 지정하여 시행하게 할 수 있다. 이 경우 시장·군수등은 지체 없이 토지등소유자에게 긴급한 정비사업의 시행 사유·방법 및 시기 등을 통보하여야 한다.

3] 재개발사업·재건축사업의 시행자(제25조)

① **재개발사업**은 다음 각 호의 어느 하나에 해당하는 방법으로 시행할 수 있다.

  1. 조합이 시행하거나 조합이 조합원의 과반수의 동의를 받아 시장·군수등, 토지주택공사등, **건설사업자**, 등록사업자 또는 대통령령으로 정하는 요건을 갖춘 자와 공동으로 시행하 방법

  2. 토지등소유자가 20인 미만인 경우에는 토지등소유자가 시행하거나 토지등소유자가 토지등소유자의 과반수의 동의를 받아 시장·군수등, 토지주택공사등, **건설사업자**, 등록

사업자 또는 대통령령으로 정하는 요건을 갖춘 자와 공동으로 시행하는 방법

② **재건축사업**은 조합이 시행하거나 조합이 조합원의 과반수의 동의를 받아 시장·군수등, 토지주택공사등, **건설사업자** 또는 등록사업자와 공동으로 시행할 수 있다.

4] 재개발사업·재건축사업의 공공시행자(제26조)

① 시장·군수등은 재개발사업 및 재건축사업이 다음 각 호의 어느 하나에 해당하는 때에는 제25조에도 불구하고 직접 정비사업을 시행하거나 토지주택공사등(토지주택공사등이 **건설사업자** 또는 등록사업자와 공동으로 시행하는 경우를 포함한다)을 사업시행자로 지정하여 정비사업을 시행하게 할 수 있다. <개정 2018.6.12.>

1. 천재지변, 「재난 및 안전관리 기본법」 제27조 또는 「시설물의 안전 및 유지관리에 관한 특별법」 제23조에 따른 사용제한·사용금지, 그 밖의 불가피한 사유로 긴급하게 정비사업을 시행할 필요가 있다고 인정하는 때

2. 제16조제2항에 전단에 따라 고시된 정비계획에서 정한 정비사업시행 예정일부터 2년 이내에 사업시행계획인가를 신청하지 아니하거나 사업시행계획인가를 신청한 내용이 위법 또는 부당하다고 인정하는 때(재건축사업의 경우는 제외한다)

3. 추진위원회가 시장·군수등의 구성승인을 받은 날부터 3년 이내에 조합설립인가를 신청하지 아니하거나 조합이 조합설립인가를 받은 날부터 3년 이내에 사업시행계획인가를 신청하지 아니한 때

4. 지방자치단체의 장이 시행하는 「국토의 계획 및 이용에 관한 법률」 제2조제11호에 따른 도시·군계획사업과 병행하여 정비사업을 시행할 필요가 있다고 인정하는 때

5. 제59조제1항에 따른 순환정비방식으로 정비사업을 시행할 필요가 있다고 인정하는 때

6. 제113조에 따라 사업시행계획인가가 취소된 때

7. 해당 정비구역의 국·공유지 면적 또는 국·공유지와 토지주택공사등이 소유한 토지를 합한 면적이 전체 토지면적의 2분의 1 이상으로서 토지등소유자의 과반수가 시장·군수등 또는 토지주택공사등을 사업시행자로 지정하는 것에 동의하는 때

8. 해당 정비구역의 토지면적 2분의 1 이상의 토지소유자와 토지등소유자의 3분의 2 이상에 해당하는 자가 시장·군수등 또는 토지주택공사등을 사업시행자로 지정할 것을 요청하는 때. 이 경우 제14조제1항제2호에 따라 토지등소유자가 정비계획의 입안을 제안한 경우 입안 제안에 동의한 토지등소유자는 토지주택공사등의 사업시행자 지정에 동의한 것으로 본다. 다만, 사업시행자의 지정 요청 전에 시장·군수등 및 제47조에 따른 **주민대표회의에** 사업 시행자의 지정에 대한 반대의 의사표시를 한 토지등소유자의 경우에는 그러하지 아니하다.

② 시장·군수등은 제1항에 따라 직접 정비사업을 시행하거나 토지주택공사등을 사업시행자로 지정하는 때에는 정비사업 시행구역 등 토지등소유자에게 알릴 필요가 있는 사항으로서 대통령령으로 정하는 사항을 해당 지방자치단체의 공보에 고시하여야 한다. 다만, 제1항 제1호의 경우에는 토지등소유자에게 지체 없이 정비사업의 시행 사유·시기 및 방법 등을 통보하여야 한다.

③ 제2항에 따라 시장·군수등이 직접 정비사업을 시행하거나 토지주택공사등을 사업시행자로 지정·고시한 때에는 그 고시일 다음 날에 추진위원회의 구성승인 또는 조합설립인가가 취소된 것으로 본다. 이 경우 시장·군수등은 해당 지방자치단체의 공보에 해당 내용을

고시하여야 한다.

5] 재개발사업·재건축사업의 지정개발자(제27조)

① 시장·군수등은 재개발사업 및 재건축사업이 다음 각 호의 어느 하나에 해당하는 때에는 토지등소유자, 「사회기반시설에 대한 민간투자법」 제2조제12호에 따른 민관합동법인 또는 신탁업자로서 대통령령으로 정하는 요건을 갖춘 자(이하 "지정개발자"라 한다)를 사업시행자로 지정하여 정비사업을 시행하게 할 수 있다. <개정 2018.6.12.>

  1. 천재지변, 「재난 및 안전관리 기본법」 제27조 또는 「시설물의 안전 및 유지관리에 관한 특별법」 제23조에 따른 사용제한·사용금지, 그 밖의 불가피한 사유로 긴급하게 정비사업을 시행할 필요가 있다고 인정하는 때

  2. 제16조제2항 전단에 따라 고시된 정비계획에서 정한 정비사업시행 예정일부터 2년 이내에 사업시행계획인가를 신청하지 아니하거나 사업시행계획인가를 신청한 내용이 위법 또는 부당하다고 인정하는 때(재건축사업의 경우는 제외한다)

  3. 제35조에 따른 재개발사업 및 재건축사업의 조합설립을 위한 동의요건 이상에 해당하는 자가 신탁업자를 사업시행자로 지정하는 것에 동의하는 때

② 시장·군수등은 제1항에 따라 지정개발자를 사업시행자로 지정하는 때에는 정비사업 시행 구역 등 토지등소유자에게 알릴 필요가 있는 사항으로서 대통령령으로 정하는 사항을 해당 지방자치단체의 공보에 고시하여야 한다. 다만, 제1항제1호의 경우에는 토지등소유자에게 지체 없이 정비사업의 시행 사유·시기 및 방법 등을 통보하여야 한다.

③ 신탁업자는 제1항제3호에 따른 사업시행자 지정에 필요한 동의를 받기 전에 다음 각 호에 관한 사항을 토지등소유자에게 제공하여야 한다.

  1. 토지등소유자별 분담금 추산액 및 산출근거

  2. 그 밖에 추정분담금의 산출 등과 관련하여 시·도조례로 정하는 사항

④ 제1항제3호에 따른 토지등소유자의 동의는 국토교통부령으로 정하는 동의서에 동의를 받는 방법으로 한다. 이 경우 동의서에는 다음 각 호의 사항이 모두 포함되어야 한다.

  1. 건설되는 건축물의 설계의 개요

  2. 건축물의 철거 및 새 건축물의 건설에 드는 공사비 등 정비사업에 드는 비용(이하 "정비사업비"라 한다)

  3. 정비사업비의 분담기준(신탁업자에게 지급하는 신탁보수 등의 부담에 관한 사항을 포함한다)

  4. 사업 완료 후 소유권의 귀속

  5. 정비사업의 시행방법 등에 필요한 시행규정

  6. 신탁계약의 내용

⑤ 제2항에 따라 시장·군수등이 지정개발자를 사업시행자로 지정·고시한 때에는 그 고시일 다음 날에 추진위원회의 구성승인 또는 조합설립인가가 취소된 것으로 본다. 이 경우 시장·군수등은 해당 지방자치단체의 공보에 해당 내용을 고시하여야 한다.

6] 재개발사업·재건축사업의 사업대행자(제28조)

① 시장·군수등은 다음 각 호의 어느 하나에 해당하는 경우에는 해당 조합 또는 토지등소유자를 대신하여 직접 정비사업을 시행하거나 토지주택공사등 또는 지정개발자에게 해당 조합

또는 토지등소유자를 대신하여 정비사업을 시행하게 할 수 있다.

1. 장기간 정비사업이 지연되거나 권리관계에 관한 분쟁 등으로 해당 조합 또는 토지등
소유자가 시행하는 정비사업을 계속 추진하기 어렵다고 인정하는 경우

2. 토지등소유자(조합을 설립한 경우에는 조합원을 말한다)의 과반수 동의로 요청하는 경우

② 제1항에 따라 정비사업을 대행하는 시장·군수등, 토지주택공사등 또는 지정개발자(이하
"사업대행자"라 한다)는 사업시행자에게 청구할 수 있는 보수 또는 비용의 상환에 대한
권리로써 사업시행자에게 귀속될 대지 또는 건축물을 압류할 수 있다.

③ 제1항에 따라 정비사업을 대행하는 경우 사업대행의 개시결정, 그 결정의 고시 및 효과,
사업대행자의 업무집행, 사업대행의 완료와 그 고시 등에 필요한 사항은 대통령령으로
정한다.

7] 계약의 방법 및 시공자 선정 등(제29조)[제목개정 2017.8.9.]

① 추진위원장 또는 사업시행자(청산인을 포함한다)는 이 법 또는 다른 법령에 특별한
규정이 있는 경우를 제외하고는 계약(공사, 용역, 물품구매 및 제조 등을 포함한다.
이하 같다)을 체결하려면 일반경쟁에 부쳐야 한다. 다만, 계약규모, 재난의 발생 등
대통령령으로 정하는 경우에는 입찰 참가자를 지명(指名)하여 경쟁에 부치거나 수의
계약(隨意契約)으로 할 수 있다. <신설 2017.8.9.>

② 제1항 본문에 따라 일반경쟁의 방법으로 계약을 체결하는 경우로서 대통령령으로 정
하는 규모를 초과하는 계약은 「전자조달의 이용 및 촉진에 관한 법률」 제2조제4호의
국가종합전자조달시스템(이하 "전자조달시스템"이라 한다)을 이용하여야 한다.
<신설 2017.8.9.>

③ 제1항 및 제2항에 따라 계약을 체결하는 경우 계약의 방법 및 절차 등에 필요한 사항은
국토교통부장관이 정하여 고시한다. <신설 2017.8.9.>

④ 조합은 조합설립인가를 받은 후 조합총회에서 제1항에 따라 경쟁입찰 또는 수의계약
(2회 이상 경쟁입찰이 유찰된 경우로 한정한다)의 방법으로 **건설사업자** 또는 등록사업자를
시공자로 선정하여야 한다. 다만, 대통령령으로 정하는 규모 이하의 정비사업은 조합총회
에서 정관으로 정하는 바에 따라 선정할 수 있다. <개정 2017.8.9.>

⑤ 토지등소유자가 제25조제1항제2호에 따라 **재개발사업**을 시행하는 경우에는 제1항에도
불구하고 **사업시행계획인가를 받은 후** 제2조제11호나목에 따른 규약에 따라 **건설사업자**
또는 등록사업자를 시공자로 선정하여야 한다. <개정 2017.8.9.>

⑥ 시장·군수등이 제26조제1항 및 제27조제1항에 따라 <u>직접 정비사업을 시행하거나
토지주택공사등 또는 지정개발자를 사업시행자로 지정한 경우</u> 사업시행자는 제26조
제2항 및 제27조제2항에 따른 **사업시행자 지정·고시 후** 제1항에 따른 경쟁입찰 또는
수의계약의 방법으로 **건설사업자** 또는 <u>등록사업자</u>를 시공자로 선정하여야 한다.
<개정 2017.8.9.>

⑦ 제6항에 따라 시공자를 선정하거나 제23조제1항제4호의 방법으로 시행하는 주거환경
개선사업의 사업시행자가 시공자를 선정하는 경우 제47조에 따른 주민대표회의 또는
제48조에 따른 토지등소유자 전체회의는 대통령령으로 정하는 경쟁입찰 또는 수의계약
(2회 이상 경쟁입찰이 유찰된 경우로 한정한다)의 방법으로 시공자를 추천할 수 있다.

<개정 2017.8.9.>

⑧ 제7항에 따라 주민대표회의 또는 토지등소유자 전체회의가 시공자를 추천한 경우 사업 시행자는 추천받은 자를 시공자로 선정하여야 한다. 이 경우 시공자와의 계약에 관해서는 「지방자치단체를 당사자로 하는 계약에 관한 법률」 제9조 또는 「공공기관의 운영에 관한 법률」 제39조를 적용하지 아니한다. <개정 2017.8.9.>

⑨ **사업시행자**(사업대행자를 포함한다)**는** 제4항부터 제8항까지의 규정에 따라 선정된 **시공자와 공사에 관한 계약을 체결할 때에는 기존 건축물의 철거공사**(「석면안전관리법」에 따른 석면 조사·해체·제거를 포함한다)**에 관한 사항을 포함시켜야 한다.** <개정 2017.8.9.>

8] 공사비 검증요청 등(제29조의2) [본조신설 2019.4.23.]

① 재개발사업·재건축사업의 사업시행자(시장·군수등 또는 토지주택공사등이 단독 또는 공동으로 정비사업을 시행하는 경우는 제외한다)는 시공자와 계약 체결 후 다음 각 호의 어느 하나에 해당하는 때에는 **제114조에 따른 정비사업 지원기구에 공사비 검증을 요청하여야 한다.**

  1. 토지등소유자 또는 조합원 5분의 1 이상이 사업시행자에게 검증 의뢰를 요청하는 경우

  2. 공사비의 증액 비율(당초 계약금액 대비 누적 증액 규모의 비율로서 생산자물가 상승률은 제외한다)이 다음 각 목의 어느 하나에 해당하는 경우

    가. 사업시행계획인가 이전에 시공자를 선정한 경우: 100분의 10 이상

    나. 사업시행계획인가 이후에 시공자를 선정한 경우: 100분의 5 이상

  3. 제1호 또는 제2호에 따른 공사비 검증이 완료된 이후 공사비의 증액 비율(검증 당시 계약금액 대비 누적 증액 규모의 비율로서 생산자물가상승률은 제외한다)이 100분의 3 이상인 경우

② 제1항에 따른 공사비 검증의 방법 및 절차, 검증 수수료, 그 밖에 필요한 사항은 <u>국토교통부장관이 정하여 고시한다.</u>

9] 임대사업자의 선정(제30조) [제목개정 2018.1.16.]

① 사업시행자는 **공공지원민간임대주택**을 원활히 공급하기 위하여 <u>국토교통부장관이 정하는</u> 경쟁입찰의 방법 또는 수의계약(2회 이상 경쟁입찰이 유찰된 경우로 한정한다)의 방법으로 「민간임대주택에 관한 특별법」 제2조제7호에 따른 **임대사업자**(이하 "**임대사업자**"라 한다)를 선정할 수 있다. <개정 2018.1.16.>

② 제1항에 따른 **임대사업자**의 선정절차 등에 필요한 사항은 <u>국토교통부장관이 정하여 고시할 수 있다.</u> <개정 2018.1.16.>

제2절 조합설립추진위원회 및 조합의 설립 등

1] 조합설립추진위원회의 구성·승인(제31조)

① 조합을 설립하려는 경우에는 제16조에 따른 정비구역 지정·고시 후 다음 각 호의 사항에

대하여 토지등소유자 과반수의 동의를 받아 조합설립을 위한 추진위원회를 구성하여 국토교통부령으로 정하는 방법과 절차에 따라 시장·군수등의 승인을 받아야 한다.

  1. 추진위원회 위원장(이하 "추진위원장"이라 한다)을 포함한 5명 이상의 추진위원회 위원 (이하 "추진위원"이라 한다)

  2. 제34조제1항에 따른 운영규정

② 제1항에 따라 추진위원회의 구성에 동의한 토지등소유자(이하 이 조에서 "추진위원회 동의자"라 한다)는 제35조제1항부터 제5항까지의 규정에 따른 조합의 설립에 동의한 것으로 본다. 다만, 조합설립인가를 신청하기 전에 시장·군수등 및 추진위원회에 조합설립에 대한 반대의 의사표시를 한 추진위원회 동의자의 경우에는 그러하지 아니하다.

③ 제1항에 따른 토지등소유자의 동의를 받으려는 자는 대통령령으로 정하는 방법 및 절차에 따라야 한다. 이 경우 동의를 받기 전에 제2항의 내용을 설명·고지하여야 한다.

④ **정비사업에 대하여** 제118조에 따른 공공지원**을 하려는 경우에는 추진위원회를 구성하지 아니할 수 있다**. 이 경우 조합설립 방법 및 절차 등에 필요한 사항은 대통령령으로 정한다.

2] 추진위원회의 기능(제32조)

① 추진위원회는 다음 각 호의 업무를 수행할 수 있다.

  1. 제102조에 따른 정비사업전문관리업자(이하 "정비사업전문관리업자"라 한다)의 선정 및 변경

  2. 설계자의 선정 및 변경

  3. 개략적인 정비사업 시행계획서의 작성

  4. 조합설립인가를 받기 위한 준비업무

  5. 그 밖에 조합설립을 추진하기 위하여 대통령령으로 정하는 업무

② 추진위원회가 정비사업전문관리업자를 선정하려는 경우에는 제31조에 따라 추진위원회 승인을 받은 후 제29조제1항에 따른 경쟁입찰 또는 수의계약(**2회 이상** 경쟁입찰이 유찰된 경우로 한정한다)의 방법으로 선정하여야 한다. <개정 2017.8.9.>

③ 추진위원회는 제35조제2항, 제3항 및 제5항에 따른 조합설립인가를 신청하기 전에 대통령령으로 정하는 방법 및 절차에 따라 조합설립을 위한 창립총회를 개최하여야 한다.

④ 추진위원회가 제1항에 따라 수행하는 업무의 내용이 토지등소유자의 비용부담을 수반하거나 권리·의무에 변동을 발생시키는 경우로서 대통령령으로 정하는 사항에 대하여는 그 업무를 수행하기 전에 대통령령으로 정하는 비율 이상의 토지등소유자의 동의를 받아야 한다.

3] 추진위원회의 조직(제33조)

① 추진위원회는 추진위원회를 대표하는 추진위원장 1명과 감사를 두어야 한다.

② 추진위원의 선출에 관한 선거관리는 제41조제3항을 준용한다. 이 경우 "조합"은 "추진위원회"로, "조합임원"은 "추진위원"으로 본다.

③ 토지등소유자는 제34조에 따른 추진위원회의 운영규정에 따라 추진위원회에 추진위원의 교체 및 해임을 요구할 수 있으며, 추진위원장이 사임, 해임, 임기만료, 그 밖에 불가피한 사유 등으로 직무를 수행할 수 없는 때부터 6개월 이상 선임되지 아니한 경우 그 업무의 대행에 관하여는 제41조제5항 단서를 준용한다. 이 경우 "조합임원"은 "추진위원장"으로

본다.

④ 제3항에 따른 추진위원의 교체·해임 절차 등에 필요한 사항은 제34조제1항에 따른 운영규정에 따른다.

⑤ 추진위원의 결격사유는 제43조제1항부터 제3항까지를 준용한다. 이 경우 "조합"은 "추진위원회"로, "조합임원"은 "추진위원"으로 본다.

4] 추진위원회의 운영(제34조)

① 국토교통부장관은 추진위원회의 공정한 운영을 위하여 다음 각 호의 사항을 포함한 추진위원회의 운영규정을 정하여 고시하여야 한다.

　1. 추진위원의 선임방법 및 변경

　2. 추진위원의 권리·의무

　3. 추진위원회의 업무범위

　4. 추진위원회의 운영방법

　5. 토지등소유자의 운영경비 납부

　6. 추진위원회 운영자금의 차입

　7. 그 밖에 추진위원회의 운영에 필요한 사항으로서 대통령령으로 정하는 사항

② 추진위원회는 운영규정에 따라 운영하여야 하며, 토지등소유자는 운영에 필요한 경비를 운영규정에 따라 납부하여야 한다.

③ 추진위원회는 수행한 업무를 제44조에 따른 총회(이하 "총회"라 한다)에 보고하여야 하며, 그 업무와 관련된 권리·의무는 조합이 포괄 승계한다.

④ 추진위원회는 사용경비를 기재한 회계장부 및 관계 서류를 조합설립인가일부터 30일 이내에 조합에 인계하여야 한다.

⑤ 추진위원회의 운영에 필요한 사항은 대통령령으로 정한다.

5] 조합설립인가 등(제35조)

① 시장·군수등, 토지주택공사등 또는 지정개발자가 아닌 자가 정비사업을 시행하려는 경우에는 토지등소유자로 구성된 조합을 설립하여야 한다. 다만, 제25조제1항제2호에 따라 토지등소유자가 재개발사업을 시행하려는 경우에는 그러하지 아니하다.

② **재개발사업의 추진위원회**(제31조제4항에 따라 추진위원회를 구성하지 아니하는 경우에는 토지등소유자를 말한다)가 조합을 설립하려면 토지등소유자의 4분의 3 이상 및 토지면적의 2분의 1 이상의 토지소유자의 동의를 받아 다음 각 호의 사항을 첨부하여 시장·군수등의 인가를 받아야 한다.

　1. 정관

　2. 정비사업비와 관련된 자료 등 국토교통부령으로 정하는 서류

　3. 그 밖에 시·도조례로 정하는 서류

③ **재건축사업의 추진위원회**(제31조제4항에 따라 추진위원회를 구성하지 아니하는 경우에는 토지등소유자를 말한다)**가 조합을 설립하려는 때에는 주택단지의 공동주택의 각 동**(복리시설의 경우에는 주택단지의 복리시설 전체를 하나의 동으로 본다)**별 구분소유자의 과반수 동의**(공동주택의 각 동별 구분소유자가 5 이하인 경우는 제외한다)**와 주택단지의 전체**

구분소유자의 4분의 3 이상 및 토지면적의 4분의 3 이상의 토지소유자의 동의를 받아 제2항 각 호의 사항을 첨부하여 시장·군수등의 인가를 받아야 한다.

④ 제3항에도 불구하고 주택단지가 아닌 지역이 정비구역에 포함된 때에는 주택단지가 아닌 지역의 토지 또는 건축물 소유자의 4분의 3 이상 및 토지면적의 3분의 2 이상의 토지 소유자의 동의를 받아야 한다. <개정 2019.4.23.>

⑤ 제2항 및 제3항에 따라 설립된 조합이 인가받은 사항을 변경하고자 하는 때에는 총회에서 조합원의 3분의 2 이상의 찬성으로 의결하고, 제2항 각 호의 사항을 첨부하여 시장·군수 등의 인가를 받아야 한다. 다만, 대통령령으로 정하는 경미한 사항을 변경하려는 때에는 총회의 의결 없이 시장·군수등에게 신고하고 변경할 수 있다.

⑥ 시장·군수등은 제5항 단서에 따른 신고를 받은 날부터 20일 이내에 신고수리 여부를 신고인에게 통지하여야 한다. <신설 2021.3.16.>

⑦ 시장·군수등이 제6항에서 정한 기간 내에 신고수리 여부 또는 민원 처리 관련 법령에 따른 처리기간의 연장을 신고인에게 통지하지 아니하면 그 기간(민원 처리 관련 법령에 따라 처리기간이 연장 또는 재연장된 경우에는 해당 처리기간을 말한다)이 끝난 날의 다음 날에 신고를 수리한 것으로 본다. <신설 2021.3.16.>

⑧ 조합이 정비사업을 시행하는 경우 「주택법」 제54조를 적용할 때에는 조합을 같은 법 제2조제10호에 따른 사업주체로 보며, 조합설립인가일부터 같은 법 제4조에 따른 주택건설사업 등의 등록을 한 것으로 본다. <개정 2021.3.16.>

⑨ 제2항부터 제5항까지의 규정에 따른 토지등소유자에 대한 동의의 대상 및 절차, 조합설립신청 및 인가 절차, 인가받은 사항의 변경 등에 필요한 사항은 대통령령으로 정한다.<개정 2021.3.16.>

⑩ 추진위원회는 조합설립에 필요한 동의를 받기 전에 추정분담금 등 대통령령으로 정하는 정보를 토지등소유자에게 제공하여야 한다. <개정 2021.3.16.>

6] 토지등소유자의 동의방법 등(제36조)

① 다음 각 호에 대한 동의(동의한 사항의 철회 또는 제26조제1항제8호 단서, 제31조제2항 단서 및 제47조제4항 단서에 따른 반대의 의사표시를 포함한다)는 서면동의서에 토지등 소유자가 성명을 적고 지장(指章)을 날인하는 방법으로 하며, 주민등록증, 여권 등 신원을 확인할 수 있는 신분증명서의 사본을 첨부하여야 한다. <개정 2021.3.16.>

1. 제20조제6항제1호에 따라 정비구역등 해제의 연장을 요청하는 경우
2. 제21조제1항제4호에 따라 정비구역의 해제에 동의하는 경우
3. 제24조제1항에 따라 주거환경개선사업의 시행자를 토지주택공사등으로 지정하는 경우
4. 제25조제1항제2호에 따라 토지등소유자가 재개발사업을 시행하려는 경우
5. 제26조 또는 제27조에 따라 재개발사업·재건축사업의 공공시행자 또는 지정개발자를 지정하는 경우
6. 제31조제1항에 따라 조합설립을 위한 추진위원회를 구성하는 경우
7. 제32조제4항에 따라 추진위원회의 업무가 토지등소유자의 비용부담을 수반하거나 권리·의무에 변동을 가져오는 경우
8. 제35조제2항부터 제5항까지의 규정에 따라 조합을 설립하는 경우
9. 제47조제3항에 따라 주민대표회의를 구성하는 경우

10. 제50조제6항에 따라 사업시행계획인가를 신청하는 경우

11. 제58조제3항에 따라 사업시행자가 사업시행계획서를 작성하려는 경우

② 제1항에도 불구하고 토지등소유자가 해외에 장기체류하거나 법인인 경우 등 불가피한 사유가 있다고 시장·군수등이 인정하는 경우에는 토지등소유자의 인감도장을 찍은 서면동의서에 해당 인감증명서를 첨부하는 방법으로 할 수 있다.

③ 제1항 및 제2항에 따라 서면동의서를 작성하는 경우 제31조제1항 및 제35조제2항부터 제4항까지의 규정에 해당하는 때에는 시장·군수등이 대통령령으로 정하는 방법에 따라 검인(檢印)한 서면동의서를 사용하여야 하며, 검인을 받지 아니한 서면동의서는 그 효력이 발생하지 아니한다.

④ 제1항, 제2항 및 제12조에 따른 토지등소유자의 동의자 수 산정 방법 및 절차 등에 필요한 사항은 대통령령으로 정한다.

7] 토지등소유자의 동의서 재사용의 특례(제37조)

① 조합설립인가(변경인가를 포함한다. 이하 이 조에서 같다)를 받은 후에 동의서 위조, 동의 철회, 동의율 미달 또는 동의자 수 산정방법에 관한 하자 등으로 다툼이 있는 경우로서 다음 각 호의 어느 하나에 해당하는 때에는 동의서의 유효성에 다툼이 없는 토지등소유자의 동의서를 다시 사용할 수 있다.

1. 조합설립인가의 무효 또는 취소소송 중에 일부 동의서를 추가 또는 보완하여 조합설립 변경인가를 신청하는 때

2. 법원의 판결로 조합설립인가의 무효 또는 취소가 확정되어 조합설립인가를 다시 신청하는 때

② 조합(제1항제2호의 경우에는 추진위원회를 말한다)이 제1항에 따른 토지등소유자의 동의서를 다시 사용하려면 다음 각 호의 요건을 충족하여야 한다.

1. 토지등소유자에게 기존 동의서를 다시 사용할 수 있다는 취지와 반대 의사표시의 절차 및 방법을 설명·고지할 것

2. 제1항제2호의 경우에는 다음 각 목의 요건

가. 조합설립인가의 무효 또는 취소가 확정된 조합과 새롭게 설립하려는 조합이 추진하려는 정비사업의 목적과 방식이 동일할 것

나. 조합설립인가의 무효 또는 취소가 확정된 날부터 3년의 범위에서 대통령령으로 정하는 기간 내에 새로운 조합을 설립하기 위한 창립총회를 개최할 것

③ 제1항에 따른 토지등소유자의 동의서 재사용의 요건(정비사업의 내용 및 정비계획의 변경범위 등을 포함한다), 방법 및 절차 등에 필요한 사항은 대통령령으로 정한다.

8] 조합의 법인격 등(제38조)

① 조합은 법인으로 한다.

② 조합은 조합설립인가를 받은 날부터 30일 이내에 주된 사무소의 소재지에서 대통령령으로 정하는 사항을 등기하는 때에 성립한다.

③ 조합은 명칭에 "정비사업조합"이라는 문자를 사용하여야 한다.

9] 조합원의 자격 등(제39조)

① 제25조에 따른 정비사업의 조합원(사업시행자가 신탁업자인 경우에는 위탁자를 말한다. 이하 이 조에서 같다)은 토지등소유자(재건축사업의 경우에는 재건축사업에 동의한 자만 해당한다)로 하되, 다음 각 호의 어느 하나에 해당하는 때에는 그 여러 명을 대표하는 1명을 조합원으로 본다. <개정 2017.8.9., 2018.3.20.>

1. 토지 또는 건축물의 소유권과 지상권이 여러 명의 공유에 속하는 때

2. 여러 명의 토지등소유자가 1세대에 속하는 때. 이 경우 동일한 세대별 주민등록표 상에 등재되어 있지 아니한 배우자 및 미혼인 19세 미만의 직계비속은 1세대로 보며, 1세대로 구성된 여러 명의 토지등소유자가 조합설립인가 후 세대를 분리하여 동일한 세대에 속하지 아니하는 때에도 이혼 및 19세 이상 자녀의 분가(세대별 주민등록을 달리하고, 실거주지를 분가한 경우로 한정한다)를 제외하고는 1세대로 본다.

3. 조합설립인가(조합설립인가 전에 제27조제1항제3호에 따라 신탁업자를 사업시행자로 지정한 경우에는 사업시행자의 지정을 말한다. 이하 이 조에서 같다) 후 1명의 토지등 소유자로부터 토지 또는 건축물의 소유권이나 지상권을 양수하여 여러 명이 소유하게 된 때

② 「주택법」 제63조제1항에 따른 투기과열지구(이하 "투기과열지구"라 한다)로 지정된 지역에서 재건축사업을 시행하는 경우에는 조합설립인가 후, 재개발사업을 시행하는 경우에는 제74조에 따른 관리처분계획의 인가 후 해당 정비사업의 건축물 또는 토지를 양수(매매·증여, 그 밖의 권리의 변동을 수반하는 일체의 행위를 포함하되, 상속·이혼으로 인한 양도·양수의 경우는 제외한다. 이하 이 조에서 같다)한 자는 제1항에도 불구하고 조합원이 될 수 없다. 다만, 양도인이 다음 각 호의 어느 하나에 해당하는 경우 그 양도인으로부터 그 건축물 또는 토지를 양수한 자는 그러하지 아니하다.<개정 2020.6.9., 2021.4.13.>

1. 세대원(세대주가 포함된 세대의 구성원을 말한다. 이하 이 조에서 같다)의 근무상 또는 생업상의 사정이나 질병치료(「의료법」 제3조에 따른 의료기관의 장이 1년 이상의 치료나 요양이 필요하다고 인정하는 경우로 한정한다)·취학·결혼으로 세대원이 모두 해당 사업구역에 위치하지 아니한 특별시·광역시·특별자치시·특별자치도·시 또는 군으로 이전하는 경우

2. 상속으로 취득한 주택으로 세대원 모두 이전하는 경우

3. 세대원 모두 해외로 이주하거나 세대원 모두 2년 이상 해외에 체류하려는 경우

4. 1세대(제1항제2호에 따라 1세대에 속하는 때를 말한다) 1주택자로서 양도하는 주택에 대한 소유기간 및 거주기간이 대통령령으로 정하는 기간 이상인 경우

   (주: 대통령령(시행령) 제37조제1항에서 정하고 있는 기간은 소유 10년과 거주 5년이다)

5. 제80조에 따른 지분형주택을 공급받기 위하여 건축물 또는 토지를 토지주택공사등과 공유하려는 경우

6. 공공임대주택, 「공공주택 특별법」에 따른 공공분양주택의 공급 및 대통령령으로 정하는 사업을 목적으로 건축물 또는 토지를 양수하려는 공공재개발사업 시행자에게 양도하려는 경우

7. 그 밖에 불가피한 사정으로 양도하는 경우로서 대통령령으로 정하는 경우

③ 사업시행자는 제2항 각 호 외의 부분 본문에 따라 조합원의 자격을 취득할 수 없는 경우 정비사업의 토지, 건축물 또는 그 밖의 권리를 취득한 자에게 제73조를 준용하여 손실

보상을 하여야 한다.

10] 정관의 기재사항 등(제40조) [시행일 : 2019.10.24.] 제40조

① 조합의 정관에는 다음 각 호의 사항이 포함되어야 한다.

  1. 조합의 명칭 및 사무소의 소재지

  2. 조합원의 자격

  3. 조합원의 제명·탈퇴 및 교체

  4. 정비구역의 위치 및 면적

  5. 제41조에 따른 조합의 임원(이하 "조합임원"이라 한다)의 수 및 업무의 범위

  6. 조합임원의 권리·의무·보수·선임방법·변경 및 해임

  7. 대의원의 수, 선임방법, 선임절차 및 대의원회의 의결방법

  8. 조합의 비용부담 및 조합의 회계

  9. 정비사업의 시행연도 및 시행방법

  10. 총회의 소집 절차·시기 및 의결방법

  11. 총회의 개최 및 조합원의 총회소집 요구

  12. 제73조제3항에 따른 이자 지급

  13. 정비사업비의 부담 시기 및 절차

  14. 정비사업이 종결된 때의 청산절차

  15. 청산금의 징수·지급의 방법 및 절차

  16. 시공자·설계자의 선정 및 계약서에 포함될 내용

  17. 정관의 변경절차

  18. 그 밖에 정비사업의 추진 및 조합의 운영을 위하여 필요한 사항으로서 대통령령으로 정하는 사항

② 시·도지사는 제1항 각 호의 사항이 포함된 표준정관을 작성하여 보급할 수 있다. <개정 2019.4.23.>

③ 조합이 **정관을 변경**하려는 경우에는 제35조제2항부터 제5항까지의 규정에도 불구하고 총회를 개최하여 **조합원 과반수의 찬성**으로 시장·군수등의 인가를 받아야 한다. 다만, **제1항제2호·제3호·제4호·제8호·제13호 또는 제16호의 경우에는 조합원 3분의 2 이상의 찬성으로 한다.**

④ 제3항에도 불구하고 대통령령으로 정하는 경미한 사항을 변경하려는 때에는 이 법 또는 정관으로 정하는 방법에 따라 변경하고 시장·군수등에게 신고하여야 한다.

⑤ 시장·군수등은 제4항에 따른 신고를 받은 날부터 20일 이내에 신고수리 여부를 신고인에게 통지하여야 한다. <신설 2021.3.16.>

⑥ 시장·군수등이 제5항에서 정한 기간 내에 신고수리 여부 또는 민원 처리 관련 법령에 따른 처리기간의 연장을 신고인에게 통지하지 아니하면 그 기간(민원 처리 관련 법령에 따라 처리기간이 연장 또는 재연장된 경우에는 해당 처리기간을 말한다)이 끝난 날의 다음 날에 신고를 수리한 것으로 본다. <신설 2021.3.16.>

11] 조합의 임원(제41조)

① 조합은 다음 각 호의 어느 하나의 요건을 갖춘 조합장 1명과 이사, 감사를 임원으로 둔다.

이 경우 조합장은 선임일부터 제74조제1항에 따른 관리처분계획인가를 받을 때까지는 해당 정비구역에서 거주(영업을 하는 자의 경우 영업을 말한다. 이하 이 조 및 제43조에서 같다) 하여야 한다. <개정 2019.4.23.>

1. 정비구역에서 거주하고 있는 자로서 선임일 직전 3년 동안 정비구역 내 거주 기간이 1년 이상일 것

2. 정비구역에 위치한 건축물 또는 토지(재건축사업의 경우에는 건축물과 그 부속토지를 말한다)를 5년 이상 소유하고 있을 것

3. 삭제 <2019.4.23.>

② 조합의 이사와 감사의 수는 대통령령으로 정하는 범위에서 정관으로 정한다.

③ 조합은 총회 의결을 거쳐 조합임원의 선출에 관한 선거관리를 「선거관리위원회법」 제3조에 따라 선거관리위원회에 위탁할 수 있다.

④ 조합임원의 임기는 3년 이하의 범위에서 정관으로 정하되, 연임할 수 있다.

⑤ 조합임원의 선출방법 등은 정관으로 정한다. 다만, **시장·군수등**은 다음 각 호의 어느 하나에 해당하는 경우 시·도조례로 정하는 바에 따라 변호사·회계사·기술사 등으로서 대통령령으로 정하는 요건을 갖춘 자를 **전문조합관리인으로 선정하여 조합임원의 업무를 대행하게 할 수 있다.** <개정 2019.4.23.>

1. 조합임원이 사임, 해임, 임기만료, 그 밖에 불가피한 사유 등으로 직무를 수행할 수 없는 때부터 6개월 이상 선임되지 아니한 경우

2. 총회에서 조합원 과반수의 출석과 출석 조합원 과반수의 동의로 전문조합관리인의 선정을 요청하는 경우

⑥ 제5항에 따른 전문조합관리인의 선정절차, 업무집행 등에 필요한 사항은 대통령령으로 정한다.

12] 조합임원의 직무 등(제42조)

① 조합장은 조합을 대표하고, 그 사무를 총괄하며, 총회 또는 제46조에 따른 대의원회의 의장이 된다.

② 제1항에 따라 조합장이 대의원회의 의장이 되는 경우에는 대의원으로 본다.

③ 조합장 또는 이사가 자기를 위하여 조합과 계약이나 소송을 할 때에는 감사가 조합을 대표한다.

④ 조합임원은 같은 목적의 정비사업을 하는 다른 조합의 임원 또는 직원을 겸할 수 없다.

13] 조합임원 등의 결격사유 및 해임(제43조) [제목개정 2019.4.23.]

① 다음 각 호의 어느 하나에 해당하는 자는 조합임원 또는 전문조합관리인이 될 수 없다. <개정 2020.6.9.>

1. 미성년자·피성년후견인 또는 피한정후견인

2. 파산선고를 받고 복권되지 아니한 자

3. 금고 이상의 실형을 선고받고 그 집행이 종료(종료된 것으로 보는 경우를 포함한다) 되거나 집행이 면제된 날부터 2년이 경과되지 아니한 자

4. 금고 이상의 형의 집행유예를 받고 그 유예기간 중에 있는 자

5. 이 법을 위반하여 벌금 100만원 이상의 형을 선고받고 10년이 지나지 아니한 자

② 조합임원이 다음 각 호의 어느 하나에 해당하는 경우에는 당연 퇴임한다.<개정 2020.6.9.>

    1. 제1항 각 호의 어느 하나에 해당하게 되거나 선임 당시 그에 해당하는 자이었음이 밝혀진 경우

    2. 조합임원이 제41조제1항에 따른 자격요건을 갖추지 못한 경우

③ 제2항에 따라 퇴임된 임원이 퇴임 전에 관여한 행위는 그 효력을 잃지 아니한다.

④ 조합임원은 제44조제2항에도 불구하고 조합원 10분의 1 이상의 요구로 소집된 총회에서 조합원 과반수의 출석과 출석 조합원 과반수의 동의를 받아 해임할 수 있다. 이 경우 요구자 대표로 선출된 자가 해임 총회의 소집 및 진행을 할 때에는 조합장의 권한을 대행한다.

⑤ 제41조제5항제2호에 따라 시장·군수등이 전문조합관리인을 선정한 경우 전문조합관리인이 업무를 대행할 임원은 당연 퇴임한다. <신설 2019.4.23.> ※ 2021.8.10. 신설된 제43조의2 기록생략

14] 총회의 소집(제44조)[시행일 : 2021.11.11.] 제44조

① 조합에는 조합원으로 구성되는 총회를 둔다.

② 총회는 조합장이 직권으로 소집하거나 조합원 5분의 1 이상(정관의 기재사항 중 제40조제1항제6호에 따른 조합임원의 권리·의무·보수·선임방법·변경 및 해임에 관한 사항을 변경하기 위한 총회의 경우는 10분의 1 이상으로 한다) 또는 대의원 3분의 2 이상의 요구로 조합장이 소집한다. <개정 2019.4.23.>

③ 제2항에도 불구하고 조합임원의 사임, 해임 또는 임기만료 후 6개월 이상 조합임원이 선임되지 아니한 경우에는 시장·군수등이 조합임원 선출을 위한 총회를 소집할 수 있다.

④ 제2항 및 제3항에 따라 총회를 소집하려는 자는 **총회가 개최되기 7일 전까지** 회의 목적·안건·일시 및 **장소와 제45조제5항에 따른 서면의결권의 행사기간 및 장소 등 서면의결권 행사에 필요한 사항을** 정하여 조합원에게 통지하여야 한다.(개정 2021.8.10.)

⑤ 총회의 소집 절차·시기 등에 필요한 사항은 정관으로 정한다.

15] 총회의 의결(제45조)[시행일 : 2021.11.11.] 제45조

① 다음 각 호의 사항은 총회의 의결을 거쳐야 한다.<개정 2020.4.7., 2021.3.16.>

    1. 정관의 변경(제40조제4항에 따른 경미한 사항의 변경은 이 법 또는 정관에서 총회의결 사항으로 정한 경우로 한정한다)

    2. 자금의 차입과 그 방법·이자율 및 상환방법

    3. 정비사업비의 **세부 항목별 사용계획이 포함된 예산안 및 예산의 사용내역**

    4. 예산으로 정한 사항 외에 조합원에게 부담이 되는 계약

    5. **시공자·설계자 및 감정평가법인등(제74조제4항에 따라 시장·군수등이 선정·계약하는 감정평가법인등은 제외한다)의 선정 및 변경. 다만, 감정평가법인등 선정 및 변경은 총회의 의결을 거쳐 시장·군수등에게 위탁할 수 있다.**

    6. 정비사업전문관리업자의 선정 및 변경

    7. 조합임원의 선임 및 해임

    8. 정비사업비의 조합원별 분담내역

9. 제52조에 따른 사업시행계획서의 작성 및 변경(제50조제1항 본문에 따른 정비사업의 중지 또는 폐지에 관한 사항을 포함하며, 같은 항 단서에 따른 경미한 변경은 제외한다)

10. 제74조에 따른 관리처분계획의 수립 및 변경(제74조제1항 각 호 외의 부분 단서에 따른 경미한 변경은 제외한다)

11. 제89조에 따른 청산금의 징수·지급(분할징수·분할지급을 포함한다)과 조합 해산 시의 회계보고

12. 제93조에 따른 비용의 금액 및 징수방법

13. 그 밖에 조합원에게 경제적 부담을 주는 사항 등 주요한 사항을 결정하기 위하여 대통령령 또는 정관으로 정하는 사항

② 제1항 각 호의 사항 중 이 법 또는 정관에 따라 조합원의 동의가 필요한 사항은 총회에 상정하여야 한다.

③ **총회의 의결은 이 법 또는 정관에 다른 규정이 없으면 조합원 과반수의 출석과 출석 조합원의 과반수 찬성으로 한다.**

④ **제1항제9호 및 제10호의 경우에는 조합원 과반수의 찬성으로 의결한다. 다만, 정비사업비가 100분의 10(생산자물가상승률분, 제73조에 따른 손실보상 금액은 제외한다) 이상 늘어나는 경우에는 조합원 3분의 2 이상의 찬성으로 의결하여야 한다.**

⑤ 조합원은 서면으로 의결권을 행사하거나 다음 각 호의 어느 하나에 해당하는 경우에는 대리인을 통하여 의결권을 행사할 수 있다. 서면으로 의결권을 행사하는 경우에는 정족수를 산정할 때에 출석한 것으로 본다.

1. 조합원이 권한을 행사할 수 없어 배우자, 직계존비속 또는 형제자매 중에서 성년자를 대리인으로 정하여 위임장을 제출하는 경우

2. 해외에 거주하는 조합원이 대리인을 지정하는 경우

3. 법인인 토지등소유자가 대리인을 지정하는 경우. 이 경우 법인의 대리인은 조합임원 또는 대의원으로 선임될 수 있다.

⑥ 조합은 제5항에 따른 서면의결권을 행사하는 자가 본인인지를 확인하여야 한다. <신설 2021.8.10.>

⑦ **총회의 의결은 조합원의 100분의 10 이상이 직접 출석(제5항 각 호의 어느 하나에 해당하여 대리인을 통하여 의결권을 행사하는 경우 직접 출석한 것으로 본다. 이하 이 조에서 같다)"하여야 한다. 다만, 창립총회, 사업시행계획서의 작성 및 변경, 관리처분계획의 수립 및 변경을 의결하는 총회 등 대통령령으로 정하는 총회의 경우에는 조합원의 100분의 20 이상이 직접 출석하여야 한다.** <개정 2021.8.10.>

⑧ 제5항에도 불구하고 「재난 및 안전관리 기본법」 제3조제1호에 따른 재난의 발생 등 대통령령으로 정하는 사유가 발생하여 시장·군수등이 조합원의 직접 출석이 어렵다고 인정하는 경우에는 전자적 방법(「전자문서 및 전자거래 기본법」 제2조제2호에 따른 정보처리시스템을 사용하거나 그 밖의 정보통신기술을 이용하는 방법을 말한다)으로 의결권을 행사할 수 있다. 이 경우 정족수를 산정할 때에는 직접 출석한 것으로 본다.<신설 2021.8.10.>

⑨ **총회의 의결방법, 서면의결권 행사 및 본인확인방법 등에 필요한 사항은 정관으로 정한다.** <개정 2021.8.10.>

16] 대의원회(제46조)

① 조합원의 수가 100명 이상인 조합은 대의원회를 두어야 한다.

② 대의원회는 조합원의 10분의 1 이상으로 구성한다. 다만, 조합원의 10분의 1이 100명을 넘는 경우에는 조합원의 10분의 1의 범위에서 100명 이상으로 구성할 수 있다.

③ 조합장이 아닌 조합임원은 대의원이 될 수 없다.

④ 대의원회는 총회의 의결사항 중 대통령령으로 정하는 사항 외에는 총회의 권한을 대행할 수 있다.

⑤ 대의원의 수, 선임방법, 선임절차 및 대의원회의 의결방법 등은 대통령령으로 정하는 범위에서 정관으로 정한다.

17] 주민대표회의(제47조)

① 토지등소유자가 시장·군수등 또는 토지주택공사등의 사업시행을 원하는 경우에는 정비구역 지정·고시 후 주민대표기구(이하 "주민대표회의"라 한다)를 구성하여야 한다.

② 주민대표회의는 위원장을 포함하여 5명 이상 25명 이하로 구성한다.

③ 주민대표회의는 토지등소유자의 과반수의 동의를 받아 구성하며, 국토교통부령으로 정하는 방법 및 절차에 따라 시장·군수등의 승인을 받아야 한다.

④ 제3항에 따라 주민대표회의의 구성에 동의한 자는 제26조제1항제8호 후단에 따른 사업시행자의 지정에 동의한 것으로 본다. 다만, 사업시행자의 지정 요청 전에 시장·군수등 및 주민대표회의에 사업시행자의 지정에 대한 반대의 의사표시를 한 토지등소유자의 경우에는 그러하지 아니하다.

⑤ 주민대표회의 또는 세입자(상가세입자를 포함한다. 이하 같다)는 사업시행자가 다음 각 호의 사항에 관하여 제53조에 따른 시행규정을 정하는 때에 의견을 제시할 수 있다. 이 경우 사업시행자는 주민대표회의 또는 세입자의 의견을 반영하기 위하여 노력하여야 한다.
   1. 건축물의 철거
   2. 주민의 이주(세입자의 퇴거에 관한 사항을 포함한다)
   3. 토지 및 건축물의 보상(세입자에 대한 주거이전비 등 보상에 관한 사항을 포함한다)
   4. 정비사업비의 부담
   5. 세입자에 대한 임대주택의 공급 및 입주자격
   6. 그 밖에 정비사업의 시행을 위하여 필요한 사항으로서 대통령령으로 정하는 사항

⑥ 주민대표회의의 운영, 비용부담, 위원의 선임 방법 및 절차 등에 필요한 사항은 대통령령으로 정한다.

18] 토지등소유자 전체회의(제48조)[시행일 : 2021.11.11.] 제48조

① 제27조제1항제3호에 따라 사업시행자로 지정된 신탁업자는 다음 각 호의 사항에 관하여 해당 정비사업의 토지등소유자(재건축사업의 경우에는 신탁업자를 사업시행자로 지정하는 것에 동의한 토지등소유자를 말한다. 이하 이 조에서 같다) 전원으로 구성되는 회의(이하 "토지등소유자 전체회의"라 한다)의 의결을 거쳐야 한다.
   1. 시행규정의 확정 및 변경
   2. 정비사업비의 사용 및 변경

3. 정비사업전문관리업자와의 계약 등 토지등소유자의 부담이 될 계약

4. 시공자의 선정 및 변경

5. 정비사업비의 토지등소유자별 분담내역

6. 자금의 차입과 그 방법·이자율 및 상환방법

7. 제52조에 따른 사업시행계획서의 작성 및 변경(제50조제1항 본문에 따른 정비사업의 중지 또는 폐지에 관한 사항을 포함하며, 같은 항 단서에 따른 경미한 변경은 제외한다)

8. 제74조에 따른 관리처분계획의 수립 및 변경(제74조제1항 각 호 외의 부분 단서에 따른 경미한 변경은 제외한다)

9. 제89조에 따른 청산금의 징수·지급(분할징수·분할지급을 포함한다)과 조합 해산 시의 회계보고

10. 제93조에 따른 비용의 금액 및 징수방법

11. 그 밖에 토지등소유자에게 부담이 되는 것으로 시행규정으로 정하는 사항

② 토지등소유자 전체회의는 사업시행자가 직권으로 소집하거나 토지등소유자 5분의 1 이상의 요구로 사업시행자가 소집한다.

③ 토지등소유자 전체회의의 소집 절차·시기 및 의결방법 등에 관하여는 제44조제5항, 제45조제3항·제4항·**제7항 및 제9항**을 준용한다. 이 경우 "총회"는 "토지등소유자 전체회의"로, "정관"은 "시행규정"으로, "조합원"은 "토지등소유자"로 본다. <개정 2021.8.10.>

19] 민법의 준용(제49조)

조합에 관하여는 이 법에 규정된 사항을 제외하고는 「민법」 중 사단법인에 관한 규정을 준용한다.

제3절 사업시행계획 등

1] 사업시행계획인가(제50조)

① 사업시행자(제25조제1항 및 제2항에 따른 공동시행의 경우를 포함하되, 사업시행자가 시장·군수등인 경우는 제외한다)는 정비사업을 시행하려는 경우에는 제52조에 따른 사업시행계획서(이하 "사업시행계획서"라 한다)에 정관등과 그 밖에 국토교통부령으로 정하는 서류를 첨부하여 시장·군수등에게 제출하고 사업시행계획인가를 받아야 하고, 인가받은 사항을 변경하거나 정비사업을 중지 또는 폐지하려는 경우에도 또한 같다. 다만, 대통령령으로 정하는 경미한 사항을 변경하려는 때에는 시장·군수등에게 신고하여야 한다.

② 시장·군수등은 제1항 단서에 따른 신고를 받은 날부터 **20일 이내에 신고수리 여부를 신고인에게 통지**하여야 한다. <신설 2021.3.16.>

③ 시장·군수등이 제2항에서 정한 기간 내에 신고수리 여부 또는 민원 처리 관련 법령에 따른 처리기간의 연장을 신고인에게 통지하지 아니하면 그 기간(민원 처리 관련 법령에 따라 처리기간이 연장 또는 재연장된 경우에는 해당 처리기간을 말한다)이 끝난 날의 다음 날에 신고를 수리한 것으로 본다. <신설 2021.3.16.>

④ 시장·군수등은 특별한 사유가 없으면 제1항에 따라 사업시행계획서의 제출이 있은 날부터

60일 이내에 인가 여부를 결정하여 사업시행자에게 통보하여야 한다.<개정 2021.3.16.>

⑤ 사업시행자(시장·군수등 또는 토지주택공사등은 제외한다)는 사업시행계획인가를 신청하기 전에 미리 총회의 의결을 거쳐야 하며, 인가받은 사항을 변경하거나 정비사업을 중지 또는 폐지하려는 경우에도 또한 같다. 다만, 제1항 단서에 따른 경미한 사항의 변경은 총회의 의결을 필요로 하지 아니한다. <개정 2021.3.16.>

⑥ 토지등소유자가 **제25조제1항제2호에 따라 재개발사업을 시행하려는 경우**에는 사업시행계획인가를 신청하기 전에 사업시행계획서에 대하여 토지등소유자의 4분의 3 이상 및 토지면적의 2분의 1 이상의 토지소유자의 동의를 받아야 한다. 다만, 인가받은 사항을 변경하려는 경우에는 규약으로 정하는 바에 따라 **토지등소유자의 과반수의 동의**를 받아야하며, 제1항 단서에 따른 경미한 사항의 변경인 경우에는 토지등소유자의 동의를 필요로 하지 아니한다. <개정 2021.3.16.>

⑦ **지정개발자가 정비사업을 시행하려는 경우**에는 사업시행계획인가를 신청하기 전에 토지등소유자의 과반수의 동의 및 토지면적의 2분의 1 이상의 토지소유자의 동의를 받아야 한다. 다만, 제1항 단서에 따른 경미한 사항의 변경인 경우에는 토지등소유자의 동의를 필요로 하지 아니한다. <개정 2021.3.16.>

⑧ 제26조제1항제1호 및 제27조제1항제1호에 따른 사업시행자는 제5항에도 불구하고 토지등소유자의 동의를 필요로 하지 아니한다. <개정 2021.3.16.>

⑨ 시장·군수등은 제1항에 따른 **사업시행계획인가**(시장·군수등이 사업시행계획서를 작성한 경우를 포함한다)**를 하거나 정비사업을 변경·중지 또는 폐지하는 경우**에는 국토교통부령으로 정하는 방법 및 절차에 따라 그 내용을 해당 **지방자치단체의 공보에 고시**하여야 한다. 다만, 제1항 단서에 따른 경미한 사항을 변경하려는 경우에는 그러하지 아니하다. <개정 2021.3.16.>

2] 기반시설의 기부채납 기준(제51조)

① 시장·군수등은 제50조제1항에 따라 사업시행계획을 인가하는 경우 사업시행자가 제출하는 사업시행계획에 해당 정비사업과 직접적으로 관련이 없거나 과도한 정비기반시설의 기부채납을 요구하여서는 아니 된다.

② 국토교통부장관은 정비기반시설의 기부채납과 관련하여 다음 각 호의 사항이 포함된 운영기준을 작성하여 고시할 수 있다.
1. 정비기반시설의 기부채납 부담의 원칙 및 수준
2. 정비기반시설의 설치기준 등

③ 시장·군수등은 제2항에 따른 운영기준의 범위에서 지역여건 또는 사업의 특성 등을 고려하여 따로 기준을 정할 수 있으며, 이 경우 사전에 국토교통부장관에게 보고하여야 한다.

3] 사업시행계획서의 작성(제52조)

① 사업시행자는 정비계획에 따라 다음 각 호의 사항을 포함하는 사업시행계획서를 작성하여야 한다. <개정 2018.1.16., 2021.4.13.>
1. 토지이용계획(건축물배치계획을 포함한다)
2. 정비기반시설 및 공동이용시설의 설치계획

3. 임시거주시설을 포함한 주민이주대책

4. 세입자의 주거 및 이주 대책

5. 사업시행기간 동안 정비구역 내 가로등 설치, 폐쇄회로 텔레비전 설치 등 범죄예방대책

6. 제10조에 따른 임대주택의 건설계획(재건축사업의 경우는 제외한다)

7. 제54조제4항, **제101조의5 및 제101조의6에 따른 국민주택규모 주택의 건설계획**(주거환경개선사업의 경우는 제외한다)

8. **공공지원민간임대주택** 또는 **임대관리 위탁주택**의 건설계획(필요한 경우로 한정한다)

9. 건축물의 높이 및 용적률 등에 관한 건축계획

10. 정비사업의 시행과정에서 발생하는 폐기물의 처리계획

11. 교육시설의 교육환경 보호에 관한 계획(정비구역부터 200미터 이내에 교육시설이 설치되어 있는 경우로 한정한다)

12. 정비사업비

13. 그 밖에 사업시행을 위한 사항으로서 대통령령으로 정하는 바에 따라 시·도조례로 정하는 사항

② 사업시행자가 제1항에 따른 사업시행계획서에 「공공주택 특별법」 제2조제1호에 따른 공공주택(이하 "공공주택"이라 한다) 건설계획을 포함하는 경우에는 공공주택의 구조·기능 및 설비에 관한 기준과 부대시설·복리시설의 범위, 설치기준 등에 필요한 사항은 같은 법 제37조에 따른다.

4] 시행규정의 작성(제53조)

시장·군수등, 토지주택공사등 또는 신탁업자가 단독으로 정비사업을 시행하는 경우 다음 각 호의 사항을 포함하는 시행규정을 작성하여야 한다.

1. 정비사업의 종류 및 명칭

2. 정비사업의 시행연도 및 시행방법

3. 비용부담 및 회계

4. 토지등소유자의 권리·의무

5. 정비기반시설 및 공동이용시설의 부담

6. 공고·공람 및 통지의 방법

7. 토지 및 건축물에 관한 권리의 평가방법

8. 관리처분계획 및 청산(분할징수 또는 납입에 관한 사항을 포함한다). 다만, 수용의 방법으로 시행하는 경우는 제외한다.

9. 시행규정의 변경

10. 사업시행계획서의 변경

11. 토지등소유자 전체회의(신탁업자가 사업시행자인 경우로 한정한다)

12. 그 밖에 시·도조례로 정하는 사항

5] 재건축사업 등의 용적률 완화 및 국민주택규모 주택 건설비율(제54조)

① 사업시행자는 다음 각 호의 어느 하나에 해당하는 정비사업(「도시재정비 촉진을 위한 특별법」 제2조제1호에 따른 재정비촉진지구에서 시행되는 재개발사업 및 재건축사업은 제외

한다. 이하 이 조에서 같다)을 시행하는 경우 정비계획(이 법에 따라 정비계획으로 의제되는 계획을 포함한다. 이하 이 조에서 같다)으로 정하여진 용적률에도 불구하고 지방도시계획위원회의 심의를 거쳐 「국토의 계획 및 이용에 관한 법률」 제78조 및 관계 법률에 따른 용적률의 상한(이하 이 조에서 "법적상한용적률"이라 한다)까지 건축할 수 있다.

1. 「수도권정비계획법」 제6조제1항제1호에 따른 과밀억제권역(이하 "과밀억제권역"이라 한다)에서 시행하는 재개발사업 및 재건축사업(「국토의 계획 및 이용에 관한 법률」 제78조에 따른 주거지역으로 한정한다. 이하 이 조에서 같다)

2. 제1호 외의 경우 시·도조례로 정하는 지역에서 시행하는 재개발사업 및 재건축사업

② 제1항에 따라 사업시행자가 정비계획으로 정하여진 용적률을 초과하여 건축하려는 경우에는 「국토의 계획 및 이용에 관한 법률」 제78조에 따라 특별시·광역시·특별자치시·특별자치도·시 또는 군의 조례로 정한 용적률 제한 및 정비계획으로 정한 허용세대수의 제한을 받지 아니한다.

③ 제1항의 관계 법률에 따른 용적률의 상한은 다음 각 호의 어느 하나에 해당하여 건축행위가 제한되는 경우 건축이 가능한 용적률을 말한다.

1. 「국토의 계획 및 이용에 관한 법률」 제76조에 따른 건축물의 층수제한

2. 「건축법」 제60조에 따른 높이제한

3. 「건축법」 제61조에 따른 일조 등의 확보를 위한 건축물의 높이제한

4. 「공항시설법」 제34조에 따른 장애물 제한표면구역 내 건축물의 높이제한

5. 「군사기지 및 군사시설 보호법」 제10조에 따른 비행안전구역 내 건축물의 높이제한

6. 「문화재보호법」 제12조에 따른 건설공사 시 문화재 보호를 위한 건축제한

7. 그 밖에 시장·군수등이 건축 관계 법률의 건축제한으로 용적률의 완화가 불가능하다고 근거를 제시하고, 지방도시계획위원회 또는 「건축법」 제4조에 따라 시·도에 두는 건축위원회가 심의를 거쳐 용적률 완화가 불가능하다고 인정한 경우

④ 사업시행자는 법적상한용적률에서 정비계획으로 정하여진 용적률을 뺀 용적률(이하 "초과용적률"이라 한다)의 다음 각 호에 따른 비율에 해당하는 면적에 **국민주택규모 주택을 건설하여야 한다**. 다만, **제24조제4항**, 제26조제1항제1호 및 제27조제1항제1호에 따른 정비사업을 시행하는 경우에는 그러하지 아니하다. <개정 2021.4.13.>

1. 과밀억제권역에서 시행하는 재건축사업은 초과용적률의 100분의 30 이상 100분의 50 이하로서 시·도조례로 정하는 비율

2. 과밀억제권역에서 시행하는 재개발사업은 초과용적률의 100분의 50 이상 100분의 75 이하로서 시·도조례로 정하는 비율

3. 과밀억제권역 외의 지역에서 시행하는 재건축사업은 초과용적률의 100분의 50 이하로서 시·도조례로 정하는 비율

4. 과밀억제권역 외의 지역에서 시행하는 재개발사업은 초과용적률의 100분의 75 이하로서 시·도조례로 정하는 비율

6] 국민주택규모 주택의 공급 및 인수(제55조)[제목개정 2021.4.13.]

① 사업시행자는 제54조제4항에 따라 건설한 **국민주택규모 주택**을 국토교통부장관, 시·도지사, 시장, 군수, 구청장 또는 토지주택공사등(이하 이 조에서 "인수자"라 한다)에 공급하여야

한다. <개정 2021.4.13.>

② 제1항에 따른 **국민주택규모 주택**의 공급가격은 「공공주택 특별법」 제50조의4에 따라 <u>국토</u> <u>교통부장관이 고시하는</u> 공공건설임대주택의 표준건축비로 하며, 부속 토지는 인수자에게 기부채납한 것으로 본다. <개정 2021.4.13.>

③ 사업시행자는 제54조제1항 및 제2항에 따라 정비계획상 용적률을 초과하여 건축하려는 경우에는 사업시행계획인가를 신청하기 전에 미리 제1항 및 제2항에 따른 **국민주택규모 주택**에 관한 사항을 인수자와 협의하여 사업시행계획서에 반영하여야 한다.

④ 제1항 및 제2항에 따른 **국민주택규모 주택**의 인수를 위한 절차와 방법 등에 필요한 사항은 대통령령으로 정할 수 있으며, 인수된 **국민주택규모 주택**은 대통령령으로 정하는 <u>장기공공</u> <u>임대주택</u>으로 활용하여야 한다. 다만, 토지등소유자의 부담 완화 등 대통령령으로 정하는 요건에 해당 하는 경우에는 인수된 **국민주택규모 주택**을 장기공공임대주택이 아닌 임대주택 으로 활용할 수 있다.

⑤ 제2항에도 불구하고 제4항 단서에 따른 임대주택의 인수자는 임대의무기간에 따라 감정 평가액의 100분의 50 이하의 범위에서 대통령령으로 정하는 가격으로 부속 토지를 인수 하여야 한다.

7] 관계 서류의 공람과 의견청취(제56조)

① 시장·군수등은 사업시행계획인가를 하거나 사업시행계획서를 작성하려는 경우에는 대통령 령으로 정하는 방법 및 절차에 따라 관계 서류의 사본을 14일 이상 일반인이 공람할 수 있게 하여야 한다. 다만, 제50조제1항 단서에 따른 경미한 사항을 변경하려는 경우에는 그러하지 아니하다.

② 토지등소유자 또는 조합원, 그 밖에 정비사업과 관련하여 이해관계를 가지는 자는 제1항의 공람기간 이내에 시장·군수등에게 서면으로 의견을 제출할 수 있다.

③ 시장·군수등은 제2항에 따라 제출된 의견을 심사하여 채택할 필요가 있다고 인정하는 때에는 이를 채택하고, 그러하지 아니한 경우에는 의견을 제출한 자에게 그 사유를 알려 주어야 한다.

8] 인·허가등의 의제 등(제57조)[시행일 : 2022.7.21.] 제57조

① 사업시행자가 사업시행계획인가를 받은 때(시장·군수등이 직접 정비사업을 시행하는 경우 에는 사업시행계획서를 작성한 때를 말한다. 이하 이 조에서 같다)에는 다음 각 호의 인가·허가·승인·신고·등록·협의·동의·심사·지정 또는 해제(이하 "인·허가등"이라 한다)가 있은 것으로 보며, <u>제50조제9항</u>에 따른 사업시행계획인가의 고시가 있은 때에는 다음 각 호의 관계 법률에 따른 인·허가등의 고시·공고 등이 있은 것으로 본다.(개정 2021.7.20.)

1. 「주택법」 제15조에 따른 사업계획의 승인

2. 「공공주택 특별법」 제35조에 따른 주택건설사업계획의 승인

3. 「건축법」 제11조에 따른 건축허가, 같은 법 제20조에 따른 가설건축물의 건축허가 또는 축조신고 및 같은 법 제29조에 따른 건축협의

4. 「도로법」 제36조에 따른 도로관리청이 아닌 자에 대한 도로공사 시행의 허가 및 같은 법 제61조에 따른 도로의 점용 허가

5. 「사방사업법」 제20조에 따른 사방지의 지정해제

6. 「농지법」 제34조에 따른 농지전용의 허가·협의 및 같은 법 제35조에 따른 농지전용신고

7. 「산지관리법」 제14조·제15조에 따른 산지전용허가 및 산지전용신고, 같은 법 제15조의 2에 따른 산지일시사용허가·신고와 「산림자원의 조성 및 관리에 관한 법률」 제36조 제1항·제4항에 따른 입목벌채등의 허가·신고 및 「산림보호법」 제9조제1항 및 같은 조 제2항제1호에 따른 산림보호구역에서의 행위의 허가. 다만, 「산림자원의 조성 및 관리에 관한 법률」에 따른 채종림·시험림과 「산림보호법」에 따른 산림유전자원보호 구역의 경우는 제외한다.

8. 「하천법」 제30조에 따른 하천공사 시행의 허가 및 하천공사실시계획의 인가, 같은 법 제33조에 따른 하천의 점용허가 및 같은 법 제50조에 따른 하천수의 사용허가

9. 「수도법」 제17조에 따른 일반수도사업의 인가 및 같은 법 제52조 또는 제54조에 따른 전용상수도 또는 전용공업용수도 설치의 인가

10. 「하수도법」 제16조에 따른 공공하수도 사업의 허가 및 같은 법 제34조제2항에 따른 개인하수처리시설의 설치신고

11. **「공간정보의 구축 및 관리 등에 관한 법률」 제15조제4항에 따른 지도등의 간행 심사**

12. 「유통산업발전법」 제8조에 따른 대규모점포등의 등록

13. 「국유재산법」 제30조에 따른 사용허가(**재개발사업으로 한정한다**)

14. 「공유재산 및 물품 관리법」 제20조에 따른 사용·수익허가(**재개발사업으로 한정한다**)

15. 「공간정보의 구축 및 관리 등에 관한 법률」 제86조제1항에 따른 사업의 착수·변경의 신고

16. 「국토의 계획 및 이용에 관한 법률」 제86조에 따른 도시·군계획시설 사업시행자의 지정 및 같은 법 제88조에 따른 실시계획의 인가

17. **「전기안전관리법」 제8조에 따른 자가용전기설비의 공사계획의 인가 및 신고**

18. 「화재예방, 소방시설 설치·유지 및 안전관리에 관한 법률」 제7조제1항에 따른 건축허가 등의 동의, 「위험물안전관리법」 제6조제1항에 따른 제조소등의 설치의 허가(제조소등은 공장건축물 또는 그 부속시설에 관계된 것으로 한정한다)

② 사업시행자가 공장이 포함된 구역에 대하여 재개발사업의 사업시행계획인가를 받은 때에는 제1항에 따른 인·허가등 외에 다음 각 호의 인·허가등이 있은 것으로 보며, 제50조제9항에 따른 **사업시행계획인가를 고시한 때**에는 다음 각 호의 관계 법률에 따른 인·허가 등의 고시·공고 등이 있은 것으로 본다. <개정 2021.3.16.>

1. 「산업집적활성화 및 공장설립에 관한 법률」 제13조에 따른 공장설립등의 승인 및 같은 법 제15조에 따른 공장설립등의 완료신고

2. 「폐기물관리법」 제29조제2항에 따른 폐기물처리시설의 설치승인 또는 설치신고(변경 승인 또는 변경신고를 포함한다)

3. 「대기환경보전법」 제23조, 「물환경보전법」 제33조 및 「소음·진동관리법」 제8조에 따른 배출시설설치의 허가 및 신고

4. 「총포·도검·화약류 등의 안전관리에 관한 법률」 제25조제1항에 따른 화약류저장소 설치의 허가

③ 사업시행자는 정비사업에 대하여 제1항 및 제2항에 따른 인·허가등의 의제를 받으려는 경우에는 제50조제1항에 따른 사업시행계획인가를 신청하는 때에 해당 법률이 정하는

관계 서류를 함께 제출하여야 한다. 다만, 사업시행계획인가를 신청한 때에 시공자가 선정되어 있지 아니하여 관계 서류를 제출할 수 없거나 제6항에 따라 사업시행계획인가를 하는 경우에는 시장·군수등이 정하는 기한까지 제출할 수 있다. <개정 2020.6.9.>

④ 시장·군수등은 사업시행계획인가를 하거나 사업시행계획서를 작성하려는 경우 제1항 각호 및 제2항 각 호에 따라 의제되는 인·허가등에 해당하는 사항이 있는 때에는 미리 관계 행정기관의 장과 협의하여야 하고, 협의를 요청받은 관계 행정기관의 장은 요청받은 날 (제3항 단서의 경우에는 서류가 관계 행정기관의 장에게 도달된 날을 말한다)부터 30일 이내에 의견을 제출하여야 한다. 이 경우 관계 행정기관의 장이 30일 이내에 의견을 제출하지 아니하면 협의된 것으로 본다.

⑤ 시장·군수등은 사업시행계획인가(시장·군수등이 사업시행계획서를 작성한 경우를 포함한다)를 하려는 경우 정비구역부터 200미터 이내에 교육시설이 설치되어 있는 때에는 해당 지방자치단체의 교육감 또는 교육장과 협의하여야 하며, 인가받은 사항을 변경하는 경우에도 또한 같다.

⑥ 시장·군수등은 제4항 및 제5항에도 불구하고 천재지변이나 그 밖의 불가피한 사유로 긴급히 정비사업을 시행할 필요가 있다고 인정하는 때에는 관계 행정기관의 장 및 교육감 또는 교육장과 협의를 마치기 전에 제50조제1항에 따른 사업시행계획인가를 할 수 있다. 이 경우 협의를 마칠 때까지는 제1항 및 제2항에 따른 인·허가등을 받은 것으로 보지 아니한다.

⑦ **제1항이나 제2항에 따라 인·허가등을 받은 것으로 보는 경우에는 관계 법률 또는 시·도 조례에 따라 해당 인·허가등의 대가로 부과되는 수수료와 해당 국·공유지의 사용 또는 점용에 따른 사용료 또는 점용료를 면제한다.**

9] 사업시행계획인가의 특례(제58조)

① 사업시행자는 일부 건축물의 존치 또는 리모델링(「주택법」 제2조제25호 또는 「건축법」 제2조제1항제10호에 따른 리모델링을 말한다. 이하 같다)에 관한 내용이 포함된 사업시행계획서를 작성하여 사업시행계획인가를 신청할 수 있다.

② 시장·군수등은 존치 또는 리모델링하는 건축물 및 건축물이 있는 토지가 「주택법」 및 「건축법」에 따른 다음 각 호의 건축 관련 기준에 적합하지 아니하더라도 대통령령으로 정하는 기준에 따라 사업시행계획인가를 할 수 있다.

1. 「주택법」 제2조제12호에 따른 주택단지의 범위
2. 주택법」 제35조제1항제3호 및 제4호에 따른 부대시설 및 복리시설의 설치기준
3. 「건축법」 제44조에 따른 대지와 도로의 관계
4. 「건축법」 제46조에 따른 건축선의 지정
5. 「건축법」 제61조에 따른 일조 등의 확보를 위한 건축물의 높이 제한

③ 사업시행자가 제1항에 따라 사업시행계획서를 작성하려는 경우에는 존치 또는 리모델링하는 건축물 소유자의 동의(「집합건물의 소유 및 관리에 관한 법률」 제2조제2호에 따른 구분소유자가 있는 경우에는 구분소유자의 3분의 2 이상의 동의와 해당 건축물 연면적의 3분의 2 이상의 구분소유자의 동의로 한다)를 받아야 한다. 다만, 정비계획에서 존치 또는 리모델링하는 것으로 계획된 경우에는 그러하지 아니한다.

10] 순환정비방식의 정비사업 등(제59조)

① 사업시행자는 정비구역의 안과 밖에 새로 건설한 주택 또는 이미 건설되어 있는 주택의 경우 그 정비사업의 시행으로 철거되는 주택의 소유자 또는 세입자(정비구역에서 실제 거주하는 자로 한정한다. 이하 이 항 및 제61조제1항에서 같다)를 임시로 거주하게 하는 등 그 정비구역을 순차적으로 정비하여 주택의 소유자 또는 세입자의 이주대책을 수립하여야 한다.

② 사업시행자는 제1항에 따른 방식으로 정비사업을 시행하는 경우에는 임시로 거주하는 주택(이하 "순환용주택"이라 한다)을 「주택법」 제54조에도 불구하고 제61조에 따른 임시거주시설로 사용하거나 임대할 수 있으며, 대통령령으로 정하는 방법과 절차에 따라 토지주택공사등이 보유한 공공임대주택을 순환용주택으로 우선 공급할 것을 요청할 수 있다.

③ 사업시행자는 순환용주택에 거주하는 자가 정비사업이 완료된 후에도 순환용주택에 계속 거주하기를 희망하는 때에는 대통령령으로 정하는 바에 따라 분양하거나 계속 임대할 수 있다. 이 경우 사업시행자가 소유하는 순환용주택은 제74조에 따라 인가받은 관리처분계획에 따라 토지등소유자에게 처분된 것으로 본다.

11] 지정개발자의 정비사업비의 예치 등(제60조)

① 시장·군수등은 재개발사업의 사업시행계획인가를 하는 경우 해당 정비사업의 사업시행자가 지정개발자(지정개발자가 토지등소유자인 경우로 한정한다)인 때에는 정비사업비의 100분의 20의 범위에서 시·도조례로 정하는 금액을 예치하게 할 수 있다.

② 제1항에 따른 예치금은 제89조제1항 및 제2항에 따른 청산금의 지급이 완료된 때에 반환한다.

③ 제1항 및 제2항에 따른 예치 및 반환 등에 필요한 사항은 시·도조례로 정한다.

제4절 정비사업 시행을 위한 조치 등

1] 임시거주시설·임시상가의 설치 등(제61조)

① 사업시행자는 주거환경개선사업 및 재개발사업의 시행으로 철거되는 주택의 소유자 또는 세입자에게 해당 정비구역 안과 밖에 위치한 임대주택 등의 시설에 임시로 거주하게 하거나 주택자금의 융자를 알선하는 등 임시거주에 상응하는 조치를 하여야 한다.

② 사업시행자는 제1항에 따라 임시거주시설(이하 "임시거주시설"이라 한다)의 설치 등을 위하여 필요한 때에는 국가·지방자치단체, 그 밖의 공공단체 또는 개인의 시설이나 토지를 일시 사용할 수 있다.

③ 국가 또는 지방자치단체는 사업시행자로부터 임시거주시설에 필요한 건축물이나 토지의 사용신청을 받은 때에는 대통령령으로 정하는 사유가 없으면 이를 거절하지 못한다. 이 경우 사용료 또는 대부료는 면제한다.

④ 사업시행자는 정비사업의 공사를 완료한 때에는 완료한 날부터 30일 이내에 임시거주시설을 철거하고, 사용한 건축물이나 토지를 원상회복하여야 한다.

⑤ 재개발사업의 사업시행자는 사업시행으로 이주하는 상가세입자가 사용할 수 있도록 정비구역 또는 정비구역 인근에 임시상가를 설치할 수 있다.

2] 임시거주시설·임시상가의 설치 등에 따른 손실보상(제62조)

① 사업시행자는 제61조에 따라 공공단체(지방자치단체는 제외한다) 또는 개인의 시설이나 토지를 일시 사용함으로써 손실을 입은 자가 있는 경우에는 손실을 보상하여야 하며, 손실을 보상하는 경우에는 손실을 입은 자와 협의하여야 한다.

② 사업시행자 또는 손실을 입은 자는 제1항에 따른 손실보상에 관한 협의가 성립되지 아니하거나 협의할 수 없는 경우에는 「공익사업을 위한 토지 등의 취득 및 보상에 관한 법률」 제49조에 따라 설치되는 관할 토지수용위원회에 재결을 신청할 수 있다.

③ 제1항 또는 제2항에 따른 손실보상은 이 법에 규정된 사항을 제외하고는 「공익사업을 위한 토지 등의 취득 및 보상에 관한 법률」을 준용한다.

3] 토지 등의 수용 또는 사용(제63조)

사업시행자는 정비구역에서 정비사업(재건축사업의 경우에는 제26조제1항제1호 및 제27조제1항제1호에 해당하는 사업으로 한정한다)을 시행하기 위하여 「공익사업을 위한 토지 등의 취득 및 보상에 관한 법률」 제3조에 따른 토지·물건 또는 그 밖의 권리를 취득하거나 사용할 수 있다.

4] 재건축사업에서의 매도청구(제64조)

① 재건축사업의 사업시행자는 사업시행계획인가의 고시가 있은 날부터 30일 이내에 다음 각 호의 자에게 조합설립 또는 사업시행자의 지정에 관한 동의 여부를 회답할 것을 서면으로 촉구하여야 한다.

　1. 제35조제3항부터 제5항까지에 따른 조합설립에 동의하지 아니한

　2. 제26조제1항 및 제27조제1항에 따라 시장·군수등, 토지주택공사등 또는 신탁업자의 사업시행자 지정에 동의하지 아니한 자

② 제1항의 촉구를 받은 토지등소유자는 촉구를 받은 날부터 2개월 이내에 회답하여야 한다.

③ 제2항의 기간 내에 회답하지 아니한 경우 그 토지등소유자는 조합설립 또는 사업시행자의 지정에 동의하지 아니하겠다는 뜻을 회답한 것으로 본다.

④ 제2항의 기간이 지나면 사업시행자는 그 기간이 만료된 때부터 2개월 이내에 조합설립 또는 사업시행자 지정에 동의하지 아니하겠다는 뜻을 회답한 토지등소유자와 건축물 또는 토지만 소유한 자에게 건축물 또는 토지의 소유권과 그 밖의 권리를 매도할 것을 청구할 수 있다.

5] 「공익사업을 위한 토지 등의 취득 및 보상에 관한 법률」의 준용(제65조)

① 정비구역에서 정비사업의 시행을 위한 토지 또는 건축물의 소유권과 그 밖의 권리에 대한 수용 또는 사용은 이 법에 규정된 사항을 제외하고는 「공익사업을 위한 토지 등의 취득 및 보상에 관한 법률」을 준용한다. 다만, 정비사업의 시행에 따른 손실보상의 기준 및 절차는 대통령령으로 정할 수 있다.

② 제1항에 따라 「공익사업을 위한 토지 등의 취득 및 보상에 관한 법률」을 준용하는 경우 사업시행계획인가 고시(시장·군수등이 직접 정비사업을 시행하는 경우에는 **제50조제9항**에

따른 사업시행계획서의 고시를 말한다. 이하 이 조에서 같다)가 있은 때에는 같은 법 제20조 제1항 및 제22조제1항에 따른 사업인정 및 그 고시가 있은 것으로 본다.<개정 2021.3.16.>

③ 제1항에 따른 수용 또는 사용에 대한 재결의 신청은 「공익사업을 위한 토지 등의 취득 및 보상에 관한 법률」 제23조 및 같은 법 제28조제1항에도 불구하고 사업시행계획인가 (사업시행계획변경인가를 포함한다)를 할 때 정한 사업시행기간 이내에 하여야 한다.

④ 대지 또는 건축물을 현물보상하는 경우에는 「공익사업을 위한 토지 등의 취득 및 보상에 관한 법률」 제42조에도 불구하고 제83조에 따른 준공인가 이후에도 할 수 있다.

6] 용적률에 관한 특례(제66조)

사업시행자가 다음 각 호의 어느 하나에 해당하는 경우에는 「국토의 계획 및 이용에 관한 법률」 제78조제1항에도 불구하고 해당 정비구역에 적용되는 용적률의 100분의 125 이하의 범위에서 대통령령으로 정하는 바에 따라 특별시·광역시·특별자치시·특별자치도·시 또는 군의 조례로 용적률을 완화하여 정할 수 있다.

1. 제65조제1항 단서에 따라 대통령령으로 정하는 손실보상의 기준 이상으로 세입자에게 주거 이전비를 지급하거나 영업의 폐지 또는 휴업에 따른 손실을 보상하는 경우

2. 제65조제1항 단서에 따른 손실보상에 더하여 임대주택을 추가로 건설하거나 임대상가를 건설하는 등 추가적인 세입자 손실보상 대책을 수립하여 시행하는 경우

7] 재건축사업의 범위에 관한 특례(제67조)

① 사업시행자 또는 추진위원회는 다음 각 호의 어느 하나에 해당하는 경우에는 그 주택단지 안의 일부 토지에 대하여 「건축법」 제57조에도 불구하고 분할하려는 토지면적이 같은 조 에서 정하고 있는 면적에 미달되더라도 토지분할을 청구할 수 있다.

1. 「주택법」 제15조제1항에 따라 사업계획승인을 받아 건설한 둘 이상의 건축물이 있는 주택단지에 재건축사업을 하는 경우

2. 제35조제3항에 따른 조합설립의 동의요건을 충족시키기 위하여 필요한 경우

② 사업시행자 또는 추진위원회는 제1항에 따라 토지분할 청구를 하는 때에는 토지분할의 대상이 되는 토지 및 그 위의 건축물과 관련된 토지등소유자와 협의하여야 한다.

③ 사업시행자 또는 추진위원회는 제2항에 따른 토지분할의 협의가 성립되지 아니한 경우에는 법원에 토지분할을 청구할 수 있다.

④ 시장·군수등은 제3항에 따라 토지분할이 청구된 경우에 분할되어 나가는 토지 및 그 위의 건축물이 다음 각 호의 요건을 충족하는 때에는 토지분할이 완료되지 아니하여 제1항에 따른 동의요건에 미달되더라도 「건축법」 제4조에 따라 특별자치시·특별자치도·시·군·구 (자치구를 말한다)에 설치하는 건축위원회의 심의를 거쳐 조합설립인가와 사업시행계획 인가를 할 수 있다.

1. 해당 토지 및 건축물과 관련된 토지등소유자의 수가 전체의 10분의 1 이하일 것

2. 분할되어 나가는 토지 위의 건축물이 분할선 상에 위치하지 아니할 것

3. 그 밖에 사업시행계획인가를 위하여 대통령령으로 정하는 요건에 해당할 것

8] 건축규제의 완화 등에 관한 특례(제68조)

① 주거환경개선사업에 따른 건축허가를 받은 때와 부동산등기(소유권 보존등기 또는 이전 등기로 한정한다)를 하는 때에는 「주택도시기금법」 제8조의 국민주택채권의 매입에 관한 규정을 적용하지 아니한다.

② 주거환경개선구역에서 「국토의 계획 및 이용에 관한 법률」 제43조제2항에 따른 도시·군 계획시설의 결정·구조 및 설치의 기준 등에 필요한 사항은 국토교통부령으로 정하는 바에 따른다.

③ 사업시행자는 주거환경개선구역에서 다음 각 호의 어느 하나에 해당하는 사항은 시·도 조례로 정하는 바에 따라 기준을 따로 정할 수 있다.

  1. 「건축법」 제44조에 따른 대지와 도로의 관계(소방활동에 지장이 없는 경우로 한정한다)
  2. 「건축법」 제60조 및 제61조에 따른 건축물의 높이 제한(사업시행자가 공동주택을 건설·공급하는 경우로 한정한다)

④ 사업시행자는 제26조제1항제1호 및 제27조제1항제1호에 따른 재건축구역(재건축사업을 시행하는 정비구역을 말한다. 이하 같다)에서 다음 각 호의 어느 하나에 해당하는 사항에 대하여 대통령령으로 정하는 범위에서 「건축법」 제72조제2항에 따른 지방건축위원회의 심의를 거쳐 그 기준을 완화 받을 수 있다.

  1. 「건축법」 제42조에 따른 대지의 조경기준
  2. 「건축법」 제55조에 따른 건폐율의 산정기준
  3. 「건축법」 제58조에 따른 대지 안의 공지 기준
  4. 「건축법」 제60조 및 제61조에 따른 건축물의 높이 제한
  5. 「주택법」 제35조제1항제3호 및 제4호에 따른 부대시설 및 복리시설의 설치기준
  6. 제1호부터 제5호까지에서 규정한 사항 외에 제26조제1항제1호 및 제27조제1항제1호에 따른 재건축사업의 원활한 시행을 위하여 대통령령으로 정하는 사항

9] 다른 법령의 적용 및 배제(제69조)

① 주거환경개선구역은 해당 정비구역의 지정·고시가 있은 날부터 「국토의 계획 및 이용에 관한 법률」 제36조제1항제1호가목 및 같은 조 제2항에 따라 주거지역을 세분하여 정하는 지역 중 대통령령으로 정하는 지역으로 결정·고시된 것으로 본다. 다만, 다음 각 호의 어느 하나에 해당하는 경우에는 그러하지 아니하다.

  1. 해당 정비구역이 「개발제한구역의 지정 및 관리에 관한 특별조치법」 제3조제1항에 따라 결정된 개발제한구역인 경우
  2. 시장·군수등이 주거환경개선사업을 위하여 필요하다고 인정하여 해당 정비구역의 일부분을 종전 용도지역으로 그대로 유지하거나 동일면적의 범위에서 위치를 변경하는 내용으로 정비계획을 수립한 경우
  3. 시장·군수등이 제9조제1항제10호다목의 사항을 포함하는 정비계획을 수립한 경우

② 정비사업과 관련된 환지에 관하여는 「도시개발법」 제28조부터 제49조까지의 규정을 준용한다. 이 경우 같은 법 제41조제2항 본문에 따른 "환지처분을 하는 때"는 "사업시행계획인가를 하는 때"로 본다.

③ 주거환경개선사업의 경우에는 「공익사업을 위한 토지 등의 취득 및 보상에 관한 법률」 제78조제4항을 적용하지 아니하며, 「주택법」을 적용할 때에는 이 법에 따른 사업시행자

(토지주택공사등이 공동사업시행자인 경우에는 토지주택공사등을 말한다)는 「주택법」에 따른 사업주체로 본다. <개정 2019.4.23.>

④ 공공재개발사업 시행자 또는 공공재건축사업 시행자는 공공재개발사업 또는 공공재건축사업을 시행하는 경우 「건설기술 진흥법」 등 관계 법령에도 불구하고 대통령령으로 정하는 바에 따라 건설사업관리기술인의 배치기준을 별도로 정할 수 있다. <신설 2021.4.13.>

10] 지상권 등 계약의 해지(제70조)

① 정비사업의 시행으로 지상권·전세권 또는 임차권의 설정 목적을 달성할 수 없는 때에는 그 권리자는 계약을 해지할 수 있다.

② 제1항에 따라 계약을 해지할 수 있는 자가 가지는 전세금·보증금, 그 밖의 계약상의 금전의 반환청구권은 사업시행자에게 행사할 수 있다.

③ 제2항에 따른 금전의 반환청구권의 행사로 해당 금전을 지급한 사업시행자는 해당 토지등소유자에게 구상할 수 있다.

④ 사업시행자는 제3항에 따른 구상이 되지 아니하는 때에는 해당 토지등소유자에게 귀속될 대지 또는 건축물을 압류할 수 있다. 이 경우 압류한 권리는 저당권과 동일한 효력을 가진다.

⑤ 제74조에 따라 관리처분계획의 인가를 받은 경우 지상권·전세권설정계약 또는 임대차 계약의 계약기간 「민법」 제280조·제281조 및 제312조제2항, 「주택임대차보호법」 제4조 제1항, 「상가건물 임대차보호법」 제9조제1항을 적용하지 아니한다.

11] 소유자의 확인이 곤란한 건축물 등에 대한 처분(제71조)

① 사업시행자는 다음 각 호에서 정하는 날 현재 건축물 또는 토지의 소유자의 소재 확인이 현저히 곤란한 때에는 전국적으로 배포되는 둘 이상의 일간신문에 2회 이상 공고하고,

공고한 날부터 30일 이상이 지난 때에는 그 소유자의 해당 건축물 또는 토지의 감정평가액에 해당하는 금액을 법원에 공탁하고 정비사업을 시행할 수 있다.

1. 제25조에 따라 조합이 사업시행자가 되는 경우에는 제35조에 따른 조합설립인가일

2. 제25조제1항제2호에 따라 토지등소유자가 시행하는 재개발사업의 경우에는 제50조에 따른 사업시행계획인가일

3. 제26조제1항에 따라 시장·군수등, 토지주택공사등이 정비사업을 시행하는 경우에는 같은 조 제2항에 따른 고시일

4. 제27조제1항에 따라 지정개발자를 사업시행자로 지정하는 경우에는 같은 조 제2항에 따른 고시일

② 재건축사업을 시행하는 경우 조합설립인가일 현재 조합원 전체의 공동소유인 토지 또는 건축물은 조합 소유의 토지 또는 건축물로 본다.

③ 제2항에 따라 조합 소유로 보는 토지 또는 건축물의 처분에 관한 사항은 제74조제1항에 따른 관리처분계획에 명시하여야 한다.

④ 제1항에 따른 토지 또는 건축물의 감정평가는 **제74조제4항제1호**를 준용한다.<개정 2021.3.16.>

제5절 관리처분계획 등

1] 분양공고 및 분양신청(제72조)

① 사업시행자는 **제50조**제9항에 따른 **사업시행계획인가의 고시가 있은 날**(사업시행계획인가 이후 시공자를 선정한 경우에는 시공자와 계약을 체결한 날)부터 **120일 이내**에 다음 각 호의 사항을 **토지등소유자에게 통지**하고, 분양의 대상이 되는 대지 또는 건축물의 내역 등 대통령령으로 정하는 사항을 **해당 지역에서 발간되는 일간신문에 공고하여야 한다**. 다만, 토지등소유자 1인이 시행하는 재개발사업의 경우에는 그러하지 아니하다. <개정 2021.3.16.>

　1. 분양대상자별 종전의 토지 또는 건축물의 명세 및 사업시행계획인가의 고시가 있은 날을 기준으로 한 가격(사업시행계획인가 전에 제81조제3항에 따라 철거된 건축물은 시장·군수등에게 허가를 받은 날을 기준으로 한 가격)

　2. 분양대상자별 분담금의 추산액

　3. 분양신청기간

　4. 그 밖에 대통령령으로 정하는 사항

② 제1항제3호에 따른 분양신청기간은 통지한 날부터 30일 이상 60일 이내로 하여야 한다. 다만, 사업시행자는 제74조제1항에 따른 관리처분계획의 수립에 지장이 없다고 판단하는 경우에는 분양신청기간을 20일의 범위에서 한 차례만 연장할 수 있다.

③ 대지 또는 건축물에 대한 분양을 받으려는 토지등소유자는 제2항에 따른 분양신청기간에 대통령령으로 정하는 방법 및 절차에 따라 사업시행자에게 대지 또는 건축물에 대한 분양신청을 하여야 한다.

④ 사업시행자는 제2항에 따른 분양신청기간 종료 후 제50조제1항에 따른 사업시행계획인가의 변경(경미한 사항의 변경은 제외한다)으로 세대수 또는 주택규모가 달라지는 경우 제1항부터 제3항까지의 규정에 따라 분양공고 등의 절차를 다시 거칠 수 있다.

⑤ 사업시행자는 정관등으로 정하고 있거나 총회의 의결을 거친 경우 제4항에 따라 제73조 제1항제1호 및 제2호에 해당하는 토지등소유자에게 분양신청을 다시 하게 할 수 있다.

⑥ 제3항부터 제5항까지의 규정에도 불구하고 투기과열지구의 정비사업에서 제74조에 따른 관리처분계획에 따라 같은 조 제1항제2호 또는 제1항제4호가목의 분양대상자 및 그 세대에 속한 자는 분양대상자 선정일(조합원 분양분의 분양대상자는 최초 관리처분계획 인가일을 말한다)부터 5년 이내에는 투기과열지구에서 제3항부터 제5항까지의 규정에 따른 분양 신청을 할 수 없다. 다만, 상속, 결혼, 이혼으로 조합원 자격을 취득한 경우에는 분양신청을 할 수 있다. <신설 2017.10.24.>

⑦ **공공재개발사업** 시행자는 제39조제2항제6호에 따라 건축물 또는 토지를 양수하려는 경우 무분별한 분양신청을 방지하기 위하여 제1항 또는 제4항에 따른 분양공고 시 양수대상이 되는 건축물 또는 토지의 조건을 함께 공고하여야 한다. <신설 2021.4.13.>

2] 분양신청을 하지 아니한 자 등에 대한 조치(제73조)

① 사업시행자는 <u>관리처분계획이 인가·고시된 다음 날부터 90일 이내</u>에 다음 각 호에서 정하는 자와 토지, 건축물 또는 그 밖의 <u>권리의 손실보상에 관한 협의</u>를 하여야 한다. 다만, 사업시행자는 분양신청기간 종료일의 다음 날부터 협의를 시작할 수 있다. <개정 2017.10.24.>

1. 분양신청을 하지 아니한 자
2. 분양신청기간 종료 이전에 분양신청을 철회한 자
3. **제72조제6항** 본문에 따라 분양신청을 할 수 없는 자(주: 법 제39조제2항 추가 필요)
4. 제74조에 따라 인가된 관리처분계획에 따라 분양대상에서 제외된 자

② 사업시행자는 제1항에 따른 협의가 성립되지 아니하면 그 기간의 만료일 다음 날부터 60일 이내에 수용재결을 신청하거나 매도청구소송을 제기하여야 한다.

③ 사업시행자는 제2항에 따른 기간을 넘겨서 수용재결을 신청하거나 매도청구소송을 제기한 경우에는 해당 토지등소유자에게 지연일수(遲延日數)에 따른 이자를 지급하여야 한다. 이 경우 이자는 100분의 15 이하의 범위에서 대통령령으로 정하는 이율을 적용하여 산정한다.

3] 관리처분계획의 인가 등(제74조)

① 사업시행자는 제72조에 따른 분양신청기간이 종료된 때에는 분양신청의 현황을 기초로 다음 각 호의 <u>사항</u>이 포함된 관리처분계획을 수립하여 **시장·군수등의 인가**를 받아야 하며, 관리처분계획을 변경·중지 또는 폐지하려는 경우에도 또한 같다. 다만, 대통령령으로 정하는 경미한 <u>사항</u>을 변경하려는 경우에는 시장·군수등에게 신고하여야 한다. <개정 2018.1.16.>
1. 분양설계
2. 분양대상자의 주소 및 성명
3. 분양대상자별 분양예정인 대지 또는 건축물의 **추산액**(임대관리 위탁주택에 관한 내용을 포함한다)
4. 다음 각 목에 해당하는 보류지 등의 명세와 추산액 및 처분방법. 다만, 나목의 경우에는 제30조제1항에 따라 선정된 **임대사업자**의 성명 및 주소(법인인 경우에는 법인의 명칭 및 소재지와 대표자의 성명 및 주소)를 포함한다.
   가. 일반 분양분
   나. **공공지원민간임대주택**
   다. 임대주택
   라. 그 밖에 부대시설·복리시설 등
5. 분양대상자별 종전의 토지 또는 건축물 명세 및 **사업시행계획인가 고시가 있는 날을 기준으로 한 가격**(사업시행계획인가 전에 제81조제3항에 따라 철거된 건축물은 시장·군수 등에게 허가를 받은 날을 기준으로 한 가격)
6. 정비사업비의 추산액(재건축사업의 경우에는 「재건축초과이익 환수에 관한 법률」에 따른 재건축부담금에 관한 사항을 포함한다) 및 그에 따른 조합원 분담규모 및 분담시기
7. 분양대상자의 종전 토지 또는 건축물에 관한 소유권 외의 권리명세
8. 세입자별 손실보상을 위한 권리명세 및 그 평가액
9. 그 밖에 정비사업과 관련한 권리 등에 관하여 대통령령으로 정하는 사항

② 시장·군수등은 제1항 각 호 외의 부분 단서에 따른 신고를 받은 날부터 20일 이내에 신고수리 여부를 신고인에게 통지하여야 한다. <신설 2021.3.16.>

③ 시장·군수등이 제2항에서 정한 기간 내에 신고수리 여부 또는 민원 처리 관련 법령에 따른 처리기간의 연장을 신고인에게 통지하지 아니하면 그 기간(민원 처리 관련 법령에 따라 처리기간이 연장 또는 재연장된 경우에는 해당 처리기간을 말한다)이 끝난 날의 다음 날에 신고를 수리한 것으로 본다. <신설 2021.3.16.>

④ 정비사업에서 제1항제3호·제5호 및 제8호에 따라 재산 또는 권리를 평가할 때에는 다음 각 호의 방법에 따른다.<개정 2021.3.16.>

1. 「감정평가 및 감정평가사에 관한 법률」에 따른 **감정평가법인등** 중 다음 각 목의 구분에 따른 **감정평가법인등이** 평가한 금액을 산술평균하여 산정한다. 다만, 관리처분계획을 변경·중지 또는 폐지하려는 경우 분양예정 대상인 대지 또는 건축물의 추산액과 종전의 토지 또는 건축물의 가격은 사업시행자 및 토지등소유자 전원이 합의하여 산정할 수 있다.

    가. **주거환경개선사업 또는 재개발사업**: 시장·군수등이 선정·계약한 2인 이상의 **감정평가법인등**

    나. **재건축사업**: 시장·군수등이 선정·계약한 1인 이상의 **감정평가법인등과** 조합총회의 의결로 선정·계약한 1인 이상의 **감정평가법인등**

2. 시장·군수등은 제1호에 따라 **감정평가법인등을** 선정·계약하는 경우 **감정평가법인등의** 업무수행능력, 소속 감정평가사의 수, 감정평가 실적, 법규 준수 여부, 평가계획의 적정성 등을 고려하여 객관적이고 투명한 절차에 따라 선정하여야 한다. 이 경우 **감정평가법인등의** 선정·절차 및 방법 등에 필요한 사항은 시·도조례로 정한다.

3. 사업시행자는 제1호에 따라 감정평가를 하려는 경우 시장·군수등에게 **감정평가법인등의** 선정·계약을 요청하고 감정평가에 필요한 비용을 미리 예치하여야 한다. 시장·군수등은 감정평가가 끝난 경우 예치된 금액에서 감정평가 비용을 직접 <u>지급</u>한 후 나머지 비용을 사업시행자와 정산하여야 한다. (개정 2021.7.27.)

⑤ 조합은 제45조제1항제10호의 사항을 의결하기 위한 총회의 개최일부터 1개월 전에 제1항제3호부터 제6호까지의 규정에 해당하는 사항을 각 조합원에게 문서로 통지하여야 한다. <개정 2021.3.16.>

⑥ 제1항에 따른 관리처분계획의 내용, 관리처분의 방법 등에 필요한 사항은 대통령령으로 정한다. <개정 2021.3.16.>

⑦ 제1항 각 호의 관리처분계획의 내용과 제2항부터 제4항까지의 규정은 시장·군수등이 직접 수립하는 관리처분계획에 준용한다. <개정 2021.3.16.>

4] 사업시행계획인가 및 관리처분계획인가의 시기 조정(제75조)

① 특별시장·광역시장 또는 도지사는 정비사업의 시행으로 정비구역 주변 지역에 주택이 현저하게 부족하거나 주택시장이 불안정하게 되는 등 특별시·광역시 또는 도의 조례로 정하는 사유가 발생하는 경우에는 「주거기본법」 제9조에 따른 시·도 주거정책심의위원회의 심의를 거쳐 사업시행계획인가 또는 제74조에 따른 관리처분계획인가의 시기를 조정하도록 해당 시장, 군수 또는 구청장에게 요청할 수 있다. 이 경우 요청을 받은 시장, 군수 또는 구청장은 특별한 사유가 없으면 그 요청에 따라야 하며, 사업시행계획인가 또는 관리처분계획인가의 조정 시기는 인가를 신청한 날부터 1년을 넘을 수 없다.

② 특별자치시장 및 특별자치도지사는 정비사업의 시행으로 정비구역 주변 지역에 주택이 현저하게 부족하거나 주택시장이 불안정하게 되는 등 특별자치시 및 특별자치도의 조례로 정하는 사유가 발생하는 경우에는 「주거기본법」 제9조에 따른 시·도 주거정책심의위원회의 심의를 거쳐 사업시행계획인가 또는 제74조에 따른 관리처분계획인가의 시기를 조정할 수 있다. 이 경우 사업시행계획인가 또는 관리처분계획인가의 조정 시기는 인가를 신청한

날부터 1년을 넘을 수 없다.

③ 제1항 및 제2항에 따른 사업시행계획인가 또는 관리처분계획인가의 시기 조정의 방법 및 절차 등에 필요한 사항은 특별시·광역시·특별자치시·도 또는 특별자치도의 조례로 정한다.

5] 관리처분계획의 수립기준(제76조)

① 제74조제1항에 따른 관리처분계획의 **내용**은 다음 각 호의 기준에 따른다. <개정 2018.3.20>

1. 종전의 토지 또는 건축물의 면적·이용 상황·환경, 그 밖의 사항을 종합적으로 고려하여 대지 또는 건축물이 균형 있게 분양신청자에게 배분되고 합리적으로 이용되도록 한다.

2. 지나치게 좁거나 넓은 토지 또는 건축물은 넓히거나 좁혀 대지 또는 건축물이 적정 규모가 되도록 한다.

3. 너무 좁은 토지 또는 건축물이나 정비구역 지정 후 분할된 토지를 취득한 자에게는 현금으로 청산할 수 있다.

4. 재해 또는 위생상의 위해를 방지하기 위하여 토지의 규모를 조정할 특별한 필요가 있는 때에는 너무 좁은 토지를 넓혀 토지를 갈음하여 보상을 하거나 건축물의 일부와 그 건축물이 있는 대지의 공유지분을 교부할 수 있다.

5. 분양설계에 관한 계획은 제72조에 따른 분양신청기간이 만료하는 날을 기준으로 하여 수립한다.

6. 1세대 또는 1명이 하나 이상의 주택 또는 토지를 소유한 경우 1주택을 공급하고, 같은 세대에 속하지 아니하는 2명 이상이 1주택 또는 1토지를 공유한 경우에는 1주택만 공급한다.

7. 제6호에도 불구하고 다음 각 목의 경우에는 각 목의 방법에 따라 주택을 공급할 수 있다.

   가. 2명 이상이 1토지를 공유한 경우로서 시·도조례로 주택공급을 따로 정하고 있는 경우에는 시·도조례로 정하는 바에 따라 주택을 공급할 수 있다.

   나. 다음 어느 하나에 해당하는 토지등소유자에게는 소유한 주택 수만큼 공급할 수 있다.

      1) 과밀억제권역에 위치하지 아니한 재건축사업의 토지등소유자. 다만, 투기과열지구 또는 「주택법」 제63조의2제1항제1호에 따라 지정된 조정대상지역에서 사업시행계획인가(최초 사업시행계획인가를 말한다)를 신청하는 재건축사업의 토지등소유자는 제외한다.

      2) 근로자(공무원인 근로자를 포함한다) 숙소, 기숙사 용도로 주택을 소유하고 있는 토지등소유자

      3) 국가, 지방자치단체 및 토지주택공사등

   다. 제74조제1항제5호에 따른 가격의 범위 또는 종전 주택의 주거전용면적의 범위에서 2주택을 공급할 수 있고, 이 중 1주택은 주거전용면적을 60제곱미터 이하로 한다. 다만, 60제곱미터 이하로 공급받은 1주택은 제86조제2항에 따른 이전고시일 다음 날부터 3년이 지나기 전에는 주택을 전매(매매·증여나 그 밖에 권리의 변동을 수반하는 모든 행위를 포함하되 상속의 경우는 제외한다)하거나 전매를 알선할 수 없다.

   라. 과밀억제권역에 위치한 재건축사업의 경우에는 토지등소유자가 소유한 주택수의 범위에서 3주택까지 공급할 수 있다. 다만, 투기과열지구 또는 「주택법」 제63조의2제1항제1호에 따라 지정된 조정대상지역에서 사업시행계획인가(최초 사업시행계획인가를

말한다)를 신청하는 재건축사업의 경우에는 그러하지 아니하다.

② 제1항에 따른 관리처분계획의 수립기준 등에 필요한 사항은 대통령령으로 정한다.

6] 주택 등 건축물을 분양받을 권리의 산정 기준일(제77조)

① 정비사업을 통하여 분양받을 건축물이 다음 각 호의 어느 하나에 해당하는 경우에는 제16조제2항 전단에 따른 고시가 있은 날 또는 시·도지사가 투기를 억제하기 위하여 기본계획 수립 후 정비구역 지정·고시 전에 따로 정하는 날(이하 이 조에서 "기준일"이라 한다)의 다음 날을 기준으로 건축물을 분양받을 권리를 산정한다. <개정 2018.6.12.>

1. 1필지의 토지가 여러 개의 필지로 분할되는 경우
2. 단독주택 또는 다가구주택이 다세대주택으로 전환되는 경우
3. 하나의 대지 범위에 속하는 동일인 소유의 토지와 주택 등 건축물을 토지와 주택 등 건축물로 각각 분리하여 소유하는 경우
4. 나대지에 건축물을 새로 건축하거나 기존 건축물을 철거하고 다세대주택, 그 밖의 공동주택을 건축하여 토지등소유자의 수가 증가하는 경우

② 시·도지사는 제1항에 따라 기준일을 따로 정하는 경우에는 기준일·지정사유·건축물을 분양받을 권리의 산정 기준 등을 해당 지방자치단체의 공보에 고시하여야 한다.

8] 관리처분계획의 공람 및 인가절차 등(제78조)

① 사업시행자는 제74조에 따른 관리처분계획인가를 신청하기 전에 관계 서류의 사본을 30일 이상 토지등소유자에게 공람하게 하고 의견을 들어야 한다. 다만, 제74조제1항 각 호 외의 부분 단서에 따라 대통령령으로 정하는 경미한 사항을 변경하려는 경우에는 토지등소유자의 공람 및 의견청취 절차를 거치지 아니할 수 있다.

② 시장·군수등은 사업시행자의 관리처분계획인가의 신청이 있은 날부터 30일 이내에 인가 여부를 결정하여 사업시행자에게 통보하여야 한다. 다만, 시장·군수등은 제3항에 따라 관리처분계획의 타당성 검증을 요청하는 경우에는 관리처분계획인가의 신청을 받은 날부터 60일 이내에 인가 여부를 결정하여 사업시행자에게 통지하여야 한다. <신설 2017.8.9.>

③ **시장·군수등은 다음 각 호의 어느 하나에 해당하는 경우에는 대통령령으로 정하는 공공기관에 관리처분계획의 타당성 검증을 요청하여야 한다.** 이 경우 시장·군수등은 타당성 검증 비용을 사업시행자에게 부담하게 할 수 있다. <신설 2017.8.9.>

1. 제74조제1항제6호에 따른 정비사업비가 제52조제1항제12호에 따른 정비사업비 기준으로 100분의 10 이상으로서 대통령령으로 정하는 비율 이상 늘어나는 경우
2. 제74조제1항제6호에 따른 조합원 분담규모가 제72조제1항제2호에 따른 분양대상자별 분담금의 추산액 총액 기준으로 100분의 20 이상으로서 대통령령으로 정하는 비율 이상 늘어나는 경우
3. 조합원 5분의 1 이상이 관리처분계획인가 신청이 있은 날부터 15일 이내에 시장·군수등에게 타당성 검증을 요청한 경우
4. 그 밖에 시장·군수등이 필요하다고 인정하는 경우

④ 시장·군수등이 제2항에 따라 관리처분계획을 인가하는 때에는 그 내용을 해당 지방자치

단체의 공보에 고시하여야 한다. <개정 2017.8.9.>

⑤ 사업시행자는 제1항에 따라 공람을 실시하려거나 제4항에 따른 시장·군수등의 고시가 있은 때에는 대통령령으로 정하는 방법과 절차에 따라 토지등소유자에게는 공람계획을 통지하고, 분양신청을 한 자에게는 관리처분계획인가의 내용 등을 통지하여야 한다.<개정 2017.8.9.>

⑥ 제1항, 제4항 및 제5항은 시장·군수등이 직접 관리처분계획을 수립하는 경우에 준용한다. <개정 2017.8.9.>

9] 관리처분계획에 따른 처분 등(제79조)

① 정비사업의 시행으로 조성된 대지 및 건축물은 관리처분계획에 따라 처분 또는 관리하여야 한다.

② 사업시행자는 정비사업의 시행으로 건설된 건축물을 제74조에 따라 인가받은 관리처분계획에 따라 토지등소유자에게 공급하여야 한다.

③ 사업시행자(제23조제1항제2호에 따라 대지를 공급받아 주택을 건설하는 자를 포함한다. 이하 이 항, 제6항 및 제7항에서 같다)는 정비구역에 주택을 건설하는 경우에는 입주자 모집 조건·방법·절차, 입주금(계약금·중도금 및 잔금을 말한다)의 납부 방법·시기·절차, 주택공급 방법·절차 등에 관하여 「주택법」 제54조에도 불구하고 대통령령으로 정하는 범위에서 시장·군수등의 승인을 받아 따로 정할 수 있다.

④ 사업시행자는 제72조에 따른 분양신청을 받은 후 잔여분이 있는 경우에는 정관등 또는 사업시행계획으로 정하는 목적을 위하여 그 잔여분을 보류지(건축물을 포함한다)로 정하거나 조합원 또는 토지등소유자 이외의 자에게 분양할 수 있다. 이 경우 분양공고와 분양신청절차 등에 필요한 사항은 대통령령으로 정한다.

⑤ 국토교통부장관, 시·도지사, 시장, 군수, 구청장 또는 토지주택공사등은 조합이 요청하는 경우 재개발사업의 시행으로 건설된 임대주택을 인수하여야 한다. 이 경우 재개발임대주택의 인수 절차 및 방법, 인수 가격 등에 필요한 사항은 대통령령으로 정한다.

⑥ 사업시행자는 정비사업의 시행으로 임대주택을 건설하는 경우에는 임차인의 자격·선정 방법·임대보증금·임대료 등 임대조건에 관한 기준 및 무주택 세대주에게 우선 매각하도록 하는 기준 등에 관하여 「민간임대주택에 관한 특별법」 제42조 및 제44조, 「공공주택 특별법」 제48조, 제49조 및 제50조의3에도 불구하고 대통령령으로 정하는 범위에서 시장·군수등의 승인을 받아 따로 정할 수 있다. 다만, 재개발임대주택으로서 최초의 임차인 선정이 아닌 경우에는 대통령령으로 정하는 범위에서 인수자가 따로 정한다.

⑦ 사업시행자는 제2항부터 제6항까지의 규정에 따른 공급대상자에게 주택을 공급하고 남은 주택을 제2항부터 제6항까지의 규정에 따른 공급대상자 외의 자에게 공급할 수 있다.

⑧ 제7항에 따른 주택의 공급 방법·절차 등은 「주택법」 제54조를 준용한다. 다만, 사업시행자가 제64조에 따른 매도청구소송을 통하여 법원의 승소판결을 받은 후 입주예정자에게 피해가 없도록 손실보상금을 공탁하고 분양예정인 건축물을 담보한 경우에는 법원의 승소판결이 확정되기 전이라도 「주택법」 제54조에도 불구하고 입주자를 모집할 수 있으나, 제83조에 따른 **준공인가 신청 전까지 해당 주택건설 대지의 소유권을 확보하여야 한다.**

10] 지분형주택 등의 공급(제80조)

① 사업시행자가 토지주택공사등인 경우에는 분양대상자와 사업시행자가 공동 소유하는 방식으로 주택(이하 "지분형주택"이라 한다)을 공급할 수 있다. 이 경우 공급되는 지분형주택의 규모, 공동 소유기간 및 분양대상자 등 필요한 사항은 대통령령으로 정한다.

② 국토교통부장관, 시·도지사, 시장, 군수, 구청장 또는 토지주택공사등은 정비구역에 세입자와 대통령령으로 정하는 면적 이하의 토지 또는 주택을 소유한 자의 요청이 있는 경우에는 제79조제5항에 따라 인수한 임대주택의 일부를 「주택법」에 따른 토지임대부 분양주택으로 전환하여 공급하여야 한다.

11] 건축물 등의 사용·수익의 중지 및 철거 등(제81조)

① 종전의 토지 또는 건축물의 소유자·지상권자·전세권자·임차권자 등 권리자는 제78조제4항에 따른 관리처분계획인가의 고시가 있은 때에는 제86조에 따른 이전고시가 있는 날까지 종전의 토지 또는 건축물을 사용하거나 수익할 수 없다. 다만, 다음 각 호의 어느 하나에 해당하는 경우에는 그러하지 아니하다. <개정 2017.8.9.>
1. 사업시행자의 동의를 받은 경우
2. 「공익사업을 위한 토지 등의 취득 및 보상에 관한 법률」에 따른 손실보상이 완료되지 아니한 경우

② **사업시행자는 제74조제1항에 따른 관리처분계획인가를 받은 후 기존의 건축물을 철거하여야 한다.**

③ 사업시행자는 다음 각 호의 어느 하나에 해당하는 경우에는 제2항에도 불구하고 기존 건축물 소유자의 동의 및 시장·군수등의 허가를 받아 해당 건축물을 철거할 수 있다. 이 경우 건축물의 철거는 토지등소유자로서의 권리·의무에 영향을 주지 아니한다.
1. 「재난 및 안전관리 기본법」·「주택법」·「건축법」 등 관계 법령에서 정하는 기존 건축물의 붕괴 등 안전사고의 우려가 있는 경우
2. 폐공가(廢空家)의 밀집으로 범죄발생의 우려가 있는 경우

④ 시장·군수등은 사업시행자가 제2항에 따라 기존의 건축물을 철거하는 경우 다음 각 호의 어느 하나에 해당하는 시기에는 건축물의 철거를 제한할 수 있다.
1. 일출 전과 일몰 후
2. 호우, 대설, 폭풍해일, 지진해일, 태풍, 강풍, 풍랑, 한파 등으로 해당 지역에 중대한 재해발생이 예상되어 기상청장이 「기상법」 제13조에 따라 특보를 발표한 때
3. 「재난 및 안전관리 기본법」 제3조에 따른 재난이 발생한 때
4. 제1호부터 제3호까지의 규정에 준하는 시기로 시장·군수등이 인정하는 시기

12] 시공보증(제82조)

① 조합이 정비사업의 시행을 위하여 시장·군수등 또는 토지주택공사등이 아닌 자를 시공자로 선정(제25조에 따른 **공동사업시행자가 시공하는 경우를 포함한다**)한 경우 그 시공자는 공사의 시공보증(시공자가 공사의 계약상 의무를 이행하지 못하거나 의무이행을 하지 아니할 경우 보증기관에서 시공자를 대신하여 계약이행의무를 부담하거나 총 공사금액의

100분의 50 이하 대통령령으로 정하는 비율 이상의 범위에서 사업시행자가 정하는 금액을 납부할 것을 보증하는 것을 말한다)을 위하여 국토교통부령으로 정하는 기관의 시공 보증서를 조합에 제출하여야 한다. <개정 2018.6.12.>

② 시장·군수등은 「건축법」 제21조에 따른 착공신고를 받는 경우에는 제1항에 따른 시공 보증서의 제출 여부를 확인하여야 한다.

제6절 공사완료에 따른 조치 등

1] 정비사업의 준공인가(제83조)

① 시장·군수등이 아닌 사업시행자가 정비사업 공사를 완료한 때에는 대통령령으로 정하는 방법 및 절차에 따라 시장·군수등의 준공인가를 받아야 한다.

② 제1항에 따라 준공인가신청을 받은 시장·군수등은 지체 없이 준공검사를 실시하여야 한다. 이 경우 시장·군수등은 효율적인 준공검사를 위하여 필요한 때에는 관계 행정기관·공공 기관·연구기관, 그 밖의 전문기관 또는 단체에게 준공검사의 실시를 의뢰할 수 있다.

③ 시장·군수등은 제2항 전단 또는 후단에 따른 준공검사를 실시한 결과 정비사업이 인가받은 사업시행계획대로 완료되었다고 인정되는 때에는 준공인가를 하고 공사의 완료를 해당 지방자치단체의 공보에 고시하여야 한다.

④ 시장·군수등은 직접 시행하는 정비사업에 관한 공사가 완료된 때에는 그 완료를 해당 지방자치단체의 공보에 고시하여야 한다.

⑤ 시장·군수등은 제1항에 따른 준공인가를 하기 전이라도 완공된 건축물이 사용에 지장이 없는 등 대통령령으로 정하는 기준에 적합한 경우에는 입주예정자가 완공된 건축물을 사용할 수 있도록 사업시행자에게 허가할 수 있다. 다만, 시장·군수등이 사업시행자인 경우 에는 허가를 받지 아니하고 입주예정자가 완공된 건축물을 사용하게 할 수 있다.

⑥ 제3항 및 제4항에 따른 공사완료의 고시 절차 및 방법, 그 밖에 필요한 사항은 대통령령 으로 정한다.

2] 준공인가 등에 따른 정비구역의 해제(제84조)

① 정비구역의 지정은 제83조에 따른 준공인가의 고시가 있은 날(관리처분계획을 수립하는 경우에는 이전고시가 있은 때를 말한다)의 다음 날에 해제된 것으로 본다. 이 경우 지방 자치단체는 해당 지역을 「국토의 계획 및 이용에 관한 법률」에 따른 지구단위계획으로 관리하여야 한다.

② 제1항에 따른 정비구역의 해제는 조합의 존속에 영향을 주지 아니한다.

3] 공사완료에 따른 관련 인·허가등의 의제(제85조)

① 제83조제1항부터 제4항까지의 규정에 따라 준공인가를 하거나 공사완료를 고시하는 경우 시장·군수등이 제57조에 따라 의제되는 인·허가등에 따른 준공검사·준공인가·사용검사·사용 승인 등(이하 "준공검사·인가등"이라 한다)에 관하여 제3항에 따라 관계 행정기관의 장과 협의한 사항은 해당 준공검사·인가등을 받은 것으로 본다.

② 시장·군수등이 아닌 사업시행자는 제1항에 따른 준공검사·인가등의 의제를 받으려는 경우에는 제83조제1항에 따른 준공인가를 신청하는 때에 해당 법률이 정하는 관계 서류를 함께 제출하여야 한다. <개정 2020.6.9.>

③ 시장·군수등은 제83조제1항부터 제4항까지의 규정에 따른 준공인가를 하거나 공사완료를 고시하는 경우 그 내용에 제57조에 따라 의제되는 인·허가등에 따른 준공검사·인가등에 해당하는 사항이 있은 때에는 미리 관계 행정기관의 장과 협의하여야 한다.

④ 관계 행정기관의 장은 제3항에 따른 협의를 요청받은 날부터 10일 이내에 의견을 제출하여야 한다. <신설 2021.3.16.>

⑤ 관계 행정기관의 장이 제4항에서 정한 기간(「민원 처리에 관한 법률」 제20조제2항에 따라 회신기간을 연장한 경우에는 그 연장된 기간을 말한다) 내에 의견을 제출하지 아니하면 협의가 이루어진 것으로 본다. <신설 2021.3.16.>

⑥ 제57조제6항은 제1항에 따른 준공검사·인가등의 의제에 준용한다. <개정 2021.3.16.>

4] 이전고시 등(제86조)

① 사업시행자는 제83조제3항 및 제4항에 따른 고시가 있은 때에는 지체 없이 대지확정 측량을 하고 토지의 분할절차를 거쳐 관리처분계획에서 정한 사항을 분양받을 자에게 통지하고 대지 또는 건축물의 소유권을 이전하여야 한다. 다만, 정비사업의 효율적인 추진을 위하여 필요한 경우에는 해당 정비사업에 관한 공사가 전부 완료되기 전이라도 완공된 부분은 준공인가를 받아 대지 또는 건축물별로 분양받을 자에게 소유권을 이전할 수 있다.

② 사업시행자는 제1항에 따라 대지 및 건축물의 소유권을 이전하려는 때에는 그 내용을 해당 지방자치단체의 공보에 고시한 후 시장·군수등에게 보고하여야 한다. 이 경우 대지 또는 건축물을 분양받을 자는 고시가 있은 날의 다음 날에 그 대지 또는 건축물의 소유권을 취득한다.

5] 대지 및 건축물에 대한 권리의 확정(제87조)

① 대지 또는 건축물을 분양받을 자에게 제86조제2항에 따라 소유권을 이전한 경우 종전의 토지 또는 건축물에 설정된 지상권·전세권·저당권·임차권·가등기담보권·가압류 등 등기된 권리 및 「주택임대차보호법」 제3조제1항의 요건을 갖춘 임차권은 소유권을 이전받은 대지 또는 건축물에 설정된 것으로 본다.

② 제1항에 따라 취득하는 대지 또는 건축물 중 토지등소유자에게 분양하는 대지 또는 건축물은 「도시개발법」 제40조에 따라 행하여진 환지로 본다.

③ 제79조제4항에 따른 보류지와 일반에게 분양하는 대지 또는 건축물은 「도시개발법」 제34조에 따른 보류지 또는 체비지로 본다.

6] 등기절차 및 권리변동의 제한(제88조)

① 사업시행자는 제86조제2항에 따른 이전고시가 있은 때에는 지체 없이 대지 및 건축물에 관한 등기를 지방법원지원 또는 등기소에 촉탁 또는 신청하여야 한다.

② 제1항의 등기에 필요한 사항은 대법원규칙으로 정한다.

③ 정비사업에 관하여 제86조제2항에 따른 이전고시가 있은 날부터 제1항에 따른 등기가 있을 때까지는 저당권 등의 다른 등기를 하지 못한다.

7] 청산금 등(제89조)

① 대지 또는 건축물을 분양받은 자가 종전에 소유하고 있던 토지 또는 건축물의 가격과 분양받은 대지 또는 건축물의 가격 사이에 차이가 있는 경우 사업시행자는 제86조제2항에 따른 이전고시가 있은 후에 그 차액에 상당하는 금액(이하 "청산금"이라 한다)을 분양받은 자로부터 징수하거나 분양받은 자에게 지급하여야 한다.

② 제1항에도 불구하고 사업시행자는 정관등에서 분할징수 및 분할지급을 정하고 있거나 총회의 의결을 거쳐 따로 정한 경우에는 관리처분계획인가 후부터 제86조제2항에 따른 이전고시가 있은 날까지 일정 기간별로 분할징수하거나 분할지급할 수 있다.

③ 사업시행자는 제1항 및 제2항을 적용하기 위하여 종전에 소유하고 있던 토지 또는 건축물의 가격과 분양받은 대지 또는 건축물의 가격을 평가하는 경우 그 토지 또는 건축물의 규모·위치·용도·이용 상황·정비사업비 등을 참작하여 평가하여야 한다.

④ 제3항에 따른 가격평가의 방법 및 절차 등에 필요한 사항은 대통령령으로 정한다.

8] 청산금의 징수방법 등(제90조)

① 시장·군수등인 사업시행자는 청산금을 납부할 자가 이를 납부하지 아니하는 경우 지방세 체납처분의 예에 따라 징수(분할징수를 포함한다. 이하 이 조에서 같다)할 수 있으며, 시장·군수등이 아닌 사업시행자는 시장·군수등에게 청산금의 징수를 위탁할 수 있다. 이 경우 제93조제5항을 준용한다.

② 제89조제1항에 따른 청산금을 지급받을 자가 받을 수 없거나 받기를 거부한 때에는 사업시행자는 그 청산금을 공탁할 수 있다.

③ 청산금을 지급(분할지급을 포함한다)받을 권리 또는 이를 징수할 권리는 제86조제2항에 따른 이전고시일의 다음 날부터 5년간 행사하지 아니하면 소멸한다.

9] 저당권의 물상대위(제91조)

정비구역에 있는 토지 또는 건축물에 저당권을 설정한 권리자는 사업시행자가 저당권이 설정된 토지 또는 건축물의 소유자에게 청산금을 지급하기 전에 압류절차를 거쳐 저당권을 행사할 수 있다.

제4장 비용의 부담 등

1] 비용부담의 원칙(제92조)

① 정비사업비는 이 법 또는 다른 법령에 특별한 규정이 있는 경우를 제외하고는 사업시행자가 부담한다.

② 시장·군수등은 시장·군수등이 아닌 사업시행자가 시행하는 정비사업의 정비계획에 따라

설치되는 다음 각 호의 시설에 대하여는 그 건설에 드는 비용의 전부 또는 일부를 부담할 수 있다.

1. 도시·군계획시설 중 대통령령으로 정하는 주요 정비기반시설 및 공동이용시설
2. 임시거주시설

2] 비용의 조달(제93조)

① 사업시행자는 토지등소유자로부터 제92조제1항에 따른 비용과 정비사업의 시행과정에서 발생한 수입의 차액을 부과금으로 부과·징수할 수 있다.

② 사업시행자는 토지등소유자가 제1항에 따른 부과금의 납부를 **게을리** 한 때에는 연체료를 부과·징수할 수 있다. <개정 2020.6.9.>

③ 제1항 및 제2항에 따른 부과금 및 연체료의 부과·징수에 필요한 사항은 정관등으로 정한다.

④ 시장·군수등이 아닌 사업시행자는 부과금 또는 연체료를 체납하는 자가 있는 때에는 시장·군수등에게 그 부과·징수를 위탁할 수 있다.

⑤ 시장·군수등은 제4항에 따라 부과·징수를 위탁받은 경우에는 지방세 체납처분의 예에 따라 부과·징수할 수 있다. 이 경우 사업시행자는 징수한 금액의 100분의 4에 해당하는 금액을 해당 시장·군수등에게 교부하여야 한다.

3] 정비기반시설 관리자의 비용부담(제94조)

① 시장·군수등은 자신이 시행하는 정비사업으로 현저한 이익을 받는 정비기반시설의 관리자가 있는 경우에는 대통령령으로 정하는 방법 및 절차에 따라 해당 정비사업비의 일부를 그 정비기반시설의 관리자와 협의하여 그 관리자에게 부담시킬 수 있다.

② 사업시행자는 정비사업을 시행하는 지역에 전기·가스 등의 공급시설을 설치하기 위하여 공동구를 설치하는 경우에는 다른 법령에 따라 그 공동구에 수용될 시설을 설치할 의무가 있는 자에게 공동구의 설치에 드는 비용을 부담시킬 수 있다.

③ 제2항의 비용부담의 비율 및 부담방법과 공동구의 관리에 필요한 사항은 국토교통부령으로 정한다.

4] 보조 및 융자(제95조)

① 국가 또는 시·도는 시장, 군수, 구청장 또는 토지주택공사등이 시행하는 정비사업에 관한 기초조사 및 정비사업의 시행에 필요한 시설로서 대통령령으로 정하는 정비기반시설, 임시거주시설 및 주거환경개선사업에 따른 공동이용시설의 건설에 드는 비용의 일부를 보조하거나 융자할 수 있다. 이 경우 국가 또는 시·도는 다음 각 호의 어느 하나에 해당하는 사업에 우선적으로 보조하거나 융자할 수 있다.

1. 시장·군수등 또는 토지주택공사등이 다음 각 목의 어느 하나에 해당하는 지역에서 시행하는 주거환경개선사업

　　가. 제20조 및 제21조에 따라 해제된 정비구역등

　　나. 「도시재정비 촉진을 위한 특별법」 제7조제2항에 따라 재정비촉진지구가 해제된 지역

2. 국가 또는 지방자치단체가 도시영세민을 이주시켜 형성된 낙후지역으로서 대통령령으로 정하는 지역에서 시장·군수등 또는 토지주택공사등이 단독으로 시행하는 재개발사업

② 시장·군수등은 사업시행자가 토지주택공사등인 주거환경개선사업과 관련하여 제1항에 따른 정비기반시설 및 공동이용시설, 임시거주시설을 건설하는 경우 건설에 드는 비용의 전부 또는 일부를 토지주택공사등에게 보조하여야 한다.

③ 국가 또는 지방자치단체는 시장·군수등이 아닌 사업시행자가 시행하는 정비사업에 드는 비용의 일부를 보조 또는 융자하거나 융자를 알선할 수 있다.

④ 국가 또는 지방자치단체는 제1항 및 제2항에 따라 정비사업에 필요한 비용을 보조 또는 융자하는 경우 제59조제1항에 따른 순환정비방식의 정비사업에 우선적으로 지원할 수 있다. 이 경우 순환정비방식의 정비사업의 원활한 시행을 위하여 국가 또는 지방자치단체는 다음 각 호의 비용 일부를 보조 또는 융자할 수 있다. <개정 2018.6.12.>

   1. 순환용주택의 건설비

   2. 순환용주택의 단열보완 및 창호교체 등 에너지 성능 향상과 효율개선을 위한 리모델링 비용

   3. 공가(空家)관리비

⑤ 국가는 다음 각 호의 어느 하나에 해당하는 비용의 전부 또는 일부를 지방자치단체 또는 토지주택공사등에 보조 또는 융자할 수 있다.

   1. 제59조제2항에 따라 토지주택공사등이 보유한 공공임대주택을 순환용주택으로 조합에게 제공하는 경우 그 건설비 및 공가관리비 등의 비용

   2. 제79조제5항에 따라 시·도지사, 시장, 군수, 구청장 또는 토지주택공사등이 재개발임대주택을 인수하는 경우 그 인수 비용

⑥ 국가 또는 지방자치단체는 제80조제2항에 따라 토지임대부 분양주택을 공급받는 자에게 해당 공급비용의 전부 또는 일부를 보조 또는 융자할 수 있다.

5] 정비기반시설의 설치(제96조)

사업시행자는 관할 지방자치단체의 장과의 협의를 거쳐 정비구역에 정비기반시설(주거환경개선사업의 경우에는 공동이용시설을 포함한다)을 설치하여야 한다.

6] 정비기반시설 및 토지 등의 귀속(제97조)

① 시장·군수등 또는 토지주택공사등이 정비사업의 시행으로 새로 정비기반시설을 설치하거나 기존의 정비기반시설을 대체하는 정비기반시설을 설치한 경우에는 「국유재산법」 및 「공유재산 및 물품 관리법」에도 불구하고 종래의 정비기반시설은 사업시행자에게 무상으로 귀속되고, 새로 설치된 정비기반시설은 그 시설을 관리할 국가 또는 지방자치단체에 무상으로 귀속된다.

② 시장·군수등 또는 토지주택공사등이 아닌 사업시행자가 정비사업의 시행으로 새로 설치한 정비기반시설은 그 시설을 관리할 국가 또는 지방자치단체에 무상으로 귀속되고, 정비사업의 시행으로 용도가 폐지되는 국가 또는 지방자치단체 소유의 정비기반시설은 사업시행자가 새로 설치한 정비기반시설의 설치비용에 상당하는 범위에서 그에게 무상으로 양도된다.

③ 제1항 및 제2항의 정비기반시설에 해당하는 도로는 다음 각 호의 어느 하나에 해당하는 도로를 말한다.

   1. 「국토의 계획 및 이용에 관한 법률」 제30조에 따라 도시·군관리계획으로 결정되어 설치된

도로

2. 「도로법」제23조에 따라 도로관리청이 관리하는 도로

3. 「도시개발법」등 다른 법률에 따라 설치된 국가 또는 지방자치단체 소유의 도로

4. 그 밖에 「공유재산 및 물품 관리법」에 따른 공유재산 중 일반인의 교통을 위하여 제공되고 있는 부지. 이 경우 부지의 사용 형태, 규모, 기능 등 구체적인 기준은 시·도조례로 정할 수 있다.

④ 시장·군수등은 제1항부터 제3항까지의 규정에 따른 정비기반시설의 귀속 및 양도에 관한 사항이 포함된 정비사업을 시행하거나 그 시행을 인가하려는 경우에는 미리 그 관리청의 의견을 들어야 한다. 인가받은 사항을 변경하려는 경우에도 또한 같다.

⑤ 사업시행자는 제1항부터 제3항까지의 규정에 따라 관리청에 귀속될 정비기반시설과 사업시행자에게 귀속 또는 양도될 재산의 종류와 세목을 정비사업의 준공 전에 관리청에 통지하여야 하며, 해당 정비기반시설은 그 정비사업이 준공인가되어 관리청에 준공인가통지를 한 때에 국가 또는 지방자치단체에 귀속되거나 사업시행자에게 귀속 또는 양도된 것으로 본다.

⑥ 제5항에 따른 정비기반시설에 대한 등기의 경우 정비사업의 시행인가서와 준공인가서(시장·군수등이 직접 정비사업을 시행하는 경우에는 **제50조**제9항에 따른 사업시행계획인가의 고시와 제83조제4항에 따른 공사완료의 고시를 말한다)는 「부동산등기법」에 따른 등기원인을 증명하는 서류를 갈음한다. <개정 2020.6.9., 2021.3.16.>

⑦ 제1항 및 제2항에 따라 정비사업의 시행으로 용도가 폐지되는 국가 또는 지방자치단체 소유의 정비기반시설의 경우 정비사업의 시행 기간 동안 해당 시설의 대부료는 면제된다.

7] 국유·공유재산의 처분 등(제98조)[시행일 : 2022.1.1.] 제98조

① 시장·군수등은 제50조 및 제52조에 따라 인가하려는 사업시행계획 또는 직접 작성하는 사업시행계획서에 국유·공유재산의 처분에 관한 내용이 포함되어 있는 때에는 미리 관리청과 협의하여야 한다. 이 경우 관리청이 불분명한 재산 중 도로·하천·구거(도랑) 등은 국토교통부장관을, 그 외의 재산은 기획재정부장관을 관리청으로 본다. <개정 2021.1.5.>

② 제1항에 따라 협의를 받은 관리청은 20일 이내에 의견을 제시하여야 한다.

③ 정비구역의 국유·공유재산은 정비사업 외의 목적으로 매각되거나 양도될 수 없다.

④ 정비구역의 국유·공유재산은 「국유재산법」제9조 또는 「공유재산 및 물품 관리법」제10조에 따른 국유재산종합계획 또는 공유재산관리계획과 「국유재산법」제43조 및 「공유재산 및 물품 관리법」제29조에 따른 계약의 방법에도 불구하고 사업시행자 또는 점유자 및 사용자에게 다른 사람에 우선하여 수의계약으로 매각 또는 임대될 수 있다.

⑤ 제4항에 따라 다른 사람에 우선하여 매각 또는 임대될 수 있는 국유·공유재산은 「국유재산법」, 「공유재산 및 물품 관리법」및 그 밖에 국·공유지의 관리와 처분에 관한 관계 법령에도 불구하고 **사업시행계획인가의 고시가 있은 날부터 종전의 용도가 폐지된 것으로 본다**.

⑥ 제4항에 따라 정비사업을 목적으로 우선하여 매각하는 국·공유지는 사업시행계획인가의 고시가 있은 날을 기준으로 평가하며, 주거환경개선사업의 경우 매각가격은 평가금액의 100분의 80으로 한다. 다만, 사업시행계획인가의 고시가 있은 날부터 3년 이내에 매매계약을 체결하지 아니한 국·공유지는 「국유재산법」또는 「공유재산 및 물품 관리법」에서 정한다.

8] 국유·공유재산의 임대(제99조)

① 지방자치단체 또는 토지주택공사등은 주거환경개선구역 및 재개발구역(재개발사업을 시행하는 정비구역을 말한다. 이하 같다)에서 임대주택을 건설하는 경우에는 「국유재산법」 제46조 제1항 또는 「공유재산 및 물품 관리법」 제31조에도 불구하고 국·공유지 관리청과 협의하여 정한 기간 동안 국·공유지를 임대할 수 있다.

② 시장·군수등은 「국유재산법」 제18조제1항 또는 「공유재산 및 물품 관리법」 제13조에도 불구하고 제1항에 따라 임대하는 국·공유지 위에 공동주택, 그 밖의 영구시설물을 축조하게 할 수 있다. 이 경우 해당 시설물의 임대기간이 종료되는 때에는 임대한 국·공유지 관리 청에 기부 또는 원상으로 회복하여 반환하거나 국·공유지 관리청으로부터 매입하여야 한다.

③ 제1항에 따라 임대하는 국·공유지의 임대료는 「국유재산법」 또는 「공유재산 및 물품 관리법」 에서 정한다.

9] 공동이용시설 사용료의 면제(제100조)

① 지방자치단체의 장은 마을공동체 활성화 등 공익 목적을 위하여 「공유재산 및 물품 관리법」 제20조에 따라 주거환경개선구역 내 공동이용시설에 대한 사용 허가를 하는 경우 같은 법 제22조에도 불구하고 사용료를 면제할 수 있다.

② 제1항에 따른 공익 목적의 기준, 사용료 면제 대상 및 그 밖에 필요한 사항은 시·도조례로 정한다.

10] 국·공유지의 무상양여 등(제101조) [시행일: 2021.11.11.] 제101조

① 다음 각 호의 어느 하나에 해당하는 구역에서 국가 또는 지방자치단체가 소유하는 토지는 **제50조제9항**에 따른 사업시행계획인가의 고시가 있은 날부터 종전의 용도가 폐지된 것으로 보며, 「국유재산법」, 「공유재산 및 물품 관리법」 및 그 밖에 국·공유지의 관리 및 처분에 관하여 규정한 관계 법령에도 불구하고 해당 사업시행자에게 무상으로 양여된다. 다만, 「국유재산법」 제6조제2항에 따른 행정재산 또는 「공유재산 및 물품 관리법」 제5조 제2항에 따른 행정재산과 국가 또는 지방자치단체가 양도계약을 체결하여 정비구역지정 고시일 현재 대금의 일부를 수령한 토지에 대하여는 그러하지 아니하다. <개정 2021.3.16.>
   1. 주거환경개선구역
   2. 국가 또는 지방자치단체가 도시영세민을 이주시켜 형성된 낙후지역으로서 대통령령으로 정하는 재개발구역(이 항 각 호 외의 부분 본문에도 불구하고 무상양여 대상에서 국유 지는 제외하고, 공유지는 시장·군수등 또는 토지주택공사등이 단독으로 사업시행자가 되는 경우로 한정한다)

② <삭제 2021.8.10.>

③ 제1항에 따라 무상양여된 토지의 사용수익 또는 처분으로 발생한 수입은 주거환경개선사업 또는 재개발사업 외의 용도로 사용할 수 없다.

④ 시장·군수등은 제1항에 따른 무상양여의 대상이 되는 국·공유지를 소유 또는 관리하고 있는 국가 또는 지방자치단체와 협의를 하여야 한다.

⑤ 사업시행자에게 양여된 토지의 관리처분에 필요한 사항은 국토교통부장관의 승인을 받아 해당 시·도조례 또는 토지주택공사등의 시행규정으로 정한다.

제5장 공공재개발사업 및 공공재건축사업 <신설 2021.4.13.>

1] 공공재개발사업 예정지역의 지정·고시(제101조의 2) [본조신설 2021.4.13.]

① 정비구역의 지정권자는 비경제적인 건축행위 및 투기 수요의 유입을 방지하고, 합리적인 사업계획을 수립하기 위하여 공공재개발사업을 추진하려는 구역을 공공재개발사업 예정구역으로 지정할 수 있다. 이 경우 공공재개발사업 예정구역의 지정·고시에 관한 절차는 제16조를 준용한다.

② 정비계획의 입안권자 또는 토지주택공사등은 정비구역의 지정권자에게 공공재개발사업 예정구역의 지정을 신청할 수 있다. 이 경우 토지주택공사등은 정비계획의 입안권자를 통하여 신청하여야 한다.

③ 공공재개발사업 예정구역에서 제19조제7항 각 호의 어느 하나에 해당하는 행위 또는 같은 조 제8항의 행위를 하려는 자는 시장·군수등의 허가를 받아야 한다. 허가받은 사항을 변경하려는 때에도 또한 같다.

④ 공공재개발사업 예정구역 내에 분양받을 건축물이 제77조제1항 각 호의 어느 하나에 해당하는 경우에는 제77조에도 불구하고 공공재개발사업 예정구역 지정·고시가 있은 날 또는 시·도지사가 투기를 억제하기 위하여 공공재개발사업 예정구역 지정·고시 전에 따로 정하는 날의 다음 날을 기준으로 건축물을 분양받을 권리를 산정한다. 이 경우 시·도지사가 건축물을 분양받을 권리일을 따로 정하는 경우에는 제77조제2항을 준용한다.

⑤ 정비구역의 지정권자는 공공재개발사업 예정구역이 지정·고시된 날부터 2년이 되는 날까지 공공재개발사업 예정구역이 공공재개발사업을 위한 정비구역으로 지정되지 아니하거나, 공공재개발사업 시행자가 지정되지 아니하면 그 2년이 되는 날의 다음 날에 공공재개발사업 예정구역 지정을 해제하여야 한다. 다만, 정비구역의 지정권자는 1회에 한하여 1년의 범위에서 공공재개발사업 예정구역의 지정을 연장할 수 있다.

⑥ 제1항에 따른 공공재개발사업 예정구역의 지정과 제2항에 따른 지정 신청에 필요한 사항 및 그 절차는 대통령령으로 정한다.

2] 공공재개발사업을 위한 정비구역 지정 등(제101조의3) [본조신설 2021.4.13.]

① 정비구역의 지정권자는 제8조제1항에도 불구하고 기본계획을 수립하거나 변경하지 아니하고 공공재개발사업을 위한 정비계획을 결정하여 정비구역을 지정할 수 있다.

② 정비계획의 입안권자는 공공재개발사업의 추진을 전제로 정비계획을 작성하여 정비구역의 지정권자에게 공공재개발사업을 위한 정비구역의 지정을 신청할 수 있다. 이 경우 공공재개발사업을 시행하려는 공공재개발사업 시행자는 정비계획의 입안권자에게 공공재개발사업을 위한 정비계획의 수립을 제안할 수 있다.

③ 정비계획의 지정권자는 공공재개발사업을 위한 정비구역을 지정·고시한 날부터 1년이 되는 날까지 공공재개발사업 시행자가 지정되지 아니하면 그 1년이 되는 날의 다음 날에 공공재개발사업을 위한 정비구역의 지정을 해제하여야 한다. 다만, 정비구역의 지정권자는

1회에 한하여 1년의 범위에서 공공재개발사업을 위한 정비구역의 지정을 연장할 수 있다.

3] 공공재개발사업 예정구역 및 공공재개발사업·공공재건축사업을 위한 정비구역 지정을 위한 특례(제101조의4) [본조신설 2021.4.13.]

① 지방도시계획위원회 또는 도시재정비위원회는 공공재개발사업 예정구역 또는 공공재개발사업·공공재건축사업을 위한 정비구역의 지정에 필요한 사항을 심의하기 위하여 분과위원회를 둘 수 있다. 이 경우 분과위원회의 심의는 지방도시계획위원회 또는 도시재정비위원회의 심의로 본다.

② 정비구역의 지정권자가 공공재개발사업 또는 공공재건축사업을 위한 정비구역의 지정·변경을 고시한 때에는 제7조에 따른 기본계획의 수립·변경, 「도시재정비 촉진을 위한 특별법」 제5조에 따른 재정비촉진지구의 지정·변경 및 같은 법 제12조에 따른 재정비촉진계획의 결정·변경이 고시된 것으로 본다.

4] 공공재개발사업에서의 용적률 완화 및 주택 건설비율 등(제101조의5) [본조신설 2021.4.13.]

① 공공재개발사업 시행자는 공공재개발사업(「도시재정비촉진을 위한 특별법」 제2조제1호에 따른 재정비촉진지구에서 시행되는 공공재개발사업을 포함한다)을 시행하는 경우 「국토의 계획 및 이용에 관한 법률」 제78조 및 조례에도 불구하고 지방도시계획위원회 및 도시재정비위원회의 심의를 거쳐 법적상한용적률의 100분의 120(이하 "법적상한초과용적률"이라 한다)까지 건축할 수 있다.

② 공공재개발사업 시행자는 제54조에도 불구하고 법적상한초과용적률에서 정비계획으로 정하여진 용적률을 뺀 용적률의 100분의 20 이상 100분의 50 이하로서 시·도조례로 정하는 비율에 해당하는 면적에 국민주택규모 주택을 건설하여 인수자에게 공급하여야 한다. 다만, 제24조제4항, 제26조제1항제1호 및 제27조제1항제1호에 따른 정비사업을 시행하는 경우에는 그러하지 아니한다.

③ 제2항에 따른 국민주택규모 주택의 공급 및 인수방법에 관하여는 제55조를 준용한다.

5] 공공재건축사업에서의 용적률 완화 및 주택 건설비율 등(제101조의6) [본조신설 2021.4.13.]

① 공공재건축사업을 위한 정비구역에 대해서는 해당 정비구역의 지정·고시가 있은 날부터 「국토의 계획 및 이용에 관한 법률」 제36조제1항제1호가목 및 같은 조 제2항에 따라 주거지역을 세분하여 정하는 지역 중 대통령령으로 정하는 지역으로 결정·고시된 것으로 보아 해당 지역에 적용되는 용적률 상한까지 용적률을 정할 수 있다. 다만, 다음 각 호의 어느 하나에 해당하는 경우에는 그러하지 아니하다.

1. 해당 정비구역이 「개발제한구역의 지정 및 관리에 관한 특별조치법」 제3조제1항에 따라 결정된 개발제한구역인 경우

2. 시장·군수등이 공공재건축사업을 위하여 필요하다고 인정하여 해당 정비구역의 일부분을 종전 용도지역으로 그대로 유지하거나 동일면적의 범위에서 위치를 변경하는

내용으로 정비계획을 수립한 경우

   3. 시장·군수등이 제9조제1항제10호다목의 사항을 포함하는 정비계획을 수립한 경우

② 공공재건축사업 시행자는 공공재건축사업(「도시재정비 촉진을 위한 특별법」 제2조제1호에 따른 재정비촉진지구에서 시행되는 공공재건축사업을 포함한다)을 시행하는 경우 제54조 제4항에도 불구하고 제1항에 따라 완화된 용적률에서 정비계획으로 정하여진 용적률을 뺀 용적률의 100분의 40 이상 100분의 70 이하로서 주택증가 규모, 공공재건축사업을 위한 정비구역의 재정적 여건 등을 고려하여 시·도조례로 정하는 비율에 해당하는 면적에 국민주택규모 주택을 건설하여 인수자에게 공급하여야 한다.

③ 제2항에 따른 주택의 공급가격은 「공공주택 특별법」 제50조의4에 따라 국토교통부장관이 고시하는 공공건설임대주택의 표준건축비로 하고, 제4항 단서에 따라 분양을 목적으로 인수한 주택의 공급가격은 「주택법」 제57조제4항에 따라 국토교통부장관이 고시하는 기본형건축비로 한다. 이 경우 부속 토지는 인수자에게 기부채납한 것으로 본다.

④ 제2항에 따른 국민주택규모 주택의 공급 및 인수방법에 관하여는 제55조를 준용한다. 다만, 인수자는 공공재건축사업 시행자로부터 공급받은 주택 중 대통령령으로 정하는 비율에 해당하는 주택에 대해서는 「공공주택 특별법」 제48조에 따라 분양할 수 있다.

⑤ 제3항 후단에도 불구하고 제4항 단서에 따른 분양주택의 인수자는 감정평가액의 100분의 50 이상의 범위에서 대통령령으로 정하는 가격으로 부속 토지를 인수하여야 한다.

6] 공공재개발사업 및 공공재건축사업의 사업시행계획 통합심의(제101조의7)

[본조신설 2021.4.13.]

① 정비구역의 지정권자는 공공재개발사업 또는 공공재건축사업의 사업시행계획인가와 관련된 다음 각 호의 사항을 통합하여 검토 및 심의(이하 "통합심의"라 한다)할 수 있다.

   1. 「건축법」에 따른 건축물의 건축 및 특별건축구역의 지정 등에 관한 사항

   2. 「경관법」에 따른 경관 심의에 관한 사항

   3. 「교육환경 보호에 관한 법률」에 따른 교육환경평가

   4. 「국토의 계획 및 이용에 관한 법률」에 따른 도시·군관리계획에 관한 사항

   5. 「도시교통정비 촉진법」에 따른 교통영향평가에 관한 사항

   6. 「자연재해대책법」에 따른 재해영향평가 등에 관한 사항

   7. 「환경영향평가법」에 따른 환경영향평가 등에 관한 사항

   8. 그 밖에 국토교통부장관, 시·도지사 또는 시장·군수등이 필요하다고 인정하여 통합 심의에 부치는 사항

② 공공재개발사업 시행자 또는 공공재건축사업 시행자가 통합심의를 신청하는 경우에는 제1항 각 호와 관련된 서류를 첨부하여야 한다. 이 경우 정비구역의 지정권자는 통합 심의를 효율적으로 처리하기 위하여 필요한 경우 제출기한을 정하여 제출하도록 할 수

있다.

③ 정비구역의 지정권자가 통합심의를 하는 경우에는 다음 각 호의 어느 하나에 해당하는 위원회에 속하고 해당 위원회의 위원장의 추천을 받은 위원, 정비구역의 지정권자가 속한 지방자치단체 소속 공무원 및 제50조에 따른 사업시행계획 인가권자가 속한 지방자치단체 소속 공무원으로 소집된 통합심의위원회를 구성하여 통합심의하여야 한다. 이 경우 통합심의위원회의 구성, 통합심의의 방법 및 절차에 관한 사항은 대통령령으로 정한다.

  1. 「건축법」에 따른 건축위원회

  2. 「경관법」에 따른 경관위원회

  3. 「교육환경 보호에 관한 법률」에 따른 교육환경보호위원회

  4. 지방도시계획위원회

  5. 「도시교통정비 촉진법」에 따른 교통영향평가심의위원회

  6. 도시재정비위원회(공공재개발사업 또는 공공재건축사업을 위한 정비구역이 재정비 촉진지구 내에 있는 경우에 한한다)

  7. 「자연재해대책법」에 따른 재해영향평가심의위원회

  8. 「환경영향평가법」에 따른 환경영향평가협의회

  9. 제1항제8호에 대하여 심의권한을 가진 관련 위원회

④ 시장·군수등은 특별한 사유가 없으면 통합심의 결과를 반영하여 사업시행계획을 인가하여야 한다.

⑤ 통합심의를 거친 경우에는 제1항 각 호의 사항에 대한 검토·심의·조사·협의·조정 또는 재정을 거친 것으로 본다.

제6장 정비사업전문관리업 <개정 2021.4.13.>

1] 정비사업전문관리업의 등록(제102조)

① 다음 각 호의 사항을 추진위원회 또는 사업시행자로부터 위탁받거나 이와 관련한 자문을 하려는 자는 대통령령으로 정하는 자본·기술인력 등의 기준을 갖춰 시·도지사에게 등록 또는 변경(대통령령으로 정하는 경미한 사항의 변경은 제외한다)등록하여야 한다. 다만, 주택의 건설 등 정비사업 관련 업무를 하는 공공기관 등으로 대통령령으로 정하는 기관의 경우에는 그러하지 아니하다.

  1. 조합설립의 동의 및 정비사업의 동의에 관한 업무의 대행

  2. 조합설립인가의 신청에 관한 업무의 대행

  3. 사업성 검토 및 정비사업의 시행계획서의 작성

  4. 설계자 및 시공자 선정에 관한 업무의 **지원**

  5. 사업시행계획인가의 신청에 관한 업무의 대행

  6. 관리처분계획의 수립에 관한 업무의 대행

7. 제118조제2항제2호에 따라 시장·군수등이 정비사업전문관리업자를 선정한 경우에는 추진위원회 설립에 필요한 다음 각 목의 업무

　가. 동의서 제출의 접수

　나. 운영규정 작성 지원

　다. 그 밖에 시·도조례로 정하는 사항

② 제1항에 따른 등록의 절차 및 방법, 등록수수료 등에 필요한 사항은 대통령령으로 정한다.

③ 시·도지사는 제1항에 따라 정비사업전문관리업의 등록 또는 변경 등록한 현황, 제106조 제1항에 따라 정비사업전문관리업의 등록취소 또는 업무정지를 명한 현황을 국토교통부령으로 정하는 방법 및 절차에 따라 국토교통부장관에게 보고하여야 한다.

2] 정비사업전문관리업자의 업무제한 등(제103조)

정비사업전문관리업자는 동일한 정비사업에 대하여 다음 각 호의 업무를 병행하여 수행할 수 없다.

1. 건축물의 철거

2. 정비사업의 설계

3. 정비사업의 시공

4. 정비사업의 회계감사

5. 그 밖에 정비사업의 공정한 질서유지에 필요하다고 인정하여 대통령령으로 정하는 업무

3] 정비사업전문관리업자와 위탁자와의 관계(제104조)

정비사업전문관리업자에게 업무를 위탁하거나 자문을 요청한 자와 정비사업전문관리업자의 관계에 관하여 <u>이 법에 규정된 사항을 제외하고는 「민법」 중 위임에 관한 규정을 준용한다.</u>

4] 정비사업전문관리업자의 결격사유(제105조)

① 다음 각 호의 어느 하나에 해당하는 자는 정비사업전문관리업의 등록을 신청할 수 없으며, 정비사업전문관리업자의 업무를 대표 또는 보조하는 임직원이 될 수 없다.<개정 2020.6.9.>

1. 미성년자(대표 또는 임원이 되는 경우로 한정한다)·피성년후견인 또는 피한정후견인

2. 파산선고를 받은 자로서 복권되지 아니한 자

3. 정비사업의 시행과 관련한 범죄행위로 인하여 금고 이상의 실형의 선고를 받고 그 집행이 종료(종료된 것으로 보는 경우를 포함한다)되거나 집행이 면제된 날부터 2년이 경과되지 아니한 자

4. 정비사업의 시행과 관련한 범죄행위로 인하여 금고 이상의 형의 집행유예를 받고 그 유예기간 중에 있는 자

5. 이 법을 위반하여 벌금형 이상의 선고를 받고 2년이 경과되지 아니한 자

6. 제106조에 따라 등록이 취소된 후 2년이 경과되지 아니한 자(법인인 경우 그 대표자를 말한다)

7. 법인의 업무를 대표 또는 보조하는 임직원 중 제1호부터 제6호까지 중 어느 하나에 해당하는 자가 있는 법인

② 정비사업전문관리업자의 업무를 대표 또는 보조하는 임직원이 제1항 각 호의 어느 하나에 해당하게 되거나 선임 당시 **그에 해당하였던 자로 밝혀진** 때에는 당연 퇴직한다. <개정 2020.6.9.>

③ 제2항에 따라 퇴직된 임직원이 퇴직 전에 관여한 행위는 효력을 잃지 아니한다.

5] 정비사업전문관리업의 등록취소 등(제106조)

① 시·도지사는 정비사업전문관리업자가 다음 각 호의 어느 하나에 해당하는 때에는 그 등록을 취소하거나 1년 이내의 기간을 정하여 업무의 전부 또는 일부의 정지를 명할 수 있다. 다만, 제1호·제4호·제8호 및 제9호에 해당하는 때에는 그 등록을 취소하여야 한다.

1. 거짓, 그 밖의 부정한 방법으로 등록을 한 때

2. 제102조제1항에 따른 등록기준에 미달하게 된 때

3. 추진위원회, 사업시행자 또는 시장·군수등의 위탁이나 자문에 관한 계약 없이 제102조 제1항 각 호에 따른 업무를 수행한 때

4. 제102조제1항 각 호에 따른 업무를 직접 수행하지 아니한 때

5. 고의 또는 과실로 조합에게 계약금액(정비사업전문관리업자가 조합과 체결한 총계약 금액을 말한다)의 3분의 1 이상의 재산상 손실을 끼친 때

6. 제107조에 따른 보고·자료제출을 하지 아니하거나 거짓으로 한 때 또는 조사·검사를 거부·방해 또는 기피한 때

7. 제111조에 따른 보고·자료제출을 하지 아니하거나 거짓으로 한 때 또는 조사를 거부· 방해 또는 기피한 때

8. 최근 3년간 2회 이상의 업무정지처분을 받은 자로서 그 정지처분을 받은 기간이 합산 하여 12개월을 초과한 때

9. 다른 사람에게 자기의 성명 또는 상호를 사용하여 이 법에서 정한 업무를 수행하게 하거나 등록증을 대여한 때

10. 이 법을 위반하여 벌금형 이상의 선고를 받은 경우(법인의 경우에는 그 소속 임직원을 포함한다)

11. 그 밖에 이 법 또는 이 법에 따른 명령이나 처분을 위반한 때

② 제1항에 따른 등록의 취소 및 업무의 정지처분에 관한 기준은 대통령령으로 정한다.

③ 제1항에 따라 등록취소처분 등을 받은 정비사업전문관리업자와 등록취소처분 등을 명시한 시·도지사는 추진위원회 또는 사업시행자에게 해당 내용을 지체 없이 통지하여야 한다. <개정 2019.8.20.>

④ 정비사업전문관리업자는 제1항에 따라 등록취소처분 등을 받기 전에 계약을 체결한 업무는 계속하여 수행할 수 있다. 이 경우 정비사업전문관리업자는 해당 업무를 완료할 때까지는 정비사업전문관리업자로 본다.

⑤ 정비사업전문관리업자는 제4항 전단에도 불구하고 다음 각 호의 어느 하나에 해당하는 경우에는 업무를 계속하여 수행할 수 없다.

1. 사업시행자가 제3항에 따른 통지를 받거나 처분사실을 안 날부터 3개월 이내에 총회 또는 대의원회의 의결을 거쳐 해당 업무계약을 해지한 경우

2. 정비사업전문관리업자가 등록취소처분 등을 받은 날부터 3개월 이내에 사업시행자로

부터 업무의 계속 수행에 대하여 동의를 받지 못한 경우. 이 경우 사업시행자가 동의를 하려는 때에는 총회 또는 대의원회의 의결을 거쳐야 한다.

3. 제1항 각 호 외의 부분 단서에 따라 등록이 취소된 경우

6] 정비사업전문관리업자에 대한 조사 등(제107조)

① 국토교통부장관 또는 시·도지사는 다음 각 호의 어느 하나에 해당하는 경우 정비사업전문관리업자에 대하여 그 업무에 관한 사항을 보고하게 하거나 자료의 제출, 그 밖의 필요한 명령을 할 수 있으며, 소속 공무원에게 영업소 등에 출입하여 장부·서류 등을 조사 또는 검사하게 할 수 있다. <개정 2019.8.20.>

1. 등록요건 또는 결격사유 등 이 법에서 정한 사항의 위반 여부를 확인할 필요가 있는 경우

2. 정비사업전문관리업자와 토지등소유자, 조합원, 그 밖에 정비사업과 관련한 이해관계인 사이에 분쟁이 발생한 경우

3. 그 밖에 시·도조례로 정하는 경우

② 제1항에 따라 출입·검사 등을 하는 공무원은 권한을 표시하는 증표를 지니고 관계인에게 내보여야 한다.

③ 국토교통부장관 또는 시·도지사가 정비사업전문관리업자에게 제1항에 따른 업무에 관한 사항의 보고, 자료의 제출을 하게 하거나, 소속 공무원에게 조사 또는 검사하게 하려는 경우에는 「행정조사기본법」 제17조에 따라 사전통지를 하여야 한다. <신설 2019.8.20.>

④ 제1항에 따라 업무에 관한 사항의 보고 또는 자료의 제출 명령을 받은 정비사업전문관리업자는 그 명령을 받은 날부터 15일 이내에 이를 보고 또는 제출(전자문서를 이용한 보고 또는 제출을 포함한다)하여야 한다. <신설 2019.8.20.>

⑤ 국토교통부장관 또는 시·도지사는 제1항에 따른 업무에 관한 사항의 보고, 자료의 제출, 조사 또는 검사 등이 완료된 날부터 30일 이내에 그 결과를 통지하여야 한다. <신설 2019.8.20.>

7] 정비사업전문관리업 정보의 종합관리(제108조)

① 국토교통부장관은 정비사업전문관리업자의 자본금·사업실적·경영실태 등에 관한 정보를 종합적이고 체계적으로 관리하고 **시·도지사, 시장, 군수, 구청장, 추진위원회** 또는 사업 시행자 등에게 제공하기 위하여 정비사업전문관리업 정보종합체계를 구축·운영할 수 있다. <개정 2021.8.10.> [시행일 : 2021.11.11.]

② 제1항에 따른 정비사업전문관리업 정보종합체계의 구축·운영에 필요한 사항은 국토교통부령으로 정한다.

8] 협회의 설립 등(제109조)

① 정비사업전문관리업자는 정비사업전문관리업의 전문화와 정비사업의 건전한 발전을 도모하기 위하여 정비사업전문관리업자단체(이하 "협회"라 한다)를 설립할 수 있다.

② 협회는 법인으로 한다.

③ 협회는 주된 사무소의 소재지에서 설립등기를 하는 때에 성립한다.

④ 협회를 설립하려는 때에는 회원의 자격이 있는 50명 이상을 발기인으로 하여 정관을 작성한 후 창립총회의 의결을 거쳐 국토교통부장관의 인가를 받아야 한다. 협회가 정관을 변경하려는 때에도 또한 같다.

⑤ 이 법에 따라 시·도지사로부터 업무정지처분을 받은 회원의 권리·의무는 영업정지기간 중 정지되며, 정비사업전문관리업의 등록이 취소된 때에는 회원의 자격을 상실한다.

⑥ 협회의 정관, 설립인가의 취소, 그 밖에 필요한 사항은 대통령령으로 정한다.

⑦ 협회에 관하여 이 법에 규정된 사항을 제외하고는 「민법」 중 사단법인에 관한 규정을 준용한다.

9] 협회의 업무 및 감독(제110조)

① 협회의 업무는 다음 각 호와 같다.

1. 정비사업전문관리업 및 정비사업의 건전한 발전을 위한 조사·연구

2. 회원의 상호 협력증진을 위한 업무

3. 정비사업전문관리 기술 인력과 정비사업전문관리업 종사자의 자질향상을 위한 교육 및 연수

4. 그 밖에 대통령령으로 정하는 업무

② 국토교통부장관은 협회의 업무 수행 현황 또는 이 법의 위반 여부를 확인할 필요가 있는 때에는 협회에게 업무에 관한 사항을 보고하게 하거나 자료의 제출, 그 밖에 필요한 명령을 할 수 있으며, 소속 공무원에게 그 사무소 등에 출입하여 장부·서류 등을 조사 또는 검사하게 할 수 있다. <개정 2019.8.20.>

③ 제2항에 따른 업무에 관한 사항의 보고, 자료의 제출, 조사 또는 검사에 관하여는 제107조 제2항부터 제5항까지의 규정을 준용한다. <신설 2019.8.20.>

제7장 감독 등 <개정 2021.4.13.>

1] 자료의 제출 등(제111조)

① 시·도지사는 국토교통부령으로 정하는 방법 및 절차에 따라 정비사업의 추진실적을 분기별로 국토교통부장관에게, 시장, 군수 또는 구청장은 시·도조례로 정하는 바에 따라 정비사업의 추진실적을 특별시장·광역시장 또는 도지사에게 보고하여야 한다.

② 국토교통부장관, 시·도지사, 시장, 군수 또는 구청장은 정비사업의 원활한 시행을 감독하기 위하여 필요한 경우로서 다음 각 호의 어느 하나에 해당하는 때에는 추진위원회·사업시행자·정비사업전문관리업자·설계자 및 시공자 등 이 법에 따른 업무를 하는 자에게 그 업무에 관한 사항을 보고하게 하거나 자료의 제출, 그 밖의 필요한 명령을 할 수 있으며, 소속 공무원에게 영업소 등에 출입하여 장부·서류 등을 조사 또는 검사하게 할 수 있다. <개정 2020.6.9.>

1. 이 법의 위반 여부를 확인할 필요가 있는 경우

2. 토지등소유자, 조합원, 그 밖에 정비사업과 관련한 이해관계인 사이에 분쟁이 발생된

경우
3. 그 밖에 시 · 도조례로 정하는 경우

③ 제2항에 따른 업무에 관한 사항의 보고, 자료의 제출, 조사 또는 검사에 관하여는 제107조 제2항부터 제5항까지의 규정을 준용한다. <개정 2020.6.9.>

2] 회계감사(제112조)

① 시장·군수등 또는 토지주택공사등이 아닌 사업시행자 또는 추진위원회는 다음 각 호의 어느 하나에 해당하는 경우에는 다음 각 호의 구분에 따른 기간 이내에 「**주식회사 등의 외부감사에 관한 법률**」 **제2조제7호 및 제9조**에 따른 **감사인의 회계감사**를 받기위하여 시장·군수등에게 회계감사기관의 선정·계약을 요청하여야하며, 그 감사결과를 회계감사가 종료된 날부터 15일 이내에 시장·군수등 및 해당 조합에 보고하고 조합원이 공람할 수 있도록 하여야 한다. 다만, 지정개발자가 사업시행자인 경우에는 제1호에 해당하는 경우는 제외한다. <개정 2021.1.5., 2021.3.16.>

  1. 제34조제4항에 따라 추진위원회에서 사업시행자로 인계되기 전까지 납부 또는 지출된 금액과 계약 등으로 지출될 것이 확정된 금액의 합이 대통령령으로 정한 금액 이상인 경우: 추진위원회에서 사업시행자로 인계되기 전 7일 이내

  2. **제50조제9항**에 따른 사업시행계획인가 고시일 전까지 납부 또는 지출된 금액이 대통령령으로 정하는 금액 이상인 경우: 사업시행계획인가의 고시일부터 20일 이내

  3. 제83조제1항에 따른 준공인가 신청일까지 납부 또는 지출된 금액이 대통령령으로 정하는 금액 이상인 경우: 준공인가의 신청일부터 7일 이내

  4. 토지등소유자 또는 조합원 5분의 1 이상이 사업시행자에게 회계감사를 요청하는 경우: 제4항에 따른 절차를 고려한 상당한 기간 이내

② 시장·군수등은 제1항에 따른 요청이 있는 경우 즉시 회계감사기관을 선정하여 회계감사가 이루어지도록 하여야 한다. <개정 2021.1.5.>

③ 제2항에 따라 회계감사기관을 선정·계약한 경우 시장·군수등은 공정한 회계감사를 위하여 선정된 회계감사기관을 감독하여야 하며, 필요한 처분이나 조치를 명할 수 있다.

④ 사업시행자는 또는 추진위원회는 제1항에 따라 회계감사기관의 선정·계약을 요청하려는 경우 시장·군수등에게 회계감사에 필요한 비용을 미리 예치하여야 한다. 시장·군수등은 회계감사가 끝난 경우 예치된 금액에서 회계감사비용을 직접 지급한 후 나머지 비용은 사업시행자와 정산하여야 한다. <개정 2021.1.5., 2021.7.27.>

3] 감독(제113조)

① 정비사업의 시행이 이 법 또는 이 법에 따른 명령·처분이나 사업시행계획서 또는 관리처분계획에 위반되었다고 인정되는 때에는 정비사업의 적정한 시행을 위하여 필요한 범위에서 국토교통부장관은 시·도지사, 시장, 군수, 구청장, 추진위원회, 주민대표회의, 사업시행자 또는 정비사업전문관리업자에게, 특별시장, 광역시장 또는 도지사는 시장, 군수, 구청장, 추진위원회, 주민대표회의, 사업시행자 또는 정비사업전문관리업자에게, 시장·군수는 추진위원회, 주민대표회의, 사업시행자 또는 정비사업전문관리업자에게 처분의 취소·변경 또는 정지, 공사의 중지·변경, 임원의 개선 권고, 그 밖의 필요한 조치를 취할 수 있다.

② 국토교통부장관, 시·도지사, 시장, 군수 또는 구청장은 이 법에 따른 정비사업의 원활한 시행을 위하여 관계 공무원 및 전문가로 구성된 점검반을 구성하여 정비사업 현장조사를 통하여 분쟁의 조정, 위법사항의 시정요구 등 필요한 조치를 할 수 있다. 이 경우 관할 지방자치단체의 장과 조합 등은 대통령령으로 정하는 자료의 제공 등 점검반의 활동에 적극 협조하여야 한다.

③ 제2항에 따른 정비사업 현장조사에 관하여는 제107조제2항, 제3항 및 제5항을 준용한다. <개정 2019.8.20.>

4] 시공자 선정 취소 명령 또는 과징금(제113조의2) [본조신설 2018.6.12.]

① 시·도지사(해당 정비사업을 관할하는 시·도지사를 말한다. 이하 이 조 및 제113조의3에서 같다)는 **건설사업자**가 다음 각 호의 어느 하나에 해당하는 경우 사업시행자에게 **건설사업자**의 해당 정비사업에 대한 시공자 선정을 취소할 것을 명하거나 그 **건설사업자**에게 사업시행자와 시공자 사이의 계약서상 공사비의 100분의 20 이하에 해당하는 금액의 범위에서 과징금을 부과할 수 있다. 이 경우 시공자 선정 취소의 명을 받은 사업시행자는 시공자 선정을 취소하여야 한다.

   1. **건설사업자**가 제132조를 위반한 경우
   2. **건설사업자**가 제132조의2를 위반하여 관리·감독 등 필요한 조치를 하지 아니한 경우로서 용역업체의 임직원(**건설사업자**가 고용한 개인을 포함한다. 이하 같다)이 제132조를 위반한 경우

② 제1항에 따라 과징금을 부과하는 위반행위의 종류와 위반 정도 등에 따른 과징금의 금액 등에 필요한 사항은 대통령령으로 정한다.

③ 시·도지사는 제1항에 따라 과징금의 부과처분을 받은 자가 납부기한까지 과징금을 내지 아니하면 「**지방행정제재·부과금의 징수등에 관한 법률**」에 따라 징수한다. <개정 2020.3.24.>

5] 건설사업자의 입찰참가 제한(제113조의3) [본조신설 2018.6.12.]

① 시·도지사는 제113조의2제1항 각 호의 어느 하나에 해당하는 **건설사업자**에 대해서는 2년 이내의 범위에서 대통령령으로 정하는 기간 동안 정비사업의 입찰참가를 제한할 수 있다.

② 시·도지사는 제1항에 따라 **건사설업자**에 대한 정비사업의 입찰참가를 제한하려는 경우에는 대통령령으로 정하는 바에 따라 대상, 기간, 사유, 그 밖의 입찰참가 제한과 관련된 내용을 공개하고, 관할 구역의 시장, 군수 또는 구청장 및 사업시행자에게 통보하여야 한다. 이 경우 통보를 받은 사업시행자는 해당 **건설사업자**의 입찰 참가자격을 제한하여야 한다.

③ 사업시행자는 제2항에 따라 입찰참가를 제한받은 **건설사업자**와 계약(수의계약을 포함한다)을 체결해서는 아니 된다.

6] 정비사업 지원기구(제114조) <개정 2019.4.23., 2020.6.9., 2021.4.13.>

국토교통부장관 **또는 시·도지사는** 다음 각 호의 업무를 수행하기 위하여 정비사업 지원기구를 설치할 수 있다. 이 경우 국토교통부장관은 「**한국부동산원법**」에 따른 한국부동산원 또는 「한국

토지주택공사법」에 따라 설립된 한국토지주택공사에, 시·도지사는「지방공기업법」에 따라 주택사업을 수행하기 위하여 설립된 지방공사에 정비사업 지원기구의 업무를 대행하게 할 수 있다. <개정 2018.1.16., 2019.4.23., 2020.6.9., 2021.4.13.>

1. 정비사업 상담지원업무
2. 정비사업전문관리제도의 지원
3. 전문조합관리인의 교육 및 운영지원
4. 소규모 영세사업장 등의 사업시행계획 및 관리처분계획 수립지원
5. 정비사업을 통한 **공공지원민간임대주택** 공급 업무 지원
6. **제29조의2에 따른 공사비 검증 업무**
7. **공공재개발사업 및 공공재건축사업의 지원**

8. 그 밖에 국토교통부장관이 정하는 업무

7] 교육의 실시(제115조)

국토교통부장관, 시·도지사, 시장, 군수 또는 구청장은 추진위원장 및 감사, 조합임원, 전문조합관리인, 정비사업전문관리업자의 대표자 및 기술인력, 토지등소유자 등에 대하여 대통령령으로 정하는 바에 따라 교육을 실시할 수 있다.

8] 도시분쟁조정위원회의 구성 등(제116조)

① 정비사업의 시행으로 발생한 분쟁을 조정하기 위하여 정비구역이 지정된 특별자치시, 특별자치도, 또는 시·군·구(자치구를 말한다. 이하 이 조에서 같다)에 도시분쟁조정위원회(이하 "조정위원회"라 한다)를 둔다. 다만, 시장·군수등을 당사자로 하여 발생한 정비사업의 시행과 관련된 분쟁 등의 조정을 위하여 필요한 경우에는 시·도에 조정위원회를 둘 수 있다.

② 조정위원회는 부시장·부지사·부구청장 또는 부군수를 위원장으로 한 10명 이내의 위원으로 구성한다.

③ 조정위원회 위원은 정비사업에 대한 학식과 경험이 풍부한 사람으로서 다음 각 호의 어느 하나에 해당하는 사람 중에서 시장·군수등이 임명 또는 위촉한다. 이 경우 제1호, 제3호 및 제4호에 해당하는 사람이 각 2명 이상 포함되어야 한다.

1. 해당 특별자치시, 특별자치도 또는 시·군·구에서 정비사업 관련 업무에 종사하는 5급 이상 공무원
2. 대학이나 연구기관에서 부교수 이상 또는 이에 상당하는 직에 재직하고 있는 사람
3. 판사, 검사 또는 변호사의 직에 5년 이상 재직한 사람
4. 건축사, 감정평가사, 공인회계사로서 5년 이상 종사한 사람
5. 그 밖에 정비사업에 전문적 지식을 갖춘 사람으로서 시·도조례로 정하는 자

④ 조정위원회에는 위원 3명으로 구성된 분과위원회(이하 "분과위원회"라 한다)를 두며, 분과위원회에는 제3항제1호 및 제3호에 해당하는 사람이 각 1명 이상 포함되어야 한다.

9] 조정위원회의 조정 등(제117조)

① 조정위원회는 정비사업의 시행과 관련하여 다음 각 호의 어느 하나에 해당하는 분쟁사항을 심사·조정한다. 다만, 「주택법」, 「공익사업을 위한 토지 등의 취득 및 보상에 관한 법률」, 그 밖의 관계 법률에 따라 설치된 위원회의 심사대상에 포함되는 사항은 제외할 수 있다.

1. 매도청구권 행사 시 감정가액에 대한 분쟁
2. 공동주택 평형(주택형?) 배정방법에 대한 분쟁
3. 그 밖에 대통령령으로 정하는 분쟁

② 시장·군수등은 다음 각 호의 어느 하나에 해당하는 경우 조정위원회를 개최할 수 있으며, 조정위원회는 조정신청을 받은 날(제2호의 경우 조정위원회를 처음 개최한 날을 말한다)부터 60일 이내에 조정절차를 마쳐야 한다. 다만, 조정기간 내에 조정절차를 마칠 수 없는 정당한 사유가 있다고 판단되는 경우에는 조정위원회의 의결로 그 기간을 한 차례만 연장할 수 있으며 그 기간은 30일 이내로 한다. <개정 2017.8.9.>

1. 분쟁당사자가 정비사업의 시행으로 인하여 발생한 분쟁의 조정을 신청하는 경우
2. 시장·군수등이 조정위원회의 조정이 필요하다고 인정하는 경우

③ 조정위원회의 위원장은 조정위원회의 심사에 앞서 분과위원회에서 사전 심사를 담당하게 할 수 있다. 다만, 분과위원회의 위원 전원이 일치된 의견으로 조정위원회의 심사가 필요 없다고 인정하는 경우에는 조정위원회에 회부하지 아니하고 분과위원회의 심사로 조정절차를 마칠 수 있다.

④ 조정위원회 또는 분과위원회는 제2항 또는 제3항에 따른 조정절차를 마친 경우 조정안을 작성하여 지체 없이 각 당사자에게 제시하여야 한다. 이 경우 조정안을 제시받은 각 당사자는 제시받은 날부터 15일 이내에 수락 여부를 조정위원회 또는 분과위원회에 통보하여야 한다.

⑤ 당사자가 조정안을 수락한 경우 조정위원회는 즉시 조정서를 작성한 후, 위원장 및 각 당사자는 조정서에 서명·날인하여야 한다.

⑥ 제5항에 따라 당사자가 강제집행을 승낙하는 취지의 내용이 기재된 조정서에 서명·날인한 경우 조정서의 정본은 「민사집행법」 제56조에도 불구하고 집행력 있는 집행권원과 같은 효력을 가진다. 다만, 청구에 관한 이의의 주장에 대하여는 「민사집행법」 제44조제2항을 적용하지 아니한다.

⑦ 그 밖에 조정위원회의 구성·운영 및 비용의 부담, 조정기간의 연장 등에 필요한 사항은 시·도조례로 정한다. <개정 2017.8.9.>

10] 정비사업의 공공지원(제118조)

① 시장·군수등은 정비사업의 투명성 강화 및 효율성 제고를 위하여 시·도조례로 정하는 정비사업에 대하여 사업시행 과정을 지원(이하 "공공지원"이라 한다)하거나 토지주택공사등, 신탁업자, 「주택도시기금법」에 따른 주택도시보증공사(HUG) 또는 이 법 제102조 제1항 각 호 외의 부분 단서에 따라 대통령령으로 정하는 기관에 공공지원을 위탁할 수 있다.

② 제1항에 따라 정비사업을 공공지원하는 시장·군수등 및 공공지원을 위탁받은 자(이하 "위탁지원자"라 한다)는 다음 각 호의 업무를 수행한다.

1. 추진위원회 또는 주민대표회의 구성

2. 정비사업전문관리업자의 선정(위탁지원자는 선정을 위한 지원으로 한정한다)

3. 설계자 및 시공자 선정 방법 등

4. 제52조제1항제4호에 따른 세입자의 주거 및 이주 대책(이주 거부에 따른 협의 대책을 포함한다) 수립

5. 관리처분계획 수립

6. 그 밖에 시·도조례로 정하는 사항

③ 시장·군수등은 위탁지원자의 공정한 업무수행을 위하여 관련 자료의 제출 및 조사, 현장점검 등 필요한 조치를 할 수 있다. 이 경우 위탁지원자의 행위에 대한 대외적인 책임은 시장·군수등에게 있다.

④ 공공지원에 필요한 비용은 시장·군수등이 부담하되, 특별시장, 광역시장 또는 도지사는 관할 구역의 시장, 군수 또는 구청장에게 특별시·광역시 또는 도의 조례로 정하는 바에 따라 그 비용의 일부를 지원할 수 있다.

⑤ 추진위원회가 제2항제2호에 따라 시장·군수등이 선정한 정비사업전문관리업자를 선정하는 경우에는 제32조제2항을 적용하지 아니한다.

⑥ 공공지원의 시행을 위한 방법과 절차, 기준 및 제126조에 따른 도시·주거환경정비기금의 지원, 시공자 선정 시기 등에 필요한 사항은 시·도조례로 정한다.

⑦ 제6항에도 불구하고 다음 각 호의 어느 하나에 해당하는 경우에는 토지등소유자(제35조에 따라 조합을 설립한 경우에는 조합원을 말한다)의 과반수 동의를 받아 제29조제4항에 따라 시공자를 선정할 수 있다. 다만, 제1호의 경우에는 해당 **건설사업자**를 시공자로 본다. <개정 2017.8.9.>

1. 조합이 제25조에 따라 **건설사업자**와 공동으로 정비사업을 시행하는 경우로서 조합과 **건설사업자** 사이에 협약을 체결하는 경우

2. 제28조제1항 및 제2항에 따라 사업대행자가 정비사업을 시행하는 경우

⑧ 제7항제1호의 협약사항에 관한 구체적인 내용은 시·도조례로 정할 수 있다.

11] 정비사업관리시스템의 구축(제119조)[시행일:2021.11.11.] 제119

① **국토교통부장관 또는 시·도지사**는 정비사업의 효율적이고 투명한 관리를 위하여 정비사업관리시스템을 구축하여 운영할 수 있다. <개정 2021.8.10.>

② **국토교통부장관은 시·도지사에게 제1항에 따른 정비사업관리시스템의 구축 등에 필요한 자료의 제출 등 협조를 요청할 수 있다. 이 경우 자료의 제출 등 협조를 요청받은 시·도지사는 정당한 사유가 없으면 이에 따라야 한다.** <신설 2021.8.10.>

③ 제1항에 따른 정비사업관리시스템의 운영방법 등에 필요한 사항은 **국토교통부령 또는 시·도조례로** 정한다. <개정 2021.8.10.>

12] 제정비사업의 정보공개(120조)

시장·군수등은 정비사업의 투명성 강화를 위하여 조합이 시행하는 정비사업에 관한 다음 각 호의 사항을 매년 1회 이상 인터넷과 그 밖의 방법을 병행하여 공개하여야 한다. 이 경우 공개의 방법 및 시기 등 필요한 사항은 시·도조례로 정한다. <개정 2017.8.9.>

1. 제74조제1항에 따라 관리처분계획의 인가(변경인가를 포함한다. 이하 이 조에서 같다)를

받은 사항 중 제29조에 따른 계약금액

2. 제74조제1항에 따라 관리처분계획의 인가를 받은 사항 중 정비사업에서 발생한 이자

3. 그 밖에 시·도조례로 정하는 사항

13] 청문(제121조)

국토교통부장관, 시·도지사, 시장, 군수 또는 구청장은 다음 각 호의 어느 하나에 해당하는 처분을 하려는 경우에는 청문을 하여야 한다. <개정 2018.6.12.>

1. 제106조제1항에 따른 정비사업전문관리업의 등록취소

2. 제113조제1항부터 제3항까지의 규정에 따른 추진위원회 승인의 취소, 조합설립인가의 취소, 사업시행계획인가의 취소 또는 관리처분계획인가의 취소

3. 제113조의2제1항에 따른 시공자 선정 취소 또는 과징금 부과

4. 제113조의3제1항에 따른 입찰참가 제한

제8장 보 칙 <개정 2021.4.13.>

1] 토지등소유자의 설명의무(제122조)

① 토지등소유자는 자신이 소유하는 정비구역 내 토지 또는 건축물에 대하여 매매·전세·임대차 또는 지상권 설정 등 부동산 거래를 위한 계약을 체결하는 경우 다음 각 호의 사항을 거래 상대방에게 설명·고지하고, 거래 계약서에 기재 후 서명·날인하여야 한다.

1. 해당 정비사업의 추진단계

2. 퇴거예정시기(건축물의 경우 철거예정시기를 포함한다)

3. 제19조에 따른 행위제한

4. 제39조에 따른 조합원의 자격

5. 제70조제5항에 따른 계약기간

6. 제77조에 따른 주택 등 건축물을 분양받을 권리의 산정 기준일

7. 그 밖에 거래 상대방의 권리·의무에 중대한 영향을 미치는 사항으로서 대통령령으로 정하는 사항

② 제1항 각 호의 사항은 「공인중개사법」 제25조제1항제2호의 "법령의 규정에 의한 거래 또는 이용제한사항"으로 본다.

2] 재개발사업 등의 시행방식의 전환(제123조)

① 시장·군수등은 제28조제1항에 따라 사업대행자를 지정하거나 토지등소유자의 5분의 4 이상의 요구가 있어 제23조제2항에 따른 재개발사업의 시행방식의 전환이 필요하다고 인정하는 경우에는 정비사업이 완료되기 전이라도 대통령령으로 정하는 범위에서 정비구역의 전부 또는 일부에 대하여 시행방식의 전환을 승인할 수 있다.

② 사업시행자는 제1항에 따라 시행방식을 전환하기 위하여 관리처분계획을 변경하려는 경우 토지면적의 3분의 2 이상의 토지소유자의 동의와 토지등소유자의 5분의 4 이상의 동의를 받아야 하며, 변경절차에 관하여는 제74조제1항의 관리처분계획 변경에 관한 규정을

준용한다.

③ 사업시행자는 제1항에 따라 정비구역의 일부에 대하여 시행방식을 전환하려는 경우에 재개발사업이 완료된 부분은 제83조에 따라 준공인가를 거쳐 해당 지방자치단체의 공보에 공사완료의 고시를 하여야 하며, 전환하려는 부분은 이 법에서 정하고 있는 절차에 따라 시행방식을 전환하여야 한다.

④ 제3항에 따라 공사완료의 고시를 한 때에는 「공간정보의 구축 및 관리 등에 관한 법률」 제86조제3항에도 불구하고 관리처분계획의 내용에 따라 제86조에 따른 이전이 된 것으로 본다.

⑤ 사업시행자는 정비계획이 수립된 주거환경개선사업을 제23조제1항제4호의 시행방법으로 변경하려는 경우에는 토지등소유자의 3분의 2 이상의 동의를 받아야 한다.

3] 관련 자료의 공개 등(제124조)

① 추진위원장 또는 사업시행자(조합의 경우 청산인을 포함한 조합임원, 토지등소유자가 단독으로 시행하는 재개발사업의 경우에는 그 대표자를 말한다)는 정비사업의 시행에 관한 다음 각 호의 서류 및 관련 자료가 작성되거나 변경된 후 15일 이내에 이를 조합원, 토지등소유자 또는 세입자가 알 수 있도록 인터넷과 그 밖의 방법을 병행하여 공개하여야 한다.

1. 제34조제1항에 따른 추진위원회 운영규정 및 정관등

2. 설계자·시공자·철거업자(?) 및 정비사업전문관리업자 등 용역업체의 선정계약서
   (주: 법 제29조제9항에서 철거작업은 시공자의 고유한 업무로 규정하고 있다)

3. 추진위원회·주민총회·조합총회 및 조합의 이사회·대의원회의 의사록

4. 사업시행계획서

5. 관리처분계획서

6. 해당 정비사업의 시행에 관한 공문서

7. 회계감사보고서

8. 월별 자금의 입금·출금 세부내역

9. 결산보고서

10. 청산인의 업무 처리 현황

11. 그 밖에 정비사업 시행에 관하여 대통령령으로 정하는 서류 및 관련 자료

② 제1항에 따라 공개의 대상이 되는 서류 및 관련 자료의 경우 분기별로 공개대상의 목록, 개략적인 내용, 공개장소, 열람·복사 방법 등을 대통령령으로 정하는 방법과 절차에 따라 조합원 또는 토지등소유자에게 서면으로 통지하여야 한다.

③ 추진위원장 또는 사업시행자는 제1항 및 제4항에 따라 공개 및 열람·복사 등을 하는 경우에는 주민등록번호를 제외하고 국토교통부령으로 정하는 방법 및 절차에 따라 공개하여야 한다.

④ 조합원, 토지등소유자가 제1항에 따른 서류 및 다음 각 호를 포함하여 정비사업 시행에 관한 서류와 관련 자료에 대하여 열람·복사 요청을 한 경우 추진위원장이나 사업시행자는 15일 이내에 그 요청에 따라야 한다.

1. 토지등소유자 명부

2. 조합원 명부

3. 그 밖에 대통령령으로 정하는 서류 및 관련 자료

⑤ 제4항의 복사에 필요한 비용은 실비의 범위에서 청구인이 부담한다. 이 경우 비용납부의

방법, 시기 및 금액 등에 필요한 사항은 시·도조례로 정한다.

⑥ 제4항에 따라 열람·복사를 요청한 사람은 제공받은 서류와 자료를 사용목적 외의 용도로 이용·활용하여서는 아니 된다.

4] 관련 자료의 보관 및 인계(제125조)

① 추진위원장·정비사업전문관리업자 또는 사업시행자(조합의 경우 청산인을 포함한 조합임원, 토지등소유자가 단독으로 시행하는 재개발사업의 경우에는 그 대표자를 말한다)는 제124조제1항에 따른 서류 및 관련 자료와 총회 또는 중요한 회의(조합원 또는 토지등소유자의 비용부담을 수반하거나 권리·의무의 변동을 발생시키는 경우로서 대통령령으로 정하는 회의를 말한다)가 있은 때에는 속기록·녹음 또는 영상자료를 만들어 청산 시까지 보관하여야 한다.

② 시장·군수등 또는 토지주택공사등이 아닌 사업시행자는 정비사업을 완료하거나 폐지한 때에는 시·도조례로 정하는 바에 따라 관계 서류를 시장·군수등에게 인계하여야 한다.

③ 시장·군수등 또는 토지주택공사등인 사업시행자와 제2항에 따라 관계 서류를 인계받은 시장·군수등은 해당 정비사업의 관계 서류를 5년간 보관하여야 한다.

5] 도시·주거환경정비기금의 설치 등(제126조)

① 제4조 및 제7조에 따라 기본계획을 수립하거나 승인하는 특별시장·광역시장·특별자치시장·도지사·특별자치도지사 또는 시장은 정비사업의 원활한 수행을 위하여 도시·주거환경정비기금(이하 "정비기금"이라 한다)을 설치하여야 한다. 다만, 기본계획을 수립하지 아니하는 시장 및 군수도 필요한 경우에는 정비기금을 설치할 수 있다.

② 정비기금은 다음 각 호의 어느 하나에 해당하는 금액을 재원으로 조성한다. <개정 2021.4.13.>

  1. 제17조제4항에 따라 사업시행자가 현금으로 납부한 금액

  2. 제55조제1항, **제101조의5제2항 및 제101조의6제2항**에 따라 시·도지사, 시장, 군수 또는 구청장에게 공급된 **주택의** 임대보증금 및 임대료

  3. 제94조에 따른 부담금 및 정비사업으로 발생한 「개발이익 환수에 관한 법률」에 따른 개발부담금 중 지방자치단체 귀속분의 일부

  4. 제98조에 따른 정비구역(재건축구역은 제외한다) 안의 국·공유지 매각대금 중 대통령령으로 정하는 일정 비율 이상의 금액

  4의2. **제113조의2에 따른 과징금**

  5. 「재건축초과이익 환수에 관한 법률」에 따른 재건축부담금 중 같은 법 제4조제3항 및 제4항에 따른 지방자치단체 귀속분

  6. 「지방세법」 제69조에 따라 부과·징수되는 지방소비세 또는 같은 법 제112조(같은 조 제1항제1호는 제외한다)에 따라 부과·징수되는 재산세 중 대통령령으로 정하는 일정 비율 이상의 금액

  7. 그 밖에 시·도조례로 정하는 재원

③ 정비기금은 다음 각 호의 어느 하나의 용도 이외의 목적으로 사용하여서는 아니 된다. <개정 2017.8.9.>

1. 이 법에 따른 정비사업으로서 다음 각 목의 어느 하나에 해당하는 사항
   가. 기본계획의 수립
   나. 안전진단 및 정비계획의 수립
   다. 추진위원회의 운영자금 대여
   라. 그 밖에 이 법과 시·도조례로 정하는 사항
2. 임대주택의 건설·관리
3. 임차인의 주거안정 지원
4. 「재건축초과이익 환수에 관한 법률」에 따른 재건축부담금의 부과·징수
5. 주택개량의 지원
6. 정비구역등이 해제된 지역에서의 정비기반시설의 설치 지원
7. 「빈집 및 소규모주택 정비에 관한 특례법」제44조에 따른 빈집정비사업 및 소규모 주택정비사업에 대한 지원
8. 「주택법」제68조에 따른 증축형 리모델링의 안전진단 지원
9. 제142조에 따른 신고포상금의 지급

④ 정비기금의 관리·운용과 개발부담금의 지방자치단체의 귀속분 중 정비기금으로 적립되는 비율 등에 필요한 사항은 시·도조례로 정한다.

6] 노후·불량주거지 개선계획의 수립(제127조)

국토교통부장관은 주택 또는 기반시설이 열악한 주거지의 주거환경개선을 위하여 5년마다 개선대상지역을 조사하고 연차별 재정지원계획 등을 포함한 노후·불량주거지 개선계획을 수립하여야 한다.

7] 권한의 위임 등(제128조)

① 국토교통부장관은 이 법에 따른 권한의 일부를 대통령령으로 정하는 바에 따라 시·도지사, 시장, 군수 또는 구청장에게 위임할 수 있다.
② 국토교통부장관, 시·도지사, 시장, 군수 또는 구청장은 이 법의 효율적인 집행을 위하여 필요한 경우에는 대통령령으로 정하는 바에 따라 다음 각 호의 어느 하나에 해당하는 사무를 정비사업지원기구, 협회 등 대통령령으로 정하는 기관 또는 단체에 위탁할 수 있다.
1. 제108조에 따른 정비사업전문관리업 정보종합체계의 구축·운영
2. 제115조에 따른 교육의 실시
2의2 제119조에 따른 정비사업관리시스템의 구축·운영 <신설 2021.8.10.>
3. 그 밖에 대통령령으로 정하는 사무

8] 사업시행자 등의 권리·의무의 승계(제129조)

사업시행자와 정비사업과 관련하여 권리를 갖는 자(이하 "권리자"라 한다)의 변동이 있은 때에는 종전의 사업시행자와 권리자의 권리·의무는 새로 사업시행자와 권리자로 된 자가 승계한다.

9] 정비구역의 범죄 등의 예방(제130조) [제목 개정 2021.8.10.]

① 시장·군수등은 제50조제1항에 따른 사업시행계획인가를 한 경우 그 사실을 관할 경찰서장에게 통보하여야 한다.

② 시장·군수등은 사업시행계획인가를 한 경우 정비구역 내 주민 안전 등을 위하여 다음 각 호의 사항을 **관할 시·도경찰청장** 또는 **경찰서장 및 관할 소방서장**에게 요청할 수 있다. <개정 2020.12.22.>, <개정 2021.8.10.>

  1. 순찰 강화

  2. 순찰초소의 설치 등 범죄 예방을 위하여 필요한 시설의 설치 및 관리

  3. 그 밖에 주민의 안전을 위하여 필요하다고 인정하는 사항

③ **시장·군수등은 사업시행계획인가를 한 경우 정비구역 내 주민 안전 등을 위하여 관할 시·도 소방본부장 또는 소방서장에게 화재예방 순찰을 강화하도록 요청할 수 있다.**<신설 2021.8.10.>

10] 재건축사업의 안전진단 재실시(제131조)

시장·군수등은 제16조제2항 전단에 따라 정비구역이 지정·고시된 날부터 10년이 되는 날까지 제50조에 따른 사업시행계획인가를 받지 아니하고 다음 각 호의 어느 하나에 해당하는 경우에는 안전진단을 다시 실시하여야 한다. <개정 2018.6.12.>

1. 「재난 및 안전관리 기본법」 제27조제1항에 따라 재난이 발생할 위험이 높거나 재난예방을 위하여 계속적으로 관리할 필요가 있다고 인정하여 특정관리대상지역으로 지정하는 경우

2. 「시설물의 안전 및 유지관리에 관한 특별법」 제12조제2항에 따라 재해 및 재난 예방과 시설물의 안전성 확보 등을 위하여 정밀안전진단을 실시하는 경우

3. 「공동주택관리법」 제37조제3항에 따라 공동주택의 구조안전에 중대한 하자가 있다고 인정하여 안전진단을 실시하는 경우

11] 조합임원 등의 선임·선정 시 행위제한(제132조)

누구든지 추진위원, 조합임원의 선임 또는 제29조에 따른 계약 체결과 관련하여 다음 각 호의 행위를 하여서는 아니 된다. <개정 2017.8.9.>

1. 금품, 향응 또는 그 밖의 재산상 이익을 제공하거나 제공의사를 표시하거나 제공을 약속하는 행위

2. 금품, 향응 또는 그 밖의 재산상 이익을 제공받거나 제공의사 표시를 승낙하는 행위

3. 제3자를 통하여 제1호 또는 제2호에 해당하는 행위를 하는 행위

12] 건설사업자의 관리·감독 의무(제132조의2) [본조신설 2018.6.12.]

건설사업자는 시공자 선정과 관련하여 홍보 등을 위하여 계약한 용역업체의 임직원이 제132조를 위반하지 아니하도록 교육, 용역비 집행 점검, 용역업체 관리·감독 등 필요한 조치를 하여야 한다.

13] 조합설립인가 등의 취소에 따른 채권의 손해액 산입(제133조)

시공자·설계자 또는 정비사업전문관리업자 등(이하 이 조에서 "시공자등"이라 한다)은 해당 추진위원회 또는 조합(연대보증인을 포함하며, 이하 이 조에서 "조합등"이라 한다)에 대한 채권(조합등이 시공자등과 합의하여 이미 상환하였거나 상환할 예정인 채권은 제외한다. 이하

이 조에서 같다)의 전부 또는 일부를 포기하고 이를 「조세특례제한법」 제104조의26에 따라 손금에 산입하려면 해당 조합등과 합의하여 다음 각 호의 사항을 포함한 채권확인서를 시장·군수등에게 제출하여야 한다.

1. 채권의 금액 및 그 증빙 자료
2. 채권의 포기에 관한 합의서 및 이후의 처리 계획
3. 그 밖에 채권의 포기 등에 관하여 시·도조례로 정하는 사항

14] 벌칙 적용에서 공무원 의제(제134조)

추진위원장·조합임원·청산인·전문조합관리인 및 정비사업전문관리업자의 대표자(법인인 경우에는 임원을 말한다)·직원 및 위탁지원자는 「형법」 제129조부터 제132조까지의 규정을 적용할 때에는 공무원으로 본다.

제9장 벌칙 <개정 2021.4.13.>

1] 벌칙(제135조)

다음 각 호의 어느 하나에 해당하는 자는 5년 이하의 징역 또는 5천만원 이하의 벌금에 처한다.

1. 제36조에 따른 토지등소유자의 서면동의서를 위조한 자
2. 제132조 각 호의 어느 하나를 위반하여 금품, 향응 또는 그 밖의 재산상 이익을 제공하거나 제공의사를 표시하거나 제공을 약속하는 행위를 하거나 제공을 받거나 제공의사 표시를 승낙한 자

2] 벌칙(제136조)<개정 2019.4.23.>

다음 각 호의 어느 하나에 해당하는 자는 3년 이하의 징역 또는 3천만원 이하의 벌금에 처한다.

1. 제29조제1항에 따른 계약의 방법을 위반하여 계약을 체결한 추진위원장, 전문조합관리인 또는 조합임원(조합의 청산인 및 토지등소유자가 시행하는 재개발사업의 경우에는 그 대표자, 지정개발자가 사업시행자인 경우 그 대표자를 말한다)
2. 제29조제4항부터 제8항까지의 규정을 위반하여 시공자를 선정한 자 및 시공자로 선정된 자
2의2. 제29조제9항을 위반하여 시공자와 공사에 관한 계약을 체결한 자
3. 제31조제1항에 따른 시장·군수등의 추진위원회 승인을 받지 아니하고 정비사업전문관리업자를 선정한 자
4. 제32조제2항에 따른 계약의 방법을 위반하여 정비사업전문관리업자를 선정한 추진위원장(전문조합관리인을 포함한다)
5. 제36조에 따른 토지등소유자의 서면동의서를 매도하거나 매수한 자
6. 거짓 또는 부정한 방법으로 제39조제2항을 위반하여 조합원 자격을 취득한 자와 조합원 자격을 취득하게 하여준 토지등소유자 및 조합의 임직원(전문조합관리인을 포함한다)
7. 제39조제2항을 회피하여 제72조에 따른 분양주택을 이전 또는 공급받을 목적으로 건축물 또는 토지의 양도·양수 사실을 은폐한 자
8. 제76조제1항제7호다목 단서를 위반하여 주택을 전매하거나 전매를 알선한 자

3] 벌칙(제137조)<개정 2020.6.9.>

다음 각 호의 어느 하나에 해당하는 자는 2년 이하의 징역 또는 2천만원 이하의 벌금에 처한다.

1. 제12조제5항에 따른 안전진단 결과보고서를 거짓으로 작성한 자

2. 제19조제1항을 위반하여 허가 또는 변경허가를 받지 아니하거나 거짓, 그 밖의 부정한 방법으로 허가 또는 변경허가를 받아 행위를 한 자

3. 제31조제1항 또는 제47조제3항을 위반하여 추진위원회 또는 주민대표회의의 승인을 받지 아니하고 제32조제1항 각 호의 업무를 수행하거나 주민대표회의를 구성·운영한 자

4. 제31조제1항 또는 제47조제3항에 따라 승인받은 추진위원회 또는 주민대표회의가 구성되어 있음에도 불구하고 임의로 추진위원회 또는 주민대표회의를 구성하여 이 법에 따른 정비사업을 추진한 자

5. 제35조에 따라 조합이 설립되었는데도 불구하고 추진위원회를 계속 운영한 자

6. 제45조에 따른 총회의 의결을 거치지 아니하고 같은 조 제1항 각 호의 사업(같은 항 제13호 중 정관으로 정하는 사항은 제외한다)을 임의로 추진한 조합임원(전문조합관리인을 포함한다)

7. 제50조에 따른 사업시행계획인가를 받지 아니하고 정비사업을 시행한 자와 같은 사업시행계획서를 위반하여 건축물을 건축한 자

8. 제74조에 따른 관리처분계획인가를 받지 아니하고 제86조에 따른 이전을 한 자

9. 제102조제1항을 위반하여 등록을 하지 아니하고 이 법에 따른 정비사업을 위탁받은 자 또는 거짓, 그 밖의 부정한 방법으로 등록을 한 정비사업전문관리업자

10. 제106조제1항 각 호 외의 부분 단서에 따라 등록이 취소되었음에도 불구하고 영업을 하는 자

11. 제113조제1항부터 제3항까지의 규정에 따른 처분의 취소·변경 또는 정지, 그 공사의 중지 및 변경에 관한 명령을 받고도 이에 응하지 아니한 추진위원회, 사업시행자, 주민대표회의 및 정비사업전문관리업자

12. 제124조제1항에 따른 서류 및 관련 자료를 거짓으로 공개한 추진위원장 또는 조합임원(토지등소유자가 시행하는 재개발사업의 경우 그 대표자)

13. 제124조제4항에 따른 열람·복사 요청에 허위의 사실이 포함된 자료를 열람·복사해준 추진위원장 또는 조합임원(토지등소유자가 시행하는 재개발사업의 경우 그 대표자)

4] 벌칙(제138조)[시행일 : 2021.7.6.] 제138조제1항제6호

① 다음 각 호의 어느 하나에 해당하는 자는 1년 이하의 징역 또는 1천만원 이하의 벌금에 처한다. <개정 2021.1.5.>

1. 제19조제8항을 위반하여 「주택법」 제2조제11호가목에 따른 지역주택조합의 조합원을 모집한 자

2. 제34조제4항을 위반하여 추진위원회의 회계장부 및 관계 서류를 조합에 인계하지 아니한 추진위원장(전문조합관리인을 포함한다)

3. 제83조제1항에 따른 준공인가를 받지 아니하고 건축물 등을 사용한 자와 같은 조 제5항 본문에 따라 시장·군수등의 사용허가를 받지 아니하고 건축물을 사용한 자

4. 다른 사람에게 자기의 성명 또는 상호를 사용하여 이 법에서 정한 업무를 수행하게 하거나 등록증을 대여한 정비사업전문관리업자

5. 제102조제1항 각 호에 따른 업무를 다른 용역업체 및 그 직원에게 수행하도록 한

정비사업전문관리업자

6. 제112조에 따른 회계감사를 요청하지 아니한 추진위원장, 전문조합관리인 또는 조합 임원(토지등소유자가 시행하는 재개발사업 또는 제27조에 따라 지정개발자가 시행 하는 정비사업의 경우에는 그 대표자를 말한다)

7. 제124조제1항을 위반하여 정비사업시행과 관련한 서류 및 자료를 인터넷과 그 밖의 방법을 병행하여 공개하지 아니하거나 같은 조 제4항을 위반하여 조합원 또는 토지등소유자의 열람·복사 요청에 응하지 아니하는 추진위원장, 전문조합관리인 또는 조합임원(조합의 청산인 및 토지등소유자가 시행하는 재개발사업의 경우에는 그 대표자, 제27조에 따른 지정개발자가 사업시행자인 경우 그 대표자를 말한다)

8. 제125조제1항을 위반하여 속기록 등을 만들지 아니하거나 관련 자료를 청산 시까지 보관하지 아니한 추진위원장, 전문조합관리인 또는 조합임원(조합의 청산인 및 토지등소유자가 시행하는 재개발사업의 경우에는 그 대표자, 제27조에 따른 지정 개발자가 사업시행자인 경우 그 대표자를 말한다)

② **건설사업자**가 제132조의2에 따른 조치를 소홀히 하여 용역업체의 임직원이 제132조 각호의 어느 하나를 위반한 경우 그 **건설사업자**는 5천만원 이하의 벌금에 처한다. <신설 2018.6.12.>

5] 양벌규정(제139조)

법인의 대표자나 법인 또는 개인의 대리인, 사용인, 그 밖의 종업원이 그 법인 또는 개인의 업무에 관하여 제135조부터 제138조까지의 어느 하나에 해당하는 위반행위를 하면 그 행위 자를 벌하는 외에 그 법인 또는 개인에게도 해당 조문의 벌금에 처한다. 다만, 법인 또는 개인이 그 위반행위를 방지하기 위하여 해당 업무에 관하여 상당한 주의와 감독을 게을리 하지 아니한 경우에는 그러하지 아니하다.

6] 과태료(제140조)

① 제113조제2항에 따른 점검반의 현장조사를 거부·기피 또는 방해한 자에게는 1천만원의 과태료를 부과한다.

② 다음 각 호의 어느 하나에 해당하는 자에게는 500만원 이하의 과태료를 부과한다. <개정 2020.6.9.>

1. 제29조제2항을 위반하여 전자조달시스템을 이용하지 아니하고 계약을 체결한 자
2. **제78조제5항** 또는 제86조제1항에 따른 통지를 태만히 한 자
3. 제107조제1항 및 제111조제2항에 따른 보고 또는 자료의 제출을 태만히 한 자
4. 제125조제2항에 따른 관계 서류의 인계를 태만히 한 자

③ 제1항 및 제2항에 따른 과태료는 대통령령으로 정하는 방법 및 절차에 따라 국토교통부 장관, 시·도지사, 시장, 군수 또는 구청장이 부과·징수한다.

7] 자수자에 대한 특례(제141조)

제132조 각 호의 어느 하나를 위반하여 금품, 향응 또는 그 밖의 재산상 이익을 제공하거나 제공의사를 표시하거나 제공을 약속하는 행위를 하거나 제공을 받거나 제공의사 표시를 승낙한 자가 자수하였을 때에는 그 형벌을 감경 또는 면제한다. [본조신설 2017.8.9.]

8] 금품·향응 수수행위 등에 대한 신고포상금(제142조), [본조신설 2017.8.9.]

시·도지사 또는 대도시의 시장은 제132조 각 호의 행위사실을 신고한 자에게 시·도 조례로 정하는 바에 따라 포상금을 지급할 수 있다.

부   칙 <법률 제14567호, 2017.2.8.> (2017.2.8. 법의 전부개정에 따른 부칙)

제1조(시행일)

이 법은 공포 후 1년이 경과한 날부터 시행한다.

제2조(유효기간)

제39조제1항 각 호 외의 부분 단서 및 제76조제1항제7호나목4)의 개정규정은 법률 제13912호 도시 및 주거환경정비법 일부개정법률의 시행일인 2016년 1월 27일부터 2년까지 효력을 가진다.

제3조(기본계획 및 정비계획 수립 시 용적률 완화에 관한 적용례)

제11조의 개정규정은 법률 제12249호 도시 및 주거환경정비법 일부개정법률의 시행일인 2014년 1월 14일 이후 최초로 사업시행계획인가를 신청하는 경우부터 적용한다.

제4조(도시환경정비사업의 정비구역등 해제 요청 기산일에 관한 적용례)

이 법 시행 전의 도시환경정비사업의 정비구역 등 해제 요청을 위한 기산일의 산정에 관하여는 제20조제1항제2호다목 및 라목의 개정규정에도 불구하고 법률 제13508호 도시 및 주거환경 정비법 일부개정법률의 시행일인 2016년 3월 2일 이후 최초로 정비계획(변경수립은 제외한다)을 수립한 경우부터 적용한다.

제5조(정비구역등 해제 신청 기산일에 관한 적용례)

① 법률 제11293호 도시 및 주거환경정비법 일부개정법률 시행 당시 정비구역이 지정된 경우에는 제20조제1항제3호의 개정규정에 따른 "정비구역으로 지정·고시된 날"을 "2012년 2월 1일"로 본다.

② 제20조제1항제2호다목 및 라목의 개정규정은 2012년 2월 1일 이후 최초로 정비계획을 수립(변경수립은 제외한다)하는 경우부터 적용한다.

③ 제1항에도 불구하고 제20조제1항제2호다목의 개정규정은 2012년 1월 31일 이전에 정비 계획이 수립된 정비구역에서 승인된 추진위원회에도 적용한다. 이 경우 같은 목의 개정 규정에 따른 "추진위원회 승인일부터 2년"은 "법률 제13508호 도시 및 주거환경정비법 일부개정법률의 시행일인 2016년 3월 2일부터 4년"으로 본다.

제6조(재개발사업의 시행방법에 관한 적용례)

제23조제2항의 개정규정은 이 법 시행 후 최초로 관리처분계획인가를 신청하는 경우부터 적용한다.

제7조(토지등소유자가 시행하는 재개발사업에 관한 적용례)

제25조제1항제2호의 개정규정은 이 법 시행 후 최초로 정비계획의 입안을 위한 공람을 실시 하는 경우부터 적용한다.

제8조(서면동의서 검인에 관한 적용례)

① 제36조제3항의 개정규정은 법률 제13912호 도시 및 주거환경정비법 일부개정법률의 시행일인 2016년 7월 28일 후 최초로 정비계획을 수립하는 경우부터 적용한다.

② 제1항에도 불구하고 제35조제2항부터 제5항까지의 개정규정에 해당하는 때에는 법률 제

13912호 도시 및 주거환경정비법 일부개정법률의 시행일인 2016년 7월 28일 후 제31조 제1항의 개정규정에 따라 최초로 추진위원회 승인을 받은 경우부터 적용한다. 이 경우 종전의 규정에 따른 추진위원회 동의자의 서면동의서는 제31조제2항의 개정규정에 따라 유효한 것으로 본다.

제9조(분양신청을 하지 아니한 자 등에 대한 현금 청산 지연에 따른 이자 지급에 관한 적용례)

제40조제1항 및 제73조제3항의 개정규정은 법률 제11293호 도시 및 주거환경정비법 일부 개정법률의 시행일인 2012년 8월 2일 이후 최초로 조합 설립인가(같은 개정법률 제8조제3 항의 개정규정에 따라 도시환경정비사업을 토지등소유자가 시행하는 경우나 같은 개정법률 제7조 또는 제8조제4항의 개정규정에 따라 시장·군수가 직접 정비사업을 시행하거나 주택 공사등을 사업시행자로 지정한 경우에는 사업시행계획인가를 말한다)를 신청한 정비사업부터 적용한다.

제10조(사업시행계획인가에 관한 적용례)

① 제50조제2항의 개정규정은 이 법 시행 후 사업시행계획인가(변경인가를 포함한다)를 신청 하는 경우부터 적용한다.

② 제50조제4항의 개정규정은 이 법 시행 후 최초로 사업시행계획인가를 신청하는 경우부터 적용한다.

제11조(기반시설의 기부채납에 관한 적용례)

제51조의 개정규정은 이 법 시행 후 사업시행계획인가(변경인가를 포함한다)를 신청하는 경우 부터 적용한다.

제12조(「공공주택 특별법」 준용규정에 관한 적용례)

제52조제2항의 개정규정은 이 법 시행 후 사업시행계획인가(변경인가를 포함한다)를 신청 하는 경우부터 적용한다.

제13조(다른 법률의 인·허가등 의제처리에 관한 적용례)

제57조제1항제2호의 개정규정은 이 법 시행 후 사업시행계획인가(변경인가를 포함한다)를 신청하는 경우부터 적용한다.

제14조(사업시행계획인가의 특례에 관한 적용례)

제58조제3항의 개정규정은 이 법 시행 후 최초로 사업시행계획인가를 신청하는 경우부터 적용한다.

제15조(이주대책의 수립에 관한 적용례)

제59조제1항의 개정규정은 법률 제12640호 도시 및 주거환경정비법 일부개정법률의 시행일인 2014년 5월 21일 이후 최초로 제50조의 개정규정에 따라 사업시행계획인가를 신청하는 경우 부터 적용한다.

제16조(매도청구에 관한 적용례)

제64조의 개정규정은 이 법 시행 후 최초로 조합설립인가를 신청하거나 사업시행자를 지정 하는 경우부터 적용한다.

제17조(분양공고에 관한 적용례)

제72조제1항의 개정규정은 이 법 시행 후 최초로 사업시행계획인가를 신청하는 경우부터 적용한다.

제18조(분양신청을 하지 아니한 자 등에 대한 조치에 관한 적용례)

제73조의 개정규정은 이 법 시행 후 최초로 관리처분계획인가를 신청하는 경우부터 적용한다.

다만, 토지등소유자가 「공익사업을 위한 토지 등의 취득 및 보상에 관한 법률」 제30조제1항의 재결 신청을 청구한 경우에는 제73조의 개정규정에도 불구하고 종전의 규정을 적용한다.

제19조(손실보상 시기에 관한 적용례)

제73조의 개정규정은 법률 제12116호 도시 및 주거환경정비법 일부개정법률의 시행일인 2013년 12월 24일 이후 최초로 조합설립인가를 신청하는 경우부터 적용한다.

제20조(주택의 공급에 관한 적용례)

제76조제1항제7호라목의 개정규정은 법률 제12957호 도시 및 주거환경정비법 일부개정 법률의 시행일인 2014년 12월 31일 이후 최초로 관리처분계획의 인가를 신청하는 경우부터 적용한다.

제21조(정비기반시설 등의 귀속에 관한 적용례)

제97조제3항제4호의 개정규정은 이 법 시행 이후 최초로 사업시행계획인가를 신청하는 경우부터 적용한다.

제22조(분쟁조정의 효력에 관한 적용례)

제117조제6항의 개정규정은 이 법 시행 후 분쟁조정을 신청한 경우부터 적용한다.

제23조(공공지원과 정보공개에 관한 적용례)

제118조 및 제120조의 개정규정은 법률 제13508호 도시 및 주거환경정비법 일부개정법률 시행일인 2016년 3월 2일 당시 제45조의 개정규정에 따른 총회에서 시공자를 선정하지 아니한 정비사업부터 적용한다. 다만, 시장·군수는 정비사업의 투명성 강화를 위하여 필요한 경우에는 법률 제13508호 도시 및 주거환경정비법 일부개정법률 시행 전에 관리처분계획의 인가를 받은 사항에 대하여도 제120조의 개정규정을 적용하여 공개할 수 있다.

제24조(도시·주거환경정비기금의 사용에 관한 적용례)

제126조제3항제8호의 개정규정은 이 법 시행 후 증축형 리모델링의 안전진단을 요청하는 경우부터 적용한다.

제25조(일반적 경과조치)

이 법 시행 당시 종전의 「도시 및 주거환경정비법」에 따른 결정·처분·절차, 그 밖의 행위는 이 법의 규정에 따라 행하여진 것으로 본다.

제26조(주거환경관리사업의 시행을 위한 정비구역 등에 관한 경과조치)

① 이 법 시행 당시 종전의 「도시 및 주거환경정비법」에 따라 주거환경관리사업을 시행하기 위하여 지정·고시된 정비구역은 이 법에 따라 지정·고시된 주거환경개선구역으로 본다.

② 이 법 시행 당시 종전의 「도시 및 주거환경정비법」에 따라 주택재개발사업 및 도시환경 정비사업을 시행하기 위하여 지정·고시된 정비구역은 이 법에 따라 지정·고시된 재개발 구역으로 본다.

③ 이 법 시행 당시 종전의 「도시 및 주거환경정비법」에 따라 주택재건축사업을 시행하기 위하여 지정·고시된 정비구역은 이 법에 따라 지정·고시된 재건축구역으로 본다.

제27조(주거환경관리사업 등에 관한 경과조치)

이 법 시행 당시 종전의 「도시 및 주거환경정비법」에 따라 사업시행인가를 받아 시행 중인 주거환경관리사업, 주택재개발사업·도시환경정비사업 및 주택재건축사업은 각각 이 법에 따른 주거환경개선사업, 재개발사업 및 재건축사업으로 본다.

제28조(공공시설 등의 설치·제공을 대체하는 현금납부에 관한 경과조치)

법률 제13912호 도시 및 주거환경정비법 일부개정법률의 시행일인 2016년 7월 28일 전에 관리처분계획인가(변경인가를 포함한다)를 받았거나 신청한 정비사업의 경우에는 같은 개정법률 제4조제10항의 개정규정에도 불구하고 종전의 규정에 따른다.

제29조(준공인가 등에 따른 정비구역의 해제에 관한 경과조치)

이 법 시행 당시 이미 준공인가의 고시(관리처분계획을 수립하는 정비사업의 경우에는 이전 고시를 말한다)가 있은 때에는 해당 정비구역은 이 법 시행일에 해제된 것으로 본다.

제30조(정비사업의 시행방법에 관한 경과조치)

법률 제13912호 도시 및 주거환경정비법 일부개정법률 제6조제2항 및 제3항의 개정규정의 시행일인 2016년 1월 27일 전에 관리처분계획인가(변경인가를 포함한다)를 받았거나 신청한 재개발사업 및 재건축사업의 경우에는 같은 개정법률 제6조제2항 및 제3항의 개정규정에도 불구하고 종전의 규정에 따른다. (주택재개발사업 및 주택재건축사업에 관한 사항)

제31조(조합원 자격에 관한 경과조치)

제39조제1항제3호의 개정규정에도 불구하고 제35조의 개정규정에 따라 조합설립인가를 받은 정비구역에서 다음 각 호의 어느 하나에 해당하는 경우에는 조합원 자격의 적용에 있어서는 종전의 「도시 및 주거환경정비법」(법률 제9444호 도시 및 주거환경정비법 일부개정법률로 개정되기 전의 법률을 말한다)에 따른다.

1. 다음 각 목의 합이 2 이상을 가진 토지등소유자로부터 2011년 1월 1일 전에 토지 또는 건축물을 양수한 경우
   가. 토지의 소유권
   나. 건축물의 소유권
   다. 토지의 지상권
2. 2011년 1월 1일 전에 다음 각 목의 합이 2 이상을 가진 토지등소유자가 2012년 12월 31일까지 다음 각 목의 합이 2(조합설립인가 전에 종전의 「임대주택법」 제6조에 따라 임대사업자로 등록한 토지등소유자의 경우에는 3을 말하며, 이 경우 임대주택에 한정한다) 이하를 양도하는 경우
   가. 토지의 소유권
   나. 건축물의 소유권
   다. 토지의 지상권

제32조(투기과열지구에서의 재건축사업의 조합원 자격취득에 관한 경과조치)

법률 제7056호 도시및주거환경정비법중개정법률의 시행일인 2003년 12월 31일 전에 주택재건축정비사업조합의 설립인가를 받은 정비사업의 토지등소유자(2003년 12월 31일 전에 건축물 또는 토지를 취득한 자로 한정한다)로부터 건축물 또는 토지를 양수한 자는 같은 개정법률 제19조제2항의 개정규정에도 불구하고 종전의 규정에 따른다.

제33조(조합임원의 임기에 관한 경과조치)

법률 제13792호 도시 및 주거환경정비법 일부개정법률의 시행일인 2016년 1월 19일 전에 조합임원을 선출(연임을 포함한다)한 경우에는 같은 개정법률 제21조제5항의 개정규정(조합임원의 임기는 3년 이하/연임가능)에도 불구하고 종전의 규정에 따른다.

제34조(조합임원·정비사업전문관리업자의 결격사유에 관한 경과조치)

제43조제1항제1호 및 제105조제1항제1호의 개정규정에 따른 피성년후견인 또는 피한정

후견인에는 법률 제10429호 민법 일부개정법률 부칙 제2조에 따라 금치산 또는 한정치산 선고의 효력이 유지되는 사람이 포함되는 것으로 본다.

제35조(감정평가법인등의 선정 등에 관한 경과조치)

법률 제12640호 도시 및 주거환경정비법 일부개정법률 제24조제3항제6호 및 제48조 개정 규정의 시행일인 2014년 11월 22일 전에 **감정평가법인등을** 선정하여 계약을 체결한 경우에는 같은 개정법률 제24조제3항제6호 및 제48조의 개정규정에도 불구하고 종전의 규정에 따른다.

제36조(인수된 국민주택규모 주택의 활용 및 인수가격에 관한 경과조치)

법률 제13912호 도시 및 주거환경정비법 일부개정법률 시행일인 2016년 7월 28일 전에 관리처분계획인가(변경인가를 포함한다)를 받았거나 신청한 정비사업의 경우에는 같은 개정 법률 제30조의3제6항의 개정규정에도 불구하고 종전의 규정에 따른다.

제37조(국·공유지 무상양여에 관한 경과조치)

법률 제13912호 도시 및 주거환경정비법 일부개정법률 시행일인 2016년 7월 28일 전에 관리 처분계획인가(변경인가를 포함한다)를 받았거나 신청한 재개발사업의 경우에는 같은 개정법률 제68조의 개정규정에도 불구하고 종전의 규정에 따른다.

제38조(사업시행방식의 전환에 관한 경과조치)

이 법 시행 전에 주거환경개선사업의 사업시행인가를 신청한 경우에는 제123조제5항의 개정 규정에도 불구하고 종전의 규정에 따른다.

제39조(다른 법률의 개정)

(기록 생략)

제40조(다른 법령과의 관계)

이 법 시행 당시 다른 법령에서 종전 「도시 및 주거환경정비법」 또는 그 규정을 인용하고 있는 경우 이 법에 그에 해당하는 규정이 있으면 이 법 또는 이 법의 해당 규정을 인용한 것으로 본다.

부 칙 <법률 제17943호, 2021.3.16.>

제1조(시행일)

이 법은 공포한 날로부터 시행한다.

부 칙 <법률 제18046호, 2021. 4. 13.>

이 법은 공포 후 3개월이 경과한 날부터 시행한다.

부 칙 <법률 제18345호, 2021. 7. 27.>

이 법은 공포한 날부터 시행한다. (법 제112조 제4항)

부 칙 <법률 제18388호, 2021. 8. 10>

제1조(시행일)

이 법은 공포 후 3개월이 경과한 날부터 시행한다.

제2조(벌금형의 분리 선고에 관한 적용례)

제43조의2의 개정규정은 이 법 시행 이후 발생한 범죄행위로 형벌을 받는 사람부터 적용한다.

제3조(총회의 의결 등에 관한 적용례)

제44조제4항 및 제45조의 개정규정은 이 법 시행 이후 총회를 소집하는 경우부터 적용한다.

2) 도시 및 주거환경정비법 시행령

[시행 2021.11.11.] [대통령령 제32114호, 2021.11.11., 일개정]

제1장 총칙

1] 목적(제1조)

이 영은 「도시 및 주거환경정비법」에서 위임된 사항과 그 시행에 관하여 필요한 사항을 규정함을 목적으로 한다.

2] 공공재개발사업의 공공임대주택 건설비율(제1조의2) [본조신설 2021. 7. 13.]

① 「도시 및 주거환경정비법」(이하 "법"이라 한다) 제2조제2호나목2)에 따라 건설·공급해야 하는 공공임대주택(「공공주택 특별법」에 따른 공공임대주택을 말한다. 이하 같다) 건설비율은 건설·공급되는 주택의 전체 세대수의 100분의 20 이하에서 국토교통부장관이 정하여 고시하는 비율 이상으로 한다.

② 특별시장·광역시장·특별자치시장·특별자치도지사·시장 또는 군수(광역시의 군수는 제외하며, 이하 "정비구역지정권자"라 한다)는 제1항에도 불구하고 다음 각 호의 어느 하나에 해당하는 경우에는 「국토의 계획 및 이용에 관한 법률」제113조에 따라 해당 지방자치단체에 설치된 지방도시계획위원회[이하 "지방도시계획위원회"라 하며, 정비구역이 「도시재정비 촉진을 위한 특별법」제5조에 따른 재정비촉진지구 내에 있는 경우로서 같은 법 제34조에 따른 도시재정비위원회(이하 "도시재정비위원회"라 한다)가 설치된 지역의 경우 도시재정비위원회를 말한다. 이하 같다]의 심의를 거쳐 공공임대주택 건설비율을 제1항의 비율보다 완화할 수 있다.

1. 건설하는 주택의 전체 세대수가 200세대 미만인 경우
2. 정비구역의 입지, 정비사업의 규모, 토지등소유자의 수 등을 고려할 때 토지등소유자의 부담이 지나치게 높아 제1항에 따른 공공임대주택 건설비율을 확보하기 어렵다고 인정하는 경우

3] 노후·불량건축물의 범위(제2조)

① 「도시 및 주거환경정비법」(이하 "법"이라 한다) 제2조제3호나목에서 "대통령령으로 정하는 건축물"이란 건축물을 건축하거나 대수선할 당시 건축법령에 따른 지진에 대한 안전 여부 확인 대상이 아닌 건축물로서 다음 각 호의 어느 하나에 해당하는 건축물을 말한다.

1. 급수·배수·오수 설비 등의 설비 또는 지붕·외벽 등 마감의 노후화나 손상으로 그 기능을 유지하기 곤란할 것으로 우려되는 건축물
2. 법 제12조제4항에 따른 안전진단기관이 실시한 안전진단 결과 건축물의 내구성·내하력(耐荷力) 등이 같은 조 제5항에 따라 국토교통부장관이 정하는 기준에 미치지 못할 것으로 예상되어 구조 안전의 확보가 곤란할 것으로 우려되는 건축물

② 법 제2조제3호다목에 따라 특별시·광역시·특별자치시·도·특별자치도 또는 「지방자치법」제175조에 따른 서울특별시·광역시 및 특별자치시를 제외한 인구 50만 이상 대도시의 조례

(이하 "시·도조례"라 한다)로 정할 수 있는 건축물은 다음 각 호의 어느 하나에 해당하는 건축물을 말한다.

1. 「건축법」 제57조제1항에 따라 해당 지방자치단체의 조례로 정하는 면적에 미치지 못하거나 국토의 계획 및 이용에 관한 법률」 제2조제7호에 따른 도시·군계획시설(이하 "도시·군계획시설"이라 한다) 등의 설치로 인하여 효용을 다할 수 없게 된 대지에 있는 건축물

2. 공장의 매연·소음 등으로 인하여 위해를 초래할 우려가 있는 지역에 있는 건축물

3. 해당 건축물을 준공일 기준으로 40년까지 사용하기 위하여 보수·보강하는 데 드는 비용이 철거 후 새로운 건축물을 건설하는 데 드는 비용보다 클 것으로 예상되는 건축물

③ 법 제2조제3호라목에 따라 시·도조례로 정할 수 있는 건축물은 다음 각 호의 어느 하나에 해당하는 건축물을 말한다.

1. 준공된 후 20년 이상 30년 이하의 범위에서 조례로 정하는 기간이 지난 건축물

2. 「국토의 계획 및 이용에 관한 법률」 제19조제1항제8호에 따른 도시·군기본계획의 경관에 관한 사항에 어긋나는 건축물

4] 정비기반시설(제3조)

법 제2조제4호에서 "대통령령으로 정하는 시설"이란 다음 각 호의 시설을 말한다.

1. 녹지
2. 하천
3. 공공공지
4. 광장
5. 소방용수시설
6. 비상대피시설
7. 가스공급시설
8. 지역난방시설
9. 주거환경개선사업을 위하여 지정·고시된 정비구역에 설치하는 공동이용시설로서 법 제52조에 따른 사업시행계획서(이하 "사업시행계획서"라 한다)에 해당 특별자치시장·특별자치도지사·시장·군수 또는 자치구의 구청장(이하 "시장·군수등"이라 한다)이 관리하는 것으로 포함된 시설

5] 공동이용시설(제4조)

법 제2조제5호에서 "대통령령으로 정하는 시설"이란 다음 각 호의 시설을 말한다.

1. 공동으로 사용하는 구판장·세탁장·화장실 및 수도
2. 탁아소·어린이집·경로당 등 노유자시설
3. 그 밖에 제1호 및 제2호의 시설과 유사한 용도의 시설로서 시·도조례로 정하는 시설

제2장 기본계획의 수립 및 정비구역의 지정

1] 기본계획의 내용(제5조)

법 제5조제1항제13호에서 "대통령령으로 정하는 사항"이란 다음 각 호의 사항을 말한다.

1. 도시관리·주택·교통정책 등 「국토의 계획 및 이용에 관한 법률」 제2조제2호의 도시·군계획과 연계된 도시·주거환경정비법의 기본방향
2. 도시·주거환경정비의 목표
3. 도심기능의 활성화 및 도심공동화 방지 방안
4. 역사적 유물 및 전통건축물의 보존계획
5. 정비사업의 유형별 공공 및 민간부문의 역할
6. 정비사업의 시행을 위하여 필요한 재원조달에 관한 사항

2] 기본계획의 수립을 위한 공람 등(제6조)

① 특별시장·광역시장·특별자치시장·특별자치도지사 또는 시장은 법 제6조제1항에 따라 도시·주거환경정비기본계획(이하 "기본계획"이라 한다)을 주민에게 공람하려는 때에는 미리 공람의 요지 및 장소를 해당 지방자치단체의 공보 및 인터넷(이하 "공보등"이라 한다)에 공고하고, 공람장소에 관계 서류를 갖추어 두어야 한다.

② 주민은 법 제6조제1항에 따른 공람기간 이내에 특별시장·광역시장·특별자치시장·특별자치도지사 또는 시장에게 서면(전자문서를 포함한다)으로 의견을 제출할 수 있다. <개정 2020. 6. 23.>

③ 특별시장·광역시장·특별자치시장·특별자치도지사 또는 시장은 제2항에 따라 제출된 의견을 심사하여 법 제6조1항에 따라 채택할 필요가 있다고 인정하는 때에는 이를 채택하고, 채택하지 아니한 경우에는 의견을 제출한 자에게 그 사유를 알려주어야 한다.

④ 법 제6조제3항 및 제7조제1항 단서에서 "대통령령으로 정하는 경미한 사항을 변경하는 경우"란 다음 각 호의 경우를 말한다.

1. 정비기반시설(제3조제9호에 해당하는 것을 제외한다. 이하 제8조제3항·제13조제4항·제38조 및 제76조제3항에서 같다)의 규모를 확대하거나 그 면적을 10퍼센트 미만의 범위에서 축소하는 경우
2. 정비사업의 계획기간을 단축하는 경우
3. 공동이용시설에 대한 설치계획을 변경인 경우
4. 사회복지시설 및 주민문화시설 등에 대한 설치계획을 변경하는 경우
5. 구체적으로 면적이 명시된 법 제5조제1항제9호에 따른 정비예정구역(이하 "정비예정구역"이라 한다)의 면적을 20퍼센트 미만의 범위에서 변경하는 경우
6. 법 제5조제1항제10호에 따른 단계별정비사업추진계획(이하 "단계별 정비사업 추진계획"이라 한다)을 변경하는 경우
7. 건폐율(「건축법」 제55조에 따른 건폐율을 말한다. 이하 같다) 및 용적률(「건축법」 제56조에 따른 용적률을 말한다. 이하 같다)을 각 20퍼센트 미만의 범위에서 변경하는경우
8. 정비사업의 시행을 위하여 필요한 재원조달에 관한 사항을 변경하는 경우
9. 「국토의 계획 및 이용에 관한 법률」 제2조제3호에 따른 도시·군기본계획의 변경에 따라 기본계획을 변경하는 경우

3] 정비계획의 입안대상지역(제7조)

① 특별시장·광역시장·특별자치시장·특별자치도지사·시장·군수 또는 자치구의 구청장은

법 제8조제4항 및 제5항에 따라 별표 1의 요건에 해당하는 **지역에 대하여** 법 제8조제1항 및 제5항에 따른 정비계획(이하 "정비계획"이라 한다)을 입안할 수 있다.

② 특별시장·광역시장·특별자치시장·특별자치도지사·시장·군수 또는 자치구의 구청장은 제1항에 따라 정비계획을 입안하는 경우에는 다음 각 호의 사항을 조사하여 별표 1의 요건에 적합한지 여부를 확인하여야 하며, 정비계획의 입안 내용을 변경하려는 경우에는 변경내용에 해당하는 사항을 조사·확인하여야 한다.

　1. 주민 또는 산업의 현황

　2. 토지 및 건축물의 이용과 소유현황

　3. 도시·군계획시설 및 정비기반시설의 설치현황

　4. 정비구역 및 주변지역의 교통상황

　5. 토지 및 건축물의 가격과 임대차 현황

　6. 정비사업의 시행계획 및 시행방법 등에 대한 주민의 의견

　7. 그 밖에 시·도조례로 정하는 사항

③ 특별시장·광역시장·특별자치시장·특별자치도지사·시장·군수 또는 자치구의 구청장은 사업시행자(사업시행자가 둘 이상인 경우에는 그 대표자를 말한다. 이하 같다)에게 제2항에 따른 조사를 하게 할 수 있다.

4] 정비계획의 내용(제8조)

① 법 제9조제1항제10호 각 목 외의 부분 단서에서 "대통령령으로 정하는 요건에 해당하는 경우"란 건설하는 주택 전체 세대수에서 다음 각 호의 주택으로서 임대기간이 8년 이상인 주택이 차지하는 비율의 합계가 100분의 20 이상일 것을 말한다.<개정 2018.7.16.>

　1. 「민간임대주택에 관한 특별법」 제2조제4호에 따른 공공지원민간임대주택(이하 **"공공지원민간임대주택"**이라 한다)

　2. 「민간임대주택에 관한 특별법」 제2조제11호에 따른 주택임대관리업자에게 관리를 위탁하려는 주택(이하 **"임대관리 위탁주택"**이라 한다)

② 법 제9조제1항제10호라목에서 **"공공지원민간임대주택** 또는 임대관리 위탁주택의 원활한 공급 등을 위하여 대통령령으로 정하는 사항"이란 다음 각 호의 사항을 말한다. 다만, 제2호 및 제3호의 사항은 정비계획에 필요한 경우로 한정한다. <개정 2018.7.16.>

　1. 건설하는 주택 전체 세대수에서 **공공지원민간임대주택** 또는 임대관리 위탁주택이 차지하는 비율

　2. **공공지원민간임대주택** 및 임대관리 위탁주택의 건축물 배치 계획

　3. 주변지역의 여건 등을 고려한 입주예상 가구 특성 및 임대사업 운영방향

③ 법 제9조제1항제12호에서 "대통령령으로 정하는 사항"이란 다음 각 호의 사항을 말한다.

　1. 법 제17조제4항에 따른 현금납부에 관한 사항

　2. 법 제18조에 따라 정비구역을 분할, 또는 결합하여 지정하려는 경우 그 계획

　3. 법 제23조제1항제2호에 따른 방법으로 시행하는 주거환경개선사업의 경우 법 제24조에 따른 사업시행자로 예정된 자

　4. 정비사업의 시행방법

　5. 기존 건축물의 정비·개량에 관한 계획

　6. 정비기반시설의 설치계획

7. 건축물의 건축선에 관한 계획

8. 홍수 등 재해에 대한 취약요인에 관한 검토결과

9. 정비구역 및 주변지역의 주택수급에 관한 사항

10. 안전 및 범죄예방에 관한 사항

11. 그 밖에 정비사업의 원활한 추진을 위하여 시·도조례로 정하는 사항

5] 주택의 규모 및 건설비율(제9조)

① 법 제10조제1항제1호 및 제2호에서 "대통령령으로 정하는 범위"란 다음 각 호의 범위를 말한다. <개정 2020.6.23., 2021.7.13.>

1. **주거환경개선사업의 경우 다음 각 목의 범위**

　가. 「주택법」 제2조제6호에 따른 국민주택규모(이하 "국민주택규모"라 한다)의 주택: 건설하는 주택 전체 세대수의 100분의 90 이하

　나. **공공임대주택**: 건설하는 주택 전체 세대수의 100분의 30 이하로 하며, 주거전용면적이 40제곱미터 이하인 공공임대주택이 전체 공공임대주택 세대수의 100분의 50 이하

2. **재개발사업의 경우 다음 각 목의 범위**

　가. 국민주택규모의 주택: 건설하는 주택 전체 세대수의 100분의 80 이하

　나. 임대주택(「민간임대주택에 관한 특별법」에 따른 민간임대주택과 공공임대주택을 말한다. 이하 같다): 건설하는 주택 전체 세대수(법 제54조제1항 또는 법 제101조의5 제1항에 따라 정비계획으로 정한 용적률을 초과하여 건축함으로써 증가된 세대수는 제외한다. 이하 이목에서 같다)의 **100분의 20** 이하[법 제55조제1항 또는 법 제101조의5 제2항 본문에 따라 공급되는 임대주택은 제외하며, 해당 임대주택 중 주거전용면적이 40제곱미터 이하인 임대주택이 전체 임대주택 세대수(법 제55조제1항 또는 법 제101조의5제2항 본문에 따라 공급되는 임대주택은 제외한다. 이하 이 목에서 같다)의 100분의 40 이하이어야 한다]. 다만, 특별시장·광역시장·특별자치시장·특별자치도지사·시장·군수 또는 자치구의 구청장이 정비계획을 입안할 때 관할 구역에서 시행된 재개발사업에서 건설하는 주택 전체 세대수에서 별표 3 제2호가목1)에 해당하는 세입자가 입주하는 임대주택 세대수가 차지하는 비율이 특별시장·광역시장·특별자치시장·도지사·특별자치도지사(이하 "시·도지사"라 한다)가 정하여 고시한 임대주택 비율보다 높은 경우 등 관할 구역의 특성상 주택수급안정이 필요한 경우에는 다음 계산식에 따라 산정한 임대주택 비율 이하의 범위에서 임대주택비율을 높일 수 있다.

> 해당 시·도지사가 고시한 임대주택 비율+(건설하는 주택 전체 세대수 × 10/100)

3. **재건축사업의 경우** 국민주택규모의 주택이 건설하는 주택 전체 세대수의 100분의 60 이하

② 제1항제3호에도 불구하고 「수도권정비계획법」 제6조제1항제1호에 따른 과밀억제권역에서 다음 각 호의 요건을 모두 갖춘 경우에는 국민주택규모의 주택 건설 비율을 적용하지 아니한다.

1. 재건축사업의 조합원에게 분양하는 주택은 기존 주택(재건축하기 전의 주택을 말한다)의 주거전용면적을 축소하거나 30퍼센트의 범위에서 그 규모를 확대할 것

2. 조합원 이외의 자에게 분양하는 주택은 모두 85제곱미터 이하 규모로 건설할 것

6] 재건축사업의 안전진단대상 등(제10조)

① 특별자치시장, 특별자치도지사, 시장, 군수 또는 <u>자치구의 구청장등</u>(이하 "정비계획의 입안권자"라 한다)은 법 제12조제2항제1호에 따른 안전진단의 요청이 있는 때에는 같은 조 제4항에 따라 요청일부터 30일 이내에 <u>국토교통부장관이 정하는</u> 바에 따라 안전진단의 실시여부를 결정하여 요청인에게 통보하여야 한다. 이 경우 정비계획의 입안권자는 안전진단 실시 여부를 결정하기 전에 단계별 정비사업 추진계획 등의 사유로 재건축사업의 시기를 조정할 필요가 있다고 인정하는 경우에는 안전진단의 실시 시기를 조정할 수 있다.

② 정비계획의 입안권자는 법 제12조제4항에 따른 현지조사(이하 "현지조사"라 한다) 등을 통하여 같은 조 제2항제1호에 따른 안전진단의 요청이 있는 공동주택이 노후·불량건축물에 해당하지 아니함이 명백하다고 인정하는 경우에는 안전진단의 실시가 필요하지 아니하다고 결정할 수 있다. <개정 2018.5.8.>

③ 법 제12조제3항 단서에서 "대통령령으로 정하는 주택단지의 건축물"이란 다음 각 호의 어느 하나를 말한다. <개정 2018.5.8.>

1. 정비계획의 입안권자가 천재지변 등으로 주택이 붕괴되어 신속히 재건축을 추진할 필요가 있다고 인정하는 것
2. 주택의 구조안전상 사용금지가 필요하다고 정비계획의 입안권자가 인정하는 것
3. 별표 1 제3호라목에 따른 노후·불량건축물 수에 관한 기준을 충족한 경우 잔여 건축물
4. 정비계획의 입안권자가 진입도로 등 기반시설 설치를 위하여 불가피하게 정비구역에 포함된 것으로 인정하는 건축물
5. 「시설물의 안전 및 유지관리에 관한 특별법」 제2조제1호의 시설물로서 같은 법 제16조에 따라 지정받은 안전등급이 D (미흡) 또는 E (불량)인 건축물

④ 법 제12조제4항에서 "대통령령으로 정하는 안전진단기관"이란 다음 각 호의 기관을 말한다. <개정 2020.12.1.>

1. 「과학기술분야 정부출연연구기관 등의 설립·운영 및 육성에 관한 법률」 제8조에 따른 **한국건설기술연구원**
2. 「시설물의 안전 및 유지관리에 관한 특별법」 제28조에 따른 **안전진단전문기관**
3. 「국토안전관리원법」에 따른 **국토안전관리원**

⑤ 정비계획의 입안권자는 현지조사의 전문성 확보를 위하여 제4항제1호 또는 제3호의 기관에 현지조사를 의뢰할 수 있다. 이 경우 현지조사를 의뢰받은 기관은 의뢰를 받은 날부터 20일 이내에 조사결과를 정비계획의 입안권자에게 제출하여야 한다. <신설 2018.5.8.>

⑥ 법 제12조제5항에 따른 재건축사업의 안전진단은 다음 각 호의 구분에 따른다. <개정 2018.5.8.>

1. 구조안전성 평가: 제2조제1항 각 호에 따른 노후·불량건축물을 대상으로 구조적 또는 기능적 결함 등을 평가하는 안전진단
2. 구조안전성 및 주거환경 중심평가: 제1호 외의 노후·불량건축물을 대상으로 구조적·기능적 결함 등 구조안전성과 주거생활의 편리성 및 거주의 쾌적성 등 주거환경을 종합적으로 평가하는 안전진단

⑦ 제1항부터 제6항까지에서 규정한 사항 외에 법 제12조제2항에 따른 안전진단의 요청 절차 및 그 처리에 관하여 필요한 사항은 시·도조례로 정할 수 있다. <개정 2018.5.8.>

7] 안전진단 결과의 적정성 검토(제11조)

① 시·도지사는 법 제13조제1항에 따라 제10조제4항제2호에 따른 안전진단전문기관이 제출한 안전진단 결과보고서를 받은 경우에는 법 제13조제2항에 따라 제10조제4항제1호 또는 제3호에 따른 안전진단기관에 안전진단 결과보고서의 적정성 여부에 대한 검토를 의뢰할 수 있다.

② 법 제13조제2항 및 제3항에 따른 안전진단 결과의 적정성 여부에 따른 검토비용은 적정성 여부에 대한 검토를 의뢰 또는 요청한 국토교통부장관 또는 시·도지사가 부담한다.

③ 법 제13조제2항 및 제3항에 따라 안전진단 결과의 적정성 여부에 따른 검토를 의뢰받은 기관은 적정성 여부에 따른 검토를 의뢰받은 날부터 60일 이내에 그 결과를 시·도지사에게 제출하여야 한다. 다만, 부득이한 경우에는 30일의 범위에서 한 차례만 연장할 수 있다.

8] 정비계획의 입안 제안(제12조)

① 토지등소유자가 법 제14조제1항에 따라 정비계획의 입안권자에게 정비계획의 입안을 제안하려는 경우 토지등소유자의 3분의 2 이하 및 토지면적 3분의 2 이하의 범위에서 시·도 **조례로 정하는 비율 이상의 동의를 받은 후** 시·도조례로 정하는 제안서 서식에 정비계획도서, 계획설명서, 그 밖의 필요한 서류를 첨부하여 정비계획의 입안권자에게 제출하여야 한다.

② 정비계획의 입안권자는 제1항의 제안이 있는 경우에는 제안일부터 60일 이내에 정비계획에의 반영여부를 제안자에게 통보하여야 한다. 다만, 부득이한 사정이 있는 경우에는 한 차례만 30일을 연장할 수 있다.

③ 정비계획의 입안권자는 제1항에 따른 제안을 정비계획에 반영하는 경우에는 제안서에 첨부된 정비계획도서와 계획설명서를 정비계획의 입안에 활용할 수 있다.

④ 제1항부터 제3항까지에서 규정된 사항 외에 정비계획 입안의 제안을 위하여 필요한 사항은 시·도조례로 정할 수 있다.

9] 정비구역의 지정을 위한 주민공람 등(제13조)

① 정비계획의 입안권자는 법 제15조제1항에 따라 정비계획을 주민에게 공람하고자 하는 때에는 미리 공람의 요지 및 장소를 해당 지방자치단체의 공보등에 공고하고, 공람장소에 관계 서류를 갖추어 두여야 한다.

② 주민은 법 제15조제1항에 따른 공람기간 이내에 정비계획의 입안권자에게 서면(전자문서를 포함한다)으로 의견을 제출할 수 있다. <개정 2020.6.23.>

③ 정비계획의 입안권자는 제2항에 따라 제출된 의견을 심사하여 법 제15조제1항에 따라 채택할 필요가 있다고 인정하는 때에는 이를 채택하고, 그러하지 아니한 경우에는 의견을 제출한 주민에게 그 사유를 알려주어야 한다.

④ 법 제15조제3항에서 "대통령령으로 정하는 경미한 사항을 변경하는 경우"란 다음 각 호의 어느 하나에 해당하는 경우를 말한다.

1. 정비구역의 면적을 10퍼센트 미만의 범위에서 변경하는 경우(법 제18조에 따라 정비구역을 분할, 통합 또는 결합하는 경우를 제외한다)

2. 정비기반시설의 위치를 변경하는 경우와 정비기반시설 규모의 10퍼센트 미만의 범위에서 변경하는 경우

3. 공동이용시설 설치계획을 변경하는 경우

4. 재난방지에 관한 계획을 변경하는 경우

5. 정비사업 시행예정시기를 3년의 범위에서 조정하는 경우

6. 「건축법 시행령」 별표 1 각 호의 용도범위에서의 건축물의 주용도(해당 건축물의 가장 넓은 바닥면적을 차지하는 용도를 말한다. 이하 같다)를 변경하는 경우

7. 건축물의 건폐율 또는 용적률을 축소하거나 10퍼센트 미만의 범위에서 확대하는 경우

8. 건축물의 최고 높이를 변경하는 경우

9. 법 제66조에 따라 용적률을 완화하여 변경하는 경우

10. 「국토의 계획 및 이용에 관한 법률」 제2조제3호에 따른 도시·군기본계획, 같은 조 제4호에 따른 도시·군관리계획 또는 기본계획의 변경에 따라 정비계획을 변경하는 경우

11. 「도시교통정비 촉진법」에 따른 교통영향평가 등 관계 법령에 의한 심의결과에 따른 변경인 경우

12. 그 밖에 제1호부터 제8호까지, 제10호 및 제11호와 유사한 사항으로서 시·도조례로 정하는 사항을 변경하는 경우

10] 용적률 완화를 위한 현금납부 방법 등(14조)

① 법 제17조제4항에서 "대통령령으로 정하는 공공시설 또는 기반시설"이란 「국토의 계획 및 이용에 관한 법률 시행령」 제46조제1항에 따른 공공시설 또는 기반시설을 말한다.

② 사업시행자는 법 제17조제4항에 따라 현금납부를 하려는 경우에는 토지등소유자(법 제35조에 따라 조합을 설립한 경우에는 조합원을 말한다) 과반수의 동의를 받아야 한다. 이 경우 현금으로 납부하는 토지의 기부면적은 전체 기부면적의 2분의 1을 넘을 수 없다.

③ 법 제17조제4항에 따른 현금납부액은 시장·군수등이 지정한 둘 이상의 **감정평가법인등**(「감정평가 및 감정평가사에 관한 법률」에 따른 **감정평가법인등**을 말한다. 이하 같다)가 해당 기부토지에 대하여 평가한 금액을 산술평균하여 산정한다.

④ 제3항에 따른 현금납부액 산정기준일은 법 제50조제9항에 따른 사업시행계획인가(현금납부에 관한 정비계획이 반영된 최초의 사업시행계획인가를 말한다) 고시일로 한다. 다만, 산정기준일로부터 3년이 되는 날까지 법 제74조에 따른 관리처분계획인가를 신청하지 아니한 경우에는 산정기준일로부터 3년이 되는 날의 다음 날을 기준으로 제3항에 따라 다시 산정하여야 한다.

⑤ 사업시행자는 착공일부터 준공검사일까지 제3항에 따라 산정된 현금납부액을 특별시장, 광역시장, 특별자치시장, 특별자치도지사, 시장 또는 군수(광역시의 군수는 제외한다)에게 납부하여야 한다.

⑥ 특별시장 또는 광역시장은 제5항에 따라 납부 받은 금액을 사용하는 경우에는 해당 정비사업을 관할하는 자치구의 구청장 또는 광역시의 군수의 의견을 들어야 한다.

⑦ 제3항부터 제6항까지에서 규정된 사항 외에 현금납부액의 구체적인 산정 기준, 납부 방법 및 사용 방법 등에 필요한 사항은 시·도조례로 정할 수 있다.

11] 행위허가의 대상 등(제15조)

① 법 제19조제1항에 따라 시장·군수등의 허가를 받아야 하는 행위는 다음 각 호와 같다. <개정 2021.1.5.>

1. 건축물의 건축 등: 「건축법」 제2조제1항제2호에 따른 건축물(가설건축물을 포함한다)의 건축, 용도변경

2. 공작물의 설치 : 인공을 가하여 제작한 시설물(「건축법」 제2조제1항제2호에 따른

건축물을 제외한다)의 설치

3. 토지의 형질변경 : 절토·성토·정지·포장 등의 방법으로 토지의 형상을 변경하는 행위, 토지의 굴착 또는 공유수면의 매립

4. 토석의 채취 : 흙·모래·자갈·바위 등의 토석을 채취하는 행위. 다만, 토지의 형질변경을 목적으로 하는 것은 제3호에 따른다.

5. 토지분할

6. 물건을 쌓아놓는 행위 : 이동이 용이하지 아니한 물건을 1개월 이상 쌓아놓는 행위

7. 죽목의 벌채 및 식재

② 시장·군수등은 법 제19조제1항에 따라 제1항 각 호의 행위에 대한 허가를 하려는 경우로서 시행자가 있는 경우에는 미리 그 시행자의 의견을 들어야 한다.

③ 법 제19조제2항제2호에서 "대통령령으로 정하는 행위"란 다음 각 호의 어느 하나에 해당하는 행위로서 「국토의 계획 및 이용에 관한 법률」 제56조에 따른 개발행위 허가의 대상이 아닌 것을 말한다.

1. 농림수산물의 생산에 직접 이용되는 것으로서 국토교통부령으로 정하는 간이공작물의 설치

2. 경작을 위한 토지의 형질변경

3. 정비구역의 개발에 지장을 주지 아니하고 자연경관을 손상하지 아니하는 범위에서의 토석의 채취

4. 정비구역에 존치하기로 결정된 대지에 물건을 쌓아놓는 행위

5. 관상용 죽목의 임시식재(경작지에서의 임시식재를 제외한다)

④ 법 제19조제3항에 따라 신고하여야 하는 자는 정비구역이 지정·고시된 날부터 30일 이내에 그 공사 또는 사업의 진행상황과 시행계획을 첨부하여 관할 시장·군수등에게 신고하여야 한다.

12] 행위제한 등(제16조)

① 국토교통부장관, 시·도지사, 시장, 군수 또는 구청장(자치구의 구청장을 말한다. 이하 같다)이 법 제19조제7항에 따라 행위를 제한하려는 때에는 제한지역·제한사유·제한대상 행위 및 제한기간을 미리 고시하여야 한다.

② 제1항에 따라 행위를 제한하려는 자가 국토교통부장관인 경우에는 「국토의 계획 및 이용에 관한 법률」 제106조에 따른 중앙도시계획위원회(이하 "중앙도시계획위원회"라 한다)의 심의를 거쳐야 하며, 시·도지사, 시장, 군수 또는 구청장인 경우에는 지방도시계획위원회의 심의를 거쳐야 한다. <개정 2021.7.13.>

③ 행위를 제한하려는 자가 국토교통부장관 또는 시·도지사인 경우에는 중앙도시계획위원회 또는 지방도시계획위원회의 심의 전에 미리 제한하려는 지역을 관할하는 시장·군수등의 의견을 들어야 한다.

④ 제1항에 따른 고시는 국토교통부장관이 하는 경우에는 관보에, 시·도지사, 시장, 군수 또는 구청장이 하는 경우에는 해당 지방자치단체의 공보에 게재하는 방법으로 한다.

⑤ 법 제19조제7항에 따라 행위가 제한된 지역에서 같은 항 각 호의 행위를 하려는 자는 시장·군수등의 허가를 받아야 한다.

13] 추진위원회 및 조합 비용의 보조(제17조)

① 법 제21조제3항에서 "대통령령으로 정하는 범위"란 다음 각 호의 비용을 말한다.

　　1. 정비사업전문관리 용역비

　　2. 설계 용역비

　　3. 감정평가비용

　　4. 그 밖에 해당 법 제31조에 따른 조합설립추진위원회(이하 "추진위원회"라 한다) 및 조합이 법 제32조, 제44조 및 제45조에 따른 업무를 수행하기 위하여 사용한 비용으로서 시·도조례로 정하는 비용

② 제1항에 따른 비용의 보조 비율 및 보조 방법 등에 필요한 사항은 시·도조례로 정한다.

제3장 정비사업의 시행

제1절 정비사업의 시행방법 등

1] 세입자 동의의 예외(제18조)

법 제24조제3항 단서에서 "세입자의 세대수가 토지등소유자의 2분의 1 이하인 경우 등 대통령령으로 정하는 사유"란 다음 각 호의 어느 하나에 해당하는 것을 말한다.

　　1. 세입자의 세대수가 토지등소유자의 2분의 1 이하인 경우

　　2. 법 제16조제2항에 따른 정비구역지정·고시일 현재 해당 지역이 속한 시·군·구에 세입자가 입주 가능한 임대주택이 충분하여 임대주택을 건설할 필요가 없다고 시·도지사가 인정하는 경우

　　3. 법 제23조제1항제1호, 제3호 또는 제4호에 따른 방법으로 사업을 시행하는 경우

2] 재개발사업의 공동시행자 요건(제19조)<개정 2020.12.8.>

법 제25조제1항제1호 및 제2호에서 "대통령령으로 정하는 요건을 갖춘 자"란 각각 「자본시장과 금융투자업에 관한 법률」 제8조제7항에 따른 신탁업자(이하 "신탁업자"라 한다)와 「한국부동산원법」에 따른 한국부동산원(이하 "한국부동산원"이라 한다)을 말한다.

3] 사업시행자 지정의 고시 등(제20조)

① 법 제26조제2항 본문 및 제27조제2항 본문에서 "대통령령으로 정하는 사항"이란 각각 다음 각 호의 사항을 말한다.

　　1. 정비사업의 종류 및 명칭

　　2. 사업시행자의 성명 및 주소(법인인 경우에는 법인의 명칭 및 주된 사무소의 소재지와 대표자의 성명 및 주소를 말한다. 이하 같다)

　　3. 정비구역(법 제18조에 따라 정비구역을 둘 이상의 구역으로 분할하는 경우에는 분할된 각각의 구역을 말한다. 이하 같다)의 위치 및 면적

　　4. 정비사업의 착수예정일 및 준공예정일

② 시장·군수등은 토지등소유자에게 법 제26조제2항 본문 및 제27조제2항 본문에 따라 고시한 제1항 각 호의 **내용을** 통지하여야 한다.

4] 지정개발자의 요건(제21조)

법 제27조제1항 각 호 외의 부분에서 "대통령령으로 정하는 요건을 갖춘 자"란 다음 각 호의

어느 하나에 해당하는 자를 말한다.

1. 정비구역의 토지 중 정비구역 전체 면적 대비 50퍼센트 이상의 토지를 소유한 자로서 토지등소유자의 50퍼센트 이상의 추천을 받은 자
2. 「사회기반시설에 대한 민간투자법」 제2조제12호에 따른 민관합동법인(민간투자사업의 부대사업으로 시행하는 경우에만 해당한다)으로서 토지등소유자의 50퍼센트 이상의 추천을 받은 자
3. 신탁업자로서 정비구역의 토지 중 정비구역 전체 면적 대비 3분의 1 이상의 토지를 신탁 받은 자

5] 사업대행개시결정 및 효과 등(제22조)

① 시장·군수등은 법 제28조제1항에 따라 정비사업을 직접 시행하거나 법 제27조에 따른 지정개발자(이하 "지정개발자"라 한다) 또는 토지주택공사등에게 정비사업을 대행하도록 결정(이하 "사업대행개시결정"이라 한다)한 경우에는 다음 각 호의 사항을 해당 지방자치 단체의 공보등에 고시하여야 한다.

1. 제20조제1항 각 호의 사항
2. 사업대행개시결정을 한 날
3. 사업대행자(법 제28조제1항에 따라 정비사업을 대행하는 시장·군수등, 토지주택공사등 또는 지정개발자를 말한다. 이하 같다)
4. 대행사항

② 시장·군수등은 토지등소유자 및 사업시행자에게 제1항에 따라 고시한 내용을 통지하여야 한다.

③ 사업대행자는 법 제28조제1항에 따라 정비사업을 대행하는 경우 제1항에 따른 고시를 한 날의 다음 날부터 제23조에 따라 사업대행완료를 고시하는 날까지 자기의 이름 및 사업시행자의 계산으로 사업시행자의 업무를 집행하고 재산을 관리한다. 이 경우 법 또는 법에 따른 명령이나 정관등으로 정하는 바에 따라 사업시행자가 행하거나 사업시행자에 대하여 행하여진 처분·절차 그 밖의 행위는 사업대행자가 행하거나 사업대행자에 대하여 행하여진 것으로 본다.

④ 시장·군수등이 아닌 사업대행자는 재산의 처분, 자금의 차입 그 밖에 사업시행자에게 재산상 부담을 주는 행위를 하려는 때에는 미리 시장·군수등의 승인을 받아야 한다.

⑤ 사업대행자는 제3항 및 제4항에 따른 업무를 하는 경우 선량한 관리자로서의 주의의무를 다하여야 하며, 필요한 때에는 사업시행자에게 협조를 요청할 수 있고, 사업시행자는 특별한 사유가 없는 한 이에 응하여야 한다.

6] 사업대행의 완료(제23조)

① 사업대행자는 법 제28조제1항 각 호의 사업대행의 원인이 된 사유가 없어지거나 법 제88조 제1항에 따른 등기를 완료한 때에는 사업대행을 완료하여야 한다. 이 경우 시장·군수등이 아닌 사업대행자는 미리 시장·군수등에게 사업대행을 완료할 뜻을 보고하여야 한다.

② 시장·군수등은 제1항에 따라 사업대행을 완료한 때에는 법 제22조제1항 각 호의 사항과 사업대행완료일을 해당 지방자치단체의 공보 등에 고시하고, 토지등소유자 및 사업시행 자에게 각각 통지하여야 한다.

③ 사업대행자는 제2항에 따른 사업대행완료의 고시가 있은 때에는 지체없이 사업시행자에게 업무를 인계하여야 하며, 사업시행자는 정당한 사유가 없는 한 이를 인수하여야 한다.

④ 제3항에 따른 인계·인수가 완료된 때에는 사업대행자가 정비사업을 대행할 때 취득하거나 부담한 권리와 의무는 사업시행자에게 승계된다.

⑤ 사업대행자는 제1항에 따른 사업대행의 완료 후 사업시행자에게 보수 또는 비용의 상환을 청구할 때에 그 보수 또는 비용을 지출한 날 이후의 이자를 청구할 수 있다.

7] 계약의 방법 및 시공자의 선정(제24조)

① 법 제29조제1항 단서에서 "계약규모, 재난의 발생 등, 대통령령으로 정하는 경우"란 다음 각 호의 구분에 따른 경우를 말한다.

  1. 입찰 참가자를 지명(指名)하여 경쟁에 부치려는 경우: 다음 각 목의 어느 하나에 해당하여야 한다.

    가. 계약의 성질 또는 목적에 비추어 특수한 설비·기술·자재·물품 또는 실적이 있는 자가 아니면 계약의 목적을 달성하기 곤란한 경우로서 입찰대상자가 10인 이내인 경우

    나. 「건설산업기본법」에 따른 건설공사(전문공사를 제외한다. 이하 이 조에서 같다)로서 추정가격이 3억원 이하인 공사인 경우

    다. 「건설산업기본법」에 따른 전문공사로서 추정가격이 1억원 이하인 공사인 경우

    라. 공사관련 법령(「건설산업기본법」은 제외한다)에 따른 공사로서 추정가격이 1억원 이하인 공사인 경우

    마. 추정가격 1억원 이하의 물품 제조·구매, 용역, 그 밖의 계약인 경우

  2. 수의계약을 하려는 경우 : 다음 각 목의 어느 하나에 해당하여야 한다.

    가. 「건설산업기본법」에 따른 건설공사로서 추정가격이 2억원 이하인 공사인 경우

    나. 「건설산업기본법」에 따른 전문공사로서 추정가격이 1억원 이하인 공사인 경우

    다. 공사관련 법령(「건설산업기본법」은 제외한다)에 따른 공사로서 추정가격이 8천만원 이하인 공사인 경우

    라. 추정가격 5천만원 이하인 물품의 제조·구매, 용역, 그 밖의 계약

    마. 소송, 재난복구 등 예측하지 못한 긴급한 상황에 대응하기 위하여 경쟁에 부칠 여유가 없는 경우

    바. 일반경쟁입찰이 입찰자가 없거나 단독 응찰의 사유로 2회 이상 유찰된 경우

② 법 제29조제2항에서 "대통령령으로 정하는 규모를 초과하는 계약"이란 다음 각 호의 어느 하나에 해당하는 계약을 말한다.

  1. 「건설산업기본법」에 따른 건설공사로서 추정가격이 6억원을 초과하는 공사의 계약

  2. 「건설산업기본법」에 따른 전문공사로서 추정가격이 2억원을 초과하는 공사의 계약

  3. 공사관련 법령(「건설산업기본법」은 제외한다)에 따른 공사로서 추정가격이 2억원을 초과하는 공사의 계약

  4. 추정가격 2억원을 초과하는 물품 제조·구매, 용역 그 밖의 계약

③ 법 제29조제4항 단서에서 "대통령령으로 정하는 규모 이하의 정비사업"이란 조합원이 100인 이하인 정비사업을 말한다.

④ 법 제29조제7항에서 "대통령령으로 정하는 경쟁입찰"이란 다음 각 호의 요건을 모두 갖춘

입찰방법을 말한다.

1. 일반경쟁입찰 · 제한경쟁입찰 또는 지명경쟁입찰 중 하나일 것
2. 해당 지역에서 발간되는 일간신문에 1회 이상 제1호의 입찰을 위한 공고를 하고, 입찰 참가자를 대상으로 현장 설명회를 개최할 것
3. 해당 지역 주민을 대상으로 합동홍보설명회를 개최할 것
4. 토지등소유자를 대상으로 제출된 입찰서에 대한 투표를 실시하고 그 결과를 반영할 것

8] 수의계약에 의한 임대사업자의 선정(제24조의2) [본조신설 2021.7.13.]

법 제30조제1항에서 "국가가 출자 · 설립한 법인 등 대통령령으로 정한 자"란 「공공주택 특별법」 제4조제1항제1호부터 제5호까지에서 규정하는 자가 단독으로 또는 공동으로 총 지분의 100분의 50을 초과하여 출자한 「부동산투자회사법」 제2조제1호에 따른 부동산투자 회사를 말한다.

제2절 조합설립추진위원회 및 조합의 설립 등

1] 추진위원회 구성을 위한 토지등소유자의 동의 등(제25조)

① 법 제31조제1항에 따라 토지등소유자의 동의를 받으려는 자는 국토교통부령으로 정하는 동의서에 추진위원회의 위원장(이하 "추진위원장"이라 한다), 추진위원회 위원, 법 제32조 제1항에 따른 에 따른 추진위원회의 업무 및 법 제34조제1항에 따른 운영규정을 미리 쓴 후 토지등소유자의 동의를 받아야 한다.
② 토지등소유자의 동의를 받으려는 자는 법 제31조제3항에 따라 다음 각 호의 사항을 설명·고지하여야 한다.
1. 동의를 받으려는 사항 및 목적
2. 동의로 인하여 의제되는 사항
3. 제33조제2항에 따른 동의의 철회 또는 반대의사 표시의 절차 및 방법

2] 추진위원회의 업무 등(제26조)

법 제32조제1항제5호에서 "대통령령으로 정하는 업무"란 다음 각 호의 업무를 말한다.
1. 법 제31조제1항제2호에 따른 추진위원회 운영규정의 작성
2. 토지등소유자의 동의서의 접수
3. 조합의 설립을 위한 창립총회(이하 "창립총회"라 한다)의 개최
4. 조합 정관의 초안 작성
5. 그 밖에 추진위원회 운영규정으로 정하는 사항

3] 창립총회의 방법 및 절차 등(제27조)

① 추진위원회(법 제31조제4항 전단에 따라 추진위원회를 구성하지 아니하는 경우에는 토지등소유자를 말한다)는 법 제35조제2항부터 제4항까지의 규정에 따른 동의를 받은 후 조합설립인가를 신청하가 전에 법 제32조제3항에 따라 창립총회를 개최하여야 한다.
② 추진위원회(법 제31조제4항 전단에 따라 추진위원회를 구성하지 아니하는 경우에는 조합 설립을 추진하는 토지등소유자의 대표자를 말한다)는 창립총회 14일 전까지 회의목적·

안건·일시·장소·참석자격 및 구비사항 등을 인터넷 홈페이지를 통해 공개하고, 토지등소유자에게 등기우편으로 발송·통지하여야 한다.

③ 창립총회는 추진위원장(법 제31조제4항 전단에 따라 추진위원회를 구성하지 아니하는 경우에는 토지등소유자의 대표자를 말한다. 이하 이 조에서 같다)의 직권 또는 토지등소유자 5분의 1 이상의 요구로 추진위원장이 소집한다. 다만, 토지등소유자 5분의 1 이상의 소집요구에도 불구하고 추진위원장이 2주 이상 소집요구에 응하지 아니하는 경우 소집요구한 자의 대표가 소집할 수 있다.

④ 창립총회에서는 다음 각 호의 업무를 처리한다.
   1. 조합 정관의 확정
   2. 법 제41조에 따른 조합의 임원(이하 "조합임원"이라 한다)의 선임
   3. 대의원의 선임
   4. 그 밖에 필요한 사항으로서 제2항에 따라 사전에 통지한 사항

⑤ 창립총회의 의사결정은 토지등소유자(재건축사업의 경우 조합설립에 동의한 토지등소유자로 한정한다)의 과반수 출석과 출석한 토지등소유자 과반수 찬성으로 결의한다. 다만, 조합임원 및 대의원의 선임은 제4항제1호에 따라 확정된 정관에서 정하는 바에 따라 선출한다.

⑥ 법 제118조에 따라 공공지원 방식으로 시행하는 정비사업 중 법 제31조제4항에 따라 추진위원회를 구성하지 아니하는 경우에는 제1항부터 제5항까지에서 규정한 사항 외에 제26조제2호부터 제4호까지의 업무에 대한 절차 등에 필요한 사항을 시·도조례로 정할 수 있다.

4] 추진위원회 운영규정(제28조)

법 제34조제1항제7호에서 "대통령령으로 정하는 사항"이란 다음 각 호의 사항을 말한다.
1. 추진위원회 운영경비의 회계에 관한 사항
2. 법 제102조에 따른 정비사업전문관리업자(이하 "정비사업전문관리업자"라 한다)의 선정에 관한 사항
3. 그 밖에 국토교통부장관이 정비사업의 원활한 추진을 위하여 필요하다고 인정하는 사항

5] 추진위원회의 운영(제29조)

① 추진위원회는 법 제34조제5항에 따라 다음 각 호의 사항을 토지등소유자가 쉽게 접할 수 있는 일정한 장소에 게시하거나 인터넷 등을 통하여 공개하고, 필요한 경우에는 토지등소유자에게 서면통지를 하는 등 토지등소유자가 그 내용을 충분히 알 수 있도록 하여야 한다. 다만, **제8호 및 제9호의 사항은 법 제35조에 따른 조합설립인가**(이하 "조합설립인가"라 한다) **신청일 60일 전까지 추진위원회 구성에 동의한 토지등소유자에게 등기우편으로 통지하여야 한다**.
   1. 법 제12조에 따른 안전진단 결과
   2. 정비사업전문관리업자의 선정에 관한 사항
   3. 토지등소유자의 부담액 범위를 포함한 개략적인 사업시행계획서
   4. 추진위원회 위원의 선정에 관한 사항

5. 토지등소유자의 비용부담을 수반하거나 권리·의무에 변동을 일으킬 수 있는 사항

6. 법 제32조제1항에 따른 추진위원회의 업무에 관한 사항

7. 창립총회 개최의 방법 및 절차

8. 조합설립에 대한 동의철회(법 제31조제2항 단서에 따른 반대의 의사표시를 포함한다) 및 방법

9. 제30조제2항에 따른 조합설립 동의서에 포함되는 사항

② 추진위원회는 추진위원회의 지출내역서를 매분기별로 토지등소유자가 쉽게 접할 수 있는 일정한 장소에 게시하거나 인터넷 등을 통하여 공개하고, 토지등소유자가 열람할 수 있도록 하여야 한다.

6] 조합설립인가신청의 방법 등(제30조)

① 법 제35조제2항부터 제4항까지의 규정에 따른 토지등소유자의 동의는 국토교통부령으로 정하는 동의서에 동의를 받는 방법에 따른다.

② 제1항에 따른 동의서에는 다음 각 호의 사항이 포함되어야 한다.

1. 건설되는 건축물의 설계의 개요

2. 공사비 등 정비사업비용에 드는 비용(이하 "정비사업비"라 한다)

3. 정비사업비의 분담기준

4. 사업 완료 후 소유권의 귀속에 관한 사항

5. 조합 정관

③ 조합은 조합설립인가를 받은 때에는 정관이 정하는 바에 따라 토지등소유자에게 그 내용을 통지하고, 이해관계인이 열람할 수 있도록 하여야 한다.

7] 조합설립인가내용의 경미한 변경(제31조)

법 제35조제5항 단서에서 "대통령령으로 정하는 경미한 사항"이란 다음 각 호의 사항을 말한다.

1. 착오·오기 또는 누락임이 명백한 사항

2. 조합의 명칭 및 주된 사무소의 소재지와 조합장의 성명 및 주소(조합장의 변경이 없는 경우로 한정한다)

3. 토지 또는 건축물의 매매 등으로 조합원의 권리가 이전된 경우의 조합원의 교체 또는 신규가입

4. 조합임원 또는 대의원의 변경(법 제45조에 따른 총회의 의결 또는 법 제46조에 따른 대의원회의 의결을 거친 경우로 한정한다)

5. 건설되는 건축물의 설계 개요의 변경

6. 정비사업비의 변경

7. 현금청산으로 인하여 정관에서 정하는 바에 따라 조합원이 변경되는 경우

8. 법 제16조에 따른 정비구역 또는 정비계획의 변경에 따라 변경되어야 하는 사항. 다만, 정비구역 면적이 10퍼센트 이상의 범위에서 변경되는 경우는 제외한다.

9. 그 밖에 시·도조례로 정하는 사항

8] 추정분담금 등 정보의 제공(제32조)

법 제35조제8항에서 "추정부담금 등 대통령령으로 정하는 정보"란 다음 각 호의 정보를 말한다.

1. 토지등소유자별 분담금 추산액 및 산출근거
2. 그 밖에 추정 분담금의 산출 등과 관련하여 시·도조례로 정하는 정보

9] 토지등소유자의 동의자수 산정방법 등(제33조)

① 법 제12조제2항, 제28조제1항, 제36조제1항 및 이 영 제12조, 제14조제2항, 제27조에 따른 토지등소유자(토지면적에 관한 동의자수를 산정하는 경우에는 토지소유자를 말한다. 이하 이 조에서 같다)의 동의는 다음 각 호의 기준에 따라 산정한다.

1. **주거환경개선사업, 재개발사업의 경우에는 다음 각 목의 기준에 의할 것**

   가. 1필지의 토지 또는 하나의 건축물을 여럿이서 공유할 때에는 그 여럿을 대표하는 1인을 토지등소유자로 산정할 것. 다만, 재개발구역의 「전통시장 및 상점가 육성을 위한 특별법」 제2조에 따른 전통시장 및 상점가로서 1필지의 토지 또는 하나의 건축물을 여럿이서 공유하는 경우에는 해당 토지 또는 건축물의 토지등소유자의 4분의 3 이상의 동의를 받아 이를 대표하는 1인을 토지등소유자로 산정할 수 있다.

   나. 토지에 지상권이 설정되어 있는 경우 토지의 소유자와 해당 토지의 지상권자를 대표하는 1인을 토지등소유자로 산정할 것

   다. 1인이 다수 필지의 토지 또는 다수의 건축물을 소유하고 있는 경우에는 필지나 건축물의 수에 관계없이 토지등소유자를 1인으로 산정할 것. 다만, 재개발사업으로서 법 제25조제1항제2호에 따라 토지등소유자가 재개발사업을 시행하는 경우 토지등소유자가 정비구역 지정 후에 정비사업을 목적으로 취득한 토지 또는 건축물에 대해서는 정비구역 지정 당시의 토지 또는 건축물의 소유자를 토지등소유자의 수에 포함하여 산정하되, 이 경우 동의 여부는 이를 취득한 토지등소유자에 따른다.

   라. <u>둘 이상의 토지 또는 건축물을 소유한 공유자가 동일한 경우에는 그 공유자 여럿을 대표하는 1인을 토지등소유자로 산정할 것.</u>

2. **재건축사업의 경우에는 다음 각 목의 기준에 따를 것**

   가. 소유권 또는 구분소유권을 여럿이서 공유하는 경우에는 그 여럿을 대표하는 1인을 토지등소유자로 산정할 것.

   나. 1인이 둘 이상의 소유권 또는 구분소유권을 소유하고 있는 경우에는 소유권 또는 구분소유권의 수에 관계없이 토지등소유자를 <u>1인</u>으로 산정할 것

   다. 둘 이상의 소유권 또는 구분소유권을 소유한 공유자가 동일한 경우에는 그 공유자 여럿을 대표하는 1인을 토지등소유자로 할 것.

3. 추진위원회의 구성 또는 조합의 설립에 동의한 자로부터 토지 또는 건축물을 취득한 자는 추진위원회의 구성 또는 조합의 설립에 동의한 것으로 볼 것

4. **<u>등기사항전부증명서(토지)·등기사항전부증명서(건물)</u>**·토지대장 및 건축물관리대장에 소유자로 등재될 당시 <u>주민등록번호의 기록이 없고 기록된 주소가 현재 주소와 다른 경우로서 소재가 확인되지 아니한 자는 토지등소유자의 수 또는 공유자 수에서 제외할 것</u>

5. 국·공유지에 대해서는 그 재산관리청 각각을 토지등소유자로 산정할 것

② 법 제12조제2항 및 제36조제1항 각 호 외의 부분에 따른 동의(법 제26조제1항제8호,

제31조제2항 및 제47조제4항에 따라 의제된 동의를 포함한다)의 철회 또는 반대의사 표시의 시기는 다음 각 호의 기준에 따른다.

1. 동의의 철회 또는 반대의사의 표시는 해당 동의에 따른 인·허가 등을 신청하기 전까지 할 수 있다.

2. 제1호에도 불구하고 다음 각 목의 동의는 최초로 동의한 날부터 30일까지만 철회할 수 있다. 다만, 나목의 동의는 최초로 동의한 날부터 30일이 지나지 아니한 경우에도 법 제32조제3항에 따른 조합설립을 위한 창립총회 후에는 철회할 수 없다.

   가. 법 제21조제1항제4호에 따른 정비구역의 해제에 대한 동의

   나. 법 제35조에 따른 조합설립에 대한 동의(동의 후 제30조제2항 각 호의 사항이 변경되지 아니한 경우로 한정한다)

③ 제2항에 따라 동의를 철회하거나 반대의 의사표시를 하려는 토지등소유자는 철회서에 토지등소유자가 성명을 적고 지장(指章)을 날인한 후 주민등록증 및 여권 등 신원을 확인할 수 있는 신분증명서 사본을 첨부하여 동의의 상대방 및 시장·군수등에게 내용증명의 방법으로 발송하여야 한다. 이 경우 시장·군수등이 철회서를 받은 때에는 지체 없이 동의의 상대방에게 철회서가 접수된 사실을 통지하여야 한다.

④ 제2항에 따른 동의의 철회나 반대의 의사표시는 제3항 전단에 따라 철회서가 동의의 상대방에게 도달한 때 또는 같은 항 후단에 따라 시장·군수등이 동의의 상대방에게 철회서가 접수된 사실을 통지한 때 중 빠른 때에 효력이 발생한다.

10] 동의서의 검인방법 등(제34조)

① 법 제36조제3항에 따라 동의서에 검인(檢印)을 받으려는 자는 제25조제1항 또는 제30조제2항에 따라 동의서에 기재할 사항을 기재한 후 관련 서류를 첨부하여 시장·군수등에게 검인을 신청하여야 한다.

② 제1항에 따른 신청을 받은 시장·군수등은 동의서 기재사항의 기재 여부 등 형식적인 사항을 확인하고 해당 동의서에 연번(連番)을 부여한 후 검인을 하여야 한다.

③ 시장·군수등은 제1항에 따른 신청을 받은 날부터 20일 이내에 신청인에게 검인한 동의서를 내주어야 한다.

11] 토지등소유자의 동의서 재사용의 특례(제35조)

법 제37조제1항에 따라 토지등소유자의 동의서를 다시 사용하기 위한 요건은 다음 각 호와 같다.

1. 법 제37조제1항제1호의 경우: 다음 각 목의 요건

   가. 토지등소유자에게 기존 동의서를 다시 사용할 수 있다는 취지와 반대의 사표시의 절차 및 방법을 서면으로 설명·고지할 것

   나. 60일 이상의 반대의사 표시기간을 가목의 서면에 명백히 적어 부여할 것

2. 법 제37조제1항제2호의 경우: 다음 각 목의 요건

   가. 토지등소유자에게 기존 동의서를 다시 사용할 수 있다는 취지와 반대의사 표시의 절차 및 방법을 서면으로 설명·고지할 것

   나. 90일 이상의 반대의사 표시기간을 가목의 서면에 명백히 적어 부여할 것

   다. 정비구역, 조합정관, 정비사업비, 개인별 추징분담금, 신축되는 건축물의 연면적 등 정비사업의 변경내용을 가목의 서면에 포함할 것

라. 다음의 변경의 범위가 모두 100분의 10 미만일 것

    1) 정비구역 면적의 변경

    2) 정비사업비의 증가(생산자물가상승률분 및 법 제73조에 따른 현금청산 금액은 제외 한다)

    3) 신축되는 건축물의 연면적 변경

마. 조합설립인가의 무효 또는 취소가 확정된 조합과 새롭게 설립하려는 조합이 추진하려는 정비사업의 목적과 방식이 동일할 것

바. 조합설립의 무효 또는 취소가 확정된 날부터 3년 내에 새로운 조합을 설립하기 위한 창립총회를 개최할 것

12] 조합의 등기사항(제36조)<개정 2019.6.18.>

법 제38조제2항에서 "대통령령으로 정하는 사항"이란 다음 각 호의 사항을 말한다.

1. 설립목적

2. 조합의 명칭

3. 주된 사무소의 소재지

4. 설립인가일

5. 임원의 성명 및 주소

6. 임원의 대표권을 제한하는 경우에는 그 내용

7. 법 제41조제5항 단서에 따른 전문조합관리인을 선정한 경우에는 그 성명 및 주소

13] 조합원(제37조)

① 법 제39조제2항제4호에서 "대통령령으로 정하는 기간"이란 다음 각 호의 구분에 따른 기간을 말한다. 이 경우 소유자가 피상속인으로부터 주택을 상속받아 소유권을 취득한 경우에는 피상속인의 주택의 소유기간 및 거주기간을 합산한다.

1. 소유기간: 10년

2. 거주기간(「주민등록법」 제7조에 따른 주민등록표를 기준으로 하며, 소유자가 거주하지 아니하고 소유자의 배우자나 직계존비속이 해당 주택에 거주한 경우에는 그 기간을 합산한다): 5년

② 법 제39조제2항제6호에서 "대통령령으로 정하는 사업"이란 공공재개발사업 시행자가 상가를 임대하는 사업을 말한다. <신설 2021.7.13.>

③ 법 제39조제2항제7호에서 "대통령령으로 정하는 경우"란 다음 각 호의 어느 하나에 해당하는 경우를 말한다. <개정 2020.6.23., 2021.7.13., 2021.7.13.>

1. 조합설립인가일부터 3년 이상 사업시행인가 신청이 없는 재건축사업의 건축물을 3년 이상 계속하여 소유하고 있는 자(소유기간을 산정할 때 소유자가 피상속인으로부터 상속받아 소유권을 취득한 경우에는 피상속인의 소유기간을 합산한다. 이하 제2호 및 제3호에서 같다)가 사업시행인가 신청 전에 양도하는 경우

2. 사업시행계획인가일부터 3년 이내에 착공하지 못한 재건축사업의 토지 또는 건축물을 3년 이상 계속하여 소유하고 있는 자가 착공 전에 양도하는 경우

3. 착공일부터 3년 이상 준공되지 않은 재개발사업·재건축사업의 토지를 3년 이상 계속하여 소유하고 있는 경우

4. 법률 제7056호 도시및주거환경정비법 일부개정법률 부칙 제2항에 따른 토지등소유자로부터 상속·이혼으로 인하여 토지 또는 건축물을 소유한 자

5. 국가·지방자치단체 및 금융기관(「주택법 시행령」 제71조제1호 각 목의 금융기관을 말한다)에 대한 채무를 이행하지 못하여 재개발사업·재건축사업의 토지 또는 건축물이 경매 또는 공매되는 경우

6. 「주택법」 제63조제1항에 따른 투기과열지구(이하 "투기과열지구"라 한다)로 지정되기 전에 건축물 또는 토지를 양도하기 위한 계약(계약금 지급 내역 등으로 계약일을 확인할 수 있는 경우로 한정한다)을 체결하고, 투기과열지구로 지정된 날부터 60일 이내에 「부동산 거래신고 등에 관한 법률」 제3조에 따라 부동산 거래의 신고를 한 경우

14] 조합정관에 정할 사항(제38조)

법 제40조제1항제18호에서 "대통령령으로 정하는 사항"이란 다음 각 호의 사항을 말한다.

1. 정비사업의 종류 및 명칭
2. 임원의 임기, 업무의 분담 및 대행 등에 관한 사항
3. 대의원회의 구성, 개회와 기능, 의결권의 행사방법, 그 밖에 회의의 운영에 관한 사항
4. 법 제24조 및 제25조에 따른 정비사업의 공동시행에 관한 사항
5. 정비사업전문관리업자에 관한 사항
6. 정비사업의 시행에 따른 회계 및 계약에 관한 사항
7. 정비기반시설 및 공동이용시설의 부담에 관한 개략적인 사항
8. 공고·공람 및 통지의 방법
9. 토지 및 건축물 등에 관한 권리의 평가방법에 관한 사항
10. 법 제74조제1항에 따른 관리처분계획(이하 "관리처분계획"이라 한다) 및 청산(분할징수 또는 납입에 관한 사항을 포함한다)에 관한 사항
11. 사업시행계획서의 변경에 관한 사항
12. 조합의 합병 또는 해산에 관한 사항
13. 임대주택의 건설 및 처분에 관한 사항
14. 총회의 의결을 거쳐야 할 사항의 범위
15. 조합원의 권리·의무에 관한 사항
16. 조합직원의 채용 및 임원 중 상근(常勤)임원의 지정에 관한 사항과 직원 및 상근임원의 보수에 관한 사항
17. 그 밖에 시·도조례로 정하는 사항

15] 정관의 경미한 변경사항(제39조) <개정 2019.6.18.>

법 제40조제4항에서 "대통령령으로 정하는 경미한 사항"이란 다음 각 호의 사항을 말한다.

1. 법 제40조제1항제1호에 따른 조합의 명칭 및 사무소의 소재지에 관한 사항
2. 조합임원의 수 및 업무의 범위에 관한 사항
3. 삭제 <2019.6.18.>
4. 법 제40조제1항제10호에 따른 총회의 소집 절차·시기 및 의결방법에 관한 사항
5. 제38조제2호에 따른 임원의 임기, 업무의 분담 및 대행 등에 관한 사항
6. 제38조제3호에 따른 대의원회의 구성, 개회와 기능, 의결권의 행사방법, 그 밖에 회의의

운영에 관한 사항

7. 제38조제5호에 따른 정비사업전문관리업자에 관한 사항

8. 제38조제8호에 따른 공고·공람 및 통지의 방법에 관한 사항

9. 제38조제13호에 따른 임대주택의 건설 및 처분에 관한 사항

10. 제38조제14호에 따른 총회의 의결을 거쳐야 할 사항의 범위에 관한 사항

11. 제38조제16호에 따른 조합직원의 채용 및 임원 중 상근임원의 지정에 관한 사항과 직원 및 상근임원의 보수에 관한 사항

12. **착오·오기 또는 누락임이 명백한 사항**

13. **법 제16조에 따른 정비구역 또는 정비계획의 변경에 따라 변경되어야 하는 사항**

14. 그 밖에 시·도조례로 정하는 사항

16] 조합임원의 수(제40조)

법 제41조제1항에 따라 조합에 두는 이사의 수는 3명 이상으로 하고, 감사의 수는 1명 이상 3명 이하로 한다. 다만, 토지등소유자의 수가 100명을 초과하는 경우에는 이사의 수를 5명 이상으로 한다.

17] 전문조합관리인의 선정(제41조)

① 법 제41조제5항 단서에서 "대통령령으로 정하는 요건을 갖춘 자"란 다음 각 호의 어느 하나에 해당하는 사람을 말한다. <개정 2020.2.18.>

1. 다음 각 목의 어느 하나에 해당하는 자격을 취득한 후 정비사업 관련 업무에 5년 이상 종사한 경력이 있는 사람
   가. 변호사
   나. <u>공인회계사</u>
   다. 법무사
   라. 세무사
   마. 건축사
   바. 도시계획·건축분야의 기술사
   사. 감정평가사
   아. 행정사(일반행정사를 말한다. 이하 같다)

2. 조합임원으로 5년 이상 종사한 사람

3. 공무원 또는 공공기관의 임직원으로 정비사업 관련 업무에 5년 이상 종사한 사람

4. 정비사업전문관리업자에 소속되어 정비사업 관련 업무에 10년 이상 종사한 사람

5. 「건설산업기본법」 제2조제7호에 따른 **건설사업자**에 소속되어 정비사업 관련 업무에 10년 이상 종사한 사람 (2020.2.18. 타법개정)

6. 제1호부터 제5호까지의 경력을 합산한 경력이 5년 이상인 사람. 이 경우 같은 시기의 경력은 중복하여 계산하지 아니하며, 제4호 및 제5호의 경력은 2분의 1만 포함하여 계산한다.

② 시장·군수등은 법 제41조제5항 단서에 따른 전문조합관리인(이하 "전문조합관리인"이라 한다)의 선정이 필요하다고 인정하거나 조합원(추진위원회의 경우에는 토지등소유자를 말한다. 이하 이 조에서 같다) 3분의 1 이상이 전문조합관리인의 선정을 요청하면 공개모집을 통

하여 전문조합관리인을 <u>선정할 수 있다</u>. 이 경우 조합 또는 추진위원회의 의견을 들어야 한다.

③ 전문조합관리인은 선임 후 6개월 이내에 법 제115조에 따른 교육을 60시간 이상 받아야 한다. 다만, 선임 전 최근 3년 이내에 해당 교육을 60시간 이상 받은 경우에는 그러하지 아니하다.

④ <u>전문조합관리인의 임기는 3년으로 한다.</u>

18] 총회의 의결(제42조)[제목개정 2021.11.11.]

① 법 제45조제1항제13호에 따라 총회의 의결을 거쳐야 하는 사항은 다음 각 호와 같다.
   1. 조합의 합병 또는 해산에 관한 사항
   2. 대의원의 선임 및 해임에 관한 사항
   3. 건설되는 건축물의 설계 개요의 변경
   4. 정비사업비의 변경

② 법 제45조<u>제7항</u> 단서에서 "창립총회, 사업시행계획서의 작성 및 변경, 관리처분계획의 수립 및 변경을 의결하는 총회 등 대통령으로 정하는 총회"란 다음 각 호의 어느 하나에 해당하는 총회를 말한다. <개정 2021.11.11.>
   1. 창립총회
   2. 사업시행계획서의 작성 및 변경을 위하여 개최하는 총회
   3. 관리처분계획의 수립 및 변경을 위하여 개최하는 총회
   4. 정비사업비의 사용 및 변경을 위하여 개최하는 총회

③ 법 제45조제8항 전단에서 "「재난 및 안전관리 기본법」 제3조제1호에 따른 재난의 발생 등 대통령령으로 정하는 사유"란 다음 각 호의 사유를 말한다. <신설 2021.11.11.>
   1. 「재난 및 안전관리 기본법」 제3조제1호에 따른 재난의 발생
   2. 「감염병의 예방 및 관리에 관한 법률」 제49조제1항제2호에 따른 집합 제한 또는 금지 조치

19] 대의원회가 총회의 권한을 대행할 수 없는 사항(제43조)

법 제46조제4항에서 "대통령령으로 정하는 사항"이란 다음 각 호의 사항을 말한다.

1. 법 제45조제1항제1호에 따른 정관의 변경에 관한 사항(법 제40조제4항에 따른 경미한 사항의 변경은 법 또는 정관에서 총회의결사항으로 정한 경우로 한정한다)
2. 법 제45조제1항제2호에 따른 자금의 차입과 그 방법·이자율 및 상환방법에 관한 사항
3. 법 제45조제1항제4호에 따른 예산으로 정한 사항 외에 조합원에게 부담이 되는 계약에 관한 사항
4. 법 제45조제1항제5호에 따른 시공자·설계자 또는 <u>감정평가법인등</u>(법 제74조<u>제4항</u>에 따라 시장·군수등이 선정·계약하는 <u>감정평가법인등은</u> 제외한다)의 선정 및 변경에 관한 사항
5. 법 제45조제1항제6호에 따른 정비사업전문관리업자의 선정 및 변경에 관한 사항
6. 법 제45조제1항제7호에 따른 조합임원의 선임 및 해임과 제42조제1항제2호에 따른 대의원의 선임 및 해임에 관한 사항. 다만, 정관으로 정하는 바에 따라 임기중 궐위된 자(조합장은 제외한다)를 보궐선임하는 경우를 제외한다.
7. 법 제45조제1항제9호에 따른 사업시행계획서의 작성 및 변경에 관한 사항(법 제50조제1항 본문에 따른 정비사업의 중지 또는 폐지에 관한 사항을 포함하며, 같은 항 단서에 따른

경미한 변경은 제외한다)

8. 법 제45조제1항제10호에 따른 관리처분계획의 수립 및 변경에 관한 사항(법 제74조제1항 각 호 외의 부분 단서에 따른 경미한 변경은 제외한다)

9. 법 제45조제2항에 따라 총회에 상정하여야 하는 사항

10. 제42조제1항제1호에 따른 조합의 합병 또는 해산에 관한 사항. 다만, 사업완료로 인한 해산의 경우는 제외한다.

11. 제42조제1항제3호에 따른 건설되는 건축물의 설계 개요의 변경에 관한 사항

12. 제42조제1항제4호에 따른 정비사업비의 변경에 관한 사항

20] 대의원회(제44조)

① 대의원은 조합원 중에서 선출한다.

② 대의원의 선임 및 해임에 관하여는 정관이 정하는 바에 따른다.

③ 대의원의 수는 법 제46조제2항에 따른 범위에서 정관이 정하는 바에 따른다.

④ 대의원회는 조합장이 필요하다고 인정하는 때에 소집한다. 다만, 다음 각 호의 어느 하나에 해당하는 때에는 조합장은 해당일부터 14일 이내에 대의원회를 소집하여야 한다.

1. 정관이 정하는 바에 따라 소집청구가 있는 때

2. 대의원의 3분의 1 이상(정관으로 달리 정한 경우에는 그에 의한다)이 회의의 목적사항을 제시하여 청구하는 때

⑤ 제4항 각 호의 어느 하나에 따른 소집청구가 있는 경우로서 조합장이 제4항 각 호 외의 부분 단서에 따른 기간 내에 정당한 이유없이 대의원회를 소집하지 아니한 때에는 감사가 지체없이 이를 소집하여야 하며, 감사가 소집하지 아니하는 때에는 제4항 각 호에 따라 소집을 청구한 사람의 대표가 이를 소집한다. 이 경우 미리 시장·군수등의 승인을 얻어야 한다.

⑥ 제5항에 따라 대의원회를 소집하는 경우에는 소집주체에 따라 감사 또는 제4항 각 호에 따라 소집을 청구한 사람의 대표가 의장의 직무를 대행한다.

⑦ 대의원회의 소집은 집회 7일 전까지 그 회의의 목적·안건·일시 및 장소를 기재한 서면을 대의원에게 통지하는 방법에 따른다. 이 경우 정관으로 정하는 바에 따라 대의원회의 소집 내용을 공고하여야 한다.

⑧ 대의원회는 재적대의원 과반수의 출석과 출석대의원 과반수의 찬성으로 의결한다. 다만, 그 이상의 범위에서 정관으로 달리 정하는 경우에는 그에 따른다.

⑨ 대의원회는 제7항 전단에 따라 사전에 통지한 안건만 의결할 수 있다. 다만, 사전에 통지하지 아니한 안건으로서 대의원회의 회의에서 정관으로 정하는 바에 따라 채택된 안건의 경우에는 그러하지 아니하다.

⑩ 특정한 대의원의 이해와 관련된 사항에 대하여는 그 대의원은 의결권을 행사할 수 없다.

21] 주민대표회의(제45조)

① 법 제47조제1항에 따른 주민대표회의(이하 "주민대표회의"라 한다)에는 위원장과 부위원장 각 1명과 1명 이상 3명 이하의 감사를 둔다.

② 법 제47조제5항제6호에서 "대통령령으로 정하는 사항"이란 다음 각 호의 사항을 말한다.

1. 법 제29조제4항에 따른 시공자의 추천

2. 다음 각 목의 변경에 관한 사항

가. 법 제47조제5항제1호에 따른 건축물의 철거

나. 법 제47조제5항제2호에 따른 주민의 이주(세입자의 퇴거에 관한 사항을 포함한다)

다. 법 제47조제5항제3호에 따른 토지 및 건축물의 보상(세입자에 대한 주거이전비 등 보상에 관한 사항을 포함한다)

라. 법 제47조제5항제4호에 따른 정비사업비의 부담

3. 관리처분계획 및 청산에 관한 사항(법 제23조제1항제1호부터 제3호까지의 방법으로 시행하는 주거환경개선사업은 제외한다)

4. 제3호에 따른 사항의 변경에 관한 사항

③ 시장·군수등 또는 토지주택공사등은 주민대표회의의 운영에 필요한 경비의 일부를 해당 정비사업비에서 지원할 수 있다.

④ 주민대표회의의 위원의 선출·교체 및 해임, 운영방법, 운영비용의 조달 그 밖에 주민대표회의의 운영에 관하여 필요한 사항은 주민대표회의가 정한다.

제3절 사업시행계획 등

1] 사업시행계획인가의 경미한 변경(제46조)

법 제50조제1항 단서에서 "대통령령으로 정하는 경미한 사항을 변경하려는 때"란 다음 각 호의 어느 하나에 해당하는 때를 말한다. <개정 2020.6.23.>

1. 정비사업비를 10퍼센트의 범위에서 변경하거나 관리처분계획의 인가에 따라 변경하는 때. 다만, 「주택법」 제2조제5호에 따른 국민주택을 건설하는 사업인 경우에는 「주택도시 기금법」에 따른 주택도시기금의 지원금액이 증가되지 아니하는 경우만 해당한다.

2. 건축물이 아닌 부대시설·복리시설의 설치규모를 확대하는 때(위치가 변경되는 경우는 제외한다)

3. 대지면적을 10퍼센트의 범위에서 변경하는 때

4. 세대수와 세대당 주거전용면적을 변경하지 않고 세대당 **주거전용면적**의 10퍼센트의 범위에서 세대 내부구조의 위치 또는 면적을 변경하는 때

5. 내장재료 또는 외장재료를 변경하는 때

6. 사업시행계획인가의 조건으로 부과된 사항의 이행에 따라 변경하는 때

7. 건축물의 설계와 용도별 위치를 변경하지 아니하는 범위에서 건축물의 배치 및 주택단지 안의 도로선형을 변경하는 때

8. 「건축법 시행령」 제12조제3항 각 호의 어느 하나에 해당하는 사항을 변경하는 때

9. 사업시행자의 명칭 또는 사무소 소재지를 변경하는 때

10. 정비구역 또는 정비계획의 변경에 따라 사업시행계획서를 변경하는 때

11. 법 제35조제5항 본문에 따른 조합설립변경 인가에 따라 사업시행계획서를 변경하는 때

12. 그 밖에 시·도조례로 정하는 사항을 변경하는 때

2] 사업시행계획서의 작성(제47조)

① 법 제52조제1항제11호에 따른 교육시설의 교육환경 보호에 관한 계획에 포함될 사항에 관하여는 「교육환경 보호에 관한 법률 시행령」 제16조제1항을 준용한다.

② 법 제52조제1항제13호에서 "대통령령으로 정하는 바에 따라 시·도조례로 정하는 사항"

이란 다음 각 호의 사항 중 시·도조례로 정하는 사항을 말한다.

1. 정비사업의 종류·명칭 및 시행기간
2. 정비구역의 위치 및 면적
3. 사업시행자의 성명 및 주소
4. 설계도서
5. 자금계획
6. 철거할 필요는 없으나 개보수할 필요가 있다고 인정되는 건축물의 명세 및 개보수계획
7. 정비사업의 시행에 지장이 있다고 인정되는 정비구역의 건축물 또는 공작물 등의 명세
8. 토지 또는 건축물 등에 관한 권리자 및 그 권리의 명세
9. 공동구의 설치에 관한 사항
10. 정비사업의 시행으로 법 제97조제1항에 따라 용도가 폐지되는 정비기반시설의 조서·도면과 새로 설치할 정비기반시설의 조서·도면(토지주택공사등이 사업시행자인 경우만 해당한다)
11. 정비사업의 시행으로 법 제97조제2항에 따라 용도가 폐지되는 정비기반시설의 조서·도면 및 그 정비기반시설에 대한 둘 이상의 **감정평가법인등**의 감정평가서와 새로 설치할 정비기반시설의 조서·도면 및 그 설치비용 계산서
12. 사업시행자에게 무상으로 양여되는 국·공유지의 조서
13. 「물의 재이용 촉진 및 지원에 관한 법률」에 따른 빗물처리계획
14. 기존주택의 철거계획서(석면을 함유한 건축자재가 사용된 경우에는 그 현황과 해당 자재의 철거 및 처리계획을 포함한다)
15. 정비사업 완료 후 상가세입자에 대한 우선 분양 등에 관한 사항

③ 제2항제9호에 따른 공동구의 설치에 관한 사항은 「국토의 계획 및 이용에 관한 법률 시행령」 제36조 및 제37조를 준용한다.

3] 국민주택규모 주택의 공급방법 등(제48조)[제목개정 2021.7.13.]

① 사업시행자는 법 제54조제4항에 따라 건설한 **국민주택규모 주택 중** 법 제55조제1항에 따른 인수자에게 공급하여야 하는 **국민주택규모 주택**을 공개추첨의 방법으로 선정하여야 하며, 그 선정결과를 지체 없이 같은 항에 따른 인수자에게 통보하여야 한다. <개정 2021.7.13.>

② 사업시행자가 제1항에 따라 선정된 **국민주택규모 주택**을 공급하는 경우에는 시·도지사, 시장·군수·구청장 순으로 우선하여 인수할 수 있다. 다만, 시·도지사 및 시장·군수·구청장이 **국민주택규모 주택**을 인수할 수 없는 경우에는 시·도지사는 국토교통부장관에게 인수자 지정을 요청하여야 한다. <개정 2021.7.13.>

③ 국토교통부장관은 제2항 단서에 따라 시·도지사로부터 인수자 지정 요청이 있는 경우에는 30일 이내에 인수자를 지정하여 시·도지사에게 통보하여야 하며, 시·도지사는 지체 없이 이를 시장·군수·구청장에게 보내어 그 인수자와 **국민주택규모 주택의 공급에 관하여 협의하도록 해야 한다.** <개정 2021.7.13.>

④ 법 제55조제4항 본문에서 "대통령령으로 정하는 장기공공임대주택"이란 공공임대주택으로서 「공공주택 특별법」법 제50조의2제1항에 따른 임대의무기간(이하 "임대의무기간"이라 한다)이 20년 이상인 것을 말한다.

⑤ 법 제55조제4항 단서에서 "토지등소유자의 부담 완화 등 대통령령으로 정하는 요건에 해당하는 경우"란 다음 각 호의 어느 하나에 해당하는 경우를 말한다.

1. 가목의 가액을 나목의 가액으로 나눈 값이 100분의 80 미만인 경우. 이 경우 가목 및 나목의 가액은 사업시행계획인가 고시일을 기준으로 하여 산정하되 구체적인 산정방법은 <u>국토교통부장관이 정하여 고시한다.</u>
   가. 정비사업 후 대지 및 건축물의 총 가액에서 총사업비를 제외한 가액
   나. 정비사업 전 토지 및 건축물의 총 가액
2. 시·도지사가 정비구역의 입지, 토지등소유자의 조합설립 동의율, 정비사업비의 증가규모, 사업기간 등을 고려하여 토지등소유자의 부담이 지나치게 높다고 인정하는 경우

⑥ 법 제55조제5항에서 "대통령령으로 정하는 가격"이란 다음 각 호의 구분에 따른 가격을 말한다.

1. 임대의무기간이 10년 이상인 경우: 감정평가액(시장·군수등이 지정하는 둘 이상의 **<감정평가업자가>감정평가법인등이** 평가한 금액을 산술평균한 금액을 말한다. 이하 제2호에서 같다)의 100분의 30에 해당하는 가격
2. 임대의무기간이 10년 미만인 경우: 감정평가액의 100분의 50에 해당하는 가격

4] 관계 서류의 공람(제49조)

시장·군수등은 법 제56조제1항 본문에 따라 사업시행계획인가 또는 사업시행계획서 작성과 관계된 서류를 일반인에게 공람하게 하려는 때에는 그 요지와 공람장소를 해당 지방자치단체의 공보등에 공고하고, 토지등소유자에게 공고내용을 통지하여야 한다.

5] 사업시행계획인가의 특례(제50조)

법 제58조제2항 각 호 외의 부분에서 "대통령령으로 정하는 기준"이란 다음 각 호의 기준을 말한다.

1. 「건축법」 제44조에 따른 대지와 도로의 관계는 존치 또는 리모델링되는 건축물의 출입에 지장이 없다고 인정되는 경우 이를 적용하지 아니할 수 있다.
2. 「건축법」 제46조에 따른 건축선의 지정은 존치 또는 리모델링되는 건축물에 대해서는 적용하지 아니할 수 있다.
3. 「건축법」 제61조에 따른 일조등의 확보를 위한 건축물의 높이 제한은 리모델링되는 건축물에 대하여는 적용하지 아니할 수 있다.
4. 「주택법」 제2조제12호에도 불구하고 존치 또는 리모델링(「주택법」 제2조제25호 또는 「건축법」 제2조제1항제10호에 따른 리모델링을 말한다. 이하 같다)되는 건축물도 하나의 주택단지에 있는 것으로 본다.
5. 「주택법」 제35조에 따른 부대시설·복리시설의 설치기준은 존치 또는 리모델링되는 건축물을 포함하여 적용할 수 있다.

6] 순환용주택의 우선공급 요청 등(제51조)

① 사업시행자는 법 제59조제2항에 따라 법 제74조에 따른 관리처분계획의 인가를 신청한 후 다음 각 호의 서류를 첨부하여 토지주택공사등에 토지주택공사등이 보유한 공공임대주택을 법 제59조제2항에 따른 순환용주택(이하 "순환용주택"이라 한다)으로 우선 공급할 것을

요청할 수 있다.

1. 사업시행계획인가 고시문 사본
2. 관리처분계획의 인가 신청서 사본
3. 정비구역 내 이주대상 세대수
4. 법 제59조제1항에 따른 주택의 소유자 또는 세입자로서 순환용주택 이주 희망 대상자
5. 이주시기 및 사용기간
6. 그 밖에 토지주택공사등이 필요하다고 인정하는 사항

② 토지주택공사등은 제1항에 따라 사업시행자로부터 공공임대주택의 공급 요청을 받은 경우에는 그 요청을 받은 날부터 30일 이내에 사업시행자에게 다음 각 호의 내용을 통지하여야 한다.

1. 해당 정비구역 인근에서 공급 가능한 공공임대주택의 주택 수, 주택 규모 및 공급가능 시기
2. 임대보증금 등 공급계약에 관한 사항
3. 그 밖에 토지주택공사등이 필요하다고 인정하는 사항

③ 제2항제1호에 따른 공급 가능한 주택 수는 제1항에 따라 요청을 한 날 당시 공급 예정인 물량의 2분의 1의 범위로 한다. 다만, 주변 지역에 전세가격 급등 등의 우려가 있어 순환용 주택의 확대 공급이 필요한 경우 2분의 1을 초과할 수 있다.

④ 토지주택공사등은 세대주로서 해당 세대 월평균 소득이 전년도 도시근로자 월평균 소득의 70퍼센트 이하인 거주자(제1항에 따른 요청을 한 날 당시 해당 정비구역에 2년 이상 거주한 사람에 한정한다)에게 순환용주택을 공급하되, 다음 각 호의 순위에 따라 공급하여야 한다. 이 경우 같은 순위에서 경쟁이 있는 경우 월평균 소득이 낮은 사람에게 우선 공급한다.

1. 1순위: 정비사업의 시행으로 철거되는 주택의 세입자(정비구역에서 실제 거주하는 자로 한정한다)로서 주택을 소유하지 아니한 사람
2. 2순위: 정비사업의 시행으로 철거되는 주택의 소유자(정비구역에서 실제 거주하는 자로 한정한다)로서 그 주택 외에는 주택을 소유하지 아니한 사람

⑤ 제1항부터 제4항까지의 규정에서 정한 사항 외에 공급계약의 체결, 순환용주택의 반환 등 순환용주택의 공급에 필요한 세부사항은 토지주택공사등이 따로 정할 수 있다.

7] 순환용주택의 분양 또는 임대(제52조)

법 제59조제3항에 따라 순환용주택에 거주하는 자가 순환용주택에 계속 거주하기를 희망하는 경우 토지주택공사등은 다음 각 호의 기준에 따라 분양을 하거나 계속 임대할 수 있다.

1. 순환용주택에 거주하는 자가 해당 주택을 분양받으려는 경우 토지주택공사등은 「공공주택 특별법」 제50조의2에서 정한 매각 요건 및 매각 절차 등에 따라 해당 거주자에게 순환용 주택을 매각할 수 있다. 이 경우 「공공주택 특별법 시행령」 제54조제1항 각 호에 따른 임대주택의 구분은 순환용주택으로 공급할 당시의 유형에 따른다.
2. 순환용주택에 거주하는 자가 계속 거주하기를 희망하고 「공공주택 특별법」 제48조 및 제49조에 따른 임대주택 입주자격을 만족하는 경우 토지주택공사등은 그 자와 우선적으로 임대차계약을 체결할 수 있다.

제4절 정비사업 시행을 위한 조치 등

1] 임시거주시설의 설치 등(제53조)

법 제61조제3항 전단에서 "대통령령으로 정하는 사유"란 다음 각 호의 사유를 말한다.

1. 법 제61조제1항에 따른 임시거주시설(이하 "임시거주시설"이라 한다)의 설치를 위하여 필요한 건축물이나 토지에 대하여 제3자와 이미 매매계약을 체결한 경우
2. 사용신청 이전에 임시거주시설의 설치를 위하여 필요한 건축물이나 토지에 대한 사용계획이 확정된 경우
3. 제3자에게 이미 임시거주시설의 설치를 위하여 필요한 건축물이나 토지에 대한 사용허가를 한 경우

2] 손실보상 등(제54조)

① 제13조제1항에 따른 공람공고일부터 계약체결일 또는 수용재결일까지 계속하여 거주하고 있지 아니한 건축물의 소유자는 「공익사업을 위한 토지 등의 취득 및 보상에 관한 법률 시행령」 **제40조제5항제2호**에 따라 이주대책대상자에서 제외한다. 다만, 같은 호 단서(같은 호 마목은 제외한다)에 해당하는 경우에는 그러하지 아니하다. <개정 2018.4.17.>

② 정비사업으로 인한 영업의 폐지 또는 휴업에 대하여 손실을 평가하는 경우 영업의 휴업기간은 4개월 이내로 한다. 다만, 다음 각 호의 어느 하나에 해당하는 경우에는 실제 휴업기간으로 하되, 그 휴업기간은 2년을 초과할 수 없다.

1. 해당 정비사업을 위한 영업의 금지 또는 제한으로 인하여 4개월 이상의 기간동안 영업을 할 수 없는 경우
2. 영업시설의 규모가 크거나 이전에 고도의 정밀성을 요구하는 등 해당 영업의 고유한 특수성으로 인하여 4개월 이내에 다른 장소로 이전하는 것이 어렵다고 객관적으로 인정되는 경우

③ 제2항에 따라 영업손실을 보상하는 경우 보상대상자의 인정시점은 제13조제1항에 따른 공람공고일로 본다.

④ 주거이전비를 보상하는 경우 보상대상자의 인정시점은 제13조제1항에 따른 공람공고일로 본다.

3] 용적률에 관한 특례(제55조)

① 사업시행자가 법 제66조에 따라 완화된 용적률을 적용받으려는 경우에는 사업시행계획인가 신청 전에 다음 각 호의 사항을 시장·군수등에게 제출하고 사전협의하여야 한다.

1. 정비구역 내 세입자 현황
2. 세입자에 대한 손실보상 계획

② 제1항에 따른 협의를 요청받은 시장·군수등은 의견을 사업시행자에게 통보하여야 하며, 용적률을 완화받을 수 있다는 통보를 받은 사업시행자는 사업시행계획서를 작성할 때 제1항제2호에 따른 세입자에 대한 손실보상 계획을 포함하여야 한다.

4] 재건축사업의 범위에 관한 특례(제56조)

법 제67조제4항제3호에서 "대통령령으로 정하는 요건"이란 분할되어 나가는 토지가 「건축법」

제44조에 적합하는 경우를 말한다.

5] 건축규제의 완화 등에 관한 특례(제57조) <개정 2021.7.13.>

법 제68조제4항에서 "대통령령으로 정하는 범위"란 다음 각 호를 말한다.

1. 「건축법」 제55조에 따른 건폐율 산정 시 주차장 부분의 면적은 건축면적에서 제외할 수 있다.

2. 「건축법」 제58조에 따른 대지 안의 공지 기준은 2분의 1 범위에서 완화할 수 있다.

3. 「건축법」 제60조에 따른 건축물의 높이 제한 기준은 2분의 1 범위에서 완화할 수 있다.

4. 「건축법」 제61조제2항제1호에 따른 건축물(7층 이하의 건축물에 한정한다)의 높이 제한 기준은 2분의 1의 범위에서 완화할 수 있다.

5. 「주택법」 제35조제1항제3호 및 제4호에 따른 부대시설 및 복리시설의 설치기준은 다음 각 목의 범위에서 완화할 수 있다.

   가. 「주택법」 제2조제14호가목에 따른 어린이놀이터를 설치하는 경우에는 「주택건설기준 등에 관한 규정」 제55조의2제7항제2호다목을 적용하지 아니할 수 있다.

   나. 「주택법」 제2조제14호에 따른 복리시설을 설치하는 경우에는 「주택법」 제35조제1항 제4호에 따른 복리시설별 설치기준에도 불구하고 설치대상 복리시설(어린이놀이터는 제외한다)의 면적의 합계 범위에서 필요한 복리시설을 설치할 수 있다.

6. 「도시공원 및 녹지 등에 관한 법률」 제14조에 따른 도시공원 또는 녹지 확보기준은 정비 구역의 면적이 10만제곱미터 미만인 경우에는 그 기준을 완화하여 적용할 수 있다.

6] 다른 법령의 적용(제58조)

① 법 제69조제1항 각 호 외의 부분 본문에서 "대통령령으로 정하는 지역"이란 다음 각 호의 구분에 따른 용도지역을 말한다. <개정 2018.7.16., 2021.7.13.>

1. 주거환경개선사업이 법 제23조제1항제1호 또는 제3호의 방법으로 시행되는 경우: 「국토의 계획 및 이용에 관한 법률 시행령」 제30조제1호나목(2)에 따른 제2종일반주거지역

2. 주거환경개선사업이 법 제23조제1항제2호 또는 제4호의 방법으로 시행되는 경우: 「국토의 계획 및 이용에 관한 법률 시행령」 제30조제1호나목(3)에 따른 제3종일반 주거지역. 다만, **공공지원민간임대주택** 또는 「공공주택 특별법」 제2조제1호의2에 따른 공공건설임대주택을 200세대 이상 공급하려는 경우로서 해당 임대주택의 건설지역을 포함하여 정비계획에서 따로 정하는 구역은 「국토의 계획 및 이용에 관한 법률 시행령」 제30조제1호다목에 따른 준주거지역으로 한다.

② 공공재개발사업 시행자 또는 공공재건축사업 시행자는 법 제69조제4항에 따라 다음 각 호의 어느 하나에 해당하는 경우 「주택법 시행령」 제47조에 따른 감리자 지정 및 감리원 배치기준을 적용할 수 있다. <신설 2021.7.13.>

1. 법 제26조제1항제1호에 따라 긴급하게 정비사업을 시행하는 경우

2. 공사비가 1천억원 미만인 경우

3. 「건설기술 진흥법 시행령」 제60조에 따른 건설사업관리기술인 배치기준을 따르는 경우 사업성이 현저히 저하되어 사업을 추진하기 어려운 경우로서 국토교통부장관이 정하여 고시하는 사유에 해당된다고 시장·군수등이 인정하는 경우

제5절 관리처분계획 등

1] 분양신청의 절차 등(제59조)

① 법 제72조제1항 각 호 외의 부분 본문에서 "분양의 대상이 되는 대지 또는 건축물의 내역 등 대통령령으로 정하는 사항"이란 다음 각 호의 사항을 말한다.
  1. 사업시행인가의 내용
  2. 정비사업의 종류·명칭 및 정비구역의 위치·면적
  3. 분양신청기간 및 장소
  4. 분양대상 대지 또는 건축물의 내역
  5. 분양신청자격
  6. 분양신청방법
  7. 토지등소유자외의 권리자의 권리신고방법
  8. 분양을 신청하지 아니한 자에 대한 조치
  9. 그 밖에 시·도조례로 정하는 사항

② 법 제72조제1항제4호에서 "대통령령으로 정하는 사항"이란 다음 각 호의 사항을 말한다.
  1. 제1항제1호부터 제6호까지 및 제8호의 사항
  2. 분양신청서
  3. 그 밖에 시·도조례로 정하는 사항

③ 법 제72조제3항에 따라 분양신청을 하려는 자는 제2항제2호에 따른 분양신청서에 소유권의 내역을 분명하게 적고, 그 소유의 토지 및 건축물에 관한 **등기사항전부증명서** 또는 환지예정지 증명원을 첨부하여 사업시행자에게 제출하여야 한다. 이 경우 우편의 방법으로 분양신청을 하는 때에는 제1항제3호에 따른 분양신청기간 내에 발송된 것임을 증명할 수 있는 우편으로 하여야 한다.

④ 재개발사업의 경우 토지등소유자가 정비사업에 제공되는 종전의 토지 또는 건축물에 따라 분양받을 수 있는 것 외에 공사비 등 사업시행에 필요한 비용의 일부를 부담하고 그 대지 및 건축물(주택을 제외한다)을 분양받으려는 때에는 제3항에 따른 분양신청을 하는 때에 그 의사를 분명히 하고, 법 제72조제1항제1호에 따른 가격의 10퍼센트에 상당하는 금액을 사업시행자에게 납입하여야 한다. 이 경우 그 금액은 납입하였으나 제62조제4호에 따라 정하여진 비용부담액을 정하여진 시기에 납입하지 아니한 자는 그 납입한 금액의 비율에 해당하는 만큼의 대지 및 건축물(주택을 제외한다)만 분양을 받을 수 있다.

⑤ 제3항에 따라 분양신청서를 받은 사업시행자는 「전자정부법」 제36조제1항에 따른 행정정보의 공동이용을 통하여 첨부서류를 확인할 수 있는 경우에는 그 확인으로 첨부서류를 갈음하여야 한다.

2] 분양을 하지 아니한 자 등에 대한 조치(제60조)

① 사업시행자가 법 제73조제1항에 따라 토지등소유자의 토지, 건축물 또는 그 밖의 권리에 대하여 현금으로 청산하는 경우 청산금액은 사업시행자와 토지등소유자가 협의하여 산정한다. 이 경우 재개발사업의 손실보상액의 산정을 위한 **<감정평가업자>감정평가법인등의** 선정에 관하여는 「공익사업을 위한 토지 등의 취득 및 보상에 관한 법률」 제68조제1항에

따른다.

② 법 제73조제3항 후단에서 "대통령령으로 정하는 이율"이란 다음 각 호를 말한다.

   1. 6개월 이내의 지연일수에 따른 이자의 이율: 100분의 5

   2. 6개월 초과 12개월 이내의 지연일수에 따른 이자의 이율: 100분의 10

   3. 12개월 초과의 지연일수에 따른 이자의 이율: 100분의 15

3] 관리처분계획의 경미한 변경(제61조)

법 제74조제1항 각 호 외의 부분 단서에서 "대통령령으로 정하는 경미한 사항을 변경하려는 경우"란 다음 각 호의 어느 하나에 해당하는 경우를 말한다. <개정 2018.7.16.>

1. 계산착오·오기·누락 등에 따른 조서의 단순정정인 경우(불이익을 받는 자가 없는 경우에 한한다)

2. 법 제40조제3항에 따른 정관 및 법 제50조에 따른 사업시행계획인가의 변경에 따라 관리처분계획을 변경하는 경우

3. 법 제64조에 따른 매도청구에 대한 판결에 따라 관리처분계획을 변경하는 경우

4. 법 제129조에 따른 권리·의무의 변동이 있는 경우로서 분양설계의 변경을 수반하지 아니하는 경우

5. 주택분양에 관한 권리를 포기하는 토지등소유자에 대한 임대주택의 공급에 따라 관리처분계획을 변경하는 경우

6. 「민간임대주택에 관한 특별법」 제2조제7호에 따른 **임대사업자의** 주소(법인인 경우에는 법인의 소재지와 대표자의 성명 및 주소)를 변경하는 경우

4] 관리처분계획의 내용(제62조)

법 제74조제1항제9호에서 "대통령령으로 정하는 사항"이란 다음 각 호의 사항을 말한다.

1. 법 제73조에 따라 현금으로 청산하여야 하는 토지등소유자별 기존의 토지·건축물 또는 그 밖의 권리의 명세와 이에 대한 청산방법

2. 법 제79조제4항 전단에 따른 보류지 등의 명세와 추산가액 및 처분방법

3. 제63조제1항제4호에 따른 비용의 부담비율에 따른 대지 및 건축물의 분양계획과 그 비용부담의 한도·방법 및 시기. 이 경우 비용부담으로 분양받을 수 있는 한도는 정관등에서 따로 정하는 경우를 제외하고는 기존의 토지 또는 건축물의 가격의 비율에 따라 부담할 수 있는 비용의 50퍼센트를 기준으로 정한다.

4. 정비사업의 시행으로 인하여 새롭게 설치되는 정비기반시설의 명세와 용도가 폐지되는 정비기반시설의 명세

5. 기존 건축물의 철거 예정시기

6. 그 밖에 시·도조례로 정하는 사항

5] 관리처분의 방법 등(제63조)

① 법 제23조제1항제4호의 방법으로 시행하는 주거환경개선사업과 재개발사업의 경우 법 제74조제4항에 따른 관리처분은 다음 각 호의 방법에 따른다.

   1. 시·도조례로 분양주택의 규모를 제한하는 경우에는 그 규모 이하로 주택을 공급할 것

   2. 1개의 건축물의 대지는 1필지의 토지가 되도록 정할 것. 다만, 주택단지의 경우에는

그러하지 아니하다.

3. 정비구역의 토지등소유자(지상권자를 제외한다. 이하 이 항에서 같다)에게 분양할 것. 다만, 공동주택을 분양하는 경우 시·도조례로 정하는 금액·규모·취득 시기 또는 유형에 대한 기준에 부합하지 아니하는 토지등소유자는 시·도조례로 정하는 바에 따라 분양 대상에서 제외할 수 있다.

4. 1필지의 대지 및 그 대지에 건축된 건축물(법 제79조제4항 전단에 따라 보류지로 정하거나 조합원 외의 자에게 분양하는 부분을 제외한다)을 2인 이상에게 분양하는 때에는 기존의 토지 및 건축물의 가격(제93조에 따라 사업시행방식이 전환된 경우에는 환지예정지의 권리가액을 말한다. 이하 제7호에서 같다)과 제59조제4항 및 제62조 제3호에 따라 토지등소유자가 부담하는 비용(재개발사업의 경우에만 해당한다)의 비율에 따라 분양할 것

5. 분양대상자가 공동으로 취득하게 되는 건축물의 공용부분은 각 권리자의 공유로 하되, 해당 공용부분에 대한 각 권리자의 지분비율은 그가 취득하게 되는 부분의 위치 및 바닥면적 등의 사항을 고려하여 정할 것

6. 1필지의 대지위에 2인 이상에게 분양될 건축물이 설치된 경우에는 건축물의 **분양면적의 비율**에 따라 그 대지소유권이 주어지도록 할 것(주택과 그 밖의 용도의 건축물이 함께 설치된 경우에는 건축물의 용도 및 규모 등을 고려하여 대지지분이 합리적으로 배분될 수 있도록 한다). 이 경우 토지의 소유관계는 공유로 한다.

7. 주택 및 부대시설·복리시설의 공급순위는 기존의 토지 또는 건축물의 가격을 고려하여 정할 것. 이 경우 그 구체적인 기준은 시·도조례로 정할 수 있다.

② 재건축사업의 경우 법 제74조제4항에 따른 관리처분은 다음 각 호의 방법에 따른다. 다만, 조합이 조합원 전원의 동의를 받아 그 기준을 따로 정하는 경우에는 그에 따른다.

1. 제1항제5호 및 제6호를 적용할 것

2. 부대시설·복리시설(부속토지를 포함한다. 이하 이 호에서 같다)의 소유자에게는 부대시설·복리시설을 공급할 것. 다만, 다음 각 목의 어느 하나에 해당하는 경우에는 1주택을 공급할 수 있다.

　가. 새로운 부대시설·복리시설을 건설하지 아니하는 경우로서 기존 부대시설·복리시설의 가액이 분양주택 중 최소분양단위규모의 추산액에 정관등으로 정하는 비율(정관등으로 정하지 아니하는 경우에는 1로 한다. 이하 나목에서 같다)을 곱한 가액보다 클 것

　나. 기존 부대시설·복리시설의 가액에서 새로 공급받는 부대시설·복리시설의 추산액을 뺀 금액이 분양주택 중 최소분양단위규모의 추산액에 정관등으로 정하는 비율을 곱한 가액보다 클 것

　다. 새로 건설한 부대시설·복리시설 중 최소분양단위규모의 추산액이 분양주택 중 최소분양단위규모의 추산액보다 클 것

6] 관리처분계획의 타당성 검증(제64조)

① 법 제78조제3항 각 호 외의 부분 전단에서 "대통령령으로 정하는 공공기관"이란 다음 각 호의 기관을 말한다. <개정 2020.12.8.>

1. 토지주택공사등

2. 한국부동산원

② 법 제78조제3항제1호에서 "대통령령으로 정하는 비율"이란 100분의 10을 말한다.

③ 법 제78조제3항제2호에서 "대통령령으로 정하는 비율"이란 100분의 20을 말한다.

7] 통지사항(제65조)

① 사업시행자는 <u>법 제78조제5항</u>에 따라 공람을 실시하려는 경우 공람기간·장소 등 공람계획에 관한 사항과 개략적인 공람사항을 미리 토지등소유자에게 통지하여야 한다.

② 사업시행자는 <u>법 제78조제5항 및 제6항</u>에 따라 분양신청을 한 자에게 다음 각 호의 사항을 통지하여야 하며, 관리처분계획 변경의 고시가 있는 때에는 변경내용을 통지하여야 한다.

   1. 정비사업의 종류 및 명칭

   2. 정비사업 시행구역의 면적

   3. 사업시행자의 성명 및 주소

   4. 관리처분계획의 인가일

   5. 분양대상자별 기존의 토지 또는 건축물의 명세 및 가격과 분양예정인 대지 또는 건축물의 명세 및 추산가액

8] 주택의 공급 등(제66조)

법 제23조제1항제1호부터 제3호까지의 방법으로 시행하는 주거환경개선사업의 사업시행자 및 같은 항 제2호에 따라 대지를 공급받아 주택을 건설하는 자가 법 제79조제3항에 따라 정비구역에 주택을 건설하는 경우 주택의 공급에 관하여는 별표 2에 규정된 범위에서 시장·군수등의 승인을 받아 사업시행자가 따로 정할 수 있다.

9] 일반분양신청절차 등(제67조)

법 제79조제4항에 따라 조합원 외의 자에게 분양하는 경우의 공고·신청절차·공급조건·방법 및 절차 등은 「주택법」 제54조를 준용한다. 이 경우 "사업주체"는 "사업시행자(토지주택공사등이 공동사업시행자인 경우에는 토지주택공사등을 말한다)"로 본다.

10] 재개발임대주택 인수방법 및 절차 등(제68조)

① 법 제79조제5항에 따라 조합이 재개발사업의 시행으로 건설된 임대주택(이하 "재개발임대주택"이라 한다)의 인수를 요청하는 경우 시·도지사 또는 시장, 군수, 구청장이 우선하여 인수하여야 하며, 시·도지사 또는 시장, 군수, 구청장이 예산·관리인력의 부족 등 부득이한 사정으로 인수하기 어려운 경우에는 국토교통부장관에게 토지주택공사등을 인수자로 지정할 것을 요청할 수 있다.

② 법 제79조제5항에 따른 재개발임대주택의 인수가격은 「공공주택 특별법 시행령」 제54조제5항에 따라 정해진 분양전환가격의 산정기준 중 건축비에 부속토지의 가격을 합한 금액으로 하며, 부속토지의 가격은 사업시행계획인가 고시가 있는 날을 기준으로 **<감정평가업자> 감정평가법인등** 둘 이상이 평가한 금액을 산술평균한 금액으로 한다. 이 경우 건축비 및 부속토지의 가격에 가산할 항목은 인수자가 조합과 협의하여 정할 수 있다.

③ 제1항 및 제2항에서 정한 사항 외에 재개발임대주택의 인수계약 체결을 위한 사전협의, 인수계약의 체결, 인수대금의 지급방법 등 필요한 사항은 인수자가 따로 정하는 바에 따른다.

11] 임대주택의 공급 등(제69조)

① 법 제79조제6항 본문에 따라 임대주택을 건설하는 경우의 임차인의 자격·선정방법·임대보증금·임대료 등 임대조건에 관한 기준 및 무주택 세대주에게 우선 분양전환하도록 하는 기준 등에 관하여는 별표 3에 규정된 범위에서 시장·군수등의 승인을 받아 사업시행자 및 법 제23조제1항제2호에 따라 대지를 공급받아 주택을 건설하는 자가 따로 정할 수 있다.

② 법 제79조제6항 단서에 따라 인수자는 다음 각 호의 범위에서 재개발임대주택의 임차인의 자격 등에 관한 사항을 정하여야 한다.

1. 임차인의 자격은 무주택 기간과 해당 정비사업이 위치한 지역에 거주한 기간이 각각 1년 이상인 범위에서 오래된 순으로 할 것. 다만, 시·도지사가 법 제79조제5항 및 이 영 제48조제2항에 따라 임대주택을 인수한 경우에는 거주지역, 거주기간 등 임차인의 자격을 별도로 정할 수 있다.

2. 임대보증금과 임대료는 정비사업이 위치한 지역의 시세의 100분의 90 이하의 범위로 할 것

3. 임대주택의 계약방법 등에 관한 사항은 「공공주택 특별법」이 정하는 바에 따를 것

4. 관리비 등 주택의 관리에 관한 사항은 「공동주택관리법」에서 정하는 바에 따를 것

③ 시장·군수등은 사업시행자 및 법 제23조제1항제2호에 따라 대지를 공급받아 주택을 건설하는 자가 요청하거나 임차인 선정을 위하여 필요한 경우 국토교통부장관에게 제1항 및 제2항에 따른 임차인 자격 해당 여부에 관하여 주택전산망에 따른 전산검색을 요청할 수 있다.

12] 지분형주택의 공급(제70조)

① 법 제80조에 따른 지분형주택(이하 "지분형주택"이라 한다)의 규모, 공동 소유기간 및 분양대상자는 다음 각 호와 같다.

1. 지분형주택의 규모는 주거전용면적 60제곱미터 이하인 주택으로 한정한다.

2. 지분형주택의 공동 소유기간은 법 제86조제2항에 따라 소유권을 취득한 날부터 10년의 범위에서 사업시행자가 정하는 기간으로 한다.

3. 지분형주택의 분양대상자는 다음 각 목의 요건을 모두 충족하는 자로 한다.

   가. 법 제74조제1항제5호에 따라 산정한 종전에 소유하였던 토지 또는 건축물의 가격이 제1호에 따른 주택의 분양가격 이하에 해당하는 사람

   나. 세대주로서 제13조제1항에 따른 정비계획의 공람 공고일 당시 해당 정비구역에 2년 이상 실제 거주한 사람

   다. 정비사업의 시행으로 철거되는 주택 외 다른 주택을 소유하지 아니한 사람

② 지분형주택의 공급방법·절차, 지분 취득비율, 지분 사용료 및 지분 취득가격 등에 관하여 필요한 사항은 사업시행자가 따로 정한다.

13] 소규모 토지 등의 소유자에 대한 토지임대부 분양주택 공급(제71조)

① 법 제80조제2항에서 "대통령령으로 정하는 면적 이하의 토지 또는 주택을 소유한 자"란 다음 각 호의 어느 하나에 해당하는 자를 말한다.

1. 면적이 90제곱미터 미만의 토지를 소유한 자로서 건축물을 소유하지 아니한 자

2. 바닥면적이 40제곱미터 미만의 사실상 주거를 위하여 사용하는 건축물을 소유한 자로서 토지를 소유하지 아니한 자

② 제1항에도 불구하고 토지 또는 주택의 면적은 제1항 각 호에서 정한 면적의 2분의 1의 범위에서 시·도조례로 달리 정할 수 있다.

14] 물건조서 등의 작성(제72조)

① 사업시행자는 법 제81조제3항에 따라 건축물을 철거하기 전에 관리처분계획의 수립을 위하여 기존 건축물에 대한 물건조서와 사진 또는 영상자료를 만들어 이를 착공 전까지 보관하여야 한다.

② 제1항에 따른 물건조서를 작성할 때에는 법 제74조제1항제5호에 따른 종전 건축물의 가격산정을 위하여 건축물의 연면적, 그 실측평면도, 주요마감재료 등을 첨부하여야 한다. 다만, 실측한 면적이 건축물대장에 첨부된 건축물현황도와 일치하는 경우에는 건축물현황도로 실측평면도를 갈음할 수 있다.

15] 시공보증(제73조)

법 제82조제1항에서 "대통령령으로 정하는 비율 이상"이란 총 공사금액의 100분의 30 이상을 말한다.

제6절 공사완료에 따른 조치 등

1] 준공인가(제74조)

① 시장·군수등이 아닌 사업시행자는 법 제83조제1항에 따라 준공인가를 받고자 하는 때에는 국토교통부령으로 정하는 준공인가신청서를 시장·군수등에게 제출하여야 한다. 다만, 사업시행자(공동시행자인 경우를 포함한다)가 토지주택공사인 경우로서 「한국토지주택공사법」 제19조제3항 및 같은 법 시행령 제41조제2항에 따라 준공인가 처리결과를 시장·군수등에게 통보한 경우에는 그러하지 아니하다.

② 시장·군수등은 법 제83조제3항에 따라 준공인가를 한 때에는 국토교통부령으로 정하는 준공인가증에 다음 각 호의 사항을 기재하여 사업시행자에게 교부하여야 한다.

1. 정비사업의 종류 및 명칭

2. 정비사업 시행구역의 위치 및 명칭

3. 사업시행자의 성명 및 주소

4. 준공인가의 내역

③ 사업시행자는 제1항 단서에 따라 자체적으로 처리한 준공인가결과를 시장·군수등에게 통보한 때 또는 제2항에 따른 준공인가증을 교부받은 때에는 그 사실을 분양대상자에게 지체 없이 통지하여야 한다.

④ 시장·군수등은 법 제83조제3항 및 제4항에 따른 공사완료의 고시를 하는 때에는 제2항 각 호의 사항을 포함하여야 한다.

2] 준공인가전 사용허가(제75조)

① 법 제83조제5항에서 "완공된 건축물이 사용에 지장이 없는 등 대통령령으로 정하는 기준"이란 다음 각 호를 말한다.
    1. 완공된 건축물에 전기·수도·난방 및 상·하수도 시설 등이 갖추어져 있어 해당 건축물을 사용하는 데 지장이 없을 것
    2. 완공된 건축물이 관리처분계획에 적합할 것
    3. 입주자가 공사에 따른 차량통행·소음·분진 등의 위해로부터 안전할 것
② 사업시행자는 법 제83조제5항 <u>본문</u>에 따른 사용허가를 <u>받으려는</u> 때에는 국토교통부령으로 정하는 신청서를 시장·군수등에게 제출하여야 한다.
③ 시장·군수등은 법 제83조제5항에 따른 사용허가를 하는 때에는 동별·세대별 또는 구획별로 사용허가를 할 수 있다.

3] 청산기준가격의 평가(제76조)

① 대지 또는 건축물을 분양받은 자가 종전에 소유하고 있던 토지 또는 건축물의 가격은 법 제89조제3항에 따라 다음 각 호의 구분에 따른 방법으로 평가한다.
    1. 법 제23조제1항제4호의 방법으로 시행하는 주거환경개선사업과 재개발사업의 경우에는 법 제74조<u>제4항</u>제1호가목을 준용하여 평가할 것
    2. 재건축사업의 경우에는 사업시행자가 정하는 바에 따라 평가할 것. 다만, **감정평가법인등의** 평가를 받으려는 경우에는 법 제74조<u>제4항</u>제1호나목을 준용할 수 있다.
② 분양받은 대지 또는 건축물의 가격은 법 제89조제3항에 따라 다음 각 호의 구분에 따른 방법으로 평가한다.
    1. 법 제23조제1항제4호의 방법으로 시행하는 주거환경개선사업과 재개발사업의 경우에는 법 제74조<u>제4항</u>제1호가목을 준용하여 평가할 것
    2. 재건축사업의 경우에는 사업시행자가 정하는 바에 따라 평가할 것. 다만, **감정평가법인등의** 평가를 받으려는 경우에는 법 제74조<u>제4항</u>제1호나목을 준용할 수 있다.
③ 제2항 각 호에 따른 평가를 할 때 다음 각 호의 비용을 가산하여야 하며, 법 제95조에 따른 보조금은 공제하여야 한다.
    1. 정비사업의 조사·측량·설계 및 감리에 소요된 비용
    2. 공사비
    3. 정비사업의 관리에 소요된 등기비용·인건비·통신비·사무용품비·이자 그 밖에 필요한 경비
    4. 법 제95조에 따른 융자금이 있는 경우에는 그 이자에 해당하는 금액
    5. 정비기반시설 및 공동이용시설의 설치에 소요된 비용(법 제95조제1항에 따라 시장·군수등이 부담한 비용은 제외한다)
    6. 안전진단의 실시, 정비사업전문관리업자의 선정, 회계감사, 감정평가 그 밖에 정비사업 추진과 관련하여 지출한 비용으로서 정관등에서 정한 비용
④ 제1항 및 제2항에 따른 건축물의 가격평가를 할 때 층별·위치별 가중치를 참작할 수 있다.

제4장 비용의 부담 등

1] 주요 정비기반시설(제77조)

법 제92조제2항제1호에서 "대통령령으로 정하는 주요 정비기반시설 및 공동이용시설"이란 다음 각 호의 시설을 말한다.

1. 도로
2. 상·하수도
3. 공원
4. 공용주차장
5. 공동구
6. 녹지
7. 하천
8. 공공공지
9. 광장

2] 정비기반시설 관리자의 비용부담(제78조)

① 법 제94조제1항에 따라 정비기반시설 관리자가 부담하는 비용의 총액은 해당 정비사업에 소요된 비용(제76조제3항제1호의 비용을 제외한다. 이하 이 항에서 같다)의 3분의 1을 초과해서는 아니 된다. 다만, 다른 정비기반시설의 정비가 그 정비사업의 주된 내용이 되는 경우에는 그 부담비용의 총액은 해당 정비사업에 소요된 비용의 2분의 1까지로 할 수 있다.

② 시장·군수등은 법 제94조제1항에 따라 정비사업비의 일부를 정비기반시설의 관리자에게 부담시키려는 때에는 정비사업에 소요된 비용의 명세와 부담 금액을 명시하여 해당 관리자에게 통지하여야 한다.

3] 보조 및 융자 등(제79조)

① 법 제95조제1항 각 호 외의 부분 전단에서 "대통령령으로 정하는 정비기반시설, 임시거주시설 및 주거환경개선사업에 따른 공동이용시설"이란 정비기반시설, 임시거주시설 및 주거환경개선사업에 따른 공동이용시설의의 전부를 말한다.

② 법 제95조제1항제2호에서 "대통령령으로 정하는 지역"이란 정비구역 지정(변경지정을 포함한다) 당시 다음 각 호의 요건에 모두 해당하는 지역을 말한다.

  1. 「공익사업을 위한 토지 등의 취득 및 보상에 관한 법률」 제4조에 따른 공익사업의 시행으로 다른 지역으로 이주하게 된 자가 집단으로 정착한 지역으로서 이주 당시 300세대 이상의 주택을 건설하여 정착한 지역

  2. 정비구역 전체 건축물 중 준공 후 20년이 지난 건축물의 비율이 100분의 50 이상인 지역

③ 법 제95조제1항에 따라 국가 또는 지방자치단체가 보조하거나 융자할 수 있는 금액은 기초조사비, 정비기반시설 및 임시거주시설의 사업비의 각 80퍼센트(법 제23조제1항제1호에 따른 주거환경개선사업을 시행하는 정비구역에서 시·도지사가 시장·군수등에게 보조하거나 융자하는 경우에는 100퍼센트) 이내로 한다.

④ 법 제95조제3항에 따라 국가 또는 지방자치단체가 보조할 수 있는 금액은 기초조사비, 정비기반시설 및 임시거주시설의 사업비, 조합 운영경비의 각 50퍼센트 이내로 한다.

⑤ 법 제95조제3항에 따라 국가 또는 지방자치단체는 다음 각 호의 사항에 필요한 비용의

각 80퍼센트 이내에서 융자하거나 융자를 알선할 수 있다.

1. 기초조사비
2. 정비기반시설 및 임시거주시설의 사업비
3. 세입자 보상비
4. 주민 이주비
5. 그 밖에 시·도조례로 정하는 사항(지방자치단체가 융자하거나 융자를 알선하는 경우만 해당한다)

4] 국·공유지의 무상양여 등(제80조)

① 법 제101조제1항에 따라 국가 또는 지방자치단체로부터 토지를 무상으로 양여받은 사업시행자는 사업시행계획인가 고시문 사본을 그 토지의 관리청 또는 지방자치단체의 장에게 제출하여 그 토지에 대한 소유권이전등기절차의 이행을 요청하여야 한다. 이 경우 토지의 관리청 또는 지방자치단체의 장은 「전자정부법」 제36조제1항에 따른 행정정보의 공동이용을 통하여 그 토지의 토지대장 등본 또는 **등기사항전부증명서**를 확인하여야 한다.

② 법 제101조제1항제2호에서 "대통령령으로 정하는 재개발구역"이란 제79조제2항의 지역을 대상으로 한 재개발구역을 말한다.

③ 제1항에 따른 요청을 받은 관리청 또는 지방자치단체의 장은 즉시 소유권이전등기에 필요한 서류를 사업시행자에게 교부하여야 한다.

④ 사업시행자는 법 제113조에 따라 사업시행계획인가가 취소된 때에는 법 제101조제1항에 따라 무상양여된 토지를 원소유자인 국가 또는 지방자치단체에 반환하기 위하여 필요한 조치를 하고, 즉시 관할 등기소에 소유권이전등기를 신청하여야 한다.

제5장 공공재개발사업 및 공공재건축사업 <신설 2021.7.13.>

1] 공공재개발사업 예정구역의 지정 등(제80조의2)

① 정비구역지정권자는 법 제101조의2제1항 후단에서 준용하는 법 제16조제1항에 따라 공공재개발사업 예정구역 지정에 관하여 지방도시계획위원회의 심의를 거치기 전에 미리 관할 시장·군수등의 의견을 들어야 한다. 다만, 법 제101조의2제2항에 따라 정비계획의 입안권자가 공공재개발사업 예정구역의 지정을 신청한 경우에는 의견청취를 생략할 수 있다.

② 지방도시계획위원회는 제1항에 따른 심의를 하는 경우에는 제5항 각 호의 사항을 고려해야 한다.

③ 지방도시계획위원회는 법 제101조의2제2항에 따른 공공재개발사업 예정구역 지정의 신청이 있는 경우 신청일부터 30일 이내에 심의를 완료해야 한다. 다만, 30일 이내에 심의를 완료할 수 없는 정당한 사유가 있다고 판단되는 경우에는 심의기간을 30일의 범위에서 한 차례 연장할 수 있다.

④ 정비구역지정권자는 법 제101조의2제1항 후단에서 준용하는 법 제16조제2항에 따라 공공재개발사업 예정구역을 지정·고시하기 전에 예정구역 지정의 내용을 14일 이상 주민에게 공람하여 의견을 들어야 하며, 제시된 의견이 타당하다고 인정되면 이를 반영하여 지정·고시해야 한다.

⑤ 제4항에 따른 공공재개발사업 예정구역 고시에는 다음 각 호의 사항이 포함되어야 한다.
1. 공공재개발사업 예정구역의 명칭, 위치 및 면적 등 구역개요
2. 공공재개발사업 예정구역의 현황(인구, 건축물, 토지이용계획, 정비기반시설 등)
3. 법 제101조의3제1항에 따른 정비구역 지정 예정시기
4. 공공재개발사업을 시행할 시장·군수등이나 토지주택공사등의 명칭, 소재지 및 대표자 성명
5. 그 밖에 공공재개발사업 예정구역의 지정과 관련하여 시·도조례로 정하는 사항

2] 공공재건축사업에서의 용적률 완화 및 국민주택규모 주택 공급(제80조의3)

[본조신설 2021.7.13.]

① 법 제101조의6제1항에서 "대통령령으로 정하는 지역"이란 다음 각 호의 구분에 따른 용도지역을 말한다.
1. 현행 용도지역이 「국토의 계획 및 이용에 관한 법률 시행령」 제30조제1항제1호가목(1)의 제1종전용주거지역인 경우: 같은 목 (2)의 제2종전용주거지역
2. 현행 용도지역이 「국토의 계획 및 이용에 관한 법률 시행령」 제30조제1항제1호가목(2)의 제2종전용주거지역인 경우: 같은 호 나목(1)의 제1종일반주거지역
3. 현행 용도지역이 「국토의 계획 및 이용에 관한 법률 시행령」 제30조제1항제1호나목(1)의 제1종일반주거지역인 경우: 같은 목 (2)의 제2종일반주거지역
4. 현행 용도지역이 「국토의 계획 및 이용에 관한 법률 시행령」 제30조제1항제1호나목(2)의 제2종일반주거지역인 경우: 같은 목 (3)의 제3종일반주거지역
5. 현행 용도지역이 「국토의 계획 및 이용에 관한 법률 시행령」 제30조제1항제1호나목(3)의 제3종일반주거지역인 경우: 같은 호 다목의 준주거지역

② 정비구역지정권자는 제1항에도 불구하고 주택공급의 규모, 인근 토지의 이용현황 등을 고려할 때 용도지역을 달리 정할 필요가 있다고 인정하는 경우에는 지방도시계획위원회의 심의를 거쳐 「국토의 계획 및 이용에 관한 법률 시행령」 제30조제1항제1호에 따라 주거지역을 세분하여 정하는 지역 중 어느 하나의 지역으로 용도지역을 달리 정할 수 있다.

③ 법 제101조의6제4항 단서에서 "대통령령으로 정하는 비율"이란 100분의 50을 말한다. 다만, 임대주택 및 분양주택의 수요 등을 고려하여 필요한 경우에는 100분의 50 이하에서 시·도조례로 정하는 바에 따라 그 비율을 달리 정할 수 있다.

④ 법 제101조의6제5항에서 "대통령령으로 정하는 가격"이란 부속 토지 감정평가액의 100분의 50을 말한다.

3] 통합심의위원회의 구성(제80조의4) [본조신설 2021.7.13.]

① 법 제101조의7제3항에 따른 통합심의위원회(이하 "통합심의위원회"라 한다)는 위원장 1명과 부위원장 1명을 포함하여 30명 내외의 위원으로 구성한다.

② 통합심의위원회는 다음 각 호의 기준에 따라 구성한다.
1. 법 제101조의7제3항제1호, 제4호 및 제6호의 위원회 위원: 각 호의 위원회별 3명 이상
2. 법 제101조의7제3항제2호, 제3호, 제5호, 제7호 및 제8호의 위원회 위원: 각 호의 위원회별 2명 이상
3. 법 제101조의7제3항제9호의 위원회 위원: 각 위원회별 1명 이상

4. 정비구역지정권자가 속한 지방자치단체 소속 공무원: 1명 이상

5. 법 제50조에 따른 사업시행계획 인가권자가 속한 지방자치단체 소속 공무원: 1명 이상

③ 통합심의위원회 위원장은 제2항에 따라 구성된 통합심의위원회 위원(이하 "위원"이라 한다) 중에서 호선하며, 통합심의위원회 부위원장은 제2항제4호의 위원 중에서 위원장이 지명한다.

4] 위원의 제척 · 기피 · 회피(제80조의5) [본조신설 2021.7.13.]

① 위원이 다음 각 호의 어느 하나에 해당하는 경우에는 통합심의위원회의 심의 · 의결에서 제척된다.

1. 위원 또는 그 배우자나 배우자였던 사람이 해당 안건의 당사자(당사자가 법인 · 단체 등인 경우에는 그 임원을 포함한다. 이하 이 호 및 제2호에서 같다)가 되거나 그 안건의 당사자와 공동권리자 또는 공동의무자인 경우

2. 위원이 해당 안건의 당사자와 친족이거나 친족이었던 경우

3. 위원이 해당 안건에 대하여 자문, 연구, 용역(하도급을 포함한다), 감정 또는 조사를 한 경우

4. 위원이나 위원이 속한 법인 · 단체 등이 해당 안건 당사자의 대리인이거나 대리인이었던 경우

5. 위원이 임원 또는 직원으로 재직하고 있거나 최근 3년 내에 재직하였던 기업 등이 해당 안건에 대하여 자문, 연구, 용역(하도급을 포함한다), 감정 또는 조사를 한 경우

② 해당 안건의 당사자는 위원에게 공정한 심의 · 의결을 기대하기 어려운 사정이 있는 경우에는 통합심의위원회에 기피 신청을 할 수 있고, 통합심의위원회는 의결로 기피 여부를 결정한다. 이 경우 기피 신청의 대상인 위원은 그 의결에 참여할 수 없다.

③ 위원이 제1항 각 호의 제척 사유에 해당하는 경우에는 스스로 해당 안건의 심의 · 의결에서 회피해야 한다.

5] 통합심의의 방법과 절차(제80조의6) [본조신설 2021.7.13.]

① 법 제101조의7제3항에 따라 통합심의를 하는 경우 정비구역지정권자는 통합심의위원회를 개최하기 7일 전까지 회의 일시, 장소 및 상정 안건 등 회의 내용을 위원에게 알려야 한다.

② 통합심의위원회의 회의는 재적위원 과반수의 출석으로 개의하고, 출석위원 과반수의 찬성으로 의결한다.

③ 통합심의위원회의 회의는 통합심의 안건과 직접 관련이 없는 위원회 위원의 출석을 생략하고 개의할 수 있으며, 출석이 생략된 위원회 위원은 제2항에 따른 재적위원 수 산정에서 제외한다.

④ 통합심의위원회의 회의를 개의할 때에는 법 제101조의7제3항 각 호의 위원회 위원(제3항에 따라 출석이 생략된 위원회 위원은 제외한다)은 각각 1명 이상 출석해야 한다.

⑤ 통합심의위원회는 통합심의와 관련하여 필요하다고 인정하거나 정비구역지정권자가 요청하는 경우에는 당사자 또는 관계자를 출석하게 하여 의견을 듣거나 설명하게 할 수 있다.

⑥ 통합심의위원회는 사업시행계획인가와 관련된 사항, 당사자 또는 관계자의 의견 및 설명, 관계 기관의 의견 등을 종합적으로 검토하여 심의해야 한다.

⑦ 통합심의위원회는 회의를 할 때 회의내용을 녹취하고, 다음 각 호의 사항을 회의록으로 작성해야 한다.

1. 회의일시·장소 및 공개여부
2. 출석위원 서명부
3. 상정된 의안 및 심의결과
4. 그 밖에 주요 논의사항 등

⑧ 통합심의위원회의 회의에 참석한 위원에게는 예산의 범위에서 수당 및 여비를 지급할 수 있다. 다만, 공무원인 위원이 소관 업무와 직접 관련되어 위원회에 출석하는 경우에는 그렇지 않다.

⑨ 제1항부터 제8항까지에서 규정한 사항 외에 통합심의위원회 운영에 필요한 사항은 위원회의 의결을 거쳐 통합심의위원회 위원장이 정한다.

제6장 정비사업전문관리업 <개정 2021.7.13.>

1] 정비사업전문관리업의 등록기준 등(제81조)

① 법 제102조제1항 각 호 외의 부분 본문에 따른 정비사업전문관리업의 등록기준은 별표 4와 같다.

② 법 제102조제1항 각 호 외의 부분 본문에서 "대통령령으로 정하는 경미한 사항"이란 자본금이 증액되거나 기술인력의 수가 증가된 경우를 말한다.

③ 법 제102조제1항 각 호 외의 부분 단서에서 "대통령령으로 정하는 기관"이란 다음 각 호의 기관을 말한다. <개정 2020.12.8.>
   1. 「한국토지주택공사법」에 따른 한국토지주택공사
   2. 한국부동산원

2] 등록의 절차 및 수수료 등(제82조)

① 법 제102조제1항에 따라 정비사업전문관리업자로 등록 또는 변경등록하려는 자는 국토교통부령으로 정하는 신청서를 시·도지사에게 제출하여야 하며, 등록한 사항이 변경된 경우에는 2개월 이내에 변경사항을 시·도지사에게 제출하여야 한다.

② 시·도지사는 제1항에 따른 신청서를 제출받은 때에는 다음 각 호의 어느 하나에 해당하는 경우를 제외하고는 국토교통부령으로 정하는 바에 따라 정비사업전문관리업자 등록부에 등재하고 등록증을 교부하여야 한다.
   1. 등록을 신청한 자가 법 제105조제1항 각 호의 어느 하나에 해당하는 경우
   2. 별표 4에 따른 등록기준을 갖추지 못한 경우

③ 법 제102조제1항에 따라 정비사업전문관리업자의 등록(변경등록을 제외한다)을 신청하는 자는 국토교통부령으로 정하는 수수료를 납부하여야 한다.

3] 정비사업전문관리업자의 업무제한 등(제83조)

① 정비사업전문관리업자와 다음 각 호의 어느 하나의 관계에 있는 자는 법 제103조를 적용할 때 해당 정비사업전문관리업자로 본다.
   1. 정비사업전문관리업자가 법인인 경우에는 「독점규제 및 공정거래에 관한 법률」 제2조제3호에 따른 계열회사
   2. 정비사업전문관리업자와 상호 출자한 관계

② 법 제103조제5호에서 "대통령령으로 정하는 업무"란 법 제12조에 따른 안전진단업무를 말한다.

4] 정비사업전문관리업자의 등록취소 및 영업정지처분 기준(제84조)

법 제106조제2항에 따른 등록취소 및 업무정지처분의 기준은 별표 5와 같다.

5] 협회의 정관(제85조)

법 제109조에 따른 정비사업전문관리업자단체(이하 "협회"라 한다)의 정관에는 다음 각 호의 사항이 포함되어야 한다.

1. 목적
2. 명칭
3. 주된 사무소의 소재지
4. 회원의 가입 및 탈퇴에 관한 사항
5. 사업 및 그 집행에 관한 사항
6. 임원의 정원·임기 및 선출방법에 관한 사항
7. 총회 및 이사회에 관한 사항
8. 조직 및 운영에 관한 사항
9. 자산 및 회계에 관한 사항
10. 정관의 변경에 관한 사항
11. 제1호부터 제10호까지에서 규정한 사항 외에 협회의 운영에 필요하다고 인정되는 사항

6] 협회의 설립인가 및 설립인가의 취소(제86조)

① 국토교통부장관은 법 제109조제4항에 따른 협회 설립인가 신청의 내용이 다음 각 호의 기준에 적합한 경우에 인가할 수 있다.
   1. 법인의 목적과 사업이 실현 가능할 것
   2. 협회의 회원은 정비사업전문관리업자일 것
   3. 목적하는 사업을 수행할 수 있는 충분한 능력이 있고, 재정적 기초가 확립되어 있거나 확립될 수 있을 것
   4. 다른 법인과 동일한 명칭이 아닐 것
② 국토교통부장관은 법 제109조제6항에 따라 협회가 다음 각 호의 어느 하나에 해당하는 경우에는 협회의 설립인가를 취소할 수 있다. 다만, 제1호 및 제3호에 해당하는 경우에는 설립인가를 취소하여야 한다.
   1. 거짓이나 부정한 방법으로 설립인가를 받은 경우
   2. 설립인가 조건을 위반한 경우
   3. 목적 달성이 불가능하게 된 경우
   4. 목적사업 외의 사업을 한 경우
③ 국토교통부장관은 제2항에 따라 협회의 설립인가를 취소하려면 미리 청문을 하여야 한다.

7] 협회의 감독(제87조)

① 국토교통부장관은 법 제110조제2항에 따라 협회의 업무에 대한 조사 또는 검사가 필요하면 소속 공무원으로 하여금 그 사무소에 출입하여 조사하거나 검사하게 할 수 있다.
② 제1항에 따라 협회의 업무를 조사하거나 검사하는 공무원은 그 권한을 표시하는 증표를 지니고 관계인에게 내보여야 한다.

제7장 감독 등 <개정 2021.7.13.>

1] 회계감사(제88조)
법 제112조에 따라 시장·군수등 또는 토지주택공사등이 아닌 사업시행자 또는 추진위원회는 다음 각 호의 어느 하나에 해당하는 경우에는 회계감사를 받아야 한다.
1. 법 제112조제1항제1호의 경우에는 추진위원회에서 사업시행자로 인계되기 전까지 납부 또는 지출된 금액과 계약 등으로 지출될 것이 확정된 금액의 합이 3억5천만원 이상인 경우
2. 법 제112조제1항제2호의 경우에는 사업시행계획인가 고시일 전까지 납부 또는 지출된 금액이 7억원 이상인 경우
3. 법 제112조제1항제3호의 경우에는 준공인가 신청일까지 납부 또는 지출된 금액이 14억원 이상인 경우

2] 감독(제89조)
법 제113조제2항 후단에서 "대통령령으로 정하는 자료"란 다음 각 호의 자료를 말한다.
1. 토지등소유자의 동의서
2. 총회의 의사록
3. 정비사업과 관련된 계약관련 서류
4. 사업시행계획서·관리처분계획서 및 회계감사보고서를 포함한 회계관련 서류
5. 정비사업의 추진과 관련하여 분쟁이 발생한 경우에는 해당 분쟁과 관련된 서류

3] 과징금의 부과기준 등(제89조의2) [본조신설 2018.10.2.]
① 법 제113조의2에 따른 과징금의 부과기준은 별표 5의2와 같다.
② 시·도지사는 법 제113조의2에 따라 시공자 선정을 취소할 것을 명하거나 과징금을 부과하려는 경우에는 그 위반행위, 처분의 종류 및 과징금의 금액(과징금을 부과하는 경우만 해당한다)을 적어 서면으로 통지하여야 한다.
③ 제2항에 따른 과징금 부과 통지를 받은 자는 통지가 있은 날부터 20일 또는 시·도지사가 20일 이상의 범위에서 따로 정한 기간 이내에 시·도지사가 정하는 수납기관에 과징금을 납부하여야 한다. 다만, 천재지변이나 그 밖에 부득이한 사유로 그 기간에 과징금을 납부할 수 없는 경우에는 그 사유가 없어진 날부터 7일 이내에 납부하여야 한다.
④ 제3항에 따라 과징금을 납부받은 수납기관은 그 납부자에게 영수증을 발급하여야 하고, 지체 없이 그 사실을 해당 시·도지사에게 통보하여야 한다.

4] 정비사업의 입찰참가 제한(제89조의3) [본조신설 2018.10.2.]
① 법 제113조의3에 따른 정비사업의 입찰참가 제한기준은 별표 5의2와 같다.

② 시·도지사는 법 제113조의3제1항에 따라 정비사업의 입찰참가를 제한하려는 경우에는 다음 각 호의 사항을 지체 없이 해당 지방자치단체의 공보에 게재하고 일반인이 해당 내용을 열람할 수 있도록 인터넷 홈페이지에 입찰참가 제한기간 동안 게시하여야 한다.
   1. 업체(상호)명·성명(법인인 경우 대표자의 성명) 및 사업자등록번호(법인인 경우 법인등록번호)
   2. 입찰참가자격 제한기간
   3. 입찰참가자격을 제한하는 구체적인 사유
③ 시·도지사는 제2항에 따른 정비사업의 입찰참가 제한의 집행이 정지되거나 그 집행 정지가 해제된 경우에는 그 사실을 지체 없이 해당 지방자치단체의 공보에 게재하고 일반인이 해당 내용을 열람할 수 있도록 인터넷 홈페이지에 게시하여야 한다.
④ 시·도지사는 제2항 및 제3항에 따라 공개한 입찰제한과 관련된 내용을 지체 없이 관할 구역의 시장, 군수 또는 구청장 및 사업시행자에게 통보하여야 한다.

5] 교육의 실시(제90조)

법 제115조에 따른 교육의 내용에는 다음 각 호의 사항이 포함되어야 한다.
1. 주택건설 제도
2. 도시 및 주택 정비사업 관련 제도
3. 정비사업 관련 회계 및 세무 관련 사항
4. 그 밖에 국토교통부장관이 정하는 사항

6] 분쟁조정위원회의 조정 대상(제91조)

법 제117조제1항제3호에서 "대통령령으로 정하는 분쟁"이란 다음 각 호의 어느 하나에 해당하는 사항을 말한다.
1. 건축물 또는 토지 명도에 관한 분쟁
2. 손실보상 협의에서 발생하는 분쟁
3. 총회 의결사항에 대한 분쟁
4. 그 밖에 시·도조례로 정하는 사항에 대한 분쟁

제8장 보칙 <개정 2021.7.13.>

1] 토지등소유자의 설명의무(제92조)

법 제122제1항제7호에서 "대통령령으로 정하는 사항"이란 다음 각 호를 말한다.
1. 법 제72조제1항제2호에 따른 분양대상자별 분담금의 추산액
2. 법 제74조제1항제6호에 따른 정비사업비의 추산액(재건축사업의 경우에는 「재건축초과이익 환수에 관한 법률」에 따른 재건축부담금에 관한 사항을 포함한다) 및 그에 따른 조합원 분담규모 및 분담시기

2] 사업시행방식의 전환(제93조)

법 제123조제1항에 따라 시장·군수등은 법 제69조제2항의 규정에 의하여 환지로 공급하는 방법으로 실시하는 재개발사업을 위하여 정비구역의 전부 또는 일부를 법 제74조에 따라 인가

받은 관리처분계획에 따라 건축물을 건설하여 공급하는 방법으로 전환하는 것을 승인할 수 있다.

3] 자료의 공개 및 통지 등(제94조)

① 법 제124조제1항제11호에서 "대통령령으로 정하는 서류 및 관련 자료"란 다음 각 호의 자료를 말한다.
  1. 법 제72조제1항에 따른 분양공고 및 분양신청에 관한 사항
  2. 연간 자금운용 계획에 관한 사항
  3. 정비사업의 월별 공사 진행에 관한 사항
  4. 설계자·시공자·정비사업전문관리업자 등 용역업체와의 세부 계약 변경에 관한 사항
  5. 정비사업비 변경에 관한 사항

② 추진위원장 또는 사업시행자(조합의 경우 조합임원, 법 제25조제1항제2호에 따라 재개발사업을 토지등소유자가 시행하는 경우 그 대표자를 말한다)는 법 제124조제2항에 따라 매 분기가 끝나는 달의 다음 달 15일까지 다음 각 호의 사항을 조합원 또는 토지등소유자에게 서면으로 통지하여야 한다.
  1. 공개 대상의 목록
  2. 공개 자료의 개략적인 내용
  3. 공개 장소
  4. 대상자별 정보공개의 범위
  5. 열람·복사 방법
  6. 등사에 필요한 비용

③ 법 제125조제1항(속기록, 녹음 등)에서 "대통령령으로 정하는 회의"란 다음 각 호를 말한다.
  1. 용역 계약(변경 계약을 포함한다) 및 업체 선정과 관련된 대의원회·이사회
  2. 조합임원·대의원의 선임·해임·징계 및 토지등소유자(조합이 설립된 경우에는 조합원을 말한다) 자격에 관한 대의원회·이사회

4] 도시·주거환경정비기금(제95조)

① 법 제126조제2항제4호에서 "대통령령으로 정하는 일정 비율"이란 국유지의 경우에는 20퍼센트, 공유지의 경우에는 30퍼센트를 말한다. 다만, 국유지의 경우에는 「국유재산법」제2조제11호에 따른 중앙관서의 장과 협의하여야 한다.

② 법 제126조제2항제6호에서 "대통령령으로 정하는 일정 비율"이란 다음 각 호의 비율을 말한다. 다만, 해당 지방자치단체의 조례로 다음 각 호의 비율 이상의 범위에서 달리 정하는 경우에는 그 비율을 말한다.
  1. 「지방세법」에 따라 부과·징수되는 지방소비세의 경우: 3퍼센트
  2. 「지방세법」에 따라 부과·징수되는 재산세의 경우: 10퍼센트

5] 권한의 위임 등(제96조)

① 국토교통부장관은 법 제128조제1항에 따라 법 제107조에 따른 정비사업전문관리업자에 대한 조사 등의 권한을 시·도지사에게 위임한다.

② 국토교통부장관은 법 제128조제2항에 따라 같은 항 제1호 및 제2호의 사무를 다음 각 호의

구분에 따른 기관에 위탁한다. <개정 2020.12.8., 2021.11.11.>

1. 법 제108조에 따른 정비사업전문관리업 정보종합체계의 구축·운영에 관한 사무: 한국부동산원

2. 법제115조에 따른 교육의 실시에 관한 사무: 협회

3. 법 제119조에 따른 정비사업관리시스템의 구축·운영에 관한 사무: 한국부동산원

③ 제2항에 따라 법 제115조에 따른 교육의 실시에 관한 사무를 위탁받은 협회는 같은 조에 따른 교육을 실시하기 전에 교육과정, 교육 대상자, 교육시간 및 교육비 등 교육실시에 필요한 세부 사항을 정하여 국토교통부장관의 승인을 받아야 한다.

6] 고유식별정보의 처리(제97조)

시·도지사, 시장·군수·구청장(해당 권한이 위임·위탁된 경우에는 그 권한을 위임·위탁받은 자를 포함한다) 또는 사업시행자는 다음 각 호의 사무를 수행하기 위하여 불가피한 경우 「개인정보 보호법 시행령」 제19조에 따른 주민등록번호 또는 외국인등록번호가 포함된 자료를 처리할 수 있다.

1. 법 제31조에 따른 추진위원회 구성 승인에 관한 사무

2. 법 제36조에 따른 토지등소유자의 동의방법 등의 업무를 위한 토지등소유자의 자격 확인에 관한 사무

3. 법 제39조에 따른 조합원의 자격 확인에 관한 사무

4. 법 제42조에 따른 조합임원의 겸임 확인을 위한 사무

5. 법 제43조에 따른 조합임원의 결격사유 확인에 관한 사무

6. 법 제52조에 따른 세입자의 주거 및 이주 대책에 관한 사무

7. 법 제74조에 따른 관리처분계획의 수립 및 인가에 관한 사무

8. 법 제86조에 따른 대지 또는 건축물의 소유권 이전에 관한 사무

9. 법 제102조에 따른 정비사업전문관리업 등록에 관한 사무

10. 법 제105조에 따른 정비사업전문관리업자의 결격사유 확인에 관한 사무

11. 법 제106조에 따른 정비사업전문관리업의 등록취소 등에 관한 사무

12. 법 제107조에 따른 정비사업전문관리업자에 대한 조사 등에 관한 사무

7] 규제의 재검토(제98조)

국토교통부장관은 다음 각 호의 사항에 대하여 2017년 1월 1일을 기준으로 3년마다(매 3년이 되는 해의 기준일과 같은 날 전까지를 말한다) 그 타당성을 검토하여 개선 등의 조치를 하여야 한다.

1. 제7조 및 별표 1에 따른 정비계획 입안대상지역

2. 제19조 및 제21조에 따른 공동시행자 및 지정개발자의 요건

3. 제59조에 따른 분양신청의 절차 등

4. 제81조 및 별표 4에 따른 정비사업전문관리업의 등록기준

5. 제84조 및 별표 5에 따른 정비사업전문관리업자의 등록취소 및 업무정지처분 기준

6. 제88조에 따른 회계감사

(별표 내용은 법제처 국가법령정보센터 홈페이지 http://www.law.go.kr/ 참조)

3) 도시 및 주거환경정비법 시행규칙

[시행 2021.11.11.] [국토교통부령 제913호, 2021.11.11., 일부개정]

1] 목적(제1조)

이 규칙은 「도시 및 주거환경정비법」 및 같은 법 시행령에서 위임된 사항과 그 시행에 필요한 사항을 규정함을 목적으로 한다.

2] 도시·주거환경정비기본계획의 보고(제2조)

① 특별시장·광역시장·특별자치시장·특별자치도지사 또는 시장(이하 "기본계획의 수립권자"라 한다)은 「도시 및 주거환경정비법」(이하 "법"이라 한다) 제7조제3항에 따라 도시·주거 환경정비기본계획(이하 "기본계획"이라 한다)의 수립 또는 변경을 고시하는 경우에는 다음 각 호의 사항을 포함하여야 한다.

1. 기본계획의 요지

2. 기본계획서의 열람 장소

② 기본계획의 수립권자는 법 제7조제4항에 따라 국토교통부장관에게 제1항에 따른 고시내용에 기본계획서를 첨부하여 보고(전자문서에 의한 보고를 포함한다)하여야 한다. 이 경우 시장 (법 제2조제3호다목에 따른 대도시의 시장은 제외한다)은 도지사를 거쳐 보고(전자문서에 의한 보고를 포함한다) 하여야 한다.

3] 안전진단의 요청 등(제3조)

① 법 제12조제2항 각 호에 따라 안전진단의 실시를 요청하려는 자는 별지 제1호서식의 안전 진단 요청서(전자문서로 된 요청서를 포함한다)에 다음 각 호의 서류(전자문서를 포함한다)를 첨부하여 특별자치시장·특별자치도지사·시장, 군수 또는 자치구의 구청장(이하 "시장·군수 등" 이라 한다)에게 제출하여야 한다.

1. 사업지역 및 주변지역의 여건 등에 관한 현황도

2. 결함부위의 현황사진

② 법 제12조제5항에 따라 안전진단기관이 작성하는 안전진단 결과보고서에는 다음 각 호의 구분에 따른 사항이 포함되어야 한다. <개정 2018.5.9.>

1. 「도시 및 주거환경정비법 시행령」(이하 "영"이라 한다) 제10조제6항제1호에 따른 구조 안전성 평가 결과보고서

　가. 구조안전성에 관한 사항

　　(1) 기울기·침하·변형에 관련된 사항

　　(2) 콘크리트 강도·처짐 등 내하력(耐荷力)에 관한 사항

　　(3) 균열·부식 등 내구성에 관한 사항

　나. 종합평가의견

2. 영 제10조제5항제2호에 따른 구조안전성 및 주거환경 중심 평가 결과보고서

　가. 주거환경에 관한 사항

　　(1) 도시미관·재해위험도

　　(2) 일조환경·에너지효율성

         (3) 층간 소음 등 사생활침해
         (4) 노약자와 어린이의 생활환경
         (5) 주차장 등 주거생활의 편리성
      나. 건축마감 및 설비노후도에 관한 사항
         (1) 지붕·외벽·계단실·창호의 마감상태
         (2) 난방·급수급탕·오배수·소화설비 등 기계설비에 관한 사항
         (3) 수변전(受變電), 옥외전기 등 전기설비에 관한 사항
      다. 비용분석에 관한 사항
         (1) 유지관리비용
         (2) 보수·보강비용
         (3) 철거비·이주비 및 신축비용
      라. 구조안전성에 관한 사항
         (1) 기울기·침하·변형에 관련된 사항
         (2) 콘크리트 강도·처짐 등 내하력(耐荷力)에 관한 사항
         (3) 균열·부식 등 내구성에 관한 사항
      마. 종합평가의견

4] 정비구역의 지정 등의 보고(제4조)

특별시장·광역시장·특별자치시장·특별자치도지사·시장 또는 군수(광역시의 군수는 제외한다)는 법 제16조제3항에 따라 국토교통부장관에게 정비구역의 지정 또는 변경지정사실을 보고(전자문서에 의한 보고를 포함한다)하는 경우에는 다음 각 호의 사항을 포함하여야 한다.

1. 해당 정비구역과 관련된 도시·군계획(「국토의 계획 및 이용에 관한 법률」에 따른 도시·군계획을 말한다) 및 기본계획의 주요 내용
2. 법 제16조에 따른 정비계획의 요약
3. 도시·군관리계획(「국토의 계획 및 이용에 관한 법률」 제2조제4호에 따른 도시·군관리계획(이하 "도시·군관리계획"이라 한다) 결정조서

5] 간이공작물(제5조)

영 제15조제3항제1호에서 "국토교통부령으로 정하는 간이공작물"이란 다음 각 호의 공작물을 말한다.

1. 비닐하우스
2. 양잠장
3. 고추, 잎담배, 김 등 농림수산물의 건조장
4. 버섯재배사
5. 종묘배양장
6. 퇴비장
7. 탈곡장
8. 그 밖에 제1호부터 제7호까지와 비슷한 공작물로서 국토교통부장관이 정하여 관보에 고시하는 공작물

6] 신탁업자의 사업시행자 지정에 대한 동의서(제6조)

법 제27조제4항 각 호 외의 부분 전단에서 "국토교통부령으로 정하는 동의서"란 별지 제2호서식의 신탁업자 지정 동의서를 말한다.

7] 추진위원회의 구성승인신청 등(제7조)

① 법 제31조제1항에 따라 조합설립추진위원회(이하 "추진위원회"라 한다)를 구성하여 승인을 받으려는 자는 별지 제3호서식의 조합설립추진위원회 승인신청서(전자문서로 된 신청서를 포함한다)에 다음 각 호의 서류(전자문서를 포함한다)를 첨부하여 시장·군수등에게 제출하여야 한다.

1. 토지등소유자의 명부
2. 토지등소유자의 동의서
3. 추진위원회 위원장 및 위원의 주소 및 성명
4. 추진위원회 위원 선정을 증명하는 서류

② 영 제25조제1항에서 "국토교통부령으로 정하는 동의서"란 별지 제4호서식의 조합설립추진위원회 구성 동의서를 말한다.

8] 조합의 설립인가신청 등(제8조)

① 법 제35조제2항부터 제5항까지의 규정에 따라 조합의 설립인가(변경인가를 포함한다)를 신청하려는 경우 신청서(전자문서로 된 신청서를 포함한다)는 별지 제5호서식에 따른다.

② 법 제35조제2항제2호에서 "정비사업비와 관련된 자료 등 국토교통부령으로 정하는 서류"란 다음 각 호의 구분에 따른 서류(전자문서를 포함한다)를 말한다.

1. 설립인가: 다음 각 목의 서류

   가. 조합원 명부 및 해당 조합원의 자격을 증명하는 서류

   나. 공사비 등 정비사업에 드는 비용을 기재한 토지등소유자의 조합설립동의서 및 동의사항을 증명하는 서류

   다. 창립총회 회의록 및 창립총회참석자 연명부

   라. 토지·건축물 또는 지상권을 여럿이서 공유하는 경우에는 그 대표자의 선임 동의서

   마. 창립총회에서 임원·대의원을 선임한 때에는 선임된 자의 자격을 증명하는 서류

   바. 건축계획(주택을 건축하는 경우에는 주택건설예정세대수를 포함한다), 건축예정지의 지번·지목 및 등기명의자, 도시·군관리계획상의 용도지역, 대지 및 주변현황을 기재한 사업계획서

2. 변경인가: 변경내용을 증명하는 서류

③ 영 제30조제1항에서 "국토교통부령으로 정하는 동의서"란 별지 제6호서식의 조합설립 동의서를 말한다.

9] 주민대표회의의 승인 신청 등(제9조)

법 제47조제1항에 따른 주민대표회의(이하 "주민대표회의"라 한다)를 구성하여 승인을 받으려는 토지등소유자는 별지 제7호서식의 주민대표회의 승인신청서(전자문서로 된 신청서를 포함한다)에 다음 각 호의 서류(전자문서를 포함한다)를 첨부하여 시장·군수등에게 제출하여야 한다.

1. 영 제45조제4항에 따라 주민대표회의가 정하는 운영규정
2. 토지등소유자의 주민대표회의 구성 동의서
3. 주민대표회의 위원장·부위원장 및 감사의 주소 및 성명
4. 주민대표회의 위원장·부위원장 및 감사의 선임을 증명하는 서류
5. 토지등소유자의 명부

10] 사업시행계획인가의 신청 및 고시(제10조)

① 법 제50조제1항 본문에 따라 사업시행자(법 제25조제1항 및 제2항에 따른 공동시행의 경우를 포함하되, 사업시행자가 시장·군수등인 경우를 제외하며, 사업시행자가 둘 이상인 경우에는 그 대표자를 말한다. 이하 같다)가 사업시행계획인가(변경·중지 또는 폐지인가를 포함한다)를 신청하려는 경우 신청서(전자문서로 된 신청서를 포함한다)는 별지 제8호서식에 따른다.

② 법 제50조제1항 본문에서 "국토교통부령으로 정하는 서류"란 다음 각 호의 구분에 따른 서류(전자문서를 포함한다)를 말한다.

1. 사업시행계획인가: 다음 각 목의 서류

가. 총회의결서 사본. 다만, 법 제25조제1항제2호에 따라 토지등소유자가 재개발사업을 시행하는 경우 또는 법 제27조에 따라 지정개발자를 사업시행자로 지정한 경우에는 토지등소유자의 동의서 및 토지등소유자의 명부를 첨부한다.

나. 법 제52조에 따른 사업시행계획서

다. 법 제57조제3항에 따라 제출하여야 하는 서류

라. 법 제63조에 따른 수용 또는 사용할 토지 또는 건축물의 명세 및 소유권 외의 권리의 명세서(재건축사업의 경우에는 법 제26조제1항제1호 및 제27조제1항제1호에 해당하는 사업을 시행하는 경우로 한정한다)

2. 사업시행계획 변경·중지 또는 폐지인가: 다음 각 목의 서류

가. 제1호다목의 서류

나. 변경·중지 또는 폐지의 사유 및 내용을 설명하는 서류

③ 시장·군수등은 법 제50조제9항에 따라 같은 조 제1항에 따른 사업시행계획인가(시장·군수등이 사업시행계획서를 작성한 경우를 포함한다)를 하거나 그 정비사업을 변경·중지 또는 폐지하는 경우에는 다음 각 호의 구분에 따른 사항을 해당 지방자치단체의 공보에 고시하여야 한다.

1. 사업시행계획인가: 다음 각 목의 사항

가. 정비사업의 종류 및 명칭

나. 정비구역의 위치 및 면적

다. 사업시행자의 성명 및 주소(법인인 경우에는 법인의 명칭 및 주된 사무소의 소재지와 대표자의 성명 및 주소를 말한다. 이하 같다)

라. 정비사업의 시행기간

마. 사업시행계획인가일

바. 수용 또는 사용할 토지 또는 건축물의 명세 및 소유권 외의 권리의 명세(해당하는 사업을 시행하는 경우로 한정한다)

사. 건축물의 대지면적·건폐율·용적률·높이·용도 등 건축계획에 관한 사항

　　　아. 주택의 규모 등 주택건설계획

　　　자. 법 제97조에 따른 정비기반시설 및 토지 등의 귀속에 관한 사항

　　2. 변경·중지 또는 폐지인가의 경우

　　　가. 제1호 가목부터 마목까지의 사항

　　　나. 변경·중지 또는 폐지의 사유 및 내용

　④ 시장·군수등은 제3항에 따라 고시한 내용을 해당 기관의 인터넷 홈페이지에 게재하여야
　　한다.

11] 도시·군계획시설의 결정·구조 및 설치의 기준 등(제11조)

　① 법 제68조제2항에 따라 주거환경개선사업을 위한 정비구역에서의 도시·군계획시설
　　(「국토의 계획 및 이용에 관한 법률」 제2조제7호에 따른 도시·군계획시설을 말한다)의
　　결정·구조 및 설치의 기준 등은 「도시·군계획시설의 결정·구조 및 설치기준에 관한
　　규칙」에 따른다.

　② 특별시장·광역시장·특별자치시장·도지사 및 특별자치도지사(이하 "시·도지사"라 한다)는
　　제1항에도 불구하고 지역여건을 고려할 때 제1항에 따른 기준을 적용하는 것이 곤란하다고
　　인정하는 경우에는 「국토의 계획 및 이용에 관한 법률」 제113조제1항에 따른 시·도도시
　　계획위원회의 심의를 거쳐 그 기준을 완화할 수 있다.

12] 관리처분계획인가의 신청(제12조)

　사업시행자는 법 제74조제1항에 따라 관리처분계획의 인가 또는 변경·중지·폐지의
　인가를 받으려는 때에는 별지 제9호서식의 관리처분계획(인가, 변경·중지·폐지인가)
　신청서에 다음 각 호의 구분에 따른 서류(전자문서를 포함한다)를 첨부하여 시장·군수등
　에게 제출하여야 한다.

　1. 관리처분계획인가: 다음 각 목의 서류

　　가. 관리처분계획서

　　나. 총회의결서 사본

　2. 관리처분계획변경·중지 또는 폐지인가: 변경·중지 또는 폐지의 사유와 그 내용을
　　설명하는 서류

13] 관리처분계획인가의 고시(제13조)

　시장·군수등은 법 제78조제4항에 따라 관리처분계획의 인가내용을 고시하는 경우에는 다음
　각 호의 사항을 포함하여야 한다.

　1. 정비사업의 종류 및 명칭

　2. 정비구역의 위치 및 면적

　3. 사업시행자의 성명 및 주소

　4. 관리처분계획인가일

　5. 다음 각 목의 사항을 포함한 관리처분계획인가의 요지

　　가. 대지 및 건축물의 규모 등 건축계획

나. 분양 또는 보류지의 규모 등 분양계획

다. 신설 또는 폐지하는 정비기반시설의 명세

라. 기존 건축물의 철거 예정시기 등

14] 시공보증(제14조)

법 제82조제1항에서 "국토교통부령으로 정하는 기관의 시공보증서"란 조합원에게 공급되는 주택에 대한 다음 각 호의 어느 하나의 보증서를 말한다.

1. 「건설산업기본법」에 따른 공제조합이 발행한 보증서

2. 「주택도시기금법」에 따른 주택도시보증공사가 발행한 보증서

3. 「은행법」 제2조제2호에 따른 금융기관, 「한국산업은행법」에 따른 한국산업은행, 「한국수출입은행법」에 의한 한국수출입은행, 「중소기업은행법」에 따른 중소기업은행이 발행한 지급보증서

4. 「보험업법」에 따른 보험사업자가 발행한 보증보험증권

15] 준공검사 등(제15조)

① 사업시행자는 영 제74조제1항 본문에 따라 정비사업에 관한 공사를 완료하여 준공인가를 받으려는 경우에는 별지 제10호서식의 준공인가신청서(전자문서로 된 신청서를 포함한다)에 다음 각 호의 서류(전자문서를 포함한다)를 첨부하여 시장·군수등에게 제출하여야 한다.

1. 건축물·정비기반시설(영 제3조제9호에 해당하는 것을 제외한다) 및 공동이용시설 등의 설치내역서

2. 공사감리자의 의견서

3. 영 제14조제5항에 따른 현금납부액의 납부증명 서류(법 제17조제4항에 따라 현금을 납부한 경우로 한정한다)

② 영 제74조제2항에서 "국토교통부령으로 정하는 준공인가증"이란 별지 제11호서식의 준공인가증을 말한다.

③ 영 제75조제2항에서 "국토교통부령으로 정하는 신청서"란 별지 제12호서식의 준공인가전 사용허가신청서를 말한다.

16] 공동구의 설치비용 등(제16조)

① 법 제94조제2항에 따른 공동구의 설치에 소요되는 비용은 다음 각 호와 같다. 다만, 법 제95조에 따른 보조금이 있는 경우에는 설치에 드는 비용에서 해당 보조금의 금액을 빼야 한다.

1. 설치공사의 비용

2. 내부공사의 비용

3. 설치를 위한 측량·설계비용

4. 공동구의 설치로 인한 보상의 필요가 있는 경우에는 그 보상비용

5. 공동구 부대시설의 설치비용

6. 법 제95조에 따른 융자금이 있는 경우에는 그 이자에 해당하는 금액

② 공동구에 수용될 전기·가스·수도의 공급시설과 전기통신시설 등의 관리자(이하 "공동구점용예정자"라 한다)가 부담할 공동구의 설치에 드는 비용의 부담비율은 공동구의 점용예정면적비율에 의한다.

③ 사업시행자는 법 제50조제9항 본문에 따른 사업시행계획인가의 고시가 있은 후 지체없이 공동구점용예정자에게 제1항 및 제2항에 따라 산정된 부담금의 납부를 통지하여야 한다.

④ 제3항에 따라 부담금의 납부통지를 받은 공동구점용예정자는 공동구의 설치공사가 착수되기 전에 부담금액의 3분의 1 이상을 납부하여야 하며, 그 잔액은 법 제83조제3항 또는 제4항에 따른 공사완료 고시일 전까지 납부하여야 한다.

17] 공동구의 관리(제17조)

① 법 제94조제2항에 따른 공동구는 시장·군수등이 관리한다.

② 시장·군수등은 공동구 관리비용(유지·수선비를 말하며, 조명·배수·통풍·방수·개축·재축 그 밖의 시설비 및 인건비를 포함한다. 이하 같다)의 일부를 그 공동구를 점용하는 자에게 부담시킬 수 있으며, 그 부담비율은 점용면적비율을 고려하여 시장·군수등이 정한다.

③ 공동구 관리비용은 연도별로 산출하여 부과한다.

④ 공동구 관리비용의 납입기한은 매년 3월 31일까지로 하며, 시장·군수등은 납입기한 1개월 전까지 납입통지서를 발부하여야 한다. 다만, 필요한 경우에는 2회로 분할하여 납부하게 할 수 있으며 이 경우 분할금의 납입기한은 3월 31일과 9월 30일로 한다.

18] 정비사업전문관리업자의 등록절차(제18조)

① 영 제82조제1항에 따라 정비사업전문관리업자로 등록(변경등록을 포함한다)하려는 자는 별지 제13호서식의 정비사업전문관리업등록신청서(전자문서로 된 신청서를 포함한다)에 다음 각 호의 서류(전자문서를 포함한다)를 첨부하여 시·도지사에게 제출하여야 한다.

1. 대표자 및 임원의 주소 및 성명
2. 보유기술인력의 자격증 사본 또는 경력인증서
3. 자본금을 확인할 수 있는 서류
4. 협약서(영 별표 4 제2호 가목에 따라 업무협약을 체결한 경우로 한정한다)

② 제1항에 따른 신청서를 제출받은 시·도지사는 「전자정부법」 제36조제1항에 따른 행정정보의 공동이용을 통하여 법인 **등기사항전부증명서**(신청인이 개인인 경우에는 주민등록표 초본, 외국인인 경우에는 「출입국관리법」 제88조에 따른 외국인등록사실증명을 말한다)를 확인하여야 한다. 다만, 청인이 행정정보의 공동이용을 통한 주민등록표 초본 및 외국인등록사실증명의 확인에 동의하지 아니하는 경우에는 해당 서류를 첨부하도록 하여야 한다.

③ 시·도지사는 제1항에 따라 등록을 신청한 자가 영 제81조제1항 및 별표 4에 따른 정비사업전문관리업자의 등록기준에 적합하다고 인정하는 경우에는 별지 제14호서식의 정비사업전문관리업자 등록부에 이를 기재하고, 신청인에게 별지 제15호서식의 정비사업전문관리업등록증(전자문서로 된 등록증을 포함한다)을 교부한다.

19] 등록수수료(제19조)

영 제82조제3항에 따른 등록수수료는 1건당 1만원으로 하되, 수입증지로 이를 납부하여야한다. 다만, 시·도지사는 정보통신망을 이용하여 전자화폐·전자결제 등의 방법으로 이를 납부하게 할 수 있다.

20] 정비사업전문관리업 정보종합체계의 구축·운영(제20조)

① 「한국부동산원법」에 따른 한국부동산원(이하 "한국부동산원"이라 한다)은 법 제108조제2항및 영 제96조제2항에 따라 관계 행정기관 및 정비사업전문관리업자에게 정비사업전문관리업정보종합체계의 구축 및 활용에 필요한 다음 각 호의 자료의 제출을 요청할 수 있다.
   <개정 2020.12.11.>
   1. 상호 및 대표자의 성명
   2. 법 제102조에 따라 등록한 연월일 및 등록번호
   3. 자본금
   4. 주된 영업소의 소재지 및 전화번호
   5. 보유 기술인력의 수, 기술인력별 자격 및 경력에 관한 현황
   6. 사업실적
   7. 법 제106조제1항에 따른 등록의 취소 및 업무정지 처분, 법 제113조에 따른 시정조치를 받은 사항
② 한국부동산원은 제1항 각 호의 정보를 매 분기가 끝난 날의 다음 달 말일까지 정비사업전문관리업 종합정보체계에 입력하고, 추진위원회 또는 사업시행자 등이 정비사업전문관리업정보종합체계를 상시적으로 이용할 수 있도록 하여야 한다. <개정 2020.12.11.>
③ 한국부동산원은 법 제108조제2항 및 영 제96조제2항에 따라 정비사업전문관리업 정보종합체계의 구축·운영을 위하여 다음 각 호의 업무를 수행할 수 있다.<개정 202012.11.>
   1. 정비사업전문관리업 정보종합체계의 구축·운영에 관한 각종 연구개발 및 기술 지원
   2. 정비사업전문관리업 정보종합체계의 구축을 위한 공동사업의 시행
   3. 정비사업전문관리업 정보종합체계를 이용한 정보의 공동활용 촉진

21] 자료의 제출 등(제21조)

① 시·도지사는 법 제111조제1항에 따라 정비구역의 지정, 사업시행자의 지정 또는 조합설립인가, 사업시행계획인가, 관리처분계획인가 및 정비사업완료의 실적을 매분기의만료일부터 15일 이내에 국토교통부장관에게 보고(전자문서에 의한 보고를 포함한다)하여야 한다.
② 법 제111조제2항에 따라 국토교통부장관, 시·도지사 또는 시장·군수 또는 구청장으로부터 정비사업과 관련하여 보고 또는 자료의 제출을 요청받은 자는 그 요청을 받은 날부터15일 이내에 보고(전자문서에 의한 보고를 포함한다)하거나 자료를 제출(전자문서에 의한제출을 포함한다)하여야 한다.
③ 국토교통부장관, 시·도지사, 시장·군수 또는 구청장은 법 제111조제2항에 따라 소속공무원에게 업무를 조사하게 하려는 때에는 업무조사를 받을 자에게 조사 3일 전까지조사의 일시·목적 등을 서면으로 통지하여야 한다.
④ 법 제111조제2항에 따라 업무를 조사하는 공무원은 그 권한을 표시하는 별지 제16호서식의 조사공무원증표를 관계인에게 내보여야 한다.

23] 정비사업관리시스템의 구축·운영(제21조의2)[본조신설 2021.11.11.]
: 미 수록

22] **자료의 공개 및 열람(제22조)**
법 제124조제6항에 따른 토지등소유자 또는 조합원의 열람·복사 요청은 사용목적 등을 기재한 서면(전자문서를 포함한다)으로 하여야 한다.

부 칙 <국토교통부령 제882호, 2021.8.27.>(어려운 법령용어 정비를 위한 80개 국토교통부령 일부개정령)
이 규칙은 공포한 날부터 시행한다. <단서 생략>
부 칙 <국토교통부령 제913호, 2021.11.11.>
이 규칙은 공포한 날부터 시행한다.

[별지 제1호서식] 안전진단 요청서

[별지 제2호서식] 신탁업자 지정 동의서

[별지 제3호서식] 조합설립추진위원회 승인신청서(재개발사업, 재건축사업)

[별지 제4호서식] 정비사업 조합설립추진위원회 구성동의서

[별지 제5호서식] 조합설립(변경) 인가신청서(재개발사업, 재건축사업)

[별지 제6호서식] 조합설립 동의서(재개발사업, 재건축사업)

[별지 제7호서식] 주민대표회의 승인신청서

[별지 제8호서식] 사업시행계획 (인가, 변경·중지·폐지인가)신청서[재개발사업, 재건축사업, 주거환경개선사업]

[별지 제9호서식] 관리처분계획 (인가, 변경·중지·폐지인가)신청서[재개발사업, 재건축사업, 주거환경개선사업]

[별지 제10호서식] 준공인가신청서(재개발사업, 재건축사업, 주거환경개선사업)

[별지 제11호서식] 준공인가증

[별지 제12호서식] 준공인가 전 사용허가신청서(재개발사업, 재건축사업, 주거환경개선사업)

[별지 제13호서식] 정비사업전문관리업 (변경)등록신청서

[별지 제14호서식] 정비사업전문관리업자 등록부

[별지 제15호서식] 정비사업전문관리업 등록증

[별지 제16호서식] 조사공무원증표

(별지 내용은 법제처 국가법령정보센터 홈페이지 http://www.law.go.kr/ 참조)

2 주택법, 시행령, 시행규칙의 주요조항

1) 주택법

[시행 2022.2.11.] [법률 제18392호, 2021.8.10., 일부개정]

제1장 총칙

1] 정의(제2조)

이 법에서 사용하는 용어의 뜻은 다음과 같다. <개정 2020.8.18., 2021.12.21>

1. "주택"이란 세대(世帶)의 구성원이 장기간 독립된 주거생활을 할 수 있는 구조로 된 건축물의 전부 또는 일부 및 그 부속토지를 말하며, 단독주택과 공동주택으로 구분한다.

2. "단독주택"이란 1세대가 하나의 건축물 안에서 독립된 주거생활을 할 수 있는 구조로 된 주택을 말하며, 그 종류와 범위는 대통령령으로 정한다.

3. "공동주택"이란 건축물의 벽·복도·계단이나 그 밖의 설비 등의 전부 또는 일부를 공동으로 사용하는 각 세대가 하나의 건축물 안에서 각각 독립된 주거생활을 할 수 있는 구조로 된 주택을 말하며, 그 종류와 범위는 대통령령으로 정한다.

4. "준주택"이란 주택 외의 건축물과 그 부속토지로서 주거시설로 이용 가능한 시설 등을 말하며, 그 범위와 종류는 대통령령으로 정한다.

5. "국민주택"이란 다음 각 목의 어느 하나에 해당하는 주택으로서 국민주택규모 이하인 주택을 말한다.

   가. 국가·지방자치단체, 「한국토지주택공사법」에 따른 한국토지주택공사(이하 "한국토지주택공사"라 한다) 또는 「지방공기업법」제49조에 따라 주택사업을 목적으로 설립된 지방공사(이하 "지방공사"라 한다)가 건설하는 주택

   나. 국가·지방자치단체의 재정 또는 「주택도시기금법」에 따른 주택도시기금(이하 "주택도시기금"이라 한다)으로부터 자금을 지원받아 건설되거나 개량되는 주택

6. "국민주택규모"란 주거의 용도로만 쓰이는 면적(이하 "주거전용면적"이라 한다)이 1호(戶) 또는 1세대당 85제곱미터 이하인 주택(「수도권정비계획법」제2조제1호에 따른 수도권을 제외한 도시지역이 아닌 읍 또는 면 지역은 1호 또는 1세대당 주거전용면적이 100제곱미터 이하인 주택을 말한다)을 말한다. 이 경우 주거전용면적의 산정방법은 국토교통부령으로 정한다.

7. "민영주택"이란 국민주택을 제외한 주택을 말한다.

8. "임대주택"이란 임대를 목적으로 하는 주택으로서, 「공공주택 특별법」제2조제1호가목에 따른 공공임대주택과 「민간임대주택에 관한 특별법」제2조제1호에 따른 민간임대주택으로 구분한다.

9. "토지임대부 분양주택"이란 토지의 소유권은 제15조에 따른 사업계획의 승인을 받아 토지임대부 분양주택 건설사업을 시행하는 자가 가지고, 건축물 및 복리시설(福利施設) 등에 대한 소유권[건축물의 전유부분(專有部分)에 대한 구분소유권은 이를 분양받은

자가 가지고, 건축물의 공용부분·부속건물 및 복리시설은 분양받은 자들이 공유한다]은 주택을 분양받은 자가 가지는 주택을 말한다.

10. "사업주체"란 제15조에 따른 주택건설사업계획 또는 대지조성사업계획의 승인을 받아 그 사업을 시행하는 다음 각 목의 자를 말한다.

　가. 국가·지방자치단체

　나. 한국토지주택공사 또는 지방공사

　다. 제4조에 따라 등록한 주택건설사업자 또는 대지조성사업자

　라. 그 밖에 이 법에 따라 주택건설사업 또는 대지조성사업을 시행하는 자

11. "주택조합"이란 많은 수의 구성원이 제15조에 따른 사업계획의 승인을 받아 주택을 마련하거나 제66조에 따라 리모델링하기 위하여 결성하는 다음 각 목의 조합을 말한다.

　가. 지역주택조합: 다음 구분에 따른 지역에 거주하는 주민이 주택을 마련하기 위하여 설립한 조합

　　1) 서울특별시·인천광역시 및 경기도

　　2) 대전광역시·충청남도 및 세종특별자치시

　　3) 충청북도

　　4) 광주광역시 및 전라남도

　　5) 전라북도

　　6) 대구광역시 및 경상북도

　　7) 부산광역시·울산광역시 및 경상남도

　　8) 강원도

　　9) 제주특별자치도

　나. 직장주택조합: 같은 직장의 근로자가 주택을 마련하기 위하여 설립한 조합

　다. 리모델링주택조합: 공동주택의 소유자가 그 주택을 리모델링하기 위하여 설립한 조합

12. "주택단지"란 제15조에 따른 주택건설사업계획 또는 대지조성사업계획의 승인을 받아 주택과 그 부대시설 및 복리시설을 건설하거나 대지를 조성하는 데 사용되는 일단(一團)의 토지를 말한다. 다만, 다음 각 목의 시설로 분리된 토지는 각각 별개의 주택단지로 본다.

　가. 철도·고속도로·자동차전용도로

　나. 폭 20미터 이상인 일반도로

　다. 폭 8미터 이상인 도시계획예정도로

　라. 가목부터 다목까지의 시설에 준하는 것으로서 대통령령으로 정하는 시설

13. "부대시설"이란 주택에 딸린 다음 각 목의 시설 또는 설비를 말한다.

　가. 주차장, 관리사무소, 담장 및 주택단지 안의 도로

　나. 「건축법」 제2조제1항제4호에 따른 건축설비

　다. 가목 및 나목의 시설·설비에 준하는 것으로서 대통령령으로 정하는 시설 또는 설비

14. "복리시설"이란 주택단지의 입주자 등의 생활복리를 위한 다음 각 목의 공동시설을 말한다.

　가. 어린이놀이터, 근린생활시설, 유치원, 주민운동시설 및 경로당

　나. 그 밖에 입주자 등의 생활복리를 위하여 대통령령으로 정하는 공동시설

15. "기반시설"이란 「국토의 계획 및 이용에 관한 법률」 제2조제6호에 따른 기반시설을 말한다.

16. "기간시설"(基幹施設)이란 도로·상하수도·전기시설·가스시설·통신시설·지역난방시설 등을 말한다.

17. "간선시설"(幹線施設)이란 도로·상하수도·전기시설·가스시설·통신시설 및 지역난방시설 등 주택단지(둘 이상의 주택단지를 동시에 개발하는 경우에는 각각의 주택단지를 말한다) 안의 기간시설을 그 주택단지 밖에 있는 같은 종류의 기간시설에 연결시키는 시설을 말한다. <u>다만, 가스시설·통신시설 및 지역난방시설의 경우에는 주택단지 안의 기간시설을 포함한다.</u>

18. "공구"란 하나의 주택단지에서 대통령령으로 정하는 기준에 따라 둘 이상으로 구분되는 일단의 구역으로, 착공신고 및 사용검사를 별도로 수행할 수 있는 구역을 말한다.

19. "세대구분형 공동주택"이란 공동주택의 주택 내부 공간의 일부를 세대별로 구분하여 생활이 가능한 구조로 하되, 그 구분된 공간의 일부를 구분소유 할 수 없는 주택으로서 대통령령으로 정하는 건설기준, **설치기준**, 면적기준 등에 적합한 주택을 말한다.

20. "도시형 생활주택"이란 300세대 미만의 국민주택규모에 해당하는 주택으로서 대통령령으로 정하는 주택을 말한다.

21. "에너지절약형 친환경주택"이란 저에너지 건물 조성기술 등 대통령령으로 정하는 기술을 이용하여 에너지 사용량을 절감하거나 이산화탄소 배출량을 저감할 수 있도록 건설된 주택을 말하며, 그 종류와 범위는 대통령령으로 정한다.

22. "건강친화형 주택"이란 건강하고 쾌적한 실내환경의 조성을 위하여 실내공기의 오염물질 등을 최소화할 수 있도록 대통령령으로 정하는 기준에 따라 건설된 주택을 말한다.

23. "장수명 주택"이란 구조적으로 오랫동안 유지·관리될 수 있는 내구성을 갖추고, 입주자의 필요에 따라 내부 구조를 쉽게 변경할 수 있는 가변성과 수리 용이성 등이 우수한 주택을 말한다.

24. "공공택지"란 다음 각 목의 어느 하나에 해당하는 공공사업에 의하여 개발·조성되는 공동주택이 건설되는 용지를 말한다.

　　가. 제24조제2항에 따른 국민주택건설사업 또는 대지조성사업

　　나. 「택지개발촉진법」에 따른 택지개발사업. 다만, 같은 법 제7조제1항제4호에 따른 주택건설등 사업자가 같은 법 제12조제5항에 따라 활용하는 택지는 제외한다.

　　다. 「산업입지 및 개발에 관한 법률」에 따른 산업단지개발사업

　　라. 「공공주택 특별법」에 따른 공공주택지구조성사업

　　마. 「민간임대주택에 관한 특별법」에 따른 **공공지원민간임대주택 공급촉진지구 조성사업** (같은 법 제23조제1항제2호에 해당하는 시행자가 같은 법 제34조에 따른 수용 또는 사용의 방식으로 시행하는 사업만 해당한다)

　　바. 「도시개발법」에 따른 도시개발사업(같은 법 제11조제1항제1호부터 제4호까지의 시행자가 같은 법 제21조에 따른 수용 또는 사용의 방식으로 시행하는 사업과 혼용방식 중 수용 또는 사용의 방식이 적용되는 구역에서 시행하는 사업만 해당한다)

　　사. 「경제자유구역의 지정 및 운영에 관한 특별법」에 따른 경제자유구역개발사업(수용 또는 사용의 방식으로 시행하는 사업과 혼용방식 중 수용 또는 사용의 방식이 적용되는 구역에서 시행하는 사업만 해당한다)

　　아. 「혁신도시 조성 및 발전에 관한 특별법」에 따른 혁신도시개발사업

자. 「신행정수도 후속대책을 위한 연기·공주지역 행정중심복합도시 건설을 위한 특별법」에 따른 행정중심복합도시건설사업

차. 「공익사업을 위한 토지 등의 취득 및 보상에 관한 법률」 제4조에 따른 공익사업으로서 대통령령으로 정하는 사업

25. "리모델링"이란 제66조제1항 및 제2항에 따라 건축물의 노후화 억제 또는 기능 향상 등을 위한 다음 각 목의 어느 하나에 해당하는 행위를 말한다.

가. 대수선(大修繕)

나. 제49조에 따른 사용검사일(주택단지 안의 공동주택 전부에 대하여 임시사용승인을 받은 경우에는 그 임시사용승인일을 말한다) 또는 「건축법」 제22조에 따른 사용승인일부터 15년[15년 이상 20년 미만의 연수 중 특별시·광역시·특별자치시·도 또는 특별자치도(이하 "시·도"라 한다)의 조례로 정하는 경우에는 그 연수로 한다]이 경과된 공동주택을 각 세대의 주거전용면적(「건축법」 제38조에 따른 건축물대장 중 집합건축물대장의 전유부분의 면적을 말한다)의 30퍼센트 이내(세대의 주거전용면적이 85제곱미터 미만인 경우에는 40퍼센트 이내)에서 증축하는 행위. 이 경우 공동주택의 기능 향상 등을 위하여 공용부분에 대하여도 별도로 증축할 수 있다.

다. 나목에 따른 각 세대의 증축 가능 면적을 합산한 면적의 범위에서 기존 세대수의 15퍼센트 이내에서 세대수를 증가하는 증축 행위(이하 "세대수 증가형 리모델링"이라 한다). 다만, 수직으로 증축하는 행위(이하 "수직증축형 리모델링"이라 한다)는 다음 요건을 모두 충족하는 경우로 한정한다.

1) 최대 3개층 이하로서 대통령령으로 정하는 범위에서 증축할 것
2) 리모델링 대상 건축물의 구조도 보유 등 대통령령으로 정하는 요건을 갖출 것

26. "리모델링 기본계획"이란 세대수 증가형 리모델링으로 인한 도시과밀, 이주수요 집중 등을 체계적으로 관리하기 위하여 수립하는 계획을 말한다.

27. "입주자"란 다음 각 목의 구분에 따른 자를 말한다.

가. 제8조·제54조·**제57조의2·제64조**·제88조·제91조 및 제104조의 경우: 주택을 공급받는 자
나. 제66조의 경우: 주택의 소유자 또는 그 소유자를 대리하는 배우자 및 직계존비속

28. "사용자"란 「공동주택관리법」 제2조제6호에 따른 사용자를 말한다.

29. "관리주체"란 「공동주택관리법」 제2조제10호에 따른 관리주체를 말한다.

제2장 주택의 건설 등

제1절 주택건설사업자 등

1] 공동사업주체(제5조)

① 토지소유자가 주택을 건설하는 경우에는 제4조제1항에도 불구하고 대통령령으로 정하는 바에 따라 제4조에 따라 등록을 한 자(이하 "등록사업자"라 한다)와 공동으로 사업을 시행할 수 있다. 이 경우 토지소유자와 등록사업자를 공동사업주체로 본다.

② 제11조에 따라 설립된 주택조합(세대수를 증가하지 아니하는 리모델링주택조합은 제외한다)

이 그 구성원의 주택을 건설하는 경우에는 대통령령으로 정하는 바에 따라 등록사업자(지방자치단체·한국토지주택공사 및 지방공사를 포함한다)와 공동으로 사업을 시행할 수 있다. 이 경우 주택조합과 등록사업자를 공동사업주체로 본다.

③ 고용자가 그 근로자의 주택을 건설하는 경우에는 대통령령으로 정하는 바에 따라 등록사업자와 공동으로 사업을 시행하여야 한다. 이 경우 고용자와 등록사업자를 공동사업주체로 본다.

④ 제1항부터 제3항까지에 따른 공동사업주체 간의 구체적인 업무·비용 및 책임의 분담 등에 관하여는 대통령령으로 정하는 범위에서 당사자 간의 협약에 따른다.

제2절 주택조합

1] 주택조합의 설립 등(제11조) [시행일 : 2020.7.24.] 제11조

① 많은 수의 구성원이 주택을 마련하거나 리모델링하기 위하여 주택조합을 설립하려는 경우(제5항에 따른 직장주택조합의 경우는 제외한다)에는 관할 특별자치시장, 특별자치도지사, 시장, 군수 또는 구청장(구청장은 자치구의 구청장을 말하며, 이하 "시장·군수·구청장"이라 한다)의 인가를 받아야 한다. 인가받은 내용을 변경하거나 주택조합을 해산하려는 경우에도 또한 같다.

② 제1항에 따라 주택을 마련하기 위하여 주택조합설립인가를 받으려는 자는 다음 각 호의 요건을 모두 갖추어야 한다. 다만, 제1항 후단의 경우에는 그러하지 아니하다.
<개정 2020.1.23.>
1. 해당 주택건설대지의 80퍼센트 이상에 해당하는 토지의 사용권원을 확보할 것
2. 해당 주택건설대지의 15퍼센트 이상에 해당하는 토지의 소유권을 확보할 것

③ 제1항에 따라 주택을 리모델링하기 위하여 주택조합을 설립하려는 경우에는 다음 각 호의 구분에 따른 구분소유자(「집합건물의 소유 및 관리에 관한 법률」 제2조제2호에 따른 구분소유자를 말한다. 이하 같다)와 의결권(「집합건물의 소유 및 관리에 관한 법률」 제37조에 따른 의결권을 말한다. 이하 같다)의 결의를 증명하는 서류를 첨부하여 관할 시장·군수·구청장의 인가를 받아야 한다.
1. 주택단지 전체를 리모델링하고자 하는 경우에는 주택단지 전체의 구분소유자와 의결권의 각 3분의 2 이상의 결의 및 각 동의 구분소유자와 의결권의 각 과반수의 결의
2. 동을 리모델링하고자 하는 경우에는 그 동의 구분소유자 및 의결권의 각 3분의 2 이상의 결의

④ 제5조제2항에 따라 주택조합과 등록사업자가 공동으로 사업을 시행하면서 시공할 경우 등록사업자는 시공자로서의 책임뿐만 아니라 자신의 귀책사유로 사업 추진이 불가능하게 되거나 지연됨으로 인하여 조합원에게 입힌 손해를 배상할 책임이 있다.

⑤ 국민주택을 공급받기 위하여 직장주택조합을 설립하려는 자는 관할 시장·군수·구청장에게 신고하여야 한다. 신고한 내용을 변경하거나 직장주택조합을 해산하려는 경우에도 또한 같다.

⑥ 주택조합(리모델링주택조합은 제외한다)은 그 구성원을 위하여 건설하는 주택을 그 조합원에게 우선 공급할 수 있으며, 제5항에 따른 직장주택조합에 대하여는 사업주체가 국민

주택을 그 직장주택조합원에게 우선 공급할 수 있다.

⑦ 제1항에 따라 인가를 받는 주택조합의 설립방법·설립절차, 주택조합 구성원의 자격기준·제명·탈퇴 및 주택조합의 운영·관리 등에 필요한 사항과 제5항에 따른 직장주택조합의 설립요건 및 신고절차 등에 필요한 사항은 대통령령으로 정한다. <개정 2016.12.2.>

⑧ 제7항에도 불구하고 조합원은 조합규약으로 정하는 바에 따라 조합에 탈퇴 의사를 알리고 탈퇴할 수 있다. <개정 2016.12.2.>

⑨ 탈퇴한 조합원(제명된 조합원을 포함한다)은 조합규약으로 정하는 바에 따라 부담한 비용의 환급을 청구할 수 있다. <개정 2016.12.2.>

2] 주택조합업무의 대행 등(제11조의2), [시행일 : 2020.7.24.] 제11조의2

① 주택조합(리모델링주택조합은 제외한다. 이하 이 조에서 같다) 및 주택조합의 발기인은 조합원 모집 등 제2항에 따른 주택조합의 업무를 제5조제2항에 따른 공동사업주체인 등록사업자 또는 다음 각 호의 어느 하나에 해당하는 자로서 대통령령으로 정하는 자본금을 보유한 자 외의 자에게 대행하게 할 수 없다. <개정 2017.2.8., 2020.1.23.>

1. 등록사업자
2. 「공인중개사법」 제9조에 따른 중개업자
3. 「도시 및 주거환경정비법」 제102조에 따른 정비사업전문관리업자
4. 「부동산개발업의 관리 및 육성에 관한 법률」 제4조에 따른 등록사업자
5. 「자본시장과 금융투자업에 관한 법률」에 따른 신탁업자
6. 그 밖에 다른 법률에 따라 등록한 자로서 대통령령으로 정하는 자

② 제1항에 따라 업무대행자에게 대행시킬 수 있는 주택조합의 업무는 다음 각 호와 같다. <개정 2020.1.23.>

1. 조합원 모집, 토지 확보, 조합설립인가 신청 등 조합설립을 위한 업무의 대행
2. 사업성 검토 및 사업계획서 작성업무의 대행
3. 설계자 및 시공자 선정에 관한 업무의 지원
4. 제15조에 따른 사업계획승인 신청 등 사업계획승인을 위한 업무의 대행
5. 계약금 등 자금의 보관 및 그와 관련된 업무의 대행
6. 그 밖에 총회의 운영업무 지원 등 국토교통부령으로 정하는 사항

③ 주택조합 및 주택조합의 발기인은 제2항제5호에 따른 업무 중 계약금 등 자금의 보관 업무는 제1항제5호에 따른 신탁업자에게 대행하도록 하여야 한다. <신설 2020.1.23.>

④ 제1항에 따른 업무대행자는 국토교통부령으로 정하는 바에 따라 사업연도별로 분기마다 해당 업무의 실적보고서를 작성하여 주택조합 또는 주택조합의 발기인에게 제출하여야 한다. <신설 2020.1.23.>

⑤ 제1항부터 제4항까지의 규정에 따라 주택조합의 업무를 대행하는 자는 신의에 따라 성실하게 업무를 수행하여야 하고, 자신의 귀책사유로 주택조합(발기인을 포함한다) 또는 조합원(주택조합 가입 신청자를 포함한다)에게 손해를 입힌 경우에는 그 손해를 배상할 책임이 있다. <개정 2020.1.23.>

⑥ 국토교통부장관은 주택조합의 원활한 사업추진 및 조합원의 권리 보호를 위하여 공정거래위원회 위원장과 협의를 거쳐 표준업무대행계약서를 작성·보급할 수 있다. <개정 2020.1.23.>

3] 조합원 모집 신고 및 공개모집(제11조의3) [본조신설 2016.12.2.][시행일 : 2020.7.24.]

① 제11조제1항에 따라 지역주택조합 또는 직장주택조합의 설립인가를 받기 위하여 조합원을 모집하려는 자는 해당 주택건설대지의 50퍼센트 이상에 해당하는 토지의 사용권원을 확보하여 관할 시장·군수·구청장에게 신고하고, 공개모집의 방법으로 조합원을 모집하여야 한다. 조합 설립인가를 받기 전에 신고한 내용을 변경하는 경우에도 또한 같다. <개정 2020.1.23.>

② 제1항에도 불구하고 공개모집 이후 조합원의 사망·자격상실·탈퇴 등으로 인한 결원을 충원하거나 미달된 조합원을 재모집하는 경우에는 신고하지 아니하고 선착순의 방법으로 조합원을 모집할 수 있다.

③ 제1항에 따른 모집 시기, 모집 방법 및 모집 절차 등 조합원 모집의 신고, 공개모집 및 조합 가입 신청자에 대한 정보 공개 등에 필요한 사항은 국토교통부령으로 정한다.

④ 제1항에 따라 신고를 받은 시장·군수·구청장은 신고내용이 이 법에 적합한 경우에는 신고를 수리하고 그 사실을 신고인에게 통보하여야 한다.

⑤ 시장·군수·구청장은 다음 각 호의 어느 하나에 해당하는 경우에는 조합원 모집 신고를 수리할 수 없다.

1. 이미 신고된 사업대지와 전부 또는 일부가 중복되는 경우

2. 이미 수립되었거나 수립 예정인 도시·군계획, 이미 수립된 토지이용계획 또는 이 법이나 관계 법령에 따른 건축기준 및 건축제한 등에 따라 해당 주택건설대지에 조합주택을 건설할 수 없는 경우

3. 제11조의2제1항에 따라 조합업무를 대행할 수 있는 자가 아닌 자와 업무대행계약을 체결한 경우 등 신고내용이 법령에 위반되는 경우

4. 신고한 내용이 사실과 다른 경우

⑥ 제1항에 따라 조합원을 모집하려는 주택조합의 발기인은 대통령령으로 정하는 자격기준을 갖추어야 한다. <신설 2020.1.23.>

⑦ 제6항에 따른 주택조합의 발기인은 조합원 모집 신고를 하는 날 주택조합에 가입한 것으로 본다. 이 경우 주택조합의 발기인은 그 주택조합의 가입 신청자와 동일한 권리와 의무가 있다. <신설 2020.1.23.>

⑧ 제1항에 따라 조합원을 모집하는 자(제11조의2제1항에 따라 조합원 모집 업무를 대행하는 자를 포함한다. 이하 "모집주체"라 한다)와 주택조합 가입 신청자는 다음 각 호의 사항이 포함된 주택조합 가입에 관한 계약서를 작성하여야 한다. <신설 2020.1.23.>

1. 주택조합의 사업개요

2. 조합원의 자격기준

3. 분담금 등 각종 비용의 납부예정금액, 납부시기 및 납부방법

4. 주택건설대지의 사용권원 및 소유권을 확보한 면적 및 비율

5. 조합원 탈퇴 및 환급의 방법, 시기 및 절차

6. 그 밖에 주택조합의 설립 및 운영에 관한 중요 사항으로서 대통령령으로 정하는 사항

4] 제11조의4(설명의무) [본조신설 2020.1.23.], [시행일 : 2020.7.24.] 제11조의4

① 모집주체는 제11조의3제8항 각 호의 사항을 주택조합 가입 신청자가 이해할 수 있도록 설명하여야 한다.

② 모집주체는 제1항에 따라 설명한 내용을 주택조합 가입 신청자가 이해하였음을 국토교통부령으로 정하는 바에 따라 서면으로 확인을 받아 주택조합 가입 신청자에게 교부하여야 하며, 그 사본을 5년간 보관하여야 한다.

[종전 제11조의4는 제11조의6으로 이동 <2020.1.23.>]

5] 제11조의5(조합원 모집 광고 등에 관한 준수사항)[본조신설 2020.1.23.],

[시행일 : 2020.7.24.] 제11조의5

① 모집주체가 주택조합의 조합원을 모집하기 위하여 광고를 하는 경우에는 다음 각 호의 내용이 포함되어야 한다.

1. "지역주택조합 또는 직장주택조합의 조합원 모집을 위한 광고"라는 문구
2. 조합원의 자격기준에 관한 내용
3. 주택건설대지의 사용권원 및 소유권을 확보한 비율
4. 그 밖에 조합원 보호를 위하여 대통령령으로 정하는 내용

② 모집주체가 조합원 가입을 권유하거나 모집 광고를 하는 경우에는 다음 각 호의 행위를 하여서는 아니 된다.

1. 조합주택의 공급방식, 조합원의 자격기준 등을 충분히 설명하지 않거나 누락하여 제한 없이 조합에 가입하거나 주택을 공급받을 수 있는 것으로 오해하게 하는 행위
2. 제5조제4항에 따른 협약이나 제15조제1항에 따른 사업계획승인을 통하여 확정될 수 있는 사항을 사전에 확정된 것처럼 오해하게 하는 행위
3. 사업추진 과정에서 조합원이 부담해야 할 비용이 추가로 발생할 수 있음에도 주택 공급 가격이 확정된 것으로 오해하게 하는 행위
4. 주택건설대지의 사용권원 및 소유권을 확보한 비율을 사실과 다르거나 불명확하게 제공하는 행위
5. 조합사업의 내용을 사실과 다르게 설명하거나 그 내용의 중요한 사실을 은폐 또는 축소하는 행위
6. 그 밖에 조합원 보호를 위하여 대통령령으로 정하는 행위

③ 모집주체가 조합원 모집 광고를 하는 방법 및 절차, 그 밖에 필요한 사항은 대통령령으로 정한다.

6] 제11조의6(조합 가입 철회 및 가입비 등의 반환) [본조신설 2019.12.10.],

[시행일 : 2020.12.11.] 제11조의6, [제11조의4에서 이동 <2020.1.23.>]

① 모집주체는 주택조합의 가입을 신청한 자가 주택조합 가입을 신청하는 때에 납부하여야 하는 일체의 금전(이하 "가입비등"이라 한다)을 대통령령으로 정하는 기관(이하 "예치기관"이라 한다)에 예치하도록 하여야 한다. <개정 2020.1.23.>

② 주택조합의 가입을 신청한 자는 가입비등을 예치한 날부터 30일 이내에 주택조합 가입에 관한 청약을 철회할 수 있다.

③ 청약 철회를 서면으로 하는 경우에는 청약 철회의 의사를 표시한 서면을 발송한 날에 그 효력이 발생한다.

④ 모집주체는 주택조합의 가입을 신청한 자가 청약 철회를 한 경우 청약 철회 의사가 도달한 날부터 7일 이내에 예치기관의 장에게 가입비등의 반환을 요청하여야 한다.

⑤ 예치기관의 장은 제4항에 따른 가입비등의 반환 요청을 받은 경우 요청일부터 10일 이내에 그 가입비등을 예치한 자에게 반환하여야 한다.

⑥ 모집주체는 주택조합의 가입을 신청한 자에게 청약 철회를 이유로 위약금 또는 손해배상을 청구할 수 없다.

⑦ 제2항에 따른 기간 이내에는 제11조제8항 및 제9항을 적용하지 않는다.

⑧ 제1항에 따라 예치된 가입비등의 관리, 지급 및 반환과 제2항에 따른 청약 철회의 절차 및 방법 등에 관한 사항은 대통령령으로 정한다.

7] 실적보고 및 관련 자료의 공개(제12조) [제목개정 2020.1.23.][시행일 : 2020.6.11.] 제12조

① 주택조합의 발기인 또는 임원은 다음 각 호의 사항이 포함된 해당 주택조합의 실적보고서를 국토교통부령으로 정하는 바에 따라 사업연도별로 분기마다 작성하여야 한다. <신설 2020.1.23.>

1. 조합원(주택조합 가입 신청자를 포함한다. 이하 이 조에서 같다) 모집 현황

2. 해당 주택건설대지의 사용권원 및 소유권 확보 현황

3. 그 밖에 조합원이 주택조합의 사업 추진현황을 파악하기 위하여 필요한 사항으로서 국토교통부령으로 정하는 사항

② 주택조합의 발기인 또는 임원은 주택조합사업의 시행에 관한 다음 각 호의 서류 및 관련 자료가 작성되거나 변경된 후 15일 이내에 이를 조합원이 알 수 있도록 인터넷과 그 밖의 방법을 병행하여 공개하여야 한다. <개정 2020.1.23.>

1. 조합규약

2. 공동사업주체의 선정 및 주택조합이 공동사업주체인 등록사업자와 체결한 협약서

3. 설계자 등 용역업체 선정 계약서

4. 조합총회 및 이사회, 대의원회 등의 의사록

5. 사업시행계획서

6. 해당 주택조합사업의 시행에 관한 공문서

7. 회계감사보고서

8. 분기별 사업실적보고서

9. 제11조의2제4항에 따라 업무대행자가 제출한 실적보고서

10. 그 밖에 주택조합사업 시행에 관하여 대통령령으로 정하는 서류 및 관련 자료

③ 제2항에 따른 서류 및 다음 각 호를 포함하여 주택조합사업의 시행에 관한 서류와 관련 자료를 조합원이 열람·복사 요청을 한 경우 주택조합의 발기인 또는 임원은 15일 이내에 그 요청에 따라야 한다. 이 경우 복사에 필요한 비용은 실비의 범위에서 청구인이 부담한다. <개정 2020.1.23.>

1. 조합원 명부

2. 주택건설대지의 사용권원 및 소유권 확보 비율 등 토지 확보 관련 자료

3. 그 밖에 대통령령으로 정하는 서류 및 관련 자료

④ 주택조합의 발기인 또는 임원은 원활한 사업추진과 조합원의 권리 보호를 위하여 연간 자금운용 계획 및 자금 집행 실적 등 국토교통부령으로 정하는 서류 및 자료를 국토교통부령으로 정하는 바에 따라 매년 정기적으로 시장·군수·구청장에게 제출하여야 한다. <신설 2019.12.10., 2020.1.23.>

⑤ 제2항 및 제3항에 따라 공개 및 열람·복사 등을 하는 경우에는 「개인정보 보호법」에 의하여야 하며, 그 밖의 공개 절차 등 필요한 사항은 국토교통부령으로 정한다. <개정 2019.12.10., 2020.1.23.>

8] 조합임원의 결격사유 등(제13조) [제목개정 2020.1.23.] [시행일 : 2020.7.24.] 제13조

① 다음 각 호의 어느 하나에 해당하는 사람은 주택조합의 발기인 또는 임원이 될 수 없다. <개정 2020.1.23., 2020.6.9>

1. 미성년자·피성년후견인 또는 피한정후견인
2. 파산선고를 받은 사람으로서 복권되지 아니한 사람
3. 금고 이상의 실형을 선고받고 그 집행이 종료(종료된 것으로 보는 경우를 포함한다) 되거나 집행이 면제된 날부터 2년이 경과되지 아니한 사람
4. 금고 이상의 형의 집행유예를 선고받고 그 유예기간 중에 있는 사람
5. 금고 이상의 형의 선고유예를 받고 그 선고유예기간 중에 있는 사람
6. 법원의 판결 또는 다른 법률에 따라 자격이 상실 또는 정지된 사람
7. 해당 주택조합의 공동사업주체인 등록사업자 또는 업무대행사의 임직원

② 주택조합의 발기인이나 임원이 다음 각 호의 어느 하나에 해당하는 경우 해당 발기인은 그 지위를 상실하고 해당 임원은 당연히 퇴직한다. <개정 2020.1.23.>

1. 주택조합의 발기인이 제11조의3제6항에 따른 자격기준을 갖추지 아니하게 되거나 주택조합의 임원이 제11조제7항에 따른 조합원 자격을 갖추지 아니하게 되는 경우
2. 주택조합의 발기인 또는 임원이 제1항 각 호의 결격사유에 해당하게 되는 경우

③ 제2항에 따라 지위가 상실된 발기인 또는 퇴직된 임원이 지위 상실이나 퇴직 전에 관여한 행위는 그 효력을 상실하지 아니한다. <개정 2020.1.23.>

④ 주택조합의 임원은 다른 주택조합의 임원, 직원 또는 발기인을 겸할 수 없다. <신설 2020.1.23.>

9] 주택조합에 대한 감독 등(제14조)

① 국토교통부장관 또는 시장·군수·구청장은 주택공급에 관한 질서를 유지하기 위하여 특히 필요하다고 인정되는 경우에는 국가가 관리하고 있는 행정전산망 등을 이용하여 주택조합 구성원의 자격 등에 관하여 필요한 사항을 확인할 수 있다.

② 시장·군수·구청장은 주택조합 또는 주택조합의 구성원이 다음 각 호의 어느 하나에 해당하는 경우에는 주택조합의 설립인가를 취소할 수 있다.

1. 거짓이나 그 밖의 부정한 방법으로 설립인가를 받은 경우
2. 제94조에 따른 명령이나 처분을 위반한 경우

③ 삭제 <2020.1.23.>

④ 시장·군수·구청장은 모집주체가 이 법을 위반한 경우 시정요구 등 필요한 조치를 명할 수 있다. <신설 2019.12.10.>

10] 주택조합의 해산 등(제14조의2) [본조신설 2020.1.23.], [시행일 : 2020.7.24.] 제14조의2

① 주택조합은 제11조제1항에 따른 주택조합의 설립인가를 받은 날부터 3년이 되는 날까지 사업계획승인을 받지 못하는 경우 대통령령으로 정하는 바에 따라 총회의 의결을 거쳐 해산 여부를 결정하여야 한다.

② 주택조합의 발기인은 제11조의3제1항에 따른 조합원 모집 신고가 수리된 날부터 2년이 되는 날까지 주택조합 설립인가를 받지 못하는 경우 대통령령으로 정하는 바에 따라 주택조합 가입 신청자 전원으로 구성되는 총회 의결을 거쳐 주택조합 사업의 종결 여부를 결정하도록 하여야 한다.

③ 제1항 또는 제2항에 따라 총회를 소집하려는 주택조합의 임원 또는 발기인은 총회가 개최되기 7일 전까지 회의 목적, 안건, 일시 및 장소를 정하여 조합원 또는 주택조합 가입 신청자에게 통지하여야 한다.

④ 제1항에 따라 해산을 결의하거나 제2항에 따라 사업의 종결을 결의하는 경우 대통령령으로 정하는 바에 따라 청산인을 선임하여야 한다.

⑤ 주택조합의 발기인은 제2항에 따른 총회의 결과(사업의 종결을 결의한 경우에는 청산계획을 포함한다)를 관할 시장·군수·구청장에게 국토교통부령으로 정하는 바에 따라 통지하여야 한다.

[종전 제14조의2는 제14조의4로 이동 <2020.1.23.>]

11]제14조의3(회계감사) [본조신설 2020.1.23.], [시행일 : 2020.7.24.] 제14조의3

① 주택조합은 대통령령으로 정하는 바에 따라 회계감사를 받아야 하며, 그 감사결과를 관할 시장·군수·구청장에게 보고하여야 한다.

② 주택조합의 임원 또는 발기인은 계약금등(해당 주택조합사업에 관한 모든 수입에 따른 금전을 말한다)의 징수·보관·예치·집행 등 모든 거래 행위에 관하여 장부를 월별로 작성하여 그 증빙서류와 함께 제11조에 따른 주택조합 해산인가를 받는 날까지 보관하여야 한다. 이 경우 주택조합의 임원 또는 발기인은 「전자문서 및 전자거래 기본법」 제2조제2호에 따른 정보처리시스템을 통하여 장부 및 증빙서류를 작성하거나 보관할 수 있다.

12] 주택조합사업의 시공보증(제14조의4)[본조신설 2016.12.2.], [제14조의2에서 이동 <2020.1.23.>]

① 주택조합이 **공동사업주체인 시공자**를 선정한 경우 그 시공자는 공사의 시공보증(시공자가 공사의 계약상 의무를 이행하지 못하거나 의무이행을 하지 아니할 경우 보증기관에서 시공자를 대신하여 계약이행의무를 부담하거나 총 공사금액의 50퍼센트 이하에서 대통령령으로 정하는 비율 이상의 범위에서 주택조합이 정하는 금액을 납부할 것을 보증하는 것을 말한다)을 위하여 국토교통부령으로 정하는 기관의 시공보증서를 조합에 제출하여야 한다.

② 제15조에 따른 사업계획승인권자는 제16조제2항에 따른 착공신고를 받는 경우에는 제1항에 따른 시공보증서 제출 여부를 확인하여야 한다.

제3절 사업계획의 승인 등

1] 사업계획의 승인(제15조) [시행일 : 2022.1.13.] 제15조

① 대통령령으로 정하는 호수 이상의 주택건설사업을 시행하려는 자 또는 대통령령으로 정하는 면적 이상의 대지조성사업을 시행하려는 자는 다음 각 호의 사업계획승인권자(이하 "사업계획승인권자"라 한다. 국가 및 한국토지주택공사가 시행하는 경우와 대통령령으로 정하는 경우에는 국토교통부장관을 말하며, 이하 이 조, 제16조부터 제19조까지

및 제21조에서 같다)에게 사업계획승인을 받아야 한다. 다만, 주택 외의 시설과 주택을 동일 건축물로 건축하는 경우 등 대통령령으로 정하는 경우에는 그러하지 아니하다. <개정 2021.1.12.>

1. 주택건설사업 또는 대지조성사업으로서 해당 대지면적이 10만제곱미터 이상인 경우: 특별시장·광역시장·특별자치시장·도지사 또는 특별자치도지사(이하 "시·도지사"라 한다) 또는 「지방자치법」 제198조에 따라 서울특별시·광역시 및 특별자치시를 제외한 인구 50만 이상의 대도시(이하 "대도시"라 한다)의 시장

2. 주택건설사업 또는 대지조성사업으로서 해당 대지면적이 10만제곱미터 미만인 경우: 특별시장·광역시장·특별자치시장·특별자치도지사 또는 시장·군수

② 제1항에 따라 사업계획승인을 받으려는 자는 사업계획승인신청서에 주택과 그 부대시설 및 복리시설의 배치도, 대지조성공사 설계도서 등 대통령령으로 정하는 서류를 첨부하여 사업계획승인권자에게 제출하여야 한다.

③ 주택건설사업을 시행하려는 자는 대통령령으로 정하는 호수 이상의 주택단지를 공구별로 분할하여 주택을 건설·공급할 수 있다. 이 경우 제2항에 따른 서류와 함께 다음 각 호의 서류를 첨부하여 사업계획승인권자에게 제출하고 사업계획승인을 받아야 한다.

1. 공구별 공사계획서
2. 입주자모집계획서
3. 사용검사계획서

④ 제1항 또는 제3항에 따라 승인받은 사업계획을 변경하려면 사업계획승인권자로부터 변경 승인을 받아야 한다. 다만, 국토교통부령으로 정하는 경미한 사항을 변경하는 경우에는 그러하지 아니하다.

⑤ 제1항 또는 제3항의 사업계획은 쾌적하고 문화적인 주거생활을 하는 데에 적합하도록 수립되어야 하며, 그 사업계획에는 부대시설 및 복리시설의 설치에 관한 계획 등이 포함 되어야 한다.

⑥ 사업계획승인권자는 제1항 또는 제3항에 따라 사업계획을 승인하였을 때에는 이에 관한 사항을 고시하여야 한다. 이 경우 국토교통부장관은 관할 시장·군수·구청장에게, 특별시장, 광역시장 또는 도지사는 관할 시장, 군수 또는 구청장에게 각각 사업계획승인서 및 관계 서류의 사본을 지체없이 송부하여야 한다.

2] 사업계획의 이행 및 취소 등(제16조)

① 사업주체는 제15조제1항 또는 제3항에 따라 승인받은 사업계획대로 사업을 시행하여야 하고, 다음 각 호의 구분에 따라 공사를 시작하여야 한다. 다만, 사업계획승인권자는 대통령령으로 정하는 정당한 사유가 있다고 인정하는 경우에는 사업주체의 신청을 받아 그 사유가 없어진 날부터 1년의 범위에서 제1호 또는 제2호가목에 따른 공사의 착수 기간을 연장할 수 있다.

1. 제15조제1항에 따라 승인을 받은 경우: 승인받은 날부터 5년 이내
2. 제15조제3항에 따라 승인을 받은 경우
   가. 최초로 공사를 진행하는 공구: 승인받은 날부터 5년 이내
   나. 최초로 공사를 진행하는 공구 외의 공구: 해당 주택단지에 대한 최초 착공신고일 부터 2년 이내

② 사업주체가 제1항에 따라 공사를 시작하려는 경우에는 국토교통부령으로 정하는 바에 따라 사업계획승인권자에게 신고하여야 한다.

③ 사업계획승인권자는 제2항에 따른 신고를 받은 날부터 20일 이내에 신고수리 여부를 신고인에게 통지하여야 한다. <신설 2021.1.5.>

④ 사업계획승인권자는 다음 각 호의 어느 하나에 해당하는 경우 그 사업계획의 승인을 취소(제2호 또는 제3호에 해당하는 경우 「주택도시기금법」 제26조에 따라 주택분양보증이 된 사업은 제외한다)할 수 있다. <개정 2021.1.5.>

　　1. 사업주체가 제1항(제2호나목은 제외한다)을 위반하여 공사를 시작하지 아니한 경우
　　2. 사업주체가 경매·공매 등으로 인하여 대지소유권을 상실한 경우
　　3. 사업주체의 부도·파산 등으로 공사의 완료가 불가능한 경우

⑤ 사업계획승인권자는 제3항제2호 또는 제3호의 사유로 사업계획승인을 취소하고자 하는 경우에는 사업주체에게 사업계획 이행, 사업비 조달 계획 등 대통령령으로 정하는 내용이 포함된 사업 정상화 계획을 제출받아 계획의 타당성을 심사한 후 취소 여부를 결정하여야 한다. <개정 2021.1.5.>

⑥ **제4항**에도 불구하고 사업계획승인권자는 해당 사업의 시공자 등이 제21조제1항에 따른 해당 주택건설대지의 소유권 등을 확보하고 사업주체 변경을 위하여 제15조제4항에 따른 사업계획의 변경승인을 요청하는 경우에 이를 승인할 수 있다. <개정 2021.1.5.>

3] 기반시설의 기부채납(제17조)

① 사업계획승인권자는 제15조제1항 또는 제3항에 따라 사업계획을 승인할 때 사업주체가 제출하는 사업계획에 해당 주택건설사업 또는 대지조성사업과 직접적으로 관련이 없거나 과도한 기반시설의 기부채납(寄附採納)을 요구하여서는 아니 된다.

② 국토교통부장관은 기부채납 등과 관련하여 다음 각 호의 사항이 포함된 운영기준을 작성하여 고시할 수 있다.

　　1. 주택건설사업의 기반시설 기부채납 부담의 원칙 및 수준에 관한 사항
　　2. 주택건설사업의 기반시설의 설치기준 등에 관한 사항

③ 사업계획승인권자는 제2항에 따른 운영기준의 범위에서 지역여건 및 사업의 특성 등을 고려하여 자체 실정에 맞는 별도의 기준을 마련하여 운영할 수 있으며, 이 경우 미리 국토교통부장관에게 보고하여야 한다.

4] 사업계획의 통합심의 등(제18조)

① 사업계획승인권자는 필요하다고 인정하는 경우에 도시계획·건축·교통 등 사업계획승인과 관련된 다음 각 호의 사항을 통합하여 검토 및 심의(이하 "통합심의"라 한다)할 수 있다.

　　1. 「건축법」에 따른 건축심의
　　2. 「국토의 계획 및 이용에 관한 법률」에 따른 도시·군관리계획 및 개발행위 관련 사항
　　3. 「대도시권 광역교통 관리에 관한 특별법」에 따른 광역교통 개선대책
　　4. 「도시교통정비 촉진법」에 따른 교통영향평가
　　5. 「경관법」에 따른 경관심의
　　6. 그 밖에 사업계획승인권자가 필요하다고 인정하여 통합심의에 부치는 사항

② 제15조제1항 또는 제3항에 따라 사업계획승인을 받으려는 자가 통합심의를 신청하는 경우

제1항 각 호와 관련된 서류를 첨부하여야 한다. 이 경우 사업계획승인권자는 통합심의를 효율적으로 처리하기 위하여 필요한 경우 제출기한을 정하여 제출하도록 할 수 있다.

③ 사업계획승인권자가 통합심의를 하는 경우에는 다음 각 호의 어느 하나에 해당하는 위원회에 속하고 해당 위원회의 위원장의 추천을 받은 위원들과 사업계획승인권자가 속한 지방자치단체 소속 공무원으로 소집된 공동위원회를 구성하여 통합심의를 하여야 한다. 이 경우 공동위원회의 구성, 통합심의의 방법 및 절차에 관한 사항은 대통령령으로 정한다.

1. 「건축법」에 따른 중앙건축위원회 및 지방건축위원회
2. 「국토의 계획 및 이용에 관한 법률」에 따라 해당 주택단지가 속한 시·도에 설치된 지방도시계획위원회
3. 「대도시권 광역교통 관리에 관한 특별법」에 따라 광역교통 개선대책에 대하여 심의 권한을 가진 국가교통위원회
4. 「도시교통정비 촉진법」에 따른 교통영향평가심의위원회
5. 「경관법」에 따른 경관위원회
6. 제1항제6호에 대하여 심의권한을 가진 관련 위원회

④ 사업계획승인권자는 통합심의를 한 경우 특별한 사유가 없으면 심의 결과를 반영하여 사업계획을 승인하여야 한다.

⑤ 통합심의를 거친 경우에는 제1항 각 호에 대한 검토·심의·조사·협의·조정 또는 재정을 거친 것으로 본다.

5] 다른 법률에 따른 인가·허가 등의 의제 등(제19조) [시행일 : 2022.7.21.] 제19조

① 사업계획승인권자가 제15조에 따라 사업계획을 승인 또는 변경 승인할 때 다음 각 호의 허가·인가·결정·승인 또는 신고 등(이하 "인·허가등"이라 한다)에 관하여 제3항에 따른 관계 행정기관의 장과 협의한 사항에 대하여는 해당 인·허가등을 받은 것으로 보며, 사업계획의 승인고시가 있은 때에는 다음 각 호의 관계 법률에 따른 고시가 있은 것으로 본다. <개정 2016.1.19., 2016.12.27., 2021.7.20.>

1. 「건축법」 제11조에 따른 건축허가, 같은 법 제14조에 따른 건축신고, 같은 법 제16조에 따른 허가·신고사항의 변경 및 같은 법 제20조에 따른 가설건축물의 건축허가 또는 신고
2. **「공간정보의 구축 및 관리 등에 관한 법률」 제15조제3항에 따른 지도등의 간행 심사**
3. 「공유수면 관리 및 매립에 관한 법률」 제8조에 따른 공유수면의 점용·사용허가, 같은 법 제10조에 따른 협의 또는 승인, 같은 법 제17조에 따른 점용·사용 실시계획의 승인 또는 신고, 같은 법 제28조에 따른 공유수면의 매립면허, 같은 법 제35조에 따른 국가등이 시행하는 매립의 협의 또는 승인 및 같은 법 제38조에 따른 공유수면매립실시계획의 승인
4. 「광업법」 제42조에 따른 채굴계획의 인가
5. 「국토의 계획 및 이용에 관한 법률」 제30조에 따른 도시·군관리계획(같은 법 제2조 제4호다목의 계획 및 같은 호 마목의 계획 중 같은 법 제51조제1항에 따른 지구단위 계획구역 및 지구단위계획만 해당한다)의 결정, 같은 법 제56조에 따른 개발행위의 허가, 같은 법 제86조에 따른 도시·군계획시설사업시행자의 지정, 같은 법 제88조에 따른 실시계획의 인가 및 같은 법 제130조제2항에 따른 타인의 토지에의 출입허가
6. 「농어촌정비법」 제23조에 따른 농업생산기반시설의 사용허가

7. 「농지법」 제34조에 따른 농지전용(農地轉用)의 허가 또는 협의

8. 「도로법」 제36조에 따른 도로공사 시행의 허가, 같은 법 제61조에 따른 도로점용의 허가

9. 「도시개발법」 제3조에 따른 도시개발구역의 지정, 같은 법 제11조에 따른 시행자의 지정, 같은 법 제17조에 따른 실시계획의 인가 및 같은 법 제64조제2항에 따른 타인의 토지에의 출입허가

10. 「사도법」 제4조에 따른 사도(私道)의 개설허가

11. 「사방사업법」 제14조에 따른 토지의 형질변경 등의 허가, 같은 법 제20조에 따른 사방지(砂防地) 지정의 해제

12. 「산림보호법」 제9조제1항 및 같은 조 제2항제1호·제2호에 따른 산림보호구역에서의 행위의 허가·신고. 다만, 「산림자원의 조성 및 관리에 관한 법률」 에 따른 채종림 및 시험림과 「산림보호법」 에 따른 산림유전자원보호구역의 경우는 제외한다.

13. 「산림자원의 조성 및 관리에 관한 법률」 제36조제1항·제4항에 따른 입목벌채등의 허가·신고. 다만, 같은 법에 따른 채종림 및 시험림과 「산림보호법」 에 따른 산림유전자원보호구역의 경우는 제외한다.

14. 「산지관리법」 제14조·제15조에 따른 산지전용허가 및 산지전용신고, 같은 법 제15조의2에 따른 산지일시사용허가·신고

15. 「소하천정비법」 제10조에 따른 소하천공사 시행의 허가, 같은 법 제14조에 따른 소하천 점용 등의 허가 또는 신고

16. 「수도법」 제17조 또는 제49조에 따른 수도사업의 인가, 같은 법 제52조에 따른 전용상수도 설치의 인가

17. 「연안관리법」 제25조에 따른 연안정비사업실시계획의 승인

18. 「유통산업발전법」 제8조에 따른 대규모점포의 등록

19. 「장사 등에 관한 법률」 제27조제1항에 따른 무연분묘의 개장허가

20. 「지하수법」 제7조 또는 제8조에 따른 지하수 개발·이용의 허가 또는 신고

21. 「초지법」 제23조에 따른 초지전용의 허가

22. 「택지개발촉진법」 제6조에 따른 행위의 허가

23. 「하수도법」 제16조에 따른 공공하수도에 관한 공사 시행의 허가, 같은 법 제34조제2항에 따른 개인하수처리시설의 설치신고

24. 「하천법」 제30조에 따른 하천공사 시행의 허가 및 하천공사실시계획의 인가, 같은 법 제33조에 따른 하천의 점용허가 및 같은 법 제50조에 따른 하천수의 사용허가

25. 「부동산 거래신고 등에 관한 법률」 제11조에 따른 토지거래계약에 관한 허가

② 인·허가등의 의제를 받으려는 자는 제15조에 따른 사업계획승인을 신청할 때에 해당 법률에서 정하는 관계 서류를 함께 제출하여야 한다.

③ 사업계획승인권자는 제15조에 따라 사업계획을 승인하려는 경우 그 사업계획에 제1항 각 호의 어느 하나에 해당하는 사항이 포함되어 있는 경우에는 해당 법률에서 정하는 관계 서류를 미리 관계 행정기관의 장에게 제출한 후 협의하여야 한다. 이 경우 협의 요청을 받은 관계 행정기관의 장은 사업계획승인권자의 협의 요청을 받은 날부터 20일 이내에 의견을 제출하여야 하며, 그 기간 내에 의견을 제출하지 아니한 경우에는 협의가 완료된 것으로 본다.

④ 제3항에 따라 사업계획승인권자의 협의 요청을 받은 관계 행정기관의 장은 해당 법률에서 규정한 인·허가등의 기준을 위반하여 협의에 응하여서는 아니 된다.

⑤ 대통령령으로 정하는 비율 이상의 국민주택을 건설하는 사업주체가 제1항에 따라 다른 법률에 따른 인·허가등을 받은 것으로 보는 경우에는 관계 법률에 따라 부과되는 수수료 등을 면제한다.

6] 주택건설사업 등에 의한 임대주택의 건설 등(제20조)

① 사업주체(리모델링을 시행하는 자는 제외한다)가 다음 각 호의 사항을 포함한 사업계획 승인신청서(「건축법」 제11조제3항의 허가신청서를 포함한다. 이하 이 조에서 같다)를 제출하는 경우 사업계획승인권자(건축허가권자를 포함한다)는 「국토의 계획 및 이용에 관한 법률」 제78조의 용도지역별 용적률 범위에서 특별시·광역시·특별자치시·특별자치도·시 또는 군의 조례로 정하는 기준에 따라 용적률을 완화하여 적용할 수 있다.

  1. 제15조제1항에 따른 호수 이상의 주택과 주택 외의 시설을 동일 건축물로 건축하는 계획

  2. 임대주택의 건설·공급에 관한 사항

② 제1항에 따라 용적률을 완화하여 적용하는 경우 사업주체는 완화된 용적률의 60퍼센트 이하의 범위에서 대통령령으로 정하는 비율 이상에 해당하는 면적을 임대주택으로 공급 하여야 한다. 이 경우 사업주체는 임대주택을 국토교통부장관, 시·도지사, 한국토지주택공사 또는 지방공사(이하 "인수자"라 한다)에 공급하여야 하며 시·도지사가 우선 인수할 수 있다. 다만, 시·도지사가 임대주택을 인수하지 아니하는 경우 다음 각 호의 구분에 따라 국토 교통부장관에게 인수자 지정을 요청하여야 한다.

  1. 특별시장, 광역시장 또는 도지사가 인수하지 아니하는 경우:

    관할 시장, 군수 또는 구청장이 제1항의 사업계획승인(「건축법」 제11조의 건축허가를 포함한다. 이하 이 조에서 같다)신청 사실을 특별시장, 광역시장 또는 도지사에게 통보한 후 국토교통부장관에게 인수자 지정 요청

  2. 특별자치시장 또는 특별자치도지사가 인수하지 아니하는 경우:

    특별자치시장 또는 특별자치도지사가 직접 국토교통부장관에게 인수자 지정 요청

③ 제2항에 따라 공급되는 임대주택의 공급가격은 「공공주택 특별법」 제50조의3제1항에 따른 공공건설임대주택의 분양전환가격 산정기준에서 정하는 건축비로 하고, 그 부속 토지는 인수자에게 기부채납한 것으로 본다.

④ 사업주체는 제15조에 따른 사업계획승인을 신청하기 전에 미리 용적률의 완화로 건설되는 임대주택의 규모 등에 관하여 인수자와 협의하여 사업계획승인신청서에 반영하여야 한다.

⑤ 사업주체는 공급되는 주택의 전부(제11조의 주택조합이 설립된 경우에는 조합원에게 공급 하고 남은 주택을 말한다)를 대상으로 공개추첨의 방법에 의하여 인수자에게 공급하는 임대 주택을 선정하여야 하며, 그 선정 결과를 지체없이 인수자에게 통보하여야 한다.

⑥ 사업주체는 임대주택의 준공인가(「건축법」 제22조의 사용승인을 포함한다)를 받은 후 지체없이 인수자에게 등기를 촉탁 또는 신청하여야 한다. 이 경우 사업주체가 거부 또는 지체하는 경우에는 인수자가 등기를 촉탁 또는 신청할 수 있다.

7] 대지의 소유권 확보 등(제21조)

① 제15조제1항 또는 제3항에 따라 주택건설사업계획의 승인을 받으려는 자는 해당 주택

건설대지의 소유권을 확보하여야 한다. 다만, 다음 각 호의 어느 하나에 해당하는 경우에는 그러하지 아니하다. <개정 2020.1.23.>

1. 「국토의 계획 및 이용에 관한 법률」 제49조에 따른 지구단위계획(이하 "지구단위계획"이라 한다)의 결정(제19조제1항제5호에 따라 의제되는 경우를 포함한다)이 필요한 주택건설사업의 해당 대지면적의 80퍼센트 이상을 사용할 수 있는 권원(權原)[제5조제2항에 따라 등록사업자와 공동으로 사업을 시행하는 주택조합(리모델링주택조합은 제외한다)의 경우에는 95퍼센트 이상의 소유권을 말한다. 이하 이 조, 제22조 및 제23조에서 같다]을 확보하고(국공유지가 포함된 경우에는 해당 토지의 관리청이 해당 토지를 사업주체에게 매각하거나 양여할 것을 확인한 서류를 사업계획승인권자에게 제출하는 경우에는 확보한 것으로 본다), 확보하지 못한 대지가 제22조 및 제23조에 따른 매도청구 대상이 되는 대지에 해당하는 경우

2. 사업주체가 주택건설대지의 소유권을 확보하지 못하였으나 그 대지를 사용할 수 있는 권원을 확보한 경우

3. 국가·지방자치단체·한국토지주택공사 또는 지방공사가 주택건설사업을 하는 경우

4. 제66조제2항에 따라 리모델링 결의를 한 리모델링주택조합이 제22조제2항에 따라 매도청구를 하는 경우

② 사업주체가 제16조제2항에 따라 신고한 후 공사를 시작하려는 경우 사업계획승인을 받은 해당 주택건설대지에 제22조 및 제23조에 따른 매도청구 대상이 되는 대지가 포함되어 있으면 해당 매도청구 대상 대지에 대하여는 그 대지의 소유자가 매도에 대하여 합의를 하거나 매도청구에 관한 법원의 승소판결(판결이 확정될 것을 요하지 아니한다)을 받은 경우에만 공사를 시작할 수 있다. <개정 2020.6.9.>

8] 매도청구 등(제22조)

① 제21조제1항제1호에 따라 사업계획승인을 받은 사업주체는 다음 각 호에 따라 해당 주택건설대지 중 사용할 수 있는 권원을 확보하지 못한 대지(건축물을 포함한다. 이하 이 조 및 제23조에서 같다)의 소유자에게 그 대지를 시가(市價)로 매도할 것을 청구할 수 있다. 이 경우 매도청구 대상이 되는 대지의 소유자와 매도청구를 하기 전에 3개월 이상 협의를 하여야 한다.

1. 주택건설대지면적의 95퍼센트 이상의 사용권원을 확보한 경우: 사용권원을 확보하지 못한 대지의 모든 소유자에게 매도청구 가능

2. 제1호 외의 경우: 사용권원을 확보하지 못한 대지의 소유자 중 지구단위계획구역 결정 고시일 10년 이전에 해당 대지의 소유권을 취득하여 계속 보유하고 있는 자(대지의 소유기간을 산정할 때 대지소유자가 직계존속·직계비속 및 배우자로부터 상속받아 소유권을 취득한 경우에는 피상속인의 소유기간을 합산한다)를 제외한 소유자에게 매도청구 가능

② 제1항에도 불구하고 제66조제2항에 따른 리모델링의 허가를 신청하기 위한 동의율을 확보한 경우 리모델링 결의를 한 리모델링주택조합은 그 리모델링 결의에 찬성하지 아니하는 자의 주택 및 토지에 대하여 매도청구를 할 수 있다.<개정 2020.1.23.>

③ 제1항 및 제2항에 따른 매도청구에 관하여는 「집합건물의 소유 및 관리에 관한 법률」 제48조를 준용한다. 이 경우 구분소유권 및 대지사용권은 주택건설사업 또는 리모델링

사업의 매도청구의 대상이 되는 건축물 또는 토지의 소유권과 그 밖의 권리로 본다.

9] 소유자를 확인하기 곤란한 대지 등에 대한 처분(제23조), [시행일 : 2020.7.8.] 제23조

① 제21조제1항제1호에 따라 사업계획승인을 받은 사업주체는 해당 주택건설대지 중 사용할 수 있는 권원을 확보하지 못한 대지의 소유자가 있는 곳을 확인하기가 현저히 곤란한 경우에는 전국적으로 배포되는 둘 이상의 일간신문에 두 차례 이상 공고하고, 공고한 날부터 30일 이상이 지났을 때에는 제22조에 따른 매도청구 대상의 대지로 본다.

② 사업주체는 제1항에 따른 매도청구 대상 대지의 감정평가액에 해당하는 금액을 법원에 공탁(供託)하고 주택건설사업을 시행할 수 있다.

③ 제2항에 따른 대지의 감정평가액은 사업계획승인권자가 추천하는 「감정평가 및 감정평가사에 관한 법률」에 따른 감정평가법인등 2인 이상이 평가한 금액을 산술평균하여 산정한다. <개정 2016.1.19., 2020.4.7.>

10] 토지에의 출입 등(제24조)

① 국가·지방자치단체·한국토지주택공사 및 지방공사인 사업주체가 사업계획의 수립을 위한 조사 또는 측량을 하려는 경우와 국민주택사업을 시행하기 위하여 필요한 경우에는 다음 각 호의 행위를 할 수 있다.

1. 타인의 토지에 출입하는 행위

2. 특별한 용도로 이용되지 아니하고 있는 타인의 토지를 재료적치장 또는 임시도로로 일시 사용하는 행위

3. 특히 필요한 경우 죽목(竹木)·토석이나 그 밖의 장애물을 변경하거나 제거하는 행위

② 제1항에 따른 사업주체가 국민주택을 건설하거나 국민주택을 건설하기 위한 대지를 조성하는 경우에는 토지나 토지에 정착한 물건 및 그 토지나 물건에 관한 소유권 외의 권리(이하 "토지등"이라 한다)를 수용하거나 사용할 수 있다.

③ 제1항의 경우에는 「국토의 계획 및 이용에 관한 법률」 제130조제2항부터 제9항까지 및 같은 법 제144조제1항제2호·제3호를 준용한다. 이 경우 "도시·군계획시설사업의 시행자"는 "사업주체"로, "제130조제1항"은 "이 법 제24조제1항"으로 본다.

11] 토지에의 출입 등에 따른 손실보상(제25조)

① 제24조제1항에 따른 행위로 인하여 손실을 입은 자가 있는 경우에는 그 행위를 한 사업주체가 그 손실을 보상하여야 한다.

② 제1항에 따른 손실보상에 관하여는 그 손실을 보상할 자와 손실을 입은 자가 협의하여야 한다.

③ 손실을 보상할 자 또는 손실을 입은 자는 제2항에 따른 협의가 성립되지 아니하거나 협의를 할 수 없는 경우에는 「공익사업을 위한 토지 등의 취득 및 보상에 관한 법률」에 따른 관할 토지수용위원회에 재결(裁決)을 신청할 수 있다.

④ 제3항에 따른 관할 토지수용위원회의 재결에 관하여는 「공익사업을 위한 토지 등의 취득 및 보상에 관한 법률」 제83조부터 제87조까지의 규정을 준용한다.

12] 토지매수 업무 등의 위탁(제26조)

① 국가 또는 한국토지주택공사인 사업주체는 주택건설사업 또는 대지조성사업을 위한 토지

매수 업무와 손실보상 업무를 대통령령으로 정하는 바에 따라 관할 지방자치단체의 장에게 위탁할 수 있다.

② 사업주체가 제1항에 따라 토지매수 업무와 손실보상 업무를 위탁할 때에는 그 토지매수 금액과 손실보상 금액의 2퍼센트의 범위에서 대통령령으로 정하는 요율의 위탁수수료를 해당 지방자치단체에 지급하여야 한다.

13] 「공익사업을 위한 토지 등의 취득 및 보상에 관한 법률」의 준용(제27조)

① 제24조제2항에 따라 토지등을 수용하거나 사용하는 경우 이 법에 규정된 것 외에는 「공익사업을 위한 토지 등의 취득 및 보상에 관한 법률」을 준용한다.

② 제1항에 따라 「공익사업을 위한 토지 등의 취득 및 보상에 관한 법률」을 준용하는 경우에는" 「공익사업을 위한 토지 등의 취득 및 보상에 관한 법률」 제20조제1항에 따른 사업인정"을 "제15조에 따른 사업계획승인"으로 본다. 다만, 재결신청은 「공익사업을 위한 토지 등의 취득 및 보상에 관한 법률」 제23조제1항 및 제28조제1항에도 불구하고 사업계획승인을 받은 주택건설사업 기간 이내에 할 수 있다.

14] 간선시설의 설치 및 비용의 상환(제28조)

① 사업주체가 대통령령으로 정하는 호수 이상의 주택건설사업을 시행하는 경우 또는 대통령령으로 정하는 면적 이상의 대지조성사업을 시행하는 경우 다음 각 호에 해당하는 자는 각각 해당 간선시설을 설치하여야 한다. 다만, 제1호에 해당하는 시설로서 사업주체가 제15조제1항 또는 제3항에 따른 주택건설사업계획 또는 대지조성사업계획에 포함하여 설치하려는 경우에는 그러하지 아니하다.

1. 지방자치단체: 도로 및 상·하수도시설
2. 해당 지역에 전기·통신·가스 또는 난방을 공급하는 자: 전기시설·통신시설·가스시설 또는 지역난방시설
3. 국가 : 우체통

② 제1항 각 호에 따른 간선시설은 특별한 사유가 없으면 제49조제1항에 따른 사용검사일까지 설치를 완료하여야 한다.

③ 제1항에 따른 간선시설의 설치 비용은 설치의무자가 부담한다. 이 경우 제1항제1호에 따른 간선시설의 설치비용은 그 비용의 50퍼센트의 범위에서 국가가 보조할 수 있다.

④ 제3항에도 불구하고 제1항의 전기간선시설을 지중선로(地中線路)로 설치하는 경우에는 전기를 공급하는 자와 지중에 설치할 것을 요청하는 자가 각각 50퍼센트의 비율로 그 설치비용을 부담한다. 다만, 사업지구 밖의 기간시설로부터 그 사업지구 안의 가장 가까운 주택단지(사업지구 안에 1개의 주택단지가 있는 경우에는 그 주택단지를 말한다)의 경계선까지 전기간선시설을 설치하는 경우에는 전기를 공급하는 자가 부담한다.

⑤ 지방자치단체는 사업주체가 자신의 부담으로 제1항제1호에 해당하지 아니하는 도로 또는 상하수도시설(해당 주택건설사업 또는 대지조성사업과 직접적으로 관련이 있는 경우로 한정한다)의 설치를 요청할 경우에는 이에 따를 수 있다.

⑥ 제1항에 따른 간선시설의 종류별 설치 범위는 대통령령으로 정한다.

⑦ 간선시설 설치의무자가 제2항의 기간까지 간선시설의 설치를 완료하지 못할 특별한 사유가 있는 경우에는 사업주체가 그 간선시설을 자기부담으로 설치하고 간선시설 설치의무자에게

그 비용의 상환을 요구할 수 있다.

⑧ 제7항에 따른 간선시설 설치 비용의 상환 방법 및 절차 등에 필요한 사항은 대통령령으로 정한다.

15] 공공시설의 귀속 등(제29조)

① 사업주체가 제15조제1항 또는 제3항에 따라 사업계획승인을 받은 사업지구의 토지에 새로 공공시설을 설치하거나 기존의 공공시설에 대체되는 공공시설을 설치하는 경우 그 공공시설의 귀속에 관하여는 「국토의 계획 및 이용에 관한 법률」 제65조 및 제99조를 준용한다. 이 경우 "개발행위허가를 받은 자"는 "사업주체"로, "개발행위허가"는 "사업계획승인"으로, "행정청인 시행자"는 "한국토지주택공사 및 지방공사"로 본다.

② 제1항 후단에 따라 행정청인 시행자로 보는 한국토지주택공사 및 지방공사는 해당 공사에 귀속되는 공공시설을 해당 국민주택사업을 시행하는 목적 외로는 사용하거나 처분할 수 없다.

16] 국공유지 등의 우선 매각 및 임대(제30조)

① 국가 또는 지방자치단체는 그가 소유하는 토지를 매각하거나 임대하는 경우에는 다음 각 호의 어느 하나의 목적으로 그 토지의 매수 또는 임차를 원하는 자가 있으면 그에게 우선적으로 그 토지를 매각하거나 임대할 수 있다.

1. 국민주택규모의 주택을 대통령령으로 정하는 비율 이상으로 건설하는 주택의 건설
2. 주택조합이 건설하는 주택(이하 "조합주택"이라 한다)의 건설
3. 제1호 또는 제2호의 주택을 건설하기 위한 대지의 조성

② 국가 또는 지방자치단체는 제1항에 따라 국가 또는 지방자치단체로부터 토지를 매수하거나 임차한 자가 그 매수일 또는 임차일부터 2년 이내에 국민주택규모의 주택 또는 조합주택을 건설하지 아니하거나 그 주택을 건설하기 위한 대지조성사업을 시행하지 아니한 경우에는 환매(還買)하거나 임대계약을 취소할 수 있다.

17] 환지 방식에 의한 도시개발사업으로 조성된 대지의 활용(제31조), [시행일 : 2020.7.8.] 제31조

① 사업주체가 국민주택용지로 사용하기 위하여 도시개발사업시행자[「도시개발법」에 따른 환지(換地) 방식에 의하여 사업을 시행하는 도시개발사업의 시행자를 말한다. 이하 이 조에서 같다]에게 체비지(替費地)의 매각을 요구한 경우 그 도시개발사업시행자는 대통령령으로 정하는 바에 따라 체비지의 총면적의 50퍼센트의 범위에서 이를 우선적으로 사업주체에게 매각할 수 있다.

② 제1항의 경우 사업주체가 「도시개발법」 제28조에 따른 환지계획의 수립 전에 체비지의 매각을 요구하면 도시개발사업시행자는 사업주체에게 매각할 체비지를 그 환지 계획에서 하나의 단지로 정하여야 한다.

③ 제1항에 따른 체비지의 양도가격은 국토교통부령으로 정하는 바에 따라 「감정평가 및 감정평가사에 관한 법률」에 따른 감정평가법인등이 감정평가한 감정가격을 기준으로 한다. 다만, 임대주택을 건설하는 경우 등 국토교통부령으로 정하는 경우에는 국토교통부령으로 정하는 조성원가를 기준으로 할 수 있다. <개정 2016.1.19., 2020.4.7.>

18] 서류의 열람(제32조)

국민주택을 건설·공급하는 사업주체는 주택건설사업 또는 대지조성사업을 시행할 때 필요한

경우에는 등기소나 그 밖의 관계 행정기관의 장에게 필요한 서류의 열람·등사나 그 등본 또는 초본의 발급을 무료로 청구할 수 있다.

제4절 주택의 건설

1] 주택의 설계 및 시공(제33조)

① 제15조에 따른 사업계획승인을 받아 건설되는 주택(부대시설과 복리시설을 포함한다. 이하 이 조, 제49조, 제54조 및 제61조에서 같다)을 설계하는 자는 대통령령으로 정하는 설계도서 작성기준에 맞게 설계하여야 한다.

② 제1항에 따른 주택을 시공하는 자(이하 "시공자"라 한다)와 사업주체는 설계도서에 맞게 시공하여야 한다.

2] 주택건설공사의 시공 제한 등(제34조) [시행일 : 2019.11.1.] 제34조

① 제15조에 따른 사업계획승인을 받은 주택의 건설공사는 「건설산업기본법」 제9조에 따른 **건설사업자**로서 대통령령으로 정하는 자 또는 제7조에 따라 **건설사업자**로 간주하는 등록 사업자가 아니면 이를 시공할 수 없다. <개정 2019.4.30.>

② 공동주택의 방수·위생 및 냉난방 설비공사는 「건설산업기본법」 제9조에 따른 **건설사업자**로서 대통령령으로 정하는 자(특정열사용기자재를 설치·시공하는 경우에는 「에너지이용 합리화법」에 따른 시공업자를 말한다)가 아니면 이를 시공할 수 없다.<개정 2019.4.30.>

③ 국가 또는 지방자치단체인 사업주체는 제15조에 따른 사업계획승인을 받은 주택건설공사의 설계와 시공을 분리하여 발주하여야 한다. 다만, 주택건설공사 중 대통령령으로 정하는 대형공사로서 기술관리상 설계와 시공을 분리하여 발주할 수 없는 공사의 경우에는 대통령령으로 정하는 입찰방법으로 시행할 수 있다.

3] 주택건설기준 등(제35조)

① 사업주체가 건설·공급하는 주택의 건설 등에 관한 다음 각 호의 기준(이하 "주택건설기준등"이라 한다)은 대통령령으로 정한다.
  1. 주택 및 시설의 배치, 주택과의 복합건축 등에 관한 주택건설기준
  2. 세대 간의 경계벽, 바닥충격음 차단구조, 구조내력(構造耐力) 등 주택의 구조·설비기준
  3. 부대시설의 설치기준
  4. 복리시설의 설치기준
  5. 대지조성기준
  6. 주택의 규모 및 규모별 건설비율

② 지방자치단체는 그 지역의 특성, 주택의 규모 등을 고려하여 주택건설기준등의 범위에서 조례로 구체적인 기준을 정할 수 있다.

③ 사업주체는 제1항의 주택건설기준등 및 제2항의 기준에 따라 주택건설사업 또는 대지 조성사업을 시행하여야 한다.

4] 도시형 생활주택의 건설기준(제36조)

① 사업주체(「건축법」 제2조제12호에 따른 건축주를 포함한다)가 도시형 생활주택을 건설 하려는 경우에는 「국토의 계획 및 이용에 관한 법률」에 따른 도시지역에 대통령령으로

정하는 유형과 규모 등에 적합하게 건설하여야 한다.

② 하나의 건축물에는 도시형 생활주택과 그 밖의 주택을 복합하여 건축할 수 없다. 다만, 대통령령으로 정하는 요건을 갖춘 경우에는 그러하지 아니하다.

5] 에너지절약형 친환경주택 등의 건설기준(제37조)

① 사업주체가 제15조에 따른 사업계획승인을 받아 주택을 건설하려는 경우에는 에너지 고효율 설비기술 및 자재 적용 등 대통령령으로 정하는 바에 따라 에너지절약형 친환경 주택으로 건설하여야 한다. 이 경우 사업주체는 제15조에 따른 서류에 에너지절약형 친환경주택 건설기준 적용 현황 등 대통령령으로 정하는 서류를 첨부하여야 한다.

② 사업주체가 대통령령으로 정하는 호수 이상의 주택을 건설하려는 경우에는 친환경 건축 자재 사용 등 대통령령으로 정하는 바에 따라 건강친화형 주택으로 건설하여야 한다.

6] 장수명 주택의 건설기준 및 인증제도 등(제38조)

① 국토교통부장관은 장수명 주택의 건설기준을 정하여 고시할 수 있다.

② 국토교통부장관은 장수명 주택의 공급 활성화를 유도하기 위하여 제1항의 건설기준에 따라 장수명 주택 인증제도를 시행할 수 있다.

③ 사업주체가 대통령령으로 정하는 호수 이상의 주택을 공급하고자 하는 때에는 제2항의 인증제도에 따라 대통령령으로 정하는 기준 이상의 등급을 인정받아야 한다.

④ 국가, 지방자치단체 및 공공기관의 장은 장수명 주택을 공급하는 사업주체 및 장수명 주택 취득자에게 법률 등에서 정하는 바에 따라 행정상·세제상의 지원을 할 수 있다.

⑤ 국토교통부장관은 제2항의 인증제도를 시행하기 위하여 인증기관을 지정하고 관련 업무를 위탁할 수 있다.

⑥ 제2항의 인증제도의 운영과 관련하여 인증기준, 인증절차, 수수료 등은 국토교통부령으로 정한다.

⑦ 제2항의 인증제도에 따라 국토교통부령으로 정하는 기준 이상의 등급을 인정받은 경우 「국토의 계획 및 이용에 관한 법률」에도 불구하고 대통령령으로 정하는 범위에서 건폐율·용적률·높이제한을 완화할 수 있다.

7] 공동주택성능등급의 표시(제39조)

사업주체가 대통령령으로 정하는 호수 이상의 공동주택을 공급할 때에는 주택의 성능 및 품질을 입주자가 알 수 있도록 「녹색건축물 조성 지원법」에 따라 다음 각 호의 공동주택 성능에 대한 등급을 발급받아 국토교통부령으로 정하는 방법으로 입주자 모집공고에 표시하여야 한다.

1. 경량충격음·중량충격음·화장실소음·경계소음 등 소음 관련 등급
2. 리모델링 등에 대비한 가변성 및 수리 용이성 등 구조 관련 등급
3. 조경·일조확보율·실내공기질·에너지절약 등 환경 관련 등급
4. 커뮤니티시설, 사회적 약자 배려, 홈네트워크, 방범안전 등 생활환경 관련 등급
5. 화재·소방·피난안전 등 화재·소방 관련 등급

8] 환기시설의 설치 등(제40조)

사업주체는 공동주택의 실내 공기의 원활한 환기를 위하여 대통령령으로 정하는 기준에 따라 환기시설을 설치하여야 한다.

9] 바닥충격음 성능등급 인정 등(제41조)

① 국토교통부장관은 제35조제1항제2호에 따른 주택건설기준 중 공동주택 바닥충격음 차단구조의 성능등급을 대통령령으로 정하는 기준에 따라 인정하는 기관(이하 "바닥충격음 성능등급 인정기관"이라 한다)을 지정할 수 있다.

② 바닥충격음 성능등급 인정기관은 성능등급을 인정받은 제품(이하 "인정제품"이라 한다)이 다음 각 호의 어느 하나에 해당하면 그 인정을 취소할 수 있다. 다만, 제1호에 해당하는 경우에는 그 인정을 취소하여야 한다.
  1. 거짓이나 그 밖의 부정한 방법으로 인정받은 경우
  2. 인정받은 내용과 다르게 판매·시공한 경우
  3. 인정제품이 국토교통부령으로 정한 품질관리기준을 준수하지 아니한 경우
  4. 인정의 유효기간을 연장하기 위한 시험결과를 제출하지 아니한 경우

③ 제1항에 따른 바닥충격음 차단구조의 성능등급 인정의 유효기간 및 성능등급 인정에 드는 수수료 등 바닥충격음 차단구조의 성능등급 인정에 필요한 사항은 대통령령으로 정한다.

④ 바닥충격음 성능등급 인정기관의 지정 요건 및 절차 등은 대통령령으로 정한다.

⑤ 국토교통부장관은 바닥충격음 성능등급 인정기관이 다음 각 호의 어느 하나에 해당하는 경우 그 지정을 취소할 수 있다. 다만, 제1호에 해당하는 경우에는 그 지정을 취소하여야 한다.
  1. 거짓이나 그 밖의 부정한 방법으로 바닥충격음 성능등급 인정기관으로 지정을 받은 경우
  2. 제1항에 따른 바닥충격음 차단구조의 성능등급의 인정기준을 위반하여 업무를 수행한 경우
  3. 제4항에 따른 바닥충격음 성능등급 인정기관의 지정 요건에 맞지 아니한 경우
  4. 정당한 사유없이 2년 이상 계속하여 인정업무를 수행하지 아니한 경우

⑥ 국토교통부장관은 바닥충격음 성능등급 인정기관에 대하여 성능등급의 인정현황 등 업무에 관한 자료를 제출하게 하거나 소속 공무원에게 관련 서류 등을 검사하게 할 수 있다.

⑦ 제6항에 따라 검사를 하는 공무원은 그 권한을 나타내는 증표를 지니고 이를 관계인에게 내보여야 한다.

10] 소음방지대책의 수립(제42조)

① 사업계획승인권자는 주택의 건설에 따른 소음의 피해를 방지하고 주택건설 지역 주민의 평온한 생활을 유지하기 위하여 주택건설사업을 시행하려는 사업주체에게 대통령령으로 정하는 바에 따라 소음방지대책을 수립하도록 하여야 한다.

② 사업계획승인권자는 대통령령으로 정하는 주택건설 지역이 도로와 인접한 경우에는 해당 도로의 관리청과 소음방지대책을 미리 협의하여야 한다. 이 경우 해당 도로의 관리청은 소음 관계 법률에서 정하는 소음기준 범위에서 필요한 의견을 제시할 수 있다.

③ 제1항에 따른 소음방지대책 수립에 필요한 실외소음도와 실외소음도를 측정하는 기준은 대통령령으로 정한다.

④ 국토교통부장관은 제3항에 따른 실외소음도를 측정할 수 있는 측정기관(이하 "실외소음도 측정기관"이라 한다)을 지정할 수 있다.

⑤ 국토교통부장관은 실외소음도 측정기관이 다음 각 호의 어느 하나에 해당하는 경우에는 그 지정을 취소할 수 있다. 다만, 제1호에 해당하는 경우 그 지정을 취소하여야 한다.

1. 거짓이나 그 밖의 부정한 방법으로 실외소음도 측정기관으로 지정을 받은 경우

2. 제3항에 따른 실외소음도 측정기준을 위반하여 업무를 수행한 경우

3. 제6항에 따른 실외소음도 측정기관의 지정 요건에 미달하게 된 경우

⑥ 실외소음도 측정기관의 지정 요건, 측정에 소요되는 수수료 등 실외소음도 측정에 필요한 사항은 대통령령으로 정한다.

제5절 주택의 감리 및 사용검사

1] 주택의 감리자 지정 등(제43조)

① 사업계획승인권자가 제15조제1항 또는 제3항에 따른 주택건설사업계획을 승인하였을 때와 시장·군수·구청장이 제66조제1항 또는 제2항에 따른 리모델링의 허가를 하였을 때에는 「건축사법」 또는 「건설기술 진흥법」에 따른 감리자격이 있는 자를 대통령령으로 정하는 바에 따라 해당 주택건설공사의 감리자로 지정하여야 한다. 다만, 사업주체가 국가·지방자치단체·한국토지주택공사·지방공사 또는 대통령령으로 정하는 자인 경우와 「건축법」 제25조에 따라 공사감리를 하는 도시형 생활주택의 경우에는 그러하지 아니하다. <개정 2018.3.13.>

② 사업계획승인권자는 감리자가 감리자의 지정에 관한 서류를 부정 또는 거짓으로 제출하거나, 업무 수행 중 위반 사항이 있음을 알고도 묵인하는 등 대통령령으로 정하는 사유에 해당하는 경우에는 감리자를 교체하고, 그 감리자에 대하여는 1년의 범위에서 감리업무의 지정을 제한할 수 있다.

③ 사업주체(제66조제1항 또는 제2항에 따른 리모델링의 허가만 받은 자도 포함한다. 이하 이 조, 제44조 및 제47조에서 같다)와 감리자 간의 책임 내용 및 범위는 이 법에서 규정한 것 외에는 당사자 간의 계약으로 정한다. <개정 2018.3.13.>

④ 국토교통부장관은 제3항에 따른 계약을 체결할 때 사업주체와 감리자 간에 공정하게 계약이 체결되도록 하기 위하여 감리용역표준계약서를 정하여 보급할 수 있다.

2] 감리자의 업무 등(제44조)

① 감리자는 자기에게 소속된 자를 대통령령으로 정하는 바에 따라 감리원으로 배치하고, 다음 각 호의 업무를 수행하여야 한다.

1. 시공자가 설계도서에 맞게 시공하는지 여부의 확인

2. 시공자가 사용하는 건축자재가 관계 법령에 따른 기준에 맞는 건축자재인지 여부의 확인

3. 주택건설공사에 대하여 「건설기술 진흥법」 제55조에 따른 품질시험을 하였는지 여부의 확인

4. 시공자가 사용하는 마감자재 및 제품이 제54조제3항에 따라 사업주체가 시장·군수·구청장에게 제출한 마감자재 목록표 및 영상물 등과 동일한지 여부의 확인

5. 그 밖에 주택건설공사의 시공감리에 관한 사항으로서 대통령령으로 정하는 사항

② 감리자는 제1항 각 호에 따른 업무의 수행 상황을 국토교통부령으로 정하는 바에 따라 사업계획승인권자(제66조제1항 또는 제2항에 따른 리모델링의 허가만 받은 경우는 허가권자를 말한다. 이하 이 조, 제45조, 제47조 및 제48조에서 같다) 및 사업주체에게 보고하여야 한다. <개정 2018.3.13.>

③ 감리자는 제1항 각 호의 업무를 수행하면서 위반 사항을 발견하였을 때에는 지체없이 시공자 및 사업주체에게 위반 사항을 시정할 것을 통지하고, 7일 이내에 사업계획승인권자에게 그 내용을 보고하여야 한다.

④ 시공자 및 사업주체는 제3항에 따른 시정 통지를 받은 경우에는 즉시 해당 공사를 중지하고 위반 사항을 시정한 후 감리자의 확인을 받아야 한다. 이 경우 감리자의 시정 통지에 이의가 있을 때에는 즉시 그 공사를 중지하고 사업계획승인권자에게 서면으로 이의신청을 할 수 있다.

⑤ 제43조제1항에 따른 감리자의 지정 방법 및 절차와 제4항에 따른 이의신청의 처리 등에 필요한 사항은 대통령령으로 정한다.

⑥ 사업주체는 제43조제3항의 계약에 따른 공사감리비를 국토교통부령으로 정하는 바에 따라 사업계획승인권자에게 예치하여야 한다. <신설 2018.3.13.>

⑦ 사업계획승인권자는 제6항에 따라 예치받은 공사감리비를 감리자에게 국토교통부령으로 정하는 절차 등에 따라 지급하여야 한다. <개정 2018.3.13.>

3] 감리자의 업무 협조(제45조)

① 감리자는 「전력기술관리법」 제14조의2, 「정보통신공사업법」 제8조, 「소방시설공사업법」 제17조에 따라 감리업무를 수행하는 자(이하 "다른 법률에 따른 감리자"라 한다)와 서로 협력하여 감리업무를 수행하여야 한다.

② 다른 법률에 따른 감리자는 공정별 감리계획서 등 대통령령으로 정하는 자료를 감리자에게 제출하여야 하며, 감리자는 제출된 자료를 근거로 다른 법률에 따른 감리자와 협의하여 전체 주택건설공사에 대한 감리계획서를 작성하여 감리업무를 착수하기 전에 사업계획승인권자에게 보고하여야 한다.

③ 감리자는 주택건설공사의 품질·안전 관리 및 원활한 공사 진행을 위하여 다른 법률에 따른 감리자에게 공정 보고 및 시정을 요구할 수 있으며, 다른 법률에 따른 감리자는 요청에 따라야 한다.

4] 건축구조기술사와의 협력(제46조)

① 수직증축형 리모델링(세대수가 증가되지 아니하는 리모델링을 포함한다. 이하 같다)의 감리자는 감리업무 수행 중에 다음 각 호의 어느 하나에 해당하는 사항이 확인된 경우에는 「국가기술자격법」에 따른 건축구조기술사(해당 건축물의 리모델링 구조설계를 담당한 자를 말하며, 이하 "건축구조기술사"라 한다)의 협력을 받아야 한다. 다만, 구조설계를 담당한 건축구조기술사가 사망하는 등 대통령령으로 정하는 사유로 감리자가 협력을 받을 수 없는 경우에는 대통령령으로 정하는 건축구조기술사의 협력을 받아야 한다.

1. 수직증축형 리모델링 허가 시 제출한 구조도 또는 구조계산서와 다르게 시공하고자 하는 경우

2. 내력벽(耐力壁), 기둥, 바닥, 보 등 건축물의 주요 구조부에 대하여 수직증축형 리모델링 허가 시 제출한 도면보다 상세한 도면 작성이 필요한 경우

3. 내력벽, 기둥, 바닥, 보 등 건축물의 주요 구조부의 철거 또는 보강 공사를 하는 경우로서 국토교통부령으로 정하는 경우

4. 그 밖에 건축물의 구조에 영향을 미치는 사항으로서 국토교통부령으로 정하는 경우

② 제1항에 따라 감리자에게 협력한 건축구조기술사는 분기별 감리보고서 및 최종 감리보고

서에 감리자와 함께 서명날인하여야 한다.

③ 제1항에 따라 협력을 요청받은 건축구조기술사는 독립되고 공정한 입장에서 성실하게 업무를 수행하여야 한다.

④ 수직증축형 리모델링을 하려는 자는 제1항에 따라 감리자에게 협력한 건축구조기술사에게 적정한 대가를 지급하여야 한다.

5] 부실감리자 등에 대한 조치(제47조)

사업계획승인권자는 제43조 및 제44조에 따라 지정·배치된 감리자 또는 감리원(다른 법률에 따른 감리자 또는 그에게 소속된 감리원을 포함한다)이 그 업무를 수행할 때 고의 또는 중대한 과실로 감리를 부실하게 하거나 관계 법령을 위반하여 감리를 함으로써 해당 사업주체 또는 입주자 등에게 피해를 입히는 등 주택건설공사가 부실하게 된 경우에는 그 감리자의 등록 또는 감리원의 면허나 그 밖의 자격인정 등을 한 행정기관의 장에게 등록말소·면허취소·자격정지·영업정지나 그 밖에 필요한 조치를 하도록 요청할 수 있다.

6] 감리자에 대한 실태점검 등(제48조)

① 사업계획승인권자는 주택건설공사의 부실방지, 품질 및 안전 확보를 위하여 해당 주택건설공사의 감리자를 대상으로 각종 시험 및 자재확인 업무에 대한 이행 실태 등 대통령령으로 정하는 사항에 대하여 실태점검(이하 "실태점검"이라 한다)을 실시할 수 있다.

② 사업계획승인권자는 실태점검 결과 제44조제1항에 따른 감리업무의 소홀이 확인된 경우에는 시정명령을 하거나, 제43조제2항에 따라 감리자 교체를 하여야 한다.

③ 사업계획승인권자는 실태점검에 따른 감리자에 대한 시정명령 또는 교체지시 사실을 국토교통부령으로 정하는 바에 따라 국토교통부장관에게 보고하여야 하며, 국토교통부장관은 해당 내용을 종합관리하여 제43조제1항에 따른 감리자 지정에 관한 기준에 반영할 수 있다.

7] 제48조의2(사전방문 등) [본조신설 2020.1.23.], [시행일 : 2021.1.24.] 제48조의2

① 사업주체는 제49조제1항에 따른 사용검사를 받기 전에 입주예정자가 해당 주택을 방문하여 공사 상태를 미리 점검(이하 "사전방문"이라 한다)할 수 있게 하여야 한다.

② 입주예정자는 사전방문 결과 하자[공사상 잘못으로 인하여 균열·침하(沈下)·파손·들뜸·누수 등이 발생하여 안전상·기능상 또는 미관상의 지장을 초래할 정도의 결함을 말한다. 이하 같다]가 있다고 판단하는 경우 사업주체에게 보수공사 등 적절한 조치를 해줄 것을 요청할 수 있다.

③ 제2항에 따라 하자(제4항에 따라 사용검사권자가 하자가 아니라고 확인한 사항은 제외한다)에 대한 조치 요청을 받은 사업주체는 대통령령으로 정하는 바에 따라 보수공사 등 적절한 조치를 하여야 한다. 이 경우 입주예정자가 조치를 요청한 하자 중 대통령령으로 정하는 중대한 하자는 대통령령으로 정하는 특별한 사유가 없으면 사용검사를 받기 전까지 조치를 완료하여야 한다.

④ 제3항에도 불구하고 입주예정자가 요청한 사항이 하자가 아니라고 판단하는 사업주체는 대통령령으로 정하는 바에 따라 제49조제1항에 따른 사용검사를 하는 시장·군수·구청장(이하 "사용검사권자"라 한다)에게 하자 여부를 확인해줄 것을 요청할 수 있다. 이 경우

사용검사권자는 제48조의3에 따른 공동주택 품질점검단의 자문을 받는 등 대통령령으로 정하는 바에 따라 하자 여부를 확인할 수 있다.

⑤ 사업주체는 제3항에 따라 조치한 내용 및 제4항에 따라 하자가 아니라고 확인받은 사실 등을 대통령령으로 정하는 바에 따라 입주예정자 및 사용검사권자에게 알려야 한다.

⑥ 국토교통부장관은 사전방문에 필요한 표준양식을 정하여 보급하고 활용하게 할 수 있다.

⑦ 제2항에 따라 보수공사 등 적절한 조치가 필요한 하자의 구체적인 기준 등에 관한 사항은 대통령령으로 정하고, 제1항부터 제6항까지에서 규정한 사항 외에 사전방문의 절차 및 방법 등에 관한 사항은 국토교통부령으로 정한다.

8] 제48조의3(품질점검단의 설치 및 운영 등) [본조신설 2020.1.23.]

① 시·도지사는 제48조의2에 따른 사전방문을 실시하고 제49조제1항에 따른 사용검사를 신청하기 전에 공동주택의 품질을 점검하여 사업계획의 내용에 적합한 공동주택이 건설되도록 할 목적으로 주택 관련 분야 등의 전문가로 구성된 공동주택 품질점검단(이하 "품질점검단"이라 한다)을 설치·운영할 수 있다. 이 경우 시·도지사는 품질점검단의 설치·운영에 관한 사항을 조례로 정하는 바에 따라 대도시 시장에게 위임할 수 있다.

② 품질점검단은 대통령령으로 정하는 규모 및 범위 등에 해당하는 공동주택의 건축·구조·안전·품질관리 등에 대한 시공품질을 대통령령으로 정하는 바에 따라 점검하여 그 결과를 시·도지사(제1항 후단의 경우에는 대도시 시장을 말한다)와 사용검사권자에게 제출하여야 한다.

③ 사업주체는 제2항에 따른 품질점검단의 점검에 협조하여야 하며 이에 따르지 아니하거나 기피 또는 방해해서는 아니 된다.

④ 사용검사권자는 품질점검단의 시공품질 점검을 위하여 필요한 경우에는 사업주체, 감리자 등 관계자에게 공동주택의 공사현황 등 국토교통부령으로 정하는 서류 및 관련 자료의 제출을 요청할 수 있다. 이 경우 자료제출을 요청받은 자는 정당한 사유가 없으면 이에 따라야 한다.

⑤ 사용검사권자는 제2항에 따라 제출받은 점검결과를 제49조제1항에 따른 사용검사가 있은 날부터 2년 이상 보관하여야 하며, 입주자(입주예정자를 포함한다)가 관련 자료의 공개를 요구하는 경우에는 이를 공개하여야 한다.

⑥ 사용검사권자는 대통령령으로 정하는 바에 따라 제2항에 따른 품질점검단의 점검결과에 대한 사업주체의 의견을 청취한 후 하자가 있다고 판단하는 경우 보수·보강 등 필요한 조치를 명하여야 한다. 이 경우 대통령령으로 정하는 중대한 하자는 대통령령으로 정하는 특별한 사유가 없으면 사용검사를 받기 전까지 조치하도록 명하여야 한다.

⑦ 제6항에 따라 보수·보강 등의 조치명령을 받은 사업주체는 대통령령으로 정하는 바에 따라 조치를 하고, 그 결과를 사용검사권자에게 보고하여야 한다. 다만, 조치명령에 이의가 있는 사업주체는 사용검사권자에게 이의신청을 할 수 있다.

⑧ **사용검사권자는 공동주택의 시공품질 관리를 위하여 제48조의2에 따라 사업주체에게 통보받은 사전방문 후 조치결과, 제6항 및 제7항에 따른 조치명령, 조치결과, 이의신청 등에 관한 사항을 대통령령으로 정하는 정보시스템에 등록하여야 한다.** [시행일 : 2022.1.24.]

⑨ 제1항부터 제8항까지에서 규정한 사항 외에 품질점검단의 구성 및 운영, 이의신청 절차 및 이의신청에 따른 조치 등에 필요한 사항은 대통령령으로 정한다.

[시행일 : 2021.1.24.] 제48조의3제1항, 제48조의3제2항, 제48조의3제3항, 제48조의3제4항, 제48조의3제5항, 제48조의3제6항, 제48조의3제7항, 제48조의3제9항
[시행일 : 2022. 1. 24.] 제48조의3제8항

9] 사용검사 등(제49조) [시행일 : 2020.7.24.] 제49조

① 사업주체는 제15조에 따른 사업계획승인을 받아 시행하는 주택건설사업 또는 대지조성사업을 완료한 경우에는 주택 또는 대지에 대하여 국토교통부령으로 정하는 바에 따라 시장·군수·구청장(국가 또는 한국토지주택공사가 사업주체인 경우와 대통령령으로 정하는 경우에는 국토교통부장관을 말한다. 이하 이 조에서 같다)의 사용검사를 받아야 한다. 다만, 제15조제3항에 따라 사업계획을 승인받은 경우에는 완공된 주택에 대하여 공구별로 사용검사(이하 "분할 사용검사"라 한다)를 받을 수 있고, 사업계획승인 조건의 미이행 등 대통령령으로 정하는 사유가 있는 경우에는 공사가 완료된 주택에 대하여 동별로 사용검사(이하 "동별 사용검사"라 한다)를 받을 수 있다.

② 사업주체가 제1항에 따른 사용검사를 받았을 때에는 제19조제1항에 따라 의제되는 인·허가 등에 따른 해당 사업의 사용승인·준공검사 또는 준공인가 등을 받은 것으로 본다. 이 경우 사용검사권자는 미리 관계 행정기관의 장과 협의하여야 한다. <개정 2020.1.23.>

③ 제1항에도 불구하고 다음 각 호의 구분에 따라 해당 주택의 시공을 보증한 자, 해당 주택의 시공자 또는 입주예정자는 대통령령으로 정하는 바에 따라 사용검사를 받을 수 있다.

　1. 사업주체가 파산 등으로 사용검사를 받을 수 없는 경우에는 해당 주택의 시공을 보증한 자 또는 입주예정자

　2. 사업주체가 정당한 이유없이 사용검사를 위한 절차를 이행하지 아니하는 경우에는 해당 주택의 시공을 보증한 자, 해당 주택의 시공자 또는 입주예정자. 이 경우 사용검사권자는 사업주체가 사용검사를 받지 아니하는 정당한 이유를 밝히지 못하면 사용검사를 거부하거나 지연할 수 없다.

④ 사업주체 또는 입주예정자는 제1항에 따른 사용검사를 받은 후가 아니면 주택 또는 대지를 사용하게 하거나 이를 사용할 수 없다. 다만, 대통령령으로 정하는 경우로서 사용검사권자의 임시 사용승인을 받은 경우에는 그러하지 아니하다.

10] 사용검사 등의 특례에 따른 하자보수보증금 면제(제50조)

① 제49조제3항에 따라 사업주체의 파산 등으로 입주예정자가 사용검사를 받을 때에는 「공동주택관리법」 제38조제1항에도 불구하고 입주예정자의 대표회의가 사용검사권자에게 사용검사를 신청할 때 하자보수보증금을 예치하여야 한다.

② 제1항에 따라 입주예정자의 대표회의가 하자보수보증금을 예치할 경우 제49조제4항에도 불구하고 2015년 12월 31일 당시 제15조에 따른 사업계획승인을 받아 사실상 완공된 주택에 사업주체의 파산 등으로 제49조제1항 또는 제3항에 따른 사용검사를 받지 아니하고 무단으로 점유하여 거주(이하 이 조에서 "무단거주"라 한다)하는 입주예정자가 2016년 12월 31일까지 사용검사권자에게 사용검사를 신청할 때에는 다음 각 호의 구분에 따라 「공동주택관리법」 제38조제1항에 따른 하자보수보증금을 면제하여야 한다.<개정 20.6.9.>

　1. 무단거주한 날부터 1년이 지난 때: 10퍼센트

　2. 무단거주한 날부터 2년이 지난 때: 35퍼센트

3. 무단거주한 날부터 3년이 지난 때: 55퍼센트

4. 무단거주한 날부터 4년이 지난 때: 70퍼센트

5. 무단거주한 날부터 5년이 지난 때: 85퍼센트

6. 무단거주한 날부터 10년이 지난 때: 100퍼센트

③ 제2항 각 호의 무단거주한 날은 주택에 최초로 입주예정자가 입주한 날을 기산일로 한다. 이 경우 입주예정자가 입주한 날은 주민등록 신고일이나 전기, 수도요금 영수증 등으로 확인한다.

④ 제1항에 따라 무단 거주하는 입주예정자가 사용검사를 받았을 때에는 제49조제2항을 준용한다. 이 경우 "사업주체"를 "무단 거주하는 입주예정자"로 본다.

⑤ 제1항에 따라 입주예정자의 대표회의가 하자보수보증금을 예치한 경우 「공동주택관리법」 **제36조제3항**에 따른 담보책임기간은 제2항에 따라 면제받은 기간만큼 줄어드는 것으로 본다. <개정 2017.4.18.>

제6절 공업화주택의 인정 등

1] 공업화주택의 인정 등(제51조)

① 국토교통부장관은 다음 각 호의 어느 하나에 해당하는 부분을 국토교통부령으로 정하는 성능기준 및 생산기준에 따라 맞춤식 등 공업화공법으로 건설하는 주택을 공업화주택(이하 "공업화주택"이라 한다)으로 인정할 수 있다.

1. 주요 구조부의 전부 또는 일부

2. 세대별 주거 공간의 전부 또는 일부[거실(「건축법」 제2조제6호에 따른다)·화장실·욕조 등 일부로서의 기능이 가능한 단위 공간을 말한다]

② 국토교통부장관, 시·도지사 또는 시장·군수는 다음 각 호의 구분에 따라 주택을 건설하려는 자에 대하여 「건설산업기본법」 제9조제1항에도 불구하고 대통령령으로 정하는 바에 따라 해당 주택을 건설하게 할 수 있다.

1. 국토교통부장관 : 「건설기술 진흥법」 제14조에 따라 국토교통부장관이 고시한 새로운 건설기술을 적용하여 건설하는 공업화주택

2. 시·도지사 또는 시장·군수 : 공업화주택

③ 공업화주택의 인정에 필요한 사항은 대통령령으로 정한다.

2] 공업화주택의 인정취소(제52조)

국토교통부장관은 제51조제1항에 따라 공업화주택을 인정받은 자가 다음 각 호의 어느 하나에 해당하는 경우에는 공업화주택의 인정을 취소할 수 있다. 다만, 제1호에 해당하는 경우에는 그 인정을 취소하여야 한다.

1. 거짓이나 그 밖의 부정한 방법으로 인정을 받은 경우

2. 인정을 받은 기준보다 낮은 성능으로 공업화주택을 건설한 경우

3] 공업화주택의 건설 촉진(제53조)

① 국토교통부장관, 시·도지사 또는 시장·군수는 사업주체가 건설할 주택을 공업화주택으로 건설하도록 사업주체에게 권고할 수 있다.

② 공업화주택의 건설 및 품질 향상과 관련하여 국토교통부령으로 정하는 기술능력을 갖추고 있는 자가 공업화주택을 건설하는 경우에는 제33조·제43조·제44조 및 「건축사법」 제4조를 적용하지 아니한다.

제3장 주택의 공급 등

1] 주택의 공급(제54조) [시행일 : 2020.6.11.] 제54조

① 사업주체(「건축법」 제11조에 따른 건축허가를 받아 주택 외의 시설과 주택을 동일 건축물로 하여 제15조제1항에 따른 호수 이상으로 건설·공급하는 건축주와 제49조에 따라 사용검사를 받은 주택을 사업주체로부터 일괄하여 양수받은 자를 포함한다. 이하 이 장에서 같다)는 다음 각 호에서 정하는 바에 따라 주택을 건설·공급하여야 한다. 이 경우 국가유공자, 보훈보상대상자, 장애인, 철거주택의 소유자, 그 밖에 국토교통부령으로 정하는 대상자에게는 국토교통부령으로 정하는 바에 따라 입주자 모집조건 등을 달리 정하여 별도로 공급할 수 있다. <개정 2018.3.13.>

1. 사업주체(공공주택사업자는 제외한다)가 입주자를 모집하려는 경우:
   국토교통부령으로 정하는 바에 따라 시장·군수·구청장의 승인(복리시설의 경우에는 신고를 말한다)을 받을 것

2. 사업주체가 건설하는 주택을 공급하려는 경우
   가. 국토교통부령으로 정하는 입주자모집의 시기(사업주체 또는 시공자가 영업정지를 받거나 「건설기술 진흥법」 제53조에 따른 벌점이 국토교통부령으로 정하는 기준에 해당하는 경우 등에 달리 정한 입주자모집의 시기를 포함한다)·조건·방법·절차, 입주금(입주예정자가 사업주체에게 납입하는 주택가격을 말한다. 이하 같다)의 납부 방법·시기·절차, 주택공급계약의 방법·절차 등에 적합할 것.
   나. 국토교통부령으로 정하는 바에 따라 벽지·바닥재·주방용구·조명기구 등을 제외한 부분의 가격을 따로 제시하고, 이를 입주자가 선택할 수 있도록 할 것

② 주택을 공급받으려는 자는 국토교통부령으로 정하는 입주자자격, 재당첨 제한 및 공급 순위 등에 맞게 주택을 공급받아야 한다. 이 경우 제63조제1항에 따른 투기과열지구 및 제63조의2제1항에 따른 조정대상지역에서 건설·공급되는 주택을 공급받으려는 자의 입주자자격, 재당첨 제한 및 공급 순위 등은 주택의 수급 상황 및 투기 우려 등을 고려하여 국토교통부령으로 지역별로 달리 정할 수 있다. <개정 2017.8.9.>

③ 사업주체가 제1항제1호에 따라 시장·군수·구청장의 승인을 받으려는 경우(사업주체가 국가·지방자치단체·한국토지주택공사 및 지방공사인 경우에는 견본주택을 건설하는 경우를 말한다)에는 제60조에 따라 건설하는 견본주택에 사용되는 마감자재의 규격·성능 및 재질을 적은 목록표(이하 "마감자재 목록표"라 한다)와 견본주택의 각 실의 내부를 촬영한 영상물 등을 제작하여 승인권자에게 제출하여야 한다.

④ 사업주체는 주택공급계약을 체결할 때 입주예정자에게 다음 각 호의 자료 또는 정보를 제공하여야 한다. 다만, 입주자 모집공고에 이를 표시(인터넷에 게재하는 경우를 포함한다)한 경우에는 그러하지 아니하다.

1. 제3항에 따른 견본주택에 사용된 마감자재 목록표
2. 공동주택 발코니의 세대 간 경계벽에 피난구를 설치하거나 경계벽을 경량구조로 건설한

경우 그에 관한 정보

⑤ 시장·군수·구청장은 제3항에 따라 받은 마감자재 목록표와 영상물 등을 제49조제1항에 따른 사용검사가 있은 날부터 2년 이상 보관하여야 하며, 입주자가 열람을 요구하는 경우에는 이를 공개하여야 한다.

⑥ 사업주체가 마감자재 생산업체의 부도 등으로 인한 제품의 품귀 등 부득이한 사유로 인하여 제15조에 따른 사업계획승인 또는 마감자재 목록표의 마감자재와 다르게 마감자재를 시공·설치하려는 경우에는 당초의 마감자재와 같은 질 이상으로 설치하여야 한다.

⑦ 사업주체가 제6항에 따라 마감자재 목록표의 자재와 다른 마감자재를 시공·설치하려는 경우에는 그 사실을 입주예정자에게 알려야 한다.

⑧ <u>사업주체는 공급하려는 주택에 대하여 대통령령으로 정하는 내용이 포함된 표시 및 광고(「표시·광고의 공정화에 관한 법률」 제2조에 따른 표시 또는 광고를 말한다. 이하 같다)를 한 경우 대통령령으로 정하는 바에 따라 해당 표시 또는 광고의 사본을 시장·군수·구청장에게 제출하여야 한다. 이 경우 시장·군수·구청장은 제출받은 표시 또는 광고의 사본을 제49조제1항에 따른 사용검사가 있은 날부터 2년 이상 보관하여야 하며, 입주자가 열람을 요구하는 경우 이를 공개하여야 한다.</u> <신설 2019.12.10.>

2] 주택공급의 대행 등(제54조의2) [본조신설 2019.4.23.], [시행일 : 2019.10.24.]

① 사업주체는 주택을 효율적으로 공급하기 위하여 필요하다고 인정하는 경우 주택의 공급 업무의 일부를 제3자로 하여금 대행하게 할 수 있다.

② 제1항에도 불구하고 사업주체가 입주자자격, 공급 순위 등을 증명하는 서류의 확인 등 국토교통부령으로 정하는 업무를 대행하게 하는 경우 국토교통부령으로 정하는 바에 따라 다음 각 호의 어느 하나에 해당하는 자(이하 이 조에서 "분양대행자"라 한다)에게 대행하게 하여야 한다.

1. 등록사업자
2. 「건설산업기본법」 제9조에 따른 **건설사업자**로서 대통령령으로 정하는 자
3. 「도시 및 주거환경정비법」 제102조에 따른 정비사업전문관리업자
4. 「부동산개발업의 관리 및 육성에 관한 법률」 제4조에 따른 등록사업자
5. 다른 법률에 따라 등록하거나 인가 또는 허가를 받은 자로서 국토교통부령으로 정하는 자

③ 사업주체가 제2항에 따라 업무를 대행하게 하는 경우 분양대행자에 대한 교육을 실시하는 등 국토교통부령으로 정하는 관리·감독 조치를 시행하여야 한다.

3] 자료제공의 요청(제55조)

① 국토교통부장관은 제54조제2항에 따라 주택을 공급받으려는 자의 입주자자격을 확인하기 위하여 필요하다고 인정하는 경우에는 주민등록 전산정보(주민등록번호·외국인등록번호 등 고유식별번호를 포함한다), 가족관계 등록사항, 국세, 지방세, 금융, 토지, 건물(건물등기부·건축물대장을 포함한다), 자동차, 건강보험, 국민연금, 고용보험 및 산업재해보상보험 등의 자료 또는 정보의 제공을 관계 기관의 장에게 요청할 수 있다. 이 경우 관계 기관의 장은 특별한 사유가 없으면 이에 따라야 한다. <개정 2020.1.23.>

② 국토교통부장관은 「금융실명거래 및 비밀보장에 관한 법률」 제4조제1항과 「신용정보의 이용 및 보호에 관한 법률」 제32조제2항에도 불구하고 제54조제2항에 따라 주택을 공급

받으려는 자의 입주자자격을 확인하기 위하여 본인, 배우자, 본인 또는 배우자와 세대를 같이하는 세대원이 제출한 동의서면을 전자적 형태로 바꾼 문서에 의하여 금융기관 등 (「금융실명거래 및 비밀보장에 관한 법률」 제2조제1호에 따른 금융회사등 및 「신용정보의 이용 및 보호에 관한 법률」 제25조에 따른 신용정보집중기관을 말한다. 이하 같다)의 장에게 다음 각 호의 자료 또는 정보의 제공을 요청할 수 있다. <개정 2020.1.23.>

1. 「금융실명거래 및 비밀보장에 관한 법률」 제2조제2호·제3호에 따른 금융자산 및 금융거래의 내용에 대한 자료 또는 정보 중 예금의 평균잔액과 그 밖에 국토교통부장관이 정하는 자료 또는 정보(이하 "금융정보"라 한다)

2. 「신용정보의 이용 및 보호에 관한 법률」 제2조제1호에 따른 신용정보 중 채무액과 그 밖에 국토교통부장관이 정하는 자료 또는 정보(이하 "신용정보"라 한다)

3. 「보험업법」 제4조제1항 각 호에 따른 보험에 가입하여 납부한 보험료와 그 밖에 국토교통부장관이 정하는 자료 또는 정보(이하 "보험정보"라 한다)

③ 국토교통부장관이 제2항에 따라 금융정보·신용정보 또는 보험정보(이하 "금융정보등"이라 한다)의 제공을 요청하는 경우 해당 금융정보등 명의인의 정보제공에 대한 동의서면을 함께 제출하여야 한다. 이 경우 동의서면은 전자적 형태로 바꾸어 제출할 수 있으며, 금융정보등을 제공한 금융기관 등의 장은 「금융실명거래 및 비밀보장에 관한 법률」 제4조의2 제1항과 「신용정보의 이용 및 보호에 관한 법률」 제35조에도 불구하고 금융정보등의 제공사실을 명의인에게 통보하지 아니할 수 있다.

④ 국토교통부장관 및 사업주체(국가, 지방자치단체, 한국토지주택공사 및 지방공사로 한정한다)는 제1항 및 제2항에 따른 자료를 확인하기 위하여 「사회복지사업법」 제6조의2제2항에 따른 정보시스템을 연계하여 사용할 수 있다.

⑤ 국토교통부 소속 공무원 또는 소속 공무원이었던 사람과 제4항에 따른 사업주체의 소속 임직원은 제1항과 제2항에 따라 얻은 정보와 자료를 이 법에서 정한 목적 외의 다른 용도로 사용하거나 다른 사람 또는 기관에 제공하거나 누설하여서는 아니 된다.

4] 입주자저축(제56조)

① 국토교통부장관은 주택을 공급받으려는 자에게 미리 입주금의 전부 또는 일부를 저축(이하 "입주자저축"이라 한다)하게 할 수 있다. <개정 2020.1.23.>

② 제1항에서 "입주자저축"이란 국민주택과 민영주택을 공급받기 위하여 가입하는 주택청약종합저축을 말한다.

③ 입주자저축계좌를 취급하는 기관(이하 "입주자저축취급기관"이라 한다)은 「은행법」에 따른 은행 중 국토교통부장관이 지정한다. <신설 2020.1.23.>

④ 입주자저축은 한 사람이 한 계좌만 가입할 수 있다. <신설 2020.1.23.>

⑤ 국토교통부장관은 다음 각 호의 업무를 수행하기 위하여 필요한 경우 「금융실명거래 및 비밀보장에 관한 법률」 제4조제1항에도 불구하고 입주자저축취급기관의 장에게 입주자저축에 관한 자료 및 정보(이하 "입주자저축정보"라 한다)를 제공하도록 요청할 수 있다. <신설 2020.1.23.>

1. 주택을 공급받으려는 자의 입주자자격, 재당첨 제한 여부 및 공급 순위 등 확인 및 정보제공 업무

2. 입주자저축 가입을 희망하는 자의 기존 입주자저축 가입 여부 확인 업무

3. 「조세특례제한법」제89조의2에 따라 세금우대저축 취급기관과 세금우대저축자료 집중 기관 상호 간 입주자저축과 관련된 세금우대저축자료를 제공하도록 중계하는 업무

4. 제1호부터 제3호까지의 규정에 따라 이미 보유하고 있는 정보의 정확성, 최신성을 유지 하기 위한 정보요청 업무

⑥ 제5항에 따라 입주자저축정보의 제공 요청을 받은 입주자저축취급기관의 장은 「금융실명 거래 및 비밀보장에 관한 법률」제4조에도 불구하고 입주자저축정보를 제공하여야 한다. <신설 2020.1.23.>

⑦ 제6항에 따라 입주자저축정보를 제공한 입주자저축취급기관의 장은 「금융실명거래 및 비밀 보장에 관한 법률」제4조의2제1항에도 불구하고 입주자저축정보의 제공사실을 명의인에게 통보하지 아니할 수 있다. 다만, 입주자저축정보를 제공하는 입주자저축취급기관의 장은 입주자저축정보의 명의인이 요구할 때에는 입주자저축정보의 제공사실을 통보하여야 한다. <신설 2020.1.23.>

⑧ 입주자저축정보의 제공 요청 및 제공은 「정보통신망 이용촉진 및 정보보호 등에 관한 법률」 제2조제1항제1호의 정보통신망을 이용하여야 한다. 다만, 정보통신망의 손상 등 불가피한 사유가 있는 경우에는 그러하지 아니하다. <신설 2020.1.23.>

⑨ 그 밖에 입주자저축의 납입방식·금액 및 조건 등에 필요한 사항은 국토교통부령으로 정 한다. <개정 2020.1.23.>

⑩ 이 조에 따른 업무에 종사하거나 종사하였던 자는 업무를 수행하면서 취득한 입주자저축 정보를 다른 법률에 특별한 규정이 없으면 제5항 각 호의 업무를 수행하기 위한 목적 외의 다른 용도로 사용하거나 다른 사람 또는 기관에 제공하거나 누설해서는 아니 된다. <신설 2020.1.23.>

⑪ 국토교통부장관(제89조제4항제2호에 따라 입주자저축정보의 제공 요청 업무를 위탁받은 주택청약업무수행기관을 포함한다)은 입주자저축정보를 다른 법률에 따라 제5항 각 호의 업무를 수행하기 위한 목적 외의 용도로 사용하거나 다른 사람 또는 기관에 제공하는 경우 에는 「개인정보 보호법」제18조제4항에 따라 그 사용 또는 제공의 법적 근거, 목적 및 범위 등을 관보 또는 인터넷 홈페이지 등에 게재하여야 한다. <신설 2020.1.23.>

5] 제56조의2(주택청약업무수행기관) [본조신설 2020.1.23.]
국토교통부장관은 제55조에 따른 입주자자격, 공급 순위 등의 확인과 제56조에 따른 입주자 저축의 관리 등 주택공급과 관련하여 국토교통부령으로 정하는 업무를 효율적으로 수행하기 위하여 주택청약업무수행기관을 지정·고시할 수 있다.

6] 제56조의3(입주자자격 정보 제공 등) [본조신설 2020.1.23.]
① 국토교통부장관은 주택을 공급받으려는 자가 요청하는 경우 주택공급 신청 전에 입주자 자격, 주택의 소유 여부, 재당첨 제한 여부, 공급 순위 등에 관한 정보를 제공할 수 있다.
② 제1항에 따라 정보를 제공하기 위하여 필요한 경우 국토교통부장관은 정보 제공을 요청 하는 자 및 배우자, 정보 제공을 요청하는 자 또는 배우자와 세대를 같이하는 세대원에게 개인정보의 수집·제공 동의를 받아야 한다.

7] 주택의 분양가격 제한 등(제57조) [시행일 : 2021. 10. 21.] 제57조

① 사업주체가 제54조에 따라 일반인에게 공급하는 공동주택 중 다음 각 호의 어느 하나에 해당하는 지역에서 공급하는 주택의 경우에는 이 조에서 정하는 기준에 따라 산정되는 분양가격 이하로 공급(이에 따라 공급되는 주택을 "분양가상한제 적용주택"이라 한다. 이하 같다)하여야 한다. <개정 2021.7.20.>

1. 공공택지

2. 공공택지 외의 택지로서 다음 각 목의 어느 하나에 해당하는 지역

　　가.「공공주택 특별법」에 따른 도심 공공주택 복합지구

　　나.「도시재생 활성화 및 지원에 관한 특별법」에 따른 주거재생혁신지구

　　다. 주택가격 상승 우려가 있어 제58조에 따라 국토교통부장관이「주거기본법」제8조에 따른 주거정책심의위원회(이하 "주거정책심의위원회"라 한다)의 심의를 거쳐 지정하는 지역

② 제1항에도 불구하고 다음 각 호의 어느 하나에 해당하는 경우에는 제1항을 적용하지 아니 한다. <개정 2020.8.18., 2021.4.13., 2021.7.20.>

1. 도시형 생활주택

2.「경제자유구역의 지정 및 운영에 관한 특별법」제4조에 따라 지정·고시된 경제자유구역에서 건설·공급하는 공동주택으로서 같은 법 제25조에 따른 경제자유구역위원회에서 외자유치 촉진과 관련이 있다고 인정하여 이 조에 따른 분양가격 제한을 적용하지 아니하기로 심의·의결한 경우

3.「관광진흥법」제70조제1항에 따라 지정된 관광특구에서 건설·공급하는 공동주택으로서 해당 건축물의 층수가 50층 이상이거나 높이가 150미터 이상인 경우

4. 한국토지주택공사 또는 지방공사가 다음 각 목의 정비사업의 시행자(「도시 및 주거환경정비법」제2조제8호 및 「빈집 및 소규모주택 정비에 관한 특례법」 제2조제5호에 따른 사업시행자를 말한다)로 참여하는 등 대통령령으로 정하는 공공성 요건을 충족하는 경우로서 해당 사업에서 건설·공급하는 주택

　　가.「도시 및 주거환경정비법」제2조제2호에 따른 정비사업으로서 면적, 세대수 등이 대통령령으로 정하는 요건에 해당되는 사업

　　나.「빈집 및 소규모주택 정비에 관한 특례법」제2조제3호에 따른 소규모주택정비사업

4의2.「도시 및 주거환경정비법」제2조제2호나목 후단에 따른 공공재개발사업에서 건설·공급하는 주택 [시행일 : 2021.10.14.]

5.「도시재생 활성화 및 지원에 관한 특별법」에 따른 주거재생혁신지구에서 시행하는 혁신지구재생사업 중 대통령령으로 정하는 면적 또는 세대수 이하의 사업에서 건설·공급하는 주택 [시행일 : 2021.10.14.]

③ 제1항의 분양가격은 택지비와 건축비로 구성(토지임대부 분양주택의 경우에는 건축비만 해당한다)되며, 구체적인 명세, 산정방식, 감정평가기관 선정방법 등은 국토교통부령으로 정한다. 이 경우 택지비는 다음 각 호에 따라 산정한 금액으로 한다. <개정 2016.12.27.>

1. 공공택지에서 주택을 공급하는 경우에는 해당 택지의 공급가격에 국토교통부령으로 정하는 택지와 관련된 비용을 가산한 금액

2. 공공택지 외의 택지에서 분양가상한제 적용주택을 공급하는 경우에는 「감정평가 및 감정평가사에 관한 법률」에 따라 감정평가한 가액에 국토교통부령으로 정하는 택지와

관련된 비용을 가산한 금액. 다만, 택지 매입가격이 다음 각 목의 어느 하나에 해당하는 경우에는 해당 매입가격(대통령령으로 정하는 범위로 한정한다)에 국토교통부령으로 정하는 택지와 관련된 비용을 가산한 금액을 택지비로 볼 수 있다. 이 경우 택지비는 주택단지 전체에 동일하게 적용하여야 한다.

　　가. 「민사집행법」, 「국세징수법」 또는 「지방세징수법」에 따른 경매·공매 낙찰가격

　　나. 국가·지방자치단체 등 공공기관으로부터 매입한 가격

　　다. 그 밖에 실제 매매가격을 확인할 수 있는 경우로서 대통령령으로 정하는 경우

④ 제3항의 분양가격 구성항목 중 건축비는 국토교통부장관이 정하여 고시하는 건축비(이하 "기본형건축비"라 한다)에 국토교통부령으로 정하는 금액을 더한 금액으로 한다. 이 경우 기본형건축비는 시장·군수·구청장이 해당 지역의 특성을 고려하여 국토교통부령으로 정하는 범위에서 따로 정하여 고시할 수 있다.

⑤ 사업주체는 분양가상한제 적용주택으로서 공공택지에서 공급하는 주택에 대하여 입주자 모집 승인을 받았을 때에는 입주자 모집공고에 다음 각 호[국토교통부령으로 정하는 세분류(細分類)를 포함한다]에 대하여 분양가격을 공시하여야 한다.

　1. 택지비

　2. 공사비

　3. 간접비

　4. 그 밖에 국토교통부령으로 정하는 비용

⑥ 시장·군수·구청장이 제54조에 따라 공공택지 외의 택지에서 공급되는 분양가상한제 적용주택 중 분양가 상승 우려가 큰 지역으로서 대통령령으로 정하는 기준에 해당되는 지역에서 공급되는 주택의 입주자모집 승인을 하는 경우에는 다음 각 호의 구분에 따라 분양가격을 공시하여야 한다. 이 경우 제2호부터 제6호까지의 금액은 기본형건축비[특별자치시·특별자치도·시·군·구(구는 자치구의 구를 말하며, 이하 "시·군·구"라 한다)별 기본형건축비가 따로 있는 경우에는 시·군·구별 기본형건축비]의 항목별 가액으로 한다.

　1. 택지비

　2. 직접공사비

　3. 간접공사비

　4. 설계비

　5. 감리비

　6. 부대비

　7. 그 밖에 국토교통부령으로 정하는 비용

⑦ 제5항 및 제6항에 따른 공시를 할 때 국토교통부령으로 정하는 택지비 및 건축비에 가산되는 비용의 공시에는 제59조에 따른 분양가심사위원회 심사를 받은 내용과 산출근거를 포함하여야 한다.

8] 분양가상한제 적용주택 등의 입주자의 거주의무 등(제57조의2)

[본조신설 2020.8.18.][제목개정 2021.1.5.][시행일: 2021.7.6.]제57조의2

① 다음 각 호의 어느 하나에 해당하는 주택의 입주자(상속받은 자는 제외한다. 이하 이 조 및 제57조의3에서 "거주의무자"라 한다)는 해당 주택의 최초 입주가능일부터 5년 이내의 범위에서 해당 주택의 분양가격과 국토교통부장관이 고시한 방법으로 결정된 인근지역

주택매매가격의 비율에 따라 대통령령으로 정하는 기간(이하 "거주의무기간"이라 한다) 동안 계속하여 해당 주택에 거주하여야 한다. 다만, 해외 체류 등 대통령령으로 정하는 부득이한 사유가 있는 경우 그 기간은 해당 주택에 거주한 것으로 본다. <개정 2021.4.13.>

1. 사업주체가 「수도권정비계획법」 제2조제1호에 따른 수도권(이하 "수도권"이라 한다)에서 건설·공급하는 분양가상한제 적용주택
2. 「신행정수도 후속대책을 위한 연기·공주지역 행정중심복합도시 건설을 위한 특별법」 제2조제1호에 따른 행정중심복합도시(이하 이 조에서 "행정중심복합도시"라 한다) 중 투기과열지구(제63조제1항에 따른 투기과열지구를 말한다)에서 건설·공급하는 주택으로서 국토교통부령으로 정하는 기준에 따라 행정중심복합도시로 이전하거나 신설되는 기관 등에 종사하는 사람에게 입주자 모집조건을 달리 정하여 별도로 공급되는 주택
3. 「도시 및 주거환경정비법」 제2조제2호나목 후단에 따른 공공재개발사업(제57조제1항제2호의 지역에 한정한다)에서 건설·공급하는 주택

② 거주의무자가 제1항 단서에 따른 사유 없이 거주의무기간 이내에 거주를 이전하려는 경우 거주의무자는 대통령령으로 정하는 바에 따라 한국토지주택공사(사업주체가 「공공주택 특별법」 제4조에 따른 공공주택사업자인 경우에는 공공주택사업자를 말한다. 이하 이 조 및 제64조에서 같다)에 해당 주택의 매입을 신청하여야 한다.

③ 한국토지주택공사는 제2항에 따라 매입신청을 받거나 거주의무자가 제1항을 위반하였다는 사실을 알게 된 경우 위반사실에 대한 의견청취를 하는 등 대통령령으로 정하는 절차를 거쳐 대통령령으로 정하는 특별한 사유가 없으면 해당 주택을 매입하여야 한다.

④ 한국토지주택공사가 제3항에 따라 주택을 매입하는 경우 거주의무자에게 그가 납부한 입주금과 그 입주금에 「은행법」에 따른 은행의 1년 만기 정기예금의 평균이자율을 적용한 이자를 합산한 금액(이하 "매입비용"이라 한다)을 지급한 때에는 그 지급한 날에 한국토지주택공사가 해당 주택을 취득한 것으로 본다.

⑤ 거주의무자는 거주의무기간 동안 계속하여 거주하여야 함을 소유권에 관한 등기에 부기등기하여야 한다.

⑥ 제5항에 따른 부기등기는 주택의 소유권보존등기와 동시에 하여야 하며, 부기등기에 포함되어야 할 표기내용 등은 대통령령으로 정한다.

⑦ 제3항 및 제4항에 따라 한국토지주택공사가 취득한 주택을 국토교통부령으로 정하는 바에 따라 공급받은 사람은 제64조제1항에 따른 전매제한기간 중 잔여기간 동안 그 주택을 전매(제64조제1항에 따른 전매를 말한다)할 수 없으며 거주의무기간 중 잔여기간 동안 계속하여 그 주택에 거주하여야 한다.

⑧ 한국토지주택공사가 제3항 및 제4항에 따라 주택을 취득하거나 제7항에 따라 주택을 공급하는 경우에는 제64조제1항을 적용하지 아니한다.

9] 분양가상한제 적용주택의 거주실태 조사 등(제57조의3)

[본조신설 2020.8.18.][제목개정 2021.1.5.][시행일: 2021.7.6.]제57조의3

① 국토교통부장관 또는 지방자치단체의 장은 거주의무자 및 제57조의2제7항에 따라 주택을 공급받은 사람(이하 "거주의무자등"이라 한다)의 실제 거주 여부를 확인하기 위하여 거주의무자등에게 필요한 서류 등의 제출을 요구할 수 있으며, 소속 공무원으로 하여금 해당

주택에 출입하여 조사하게 하거나 관계인에게 필요한 질문을 하게 할 수 있다. 이 경우 서류 등의 제출을 요구받거나 해당 주택의 출입·조사 또는 필요한 질문을 받은 거주의 무자등은 모든 세대원의 해외출장 등 특별한 사유가 없으면 이에 따라야 한다.

② 국토교통부장관 또는 지방자치단체의 장은 제1항에 따른 조사를 위하여 필요한 경우 주민등록 전산정보(주민등록번호·외국인등록번호 등 고유식별번호를 포함한다), 가족관계 등록사항 등 실제 거주 여부를 확인하기 위하여 필요한 자료 또는 정보의 제공을 관계 기관의 장에게 요청할 수 있다. 이 경우 자료의 제공을 요청받은 관계 기관의 장은 특별한 사유가 없으면 이에 따라야 한다.

③ 제1항에 따라 출입·조사·질문을 하는 사람은 국토교통부령으로 정하는 증표를 지니고 이를 관계인에게 내보여야 하며, 조사자의 이름·출입시간 및 출입목적 등이 표시된 문서를 관계인에게 교부하여야 한다.

④ 국토교통부 또는 지방자치단체의 소속 공무원 또는 소속 공무원이었던 사람은 제1항과 제2항에 따라 얻은 정보와 자료를 이 법에서 정한 목적 외의 다른 용도로 사용하거나 다른 사람 또는 기관에 제공하거나 누설하여서는 아니 된다.

10] 분양가상한제 적용 지역의 지정 및 해제(제58조)

① 국토교통부장관은 제57조제1항제2호에 따라 주택가격상승률이 물가상승률보다 현저히 높은 지역으로서 그 지역의 주택가격·주택거래 등과 지역 주택시장 여건 등을 고려하였을 때 주택가격이 급등하거나 급등할 우려가 있는 지역 중 대통령령으로 정하는 기준을 충족하는 지역은 주거정책심의위원회 심의를 거쳐 분양가상한제 적용 지역으로 지정할 수 있다.

② 국토교통부장관이 제1항에 따라 분양가상한제 적용 지역을 지정하는 경우에는 미리 시·도지사의 의견을 들어야 한다.

③ 국토교통부장관은 제1항에 따른 분양가상한제 적용 지역을 지정하였을 때에는 지체없이 이를 공고하고, 그 지정 지역을 관할하는 시장·군수·구청장에게 공고 내용을 통보하여야 한다. 이 경우 시장·군수·구청장은 사업주체로 하여금 입주자 모집공고 시 해당 지역에서 공급하는 주택이 분양가상한제 적용주택이라는 사실을 공고하게 하여야 한다.

④ 국토교통부장관은 제1항에 따른 분양가상한제 적용 지역으로 계속 지정할 필요가 없다고 인정하는 경우에는 주거정책심의위원회 심의를 거쳐 분양가상한제 적용 지역의 지정을 해제하여야 한다.

⑤ 분양가상한제 적용 지역의 지정을 해제하는 경우에는 제2항 및 제3항 전단을 준용한다. 이 경우 "지정"은 "지정 해제"로 본다.

⑥ 분양가상한제 적용 지역으로 지정된 지역의 시·도지사, 시장, 군수 또는 구청장은 분양가상한제 적용 지역의 지정 후 해당 지역의 주택가격이 안정되는 등 분양가상한제 적용 지역으로 계속 지정할 필요가 없다고 인정하는 경우에는 국토교통부장관에게 그 지정의 해제를 요청할 수 있다.

⑦ 제6항에 따라 분양가상한제 적용 지역 지정의 해제를 요청하는 경우의 절차 등 필요한 사항은 대통령령으로 정한다.

11] 분양가심사위원회의 운영 등(제59조)

① 시장·군수·구청장은 제57조에 관한 사항을 심의하기 위하여 분양가심사위원회를 설치·운영

하여야 한다.

② 시장·군수·구청장은 제54조제1항제1호에 따라 입주자모집 승인을 할 때에는 분양가심사위원회의 심사결과에 따라 승인 여부를 결정하여야 한다.

③ 분양가심사위원회는 주택 관련 분야 교수, 주택건설 또는 주택관리 분야 전문직 종사자, 관계 공무원 또는 변호사·회계사·감정평가사 등 관련 전문가 10명 이내로 구성하되, 구성 절차 및 운영에 관한 사항은 대통령령으로 정한다.

④ 분양가심사위원회의 위원은 제1항부터 제3항까지의 업무를 수행할 때에는 신의와 성실로써 공정하게 심사를 하여야 한다.

12] 견본주택의 건축기준(제60조)

① 사업주체가 주택의 판매촉진을 위하여 견본주택을 건설하려는 경우 견본주택의 내부에 사용하는 마감자재 및 가구는 제15조에 따른 사업계획승인의 내용과 같은 것으로 시공·설치하여야 한다.

② 사업주체는 견본주택의 내부에 사용하는 마감자재를 제15조에 따른 사업계획승인 또는 마감자재 목록표와 다른 마감자재로 설치하는 경우로서 다음 각 호의 어느 하나에 해당하는 경우에는 일반인이 그 해당 사항을 알 수 있도록 국토교통부령으로 정하는 바에 따라 그 공급가격을 표시하여야 한다.
1. 분양가격에 포함되지 아니하는 품목을 견본주택에 전시하는 경우
2. 마감자재 생산업체의 부도 등으로 인한 제품의 품귀 등 부득이한 경우

③ 견본주택에는 마감자재 목록표와 제15조에 따라 사업계획승인을 받은 서류 중 평면도와 시방서(示方書)를 갖춰 두어야 하며, 견본주택의 배치·구조 및 유지관리 등은 국토교통부령으로 정하는 기준에 맞아야 한다.

13] 저당권설정 등의 제한(제61조)

① 사업주체는 주택건설사업에 의하여 건설된 주택 및 대지에 대하여는 입주자 모집공고 승인 신청일(주택조합의 경우에는 사업계획승인 신청일을 말한다) 이후부터 입주예정자가 그 주택 및 대지의 소유권이전등기를 신청할 수 있는 날 이후 60일까지의 기간 동안 입주 예정자의 동의없이 다음 각 호의 어느 하나에 해당하는 행위를 하여서는 아니 된다.
다만, 그 주택의 건설을 촉진하기 위하여 대통령령으로 정하는 경우에는 그러하지 아니하다.
1. 해당 주택 및 대지에 저당권 또는 가등기담보권 등 담보물권을 설정하는 행위
2. 해당 주택 및 대지에 전세권·지상권(地上權) 또는 등기되는 부동산임차권을 설정하는 행위
3. 해당 주택 및 대지를 매매 또는 증여 등의 방법으로 처분하는 행위

② 제1항에서 "소유권이전등기를 신청할 수 있는 날"이란 사업주체가 입주예정자에게 통보한 입주가능일을 말한다.

③ 제1항에 따른 저당권설정 등의 제한을 할 때 사업주체는 해당 주택 또는 대지가 입주 예정자의 동의없이는 양도하거나 제한물권을 설정하거나 압류·가압류·가처분 등의 목적 물이 될 수 없는 재산임을 소유권등기에 부기등기(附記登記)하여야 한다. 다만, 사업주체가 국가·지방자치단체 및 한국토지주택공사 등 공공기관이거나 해당 대지가 사업주체의 소유가 아닌 경우 등 대통령령으로 정하는 경우에는 그러하지 아니하다.

④ 제3항에 따른 부기등기는 주택건설대지에 대하여는 입주자 모집공고 승인 신청(주택건설

대지 중 주택조합이 사업계획승인 신청일까지 소유권을 확보하지 못한 부분이 있는 경우에는 그 부분에 대한 소유권이전등기를 말한다)과 동시에 하여야 하고, 건설된 주택에 대하여는 소유권보존등기와 동시에 하여야 한다. 이 경우 부기등기의 내용 및 말소에 관한 사항은 대통령령으로 정한다.

⑤ 제4항에 따른 부기등기일 이후에 해당 대지 또는 주택을 양수하거나 제한물권을 설정받은 경우 또는 압류·가압류·가처분 등의 목적물로 한 경우에는 그 효력을 무효로 한다. 다만, 사업주체의 경영부실로 입주예정자가 그 대지를 양수받는 경우 등 대통령령으로 정하는 경우에는 그러하지 아니하다.

⑥ 사업주체의 재무 상황 및 금융거래 상황이 극히 불량한 경우 등 대통령령으로 정하는 사유에 해당되어 「주택도시기금법」에 따른 주택도시보증공사(이하 "주택도시보증공사"라 한다)가 분양보증을 하면서 주택건설대지를 주택도시보증공사(HUG)에 신탁하게 할 경우에는 제1항과 제3항에도 불구하고 사업주체는 그 주택건설대지를 신탁할 수 있다.

⑦ 제6항에 따라 사업주체가 주택건설대지를 신탁하는 경우 신탁등기일 이후부터 입주예정자가 해당 주택건설대지의 소유권이전등기를 신청할 수 있는 날 이후 60일까지의 기간 동안 해당 신탁의 종료를 원인으로 하는 사업주체의 소유권이전등기청구권에 대한 압류·가압류·가처분 등은 효력이 없음을 신탁계약조항에 포함하여야 한다.

⑧ 제6항에 따른 신탁등기일 이후부터 입주예정자가 해당 주택건설대지의 소유권이전등기를 신청할 수 있는 날 이후 60일까지의 기간 동안 해당 신탁의 종료를 원인으로 하는 사업주체의 소유권이전등기청구권을 압류·가압류·가처분 등의 목적물로 한 경우에는 그 효력을 무효로 한다.

14] 사용검사 후 매도청구 등(제62조)

① 주택(복리시설을 포함한다. 이하 이 조에서 같다)의 소유자들은 주택단지 전체 대지에 속하는 일부의 토지에 대한 소유권이전등기 말소소송 등에 따라 제49조의 사용검사(동별 사용검사를 포함한다. 이하 이 조에서 같다)를 받은 이후에 해당 토지의 소유권을 회복한 자(이하 이 조에서 "실소유자"라 한다)에게 해당 토지를 시가로 매도할 것을 청구할 수 있다.

② 주택의 소유자들은 대표자를 선정하여 제1항에 따른 매도청구에 관한 소송을 제기할 수 있다. 이 경우 대표자는 주택의 소유자 전체의 4분의 3 이상의 동의를 받아 선정한다.

③ 제2항에 따른 매도청구에 관한 소송에 대한 판결은 주택의 소유자 전체에 대하여 효력이 있다.

④ 제1항에 따라 매도청구를 하려는 경우에는 해당 토지의 면적이 주택단지 전체 대지 면적의 5퍼센트 미만이어야 한다.

⑤ 제1항에 따른 매도청구의 의사표시는 실소유자가 해당 토지 소유권을 회복한 날부터 2년 이내에 해당 실소유자에게 송달되어야 한다.

⑥ 주택의 소유자들은 제1항에 따른 매도청구로 인하여 발생한 비용의 전부를 사업주체에게 구상(求償)할 수 있다.

15] 투기과열지구의 지정 및 해제(제63조) [시행일 : 2022.2.11.] 제63조

① 국토교통부장관 또는 시·도지사는 주택가격의 안정을 위하여 필요한 경우에는 주거정책심의위원회(시·도지사의 경우에는 「주거기본법」 제9조에 따른 시·도 주거정책심의위원회를 말한다. 이하 이 조에서 같다)의 심의를 거쳐 일정한 지역을 투기과열지구로 지정하거나

이를 해제할 수 있다. 이 경우 투기과열지구의 지정은 그 지정 목적을 달성할 수 있는 최소한의 **범위에서 시·군·구 또는 읍·면·동의 지역 단위로 지정하되, 택지개발지구 (「택지개발촉진법」 제2조제3호에 따른 택지개발지구를 말한다) 등 해당 지역 여건을 고려 하여 지정 단위를 조정할 수 있다.** <개정 2021.1.5.>

② 제1항에 따른 투기과열지구는 해당 지역의 주택가격상승률이 물가상승률보다 현저히 높은 지역으로서 그 지역의 청약경쟁률·주택가격·주택보급률 및 주택공급계획 등과 지역 주택 시장 여건 등을 고려하였을 때 주택에 대한 투기가 성행하고 있거나 성행할 우려가 있는 지역 중 **대통령령**으로 정하는 기준을 충족하는 곳이어야 한다.<개정 2021.8.10.>

③ 국토교통부장관 또는 시·도지사는 제1항에 따라 투기과열지구를 지정하였을 때에는 지체 없이 이를 공고하고, 국토교통부장관은 그 투기과열지구를 관할하는 시장·군수·구청장에게, 특별시장, 광역시장 또는 도지사는 그 투기과열지구를 관할하는 시장, 군수 또는 구청장 에게 각각 공고 내용을 통보하여야 한다. 이 경우 시장·군수·구청장은 사업주체로 하여금 입주자 모집공고 시 해당 주택건설 지역이 투기과열지구에 포함된 사실을 공고하게 하여야 한다. 투기과열지구 지정을 해제하는 경우에도 또한 같다.

④ 국토교통부장관 또는 시·도지사는 투기과열지구에서 제2항에 따른 지정 사유가 없어졌다고 인정하는 경우에는 지체없이 투기과열지구 지정을 해제하여야 한다.

⑤ 제1항에 따라 국토교통부장관이 투기과열지구를 지정하거나 해제할 경우에는 미리 시·도지 사의 의견을 듣고 그 의견에 대한 검토의견을 회신하여야 하며, 시·도지사가 투기과열지구를 지정하거나 해제할 경우에는 국토교통부장관과 협의하여야 한다. <개정 2018.3.13.>

⑥ 국토교통부장관은 1년마다 주거정책심의위원회의 회의를 소집하여 투기과열지구로 지정된 지역별로 해당 지역의 주택가격 안정 여건의 변화 등을 고려하여 투기과열지구 지정의 유지 여부를 재검토하여야 한다. 이 경우 재검토 결과 투기과열지구 지정의 해제가 필요 하다고 인정되는 경우에는 지체없이 투기과열지구 지정을 해제하고 이를 공고하여야 한다.

⑦ 투기과열지구로 지정된 지역의 시·도지사, 시장, 군수 또는 구청장은 투기과열지구 지정 후 해당 지역의 주택가격이 안정되는 등 지정 사유가 없어졌다고 인정되는 경우에는 국 토교통부장관 또는 시·도지사에게 투기과열지구 지정의 해제를 요청할 수 있다.

⑧ 제7항에 따라 투기과열지구 지정의 해제를 요청받은 국토교통부장관 또는 시·도지사는 요청받은 날부터 40일 이내에 주거정책심의위원회의 심의를 거쳐 투기과열지구 지정의 해제 여부를 결정하여 그 투기과열지구를 관할하는 지방자치단체의 장에게 심의결과를 통보하여야 한다.

⑨ 국토교통부장관 또는 시·도지사는 제8항에 따른 심의결과 투기과열지구에서 그 지정 사유가 없어졌다고 인정될 때에는 지체없이 투기과열지구 지정을 해제하고 이를 공고하여야 한다.

16] 조정대상지역의 지정 및 해제(제63조의2) [시행일 : 2022.2.11.] 제63조의2

① 국토교통부장관은 다음 각 호의 어느 하나에 해당하는 지역으로서 **대통령령**으로 정하는 기준을 충족하는 지역을 주거정책심의위원회의 심의를 거쳐 조정대상지역(이하 "조정대상지역" 이라 한다)으로 지정할 수 있다. **이 경우 제1호에 해당하는 조정대상지역은 그 지정 목적을 달성할 수 있는 최소한의 범위에서 시·군·구 또는 읍·면·동의 지역 단위로 지정하되, 택지개발지구(「택지개발촉진법」 제2조제3호에 따른 택지개발지구를 말한다) 등 해당 지역 여건을 고려하여 지정 단위를 조정할 수 있다.** <개정 2021.8.10.>

1. 주택가격, 청약경쟁률, 분양권 전매량 및 주택보급률 등을 고려하였을 때 주택 분양 등이 과열되어 있거나 과열될 우려가 있는 지역

2. 주택가격, 주택거래량, 미분양주택의 수 및 주택보급률 등을 고려하여 주택의 분양·매매 등 거래가 위축되어 있거나 위축될 우려가 있는 지역

② 국토교통부장관은 제1항에 따라 조정대상지역을 지정하는 경우 다음 각 호의 사항을 미리 관계 기관과 협의할 수 있다.

1. 「주택도시기금법」에 따른 주택도시보증공사의 보증업무 및 주택도시기금의 지원 등에 관한 사항

2. 주택 분양 및 거래 등과 관련된 금융·세제 조치 등에 관한 사항

3. 그 밖에 주택시장의 안정 또는 실수요자의 주택거래 활성화를 위하여 대통령령으로 정하는 사항

③ 국토교통부장관은 제1항에 따라 조정대상지역을 지정하는 경우에는 미리 시·도지사의 의견을 들어야 한다.

④ 국토교통부장관은 조정대상지역을 지정하였을 때에는 지체 없이 이를 공고하고, 그 조정대상지역을 관할하는 시장·군수·구청장에게 공고 내용을 통보하여야 한다. 이 경우 시장·군수·구청장은 사업주체로 하여금 입주자 모집공고 시 해당 주택건설 지역이 조정대상지역에 포함된 사실을 공고하게 하여야 한다.

⑤ 국토교통부장관은 조정대상지역으로 유지할 필요가 없다고 판단되는 경우에는 주거정책심의위원회의 심의를 거쳐 조정대상지역의 지정을 해제하여야 한다.

⑥ 제5항에 따라 조정대상지역의 지정을 해제하는 경우에는 제3항 및 제4항 전단을 준용한다. 이 경우 "지정"은 "해제"로 본다.

⑦ **국토교통부장관은 반기마다 주거정책심의위원회의 회의를 소집하여 조정대상지역으로 지정된 지역별로 해당 지역의 주택가격 안정 여건의 변화 등을 고려하여 조정대상지역 지정의 유지 여부를 재검토하여야 한다. 이 경우 재검토 결과 조정대상지역 지정의 해제가 필요하다고 인정되는 경우에는 지체 없이 조정대상지역 지정을 해제하고 이를 공고하여야 한다.** <신설 2021.1.5.>

⑧ 조정대상지역으로 지정된 지역의 시·도지사 또는 시장·군수·구청장은 조정대상지역 지정 후 해당 지역의 주택가격이 안정되는 등 조정대상지역으로 유지할 필요가 없다고 판단되는 경우에는 국토교통부장관에게 그 지정의 해제를 요청할 수 있다.<신설 2021.1.5.>

⑨ 제7항에 따라 조정대상지역의 지정의 해제를 요청하는 경우의 절차 등 필요한 사항은 국토교통부령으로 정한다. <신설 2021.1.5.>

17] 주택의 전매행위 제한 등(제64조) [시행일 : 2021.10.14.] 제64조

① 사업주체가 건설·공급하는 주택[해당 주택의 입주자로 선정된 지위(입주자로 선정되어 그 주택에 입주할 수 있는 권리·자격·지위 등을 말한다)를 포함한다. 이하 이 조 및 제101조에서 같다]으로서 다음 각 호의 어느 하나에 해당하는 경우에는 10년 이내의 범위에서 대통령령으로 정하는 기간이 지나기 전에는 그 주택을 전매(매매·증여나 그 밖에 권리의 변동을 수반하는 모든 행위를 포함하되, 상속의 경우는 제외한다. 이하 같다)하거나 이의 전매를 알선할 수 없다. 이 경우 전매제한기간은 주택의 수급 상황 및 투기 우려 등을 고려하여 대통령령으로 지역별로 달리 정할 수 있다. <개정 2020.8.18., 2021.4.13.>

1. 투기과열지구에서 건설·공급되는 주택

2. 조정대상지역에서 건설·공급되는 주택. 다만, 제63조의2제1항제2호에 해당하는 조정 대상지역 중 주택의 수급 상황 등을 고려하여 대통령령으로 정하는 지역에서 건설·공급되는 주택은 제외한다.

3. 분양가상한제 적용주택. 다만, 수도권 외의 지역 중 주택의 수급 상황 및 투기 우려 등을 고려하여 대통령령으로 정하는 지역으로서 투기과열지구가 지정되지 아니하거나 제63조에 따라 지정 해제된 지역 중 공공택지 외의 택지에서 건설·공급되는 분양가 상한제 적용주택은 제외한다.

4. 공공택지 외의 택지에서 건설·공급되는 주택. 다만, 제57조제2항 각 호의 주택 및 수도권 외의 지역 중 주택의 수급 상황 및 투기 우려 등을 고려하여 대통령령으로 정하는 지역 으로서 공공택지 외의 택지에서 건설·공급되는 주택은 제외한다.

5. **「도시 및 주거환경정비법」 제2조제2호나목 후단에 따른 공공재개발사업(제57조제1항 제2호의 지역에 한정한다)에서 건설·공급하는 주택**<(신설) 2021.4.13.>

② 제1항 각 호의 주택을 공급받은 자의 생업상의 사정 등으로 전매가 불가피하다고 인정되는 경우로서 대통령령으로 정하는 경우에는 제1항을 적용하지 아니한다. 다만, 제1항제3호의 주택을 공급받은 자가 전매하는 경우에는 한국토지주택공사가 그 주택을 우선 매입할 수 있다. <개정 2020.8.18.>

③ 제1항을 위반하여 주택의 입주자로 선정된 지위의 전매가 이루어진 경우, 사업주체가 매입 비용을 그 매수인에게 지급한 경우에는 그 지급한 날에 사업주체가 해당 입주자로 선정된 지위를 취득한 것으로 보며, 제2항 단서에 따라 한국토지주택공사가 분양가상한제 적용 주택을 우선 매입하는 경우에도 매입비용을 준용하되, 해당 주택의 분양가격과 인근지역 주택매매가격의 비율 및 해당 주택의 보유기간 등을 고려하여 대통령령으로 정하는 바에 따라 매입금액을 달리 정할 수 있다. <개정 2020.8.18.>

④ 사업주체가 제1항제3호 및 제4호에 해당하는 주택을 공급하는 경우에는 그 주택의 소유권을 제3자에게 이전할 수 없음을 소유권에 관한 등기에 부기등기하여야 한다. <개정 2017.8.9.>

⑤ 제4항에 따른 부기등기는 주택의 소유권보존등기와 동시에 하여야 하며, 부기등기에는 "이 주택은 최초로 소유권이전등기가 된 후에는 「주택법」 제64조제1항에서 정한 기간이 지나기 전에 한국토지주택공사(제64조제2항 단서에 따라 한국토지주택공사가 우선 매입한 주택을 공급받는 자를 포함한다) 외의 자에게 소유권을 이전하는 어떠한 행위도 할 수 없음"을 명시하여야 한다.

⑥ 한국토지주택공사가 제2항 단서에 따라 우선 매입한 주택을 공급하는 경우에는 제4항을 준용한다.

⑦ 국토교통부장관은 제1항을 위반한 자에 대하여 10년의 범위에서 국토교통부령으로 정하는 바에 따라 주택의 입주자자격을 제한할 수 있다. <개정 2020.8.18.>

18] 공급질서 교란 금지(제65조) [시행일 : 2021.9.10.] 제65조

① 누구든지 이 법에 따라 건설·공급되는 주택을 공급받거나 공급받게 하기 위하여 다음 각 호의 어느 하나에 해당하는 증서 또는 지위를 양도·양수(매매·증여나 그 밖에 권리 변동을 수반하는 모든 행위를 포함하되, 상속·저당의 경우는 제외한다. 이하 이 조에서 같다) 또는 이를 알선하거나 양도·양수 또는 이를 알선할 목적으로 하는 광고(각종 간행물·

유인물·전화·인터넷, 그 밖의 매체를 통한 행위를 포함한다)를 하여서는 아니 되며, 누구든지 거짓이나 그 밖의 부정한 방법으로 이 법에 따라 건설·공급되는 증서나 지위 또는 주택을 공급받거나 공급받게 하여서는 아니 된다. <개정 2020.6.9.>

   1. 제11조에 따라 주택을 공급받을 수 있는 지위

   2. 제56조에 따른 입주자저축 증서

   3. 제80조에 따른 주택상환사채

   4. 그 밖에 주택을 공급받을 수 있는 증서 또는 지위로서 대통령령으로 정하는 것

② 국토교통부장관 또는 사업주체는 다음 각 호의 어느 하나에 해당하는 자에 대하여는 그 주택 공급을 신청할 수 있는 지위를 무효로 하거나 이미 체결된 주택의 공급계약을 취소할 수 있다. <개정 2021.3.9.>

   1. 제1항을 위반하여 증서 또는 지위를 양도하거나 양수한 자

   2. 제1항을 위반하여 거짓이나 그 밖의 부정한 방법으로 증서나 지위 또는 주택을 공급받은 자

③ 사업주체가 제1항을 위반한 자에게 대통령령으로 정하는 바에 따라 산정한 주택가격에 해당하는 금액을 지급한 경우에는 그 지급한 날에 그 주택을 취득한 것으로 본다.

④ 제3항의 경우 사업주체가 매수인에게 주택가격을 지급하거나, 매수인을 알 수 없어 주택 가격의 수령 통지를 할 수 없는 경우 등 대통령령으로 정하는 사유에 해당하는 경우로서 주택가격을 그 주택이 있는 지역을 관할하는 법원에 공탁한 경우에는 그 주택에 입주한 자에게 기간을 정하여 퇴거를 명할 수 있다.

⑤ 국토교통부장관은 제1항을 위반한 자에 대하여 10년의 범위에서 국토교통부령으로 정하는 바에 따라 주택의 입주자자격을 제한할 수 있다.

⑥ 국토교통부장관 또는 사업주체는 제2항에도 불구하고 제1항을 위반한 공급질서 교란 행위가 있었다는 사실을 알지 못하고 주택 또는 주택의 입주자로 선정된 지위를 취득한 매수인이 해당 공급질서 교란 행위와 관련이 없음을 대통령령으로 정하는 바에 따라 소명하는 경우에는 이미 체결된 주택의 공급계약을 취소하여서는 아니 된다. <신설 2021.3.9.>

⑦ 사업주체는 제2항에 따라 이미 체결된 주택의 공급계약을 취소하려는 경우 국토교통부장관 및 주택 또는 주택의 입주자로 선정된 지위를 보유하고 있는 자에게 대통령령으로 정하는 절차 및 방법에 따라 그 사실을 미리 알려야 한다. <신설 2021.3.9.>

제4장 리모델링

1] 리모델링의 허가 등(제66조) [시행일 : 2019.11.1.] 제66조

① 공동주택(부대시설과 복리시설을 포함한다)의 입주자·사용자 또는 관리주체가 공동주택을 리모델링하려고 하는 경우에는 허가와 관련된 면적, 세대수 또는 입주자 등의 동의 비율에 관하여 대통령령으로 정하는 기준 및 절차 등에 따라 시장·군수·구청장의 허가를 받아야 한다.

② 제1항에도 불구하고 대통령령으로 정하는 기준 및 절차 등에 따라 리모델링 결의를 한 리모델링주택조합이나 소유자 전원의 동의를 받은 입주자대표회의(「공동주택관리법」 제2조제1항제8호에 따른 입주자대표회의를 말하며, 이하 "입주자대표회의"라 한다)가 시장·군수·구청장의 허가를 받아 리모델링을 할 수 있다. <개정 2020.1.23.>

③ 제2항에 따라 리모델링을 하는 경우 제11조제1항에 따라 설립인가를 받은 리모델링주택 조합의 총회 또는 소유자 전원의 동의를 받은 입주자대표회의에서 「건설산업기본법」

제9조에 따른 건설사업자 또는 제7조제1항에 따라 건설사업자로 보는 등록사업자 시공자로 선정하여야 한다. <개정 2019.4.30.>

④ 제3항에 따른 시공자를 선정하는 경우에는 국토교통부장관이 정하는 경쟁입찰의 방법으로 하여야 한다. 다만, 경쟁입찰의 방법으로 시공자를 선정하는 것이 곤란하다고 인정되는 경우 등 대통령령으로 정하는 경우에는 그러하지 아니하다.

⑤ 제1항 또는 제2항에 따른 리모델링에 관하여 시장·군수·구청장이 관계 행정기관의 장과 협의하여 허가받은 사항에 관하여는 제19조를 준용한다.

⑥ 제1항에 따라 시장·군수·구청장이 세대수 증가형 리모델링(대통령령으로 정하는 세대수 이상으로 세대수가 증가하는 경우로 한정한다. 이하 이 조에서 같다)을 허가하려는 경우에는 기반시설에의 영향이나 도시·군관리계획과의 부합 여부 등에 대하여 「국토의 계획 및 이용에 관한 법률」 제113조제2항에 따라 설치된 시·군·구도시계획위원회(이하 "시·군·구도시계획위원회"라 한다)의 심의를 거쳐야 한다.

⑦ 공동주택의 입주자·사용자·관리주체·입주자대표회의 또는 리모델링주택조합이 제1항 또는 제2항에 따른 리모델링에 관하여 시장·군수·구청장의 허가를 받은 후 그 공사를 완료하였을 때에는 시장·군수·구청장의 사용검사를 받아야 하며, 사용검사에 관하여는 제49조를 준용한다.

⑧ 시장·군수·구청장은 제7항에 해당하는 자가 거짓이나 그 밖의 부정한 방법으로 제1항·제2항 및 제5항에 따른 허가를 받은 경우에는 행위허가를 취소할 수 있다.

⑨ 제71조에 따른 리모델링 기본계획 수립 대상지역에서 세대수 증가형 리모델링을 허가하려는 시장·군수·구청장은 해당 리모델링 기본계획에 부합하는 범위에서 허가하여야 한다.

2] 권리변동계획의 수립(제67조)

세대수가 증가되는 리모델링을 하는 경우에는 기존 주택의 권리변동, 비용분담 등 대통령령으로 정하는 사항에 대한 계획(이하 "권리변동계획"이라 한다)을 수립하여 사업계획승인 또는 행위허가를 받아야 한다.

3] 증축형 리모델링의 안전진단(제68조)

① 제2조제25호나목 및 다목에 따라 증축하는 리모델링(이하 "증축형 리모델링"이라 한다)을 하려는 자는 시장·군수·구청장에게 안전진단을 요청하여야 하며, 안전진단을 요청받은 시장·군수·구청장은 해당 건축물의 증축 가능 여부의 확인 등을 위하여 안전진단을 실시하여야 한다.

② 시장·군수·구청장은 제1항에 따라 안전진단을 실시하는 경우에는 대통령령으로 정하는 기관에 안전진단을 의뢰하여야 하며, 안전진단을 의뢰받은 기관은 리모델링을 하려는 자가 추천한 건축구조기술사(구조설계를 담당할 자를 말한다)와 함께 안전진단을 실시하여야 한다.

③ 시장·군수·구청장이 제1항에 따른 안전진단으로 건축물 구조의 안전에 위험이 있다고 평가하여 「도시 및 주거환경정비법」 제2조제2호다목에 따른 재건축사업 및 「빈집 및 소규모주택 정비에 관한 특례법」 제2조제1항제3호다목에 따른 소규모재건축사업의 시행이 필요하다고 결정한 건축물은 증축형 리모델링을 하여서는 아니 된다. <개정 2017.2.8.>

④ 시장·군수·구청장은 제66조제1항에 따라 수직증축형 리모델링을 허가한 후에 해당 건축물의 구조안전성 등에 대한 상세 확인을 위하여 안전진단을 실시하여야 한다. 이 경우 안전

진단을 의뢰받은 기관은 제2항에 따른 건축구조기술사와 함께 안전진단을 실시하여야 하며, 리모델링을 하려는 자는 안전진단 후 구조설계의 변경 등이 필요한 경우에는 건축구조기술사로 하여금 이를 보완하도록 하여야 한다.

⑤ 제2항 및 제4항에 따라 안전진단을 의뢰받은 기관은 국토교통부장관이 정하여 고시하는 기준에 따라 안전진단을 실시하고, 국토교통부령으로 정하는 방법 및 절차에 따라 안전진단 결과보고서를 작성하여 안전진단을 요청한 자와 시장·군수·구청장에게 제출하여야 한다.

⑥ 시장·군수·구청장은 제1항 및 제4항에 따라 안전진단을 실시하는 비용의 전부 또는 일부를 리모델링을 하려는 자에게 부담하게 할 수 있다.

⑦ 그 밖에 안전진단에 관하여 필요한 사항은 대통령령으로 정한다.

4] 전문기관의 안전성 검토 등(제69조)

① 시장·군수·구청장은 수직증축형 리모델링을 하려는 자가 「건축법」에 따른 건축위원회의 심의를 요청하는 경우 구조계획상 증축범위의 적정성 등에 대하여 대통령령으로 정하는 전문기관에 안전성 검토를 의뢰하여야 한다.

② 시장·군수·구청장은 제66조제1항에 따라 수직증축형 리모델링을 하려는 자의 허가 신청이 있거나 제68조제4항에 따른 안전진단 결과 국토교통부장관이 정하여 고시하는 설계도서의 변경이 있는 경우 제출된 설계도서상 구조안전의 적정성 여부 등에 대하여 제1항에 따라 검토를 수행한 전문기관에 안전성 검토를 의뢰하여야 한다.

③ 제1항 및 제2항에 따라 검토의뢰를 받은 전문기관은 국토교통부장관이 정하여 고시하는 검토기준에 따라 검토한 결과를 대통령령으로 정하는 기간 이내에 시장·군수·구청장에게 제출하여야 하며, 시장·군수·구청장은 특별한 사유가 없는 경우 이 법 및 관계 법률에 따른 위원회의 심의 또는 허가 시 제출받은 안전성 검토결과를 반영하여야 한다.

④ 시장·군수·구청장은 제1항 및 제2항에 따른 전문기관의 안전성 검토비용의 전부 또는 일부를 리모델링을 하려는 자에게 부담하게 할 수 있다.

⑤ 국토교통부장관은 시장·군수·구청장에게 제3항에 따라 제출받은 자료의 제출을 요청할 수 있으며, 필요한 경우 시장·군수·구청장으로 하여금 안전성 검토결과의 적정성 여부에 대하여 「건축법」에 따른 중앙건축위원회의 심의를 받도록 요청할 수 있다. <개정 2020.6.9.>

⑥ 시장·군수·구청장은 특별한 사유가 없으면 제5항에 따른 심의결과를 반영하여야 한다.

⑦ 그 밖에 전문기관 검토 등에 관하여 필요한 사항은 대통령령으로 정한다.

5] 수직증축형 리모델링의 구조기준(제70조)

수직증축형 리모델링의 설계자는 국토교통부장관이 정하여 고시하는 구조기준에 맞게 구조설계도서를 작성하여야 한다.

6] 리모델링 기본계획의 수립권자 및 대상지역 등(제71조)

① 특별시장·광역시장 및 대도시의 시장은 관할구역에 대하여 다음 각 호의 사항을 포함한 리모델링 기본계획을 10년 단위로 수립하여야 한다. 다만, 세대수 증가형 리모델링에 따른 도시과밀의 우려가 적은 경우 등 대통령령으로 정하는 경우에는 리모델링 기본계획을 수립하지 아니할 수 있다.
1. 계획의 목표 및 기본방향

2. 도시기본계획 등 관련 계획 검토

3. 리모델링 대상 공동주택 현황 및 세대수 증가형 리모델링 수요 예측

4. 세대수 증가에 따른 기반시설의 영향 검토

5. 일시집중 방지 등을 위한 단계별 리모델링 시행방안

6. 그 밖에 대통령령으로 정하는 사항

② 대도시가 아닌 시의 시장은 세대수 증가형 리모델링에 따른 도시과밀이나 일시집중 등이 우려되어 도지사가 리모델링 기본계획의 수립이 필요하다고 인정한 경우 리모델링 기본계획을 수립하여야 한다.

③ 리모델링 기본계획의 작성기준 및 작성방법 등은 국토교통부장관이 정한다.

7] 리모델링 기본계획 수립절차(제72조)

① 특별시장·광역시장 및 대도시의 시장(제71조제2항에 따른 대도시가 아닌 시의 시장을 포함한다. 이하 이 조부터 제74조까지에서 같다)은 리모델링 기본계획을 수립하거나 변경하려면 14일 이상 주민에게 공람하고, 지방의회의 의견을 들어야 한다. 이 경우 지방의회는 의견제시를 요청받은 날부터 30일 이내에 의견을 제시하여야 하며, 30일 이내에 의견을 제시하지 아니하는 경우에는 이의가 없는 것으로 본다. 다만, 대통령령으로 정하는 경미한 변경인 경우에는 주민공람 및 지방의회 의견청취 절차를 거치지 아니할 수 있다.

② 특별시장·광역시장 및 대도시의 시장은 리모델링 기본계획을 수립하거나 변경하려면 관계 행정기관의 장과 협의한 후 「국토의 계획 및 이용에 관한 법률」 제113조제1항에 따라 설치된 시·도도시계획위원회(이하 "시·도도시계획위원회"라 한다) 또는 시·군·구도시계획 위원회의 심의를 거쳐야 한다.

③ 제2항에 따라 협의를 요청받은 관계 행정기관의 장은 특별한 사유가 없으면 그 요청을 받은 날부터 30일 이내에 의견을 제시하여야 한다.

④ 대도시의 시장은 리모델링 기본계획을 수립하거나 변경하려면 도지사의 승인을 받아야 하며, 도지사는 리모델링 기본계획을 승인하려면 시·도도시계획위원회의 심의를 거쳐야 한다.

8] 리모델링 기본계획의 고시 등(제73조)

① 특별시장·광역시장 및 대도시의 시장은 리모델링 기본계획을 수립하거나 변경한 때에는 이를 지체없이 해당 지방자치단체의 공보에 고시하여야 한다.

② 특별시장·광역시장 및 대도시의 시장은 5년마다 리모델링 기본계획의 <u>타당성을</u> 검토하여 그 결과를 리모델링 기본계획에 반영하여야 한다. <개정 2020.6.9.>

③ 그 밖에 주민공람 절차 등 리모델링 기본계획 수립에 필요한 사항은 대통령령으로 정한다.

9] 세대수 증가형 리모델링의 시기 조정(제74조)

① 국토교통부장관은 세대수 증가형 리모델링의 시행으로 주변 지역에 현저한 주택부족이나 주택시장의 불안정 등이 발생될 우려가 있는 때에는 주거정책심의위원회의 심의를 거쳐 특별시장, 광역시장, 대도시의 시장에게 리모델링 기본계획을 변경하도록 요청하거나, 시장·군수·구청장에게 세대수 증가형 리모델링의 사업계획 승인 또는 허가의 시기를 조정하도록 요청할 수 있으며, 요청을 받은 특별시장, 광역시장, 대도시의 시장 또는 시장·군수· 구청장은 특별한 사유가 없으면 그 요청에 따라야 한다.

② 시·도지사는 세대수 증가형 리모델링의 시행으로 주변 지역에 현저한 주택부족이나 주택 시장의 불안정 등이 발생될 우려가 있는 때에는 「주거기본법」 제9조에 따른 시·도 주거정책심의위원회의 심의를 거쳐 대도시의 시장에게 리모델링 기본계획을 변경하도록 요청하거나, 시장·군수·구청장에게 세대수 증가형 리모델링의 사업계획 승인 또는 허가의 시기를 조정하도록 요청할 수 있으며, 요청을 받은 대도시의 시장 또는 시장·군수·구청장은 특별한 사유가 없으면 그 요청에 따라야 한다.

③ 제1항 및 제2항에 따른 시기조정에 관한 방법 및 절차 등에 관하여 필요한 사항은 국토 교통부령 또는 시·도의 조례로 정한다.

10] 리모델링 지원센터의 설치·운영(제75조)

① 시장·군수·구청장은 리모델링의 원활한 추진을 지원하기 위하여 리모델링 지원센터를 설치하여 운영할 수 있다.

② 리모델링 지원센터는 다음 각 호의 업무를 수행할 수 있다.

　1. 리모델링주택조합 설립을 위한 업무 지원

　2. 설계자 및 시공자 선정 등에 대한 지원

　3. 권리변동계획 수립에 관한 지원

　4. 그 밖에 지방자치단체의 조례로 정하는 사항

③ 리모델링 지원센터의 조직, 인원 등 리모델링 지원센터의 설치·운영에 필요한 사항은 지방자치단체의 조례로 정한다.

11] 공동주택 리모델링에 따른 특례(제76조)

① 공동주택의 소유자가 리모델링에 의하여 전유부분(「집합건물의 소유 및 관리에 관한 법률」 제2조제3호에 따른 전유부분을 말한다. 이하 이 조에서 같다)의 면적이 늘거나 줄어드는 경우에는 「집합건물의 소유 및 관리에 관한 법률」 제12조 및 제20조제1항에도 불구하고 대지사용권은 변하지 아니하는 것으로 본다. 다만, 세대수 증가를 수반하는 리모델링의 경우에는 권리변동계획에 따른다.

② 공동주택의 소유자가 리모델링에 의하여 일부 공용부분(「집합건물의 소유 및 관리에 관한 법률」 제2조제4호에 따른 공용부분을 말한다. 이하 이 조에서 같다)의 면적을 전유부분의 면적으로 변경한 경우에는 「집합건물의 소유 및 관리에 관한 법률」 제12조에도 불구하고 그 소유자의 나머지 공용부분의 면적은 변하지 아니하는 것으로 본다.

③ 제1항의 대지사용권 및 제2항의 공용부분의 면적에 관하여는 제1항과 제2항에도 불구하고 소유자가 「집합건물의 소유 및 관리에 관한 법률」 제28조에 따른 규약으로 달리 정한 경우에는 그 규약에 따른다.

④ 임대차계약 당시 다음 각 호의 어느 하나에 해당하여 그 사실을 임차인에게 고지한 경우로서 제66조제1항 및 제2항에 따라 리모델링 허가를 받은 경우에는 해당 리모델링 건축물에 관한 임대차계약에 대하여 「주택임대차보호법」 제4조제1항 및 「상가건물 임대차보호법」 제9조제1항을 적용하지 아니한다.

　1. 임대차계약 당시 해당 건축물의 소유자들(입주자대표회의를 포함한다)이 제11조제1항에 따른 리모델링주택조합 설립인가를 받은 경우

　2. 임대차계약 당시 해당 건축물의 입주자대표회의가 직접 리모델링을 실시하기 위하여

제68조제1항에 따라 관할 시장·군수·구청장에게 안전진단을 요청한 경우

⑤ 리모델링주택조합의 법인격에 관하여는 「도시 및 주거환경정비법」 제38조를 준용한다. 이 경우 "정비사업조합"은 "리모델링주택조합"으로 본다. <신설 2020.1.23.>

⑥ 권리변동계획에 따라 소유권이 이전되는 토지 또는 건축물에 대한 권리의 확정 등에 관하여는 「도시 및 주거환경정비법」 제87조를 준용한다. 이 경우 "토지등소유자에게 분양하는 대지 또는 건축물"은 "권리변동계획에 따라 구분소유자에게 소유권이 이전되는 토지 또는 건축물"로, "일반에게 분양하는 대지 또는 건축물"은 "권리변동계획에 따라 구분소유자 외의 자에게 소유권이 이전되는 토지 또는 건축물"로 본다. <신설 2020.1.23.>

12] 부정행위 금지(제77조)

공동주택의 리모델링과 관련하여 다음 각 호의 어느 하나에 해당하는 자는 부정하게 재물 또는 재산상의 이익을 취득하거나 제공하여서는 아니 된다.
1. 입주자
2. 사용자
3. 관리주체
4. 입주자대표회의 또는 그 구성원
5. 리모델링주택조합 또는 그 구성원

제5장 보칙

1] 토지임대부 분양주택의 토지에 관한 임대차 관계(제78조)

① 토지임대부 분양주택의 토지에 대한 임대차기간은 40년 이내로 한다. 이 경우 토지임대부 분양주택 소유자의 75퍼센트 이상이 계약갱신을 청구하는 경우 40년의 범위에서 이를 갱신할 수 있다.

② 토지임대부 분양주택을 공급받은 자가 토지소유자와 임대차계약을 체결한 경우 해당 주택의 구분소유권을 목적으로 그 토지 위에 제1항에 따른 임대차기간 동안 지상권이 설정된 것으로 본다.

③ 토지임대부 분양주택의 토지에 대한 임대차계약을 체결하고자 하는 자는 국토교통부령으로 정하는 표준임대차계약서를 사용하여야 한다.

④ 토지임대부 분양주택을 양수한 자 또는 상속받은 자는 제1항에 따른 임대차계약을 승계한다.

⑤ 토지임대부 분양주택의 토지임대료는 해당 토지의 조성원가 또는 감정가격 등을 기준으로 산정하되, 구체적인 토지임대료의 책정 및 변경기준, 납부 절차 등에 관한 사항은 대통령령으로 정한다.

⑥ 제5항의 토지임대료는 월별 임대료를 원칙으로 하되, 토지소유자와 주택을 공급받은 자가 합의한 경우 대통령령으로 정하는 바에 따라 임대료를 보증금으로 전환하여 납부할 수 있다.

⑦ 제1항부터 제6항까지에서 정한 사항 외에 토지임대부 분양주택 토지의 임대차 관계는 토지소유자와 주택을 공급받은 자 간의 임대차계약에 따른다.

⑧ 토지임대부 분양주택에 관하여 이 법에서 정하지 아니한 사항은 「집합건물의 소유 및 관리에 관한 법률」, 「민법」 순으로 적용한다.

2] 토지임대부 분양주택의 공공매입(제78조의2)

[본조신설 2021.1.5.][시행일:2021.7.6.]제78조의2

① 토지임대부 분양주택을 공급받은 자가 토지임대부 분양주택을 양도하려는 경우에는 대통령령으로 정하는 바에 따라 한국토지주택공사에 해당 주택의 매입을 신청하여야 한다.

② 한국토지주택공사는 제1항에 따라 매입신청을 받은 경우 대통령령으로 정하는 특별한 사유가 없으면 대통령령으로 정하는 절차를 거쳐 해당 주택을 매입하여야 한다.

③ 한국토지주택공사가 제2항에 따라 주택을 매입하는 경우 그 주택을 양도하는 자에게 매입비용을 지급한 때에는 그 지급한 날에 한국토지주택공사가 해당 주택을 취득한 것으로 본다.

3] 토지임대부 분양주택의 재건축(제79조)

① 토지임대부 분양주택의 소유자가 제78조제1항에 따른 임대차기간이 만료되기 전에 「도시 및 주거환경정비법」 등 도시개발 관련 법률에 따라 해당 주택을 철거하고 재건축을 하고자 하는 경우 「집합건물의 소유 및 관리에 관한 법률」 제47조부터 제49조까지에 따라 토지소유자의 동의를 받아 재건축할 수 있다. 이 경우 토지소유자는 정당한 사유없이 이를 거부할 수 없다.

② 제1항에 따라 토지임대부 분양주택을 재건축하는 경우 해당 주택의 소유자를 「도시 및 주거환경정비법」 제2조제9호나목에 따른 토지등소유자로 본다.

③ 제1항에 따라 재건축한 주택은 토지임대부 분양주택으로 한다. 이 경우 재건축한 주택의 준공인가일부터 제78조제1항에 따른 임대차기간 동안 토지소유자와 재건축한 주택의 조합원 사이에 토지의 임대차기간에 관한 계약이 성립된 것으로 본다.

④ 제3항에도 불구하고 토지소유자와 주택소유자가 합의한 경우에는 토지임대부 분양주택이 아닌 주택으로 전환할 수 있다.

4] 주택상환사채의 발행(제80조)

① 한국토지주택공사와 등록사업자는 대통령령으로 정하는 바에 따라 주택으로 상환하는 사채(이하 "주택상환사채"라 한다)를 발행할 수 있다. 이 경우 등록사업자는 자본금·자산평가액 및 기술인력 등이 대통령령으로 정하는 기준에 맞고 금융기관 또는 주택도시보증공사의 보증을 받은 경우에만 주택상환사채를 발행할 수 있다.

② 주택상환사채를 발행하려는 자는 대통령령으로 정하는 바에 따라 주택상환사채발행계획을 수립하여 국토교통부장관의 승인을 받아야 한다.

③ 주택상환사채의 발행요건 및 상환기간 등은 대통령령으로 정한다.

5] 발행책임과 조건 등(제81조)

① 제80조에 따라 주택상환사채를 발행한 자는 발행조건에 따라 주택을 건설하여 사채권자에게 상환하여야 한다.

② 주택상환사채는 기명증권(記名證券)으로 하고, 사채권자의 명의변경은 취득자의 성명과 주소를 사채원부에 기록하는 방법으로 하며, 취득자의 성명을 채권에 기록하지 아니하면 사채발행자 및 제3자에게 대항할 수 없다.

③ 국토교통부장관은 사채의 납입금이 택지의 구입 등 사채발행 목적에 맞게 사용될 수 있도록 그 사용 방법·절차 등에 관하여 대통령령으로 정하는 바에 따라 필요한 조치를

하여야 한다.

6] 주택상환사채의 효력(제82조)

제8조에 따라 등록사업자의 등록이 말소된 경우에도 등록사업자가 발행한 주택상환사채의
효력에는 영향을 미치지 아니한다.

7]「상법」의 적용(제83조)

주택상환사채의 발행에 관하여 이 법에서 규정한 것 외에는「상법」중 사채발행에 관한
규정을 적용한다. 다만, 한국토지주택공사가 발행하는 경우와 금융기관 등이 상환을 보증하여
등록사업자가 발행하는 경우에는「상법」제478조제1항을 적용하지 아니한다.

8] 벌칙 적용에서 공무원 의제(제97조) [시행일 : 2021.1.24.] 제97조

다음 각 호의 어느 하나에 해당하는 자는「형법」제129조부터 제132조까지의 규정을 적용할
때에는 공무원으로 본다. <개정 2020.1.23.>
1. 제44조 및 제45조에 따라 감리업무를 수행하는 자
2. 제48조의3제1항에 따른 품질점검단의 위원 중 공무원이 아닌 자
3. 제59조에 따른 분양가심사위원회의 위원 중 공무원이 아닌 자

제6장 벌칙

1] 벌칙(제98조)

① 제33조, 제43조, 제44조, 제46조 또는 제70조를 위반하여 설계·시공 또는 감리를 함으로써
「공동주택관리법」제36조제2항에 따른 담보책임기간에 공동주택의 내력구조부에 중대한
하자를 발생시켜 일반인을 위험에 처하게 한 설계자·시공자·감리자·건축구조기술사 또는
사업주체는 10년 이하의 징역에 처한다. <개정 2017.4.18.>

② 제1항의 죄를 범하여 사람을 죽음에 이르게 하거나 다치게 한 자는 무기징역 또는 3년
이상의 징역에 처한다.

2] 벌칙(제99조)

① 업무상 과실로 제98조제1항의 죄를 범한 자는 5년 이하의 징역이나 금고 또는 5천만원
이하의 벌금에 처한다.

② 업무상 과실로 제98조제2항의 죄를 범한 자는 10년 이하의 징역이나 금고 또는 1억원
이하의 벌금에 처한다.

3] 벌칙(제100조) [시행일 : 2021.2.19.] 제100조, <개정 2020.1.23., 2020.8.18.>

제55조제5항, 제56조제10항 및 제57조의3제4항을 위반하여 정보 또는 자료를 사용·제공
또는 누설한 사람은 5년 이하의 징역 또는 5천만원 이하의 벌금에 처한다.

4] 벌칙(제101조) [시행일 : 2020.7.24.] 제101조

다음 각 호의 어느 하나에 해당하는 자는 3년 이하의 징역 또는 3천만원 이하의 벌금에 처한다.

다만, 제2호 및 제3호에 해당하는 자로서 그 위반행위로 얻은 이익의 3배에 해당하는 금액이 3천만원을 초과하는 자는 3년 이하의 징역 또는 그 이익의 3배에 해당하는 금액 이하의 벌금에 처한다. <개정 2020.1.2.3., 2020.8.18.>

1. 제11조의2제1항을 위반하여 조합업무를 대행하게 한 주택조합, 주택조합의 발기인 및 조합업무를 대행한 자

1의2. 고의로 제33조를 위반하여 설계하거나 시공함으로써 사업주체 또는 입주자에게 손해를 입힌 자

2. 제64조제1항을 위반하여 입주자로 선정된 지위 또는 주택을 전매하거나 이의 전매를 알선한 자

3. 제65조제1항을 위반한 자

4. 제66조제3항을 위반하여 리모델링주택조합이 설립인가를 받기 전에 또는 입주자대표회의가 소유자 전원의 동의를 받기 전에 시공자를 선정한 자 및 시공자로 선정된 자

5. 제66조제4항을 위반하여 경쟁입찰의 방법에 의하지 아니하고 시공자를 선정한 자 및 시공자로 선정된 자

5] 벌칙(제102조 [시행일 : 2020.7.24.] 제102조

다음 각 호의 어느 하나에 해당하는 자는 2년 이하의 징역 또는 2천만원 이하의 벌금에 처한다. 다만, 제5호 또는 제18호에 해당하는 자로서 그 위반행위로 얻은 이익의 50퍼센트에 해당하는 금액이 2천만원을 초과하는 자는 2년 이하의 징역 또는 그 이익의 2배에 해당하는 금액 이하의 벌금에 처한다. <개정 2019.4.23., 2019.12.10., 2020.1.23.>

1. 제4조에 따른 등록을 하지 아니하거나, 거짓이나 그 밖의 부정한 방법으로 등록을 하고 같은 조의 사업을 한 자

2. 제11조의3제1항을 위반하여 신고하지 아니하고 조합원을 모집하거나 조합원을 공개로 모집하지 아니한 자

2의2. 제11조의5를 위반하여 조합원 가입을 권유하거나 조합원을 모집하는 광고를 한 자

2의3. 제11조의6제1항을 위반하여 가입비등을 예치하도록 하지 아니한 자

2의4. 제11조의6제4항을 위반하여 가입비등의 반환을 요청하지 아니한 자

3. 제12조제2항에 따른 서류 및 관련 자료를 거짓으로 공개한 주택조합의 발기인 또는 임원

4. 제12조제3항에 따른 열람·복사 요청에 대하여 거짓의 사실이 포함된 자료를 열람·복사하여 준 주택조합의 발기인 또는 임원

5. 제15조제1항·제3항 또는 제4항에 따른 사업계획의 승인 또는 변경승인을 받지 아니하고 사업을 시행하는 자

6. 삭제 <2018.12.18.>

6의2. 과실로 제33조를 위반하여 설계하거나 시공함으로써 사업주체 또는 입주자에게 손해를 입힌 자

7. 제34조제1항 또는 제2항을 위반하여 주택건설공사를 시행하거나 시행하게 한 자

8. 제35조에 따른 주택건설기준등을 위반하여 사업을 시행한 자

9. 제39조를 위반하여 공동주택성능에 대한 등급을 표시하지 아니하거나 거짓으로 표시한 자

10. 제40조에 따른 환기시설을 설치하지 아니한 자

11. 고의로 제44조제1항에 따른 감리업무를 게을리하여 위법한 주택건설공사를 시공함으로써

사업주체 또는 입주자에게 손해를 입힌 자

12. 제49조제4항을 위반하여 주택 또는 대지를 사용하게 하거나 사용한 자(제66조제7항에 따라 준용되는 경우를 포함한다)

13. 제54조제1항을 위반하여 주택을 건설·공급한 자(제54조의2에 따라 주택의 공급업무를 대행한 자를 포함한다)

14. 제54조제3항을 위반하여 건축물을 건설·공급한 자

14의2. 제54조의2제2항을 위반하여 주택의 공급업무를 대행하게 한 자

15. 제57조제1항 또는 제5항을 위반하여 주택을 공급한 자

16. 제60조제1항 또는 제3항을 위반하여 견본주택을 건설하거나 유지관리한 자

17. 제61조제1항을 위반하여 같은 항 각 호의 어느 하나에 해당하는 행위를 한 자

18. 제77조를 위반하여 부정하게 재물 또는 재산상의 이익을 취득하거나 제공한 자

19. 제81조제3항에 따른 조치를 위반한 자

6] 벌칙(제103조)

제59조제4항을 위반하여 고의로 잘못된 심사를 한 자는 2년 이하의 징역 또는 2천만원 이하의 벌금에 처한다. <개정 2018.12.18.>

7] 벌칙(제104조) [시행일: 2021.2.19.] 제104조

다음 각 호의 어느 하나에 해당하는 자는 1년 이하의 징역 또는 1천만원 이하의 벌금에 처한다. <개정 2019.12.10.>

1. 제8조에 따른 영업정지기간에 영업을 한 자

2. 제12조제1항을 위반하여 주택조합사업의 시행에 관련한 서류 및 자료를 공개하지 아니한 자

3. 제12조제2항을 위반하여 조합 구성원의 열람·복사 요청에 응하지 아니한 자

4. 제14조제3항에 따른 회계감사를 받지 아니한 자

4의2. 제14조제4항에 따른 시정요구 등의 명령을 위반한 자

5. 삭제 <개정 2018.12.18.>

6. 과실로 제44조제1항에 따른 감리업무를 게을리하여 위법한 주택건설공사를 시공함으로써 사업주체 또는 입주자에게 손해를 입힌 자

7. 제44조제4항을 위반하여 시정 통지를 받고도 계속하여 주택건설공사를 시공한 시공자 및 사업주체

8. 제46조제1항에 따른 건축구조기술사의 협력, 제68조제5항에 따른 안전진단기준, 제69조 제3항에 따른 검토기준 또는 제70조에 따른 구조기준을 위반하여 사업주체, 입주자 또는 사용자에게 손해를 입힌 자

9. 제48조제2항에 따른 시정명령에도 불구하고 필요한 조치를 하지 아니하고 감리를 한 자

10. 제57조의2제1항 및 제7항을 위반하여 거주의무기간 중에 실제로 거주하지 아니하고 거주한 것으로 속인 자

11. 제66조제1항 및 제2항을 위반한 자

12. 제90조를 위반하여 등록증의 대여 등을 한 자

13. 제93조제1항에 따른 검사 등을 거부·방해 또는 기피한 자

14. 제94조에 따른 공사 중지 등의 명령을 위반한 자

8] 양벌규정(제105조)

① 법인의 대표자나 법인 또는 개인의 대리인, 사용인, 그 밖의 종업원이 그 법인 또는 개인의 업무에 관하여 제98조의 위반행위를 하면 그 행위자를 벌하는 외에 그 법인 또는 개인에게도 10억원 이하의 벌금에 처한다. 다만, 법인 또는 개인이 그 위반행위를 방지하기 위하여 해당 업무에 관하여 상당한 주의와 감독을 게을리 하지 아니한 경우에는 그러하지 아니하다.

② 법인의 대표자나 법인 또는 개인의 대리인, 사용인, 그 밖의 종업원이 그 법인 또는 개인의 업무에 관하여 제99조, 제101조, 제102조 및 제104조의 어느 하나에 해당하는 위반행위를 하면 그 행위자를 벌하는 외에 그 법인 또는 개인에게도 해당 조문의 벌금형을 과(科)한다. 다만, 법인 또는 개인이 그 위반행위를 방지하기 위하여 해당 업무에 관하여 상당한 주의와 감독을 게을리 하지 아니한 경우에는 그러하지 아니하다.

9] 과태료(제106조) [시행일: 2022.2.11.] 제106조

① 다음 각 호의 어느 하나에 해당하는 자에게는 2천만원 이하의 과태료를 부과한다.
  <개정 2020.1.23.>
  1. 제48조의2제1항을 위반하여 사전방문을 실시하게 하지 아니한 자
  2. 제48조의3제3항을 위반하여 점검에 따르지 아니하거나 기피 또는 방해한 자
  3. 제78조제3항에 따른 표준임대차계약서를 사용하지 아니하거나 표준임대차계약서의 내용을 이행하지 아니한 자
  4. 제78조제5항에 따른 임대료에 관한 기준을 위반하여 토지를 임대한 자

② 다음 각 호의 어느 하나에 해당하는 자에게는 1천만원 이하의 과태료를 부과한다.
  <개정 2016.12.2., 2019.4.23., 2020.1.23., 2021.4.13.>
  1. 제11조의2제3항을 위반하여 자금의 보관 업무를 대행하도록 하지 아니한 자
  2. 제11조의3제8항에 따른 주택조합 가입에 관한 계약서 작성 의무를 위반한 자
  3. 제11조의4제1항에 따른 설명의무 또는 같은 조 제2항에 따른 확인 및 교부, 보관 의무를 위반한 자
  4. 제13조제4항을 위반하여 겸직한 자
  5. 제46조제1항을 위반하여 건축구조기술사의 협력을 받지 아니한 자
  6. 제54조의2제3항에 따른 조치를 하지 아니한 자

③ 다음 각 호의 어느 하나에 해당하는 자에게는 500만원 이하의 과태료를 부과한다.
  <개정 2019.12.10., 2020.1.23., 2021.8.10.>
  1. 제12조제3항에 따른 서류 및 자료를 제출하지 아니한 주택조합의 발기인 또는 임원
  2. 제16조제2항에 따른 신고를 하지 아니한 자
  3. 제44조제2항에 따른 보고를 하지 아니하거나 거짓으로 보고를 한 감리자
  3의2. 제44조제3항에 따른 보고를 하지 아니하거나 거짓으로 보고를 한 감리자
  4. 제45조제2항에 따른 보고를 하지 아니하거나 거짓으로 보고를 한 감리자
  4의2. 제48조의2제3항을 위반하여 보수공사 등의 조치를 하지 아니한 자
  4의3. 제48조의2제5항을 위반하여 조치결과 등을 입주예정자 및 사용검사권자에게 알리지 아니한 자
  4의4. 제48조의3제4항 후단을 위반하여 자료제출 요구에 따르지 아니하거나 거짓으로

자료를 제출한 자

　4의5. 제48조의3제7항을 위반하여 조치명령을 이행하지 아니한 자

　5. 제54조제2항을 위반하여 주택을 공급받은 자

　6. 제54조제8항을 위반하여 같은 항에 따른 사본을 제출하지 아니하거나 거짓으로 제출한 자

　7. 제93조제1항에 따른 보고 또는 검사의 명령을 위반한 자

④ 다음 각 호의 어느 하나에 해당하는 자에게는 300만원 이하의 과태료를 부과한다. <개정 2021.4.13.>

　1. 제57조의2제2항을 위반하여 한국토지주택공사(사업주체가 「공공주택 특별법」 제4조에 따른 공공주택사업자인 경우에는 공공주택사업자를 말한다)에게 해당 주택의 매입을 신청하지 아니한 자

　2. 제57조의3제1항에 따른 서류 등의 제출을 거부하거나 해당 주택의 출입·조사 또는 질문을 방해하거나 기피한 자

⑤ 제1항부터 제3항까지에 따른 과태료는 대통령령으로 정하는 바에 따라 국토교통부장관 또는 지방자치단체의 장이 부과한다. <개정 2020.8.18.>

부　　칙 <법률 제18053호, 2021.4.13.>

이 법은 공포 후 6개월이 경과한 날부터 시행한다. 다만, 다음 각 호의 사항은 그 구분에 따른 날부터 시행한다.

1. 법률 제17874호 주택법 일부개정법률 제57조의2제1항의 개정규정: 2021년 7월 6일

2. 제63조제6항의 개정규정: 공포 후 3개월이 경과한 날

부　　칙 <법률 제18317호, 2021.7.20.>

이 법은 공포 후 3개월이 경과한 날부터 시행한다. 다만, 법률 제18053호 주택법 일부개정법률 제57조제2항제4호의2 및 제5호의 개정규정은 2021년 10월 14일부터 시행한다.

부　　칙 <법률 제18392호, 2021.8.10.>

이 법은 공포 후 6개월이 경과한 날부터 시행한다.

2) 주택법 시행령

[시행 2021.10.14.] [대통령령 제32053호, 2021.10.14., 일부개정]

제1장 총칙

1] 단독주택의 종류와 범위(제2조)

「주택법」(이하 "법"이라 한다) 제2조제2호에 따른 단독주택의 종류와 범위는 다음 각 호와 같다.

1. 「건축법 시행령」 별표 1 제1호가목에 따른 단독주택

2. 「건축법 시행령」 별표 1 제1호나목에 따른 다중주택

3. 「건축법 시행령」 별표 1 제1호다목에 따른 다가구주택

2] 공동주택의 종류와 범위(제3조)

① 법 제2조제3호에 따른 공동주택의 종류와 범위는 다음 각 호와 같다.

1. 「건축법 시행령 별표 1 제2호가목에 따른 아파트(이하 "아파트"라 한다)

2. 「건축법 시행령」 별표 1 제2호나목에 따른 연립주택(이하 "연립주택"이라 한다)

3. 「건축법 시행령」 별표 1 제2호다목에 따른 다세대주택(이하 "다세대주택"이라 한다)

② 제1항 각 호의 공동주택은 그 공급기준 및 건설기준 등을 고려하여 국토교통부령으로 종류를 세분할 수 있다.

3] 준주택의 종류와 범위(제4조)

법 제2조제4호에 따른 준주택의 종류와 범위는 다음 각 호와 같다.

1. 「건축법 시행령」 별표 1 제2호라목에 따른 기숙사

2. 「건축법 시행령」 별표 1 제4호거목 및 제15호다목에 따른 다중생활시설

3. 「건축법 시행령」 별표 1 제11호나목에 따른 노인복지시설 중 「노인복지법」 제32조 제1항제3호의 노인복지주택

4. 「건축법 시행령」 별표 1 제14호나목2)에 따른 오피스텔

4] 주택단지의 구분기준이 되는 도로(제5조)

① 법 제2조제12호라목에서 "대통령령으로 정하는 시설"이란 보행자 및 자동차의 통행이 가능한 도로로서 다음 각 호의 어느 하나에 해당하는 도로를 말한다. <개정 2019.7.2.>

1. 「국토의 계획 및 이용에 관한 법률」 제2조제7호에 따른 도시·군계획시설(이하 "도시·군계획시설"이라 한다)인 도로로서 국토교통부령으로 정하는 도로

2. 「도로법」 제10조에 따른 일반국도·특별시도·광역시도 또는 지방도

3. 그 밖에 관계 법령에 따라 설치된 도로로서 제1호 및 제2호에 준하는 도로

② 제1항에도 불구하고 법 제15조에 따른 사업계획승인권자(이하 "사업계획승인권자"라 한다)가 다음 각 호의 요건을 모두 충족한다고 인정하여 사업계획을 승인한 도로는 주택단지의 구분기준이 되는 도로에서 제외한다. <신설 2019.7.2.>

1. 인근 주민의 통행권 확보 및 교통편의 제고 등을 위해 기존의 도로를 국토교통부령으로 정하는 기준에 적합하게 유지·변경할 것

2. 보행자 통행의 편리성 및 안전성을 확보하기 위한 시설을 국토교통부령으로 정하는 바에 따라 설치할 것

5] 부대시설의 범위(제6조)

법 제2조제13호다목에서 "대통령령으로 정하는 시설 또는 설비"란 다음 각 호의 시설 또는 설비를 말한다.<개정 2019.7.2.>

1. 보안등, 대문, 경비실 및 자전거보관소

2. 조경시설, 옹벽 및 축대

3. 안내표지판 및 공중화장실

4. 저수시설, 지하양수시설 및 대피시설

5. 쓰레기 수거 및 처리시설, 오수처리시설, 정화조

6. 소방시설, 냉난방공급시설(지역난방공급시설은 제외한다) 및 방범설비

7. 「환경친화적 자동차의 개발 및 보급 촉진에 관한 법률」 제2조제3호에 따른 전기자동차에 전기를 충전하여 공급하는 시설

8. **「전기통신사업법」 등 다른 법령에 따라 거주자의 편익을 위해 주택단지에 의무적으로 설치해야 하는 시설로서 사업주체 또는 입주자의 설치 및 관리 의무가 없는 시설**

9. 그 밖에 제1호부터 제7호까지의 시설 또는 설비와 비슷한 것으로서 국토교통부령으로 정하는 시설 또는 설비

6] 복리시설의 범위(제7조)

법 제2조제14호나목에서 "대통령령으로 정하는 공동시설"이란 다음 각 호의 시설을 말한다.

1. 「건축법 시행령」 별표 1 제3호에 따른 제1종 근린생활시설 <개정 2019.7.2.>

2. 「건축법 시행령」 별표 1 제4호에 따른 제2종 근린생활시설(총포판매소, 장의사, 다중생활시설, 단란주점 및 안마시술소는 제외한다)

3. 「건축법 시행령」 별표 1 제6호에 따른 종교시설

4. 「건축법 시행령」 별표 1 제7호에 따른 판매시설 중 소매시장 및 상점

5. 「건축법 시행령」 별표 1 제10호에 따른 교육연구시설

6. 「건축법 시행령」 별표 1 제11호에 따른 노유자시설

7. 「건축법 시행령」 별표 1 제12호에 따른 수련시설

8. 「건축법 시행령」 별표 1 제14호에 따른 업무시설 중 금융업소

9. 「산업집적활성화 및 공장설립에 관한 법률」 제2조제13호에 따른 지식산업센터

10. 「사회복지사업법」 제2조제5호에 따른 사회복지관

11. 공동작업장

12. 주민공동시설

13. 도시·군계획시설인 시장

14. 그 밖에 제1호부터 제13호까지의 시설과 비슷한 시설로서 국토교통부령으로 정하는 공동시설 또는 사업계획승인권자(법 제15조제1항에 따른 사업계획승인권자를 말한다. 이하 같다)가 거주자의 생활복리 또는 편익을 위하여 필요하다고 인정하는 시설

7] 공구의 구분기준(제8조)

법 제2조제18호에서 "대통령령으로 정하는 기준"이란 다음 각 호의 요건을 모두 충족하는 것을 말한다.

1. 다음 각 목의 어느 하나에 해당하는 시설을 설치하거나 공간을 조성하여 6미터 이상의 너비로 공구 간 경계를 설정할 것

    가. 「주택건설기준 등에 관한 규정」 제26조에 따른 주택단지 안의 도로

    나. 주택단지 안의 지상에 설치되는 부설주차장

    다. 주택단지 안의 옹벽 또는 축대

    라. 식재·조경이 된 녹지

    마. 그 밖에 어린이놀이터 등 부대시설이나 복리시설로서 사업계획 승인권자가 적합하다고 인정하는 시설

2. 공구별 세대수는 300세대 이상으로 할 것

8] 세대구분형 공동주택(제9조)

① 법제2조 제19호에서 "대통령령으로 정하는 건설기준, 설치기준, 면적기준 등에 적합한 주택"이란 다음 각 호의 구분에 따른 요건을 충족하는 공동주택을 말한다. <개정 2020.7.24.>

1. 법 제15조에 따른 사업계획의 승인을 받아 건설하는 공동주택의 경우: 다음 각 목의 요건을 모두 충족할 것

    가. 세대별로 구분된 각각의 공간마다 별도의 욕실, 부엌과 현관을 설치할 것

    나. 하나의 세대가 통합하여 사용할 수 있도록 세대 간에 연결문 또는 경량구조의 경계벽 등을 설치할 것

    다. 세대구분형 공동주택의 세대수가 해당 주택단지 안의 공동주택 전체 세대수의

3분의 1을 넘지 않을 것

라. 세대별로 구분된 각각의 공간의 주거전용면적(주거의 용도로만 쓰이는 면적으로서 법 제2조제6호 후단에 따른 방법으로 산정된 것을 말한다. 이하 같다) 합계가 해당 주택단지 전체 주거전용면적 합계의 3분의 1을 넘지 않는 등 국토교통부장관이 정하여 고시하는 주거전용면적의 비율에 관한 기준을 충족할 것

2. 「공동주택관리법」 제35조에 따른 행위의 허가를 받거나 신고를 하고 설치하는 공동주택의 경우: 다음 각 목의 요건을 모두 충족할 것

가. 구분된 공간의 세대수는 기존 세대를 포함하여 2세대 이하일 것

나. 세대별로 구분된 각각의 공간마다 별도의 욕실, 부엌과 구분 출입문을 설치할 것

다. 세대구분형 공동주택의 세대수가 해당 주택단지 안의 공동주택 전체 세대수의 10분의 1과 해당 동의 전체 세대수의 3분의 1을 각각 넘지 않을 것. 다만, **특별자치시장, 특별자치도지사**, 시장, 군수 또는 구청장(구청장은 자치구의 구청장을 말하며, 이하 "시장·군수·구청장"이라 한다)이 부대시설의 규모 등 해당 주택단지의 여건을 고려하여 인정하는 범위에서 세대수의 기준을 넘을 수 있다.

라. 구조, 화재, 소방 및 피난안전 등 관계 법령에서 정하는 안전 기준을 충족할 것

② 제1항에 따라 건설 또는 설치되는 주택과 관련하여 법제35조에 따른 주택건설기준 등을 적용하는 경우 세대구분형 공동주택의 세대수는 그 구분된 공간의 세대수에 관계없이 하나의 세대로 산정한다. <개정 2019.2.12.>

9] 도시형 생활주택(제10조)

① 법 제2조제20호에서 "대통령령으로 정하는 주택"이란 「국토의 계획 및 이용에 관한 법률」 제36조제1항제1호에 따른 도시지역에 건설하는 다음 각 호의 주택을 말한다.

1. 원룸형 주택:

다음 각 목의 요건을 모두 갖춘 공동주택

가. 세대별 주거전용면적은 50제곱미터 이하일 것

나. 세대별로 독립된 주거가 가능하도록 욕실 및 부엌을 설치할 것

다. 욕실 및 보일러실을 제외한 부분을 하나의 공간으로 구성할 것. 다만, 주거전용면적이 30제곱미터 이상인 경우에는 두 개의 공간으로 구성할 수 있다.

라. 지하층에는 세대를 설치하지 아니할 것

2. 단지형 연립주택:

원룸형 주택이 아닌 연립주택. 다만, 「건축법」 제5조제2항에 따라 같은 법 제4조에 따른 건축위원회의 심의를 받은 경우에는 주택으로 쓰는 층수를 5개층까지 건축할 수 있다.

3. 단지형 다세대주택:

원룸형 주택이 아닌 다세대주택. 다만, 「건축법」 제5조제2항에 따라 같은 법 제4조에 따른 건축위원회의 심의를 받은 경우에는 주택으로 쓰는 층수를 5개층까지 건축할 수 있다.

② 하나의 건축물에는 도시형 생활주택과 그 밖의 주택을 함께 건축할 수 없다. 다만, 다음 각 호의 어느 하나에 해당하는 경우는 예외로 한다. <개정 2021.10.14.>

1. 원룸형 주택과 주거전용면적이 85제곱미터를 초과하는 주택 1세대를 함께 건축하는 경우

2. 「국토의 계획 및 이용에 관한 법률 시행령」 **제30조제1항제1호다목**에 따른 준주거지역 또는 **같은 항 제2호**에 따른 상업지역에서 원룸형 주택과 도시형 생활주택 외의 주택을 함께 건축하는 경우

③ 하나의 건축물에는 단지형 연립주택 또는 단지형 다세대주택과 원룸형 주택을 함께 건축할 수 없다.

10] 에너지절약형 친환경주택의 건설기준 및 종류·범위(제11조)

법 제2조제21호에 따른 에너지절약형 친환경주택의 종류·범위 및 건설기준은 「주택건설기준 등에 관한 규정」으로 정한다.

11] 건강친화형 주택의 건설기준(제12조)

법 제2조제22호에 따른 건강친화형 주택의 건설기준은 「주택건설기준 등에 관한 규정」으로 정한다.

12] 수직증축형 리모델링의 허용 요건(제13조)

① 법 제2조제25호다목1)에서 "대통령령으로 정하는 범위"란 다음 각 호의 구분에 따른 범위를 말한다.

1. 수직으로 증축하는 행위(이하 "수직증축형 리모델링"이라 한다)의 대상이 되는 기존 건축물의 층수가 15층 이상인 경우: 3개층

2. 수직증축형 리모델링의 대상이 되는 기존 건축물의 층수가 14층 이하인 경우: 2개층

② 법 제2조제25호다목2)에서 "리모델링 대상 건축물의 구조도 보유 등 대통령령으로 정하는 요건"이란 수직증축형 리모델링의 대상이 되는 기존 건축물의 신축 당시 구조도를 보유하고 있는 것을 말한다.

제2장 주택의 건설 등

제1절 주택건설사업자 등

1] 주택건설사업자 등의 범위 및 등록기준 등(제14조)

① 법 제4조제1항 각 호 외의 부분 본문에서 "대통령령으로 정하는 호수"란 다음 각 호의 구분에 따른 호수(戶數) 또는 세대수를 말한다.

1. 단독주택의 경우: 20호

2. 공동주택의 경우: 20세대. 다만, 도시형 생활주택(제10조제2항제1호의 경우를 포함한다)은 30세대로 한다.

② 법 제4조제1항 각 호 외의 부분 본문에서 "대통령령으로 정하는 면적"이란 1만제곱미터를 말한다.

③ 법 제4조에 따라 주택건설사업 또는 대지조성사업의 등록을 하려는 자는 다음 각 호의 요건을 모두 갖추어야 한다. 이 경우 하나의 사업자가 주택건설사업과 대지조성사업을 함께 할 때에는 제1호 및 제3호의 기준은 중복하여 적용하지 아니한다. <개정 2018.12.11.>

1. 자본금: 3억원(개인인 경우에는 자산평가액 6억원) 이상

2. 다음 각 목의 구분에 따른 기술인력

   가. 주택건설사업:「건설기술 진흥법 시행령」별표 1에 따른 건축 분야 기술인 1명 이상

   나. 대지조성사업:「건설기술 진흥법 시행령」별표 1에 따른 토목 분야 기술인 1명 이상

3. 사무실면적: 사업의 수행에 필요한 사무장비를 갖출 수 있는 면적

④ 다음 각 호의 어느 하나에 해당하는 경우에는 해당 각 호의 자본금, 기술인력 또는 사무실 면적을 제3항 각 호의 기준에 포함하여 산정한다.

1. 「건설산업기본법」제9조에 따라 건설업(건축공사업 또는 토목건축공사업만 해당한다)의 등록을 한 자가 주택건설사업 또는 대지조성사업의 등록을 하려는 경우: 이미 보유하고 있는 자본금, 기술인력 및 사무실면적

2. 위탁관리 부동산투자회사(「부동산투자회사법」제2조제1호나목에 따른 위탁관리 부동산 투자회사를 말한다. 이하 같다)가 주택건설사업의 등록을 하려는 경우: 같은 법 제22조 의2제1항에 따라 해당 부동산투자회사가 자산의 투자·운용업무를 위탁한 자산관리회사 (같은 법 제2조제5호에 따른 자산관리회사를 말한다. 이하 같다)가 보유하고 있는 기술인력 및 사무실면적

2] 주택건설사업 등의 등록 절차(제15조)

① 법 제4조에 따라 주택건설사업 또는 대지조성사업의 등록을 하려는 자는 신청서에 국토 교통부령으로 정하는 서류를 첨부하여 국토교통부장관에게 제출하여야 한다.

② 국토교통부장관은 법 제4조에 따라 주택건설사업 또는 대지조성사업의 등록을 한 자 (이하 "등록사업자"라 한다)를 등록부에 등재하고 등록증을 발급하여야 한다.

③ 등록사업자는 등록사항에 변경이 있으면 국토교통부령으로 정하는 바에 따라 변경 사유가 발생한 날부터 30일 이내에 국토교통부장관에게 신고하여야 한다. 다만, 국토교통부령으로 정하는 경미한 변경에 대해서는 그러하지 아니하다.

3] 공동사업주체의 사업시행(제16조)

① 법 제5조제1항에 따라 공동으로 주택을 건설하려는 토지소유자와 등록사업자는 다음 각 호의 요건을 모두 갖추어 법 제15조에 따른 사업계획승인을 신청하여야 한다.

  1. 등록사업자가 다음 각 목의 어느 하나에 해당하는 자일 것

    가. 제17조제1항 각 호의 요건을 모두 갖춘 자

    나. 「건설산업기본법」 제9조에 따른 건설업(건축공사업 또는 토목건축공사업만 해당한다)의 등록을 한 자

  2. 주택건설대지가 저당권·가등기담보권·가압류·전세권·지상권 등(이하 "저당권등"이라 한다)의 목적으로 되어 있는 경우에는 그 저당권등을 말소할 것. 다만, 저당권등의 권리자로부터 해당 사업의 시행에 대한 동의를 받은 경우는 예외로 한다.

  3. 토지소유자와 등록사업자 간에 다음 각 목의 사항에 대하여 법 및 이 영이 정하는 범위에서 협약이 체결되어 있을 것

    가. 대지 및 주택(부대시설 및 복리시설을 포함한다)의 사용·처분

    나. 사업비의 부담

    다. 공사기간

    라. 그 밖에 사업 추진에 따르는 각종 책임 등 사업 추진에 필요한 사항

② 법 제5조제2항에 따라 공동으로 주택을 건설하려는 주택조합(세대수를 늘리지 아니하는 리모델링주택조합은 제외한다)과 등록사업자, 지방자치단체, 한국토지주택공사(「한국토지주택공사법」에 따른 한국토지주택공사를 말한다. 이하 같다) 또는 지방공사(「지방공기업법」 제49조에 따라 주택건설사업을 목적으로 설립된 지방공사를 말한다. 이하 같다)는 다음 각 호의 요건을 모두 갖추어 법 제15조에 따른 사업계획승인을 신청하여야 한다.

  1. 등록사업자와 공동으로 사업을 시행하는 경우에는 해당 등록사업자가 제1항제1호의 요건을 갖출 것

  2. 주택조합이 주택건설대지의 소유권을 확보하고 있을 것. 다만, 지역주택조합 또는 직장주택합이 등록사업자와 공동으로 사업을 시행하는 경우로서 법 제21조제1항 제1호에 따라 「국토의 계획 및 이용에 관한 법률」 제49조에 따른 지구단위계획의 결정이 필요한 사업인 경우에는 95퍼센트 이상의 소유권을 확보하여야 한다.

  3. 제1항제2호 및 제3호의 요건을 갖출 것. 이 경우 제1항제2호의 요건은 소유권을 확보한 대지에 대해서만 적용한다.

③ 법 제5조제3항에 따라 고용자가 등록사업자와 공동으로 주택을 건설하려는 경우에는 다음 각 호의 요건을 모두 갖추어 법 제15조에 따른 사업계획승인을 신청하여야 한다.

  1. 제1항 각 호의 요건을 모두 갖추고 있을 것

  2. 고용자가 해당 주택건설대지의 소유권을 확보하고 있을 것

4] 등록사업자의 주택건설공사 시공기준(제17조)

① 법 제7조에 따라 주택건설공사를 시공하려는 등록사업자는 다음 각 호의 요건을 모두 갖추어야 한다.<개정 2019.10.22.>

1. 자본금이 5억원(개인인 경우에는 자산평가액 10억원) 이상일 것

2. 「건설기술 진흥법 시행령」 별표 1에 따른 건축 분야 및 토목 분야 기술인 3명 이상을 보유하고 있을 것. 이 경우 「건설기술 진흥법 시행령」 별표 1에 따른 건설기술인으로서 다음 각 목에 해당하는 건설기술인 각 1명이 포함되어야 한다.

    가. 건축시공 기술사 또는 건축기사

    나. 토목 분야 기술인

3. 최근 5년간의 주택건설 실적이 100호 또는 100세대 이상일 것

② 법 제7조에 따라 등록사업자가 건설할 수 있는 주택은 주택으로 쓰는 층수가 5개 층 이하인 주택으로 한다. 다만, 각층 거실의 바닥면적 300제곱미터 이내마다 1개소 이상의 직통 계단을 설치한 경우에는 주택으로 쓰는 층수가 6개층인 주택을 건설할 수 있다.

③ 제2항에도 불구하고 다음 각 호의 어느 하나에 해당하는 등록사업자는 주택으로 쓰는 층수가 6개층 이상인 주택을 건설할 수 있다.

1. 주택으로 쓰는 층수가 6개층 이상인 아파트를 건설한 실적이 있는 자

2. 최근 3년간 300세대 이상의 공동주택을 건설한 실적이 있는 자

④ 법 제7조에 따라 주택건설공사를 시공하는 등록사업자는 건설공사비(총공사비에서 대지 구입비를 제외한 금액을 말한다)가 자본금과 자본준비금·이익준비금을 합한 금액의 10배(개인인 경우에는 자산평가액의 5배)를 초과하는 건설공사는 시공할 수 없다.

5] 등록사업자의 등록말소 및 영업정지처분 기준(제18조)

① 법 제8조에 따른 등록사업자의 등록말소 및 영업정지 처분에 관한 기준은 별표 1과 같다.

② 국토교통부장관은 법 제8조에 따라 등록말소 또는 영업정지의 처분을 하였을 때에는 지체 없이 관보에 고시하여야 한다. 그 처분을 취소하였을 때에도 또한 같다.

6] 일시적인 등록기준 미달(제19조)

법 제8조제1항제2호 단서에서 "「채무자 회생 및 파산에 관한 법률」에 따라 법원이 회생 절차개시의 결정을 하고 그 절차가 진행 중이거나 일시적으로 등록기준에 미달하는 등 대통령령으로 정하는 경우"란 다음 각 호의 어느 하나에 해당하는 경우를 말한다.

1. 제14조제3항제1호에 따른 자본금 또는 자산평가액 기준에 미달한 경우 중 다음 각 목의 어느 하나에 해당하는 경우

    가. 「채무자 회생 및 파산에 관한 법률」 제49조에 따라 법원이 회생절차개시의 결정을 하고 그 절차가 진행 중인 경우

나. 회생계획의 수행에 지장이 없다고 인정되는 경우로서 해당 등록사업자가 「채무자 회생
　　및 파산에 관한 법률」 제283조에 따라 법원으로부터 회생절차종결의 결정을 받고
　　회생계획을 수행 중인 경우

　다. 「기업구조조정 촉진법」 제5조에 따라 채권금융기관이 채권금융기관협의회의 의결을
　　거쳐 채권금융기관 공동관리절차를 개시하고 그 절차가 진행 중인 경우

2. 「상법」 제542조의8제1항 단서의 적용대상법인이 등록기준 미달 당시 직전의 사업연도
　말을 기준으로 자산총액의 감소로 인하여 제14조제3항제1호에 따른 자본금 기준에
　미달하게 된 기간이 50일 이내인 경우

3. 기술인력의 사망·실종 또는 퇴직으로 인하여 제14조제3항제2호에 따른 기술인력 기준에
　미달하게 된 기간이 50일 이내인 경우

제2절 주택조합

1] 주택조합의 설립인가 등(제20조)

① 법 제11조제1항에 따라 주택조합의 설립·변경 또는 해산의 인가를 받으려는 자는 신청서에
다음 각 호의 구분에 따른 서류를 첨부하여 주택건설대지(리모델링주택조합의 경우에는
해당 주택의 소재지를 말한다. 이하 같다)를 관할하는 특별자치시장, 특별자치도지사,
시장, 군수 또는 구청장(구청장은 자치구의 구청장을 말하며, 이하 "시장·군수·구청장"이라
한다)에게 제출해야 한다.<개정 2020.7.24.>

1. 설립인가신청: 다음 각 목의 구분에 따른 서류

　가. 지역주택조합 또는 직장주택조합의 경우

　　1) 창립총회 회의록

　　2) 조합장선출동의서

　　3) 조합원 전원이 자필로 연명(連名)한 조합규약

　　4) 조합원 명부

　　5) 사업계획서

　　6) 해당 주택건설대지의 80퍼센트 이상에 해당하는 토지의 사용권원을 확보하였음을
　　　증명하는 서류

　　7) **해당 주택건설대지의 15퍼센트 이상에 해당하는 토지의 소유권을 확보하였음을**
　　　증명하는 서류

　　8) 그 밖에 국토교통부령으로 정하는 서류

　나. 리모델링주택조합의 경우

　　1) 가목1)부터 5)까지의 서류

　　2) 법 제11조제3항 각 호의 결의를 증명하는 서류. 이 경우 결의서에는 별표 4 제1호

나목1)부터 3)까지의 사항이 기재되어야 한다.

3) 「건축법」 제5조에 따라 건축기준의 완화 적용이 결정된 경우에는 그 증명서류

4) 해당 주택이 법 제49조에 따른 사용검사일(주택단지 안의 공동주택 전부에 대하여 같은 조에 따라 임시 사용승인을 받은 경우에는 그 임시 사용승인일을 말한다) 또는 「건축법」 제22조에 따른 사용승인일부터 다음의 구분에 따른 기간이 지났음을 증명하는 서류

가) 대수선인 리모델링: 10년

나) 증축인 리모델링: 법 제2조제25호나목에 따른 기간

2. 변경인가신청: 변경의 내용을 증명하는 서류

3. 해산인가신청: 조합해산의 결의를 위한 총회의 의결정족수에 해당하는 조합원의 동의를 받은 정산서

② 제1항제1호가목3)의 조합규약에는 다음 각 호의 사항이 포함되어야 한다.<개정 2020.7.24.>

1. 조합의 명칭 및 소재지

2. 조합원의 자격에 관한 사항

3. 주택건설대지의 위치 및 면적

4. 조합원의 제명·탈퇴 및 교체에 관한 사항

5. 조합임원의 수, 업무범위(권리·의무를 포함한다), 보수, 선임방법, 변경 및 해임에 관한 사항

6. 조합원의 비용부담 시기·절차 및 조합의 회계

6의2. **조합원의 제명·탈퇴에 따른 환급금의 산정방식, 지급시기 및 절차에 관한 사항**

7. 사업의 시행시기 및 시행방법

8. 총회의 소집절차·소집시기 및 조합원의 총회소집요구에 관한 사항

9. 총회의 의결을 필요로 하는 사항과 그 의결정족수 및 의결절차

10. 사업이 종결되었을 때의 청산절차, 청산금의 징수·지급방법 및 지급절차

11. 조합비의 사용 명세와 총회 의결사항의 공개 및 조합원에 대한 통지방법

12. 조합규약의 변경 절차

13. 그 밖에 조합의 사업추진 및 조합 운영을 위하여 필요한 사항

③ 제2항제9호에도 불구하고 국토교통부령으로 정하는 사항은 반드시 총회의 의결을 거쳐야 한다.

④ 총회의 의결을 하는 경우에는 조합원의 100분의 10 이상이 직접 출석하여야 한다. 다만, 창립총회 또는 제3항에 따라 국토교통부령으로 정하는 사항을 의결하는 총회의 경우에는 조합원의 100분의 20 이상이 직접 출석하여야 한다. <신설 2017.6.2.>

⑤ 제4항에도 불구하고 총회의 소집시기에 해당 주택건설대지가 위치한 특별자치시·특별자치도·시·군·구(자치구를 말하며, 이하 "시·군·구"라 한다)에 「감염병의 예방 및

관리에 관한 법률 제49조제1항제2호에 따라 여러 사람의 집합을 제한하거나 금지하는 조치가 내려진 경우에는 전자적 방법으로 총회를 개최해야 한다. 이 경우 조합원의 의결권 행사는 「전자서명법」 제2조제2호 및 제6호의 전자서명 및 인증서(서명자의 실제 이름을 확인할 수 있는 것으로 한정한다)를 통해 본인 확인을 거쳐 전자적 방법으로 해야 한다. <신설 2021.2.19.>

⑥ 주택조합은 제5항에 따라 전자적 방법으로 총회를 개최하려는 경우 다음 각 호의 사항을 조합원에게 사전에 통지해야 한다. <신설 2021.2.19.>

1. 총회의 의결사항

2. 전자투표를 하는 방법

3. 전자투표 기간

4. 그 밖에 전자투표 실시에 필요한 기술적인 사항

⑦ 주택조합(리모델링주택조합은 제외한다)은 법 제11조에 따른 주택조합 설립인가를 받는 날부터 법 제49조에 따른 사용검사를 받는 날까지 계속하여 다음 각 호의 요건을 모두 충족해야 한다. <개정 2019.10.22., 2021.2.19>

1. 주택건설 예정 세대수(설립인가 당시의 사업계획서상 주택건설 예정 세대수를 말하되, 법 제20조에 따라 임대주택으로 건설·공급하는 세대수는 제외한다. 이하 같다)의 50 퍼센트 이상의 조합원으로 구성할 것. 다만, 법 제15조에 따른 사업계획승인 등의 과정에서 세대수가 변경된 경우에는 변경된 세대수를 기준으로 한다.

2. 조합원은 20명 이상일 것

⑧ 리모델링주택조합 설립에 동의한 자로부터 건축물을 취득한 자는 리모델링주택조합 설립에 동의한 것으로 본다. <개정 2017.6.2., 2021.2.19>

⑨ 시장·군수·구청장은 해당 주택건설대지에 대한 다음 각 호의 사항을 종합적으로 검토하여 주택조합의 설립인가 여부를 결정하여야 한다. 이 경우 그 주택건설대지가 이미 인가를 받은 다른 주택조합의 주택건설대지와 중복되지 아니하도록 하여야 한다.<개정 2021.2.19.>

1. 법 또는 관계 법령에 따른 건축기준 및 건축제한 등을 고려하여 해당 주택건설대지에 주택건설이 가능한지 여부

2. 「국토의 계획 및 이용에 관한 법률」에 따라 수립되었거나 해당 주택건설사업기간에 수립될 예정인 도시·군계획(같은 법 제2조제2호에 따른 도시·군계획을 말한다)에 부합하는지 여부

3. 이미 수립되어 있는 토지이용계획

4. 주택건설대지 중 토지 사용에 관한 권원을 확보하지 못한 토지가 있는 경우 해당 토지의 위치가 사업계획서상의 사업시행에 지장을 줄 우려가 있는지 여부

⑩ 시장·군수·구청장은 법 제11조제1항에 따라 주택조합의 설립인가를 한 경우 다음 각 호의 사항을 해당 지방자치단체의 인터넷 홈페이지에 공고해야 한다. 이 경우 공고한 내용이 법 제11조제1항에 따른 변경인가에 따라 변경된 경우에도 또한 같다. <신설 2021.2.19.>

1. 조합의 명칭 및 사무소의 소재지

2. 조합설립 인가일

3. 주택건설대지의 위치

4. 조합원 수

5. 토지의 사용권원 또는 소유권을 확보한 면적과 비율

⑪ 주택조합의 설립·변경 또는 해산 인가에 필요한 세부적인 사항은 국토교통부령으로 정한다. <개정 2021.2.19.>

2] 조합원의 자격(제21조)

① 법 제11조에 따른 주택조합의 조합원이 될 수 있는 사람은 다음 각 호의 구분에 따른 사람으로 한다. 다만, 조합원의 사망으로 그 지위를 상속받는 자는 다음 각 호의 요건에도 불구하고 조합원이 될 수 있다. <개정 2019.10.22.>

1. 지역주택조합 조합원: 다음 각 목의 요건을 모두 갖춘 사람

   가. 조합설립인가 신청일(해당 주택건설대지가 법 제63조에 따른 투기과열지구 안에 있는 경우에는 조합설립인가 신청일 1년 전의 날을 말한다. 이하 같다)부터 해당 조합주택의 입주 가능일까지 주택을 소유(주택의 유형, 입주자 선정방법 등을 고려하여 국토교통부령으로 정하는 지위에 있는 경우를 포함한다. 이하 이 호에서 같다)하는지에 대하여 다음의 어느 하나에 해당할 것

      1) 국토교통부령으로 정하는 기준에 따라 세대주를 포함한 세대원[세대주와 동일한 세대별 주민등록표에 등재되어 있지 아니한 세대주의 배우자 및 그 배우자와 동일한 세대를 이루고 있는 사람을 포함한다. 이하 2)에서 같다] 전원이 주택을 소유하고 있지 아니한 세대의 세대주일 것

      2) 국토교통부령으로 정하는 기준에 따라 세대주를 포함한 세대원 중 1명에 한정하여 주거전용면적 85제곱미터 이하의 주택 1채를 소유한 세대의 세대주일

   나. 조합설립인가 신청일 현재 법 제2조제11호가목의 구분에 따른 지역에 6개월 이상 계속하여 거주하여 온 사람일 것

   다. **본인 또는 본인과 같은 세대별 주민등록표에 등재되어 있지 않은 배우자가 같은 또는 다른 지역주택조합의 조합원이거나 직장주택조합의 조합원이 아닐 것**

2. 직장주택조합 조합원: 다음 각 목의 요건을 모두 갖춘 사람

   가. 제1호가목에 해당하는 사람일 것. 다만, 국민주택을 공급받기 위한 직장주택조합의 경우에는 제1호가목1)에 해당하는 세대주로 한정한다.

   나. 조합설립인가 신청일 현재 동일한 특별시·광역시·특별자치시·특별자치도·시 또는 군(광역시의 관할구역에 있는 군은 제외한다) 안에 소재하는 동일한 국가기관·지방자치단체·법인에 근무하는 사람일 것

3. 리모델링주택조합 조합원: 다음 각 목의 어느 하나에 해당하는 사람. 이 경우 해당 공동주택, 복리시설 또는 다목에 따른 공동주택 외의 시설의 소유권이 여러 명의 공유(共有)에

속할 때에는 그 여러 명을 대표하는 1명을 조합원으로 본다.

가. 법 제15조에 따른 사업계획승인을 받아 건설한 공동주택의 소유자

나. 복리시설을 함께 리모델링하는 경우에는 해당 복리시설의 소유자

다. 「건축법」 제11조에 따른 건축허가를 받아 분양을 목적으로 건설한 공동주택의 소유자 (해당 건축물에 공동주택 외의 시설이 있는 경우에는 해당 시설의 소유자를 포함한다)

② 주택조합의 조합원이 근무·질병치료·유학·결혼 등 부득이한 사유로 세대주 자격을 일시적으로 상실한 경우로서 시장·군수·구청장이 인정하는 경우에는 제1항에 따른 조합원 자격이 있는 것으로 본다.

③ 제1항에 따른 조합원 자격의 확인 절차는 국토교통부령으로 정한다.

3] 지역·직장주택조합 조합원의 교체·신규가입 등(제22조)

① 지역주택조합 또는 직장주택조합은 설립인가를 받은 후에는 해당 조합원을 교체하거나 신규로 가입하게 할 수 없다. 다만, 다음 각 호의 어느 하나에 해당하는 경우에는 예외로 한다. <개정 2019.10.22.>

1. 조합원 수가 주택건설 예정 세대수를 초과하지 아니하는 범위에서 시장·군수·구청장으로부터 국토교통부령으로 정하는 바에 따라 조합원 추가모집의 승인을 받은 경우

2. 다음 각 목의 어느 하나에 해당하는 사유로 결원이 발생한 범위에서 충원하는 경우

가. 조합원의 사망

나. 법 제15조에 따른 사업계획승인 이후[지역주택조합 또는 직장주택조합이 제16조제2항 제2호 단서에 따라 해당 주택건설대지 전부의 소유권을 확보하지 아니하고 법 제15조에 따른 사업계획승인을 받은 경우에는 해당 주택건설대지 전부의 소유권(해당 주택건설 대지가 저당권등의 목적으로 되어 있는 경우에는 그 저당권등의 말소를 포함한다)을 확보한 이후를 말한다]에 입주자로 선정된 지위(해당 주택에 입주할 수 있는 권리·자격 또는 지위 등을 말한다)가 양도·증여 또는 판결 등으로 변경된 경우. 다만, 법 제64조제1항제1호에 따라 전매가 금지되는 경우는 제외한다.

다. 조합원의 탈퇴 등으로 조합원 수가 주택건설 예정 세대수의 50퍼센트 미만이 되는 경우

라. 조합원이 무자격자로 판명되어 자격을 상실하는 경우

마. 법 제15조에 따른 사업계획승인 등의 과정에서 주택건설 예정 세대수가 변경되어 조합원 수가 변경된 세대수의 50퍼센트 미만이 되는 경우

② 제1항 각 호에 따라 조합원으로 추가 모집되거나 충원되는 자가 제21조제1항제1호 및 제2호에 따른 조합원 자격 요건을 갖추었는지를 판단할 때에는 해당 조합설립인가 신청일을 기준으로 한다.

③ 제1항 각 호에 따른 조합원 추가모집의 승인과 조합원 추가모집에 따른 주택조합의 변경인가 신청은 법 제15조에 따른 사업계획승인신청일까지 하여야 한다.

4] 주택조합의 사업계획승인 신청 등(제23조)

① 주택조합은 설립인가를 받은 날부터 2년 이내에 법 제15조에 따른 사업계획승인(제27조 제1항제2호에 따른 사업계획승인 대상이 아닌 리모델링인 경우에는 법 제66조제2항에 따른 허가를 말한다)을 신청하여야 한다.

② 주택조합은 등록사업자가 소유하는 공공택지를 주택건설대지로 사용해서는 아니 된다. 다만, 경매 또는 공매를 통하여 취득한 공공택지는 예외로 한다.

5] 직장주택조합의 설립신고(제24조)

① 법 제11조제5항에 따라 국민주택을 공급받기 위한 직장주택조합을 설립하려는 자는 신고서에 다음 각 호의 서류를 첨부하여 관할 시장·군수·구청장에게 제출하여야 한다. 이 경우 시장·군수·구청장은 「전자정부법」 제36조제1항에 따른 행정정보의 공동이용을 통하여 주민 등록표 등본을 확인하여야 하며, 신고인이 확인에 동의하지 아니하면 직접 제출하도록 하여야 한다.

　　1. 조합원 명부

　　2. 조합원이 될 사람이 해당 직장에 근무하는 사람임을 증명할 수 있는 서류(그 직장의 장이 확인한 서류여야 한다)

　　3. 무주택자임을 증명하는 서류

② 제1항에서 정한 사항 외에 국민주택을 공급받기 위한 직장주택조합의 신고절차 및 주택의 공급방법 등은 국토교통부령으로 정한다.

6] 주택조합 업무대행자의 요건(제24조의2) [본조신설 2020.7.24.]

법 제11조의2제1항 각 호 외의 부분에서 "대통령령으로 정하는 자본금을 보유한 자"란 다음 각 호의 어느 하나에 해당하는 자를 말한다.
1. 법인인 경우: 5억원 이상의 자본금을 보유한 자
2. 개인인 경우: 10억원 이상의 자산평가액을 보유한 사람

7] 주택조합 발기인의 자격기준 등(제24조의3) [본조신설 2020.7.24.]

① 법 제11조의3제6항에서 "대통령령으로 정하는 자격기준"이란 다음 각 호의 구분에 따른 요건을 말한다.

　　1. 지역주택조합 발기인인 경우: 다음 각 목의 요건을 모두 갖출 것

　　　　가. 조합원 모집 신고를 하는 날부터 해당 조합설립인가일까지 주택을 소유(주택의 유형, 입주자 선정방법 등을 고려하여 국토교통부령으로 정하는 지위에 있는 경우를 포함한다)하는지에 대하여 제21조제1항제1호가목1) 또는 2)에 해당할 것

　　　　나. 조합원 모집 신고를 하는 날의 1년 전부터 해당 조합설립인가일까지 계속하여 법 제2조제11호가목의 구분에 따른 지역에 거주할 것

　　2. 직장주택조합 발기인인 경우: 다음 각 목의 요건을 모두 갖출 것

가. 제1호가목에 해당할 것

　　나. 조합원 모집 신고를 하는 날 현재 제21조제1항제2호나목에 해당할 것

② 법 제11조의3제8항제6호에서 "대통령령으로 정하는 사항"이란 다음 각 호의 사항을 말한다.

　1. 주택조합 발기인과 임원의 성명, 주소, 연락처 및 보수에 관한 사항

　2. 법 제11조의2제1항에 따라 업무대행자가 선정된 경우 업무대행자의 성명, 주소, 연락처 (법인의 경우에는 법인명, 대표자의 성명, 법인의 주소 및 법인등록번호를 말한다) 및 대행 수수료에 관한 사항

　3. 사업비 명세 및 자금조달계획에 관한 사항

　4. 사업비가 증액될 경우 조합원이 추가 분담금을 납부할 수 있다는 사항

　5. 법 제11조의6에 따른 청약 철회 및 가입비등(법 제11조의6제1항에 따른 가입비등을 말한다. 이하 같다)의 예치·반환 등에 관한 사항

8] 조합원 모집 광고 등에 관한 사항(제24조의4) [본조신설 2020.7.24.]

① 법 제11조의5제1항제4호에서 "대통령령으로 정하는 내용"이란 다음 각 호의 사항을 말한다.

　1. 조합의 명칭 및 사무소의 소재지

　2. 조합원 모집 신고 수리일

② 법 제11조의5제2항제6호에서 "대통령령으로 정하는 행위"란 시공자가 선정되지 않았음에도 선정된 것으로 오해하게 하는 행위를 말한다.

③ 모집주체(법 제11조의3제8항 각 호 외의 부분에 따른 모집주체를 말한다. 이하 같다)는 조합원 모집 광고를 할 때 다음 각 호의 요건을 모두 갖춘 크기로 법 제11조의5제1항 각 호의 내용을 표기하여 일반인이 쉽게 인식할 수 있도록 해야 한다.

　1. 9포인트 이상일 것

　2. 제목이 아닌 다른 내용보다 20퍼센트 이상 클 것

④ 모집주체는 해당 주택조합의 인터넷 홈페이지가 있는 경우 조합원 모집 광고를 시작한 날부터 7일 이내에 광고한 매체 및 기간을 표시하여 그 인터넷 홈페이지에 해당 광고를 게재해야 한다.

9] 가입비등의 예치(제24조의5) [본조신설 2020.7.24.]

① 법 제11조의6제1항에서 "대통령령으로 정하는 기관"이란 다음 각 호의 기관을 말한다.

　1. 「은행법」 제2조제1항제2호에 따른 은행

　2. 「우체국예금·보험에 관한 법률」에 따른 체신관서

　3. 「보험업법」 제2조제6호에 따른 보험회사

　4. 「자본시장과 금융투자업에 관한 법률」 제8조제7항에 따른 신탁업자

② 모집주체는 제1항 각 호의 어느 하나에 해당하는 기관과 가입비등의 예치에 관한 계약을 체결해야 한다.

③ 주택조합의 가입을 신청한 자는 주택조합 가입 계약을 체결하면 제2항에 따라 예치에 관한 계약을 체결한 기관(이하 "예치기관"이라 한다)에 국토교통부령으로 정하는 가입비등

예치신청서를 제출해야 한다.

④ 예치기관은 제3항에 따른 신청서를 제출받은 경우 가입비등을 예치기관의 명의로 예치 해야 하고, 이를 다른 금융자산과 분리하여 관리해야 한다.

⑤ 예치기관의 장은 제4항에 따라 가입비등을 예치한 경우에는 모집주체와 주택조합 가입 신청자에게 국토교통부령으로 정하는 증서를 내주어야 한다.

10] 주택조합 가입에 관한 청약의 철회(제24조의 6) [본조신설 2020.7.24.]

① 주택조합 가입 신청자는 법 제11조의6제2항에 따라 주택조합 가입에 관한 청약을 철회 하는 경우 국토교통부령으로 정하는 청약 철회 요청서를 모집주체에게 제출해야 한다.

② 모집주체는 제1항에 따른 요청서를 제출받은 경우 이를 즉시 접수하고 접수일자가 적힌 접수증을 해당 주택조합 가입 신청자에게 발급해야 한다.

11] 가입비등의 지급 및 반환(제24조의7) [본조신설 2020.7.24.]

① 모집주체는 법 제11조의6제4항에 따라 가입비등의 반환을 요청하는 경우 국토교통부 령으로 정하는 요청서를 예치기관의 장에게 제출해야 한다.

② 모집주체는 가입비등을 예치한 날부터 30일이 지난 경우 예치기관의 장에게 가입비등의 지급을 요청할 수 있다. 이 경우 모집주체는 국토교통부령으로 정하는 요청서를 예치 기관의 장에게 제출해야 한다.

③ 예치기관의 장은 제2항에 따라 요청서를 받은 경우 요청일부터 10일 이내에 가입비등을 법 제11조의2제3항에 따라 계약금 등 자금의 보관 업무를 대행하는 신탁업자에게 지급 해야 한다.

④ 법 제11조의2제3항에 따라 계약금 등 자금의 보관 업무를 대행하는 신탁업자는 제3항에 따라 지급받은 가입비등을 신탁업자의 명의로 예치해야 하고, 이를 다른 금융자산과 분리하여 관리해야 한다.

⑤ 예치기관의 장은 정보통신망을 이용하여 가입비등의 예치·지급 및 반환 등에 필요한 업무를 수행할 수 있다. 이 경우 예치기관의 장은 「전자서명법」 제2조제2호 및 제6호에 따른 전자서명 및 인증서(서명자의 실제 이름을 확인할 수 있는 것을 말한다)로 신청인의 본인 여부를 확인해야 한다.

12] 자료의 공개(제25조)

법 제12조제1항제8호에서 "대통령령으로 정하는 서류 및 관련 자료"란 다음 각 호의 서류 및 자료를 말한다. <개정 2020.7.24.>

1. 연간 자금운용 계획서

2. 월별 자금 입출금 명세서

3. 월별 공사진행 상황에 관한 서류

4. 주택조합이 사업주체가 되어 법 제54조제1항에 따라 공급하는 주택의 분양신청에 관한 서류 및 관련 자료

5. 전체 조합원별 분담금 납부내역

6. 조합원별 추가 분담금 산출내역

13] 주택조합의 해산 등(제25조의2) [본조신설 2020.7.24.]

① 주택조합 또는 주택조합의 발기인은 법 제14조의2제1항 또는 제2항에 따라 주택조합의 해산 또는 주택조합 사업의 종결 여부를 결정하려는 경우에는 다음 각 호의 구분에 따른 날부터 3개월 이내에 총회를 개최해야 한다.

1. 법 제11조제1항에 따른 주택조합 설립인가를 받은 날부터 3년이 되는 날까지 사업계획승인을 받지 못하는 경우: 해당 설립인가를 받은 날부터 3년이 되는 날

2. 법 제11조의3제1항에 따른 조합원 모집 신고가 수리된 날부터 2년이 되는 날까지 주택조합 설립인가를 받지 못하는 경우: 해당 조합원 모집 신고가 수리된 날부터 2년이 되는 날

② 법 제14조의2제2항에 따라 개최하는 총회에서 주택조합 사업의 종결 여부를 결정하는 경우 다음 각 호의 사항을 포함해야 한다.

1. 사업의 종결 시 회계보고에 관한 사항

2. 청산 절차, 청산금의 징수·지급방법 및 지급절차 등 청산 계획에 관한 사항

③ 법 제14조의2제2항에 따라 개최하는 총회는 다음의 요건을 모두 충족해야 한다. <개정 2021.2.19.>

1. 주택조합 가입 신청자의 3분의 2 이상의 찬성으로 의결할 것

2. 주택조합 가입 신청자의 100분의 20 이상이 직접 출석할 것. 다만, 제20조제5항 전단에 해당하는 경우는 제외한다.

3. **제2호 단서의 경우에는 제20조제5항 후단 및 같은 조 제6항에 따를 것. 이 경우 "조합원"은 "주택조합 가입 신청자"로 본다.**

④ 주택조합의 해산 또는 사업의 종결을 결의한 경우에는 법 제14조의2제4항에 따라 주택조합의 임원 또는 발기인이 청산인이 된다. 다만, 조합규약 또는 총회의 결의로 달리 정한 경우에는 그에 따른다.

14] 주택조합의 회계감사(제26조)

① 법 제14조제3항에 따라 주택조합은 다음 각 호의 어느 하나에 해당하는 날부터 30일 이내에 「주식회사의 외부감사에 관한 법률」 제3조에 따른 감사인의 회계감사를 받아야 한다. <개정 2020.7.24.>

1. 법 제11조에 따른 주택조합 설립인가를 받은 날부터 3개월이 지난 날

2. 법 제15조에 따른 사업계획승인(제27조제1항제2호에 따른 사업계획승인 대상이 아닌 리모델링인 경우에는 법 제66조제2항에 따른 허가를 말한다)을 받은 날부터 3개월이 지난 날

3. 법 제49조에 따른 사용검사 또는 임시 사용승인을 신청한 날

② 제1항에 따른 회계감사에 대해서는 「주식회사 등의 외부감사에 관한 법률」 제16조에 따른

회계감사기준을 적용한다. <개정 2018.10.30.>

③ 제1항에 따른 회계감사를 한 자는 회계감사 종료일부터 15일 이내에 회계감사 결과를 관할 시장·군수·구청장과 해당 주택조합에 각각 통보하여야 한다.

④ 시장·군수·구청장은 제3항에 따라 통보받은 회계감사 결과의 내용을 검토하여 위법 또는 부당한 사항이 있다고 인정되는 경우에는 그 내용을 해당 주택조합에 통보하고 시정을 요구할 수 있다.

15] 시공보증(제26조의2) [본조신설 2017.6.2.]

법 제14조의4제1항에서 "대통령령으로 정하는 비율 이상"이란 총 공사금액의 30퍼센트 이상을 말한다. <개정 2020.7.24.>

제3절 사업계획의 승인 등

1] 사업계획의 승인(제27조)

① 법 제15조제1항 각 호 외의 부분 본문에서 "대통령령으로 정하는 호수"란 다음 각 호의 구분에 따른 호수 및 세대수를 말한다. <개정 2018.2.9.>

1. 단독주택: 30호. 다만, 다음 각 목의 어느 하나에 해당하는 단독주택의 경우에는 50호로 한다.

    가. 법 제2조제24호 각 목의 어느 하나에 해당하는 공공사업에 따라 조성된 용지를 개별 필지로 구분하지 아니하고 일단(一團)의 토지로 공급받아 해당 토지에 건설하는 단독주택

    나. 「건축법 시행령」 제2조제16호에 따른 한옥

2. 공동주택: 30세대(리모델링의 경우에는 증가하는 세대수를 기준으로 한다). 다만, 다음 각 목의 어느 하나에 해당하는 공동주택을 건설(리모델링의 경우는 제외한다)하는 경우에는 50세대로 한다.

    가. 다음의 요건을 모두 갖춘 단지형 연립주택 또는 단지형 다세대주택

    1) 세대별 주거전용면적이 30제곱미터 이상일 것

    2) 해당 주택단지 진입도로의 폭이 6미터 이상일 것. 다만, 해당 주택단지의 진입 도로가 두 개 이상인 경우에는 다음의 요건을 모두 갖추면 진입도로의 폭을 4미터 이상 6미터 미만으로 할 수 있다.

    가) 두 개의 진입도로 폭의 합계가 10미터 이상일 것

    나) 폭 4미터 이상 6미터 미만인 진입도로는 제5조에 따른 도로와 통행거리가 200미터 이내일 것

    나. 「도시 및 주거환경정비법」 제2조제1호에 따른 정비구역에서 같은 조 제2호가목에 따른 주거환경개선사업(같은 법 제23조제1항제1호에 해당하는 방법으로 시행하는

경우만 해당한다)을 시행하기 위하여 건설하는 공동주택. 다만, 같은 법 시행령 제8조제3항제6호에 따른 정비기반시설의 설치계획대로 정비기반시설 설치가 이루어지지 아니한 지역으로서 시장·군수·구청장이 지정·고시하는 지역에서 건설하는 공동주택은 제외한다.

② 법 제15조제1항 각 호 외의 부분 본문에서 "대통령령으로 정하는 면적"이란 1만 제곱미터를 말한다.

③ 법 제15조제1항 각 호 외의 부분 본문에서 "대통령령으로 정하는 경우"란 다음 각 호의 어느 하나에 해당하는 경우를 말한다. <개정 2017.10.17.>

　　1. 330만 제곱미터 이상의 규모로 「택지개발촉진법」에 따른 택지개발사업 또는 「도시개발법」에 따른 도시개발사업을 추진하는 지역 중 국토교통부장관이 지정·고시하는 지역에서 주택건설사업을 시행하는 경우

　　2. 수도권(「수도권정비계획법」 제2조제1호에 따른 수도권을 말한다. 이하 같다) 또는 광역시 지역의 긴급한 주택난 해소가 필요하거나 지역균형개발 또는 광역적 차원의 조정이 필요하여 국토교통부장관이 지정·고시하는 지역에서 주택건설사업을 시행하는 경우

　　3. 다음 각 목의 자가 단독 또는 공동으로 총지분의 50퍼센트를 초과하여 출자한 위탁관리 부동산투자회사(해당 부동산투자회사의 자산관리회사가 한국토지주택공사인 경우만 해당한다)가 주택건설사업을 시행하는 경우

　　　가. 국가

　　　나. 지방자치단체

　　　다. 한국토지주택공사

　　　라. 지방공사

④ 법 제15조제1항 각 호 외의 부분 단서에서 "주택 외의 시설과 주택을 동일 건축물로 건축하는 경우 등 대통령령으로 정하는 경우"란 다음 각 호의 어느 하나에 해당하는 경우를 말한다.

　　1. 다음 각 목의 요건을 모두 갖춘 사업의 경우

　　　가. 「국토의 계획 및 이용에 관한 법률 시행령」 제30조제1호다목에 따른 준주거지역 또는 같은 조 제2호에 따른 상업지역(유통상업지역은 제외한다)에서 300세대 미만의 주택과 주택 외의 시설을 동일 건축물로 건축하는 경우일 것

　　　나. 해당 건축물의 연면적에서 주택의 연면적이 차지하는 비율이 90퍼센트 미만일 것

　　2. 「농어촌정비법」 제2조제10호에 따른 생활환경정비사업 중 「농업협동조합법」 제2조제4호에 따른 농업협동조합중앙회가 조달하는 자금으로 시행하는 사업인 경우

⑤ 제1항 및 제4항에 따른 주택건설규모를 산정할 때 다음 각 호의 구분에 따른 동일 사업주체(「건축법」 제2조제1항제12호에 따른 건축주를 포함한다)가 일단의 주택단지를 여러 개의 구역으로 분할하여 주택을 건설하려는 경우에는 전체 구역의 주택건설호수

또는 세대수의 규모를 주택건설규모로 산정한다. 이 경우 주택의 건설기준, 부대시설 및 복리시설의 설치기준과 대지의 조성기준을 적용할 때에는 전체 구역을 하나의 대지로 본다.

1. 사업주체가 개인인 경우: 개인인 사업주체와 그의 배우자 또는 직계존비속

2. 사업주체가 법인인 경우: 법인인 사업주체와 그 법인의 임원

⑥ 법 제15조제2항에서 "주택과 그 부대시설 및 복리시설의 배치도, 대지조성공사 설계도서 등 대통령령으로 정하는 서류"란 다음 각 호의 구분에 따른 서류를 말한다.

1. 주택건설사업계획 승인신청의 경우: 다음 각 목의 서류. 다만, 제29조에 따른 표본설계도서에 따라 사업계획승인을 신청하는 경우에는 라목의 서류는 제외한다.

　가. 신청서

　나. 사업계획서

　다. 주택과 그 부대시설 및 복리시설의 배치도

　라. 공사설계도서. 다만, 대지조성공사를 우선 시행하는 경우만 해당하며, 사업주체가 국가, 지방자치단체, 한국토지주택공사 또는 지방공사인 경우에는 국토교통부령으로 정하는 도서로 한다.

　마. 「국토의 계획 및 이용에 관한 법률 시행령」 제96조제1항제3호 및 제97조제6항제 3호의 사항을 적은 서류(법 제24조제2항에 따라 토지를 수용하거나 사용하려는 경우만 해당 한다)

　바. 제16조 각 호의 사실을 증명하는 서류(공동사업시행의 경우만 해당하며, 법 제11조 제1항에 따른 주택조합이 단독으로 사업을 시행하는 경우에는 제16조제1항제2호 및 제3호의 사실 을 증명하는 서류를 말한다)

　사. 법 제19조제3항에 따른 협의에 필요한 서류

　아. 법 제29조제1항에 따른 공공시설의 귀속에 관한 사항을 기재한 서류

　자. 주택조합설립인가서(주택조합만 해당한다)

　차. 법 제51조제2항 각 호의 어느 하나의 사실 또는 이 영 제17조제1항 각 호의 사실을 증명하는 서류(「건설산업기본법」 제9조에 따른 건설업 등록을 한 자가 아닌 경우만 해당한다)

　카. 그 밖에 국토교통부령으로 정하는 서류

2. 대지조성사업계획 승인신청의 경우: 다음 각 목의 서류

　가. 신청서

　나. 사업계획서

　다. 공사설계도서. 다만, 사업주체가 국가, 지방자치단체, 한국토지주택공사 또는 지방공사인 경우에는 국토교통부령으로 정하는 도서로 한다.

라. 제1호마목·사목 및 아목의 서류

마. 조성한 대지의 공급계획서

바. 그 밖에 국토교통부령으로 정하는 서류

2] 주택단지의 분할 건설·공급(제28조)

① 법 제15조제3항 각 호 외의 부분 전단에서 "대통령령으로 정하는 호수 이상의 주택단지" 란 전체 세대수가 600세대 이상인 주택단지를 말한다.

② 법 제15조제3항에 따른 주택단지의 공구별 분할 건설·공급의 절차와 방법에 관한 세부 기준은 국토교통부장관이 정하여 고시한다.

3] 표본설계도서의 승인(제29조)

① 한국토지주택공사, 지방공사 또는 등록사업자는 동일한 규모의 주택을 대량으로 건설 하려는 경우에는 국토교통부령으로 정하는 바에 따라 국토교통부장관에게 주택의 형별 (型別)로 표본설계도서를 작성·제출하여 승인을 받을 수 있다.

② 국토교통부장관은 제1항에 따른 승인을 하려는 경우에는 관계 행정기관의 장과 협의하여야 하며, 협의 요청을 받은 기관은 정당한 사유가 없으면 요청받은 날부터 15일 이내에 국토교통부장관에게 의견을 통보하여야 한다.

③ 국토교통부장관은 제1항에 따라 표본설계도서의 승인을 하였을 때에는 그 내용을 특별시장· 광역시장·특별자치시장·도지사 또는 특별자치도지사(이하 "시·도지사"라 한다)에게 통보 하여야 한다.

4] 사업계획의 승인절차 등(제30조)

① 사업계획승인권자는 법 제15조에 따른 사업계획승인의 신청을 받았을 때에는 정당한 사 유가 없으면 신청받은 날부터 60일 이내에 사업주체에게 승인 여부를 통보하여야 한다.

② 국토교통부장관은 제27조제3항 각 호에 해당하는 주택건설사업계획의 승인을 하였을 때 에는 지체없이 관할 시·도지사에게 그 내용을 통보하여야 한다.

③ 사업계획승인권자는 「주택도시기금법」에 따른 주택도시기금(이하 "주택도시기금"이라 한다)을 지원받은 사업주체에게 법 제15조제4항 본문에 따른 사업계획의 변경승인을 하였을 때에는 그 내용을 해당 사업에 대한 융자를 취급한 기금수탁자에게 통지하여야 한다.

④ 주택도시기금을 지원받은 사업주체가 사업주체를 변경하기 위하여 법 제15조제4항 본문에 따른 사업계획의 변경승인을 신청하는 경우에는 기금수탁자로부터 사업주체 변경에 관한 동의서를 받아 첨부하여야 한다.

⑤ 사업계획승인권자는 법 제15조제6항 전단에 따라 사업계획승인의 고시를 할 때에는 다음 각 호의 사항을 포함하여야 한다.

1. 사업의 명칭

2. 사업주체의 성명·주소(법인인 경우에는 법인의 명칭·소재지와 대표자의 성명·주소를 말한다)

3. 사업시행지의 위치·면적 및 건설주택의 규모

4. 사업시행기간

5. 법 제19조제1항에 따라 고시가 의제되는 사항

5] 공사 착수기간의 연장(제31조)

법 제16조제1항 각 호 외의 부분 단서에서 "대통령령으로 정하는 정당한 사유가 있다고 인정하는 경우"란 다음 각 호의 어느 하나에 해당하는 경우를 말한다.

1. 「매장문화재 보호 및 조사에 관한 법률」 제11조에 따라 문화재청장의 매장문화재 발굴 허가를 받은 경우

2. 해당 사업시행지에 대한 소유권 분쟁(소송절차가 진행 중인 경우만 해당한다)으로 인하여 공사 착수가 지연되는 경우

3. 법 제15조에 따른 사업계획승인의 조건으로 부과된 사항을 이행함에 따라 공사 착수가 지연되는 경우

4. 천재지변 또는 사업주체에게 책임이 없는 불가항력적인 사유로 인하여 공사 착수가 지연되는 경우

5. 공공택지의 개발·조성을 위한 계획에 포함된 기반시설의 설치 지연으로 공사 착수가 지연되는 경우

6. 해당 지역의 미분양주택 증가 등으로 사업성이 악화될 우려가 있거나 주택건설경기가 침체되는 등 공사에 착수하지 못할 부득이한 사유가 있다고 사업계획승인권자가 인정하는 경우

6] 사업계획승인의 취소(제32조)

법 제16조제4항에서 "사업계획 이행, 사업비 조달 계획 등 대통령령으로 정하는 내용"이란 다음 각 호의 내용을 말한다. <개정 2021.7.6.>

1. 공사일정, 준공예정일 등 사업계획의 이행에 관한 계획

2. 사업비 확보 현황 및 방법 등이 포함된 사업비 조달 계획

3. 해당 사업과 관련된 소송 등 분쟁사항의 처리 계획

7] 공동위원회의 구성(제33조)

① 법 제18조제3항에 따른 공동위원회(이하 "공동위원회"라 한다)는 위원장 및 부위원장 1명씩을 포함하여 25명 이상 30명 이하의 위원으로 구성한다.

② 공동위원회 위원장은 법 제18조제3항 각 호의 어느 하나에 해당하는 위원회 위원장의 추천을 받은 위원 중에서 호선(互選)한다.

③ 공동위원회 부위원장은 사업계획승인권자가 속한 지방자치단체 소속 공무원 중에서 위원장이 지명한다.

④ 공동위원회 위원은 법 제18조제3항 각 호의 위원회의 위원이 각각 5명 이상이 되어야 한다.

8] 위원의 제척·기피·회피(제34조)

① 공동위원회 위원(이하 이 조 및 제35조에서 "위원"이라 한다)이 다음 각 호의 어느 하나에 해당하는 경우에는 공동위원회의 심의·의결에서 제척(除斥)된다.

1. 위원 또는 그 배우자나 배우자였던 사람이 해당 안건의 당사자(당사자가 법인·단체 등인 경우에는 그 임원을 포함한다. 이하 이 호 및 제2호에서 같다)가 되거나 그 안건의 당사자와 공동권리자 또는 공동의무자인 경우

2. 위원이 해당 안건 당사자의 친족이거나 친족이었던 경우

3. 위원이 해당 안건에 대하여 자문, 연구, 용역(하도급을 포함한다), 감정 또는 조사를 한 경우

4. 위원이나 위원이 속한 법인·단체 등이 해당 안건 당사자의 대리인이거나 대리인이었던 경우

5. 위원이 임원 또는 직원으로 재직하고 있거나 최근 3년 내에 재직하였던 기업 등이 해당 안건에 대하여 자문, 연구, 용역(하도급을 포함한다), 감정 또는 조사를 한 경우

② 해당 안건의 당사자는 위원에게 공정한 심의·의결을 기대하기 어려운 사정이 있는 경우에는 공동위원회에 기피 신청을 할 수 있고, 공동위원회는 의결로 기피 여부를 결정한다. 이 경우 기피 신청의 대상인 위원은 그 의결에 참여할 수 없다.

③ 위원이 제1항 각 호의 제척 사유에 해당하는 경우에는 스스로 해당 안건의 심의·의결에서 회피(回避)하여야 한다.

9] 통합심의의 방법과 절차(제35조)

① 법 제18조제3항에 따라 사업계획을 통합심의하는 경우 사업계획승인권자는 공동위원회를 개최하기 7일 전까지 회의 일시, 장소 및 상정 안건 등 회의 내용을 위원에게 알려야 한다.

② 공동위원회의 회의는 재적위원 과반수의 출석으로 개의(開議)하고, 출석위원 과반수의 찬성으로 의결한다.

③ 공동위원회 위원장은 통합심의와 관련하여 필요하다고 인정하거나 사업계획승인권자가 요청한 경우에는 당사자 또는 관계자를 출석하게 하여 의견을 듣거나 설명하게 할 수 있다.

④ 공동위원회는 사업계획승인과 관련된 사항, 당사자 또는 관계자의 의견 및 설명, 관계 기관의 의견 등을 종합적으로 검토하여 심의하여야 한다.

⑤ 공동위원회는 회의시 회의내용을 녹취하고, 다음 각 호의 사항을 회의록으로 작성하여 「공공기록물 관리에 관한 법률」에 따라 보존하여야 한다.

1. 회의일시·장소 및 공개여부

2. 출석위원 서명부

3. 상정된 의안 및 심의결과

4. 그 밖에 주요 논의사항 등

⑥ 공동위원회의 회의에 참석한 위원에게는 예산의 범위에서 수당 및 여비를 지급할 수 있다. 다만, 공무원인 위원이 소관 업무와 직접 관련되어 위원회에 출석하는 경우에는 그러하지 아니하다.

⑦ 이 영에서 규정한 사항 외에 공동위원회 운영에 필요한 사항은 위원회의 의결을 거쳐 위원장이 정한다.

10] 수수료 등의 면제 기준(제36조)

법 제19조제5항에서 "대통령령으로 정하는 비율"이란 50퍼센트를 말한다.

11] 주택건설사업 등에 따른 임대주택의 비율 등(제37조)

① 법 제20조제2항 각 호 외의 부분에서 "대통령령으로 정하는 비율"이란 30퍼센트 이상 60퍼센트 이하의 범위에서 특별시·광역시·특별자치시·도 또는 특별자치도(이하 "시·도"라 한다)의 조례로 정하는 비율을 말한다.

② 국토교통부장관은 법 제20조제2항에 따라 시장·군수·구청장으로부터 인수자를 지정하여 줄 것을 요청받은 경우에는 30일 이내에 인수자를 지정하여 시·도지사에게 통보하여야 한다.

③ 시·도지사는 제2항에 따른 통보를 받은 경우에는 지체 없이 국토교통부장관이 지정한 인수자와 임대주택의 인수에 관하여 협의하여야 한다.

12] 토지매수업무 등의 위탁(제38조)

① 사업주체(국가 또는 한국토지주택공사인 경우로 한정한다)는 법 제26조제1항에 따라 토지매수업무와 손실보상업무를 지방자치단체의 장에게 위탁하는 경우에는 매수할 토지 및 위탁조건을 명시하여야 한다.

② 법 제26조제2항에서 "대통령령으로 정하는 요율의 위탁수수료"란 「공익사업을 위한 토지 등의 취득 및 보상에 관한 법률 시행령」 별표 1에 따른 위탁수수료를 말한다.

13] 간선시설의 설치 등(제39조)

① 법 제28조제1항 각 호 외의 부분 본문에서 "대통령령으로 정하는 호수"란 다음 각 호의 구분에 따른 호수 또는 세대수를 말한다.

1. 단독주택인 경우: 100호

2. 공동주택인 경우: 100세대(리모델링의 경우에는 늘어나는 세대수를 기준으로 한다)

② 법 제28조제1항 각 호 외의 부분 본문에서 "대통령령으로 정하는 면적"이란 1만6천500

제곱미터를 말한다.

③ 사업계획승인권자는 제1항 또는 제2항에 따른 규모 이상의 주택건설 또는 대지조성에 관한 사업계획을 승인하였을 때에는 그 사실을 지체없이 법 제28조제1항 각 호의 간선시설 설치의무자(이하 "간선시설 설치의무자"라 한다)에게 통지하여야 한다.

④ 간선시설 설치의무자는 사업계획에서 정한 사용검사 예정일까지 해당 간선시설을 설치하지 못할 특별한 사유가 있을 때에는 제3항에 따른 통지를 받은 날부터 1개월 이내에 그 사유와 설치 가능 시기를 명시하여 해당 사업주체에게 통보하여야 한다.

⑤ 법 제28조제6항에 따른 간선시설의 종류별 설치범위는 별표 2와 같다.

14] 간선시설 설치비의 상환(제40조)

① 법 제28조제7항에 따라 사업주체가 간선시설을 자기부담으로 설치하려는 경우 간선시설 설치의무자는 사업주체와 간선시설의 설치비 상환계약을 체결하여야 한다.

② 제1항에 따른 상환계약에서 정하는 설치비의 상환기한은 해당 사업의 사용검사일부터 3년 이내로 하여야 한다.

③ 간선시설 설치의무자가 제1항에 따른 상환계약에 따라 상환하여야 하는 금액은 다음 각 호의 금액을 합산한 금액으로 한다.

　1. 설치비용

　2. 상환 완료 시까지의 설치비용에 대한 이자. 이 경우 이자율은 설치비 상환계약 체결일 당시의 정기예금 금리(「은행법」에 따라 설립된 은행 중 수신고를 기준으로 한 전국 상위 6개 시중은행의 1년 만기 정기예금 금리의 산술평균을 말한다)로 하되, 상환계약에서 달리 정한 경우에는 그에 따른다.

15] 국·공유지 등의 우선 매각 등(제41조)

법 제30조제1항제1호에서 "대통령령으로 정하는 비율"이란 50퍼센트를 말한다.

16] 체비지의 우선매각(제42조)

법 제31조에 따라 도시개발사업시행자[「도시개발법」에 따른 환지(換地) 방식에 의하여 사업을 시행하는 도시개발사업의 시행자를 말한다]는 체비지(替費地)를 사업주체에게 국민 주택용지로 매각하는 경우에는 경쟁입찰로 하여야 한다. 다만, 매각을 요구하는 사업주체가 하나일 때에는 수의계약으로 매각할 수 있다.

제4절 주택의 건설

1] 제43조(주택의 설계 및 시공)

① 법 제33조제1항에서 "대통령령으로 정하는 설계도서 작성기준"이란 다음 각 호의 요건을

말한다.

1. 설계도서는 설계도·시방서(示方書)·구조계산서·수량산출서·품질관리계획서 등으로 구분하여 작성할 것

2. 설계도 및 시방서에는 건축물의 규모와 설비·재료·공사방법 등을 적을 것

3. 설계도·시방서·구조계산서는 상호 보완관계를 유지할 수 있도록 작성할 것

4. 품질관리계획서에는 설계도 및 시방서에 따른 품질 확보를 위하여 필요한 사항을 정할 것

② 국토교통부장관은 제1항 각 호의 요건에 관한 세부기준을 정하여 <u>고시할 수 있다.</u>

2] 주택건설공사의 시공 제한 등(제44조) [시행일 : 2022.1.1.] 제44조

① 법 제34조제1항에서 "대통령령으로 정하는 자"란 「건설산업기본법」 제9조에 따라 건설업(건축공사업 또는 토목건축공사업만 해당한다)의 등록을 한 자를 말한다.

② 법 제34조제2항에서 "대통령령으로 정하는 자"란 「건설산업기본법」 제9조에 따라 다음 각 호의 어느 하나에 해당하는 건설업의 등록을 한 자를 말한다. <개정 2020.12.29.>

1. 방수설비공사: **도장·습식·방수·석공사업**

2. 위생설비공사: **기계가스설비공사업**

3. 냉·난방설비공사: **기계가스설비공사업 또는 가스난방공사업[가스난방공사업 중 난방공사업(제1종·제2종 또는 제3종)를 말하며, 난방설비공사로 한정한다.**

③ 법 제34조제3항 단서에서 "대통령령으로 정하는 대형공사"란 대지구입비를 제외한 총공사비가 500억원 이상인 공사를 말한다.

④ 법 제34조제3항 단서에서 "대통령령으로 정하는 입찰방법"이란 「국가를 당사자로 하는 계약에 관한 법률 시행령」 제79조제1항제5호에 따른 일괄입찰을 말한다.

3] 주택건설기준 등에 관한 규정(제45조)

다음 각 호의 사항은 「주택건설기준 등에 관한 규정」으로 정한다.

1. 법 제35조제1항제1호에 따른 주택 및 시설의 배치, 주택과의 복합건축 등에 관한 주택 건설기준

2. 법 제35조제1항제2호에 따른 주택의 구조·설비기준

3. 법 제35조제1항제3호에 따른 부대시설의 설치기준

4. 법 제35조제1항제4호에 따른 복리시설의 설치기준

5. 법 제35조제1항제5호에 따른 대지조성기준

6. 법 제36조에 따른 도시형 생활주택의 건설기준

7. 법 제37조에 따른 에너지절약형 친환경주택 등의 건설기준

8. 법 제38조에 따른 장수명 주택의 건설기준 및 인증제도

9. 법 제39조에 따른 공동주택성능등급의 표시

10. 법 제40조에 따른 환기시설 설치기준

11. 법 제41조에 따른 바닥충격음 성능등급 인정

12. 법 제42조에 따른 소음방지대책 수립에 필요한 실외소음도와 실외소음도를 측정하는 기준, 실외소음도 측정기관의 지정 요건 및 측정에 소요되는 수수료 등 실외소음도 측정에 필요한 사항

4] 주택의 규모별 건설 비율(제46조)

① 국토교통부장관은 적정한 주택수급을 위하여 필요하다고 인정하는 경우에는 법 제35조 제1항제6호에 따라 사업주체가 건설하는 주택의 75퍼센트(법 제5조제2항 및 제3항에 따른 주택조합이나 고용자가 건설하는 주택은 100퍼센트) 이하의 범위에서 일정 비율 이상을 국민주택규모로 건설하게 할 수 있다.

② 제1항에 따른 국민주택규모 주택의 건설 비율은 주택단지별 사업계획에 적용한다.

제5절 주택의 감리 및 사용검사

1] 감리자의 지정 및 감리원의 배치 등(제47조)

① 법 제43조제1항 본문에 따라 사업계획승인권자는 다음 각 호의 구분에 따른 자를 주택 건설공사의 감리자로 지정하여야 한다. 이 경우 인접한 둘 이상의 주택단지에 대해서는 감리자를 공동으로 지정할 수 있다. <개정 2020.1.7., 2021.9.14.>

  1. **300세대 미만**의 주택건설공사: 다음 각 목의 어느 하나에 해당하는 자[해당 주택건설 공사를 시공하는 자의 계열회사(「독점규제 및 공정거래에 관한 법률」 제2조제3호에 따른 계열회사를 말한다)는 제외한다. 이하 제2호에서 같다]

    가. 「건축사법」 제23조제1항에 따라 건축사사무소개설신고를 한 자

    나. 「건설기술 진흥법」 제26조제1항에 따라 등록한 **건설엔지니어링사업자**

  2. **300세대 이상**의 주택건설공사: 「건설기술 진흥법」 제26조제1항에 따라 등록한 **건설엔지 니어링사업자** (2020.1.7. 타법개정)

② 국토교통부장관은 제1항에 따른 지정에 필요한 다음 각 호의 사항에 관한 세부적인 기준을 정하여 고시할 수 있다.

  1. 지정 신청에 필요한 제출서류

  2. 다른 신청인에 대한 제출서류 공개 및 그 제출서류 내용의 타당성에 대한 이의신청 절차

  3. 그 밖에 지정에 필요한 사항

③ 사업계획승인권자는 제2항제1호에 따른 제출서류의 내용을 확인하기 위하여 필요하면 관계 기관의 장에게 사실 조회를 요청할 수 있다.

④ 제1항에 따라 지정된 감리자는 다음 각 호의 기준에 따라 감리원을 배치하여 감리를 하여야 한다.

　　1. 국토교통부령으로 정하는 감리자격이 있는 자를 공사현장에 상주시켜 감리할 것

　　2. 국토교통부장관이 정하여 고시하는 바에 따라 공사에 대한 감리업무를 총괄하는 총괄 감리원 1명과 공사분야별 감리원을 각각 배치할 것

　　3. 총괄감리원은 주택건설공사 전기간(全期間)에 걸쳐 배치하고, 공사분야별 감리원은 해당 공사의 기간 동안 배치할 것

　　4. 감리원을 해당 주택건설공사외의 건설설공사에 중복하여 배치하지 아니할 것

⑤ 감리자는 법 제16조제2항에 따라 착공신고를 하거나 감리업무의 범위에 속하는 각종 시험 및 자재확인 등을 하는 경우에는 서명 또는 날인을 하여야 한다.

⑥ 주택건설공사에 대한 감리는 법 또는 이 영에서 정하는 사항 외에는 「건축사법」 또는 「건설기술 진흥법」에서 정하는 바에 따른다

⑦ **법 제43조제1항** 단서에서 "대통령령으로 정하는 자"란 다음 각 호의 요건을 모두 갖춘 위탁관리 부동산투자회사를 말한다. <개정 2017.10.17.>

　　1. 다음 각 목의 자가 단독 또는 공동으로 총지분의 50퍼센트를 초과하여 출자한 부동산 투자회사일 것

　　　가. 국가

　　　나. 지방자치단체

　　　다. 한국토지주택공사

　　　라. 지방공사

　　2. 해당 부동산투자회사의 자산관리회사가 한국토지주택공사일 것

　　3. 사업계획승인 대상 주택건설사업이 공공주택건설사업일 것

⑧ 제7항제2호에 따른 자산관리회사인 한국토지주택공사는 법 제44조제1항 및 이 조 제4항에 따라 감리를 수행하여야 한다.

2] 감리자의 교체(제48조)

① 법 제43조제2항에서 "업무 수행 중 위반 사항이 있음을 알고도 묵인하는 등 대통령령으로 정하는 사유에 해당하는 경우"란 다음 각 호의 어느 하나에 해당하는 경우를 말한다.

　　1. 감리업무 수행 중 발견한 위반 사항을 묵인한 경우

　　2. 법 제44조제4항 후단에 따른 이의신청 결과 같은 조 제3항에 따른 시정 통지가 3회 이상 잘못된 것으로 판정된 경우

　　3. 공사기간 중 공사현장에 1개월 이상 감리원을 상주시키지 아니한 경우. 이 경우 기간 계산은 제47조제4항에 따라 감리원별로 상주시켜야 할 기간에 각 감리원이 상주하지 아니한 기간을 합산한다.

4. 감리자 지정에 관한 서류를 거짓이나 그 밖의 부정한 방법으로 작성·제출한 경우

5. 감리자 스스로 감리업무 수행의 포기 의사를 밝힌 경우

② 사업계획승인권자는 법 제43조제2항에 따라 감리자를 교체하려는 경우에는 해당 감리자 및 시공자·사업주체의 의견을 들어야 한다.

③ 사업계획승인권자는 제1항제5호에도 불구하고 감리자가 다음 각 호의 사유로 감리업무 수행을 포기한 경우에는 그 감리자에 대하여 법 제43조제2항에 따른 감리업무 지정제한을 하여서는 아니 된다.

1. 사업주체의 부도·파산 등으로 인한 공사 중단

2. 1년 이상의 착공 지연

3. 그 밖에 천재지변 등 부득이한 사유

3] 감리자의 업무(제49조) .

① 법 제44조제1항제5호에서 "대통령령으로 정하는 사항"이란 다음 각 호의 업무를 말한다. <개정 2020.3.10.>

1. 설계도서가 해당 지형 등에 적합한지에 대한 확인

2. 설계변경에 관한 적정성 확인

3. 시공계획·예정공정표 및 시공도면 등의 검토·확인

4. 국토교통부령으로 정하는 주요 공정이 예정공정표대로 완료되었는지 여부의 확인

5. 예정공정표보다 공사가 지연된 경우 대책의 검토 및 이행 여부의 확인

6. 방수·방음·단열시공의 적정성 확보, 재해의 예방, 시공상의 안전관리 및 그 밖에 건축공사의 질적 향상을 위하여 국토교통부장관이 정하여 고시하는 사항에 대한 검토·확인

② 국토교통부장관은 주택건설공사의 시공감리에 관한 세부적인 기준을 정하여 고시할 수 있다.

4] 이의신청의 처리(제50조)

사업계획승인권자는 법 제44조제4항 후단에 따른 이의신청을 받은 경우에는 이의신청을 받은 날부터 10일 이내에 처리 결과를 회신하여야 한다. 이 경우 감리자에게도 그 결과를 통보하여야 한다.

5] 다른 법률에 따른 감리자의 자료제출(제51조)

법 제45조제2항에서 "공정별 감리계획서 등 대통령령으로 정하는 자료"란 다음 각 호의 자료를 말한다.

1. 공정별 감리계획서

2. 공정보고서

3. 공사분야별로 필요한 부분에 대한 상세시공도면

6] 건축구조기술사와의 협력(제52조)

① 법 제46조제1항 각 호 외의 부분 단서에서 "구조설계를 담당한 건축구조기술사가 사망하는 등 대통령령으로 정하는 사유로 감리자가 협력을 받을 수 없는 경우"란 다음 각 호의 어느 하나에 해당하는 경우를 말한다.

1. 구조설계를 담당한 건축구조기술사(「국가기술자격법」에 따른 건축구조기술사로서 해당 건축물의 리모델링을 담당한 자를 말한다. 이하 같다)의 사망 또는 실종으로 감리자가 협력을 받을 수 없는 경우

2. 구조설계를 담당한 건축구조기술사의 해외 체류, 장기 입원 등으로 감리자가 즉시 협력을 받을 수 없는 경우

3. 구조설계를 담당한 건축구조기술사가 「국가기술자격법」에 따라 국가기술자격이 취소되거나 정지되어 감리자가 협력을 받을 수 없는 경우

② 법 제46조제1항 각 호 외의 부분 단서에서 "대통령령으로 정하는 건축구조기술사"란 리모델링주택조합 등 리모델링을 하는 자(이하 이 조에서 "리모델링주택조합등"이라 한다)가 추천하는 건축구조기술사를 말한다.

③ 수직증축형 리모델링(세대수가 증가하지 아니하는 리모델링을 포함한다)의 감리자는 구조설계를 담당한 건축구조기술사가 제1항 각 호의 어느 하나에 해당하게 된 경우에는 지체없이 리모델링주택조합등에 건축구조기술사 추천을 의뢰하여야 한다. 이 경우 추천 의뢰를 받은 리모델링주택조합등은 지체없이 건축구조기술사를 추천하여야 한다.

7] 감리자에 대한 실태점검 항목(제53조)

법 제48조제1항에서 "각종 시험 및 자재확인 업무에 대한 이행 실태 등 대통령령으로 정하는 사항"이란 다음 각 호의 사항을 말한다.

1. 감리원의 적정자격 보유 여부 및 상주이행 상태 등 감리원 구성 및 운영에 관한 사항

2. 시공 상태 확인 등 시공관리에 관한 사항

3. 각종 시험 및 자재품질 확인 등 품질관리에 관한 사항

4. 안전관리 등 현장관리에 관한 사항

5. 그 밖에 사업계획승인권자가 실태점검이 필요하다고 인정하는 사항

8] 제53조의2(사전방문 결과에 대한 조치 등)[본조신설 2020.12.22.] [시행 2022.1.24.]

① 법 제48조의2제2항에 따른 하자(이하 "하자"라 한다)의 범위는 「공동주택관리법 시행령」 제37조 각 호의 구분에 따르며, 하자의 판정기준은 같은 영 제47조제3항에 따라 국토교통부장관이 정하여 고시하는 바에 따른다.

② 법 제48조의2제2항에 따라 하자에 대한 조치 요청을 받은 사업주체는 같은 조 제3항에 따라 다음 각 호의 구분에 따른 시기까지 보수공사 등의 조치를 완료하기 위한 계획(이하 "조치계획"이라 한다)을 국토교통부령으로 정하는 바에 따라 수립하고, 해당 계획에 따라 보수공사 등의 조치를 완료해야 한다.

  1. 제4항에 해당하는 중대한 하자인 경우: 사용검사를 받기 전. 다만, 제5항의 사유가 있는 경우에는 입주예정자와 협의(공용부분의 경우에는 입주예정자 3분의 2 이상의 동의를 받아야 한다)하여 정하는 날로 한다.

  2. 그 밖의 하자인 경우: 다음 각 목의 구분에 따른 시기. 다만, 제5항의 사유가 있거나 입주예정자와 협의(공용부분의 경우에는 입주예정자 3분의 2 이상의 동의를 받아야 한다)한 경우에는 입주예정자와 협의하여 정하는 날로 한다.

    가. 전유부분: 입주예정자에게 인도하기 전

    나. 공용부분: 사용검사를 받기 전

③ 조치계획을 수립한 사업주체는 법 제48조의2에 따른 사전방문 기간의 종료일부터 7일 이내에 사용검사권자(법 제49조제1항에 따라 사용검사를 하는 자를 말한다. 이하 같다)에게 해당 조치계획을 제출해야 한다.

④ 법 제48조의2제3항 후단에서 "대통령령으로 정하는 중대한 하자"란 다음 각 호의 어느 하나에 해당하는 하자로서 사용검사권자가 중대한 하자라고 인정하는 하자를 말한다.

  1. 내력구조부 하자: 다음 각 목의 어느 하나에 해당하는 결함이 있는 경우로서 공동주택의 구조안전상 심각한 위험을 초래하거나 초래할 우려가 있는 정도의 결함이 있는 경우

    가. 철근콘크리트 균열

    나. 「건축법」 제2조제1항제7호의 주요구조부의 철근 노출

  2. 시설공사별 하자: 다음 각 목의 어느 하나에 해당하는 결함이 있는 경우로서 입주예정자가 공동주택에서 생활하는 데 안전상·기능상 심각한 지장을 초래하거나 초래할 우려가 있는 정도의 결함이 있는 경우

    가. 토목 구조물 등의 균열

    나. 옹벽·차도·보도 등의 침하(沈下)

    다. 누수, 누전, 가스 누출

    라. 가스배관 등의 부식, 배관류의 동파

    마. 다음의 어느 하나에 해당하는 기구·설비 등의 기능이나 작동 불량 또는 파손
      1) 급수·급탕·배수·위생·소방·난방·가스 설비 및 전기·조명 기구

      2) 발코니 등의 안전 난간 및 승강기

⑤ 법 제48조의2제3항 후단에서 "대통령령으로 정하는 특별한 사유"란 다음 각 호의 어느 하나에 해당하여 사용검사를 받기 전까지 중대한 하자에 대한 보수공사 등의 조치를 완료하기 어렵다고 사용검사권자로부터 인정받은 사유를 말한다.

1. 공사 여건상 자재, 장비 또는 인력 등의 수급이 곤란한 경우

2. 공정 및 공사의 특성상 사용검사를 받기 전까지 보수공사 등을 하기 곤란한 경우

3. 그 밖에 천재지변이나 부득이한 사유가 있는 경우

9] 제53조의3(사전방문 결과 하자 여부의 확인 등) [본조신설 2020.12.22.][시행 2022.1.24.]

① 사업주체는 법 제48조의2제4항 전단에 따라 하자 여부 확인을 요청하려면 사용검사권자에게 제53조의2제3항에 따라 조치계획을 제출할 때 다음 각 호의 자료를 첨부해야 한다.

1. 입주예정자가 보수공사 등의 조치를 요청한 내용

2. 입주예정자가 보수공사 등의 조치를 요청한 부분에 대한 설계도서 및 현장사진

3. 하자가 아니라고 판단하는 이유

4. 감리자의 의견

5. 그 밖에 하자가 아님을 증명할 수 있는 자료

② 사용검사권자는 제1항에 따라 요청을 받은 경우 제53조의2제1항의 판정기준에 따라 하자 여부를 판단해야 하며, 하자 여부를 판단하기 위하여 필요한 경우에는 법 제48조의3 제1항에 따른 공동주택 품질점검단(이하 "품질점검단"이라 한다)에 자문할 수 있다.

③ 사용검사권자는 제1항에 따라 확인 요청을 받은 날부터 7일 이내에 하자 여부를 확인하여 해당 사업주체에게 통보해야 한다.

④ 사업주체는 법 제48조의2제5항에 따라 입주예정자에게 전유부분을 인도하는 날에 다음 각 호의 사항을 서면(「전자문서 및 전자거래 기본법」 제2조제1호의 전자문서를 포함한다)으로 알려야 한다.

1. 조치를 완료한 사항

2. 조치를 완료하지 못한 경우에는 그 사유와 조치계획

3. 제1항에 따라 사용검사권자에게 확인을 요청하여 하자가 아니라고 확인받은 사항

⑤ 사업주체는 조치계획에 따라 조치를 모두 완료한 때에는 법 제48조의2제5항에 따라 사용검사권자에게 그 결과를 제출해야 한다.

10] 제53조의4(품질점검단의 구성 및 운영 등) [본조신설 2020.12.22.][시행 2022.1.24.]

① 품질점검단의 위원(이하 이 조에서 "위원"이라 한다)은 다음 각 호의 어느 하나에 해당하는 사람 중에서 시·도지사(법 제48조의3 제1항 후단에 따라 권한을 위임받은 대도시 시장을 포함한다. 이하 이 조 및 제53조의5에서 같다)가 임명하거나 위촉한다.

1. 「건축사법」 제2조제1호의 건축사

2. 「국가기술자격법」에 따른 건축 분야 기술사 자격을 취득한 사람

3. 「공동주택관리법」 제67조제2항에 따른 주택관리사 자격을 취득한 사람

4. 「건설기술 진흥법 시행령」 별표 1에 따른 특급건설기술인

5. 「고등교육법」 제2조의 학교 또는 연구기관에서 주택 관련 분야의 조교수 이상 또는 이에 상당하는 직에 있거나 있었던 사람

6. 건축물이나 시설물의 설계·시공 관련 분야의 박사학위를 취득한 사람

7. 건축물이나 시설물의 설계·시공 관련 분야의 석사학위를 취득한 후 이와 관련된 분야에서 5년 이상 종사한 사람

8. 공무원으로서 공동주택 관련 지도·감독 및 인·허가 업무 등에 종사한 경력이 5년 이상인 사람

9. 다음 각 목의 어느 하나에 해당하는 기관의 임직원으로서 건축물 및 시설물의 설계·시공 및 하자보수와 관련된 업무에 5년 이상 재직한 사람

　가. 「공공기관의 운영에 관한 법률」 제4조의 공공기관

　나. 「지방공기업법」 제3조제1항의 지방공기업

② 공무원이 아닌 위원의 임기는 2년으로 하며, 두 차례만 연임할 수 있다.

③ 위원이 다음 각 호의 어느 하나에 해당하는 경우에는 해당 공동주택의 품질점검에서 제척된다.

1. 위원 또는 그 배우자나 배우자였던 사람이 해당 주택건설사업의 사업주체, 시공자 또는 감리자(이하 "사업주체등"이라 하며, 이 호 및 제2호에서는 사업주체등이 법인·단체 등인 경우 그 임직원을 포함한다)이거나 최근 3년 내에 사업주체등이었던 경우

2. 위원이 해당 주택건설사업의 사업주체등의 친족이거나 친족이었던 경우

3. 위원이 해당 주택건설사업에 대하여 자문, 연구, 용역(하도급을 포함한다), 감정 또는 조사를 한 경우

4. 위원이 임직원으로 재직하고 있거나 최근 3년 내에 재직했던 법인·단체 등이 해당 주택건설사업에 대하여 자문, 연구, 용역(하도급을 포함한다), 감정 또는 조사를 한 경우

5. 위원이나 위원이 속한 법인·단체 등이 해당 주택건설사업의 사업주체등의 대리인이거나 대리인이었던 경우

6. 위원이나 위원의 친족이 해당 주택의 입주예정자인 경우

④ 위원이 제3항 각 호의 제척 사유에 해당하는 경우에는 스스로 해당 공동주택의 품질점검에서 회피해야 한다.

⑤ 시·도지사는 위원에게 예산의 범위에서 업무수행에 따른 수당, 여비 및 그 밖에 필요한 경비를 지급할 수 있다. 다만, 공무원인 위원이 그 소관 업무와 직접적으로 관련되어 품질점검에 참여하는 경우에는 지급하지 않는다.

⑥ 제1항부터 제5항까지에서 규정한 사항 외에 품질점검단의 구성·운영 등에 필요한 세부적인 사항은 해당 행정구역에 건설하는 주택단지 수 및 세대수 등의 규모를 고려하여

조례로 정한다.

11] 제53조의5(품질점검단의 점검대상 및 점검방법 등) [본조신설 2020.12.22.][시행 2022.1.24.]

① 법 제48조의3제2항에서 "대통령령으로 정하는 규모 및 범위 등에 해당하는 공동주택"이란 법 제2조제10호다목 및 라목에 해당하는 사업주체가 건설하는 300세대 이상인 공동주택을 말한다. 다만, 시·도지사가 필요하다고 인정하는 경우에는 조례로 정하는 바에 따라 300세대 미만인 공동주택으로 정할 수 있다.

② 품질점검단은 법 제48조의3제2항에 따라 공동주택 관련 법령, 입주자모집공고, 설계도서 및 마감자재 목록표 등 관련 자료를 토대로 다음 각 호의 사항을 점검해야 한다.

  1. 공동주택의 공용부분

  2. 공동주택 일부 세대의 전유부분

  3. 제53조의3제2항에 따라 사용검사권자가 하자 여부를 판단하기 위해 품질점검단에 자문을 요청한 사항 중 현장조사가 필요한 사항

③ 제1항 및 제2항에서 규정한 사항 외에 품질점검단의 점검절차 등에 관하여 필요한 사항은 국토교통부령으로 정한다.

12] 제53조의6(품질점검단의 점검결과에 대한 조치 등) [본조신설 2020.12.22.][시행 2022.1.24.]

① 사용검사권자는 품질점검단으로부터 점검결과를 제출받은 때에는 법 제48조의3제6항 전단에 따라 의견을 청취하기 위하여 사업주체에게 그 내용을 즉시 통보해야 한다.

② 사업주체는 제1항에 따라 통보받은 점검결과에 대하여 이견(異見)이 있는 경우 통보받은 날부터 5일 이내에 관련 자료를 첨부하여 사용검사권자에게 의견을 제출할 수 있다.

③ 사용검사권자는 품질점검단 점검결과 및 제2항에 따라 제출받은 의견을 검토한 결과 하자에 해당한다고 판단하는 때에는 법 제48조의3제6항에 따라 제2항에 따른 의견 제출일부터 5일 이내에 보수·보강 등의 조치를 명해야 한다.

④ 법 제48조의3제6항 후단에서 "대통령령으로 정하는 중대한 하자"란 제53조의2제4항에 해당하는 하자를 말한다.

⑤ 법 제48조의3제6항 후단에서 "대통령령으로 정하는 특별한 사유"란 제53조의2제5항에서 정하는 사유를 말한다.

⑥ 사업주체는 법 제48조의3제7항 본문에 따라 제3항에 따른 사용검사권자의 조치명령에 대하여 제53조의2제2항 각 호의 구분에 따른 시기까지 조치를 완료해야 한다.

⑦ 법 제48조의3제8항에서 "대통령령으로 정하는 정보시스템"이란 「공동주택관리법 시행령」 제53조제5항에 따른 하자관리정보시스템을 말한다.[제7항 시행일 2022.1.24.]

12] 제53조의7(조치명령에 대한 이의신청 등) [본조신설 2020.12.22.][시행 2022.1.24.]

① 사업주체는 법 제48조의3제7항 단서에 따라 제53조의6제3항에 따른 조치명령에 이의 신청을 하려는 경우에는 조치명령을 받은 날부터 5일 이내에 사용검사권자에게 다음 각호의 자료를 제출해야 한다.

1. 사용검사권자의 조치명령에 대한 이의신청 내용 및 이유

2. 이의신청 내용 관련 설계도서 및 현장사진

3. 감리자의 의견

4. 그 밖에 이의신청 내용을 증명할 수 있는 자료

② 사용검사권자는 제1항에 따라 이의신청을 받은 때에는 신청을 받은 날부터 5일 이내에 사업주체에게 검토결과를 통보해야 한다.

13] 사용검사 등(제54조)

① 법 제49조제1항 본문에서 "대통령령으로 정하는 경우"란 제27조제3항 각 호에 해당하여 국토교통부장관으로부터 법 제15조에 따른 사업계획의 승인을 받은 경우를 말한다.

② 법 제49조제1항 단서에서 "사업계획승인 조건의 미이행 등 대통령령으로 정하는 사유가 있는 경우"란 다음 각 호의 어느 하나에 해당하는 경우를 말한다.

1. 법 제15조에 따른 사업계획승인의 조건으로 부과된 사항의 미이행

2. 하나의 주택단지의 입주자를 분할 모집하여 전체 단지의 사용검사를 마치기 전에 입주가 필요한 경우

3. 그 밖에 사업계획승인권자가 동별로 사용검사를 받을 필요가 있다고 인정하는 경우

③ 사용검사권자는 사용검사를 할 때 다음 각 호의 사항을 확인해야 한다.<개정 2020.12.22.>

1. 주택 또는 대지가 사업계획의 내용에 적합한지 여부

2. 법 제48조의2제3항, 제48조의3제6항 후단, 이 영 제53조의2제2항 및 제53조의6제6항에 따라 사용검사를 받기 전까지 조치해야 하는 하자를 조치 완료했는지 여부

④ 제3항에 따른 사용검사는 신청일부터 15일 이내에 하여야 한다.

⑤ 법 제49조제2항 후단에 따라 협의 요청을 받은 관계 행정기관의 장은 정당한 사유가 없으면 그 요청을 받은 날부터 10일 이내에 의견을 제시하여야 한다.

14] 시공보증자 등의 사용검사(제55조)

① 사업주체가 파산 등으로 주택건설사업을 계속할 수 없는 경우에는 법 제49조제3항제1호에 따라 해당 주택의 시공을 보증한 자(이하 "시공보증자"라 한다)가 잔여공사를 시공하고 사용검사를 받아야 한다. 다만, 시공보증자가 없거나 파산 등으로 시공을 할 수 없는 경우에는 입주예정자의 대표회의(이하 "입주예정자대표회의"라 한다)가 시공자를 정하여 잔여공사를 시공하고 사용검사를 받아야 한다.

② 제1항에 따라 사용검사를 받은 경우에는 사용검사를 받은 자의 구분에 따라 시공보증자 또는 세대별 입주자의 명의로 건축물관리대장 등재 및 소유권보존등기를 할 수 있다.

③ 입주예정자대표회의의 구성·운영 등에 필요한 사항은 국토교통부령으로 정한다.

④ 법 제49조제3항제2호에 따라 시공보증자, 해당 주택의 시공자 또는 입주예정자가 사용 검사를 신청하는 경우 사용검사권자는 사업주체에게 사용검사를 받지 아니하는 정당한 이유를 제출할 것을 요청하여야 한다. 이 경우 사업주체는 요청받은 날부터 7일 이내에 의견을 통지하여야 한다.

15] 임시 사용승인(제56조)

① 법 제49조제4항 단서에서 "대통령령으로 정하는 경우"란 다음 각 호의 구분에 따른 경우를 말한다.

1. 주택건설사업의 경우: 건축물의 동별로 공사가 완료된 경우

2. 대지조성사업의 경우: 구획별로 공사가 완료된 경우

② 법 제49조제4항 단서에 따른 임시 사용승인을 받으려는 자는 국토교통부령으로 정하는 바에 따라 사용검사권자에게 임시 사용승인을 신청하여야 한다.

③ 사용검사권자는 제2항에 따른 신청을 받은 때에는 임시 사용승인대상인 주택 또는 대지가 사업계획의 내용에 적합하고 사용에 지장이 없는 경우에만 임시사용을 승인할 수 있다. 이 경우 임시 사용승인의 대상이 공동주택인 경우에는 세대별로 임시 사용승인을 할 수 있다.

16] 공업화주택의 인정 등(제57조

법 제51조에 따른 공업화주택의 인정 등에 관한 사항은 「주택건설기준 등에 관한 규정」 으로 정한다.

제3장 주택의 공급

1] 주택에 관한 표시·광고의 사본 제출대상 등(제58조), [본조신설 2020.6.11.]

① 법 제54조제8항 전단에서 "대통령령으로 정하는 내용"이란 「국토의 계획 및 이용에 관한 법률」 제2조제6호에 따른 기반시설의 설치·정비 또는 개량에 관한 사항을 말한다.

② 사업주체는 법 제54조제8항 전단에 따라 제1항의 내용이 포함된 표시 또는 광고(「표시· 광고의 공정화에 관한 법률」 제2조에 따른 표시 또는 광고를 말한다)의 사본을 주택공급 계약 체결기간의 시작일부터 30일 이내에 시장·군수·구청장에게 제출해야 한다. [본조신설 2020.6.11.] [종전 제58조는 제58조의2로 이동 <2020.6.11.>]

2] 주택의 공급업무의 대행(제58조의2)[본조신설 2019.10.22.]

법 제54조의2제2항제2호에서 "대통령령으로 정하는 자"란 「건설산업기본법 시행령」 별표 1에 따른 건축공사업 또는 토목건축공사업의 등록을 한 자를 말한다.

[제58조에서 이동, 종전 제58조의2는 제58조의3으로 이동 <2020.6.11.>]

3] 입주자저축(제58조의3)[제58조의2에서 이동 <2020.6.11.>], <개정 2020.7.24.>

국토교통부장관은 **법 제56조제9항**에 따라 입주자저축에 관한 국토교통부령을 제정하거나 개정할 때에는 기획재정부장관과 미리 협의하여야 한다.

4] 분양가상한제 적용주택 제외요건(제58조의4) [본조신설 2021.2.19.]

① 법 제57조제2항제4호 각 목 외의 부분에 따른 공공성 요건은 다음 각 호와 같다.

　　1. 한국토지주택공사 또는 지방공사가 법 제57조제2항제4호 각 목에 해당하는 사업의 시행자로 참여할 것

　　2. 제1호의 사업에서 건설·공급하는 주택의 전체 세대수의 10퍼센트 이상을 임대주택으로 건설·공급할 것

② 법 제57조제2항제4호가목에서 "면적, 세대수 등이 대통령령으로 정하는 요건에 해당되는 사업"이란 다음 각 호의 어느 하나에 해당하는 사업을 말한다.

　　1. 「도시 및 주거환경정비법」 제2조제1호의 정비구역 면적이 2만제곱미터 미만인 사업

　　2. 해당 정비사업에서 건설·공급하는 주택의 전체 세대수가 200세대 미만인 사업

③ 법 제57조제2항제5호에서 "대통령령으로 정하는 면적 또는 세대수 이하의 사업"이란 다음 각 호의 사업을 말한다. <신설 2021.10.14.>

　　1. 사업시행면적이 1만제곱미터 미만인 사업

　　2. 건설·공급하는 주택의 전체 세대수가 300세대 미만인 사업

5] 택지 매입가격의 범위 및 분양가격 공시지역(제59조)

① 법 제57조제3항제2호 각 목 외의 부분에서 "대통령령으로 정하는 범위"란 「감정평가 및 감정평가사에 관한 법률」에 따라 감정평가한 가액의 120퍼센트에 상당하는 금액 또는 「부동산 가격공시에 관한 법률」 제10조에 따른 개별공시지가의 150퍼센트에 상당하는 금액을 말한다. <개정 2016.8.31.>

② 사업주체는 제1항에 따른 감정평가 가액을 기준으로 택지비를 산정하려는 경우에는 시장·군수·구청장에게 「감정평가 및 감정평가사에 관한 법률」에 따른 감정평가를 요청하여야 한다. 이 경우 감정평가의 실시와 관련된 구체적인 사항은 법 제57조제3항의 감정평가의 예에 따른다. <개정 2016.8.31.>

③ 법 제57조제3항제2호나목에 따른 공공기관은 다음 각 호의 어느 하나에 해당하는 기관으로 한다.

　　1. 국가기관

　　2. 지방자치단체

3. 「공공기관의 운영에 관한 법률」 제5조에 따라 공기업, 준정부기관 또는 기타공공기관으로 지정된 기관

4. 「지방공기업법」에 따른 지방직영기업, 지방공사 또는 지방공단

④ 법 제57조제3항제2호다목에서 "대통령령으로 정하는 경우"란 「부동산등기법」에 따른 부동산등기부 또는 「지방세법 시행령」 제18조제3항제2호에 따른 법인장부에 해당 택지의 거래가액이 기록되어 있는 경우를 말한다.

⑤ 법 제57조제6항 각 호 외의 부분 전단에서 "대통령령으로 정하는 기준에 해당되는 지역"이란 다음 각 호의 어느 하나에 해당하는 지역을 말한다.

1. 수도권 안의 투기과열지구(법 제63조에 따른 투기과열지구를 말한다. 이하 같다)

2. 다음 각 목의 어느 하나에 해당하는 지역으로서 「주거기본법」 제8조에 따른 주거정책심의위원회(이하 "주거정책심의위원회"라 한다)의 심의를 거쳐 국토교통부장관이 지정하는 지역

   가. 수도권 밖의 투기과열지구 중 그 지역의 주택가격의 상승률 및 주택의 청약경쟁률 등을 고려하여 국토교통부장관이 정하여 고시하는 기준에 해당하는 지역

   나. 해당 지역을 관할하는 시장·군수·구청장이 주택가격의 상승률 및 주택의 청약경쟁률이 지나치게 상승할 우려가 크다고 판단하여 국토교통부장관에게 지정을 요청하는 지역

6] 주의문구의 명시(제60조)

사업주체는 입주자 모집을 하는 경우에는 입주자모집공고안에 "분양가격의 항목별 공시 내용은 사업에 실제 소요된 비용과 다를 수 있다"는 문구를 명시하여야 한다.

7] 제60조의2(분양가상한제 적용주택 등의 입주자의 거주의무기간 등) [제목개정 2021.7.6.]

① 법 제57조의2제1항 각 호외의 부분 본문에서 "대통령령으로 정하는 기간"이란 다음 각 호의 구분에 따른 기간(이하 "거주의무기간"이라 한다)을 말한다. <개정 2021.7.6.>

1. 법 제57조의2제1항제1호에 따른 주택의 경우

   가. 공공택지에서 건설·공급되는 주택의 경우

      1) 분양가격이 법 제57조의2제1항 각 호외의 부분 본문에 따라 국토교통부장관이 정하여 고시하는 방법으로 결정된 인근지역 주택매매가격(이하 "인근지역주택 매매가격"이라 한다)의 80퍼센트 미만인 주택: 5년

      2) 분양가격이 인근지역주택매매가격의 80퍼센트 이상 100퍼센트 미만인 주택: 3년

   나. 공공택지 외의 택지에서 건설·공급되는 주택의 경우

      1) 분양가격이 인근지역주택매매가격의 80퍼센트 미만인 주택: 3년

      2) 분양가격이 인근지역주택매매가격의 80퍼센트 이상 100퍼센트 미만인 주택: 2년

2. 법 제57조의2제1항제2호에 따른 주택의 경우: 3년

3. 법 제57조의2제1항제3호에 따른 주택으로서 분양가격이 인근지역주택매매가격의 100 퍼센트 미만인 주택의 경우: 2년

② 법 제57조의2제1항 각 호 외의 부분 단서에서 "해외 체류 등 대통령령으로 정하는 부득이한 사유"란 다음 각 호의 어느 하나에 해당하는 사유를 말한다. 이 경우 제2호부터 제8호까지의 규정에 해당하는지는 한국토지주택공사(사업주체가 「공공주택 특별법」 제4조의 공공주택사업자인 경우에는 공공주택사업자를 말한다. 이하 이 조에서 같다)의 확인을 받아야 한다. <개정 2021.7.6.>

1. 해당 주택에 입주하기 위하여 준비기간이 필요한 경우. 이 경우 해당 주택에 거주한 것으로 보는 기간은 최초 입주가능일부터 90일까지로 한다.

2. 법 제57조의2제1항 각 호 외의 부분 본문에 따른 거주의무자(이하 "거주의무자"라 한다)가 거주의무기간 중 근무·생업·취학 또는 질병치료를 위하여 해외에 체류하는 경우

3. 거주의무자가 주택의 특별공급을 받은 군인으로서 인사발령에 따라 거주의무기간 중 해당 주택건설지역(주택을 건설하는 특별시·광역시·특별자치시·특별자치도 또는 시·군의 행정구역을 말한다. 이하 이 항에서 같다)이 아닌 지역에 거주하는 경우

4. 거주의무자가 거주의무기간 중 세대원(거주의무자가 포함된 세대의 구성원을 말한다. 이하 이 호에서 같다)의 근무·생업·취학 또는 질병치료를 위하여 세대원 전원이 다른 주택건설지역에 거주하는 경우. 다만, 수도권 안에서 거주를 이전하는 경우는 제외한다.

5. 거주의무자가 거주의무기간 중 혼인 또는 이혼으로 입주한 주택에서 퇴거하고 해당 주택에 계속 거주하려는 거주의무자의 직계존속·비속, 배우자(종전 배우자를 포함한다) 또는 형제자매가 자신으로 세대주를 변경한 후 거주의무기간 중 남은 기간을 승계하여 거주하는 경우

6. 「영유아보육법」 제10조제5호에 따른 가정어린이집을 설치·운영하려는 자가 같은 법 제13조에 따라 해당 주택에 가정어린이집의 설치를 목적으로 인가를 받은 경우. 이 경우 해당 주택에 거주한 것으로 보는 기간은 가정어린이집을 설치·운영하는 기간으로 한정한다.

7. 법 제64조제2항 본문에 따른 전매제한이 적용되지 않는 경우. 다만, 제73조제4항제7호 또는 제8호에 해당하는 경우는 제외한다.

8. 거주의무자의 직계비속이 「초·중등교육법」 제2조에 따른 학교에 재학 중인 학생으로서 주택의 최초 입주가능일 현재 해당 학기가 끝나지 않은 경우. 이 경우 해당 주택에 거주한 것으로 보는 기간은 학기가 끝난 후 90일까지로 한정한다.

③ 거주의무자는 법 제57조의2제2항에 따라 해당 주택의 매입을 신청하려는 경우 국토교통부령으로 정하는 매입신청서를 한국토지주택공사에 제출해야 한다.

④ 한국토지주택공사는 거주의무자가 법 제57조의2제1항을 위반하여 같은 조 제3항에 따라 해당 주택을 매입하려면 14일 이상의 기간을 정하여 거주의무자에게 의견을 제출할 수 있는 기회를 줘야 한다.

⑤ 제4항에 따라 의견을 제출받은 한국토지주택공사는 제출 의견의 처리 결과를 거주의무자에게 통보해야 한다.

⑥ 법 제57조의2제3항에서 "대통령령으로 정하는 특별한 사유"란 다음 각 호의 사유를 말한다.

　　1. 한국토지주택공사의 부도 · 파산

　　2. 제1호와 유사한 사유로서 한국토지주택공사가 해당 주택을 매입하는 것이 어렵다고 국토교통부장관이 인정하는 사유

⑦ 법 제57조의2제6항에 따른 부기등기에는 "이 주택은 「주택법」 제57조의2제1항에 따른 거주의무자가 거주의무기간 동안 계속하여 거주해야 하며, 이를 위반할 경우 한국토지주택공사가 해당 주택을 매입함"이라는 내용을 표기해야 한다.

8] 분양가상한제 적용 지역의 지정기준 등(제61조)

① 법 제58조제1항에서 "대통령령으로 정하는 기준을 충족하는 지역"이란 <u>투기과열지구 중</u> 다음 각 호의 어느 하나에 해당하는 지역을 말한다. <개정 2019.10.29.>

　　1. 직전월(분양가상한제 적용 지역으로 지정하는 날이 속하는 달의 바로 전 달을 말한다. 이하 같다) 부터 소급하여 12개월간의 아파트 분양가격상승률이 물가상승률(해당 지역이 포함된 시 · 도 소비자물가상승률을 말한다)의 2배를 초과한 지역. 이 경우 해당 지역의 아파트 분양가격상승률을 산정할 수 없는 경우에는 해당 지역이 포함된 특별시 · 광역시 · 특별자치시 · 특별자치도 또는 시 · 군의 아파트 분양가격상승률을 적용한다.

　　2. 직전월부터 소급하여 3개월간의 주택매매거래량이 전년 동기 대비 20퍼센트 이상 증가한 지역

　　3. 직전월부터 소급하여 주택공급이 있었던 2개월 동안 해당 지역에서 공급되는 국민주택규모 주택의 월평균 청약경쟁률이 모두 5대 1을 초과하였거나 해당 지역에서 공급되는 국민주택규모 주택의 월평균 청약경쟁률이 모두 10대 1을 초과한 지역

② 국토교통부장관이 제1항에 따른 지정기준을 충족하는 지역 중에서 법 제58조제1항에 따라 분양가상한제 적용 지역을 지정하는 경우 해당 지역에서 공급되는 주택의 분양가격 제한 등에 관한 법 제57조의 규정은 법 제58조제3항 전단에 따른 <u>공고일 이후 최초로 입주자모집승인을 신청하는 분부터 적용한다.</u> <개정 2019.10.29.>

③ 법 제58조제6항에 따라 국토교통부장관은 분양가상한제 적용 지역 지정의 해제를 요청받은 경우에는 주거정책심의위원회의 심의를 거쳐 요청받은 날부터 40일 이내에 해제 여부를 결정하고, 그 결과를 시·도지사, 시장, 군수 또는 구청장에게 통보하여야 한다. <개정 2017.11.7.>

9] 위원회의 설치·운영(제62조)

① 시장·군수·구청장은 법 제15조에 따른 사업계획승인 신청(「도시 및 주거환경정비법」 제50조에 따른 사업시행인가 및 「건축법 제11조에 따른 건축허가를 포함한다)이 있는 날부터 20일 이내에 <u>**법 제59조제1항**</u>에 따른 분양가심사위원회(이하 이 장에서 "위원회"라 한다)를 설치·운영하여야 한다. <개정 2018.2.9.>

② 사업주체가 국가, 지방자치단체, 한국토지주택공사 또는 지방공사인 경우에는 해당 기관의 장이 위원회를 설치·운영하여야 한다. 이 경우 제63조부터 제70조까지의 규정을 준용한다.

10] 기능(제63조)

위원회는 다음 각 호의 사항을 심의한다. <개정 2021.2.19.>

1. 법 제57조제1항에 따른 분양가격 및 발코니 확장비용 산정의 적정성 여부

2. 법 제57조제4항 후단에 따른 시·군·구별 기본형건축비 산정의 적정성 여부

3. 법 제57조제5항 및 제6항에 따른 분양가격 공시내용의 적정성 여부

4. 분양가상한제 적용주택과 관련된 「주택도시기금법 시행령」 제5조제1항제2호에 따른 제2종국민주택채권 매입예정상한액 산정의 적정성 여부

5. 분양가상한제 적용주택의 전매행위 제한과 관련된 인근지역 주택매매가격 산정의 적정성 여부

11] 구성(제64조)

① 시장·군수·구청장은 주택건설 또는 주택관리 분야에 관한 학식과 경험이 풍부한 사람으로서 다음 각 호의 어느 하나에 해당하는 사람 6명을 위원회 위원으로 위촉해야 한다. 이 경우 다음 각 호에 해당하는 위원을 각각 1명 이상 위촉하되, 등록사업자의 임직원과 임직원이었던 사람으로서 3년이 지나지 않은 사람은 위촉해서는 안 된다. <개정 2019.10.22.>

1. 법학·경제학·부동산학·건축학·건축공학 등 주택분야와 관련된 학문을 전공하고 「고등교육법」에 따른 대학에서 조교수 이상으로 1년 이상 재직한 사람

2. 변호사·회계사·감정평가사 또는 세무사의 자격을 취득 한 후 해당 직(職)에 1년 이상 근무한 사람

3. 토목·건축·전기.기계 또는 주택 분야 업무에 5년 이상 종사한 사람

4. 주택관리사 자격을 취득한 후 공동주택 관리사무소장의 직에 5년 이상 근무한 사람

5. **건설공사비 관련 연구 실적이 있거나 공사비 산정업무에 3년 이상 종사한 사람**

② 시장·군수·구청장은 다음 각 호의 어느 하나에 해당하는 사람 4명을 위원으로 임명하거나 위촉하여야 한다. 이 경우 다음 각 호에 해당하는 위원을 각각 1명 이상 임명 또는 위촉 하여야 한다. <개정 2019.10.22., 2020.12.8>

1. 국가 또는 지방자치단체에서 주택사업 인·허가 등 관련 업무를 하는 5급 이상 공무원 으로서 해당 기관의 장으로부터 추천을 받은 사람. 다만, 해당 시·군·구에 소속된 공무원은 추천을 필요로 하지 아니한다.

2. 다음 각 목의 어느 하나에 해당하는 기관에서 주택사업 관련 업무에 종사하고 있는 임직원 으로서 해당 기관의 장으로부터 추천을 받은 사람

   가. 한국토지주택공사

   나. 지방공사

다. 「주택도시기금법」에 따른 주택도시보증공사(이하 "주택도시보증공사"라 한다)

라. 「한국부동산원법」에 따른 한국부동산원(이하 "한국부동산원"이라 한다)

③ 제1항에 따른 위원(이하 "민간위원"이라 한다)의 임기는 2년으로 하며, 두 차례만 연임할 수 있다. <개정 2019.10.22.>

④ 위원회의 위원장은 시장·군수·구청장이 민간위원 중에서 지명하는 자가 된다.

12] 회의(제65조)

① 위원회의 회의는 시장·군수·구청장이나 위원장이 필요하다고 인정하는 경우에 시장·군수·구청장이 소집한다.

② 시장·군수·구청장은 회의 개최일 **7일 전까지** 회의와 관련된 사항을 위원에게 알려야 한다. <개정 2019.10.22.>

③ 시장·군수·구청장은 위원회의 위원 명단을 회의 개최 전에 해당 기관의 인터넷 홈페이지 등을 통하여 공개해야 한다. <신설 2019.10.22.>

④ 위원회의 회의는 재적위원 과반수의 출석으로 개의하고 출석위원 과반수의 찬성으로 의결한다. <개정 2019.10.22.>

⑤ 위원장은 위원회의 의장이 된다. 다만, 위원장이 부득이한 사유로 그 직무를 수행할 수 없을 때에는 위원장이 미리 지명한 위원이 그 직무를 대행한다. <개정 2019.10.22.>

⑥ 위원회에 위원회의 사무를 처리할 간사 1명을 두며, 간사는 해당 시·군·구의 주택업무 관련 직원 중에서 시장·군수·구청장이 지명한다. <개정 2019.10.22.>

⑦ 위원회의 회의는 공개하지 아니한다. 다만, 위원회의 의결로 공개할 수 있다. <개정 2019.10.22.>

13] 위원이 아닌 사람의 참석 등(제66조)

① 위원장은 제63조 각 호의 사항을 심의하기 위하여 필요하다고 인정하는 경우에는 해당 사업장의 사업주체·관계인 또는 참고인을 위원회의 회의에 출석하게 하여 의견을 듣거나 관련 자료의 제출 등 필요한 협조를 요청할 수 있다.

② 위원회의 회의사항과 관련하여 시장·군수·구청장 및 사업주체는 위원장의 승인을 받아 회의에 출석하여 발언할 수 있다.

③ 위원장은 위원회에서 심의·의결된 결과를 지체없이 시장·군수·구청장에게 제출하여야 한다.

14] 위원의 대리 출석(제67조)

제64조제2항에 따른 위원(이하 "공공위원"이라 한다)은 부득이한 사유가 있을 때에는 해당 직위에 상당하는 공무원 또는 공사의 임직원을 지명하여 대리 출석하게 할 수 있다.

15] 위원의 의무 등(제68조)

① 위원은 회의과정에서 또는 그 밖에 직무를 수행하면서 알게 된 사항으로서 공개하지 아니하기로 한 사항을 누설해서는 아니 되며, 위원회의 품위를 손상하는 행위를 해서는 아니 된다.

② 다음 각 호의 어느 하나에 해당하는 위원은 해당 심의대상 안건의 심의·의결에서 제척된다. <개정 2019.10.22.>

  1. 위원 또는 그 배우자나 배우자이었던 사람이 해당 심의안건의 당사자(당사자가 법인·단체 등인 경우에는 그 임원을 포함한다. 이하 이 호 및 제2호에서 같다)가 되거나 그 심의안건의 당사자와 공동권리자 또는 공동의무자인 경우

  2. 위원이 해당 심의안건 당사자의 친족이거나 친족이었던 경우

  3. 위원이 해당 심의안건에 대하여 자문, 연구, 용역(하도급을 포함한다), 감정 또는 조사를 한 경우

  4. 위원이나 위원이 속한 법인·단체 등이 해당 심의안건 당사자의 대리인이거나 대리인이었던 경우

  5. 위원이 임원 또는 직원으로 재직하고 있거나 최근 3년 내에 재직했던 기업 등이 해당 심의안건에 대하여 자문, 연구, 용역(하도급을 포함한다), 감정 또는 조사를 한 경우

③ 제2항 각 호의 어느 하나에 해당하는 위원은 스스로 해당 안건의 심의에서 회피하여야 하며, 회의 개최일 전까지 이를 간사에게 통보하여야 한다.

④ 시장·군수·구청장은 다음 각 호의 어느 하나에 해당하는 민간위원이 있는 경우에는 그 위원을 해촉할 수 있으며, 해촉된 위원의 후임으로 위촉된 위원의 임기는 전임자의 잔여기간으로 한다.

  1. 심신장애로 인하여 직무를 수행할 수 없게 된 경우

  2. 직무와 관련된 비위사실이 있는 경우

  3. 직무태만, 품위손상이나 그 밖의 사유로 인하여 위원으로 적합하지 아니하다고 인정되는 경우

  4. 위원 스스로 직무를 수행하는 것이 곤란하다고 의사를 밝히는 경우

  5. 법 제59조제4항을 위반한 경우

  6. 제1항을 위반한 경우

  7. 제2항 각 호의 어느 하나에 해당하는 데에도 불구하고 회피하지 아니한 경우

  8. 해외출장, 질병 또는 사고 등으로 6개월 이상 위원회의 직무를 수행할 수 없는 경우

⑤ 시장·군수·구청장은 공공위원이 제4항 각 호의 어느 하나에 해당하는 경우에는 해당 공공위원을 해임하거나 해촉할 수 있다.

⑥ 시장·군수·구청장은 제5항에 따라 공공위원을 해임하거나 해촉한 경우에는 해당 기관의 장으로부터 제64조제2항 각 호에 해당하는 다른 사람을 추천받아 위원으로 임명하거나 위촉할 수 있다.

16] 회의록 등(제69조)

① 간사는 위원회의 회의 시 다음 각 호의 사항을 회의록으로 작성하여 「공공기록물 관리에 관한 법률」에 따라 보존하여야 한다.

    1. 회의일시·장소 및 공개 여부

    2. 출석위원 서명부

    3. 상정된 의안 및 심의 결과

    4. 그 밖에 주요 논의사항 등

② 제1항의 회의록은 해당 주택의 입주자를 선정한 날 이후에 공개 요청이 있는 경우 열람의 방법으로 공개해야 한다. 다만, 심의의 공정성을 침해할 우려가 있다고 인정되는 이름, 주민등록번호, 직위 및 주소 등 개인을 특정할 수 있는 정보에 대해서는 공개하지 않을 수 있다. <신설 2019.10.22.>

③ 위원회의 회의에 참석한 위원에게는 예산의 범위에서 수당 및 여비를 지급할 수 있다.

    다만, 공무원인 위원이 그 소관업무와 직접적으로 관련되어 출석한 경우에는 그러하지 아니하다.

17] 운영세칙(제70조)

이 영에 규정된 사항 외에 위원회 운영에 필요한 사항은 시장·군수·구청장이 정한다.

18] 입주자의 동의없이 저당권설정 등을 할 수 있는 경우 등(제71조)

법 제61조제1항 각 호 외의 부분 단서에서 "대통령령으로 정하는 경우"란 다음 각 호의 어느 하나에 해당하는 경우를 말한다.

1. 해당 주택의 입주자에게 주택구입자금의 일부를 융자해 줄 목적으로 주택도시기금이나 다음 각 목의 금융기관으로부터 주택건설자금의 융자를 받는 경우

    가. 「은행법」에 따른 은행

    나. 「중소기업은행법」에 따른 중소기업은행

    다. 「상호저축은행법」에 따른 상호저축은행

    라. 「보험업법」에 따른 보험회사

    마. 그 밖의 법률에 따라 금융업무를 수행하는 기관으로서 국토교통부령으로 정하는 기관

2. 해당 주택의 입주자에게 주택구입자금의 일부를 융자해 줄 목적으로 제1호 각 목의 금융기관으로부터 주택구입자금의 융자를 받는 경우

3. 사업주체가 파산(「채무자 회생 및 파산에 관한 법률」 등에 따른 법원의 결정·인가를 포함한다. 이하 같다), 합병, 분할, 등록말소 또는 영업정지 등의 사유로 사업을 시행할 수 없게 되어 사업주체가 변경되는 경우

19] 부기등기 등(제72조)

① 법 제61조제3항 본문에 따른 부기등기(附記登記)에는 같은 조 제4항 후단에 따라 다음 각 호의 구분에 따른 내용을 명시하여야 한다.

1. 대지의 경우: "이 토지는 「주택법」에 따라 입주자를 모집한 토지(주택조합의 경우에는 주택건설사업계획승인이 신청된 토지를 말한다)로서 입주예정자의 동의없이는 양도 하거나 제한물권을 설정하거나 압류·가압류·가처분 등 소유권에 제한을 가하는 일체의 행위를 할 수 없음"이라는 내용

2. 주택의 경우: "이 주택은 「부동산등기법」에 따라 소유권보존등기를 마친 주택으로서 입주예정자의 동의없이는 양도하거나 제한물권을 설정하거나 압류·가압류·가처분 등 소유권에 제한을 가하는 일체의 행위를 할 수 없음"이라는 내용

② 법 제61조제3항 단서에서 "사업주체가 국가·지방자치단체 및 한국토지주택공사 등 공공 기관이거나 해당 대지가 사업주체의 소유가 아닌 경우 등 대통령령으로 정하는 경우"란 다음 각 호의 구분에 따른 경우를 말한다.

1. 대지의 경우: 다음 각 목의 어느 하나에 해당하는 경우. 이 경우 라목 또는 마목에 해당하는 경우로서 법원의 판결이 확정되어 소유권을 확보하거나 권리가 말소되었을 때에는 지체없이 제1항에 따른 부기등기를 하여야 한다.

   가. 사업주체가 국가·지방자치단체·한국토지주택공사 또는 지방공사인 경우

   나. 사업주체가 「택지개발촉진법」 등 관계 법령에 따라 조성된 택지를 공급받아 주택을 건설하는 경우로서 해당 대지의 지적정리가 되지 아니하여 소유권을 확보할 수 없는 경우. 이 경우 대지의 지적정리가 완료된 때에는 지체없이 제1항에 따른 부기등기를 하여야 한다.

   다. 조합원이 주택조합에 대지를 신탁한 경우

   라. 해당 대지가 다음의 어느 하나에 해당하는 경우. 다만, 2) 및 3)의 경우에는 법 제23조 제2항 및 제3항에 따른 감정평가액을 공탁하여야 한다.

   1) 법 제22조 또는 제23조에 따른 매도청구소송(이하 이 항에서 "매도청구소송"이라 한다)을 제기하여 법원의 승소판결(판결이 확정될 것을 요구하지 아니한다)을 받은경우

   2) 해당 대지의 소유권 확인이 곤란하여 매도청구소송을 제기한 경우

   3) 사업주체가 소유권을 확보하지 못한 대지로서 법 제15조에 따라 최초로 주택건설 사업계획승인을 받은 날 이후 소유권이 제3자에게 이전된 대지에 대하여 매도청구 소송을 제기한 경우

   마. 사업주체가 소유권을 확보한 대지에 저당권, 가등기담보권, 전세권, 지상권 및 등기되는 부동산임차권이 설정된 경우로서 이들 권리의 말소소송을 제기하여 승소판결(판결이 확정될 것을 요구하지 아니한다)을 받은 경우

2. 주택의 경우: 해당 주택의 입주자로 선정된 지위를 취득한 자가 없는 경우. 다만, 소유권 보존등기 이후 입주자모집공고의 승인을 신청하는 경우는 제외한다.

③ 사업주체는 법 제61조제4항 후단에 따라 법 제15조에 따른 사업계획승인이 취소되거나 입주예정자가 소유권이전등기를 신청한 경우를 제외하고는 제1항에 따른 부기등기를 말소할 수 없다. 다만, 소유권이전등기를 신청할 수 있는 날부터 60일이 지나면 부기등기를 말소할 수 있다.

④ 법 제61조제5항 단서에서 "사업주체의 경영부실로 입주예정자가 그 대지를 양수받는 경우 등 대통령령으로 정하는 경우"란 다음 각 호의 어느 하나에 해당하는 경우를 말한다.

1. 제71조제1호 또는 제2호에 해당하여 해당 대지에 저당권, 가등기담보권, 전세권, 지상권 및 등기되는 부동산임차권을 설정하는 경우

2. 제71조제3호에 해당하여 다른 사업주체가 해당 대지를 양수하거나 시공보증자 또는 입주예정자가 해당 대지의 소유권을 확보하거나 압류·가압류·가처분 등을 하는 경우

⑤ 법 제61조제6항에서 "사업주체의 재무 상황 및 금융거래 상황이 극히 불량한 경우 등 대통령령으로 정하는 사유"란 다음 각 호의 어느 하나에 해당하는 경우를 말한다. <개정 2019.10.22.>

1. 최근 2년간 연속된 경상손실로 인하여 자기자본이 잠식된 경우

2. 자산에 대한 부채의 비율이 500퍼센트를 초과하는 경우

3. 사업주체가 법 제61조제3항에 따른 부기등기를 하지 않고 주택도시보증공사에 해당 대지를 신탁하려는 경우

20] 전매행위 제한기간 및 전매가 불가피한 경우(제73조)

① 법 제64조제1항 각 호 외의 부분 전단에서 "대통령령으로 정하는 기간"이란 별표 3에 따른 기간을 말한다. <개정 2016.11.22.>

② 법 제64조제1항제2호 단서에서 "대통령령으로 정하는 지역에서 건설·공급되는 주택"이란 공공택지 외의 택지에서 건설·공급되는 주택을 말한다. <신설 2017.11.7.>

③ 법 제64조제1항제3호 단서 및 같은 항 제4호 단서에서 "대통령령으로 정하는 지역"이란 각각 광역시가 아닌 지역을 말한다. <신설 2017.11.7.>

④ 법 제64조제2항 본문에서 "대통령령으로 정하는 경우"란 다음 각 호의 어느 하나에 해당하여 **한국토지주택공사(사업주체가 「공공주택 특별법」 제4조의 공공주택사업자인 경우에는 공공주택사업자를 말한다)의 동의를 받은 경우를 말한다.** <개정 2021.2.19., 2021.10.14.>

1. 세대원(법 제64조제1항 각 호의 주택을 공급받은 사람이 포함된 세대의 구성원을 말한다. 이하 이 조에서 같다)이 근무 또는 생업상의 사정이나 질병치료·취학·결혼으로 인하여 세대원 전원이 다른 광역시, 특별자치시, 특별자치도, 시 또는 군(광역시의 관할 구역에 있는 군은 제외한다)으로 이전하는 경우. 다만, 수도권으로 이전하는 경우는 제외한다.

2. 상속에 따라 취득한 주택으로 세대원 전원이 이전하는 경우

3. 세대원 전원이 해외로 이주하거나 2년 이상의 기간 동안 해외에 체류하려는 경우

4. 이혼으로 인하여 입주자로 선정된 지위 또는 주택을 배우자에게 이전하는 경우

5. 「공익사업을 위한 토지 등의 취득 및 보상에 관한 법률」 제78조제1항에 따라 공익사업의 시행으로 주거용 건축물을 제공한 자가 사업시행자로부터 이주대책용 주택을 공급받은 경우(사업시행자의 알선으로 공급받은 경우를 포함한다)로서 시장·군수·구청장이 확인하는 경우

6. 법 제64조제1항**제3호부터 제5호까지의 어느 하나에** 해당하는 주택의 소유자가 국가·지방자치단체 및 금융기관(제71조제1호 각 목의 금융기관을 말한다)에 대한 채무를 이행하지 못하여 경매 또는 공매가 시행되는 경우

7. 입주자로 선정된 지위 또는 주택의 일부를 배우자에게 증여하는 경우

8. <u>실직·파산 또는 신용불량으로 경제적 어려움이 발생한 경우</u>

21] 분양가상한제 적용주택의 매입금액(제73조의2) [본조신설 2021.2.19.]

한국토지주택공사가 법 제64조제2항 단서에 따라 우선 매입하는 분양가상한제 적용주택의 법 제64조제3항에 따른 매입금액은 별표 3의2와 같다.

22] 양도가 금지되는 증서 등(제74조)

① 법 제65조제1항제4호에서 "대통령령으로 정하는 것"이란 다음 각 호의 어느 하나에 해당하는 것을 말한다.

1. 시장·군수·구청장이 발행한 무허가건물 확인서, 건물철거예정 증명서 또는 건물철거 확인서

2. 공공사업의 시행으로 인한 이주대책에 따라 주택을 공급받을 수 있는 지위 또는 이주대책 대상자 확인서

② 법 제65조제3항에 따라 사업주체가 같은 조 제1항을 위반한 자에게 다음 각 호의 금액을 합산한 금액에서 감가상각비(「법인세법 시행령」 제26조제2항제1호에 따른 정액법에 준하는 방법으로 계산한 금액을 말한다)를 공제한 금액을 지급하였을 때에는 그 지급한 날에 해당 주택을 취득한 것으로 본다.

1. 입주금

2. 융자금의 상환 원금

3. 제1호 및 제2호의 금액을 합산한 금액에 생산자물가상승률을 곱한 금액

③ 법 제65조제4항에서 "매수인을 알 수 없어 주택가격의 수령 통지를 할 수 없는 경우 등 대통령령으로 정하는 사유에 해당하는 경우"란 다음 각 호의 어느 하나에 해당하는 경우를 말한다.

1. 매수인을 알 수 없어 주택가격의 수령 통지를 할 수 없는 경우

2. 매수인에게 주택가격의 수령을 3회 이상 통지하였으나 매수인이 수령을 거부한 경우. 이 경우 각 통지일 간에는 1개월 이상의 간격이 있어야 한다.

3. 매수인이 주소지에 3개월 이상 살지 아니하여 주택가격의 수령이 불가능한 경우

4. 주택의 압류 또는 가압류로 인하여 매수인에게 주택가격을 지급할 수 없는 경우

23] 공급질서 교란행위로 인한 주택 공급계약 취소제한 및 취소절차 등(제74조의2)

[본조신설 2021.9.7.]

① 법 제65조제6항에서 "대통령령으로 정하는 바에 따라 소명하는 경우"란 매수인이 법 제65조제1항을 위반한 공급질서 교란 행위(이하 이 조에서 "공급질서교란행위"라 한다)와 관련이 없음을 제5항에 따라 시장·군수·구청장으로부터 확인받은 경우를 말한다.

② 국토교통부장관 또는 사업주체는 매수인이 취득한 주택이나 주택의 입주자로 선정된 지위(이하 이 조에서 "주택등"이라 한다)가 법 제65조제1항을 위반하여 공급받은 것으로 판단되는 경우에는 지체 없이 해당 주택의 소재지(법 제49조에 따른 사용검사를 받기 전인 경우에는 주택건설대지로 한다)를 관할하는 시장·군수·구청장에게 그 사실을 통보해야 한다. 이 경우 국토교통부장관은 사업주체에게, 사업주체는 국토교통부장관에게도 함께 통보해야 한다.

③ 제2항에 따라 관할 시장·군수·구청장에게 통보하거나 국토교통부장관으로부터 통보받은 사업주체는 매수인이 공급질서교란행위와 관련이 없음을 제2항에 따른 시장·군수·구청장에게 소명할 것을 매수인에게 요구해야 한다.

④ 제3항에 따른 소명 요구를 받은 매수인은 요구받은 날부터 1개월 이내에 소명 내용을 적은 문서(전자문서를 포함한다)에 다음 각 호의 서류(전자문서를 포함한다)를 첨부하여 제2항에 따른 시장·군수·구청장에게 제출할 수 있다.

1. 주택등의 거래계약서

2. 「부동산 거래신고 등에 관한 법률」 제3조제5항에 따라 발급받은 신고필증

3. 주택등 거래대금의 지급내역이 적힌 서류

4. 그 밖에 주택등의 거래사실을 증명할 수 있는 서류

⑤ 제4항에 따른 소명 문서를 제출받은 시장·군수·구청장은 문서를 제출받은 날부터 2개월 이내에 소명 내용을 확인하여 매수인이 공급질서교란행위와 관련이 있는지를 국토교통부장관·사업주체 및 매수인에게 각각 통보해야 한다.

⑥ 사업주체는 법 제65조제2항에 따라 이미 체결된 주택의 공급계약을 취소하려는 경우 국토교통부장관과 주택등을 보유하고 있는 자에게 계약 취소 일정, 법 제65조제3항에 따른 주택가격에 해당하는 금액과 해당 금액의 지급 방법 등을 각각 문서로 미리 통보해야 한다.

제4장 리모델링

1] 리모델링의 허가 기준 등(제75조)

① 법 제66조제1항 및 제2항에 따른 리모델링 허가기준은 별표 4와 같다.

② 법 제66조제1항 및 제2항에 따른 리모델링 허가를 받으려는 자는 허가신청서에 국토교통부령으로 정하는 서류를 첨부하여 시장·군수·구청장에게 제출하여야 한다.

③ 법 제66조제2항에 따라 리모델링에 동의한 소유자는 리모델링주택조합 또는 입주자대표회의가 제2항에 따라 시장·군수·구청장에게 허가신청서를 제출하기 전까지 서면으로 동의를 철회할 수 있다.

2] 리모델링의 시공자 선정 등(제76조)

① 법 제66조제4항 단서에서 "경쟁입찰의 방법으로 시공자를 선정하는 것이 곤란하다고 인정되는 경우 등 대통령령으로 정하는 경우"란 시공자 선정을 위하여 **같은 항 본문에 따라 국토교통부장관이 정하는 경쟁입찰의 방법으로** 2회 이상 경쟁입찰을 실시하였으나 **입찰자의 수가 해당 경쟁입찰의 방법에서 정하는 최저 입찰자 수에 미달하여** 경쟁입찰의 방법으로 시공자를 선정할 수 없게 된 경우를 말한다. <개정 2017.2.13.>

② 법 제66조제6항에서 "대통령령으로 정하는 세대수"란 50세대를 말한다.

3] 권리변동계획의 내용(제77조)

① 법 제67조에서 "기존 주택의 권리변동, 비용분담 등 대통령령으로 정하는 사항"이란 다음 각 호의 사항을 말한다.

1. 리모델링 전후의 대지 및 건축물의 권리변동 명세

2. 조합원의 비용분담

3. 사업비

4. 조합원 외의 자에 대한 분양계획

5. 그 밖에 리모델링과 관련된 권리 등에 대하여 해당 시·도 또는 시·군의 조례로 정하는 사항

② 제1항제1호 및 제2호에 따라 대지 및 건축물의 권리변동 명세를 작성하거나 조합원의 비용분담 금액을 산정하는 경우에는 「**감정평가 및 감정평가사에 관한 법률**」 <u>제2조제4호</u>에 따른 **감정평가법인등**이 리모델링 전후의 재산 또는 권리에 대하여 평가한 금액을 기준으로 할 수 있다.
<개정 2020.7.24.>

4] 증축형 리모델링의 안전진단(제78조)

① 법 제68조제2항에서 "대통령령으로 정하는 기관"이란 다음 각 호의 어느 하나에 해당하는 기관을 말한다. <개정 2018.1.16., 2020.12.1.>

1. 「시설물의 안전 및 유지관리에 관한 특별법」 제28조에 따라 등록한 안전진단전문기관(이하 "안전진단전문기관"이라 한다)

2. 「**국토안전관리원법**」 **에 따른 국토안전관리원**(이하 "국토안전관리원"이라 한다)

3. 「과학기술분야 정부출연연구기관 등의 설립·운영 및 육성에 관한 법률」 제8조에 따른

한국건설기술연구원(이하 "한국건설기술연구원"이라 한다)

② 시장·군수·구청장은 법 제68조제2항에 따른 안전진단을 실시한 기관에 같은 조 제4항에 따른 안전진단을 의뢰해서는 아니 된다. 다만, 다음 각 호의 어느 하나에 해당하는 경우에는 그러하지 아니하다. <개정 2020.12.1.>

　　1. 법 제68조제2항에 따라 안전진단을 실시한 기관이 **국토안전관리원** 또는 한국건설기술연구원인 경우

　　2. 법 제68조제4항에 따른 안전진단 의뢰(2회 이상 「지방자치단체를 당사자로 하는 계약에 관한 법률」 제9조제1항 또는 제2항에 따라 입찰에 부치거나 수의계약을 시도하는 경우로 한정한다)에 응하는 기관이 없는 경우

③ 법 제68조제5항에 따라 안전진단전문기관으로부터 안전진단 결과보고서를 제출받은 시장·군수·구청장은 필요하다고 인정하는 경우에는 제출받은 날부터 7일 이내에 **국토안전관리원** 또는 한국건설기술연구원에 안전진단 결과보고서의 적정성에 대한 검토를 의뢰할 수 있다. <개정 2020.12.1.>

④ 시장·군수·구청장은 법 제68조제1항에 따른 안전진단을 한 경우에는 법 제68조제5항에 따라 제출받은 안전진단 결과보고서, 제3항에 따른 적정성 검토 결과 및 법 제71조에 따른 리모델링 기본계획(이하 "리모델링 기본계획"이라 한다)을 고려하여 안전진단을 요청한 자에게 증축 가능 여부를 통보하여야 한다.

5] 전문기관의 안전성 검토 등(제79조)

① 법 제69조제1항에서 "대통령령으로 정하는 전문기관"이란 **국토안전관리원** 또는 한국건설기술연구원을 말한다. <개정 2020.12.1.>

② 법 제69조제3항에서 "대통령령으로 정하는 기간"이란 같은 조 제1항 또는 제2항에 따라 안전성 검토를 의뢰받은 날부터 30일을 말한다. 다만, 검토 의뢰를 받은 전문기관이 부득이하게 검토기간의 연장이 필요하다고 인정하여 20일의 범위에서 그 기간을 연장(한 차례로 한정한다)한 경우에는 그 연장된 기간을 포함한 기간을 말한다.<개정 2018.6.5.>

③ 검토 의뢰를 받은 전문기관은 검토 의뢰 서류에 보완이 필요한 경우에는 일정한 기간을 정하여 보완하게 할 수 있다. <신설 2018.6.5.>

④ 제2항에 따른 기간을 산정할 때 제3항에 따른 보완기간, 공휴일 및 토요일은 산정대상에서 제외한다. <신설 2018.6.5.>

　　(이하 기록 생략)

부　　칙 <대통령령 제32053호, 2021. 10. 14.>
제1조(시행일) 이 영은 2021년 10월 14일부터 시행한다.
제2조(공공택지의 범위 확대에 따른 적용례) 제12조의2의 개정규정은 이 영 시행 이후 같은 조 각 호의 사업에 대한 사업계획 또는 시행계획의 승인·인가 등을 받은 사업으로 개발·조성되는 공동주택이 건설되는 용지부터 적용한다.

3) 주택법 시행규칙

[시행 2021.8.27.] [국토교통부령 제882호, 2021.8.27., 타법개정]

제1장 총칙

1] 주거전용면적의 산정방법(제2조)

주택법」(이하 "법"이라 한다) 제2조제6호 후단에 따른 주거전용면적(주거의 용도로만 쓰이는 면적을 말한다. 이하 같다)의 산정방법은 다음 각 호의 기준에 따른다. <개정 2018.4.2.>

1. 단독주택의 경우: 그 바닥면적(「건축법 시행령」 제119조제1항제3호에 따른 바닥면적을 말한다. 이하 같다)에서 지하실(거실로 사용되는 면적은 제외한다), 본 건축물과 분리된 창고·차고 및 화장실의 면적을 제외한 면적. 다만, 그 주택이 「건축법 시행령」 별표 1 제1호 다목의 다가구주택에 해당하는 경우 그 바닥면적에서 본 건축물의 지상층에 있는 부분 으로서 복도, 계단, 현관 등 2세대 이상이 공동으로 사용하는 부분의 면적도 제외한다.

2. 공동주택의 경우: 외벽의 내부선을 기준으로 산정한 면적. 다만, 2세대 이상이 공동으로 사용하는 부분으로서 다음 각 목의 어느 하나에 해당하는 공용면적은 제외하며, 이 경우 바닥면적에서 주거전용면적을 제외하고 남는 외벽면적은 공용면적에 가산한다.
   가. 복도, 계단, 현관 등 공동주택의 지상층에 있는 공용면적
   나. 가목의 공용면적을 제외한 지하층, 관리사무소 등 그 밖의 공용면적

2] 주택단지의 구분기준이 되는 도로(제3조)

① 주택법 시행령」 (이하 "영"이라 한다) 제5조제1호에서 "국토교통부령으로 정하는 도로"란 「도시·군계획시설의 결정·구조 및 설치기준에 관한 규칙」 제9조제3호에 따른 주간선도로, 보조간선도로, 집산도로(集散道路) 및 폭 8미터 이상인 국지도로를 말한다.<개정 2019.7.2.>

② 영 제5조제2항제1호에서 "국토교통부령으로 정하는 기준"이란 다음 각 호의 요건을 모두 갖춘 것을 말한다. <신설 2019.7.2.>

1. 「도시·군계획시설의 결정·구조 및 설치기준에 관한 규칙」 제9조제3호다목 또는 라목에 따른 집산도로 또는 국지도로일 것

2. 도로 폭이 15미터 미만일 것

3. 설계속도가 30킬로미터 이하이거나 자동차 등의 통행속도를 30킬로미터 이내로 제한하여 운영될 것. 다만, 유지·변경되는 도로가 「도시·군계획시설의 결정·구조 및 설치기준에 관한 규칙」 제9조제1호라목에 따른 보행자우선도로인 경우는 제외한다.

③ 영 제5조제2항에 따른 도로는 같은 항 제2호에 따라 지하도, 육교, 횡단보도, 그 밖에 이와 유사한 시설을 설치해야 한다. 다만, 설치되는 도로가 「도시·군계획시설의 결정·구조 및 설치기준에 관한 규칙」 제9조제1호라목에 따른 보행자우선도로인 경우에는 예외로 할 수 있다. <신설 2019.7.2.>

제2장 주택의 건설 등

제1절 주택건설사업자 등

(미 수록함)

제2절 주택조합

1] 주택조합의 설립인가신청 등(제7조)

① 영 제20조제1항 각 호 외의 부분에 따른 신청서는 별지 제9호서식에 따른다.

② 영 제20조제1항제1호가목5)에 따른 사업계획서에는 다음 각 호의 사항을 적어야 한다.

   1. 조합주택건설예정세대수

   2. 조합주택건설예정지의 지번·지목·등기명의자

   3. 도시·군관리계획(「국토의 계획 및 이용에 관한 법률」 제2조제4호에 따른 도시·군관리 계획을 말한다. 이하 같다)상의 용도

   4. 대지 및 주변 현황

③ 영 제20조제1항제1호가목7)에서 "국토교통부령으로 정하는 서류"란 다음 각 호의 서류를 말한다. <개정 2020.7.24.>

   1. 고용자가 **확인한** 근무확인서(직장주택조합의 경우만 해당한다)

   2. 조합원 자격이 있는 자임을 확인하는 서류

④ 법 제11조제1항에 따라 지역·직장주택조합의 설립인가신청을 받은 특별자치시장, 특별자치도지사, 시장, 군수 또는 구청장(구청장은 자치구의 구청장을 말하며, 이하 "시장·군수·구청장"이라 한다)은 「전자정부법」 제36조제1항에 따른 행정정보의 공동이용을 통해 조합원의 주민등록표등본을 확인하여야 하며, 신청인이 확인에 동의하지 않는 경우에는 해당 서류를 직접 제출하도록 해야 한다. <개정 2019.10.29.>

⑤ 영 제20조제3항에서 "국토교통부령으로 정하는 사항"이란 다음 각 호의 사항을 말한다. <개정 2020.7.24.>

   1. 조합규약(영 제20조제2항 각 호의 사항만 해당한다)의 변경

   2. 자금의 차입과 그 방법·이자율 및 상환방법

   3. 예산으로 정한 사항 외에 조합원에게 부담이 될 계약의 체결

   3의2. **법 제11조의2제1항에 따른 업무대행자(이하 "업무대행자"라 한다)의 선정·변경 및 업무대행계약의 체결**

   4. 시공자의 선정·변경 및 공사계약의 체결

   5. 조합임원의 선임 및 해임

   6. 사업비의 조합원별 분담 명세 확정(**리모델링주택조합의 경우 법 제68조제4항에 따른 안전진단 결과에 따라 구조설계의 변경이 필요한 경우 발생할 수 있는 추가 비용의 분담안을 포함한다**) 및 변경

   7. 조합해산의 결의 및 해산 시의 회계 보고

⑥ 국토교통부장관은 주택조합의 원활한 사업추진 및 조합원의 권리보호를 위하여 표준조합규약 및 표준공사계약서를 작성·보급할 수 있다.

⑦ 시장·군수·구청장은 법 제11조제1항에 따라 주택조합의 설립 또는 변경을 인가하였을 때에는 별지 제10호서식의 주택조합설립인가대장에 적고, 별지 제11호서식의 인가필증을 신청인에게 발급하여야 한다.

⑧ 시장·군수·구청장은 법 제11조제1항에 따라 주택조합의 해산인가를 하거나 법 제14조제2항에 따라 주택조합의 설립인가를 취소하였을 때에는 주택조합설립인가대장에 그 내용을 적고, 인가필증을 회수하여야 한다.

⑨ 제7항에 따른 주택조합설립인가대장은 전자적 처리가 불가능한 특별한 사유가 없으면 전자적 처리가 가능한 방법으로 작성·관리하여야 한다.

2] 업무대행자의 업무범위 등(제7조의2) [본조신설 2017.6.2.], [제목개정 2020 7.24.]

① 법 **제11조의2제2항제6호**에서 "국토교통부령으로 정하는 사항"이란 다음 각 호의 업무를 말한다. <개정 2020.7.24.>

1. 총회 일시·장소 및 안건의 통지 등 총회 운영업무 지원
2. 조합 임원 선거 관리업무 지원

② 업무대행자는 법 제11조의2제4항에 따라 업무의 실적보고서를 해당 분기의 말일부터 20일 이내에 주택조합 또는 주택조합의 발기인에게 제출해야 한다. <신설 2020.7.24.>

3] 조합원 모집신고(제7조의3) [본조신설 2017.6.2.],

① 법 제11조의3제1항에 따라 조합원 모집 신고를 하려는 자는 별지 제11호의2서식의 신고서에 다음 각 호의 서류를 첨부하여 관할 시장·군수·구청장에게 제출하여야 한다. <개정 2020.7.24.>

1. 조합 발기인 명단 등 조합원 모집 주체에 관한 자료
2. 주택건설예정지의 지번·지목·등기명의자 및 도시·군관리계획상의 용도
2의2. 해당 주택건설대지의 50퍼센트 이상에 해당하는 토지의 사용권원을 확보하였음을 증명하는 서류
3. 다음 각 목의 사항이 모두 포함된 조합원 모집공고안
   가. 주택 건설·공급 계획 등이 포함된 사업의 개요
   나. 토지확보 현황(확보면적, 확보비율 등을 말한다) 및 계획과 이를 증명할 수 있는 토지사용승낙서 등의 자료
   다. 조합 자금관리의 주체 및 계획
4. 조합가입 신청서 및 계약서의 서식
5. 법 제11조의2제1항에 따른 업무대행자를 선정한 경우에는 업무대행계약서

② 영 제24조의3제1항제1호가목에서 "국토교통부령으로 정하는 지위"란 「주택공급에 관한 규칙」 제2조제7호에 따른 당첨자(당첨자의 지위를 승계한 자를 포함한다)의 지위를 말한다. <신설 2020.7.24.>

③ 영 제24조의3제1항제1호가목에서 "국토교통부령으로 정하는 지위"란 「주택공급에 관한 규칙」 제2조제7호에 따른 당첨자(당첨자의 지위를 승계한 자를 포함한다)의 지위를 말한다. <신설 2020.7.24.>

④ 시장·군수·구청장은 제1항에 따른 신고서가 접수된 날부터 15일 이내에 신고의 수리 여부를 결정·통지하여야 한다. <개정 2020.7.24.>

⑤ 제1항에 따른 신고를 수리하는 경우에는 별지 제11호의3서식의 신고대장에 관련 내용을 적고, 신고인에게 별지 제11호의4서식의 신고필증을 발급하여야 한다.<개정 2020.7.24.>

4] 조합원 공개모집(제7조의4) [본조신설 2017.6.2.]

① 법 제11조의3제1항에 따라 조합원을 모집하려는 자는 제7조의3에 따른 조합원 모집

신고가 수리된 이후 다음 각 호의 구분에 따른 방법으로 모집공고를 하여야 한다.

1. 지역주택조합: 법 제2조제11호가목의 구분에 따른 조합원 모집 대상 지역의 주민이 널리 볼 수 있는 일간신문 및 관할 시·군·자치구의 인터넷 홈페이지에 게시

2. 직장주택조합: 조합원 모집 대상 직장의 인터넷 홈페이지에 게시

② 조합원 모집공고에는 다음 각 호의 사항이 포함되어야 한다. <개정 2020.7.24.>

1. 조합 발기인 등 조합원 모집 주체의 성명 및 주소(법인의 경우에는 법인명, 대표자의 성명, 법인의 주소 및 법인등록번호를 말한다)

2. 법 제11조의2제1항에 따른 업무대행자를 선정한 경우에는 업무대행자의 성명 및 주소 (법인의 경우에는 법인명, 대표자의 성명, 법인의 주소 및 법인등록번호를 말한다)

3. 주택건설예정지의 지번·지목 및 면적

4. **토지의 사용권원 또는** 소유권의 확보 현황(확보면적, 확보비율 등을 말한다) 및 계획

5. 주택건설 예정세대수 및 주택건설 예정기간

6. 조합원 모집세대수 및 모집기간

7. 조합원을 분할하여 모집하는 경우에는 분할 모집시기별 모집세대수 등 조합원 모집에 관한 정보

8. 호당 또는 세대당 주택공급면적 및 대지면적

9. 조합가입 신청자격, 신청 시의 구비서류, 신청일시 및 장소

10. 계약금·분담금의 납부시기 및 납부방법 등 조합원의 비용부담에 관한 사항

11. 조합 자금관리의 주체 및 계획

12. 조합원 당첨자 발표의 일시·장소 및 방법

13. 부적격자의 처리 및 계약 취소에 관한 사항

14. 조합가입 계약일·계약장소 등의 계약사항

15. **동·호수의 배정 방법 등에 관한 사항**

15의2. **동·호수는 법 제15조에 따른 사업계획승인일 이후에 배정한다는 사실과 구체적인 배정 시기의 결정 및 통지 방법**

16. 조합설립인가 신청일(또는 신청예정일), 사업계획승인 신청예정일, 착공예정일 및 입주예정일

17. 조합원의 권리·의무에 관한 사항

18. 그 밖에 추가분담금 등 조합가입 시 유의할 사항으로서 시장·군수·구청장이 필요하다고 인정하는 사항

③ 조합원을 모집하려는 자는 제2항 각 호의 사항 외에 조합가입 신청자가 알아야 할 사항 그 밖의 필요한 사항을 조합가입 신청장소에 게시한 후 별도의 안내서를 작성하여 조합 가입 신청자에게 교부하여야 한다.

5] 주택조합 가입 계약 설명 확인서(제7조의5) [본조신설 2020.7.24.]

모집주체는 법 제11조의4제2항에 따라 별지 제11호의5서식의 조합 가입 계약 설명 확인서에 주택조합 가입 신청자의 확인을 받아 해당 신청자에게 교부해야 한다.

6] 조합원의 자격확인 등(제8조)

① 영 제21조제1항제1호가목 1)·2) 외의 부분에서 "국토교통부령으로 정하는 지위"란 「주택공급에 관한 규칙」 제2조제7호에 따른 당첨자(당첨자의 지위를 승계한 자를 포함한다)의 지위를 말한다.

② 영 제21조제1항제1호가목1) 및 2)에서 "국토교통부령으로 정하는 기준"이란 각각 다음 각 호와 같다.

    1. 상속·유증 또는 주택소유자와의 혼인으로 주택을 취득하였을 때에는 사업주체로부터 「주택공급에 관한 규칙」 제52조제3항에 따라 부적격자로 통보받은 날부터 3개월 이내에 해당 주택을 처분하면 주택을 소유하지 아니한 것으로 볼 것

    2. 제1호 외의 경우에는 「주택공급에 관한 규칙」 제53조를 준용할 것

③ 시장·군수·구청장은 지역주택조합 또는 직장주택조합에 대하여 다음 각 호의 행위를 하려는 경우에는 국토교통부장관에게 「정보통신망 이용촉진 및 정보보호 등에 관한 법률」에 따라 구성된 주택전산망을 이용한 전산검색을 의뢰하여 영 제21조제1항제1호 및 같은 항 제2호에 따른 조합원 자격에 해당하는지를 확인하여야 한다. <개정 2019.10.29.>

    1. 법 제11조에 따라 주택조합 설립인가(<u>조합원의 교체·신규가입에 따른 변경인가를 포함한다</u>)를 하려는 경우

    2. 해당 주택조합에 대하여 법 제15조에 따른 사업계획승인을 하려는 경우

    3. 해당 조합주택에 대하여 법 제49조에 따른 사용검사 또는 임시 사용승인을 하려는 경우

7] 지역·직장주택조합 조합원의 추가모집 등(제9조)

지역주택조합 또는 직장주택조합은 영 제22조제1항제1호에 따라 조합원 추가모집의 승인을 받으려는 경우에는 다음 각 호의 사항이 포함된 추가모집안을 작성하여 시장·군수·구청장에게 제출하여야 한다.

1. 주택조합의 명칭·소재지 및 대표자의 성명
2. 설립인가번호·인가일자 및 조합원수
3. 법 제5조제2항에 따라 등록사업자와 공동으로 사업을 시행하는 경우에는 그 등록사업자의 명칭·소재지 및 대표자의 성명
4. 조합주택건설 대지의 위치 및 대지면적
5. 조합주택건설 예정세대수 및 건설 예정기간
6. 추가모집 세대수 및 모집기간
7. 호당 또는 세대당 <u>주택공급면적</u>
8. 부대시설·복리시설 등을 포함한 사업개요
9. 사업계획승인신청예정일, 착공예정일 및 입주예정일
10. 가입신청자격, 신청 시의 구비서류, 신청일시 및 장소
11. 조합원 분담금의 납부시기 및 납부방법 등 조합원의 비용부담에 관한 사항
12. 당첨자의 발표일시·장소 및 방법
13. 이중당첨자 또는 부적격당첨자의 처리 및 계약취소에 관한 사항
14. 그 밖에 시장·군수·구청장이 필요하다고 인정하여 요구하는

8] 직장주택조합의 설립신고서 등(제10조)

① 영 제24조제1항에 따른 설립신고서는 별지 제12호서식에 따른다.

② 시장·군수·구청장은 제1항에 따른 설립신고서를 접수한 경우에는 그 신고내용을 확인한 후 별지 제13호서식의 직장주택조합설립신고대장에 적고, 별지 제14호서식의 신고필증을 신고인에게 발급하여야 한다.

③ 시장·군수·구청장은 법 제11조제5항 후단에 따라 직장주택조합 해산신고를 받은 경우에는 직장주택조합설립신고대장에 그 내용을 적고 신고필증을 회수하여야 한다.

④ 제2항에 따른 직장주택조합설립신고대장은 전자적 처리가 불가능한 특별한 사유가 없으면 전자적 처리가 가능한 방법으로 작성·관리하여야 한다.

⑤ 영 제24조제2항에 따른 주택의 공급방법은 「주택공급에 관한 규칙」으로 정한다.

9] 가입비등의 예치(제10조의2) [본조신설 2020.7.24.]

① 영 제24조의5제3항에서 "국토교통부령으로 정하는 가입비등 예치신청서"란 별지 제14호의2서식의 가입비등 예치신청서를 말한다.

② 영 제24조의5제5항에서 "국토교통부령으로 정하는 증서"란 별지 제14호의3서식의 가입비등 예치증서를 말한다.

10] 주택조합 가입에 관한 청약의 철회(제10조의3), [본조신설 2020.7.24.]

① 영 제24조의6제1항에서 "국토교통부령으로 정하는 청약 철회 요청서"란 별지 제14호의4서식의 청약 철회 요청서를 말한다.

② 영 제24조의6제2항에 따른 접수증은 별지 제14호의4서식과 같다.

11] 가입비등의 지급 및 반환(제10조의4), [본조신설 2020.7.24.]

① 영 제24조의7제1항에서 "국토교통부령으로 정하는 요청서"란 별지 제14호의5서식의 가입비등 반환 요청서를 말하며, 해당 요청서를 제출할 때에는 청약 철회 요청서 사본을 첨부해야 한다.

② 영 제24조의7제2항 후단에서 "국토교통부령으로 정하는 요청서"란 별지 제14호의5서식의 가입비등 지급 요청서를 말하며, 해당 요청서를 제출할 때에는 법 제11조의2제3항에 따른 신탁업자의 업무대행계약서 사본을 첨부해야 한다.

12] 실적보고 및 자료의 공개(제11조), [제목개정 2020.7.24.]

① 법 제12조제1항제3호에서 "국토교통부령으로 정하는 사항"이란 다음 각 호의 사항을 말한다. <신설 2020.7.24.>

1. 주택조합사업에 필요한 관련 법령에 따른 신고, 승인 및 인·허가 등의 추진 현황
2. 설계자, 시공자 및 업무대행자 등과의 계약체결 현황
3. 수익 및 비용에 관한 사항
4. 주택건설공사의 진행 현황
5. 자금의 차입에 관한 사항

② 주택조합의 발기인 또는 임원은 법 제12조제1항에 따라 주택조합의 실적보고서를 해당 분기의 말일부터 30일 이내에 작성해야 한다. <신설 2020.7.24.>

③ 주택조합의 임원 또는 발기인은 **법 제12조제2항제5호**에 관한 사항을 인터넷으로 공개할 때에는 조합원의 50퍼센트 이상의 동의를 얻어 그 개략적인 내용만 공개할 수 있다. <개정 2020.7.24.>

④ **법 제12조제3항**에 따른 주택조합 구성원의 열람·복사 요청은 사용목적 등을 적은 서면 또는 전자문서로 **해야** 한다. <개정 2020.7.24.>

⑤ **법 제12조제4항**에서 "연간 자금운용 계획 및 자금 집행 실적 등 국토교통부령으로 정하는 서류 및 자료"란 다음 각 호의 서류 및 자료를 말한다. <신설 2020.6.11.,2020.7.24.>
  1. 직전 연도의 자금운용 계획 및 자금 집행 실적에 관한 자료
  2. 직전 연도의 등록사업자의 선정 및 변경에 관한 서류
  3. 직전 연도의 업무대행자의 선정 및 변경에 관한 서류
  4. 직전 연도의 조합임원의 선임 및 해임에 관한 서류
  5. 직전 연도 12월 31일을 기준으로 토지의 사용권원 및 소유권의 확보 현황에 관한 자료

⑥ 주택조합의 발기인 또는 임원은 제3항 각 호의 서류 및 자료를 **법 제12조제4항**에 따라 매년 2월말까지 시장·군수·구청장에게 제출해야 한다. <신설 2020.6.11., 2020.7.24.>

13] 총회결과의 통지(제11조의2) [본조신설 2020.7.24.]

주택조합의 발기인은 법 제14조의2제5항에 따라 총회의 결과를 총회 개최일부터 10일 이내에 서면으로 관할 시장·군수·구청장에게 통지해야 한다.

[종전 제11조의2는 제11조의3으로 이동 <2020.7.24.>]

14] 시공보증(제11조의3) [본조신설 2017.6.2.], [제11조의2에서 이동 <2020.7.24.>]

법 제14조의4제1항에서 "국토교통부령으로 정하는 기관의 시공보증서"란 조합원에게 공급되는 주택에 대한 다음 각 호의 어느 하나의 보증서를 말한다. <개정 2020.7.24.>
  1. 「건설산업기본법」에 따른 공제조합이 발행한 보증서
  2. 「주택도시기금법」에 따른 주택도시보증공사(HUG)가 발행한 보증서
  3. 「은행법」 제2조제2호에 따른 금융기관, 「한국산업은행법」에 따른 한국산업은행, 「한국수출입은행법」에 따른 한국수출입은행, 「중소기업은행법」에 따른 중소기업은행 또는 「장기신용은행법」에 따른 장기신용은행이 발행한 지급보증서
  4. 「보험업법」에 따른 보험회사가 발행한 보증보험증권

제3절 사업계획의 승인 등

1] 사업계획의 승인신청 등(제12조)

① 영 제27조제6항제1호가목 및 나목에 따른 신청서 및 사업계획서는 별지 제15호서식에 따른다.

② 영 제27조제6항제1호라목 본문 및 같은 항 제2호다목 본문에 따른 공사설계도서는 각각 별표 2와 같다.

③ 영 제27조제6항제1호라목 단서 및 같은 항 제2호다목 단서에서 "국토교통부령으로 정하는 도서"란 각각 별표 2에 따른 도서 중 위치도, 지형도 및 평면도를 말한다.

④ 영 제27조제6항제1호카목에서 "국토교통부령으로 정하는 서류"란 다음 각 호의 서류를

말한다.

1. 간선시설 설치계획도(축척 1만분의 1부터 5만분의 1까지)

2. 사업주체가 토지의 소유권을 확보하지 못한 경우에는 토지사용 승낙서(「택지개발촉진법」 등 관계 법령에 따라 택지로 개발·분양하기로 예정된 토지에 대하여 해당 토지를 사용할 수 있는 권원을 확보한 경우에는 그 권원을 증명할 수 있는 서류를 말한다). 다만, 사업주체가 다음 각 목의 어느 하나에 해당하는 경우에는 제외한다.

　　가. 국가

　　나. 지방자치단체

　　다. 「한국토지주택공사법」에 따른 한국토지주택공사(이하 "한국토지주택공사"라 한다)

　　라. 「지방공기업법」 제49조에 따라 주택건설사업을 목적으로 설립된 지방공사(이하 "지방공사"라 한다)

　　마. 「민간임대주택에 관한 특별법」 제20조제1항에 따라 지정을 받은 임대사업자

3. 영 제43조제1항에 따라 작성하는 설계도서 중 국토교통부장관이 정하여 고시하는 도서

4. 별표 3에 따른 서류(국가, 지방자치단체 또는 한국토지주택공사가 사업계획승인을 신청하는 경우만 해당한다)

5. 협회에서 발급받은 등록사업자의 행정처분 사실을 확인하는 서류(협회가 관리하는 전산정보자료를 포함한다)

6. 「민간임대주택에 관한 특별법」 제20조제1항에 따라 지정을 받았음을 증명하는 서류(같은 항에 따라 지정을 받은 임대사업자만 해당한다)

7. 제28조제2항 각 호의 서류(리모델링의 경우만 해당한다)

⑤ 영 제27조제6항제2호가목 및 나목에 따른 신청서 및 사업계획서는 별지 제15호서식에 따른다.

⑥ 영 제27조제6항제2호마목에 따른 공급계획서에는 다음 각 호의 사항을 포함하여야 하며, 대지의 용도별·공급대상자별 분할도면을 첨부하여야 한다.

1. 대지의 위치 및 면적

2. 공급대상자

3. 대지의 용도

4. 공급시기·방법 및 조건

⑦ 영 제27조제6항제2호바목에서 "국토교통부령으로 정하는 서류"란 제4항제1호·제2호 및 제5호의 서류를 말한다.

⑧ 법 제15조제1항 또는 제3항에 따라 승인을 신청받은 사업계획승인권자(법 제15조 및 영 제90조에 따라 주택건설사업계획 및 대지조성사업계획의 승인을 하는 국토교통부장관, 시·도지사 또는 시장·군수를 말한다. 이하 같다)는 「전자정부법」 제36조제1항에 따른 행정정보의 공동이용을 통하여 <u>등기사항전부증명서(토지)</u>(사업주체가 국가, 지방자치단체, 한국토지주택공사 또는 지방공사인 경우는 제외한다)와 토지이용계획확인서를 확인하여야 한다.

⑨ 사업계획승인권자는 법 제15조제1항 또는 제3항에 따라 사업계획의 승인을 하였을 때에는 별지 제16호서식의 승인서를 신청인에게 발급하여야 한다.

⑩ 시·도지사는 매월 말일을 기준으로 별지 제17호서식에 따른 주택건설사업계획승인 결과

보고서 및 별지 제18호서식에 따른 주택건설실적보고서를 작성하여 다음 달 15일까지 국토교통부장관에게 송부(전자문서에 따른 송부를 포함한다)하여야 한다. 다만, 「공동주택관리법」 제88조에 따른 공동주택관리정보시스템에 관련 정보를 입력하는 경우에는 송부한 것으로 본다.

2] 사업계획의 변경승인신청 등(제13조)

① 사업주체는 법 제15조제4항 본문에 따라 사업계획의 변경승인을 받으려는 경우에는 별지 제15호서식의 신청서에 사업계획 변경내용 및 그 증명서류를 첨부하여 사업계획승인권자에게 제출(전자문서에 따른 제출을 포함한다)하여야 한다.

② 사업계획승인권자는 법 제15조제4항 본문에 따라 사업계획변경승인을 하였을 때에는 별지 제16호서식의 승인서를 신청인에게 발급하여야 한다.

③ 사업계획승인권자는 사업주체가 입주자 모집공고(법 제5조제2항 및 제3항에 따른 사업주체가 주택을 건설하는 경우에는 법 제15조제1항 또는 제3항에 따른 사업계획승인을 말한다. 이하 이 조에서 같다)를 한 후에는 다음 각 호의 어느 하나에 해당하는 사업계획의 변경을 승인해서는 아니 된다. 다만, 사업주체가 미리 입주예정자(법 제15조제3항에 따라 주택단지를 공구별로 건설·공급하여 기존 공구에 입주자가 있는 경우 제2호에 대해서는 그 입주자를 포함한다. 이하 이 항 및 제4항에서 같다)에게 사업계획의 변경에 관한 사항을 통보하여 입주예정자 80퍼센트 이상의 동의를 받은 경우에는 예외로 한다. <개정 2018. 9. 14.>

1. 주택(공급계약이 체결된 주택만 해당한다)의 공급가격에 변경을 초래하는 사업비의 증액

2. 호당 또는 세대당 <u>주택공급면적</u>(바닥면적에 산입되는 면적으로서 사업주체가 공급하는 주택의 면적을 말한다. 이하 같다) 및 대지지분의 변경. 다만, 다음 각 목의 어느 하나에 해당하는 경우는 제외한다.

　가. 호당 또는 세대당 공용면적(제2조제2호가목에 따른 공용면적을 말한다) 또는 대지지분의 2퍼센트 이내의 증감. 이 경우 대지지분의 감소는 「공간정보의 구축 및 관리 등에 관한 법률」 제2조제4호의2에 따른 지적확정측량에 따라 대지지분의 감소가 부득이하다고 사업계획승인권자가 인정하는 경우로서 사업주체가 입주예정자에게 대지지분의 감소 내용과 사유를 통보한 경우로 한정한다.

　나. 입주예정자가 없는 동 단위 공동주택의 세대당 <u>주택공급면적</u>의 변경

④ 사업주체는 입주자 모집공고를 한 후 제2항에 따른 사업계획변경승인을 받은 경우에는 14일 내에 문서로 입주예정자에게 그 내용을 통보하여야 한다.

⑤ 법 제15조제4항 단서에서 "국토교통부령으로 정하는 경미한 사항을 변경하는 경우"란 다음 각 호의 어느 하나에 해당하는 경우를 말한다. 다만, 제1호·제3호 및 제7호는 사업주체가 국가, 지방자치단체, 한국토지주택공사 또는 지방공사인 경우로 한정한다.

1. 총사업비의 20퍼센트의 범위에서의 사업비 증감. 다만, 국민주택을 건설하는 경우로서 지원받는 주택도시기금(「주택도시기금법」에 따른 주택도시기금을 말한다)이 증가되는 경우는 제외한다.

2. 건축물이 아닌 부대시설 및 복리시설의 설치기준 변경으로서 다음 각 목의 요건을 모두 갖춘 변경

가. 해당 부대시설 및 복리시설 설치기준 이상으로의 변경일 것

나. 위치변경(「건축법」 제2조제1항제4호에 따른 건축설비의 위치변경은 제외한다)이 발생하지 아니하는 변경일 것

3. 대지면적의 20퍼센트의 범위에서의 면적 증감. 다만, 지구경계의 변경을 수반하거나 토지 또는 토지에 정착된 물건 및 그 토지나 물건에 관한 소유권 외의 권리를 수용할 필요를 발생시키는 경우는 제외한다.

4. 세대수 또는 세대당 주택공급면적을 변경하지 아니하는 범위에서의 내부구조의 위치나 면적 변경(법 제15조에 따른 사업계획승인을 받은 면적의 10퍼센트 범위에서의 변경으로 한정한다)

5. 내장 재료 및 외장 재료의 변경(재료의 품질이 법 제15조에 따른 사업계획승인을 받을 당시의 재료와 같거나 그 이상인 경우로 한정한다)

6. 사업계획승인의 조건으로 부과된 사항을 이행함에 따라 발생되는 변경. 다만, 공공시설 설치계획의 변경이 필요한 경우는 제외한다.

7. 건축물의 설계와 용도별 위치를 변경하지 아니하는 범위에서의 건축물의 배치조정 및 주택단지 안 도로의 선형변경

8. 「건축법 시행령」 제12조제3항 각 호의 어느 하나에 해당하는 사항의 변경

⑥ 사업주체는 제5항 각 호의 사항을 변경하였을 때에는 지체없이 그 변경내용을 사업계획 승인권자에게 통보(전자문서에 따른 통보를 포함한다)하여야 한다. 이 경우 사업계획 승인권자는 사업주체로부터 통보받은 변경내용이 제5항 각 호의 범위에 해당하는지를 확인하여야 한다.

⑦ 사업계획승인권자(사업계획승인권자와 사용검사권자가 다른 경우만 해당한다)는 다음 각 호의 어느 하나에 해당하는 경우 그 변경내용을 사용검사권자(법 제49조 및 영 제90조에 따라 사용검사 또는 임시 사용승인을 하는 시·도지사 또는 시장·군수·구청장을 말한다. 이하 같다)에게 통보해야 한다. <신설 2020.4.1.>

1. 제2항에 따라 사업계획변경승인서를 발급한 경우

2. 제6항 후단에 따라 확인한 결과 변경내용이 제5항 각 호의 범위에 해당하는 경우

3] 표본설계도서의 승인신청(제14조) <개정 2021.8.27.>

영 제29조제1항에 따른 표본설계도서 승인을 받으려는 자는 표본설계도서에 다음 각 호의 도서를 첨부하여 국토교통부장관에게 제출(전자문서에 따른 제출을 포함한다)하여야 한다.

1. 마감표

2. 각 층(지하층을 포함한다) 평면도 및 단위평면도

3. 입면도(전후면 및 측면)

4. 단면도(계단부분을 포함한다)

5. 구조도(기둥, 보, 슬라브 및 기초)

6. 구조계산서

7. 설비도(급수, 위생, 전기 및 소방)

8. 창호도(**창문 도면**)

4] 공사착수 연기 및 착공신고(제15조) [시행일 : 2020.6.11.] 제15조

① 사업주체는 법 제16조제1항 각 호 외의 부분 단서에 따라 공사착수기간을 연장하려는 경우에는 별지 제19호서식의 착공연기신청서를 사업계획승인권자에게 제출(전자문서에 따른 제출을 포함한다)하여야 한다.

② 사업주체는 법 제16조제2항에 따라 공사착수(법 제15조제3항에 따라 사업계획승인을 받은 경우에는 공구별 공사착수를 말한다)를 신고하려는 경우에는 별지 제20호서식의 착공신고서에 다음 각 호의 서류를 첨부하여 사업계획승인권자에게 제출(전자문서에 따른 제출을 포함한다)해야 한다. 다만, 제2호부터 제5호까지의 서류는 주택건설사업의 경우만 해당한다. <개정 2020.4.1.>

1. 사업관계자 상호간 계약서 사본
2. 흙막이 구조도면(지하 2층 이상의 지하층을 설치하는 경우만 해당한다)
3. 영 제43조제1항에 따라 작성하는 설계도서 중 국토교통부장관이 정하여 고시하는 도서
4. 감리자(법 제43조제1항에 따라 주택건설공사 감리자로 지정받은 자를 말한다. 이하 같다)의 감리계획서 및 감리의견서
5. 영 제49조제1항제3호에 따라 감리자가 검토·확인한 예정공정표

③ 사업계획승인권자는 제1항 및 제2항에 따른 착공연기신청서 또는 착공신고서를 제출받은 경우에는 별지 제21호서식의 착공연기확인서 또는 별지 제22호서식의 착공신고필증을 신청인 또는 신고인에게 발급하여야 한다.

5] 체비지의 양도가격(제16조)

① 법 제31조제3항에 따른 체비지(替費地)의 양도가격은 「감정평가 및 감정평가사에 관한 법률」 제2조제4호에 따른 **감정평가법인등**(이하 "**감정평가법인등**"라 한다) 2인 이상의 감정평가가격을 산술평균한 가격을 기준으로 산정한다. <개정 2016.8.31., 2020.7.24.>

② 법 제31조제3항 단서에서 "임대주택을 건설하는 경우 등 국토교통부령으로 정하는 경우"란 주거전용면적 85제곱미터 이하의 임대주택을 건설하거나 주거전용면적 60제곱미터 이하의 국민주택을 건설하는 경우를 말한다.

③ 법 제31조제3항 단서에서 "국토교통부령으로 정하는 조성원가"란 「택지개발촉진법 시행규칙」 별표에 따라 산정한 원가를 말한다.

제4절 주택의 건설

1] 주택건설기준 등에 관한 규정(제17조)

다음 각 호의 사항은 「주택건설기준 등에 관한 규칙」으로 정한다.
1. 법 제38조에 따른 장수명 주택의 인증기준·인증절차 및 수수료 등
2. 법 제41조제2항제3호에 따른 바닥충격음 성능등급 인정제품의 품질관리기준
3. 법 제51조에 따른 공업화주택의 성능기준·생산기준 및 인정절차
4. 법 제53조제2항에 따른 기술능력을 갖추고 있는 자

제5절 주택의 감리 및 사용검사

1] 감리원의 배치기준 등(제18조) [시행일 : 2020.6.11.] 제18조

① 영 제47조제4항제1호에서 "국토교통부령으로 정하는 감리자격이 있는 자"란 다음 각 호의 구분에 따른 사람을 말한다. <개정 2019.2.25.>

1. 감리업무를 총괄하는 총괄감리원의 경우

   가. 1천세대 미만의 주택건설공사:「건설기술 진흥법 시행령」별표 1 제2호에 따른 건설사업관리 업무를 수행하는 **특급기술인 또는 고급기술인**. 다만, 300세대 미만의 주택건설공사인 경우에는 다음의 요건을 모두 갖춘 사람을 포함한다.

   1)「건축사법」에 따른 건축사 또는 건축사보일 것

   2)「건설기술 진흥법 시행령」별표 1 제2호에 따른 건설기술인 역량지수에 따라 등급을 산정한 결과 건설사업관리 업무를 수행하는 특급기술인 또는 고급기술인에 준하는 등급에 해당할 것

   3)「건설기술 진흥법 시행령」별표 3 제2호 나목에 따른 기본교육 및 전문교육을 받았을 것

   나. 1천세대 이상의 주택건설공사:「건설기술 진흥법 시행령」별표 1 제2호에 따른 건설사업관리 업무를 수행하는 특급기술인

2. 공사분야별 감리원의 경우:「건설기술 진흥법 시행령」별표 1 제2호에 따른 건설사업관리 업무를 수행하는 건설기술인. 다만, 300세대 미만의 주택건설공사인 경우에는 다음 각 목의 요건을 모두 갖춘 사람을 포함한다.

   가.「건축사법」에 따른 건축사 또는 건축사보일 것

   나.「건설기술 진흥법 시행령」별표 1 제2호에 따른 건설기술자 역량지수에 따라 등급을 산정한 결과 건설사업관리 업무를 수행하는 초급 이상의 건설기술인에 준하는 등급에 해당할 것

   다.「건설기술 진흥법 시행령」별표 3 제2호 나목에 따른 기본교육 및 전문교육을 받았을 것

② 감리자는 사업주체와 협의하여 감리원의 배치계획을 작성한 후 사업계획승인권자 및 사업주체에게 각각 보고하여야 한다. 배치계획을 변경하는 경우에도 또한 같다.<개정 2016.12.30.>

③ 영 제49조제1항제4호에서 "국토교통부령으로 정하는 주요 공정"이란 다음 각 호의 공정을 말한다. <신설 2020.4.1.>

1. 지하 구조물 공사

2. 옥탑층 골조 및 승강로 공사

3. 세대 내부 바닥의 미장 공사

4. 승강기 설치 공사

5. 지하 관로 매설 공사

④ 감리자는 법 제44조제2항에 따라 사업계획승인권자(법 제66조제1항에 따른 리모델링의 허가만 받은 경우는 허가권자를 말한다. 이하 이 조 및 제20조에서 같다) 및 사업주체에게 다음 각 호의 구분에 따라 감리업무 수행 상황을 보고(전자문서에 따른 보고를 포함한다)해야 하며, 감리업무를 완료하였을 때에는 최종보고서를 제출(전자문서에 따른 제출을 포함한다)해야 한다. <개정 2020.4.1.>

1. 영 제49조제1항제4호의 업무: 예정공정표에 따른 제3항 각 호의 공정 완료 예정 시기

2. 영 제49조제1항제5호의 업무: 공사 지연이 발생한 때. 이 경우 국토교통부장관이 정하여 고시하는 기준에 따라 보고해야 한다.

3. 제1호 및 제2호 외의 감리업무 수행 상황: 분기별

2] 제18조의2(공사감리비의 예치 및 지급 등(제18조의2) [본조신설 2018.9.14.]

① 사업주체는 감리자와법 제43조 제3항에 따른 계약(이하 이 조에서 "계약"이라 한다)을 체결한 경우 사업계획승인권자에게 계약 내용을 통보하여야 한다. 이 경우 통보를 받은 사업계획승인권자는 즉시 사업주체 및 감리자에게 공사감리비 예치 및 지급 방식에 관한 내용을 안내하여야 한다.

② 사업주체는 해당 공사감리비를 계약에서 정한 지급예정일 14일 전까지 사업계획승인권자에게 예치하여야 한다.

③ 감리자는 계약에서 정한 공사감리비 지급예정일 7일 전까지 사업계획승인권자에게 공사감리비 지급을 요청하여야 하며, 사업계획승인권자는제18조 제3항에 따른 감리업무 수행 상황을 확인한 후 공사감리비를 지급하여야 한다.

④ 제2항 및 제3항에도 불구하고 계약에서 선급금의 지급, 계약의 해제·해지 및 감리 용역의 일시중지 등의 사유 발생 시 공사감리비의 예치 및 지급 등에 관한 사항을 별도로 정한 경우에는 그 계약에 따른다.

⑤ 사업계획승인권자는 제3항 또는 제4항에 따라 공사감리비를 지급한 경우 그 사실을 즉시 사업주체에게 통보하여야 한다.

⑥ 제1항부터 제5항까지에서 규정한 사항 외에 공사감리비 예치 및 지급 등에 필요한 사항은 시·도지사 또는 시장·군수가 정한다.

3] 건축구조기술사와의 협력(제19조)

① 법 제46조제1항제3호에서 "국토교통부령으로 정하는 경우"란 다음 각 호의 어느 하나에 해당하는 경우를 말한다. <개정 2018.5.21.>

  1. 내력벽(耐力壁), 기둥, 바닥, 보 등 건축물의 주요 구조부의 철거 공사를 하는 경우로서 철거 범위나 공법의 변경이 필요한 경우

  2. 내력벽, 기둥, 바닥, 보 등 건축물의 주요 구조부의 보강 공사를 하는 경우로서 공법이나 재료의 변경이 필요한 경우

  3. **내력벽, 기둥, 바닥, 보 등 건축물의 주요 구조부의 보강 공사에 신기술 또는 신공법을 적용하는 경우로서 법 제69조제3항에 따른 전문기관의 안전성 검토결과 「국가기술자격법」에 따른 건축구조기술사의 협력을 받을 필요가 있다고 인정되는 경우**

② 법 제46조제1항제4호에서 "국토교통부령으로 정하는 경우"란 다음 각 호의 어느 하나에 해당하는 경우를 말한다.

  1. 수직·수평 증축에 따른 골조 공사 시 기존 부위와 증축 부위의 접합부에 대한 공법이나 재료의 변경이 필요한 경우

  2. 건축물 주변의 굴착공사로 구조안전에 영향을 주는 경우

4] 감리자에 대한 시정명령 또는 교체지시의 보고(제20조)

사업계획승인권자는 법 제48조제2항에 따라 감리자에 대하여 시정명령을 하거나 교체지시를 한 경우에는 같은 조 제3항에 따라 시정명령 또는 교체지시를 한 날부터 7일 이내에 국토교통부장관에게 보고하여야 한다.

5] 사용검사 등(제21조)

① 법 제49조 및 영 제56조제2항에 따라 사용검사를 받거나 임시 사용승인을 받으려는 자는 별지 제23호서식의 신청서에 다음 각 호의 서류를 첨부하여 **사용검사권자에게 제출(전자문서에 따른 제출을 포함한다)하여야 한다.** <개정 2020.4.1.>

1. 감리자의 감리의견서(주택건설사업인 경우만 해당한다)
2. 시공자의 공사확인서(영 제55조제1항 단서에 따라 입주예정자대표회의가 사용검사 또는 임시 사용승인을 신청하는 경우만 해당한다)

② 사용검사권자는 영 제54조제3항 또는 영 제56조제3항에 따른 확인 결과 적합한 경우에는 사용검사 또는 임시 사용승인을 신청한 자에게 별지 제24호서식의 사용검사 확인증 또는 별지 제25호서식의 임시사용승인서를 발급하여야 한다.

6] 입주예정자대표회의의 구성(제22조)

사용검사권자는 영 제55조제1항 단서에 따라 입주예정자대표회의가 사용검사를 받아야 하는 경우에는 입주예정자로 구성된 대책회의를 소집하여 그 내용을 통보하고, 건축공사현장에 10일 이상 그 사실을 공고하여야 한다. 이 경우 입주예정자는 그 과반수의 동의로 10명 이내의 입주예정자로 구성된 입주예정자대표회의를 구성하여야 한다.

제3장 주택의 공급

1] 주택의 공급 등(제23조)

① 다음 각 호의 사항은 「주택공급에 관한 규칙」으로 정한다.
1. 법 제54조에 따른 주택의 공급
2. 법 제56조에 따른 입주자저축
3. 법 제60조에 따른 견본주택의 건축기준
4. 법 제65조제5항에 따른 입주자자격 제한

② 법 제57조에 따른 분양가격 산정방식 등은 「공동주택 분양가격의 산정 등에 관한 규칙」으로 정한다.

2] 분양가상한제 적용주택 등의 매입신청서(제23조의2)[본조신설 2021.2.19.][제목개정 2021.7.6.]

① 영 제60조의2제3항에서 "국토교통부령으로 정하는 매입신청서"란 별지 제25호의2서식의 <u>분양가상한제 적용주택 등의</u> 매입신청서를 말하며, 해당 신청서를 제출할 때에는 다음 각 호의 서류를 첨부해야 한다. <개정 2021.7.6.>
1. 분양계약서 사본
2. 인감증명서 또는 「본인서명사실 확인 등에 관한 법률」 제2조제3호의 본인서명사실확인서

② 영 제60조의2제3항에 따라 제1항의 매입신청서를 받은 한국토지주택공사(사업주체가 「공공주택 특별법」 제4조에 따른 공공주택사업자인 경우에는 공공주택사업자를 말한다. 이하 제23조의4에서 같다)는 「전자정부법」 제36조제2항에 따른 행정정보의 공동이용을 통하여 주민등록표 초본 및 건물 등기사항증명서를 확인해야 한다. 다만, 신청인이 주민등록표 초본의 확인에 동의하지 않는 경우에는 해당 서류를 첨부하도록 해야 한다.

3] 부기등기의 말소 신청(제23조의3) [본조신설 2021.2.19.]

법 제57조의2제5항에 따라 거주의무가 있는 주택에 대한 부기등기를 한 거주의무자는 같은 조 제1항에 따른 거주의무기간이 지나야 그 부기등기의 말소를 신청할 수 있다.

4] 매입한 분양가상한제 적용주택 등의 공급(제23조의4)[본조신설 2021.2.19.][제목개정 2021.7.6.]
① 한국토지주택공사는 법 제57조의2제7항에 따라 주택을 공급하는 경우에는 다음 각 호의 구분에 따라 공급해야 한다.
  1. 「공공주택 특별법」 제2조제1호나목의 공공분양주택의 경우에는 같은 법 시행규칙 별표 6에 따른 입주자 자격을 충족하는 사람을 대상으로 공급할 것
  2. 그 외의 주택의 경우에는 「주택공급에 관한 규칙」 제27조 및 제28조에 따라 공급할 것
② 한국토지주택공사는 제1항에 따라 주택을 공급하는 경우에는 다음 각 호의 금액을 모두 더한 금액 이하로 공급해야 한다.
  1. 법 제57조의2제4항에 따른 매입비용에 「은행법」에 따른 은행의 1년 만기 정기예금의 평균이자율을 적용한 이자를 더한 금액
  2. 취득세, 재산세, 등기비용 등 주택의 취득 및 보유에 따른 부대비용

5] 입주자의 동의없이 저당권 설정 등을 할 수 있는 금융기관의 범위(제24조)
영 제71조제1호마목에서 "국토교통부령으로 정하는 기관"이란 다음 각 호의 기관을 말한다.
 1. 「농업협동조합법」에 따른 조합, 농업협동조합중앙회 및 농협은행
 2. 「수산업협동조합법」에 따른 수산업협동조합 및 수산업협동조합중앙회
 3. 「신용협동조합법」에 따른 신용협동조합 및 신용협동조합중앙회
 4. 「새마을금고법」에 따른 새마을금고 및 새마을금고중앙회
 5. 「산림조합법」에 따른 산림조합 및 산림조합중앙회
 6. 「한국주택금융공사법」에 따른 한국주택금융공사
 7. 「우체국예금·보험에 관한 법률」에 따른 체신관서

6] 투기과열지구의 지정 기준(제25조)
법 제63조제2항에서 "국토교통부령이 정하는 기준을 충족하는 곳"이란 다음 각 호의 어느 하나에 해당하는 곳을 말한다. <개정 2017.11.8.>
 1. 주택공급이 있었던 직전 2개월간 해당 지역에서 공급되는 주택의 청약경쟁률이 5대 1을 초과하였거나 국민주택규모 이하 주택의 청약경쟁률이 10대 1을 초과한 곳
 2. 다음 각 목의 어느 하나에 해당하여 주택공급이 위축될 우려가 있는 곳
  가. 주택의 분양계획이 직전월보다 30퍼센트 이상 감소한 곳
  나. 법 제15조에 따른 주택건설사업계획의 승인이나 「건축법」 제11조에 따른 건축허가 실적이 직전년도보다 급격하게 감소한 곳
 3. 신도시 개발이나 주택의 전매행위 성행 등으로 투기 및 주거불안의 우려가 있는 곳으로서 다음 각 목의 어느 하나에 해당하는 곳
  가. 시·도별 주택보급률이 전국 평균 이하인 경우
  나. 시·도별 자가주택비율이 전국 평균 이하인 경우
  다. 해당 지역의 주택공급물량이 법 제56조에 따른 입주자저축 가입자 중 「주택공급에 관한 규칙」 제27조제1항제1호 및 제28조제1항제1호에 따른 주택청약 제1순위자에

비하여 현저하게 적은 경우

7] 특별공급 대상자(제26조), [제목개정 2018.5.21.], [전문개정 2019.10.29.]
① 영 별표 3 제4호나목 공공택지에서 건설·공급되는 주택의 투기과열지구 외의 지역란 단서에서 "국토교통부령으로 정하는 사람"이란 「주택공급에 관한 규칙」 제47조제1항부터 제3항까지의 규정에 따른 특별공급 대상자를 말한다. <개정 2018.5.21.>
② 삭제 <2020.9.23.>
③ 영 별표 3 제5호가목에서 "장애인, 신혼부부 등 국토교통부령으로 정하는 사람"이란 「주택공급에 관한 규칙」 제35조부터 제47조까지의 규정에 따른 특별공급 대상자를 말한다.

8] 분양가상한제 적용주택 등의 부기등기 말소 신청(제27조)
　　법 제64조제4항에 따라 같은 조 제1항제2호 또는 제3호에 해당하는 주택에 대한 부기등기를 한 경우에는 해당 주택의 소유자가 영 제73조에 따른 전매행위 제한기간이 지났을 때에 그 부기등기의 말소를 신청할 수 있다. <개정 2017.11.8.>

제4장 리모델링

1] 리모델링의 신청 등(제28조)
① 영 제75조제2항에 따른 허가신청서는 별지 제26호서식과 같다.
② 영 제75조제2항에서 "국토교통부령으로 정하는 서류"란 다음 각 호의 서류를 말한다.
　　1. 리모델링하려는 건축물의 종별에 따른 「건축법 시행규칙」 제6조제1항 각호의 서류 및 도서. 다만, 증축을 포함하는 리모델링의 경우에는 「건축법 시행규칙」 별표 3 제1호에 따른 건축계획서 중 구조계획서(기존 내력벽, 기둥, 보 등 골조의 존치계획서를 포함한다), 지질조사서 및 시방서를 포함한다.
　　2. 영 별표 4 제1호에 따른 입주자의 동의서 및 법 제22조에 따른 매도청구권 행사를 입증할 수 있는 서류
　　3. 세대를 합치거나 분할하는 등 세대수를 증감시키는 행위를 하는 경우에는 그 동의 변경 전과 변경후의 평면도
　　4. 법 제2조제25호다목에 따른 세대수 증가형 리모델링(이하 "세대수 증가형 리모델링"이라 한다)을 하는 경우에는 법 제67조에 따른 권리변동계획서
　　5. 법 제68조제1항에 따른 증축형 리모델링을 하는 경우에는 같은 조 제5항에 따른 안전진단결과서
　　6. 리모델링주택조합의 경우에는 주택조합설립인가서 사본
③ 영 제75조제2항에 따른 리모델링 허가신청을 받은 시장·군수·구청장은 그 신청이 영 별표 4에 따른 기준에 적합한 경우에는 별지 제27호서식의 리모델링 허가증명서를 발급하여야 한다.
④ 법 제66조제7항에 따라 리모델링에 관한 사용검사를 받으려는 자는 별지 제28호서식의 신청서에 다음 각 호의 서류를 첨부하여 시장·군수·구청장에게 제출하여야 한다.
　　1. 감리자의 감리의견서(「건축법」에 따른 감리대상인 경우만 해당한다)
　　2. 시공자의 공사확인서

⑤ 시장·군수·구청장은 제4항에 따른 신청서를 받은 경우에는 사용검사 대상이 허가한 내용에 적합한지를 확인한 후 별지 제29호서식의 사용검사필증을 발급하여야 한다.

2] 안전진단 결과보고서(제29조) <개정 2018.2.9.>

법 제68조제5항에 따른 안전진단 결과보고서에는 다음 각 호의 사항이 포함되어야 한다.

1. 리모델링 대상 건축물의 증축 가능 여부 및 「도시 및 주거환경정비법」 제2조제2호다목에 따른 주택재건축사업의 시행 여부에 관한 의견
2. 건축물의 구조안전성에 관한 상세 확인 결과 및 구조설계의 변경 필요성(법 제68조제4항에 따른 안전진단으로 한정한다)

3] 세대수 증가형 리모델링의 시기 조정(제30조)

법 제74조제1항에 따라 국토교통부장관의 요청을 받은 특별시장, 광역시장, 대도시(「지방자치법」 제175조에 따른 대도시를 말한다)의 시장 또는 시장·군수·구청장은 그 요청을 받은 날부터 30일 이내에 리모델링 기본계획의 변경 또는 세대수 증가형 리모델링의 사업계획 승인·허가의 시기 조정에 관한 조치계획을 국토교통부장관에게 보고하여야 한다. 이 경우 그 요청에 따를 수 없는 특별한 사유가 있는 경우에는 그 사유를 통보하여야 한다.

제5장 보칙

1] 표준임대차계약서(제31조)

법 제78조제3항에서 "국토교통부령으로 정하는 표준임대차계약서"란 별지 제30호서식에 따른 토지임대부 분양주택의 토지임대차 표준계약서를 말한다.

2] 감정평가한 가액의 산정 시기 및 산정 방법(제32조)

① 영 제81조제1항제2호 후단에 따른 감정평가는 **「부동산 가격공시에 관한 법률」** 에 따른 공시지가로서 평가 의뢰일 당시 해당 토지의 공시지가 중 평가 의뢰일에 가장 가까운 시점에 공시된 공시지가를 기준으로 하여 평가한다. <개정 2016.8.31.>
② 제1항에 따라 감정평가 가액을 산정하는 경우에는 **감정평가법인등** 2인 이상이 감정평가한 가액을 산술평균한 가액으로 **산정해야** 한다. <개정 2020.7.24.>
③ 제2항에 따라 **감정평가법인등이** 감정평가를 할 때에는 택지조성이 완료되지 아니한 토지는 택지조성이 완료된 상태를 상정하고 그 이용 상황은 대지를 기준으로 하여 **평가해야** 한다. <개정 2020.7.24.>

(이하 기록생략)

㈜ **별표 및 별지서식은 법제처 국가법령정보센터 홈페이지 http://www.law.go.kr/ 참조**

※ 「토지 지적공부」의 종류

1. **토지이용 계획서**: 용도지역/지구, 소재지, 지목, 면적, 개별공시지가 등이 기재됨.

2. **등기사항전부등명서[구)등기부등본]**: 토지의 표시(표제부), 소유권에 관한 사항(갑 구) 및
   소유권 이외의 권리에 관한 사항(을 구)이 기재됨

3. **지적도/임야도**: 토지의 모양과 방향, 주변토지와의 경계가 표기됨

4. **토지대장/임야대장**: 토지의 지목과 면적이 기재됨

(주: <u>토지의 "지목"과 "면적"은 대장 기준이며, "소유자"는 등기사항전부증명서가 기준이 됨</u>)

구름카페(봄)

제2장
정비사업의 시행방법 및 추진절차

1 정비사업의 시행방법과 특징

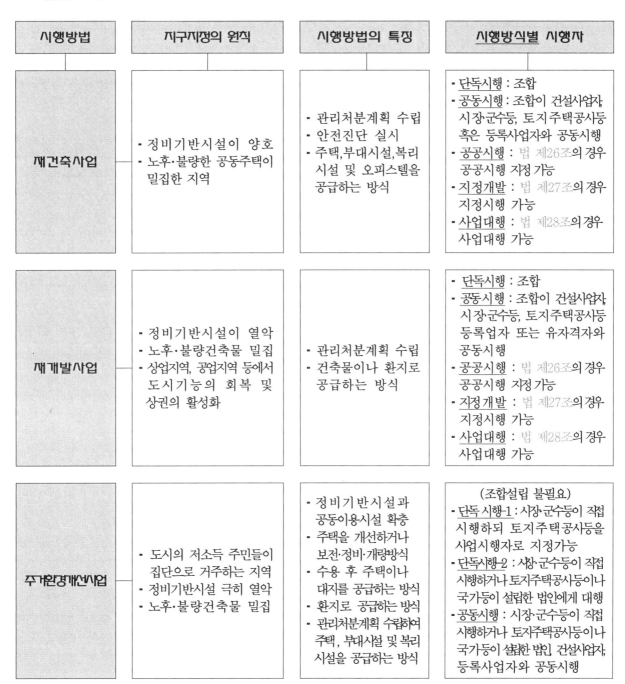

시행방법	지구지정의 원칙	시행방법의 특징	시행방식별 시행자
재건축사업	· 정비기반시설이 양호 · 노후·불량한 공동주택이 밀집한 지역	· 관리처분계획 수립 · 안전진단 실시 · 주택,부대시설,복리시설 및 오피스텔을 공급하는 방식	· 단독시행 : 조합 · 공동시행 : 조합이 건설사업자, 시장·군수등, 토지주택공사등 혹은 등록사업자와 공동시행 · 공공시행 : 법 제26조의 경우 공공시행 지정 가능 · 지정개발 : 법 제27조의 경우 지정시행 가능 · 사업대행 : 법 제28조의 경우 사업대행 가능
재개발사업	· 정비기반시설이 열악 · 노후·불량건축물 밀집 · 상업지역, 공업지역 등에서 도시기능의 회복 및 상권의 활성화	· 관리처분계획 수립 · 건축물이나 환지로 공급하는 방식	· 단독시행 : 조합 · 공동시행 : 조합이 건설사업자, 시장·군수등, 토지주택공사등 등록업자 또는 유자격자와 공동시행 · 공공시행 : 법 제26조의 경우 공공시행 지정 가능 · 지정개발 : 법 제27조의 경우 지정시행 가능 · 사업대행 : 법 제28조의 경우 사업대행 가능
주거환경개선사업	· 도시의 저소득 주민들이 집단으로 거주하는 지역 · 정비기반시설 극히 열악 · 노후·불량건축물 밀집	· 정비기반시설과 공동이용시설 확충 · 주택을 개선하거나 보전·정비·개량방식 · 수용 후 주택이나 대지를 공급하는 방식 · 환지로 공급하는 방식 · 관리처분계획 수립하여 주택, 부대시설 및 복리시설을 공급하는 방식	(조합설립 불필요) · 단독시행-1 : 시장·군수등이 직접 시행하되 토지주택공사등을 사업시행자로 지정가능 · 단독시행-2 : 시장·군수등이 직접 시행하거나 토지주택공사등이나 국가등이 설립한 법인에게 대행 · 공동시행 : 시장·군수등이 직접 시행하거나 토지주택공사등이나 국가등이 설립한 법인, 건설사업자, 등록사업자와 공동시행

주) 정비사업의 시행방법은 위의 3가지 방법 이외에 '빈집 및 소규모주택 정비에 관한 특례법'에서 정하고 있는 '가로주택 정비사업'이 있다.

주) : 줄임말

① **시장·군수등** : 특별자치시장, 특별자치도지사, 시장·군수 및 자치구의 구청장

② **토지주택공사등** : 한국토지주택공사 또는 주택사업을 수행하기 위하여 설립된 지방공사

③ **등록사업자** : 「주택법」 제7조제1항에 따라 **건설사업자**로 보는 등록사업자
    (등록사업자의 주택건설공사 시공기준은 주택법 시행령 제17조 참조)

④ **유자격자** : 재개발사업에 대해 조합과 공동으로 사업을 추지할 수 있도록 대통령령으로 정하는 요건을 갖춘 자로 '**신탁업자**'와 '한국부동산원'을 말한다. (도정법 시행령 제19조)

⑤ **지정개발자** : 토지등소유자, 민관합동법인 또는 신탁업자로서 대통령령으로 정하는 요건을 갖춘 자. (도정법 제27조),(도정법 시행령 제21조)

⑥ 1. **도시및주거환경정비법** : '법', '도정법' 혹은 '도시정비법'
    2. **도시및주거환경정비법 시행령** : '영' 혹은 '시행령'으로

※ 법 제23조에서 정하고 있는 정비사업 시행방법과 위 도표의 「정비사업의 시행방법 및 특징」에 대한 상세내용은 「제2편-제1장-제2절」에 수록하였다.

※ 본 '조합행정업무 지침서'는 '재건축사업'을 기준으로 집필하였으며, 재건축사업 중 '도급제 방식'을 중심으로 구성하였고, 재건축사업과 함께 재개발사업도 많은 부분을 함께 수록하였다.

❑ 등록사업자의 주택건설공사 시공기준(주택법 시행령 제17조)

① 법 제7조에 따라 주택건설공사를 시공하려는 등록사업자는 다음 각 호의 요건을 모두 갖추어야 한다.
    <개정 2019.10.22.>

    1. 자본금이 5억원(개인인 경우에는 자산평가액 10억원) 이상일 것
    2. 「건설기술 진흥법 시행령」 별표 1에 따른 건축 분야 및 토목 분야기술인 3명 이상을 보유하고 있을 것. 이 경우 「건설기술 진흥법 시행령」 별표 1에 따른 건설기술인으로서 다음 각 목에 해당하는 건설기술인 각 1명이 포함되어야 한다.
       가. 건축시공 기술사 또는 건축기사
       나. 토목 분야 기술인
    3. 최근 5년간의 주택건설 실적이 100호 또는 100세대 이상일 것

② 법 제7조에 따라 등록사업자가 건설할 수 있는 주택은 주택으로 쓰는 **층수가 5개층 이하인 주택으로 한다**. 다만, 각층 거실의 바닥면적 300제곱미터 이내마다 1개소 이상의 직통계단을 설치한 경우에는 주택으로 쓰는 층수가 6개층인 주택을 건설할 수 있다.

③ 제2항에도 불구하고 다음 각 호의 어느 하나에 해당하는 등록사업자는 주택으로 쓰는 층수가 6개층 이상인 주택을 건설할 수 있다.

    1. 주택으로 쓰는 층수가 6개층 이상인 아파트를 건설한 실적이 있는 자
    2. 최근 3년간 300세대 이상의 공동주택을 건설한 실적이 있는 자

④ 법 제7조에 따라 주택건설공사를 시공하는 등록사업자는 건설공사비(총공사비에서 대지구입비를 제외한 금액을 말한다)가 자본금과 자본준비금·이익준비금을 합한 금액의 10배(개인인 경우에는 자산평가액의 5배)를 초과하는 건설공사는 시공할 수 없다.

② 정비사업의 흐름도(flow chart)

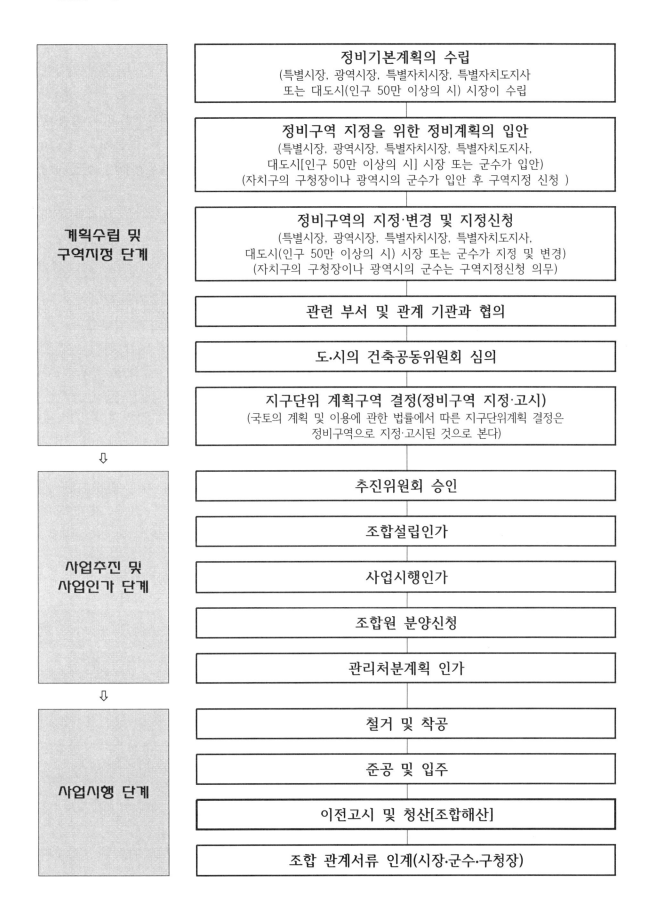

계획수립 및 구역지정 단계

정비기본계획의 수립
(특별시장, 광역시장, 특별자치시장, 특별자치도지사
또는 대도시(인구 50만 이상의 시) 시장이 수립

정비구역 지정을 위한 정비계획의 입안
(특별시장, 광역시장, 특별자치시장, 특별자치도지사,
대도시[인구 50만 이상의 시] 시장 또는 군수가 입안)
(자치구의 구청장이나 광역시의 군수가 입안 후 구역지정 신청)

정비구역의 지정·변경 및 지정신청
(특별시장, 광역시장, 특별자치시장, 특별자치도지사,
대도시(인구 50만 이상의 시) 시장 또는 군수가 지정 및 변경)
(자치구의 구청장이나 광역시의 군수는 구역지정신청 의무)

관련 부서 및 관계 기관과 협의

도·시의 건축공동위원회 심의

지구단위 계획구역 결정(정비구역 지정·고시)
(국토의 계획 및 이용에 관한 법률에서 따른 지구단위계획 결정은
정비구역으로 지정·고시된 것으로 본다)

사업추진 및 사업인가 단계

추진위원회 승인

조합설립인가

사업시행인가

조합원 분양신청

관리처분계획 인가

사업시행 단계

철거 및 착공

준공 및 입주

이전고시 및 청산[조합해산]

조합 관계서류 인계(시장·군수·구청장)

③ 정비사업의 추진절차(개요)

1) 정비기본계획의 수립

(1) 정비기본계획의 수립주체[법 제4조(도시·주거환경정비기본계획의 수립)제1항 및 제2항 참조]

    1. 특별시장·광역시장·특별자치시장·특별자치도지사 또는 시장(이하 **"기본계획의 수립권자"**라 한다)은 관할 구역에 대하여 도시·주거환경정비기본계획(이하 **기본계획**)을 10년 단위로 수립하고 5년 단위로 타당성을 검토하여 그 결과를 기본계획에 반영하여야 한다.

    2. **"기본계획의 수립권자"**는 기본계획에 대하여 5년마다 <u>타당성</u>을 검토하여 그 결과를 기본계획에 반영하여야 한다. <개정 2020.6.9.>

(2) 재건축사업 정비기본계획 수립대상지역《영 [별표 1](영 제7조제1항 관련)의 제3호》

    재건축사업을 위한 정비기본계획은 시행령 별표 1의 제1호 및 제2호에 해당하지 아니하는 지역으로서 다음 각 목의 어느 하나에 해당하는 지역에 대하여 입안한다.

    1. 건축물의 일부가 멸실되어 붕괴나 그 밖의 안전사고의 우려가 있는 지역

    2. 재해 등이 발생할 경우 위해의 우려가 있어 신속히 정비사업을 추진할 필요가 있는 지역

    3. 노후·불량건축물로서 기존 세대수가 200세대 이상이거나 그 부지면적이 1만 제곱미터 이상인 지역

    4. (샛 이상의?) 「건축법 시행령」 별표 1의 제2호 가목에 따른 아파트 또는 같은 호 나목에 따른 연립주택이 밀집되어 있는 지역으로서 <u>도정법 제12조</u>에 따른 안전진단 실시 결과 전체 주택의 3분의 2 이상이 재건축이 필요하다는 판정을 받은 지역으로서 시·도조례로 정하는 면적 이상인 지역

□ **<u>주거환경개선사업 및 재개발사업을 위한 정비기본계획의 수립대상구역에 대한 관련 규정은 도시정비법 시행령의 [별표 1]의 제1호 및 제2호에 각각 규정되어 있다.</u>**

(3) 정비기본계획의 내용(법 제5조제1항)

    1. 정비사업의 기본방향

    2. 정비사업의 계획기간

    3. 인구·건축물·토지이용·정비기반시설·지형 및 환경 등의 현황

    4. 주거지 관리계획

    5. 토지이용계획·정비기반시설계획·공동이용시설 설치계획 및 교통계획

    6. 녹지·조경·에너지공급·폐기물처리 등에 관한 환경계획

    7. 사회복지시설 및 주민문화시설 등의 설치계획

    8. 도시의 광역적 재정비를 위한 기본방향

    9. 제16조에 따라 정비구역으로 지정할 예정인 구역(이하 "정비예정구역"이라 한다)의 개략적 범위

10. 단계별 정비사업 추진계획(정비예정구역별 정비계획의 수립시기가 포함되어야 한다)

11. 건폐율·용적률 등에 관한 건축물의 밀도계획

12. 세입자에 대한 주거안정대책

13. 그 밖에 주거환경 등을 개선하기 위하여 필요한 사항으로서 대통령령으로 정하는 사항

(4) 정비기본계획 수립을 위한 주민의견 청취(법 제6조)

1. 기본계획의 수립권자는 기본계획을 수립하거나 변경하려는 경우에는 **14일 이상 주민에게 공람**하여 의견을 들어야 하며, 제시된 의견이 타당하다고 인정되면 이를 기본계획에 반영하여야 한다.

2. 기본계획의 수립권자는 제1항에 따른 공람과 함께 지방의회의 의견을 들어야 한다. 이 경우 지방의회는 기본계획의 수립권자가 **기본계획을 통지한 날부터 60일 이내에 의견을 제시**하여야 하며, 의견제시 없이 60일이 지난 경우 이의가 없는 것으로 본다.

3. 제1항 및 제2항에도 불구하고 대통령령으로 정하는 경미한 사항을 변경하는 경우에는 주민공람과 지방의회의 의견청취 절차를 거치지 아니할 수 있다.

(5) 정비기본계획의 확정·고시 등(법 제7조)

1. 기본계획의 수립권자(대도시의 시장이 아닌 시장은 제외한다)는 기본계획을 수립하거나 변경하려면 관계 행정기관의 장과 협의한 후 「국토의 계획 및 이용에 관한 법률」 제113조 제1항 및 제2항에 따른 지방도시계획위원회(이하 "지방도시계획위원회"라 한다)의 심의를 거쳐야 한다. 다만, 대통령령으로 정하는 경미한 사항을 변경하는 경우에는 관계 행정기관의 장과의 협의 및 지방도시계획위원회의 심의를 거치지 아니한다.

2. 대도시의 시장이 아닌 시장은 기본계획을 수립하거나 변경하려면 도지사의 승인을 받아야 하며, 도지사가 이를 승인하려면 관계 행정기관의 장과 협의한 후 지방도시계획위원의 심의를 거쳐야 한다. 다만, 제1항 단서에 해당하는 변경의 경우에는 도지사의 승인을 받지 아니할 수 있다.

3. 기본계획의 수립권자는 기본계획을 수립하거나 변경한 때에는 지체 없이 이를 해당 지방자치단체의 공보에 고시하고 일반인이 열람할 수 있도록 하여야 한다.

4. 기본계획의 수립권자는 제3항에 따라 기본계획을 고시한 때에는 국토교통부령으로 정하는 방법 및 절차에 따라 국토교통부장관에게 보고하여야 한다.

2) 정비구역의 지정 및 지정신청(법 제8조, 법 제9조)

(1) 정비구역의 지정 및 정비구역의 지정을 위한 정비계획의 입안

1. 특별시장·광역시장·특별자치시장·특별자치도지사·시장 또는 군수(광역시의 군수는 제외)(이하 "**정비구역의 지정권자**"라 한다)는 기본계획에 적합한 범위에서 노후·불량건축물이 밀집하는 등 대통령령으로 정하는 요건에 해당하는 구역에 대하여 법 제16조에 따라 **정비계획을 결정하여 정비구역을 지정**(변경지정을 포함)할 수 있다. (법 제8조제1항)

2. 제1항에도 불구하고 천재지변 등으로 긴급하게 정비사업을 시행하려는 경우에는 기본계획을 수립하거나 변경하지 아니하고 정비구역을 지정할 수 있다. (법 제8조제2항)

3. 정비구역의 지정권자는 정비구역의 진입로 설치를 위하여 필요한 경우에는 진입로 지역과 그 인접지역을 포함하여 정비구역을 지정할 수 있다. (법 제8조제3항)

4. 정비구역의 지정권자는 정비구역 지정을 위하여 직접 법 제9조에 따른 정비계획을 입안할 수 있다. (법 제8조제4항)

5. 자치구의 구청장 또는 광역시의 군수(이하 법 제9조, 법 제11조 및 법 제20조에서 "구청장등"이라 한다)는 법 제9조에 따른 정비계획을 입안하여 특별시장·광역시장에게 **정비구역 지정을 신청하여야 한다**. 이 경우 법 제15조제2항에 따른 지방의회의 의견을 첨부하여야 한다. (법 제8조제5항)

(2) 정비구역지정을 위해 정비계획에 포함할 내용(법 제9조제1항, <개정 2021.4.13.>)

정비구역 지정을 위한 정비계획에는 다음 각 호의 사항이 포함되어야 한다.

1. 정비사업의 명칭
2. 정비구역 및 그 면적
3. 도시·군계획시설의 설치에 관한 계획
4. 공동이용시설 설치계획
5. 건축물의 주용도·건폐율·용적률·높이에 관한 계획
6. 환경보전 및 재난방지에 관한 계획
7. 정비구역 주변의 교육환경 보호에 관한 계획
8. 세입자 주거대책
9. 정비사업시행 예정시기
10. 정비사업을 통하여 **공공지원민간임대주택**을 공급하거나 같은 조 제11호에 따른 주택임대관리업자(이하 "주택임대관리업자"라 한다)에게 임대할 목적으로 주택을 위탁하려는 경우에는 다음 각 목의 사항. 다만, 나목과 다목의 사항은 건설하는 주택 전체 세대수에서 **공공지원민간임대주택** 또는 임대할 목적으로 주택임대관리업자에게 위탁하려는 주택(이하 "**임대관리 위탁주택**"이라 한다)이 차지하는 비율이 100분의 20 이상, 임대기간이 8년 이상의 범위 등에서 대통령령으로 정하는 요건에 해당하는 경우로 한정한다.

    가. **공공지원민간임대주택** 또는 **임대관리 위탁주택**에 관한 획지별 토지이용 계획

    나. 주거·상업·업무 등의 기능을 결합하는 등 복합적인 토지이용을 증진시키기 위하여 필요한 건축물의 용도에 관한 계획

    다. 「국토의 계획 및 이용에 관한 법률」 제36조제1항제1호가목에 따른 주거지역을 세분 또는 변경하는 계획과 용적률에 관한 사항

    라. 그 밖에 **공공지원민간임대주택** 또는 **임대관리 위탁주택**의 원활한 공급 등을 위하여 대통령령으로 정하는 사항

11. 「국토의 계획 및 이용에 관한 법률」 제52조제1항 각 호의 사항에 관한 계획(필요한 경우로 한정한다)

12. 그 밖에 정비사업의 시행을 위하여 필요한 사항으로서 대통령령으로 정하는 사항

(3) 정비구역에서의 행위 제한(법 제19조제1항 참조)

정비구역에서는 건축물의 건축, 공작물의 설치, 토지의 형질변경, 토석의 채취, 토지의 분할, 물건을 쌓아놓는 행위 및 그 밖에 대통령령으로 정하는 행위 중 어느 하나에 해당하는 행위를 하려는 자는 시장·군수등의 허가를 받아야한다.

3) 정비계획의 입안 및 변경

(1) 정비계획의 입안주체(법 제9조제3항)

특별자치시장, 특별자치도지사, 시장, 군수 또는 구청장등(이하 "**정비계획의 입안권자**"라 한다)이 법 제5조제2항 각 호의 사항을 포함하여 기본계획을 수립한 지역에서 정비계획을 입안하는 경우에는 그 정비구역을 포함한 해당 생활권에 대하여 같은 항 각 호의 사항에 대한 **세부 계획을 입안할 수 있다.**

(2) 정비계획의 주요내용(법 제9조제4항 참조)

정비계획의 작성기준과 작성방법 및 법 제9조제1항에서 정하는 사항과 그 밖에 필요한 사항은 대통령령으로 **국토교통부장관이 정하여 고시한다.**

가. 시행령에서 요구하는 <u>내용</u>(시행령 제8조)

① 법 제9조제1항제10호 각 목 외의 부분 단서에서 "대통령령으로 정하는 요건에 해당하는 경우"란 건설하는 주택 전체 세대수에서 다음 각 호의 주택으로서 임대기간이 8년 이상인 주택이 차지하는 비율의 합계가 100분의 20 이상일 것을 말한다.<개정 2018.7.16.>

  1. 「민간임대주택에 관한 특별법」 제2조제4호에 따른 공공지원민간임대주택(이하 "**공공지원민간임대주택**"이라 한다)

  2. 「민간임대주택에 관한 특별법」 제2조제11호에 따른 주택임대관리업자에게 관리를 위탁하려는 주택(이하 "**임대관리 위탁주택**"이라 한다)

② 법 제9조제1항제10호라목에서 "**공공지원민간임대주택** 또는 임대관리 위탁주택의 원활한 공급 등을 위하여 대통령령으로 정하는 사항"이란 다음 각 호의 사항을 말한다. 다만, 제2호 및 제3호의 사항은 정비계획에 필요한 경우로 한정한다. <개정 2018.7.16.>

  1. 건설하는 주택 전체 세대수에서 **공공지원민간임대주택** 또는 임대관리 위탁주택이 차지하는 비율

  2. **공공지원민간임대주택** 및 임대관리 위탁주택의 건축물 배치 계획

  3. 주변지역의 여건 등을 고려한 입주예상 가구 특성 및 임대사업 운영방향

③ 법 제9조제1항제12호에서 "대통령령으로 정하는 사항"이란 다음 각 호의 사항을 말한다.

  1. 법 제17조제4항에 따른 현금납부에 관한 사항

  2. 법 제18조에 따라 정비구역을 분할, 또는 결합하여 지정하려는 경우 그 계획

  3. 법 제23조제1항제2호에 따른 방법으로 시행하는 주거환경개선사업의 경우 법 제24조에 따른 사업시행자로 예정된 자

  4. 정비사업의 시행방법

  5. 기존 건축물의 정비·개량에 관한 계획

  6. 정비기반시설의 설치계획

  7. 건축물의 건축선에 관한 계획

8. 홍수 등 재해에 대한 취약요인에 관한 검토결과

9. 정비구역 및 주변지역의 주택수급에 관한 사항

10. 안전 및 범죄예방에 관한 사항

11. 그 밖에 정비사업의 원활한 추진을 위하여 시·도조례로 정하는 사항

나. 조례에서 요구하는 내용[서울시 정비사업 조례 제8조(**정비계획의 내용 등**)]

① 영 제8조제3항제11호에서 "그 밖에 정비사업의 원활한 추진을 위하여 시·도조례로 정하는 사항"이란 다음 각 호의 사항을 말한다.

1. 가구 또는 획지에 관한 계획

2. 임대주택의 건설에 관한 계획[자치구청장(이하 "구청장"이라 한다)은 대학 주변지역 및 역세권에 위치한 정비구역에 대해서는 대학생 및 청년에게 공급할 수 있는 임대주택 건설계획을 입안할 수 있다)

3. 주민의 소득원 개발에 관한 사항(주거환경개선사업으로 한정한다)

4. 환경성 검토결과(「국토의 계획 및 이용에 관한 법률」 제27조제2항을 준용한다)

5. 기존 수목의 현황 및 활용계획

6. 인구 및 주택의 수용계획

7. 주거환경관리를 위한 주민공동체 활성화 방안(관리형 주거환경개선사업으로 한정한다)

8. 구역 내 옛길, 옛물길, 「한옥 등 건축자산의 진흥에 관한 법률」 제2조의 건축자산 및 한옥 등 역사·문화자원의 보전 및 활용계획

② 그 밖에 필요한 정비계획 세부내용은 다음 각 호와 같다.

1. 정비구역에는 원칙적으로 기존 공원이나 녹지를 포함하지 않도록 한다. 다만, 공원 또는 녹지의 기능을 회복하거나 그 안의 건축물을 정비하기 위하여 필요한 경우와 토지이용의 증진을 위하여 필요한 경우에는 예외로 한다.

2. 영 제8조제3항제5호에 따른 기존건축물의 정비·개량에 관한 계획은 건축물의 경과연수, 용도, 구조, 규모, 입지, 허가유무 및 노후·불량 정도를 고려하여 존치, 개수, 철거 후 신축, 철거이주 등으로 구분하여 계획하도록 한다.

3. 종교부지, 분양대상 복리시설 부지는 필요한 경우 획지로 분할하고 적정한 진입로를 확보하도록 하여야 한다.

4. 법 제9조제1항제9호에 따른 정비사업시행 예정시기는 사업시행자별 **사업시행계획인가 신청 준비기간을 고려하여 정비구역 지정고시가 있은 날부터 4년 이내의 범위에서 정하여야 한다.**

5. 도시정비형 재개발사업의 경우 정비구역의 특성과 도심부 기능회복을 위하여 복합용도 건축계획을 원칙으로 하고 주변의 건축물, 문화재 또는 자연 지형물이 있는 경우에는 **주변 경관에** 미치는 영향을 최소화할 수 있도록 계획한다.

(3) 정비계획의 경미한 변경(시행령 제13조제4항)

법 제15조제3항에서 "대통령령으로 정하는 경미한 사항을 변경하는 경우"란 다음 각 호의 어느 하나에 해당하는 경우를 말한다.

1. 정비구역의 면적을 10퍼센트 미만의 범위에서 변경하는 경우(법 제18조에 따라 정비구역을 분할, 통합 또는 결합하는 경우를 제외한다)

2. 정비기반시설의 위치를 변경하는 경우와 정비기반시설 규모의 10퍼센트 미만의 범위에서 변경하는 경우

3. 공동이용시설 설치계획을 변경하는 경우

4. 재난방지에 관한 계획을 변경하는 경우

5. 정비사업 시행예정시기를 3년의 범위에서 조정하는 경우

6. 「건축법 시행령」 별표 1 각 호의 용도범위에서의 건축물의 주용도(해당 건축물의 가장 넓은 바닥면적을 차지하는 용도를 말한다. 이하 같다)를 변경하는 경우

7. 건축물의 건폐율 또는 용적률을 축소하거나 10퍼센트 미만의 범위에서 확대하는 경우

8. 건축물의 최고 높이를 변경하는 경우

9. 법 제66조에 따라 용적률을 완화하여 변경하는 경우

10. 「국토의 계획 및 이용에 관한 법률」 제2조제3호에 따른 도시·군기본계획, 같은 조 제4호에 따른 도시·군관리계획 또는 기본계획의 변경에 따라 정비계획을 변경하는 경우

11. 「도시교통정비 촉진법」에 따른 교통영향평가 등 관계 법령에 의한 심의결과에 따른 변경인 경우

12. 그 밖에 제1호부터 제8호까지, 제10호 및 제11호와 유사한 사항으로서 시·도조례로 정하는 사항을 변경하는 경우

4) 추진위원회 구성 및 조합의 설립

(1) 추진위원회 구성
- 설립 시기 : 정비구역의 지정·고시 후
- 구성 요건 : 토지등소유자의 과반수(2분의 1 초과) 동의 필요
- 기능 : 조합설립 업무, 정비사업자와 감정평가사 및 설계자 선정, 개략적인 사업시행 계획서 작성 등

※ 1개의 추진위원회가 설립되면 다른 추진위원회의 구성은 불가능하다.

(2) 조합 설립
- 설립시기 : 추진위원회 구성 후
- 동의요건 :

가. 재건축사업
: 각 동별 구분소유자의 과반수 동의와 주택단지의 전체 구분소유자의 4분의 3 이상 및 토지면적의 4분의 3 이상의 토지소유자의 동의를 받아 시장·군수등의 인가를 받아야 한다. (법 제35조제3항)

나. 재개발사업
: 토지등소유자의 4분의 3 이상 및 토지면적의 2분의 1 이상의 토지소유자의 동의를 받아 정관 등을 첨부하여 시장·군수등의 인가를 받아야 한다. (법 제35조제2항 참조)

- 조합의 기능 : 설계자·시공자, **감정평가법인등** 및 정비사업전문관리업자의 선정 및 변경, 사업시행계획의 작성 및 변경, 관리처분계획의 수립 및 변경 등

※ 추진위원회 구성에 동의한 토지등소유자는 조합설립에 동의한 것으로 본다.
(법 제31조제2항 참조)

※ 법 제23조제1항제1호에 따른 정비사업 시행방식인 「주거환경개선사업」에서는 조합의 설립을 필요로 하지 않는다. 또한, 법 제25조제1항제2호에 따라 <u>토지등소유자가 재개발 사업을 시행하려는 경우</u>에도 조합을 설립하지 아니할 수 있다.(법 제35조제1항 단서 참조)

5) 사업시행계획의 작성 및 관리처분계획의 수립

(1) 사업시행계획의 작성

가. **사업시행계획에 포함하는 주요내용**(법 제52조제1항<개정 <u>2021.4.13.</u>> 참조)

토지이용계획, 정비기반시설 및 공동이용시설의 설치계획, 주민 이주대책, 세입자 주거 및 이주대책, 임대주택 건설계획(재건축사업은 제외), 국민주택규모 주택의 건설계획 (주거환경개선사업은 제외), 건축물의 높이 및 용적률 등에 관한 건축계획 설계도서, 자금계획 등 13개 항목.

나. **조합원의 동의요건**(법 제45조제4항 및 <u>제7항</u>, 법 제45조제3항 참조)

<u>「사업시행계획의 작성 및 변경」과 「관리처분계획의 수립 및 변경」은 조합원 총회에서 조합원 과반수의 동의가 필요하다. 다만, 정비사업비가 100분의 10(생산자물가상승률분, 법 제73조에 따른 손실보상금액은 제외한다) 이상 늘어나는 경우에는 조합원 3분의 2 이상의 동의를 받아야 하며,</u> 일반 조합원 총회의 경우에는 조합원의 100분의 10 이상이 직접 출석해야 한다. 다만, **창립총회, 사업시행계획서의 작성 및 변경, 관리처분계획의 수립 및 변경을 의결하는 총회 등 대통령령으로 정하는 총회의 경우에는 조합원의 100분의 20 이상이 직접 출석하여야 한다.** (법 제45조제4항 및 <u>제7항</u> 참조)

그 외의 조합원 총회의 의결은 다른 규정이 없는 한 **「조합원 과반수의 출석과 출석 조합원의 과반수 찬성」**으로 한다. (법 제45조제3항 참조)

다. 사업시행자는 사업시행계획서 및 정관 등, 총회결의서 사본, 기타 서류를 첨부하여 시장·군수등에게 인가를 받아야 한다. (법 제50조제1항 참조)

(2) 분양공고 및 분양신청(법 제72조제1항 <개정 2021.3.16.> 참조)

사업시행자는 <u>법 제50조제9항</u>에 따른 **사업시행계획인가의 고시가 있은 날**(사업시행계획인가 이후 시공자를 선정한 경우에는 시공자와 계약을 체결한 날)**부터 120일 이내**에 다음 각호의 사항을 **토지등소유자에게 통지**하고, 분양의 대상이 되는 대지 또는 건축물의 내역 등 대통령령으로 정하는 사항을 **해당 지역에서 발간되는 일간신문에 공고하여야 한다.** 다만, 토지등소유자 1인이 시행하는 재개발사업의 경우에는 그러하지 아니하다.

1. 분양대상자별 종전의 토지 또는 건축물의 명세 및 사업시행계획인가의 고시가 있은 날을 기준으로 한 가격(사업시행계획인가 전에 법 제81조제3항에 따라 철거된 건축물은 시장·군수등에게 허가를 받은 날을 기준으로 한 가격)
2. 분양대상자별 분담금의 추산액
3. 분양신청기간
4. 그 밖에 대통령령으로 정하는 사항

(3) 관리처분계획의 수립 및 인가신청(법 제74조제1항 <개정 2018.1.16.>)

사업시행자는 법 제72조에 따른 **분양신청기간이 종료된 때**에는 분양신청의 현황을 기초로 다음 각 호의 사항이 포함된 관리처분계획을 수립하여 시장·군수등의 인가를 받아야 하며, 관리처분계획을 변경이나 중지 또는 폐지하려는 경우에도 또한 같다. 다만, 대통령령으로 정하는 경미한 사항을 변경하려는 경우에는 시장·군수등에게 신고하여야 한다.

1. 분양설계
2. 분양대상자의 주소 및 성명
3. **분양대상자별 분양예정인 대지 또는 건축물의 추산액**(임대관리 위탁주택에 관한 내용을 포함한다)
4. 다음 각 목에 해당하는 보류지 등의 명세와 추산액 및 처분방법. 다만, 나목의 경우에는 법 제30조제1항에 따라 선정된 **임대사업자**의 성명 및 주소(법인인 경우에는 법인의 명칭 및 소재지와 대표자의 성명 및 주소)를 포함한다.
   가. 일반 분양분
   나. **공공지원민간임대주택**
   다. 임대주택
   라. 그 밖에 부대시설·복리시설 등
5. **분양대상자별 종전의 토지 또는 건축물 명세 및 사업시행계획인가 고시가 있은 날을 기준으로 한 가격**(사업시행계획인가 전에 법 제81조제3항에 따라 철거된 건축물은 시장·군수등에게 허가를 받은 날을 기준으로 한 가격)
6. **정비사업비의 추산액**(재건축사업의 경우에는 「재건축초과이익 환수에 관한 법률」에 따른 재건축부담금에 관한 사항을 포함한다) 및 그에 따른 조합원 분담규모 및 분담시기
7. 분양대상자의 종전 토지 또는 건축물에 관한 소유권 외의 권리명세
8. 세입자별 손실보상을 위한 권리명세 및 그 평가
9. 그 밖에 정비사업과 관련한 권리 등에 관하여 대통령령으로 정하는 사항

주) 법 제74조제1항 본문, 법 제52조제1항 본문 및 영 제47조 등에서는 '관리처분계획에 포함할 사항'을 사용하고, 법 제76조, 영 제62조와 서울시 도시정비 조례 제33조·제34조 등에서는 '관리처분계획의 내용'으로 사용하고 있다. 이는 사항(事項)은 일의 항목을, 내용(內容)은 사물의 속내를 이루는 것을 구체적으로 표현할 때와 항목 전체를 의미할 때 주로 사용되므로 용어의 사용 시 주의할 필요가 있다.

6) 철거, 공사착공 및 입주

(1) 건축물의 철거 및 공사착공
- 사업시행자는 관리처분계획 인가 후 기존의 건축물 철거(법 제81조제2항)
- 건축물의 붕괴 및 안전사고의 우려가 있는 경우 소유자의 동의 및 허가를 얻어 조기 철거가 가능하고, 철거 이후의 권리·의무에 영향을 주지 아니한다.
- 사업시행자는 정비구역에 정비기반시설(주거환경관리사업의 경우에는 공동이용시설 포함)을 설치하여야 한다.
- 조합이 정비사업의 시행을 위하여 시장·군수등 또는 토지주택공사등이 아닌 자를 시공자로 선정한 경우 그 시공자는 공사의 시공보증을 위하여 국토교통부령으로 정하는 기관의 시공보증서를 조합에 제출하여야 한다.

(2) 대지 및 건축물의 소유권이전

- 사업시행자는 준공에 대한 고시가 있은 때에는 대지에 대한 확정측량 실시
- 사업시행자는 대지 및 건축물의 소유권을 이전하려는 경우 그 내용을 공보에 고시 후 시장·군수등에게 보고 및 분양받은 자에게 통지
- 조합은 이전고시가 있은 때에는 소유자별로 등기소에 등기를 **촉탁** 또는 신청한다.

(3) 청산금의 징수 및 지급

- 분양받은 대지 또는 건축물과 종전에 보유하고 있던 토지 또는 건축물의 가격 사이에 차이가 있는 경우 그 차액에 상당하는 금액을 징수하거나 지급한다.

(4) 정비기반시설 및 토지의 귀속

- 시장·군수등 또는 토지주택공사등이 정비사업의 시행으로 새로 정비기반시설을 설치하거나 기존의 정비기반시설을 대체하는 정비기반시설을 설치한 경우에는 시설을 관리할 국가 또는 지자체에 무상귀속 된다. (법 제97조제1항)
- 용도 폐지되는 국가 또는 지자체 소유의 정비기반시설은 새로 설치한 정비기반시설의 설치비용에 상당하는 범위 안에서 사업시행자에게 무상양도 된다. (법 제97조제2항)
- 정비기반시설은 그 정비사업이 준공인가 되어 관리청에 통지를 한 때에 국가 또는 지방자치단체에 귀속되거나 사업시행자에게 귀속 또는 양도된 것으로 본다. (법 제97조제5항)

※ 촉탁등기(囑託登記) :

등기는 당사자의 신청(공동신청주의 : 등기권리자와 등기의무자가 공동으로 하도록 하는 주의)에 의하는 것이 원칙이나, 예외적으로 법률의 규정이 있는 경우 법원 및 그 밖의 관공서가 등기소에 촉탁하여 등기하는 경우가 있는데 이를 촉탁등기라 한다. 촉탁등기는 토지수용 시 주로 이용된다.

※ 구청장등 : 자치구의 구청장 또는 광역시의 군수

(법 제8조, 법 제9조, 법 제11조 및 법 제20조에 '구청장등'이 사용된다)

※ 결의[決議]와 의결[議決]

- **결의[決議]**
: 합의체를 구성하는 수인의 자가 일정한 사항에 관하여, 전체의 의사를 결정하고 그것을 표현하는 행위 또는 그 결정된 사항을 말한다.
  (사용 예): 決議는 多數決에 의하는 것이 원칙, 決議를 하기 위한 전제요건,
     決議에 필요한 議決定足數 등
- **의결 [議決]**
: 합의체기관에서의 의사결정을 말한다. 일반적으로는 의결기관의 구성원 재적수의 과반수 이상의 출석과, 출석구성원 과반수의 찬성으로 의결한다.
  (사용 예): 議決機關의 구성원, 出席構成員 과반수의 찬성으로 議決, 特別議決定足數,
     議決定足數. 地方議會의 議決 등

4 정비사업 추진 절차도

정비기본계획의 수립 (특별시장·광역시장·시장) (법 제4조제1항, 제2항)	특별시장, 광역시장, 특별자치시장, 특별자치도지사 또는 시장(이하 '기본계획의 수립권자')이 10년 단위로 수립하며 5년마다 그 <u>타당성을</u> 검토해야 한다.
정비기본계획의 수립을 위한 주민의견청취 (법 제6조제1항)	기본계획의 수립권자가 기본계획을 수립 또는 변경하고자 하는 때에는 <u>14일 이상 주민에게 공람</u>하고 지방의회의견 청취 후 지방도시계획위원회에 심의 신청하여야 한다.
정비기본계획의 지방(시)의회 의견청취 (법 제6조제2항)	지방의회는 기본계획의 수립권자가 기본계획을 통지한 날로부터 60일 이내에 의견을 제시하여야 한다. 60일이 경과하면 이의가 없는 것으로 한다.
정비기본계획의 확정 (법 제7조제1항)	기본계획의 수립권자(인구 50만 이하의 도시는 제외)는 기본계획의 수립이나 변경 시, 관계 행정기관의 장과 협의한 후 지방도시계획위원의 심의를 거쳐야 한다.
정비기본계획의 공보에 고시 및 열람 (법 제7조제3항)	'기본계획의 수립권자'는 기본계획이 수립 또는 변경된 때에는 해당 지방자치단체의 공보에 고시하고 일반인이 열람할 수 있도록 하여야 한다.
정비기본계획을 국토교통부장관에 보고 (법 제7조제4항)	'기본계획의 수립권자'는 기본계획을 수립 또는 변경한 때에는 국토교통부장관에게 보고하여야 한다.
정비계획 입안을 위한 주민의견 청취 및 입안, 정비세부계획의 수립 (시장·군수·구청장→시·도지사) (법 제8조제4항, 법 제9조제3항, 법 제15조제1항)	특별시장·광역시장·특별자치시장·특별자치도지사·시장 또는 군수(광역시의 군수는 제외, 이하 "<u>정비구역의 지정권자</u>")는 정비구역 지정을 위한 정비계획을 입안할 수 있다. 특별자치시장, 특별자치도지사, 시장, 군수 또는 자치구의 구청장, 광역시의 군수(이하 <u>정비계획의 입안권자</u>)는 정비세부계획을 수립할 수 있다. 이 경우 <u>30일 이상 주민에게 공람 및 의견청취</u>
정비계획의 입안에 대한 제안 (토지등소유자 → 정비계획의 입안권자) (법 제14조제1항)	
정비구역의 지정·변경 및 지정신청 (시장·군수·구청장→시·도지사) (법 제8조제1항 및 제5항)	<u>정비구역의 지정권자</u>는 정비계획을 결정하여 정비구역을 지정 및 변경할 수 있다. 자치구의 구청장 또는 광역시의 군수(이하 <u>구청장등</u>)는 정비계획을 입안하여 특별시장·광역시장에게 정비구역지정을 신청하여야 한다. 이 경우 <u>30일 이상 주민에게 공람 및 의견청취</u>, 지방의회의 의견을 첨부하여야 한다.
안전진단 실시(재건축사업에 한함) (시장·군수·구청장) (법 제12조)	
정비구역의 지정·변경에 대한 고시 (법 제16조제2항 및 제3항)	<u>정비구역의 지정권자</u>는 정비구역을 지정·변경 또는 정비계획을 결정한 경우, 공보에 고시하고, 국토부 장관에게 보고하며, 관계 서류를 일반인이 열람할 수 있도록 한다.

조합설립추진위원회의 구성 및 설립승인신청
(법 제31조제1항, 영 제29조제1항, 시행규칙 제7조)

- 토지등소유자 과반수의 동의를 받아 추진위원회 구성	- 시장·군수등에 승인신청 - 설립신청 60일 전까지 철회방법 등 등기우편 통지

주민대표회의 구성 및 승인신청
(법 제47조제1항, 제2항, 제3항)

시장·군수등 또는 토지주택공사등과 사업시행을 추진하는 경우, 토지등소유자의 과반수의 동의로 추진위원회 대신 주민대표회의를 구성 후 시장·군수등에 승인신청

사업시행계획서의 작성
(법 제52조, 영 제47조)

공사비가 법 제29조의2에 해당하는 경우 사업시행자는 한국부동산원 또는 한국토지공사에 공사비 검증을 요청한다.

조합창립총회
(법 제35조제1항 내지 제4항), (법 제32조제3항)

조합설립에 대한 동의요건(법 제35조)
- 재개발사업(법 제35조제2항)
 : 토지등소유자의 3/4 이상 및 토지면적의 1/2 이상 동의가 필요하다.
- 재건축사업(법 제35조제3항, 제4항)
 : 공동주택 동별 구분소유자의 과반수 동의와 주택단지의 전체 구분소유자의 3/4 이상 및 토지면적의 3/4 이상의 토지소유자의 동의가 필요하다. 단지 외의 지역은 토지 또는 건축물소유자의 4분의 3 이상 및 토지면적의 2/3 이상의 토지소유자 찬성 필요

창립총회에서는 사업계획의 의결, 조합정관 및 규정의 승인, 조합장 선출, 임원의 인준, 사업예산의 승인 및 공사계약체결의 위임 결의 등을 의결한다.

조합설립인가 신청
(시장·군수·구청장)
(법 제35조제1항 내지 제4항, 영 제30조)

시공자 선정-1(조합설립인가 후 시공자 선정)
: 조합원 총회에서 **건설사업자** 또는 **등록사업자**를 시공자로 선정(법 제29조제4항)

시공자 선정-2(사업시행자 지정·고시 후 시공자 선정)
: 시장·군수등이 직접 사업을 시행하는 경우나 **건설업자** 또는 **등록사업자**를 사업시행자로 지정한 경우.
(법 제29조제6항)
이 경우와 주거환경개선사업의 시행자가 시공자를 선정하는 경우에는 주민대표회의나 토지등소유자 전체회의가 시공자를 추천할 수 있다) (법 제29조제7항)

매도청구소송
(재건축사업에 한함)(법 제64조)

사업시행계획의 신청(인가)
(시장·군수·구청장)
(법 제45조제3항, 제4항, 제7항), (법 제50조)

사업시행자가 정비사업을 시행하려는 경우 조합원총회 의결 후 사업시행계획서에 정관 등을 첨부하여 시장·군수등에 제출. **재개발사업**은 토지등소유자의 3/4 이상 및 토지면적의 1/2 이상 토지소유자 동의를 얻어야한다. (법 제50조제1항, 제6항)	지정개발자는 토지등소유자의 과반수의 동의 및 토지면적의 1/2 이상 토지등소유자의 동의 필요. 사업시행계획을 변경하는 경우 토지등소유자의 과반수의 동의 필요. 단, 사업비가 10% 이상 증가하는 경우에는 2/3 이상 동의 필요(법 제45조제3항,제4항)

용적률 완화 및 국민주택규모 주택 건설에 관한 협의
(법 제54조, 법 제55조)

서울시 건축위원회 심의
(건축법 시행령 제8조제1항)

서울시의 허가대상인 21층 이상 이거나 연면적이 10만㎡ 이상인 경우[16층 이상으로 300세대 또는 실(室) 이상인 공동주택·오피스텔 포함 ?]
(서울시 건축위원회 공동주택 건축심의에 관한 규칙)

국·공유지의 처분, 무상양도 및 용도폐지에 대한 각 관리청과의 협의
(법 제98조, 제99조, 제101조)

사업시행계획서의 공람 및 공고
(법 제56조, 영 제49조)

- 시장·군수등은 사업시행계획서의 사본을 **14일 이상 공람**(법 제56조제1항)
- 시장·군수등은 사업시행계획서의 요지와 공람장소를 공보등에 공고하고 토지등소유자에게 공고내용을 통지(영 제49조)

사업시행계획의 인가 및 공보에 고시
(시장·군수·구청장)
(법 제50조제9항), (주택법 제43조제1항)

- 시장·군수등이 사업시행인가·변경 등을 하는 경우 그 내용을 해당 지방자치단체의 공보에 고시하여야 한다.
- 사업계획승인권자가 계획의 승인 시 **책임감리자 지정**

시공자 선정-3 (사업시행계획인가 후 시공자 선정)
1. 토지등소유자가 시행하는 재개발사업(법 제29조제5항)
2. 정비사업에 관하여 서울시에서 정한「공공지원제도」에 의해 시행되는 재개발사업(서울시 조례 제73조, 제77조제1항)

본공사 착공

- 조합은 구청장에게 착공신고, 구청은 책임감리자 선정
- 조합은 입주자 모집공고(일반분양)

조합원분양에 대한 개별통지·공고 및 분양신청
(법 제72조, 영 제59조), (법 제73조제1항, 제2항)

- 통지 : 사업시행인가의 고시일(사업시행인가 후 시공자를 선정한 경우에는 시공자와 계약을 체결한 날)로부터 120일 이내에 통지(조합→ 토지등소유자)
  ※ 첨부서류 : 분양신청서, 정관, 사업시행인가서 사본 또는 사업시행인가 요지, 기타 분양신청에 필요한 안내문
- 해당지역 일간신문에 공고
- 분양신청기간 : 분양신청을 통지한 날로부터 30일 이상 60일 이내(20일 연장가능)
- 보상협의 : 사업시행자는 관리처분계획 인가·고시된 다음날(혹은 분양신청기간 종료일 이후)부터 **90일 이내**에 미신청자 등과 보상협의를 하여야 한다.(법 제73조)
- 수용재결신청/매도청구소공 제기 : 사업시행자는 협의불성립 다음날부터 **60일 이내**에 수용재결신청이나 매도청구소송 제기(법 제73조)

조합원의 종전 토지 및 건축물의 가격평가
(법 제74조제1항제5호, 및 제4항)

- 평가시점(제1항제5호) :최초사업시행인가고시일 (철거 시는 철거허가일)
- 평가방법(제4항) : 감정평가법에 따른 **감정평가법인등** 2인 이상이 평가한 금액의 산술평균값

분양예정대지 또는 분양건축물의 가격평가
(법 제74조제1항제3호), (서울시 조례 제41조)

관리처분계획의 수립을 위한 조합원 총회
(법 제45조제4항, 제7항)

조합원 과반수의 동의를 받아야 한다. 다만, 정비사업비가 10% 이상 늘어나는 경우에는 조합원 3분의 2 이상의 동의를 받아야 한다. 관리처분총회는 조합원의 100분의 20 이상이 직접참석 의무.

관리처분계획의 인가신청 및 공람(사업시행자)
(법 제78조제1항)

- 사업시행자는 관리처분계획 인가 신청 전 관계 서류 사본을 30일 이상 토지등소유자에게 공람하고 의견을 들어야 한다.

관리처분계획의 공람계획·인가내용 통지(사업시행자)
(법 제78조제5항)

- 사업시행자는 관리처분계획의 고시 후 공람계획을 **토지등소유자**에게 통지하고, 분양신청자에게는 **관리처분계획인가의 내용을 통지**하여야 한다.

관리처분계획의 인가 및 고시(시장·군수·구청장)
(법 제78조제2항, 제3항 및 제4항)

조합원이주 및 기존건축물의 철거
(법 제81조제2항)

- 고시방법 : 시장·군수등이 **30일 이내**에 결정하고 사업시행자에게 **통보** 및 그 내용을 해당 지방자치단체 공보에 고시. 이때, **사업시행계획 대비 10% 이상 증가한 경우 시장·군수등은 공공기관에 타당성 검증을 요청한다.**
- 사업시행자는 **관리처분계획의 인가 후 기존 건축물을 철거**하여야 한다.

관리처분계획 인가내용 통지(사업시행자)
(법 제78조제5항, 영 제65조)

- 사업시행자는 관리처분계획의 인가 후 인가내용을 **분양을 신청한 자**에게 **통지**하여야 한다.

- 통지내용 : 사업의 종류 및 명칭, 시행구역의 면적, 사업시행자의 성명 및 주소, 관리처분계획의 인가일, 분양대상자별 종전·종후재산의 명세 등
- 사업시행자는 임대주택 공급대상자로 확정된 자에게도 별지서식의 임대주택 공급안내서를 통지하여야 한다.(서울시 도시정비조례 시행규칙 제17조제3항)

재결 및 토지수용/건축물의 철거

감리자 지정 및 착공신고
(주택법 제43조제1항, 주택건설공사 감리자 지정기준)

- 사업승인권자는 주택건설사업계획을 승인하였을 때 주택법 제43조제1항에 따른 감리자를 지정한다.

입주자 모집승인 및 일반분양
(법 제79조, 영 제67조), (서울시 정비조례 제40조)

법 제79조제4항에 따라 조합원 외의 자에게 분양하는 경우의 공고·신청절차·공급조건·방법 및 절차 등에 관하여는 주택법 제54조를 준용한다.(영 제67조)

- 공동주택 : 「주택공급에 관한 규칙」에 준하여 따로 정한 후 일반인에게 분양
- 복리시설 : 「주택공급에 관한 규칙」에 준하여 따로 정한 후 일반공개경쟁 입찰방식 등으로 분양(상가 등 근린생활시설)
- 사업시행자는 법 제54조제4항에 따라 건설한 국민주택규모 주택을 국토교통부장관, 시·도지사, 시장·군수, 구청장 또는 토지주택공사등에 공급하여야 한다.(법 제55조제1항)

준공인가 및 공보에 고시
(법 제83조제2항/제4항, 영 제74조)

- 준공인가신청(조합→시장·군수등<구청장>)
- 관계 행정기관·연구기관 등 단체에 준공검사의 실시를 의뢰가능
- 시장·군수등은 준공인가 후 해당 지방자치단체의 공보에 고시하여야 한다.

토지분할 및 확정측량
(법 제86조제1항)

- 사업시행자는 준공에 대한 고시가 있은 때에는 즉시 대지확정측량을 시행하고, 분양받을 자에게 통지하고 대지 또는 건축물의 소유권을 이전

이전의 고시
(법 제86조)

- 통지 : 사업시행자는 준공에 대한 고시내용을 분양받을 자에게 통지한다.
- 고시 : 사업시행자가 대지 및 건축물의 소유권을 이전하고자 하는 때에는 그 내용을 해당 지방자치단체의 공보에 고시 후 시장·군수등에 보고. 이때 **분양받은 자는 고시가 있은 다음 날에 소유권을 취득한다.**

등기 촉탁(신청)
(법 제88조)

- 등기신청 주체 : 조합은 이전의 고시가 있은 때에는 대지 및 건축물에 대하여 토지소유자별로 이전의 고시 내용을 등기소에 촉탁 또는 신청

조합해산 및 청산
(법 제49조, 표준정관 제56조/법 제89조, 영 제76조)

- 조합의 해산은 「민법」 중 사단법인에 관한 규정을 준용한다.(법 제49조)
- 조합의 해산방법 및 시기에 관하여는 정관에 따로 정하여 시행가능하다. (재건축 표준정관 제56조에 정한 사항은 임의사항으로 준수의무는 없다)
- 조합원 분담금에 차액이 있을 경우 차액(**청산금**)을 징수하거나 지급한다.

5 재건축사업 대상 건축물

1) **도시및주거환경정비법** 제2조제2호 및 제3호에서 규정하고 있으며, **정비기반시설이 양호한 지역의 '노후·불량건축물'로서 다음 각 항목의 어느 하나에 해당하는 건축물을 말한다.**
   (1) 건축물이 훼손되거나 일부가 멸실되어 붕괴, 그 밖의 안전사고의 우려가 있는 건축물
   (2) 내진성능이 확보되지 아니한 건축물 중 중대한 기능적 결함 또는 부실 설계·시공으로 인한 구조적 결함 등이 있는 건축물로서 "대통령령으로 정하는 건축물"(제3호나목)
   (3) 다음의 **2가지 요건**을 모두 충족하는 건축물로서 대통령령으로 정하는 바에 따라 특별시·광역시·특별자치시·도·특별자치도 또는 「지방자치법」 제175조에 따른 서울특별시·광역시 및 특별자치시를 제외한 인구 **50만 이상의 대도시**(이하 "대도시"라 한다)의 조례(이하 "시·도조례"라 한다)로 정하는 건축물(제3호다목)
   가. 주변 토지의 이용 상황 등에 비추어 주거환경이 불량한 곳에 소재할 것
   나. 건축물을 철거하고 새로운 건축물을 건설하는 경우 건설에 드는 비용과 비하여 효용의 현저한 증가가 예상될 것
   (4) 도시미관을 저해하거나 **노후화된 건축물**로서 대통령령으로 정하는 바에 따라 시·도조례로 정하는 건축물(제3호라목)

2) 도시및주거환경정비법 제2조제3호 나목에서 "대통령령으로 정하는 건축물"이란 건축물을 건축하거나 대수선할 당시의 건축법령에 따른 지진에 대한 안전여부 확인 대상이 아닌 건축물로서 다음 각 호의 어느 하나에 해당하는 건축물을 말한다. (영 제2조제1항)
   (1) 급수·배수·오수 설비 등의 설비 또는 지붕·외벽 등 마감의 노후화나 손상으로 그 기능을 유지하기 곤란할 것으로 우려되는 건축물
   (2) 법 제12조제4항에 따른 안전진단기관이 실시한 안전진단 결과 건축물의 내구성·내하력 (耐荷力) 등이 같은 조 제5항에 따라 국토교통부장관이 정하는 기준에 미치지 못할 것으로 예상되어 구조안전의 확보가 곤란할 것으로 우려되는 건축물

3) **도시 및 주거환경정비법** 제2조제3호다목에서 정하는 **2가지 요건**을 모두 충족하는 건축물로서 시행령으로 정하는 바에 따라 특별시·광역시·특별자치시·도·특별자치도 또는 「지방자치법」 제175조에 따른 서울특별시·광역시 및 특별자치시를 제외한 **인구 50만 이상의 대도시**의 조례로 정할 수 있는 건축물은 다음 각 호의 어느 하나에 해당하는 건축물을 말한다. (영 제2조제2항)
   (1) 「건축법」 제57조제1항에 따라 해당 지방자치단체의 조례로 정하는 면적에 미치지 못하거나 「국토의 계획 및 이용에 관한 법률」 제2조제7호의 규정에 따른 도시·군계획시설 (이하 "도시·군계획시설"이라 한다) 등의 설치로 인하여 효용을 다할 수 없게 된 대지에 있는 건축물
   (2) 공장의 매연·소음 등으로 인해 위해를 초래할 우려가 있는 지역에 있는 건축물
   (3) 해당 건축물을 준공일 기준으로 40년까지 사용하기 위하여 보수·보강하는 데 드는 비용이 철거 후 새로운 건축물을 건설하는 데 드는 비용보다 클 것으로 예상되는 건축물

위의 법 제2조제3호다목에서 정하는 **2가지 요건**은 다음과 같다.

가. 주변 토지의 이용 상황 등에 비추어 주거환경이 불량한 곳에 위치할 것

나. 건축물을 철거하고 새로운 건축물을 건설하는 경우 건설에 드는 비용과 비교하여 효용의 현저한 증가가 예상될 것

4) **도시및주거환경정비법** 제2조제3호라목에 따라 시행령으로 정하는 건축물은 다음 각 호의 어느 하나에 해당하는 건축물을 말한다. (영 제2조제3항)

(1) **준공된 후 20년 이상 30년 이하의 범위에서 조례로 정하는 기간이 지난 건축물**

(2) 「국토의 계획 및 이용에 관한법률」 제19조제1항제8호의 규정에 의한 도시·군기본계획의 경관에 관한 사항에 어긋나는 건축물

5) 서울시 도시정비조례 제4조에 **의한 노후·불량건축물로 보는 기준은 다음과 같다.**

(1) 영 제2조제3항제1호에 따라 노후·불량건축물로 보는 기준은 다음 각 호와 같다.

　　가. 공동주택

　　　① 철근콘크리트·철골콘크리트·철골철근콘크리트 및 강구조인 공동주택: 별표1에 따른 기간

　　　② 가목 이외의 공동주택: 20년

　　나. 공동주택 이외의 건축물

　　　① 철근콘크리트·철골콘크리트·철골철근콘크리트 및 강구조 건축물(건축법 시행령 별표 1 제1호에 따른 단독주택을 제외한다): 30년

　　　② 가목 이외의 건축물: 20년

(2) 영 제2조제2항제1호에 따른 노후·불량건축물은 건축대지로서 효용을 다할 수 없는 과소필지 안의 건축물로서 2009년 8월 11일 전에 건축된 건축물을 말한다.

(3) 미사용승인건축물의 용도별 분류 및 구조는 건축허가 내용에 따르며, 준공년도는 재산세 및 수도요금·전기요금 등의 부과가 개시된 날이 속하는 연도로 한다.

❏ **공동주택의 분류**(건축법 시행령 제3조의5 **별표 1** 제2호 **참조**), <개정 2019.10.22.>

건축법상으로 주거용 건축물은 단독주택과 공동주택으로 분류된다. 공동주택[공동주택의 형태를 갖춘 가정어린이집·공동생활가정·지역아동센터·노인복지시설(노인복지주택은 제외한다) 및 「주택법 시행령」 제10조제1항제1호에 따른 원룸형 주택을 포함한다.] 다만, 아래의 가목이나 나목에서 층수를 산정할 때 1층 전부를 필로티 구조로 하여 주차장으로 사용하는 경우에는 필로티 부분을 층수에서 제외하고, 다목에서 층수를 산정할 때 1층의 전부 또는 일부를 필로티 구조로 하여 주차장으로 사용하고 나머지 부분을 주택 외의 용도로 쓰는 경우에는 해당 층을 주택의 층수에서 제외하며, 가목부터 라목까지의 규정에서 층수를 산정할 때 지하층을 주택의 층수에서 제외한다.

가. 아파트

　: 주택으로 쓰는 층수가 5개 층 이상인 주택

나. 연립주택
: 주택으로 쓰는 1개 동의 <u>바닥면적</u>(2개 이상의 동을 지하주차장으로 연결하는 경우에는 각각의 동으로 본다) 합계가 660제곱미터를 초과하고, 충수가 4개 층 이하인 주택

다. 다세대주택
: 주택으로 쓰는 1개 동의 바닥면적 합계가 660제곱미터 이하이고, 충수가 4개 층 이하인 주택(2개 이상의 동을 지하주차장으로 연결하는 경우에는 각각의 동으로 본다)

라. 기숙사
: 학교 또는 공장 등의 학생 또는 종업원을 위하여 쓰는 것으로서 1개 동의 공동취사 시설 이용 세대수가 전체의 50퍼센트 이상인 것(「교육기본법」 제27조제2항에 따른 학생 복지주택을 포함한다)

6 재건축조합원의 자격

1) 토지등에 대한 소유형태에 따른 조합원의 자격

도시및주거환경정비법 제2조제9호 나목에서는 **재건축정비사업**에서 조합원이 될 수 있는 토지등소유자는 **정비구역에 위치한 건축물 및 그 부속토지의 소유자** 또는 정비구역이 아닌 구역에 소재한 경우는 시행령의 [별표 1] 제3호의 각호에 **해당하는 지역에 위치한 건축물 및 그 부속토지의 소유자**를 말한다.

그 외에 주거환경개선사업 및 재개발사업의 경우에는 '토지등소유자'를 정비구역에 위치한 토지 또는 건축물의 소유자 또는 그 지상권자를 말한다.

(1) 정비구역에 위치하는 경우

가. 건축물 및 부속토지의 소유자

도시및주거환경정비법에서는 정비구역에 위치한 토지등소유자 즉, 조합원이 될 수 있는 자를 '**건축물 및 그 부속토지의 소유자**'로 한정하여 규정하고 있다. 이때 관계 법률에서는 건축물의 용도를 한정하지 않고 있기 때문에 건축물이 주택에 해당하는가의 여부는 조합원의 자격여부와는 무관하다. 따라서 대상지역에 소재하는 단독주택, 근린생활시설 등도 토지등소유자의 요건을 충족한다. 여기서 재개발사업과는 달리 무허가건축물은 그 대상에서 제외된다.

나. 건축물이나 토지만의 소유자

건축물이나 토지만을 소유하고 있는 자는 토지등소유자에서 제외된다. 따라서 재건축조합의 조합원은 토지등소유자로서 재건축사업에 동의한 자로 한정되므로 건축물 혹은 토지만을 소유한 자 및 무허가건축물 소유자는 비록 조합설립에 동의한다 해도 조합원이 될 수 없다. 따라서 조합은 이들에 대해서 '매도청구소송'을 통해 재건축 사업에서 배제할 수밖에 없다.

다. 진입로의 토지소유자

정비구역의 지정권자는 정비구역의 진입로 설치를 위하여 필요한 경우에는 진입로 지역과 그 인접지역을 포함하여 정비구역을 지정할 수 있다. (법 제8조제3항)

그러나 건축물 혹은 토지만을 소유한 자는 조합원의 자격요건인 '토지등소유자'의 범위에서 배제되고, 관리처분계획의 조합원분양자격에서도 배제되도록 규정되어 있어 이들에 대해서도 '매도청구소송'에 의해 재건축사업에서 배제될 수밖에 없는 것이다.

라. 복리시설의 소유자

부대시설·복리시설(부속토지를 포함한다)의 소유자에게는 부대시설·복리시설을 공급한다. 다만, 다음 각 목의 어느 하나에 해당하는 경우에는 1주택을 공급할 수 있다. (영 제63조제2항제2호 참조)

① 새로운 부대시설·복리시설을 건설하지 아니하는 경우로서 기존 부대시설·복리시설의 가액이 분양주택 중 최소분양단위규모의 추산액에 정관등으로 정하는 비율(정관 등으로 정하지 아니하는 경우에는 1로 한다. 이하 나목에서 같다)을 곱한 가액보다 클 것

② 기존 부대시설·복리시설의 가액에서 새로 공급받는 부대시설·복리시설의 추산액을 뺀 금액이 분양주택 중 최소분양단위규모의 추산액에 정관등으로 정하는 비율을 곱한 가액보다 클 것

③ 새로 건설한 부대시설·복리시설 중 최소분양단위규모의 추산액이 분양주택 중 최소분양단위규모의 추산액보다 클 것

마. 연립주택의 경우

연립주택의 경우 지하층이 처음부터 별도의 호수로 구분등기가 되어 있는 경우에는 조합원으로 인정되며, 연립주택의 지하창고 등을 적법한 절차에 따라 주거용도로 변경하여 지상층과 지분등기가 되어 있는 경우에는 지상층 소유자와 공유자로 인정하는 문제에 대해 법적인 검토 후 시행이 요구된다.

■ 법 제71조제2항에서는 '재건축사업을 시행하는 경우 조합설립인가일 현재 조합원 전체의 공동소유인 토지 또는 건축물은 조합 소유의 토지 또는 건축물로 본다.'라고 규정되어 있다. 이는 주택단지의 공유시설에 대한 소유권확보의 문제가 발생할 것에 대비하여 별도의 소유권이전 절차 없이도 조합이 소유권을 확보한 것으로 간주할 수 있도록 하기 위한 법적인 조치로 해석된다.

(2) 정비구역이 아닌 구역

정비구역으로 지정된 지역은 물론이거니와 지정되어 있지 않은 지역에서도 재건축정비사업을 시행할 수 있다. 다만, 주택단지에 있지 아니하는 건축물의 경우에는 지형의 여건·주변의 환경으로 보아 **사업시행상 불가피한 경우로서 정비구역으로 보는 사업에 한정한다**(법 제23조제3항 단서). 또한, 법 제16조제2항에 따른 재건축사업 시행결정이 있을 때, 즉 정비구역의 지정권자가 정비구역을 지정하거나 정비계획을 결정한 때에는 토지등 소유자가 주택과 그 부속 토지를 동시에 소유하고 있거나 복리시설과 그 부속 토지를 동시에 소유하고 있는 자에 한하여 조합원의 지위가 확정된다.

가. 공동주택의 경우

기존의 공동주택을 재건축하고자 하는 경우에는 노후·불량건축물로서 기존 세대수 또는 재건축사업 후의 예정세대수가 200세대 이상이거나 그 부지면적이 1만㎡ 이상인 경우에는 정비구역의 지정이 있어야 하며, 정비계획을 수립해야 한다. 그러나 이 기준에 미달하는 경우에는 정비구역의 지정없이도 재건축정비사업을 추진할 수 있다.

또한, '건축법 시행령' 별표 1의 제2호 가목에 따른 아파트 또는 같은 호 나목에 따른 연립주택이 밀집되어 있는 지역으로서 도정법 시행령 제10조에 따른 안전진단 실시결과 전체 주택의 3분의 2 이상이 재건축이 필요하다는 판정을 받은 지역으로서 시·도조례로 정하는 면적 이상인 지역이어야 한다.

나. 단독주택의 경우

정비구역이 아닌 구역에서는 아파트 및 연립주택만이 재건축사업의 대상이 되므로 정비구역이 아닌 구역에서는 단독주택의 재건축은 원칙적으로 허용되지 않는다. 그러나 기존의 단독주택이 200호 이상 또는 그 부지면적이 1만㎡ 이상인 지역의 경우로서 일정한 요건에 해당하면 정비계획을 수립하여야 한다. **다만, 부지면적이 5천㎡ 이상인 지역으로서 시도 조례로 따로 정하는 지역은** 시행령 [별표 1] 제2호에 **해당하지 않더라도 정비계획을 수립할 수 있다.**

다. 주택단지에 있지 아니하는 상가 등이 포함된 경우

재건축사업은 정비구역 또는 정비구역이 아닌 구역에서 관리처분계획에 의한 주택, 복리시설 및 오피스텔(「건축법」 제2조제2항에 따른 오피스텔을 말한다)을 건설하여 공급할 수 있다 (법 제23조제3항). 다만, 법 제23조제3항 단서에는 '주택단지에 있지 아니하는 건축물의 경우에는 지형여건·주변의 환경으로 보아 사업 시행상 불가피한 경우로서 정비구역으로 보는 사업에 한정한다.'로 규정하고 있다.

2) 사업추진단계별 동의에 따른 조합원의 자격

재건축사업의 경우 정비구역에 위치한 건축물 및 그 부속토지의 소유자, 또는 정비구역이 아닌 구역에 있는 대통령령이 정하는 주택 및 그 부속토지의 소유자와 복리시설 및 그 부속토지 소유자는 일단 조합원의 자격을 가지나, 각 사업단계별로 동의를 하지 않으면 조합원이 될 수 없다.

(1) 추진위원회 구성단계에서 설립동의의 경우(법 제31조제1항)

조합을 설립하고자 하는 경우에는 법 제16조에 따른 정비구역지정 고시(정비구역 이외의 구역에서는 법 제12조제6항에 따른 정비계획의 입안 여부를 결정) 후 위원장을 포함한 5인 이상의 위원 및 법 제34조제1항에 따른 운영규정에 대한 **토지등소유자 과반수의 동의를 받아 조합설립을 위한 추진위원회를 구성하여 국토교통부령으로 정하는 방법과 절차에 따라 시장·군수등의 승인을 받아야 한다. 다만,** 법 제118조에 **따른 '공공지원'을 시행하려고 하는 경우에는 추진위원회를 구성하지 아니할 수 있다.** (법 제31조제4항)

(2) 조합설립에 대한 동의의 경우

재건축사업의 추진위원회(법 제31조제4항[공공지원 요청]에 따라 추진위원회를 구성하지 아니하는 경우에는 토지등소유자를 말한다)가 조합을 설립하려는 때에는 주택단지의 공동주택의 각 동(복리시설의 경우에는 주택단지의 복리시설 전체를 하나의 동으로 본다)별 **구분소유자의 과반수 동의**(공동주택의 각 동별 구분소유자가 5 이하인 경우는 제외한다)와 **주택단지의 전체 구분소유자의 4분의 3 이상 및 토지면적의 4분의 3 이상의 토지소유자의 동의**를 받아 법 제35조제2항의 각 호의 사항(1.정관, 2.정비사업비와 관련된 자료 등 국토교통부령으로 정하는 서류. 3.그 밖에 시·도조례로 정하는 서류)과 영 제30조제2항이 포함된 동의서 및 시행규칙 제8조의 사항을 첨부하여 시장·군수등의 인가를 받아야 한다. 이때, 재건축조합 설립의 경우 조합설립에 동의한 자만이 조합원의 자격을 가진다.(법 제39조제1항)

조합설립을 위한 동의방법은 법 제36조제1항에 규정되어 있는데, 서면동의서에 토지등소유자가 성명을 적고 지장(指章)을 날인하는 방법으로 하며, 이때 주민등록증이나 여권 등 신원을 확인 할 수 있는 신분증서의 사본을 첨부하여야 한다. 다만, 토지등소유자가 해외에 장기 체류하거나 법인인 경우 등 불가피한 사유가 있다고 시장·군수등이 인정하는 경우에는 토지등소유자의 인감도장을 찍은 서면동의서에 해당 인감증명서를 첨부하는 방법으로 할 수 있다.

♣ 도시및주거환경정비법 제36조(토지등소유자의 동의방법 등) 전문

① 다음 각 호에 대한 동의(동의한 사항의 철회 또는 제26조제1항제8호 단서, 제31조제2항 단서 및 제47조제4항 단서에 따른 **반대의 의사표시를 포함한다**)는 **서면동의서에 토지등소유자가 성명을 적고 지장(指章)을 날인하는 방법으로 하며, 주민등록증, 여권 등 신원을 확인할 수 있는 신분증명서의 사본을 첨부하여야 한다.** <개정 2021.3.16.>
1. 제20조제6항제1호에 따라 정비구역등 해제의 연장을 요청하는 경우
2. 제21조제1항제4호에 따라 정비구역의 해제에 동의하는 경우
3. 제24조제1항에 따라 주거환경개선사업의 시행자를 토지주택공사등으로 지정하는 경우
4. 제25조제1항제2호에 따라 토지등소유자가 재개발사업을 시행하려는 경우
5. 제26조 또는 제27조에 따라 재개발사업·재건축사업의 공공시행자 또는 지정개발자를 지정하는 경우
6. 제31조제1항에 따라 **조합설립을 위한 추진위원회를 구성**하는 경우(검인 서면동의서)
7. 제32조제4항에 따라 추진위원회의 업무가 토지등소유자의 비용부담을 수반하거나 권리·의무에 변동을 가져오는 경우
8. 제35조제2항부터 제5항까지의 규정에 따라 **조합을 설립하는 경우(검인 서면동의서)**
9. 제47조제3항에 따라 주민대표회의를 구성하는 경우
10. 제50조제6항에 따라 사업시행계획인가를 신청하는 경우
11. 제58조제3항에 따라 **사업시행자가 사업시행계획서를 작성하려는 경우**
② 제1항에도 불구하고 토지등소유자가 해외에 장기체류하거나 법인인 경우 등 불가피한 사유가 있다고 시장·군수등이 인정하는 경우에는 토지등소유자의 인감도장을 찍은 서면동의서에 해당 인감증명서를 첨부하는 방법으로 할 수 있다.

③ 제1항 및 제2항에 따라 서면동의서를 작성하는 경우 제31조제1항 및 제35조제2항**부터 제4항까지**의 규정에 해당하는 때에는 시장·군수등이 대통령령으로 정하는 방법에 따라 **검인(檢印)한 서면동의서를 사용하여야 하며, 검인을 받지 아니한 서면동의서는 그 효력이 발생하지 아니한다.**

④ 제1항, 제2항 및 제12조에 따른 토지등소유자의 동의자 수 산정 방법 및 절차 등에 필요한 사항은 대통령령으로 정한다.

※ 도시정비법 시행규칙 별지 제6호서식이 정하는 「조합설립 동의서」 는 '검인(檢印)한 서면동의서' 로서의 법적인 지위를 가진다.

(3) 주민대표회의의 구성에 대한 동의의 경우

토지등소유자가 시장·군수등 또는 토지주택공사등의 사업시행을 원하는 경우에는 정비구역 지정·고시 후 주민대표기구(이하 "주민대표회의"라 한다)를 구성하여야 한다. (법 제47조제1항)

주민대표회의는 **토지등소유자의 과반수의 동의를 받아 구성**하며, 국토교통부령으로 정하는 방법 및 절차에 따라 시장·군수등의 승인을 <u>받아야</u> 한다. (법 제47조제3항)

7 안전진단

1) 안전진단 실시대상

(1) 건축물의 상태별 대상

재건축사업의 안전진단은 주택단지의 건축물을 대상으로 한다. 다만 대통령령으로 정하는 다음 각 호의 주택단지 건축물의 경우에는 안전진단 대상에서 제외할 수 있다.
(안전진단은 재건축정비사업의 실시대상 건축물에 한하여 실시한다)

가. 천재지변 등으로 주택이 붕괴되어 신속히 재건축을 추진할 필요가 있다고 시장·군수등이 인정하는 것

나. 주택의 구조안전상 사용금지가 필요하다고 시장·군수등이 인정하는 것

다. 노후·불량건축물에 관한 기준을 충족하는 경우의 잔여건축물

라. 진입도로 등 기반시설 설치를 위하여 불가피하게 정비구역에 포함된 것으로 시장·군수등이 인정하는 건축물

(2) 건축물의 형태별 대상

가. 공동주택 재건축의 경우

3개소 이상의 공동주택(아파트의 경우 5개 층 이상의 주택)단지가 밀집된 지역으로서 안전진단실시결과 2/3 이상의 주택 및 주택단지가 재건축판정을 받았다면 그 나머지 공동주택은 제외된다. 단, 시·도조례로 정하는 면적 이상인 지역이 추가되는 경우에는 안전진단을 받아야 한다.

나. 단독주택 재건축의 경우

① 안전진단 실시 대상

기존의 단독주택을 재건축하고자 하는 경우에는 단독주택 200호 이상 또는 그 부지면적이 1만㎡ 이상인 지역으로서 다음에 해당하는 지역. 다만, 면적이 5천㎡ 이상인 지역으로서 시·도조례로 따로 정하는 지역은 이에 해당하지 않더라도 정비계획을 수립할 수 있다.

가) 해당 지역의 주변에 도로 등 정비기반시설이 충분히 갖추어져 있어 해당 지역을 개발하더라도 인근지역에 정비기반시설을 추가로 설치할 필요가 없는 경우일 것 다만, 추가로 설치할 필요가 있는 정비기반시설을 정비사업 시행자가 비용을 부담하여 설치하는 경우에는 예외로 한다.

나) 노후·불량건축물이 해당 지역에 있는 건축물 수의 3분의 2 이상이거나, 노후·불량건축물이 해당 지역에 있는 건축물 수의 2분의 1 이상으로서 준공 후 15년 이상이 경과한 다세대주택 및 다가구주택이 해당 지역에 있는 건축물수의 10분의 3 이상인 경우일 것

② 노후·불량건축물 수의 판단

단독주택지의 노후·불량건축물은 대부분 철근·철골콘크리트나 강구조물 등이 아니기 때문에 서울시 도시정비조례 제4조제1항제2호나목에 따라 조적(벽돌)조인 단독주택은 그 요건이 20년에 해당한다.

2) 안전진단 실시시기

정비계획의 입안권자(법 제9조제3항: 특별자치시장, 특별자치도지사, 시장, 군수 또는 구청장등)는 재건축사업 정비계획의 입안을 위하여 법 제5조제1항제10호에 따른 **정비예정구역별 정비계획의 수립시기가 도래한 때에 안전진단을 실시하여야 한다.** 다만, 대통령령으로 정하는 주택단지의 건축물인 경우에는 안전진단 대상에서 제외할 수 있다 (법 제12조제1항 및 제3항 단서)

3) 안전진단 실시절차

(1) 실시절차의 개요

가. 현지조사

정비계획의 입안권자는 현지조사 등을 통하여 해당 건축물의 구조안전성, 건축마감, 설비노후도 및 주거환경 적합성 등을 심사하여 안전진단 실시여부를 결정하여야 한다. 이때, **필요 시 공공기관(국토안전관리원 등)을 참여시켜 의견제시를 하게할 수 있다.**
정비예정구역 또는 정비구역이 아닌 구역에서의 **토지등소유자의 10분의 1 이상의 동의**를 얻어 안전진단의 실시 요청이 있는 때에는, 요청일로부터 30일 이내에 안전진단의 실시 여부를 결정하여 요청인에게 통보하여야 한다. 한편 안전진단을 요청하려는 자는 소정의 '안전진단 요청서'에 사업지역 및 주변지역의 여건 등에 관한 현황도, 결함부위의 현황사진 등의 서류를 첨부하여 정비계획의 입안권자에게 제출하여야 한다.

나. 안전진단전문기관 선정

정비계획의 입안권자는 안전진단기관에 안전진단을 의뢰하여야 한다. 이때 대통령령으로 정하는 안전진단기관은 다음과 같다. (영 제10조제4항), <개정 2020.12.1.>

가) 「과학기술분야 정부출연기관 등의 설립·운영 및 육성에 관한 법률」 제8조에 따른 **한국건설기술연구원**

나) 「시설물의 안전 및 유지관리에 관한 특별법」 제28조에 따른 **안전진단전문기관**

다) 「국토안전관리원법」에 따른 **국토안전관리원**

다. **안전진단 실시 및 안전진단 결과보고서 제출**

안전진단기관은 안전진단 결과보고서를 작성하여 정비계획의 입안권자 및 안전진단을 요청한 자에게 제출하여야 하며, 정비계획의 입안권자는 안전진단결과를 근거로 재건축 사업의 시행여부를 결정한다. (법 제12조제5항 및 제6항)

라. **정비계획 결정내용과 안전진단 결과보고서 제출**[시장, 군수 또는 구청장]

정비계획의 입안권자(특별자치시장, 특별자치도지사를 제외한 **시장, 군수 또는 구청장**을 말한다)는 법 제12조제6항에 따라 정비계획의 입안 여부를 결정한 경우에는 지체 없이 **특별시장·광역시장·도지사**에게 결정내용과 해당 안전진단 결과보고서를 제출하여야 한다. (법 제13조제1항 참조)

(2) **조례에서 정하고 있는 안전진단실시 절차**(서울시 도시정비조례 제9조제1항)

영 제10조제7항에 따른 "안전진단의 요청절차 및 그 처리에 관하여 필요한 세부사항"은 다음 각 호와 같다.

가. 영 제10조제1항 후단 규정에 따라 구청장은 재건축사업의 시기를 조정할 필요가 있다고 인정하는 경우 안전진단 실시시기를 조정할 수 있다.

나. 안전진단 시기조정사유, 조정대상구역, 시기조정자료, 시기조정 절차 및 방법 등에 대해서는 제49조부터 제51조까지를 준용한다. 이 경우 "정비구역"은 "정비예정구역 (정비예정구역이 아닌 경우 사업예정구역을 말한다)"으로, "사업시행계획인가 또는 관리처분계획인가"는 "안전진단"으로 본다.

다. 서울특별시장(이하 "시장"이라 한다)은 관계 법령 및 이 조례에서 정하지 아니한 시기 조정에 필요한 세부기준을 별도로 정할 수 있다.

4) 안전진단 비용부담

재건축사업에서 안전진단에 소요되는 비용은 재건축사업의 정비예정구역별 정비계획의 수립시기가 도래하여 실시되는 안전진단인 경우 **정비계획의 입안권자가 부담한다.** 그러나 아래의 경우에는 **해당 안전진단의 실시를 요청하는 자가** 부담하게 할 수 있다. (법 제12조제2항 참조)

(1) 정비계획의 입안을 제안하려는 자가 입안을 제안하기 전에 해당 정비예역구역에 위치한 건축물 및 그 부속토지의 소유자 10분의 1 이상의 동의를 받아 안전진단의 실시를 요청 하는 경우

(2) 정비예정구역을 지정하지 아니한 지역에서 재건축사업을 하려는 자가 사업예정구역에 있는 건축물 및 그 부속토지의 소유자 10분의 1 이상의 동의를 받아 안전진단의 실시를 요청하는 경우

(3) 내진성능이 확보되지 아니한 건축물 중 중대한 기능적 결함 또는 부실 설계·시공으로 구조적 결함 등이 있는 건축물로서 대통령령으로 정하는 건축물(법 제2조제3호나목)에 해당하는 건축물의 소유자로서 재건축사업을 시행하려는 자가 해당 사업예정구역에 위치한 건축물 및 그 부속토지의 소유자 10분의 1 이상의 동의를 받아 안전진단의 실시를 요청하는 경우

위의 규정 이외에 비용부담에 관하여 조례에서 정하고 있는 사항은 다음과 같다.
(서울시 도시정비조례 제9조제2항내지 제5항)

(1) 법 제12조제2항 각 호에 해당하는 자가 안전진단의 실시를 요청하는 경우 「도시 및 주거환경정비법 시행규칙」(이하 "시행규칙"이라 한다) 제3조에서 정한 안전진단 요청서와 규칙에서 정한 서식을 첨부하여 구청장에게 제출하여야 하고, 이 경우 안전진단의 실시를 요청하는 자가 안전진단에 드는 비용의 전부를 부담해야 한다. (조례 제9조제2항)

(2) 안전진단의 실시를 요청한 자는 영 제10조제1항에 따라 구청장이 안전진단의 실시여부를 결정하여 통보한 경우 안전진단에 필요한 비용을 예치하여야 한다.(조례 제9조제3항)

(3) 구청장은 법 제13조제1항에 따라 안전진단 결과보고서가 제출된 경우 예치된 금액에서 비용을 직접 지급한 후 나머지 비용은 안전진단의 실시를 요청한 자와 정산하여야 한다. (조례 제9조제4항)

(4) 제2항에 따른 비용 산정에 관한 사항은 「시설물의 안전 및 유지관리에 관한 특별법」 제37조를 준용한다. (조례 제9조제5항)

5) 시장·군수등의 안전진단 실시(의뢰)

(1) **정비계획의 입안권자**는 현지조사 등을 통하여 해당 건축물의 구조안전성, 건축마감, 설비노후도 및 주거환경 적합성 등을 심사하여 안전진단 실시여부를 결정해야 하며, 안전진단의 실시가 필요하다고 결정한 경우에는 대통령령으로 정하는 안전진단기관에 안전진단을 의뢰하여야 한다. (법 제12조제4항)

(2) 법 제12조제5항에 따라 재건축 안전진단은 ① 구조적 또는 기능적 결함 등을 평가하는 **구조안전성 평가**와 ② 구조안전성과 주거생활의 편리성 및 거주의 쾌적성 등을 중심으로 평가하는 **구조안전성 및 주거환경 중심 평가**로 구분하여 시행한다. (영 제10조제6항)

(3) **안전진단 종합판정을 위한 평가항목별 가중치**
안전진단 종합판정을 위한 평가항목별 가중치는 ①주거환경 : 15%, ②건축마감 및 설비 노후도 : 25%, ③구조안전진단 : 50%, ④비용분석 : 10%이다.

(4) **주거환경중심평가**는 아래와 같이 9개 평가항목으로 구성 및 조정하여 개정되었다.
주) 필자는 이 조정내역에 대해, 현재 큰 사회문제로 대두되어 있는 사생활침해(층간소음)의 가중치를 한층 더 강화하는 것이 필요하다는 판단이다.

주거환경중심 평가항목 가중치 조정내역(자료 : 국토교통부)

평가항목	현행 가중치	개정 가중치	평가항목	현행 가중치	개정 가중치
도시미관	0.075	0.025	사생활침해 (층간소음)	0.1	0.1
소방활동의 이용성	0.175	0.25	에너지 효율	0.1	0.05
침수피해 가능성	0.15	0.15	노약자·어린이 생활환경	0.05	0.05
세대당 주차장	0.2	0.25	실내활용공간의 적정성		0.025
일조환경	0.1	0.1	합 계	1	1

(5) **안전진단 종합판정은** 예비안전진단과 정밀안전진단 등 2단계로 나뉘어 실시된다.

예비안전진단의 경우에는 최소 5인 이상의 평가위원회가 구성되어 전원합의제로 재건축 여부를 결정한다. 평가항목은 지반상태를 비롯하여 [균열], [노후화], [주차·일조·소음환경], [건물마감],[도시미관] 등이다. 예비진단을 통과할 경우 정밀진단을 실시한다.

정밀진단을 실시한 이후에는, 대상 건축물은 A등급부터 E등급까지 평가결과가 세분화된다.

① **E등급(총 100점 중 30점 이하)은 즉시 재건축이 승인**되지만 A~D등급은 건물마감 및 설비성능, 주거환경평가 등을 거친 뒤 다시 경제성이 검토된다.

② **D등급(30점 초과 55점 이하)은「조건부 재건축판정」** 후 안전진단 결과보고서에 대한 **공공기관의 적정성 검토를** 거쳐 재건축사업 추진여부 혹은 유지·보수를 판정한다.

③ **C등급과 A~B등급(55점 초과)은** 각각 개·보수와 일상적인 유지관리로 분류되어 최종 재건축불가로 판정된다.

(6) 안전진단은 예비안전진단과 정밀안전진단 등 2단계로 나뉘어 실시된다.

6) 안전진단 결과보고서 제출 및 안전진단의 적정성 검토의뢰

(1) **정비계획의 입안권자**(특별자치시장 및 특별자치도지사는 제외한 **시장, 군수 또는 구청장을 말한다.**)는 법 제12조제6항에 따라 정비계획의 입안 여부를 결정한 경우에는 지체 없이 특별시장·광역시장·도지사에게 결정내용과 해당 안전진단 결과보고서를 제출하여야 한다. (법 제13조제1항 참조)

(2) 특별시장·광역시장·특별자치시장·도지사·특별자치도지사(이하 "시·도지사"라 한다)는 필요한 경우「국토안전관리원법」부칙 제6조제1항에 따른 **국토안전관리원** 또는「과학기술분야 정부출연연구기관 등의 설립·운영 및 육성에 관한 법률」(제8조제1항 관련 [별표]의 10호))에 따른 **한국건설기술연구원**에 안전진단결과의 적정성에 대한 검토를 의뢰할 수 있다. (법 제13조제2항), <법 제13조제2항. 개정 2020.6.9>

▣ 안전진단 종합판정 절차도 ▣

(도시정비법 <개정 2020.6.9.>기준 작성)

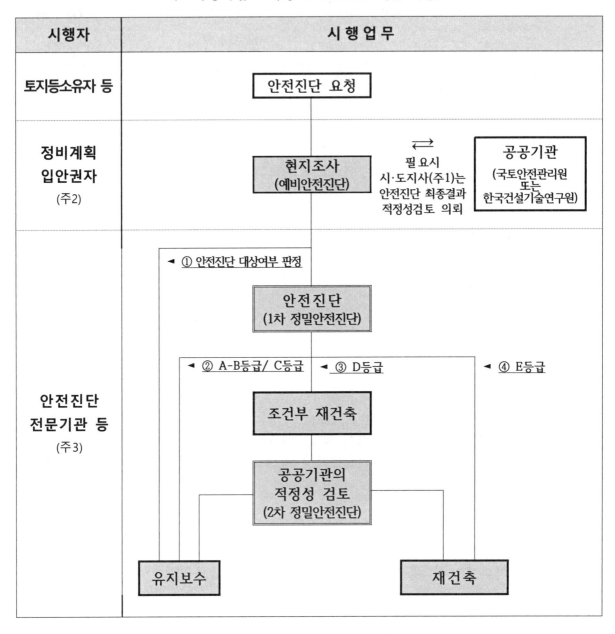

(해설): ① 현지조사 후 유지보수 대상이나 안전진단 대상으로 각각 판정한다.

② 안전진단 후 C등급과 A-B등급으로 판정된 건축물은 각각 개·보수와
일상적인 유지관리로 분류되어 최종 재건축불가로 판정한다.

③ 안전진단 후 D등급으로 판정된 건축물은 조건부 재건축으로 분류되며,
공공기관의 적정성 재검토 후 유지보수 혹은 재건축으로 판정한다.

④ 안전진단 후 E등급으로 판정된 건축물은 즉시 재건축이 승인된다.

주-1): '**시·도지사**'는 특별시장·광역시장·도지사·특별자치시장·특별자치도지사를 말한다.

주-2): '**정비계획 입인권자**'는 특별자치시장, 특별자치도지사, 시장, 군수 또는 구청장등을 말한다.

주-3): '**안전진단 전문기관 등**'은 <u>한국건설기술연구원, 안전진단전문기관 및 국토안전관리원</u>을
말한다.

제3장
조합설립을 위한 추진위원회

1 추진위원회의 이해

1) 추진위원회의 정의

조합설립추진위원회(이하 '추진위원회'라 한다)는 조합을 설립하기 위한 기구로서, 조합을 설립하기 위해서는 법 제16조에 따른 **정비구역 지정·고시 후, 추진위원회 위원장을 포함한 5명 이상의 추진위원회 위원**과 법 제34조제1항에 따른 **추진위원회 운영규정**에 대하여 **토지등소유자 과반수의 동의를 받아 조합설립을 위한 추진위원회를 구성**하여 시장·군수등의 승인을 받아야 한다(법 제31조제1항). 추진위원회는 정비사업의 준비행위와 조합설립을 위한 창립 총회를 개최할 수 있도록 하였으며, 추진위원회가 수행한 행위는 향후 설립되는 조합에 승계된다.

2) 추진위원회의 법적 지위

추진위원회는 토지등소유자의 동의를 받아 추진위원회 운영규정의 제정 및 위원장, 부위원장, 감사, **추진위원**을 선출하여 그 조직을 구성한다. (표준운영규정 제15조제1항) 시장·군수등의 인가를 받은 추진위원회는 단체로서의 조직과 실체를 가진 **'비법인 사단'**이라는 법적인 지위가 부여된다.

※ **비법인 사단이란?**
단체의 고유목적을 가지고 활동하게 되고 규약 및 단체로서의 조직을 갖추고 구성원의 가입·탈퇴에 따른 변경에 관계없이 단체 그 자체가 존속하는 등 단체로서의 주요사항이 확정되어 있는 조직을 말한다.

3) 추진위원회의 구성 필요성

시장·군수등, **토지주택공사등** 및 **지정개발업(민관합동법인 또는 신탁업자)**가 아닌 자가 재건축사업 등의 정비사업을 시행하기 위해서는 토지등소유자로 구성된 조합을 설립 하여야 하며, 조합을 설립하기 위해서는 추진위원회를 구성해야 한다(법 제31조제1항). **다만, 정비사업에 대하여** 법 제118조**(정비사업의 공공지원)에 따른 공공지원을 하려는 경우 에는** 법 제31조제4항**에 따라 '추진위원회'를 구성하지 아니할 수 있다.**

❏ **주민대표회의 구성요건 등**(법 제47조 참조)

1. 주민대표회의는 해당 정비구역에 위치한 토지등소유자가 시장·군수등 또는 토지주택공사등의 사업시행을 원하는 경우에는 **정비구역지정·고시 후 구성**하여야 한다. 구성은 위원장을 포함하여 5명 이상 25명 이하로 하여 **해당 정비구역의 토지등소유자의 과반수 동의를 받아 구성하며, 국토교통부령으로 정하는 방법 및 절차에 따라 시장·군수등의 승인을 받아야 한다.** (법 제47조제1항, 제2항 및 제3항)
법 제47조제3항에 따라 주민대표회의의 구성에 동의한 자는 법 제26조제1항제8호 후단에 따른 **토지주택공사등의 사업시행자 지정**에 동의한 것으로 본다. 다만, 사업시행자의 지정요청 전에 시장·군수등 및 주민대표회의에 사업시행자의 지정에 대한 반대의 의사표시를 한 토지등소유자의 경우에는 그러하지 아니하다. (법 제47조제4항)

2. 주민대표회의는 해당 정비구역의 **토지면적 2분의 1 이상의 토지소유자와 토지등소유자의 3분의 2 이상에 해당하는 자가 시장·군수등 또는 토지주택공사등을 사업시행자로 지정할 것을 요청**하는 때에는 토지주택공사등을 사업시행자로 지정하여 정비사업을 시행하게 할 수 있다. 이 경우 법 제14조제1항제2호에 따라 토지등소유자가 해당 정비구역에 대한 「정비계획의 입안 제안」을 제안한 경우 입안제안에 동의한 토지등소유자는 토지주택공사등의 사업시행자 지정에 동의한 것으로 본다. 다만, 사업시행자의 지정요청 전에 시장·군수등 및 **주민대표회의에** 사업시행자의 지정에 대한 반대의 의사표시를 한 토지등소유자의 경우에는 그러하지 아니하다. (법 제26조제1항제8호)

3. 재정비촉진사업(주거환경개선사업, 재개발사업 및 재건축사업, 도시개발법에 따른 도시개발사업 등)에서 **토지등소유자의 과반수 동의**를 얻어 시장·군수등이 직접 시행하거나 공공시행자 (한국토지주택공사, 지방공사)를 지정하는 경우 추진위원회의 구성을 대신하여 **주민대표회의를** 구성하여 사업을 진행할 수 있다. (도시재정비 촉진을 위한 특별법 제15조제1항 참조)

4. 주민대표회의의 구성을 위한 **토지등소유자의** 동의는 서면동의서에 토지등소유자가 성명을 적고 지장(指章)을 날인하는 방법으로 하며, 주민등록증, 여권 등 신원을 확인할 수 있는 신분증명서의 사본을 첨부해야 합니다. (법 제36조제1항 본문 및 제9호)

4) 추진위원회의 구성시기

조합을 설립하려는 경우에는 법 제16조에 따른 「**정비구역의 지정·고시**」 (정비구역이 아닌 구역에서의 재건축사업의 경우에는 재건축사업의 시행결정을 말한다) **후** 위원장을 포함한 5인 이상의 위원 및 운영규정에 대한 **토지등소유자 과반수의 동의**를 받아 「**조합설립을 위한 추진위원회**」를 구성하여 국토교통부령으로 정하는 방법과 절차에 따라 **시장·군수등의 승인**을 받아야 한다. (법 제31조제1항)

5) 추진위원의 피선거권에 대한 제한

취진위원회의 위원은 추진위원회 설립에 동의한 자 중에서 선출하되, **위원장·부위원장 및 감사**는 다음 각 호의 어느 하나에 해당하는 자 이어야 한다. (정비사업 조합설립추진위원회 운영규정 제15조제2항).

1. 피선출일 현재 **사업시행구역 안에서 3년 이내에 1년 이상 거주하고 있는 자**(다만, 거주의

목적이 아닌 상가 등의 건축물에서 영업 등을 하고 있는 경우 영업 등은 거주로 본다)

2. 피선출일 현재 사업시행구역 안에서 5년 이상 토지 또는 건축물(재건축사업의 경우 토지 및 건축물을 말한다)을 소유한 자.

결국, 위 3인을 제외한 다른 추진위원의 피선거권에 대해서는 제한 규정을 두고 있지 않다. **(주: 정비조합 임원(조합장, 이사, 감사) 중 조합장에 대한 피선거권 제한 규정은** 법 제41조제1항에 **별도로 규정하고 있다. 조합임원의 선출방법 등은 정관으로 정한다.** 법 제41조제5항**)**

6) 추진위원의 결격사유(법 제43조제1항~제3항의 조합임원 규정을 준용)

추진위원회 위원의 결격사유 및 해임규정은 조합임원의 결격사유 및 해임규정을 준용한다. 추진위원회는 토지등소유자가 사업시행에 동의한 단계로서 조합설립동의에는 이르지 못하였지만, 정비조합과 유사한 조직을 가진 조합의 전단계로 간주되는 규정을 두고 있다. 추진위원의 결격사유 및 해임조건(법 제33조제5항, 법 제43조제1항~제3항),(운영규정 제16조) 다음 각 호의 어느 하나에 해당하는 자는 추진위원회 위원장 및 위원이 될 수 없다.

1호 : 미성년자, 피성년후견인 또는 피한정후견인

2호 : 파산선고를 받고 복권되지 아니한 자

3호 : 금고 이상의 실형의 선고를 받고 그 집행이 종료(종료된 것으로 보는 경우를 포함) 되거나 집행이 면제된 날부터 2년이 경과되지 않은 자

4호 : 금고 이상의 형의 집행유예를 받고 그 유예기간 중에 있는 자

5호 : 도정법을 위반하여 벌금 100만원 이상의 형을 선고받고 <u>10년</u>이 지나지 않은 자
   (주: 운영규정 제16조제1항제6호에는 <u>5년이 지나지 않은 자</u>로 규정하고 있다. 개정이 필요함)

6호 : <u>도정법</u> 또는 관련 법률에 의한 징계에 의하여 면직의 처분을 받은 날부터 2년이 경과 되지 아니한 자(정비사업조합 설립추진위원회 운영규정 제16조제1항제5호)

7) 추진위원회 위원의 교체·해임규정

토지등소유자의 추진위원의 교체 및 해임의 요구나 절차는 법 제34조제1항에 따라 제정된 '추진위원회 운영규정'에 따르도록 규정하고 있다(법 제33조제4항 참조). <u>추진위원의 결격사유는</u> 법 제43조제1항부터 제3항까지를 준용한다(법 제33조제5항). 따라서 추진위원이 법 제41조제1항 각호 및 법 제43조제2항 각호의 어느 하나에 해당하는 경우에는 당연퇴임 한다.(법 제43조제2항 참조). 또한, 퇴임한 추진위원이 퇴임 전에 관여한 행위는 그 효력을 잃지 아니한다(법 제43조제3항 참조).

8) 공공관리제도의 도입과 추진위원회

<u>서울시</u>는 그 동안 조례의 운용상 미비한 점을 보완하고, 정비사업의 효율성과 투명성을 제고하기 위해 '도시및주거환경정비조례'를 개정함에 따라 **'공공관리제도의 세부운영기준'**을 2010년 4월 마련하였다. 운영기준의 기본방향은 조합이 시행하는 모든 정비사업에 적용하는 것을 원칙으로 하며, 관리기간은 정비구역지정부터 사업시행인가 후 시공자 선정까지로 하였으며, 시공자 선정방법은 사업시행인가 후 설계내역에 의한 경쟁입찰방식으로 선정하는 것이 그 주요 골자이다.

1) 토지등소유자의 과반수 동의원칙

조합을 설립하려는 경우에는 법 제16조제2항에 따른 **정비구역의 지정·고시 후 다음 각 호의** 사항에 대하여 **토지등소유자 과반수의 동의**를 받아 조합설립을 위한 추진위원회를 구성하여 국토교통부령으로 정하는 방법과 절차에 따라 시장·군수등의 승인을 받아야 한다(법 제31조 제1항). **추진위원회의 설립동의 요건에는 토지면적에 대한 동의요건은 규정되어있지 않다.**
1. 추진위원회 위원장을 포함한 5명 이상의 추진위원회 위원
2. 법 제34조제1항에 따른 운영규정

공동주택 재건축의 경우에는 건축물 및 그 부속토지소유자의 과반수 동의를 얻어야 한다. 이 경우 건축물이나 부속토지만을 소유한 자는 토지등소유자가 아니므로 동의자 수에 포함 되지 아니한다.

2) 토지등소유자의 동의방법

토지등소유자의 동의를 받으려는 자는 법 제31조제3항에 따라 아래의 내용을 설명·고지하여야 하며(영 제25조제2항), 법 제36조제3항에 따라 **검인한 동의서 양식인** 시행규칙 별지 제4호서식 **[정비사업 조합설립추진위원회 구성 동의서]에서 정한 양식에 따른다**(시행규칙 제7조제2항).
1. 동의를 받으려는 사항 및 목적
2. 동의로 인하여 의제되는 사항
3. 영 제33조제2항에 따른 반대의사표시의 절차 및 방법

즉, 추진위원회의 구성에 동의한 토지등소유자가 동의서 제출 시에는 동의서를 받으려는 자는 동의를 받기 전에 아래 사항에 대해 사전에 충분히 설명·고지를 하여야 한다(법 제31조제3항).
1. **조합의 설립에 동의한 것으로 본다**(법 제31조제2항)는 사항
2. 본 동의서를 제출하였지만 조합설립에 반대할 경우 조합설립인가신청 전에 반대의 의사를 표시함으로써 조합설립에 동의한 것으로 보지 않도록 할 수 있음
3. 토지등소유자의 동의를 받으려는 자는 대통령령으로 정하는 방법 및 절차에 따라야 하며, 반대의사 표시의 절차에 관한 사항

시장·군수등은 추진위원회의 설립을 위한 토지등소유자의 동의를 얻으려는 자가 중복하여 동의를 구하는 것을 막기 위해 동의서에 **연번(連番)을 부여**하여 사용토록 하여야 한다(영 제34조제2항). 동의서를 받으려는 자는 반드시 동의서에 동의사항을 기재한 후에 동의자 로부터 동의사항이 적혀있는 지를 확인 시킨 후 **서면동의서에 토지등소유자가 성명을 적고 지상 (指章)을 날인하는 방법으로 하며, 주민등록증, 여권 등 신원을 확인 할 수 있는 신분증명서의 사본을 첨부하여야 한다**(법 제36조제1항<개정 2021.3.16.> 본문과 제6호).

3) 외국인의 동의방법

동의서 등에 서명하고 '**외국인등록 사실증명**'을 첨부하여야 한다. 또한, 인감증명서를 종전에 제출하여 인감증명서를 첨부하지 않아도 되는 경우에는 인감증명서를 대신하여 주민등록증, 여권 등 신분을 증명하는 문서의 사본을 첨부한다.

4) 승인신청 및 동의의 철회

(1) 추진위원회 승인신청

추진위원회 구성과 운영규정(안)에 대한 동의절차는 **정비구역 지정·고시 후** 「위원장을 포함한 5인 이상의 위원」과 「추진위원회 운영규정 등」 양자에 대해 **토지등소유자 과반수 동의**를 얻어 추진위원회를 구성한 후 아래의 서류를 첨부하여 시장·군수등의 승인을 얻어야 한다.

[추진위원회설립 승인신청 서류]
추진위원회의 설립승인을 얻으려는 자는 도시및주거환경정비법 시행규칙 **별지 제3호 서식**의 '조합설립추진위원회 승인신청서'(전자문서로 된 신청서를 포함한다)에 다음 각 호의 서류를 첨부하여 시장·군수등에게 제출하여야 한다. (시행규칙 제7조제1항)
1호 : 토지등소유자의 명부
2호 : 토지등소유자의 동의서
3호 : 추진위원회 위원장 및 위원의 주소 및 성명
4호 : 추진위원회 위원 선정을 증명하는 서류

(2) 동의의 철회

가. 추진위원회의 위원 및 운영규정에 대한 토지등소유자의 동의, 추진위원회가 수행하는 업무내용이 부담을 수반하는 것과 권리·의무에 변동을 발생시키는 경우에 대한 토지등소유자의 동의는 철회할 수 있다. 또한, 조합설립 의제에 대한 반대의사 표시도 가능하다.

나. 조합설립인가 동의 후 건설되는 건축물의 개요, 건축물의 철거 및 신축에 드는 비용의 개략적인 금액, 비용의 분담기준, 사업완료 후 소유권의 귀속에 관한 사항 및 조합정관이 변경되지 않는 경우에는 조합설립인가신청 전이라도 철회할 수 없다. 토지등소유자가 동의를 철회하거나 반대의 의사표시를 하는 방법은 동의하는 방법과 같다.

3 추진위원회의 기능

1) 추진위원회의 업무범위

추진위원회는 다음 각 호의 업무를 수행 할 수 있다. (법 제32조제1항, 영 제26조 참조)
1호 : 정비사업전문관리업자의 선정 및 변경
2호 : 설계자의 선정 및 변경
3호 : 개략적인 정비사업 시행계획서의 작성
4호 : 조합의 설립인가를 받기 위한 준비업무
5호 : 그 밖에 조합설립의 추진을 위하여 필요한 업무로서 영 제26조로 정하는 아래의 업무
    (1호) : 법 제31조제1항제2호에 따른 추진위원회 운영규정의 작성
    (2호) : 토지등소유자의 **동의서의 접수**
    (3호) : 조합의 설립을 위한 창립총회(이하 '창립총회'라 한다)의 개최
    (4호) : 조합정관의 초안 작성
    (5호) : 그 밖에 추진위원회 운영규정으로 정하는 사항

2) 정비사업전문관리업자와 설계자의 선정 및 변경

추진위원회에서 선정 및 변경할 수 있는 협력업체는 정비관리업자와 설계자이다. **시공자**(철거작업 포함), **감정평가법인등의** 선정 등은 조합업무에 속하는 업무로서 추진위원회의 업무에서는 제외된다. (법 제32조제1항)

(1) 정비사업전문관리업자의 선정
추진위원회는 법 제31조에 따라 **추진위원회 승인을 받은 후** 법 제29조제1항에 따른 경쟁입찰 또는 수의계약(**2회 이상 경쟁입찰이 유찰된 경우로 한정한다**)의 방법으로 정비사업전문관리 업자를 선정하여 업무를 수행하도록 할 수 있다. (법 제32조제2항)
추진위원회는 이 운영규정에서 특별히 정한 경우를 제외하고는 **재적위원 과반수의 출석으로 개의하고 출석위원의 과반수 찬성으로 의결한다. 다만, 운영규정에 따라서 주민총회의 의결을 대신하는 의결사항은 재적위원 3분의 2 이상의 출석과 출석위원 3분의 2 이상의 찬성으로 의결한다.**(조합설립추진위원회 표준운영규정 제26조제1항)

(2) 건축사사무소와의 용역계약 체결
추진위원회는 사업시행계획서의 작성을 위해 필요한 경우에는 건축사사무소 등과 용역계약을 체결할 수 있다. 이 경우 계약기간은 추진위원회 운영기간인 추진위원회 승인일로부터 조합설립인가 후 조합에 회계장부 및 관계 서류를 인계하는 날까지로 한다. **의결은 재적위원 과반수의 출석으로 개의하고 출석위원 과반수의 찬성으로 의결한다.**

3) 조합설립을 위한 창립총회의 개최

(1) 창립총회 개최를 위한 동의자수

추진위원회는 관계 규정에 따라 **조합설립에 대한 동의를 받은 후** 조합설립인가를 신청하기 전에 조합설립을 위한 **창립총회를 개최**하여야 한다. (법 제32조제3항)
창립총회의 개최는 시행령으로 정하는 방법 및 절차(조합설립에 대한 동의율이 충족된 상태)에 따라 개최하여야 하며, 충족되지 않은 상태에서의 창립총회는 그 효력이 부정된다.

(2) 창립총회 개최절차 등

추진위원회는 **창립총회가 개최되기 14일 전까지** 회의의 목적·안건·일시 및 장소와 참석자격 및 구비사항 등을 인터넷 홈페이지를 통해 공개하고, **7일 전까지** 토지등소유자에게 **등기우편으로** 발송·통지하여야 한다. (영 제27조제2항), (법 제44조제4항)
창립총회는 추진위원회 위원장의 직권 또는 토지등소유자 5분의 1 이상의 요구로 추진위원장이 소집한다. 다만, 토지등소유자의 5분의 1 이상의 소집요구에도 불구하고 추진위원회 위원장이 2주 이상 소집요구에 응하지 않을 경우에는 소집요구한 자의 대표가 소집할 수 있다. (영 제27조제3항)

(3) 창립총회의 결의안건 및 의결방법

조합설립에 대한 서면동의를 받은 후 개최되는 조합 창립총회에서는 사업시행계획의 결의, 조합 정관의 확정, 조합장 선출·조합 임원과 대의원의 인준 및 사업예산의 승인, 그 밖에 필요한 사항으로서 사전에 통지한 사항만을 의결할 수 있다.
창립총회에 상정된 안건의 결의요건은 '조합설립에 동의한 토지등소유자로 한정하여 과반수 출석과 출석한 토지등소유자의 과반수 찬성으로 의결한다.(법 제45조제3항)
또한, 일반 총회의 의결은 조합원의 100분의 10 이상이 직접 출석하여야 한다. 그러나 **창립총회는 토지등소유자의 100분의 20 이상의 직접출석이 있어야 한다**(법 제45조제6항).

＊ 그 외의 특별한 총회 결의요건에 대한 규정으로는 **사업시행계획의 작성 및 변경과 관리처분 계획의 수립 및 변경에 관한 총회는 조합원의 과반수의 찬성으로 의결한다. 그러나 사업비가 100 분의 10 이상이 늘어나는 수정결의의 경우에는 조합원 3분의 2 이상의 찬성으로 의결 하여야 하며**(법 제45조제4항), **조합원의 100분의 20 이상이 직접 출석하여야 한다**(제6항). **조합 총회에서 시공자를 선정하는 경우 조합원 총수의 과반수가 직접 총회에 참석하여 의결하도록 규정하고 있다.**(국토교통부 고시 제2016-187호 「정비사업의 시공자 선정기준」 제14조제1항). 기타, 조합 창립총회 진행 시 조합집행부에서 참고할 사항으로는 상정안건의 결의순서는 조합설립에 대한 안건 및 조합장 선출·조합임원의 선임안건을 먼저 결의하는 것이 적법한 총회진행을 위해 바람직한 방법이다. (영 제27조제4항 및 제5항 참조)

4) 추진위원회에서 토지등소유자의 동의가 필요한 사항

(1) 추진위원회가 법 제32조제1항에 규정된 아래의 5가지의 업무내용이 토지등소유자의 비용부담을 수반하거나 권리·의무에 변동을 발생시키는 경우로서 대통령령으로 정하는 사항에 대하여는 그 업무를 수행하기 전에 **대통령령으로 정하는 비율 이상의 토지등소유자의 동의를** 받아야 한다. (법 제32조제1항 및 제4항)

1. 법 제102조에 따른 정비사업전문관리업자의 선정 및 변경
2. 설계자의 선정 및 변경
3. 개략적인 정비사업 시행계획서의 작성
4. 조합설립인가를 받기 위한 준비업무
5. 그 밖에 조합설립을 추진하기 위하여 대통령령으로 정하는 업무

(2) 법 제32조제1항제5호에서 대통령령으로 정하는 업무는 다음과 같다. (영 제26조)
1. 법 제31조제1항제2호에 따른 추진위원회 운영규정의 작성
2. 토지등소유자의 동의서의 접수
3. 조합의 설립을 위한 창립총회의 개최
4. 조합정관의 초안 작성
5. 그 밖에 추진위원회 운영규정으로 정하는 사항

5) 추진위원회 수행업무의 인계

추진위원회는 추진위원회가 행한 업무를 조합원 총회에 보고하여야 하며, 추진위원회가 행한 업무와 관련된 권리와 의무는 조합이 포괄 승계한다. (법 제34조제3항) **추진위원회는 사용경비를 기재한 회계장부 및 관계 서류를 조합설립의 인가일부터 30일 이내에 조합에 인계하여야 한다**(법 제34조제4항). **추진위원회 업무범위를 초과하는 업무나 계약, 용역업체의 선정 등은 조합에 승계되지 않는다**.

6) 관련 자료의 공개(법 제124조)

① **추진위원장 또는 사업시행자**(조합의 경우 청산인을 포함한 조합임원, 토지등소유자가 단독으로 시행하는 재개발사업의 경우에는 그 대표자를 말한다)는 정비사업의 시행에 관한 다음 각 호의 서류 및 관련 자료가 작성되거나 변경된 후 **15일 이내**에 이를 조합원, 토지등소유자 또는 세입자가 알 수 있도록 인터넷과 그 밖의 방법을 병행하여 공개하여야 한다.
1. 법 제34조제1항에 따른 추진위원회 운영규정 및 정관등
2. 설계자·시공자·철거업자(주1) 및 정비사업전문관리업자 등 용역업체의 선정계약서
3. 추진위원회·주민총회·조합총회 및 조합의 이사회·대의원회의 의사록
4. 사업시행계획서
5. 관리처분계획서
6. 해당 정비사업의 시행에 관한 공문서
7. 회계감사보고서
8. 월별 자금의 입금·출금 세부내역
9. 결산보고서
10. 청산인의 업무 처리 현황
11. 그 밖에 정비사업 시행에 관하여 대통령령으로 정하는 서류 및 관련 자료
② 제1항에 따라 공개의 대상이 되는 서류 및 관련 자료의 경우 분기별로 공개대상의 목록, 개략적인 내용, 공개장소, 열람·복사 방법 등을 대통령령으로 정하는 방법과 절차에 따라 조합원 또는 토지등소유자에게 서면으로 통지하여야 한다.

③ 추진위원장 또는 사업시행자는 제1항 및 제4항에 따라 공개 및 열람·복사 등을 하는 경우에는 주민등록번호를 제외하고 국토교통부령으로 정하는 방법 및 절차에 따라 공개하여야 한다.

④ 조합원, 토지등소유자가 제1항에 따른 서류 및 다음 각 호를 포함하여 정비사업 시행에 관한 서류와 관련 자료에 대하여 열람·복사 요청을 한 경우 추진위원장이나 사업시행자는 15일 이내에 그 요청에 따라야 한다.

1. 토지등소유자 명부, 2. 조합원 명부, 3. 그 밖에 대통령령으로 정하는 서류 및 관련 자료

⑤ 제4항의 복사에 필요한 비용은 실비의 범위에서 청구인이 부담한다. 이 경우 비용납부의 방법, 시기 및 금액 등에 필요한 사항은 시·도조례로 정한다.

⑥ 제4항에 따라 열람·복사를 요청한 사람은 제공받은 서류와 자료를 사용목적 외의 용도로 이용·활용하여서는 아니 된다.

주1: 법 제29조제9항은 사업시행자가 시공자와 공사계약을 체결할 경우 기존 건축물의 철거공사를 포함하도록 규정하고 있는바, 해당 조합이 시공자를 선정하면 철거업자는 당연히 산정된 시공자가 철거 하도급업체를 선정하게 되므로 관계 법령에서 철거업자의 선정을 별도로 규정할 필요가 없다는 것이 필자의 판단이다. 그리고 기존 건축물의 철거공사는 전문건설업종의 분류에서는「비계·구조물해체공사업」에 해당하는 업종이다.

4 추진위원회의 조직과 운영

1) 추진위원회의 조직 등

(1) 법에서 정하고 있는 추진위원회의 조직(법 제33조 참조)

① 추진위원회는 추진위원회를 대표하는 추진위원장 1명과 감사를 두어야 한다.

② 추진위원의 선출에 관한 선거관리는 법 제41조제3항을 준용한다.

③ 토지등소유자는 법 제34조에 따른 추진위원회의 운영규정에 따라 추진위원회에 추진위원의 교체 및 해임을 요구할 수 있으며, 추진위원장이 사임, 해임, 임기만료, 그 밖에 불가피한 사유 등으로 직무를 수행할 수 없는 때부터 6개월 이상 선임되지 아니한 경우 그 업무의 대행에 관하여는 법 제41조제5항 단서를 준용한다.

④ 위 제3항에 따른 추진위원의 교체·해임절차 등에 필요한 사항은 법 제34조제1항에 따른 운영규정에 따른다.

⑤ 추진위원의 결격사유는 법 제43조제1항부터 제3항까지를 준용한다.

(2) 운영규정에서 정하고 있는 추진위원회의 조직(조합설립추진위원회 운영규정 제2조제2항)

추진위원회의 구성은 다음 각 호의 기준에 따른다. 토지등소유자는 추진위원회 운영규정이 정하는 바에 따라 추진위원회에 추진위원회 위원의 교체 및 해임을 요구할 수 있으며, 위원의 교체·해임절차는 운영규정이 정하는 바에 따른다.

1호 : 위원장 1인과 감사를 둘 것

2호 : 부위원장을 둘 수 있다.

3호 : 위원의 수는 토지등소유자의 10분의 1 이상으로 하되, 5인 이하의 경우에는 5인으로 하며 100인을 초과하는 경우에는 토지등소유자의 10분의 1 범위 안에서 100인 이상으로 할 수 있다.

(3) **추진위원의 피선거권에 대한 제한**(조합설립추진위원회 <u>표준운영규정</u> 제15조제2항)

추진위원은 추진위원회 설립에 동의한 자 중에서 선출하되, **위원장·부위원장 및 감사**는 다음 각 호의 어느 하나에 해당하는 자 이어야 한다.

1. 피선출일 현재 <u>사업시행구역에서 3년 이내 1년 이상 거주하고 있는 자</u>(다만, 거주의 목적이 아닌 상가 등의 건축물에서 영업 등을 하고 있는 경우 영업 등은 거주로 본다)
2. 피선출일 현재 <u>사업시행구역에서 5년 이상 건축물 및 그 부속 토지를 소유한 자</u>

<u>**결국, 위 3인을 제외한 다른 추진위원의 피선거권에 대해 제한규정은 두고 있지 않다.**</u>
<u>**건교부 제정 재건축정비사업조합 표준정관 제15조제3항에도 유사한 규정을 두고 있으나,**</u>
<u>**이는 강제규정이 아니라 사용자가 참고할 수 있는 임의규정이다.**</u>

(4) **추진위원의 결격사유**(조합설립추진위원회 <u>운영규정</u> 제2조제3항)

추진위원의 결격사유는 법 제43조제1항부터 제3항까지를 준용하여, 다음 각 호의 어느 하나에 해당하는 자는 추진위원회 위원이 될 수 없다. (법 제33조제5항)

1호 : 미성년자, 피성년후견인 또는 피한정후견인

2호 : 파산선고를 받고 복권되지 아니한 자

3호 : 금고 이상의 실형의 선고를 받고 그 집행이 종료(종료된 것으로 보는 경우를 포함) 되거나 집행이 면제된 날부터 2년이 경과되지 않은 자

4호 : 금고 이상의 형의 집행유예를 받고 그 유예기간 중에 있는 자

5호 : 이 법을 위반하여 벌금 100만원 이상의 형을 선고받고 <u>5(10)년</u>이 지나지 않은 자

(5) **추진위원의 선임 및 변경**(조합설립추진위원회 <u>표준운영규정</u> 제15조제2항 및 제3항 참조)

추진위원은 추진위원회 설립에 동의한 자 중에서 선출하되, 위원장·부위원장 및 감사는 다음 각 호의 어느 하나에 해당하는 자 이어야 한다.

1. <u>피선출일 현재 사업시행구역 안에서 3년 이내에 1년 이상 거주하고 있는 자 다만, 거주의 목적이 아닌 상가 등의 건축물에서 영업 등을 하고 있는 경우 영업 등은 거주로 본다)</u>
2. <u>피선출일 현재 사업시행구역 안에서 5년 이상 토지 또는 건축물(재건축사업의 경우 토지 및 건축물을 말한다)을 소유한 자</u>
3. 위원의 임기는 선임된 날부터 2년까지로 하되, 추진위원회에서 재적위원(추진위원회의 위원이 임기 중 궐위되어 위원 수가 이 운영규정 본문 제2조제2항에서 정한 최소 위원의 수에 미달되게 된 경우 재적위원의 수는 이 운영규정 본문 제2조제2항에서 정한 최소 위원의 수로 본다. 이하 같다) 과반수의 출석과 출석위원 3분의 2 이상의 찬성으로 연임할 수 있으나, 위원장·감사의 연임은 주민총회의 의결에 의한다.

(6) **추진위원장 및 감사의 변경**

추진위원회는 추진위원회 설립 승인 후에 위원장 및 감사를 변경하고자 하는 경우에는 시장·군수등의 승인을 얻어야 하며, 그 밖의 경우 시장·군수등에게 신고하여야 한다.

2) 추진위원회 운영규정의 작성

(1) 국토부장관의 추진위원회 운영규정의 제정 및 공포

국토교통부장관은 다음 각 호의 사항을 포함한 추진위원회의 운영규정을 정하여 고시하여야 한다. (법 제34조제1항)

1. 추진위원의 선임방법 및 변경
2. 추진위원의 권리·의무
3. 추진위원회의 업무범위
4. 추진위원회의 운영방법
5. 토지등소유자의 운영경비 납부
6. 추진위원회 운영자금의 차입
7. 그 밖에 추진위원회의 운영에 필요한 사항으로서 대통령령으로 정하는 사항

(2) 추진위원회에서 추진위원회 운영규정 작성 시 유의사항

가. 수정 또는 보완이 가능한 규정

추진위원회의 사무국 구성, 추진위원회의 상근위원 및 유급직원에 대한 보수규정, 용역업체의 선정 및 계약, 운영경비의 부과 및 징수, 주민총회 시 속기록·녹음자료 등의 보관, **조합설립 동의서**의 '조합설립 및 정비사업 내용 동의의 규정'은 사업특성·지역의 상황을 고려하여 법에 위배되지 않는 범위 안에서 수정 및 보완 할 수 있으며, 사업추진상 필요한 경우 운영규정에 조·항·호·목 등을 추가할 수 있다.

상기 수정·보완·추가사항이 법·관계 법령·관계 운영규정 및 관련 행정기관의 처분에 위배되는 경우에는 효력을 갖지 않는다.

나. 수정 또는 보완이 불가능한 규정

목적, 추진업무 등, 운영규칙, 추진위원회 운영기간, 토지등소유자의 동의, 권리·의무에 관한 사항의 공개·통지방법, 운영규정의 변경, 권리·의무의 승계, 토지등소유자의 명부 등, 토지등소유자의 권리·의무, 토지등소유자의 자격의 상실, 위원장·부위원장 및 감사 등에 대한 1년 이상 거주한 자의 자격요건 등, 위원의 결격사유 및 자격상실 등, 의원의 직무 등, 위원의 해임 등, 추진위원회의 개최, 추진위원회의 의결사항, 추진위원회의 의결방법, 의사록의 작성 및 관리, 정비사업자의 선정 및 계약, 사업시행계획의 작성, 추진위원회의 회계, 추진위원회의 운영 및 사업시행을 위한 재원, 조합설립 동의서, 관련 자료의 공개와 보존, 해산, 운영규정의 해석, 소송관할 법원, 민법의 준용 등은 (법·관계 법령·관계 운영규정 등에 반하여)수정 및 보완이 불가능한 규정이다.

(3) 추진위원회 운영경비의 부담(법 제34조제2항) (조합설립추진위원회 표준운영규정 제33조)

추진위원회는 조합설립을 추진하기 위한 비용을 충당하기 위하여 토지등소유자에게 운영경비를 부과·징수할 수 있으며, 이 운영경비는 추진위원회의 의결을 거쳐 부과할 수 있다.

또한, 토지등소유자의 토지 및 건축물 등의 위치·면적·이용상황·환경 등 제반 여건을 종합적으로 고려하여 공평하게 부과하여야 한다. 또한, 추진위원회는 납부기한 내에 운영경비를 납부하지 않은 토지등소유자(추진위원회 구성에 찬성한 자에 한함)는 금융기관에서 적용하는 연체금리 범위 내에서 연체료를 부과할 수 있다.

(4) 추진위원회 수행업무의 보고, 승계 및 인계(법 제34조제3항 및 제4항)

추진위원회는 수행한 업무를 조합원 총회에 보고하여야 하며, 그 업무와 관련된 권리와 의무는 조합이 포괄 승계한다. 추진위원회는 사용경비를 기재한 회계장부 및 관계서류를 조합설립인가일부터 **30일 이내**에 조합에 인계하여야 한다.

주) 「정비사업 조합설립추진위원회 운영규정」 (국토부 제정)은 상권 부록-4에 수록됨.

5 주민총회와 추진위원회의 의결방법

1) 주민총회

(1) 주민총회의 개최(정비사업조합 설립추진위원회 표준운영규정 제20조)

주민총회는 토지등소유자 전원으로 구성되며, 위원장이 필요하다고 인정하는 경우에 개최한다. 다만, 토지등소유자의 5분의 1 이상이 주민총회의 목적사항을 제시하여 청구하는 때나 추진위원 3분의 2 이상으로부터 개최요구가 있을 때에는 위원장은 해당 일부터 2월 이내에 주민총회를 개최해야 한다.

주민총회를 소집하는 경우에는 회의개최 14일 전부터 회의목적·안건·일시 및 장소 등을 게시판에 게시하여야 하며, 토지등소유자에게는 회의개최 10일 전까지 등기우편으로 이를 발송하여야 한다. 이 경우 등기우편이 반송된 경우에는 지체없이 1회에 한하여 추가 발송한다. 주민총회는 사전에 통지한 안건에 대해서만 의결할 수 있다.

(2) 주민총회의 의결사항(표준운영규정 제21조)

다음의 사항은 주민총회의 의결을 거쳐 결정한다.
- 추진위원회 승인 이후 위원장·감사의 선임·변경·보궐선임·연임
- 운영규정의 변경
- 정비관리업자 및 설계자의 선정 및 변경
- 개략적인 사업시행계획서의 변경
- 표준운영규정 제31조제5항에 따른 감사인의 선정
- 조합설립추진과 관련, 추진위원회에서 주민총회의 의결이 필요하다고 결정하는 사항
  '부위원장과 추진위원'의 변경·보궐선임·연임 등은 추진위원회 결의사항이다.

(3) 주민총회의 의결방법(표준운영규정 제22조)

주민총회의 의결방법은 법 및 운영규정이 특별히 정한 경우를 제외하고는 '**추진위원회 구성에 동의한 토지등소유자의 과반수 출석으로 개의하고 출석한 토지등소유자**(동의하지 않은 토지등소유자를 포함한다)**의 과반수 찬성으로 의결**한다.

토지등소유자는 위임장 및 대리인 관계를 증명하는 서류를 추진위원회에 제출한 후에 규정이 정하는 대리인을 통하여 의결권을 행사할 수 있으며, 이 경우 출석으로 본다.

주민총회 소집결과 정족수에 미달되는 때에는 재소집하여야 하며, 재소집의 경우에도 정족수에 미달하는 때에는 추진위원회 회의로 주민총회를 갈음할 수 있다.

2) 추진위원회

(1) 추진위원회의 개최(표준운영규정 제24조)

추진위원회는 위원장이 필요하다고 인정하는 경우에 개최한다. 다만, 토지등소유자의 10분의 1 이상이 추진위원회의 목적사항을 제시하여 청구하는 때나 재적추진위원 3분의 1 이상으로부터 회의의 목적사항을 제시하여 개최의 요구가 있을 때에는 위원장은 회의를 개최해야 한다. **추진위원회를 소집하려는 경우에는 회의개최 7일 전까지 회의 목적·안건·일시 및 장소를 추진위원에게 송부하고, 게시판에 게시하여야 한다.**

(2) 추진위원회 의결사항(표준운영규정 제25조)

추진위원회는 이 운영규정이 따로 정하는 사항과 다음 각 호의 사항을 의결한다.
- 위원(위원장·감사는 제외)의 보궐 선임
- 예산 및 결산의 승인에 관한 방법
- 주민총회 부의안건의 사전심의 및 주민총회로부터 위임받은 사항
- 주민총회 의결로 정한 예산의 범위 내에서의 용역계약 등
- 그 밖에 추진위원회 운영을 위하여 필요한 사항

추진위원회는 통지한 사항만을 의결할 수 있으며, 위원은 자신과 관련된 해임·계약 및 소송 등에 대하여 의결권을 행사할 수 없다.

(3) 추진위원회의 의결방법(표준운영규정 제26조)

추진위원회는 이 운영규정에서 특별히 정한 경우를 제외하고는 **재적의원 과반수 출석으로 개의하고 출석위원의 과반수 찬성으로 의결한다.** 다만, 표준운영규정 제22조제5항에 따라 **주민총회의 의결을 대신하는 의결사항은 재적의원 3분의 2 이상의 출석과 출석의원의 3분의 2 이상 찬성으로 의결한다.**

위원은 대리인을 통한 출석을 할 수 없다. 다만, 위원은 서면으로 추진위원회 회의에 출석하거나 의결권을 행사할 수 있으며, 이 경우 출석으로 본다. 감사는 재적위원에는 포함하되 의결권을 행사할 수 없다.

(4) 추진위원의 해임 등(표준운영규정 제18조제4항)

위원의 해임·교체는 토지등소유자의 해임요구가 있는 경우에 재적위원 3분의 1 이상의 동의로 소집된 추진위원회에서 위원정수(운영규정 제15조에 따라 확정된 위원의 수를 말한다)의 과반수 출석과 출석위원의 3분의 2 이상 찬성으로 해임하거나, 토지등소유자 10분의 1 이상의 발의로 소집된 주민총회에서 토지등소유자의 과반수 출석과 출석한 토지등소유자의 과반수 찬성으로 해임할 수 있다. 다만, 위원 전원을 해임할 경우 토지등소유자의 과반수 찬성으로 해임할 수 있다.

(5) 추진위원회의 권리·의무에 관한 사항의 공개·통지방법(표준운영규정 제9조)

추진위원회는 토지등소유자의 권리·의무에 관한 다음의 사항(변동사항을 포함한다)을 토지등소유자가 쉽게 접할 수 있는 장소에 게시하거나 **인터넷 등을 통하여 공개**하고, 필요한 경우에는 토지등소유자에게 서면통지를 하는 등 토지등소유자가 그 내용을 충분히 알 수 있도록 하여야 한다.

- 안전진단 결과(주택재건축사업에 한함)
- 정비사업전문관리업자의 선정에 관한 사항
- 토지등소유자의 부담액 범위를 포함한 개략적인 사업시행계획서
- 추진위원회 **위원**의 선정에 관한 사항
- 토지등소유자의 비용부담을 수반하거나 권리·의무에 변동을 일으킬 수 있는 사항
- **영 제26조에 따른 추진위원회의 업무에 관한 사항**
- **창립총회 개최의 방법 및 절차**
- 조합설립에 대한 동의철회(법 제31조제2항 단서에 따른 반대의 의사표시를 포함한다) 및 방법
- 영 제30조제2항에 따른 조합설립 동의서에 포함되는 사항

6 추진위원회의 구성과 동의자 수 산정

1) 추진위원회 구성을 위한 토지등소유자의 동의요건

추진위원회를 구성하기 위한 법적 동의대상 수는 정비구역 내의 **전체 토지등소유자 중 과반수**로 가능하다고 규정되어 있다. (법 제31조제1항)

2) 추진위원회 구성을 위한 동의자 수 산정방법

(1) 재건축사업의 경우(영 제33조제1항제2호)
　　가. 소유권 또는 구분소유권을 여럿이서 공유하는 경우에는 그 여럿을 대표하는 **1인**을 토지등소유자로 산정할 것.
　　나. 1인이 둘 이상의 소유권 또는 구분소유권을 소유하고 있는 경우에는 소유권 또는 구분소유권의 수에 관계없이 토지등소유자를 **1인**으로 산정할 것
　　다. 둘 이상의 소유권 또는 구분소유권을 소유한 공유자가 동일한 경우에는 그 공유자 여럿을 대표하는 1인을 토지등소유자로 할 것.

(2) 주거환경개선사업, 재개발사업의 경우(영 제33조제1항제1호)
　　가. 1필지의 토지 또는 하나의 건축물을 여럿이서 공유할 때에는 그 여럿을 대표하는 1인을 토지등소유자로 산정할 것. 다만, 재개발구역의 「전통시장 및 상점가 육성을 위한 특별법」 제2조에 따른 전통시장 및 상점가로서 1필지의 토지 또는 하나의 건축물을 여럿이서 공유하는 경우에는 해당 토지 또는 건축물의 토지등소유자의 4분의 3 이상의 동의를 받아 이를 대표하는 1인을 토지등소유자로 산정할 수 있다.
　　나. 토지에 지상권이 설정되어 있는 경우 토지의 소유자와 해당 토지의 지상권자를 대표하는 1인을 토지등소유자로 산정할 것
　　다. 1인이 다수 필지의 토지 또는 다수의 건축물을 소유하고 있는 경우에는 필지나 건축물의 수에 관계없이 토지등소유자를 1인으로 산정할 것. 다만, 재개발사업으로서 법 제25조제1항제2호에 따라 토지등소유자가 재개발사업을 시행하는 경우 토지등

소유자가 정비구역 지정 후에 정비사업을 목적으로 취득한 토지 또는 건축물에 대해서는 정비구역 지정 당시의 토지 또는 건축물의 소유자를 토지등소유자의 수에 포함하여 산정하되, 이 경우 동의 여부는 이를 취득한 토지등소유자에 따른다.

라. **둘 이상의 토지 또는 건축물을 소유한 공유자가 동일한 경우에는 그 공유자 여럿을 대표하는 1인을 토지등소유자로 산정할 것**.

(3) 추진위원회의 구성 또는 조합의 설립에 동의한 자로부터 토지 또는 건축물을 취득한 자는 추진위원회의 구성 또는 조합의 설립에 동의한 것으로 볼 것(영 제33조제1항제3호)

(4) **등기사항전부증명서(토지)·등기사항전부증명서(건물)·**토지대장 및 건축물관리대장에 소유자로 등재될 당시 **주민등록번호의 기록이 없고 기록된 주소가 현재 주소와 다른 경우로서 소재가 확인되지 아니한 자는 토지등소유자의 수 또는 공유자 수에서 제외할 것** (영 제33조제1항제4호)

(5) 국·공유지에 대해서는 그 <u>재산관리청</u> 각각을 토지등소유자로 산정할 것(동조 제1항제5호)

3) 추진위원회 구성 동의의 의제(擬制)와 철회

(1) 추진위원회 구성 동의자의 조합설립동의로의 간주(看做)

추진위원회의 구성에 동의한 토지등소유자는 도시및주거환경정비법 제35조제1항부터 제5항까지의 규정에 따른 조합설립에 동의한 것으로 본다. 다만, 조합설립인가를 신청하기 전에 시장·군수등 및 추진위원회에 조합설립에 대한 반대의 의사표시를 한 추진위원회 동의자의 경우에는 그러하지 아니하다. (법 제31조제2항)
승인받은 추진위원회는 조합설립인가 신청일 60일 전까지 추진위원회 구성에 동의한 토지등소유자에게 "조합설립에 대한 동의철회(법 제31조제2항 단서에 따른 반대의 의사표시를 포함한다) **및 방법,** 시행령 제30조제2항**에 따른 조합설립 동의서에 포함되는 사항"을 등기우편으로 통지하여야 한다.** (영 제29조제1항 단서 및 제8호·제9호)

※ **의제(擬制)** : 본질은 같지 않지만 법률에서 다룰 때는 동일한 것으로 처리하여 동일한 효과를 주는 일. 민법에서 실종 선고를 받은 사람을 사망한 것으로 보는 따위이다.

(2) 동의 및 동의철회의 방법

토지등소유자가 정비사업을 위해 추진위원회를 구성하려는 경우의 동의(동의한 사항의 철회 또는 반대의 의사표시를 포함한다)를 포함하여 법 제36조제1항 각호에 해당하는 경우, **서면동의서에 토지등소유자가 성명을 적고 지장(指章)을 날인하는 방법으로 하며, 주민등록증, 여권 등 신원을 확인할 수 있는 신분증명서의 사본을 첨부하여야 한다**(법 제36조제1항).
다만, 토지등소유자가 해외에 장기체류하거나 법인인 경우 등 불가피한 사유가 있다고 시장·군수등이 인정하는 경우 토지등소유자의 인감도장을 찍은 서면동의서에 해당 인감증명서를 첨부하는 방법으로 할 수 있다. (법 제36조제2항)
외국인의 경우에는 동의서에 서명을 하고 외국인 등록사실증명을 첨부하여야 한다. 또한, 가)재개발사업을 위한 추진위원회가 조합을 설립하기 위한 동의서 작성 시,

나)재건축사업을 위한 추진위원회가 조합을 설립하기 위한 동의서 작성 시,

다)재건축사업의 추진위원회에서 주택단지가 아닌 지역이 정비구역에 포함된 경우 조합설립을 위한 동의서 작성 시에는 위의 방법에 따라 동의서를 작성하여야 한다. 따라서 동의서를 작성하는 때에는 시장·군수등이 대통령령으로 정하는 방법에 따라 검인(檢印)한 서면동의서를 사용하여야 하며, 검인을 받지 아니한 서면동의서는 그 효력이 발생하지 아니한다. (법 제36조제3항)

(3) 동의의 철회 또는 반대의사표시의 시기

법 제12조제2항 및 제36조제1항 각 호 외의 본문에 따른 동의(법 제26조제1항 제8호, 제31조제2항 및 제47조제4항에 따라 의제된 동의를 포함한다)의 **철회 또는 반대의사표시의 시기**는 다음 각 호의 기준에 따른다. (영 제33조제2항)

1. 동의의 철회 또는 반대의사의 표시는 해당 동의에 따른 **인·허가 등을 신청하기 전**까지 할 수 있다.

2. 제1호에도 불구하고 다음 각 목의 동의는 **최초로 동의한 날부터 30일까지**만 철회할 수 있다. 다만, 나목의 동의는 최초로 동의한 날부터 **30일**이 지나지 아니한 경우에도 법 제32조제3항에 따른 조합설립을 위한 창립총회 후에는 철회할 수 없다.

가. 법 제21조제1항제4호에 따른 정비구역의 해제에 대한 동의

나. 법 제35조에 따른 조합설립에 대한 동의(동의 후 이 영 제30조제2항 각호의 사항이 변경되지 아니한 경우로 한정한다)

(4) 동의의 철회 또는 반대의사표시의 통지 및 효력발생(영 제33조제3항 및 제4항)

법 제33조제2항에 따라 동의를 철회하거나 반대의 의사표시를 하려는 토지등소유자는 철회서에 토지등소유자가 성명을 적고 **지장(指章)을 날한 후** 주민등록증 및 여권 등 신원을 확인할 수 있는 신분증명서 사본을 첨부하여 동의의 상대방 및 시장·군수등에게 내용증명의 방법으로 발송하여야 한다. 이 경우 시장·군수등이 철회서를 받은 때에는 지체없이 동의의 상대방에게 철회서가 접수된 사실을 통지하여야 한다.

법 제33조제2항에 따른 동의의 철회나 반대의 의사표시는 법 제33조제3항 전단에 따라 철회서가 동의의 상대방에게 도달한 때, 또는 법 제33조제3항 후단에 따라 시장·군수등이 동의의 상대방에게 철회서가 접수된 사실을 통지한 때 중 빠른 때에 효력이 발생한다.

※ 재개발사업에서 동의의 철회가 미치는 법적인 영향

재개발사업의 경우에 조합설립에 동의하거나 사업시행인가에 동의하는 행위는 조합원의 지위와는 상관없다. 즉, 동의하지 않는 경우에도 조합원의 지위가 부인되는 것은 아니다. 따라서 재개발사업에서 일정한 동의율을 확보하는 것은 사업시행인가 시의 조건이므로 인가 이후에 철회하는 것은 특별한 의미가 없다고 해석하고 있다.

4) 토지등소유자의 동의서 재사용특례(영 제35조)

법 제37조에 따라 토지등소유자의 기존 동의서를 다시 사용하기 위한 요건은 다음 각 호와 같다.

(1) 법 제37조제1항제1호의 경우: 다음 각 목의 요건

가. 토지등소유자에게 기존 동의서를 다시 사용할 수 있다는 취지와 반대의사 표시의 절차 및 방법을 서면으로 설명·고지할 것

나. 60일 이상의 반대의사 표시기간을 가목의 서면에 명백히 적어 부여할 것

(2) 법 제37조제1항제2호의 경우: 다음 각 목의 요건

　가. 토지등소유자에게 기존 동의서를 다시 사용할 수 있다는 취지와 반대의사 표시의 절차 및 방법을 서면으로 설명·고지할 것

　나. 90일 이상의 반대의사 표시기간을 가목의 서면에 명백히 적어 부여할 것

　다. 정비구역, 조합정관, 정비사업비, 개인별 추징분담금, 신축되는 건축물의 연면적 등 정비사업의 변경내용을 가목의 서면에 포함할 것

　라. 다음의 변경의 범위가 모두 100분의 10 미만일 것

　　1) 정비구역 면적의 변경

　　2) 정비사업비의 증가(생산자물가상승률분 및 법 제73조에 따른 현금청산 금액은 제외한다)

　　3) 신축되는 건축물의 연면적 변경

　마. 조합설립인가의 무효 또는 취소가 확정된 조합과 새롭게 설립하려는 조합이 추진하고자 하는 정비사업의 목적과 방식이 동일할 것

　바. 조합설립의 무효 또는 취소가 확정된 날부터 3년 내에 새로운 조합을 설립하기 위한 창립총회를 개최할 것

7　추진위원회의 해산

추진위원회는 조합설립인가일까지 업무를 수행할 수 있으며, 조합이 설립되면 모든 업무와 자산을 조합에 인계하고 해산한다. 정비사업 조합설립추진위원회 표준운영규정 제7조(추진위원회 운영기간)에는 추진위원회 운영기간을 '조합설립인가 후 조합에 회계장부 및 관계서류를 인계하는 날까지로 한다.'라고 규정하고 있다. 추진위원회가 행한 업무는 총회에 보고하여야 하며, 기 행한 업무에 관련된 권리와 의무는 조합이 포괄적으로 승계한다.

추진위원회는 조합설립인가 전에 추진위원회를 해산하고자 하는 경우에는 추진위원회 설립에 동의한 토지등소유자의 3분의 2 이상 또는 토지등소유자의 과반수 동의를 얻어 시장·군수등에게 신고함으로써 해산할 수 있다.

■ 「주택법」 제2조제13호와 제14호에 정의된 부대시설과 복리시설

　13. "부대시설"이란 주택에 딸린 다음 각 목의 시설 또는 설비를 말한다.

　　가. 주차장, 관리사무소, 담장 및 주택단지 안의 도로

　　나. 「건축법」 제2조제1항제4호에 따른 건축설비

　　다. 가목 및 나목의 시설·설비에 준하는 것으로서 대통령령으로 정하는 시설 또는 설비

　14. "복리시설"이란 주택단지의 입주자 등의 생활복리를 위한 다음 각 목의 공동시설을 말한다.

　　가. 어린이놀이터, 근린생활시설, 유치원, 주민운동시설 및 경로당

　　나. 그 밖에 입주자 등의 생활복리를 위하여 대통령령으로 정하는 공동시설

제4장.
재건축조합의 설립

1 조합에 대한 이해

1) 조합의 개념

재건축정비사업조합(이하 재건축조합)이란 정비기반시설은 양호하나 노후·불량건축물에 해당하는 공동주택이 밀집한 지역에서, 주거환경을 계획적으로 개선하기 위한 정비사업의 시행을 목적으로 결성된 조합원의 단체이다. 또한, 조합은 도시정비법에 의해 법인격이 인정되므로 재건축조합은 공법상의 목적을 위해 설립되는 공법상 사단법인이다.

재건축조합은 정비사업의 시행자이므로 정비사업을 위해 필요한 각종 행정처분을 발하고, 사업시행계획 및 관리처분계획을 수립하는 역할을 한다. 이와 같이 **조합이 조합원 또는 토지등소유자에게 행하는 행정처분과 그로 인한 법률관계에 있어서는 조합은 행정청으로서의 지위를 갖는다.**

2) 조합의 법적인 지위

가. 공법상의 사단법인(법 제38조 참조)

재건축조합이란 도시정비법에 의해 시행되는 정비사업을 담당하는 공적인 행정주체로 사업대상지역의 토지등소유자로 구성되는 **비영리적인 공익법인**이다.

조합은 **조합설립인가를 받은 날부터 30일 이내에** 사무소의 소재지에서 대통령령으로 정하는 사항을 **등기하는 때에 성립하며, 명칭에 "정비사업조합"이라는 문자를 사용하여야 한다.**

조합은 도시정비법에 의해 그 설립에 관한 절차가 규율되며, 이 법에 의해 정비사업과 관련된 각종 행정처분을 행사할 수 있는 권한을 갖게 되는 것이다. 또한, 조합은 정비사업의 시행에 따른 자료제출 등의 의무를 가지며 사업시행에 대해 정부(국토교통부)의 감독을 받을 의무를 갖게 된다.

조합은 법인격을 가지는 단체이기 때문에 모든 의사결정 과정에서 법에서 정하는 일정한 의사결정 과정이 꼭 필요하다.

그러나 본 필자가 경험한 바로는 거의 대부분의 조합에서는 정비사업이 완료되기까지 수십 건의 법적인 분쟁이 발생되고 이 분쟁의 대부분은 구성원들 간의 갈등과 관계 법령이나 도시정비법이 정하고 있는 절차나 과정을 소홀히 해서 발생되는 것으로 판단된다.

나. 행정주체로서의 조합

사업시행자인 조합은 정비사업을 시행하는데 큰 역할을 하는 사업시행계획에 대한 입안권을 가지게 된다. 조합은 정비사업의 사업시행계획에 해당하는 설계도서를 주체적으로 작성할 수 있으며, 이 설계도서는 시장·군수등의 인가 후 확정된다. (법 제50조제1항) 이렇게 확정된 사업시행계획은 조합이 정비사업을 시행하는 데 필요한 제반 행정처분의 기초가 된다. 따라서 조합은 행정주체로서의 행정청이며, 그 행정처분에 불복하고자 하는 경우에는 행정소송을 통해서 그에 대한 취소를 구해야 한다. 조합의 중요한 업무 중의 하나로 조합원의 금전적인 결과를 결정하는 관리처분계획 또한 행정처분에 해당한다.

다. 사업시행자로서의 조합

조합은 정비사업의 시행자로서 사업과 관련된 모든 권리와 의무를 가진다. 따라서 **사업진행에 관한 모든 권한과 의무는 조합이 가지며 조합원은 이에 해당되지 않는다**.

① 조합과 조합원과의 관계

조합과 조합원과의 관계는 이해관계가 서로 일치하는 경우와 대립하는 경우가 함께 존재하는 관계이다.

조합에 제기되는 대부분의 소송은 조합과 조합원이 행정청 대 행정처분의 상대방으로서 대립하는 관계에서 제기되는데, 이러한 경우는 대개 조합과 조합원간의 관계는 서로의 이익이 상반되는 경우이다. 그러나 조합이 조합원에게 행정처분을 하는 경우 그 행정처분을 위한 의사결정과정에 조합원이 직간접적으로 참여하고 있다는 점은 매우 특이한 경우이다. 즉, 조합은 조합원의 의사결정을 근거로 하여 정비사업을 진행시키는 한편, 조합원을 상대로 하여 정비사업을 시행해나가게 된다.

조합원은 조합원 총회를 통하여 의사결정에 참여하지만, 다른 한편으로는 조합은 행정청의 지위에서 사업시행에 필요한 행정처분을 행함으로써 조합원의 의무를 강제하게 된다. 따라서 조합원이 조합이 내린 행정처분에 불복하는 경우에는 조합을 피고로 하는 행정소송을 제기하게 된다. (행정소송법 제20조에 **따라 행정처분 취소소송은 처분이 있음을 안 날로부터 90일 이내에 소를 제기하여야 하며, 처분 등이 있는 날부터 1년을 경과하면 이를 제기하지 못한다**)

② 조합과 행정청과의 관계

조합은 행정청과 서로 협력하면서도 다른 한편으로는 행정청의 감독을 받거나 행정처분을 신청하기도 한다. 행정청이 조합의 사업시행계획인가 신청에 대해 일부라도 거부하는 경우 조합은 행정청을 피고로 '거부처분 취소소송'을 제기할 수 있다. 결국, 조합은 행정처분의 시행자이면서도 행정처분의 적용대상이 되는 이중적인 지위에 있는 것이다.

③ 조합과 사업관계자와의 관계

조합은 사업시행자로서 건축주의 지위에 있다. 따라서 도시정비법에서는 조합과 사업관계자들과의 법률관계에 대해서는 특별한 행정행위를 하지 않는다. 다만, 정비사업의 근간이 되는 정비관리업자의 선정이나 시공자의 선정시기 등에는 일부 제한을 두고 있다. 이와 같이 조합과 사업관계자 간에 체결된 계약은 민법에 의한 계약으로 보기 때문에 당사자 간에 분쟁이 발생하는 경우에는 민사소송으로 해결하게 된다.

④ 조합과 시공자와의 관계

구) 주촉법에서는 재건축사업의 경우 조합은 시공자와 함께 공동사업자가 될 수 있었고, 구) 도시재개발법에 따른 재개발·도심재개발사업에서도 시공자는 공동사업주체로서 조합과 함께 정비사업을 추진할 수 있었다. 이후, 2002년 도시정비법이 시행되면서 시공자는 모든 정비사업에서 시행자로서의 지위가 배제되었으나, 2005년 3월 도시정비법의 관계 조항이 개정된 이후, 2017년 2월 8일 도시정비법이 전부 개정된 현재는 법 제24조제2항 제2호 및 법 제25조에 따라 **모든 정비사업에서 공동시행자로서의 지위를 가질 수 있다.**

② 조합원

1) 조합원의 개념

조합원이란 조합설립에 동의하는 것을 전제로 조합의 구성원으로 간주된다. 임의가입제인 재건축사업의 경우에는 일정한 자격을 가진 토지등소유자 중에서 조합설립에 동의한 자만이 조합원이 될 수 있다. **재건축사업의 경우 주택단지의 공동주택의 각 동**(복리시설의 경우에는 주택단지의 복리시설 전체를 하나의 동으로 본다)**별 구분소유자의 과반수 동의**(각 동별 구분소유자가 5 이하인 경우는 제외한다)**와 주택단지의 전체 구분소유자의 4분의 3 이상 및 토지면적의 4분의 3 이상의 토지소유자의 동의로 조합설립이 가능**하며 재건축사업을 추진할 수 있다(법 제35조 제3항). 이때, 조합설립에 동의한 자의 동의행위는 **동의내용에 변경이 없는 한 조합설립에 최초로 동의한 날로부터 30일이 지나거나, 창립총회를 개최한 경우 철회할 수 없다**(영 제33조제2항). 조합설립에 동의한 자는 조합원의 지위를 가지며 미동의자는 조합원이 될 수 없다. 재건축 사업에서는 조합원만이 주택을 분양받을 수 있으며, 조합원이 아닌 자는 주택을 분양받을 수 없다. 즉 재건축사업에서는 조합설립 시의 동의여부를 기준으로 조합원 여부를 확정한다.

2) 조합원의 자격(법 제39조, 법 제72조제6항)

(1) **법 제25조에 따른 정비사업의 조합원**(사업시행자가 신탁업자인 경우에는 위탁자를 말한다. 이하 이 조에서 같다)**은 토지등소유자**(재건축사업의 경우에는 재건축사업에 동의한 자만 해당한다)**로 하되, 다음 각 호의 어느 하나에 해당하는 때에는 그 여러 명을 대표하는 1명을 조합원으로 본다.** (법 제39조제1항, <개정 2017.8.9., 2018.3.20.>)

1. 토지 또는 건축물의 소유권과 지상권이 여러 명의 공유에 속하는 때

2. 여러 명의 토지등소유자가 1세대에 속하는 때. 이 경우 동일한 세대별 주민등록표 상에 등재되어 있지 아니한 배우자 및 미혼인 **19세 미만**의 직계비속은 1세대로 보며, 1세대로 구성된 여러 명의 토지등소유자가 조합설립인가 후 세대를 분리하여 동일한 세대에 속하지 아니하는 때에도 이혼 및 **19세 이상** 자녀의 분가(세대별 주민등록을 달리하고, 실거주지를 분가한 경우로 한정한다)를 제외하고는 1세대로 본다.

3. 조합설립인가(조합설립인가 전에 법 제27조제1항제3호에 따라 신탁업자를 사업시행자로 지정한 경우에는 사업시행자의 지정을 말한다) 후 1명의 토지등소유자로부터 토지 또는 건축물의 소유권이나 지상권을 양수하여 여러 명이 소유하게 될 때

(2) 「주택법」 제63조제1항에 따른 **투기과열지구**(이하 "투기과열지구"라 한다)로 지정된 지역**에서 재건축사업을 시행하는 경우에는 조합설립인가 후, 재개발사업을 시행하는 경우에는 법 제74조에 따른 관리처분계획의 인가 후, 해당 정비사업의 건축물 또는 토지를 양수**(매매·증여, 그 밖의 권리의 변동을 수반하는 일체의 행위를 포함하되, 상속·이혼으로 인한 양도·양수의 경우는 제외한다)**한 자는 제1항에도 불구하고 조합원이 될 수 없다.** 다만, 양도인이 다음 각 호의 어느 하나에 해당하는 경우 그 양도인으로부터 그 건축물 또는 토지를 양수한 자는 그러하지 아니하다. (**법 제39조제2항,** <개정 2020.6.9., 2021.4.13.>)

1. 세대원(세대주가 포함된 세대의 구성원을 말한다)의 근무상 또는 생업상의 사정이나 질병치료(「의료법」 제3조에 따른 의료기관의 장이 1년 이상의 치료나 요양이 필요 하다고 인정하는 경우로 한정한다)·취학·결혼으로 세대원이 모두 해당 사업구역에 위치 하지 아니한 특별시·광역시·특별자치시·특별자치도·시 또는 군으로 이전하는 경우

2. 상속으로 취득한 주택으로 세대원 모두 이전하는 경우

3. 세대원 모두 해외로 이주하거나 세대원 모두 2년 이상 해외에 체류하려는 경우

4. **1세대(제1항제2호에 따라 1세대에 속하는 때를 말한다) 1주택자로서 양도하는 주택에 대한 소유기간 및 거주기간이 대통령령으로 정하는 기간이상인 경우**

   (주: 대통령령(시행령) 제37조제1항에서 정하고 있는 기간은 소유 10년과 거주 5년이다)

5. 제80조에 따른 지분형주택을 공급받기 위하여 건축물 또는 토지를 토지주택공사등과 공유하려는 경우

6. 공공임대주택, 「공공주택 특별법」에 따른 공공분양주택의 공급 및 대통령령으로 정하는 사업을 목적으로 건축물 또는 토지를 양수하려는 공공재개발사업 시행자에게 양도 하려는 경우

7. 그 밖에 불가피한 사정으로 양도하는 경우로서 대통령령으로 정하는 경우

(3) 사업시행자는 법제39조제2항 각호 외의 부분 본문에 따라, 조합원의 자격을 취득할 수 없는 경우 정비사업의 토지, 건축물 또는 그 밖의 권리를 취득한 자에게 법 제73조를 준용하여 손실보상을 하여야 한다.(법 제39조제3항),

(4) **투기과열지구의 정비사업에서** 법 제74조**에 따른 관리처분계획에 따라** 법 제74조 제1항 제2호**(관리처분계획에 따른 분양대상자)** 또는 제1항제4호 가목의 **분양대상자(일반분양 대상자) 및 그 세대에 속한 자는 분양대상자 선정일(조합원 분양분의 분양대상자는 최초 관리 처 분 계 획 인가일을 말한다)부터 5년 이내에는 투기과열지구에서** 법 제72조제3항부터 제5항**까지의 규정에 따른 분양신청을 할 수 없다.** 다만, 상속, 결혼, 이혼으로 조합원자격을 취득한 경우에는 분양신청을 할 수 있다.(법 제72조제6항,<신설 2017.10.24.>)

3) 조합원의 권리와 의무

조합원의 권리는 총회에 출석하여 발언 및 의결권을 행사할 수 있는 권리, 임원 및 대의원의 선출권과 피선출권 및 조합감사 결과에 대한 공람권, 관련 자료의 공람 요청권 등이 있다. 반면, 의무사항으로는 자신이 동의한 정관과 정관에 따라 확정된 의무를 가진다.

조합원 의무사항에 관해 구체적으로 예를 들면 신탁계약을 원인으로 한 소유권을 이전해줄 의무, 이주의무, 정비사업에 필요한 비용의 부담의무 등이 있으며, 이는 정관이나 법령에 의해 조합원에게 부여된다.

또한, 조합원은 부과금, 청산금 및 지연손실금 등을 납부할 의무가 있다. 조합원은 같은 목적의 다른 정비사업의 임원에 대한 겸직금지, 법규를 준수할 의무와 기타 관계 법령, 조합정관 및 총회 등의 의결사항을 준수할 의무를 진다.

3 조합의 설립

시장·군수등, 토지주택공사등 또는 지정개발자가 아닌 자가 정비사업을 시행하려는 경우에는 토지등소유자로 구성된 조합을 설립하여야 한다. 다만, 법 제25조제1항제2호에 따라 토지등소유자가 재개발사업을 시행하려는 경우에는 그러하지 아니하다. (법 제35조제1항)

1) 재건축조합 설립을 위한 동의요건

공동주택의 재건축을 위한 추진위원회(법 제31조제4항에 따라 공공지원을 하기 위해 추진위원회를 구성하지 아니하는 경우에는 토지등소유자를 말한다)가 **재건축조합을 설립하려는 때에는 주택단지의 공동주택의 각동**(복리시설의 경우에는 주택단지의 복리시설 전체를 하나의 동으로 본다)**별 구분소유자의 과반수동의**(공동주택의 각 동별 구분소유자가 5 이하인 경우는 제외한다)**와 주택단지의 전체 구분소유자의 4분의 3 이상 및 토지면적의 4분의 3 이상의 토지 소유자의 동의를 받아** 법 제35조제2항 각호에서 정하는 사항을 첨부하여 시장·군수등의 인가를 받아야 한다. (법 제35조제3항)

그럼에도 불구하고 **주택단지가 아닌 지역이 재건축사업을 위한 정비구역에 포함된 때에는 주택단지가 아닌 지역의 토지 또는 건축물 소유자의 4분의 3 이상 및 토지면적의 3분의 2 이상의 토지소유자의 동의를 받아야 한다.** (법 제35조제4항)

한편, 조합의 설립요건에 관해 주택법 제11조제2항에서는 다음 각 호의 요건을 모두 갖추도록 규정하고 있다. 다만, 주택법 제11조제5항에 따른 **직장주택조합의 경우는 제외한다.**<개정 2020.1.23.>
1. 해당 주택건설대지의 80퍼센트 이상에 해당하는 토지의 사용권원을 확보할 것
2. 해당 주택건설대지의 15퍼센트 이상에 해당하는 토지의 소유권을 확보할 것

법 제35조제2항 및 제3항에 따라 설립된 재개발 및 재건축조합이 인가받은 사항을 변경하고자 하는 때에는 조합원 총회에서 조합원의 3분의 2 이상의 찬성으로 의결하고, 시장·군수등의 인가를 받아야 한다. 다만, 대통령령으로 정하는 경미한 사항을 변경하려는 때에는 조합원 총회의 의결 없이 시장·군수등에게 신고하고 변경할 수 있다. (법 제35조제5항 참조)

(1) 구분소유자(토지등소유자)의 동의방법
재건축정비사업(재개발정비사업 포함)조합 설립에 대한 구분소유자(토지등소유자)의 동의방법은 도시정비법 제36조제3항에 따라 대통령령으로 정하는 방법에 따라 **검인한 서면동의서를 사용하여야 한다. 검인한 동의서는** 영 제30조제1항에 따라 시행규칙 별지 제6호서식이 정하는 동의서로 영 제30조제2항에서 정하는 사항이 포함된 동의서가 아니면 **그 효력이 발생되지 않는다.** (법 제36조제3항 참조)

(2) 구분소유자 수의 계산

구분소유자 수는 집합건축물에 대한 각 소유자의 수와 같으며, 재건축사업에 대한 동의(도시정비법상 '조합설립의 동의'를 말한다)는 구분소유자의 수와 토지면적에 따른 동의도 충족되어야 한다. 재건축사업의 경우 소유권 또는 구분소유권이 여러 명의 공유에 의한 때에도 그 여러 명을 대표하는 1명을 토지등소유자로 산정하게 된다.

(3) 동의자의 토지면적 계산

집합건축물에서 각 구분소유자의 의결권은 규약에 특별한 규정이 없는 한 **전유부분의 면적비율**에 의하므로, **의결권 4분의 3 이상의 동의의 의미는 주택단지 전체의 전용면적의 총합계에서 동의한 구분소유자가 소유한 전용면적의 비율이 4분의 3 이상이 되어야 한다는 의미이다.**

❏ **재개발사업 조합설립을 위한 동의요건** (법 제35조제2항)

재개발사업의 추진위원회(법 제31조제4항에 따라 추진위원회를 구성하지 아니하는 경우에는 토지등소유자를 말한다)가 조합을 설립하려면 **토지등소유자의 4분의 3 이상 및 토지면적의 2분의 1 이상의 토지소유자의 동의**를 받아 다음 각 호의 사항을 첨부하여 시장·군수등의 인가를 받아야 한다.

1. 정관
2. 정비사업비와 관련된 자료 등 국토교통부령으로 정하는 서류
3. 그 밖에 시·도조례로 정하는 서류

설립된 조합이 인가받은 사항을 변경하고자 하는 때에는 조합원 총회에서 조합원의 3분의 2 이상의 찬성으로 의결하고, 시장·군수등의 인가를 받아야 한다. 다만, 대통령령으로 정하는 경미한 사항을 변경하고자 하는 때에는 조합원의 동의없이 시장·군수등에게 신고하고 변경할 수 있다. (법 제35조제5항)

❖ **사업범위 등에 대한 토지분할청구제도** ❖
(재건축사업의 범위에 관한 특례[도시정비법 제67조])

재건축사업의 경우 하나의 주택단지에 상가와 주택(아파트)이 혼재한 상태에서 상가 소유자나 일부 동의 주민들이 재건축사업을 반대하여 사업추진이 어려웠다. 이에 대한 개선책으로 도시정비법은 조합설립인가의 동의요건 충족을 위해 주택단지의 일부 상가나 주택 등을 배제할 수 있는 '토지분할청구제도'를 아래의 법령을 통해 새로이 도입하였다.

■ 도시정비법 제67조 **(재건축사업의 범위에 관한 특례)**

① 사업시행자 또는 추진위원회는 다음 각 호의 어느 하나에 해당하는 경우에는 그 주택단지 안의 일부 토지에 대하여 「건축법」 제57조(대지의 분할제한)에도 불구하고 분할하려는 토지면적이 같은 조에서 정하고 있는 면적에 미달되더라도 토지분할을 청구할 수 있다.
   1. 「주택법」 제15조제1항에 따라 사업계획승인을 받아 건설한 둘 이상의 건축물이 있는 주택단지에 재건축사업을 하는 경우
   2. 제35조제3항에 따른 조합설립의 동의요건을 충족시키기 위하여 필요한 경우
② 사업시행자 또는 추진위원회는 제1항에 따라 토지분할 청구를 하는 때에는 토지분할의

대상이 되는 토지 및 그 위의 건축물과 관련된 토지등소유자와 협의하여야 한다.

③ 사업시행자 또는 추진위원회는 제2항에 따른 토지분할의 협의가 성립되지 아니한 경우에는 법원에 토지분할을 청구할 수 있다.

④ 시장·군수등은 제3항에 따라 토지분할이 청구된 경우에 분할되어 나가는 토지 및 그 위의 건축물이 다음 각 호의 요건을 충족하는 때에는 토지분할이 완료되지 아니하여 제1항에 따른 동의요건에 미달되더라도 「건축법」 제4조에 따라 특별자치시·특별자치도·시·군·구 (자치구를 말한다)에 설치하는 건축위원회의 심의를 거쳐 조합설립인가와 사업시행계획 인가를 할 수 있다.

1. 해당 토지 및 건축물과 관련된 토지등소유자의 수가 전체의 10분의 1 이하일 것
2. 분할되어 나가는 토지 위의 건축물이 분할선 상에 위치하지 아니할 것
3. 그 밖에 사업시행계획인가를 위하여 대통령령으로 정하는 요건에 해당할 것

2) 동의자 수의 산정방법(법 제36조제4항, 영 제33조 참조)

법 제12조제2항(재건축사업 정비계획 입안을 위한 안전진단에 대한 동의) 및 법 제36조제1항 (조합설립을 위한 추진위원회 구성 외 10가지에 대한 동의)에 따른 토지등소유자의 동의는 다음 기준에 따라 산정한다. 이 동의자 수의 산정방법은 추진위원회의 구성, 조합설립 이후의 정관변경, 사업시행계획 및 관리처분계획 등에 영향을 미치게 된다.

(1) 주거환경개선사업 및 재개발사업의 경우 다음 각 목의 기준에 의한다(영 제33조제1항제1호).

가. 1필지의 토지 또는 하나의 건축물을 여럿이서 공유할 때에는 그 여럿을 대표하는 1인을 토지등소유자로 산정할 것. 다만, 재개발구역의 「전통시장 및 상점가 육성을 위한 특별법」 제2조에 따른 전통시장 및 상점가로서 1필지의 토지 또는 하나의 건축물을 여럿이서 공유하는 경우에는 해당 토지 또는 건축물의 토지등소유자의 4분의 3 이상의 동의를 받아 이를 대표하는 1인을 토지등소유자로 산정할 수 있다.

나. 토지에 지상권이 설정되어 있는 경우 토지의 소유자와 해당 토지의 지상권자를 대표하는 1인을 토지등소유자로 산정할 것

다. 1인이 다수 필지의 토지 또는 다수의 건축물을 소유하고 있는 경우에는 필지나 건축물의 수에 관계없이 토지등소유자를 1인으로 산정할 것. 다만, 재개발사업으로서 법 제25조제1항제2호에 따라 토지등소유자가 재개발사업을 시행하는 경우 토지등 소유자가 정비구역 지정 후에 정비사업을 목적으로 취득한 토지 또는 건축물에 대해서는 정비구역 지정 당시의 토지 또는 건축물의 소유자를 토지등소유자의 수에 포함하여 산정하되, 이 경우 동의 여부는 이를 취득한 토지등소유자에 따른다.

라. 둘 이상의 토지 또는 건축물을 소유한 공유자가 동일한 경우에는 그 공유자 여럿을 대표하는 1인을 토지등소유자로 산정할 것.

(2) 재건축사업의 경우에는 다음 각 목의 기준에 의한다. (영 제33조제1항제2호)

가. 소유권 또는 구분소유권을 여럿이서 공유하는 경우에는 그 여럿을 대표하는 1인을 토지등소유자로 산정할 것.

나. 1명이 둘 이상의 소유권 또는 구분소유권을 소유하고 있는 경우에는 소유권 또는 구분소유권의 수에 관계없이 토지등소유자를 1인으로 산정할 것

다. 둘 이상의 소유권 또는 구분소유권을 소유한 공유자가 동일한 경우에는 그 공유자 여럿을 대표하는 1인을 토지등소유자로 할 것.

(3) 추진위원회의 구성 또는 조합의 설립에 동의한 자로부터 토지 또는 건축물을 취득한 자는 추진위원회의 구성 또는 조합의 설립에 동의한 것으로 볼 것(영 제33조제1항제3호).

(4) <u>토지등기사항전부증명서·건물등기부전부증명서</u>·토지대장 및 건축물관리대장에 소유자로 등재될 당시 <u>주민등록번호의 기록이 없고 기록된 주소가 현재 주소와 다른 경우로서 소재가 확인되지 아니한 자는 토지등소유자의 수 또는 공유자 수에서 제외할 것</u> (영 제33조제1항제4호).

(5) 국·공유지에 대해서는 그 재산관리청 각각을 토지등소유자로 산정할 것 (영 제33조제1항제5호)

3) 조합원의 자격을 취득할 수 없는 자에 대한 손실보상(법 제73조 참조)

(1) 사업시행자는 <u>관리처분계획이 인가·고시된 다음 날부터 90일 이내</u>에 다음 각 호에서 정하는 자와 토지, 건축물 또는 그 밖의 <u>권리의 손실보상에 관한 협의</u>를 하여야 한다. 다만, 사업시행자는 분양신청기간 종료일의 다음 날부터 협의를 시작할 수 있다. <개정 2017.10.24.>
1. 분양신청을 하지 아니한 자
2. 분양신청기간 종료 이전에 분양신청을 철회한 자
3. <u>제72조제6항</u> 본문에 따라 분양신청을 할 수 없는 자(주: **법 제39조제2항 추가 필요**)
4. 제74조에 따라 인가된 관리처분계획에 따라 분양대상에서 제외된 자

(2) 사업시행자는 제1항에 따른 협의가 성립되지 아니하면 그 기간의 만료일 다음 날부터 60일 이내에 수용재결을 신청하거나 매도청구소송을 제기하여야 한다.

(3) 사업시행자는 제2항에 따른 기간을 넘겨서 수용재결을 신청하거나 매도청구소송을 제기한 경우에는 해당 토지등소유자에게 지연일수(遲延日數)에 따른 이자를 지급하여야 한다. 이 경우 이자는 100분의 15 이하의 범위에서 대통령령으로 정하는 이율을 적용하여 산정한다. **(사업시행자는** 법 제39조제2항 각호 **외의 부분 본문 및** 법 제72조제6항 **본문에 따라 조합원의 자격을 취득할 수 없는 경우에는 정비사업의 토지, 건축물 또는 그 밖의 권리를 취득한 자에게** 법 제73조를 **준용하여 손실보상을 하여야 한다.)** (법 제73조, 법 제72조 및 법 제39 참조)

4) 조합설립 동의서에 동의를 받는 방법 및 구성내용(법 제35, 영 제30조제1항, 제2항 관련)

(1) 법 제35조제2항부터 제4항까지의 규정에 따른 토지등소유자의 동의는 국토교통부령으로 정하는 동의서(시행규칙 별지 제6호 서식)에 동의를 받는 방법에 따른다. (영 제30조제1항)

(2) 제1항에 따른 동의서에는 다음 각 호의 사항이 포함되어야 한다. (영 제30조제2항)
1. 건설되는 건축물의 설계의 개요
2. 공사비 등 정비사업비용에 드는 비용(이하 "정비사업비"라 한다)
3. 정비사업비의 분담기준

4. 사업 완료 후 소유권의 귀속에 관한 사항

5. 조합정관

(3) 조합은 법 제35조제2항부터 제4항의 규정에 따라 조합설립인가를 받은 때에는 정관이 정하는 바에 따라 토지등소유자에게 그 내용을 통지하고, 이해관계인이 열람할 수 있도록 하여야 한다. (영 제30조제3항)

(4) <u>추진위원회는 조합설립에 필요한 동의를 받기 전에 **추정분담금 등 대통령령으로 정하는 정보**를 토지등소유자에게 제공하여야 한다.</u> (법 제35조<u>제10항</u><개정 2021.3.16.>)

위의 '대통령령으로 정하는 정보'란 다음 각 호의 정보를 말한다.(영 제32조)
1. 토지등소유자별 분담금 추산액 및 산출근거
2. 그 밖에 추정 분담금의 산출 등과 관련하여 시·도조례로 정하는 정보

4 조합의 설립인가

1) 조합설립인가의 의의

조합설립인가란 토지등소유자 중 정비사업에 동의하는 자들 간에 합의에 의해 작성된 정관과 동의서 양식 등을 심사하여 그 요건이 충족되면 발급하는 행정처분으로, 조합설립이라는 법률행위의 효과를 완성시키는 행정행위이다. 조합설립인가와 관련하여 행정청이 심사해야 하는 대상은 조합정관의 적법성을 포함한 조합설립요건의 충족여부이다. 이러한 요건이 충족되었음이 확인되면 행정청은 인가를 하게 되며, **조합과 관련된 일체의 권리와 의무는 정관에서 나오는 것이며 인가에서 나오는 것이 아니다.**

2) 조합설립인가의 법적인 효력

조합이 정비사업을 시행하는 경우「주택법」제54조를 적용할 때에는 조합을 같은 법 제2조 제10호에 **따른 사업주체로 보며, 조합설립인가일부터 같은 법 제4조에 따른 주택건설사업 등의 등록을 한 것으로 본다.** (법 제35조제8항, <개정 2021.3.16.>)
조합설립인가를 받게 되면 조합설립행위의 효력이 완성되며, 조합은 등기행위를 함으로써 최종적으로 법인격을 취득하게 된다. 또한, 조합정관은 총회에서 조합원들의 결의로 합의가 이루어지며, 총회결의 이후 일정한 기간이 경과한 이후 조합설립 인가신청서를 허가관청에 제출하여 조합설립인가를 받은 다음에야 법적인 지위가 최종 확정된다.
따라서 총회와 조합설립인가 시와의 사이의 효력은 소급하여 그 효력이 발생되는 것으로 해석하고 있다.

3) 조합설립인가의 신청

조합설립인가를 신청하기 위해서는 먼저 토지등소유자의 동의를 받아야 한다. 이때의

동의내용은 1) 조합설립 및 정비사업 내용(신축건축물의 설계개요·공사비 등 정비사업에 드는 비용·공사비 등 정비사업에 드는 비용부담에 관한 사항·신축건축물 구분소유권의 귀속에 관한 사항), 2) 조합장 선정, 3) 조합 정관, 4) 추진위원회에서 작성할 정비사업시행계획 등이며 이러한 내용을 증명하는 서류가 첨부된 「재건축조합 설립 인가신청서」를 시장·군수등에게 제출 하여야 한다. 설립된 조합이 인가받은 사항을 변경 하고자 하는 때에는 「재건축조합변경 인가 신청서」에 변경내용을 증명하는 서류를 첨부하여 제출하여야 한다.

(1) 조합설립인가 신청 시 제출서류

법 제35조제2항부터 제5항까지의 규정에 따라 조합의 설립인가(변경인가를 포함한다)를 신청하려는 경우 신청서(전자문서로 된 신청서를 포함한다)는 시행규칙 제8조제1항 별지 제5호서식에 따른다. 별지 제5호서식의 신청인 제출서류란 중 제1호 아목에서 "그 밖에 시·도 조례로 정하는 서류"란 다음 각 호의 서류를 말한다. (서울시 도시정비조례 제19조)

1. 정비구역의 위치도 및 현황사진
2. 정비구역의 토지 및 건축물의 지형이 표시된 지적현황도
3. 법 제64조제1항제1호에 해당하는 매도청구대상자명부 및 매도청구계획서(재건축사업으로 한정한다)

(2) 조합설립인가 신청 시 제출서류 등의 작성 방법(서울시 도시정비조례 제20조제1항)

조합설립인가신청서 및 제출서류의 작성방법은 다음 각 호와 같다.
[1호] 주된 사무소의 소재지는 사업시행구역이 소재하는 자치구의 관할 구역 안에 두는 것을 원칙으로 한다.
[2호] 사업시행예정구역의 명칭 및 면적은 법 제9조에 따른 정비계획과 동일하게 작성한다.
[3호] 조합원 수는 신청서에 첨부된 조합원 명부의 인원을 기준으로 한다.
[4호] 정관은 법 제40조제2항에 따른 표준정관을 준용하여 작성함을 원칙으로 한다.
[5호] 조합원 명부에는 조합원 번호, 동의자의 주소, 성명 및 권리내역을 기재하여야 하며 동의율을 확인할 수 있는 동의 총괄표를 첨부한다.
[6호] 토지등소유자의 조합설립동의서는 (도시 및 주거환경정비법)시행규칙 제8조제3항 별지 제6호서식의 조합설립 동의서를 말한다.
[7호] 임원선출에 관한 증빙서류로 토지등소유자의 대표자 추천서 또는 총회(창립 총회를 포함한다) 회의록 등을 제출하여야 한다.

4) 조합설립인가내용의 변경절차

조합은 조합설립인가를 통하여 조합원의 지위가 결정되며, 인가된 조합의 정관에 의해 조합의 의사결정방식 등이 확정된다. 따라서 정비조합이 기 인가받은 사항을 변경하고자 하는 때에는 최초의 인가기준에 따라야 하는 것으로 규정되어 있다.

가. 조합설립인가내용의 경미한 변경

조합설립인가내용의 경미한 변경이란 다음 각 호의 사항을 말한다. (영 제31조)
1. 착오·오기 또는 누락임이 명백한 사항
2. 조합의 명칭 및 주된 사무소의 소재지와 조합장의 성명 및 주소(조합장의 변경이 없는

경우로 한정한다)

3. 토지 또는 건축물의 매매 등으로 인하여 조합원의 권리가 이전된 경우의 조합원의 교체 또는 신규가입
4. 조합임원 또는 대의원의 변경(법 제45조에 따른 총회의 의결 또는 법 제46조에 따른 대의원회의 의결을 거친 경우로 한정한다)
5. 건설되는 건축물의 설계 개요의 변경
6. 정비사업비의 변경
7. 현금청산으로 인하여 정관에서 정하는 바에 따라 조합원이 변경되는 경우
8. 법 제16조에 따른 정비구역 또는 정비계획의 변경에 따라 변경되어야 하는 사항. 다만, 정비구역 면적이 10퍼센트 이상의 범위에서 변경되는 경우는 제외한다.
9. 그 밖에 시·도조례로 정하는 사항

위 제9호의 '그 밖에 시·도 조례에서 정하는 사항'은 다음과 같다. (서울시 도시정비조례 제21조)
1. 법령 또는 조례 등의 개정에 따라 단순한 정리를 요하는 사항
2. 사업시행계획인가 또는 관리처분계획인가의 변경에 따라 변경되어야 하는 사항
3. 매도청구대상자가 추가로 조합에 가입함에 따라 변경되어야 하는 사항
4. 그 밖에 규칙이 정하는 사항

나. 조합의 정관 변경

조합의 정관을 변경하고자 하는 경우에는 조합설립인가를 위한 동의절차를 받지 않고, **조합원 과반수의 찬성**(법 제40조제1항제2호·제3호·제4호·제8호·제13호 또는 제16호의 경우에는 **조합원 3분의 2의 찬성**)으로 시장·군수등의 인가를 받아야 한다(법 제40조 제3항). 다만, 대통령령으로 정하는 경미한 사항을 변경하려는 때에는 이 법 또는 정관 으로 정하는 방법에 따라 변경하고 시장·군수등에게 신고하여야 한다(법 제40조제4항).

다. 조합원 변경과 조합설립인가의 변경신청

토지 또는 건축물의 매매 등으로 인하여 조합원의 권리가 이전(조합원 명의변경)되는 때에는 경미한 사항의 변경으로 보아 조합이 조합원의 동의 없이 시장·군수등에게 신고할 수 있어, 전과는 달리 조합설립 변경인가의 대상에서 제외되어 신고사항으로 변경되었다.

5) 조합의 설립등기

정비조합의 설립등기란 등기사항을 당사자의 신청에 의하여 등기관(登記官)이 등기소에 비치된 법인등기부에 이를 기재하는 것을 말한다.
정비조합 중 시장·군수등 또는 토지주택공사등을 제외한 자가 재개발사업, 재건축사업을 시행하고자 하는 때에는 법인등기를 하여야 한다. (법 제38조)

가. 등기신청인 및 신청기간
① 등기신청인
정비조합에서 등기신청 당사자는 등기를 받는 주체인 정비조합 법인을 말하며 실제로 등기를 신청하는 자는 조합장 혹은 그 대리인이다.

② 등기신청기간

　정비조합은 **조합설립인가를 받은 날로부터 30일 이내**에 주된 사무소의 소재지에 설립등기를 하여야 한다. (법 제38조제2항)

나. 등기신청 시 기재사항

시행령 제36조에는 다음 사항을 기재하도록 규정되어 있다.

1. **설립목적** : 설립목적으로 정관에 규정된 사항을 기재한다.
2. **조합의 명칭** : (예) : 반포주공0단지 **재건축정비사업조합**

　조합의 명칭을 정할 때에는 정비사업의 종류인 **재개발, 재건축** 등의 단어를 포함하여야하며, 해당 조합은 그 명칭에 **"정비사업조합"**이라는 문자를 사용 하도록 규정되어 있다. (법 제38조제3항 참조)
3. **주된 사무소의 소재지**
4. **설립인가일**
5. **임원의 성명 및 주소**

　조합장은 성명, 주소 및 주민등록번호를 기재하고, 이사 및 감사 등 기타 임원은 성명과 주민등록번호를 기재한다.
6. **임원의 대표권을 제한하는 경우에는 그 내용**

　정비조합의 임원은 조합장 1인과 3인 이상(토지등소유자의 수가 100명을 초과하는 경우에는 5인 이상)의 이사를 두도록 규정되어 있고(법 제41조제2항. 영 제40조 본문), 조합을 대표하고 조합의 사무를 총괄하는 자는 조합장(법 제42조제1항)이므로 **'조합장 000외에는 대표권이 없음'** 이라고 기재한다.
7. 법 제41조제5항 **단서에 따른 전문조합관리인을 선정한 경우에는 그 성명 및 주소**

다. 등기신청 시 첨부서류

첨부서류는 등기신청서에 기재된 사항을 증명하는 기능을 하는 것으로 등기신청 시 제출할 서류는 정해있다.

① 정관
② 임원의 자격증서 및 인감도장
③ 임원의 주소와 주민등록번호를 증명하는 서류
④ 주무관청의 승인서
⑤ 기타 지방세의 납부 및 통지용으로 등록세영수증, 등기신청수수료로서 대법원 증지
⑥ 대리인의 권한을 증명하는 서면, 예컨대 임의대리인에 따른 등기신청 시에는 위임장

⑤　조합의 업무와 조직

1) 조합의 업무 및 임원구성

(1) 정관의 작성

조합은 다음 각 호의 사항이 포함된 정관을 작성하여야 한다.(법 제40조제1항)

1. 조합의 명칭 및 사무소의 소재지

2. **조합원의 자격**

3. **조합원의 제명·탈퇴 및 교체**

4. **정비구역의 위치 및 면적**

5. 법 제41조에 따른 조합의 임원(이하 "조합임원"이라 한다)의 수 및 업무의 범위

6. 조합임원의 권리·의무·보수·선임방법·변경 및 해임

7. 대의원의 수, 선임방법, 선임절차 및 대의원회의 의결방법

8. **조합의 비용부담 및 조합의 회계**

9. 정비사업의 시행연도 및 시행방법

10. 총회의 소집 절차·시기 및 의결방법

11. 총회의 개최 및 조합원의 총회소집 요구

12. 법 제73조제3항에 따른 이자 지급

13. **정비사업비의 부담 시기 및 절차**

14. 정비사업이 종결된 때의 청산절차

15. 청산금의 징수·지급의 방법 및 절차

16. **시공자·설계자의 선정 및 계약서에 포함될 내용**

17. 정관의 변경절차

18. 그 밖에 정비사업의 추진 및 조합의 운영을 위하여 필요한 사항으로서 <u>대통령령으로 정하는 사항</u>

위의 법 제40조제1항제18호에서의 '대통령령이 정하는 사항'이란 다음 각 호의 사항을 말한다. (영 제38조)

1. 정비사업조합의 종류 및 명칭

2. 임원의 임기, 업무의 분담 및 대행 등에 관한 사항

3. 대의원회의 구성, 개회와 기능, 의결권의 행사방법 그 밖에 회의의 운영에 관한 사항

4. 법 제24조 및 제25조에 따른 정비사업의 공동시행에 관한 사항

5. 정비사업전문관리업자에 관한 사항

6. 정비사업의 시행에 따른 회계 및 계약에 관한 사항

7. 정비기반시설 및 공동이용시설의 부담에 관한 개략적인 사항

8. 공고·공람 및 통지의 방법

9. 토지 및 건축물 등에 관한 권리의 평가방법에 관한 사항

10. 법 제74조제1항에 따른 관리처분계획 및 청산(분할징수 또는 납입에 관한 사항을 포함)에 관한 사항

11. 사업시행계획서의 변경에 관한 사항

12. 조합의 합병 또는 해산에 관한 사항

13. 임대주택**(재건축사업의 경우 임대용 국민주택규모 주택)**의 건설 및 처분에 관한 사항

14. 총회의 의결을 거쳐야 할 사항의 범위

15. 조합원의 권리·의무에 관한 사항

16. 조합직원의 채용 및 임원 중 상근임원의 지정에 관한 사항과 직원 및 상근 임원의 보수에 관한 사항

17. 그 밖에 시·도 조례가 정하는 사항

- 위의 시행령 제38조제17호에서의 '그 밖에 시도 조례가 정하는 사항'이란 다음 각 호의 사항으로 정하고 있다. (서울시 도시정비조례 제22조)
  1. 이사회의 설치 및 소집, 사무, 의결방법 등 이사회 운영에 관한 사항
  2. 특정무허가건축물 소유자의 조합원 자격에 관한 사항
  3. 공유지분 소유권자의 대표자 선정에 관한 사항
  4. 단독 또는 다가구주택을 건축물 준공이후 다세대주택으로 전환한 주택을 취득한 자에 대한 분양권 부여에 관한 사항
  5. 재정비촉진지구의 도시계획사업으로 철거되는 주택을 소유한 자 중 구청장이 선정한 자에 대한 주택의 특별공급에 관한 사항
  6. 융자금액 상환에 관한 사항
  7. 융자 신청 당시 담보 등을 제공한 조합장 등이 변경될 경우 채무 승계에 관한 사항
  8. 정비구역 내 공가 발생 시 안전조치 및 보고 사항

(2) 정관의 변경 및 경미한 사항의 변경

<u>조합이 정관을 변경하려는 경우</u>에는 법 제35조제2항부터 제5항까지의 규정에도 불구하고 **총회를 개최하여 조합원 과반수의 찬성**으로 시장·군수등의 인가를 받아야 한다. 다만, 위 제1항의 제2호·제3호·제4호·제8호·제13호 또는 제16호의 경우에는 **조합원 3분의 2 이상의 찬성으로 한다**. (법 제40조제3항)

그러나 대통령령이 정하는 경미한 사항을 변경하고자 하는 때에는 이 법 또는 정관으로 정하는 방법에 따라 변경하고 **시장·군수등에게 신고**하여야 한다. (법 제40조제4항)

- **시행령에서 규정하고 있는 정관의 경미한 변경사항** (영 제39조)<개정 2019.6.18.>
  법 제40조제4항에서 '대통령이 정하는 경미한 사항'이란 다음 각 호의 사항을 말한다.
  1. 법 제40조제1항제1호에 따른 조합의 명칭 및 사무소의 소재지에 관한 사항
  2. 조합의 임원의 수 및 업무의 범위에 관한 사항
  3. 삭제 <2019.6.18.>
  4. 법 제40조제1항제10호에 따른 총회의 소집 절차·시기 및 의결방법에 관한 사항
  5. 제38조제2호에 따른 임원의 임기, 업무의 분담 및 대행 등에 관한 사항
  6. 제38조제3호에 따른 대의원회의 구성, 개회와 기능, 의결권의 행사방법, 그 밖에 회의의 운영에 관한 사항
  7. 제38조제5호에 따른 정비사업전문관리업자에 관한 사항
  8. 제38조제8호에 따른 공고·공람 및 통지의 방법에 관한 사항
  9. 제38조제13호에 따른 임대주택의 건설 및 처분에 관한 사항
  10. 제38조제14호에 따른 총회의 의결을 거쳐야 할 사항의 범위에 관한 사항
  11. 제38조제16호에 따른 조합직원의 채용 및 임원 중 상근임원의 지정에 관한 사항과 직원 및 상근임원의 보수에 관한 사항
  12. <u>착오·오기 또는 누락임이 명백한 사항</u>
  13. <u>법 제16조에 따른 정비구역 또는 정비계획의 변경에 따라 변경되어야 하는 사항</u>
  12. 그 밖에 시·도조례로 정하는 사항

■ 서울시 도시정비조례 제23조에서 정하는 정관의 경미한 변경사항

영 제39조제12호에서 "그 밖에 시·도조례로 정하는 사항"이란 조례 제22조제1호(이사회의 설치 및 소집, 사무, 의결방법 등 이사회 운영에 관한 사항)의 사항으로서 예산의 집행 또는 조합원의 부담이 되지 않는 사항을 말한다.

(3) 조합임원의 구성 및 직무 등

가. 조합임원의 구성 및 임기

조합임원의 구성은 조합장 1명, 이사 및 감사로 구성된다. 이사의 수는 3명 이상으로 하고, 감사의 수는 1명 이상 3명 이하로 한다. 다만, 토지등소유자의 수가 100명을 초과하는 경우에는 이사의 수를 5명 이상으로 한다.(법 제41조, 영 제40조)

조합임원의 임기는 3년 이하의 범위에서 정관으로 정하되, 연임할 수 있다(법 제41조제4항).

나. 조합임원의 직무 등

조합장은 조합을 대표하고, 그 사무를 총괄하며, 총회 또는 법 제46조에 따른 대의원회의 의장이 된다. 조합장 또는 이사의 자기를 위한 조합과의 계약이나 소송에 관하여는 감사가 조합을 대표하며, 조합임원은 같은 목적의 정비사업을 하는 다른 조합의 임원 또는 직원을 겸할 수 없다. (법 제42조 참조)

다. 조합임원 등의 결격사유 및 해임절차 등

1. **조합임원의 피선출권에 대한 규정**(법 제41조제1항 <개정 2019.4.23.> 참조)

   조합은 다음 각 호의 어느 하나의 요건을 갖춘 조합장 1명과 이사, 감사를 임원으로 둔다. 이 경우 조합장은 선임일로부터 법 제74조제1항에 따른 관리처분계획인가를 받을 때까지는 해당 지역에서 거주(영업을 하는 자의 경우 영업을 말한다) 하여야 한다.
   1. 정비구역에서 거주하고 있는 자로서 **선임일 직전 3년 동안 정비구역 내 거주 기간이 1년 이상일 것**
   2. 정비구역에 위치한 **건축물 또는 토지**(재건축사업의 경우에는 건축물과 그 부속토지를 말한다)**를 5년 이상 소유하고 있을 것**

2. **조합임원 등의 결격사유**(법 제43조제1항), <개정 2020.6.9.>

   다음 각 호의 어느 하나에 해당하는 자는 조합임원 또는 전문조합관리인이 될 수 없다.
   [1호] 미성년자·피성년후견인 또는 피한정후견인
   [2호] 파산선고를 받고 복권되지 아니한 자
   [3호] 금고 이상의 실형의 선고를 받고 그 집행이 종료(종료된 것으로 보는 경우를 포함한다)되거나 집행이 면제된 날부터 2년이 경과되지 아니한 자
   [4호] 금고 이상의 형의 집행유예를 받고 그 유예기간 중에 있는 자
   [5호] 이 법(주: 도시정비법)을 위반하여 벌금 100만원 이상의 형을 선고받고 **10년**이 지나지 않은 자

주): 제2항에서의 '금고 이상의 형'에는 사형, 징역(무기, 유기징역) 및 금고(禁錮)가 있다. 그 아래의 형에는 구류, 자격상실, 자격정지, 벌금, 과료 및 몰수가 있으며, 이 경우 조합임원의 결격사유에 해당하지 않는다.

3. **조합임원의 당연퇴임**(법 제43조제2항), <개정 2020.6.9.>

   1) 법 제43조제1항 각 호의 어느 하나에 해당하게 되거나 선임 당시 그에 해당하는 자이었음이 판명된 경우
   2) 조합임원이 법 제41조제1항에 따른 자격요건을 갖추지 못한 경우

4. **조합임원 등의 해임절차** (법 제43조제4항)

   조합임원의 해임은 법 제44조제2항에도 불구하고 조합원 10분의 1 이상의 요구로 소집된 총회에서 조합원 과반수의 출석과 출석 조합원 과반수의 동의를 받아 해임할 수 있다. 이 경우 요구자 대표로 선출된 자가 해임 총회의 소집 및 진행을 할 때에는 조합장의 권한을 대행한다.

라. 시장·군수등이 조합임원의 업무대행을 하는 전문조합관리자 선정

조합임원의 선출방법 등은 정관으로 정한다. 다만, **시장·군수등은** 다음 각 호의 어느 하나에 해당하는 경우 시·도조례로 정하는 바에 따라 변호사·회계사·기술사 등으로서 대통령령으로 정하는 요건을 갖춘 자를 **전문조합관리인으로 선정하여 조합임원의 업무를 대행하게 할 수 있다.** (법 제41조제5항), <개정 2019.4.23.>

1. 조합임원이 사임, 해임, 임기만료, 그 밖에 불가피한 사유 등으로 직무를 수행할 수 없는 때부터 6개월 이상 선임되지 아니한 경우
2. 총회에서 조합원 과반수의 출석과 출석 조합원 과반수의 동의로 전문조합관리인의 선정을 요청하는 경우

   이때, 대통령령으로 정하는 요건을 갖춘 자(**전문조합관리인**)란 다음 각 호의 어느 하나에 해당하는 사람을 말한다. (영 제41조제1항, <개정 2020.2.18.>)

1. 다음 각 목의 어느 하나에 해당하는 자격을 취득한 후 정비사업 관련 업무에 5년 이상 종사한 경력이 있는 사람

   가. 변호사   나. 공인회계사   다. 법무사   라. 세무사   마. 건축사

   바. 도시계획·건축분야의 기술사 사. 감정평가사   아. 행정사(일반행정사를 말한다)
2. **조합임원으로 5년 이상 종사한 사람**
3. 공무원 또는 공공기관의 임직원으로 정비사업 관련 업무에 5년 이상 종사한 사람
4. 정비사업전문관리업자에 소속되어 정비사업 관련 업무에 10년 이상 종사한 사람
5. 「건설산업기본법」 제2조제7호에 따른 **건설사업자**에 소속되어 정비사업 관련 업무에 10년 이상 종사한 사람
6. 제1호부터 제5호까지의 경력을 합산한 경력이 5년 이상인 사람. 이 경우 같은 시기의 경력은 중복하여 계산하지 아니하며, 제4호 및 제5호의 경력은 2분의 1만 포함하여 계산한다.
7. 전문조합관리인의 임기는 3년으로 한다. (영 제41조제4항)

2) 조합원 총회

총회는 조합원 전원으로 구성되는 최고의 의사결정기관으로 조합의 전년도 업무와 결산의 승인, 금년도의 사업계획과 예산의 승인, 정관개정, 임원의 선출 등 중요한 사안들을 처리한다. 총회의 소집절차와 소집시기 및 의결방법 등은 정관으로 정한다.

(1) 총회의 정족수

정족수란 조합원 총회 등의 회의에서 의안을 심의하고 이를 의결하는 데 일정한 수의 참석자가 필요하게 되는데 이때에 필요한 참석자 수를 정족수라고 한다. 정족수에는 의사정족수(議事定足數)와 의결정족수(議決定足數)가 있다.

가. 의사정족수

총회 등을 개회하거나 계속하여 진행하는 데 필요한 정족수를 말하며, 회의 중에 의사 정족수에 미달하는 경우에는 의사정족수가 충족될 때까지 산회하는 것이 원칙이나 실무에서는 이를 지키지 않는 경우가 자주 발생되고 있다.

나. 의결정족수

의결정족수란 표결하여 조합의 의사를 결정할 수 있는 정족수를 의미하며, 재적조합원의 3분의 2 이상, 출석조합원의 3분의 2 이상, 재적조합원의 과반수, 출석조합원의 과반수 등으로 표현된다. 총회에서 의안을 표결할 경우 출석하고 있는 구성원이 의결 정족수에 미달되면 표결할 수 없고 속개(續開)또는 산회(散會)하여야 한다.

다. 출석조합원

의안이 결의될 당시 회의장에 남아있던 조합원만을 의미한다.

라. 종다수결의 원칙

의결정족수와는 관계없이 찬성표와 반대표를 비교하여 많은 쪽이 가결되는 방법이다. 이 방법은 소수가 다수에게 지배될 우려가 있으므로 임시의장의 선거 등 특별한 경우를 제외하고는 사용되지 않는다.

(2) 총회의 소집절차 및 의결사항

가. 총회의 소집절차

총회는 조합장이 직권으로 소집하거나 조합원 5분의 1 이상(정관의 기재사항 중 법 제40조 제1항제6호에 따른 조합임원의 권리·의무·보수·선임방법·변경 및 해임에 관한 사항을 변경하기 위한 총회의 경우는 10분의 1 이상으로 한다) 또는 대의원 3분의 2 이상의 요구로 조합장이 소집한다.(법 제44조제2항), <개정 2019.4.23.>

나. 총회의 의결방법

총회에서 의사결정은 원칙적으로 토지등소유자의 과반수 출석과 출석한 토지등소유자 과반수 찬성으로 결의한다(법 제45조제3항). 그리고 총회에서의 모든 의결사항은 조합원의 100분의 10(창립총회, 사업시행계획서의 작성 및 변경, 관리처분계획의 수립 및 변경을 의결하는 총회의 경우에는 조합원의 100분의 20을 말한다) 이상의 직접 출석이 있어야 한다. 즉, 서면결의만으로는 의결할 수 없으며, 어떠한 경우에도 100분의 10 이상의 조합원이 총회에 직접 출석하여야 한다. (법 제45조제6항), (영 제42조제2항)

창립총회 의사결정은 원칙적으로 토지등소유자의 과반수 출석과 출석한 토지등소유자 과반수 찬성으로 결의함에도 불구하고 조합임원 및 대의원의 선임은 영 제27조제4항 제1호에 따라 확정된 조합정관에서 정하는 바에 따라 결의한다. (영 제27조제5항 단서)

또한, 사업시행계획 및 관리처분계획의 수립 및 변경을 위한 총회의 결의요건은 다른 사항의 결의요건(과반수 출석, 출석한 토지등소유자 과반수 찬성)보다 강화하여 조합원 과반수의 의결을 받아야 한다. 다만, 사업비가 100 분의 10 이상이 늘어나는 수정결의의 경우에는 조합원 3분의 2 이상의 찬성으로 의결하여야 한다. (법 제45조제4항)

그 외의 총회 의결방법에 대한 규정으로는 조합 창립총회에서 시공자를 선정하는 경우에는 조합원 총수의 과반수가 직접 총회에 참석하여 의결하도록 규정하고 있다.
(국토교통부 고시 제2016-187호 「정비사업의 시공자 선정기준」 제14조제1항)

다. 법에서의 총회 의결사항

다음 각 호의 사항은 총회의 의결을 거쳐야 한다.(법 제45조제1항),<개정 2021.3.16.>
1. 정관의 변경(법 제40조제4항에 따른 경미한 사항의 변경은 이 법 또는 정관에서 총회의 결사사항으로 정한 경우로 한정한다)
2. 자금의 차입과 그 방법·이자율 및 상환방법
3. 정비사업비의 **세부 항목별 사용계획이 포함된 예산안 및 예산의 사용내역**
4. 예산으로 정한 사항 외에 조합원에게 부담이 되는 계약
5. 시공자·설계자 또는 **감정평가법인등**(법 제74조제4항에 따라 시장·군수등이 선정·계약하는 **감정평가법인등은** 제외한다)의 선정 및 변경. 다만, **감정평가법인등** 선정 및 변경은 총회의 의결을 거쳐 시장·군수등에게 위탁할 수 있다.
6. 정비사업전문관리업자의 선정 및 변경
7. 조합임원의 선임 및 해임
8. 정비사업비의 조합원별 분담내역
9. 법 제52조에 따른 사업시행계획서의 작성 및 변경(법 제50조제1항 본문에 따른 정비사업의 중지 또는 폐지에 관한 사항을 포함하며, 같은 항 단서에 따른 경미한 변경은 제외한다)
10. 법 제74조에 따른 관리처분계획의 수립 및 변경(제74조제1항 각 호 외의 부분 단서에 따른 경미한 변경은 제외한다)
11. 법 제89조에 따른 청산금의 징수·지급(분할징수·분할지급 포함)과 조합 해산 시의회계보고
12. 법 제93조에 따른 비용의 금액 및 징수방법
13. 그 밖에 조합원에게 경제적 부담을 주는 사항 등 주요한 사항을 결정하기 위하여 대통령령(영 제42조제1항) 또는 정관으로 정하는 사항

● 시행령에서의 총회 의결사항(영 제42조제1항)
위의 법 제45조제1항제13호에 따라 총회의결을 거쳐야하는 사항은 다음 각 호와 같다.
1. 조합의 합병 또는 해산에 관한사항
2. 대의원의 선임 및 해임에 관한 사항
3. 건설되는 건물의 설계개요의 변경
4. 정비사업비의 변경

(3) 총회의 종류

가. 창립총회

정비조합을 설립하기 위한 목적으로 조합원 전원이 참가하는 회의를 개최하여 조합 정관을 정하고, 대표기관인 조합장, 이사, 감사를 선출하는 총회이다.

창립총회에서 조합설립을 위한 동의서를 모두 확보하여 이를 근거로 조합설립인가를 받아야 하나, 창립총회에서는 조합설립에 대한 합의가 이루어지고 조합설립을 위한 동의서는 개별적으로 추가 징구하는 것이 관행이었으나 관계 규정이 강화되면서 창립 총회 전에 '재건축 정비사업 조합설립'에 대해 주택단지의 공동주택 각 동별 구분소유자의 과반수 동의와 주택단지의 전체 구분소유자의 4분의 3 이상 및 토지면적의 4분의 3 이상의 토지소유자의 동의를 얻어 동의절차를 완성한 후 총회를 개최하도록 하였다. 그러하지 않을 경우 총회는 법적으로 인정받을 수 없다.

❖ 창립총회의 개최 및 의결방법

창립총회는 추진위원회 위원장의 직권 또는, 토지등소유자 5분의 1 이상의 요구로 추진 위원회 위원장이 소집한다. 다만, 토지등소유자의 5분의 1 이상의 소집요구에도 불구 하고 추진위원회 위원장이 2주 이상 소집요구에 응하지 않을 경우 소집을 요구한 자의 대표자가 소집할 수 있다. **창립총회의 의사결정은 토지등소유자의 과반수 출석과 출석한 토지등소유자 과반수 찬성으로 결의한다.** (영 제27조 참조)

이때, **창립총회에서의 모든 의사결정은 토지등소유자의 100분의 20 이상의 직접 출석이 있어야 한다.** (법 제45조제6항)

나. 정기총회

정기총회는 조합의 정관에 적어도 매년 1회 이상 일정한 시기에, 미리 정한 시기에 소집되는 회의로서, 통상 매년 1회 정기적으로 개최된다. 정기총회에서는 예산과 결산의 승인이 이루어지기 때문에 회계연도 말부터 연초인 1~2월 이내에 개최되는 것이 보통이다.

다. 임시총회

임시총회란 정기총회와 정기총회 사이에 발생되는 긴급한 현안을 처리하기 위하여 임시로 소집하는 총회이다. 임시총회를 소집하려면 조합정관에 정하여둔 규정에 의하여 절차를 밟아 소집하여야 한다. 정기총회와 소집시기만 다를 뿐이고 총회의 권한, 의결 방법 등 모든 절차는 동일하다. 일반적으로 관리처분총회나 조합해산총회 등은 임시 총회를 겸하여 개최한다.

3) 대의원회

(1) 대의원회의 구성

가. 대의원의 수

조합원의 수가 100인 이상인 조합에서는 대의원회를 두어야 한다. 또한, 대의원회는 조합원의 10분의 1 이상으로 하되 조합원의 10분의 1이 100인을 넘는 경우에는 조합원의 10분의 1 범위 안에서 100인 이상으로 구성할 수 있으며, 대의원수의 확정은 위에서 언급한 범위 안에서 정관으로 정한다.(법 제46조 참조)

나. 대의원의 자격

조합장은 대의원회의 의장으로서 대의원직을 겸직할 수 있으나, 이사·감사는 대의원이 될 수 없다. (법 제46조제3항)

다. 기타 사항

- 대의원회의 업무에는 총회의 의결사항 중 대통령령이 정하는 사항을 제외하고는 총회의 권한을 대행할 수 있다. (법 제46조제4항)
- 대의원회의 대의원수·의결방법·선임방법 및 선임절차 등은 시행령 제44조의 범위 안에서 정관으로 정한다. (법 제46조제5항)
- 대의원은 조합원 중에서 선출하며, 대의원의 선임 및 해임 등은 정관이 정하는 바에 따른다.

(2) 대의원회의 소집과 의결방법

가. 대의원회의 소집

대의원회를 소집하는 자는 원칙적으로 조합장이다. 그러나 예외적으로 감사나 대의원회 소집청구자가 영 제44조제4항에서 정하는 **소집청구요건**을 갖춘 때 소집할 수 있다.

- **조합장에 의한 소집**

대의원회는 조합장이 필요하다고 인정하는 때에 소집한다.

다만, 다음 각 호의 어느 하나에 해당하는 때에는 조합장은 해당 일부터 **14일 이내**에 대의원회를 소집해야 한다. (영 제44조제4항)

[1호] 정관이 정하는 바에 따라 소집청구가 있을 때

[2호] 대의원의 3분의 1 이상(정관으로 달리 정하는 경우에는 그에 따른다)이 회의의 목적사항을 제시하여 청구하는 때

- **감사 등에 의한 소집**

영 제44조제4항에 따른 소집청구가 있으나 조합장이 법이 정한 기한 내에 정당한 이유 없이 대의원회를 소집하지 않은 때에는 감사가 지체 없이 이를 소집하여야 하며, 감사가 소집 하지 않은 때에는 제4항 각호에 따라 소집을 청구한 자의 대표가 이를 소집한다. 이 경우 미리 시장·군수등의 승인을 얻어야 한다. (영 제44조제5항)

- **대의원회의 소집통지**

대의원회의 소집은 집회 **7일 전**까지 그 회의의 목적·안건·일시 및 장소를 기재한 서면을 대의원에게 통지하는 방법에 따른다. 이 경우 정관으로 정하는 방법에 따라 대의원 회의 소집내용을 공고하여야 한다. (영 제44조제7항)

나. 대의원회의 의결방법

대의원회는 재적대의원 과반수의 출석과 출석대의원 과반수의 찬성으로 의결한다. 다만, 그 이상의 범위에서 **정관으로** 달리 정하는 경우에는 그에 따른다.(영 제44조제8항) 대의원회는 사전에 통지한 안건만 의결할 수 있다. 다만, 사전에 통지하지 아니한 안건으로서 대의원회의 회의에서 **정관으로** 정하는 바에 따라 채택된 안건의 경우에는 예외로 한다. (영 제44조제9항)

다. 대의원회의가 총회의 의결사항을 대행할 수 없는 사항

(법 제45조제1항<개정 2020.4.7., 2021.3.16.> 참조)

1. 정관의 변경(법 제40조제4항에 따른 경미한 사항의 변경은 이 법 또는 정관에서 총회의 결사항으로 정한 경우로 한정한다)
2. 자금의 차입과 그 방법·이자율 및 상환방법
3. 정비사업비의 사용
4. 예산으로 정한 사항 외에 조합원에게 부담이 되는 계약
5. 시공자·설계자 또는 **감정평가법인등**(법 제74조제4항에 따라 시장·군수등이 선정·계약하는 **감정평가법인등은** 제외한다)의 선정 및 변경. 다만, **감정평가법인등의** 선정 및 변경은 총회의 의결을 거쳐 시장·군수등에게 위탁할 수 있다.
6. 정비사업전문관리업자의 선정 및 변경
7. 조합임원의 선임 및 해임
8. 정비사업비의 조합원별 분담내역
9. 법 제52조에 따른 사업시행계획서의 작성 및 변경(법 제50조제1항 본문에 따른 정비사업의 중지 또는 폐지에 관한 사항을 포함하며, 같은 항 단서에 따른 경미한 변경은 제외한다)
10. 법 제74조에 따른 관리처분계획의 수립 및 변경(제74조제1항 각 호 외의 부분 단서에 따른 경미한 변경은 제외한다)
11. 법 제89조에 따른 청산금의 징수·지급(분할징수·분할지급을 포함한다)과 조합 해산 시의 회계보고
12. 법 제93조에 따른 비용의 금액 및 징수방법
13. 그 밖에 조합원에게 경제적 부담을 주는 사항 등 주요한 사항을 결정하기 위하여 대통령령(영 제42조제1항 및 제2항) 또는 정관으로 정하는 사항

❑ **대의원회가 총회의 의결사항을 대행할 수 없는 안건**(법 제45조제1항 <개정 2021.3.16.>)

다음 각 호의 사항은 총회의 의결을 거쳐야 한다.

1. 정관의 변경(제40조제4항에 따른 경미한 사항의 변경은 이 법 또는 정관에서 총회의결 사항으로 정한 경우로 한정한다)
2. 자금의 차입과 그 방법·이자율 및 상환방법
3. 정비사업비의 **세부 항목별 사용계획이 포함된 예산안 및 예산의 사용내역**
4. 예산으로 정한 사항 외에 조합원에게 부담이 되는 계약
5. **시공자·설계자 및 감정평가법인등**(제74조제4항에 따라 시장·군수등이 선정·계약하는 **감정평가법인등은 제외한다)의 선정 및 변경. 다만, 감정평가법인등의 선정 및 변경은 총회의 의결을 거쳐 시장·군수등에게 위탁할 수 있다.**
6. 정비사업전문관리업자의 선정 및 변경
7. 조합임원의 선임 및 해임
8. 정비사업비의 조합원별 분담내역
9. 제52조에 따른 사업시행계획서의 작성 및 변경(제50조제1항 본문에 따른 정비사업의 중지 또는 폐지에 관한 사항을 포함하며, 같은 항 단서에 따른 경미한 변경은 제외한다)
10. 제74조에 따른 관리처분계획의 수립 및 변경(제74조제1항 각 호 외의 부분 단서에 따른 경미한 변경은 제외한다)

11. 제89조에 따른 청산금의 징수·지급(분할징수·분할지급을 포함한다)과 조합 해산 시의 회계보고

12. 제93조에 따른 비용의 금액 및 징수방법

13. 그 밖에 조합원에게 경제적 부담을 주는 사항 등 주요한 사항을 결정하기 위하여 대통령령 또는 정관으로 정하는 사항

❑ **시행령에 규정된 대의원회가 총회의 의결사항을 대행할 수 없는 사항**(영 제43조)

법 제46조제4항에서 "대통령령으로 정하는 사항"이란 다음 각 호의 사항을 말한다.

1. 법 제45조제1항제1호에 따른 정관의 변경에 관한 사항(법 제40조제4항에 따른 경미한 사항의 변경은 법 또는 정관에서 총회의결사항으로 정한 경우로 한정한다)

2. 법 제45조제1항제2호에 따른 자금의 차입과 그 방법·이자율 및 상환방법에 관한 사항

3. 법 제45조제1항제4호에 따른 예산으로 정한 사항 외에 조합원에게 부담이 되는 계약에 관한 사항

4. 법 제45조제1항제5호에 따른 시공자·설계자 또는 **감정평가법인등**(법 제74조제4항에 따라 시장·군수등이 선정·계약하는 **감정평가법인등은** 제외한다)의 선정 및 변경에 관한 사항

5. 법 제45조제1항제6호에 따른 정비사업전문관리업자의 선정 및 변경에 관한 사항

6. 법 제45조제1항제7호에 따른 조합임원의 선임 및 해임과 제42조제1항제2호에 따른 대의원의 선임 및 해임에 관한 사항. 다만, 정관으로 정하는 바에 따라 임기중 궐위된 자(조합장은 제외한다)를 보궐선임하는 경우를 제외한다.

7. 법 제45조제1항제9호에 따른 사업시행계획서의 작성 및 변경에 관한 사항(법 제50조제1항 본문에 따른 정비사업의 중지 또는 폐지에 관한 사항을 포함하며, 같은 항 단서에 따른 경미한 변경은 제외한다)

8. 법 제45조제1항제10호에 따른 관리처분계획의 수립 및 변경에 관한 사항(법 제74조제1항 각 호 외의 부분 단서에 따른 경미한 변경은 제외한다)

9. 법 제45조제2항에 따라 총회에 상정하여야 하는 사항

10. 제42조제1항제1호에 따른 조합의 합병 또는 해산에 관한 사항. 다만, 사업완료로 인한 해산의 경우는 제외한다.

11. 제42조제1항제3호에 따른 건설되는 건축물의 설계 개요의 변경에 관한 사항

12. 제42조제1항제4호에 따른 정비사업비의 변경에 관한 사항

4) 이사회

도시정비법에서는 대의원회를 구성하도록 하는 한편, 2017년 2월 8일 전부개정 전의 구)법 제22조(조합임원의 직무 등)의 제2항(이사는 정관이 정하는 바에 따라 조합장을 보좌하며 조합의 사무를 분장한다)과 제3항(감사는 조합의 사무 및 재산상태와 회계에 관한 사항을 감사한다)을 삭제함으로써 그동안 법으로 유지돼오던 이사회의 권한과 수행업무를 실질적으로 주민총회와 대의원회로 이관시켰다. 다만, 전부개정 전의 시행령 제31조 제17호를 근거로 서울시 도시정비 조례 제22조제1호에서 '**이사회의 설치 및 소집·사무·의결방법 등 이사회 운영에 관한 사항**'에 대해서 조합정관으로 정할 수 있도록 하였다.

위의 <u>서울시 도시정비조례 제22조제1호</u>는 전부개정 전의 <u>도시정비법</u> 제22조를 개정한 근본 취지를 감안하여 이사회의 집행권에 관한 사항 등은 언급이 일체 없으며, **단순히 이사회의 소집절차나 의결방법 등 일반적인 사무처리 규정만을 담고 있다.**

❖ '출석조합원'에 대한 대법원 판례(판결요지)
의결정족수를 정하는 기준이 되는 출석조합원의 의미는 '당초 총회에 참석한 모든 조합원을 의미하는 것이 아니라 해당하는 상정의안이 결의될 당시 회의장에 남아있던 조합원만을 의미하고, 회의 도중 회의장에서 스스로 퇴장한 조합원은 이에 포함되지 않는다. (대법원 2010.4.29.,선고, 2008두5568, 판결)

제5장.
매도청구

1 매도청구의 이해

1) 매도청구의 개념

(1) 재건축사업에만 적용되는 제도

매도청구는 법 제64조(재건축사업에서의 매도청구)를 근거로 하며 정비사업 중에서 재건축사업에만 적용되는 제도로 상대방의 동의 없이 일방적으로 이루어진다. 따라서 매도청구의 의사가 상대방에게 적법하게 표시되면 사업시행자와 미동의자인 상대방과는 매매계약을 체결한 상태와 유사한 관계가 이루어진다. 행정청은 정비사업시행자가 재건축사업을 시행함에 있어 사업부지의 토지 및 건축물에 대한 소유권을 조합이 확보하도록 요구하고 있으며, 도시정비법 제64조제4항에는 ① 조합설립 또는 사업시행자 지정에 동의하지 아니 하겠다는 뜻을 회답한 토지등소유자, ② 건축물 또는 토지만을 소유한 자에게 건축물 또는 토지의 소유권과 그 밖의 권리를 매도할 것을 청구를 할 수 있도록 규정되어 있다. **재건축사업에서의 매도청구제도는 재개발사업에서의 토지수용권에 해당한다고 할 수 있으며, 사업계획승인 조건에서는 토지소유권의 확보로 인정하고 있는 것이다.**

(2) 매도청구제도의 개정

과거 주택건설촉진법에는 매도청구권의 절차에 대한 별도의 조문이 없어 집합건축물법에 의존하여 왔다. 그러나 도시정비법의 제정 및 2017년 2월 8일 도시정비법이 전부개정되면서 매도청구에 관한 조문(도시정비법 제64조)을 별도로 마련하여 이 조항만으로 매도청구를 할 수 있도록 하였다.

(3) 매도청구권의 행사절차 등

가. 재건축사업의 시행자는 **사업시행계획인가의 고시가 있는 날부터 30일 이내에 조합설립에 동의하지 아니한 자나 사업시행자 지정에 동의하지 아니한 자에 조합설립 등에 관한 동의여부를 회답할 것을 서면으로 촉구하여야 한다.** (법 제64조제1항)
촉구를 받은 토지등소유자는 촉구를 받은 날부터 2개월(60일) 이내에 회답하여야 한다. (법 제64조제2항)
제2항의 기간이 지나면 사업시행자는 법 제64조 제4항에 따라 조합설립에 동의하지 아니 하겠다는 뜻을 회답한 것으로 간주되며, 이와 같이 회답한 토지등소유자 등에게 건축물 또는 토지의 소유권과 그 밖의 권리를 매도할 것을 청구할 수 있게 된다. (법 제64조제3항, 제4항)

나. 사업시행자는 **관리처분계획이 인가·고시된 다음 날부터 90일 이내**에 다음 각 호에서 정하는 자와 토지, 건축물 또는 그 밖의 **권리의 손실보상에 관한 협의를 하여야 한다**. 다만, 사업시행자는 분양신청기간 종료일의 다음 날부터 협의를 시작할 수 있다. (법 제73조제1항 <개정 2017.10.24.> 참조)

    1. 분양신청을 하지 아니한 자
    2. 분양신청기간 종료 이전에 분양신청을 철회한 자
    3. 법 제72조제6항 본문 및 **법 제39조제2항** 본문에 따라 분양신청을 할 수 없는 자
    4. 법 제74조에 따라 인가된 관리처분계획에 따라 분양대상에서 제외된 자

다. 사업시행자는 제1항에 따른 협의가 성립되지 아니하면 그 기간의 만료일 다음 날부터 60일 이내에 수용재결을 신청하거나 매도청구소송을 제기하여야 한다. (법 제73조제2항)

라. **사업시행자는 회답기간 만료일부터 2개월(60일)의 기간을 넘겨서 수용재결을 신청하거나 매도청구소송을 제기한 경우에는 해당 토지등소유자에게 지연일수에 따른 이자(100분의 15 이하로** 시행령 제60조**로 정하는 이율)를 지급해야 한다.** (법 제73조제3항)

2) 매도청구의 법적인 역할

(1) 토지수용과 유사한 기능

정비사업은 조합 또는 사업시행자가 대상지역의 토지소유권을 확보한 후 주택을 건설하여 조합원에게 배분하게 된다. 이때 정비사업에 반대하는 토지등소유자의 권리를 박탈할 수 있는 제도적인 장치가 필요한데 재개발사업에서는 '토지수용'이며, 재건축사업에 있어서는 '매도청구소송'이다.

(2) 소유권이전을 위한 지위의 확보

정비사업에서 조합은 사업에 동의하는 자(조합원)들의 재산에 대한 소유권을 전부 조합으로 이전하는 것이 원칙이다. 정비조합이 토지소유권을 이전받아 기존의 주택을 철거 한 뒤 주택을 건설하기 위해서는 사업대상 토지를 조합소유의 재산으로 소유권 이전이 필요하기 때문이다.

3) 사업시행인가요건으로서의 매도청구소송

(1) 토지소유권 확보에 대한 규정

종래의 주택건설촉진법(시행령 제34조의4제2호)에 근거한 재건축사업의 경우에는 사업계획승인의 요건으로 조합이 토지소유권을 확보할 것을 요구하였다. 다만, 재건축 조합인 경우 일부 토지소유권이 확보되지 못한 상태에서 집합건물의 소유 및 관리에 관한 법률 제48조에 의해 매도청구가 되었다면 그 부분에 대한 토지소유권은 확보한 것으로 인정되었다. 한편, 구 도시재개발법에서는 재개발사업의 시행인가 시에도 조합이 토지소유권을 확보하도록 하는 법적인 요건이 없었다.

현재 도시정비법에서도 종래의 토지소유권확보와 관련한 규정이 없으며, 동법 시행령 에서도 이에 대한 규정이 없다. 다만, 도시정비법 제64조(재건축사업에서의 매도청구)에

조합설립의 동의를 하지 않은 자 등의 토지 및 건축물에 대해서는 매도청구를 할 수 있도록 규정하고 있다.

이 경우 조합설립의 동의는 재건축의 합의로 보며, 구분소유권 및 대지사용권은 사업시행구역의 매도청구의 대상이 되는 토지 또는 건축물의 소유권과 그 밖의 권리로 본다.

(2) 매도청구소송 제기의 필요성

행정청은 재건축사업의 경우 법령에 명시적인 근거는 없지만, 사업시행을 인가하는 과정에서 매도청구소송의 제기를 요구하고 있다. 다만, 재개발사업의 경우 도시정비법의 규정내용이 종전과 큰 차이가 없고, 재건축사업과는 달리 토지수용권을 발동할 수 있도록 하고 있다.`

4) 매도청구소송의 제기조건

(1) 매도청구의 대상

재건축사업을 시행하는 경우 다음 각 호의 어느 하나에 해당하는 자의 건축물 또는 토지의 소유권과 그 밖의 권리에 대하여 매도청구를 할 수 있다.

가. 법 제35조제3항부터 제5항까지에 따른 조합설립에 동의하지 아니한 자(법 제64조제1항제1호).

나. 법 제26조제1항 및 법 제27조제1항에 따라 시장·군수등, 토지주택공사 또는 신탁업자의 사업시행자 지정에 동의하지 아니한 자. (법 제64조제1항제2호)

다. 투기과열지구로 지정된 지역에서 재건축사업을 시행하는 경우에는 조합설립인가 후, 재개발사업을 시행하는 경우에는 법 제74조에 따른 관리처분계획의 인가 후 해당 정비사업의 건축물 또는 토지를 양수 한 자. (법 제39조제2항 본문 참조)

라. 투기과열지구의 정비사업에서 법 제74조 제1항제2호(관리처분계획에 따른 분양대상자) **또는 제1항제4호가목(일반분양 대상자)의 분양대상자 및 그 세대에 속한 자가, 투기과열지구에서 다른 재건축사업의 분양신청을 하는 경우 종전의 분양대상자 선정일로부터 5년이 경과되지 않은 자. 다만, 상속, 결혼, 이혼으로 종전에 조합원 자격을 취득한 경우에는 예외로 한다.** (법 제72조제6항 참조)

(2) 정비구역에서의 매도청구소송 제기조건

주택단지에 위치한 공동주택의 각 동별(복리시설의 경우에는 주택단지의 복리시설 전체를 하나의 동으로 본다) **구분소유자의 과반수의 동의와 주택단지에 위치한 전체 구분소유자의 4분의 3 이상 및 토지면적의 4분의 3 이상의 토지소유자의 동의를 얻은 후 매도청구소송이 가능하다. 결국, 조합설립인가 후 법인등기가 완성된 이후 매도청구소송이 가능하다.**

(3) 단독주택 재건축사업에서의 매도청구소송 제기조건

주택단지가 아닌 지역이 정비구역에 포함된 때에는 주택단지가 아닌 지역의 토지 또는 건축물 소유자의 4분의 3 이상 및 토지면적의 3분의 2 이상의 토지소유자의 동의를 얻은 후에 매도청구소송이 가능하다.

(4) 사업참가 여부에 대한 최고(催告)의 시기 등

재건축사업의 시행자는 **사업시행계획인가의 고시가 있는 날부터 30일 이내**에 조합설립에 동의하지 아니한 자와, 재건축사업을 시행하기 위한 공공시행자나 지정개발자를 사업시행자로 지정하는 것에 대한 동의 여부를 회답할 것을 서면으로 촉구하여야 한다(법 제64조제1항). 이 사업참가 동의 여부에 대한 촉구를 받은 토지등소유자는 촉구를 받은 날부터 2개월 이내에 회답하여야 한다. (법 제64조제2항)

(5) 최고(催告)의 방식

- 최고는 반드시 서면으로 하여야 한다.
- 정확히 송달할 수 있도록 **배달증명부 내용증명**으로 발송하며 반송되는 경우 미수령의 원인을 확인 한 후에 인력 등으로 재차 발송하고 이에 대한 기록을 남겨둔다.
- **최고서 수령일로부터 4개월(최고를 촉구한 날부터 2개월+촉구기간이 만료된 때부터 2개월) 이내에 매도청구소송을 제기할 수 있으므로 매도청구소송이 여러 개의 소송으로 나누어 지지 않도록 유의**하여야 한다.
- 최고서에는 조합설립동의에 필요한 사항이 구체적으로 적시되어 있어야 한다.
- 주소가 불분명한 경우에는 공시송달(법원 게시판, 법원 인터넷게시판)로 처리한다.

2 매도청구권의 행사

1) 매도청구권자

도시정비법상의 사업시행자는 조합설립인가를 받은 재건축조합을 말하는 것으로, 도시정비법의 시행 이후에는 **재건축조합이 원고**가 되는 것이다. 따라서 재건축사업을 시행하는 원고는 **조합설립등기를 완료함으로써 법인격을 취득한 때로부터 매도청구**를 할 수 있다.

2) 매도청구의 상대방

① **재건축조합설립에 동의하지 않은 구분소유자 및 승계인**
구분소유권 및 대지사용권을 가지고 있는 자로서 재건축에 참가하지 않는 자가 매도청구의 상대이며, 승계인은 포함되지만 임차인이나 전세권자와 같은 설정적 승계인은 포함되지 않는다. 회답기간인 2개월이 경과하여 조합설립동의를 하지 않은 것으로 확정된 후 매도청구 소장이 송달되기 전에 소유권이 변동된 경우에는 새로운 소유자에게 최고서(催告書)를 발송하고 '**피고경정신청**'을 통하여 그 자에게 소장을 송달한다.

② **대지사용권만을 가진 자**
조합설립동의가 있은 후에 대지사용권만을 취득하고 건물의 소유권이 없는 자

③ **공유자**
공유자 중 일부만 재건축사업에 찬성하고 나머지 공유자가 찬성하지 않는 경우, 그 공유자 전체에 대하여 매도청구권을 행사할 수 있다.

④ **탈퇴 또는 조합정관을 위반한 조합원**
재건축조합설립에 동의한 구분소유자가 조합을 탈퇴하거나 조합정관을 위반하여 제명되거나 조합원 분양신청을 하지 아니한 자에게는 매도청구권을 행사할 수 있다.

⑤ **건물이나 토지만 소유한 자**

도시정비법에 단독주택의 재건축이 허용됨에 따라 나대지소유자나 건물이 철거되고 대지만 남은 경우에도 매도청구소송이 가능하다.

⑥ **등기부상의 소유자**

주택을 매도하였으나 아직 그 소유권보존등기가 매도인명의로 남아있는 경우, 매도 청구권 상대방은 등기부상의 소유권자인 매도인이다.

⑦ **여러 개의 동(棟) 중 일부의 동에 대한 동의요건을 구비하지 못하는 경우**

적법하게 동의요건을 구비한 동의 미동의자에 대한 매도청구권 행사가 가능하다.

⑧ **투기과열지구로 지정된 지역에서 재건축사업을 시행하는 경우에는 조합설립인가 후, 재개발 사업을 시행하는 경우에는 관리처분계획의 인가 후 해당 정비사업의 건축물 또는 토지를 양수 한 자는 제1항에도 불구하고 조합원이 될 수 없다.(법 제39조제2항 본문 외의 단서에서 정하는 7가지의 경우는 제외한다).(법 제39조제2항,** <개정 2020.6.9., 2021.4.13.> **참조)**

⑨ **투기과열지구의 정비사업에서** 법 제74조제1항제2호(관리처분계획에 따른 분양대상자) **또는** 제1항제4호가목(일반분양 대상자)**의 분양대상자 및 그 세대에 속한 자가, 투기과열 지구에서 다른 재건축사업의 분양신청을 하는 경우 종전의 분양대상자 선정일로부터 5년이 경과되지 않은 자. 다만, 상속, 결혼, 이혼으로 종전에 조합원 자격을 취득한 경우에는 예외로 한다.** (법 제72조제6항 참조)

3) 매도청구의 시기 등

매도청구권의 행사는 조합설립등기가 완료되고 매도청구 대상자에게 <u>최고(催告)</u>한 후 회답시간의 만료일(최고수령일 후 2개월)로부터 2개월(60일) 이내에 조합설립 또는 사업시행자의 지정에 동의하지 아니한 토지등소유자와 건축물 또는 토지만 소유한 자 등에게 건축물 또는 토지의 소유권과 그 밖의 권리를 매도할 것을 청구할 수 있다. **회답기간의 만료일로부터 2개월의 기간을 넘겨서 매도청구소송을 제기한 경우[재개발 사업의 경우에는 수용재결(收用裁決)의 신청]에는, 해당 토지등소유자에게 지연일수에 따른 이자(100분의 15 이하의 범위에서 대통령령[**영 제60조**]으로 정하는 이율)를 지급해야 한다.** (법 제73조제3항), <영 제60조는 이래의 제6장－제2절－제4항－제3호 참조>

4) 매도청구의 효과

매도청구권행사의 법적인 효력은 이를 행사한 자와 상대방인 재건축불참자 사이에 재건축 불참자의 구분소유권 등에 대하여 시가에 따른 매매계약이 성립된 것으로 의제된다.
매매계약의 성립시점은 매도청구의 의사표시가 재건축불참자에게 도달한 날이고 재판상의 권리행사일 때는 보통 매도청구의 의사표시가 담긴 소장 또는 준비서면이 상대방에게 송달된 날이다. 따라서 원고의 청구취지도 "**소장 부본 송달일자 매매를 원인으로 한 소유권이전등기절차를 이행하고 위 부동산을 명도하라.**"는 것이 보통이다.
매도청구소송을 진행함에 있어 소송의 소요시간에 의한 재건축업무의 지체를 최소화 하기 위하여 '**명도단행가처분**' 등도 매도청구소송과 함께 신청하는 것이 바람직하다.

③ 시가의 산정

1) 시가에 따른 대금지급의무

매도청구권을 행사할 경우 구분소유권 등에 대한 가격은 시가로 하며, 시가는 재판절차에서 법원의 촉탁에 따른 시가감정을 통해 객관적으로 이루어진다.

2) 시가의 내용

매도청구권상의 시가란 "구분소유권 등을 해당 소유자가 임의로 다른 사람에게 매매할 경우, 그가 그 대금으로 취득할 것으로 예상되는 합리적이고 객관적인 교환가격을 의미한다.

3) 시가산정 시의 기준

시가산정 시 구분소유권 등에는 공부상의 표시와 구분소유권의 현황, 건물부분의 면적이 서로 일치하지 않을 경우에는 당연히 실제상황을 기준으로 하여야 한다.

④ 구분소유권 등에 대한 법적 관계의 처리

1) 저당권자가 있는 경우

구분소유권 등에 저당권자가 있는 경우에는 매도청구권의 행사 시, 상대방의 매매대금에서 그 피담보채무액 상당액의 대금지급을 거절하거나, 조합이 채무자를 대신하여 채무를 변제(대위변제)한 후 상대방에 대한 구상금채권으로 상계할 수 있다.

2) 압류·가압류가 있는 경우

구분소유권 등에 대한 압류나 가압류는 이전등기 및 명도에 지장이 없으므로 매도청구권의 행사에는 지장이 없고, 매매대금에 대하여는 저당권과 동일하게 처리한다.

3) 체납처분이 있는 경우

체납처분은 일반압류와 동일하게 처리하며, 처분금지가처분 이후의 체납처분과 가처분에서 법원은 가처분을 우선으로 처리하도록 판시하였다.

4) 임차인 등의 계약해지권

임차인 등은 정비사업으로 인해 임차목적을 달성할 수 없게 된 경우 그 계약을 해지할 수 있다.

5) 임차인에 대한 명도청구

임차인에 대한 명도청구소송 중 정비사업에 동의한 자와 관계되는 임차인은 해당 동의자가 처리해야할 책임이 있으며, 미동의자와 관계되는 임차인에게는 조합이 임차권자에게 대항할 수 없어 계약기간만료 전에는 명도청구가 불가능하다는 문제가 발생된다.

❖ **명도청구와 사용·수익중지처분**(도시정비법 제81조제1항)

법 제78조제4항에 따른 관리처분인가의 고시가 있은 때에는 종전의 토지 또는 건축물의 소유자·지상권자·전세권자·임차권자 등 권리자는 법 제86조에 따른 소유권이전의 고시가 있은 날까지 종전의 토지 또는 건축물을 사용하거나 수익할 수 없다. 다만, 다음 각 호의 어느 하나에 해당하는 경우에는 그러하지 아니하다. <개정 2017.8.9.>

1. 사업시행자의 동의를 받은 경우
2. 「공익사업을 위한 토지 등의 취득 및 보상에 관한 법률」에 따른 손실보상이 완료되지 아니한 경우

❖ **종전 건축물에의 임차권 등 의제**(도시정비법 제87조제1항)

대지 또는 건축물을 분양받을 자에게 법 제86조제2항에 따라 소유권을 이전한 경우 종전의 토지 또는 건축물에 설정된 지상권·전세권·저당권·임차권·가등기담보권·가압류 등 등기된 권리 및 「주택임대차보호법」 제3조제1항의 요건을 갖춘 임차권은 소유권을 이전받은 대지 또는 건축물에 설정된 것으로 본다.

❖ **임차인에 대한 명도청구**

도시정비법에서도 정비조합이 재건축사업을 이유로 임의로 임대차계약을 해지할 수 있는 권리가 주어져 있지 않으므로, 임차인 특히 미동의자의 임차인에 대한 명도청구는 문제가 있다. 법 제81조(건축물 등의 사용·수익의 중지 및 철거 등)제1항이 임차인에 대한 명도청구의 근거가 될 수 있으나, 이를 근거로 명도청구를 하려면 관리처분계획의 인가·고시가 있은 후에야 가능하므로 그 이전에는 여전히 문제가 제기된다.

❑ **국·공유지의 점유·사용 연고권 인정기준 등**(서울시 도시정비조례 제55조)

① 법 제98조제4항에 따라 정비구역의 국·공유지를 점유·사용하고 있는 건축물소유자(조합 정관에 따라 조합원 자격이 인정되지 않은 경우와 신발생무허가건축물을 제외한다)에게 우선 매각하는 기준은 다음 각 호와 같다. 이 경우 매각면적은 200제곱미터를 초과할 수 없다.

1. 점유·사용인정 면적은 건축물이 담장 등으로 경계가 구분되어 실제사용하고 있는 면적으로 하고, 경계의 구분이 어려운 경우에는 처마 끝 수직선을 경계로 한다.
2. 건축물이 사유지와 국·공유지를 점유·사용하고 있는 경우에 매각면적은 구역 내 사유지 면적과 국·공유지 면적을 포함하여야 한다.

② 제1항에 따른 점유·사용 면적의 산정은 「공간정보의 구축 및 관리 등에 관한 법률」에 따른 지적측량성과에 따른다.

③ **국·공유지를 점유·사용하고 있는 자로서 제1항에 따라 우선 매수하고자 하는 자는 관리처분계획 인가신청을 하는 때까지 해당 국·공유지의 관리청과 매매계약을 체결하여야 한다.**

제6장
감정평가

① 감정평가 관계 법령

사업시행자는 법 제72조에 따른 **분양신청기간이 종료된 때**에는 분양신청의 현황을 기초로 다음 각 호의 **사항**이 포함된 관리처분계획을 수립하여 시장·군수등의 인가를 받아야 하며, 관리처분계획을 변경·중지 또는 폐지하려는 경우에도 또한 같다. 다만, 대통령령으로 정하는 경미한 **사항**을 변경하려는 경우에는 시장·군수등에게 신고하여야 한다.
(법 제74조제1항), <개정 2018.1.16.>

1. 분양설계
2. 분양대상자의 주소 및 성명
3. **분양대상자별 분양예정인 대지 또는 건축물의 추산액**(임대관리 위탁주택에 관한 내용을 포함한다)
4. **다음 각 목에 해당하는 보류지 등의 명세와 추산액 및 처분방법**. 다만, 나목의 경우에는 제30조제1항에 따라 선정된 **임대사업자**의 성명 및 주소(법인인 경우에는 법인의 명칭 및 소재지와 대표자의 성명 및 주소)를 포함한다.
   가. **일반 분양분**
   나. **공공지원민간임대주택**
   다. **임대주택**
   라. **그 밖에 부대시설·복리시설 등**
5. **분양대상자별 종전의 토지 또는 건축물 명세 및 사업시행계획인가 고시가 있는 날을 기준으로 한 가격**(사업시행계획인가 전에 제81조제3항에 따라 철거된 건축물은 시장·군수 등에게 허가를 받은 날을 기준으로 한 가격)
6. **정비사업비의 추산액**(재건축사업의 경우에는 「재건축초과이익 환수에 관한 법률」에 따른 재건축부담금에 관한 사항을 포함한다) 및 그에 따른 조합원 분담규모 및 분담시기
7. 분양대상자의 종전 토지 또는 건축물에 관한 소유권 외의 권리명세
8. **세입자별 손실보상을 위한 권리명세 및 그 평가액**
9. 그 밖에 정비사업과 관련한 권리 등에 관하여 대통령령으로 정하는 사항

◘'최초 사업시행계획의 주요 부분이 변경된 경우에 <u>최초의 사업시행인가 고시일을</u> 기준으로 평가한 종전자산가격을 그대로 사용할 수 있는지?'에 대한 대법원의 판결
(대법원 2015. 11. 26., 선고, 2014두15528, 판결)

<해설> (○○○ 법무법인 □□□ 대표변호사), **(☞ 인용된 법은 전부 개정된 법에 따라 수정한 것임)**
재건축사업 등의 사업시행자는 분양신청기간이 종료된 때에 분양신청의 현황을 기초로 종전자산가격 등이 포함된 관리처분계획을 수립해 시장·군수의 인가를 받아야 하고, 이는 관리처분계획을 변경·중지 또는 폐지하고자 하는 경우에도 같다(도시및주거환경정비법 제74조제1항). 이때 종전자산가격은 **사업시행인가의 고시가 있은 날을 기준으로** 산정하는데 (같은 항 제5호), 사업시행계획의 주요 부분이 실질적으로 변경된 경우에는 어떠한 사업시행 계획인가 고시일을 기준으로 종전자산가격을 평가해야 하는지 문제가 되었다.

대법원은 ① 종전자산가격의 평가는 조합원들 사이의 상대적인 출자비율을 정하기 위한 것으로 보이는 점, ② 관계 법령에서 사업시행계획이 변경된 경우 종전자산가격의 평가를 새로 해야 한다는 규정을 두지 않은 이유는 분쟁을 방지하기 위하여 그 평가시점을 획일적으로 정하기 위한 것으로 보이는 점, ③ 사업시행계획의 변경이 필연적으로 종전자산가격에 영향을 미친다고 볼 수도 없는 점, ④ 사업시행계획의 변경은 최초 사업시행계획이 장래를 향하여 실효됐다는 의미일 뿐, 기존의 종전자산가격평가에 영향을 미친다고 볼 수도 없는 점 등에 비추어, 도시및주거환경정비법 제74조 제1항 제5호가 정한 '사업시행인가 고시일'이란 **'최초 사업시행계획 인가 고시일'**을 의미하므로, 최종 사업시행계획이 최초 사업시행계획 내용의 주요 부분을 실질적으로 변경한 것이라고 하더라도, 그러한 사정만으로 최초 사업시행계획 인가 고시일을 기준으로 평가한 종전자산가격을 기초로 하여 수립된 관리처분계획이 위법 하다고 볼 수 없다고 판단함으로써, ○○○의 주장을 배척하고 원심을 파기했다.
이와 유사한 대법원판결(대법원 2015. 10. 29. 선고, 2014두13294 판결)에 대한 다른 법률 전문가의 의견은 「'장기화된 사업이 종전자산평가시점에 대한 다툼으로 또다시 지연되는 것은 바람직하지 않다.'는 정책적인 고려도 판결에 작용한 것으로 보인다. 다만, 시점의 차이로 인해 평가액에 상당한 차이가 생기는 경우라면, **총회결의를 통해 평가시점을 변경인가 고시일로 바꾸는 것은 여전히 가능하다고 생각한다.**」라는 의견을 제시하기도 한다.

2 종전자산의 감정평가

1) 정비사업에서 종전자산평가의 기준

법 제74조제1항에 따른 관리처분계획의 내용은 법 제76조제1항에 따라 다음 각 호의 기준에 적합하게 수립하여야 한다. (서울시 도시정비조례 제34조 참조)
1. 종전 토지의 소유면적은 관리처분계획 기준일 현재 '공간정보의 구축 및 관리 등에 관한 법률' 제2조제19호에 따른 **소유토지별 지적공부(사업시행방식전환의 경우에는 환지예정지증명원)에 따른다.** 다만, 1필지의 토지를 여러 명이 공유로 소유하고 있는 경우에는 부동산등기부(사업시행 방식전환의 경우에는 환지예정지증명원)의 지분비율을 기준으로 한다.

2. 국·공유지의 점유연고권은 그 경계를 기준으로 실시한 지적측량성과에 따라 관계 법령과 정관 등이 정하는 바에 따라 인정한다.

3. 종전 건축물의 소유면적은 관리처분계획 기준일 현재 소유건축물별 **건축물 대장**을 기준으로 하되, 법령에 위반하여 건축된 부분의 면적은 제외한다. 다만, 정관 등이 따로 정하는 경우에는 재산세 과세대장 또는 측량성과를 기준으로 할 수 있다.

4. 종전 토지 등의 소유권은 관리처분계획 기준일 현재 부동산 등기부(사업시행방식전환의 경우에는 환지예정지증명원)에 따르며, 소유권 취득일은 부동산등기부상의 접수일자를 기준으로 한다. 다만, 특정무허가건축물(미사용승인 건축물을 포함한다)인 경우에는 구청장 또는 동장이 발행한 기존무허가건축물확인원이나 그 밖에 소유자임을 증명하는 자료를 기준으로 한다.

5. 국·공유지의 점유연고권자는 제2호에 따라 인정된 점유연고권을 기준으로 한다.

6. 「건축법」 제2조제1항제1호에 따른 대지부분 중 국·공유재산을 법 제74조제4항제1호를 준용하며, 법 제98조제5항 및 제6항에 따라 평가한다.

2) 정비사업에서 용도지역이 변경된 경우의 평가기준

도시계획상 용도지역이 '2종일반주거나 3종일반주거'였던 지역이 재개발 또는 재건축정비 사업을 위해 해당 용도지역이나 용도지구가 변경된 경우에는 변경되기 전의 용도지역 이나 용도지구를 기준으로 종전토지의 가격산정이 이루어진다.

- **[용도지역의 변경에 따른 평가에 대한 회신]**(서울시 주거정비과-10701, 2006. 09. 22) '공익사업을 위한 토지 등의 취득 및 보상에 관한 법률'(이하 '토지보상법'이라 한다) 제67조에서 보상액의 산정에 있어, 해당 공익사업으로 인하여 토지등의 가격에 변동이 있는 때에는 이를 고려하지 아니하도록 하고, 토지보상법 시행규칙 제23조제2항에는 해당 공익사업의 시행을 목적으로 하여 용도지역 또는 용도지구 등이 변경된 토지에 대해서는 변경되기 전의 용도지역 또는 용도지구 등을 기준으로 평가토록 정하고 있다. 따라서 재개발사업의 시행을 목적으로 용도지역이 변경된 경우 변경되기 전의 용도지역을 기준 으로 종전 토지의 가격이 산정되는 것이다.

- **한국평가협회 제정 「주택재개발·재건축사업 등에 관한 평가지침」 제9조(종전자산의 평가)제3항**
  ③ 해당 정비사업의 시행을 목적으로 하거나 시행에 따른 절차로서 용도지역의 변경 등 토지이용계획이 변경된 경우에는 변경 전의 용도지역 등을 기준으로 비교표준지를 선정하여 평가한다.

3) 정비사업에서 평가의 기준[개발이익의 배제]

- 평가지침 제9조(종전자산의 평가)제1항
  종전자산의 평가는 사업시행인가고시가 있는 날의 현실적인 이용상황을 기준으로 하되, 정비구역의 지정은 해당 구역의 개발·정비를 위한 구체적인 사업의 시행을 필요로 하는 개별적인 계획제안으로 보고 그 공법상 제한을 받지 아니한 상태를 기준으로 한다.

다만, 재개발사업 및 재건축사업을 위한 종전자산은 다음 각 호의 개발이익 등을 배제한 가격으로 평가한다.

1. 해당 정비사업의 계획 또는 시행이 공고 또는 고시됨으로 인한 가격의 증가분 중 특별한 용도나 규모의 물건에 대한 분양권 프리미엄에 해당하는 가격 증가분

2. 기타 해당 사업의 착수에서 준공까지 그 시행으로 인한 가격의 증가분 중 가격시점 현재 미실현된 것

- 정비구역으로 지정되면서 거래가 용이한 소형평수 다세대주택의 대지지분가격이 급등한 경우, 종전자산 평가 시 기존의 단독주택이나 아파트 등과의 형평성 문제가 발생하게 되었으며, '주택의 면적에 상관없이 조합원분양권을 인정'함에 따라 소위 '지분쪼개기' 현상이 발생되었고, 이러한 문제점을 개선하기 위해 서울시 조례 제36조제2항제6호와 제37조제2항제4호를 개정하여 <u>권리산정기준일 후 나대지에 건축물을 새로이 건축하거나 기존 건축물을 철거하고 다세대주택, 그 밖에 공동주택을 건축하여 토지등소유자가 증가하는 경우에는 1인의 분양대상자로 본다.</u>'로 규정하였다.

4) 정비사업에서 도로의 평가기준

(1) 현황도로 평가기준

- **도로부지 및 구거부지의 평가**(토지보상법 시행규칙 제26조제1항 참조)
  도로부지에 대한 평가는 다음 각 호에서 정하는 바에 의한다.
  1. '사도법'에 의한 사도의 부지는 인근 토지에 대한 평가액의 5분의 1 이내
  2. 사실상의 사도의 부지는 인근 토지에 대한 평가액의 3분의 1 이내
  3. 제1호 또는 제2호외의 도로의 부지(공도등)는 토지보상법 시행규칙 제22조(취득하는 토지의 평가)의 규정에서 정하는 방법에 따른다.

- **토지보상평가지침 제35조내지 제38조에서 정하고 있는 도로부지 및 구거부지의 평가**
  토지보상평가지침 제35조 내지 제38조의 규정에서 정하고 있는 도로부지 및 구거부지의 평가 '토지보상법 시행규칙 제26조제1항)을 준용한다. 이 경우 공도·사도 등의 구분은 그 도로 등의 종류·설치목적·성격 등을 기준으로 판단하되, 소유자는 그 판단의 기준에서 제외된다.

(2) 사실상의 사도에 대한 평가기준(토지보상법 시행규칙 제26조제2항 참조)

토지보상법 시행규칙 제1항제2호에서 '사실상의 사도'라 함은 「사도법」에 의한 사도외의 도로(「국토의 계획 및 이용에 관한 법률」에 의한 도시·군관리계획에 의하여 도로로 결정된 후부터 도로로 사용되고 있는 것을 제외한다)로서 다음 각 호의 1에 해당하는 도로를 말한다.

1. 도로개설 당시의 토지소유자가 자기 토지의 편익을 위하여 스스로 설치한 도로
2. 토지소유자가 그 의사에 의하여 타인의 통행을 제한할 수 없는 도로
3. 「건축법」 제45조에 따라 건축허가권자가 그 위치를 지정·공고한 도로
4. 도로개설 당시의 토지소유자가 대지 또는 공장용지 등을 조성하기 위하여 설치한 도로

5) 재개발·재건축사업에서 건축물의 평가기준

- **평가지침 제6조[건물의 평가]**

  재개발사업 및 재건축사업에 관한 건물의 평가는 원가법에 의한다. 다만, 원가법에 의한 평가가 적정하지 아니한 경우에는 거래사례비교법 또는 수익환원법에 의할 수 있다.

- **평가지침 제7조[건물과 토지의 일괄평가 등]**

  ① 재개발사업 및 재건축사업에 관한 물건의 평가는 대상물건마다 개별로 행함을 원칙으로 한다. 다만, 2개 이상의 대상물건이 일체로 거래되거나 대상물건 상호간에 용도상 불가분의 관계가 있는 경우에는 일괄하여 평가 할 수 있다.

  ② 제1항 단서의 규정에 의하여 건물과 토지를 일괄하여 평가하는 경우에는 거래사례비교법 또는 수익환원법에 의한다.

  ③ 제1항 단서의 규정에 의하여 「집합건축물의 소유 및 관리에 관한 법률」에 의한 구분 소유권의 대상이 되는 **건물부분과 그 대지사용권을 일괄하여 평가하는 경우에는 거래사례비교법**에 의한다. 다만, 거래사례비교법에 의한 평가가 적정하지 아니한 경우에는 원가법 또는 수익환원법에 의할 수 있다.

6) 정비기반시설의 평가(사업시행인가를 위한 사전평가)

도시정비법 시행령 제47조(**사업시행계획서의 작성**) 제2항제11호

정비사업의 시행으로 법 제97조제2항의 규정에 의하여 용도가 폐지되는 정비기반시설의 조서·도서 및 그 정비기반시설에 대한 2 이상의 **감정평가법인등의** 감정평가서와 새로이 설치할 정비기반시설의 조서·도면 및 그 설치비용 계산서를 작성하여야 한다.

7) 국·공유재산의 처분·평가방법

- 도시정비법 제98조(**국유·공유재산의 처분 등**) 제6항

  법 제98조제4항에 따라 정비사업을 목적으로 우선하여 매각하는 국·공유지는 사업시행인가의 고시가 있는 날을 기준으로 평가하며, 주거환경개선사업의 경우 매각가격은 평가액의 100분의 80으로 한다. 다만, 사업시행계획인가의 고시가 있는 날부터 3년 이내에 매매계약을 체결하지 아니한 국·공유지는 '국유재산법' 또는 '국유재산 및 물품관리법'에서 정한다. (법 제98조제6항)

  평가가 이루어진 다음에는 서울시 도시정비조례 제55조(국·공유지의 점유·사용 연고권 인정기준 등)제3항에 따라 **관리처분인가신청을 하는 때까지 해당 국·공유지의 관리청과 매매계약을 체결하여야 한다.**

- **공유재산 및 물품관리법 시행령 제27조(일반재산가격의 평정 등) 제1항** (개정 2015.2.16)

  「공유재산 및 물품관리법」 제30조에 따라 일반재산을 매각하거나 교환하는 경우의 해당 재산의 예정가격은 **지방자치단체의 장이 시가로 결정하고 공개하여야 한다.** 이 경우 시가는 2인 이상의 **감정평가법인등**에게 의뢰하여 평가한 감정평가액을 산술평가한 금액 이상으로 하며, 감정평가나 분할측량에 든 비용을 포함할 수 있다.

- 사업시행자나 점유자 등에 우선하여 매각 또는 임대될 수 있는 국유·공유재산은 「국유재산법」, 「공유재산 및 물품 관리법」 및 그 밖에 국·공유지의 관리와 처분에 관한 관계 법령에도 불구하고 **사업시행계획인가의 고시가 있은 날부터 종전의 용도가 폐지된 것으로 본다.**(법 제98조제5항)

8) 현금청산을 위한 평가대상자 및 평가절차

(법 제73조<개정 2017.10.24.> 및 영 제60조 참조)

① 사업시행자는 관리처분계획이 인가·고시된 다음 날부터 90일 이내에 다음 각 호에서 정하는 자와 토지, 건축물 또는 그 밖의 권리의 손실보상에 관한 협의를 하여야 한다. 다만, 사업시행자는 분양신청기간 종료일의 다음 날부터 협의를 시작할 수 있다.

1. 분양신청을 하지 아니한 자
2. 분양신청기간 종료 이전에 분양신청을 철회한 자
3. **법 제72조제6항 및 법 제39조제2항** 본문에 따라 분양신청을 할 수 없는 자
4. **법 제74조**에 따라 인가된 관리처분계획에 따라 분양대상에서 제외된 자

② 사업시행자는 제1항에 따른 협의가 성립되지 아니하면 그 **기간의 만료일 다음 날부터 60일 이내**에 수용재결을 신청하거나 매도청구소송을 제기하여야 한다.

③ 사업시행자는 제2항에 따른 기간을 넘겨서 수용재결을 신청하거나 매도청구소송을 제기한 경우에는 해당 토지등소유자에게 지연일수(遲延日數)에 따른 이자를 지급하여야 한다.

이 경우 이자는 **100분의 15 이하**의 범위에서 대통령령(영 제60조)으로 정하는 이율을 적용하여 산정한다. 영 제60조에서 정하는 이율은 ① 6개월 이내는 100분의 5, ② 6개월 초과 12개월 이내는 100분의 10, ③ 12개월 초과는 100분의 15로 규정하고 있다.

❏ 공익사업을 위한 토지 등의 취득 및 보상에 관한 법률(약칭 : 토지보상법)

- **토지보상법 제67조(보상액의 가격시점 등)**
  ① 보상액의 산정은 협의에 의한 경우에는 협의성립당시의 가격을, 재결에 의한 경우에는 수용 또는 사용의 재결당시의 가격을 기준으로 한다.
  ② 보상액을 산정할 경우에 해당 공익사업으로 인하여 토지 등의 가격이 변동되었을 때에는 이를 고려하지 아니한다. (전문개정 2011.8.4.)

- **토지보상법 시행규칙 제23조(공법상 제한을 받는 토지의 평가)**
  ① 공법상 제한을 받는 토지에 대하여는 제한을 받는 상태대로 평가한다. 다만, 그 공법상 제한이 해당 공익사업의 시행을 직접 목적으로 하여 가하여진 경우에는 제한이 없는 상태를 상정하여 평가한다.
  ② 해당 공익사업의 시행을 직접 목적으로 하여 용도지역 또는 용도지구 등이 변경된 토지에 대하여는 변경되기 전의 용도지역 또는 용도지구 등을 기준으로 평가한다.

♣ 종전자산 평가금액의 차이에 따른 권리가액 변동의 예

	경우-1	경우-2
종후자산평가액	1,000억원	
총사업비	600억원	
종전자산가치 평가액	총액 : 400억원 조합원A : 1억6천만원	총액 : 500억원 조합원A : 2억원
비례율 산출	비례율 = $\dfrac{\text{종전자산가치평가액} - \text{총사업비}}{\text{종전자산평가액}}$	
	$\dfrac{1,000-600}{400} = 1.0$	$\dfrac{1,000-600}{500} = 0.8$
조합원 A의 권리가액산정	1.6억원×1.0 =1.6억원	2억원 × 0.8 = 1.6억원

따라서 모든 조합원을 대상으로 하는 종전자산 평가액의 변경은 조합원 권리가액에 영향을 주지 않는다.

♣ 정비사업 추진단계별 감정평가법인등(2인 이상)의 선정주체

사업단계	감정평가 사항	선정주체	
		재개발·주거환경개선사업	재건축사업
조합설립인가 ⇩ 사업시행인가	• 정비기반시설 무상양도 및 무상귀속을 위한 평가	조 합 (영 제47조제2항제11호)	조 합 (영 제47조제2항제11호)
사업시행인가 ⇩ 관리처분계획인가	• 종전자산평가 • 종후자산(분양예정자산)평가 • 세입자별 손실보상	시장·군수등이 2개 업자를 선정 (법 제74조제4항제1호가목) (영 제76조제1항 및 제2항)	시장·군수등과 조합이 각각 1개 업자를 선정 (조합은 총회 의결 필요) (법 제74조제4항제1호나목) (영 제76조제1항 및 제2항)
	• 국·공유재산의 처분평가	시장(군수,구청장) (공유재산 및 물품관리법 시행령 제27조제1항)	시장(군수,구청장) (공유재산 및 물품관리법 시행령 제27조제1항)
관리처분계획인가 후	• 현금청산을 위한 평가	조합과 토지등소유자가 협의하여 선정(영 제60조) [각각 1개 업자를 선정 혹은 시장(군수,구청장)]	조합과 토지등소유자가 협의하여 선정(영 제60조) [각각 1개 업자를 선정 혹은 시장(군수,구청장)]

주-1) 위 도표의 '조합'은 조합 이외의 사업시행자를 포함한다.

주-2) 「현금청산을 위한 평가」에 대한 선정주체는 구)시행령 제48조에서 규정하고 있던 **감정평가법인등**의
선정주체에 대한 규정이 전부 개정된 시행령 제60조제1항에서는 사업시행자와 토지등소유자가
협의하여 산정하도록 규정하고 있다.

③ 종후자산의 감정평가

1) 종후자산의 평가시기

- **정비기반시설의 무상양도·무상귀속을 위한 평가**
  조합설립 인가 후 사업시행계획을 작성하여 인가를 신청하기 위해서는 정비기반시설의 무상양도 및 무상귀속을 위한 감정평가가 실시되어야 한다.

- **종후자산의 평가, 국·공유지의 처분평가 및 현금청산계획 평가**
  사업시행인가를 득한 후 관리처분계획을 작성하여 인가를 득하기 위해서는 각 조합원의 분담금을 산출하기 위한 '종후자산(분양예정 자산)의 평가', 토지매입비 등의 사업비를 산출하기 위한 '국·공유재산의 처분평가' 및 청산대상자에 대한 '현금청산계획 평가'가 실시되어야 한다.

2) 종후자산의 평가방법

- **분양대상자별 분양예정인 대지 또는 건축물의 추산액 평가방법**(법 제74조제4항제1호)
  「감정평가 및 감정평가사에 관한 법률」에 따른 **감정평가법인등** 중 다음 각 목의 구분에 따른 **감정평가법인등이** 평가한 금액을 산술평균하여 산정한다. 다만, 관리처분계획을 변경·중지 또는 폐지하려는 경우 분양예정 대상인 대지 또는 건축물의 추산액과 종전의 토지 또는 건축물의 가격은 사업시행자 및 토지등소유자 전원이 합의하여 산정할 수 있다. <개정 2020.4.7.>
  가. **주거환경개선사업 또는 재개발사업**: 시장·군수등이 선정·계약한 2인 이상의 **감정평가법인등**
  나. **재건축사업**: 시장·군수등이 선정·계약한 1인 이상의 감정평가법인등과 조합원 총회의 의결로 선정·계약한 1인 이상의 감정평가법인등

- **주택 등 건축물을 분양받을 권리의 산정 기준일**(법 제77조제1항), <개정 2018.6.12.>
  정비사업을 통하여 분양받을 건축물이 다음 각 호의 어느 하나에 해당하는 경우에는 법 제16조제2항 전단에 따른 고시가 있은 날 또는 시·도지사가 투기를 억제하기 위하여 기본계획 수립 후 정비구역 지정·고시 전에 따로 정하는 날(이하 이 조에서 "기준일"이라 한다)의 다음 날을 기준으로 건축물을 분양받을 권리를 산정한다.
  1. 1필지의 토지가 여러 개의 필지로 분할되는 경우
  2. 단독주택 또는 다가구주택이 다세대주택으로 전환되는 경우
  3. 하나의 대지 범위에 속하는 동일인 소유의 토지와 주택 등 건축물을 토지와 주택 등 건축물로 각각 분리하여 소유하는 경우
  4. 나대지에 건축물을 새로 건축하거나 기존 건축물을 철거하고 다세대주택, 그 밖의 공동주택을 건축하여 토지등소유자의 수가 증가하는 경우

3) 재개발에서 임대주택의 평가기준

서울시 도시정비조례 제41조(재개발임대주택 인수가격 및 가산항목 등)에서 규정하는 사항

가. 영 제68조에 따른 재개발임대주택(이하 "임대주택"이라 한다)의 인수가격은 건축비와 부속토지의 가격을 합한 금액으로 한다. 이 경우 건축비는 조합이 최초 일반분양 입주자 모집공고 당시의 「공공건설 임대주택 표준건축비」에 따른다.

나. 영 제68조제2항에 따른 임대주택 건축비 및 부속토지의 가격에 가산할 항목은 「공동주택 분양가격의 산정 등에 관한 규칙」 제9조의2 및 「공공주택 특별법 시행규칙」 별표 7에 따라 협의하여 정한다.

다. **제1항에도 불구하고 사업시행자가 장기전세주택 등 임대주택의 건립을 선택하여 용적률을 완화 받은 경우에는 인수자에게 부속토지를 무상으로 제공하여야 한다.**

라. 영 제68조제2항에 따른 재개발임대주택의 부속토지는 임대주택의 대지권(「집합건물의 소유 및 관리에 관한 법률」 제2조제6호의 대지사용권으로서 건물과 분리하여 처분할 수 없는 것을 말한다)의 대상이 되는 토지를 말한다. 이 경우 정비구역 지정 시 별도 획지로 구획하여 재개발임대주택을 건설하는 경우에는 그 획지를 말한다.

4) 재건축사업에서 감정평가의 효과

● **관리처분계획 수립의 기초**

조합원의 종전자산에 대한 권리는 관리처분계획을 통하여 사업완료 후의 토지와 건축물에 대한 권리로 변환된다. 따라서 조합 및 조합원의 개개인에게 중요한 사안이 되는 것이다.

● **조합과 조합원간의 불신이나 갈등의 해소**

조합원의 권리가액에 대한 객관성이나 신뢰성을 확보하기 위하여 제3자인 전문기관의 감정평가가 필요하다.

● **조합이 부담하는 세금(법인세)의 절세효과**

법인세의 절세효과는 재건축사업 뿐만 아니라 재개발사업에서도 아래와 같이 적용된다.

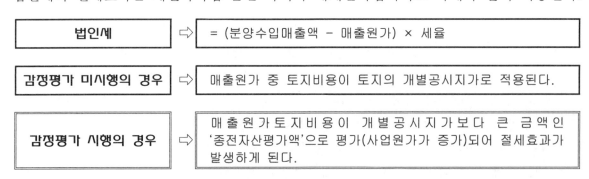

법인세	⇨	= (분양수입매출액 − 매출원가) × 세율
감정평가 미시행의 경우	⇨	매출원가 중 토지비용이 토지의 개별공시지가로 적용된다.
감정평가 시행의 경우	⇨	매출원가 토지비용이 개별공시지가보다 큰 금액인 '종전자산평가액'으로 평가(사업원가가 증가)되어 절세효과가 발생하게 된다.

● 재건축사업에서 조합원의 종전자산 및 종후자산의 평가를 위한 <u>감정평가법인등</u>의 선정주체는 행정청과 조합이 각각 1인 이상의 <u>감정평가법인등을</u> 선정한다. (법 제74조제4항제1호나목, <개정 2021.3.16.>)

제7장
시공자 선정 및 공사계약의 체결

1 개 요

재건축사업의 경우 도시및주거환경정비법이 제정되기 이전에 시공자는 정비조합과 함께 정비사업의 공동사업주체의 지위에 있었으나, 2003년 7월 1일 도시및주거환경정비법이 제정·시행된 이후에는 시공자가 실질적으로 수행하던 제반 업무를 정비사업전문관리업자가 수행하게 되었고, 시공자는 오직 공사의 수급자로서의 위치만을 가지게 되었다.

시공자가 사업시행계획이나 제반 설계도서 등이 이미 확정된 상태인 조합설립 이후에 정비사업에 참여하게 됨에 따라, 그동안 관례화되어 있던 시공자에 의한 사전 검토나 조정의 기회가 상실되었다. 도시정비법의 개정이 시공자와의 공사도급계약 체결을 정비조합의 제반 설계도서가 구체화된 이후에나 가능하게 함에 따라, 설계내역이나 사업조건 등에 대한 변경이 필요하게 되는 경우에는 공사도급금액의 변경 등으로 인한 시공자와의 공사계약 체결에 어려움이 예상되었다. 이후 관계 법령이 재개정되면서 조합이 조합원의 동의를 얻어 시장·군수등 및 **건설사업자** 등과 정비사업을 공동으로 시행할 수 있도록 하였으나 설계내역 등에 대한 변경의 어려움은 계속 남아있는 상태이다.

정비사업의 시행에 시공자의 참여를 확대하였음에도 불구하고 현재의 법체계 하에서는 공사계약 후 설계의 개선작업이 요구되는 경우 변경된 공사내역에 대한 적정한 공사비의 책정 및 이를 시행하는 데는 적정한 추가공사비의 산출, 관리처분계획의 변경 및 조합원의 동의 등 많은 어려움이 따른다. 따라서 확정지분제 및 도급제로 대별되는 재건축사업의 사업추진방식에서, **공사계약 전에 동일하게 요구되는 것은 설계를 포함한 사업계획의 재확인, 공사도급계약 후 예상되는 추가공사 및 변경공사에 대한 공사비의 산정방법 등을 사전에 명문화하여 공사계약서에 필히 반영할 필요가 있다.**

2 시공자의 선정 시기 및 방법

1) 일반적인 방식으로 추진되는 정비사업에서 **시공자는 조합설립인가를 받은 후에 경쟁입찰 또는 수의계약(2회 이상 경쟁입찰이 유찰된 경우로 한정한다)의 방법으로 시공자를 선정한다.** 조합원이 100인 이하인 정비사업의 경우에는 소합원 종회에서 정관이 정하는 방법에 따라 시공자를 선정할 수 있도록 하고 있다. (법 제29조제4항), (영 제24조제3항)

2) 법 제29조제1항에 따라 일반경쟁의 방법으로 계약(공사, 용역, 물품구매 등)을 체결하는 경우로서 대통령령으로 정하는 규모를 초과하는 계약은 「전자조달의 이용 및 촉진에 관한 법률」 제2조제4호의 **「국가종합전자조달시스템」을 이용하여야 한다.** (법 제29조제2항)

3) **재개발사업**의 경우 법 제25조제1항제2호에 따라 토지등소유자가 20인 미만의 경우에는 조합의 설립 없이 토지등소유자가 직접 사업을 시행하거나, 토지등소유자가 토지등소유자의 과반수의 동의를 받아 시장·군수등, 토지주택공사등, **건설사업자**, 등록사업자 또는 대통령령으로 정하는 요건을 갖춘 자와 공동으로 사업을 시행할 수 있다. 이 경우 **사업시행계획의 인가를 받은 후** 토지등소유자가 정한 규약에 따라 **건설사업자** 또는 등록사업자를 시공자로 선정할 수 있도록 하였다. (법 제29조제5항)
   재건축사업의 경우에는 법 제25조제2항에 따라 조합이 사업을 시행하거나 조합이 조합원의 과반수의 동의를 받아 시장·군수등, 토지주택공사등, **건설사업자**, 등록사업자 또는 대통령령으로 정하는 요건을 갖춘 자와 공동으로 사업을 시행할 수 있도록 하였다. 또한 서울시에서 시행하고 있는 **「공공관리제도」**에 따라 시행되는 일부 정비사업도 이에 해당된다.

4) 법 제26조제1항 및 제27조제1항에 따라 시장·군수등이 직접 정비사업을 시행하거나 토지주택공사등 또는 지정개발자를 사업시행자로 지정한 경우 사업시행자는 **사업시행자 지정·고시 후 건설사업자 또는 등록사업자를 시공자로 선정**하여야 한다. (법 제29조제6항)

5) 법 제29조제6항에 따라 시공자를 선정하거나 법 제23조제1항제4호의 방법으로 시행하는 **주거환경개선사업**의 사업시행자가 시공자를 선정하는 경우, 법 제47조에 따른 **주민대표회의** 또는 법 제48조에 따른 **토지등소유자 전체회의**는 대통령령으로 정하는 경쟁입찰 또는 수의계약(2회 이상 경쟁입찰이 유찰된 경우로 한정한다)의 방법으로 **시공자를 추천**할 수 있다. (법 제29조제7항)

6) 법 제29조제7항에 따라 주민대표회의 또는 토지등소유자 전체회의가 시공자를 추천한 경우 사업시행자는 추천받은 자를 시공자로 선정하여야 한다. 이 경우 시공자와의 계약에 관해서는 「지방자치단체를 당사자로 하는 계약에 관한 법률」 제9조 또는 「공공기관의 운영에 관한 법률」 제39조를 적용하지 아니한다. (법 제29조제8항)

7) 사업시행자(사업대행자를 포함한다)는 법 제29조 제4항부터 제8항까지의 규정에 따라 선정된 **시공자와 공사에 관한 계약을 체결할 때에는 기존 건축물의 철거공사**(「석면안전관리법」에 따른 석면 조사·해체·제거를 포함한다)**에 관한 사항을 포함시켜야 한다.** (법 제29조제9항), 즉, '철거공사는 시공자의 법정 수행업무'로 규정하고 있다.

③ 정비사업전문관리업자의 업무

정비사업전문관리업자는 추진위원회 또는 사업시행자로부터 다음의 7가지 사항을 위탁받거나 이와 관련한 자문 업무를 수행한다. ① 조합설립의 동의 및 정비사업의 동의에 관한 업무의 대행, ② 조합설립인가의 신청에 관한 업무의 대행, ③ 사업성 검토 및 정비사업의 시행계획서 작성, ④ 설계자 및 시공자 선정에 관한 업무의 **지원**, ⑤ 사업시행인가의 신청에 관한 업무의 대행, ⑥ 관리처분계획의 수립에 관한 업무의 대행, ⑦ 시장·군수등이 정비사업전문관리 업자를 선정한 경우 추진위원회 설립에 필요한 업무(가. 동의서 제출의 접수, 나. 운영규정 작성 지원, 다. 그 밖에 시·도조례로 정하는 사항) 총 7가지의 「기본적인 행정업무」. (법 제102조제1항 참조)

※ 도시정비법 제102조(**정비사업전문관리업의 등록**)

① 정비사업의 시행을 위하여 필요한 다음 각 호의 사항을 추진위원회 또는 사업시행자로 부터 위탁받거나 이와 관련한 자문을 하고자 하는 자는 대통령령이 정하는 자본·기술인력 등의 기준을 갖춰 시·도지사에게 등록 또는 변경(대통령령이 정하는 경미한 사항의 변경을 제외한다)등록하여야 한다. 다만, 주택의 건설·감정평가 등 정비사업 관련 업무를 하는 정부 투자기관 등으로 대통령령이 정하는 기관의 경우에는 그러하지 아니하다.
1. 조합설립의 동의 및 정비사업의 동의에 관한 업무의 대행
2. 조합설립인가의 신청에 관한 업무의 대행
3. 사업성 검토 및 정비사업의 시행계획서의 작성
4. 설계자 및 시공자 선정에 관한 업무의 **지원**
5. 사업시행인가의 신청에 관한 업무의 대행
6. 관리처분계획의 수립에 관한 업무의 대행
7. 제77조의4제2항제2호에 따라 시장·군수가 정비사업전문관리업자를 선정한 경우에는 추진위원회 설립에 필요한 다음 각 목의 업무
   가)동의서 징구(徵求), 나)운영규정 작성 지원, 다)그 밖에 조례로 정하는 사항
② 제1항의 규정에 의한 등록의 절차 및 방법, 등록수수료 등에 관하여 필요한 사항은 대통령령으로 정한다.
③ 시·도지사는 제1항 및 제73조제1항의 규정에 따라 정비사업전문관리업의 등록 또는 변경 등록한 현황 및 등록취소 또는 업무정지를 명한 현황을 국토교통부령이 정하는 방법 및 절차에 따라 국토교통부장관에게 보고하여야 한다.

※ **정비사업전문관리업자의 업무제한 등**(도시정비법 제103조)

정비사업전문관리업자는 동일한 정비사업에 대하여 다음 각 호의 업무를 병행하여 수행할 수 없다.
1. 건축물의 철거
2. 정비사업의 설계
3. 정비사업의 시공
4. 정비사업의 회계감사
5. 그 밖에 정비사업의 공정한 질서유지에 필요하다고 인정하여 대통령령이 정하는 업무

※ **정비사업전문관리업자와 위탁자와의 관계**(도시정비법 제104조)

정비사업전문관리업자에게 업무를 위탁하거나 자문을 요청한 자와 정비사업전문관리업자의 법적인 관계에 관하여 이 법에 규정된 사항을 제외하고는 **「민법」 중 「위임」 에 관한 규정을 준용한다.**

주) 「위임」과 「대행」의 법적인 차이점은 해당 행위의 결과에 대한 책임주체가 다른 것으로, **「위임」은 권한을 위임받는 피위임자가 해당 행위의 권한과 책임에 대해 1차적인 책임을 지는데 반하여, 「대행」은 위임자가 해당 행위의 권한과 책임을 가진다.**

4 시공자 선정절차

	절 차	업 무 내 용
1	입찰공고	① 사업계획의 개요(공사규모, 면적 등) ② 입찰의 일시 및 장소 ③ 현장설명회의 일시 및 장소 ④ 입찰참가 자격에 관한 사항 ⑤ 입찰참가에 따른 준수사항 위반 시 자격박탈에 관한 사항 ⑥ 그 밖에 조합이 정하는 사항 • 현장설명회는 7일 이전까지 공고 • 공고방법 - 「국가종합전자조달시스템」 이용(도시정비법 제29조제2항) : (시행령 제29조제2항이 정하는 규모(6억원) 초과의 경우)
2	현장설명회	① 설계도서(인가된 사업시행계획서를 반영한 설계도서) (서울시 조례 제77조제2항) ② 입찰서 작성방법·제출서류·접수방법 및 입찰유의사항 등 ③ **건설사업자** 등의 공동홍보방법 ④ 시공자 결정방법 ⑤ 계약에 관한 사항 ⑥ 기타 입찰에 관하여 필요한 사항 ✻ 입찰일 20일 이전까지 개최
3	입찰서 접수 및 개봉	• 접수 : 밀봉된 상태에서 참여계획서 접수 • 개봉 : **건설사업자** 등 대표(대리인 가능) 각 1인 조합임원, 이해관계자가 참여한 공개된 장소에서 개봉
4	대의원회의 개최	• 3인 이상 **건설사업자** 등 선정(다만, 2인이 입찰한 경우 모두 총회 상정) • 재적위원 과반수 참석, 비밀투표로 선정 • 서면 및 대리인 투표 불인정

5	조합원 통지 및
	합동홍보설명회 개최
		• 시공자 선정을 위한 자료인 '시공자별 조건비교표 및 사업참여 계획서'를
		  작성하여 조합원에게 배포한다.
		• 총회에 상정할 **건설사업자** 결정 즉시 조합원에게 통지
		• 합동설명회를 2회 이상 개최
		  (설명회 참가자 이외 **건설사업자** 등의 조합원 상대 개별홍보 불가,
		  사은품 등의 이익제공 또는 이익제공의 약속 불가)

6	총회의 결의	• **조합원 총수의 과반수 참석(대리인 인정)** • 투표 전 **건설사업자** 등에게 설명기회의 부여 여부 사전통지 • 의결 - 서면의결권의 행사가능(참석자수에는 미포함) (**건설사업자** 등의 서면결의서 징구 불가)
7	계약체결	• 선정 후 3월 이내에 계약 미체결 시 무효처리 가능

주) **국가종합전자조달시스템** : 행정지방단체의 장이나 계약담당자가 사업이나 계약을 입찰에
부치려고 할 때, 입찰에 관한 사항을 공고하는 시스템

5 재건축사업 공사계약의 체결

1) 공사계약의 체결방식

도시정비법의 제정 및 개정으로 조합과 시공자가 체결하는 공사계약에서 **재건축사업은** 사업추진방식(도급제 또는 지분제 등)과 관계없이 조합은 도급인이 되고 시공자는 수급인으로서 공사도급계약을 체결하게 된다. 이후 모든 사업추진방식의 정비사업에서 시공자 등이 공동사업자의 자격으로 사업에 참여할 수 있도록 하였다.

(1) 도급제 사업추진방식

재건축사업에서 건축물의 제곱미터당 공사비를 확정하여 공사계약을 체결하는 형식이며, 사업이 진행되는 도중에 새로운 상황이 발생되어 설계변경 등으로 인한 공사비의 증가 요인이 발생하는 경우 추가나 변경계약을 통해 조합원이 공사비를 추가로 부담하게 되는 방식이다. 따라서 사업에 따른 모든 이익과 손실에 대해서는 조합이 책임을 지게 되고 시공자는 단순히 공사만을 수행한다.

(2) 지분제 사업추진방식

재건축사업의 지분제 사업추진방식은 조합원이 소유하고 있는 토지와 건축면적에 따라 일정비율의 아파트 면적을 각 조합원에게 제공하고 잔여주택 등을 매각하여 공사비에 충당하는 방식이다. 이 사업추진방식은 조합원의 분담금을 확정하고 사업결과에 따른 모든 수입금 중 공사비를 제외한 이익금은 시공자에게 돌아가는 사업방식이다.

지분제 사업추진방식에는 조합원 분담금을 계약 당시의 금액으로 완전히 고정시키고 개발이익을 확실하게 보장해 주는 '**확정지분제**'와 사업이 진행되는 동안 용적률의 인하, 이주기간의 지연, 일반분양결과의 변동 등에 따라서 당초의 지분보상률을 변동시키는 '**변동지분제**'가 있다. 이와 같이 재건축사업의 공사계약방식에는 도급제와 지분제의 2가지로 대별할 수 있으나, 공사도급계약 시 계약조건에 따라 각 방식의 장점을 취할 수 있는 기회가 있으므로 각 사업장의 특성에 맞는 도급계약을 체결하기 위한 세심한 검토가 요구된다. 그리고 공사계약의 체결은 시공자의 선정과는 별개로 총회의 의결을 득해야 하며, 불가피한 경우라고 하더라도 사후에 총회의 승인결의를 얻어야 한다. 필자가 참여한 재건축사업에서는 창립총회에서 시공자를 선정하였으며, 시공자와의 긴 협상 끝에 약 4년 6월 후에 개최되는 임시총회에 '공사도급계약 체결 승인의 건'을 상정하였다.

※ 위의 어떠한 사업추진방식에서도 시공자 선정이나 공사계약 체결 전에는 계약조건으로 ① 지상층과 지하층 각각의 제곱미터당 공사비, ② 주택형별 발코니 확장공사비, ③ 계약 후의 추가공사에 대한 가격산정방법 등, ④ 정비기반시설의 확정 및 공사비의 부담주체 등에 관해 이미 완료된 타 정비사업의 사례 등을 파악하여, 시공자 선정 시 및 공사계약 체결 시 반영함으로써, 추후 공사 중 예상되는 시공자와의 분쟁을 사전에 대비하여야 한다.

2) 도급제와 지분제의 비교

가. 비교표 - 1

구 분	도 급 제	지 분 제	
		변동지분제	확정지분제
개 념	■ 시공자에 정해진 건축비만 지급하고 모든 결정권은 조합이 가지며, 수입금과 지출금은 조합의 소유로 하며, 사업추진 시 발생되는 모든 위험도 조합이 책임지는 사업방식 ■ 사업지연, 건축규모의 축소, 금융비용의 증가, 미분양발생에 의한 손실 등이 조합원부담으로 됨	■ 시공자는 일정한 무상지분율을 약속하고 추가이익은 시공자의 소유로 하며, 미분양책임 이외에는 대부분 조합이 위험을 부담하는 사업방식 ■ 사업추진상의 많은 위험은 조합의 책임으로 하며, 추가분담금의 발생으로 시공자와의 많은 분쟁이 예상됨	■ 시공자는 일정한 무상지분율을 약속하고 추가이익은 시공자의 소유로 하며, 위험부담도 시공자가 책임지는 사업방식 ■ 사업추진상의 모든 위험은 시공자의 책임으로 하며 조합원은 추가분담금의 발생이 없음
장 점	■ 조합원이 사업의 주체가 되며 개발이익이 창출되면 조합원에게 최대한의 이익분배가 가능하다	■ 조합에게는 특별한 장점이 없는 제도임	■ 사업초기에 조합원분담금이 확정되어 안정적인 사업추진이 가능
단 점	■ 관리처분 및 입주 전까지 조합원 분담금이 미확정 ■ 주택경기 불황 시 분담금증가 위험	■ 대부분의 위험은 조합원이 부담하고 추가이익은 시공자에 돌아감	■ 추가이익이 발생되면 사실상 조합원에 손실 발생
시공자 선호도	■ 시공자 선호	■ 시공자 선호	■ 시공자 기피
문제점	■ 사업이 지연될 경우 금융비용이나 사업비의 증가로 조합원분담금 증가	■ 추가분담금 발생 시 시공자와 매우 어려운 분쟁 발생	■ 시공자의 계약기피로 확정지분제 사업방식의 채택이 어려움
문제점 해결방안	■ 사업초기에 정확한 분담금의 산출과 사업지연의 예방으로 추가분담금의 발생방지	■ 조합원에게 변동지분제의 특성을 인식시켜 추후 혼란을 방지	■ 시공자에게도 추가이익의 발생이 가능한 방안을 별도로 제시하여 확정지분제방식의 채택에 노력
채택시의 사회여건	■ 금리안정이나 인하가 예상되는 경우 ■ 경제의 안정 또는 상승기 ■ 용적률이 예측 가능한 경우 ■ 조합원간 분쟁이 적게 예상되는 경우 ■ 추가이익의 발생이 예상되는 경우 ■ 저물가시대	■ 미분양발생 등 주택경기가 불안정한 경우	■ 금리가 불안정(급등)한 경우 ■ 미분양발생 등 주택경기가 불안정한 경우 ■ 용적률의 감소가 예상되는 경우 ■ 조합원간 분쟁발생 등 사업지연이 예상되는 경우 ■ 분양가 비자율화의 경우 ■ 고물가(인프레이션)시대
적용되는 사업지역	■ 대도시중심부 등 높은 분양수입금이 예상되는 지역	■ 추후 분양수입금의 증가가 작은 중소도시 및 도시근교지역	■ 추후 분양수입금의 증가가 작은 중소도시 및 도시근교지역
기 타	■ 계약서 대비 추가공사가 추진되는 경우 시공자의 능력에 대응할 수 있는 여러 분야의 우수한 인력이나 협력회사가 조합에 필요하다.	■ 계약서 대비 추가공사가 추진되는 경우 시공자의 능력에 대응할 수 있는 여러 분야의 우수한 인력이나 협력회사가 조합에 필요하다.	■ 시공자가 계약상의 의무를 수행하는 지의 여부만을 확인할 수 있을 정도의 인력이 필요하다.

나. 비교표 - 2

구 분	도 급 제	지 분 제
개 념	■ 사업에 대한 공사비를 계약시점 기준으로 공사금액을 계약하는 도급방식	■ 시공자 책임으로 모든 사업을 수행하고 계약 시 조합원의 무상지분을 확정하여 계약하는 방식
비용부담	■ 시공자 : 공사에 필요한 직접비용을 책임짐 ■ 조 합 : 공사에 필요한 간접비, 부대비용 및 제세공과금 등 부담	■ 시공자 : 공사에 필요한 모든 경비 책임 ■ 조 합 : 각 조합원에게 부과되는 제세공과금의 부담의무(취득세, 재산세, 종합토지세 등)
공사비조정	■ 시공자는 공사 전 물가상승에 따른 공사비 인상 및 설계변경 시 공사비 조정을 요구	■ 사업 중 공사비 조정 없음
공사의 질	■ 공사 진행 중 조합이 자재 및 아파트 트렌드의 변화에 능동적으로 대처하여, 최상의 아파트품질을 얻을 수 있음	■ 사업초기 조합원의 지분확정으로 사업환경변화에 능동적인 대처가 곤란함 ■ 인허가 시 계획보다 사업규모가 축소되거나 증가할 경우 시공자의 손실보존을 위해 아파트의 품질이 저하될 수 있음
공사 진행	■ 도급계약서에 따른 공사의 조정 및 합의가 용이하여 공사속도가 빠름	■ 사업규모 변동에 따른 시공자의 부담가중 요인으로 공사진행 속도가 느림
시공자와의 관 계	■ 상호 협조가 비교적 잘 되어 시공자와의 관계가 원만함	■ 사업규모 축소에 따른 시공자의 부담증가로 조합과의 관계가 악화될 소지가 있음
조합원 지 분	■ 사업 환경의 변화에 따른 조합원의 무상지분에 증감이 있을 수 있음	■ 사업초기 조합원 지분확정으로 사업의 변화에 따른 조합원 무상지분의 변동이 없음
사업비의 정 산	■ 사업으로 발생된 이익금은 100% 조합으로 귀속됨 (추가사업비는 각 조합원 부담)	■ 계약 시 확정된 지분이외의 이익금은 100% 시공자로 귀속됨(필수공사비는 시공자 부담)
사업이익의 증감요인	■ 토지감정평가의 증감 ■ 건축물 층고의 증감 ■ 표준건축비의 상승 ■ 부대비용의 절감 등	■ 사업면적의 증감 ■ 물가변동의 증감 ■ 일반분양가의 변동
장 점	■ 공정한 시공자 선정에 유리 ■ 질이 높은 아파트 건립 가능 ■ 시공자의 부담이 없음 ■ 조합원의 권리보호 가능(분양 및 건립과정) ■ 개발이익 극대화 유도 가능 ■ 많은 시공자가 참여가능, 시공자 선택의 폭이 큼 ■ 조합운영의 공정성 확보(주민의 자율적 참여 운영) ■ 조합원의 감독 감시 가능	■ 조합의 운영이 단순함 ■ 최소한의 조합원 무상지분 확정가능 ■ 지분율이 확정되면 분양 전에 조합원의 부담액을 알 수 있음
단 점	■ 분양 시까지 조합원의 정확한 부담액을 알 수 없음 ■ 공사비 상승에 따른 변경계약이 발생 ■ 사업지연 시 그에 따른 비용부담이 전액 조합원에게 전가	■ 조합원에게 제공하고 남은 추가 개발이익은 시공자에게 모두 귀속됨 ■ 아파트의 질이 낮아질 우려가 있음 ■ 조합원의 알권리가 차단됨 (분양가 또는 건축비에 대한 내역을 알 수 없음) ■ 건축규모가 제한될 경우 시공자의 부담이 많아 부실공사가 우려됨

3) 공사계약 체결 시 조합임원의 보증행위 금지

시공자와의 본공사계약 시 시공자(도급자)는 해당 공사에 대해 **공사이행보증(시공보증)**을 필하도록 법에 규정되어 있다. 이에 반하여 관계 법규에서는 시행자인 조합에 대해서는 공사대금 등의 지급에 대한 강제규정이 제정되어있지 않은 상태이다. 그러나 공사도급계약을 체결하는 일부 현장에서는 시공자가 조합장을 포함한 모든 임원이나 일부 임원에게 공사계약의 이행을 위한 보증을 요구하는 사례가 발생되고 있다. 이때, 발주자인 조합은 토지(대지)를 현물 투자한 상태이기 때문에 현실적으로는 공사대금의 지급 내지 추심(推尋)에 대해서는 하등의 문제가 없는 것으로 이해하고 있다.

서울시에서는 이러한 문제점들을 감안하여 2015년 06월 18일 조합 등의 채무에 관하여 조합임직원은 보증행위를 금하는 내용이 포함된 **'정비사업조합 등 표준행정업무규정'**의 개정을 고시하였다.

위의 서울시 정비사업조합 등 표준행정업무규정 중 조합임직원에 대해 보증행위를 금하는 내용을 규정한 제45조의 전문은 아래와 같습니다.

□ 서울특별시 고시 제2015-163호 [개정 2015.06.18]

서울특별시 정비사업 조합 등 표준행정업무규정 개정 고시

제45조(보증행위 등 금지)
 임원(위원)·직원은 다음 각 호의 어느 하나에 해당하는 행위를 하여서는 아니 된다. 다만, 총회 또는 대의원회 등에서 결의된 사항 및 계약은 그러지 아니한다.
 1. 조합등으로부터 금전·부동산, 그 밖의 재산의 보관·예탁·신탁을 받는 행위
 2. 조합등 또는 정비사업과 관련된 업체로부터 금전·부동산, 그 밖의 재산을 대차하는 행위
 3. **조합 등의 채무에 관하여 보증하는 행위. 단, 조합장등은 제외**

주) 위의 「서울특별시 정비사업 조합 등 표준행정업무규정」 개정 고시(서울시 고시 제2015-163호 [개정 2015.06.18.])의 전문은 본 지침서 하권의 부록-2에 수록되어 있습니다.
 이 행정규정은 모든 정비사업조합이 준수할 의무가 있는 많은 내용을 포함하고 있어 이 규정을 확인하여 조합행정에 반영할 필요가 있다.

6 재건축사업 공사표준계약서의 주요내용

재건축사업 공사표준계약서는 2000년 6월 국토교통부에서 도급제와 지분제로 나누어 제정하였으나 재개발사업에서는 도급제와 지분제의 구분이 없다. **국토부 제정 공사표준계약서는 강제규정이 아니라, 공사계약 시 참고자료인 임의규정임을 이해한 후 활용할 필요가 있다.**
(※ 국토부 제정 재건축사업 공사표준계약서 전문은 제Ⅱ부-제1편-제3장 참조)

1) 계약당사자 간의 지위

2003. 7. 1. 도시정비법이 시행되면서 재건축정비조합은 사업시행자, **건설사업자**는 시공자 (도급자)로서 사업에 참여하게 되었으며, **사업시행인가 이후**에 공개경쟁입찰을 통하여 시공자를 선정하도록 하였다. 이후 관계 법령의 개정으로 시공자 등도 모든 정비사업에 공동사업자로 다시 참여할 수 있게 되었다.

2) 사업시행의 방법 및 사업재원

(1) 사업시행의 방법
도급제는 시공자에게 분양대금 등이 입금되는 일자를 기준으로 기성률에 따라 공사비를 지급하는 제도로, 조합원의 분담금이나 청산금, 일반분양수입금, 복리시설의 수입금, 기타 수입금으로 공사비나 사업경비 등을 충당한다. 지분제는 공사비나 건설사업비를 조합원의 분담금이나 청산금, 일반분양수입금 등으로 충당하며, 이 금액에 대한 수납 관리는 정비조합과 시공자가 공동으로 계좌를 개설하여 관리한다. 정비조합이 계약서 에서 정한 기간 내에 공사비 등의 납부를 지연할 경우에는 연체료를 납부하여야 한다.

(2) 공사의 범위
철거공사(각종 이설공사 포함) 및 잔재처리는 도급공사의 본공사범위에 해당되며, 공사에 관련한 배관·관로·지장물 등의 이설공사는 철거공사에 포함되도록 함으로써 공사의 범위에 대한 분쟁이 없도록 하여야 한다.
2010.4.15. 도시정비법의 개정을 통하여 철거공사를 시공자의 공사범위에 포함되도록 함으로써 **조합이 철거공사업자를 별도로 선정할 수 없도록 하였다.** (법 제29조제9항)

(3) 사업경비의 부담
공사비와 사업경비를 합하여 '건설사업비'라 한다. 사업경비는 표준계약서 제15조 제1항에서의 제1호부터 제15호까지의 비용을 말한다. 안전진단비는 원칙적으로는 시장·군수등이 부담한다. 단, 법 제12조제2항에서 정하는 3가지 경우에는 안전진단 실시요청자가 부담한다. 조합원분 보존등기비는 조합원 각자가 부담하므로 사업비에 포함되지 않으며, 공사와 직접 관련된 민원은 시공자가 부담하고, 일조권·조망권·인접도로 통행제한·TV난시청 등의 문제에 대한 민원처리비는 정비조합이 부담하는 것이 일반적이다.
재개발사업의 경우 사업의 특성상 건설사업비에 해당하는 항목이 재건축사업과는 서로 다를 수 있으므로 상세한 검토가 요구된다.

(4) 공사대금의 산정

도급제에서 공사대금의 산정방법은 보통 건축연면적에 단위면적(3.3㎡)당 공사비를 곱하여 산정한다. 공사비산출내역은 아파트(지하층, 지상층), 부대시설·복리시설, 철거 및 잔재처리비가 있으며, 금융비용(이주비 금융비용 등)이 포함되는 경우도 있다. 지분제에서는 조합원에게 무상지분율에 의해 신축된 건축물과 토지를 공급하고, 남은 건축물 등을 제3자에게 매각하여 그 대금으로 시공자가 공사대금을 충당하게 된다.

(5) 계약의 이행보증 방법

조합이 정비사업의 시행을 위하여 시장·군수등 또는 토지주택공사등이 아닌 자를 시공자로 선정(법 제25조에 따른 공동사업시행자가 시공하는 경우를 포함한다)한 경우 그 시공자는 공사의 시공보증(시공자가 공사의 계약상 의무를 이행하지 못하거나 의무이행을 하지 아니할 경우에는 보증기관에서 시공자를 대신하여 계약이행의무를 부담하거나 총 공사금액의 100분의 50 이하로 대통령령으로 정하는 비율 이상의 범위에서 사업시행자가 정하는 금액을 납부할 것을 보증하는 것을 말한다)을 위하여 <u>도정법 시행규칙 제14조</u>에 따른 **시공보증서를 조합에 제출하여야 한다.**

시장·군수등은 「건축법」 제21조에 따른 착공신고를 받는 경우에는 <u>도정법 제82조제1항</u>에 따라 <u>도정법 시행규칙 제14조</u>**에 따른 시공보증서**의 제출여부를 확인하여야 한다.

(6) 공사대금의 조정

공사대금의 조정은 정비조합에는 매우 중요한 일 중의 하나이다. 공사대금의 조정은 도급제에서 주로 발생되지만 지분제에서도 이와 유사한 규정을 두고 있다.

도급제에서 공사대금을 조정하게 되는 경우는 공사계획의 변경·마감자재의 품귀나 상급품의 사용요구·공사계약기간의 연장 및 **공사계약서를 국토부 제정 공사표준계약서를 기준으로 하는 경우에는 공사표준계약서 제8조에 따라 시공자 선정 계약 시부터 착공 시 까지 즉, 가계약 이후 본계약 체결 시까지의 물가변동에 의한 공사비의 상승요인이 발생된다.**

지분제에서는 물가변동에 의한 조정, 공사계획의 변경(설계변경)으로 인한 변경, 공사기간에 의한 변경 등이 있다.

현실적으로 정비조합에게는 공사계약 후 공사비 조정업무는 매우 어려운 과제가 된다. 시공자선정 시에는 공개경쟁입찰을 통하여 시공자가 선정되기 때문에 공사비는 조합에 유리한 방향으로 결정되나, 시공자가 선정된 후에는 이미 선정된 시공자와 조합이 추가공사 등에 의해 발생되는 공사비를 조정하게 되는 것이다. 이때, 조합은 시공자가 산출하여 제시하는 추가공사의 공사비에 대한 적정성 여부를 판단할 수 있는 능력이 거의 없을 뿐만 아니라 시공자는 실질적으로 독점적인 위치에 있기 때문이다.

이러한 문제를 해결하기 위해서 사업규모가 일정규모 이상인 조합에서는 사업초기에 모든 정비사업에서 조합업무를 대행하는 PM(Project Management)제도를 도입하여 시공자 등이 제시하는 공사금액의 적정성여부 등을 조합을 대신하여 수행하는 방법과 시공자가 제출하는 추가공사비에 대해 그 적정성여부를 확인하기 위한 견적관련 업체를 별도로 선정하는 방법이 있겠으나, 공사비합의 등 여러 문제점이 발생될 것으로 예상된다.

이러한 문제점들을 감안하여 1)사업시행자는 공사비가 법 제29조의2 제1항 각호에 해당하는 경우 한국부동산원 또는 한국토지주택공사에 공사비에 대한 검증을 요청해야 하며, 2)시장·군수등은 관리처분계획에 의한 정비사업비가 사업시행계획에 의한 정비사업비 기준 100분의 10 이상 증가되는 경우 대통령령으로 정하는 공공기관에 타당성 검증을 요청하도록 규정하고 있다. (제29조의2제1항), (법 제78조제3항제1호), (영 제64조제2항)

(7) 지체상금의 산정

표준계약서상에는 지체상금의 산출을 위한 요율(%)을 정확히 정하고 있지 않다.
다만, 지체상금의 총액이 공사비총액의 100분의 10을 초과하는 경우에는 그 초과분에 대해 상호 협의하여 결정할 수 있도록 하고 있다. 지체상금의 산정기준은 국가계약법 또는 시중은행의 일반대출자금 연체금리 등을 기준으로 조합과 시공자의 사정에 따라 별도로 정할 수 있는 것이다. 이때, 조합에서 지체상금을 계산하기 위한 요소들은 조합 운영비·조합원이주비 금융비용·사업자금대출금 금융비용 등 공사가 지연되면서 발생되는 모든 비용의 매 일별금액을 산정한 후 그 이상의 금액으로 정해야 시공자의 잘못으로 발생되는 공기지연으로 인한 피해를 보상받을 수 있게 된다.

(8) 공사감리

공사감리에 관한 규정에는 도급제 및 지분제의 구분이 없다. 또한, 공사표준계약서 제27조(공사감독원 등)의 내용 이외에 주택건설공사 감리업무세부기준(국토부), 주택건설공사감리자 지정기준(국토부고시 제2008-155호) 및 민간건설공사 표준도급계약서 제6조(국토부고시 제2009-730호)를 참조할 수 있다.

(9) 공사표준계약서의 개정 필요성

현재, 정비사업을 추진하고자하는 대부분의 정비사업현장에서는 시공자를 선정한 후 공사계약을 체결함에 있어 참고할 수 있는 자료는, 2000년 구)주택건설촉진법을 근거로 국토교통부에서 작성한 '공사표준계약서'가 유일한 자료인바, 현재의 공사표준계약서를 전부개정된 도시및주거환경정비법 및 개정된 기타 관계 법령에 따라 전면적인 개정 작업이 조속히 이루어져야 할 것이다.

7 시공자에 대한 보증

1) 보증제도의 필요성

보증제도는 시공자가 부도 혹은 파산됨으로써 정비사업이 좌절되는 경우를 대비하기 위한 제도로, 재건축조합원(재개발사업의 공동사업시행자의 경우를 포함)의 재산을 보호하기 위한 수단으로 조합이 시공자에게 '시공보증'을 요구하는 데 필요한 보증제도가 마련되어 있고, 일반분양자들의 재산을 보호하기 위해 「주택도시기금법 시행령 제21조제1항제1호」에 따른 주택분양보증 관계 서류를 제출하여야 한다.

2) 시공보증에 관한 법규

(1) 정비조합이 정비사업을 시행하기 위하여 시장·군수등 또는 토지주택공사등이 아닌 자를 시공자로 선정한 경우에는 그 시공자는 공사의 시공보증을 위하여 국토부령이 정하는 기관의 시공보증서를 조합에 제출하여야 한다(법 제82조제1항). 시장·군수등은 건축법 제21조에 따른 착공신고서를 받는 경우에는 시공보증서 제출여부를 확인하여야 한다. (법 제82조제2항)

(2) 정비조합이 법 제25조제1항에 따른 **공동사업주체인 시공자를 선정한 경우** 그 시공자는 공사의 시공보증(시공자가 공사의 계약상 의무를 이행하지 못하거나 의무이행을 하지 아니할 경우 보증기관에서 시공자를 대신하여 계약이행의무를 부담하거나 **총 공사금액의 50퍼센트 이하에서 대통령령으로 정하는 비율인 30퍼센트 이상의 범위**에서 주택조합이 정하는 금액을 납부할 것을 보증하는 것을 말한다)을 위하여 국토교통부령으로 정하는 기관의 시공보증서를 조합에 제출하여야 한다.(법 제82조제1항),(영 제73조),(주택법 제14조의2제1항)

3) 시공보증의 종류

도시정비법 제82조제1항에 따라 도시정비법 시행규칙 제14조에 규정된 시공보증의 종류는 다음 각 호와 같다.
1호 : 건설산업기본법에 따른 공제조합이 발행한 보증서
2호 : 주택도시기금법에 따른 주택도시보증공사가 발행한 보증서
3호 : 「은행법」 제2조제2호에 따른 금융기관, 「한국산업은행법」에 따른 한국산업은행, 「한국수출입은행법」에 의한 한국수출입은행, 「중소기업은행법」에 따른 중소기업은행이 발행한 지급보증서
4호 : 「보험업법」에 따른 보험사업자가 발행한 보증보험증권

8 본공사 계약 시 유의사항

1) 공사범위의 확인

시공자와 조합이 본공사에 대한 공사도급계약를 체결한 후 발생되는 분쟁요소 중 가장 큰 비중을 차지하는 것은 시공자가 수행해야 하는 공사범위이다. 계약서에 공사의 범위가 불확실한 경우 시공자도 공사의 실행예산에 미포함하고 조합의 예산에도 누락되는 경우가 있어 추후 공사비 부담문제로 쌍방이 서로 힘든 상태가 발생되는 것이다. 이러한 분쟁을 사진에 예방하기 위해서는 공사의 범위에 대한 세심한 검토가 요구된다. 따라서 「부대공사의 범위」를 확인하는 방법으로는 ① 시공자선정 시 시공자가 약속한 사항, ② 정비사업의 시행인가 시 행정청이 부여한 허가조건, ③ 착공허가 시 행정청이 부여한 조건, ④ 기타 주택법 등의 규정이나 일반 관례상 설치가 필요한 기본시설 등, **조합이 수행해야 할 모든 공사내역이 포괄적으로 공사범위에 포함되도록 계약서에 반영하여야 한다.**

2) 추가공사 발생요인의 최소화

시공자선정 시 도급제에서의 단위면적(3.3㎡)당 공사금액이나 지분제에서의 무상지분율 등은 시공자간의 공개경쟁입찰로 인해 시공자로서는 만족스럽지 못한 금액의 제안이 된다. 시공자는 이러한 문제를 해소하기 위해 도급제의 경우에는 설계변경, 추가공사, 조합원별 고급화공사 등을 통하여 추가적인 이윤을 추구하게 되고, 확정지분제의 경우에는 마감 자재의 품질을 결정하는 과정에서 불가피하게 이윤을 고려하여 결정하게 된다.

이러한 문제를 최소화하기 위해서는 설계도서에 대한 사전검토와 확정이 필요하며, 특히, 전세대의 발코니 전체를 확장한 상태에서 공사비를 결정하는 방안이나, 주택형별 발코니확장공사비를 입찰 시 별도로 요구하는 방안이 있다. 이때는 조합원이 발코니의 전체 혹은 부분에 대한 비확장을 선택하는 경우를 대비하여 '발코니 비확장에 대한 마이너스 옵션 금액'의 제시도 입찰조건에 포함하는 것이 바람직하다.

3) 마감자재의 구체화

시공자선정 시 마감자재에 대해 시공자가 제시하는 방법은 '**우수제품**' 등 매우 애매한 표현이 대부분이다. 따라서 현장에서 실제 사용되는 마감자재에 대해 조합과 시공자가 서로 의견을 달리하는 경우가 자주 발생한다. 따라서 시공자와의 공사계약 시에는 가능한 한 마감자재에 대한 구체적인 표현이 필요할 것이며, 조합원분양 시 축조되는 견본주택을 축조하기 전에 모든 자재에 대한 상세한 자재사양 리스트를 조합에 제출하도록 하고, 조합의 사전승인절차를 거친 후에 견본주택을 축조하도록 공사도급계약서에 명시하고 이를 이행 하도록 해야 하며, 견본주택에 대한 상세설계단계부터 조합 관계자의 참여 및 **견본주택의 공사완료 전에 조합이 견본주택 공사현황을 확인**한 후 견본주택의 보완절차가 필요하다.

4) 공사비 내역서의 제출

건축공사의 특징은 자동차생산 등과는 다르게 각 현장의 조건이나 설계자 및 현장소장 등의 능력에 따라 그 품질이 크게 달라지는 특성이 있다. 또한 최초 설계에서서부터 내부의 마감공사가 착수되기까지에는 많은 기간이 소요되기 때문에 아파트의 새로운 트렌드나 새로운 자재의 출현 등에 의해 불가피하게 공사내역을 변경할 필요성이 발생하게 된다. 이러한 경우를 대비하여 시공자선정 시의 입찰조건에 '상세 공사비산출 내역서'를 제출하도록 하는 것이 바람직하다. 그러나 공사비산출내역서는 시공자의 영업비밀임을 이유로 대부분의 시공자는 상세한 내역서의 제출을 꺼려하고 있다. 이 문제는 앞으로 투명한 정비사업의 수행을 위해서는 필히 시행될 필요가 있다.

현재도 공사비산출내역서의 제출에 관해서는 국토교통부에서 제정한 '**재건축사업 공사표준 계약서 중 도급제 방식**'의 제8항(별첨서류) 마호에 '공사비 산출내역서'를 포함하도록 명시되어 있다. 이때, 표준계약서의 법적인 지위는 강제규정이 아니라 준수할 법적인 의무가 없는 임의규정임을 감안하여 시공자와의 공사계약에 임해야 할 것이다.

5) 행정절차상의 구조적인 문제에 대한 해결방안 모색

필자의 경험에 의하면, 정비사업 추진과정에서 시공자 선정 후 본공사를 착공하기까지는 3년 이상의 기간이 소요되고 이 기간 동안에는 국토교통부 제정 재건축사업 공사표준 계약서(도급제) 제8조(물가변동으로 인한 계약금액의 조정)의 '(시공자 선정)계약체결일로부터 착공신고 일까지의 기간에 대한 계약금액 조정가능'에 따라 시공자 선정 시 확정된 공사비를 인상할 수 있도록 하고 있는 것으로 이해하고 있다.

'재건축사업 공사표준 계약서'는 강제규정이 아닌 임의규정임을 감안하여, ① 시공자 선정 이후에는 물가변동에 의한 계약금액의 조정이 없도록 하거나, ② 1년 단위 최대물가 상승율의 제한 즉, 물가상승률 적용에 제한을 두는 방법 등을 시공자를 선정하기 전의 '입찰조건'에 반영하는 방법으로 '시공자선정 후의 공사비 인상요인'에 미리 대비할 필요가 있다.

필자가 참여한 재건축사업에서는 시공자선정 전에 필자의 제안으로 공사비의 '연간상승률'을 매월 기획재정부에서 발표하는 '소비자물가지수'의 '연간평균 물가상승률'을 초과할 수 없도록 하였고 본공사 공사계약 시 이를 반영하였다. 따라서 조합은 시공자 선정시기와 공사계약 체결시기 (혹은 착공시기)의 간격이 최소가 되도록 사업추진일정을 계획해야 한다.

♣ 정비사업의 시공자 선정기준

[시행 2016.4.8] [국토교통부고시 제2016-187호, 2016.4.8., 타법개정]

국토교통부(주택정비과), 044-201-3388

제1장 총칙

제1조(목적)

이 기준은 「도시 및 주거환경정비법」(이하 "법"이라 한다) 제29조제1항 따라 재개발사업조합·재건축사업조합 및 **주거환경개선사업**(이하 "조합"이라 한다)의 정비사업의 시공자(이하 "시공자"라 한다) 선정에 관하여 필요한 사항을 규정함을 목적으로 한다.

제2조(용어의 정의)

이 기준에서 사용하는 용어의 정의는 다음과 같다.

1. "**건설사업자등**"이라 함은 건설산업기본법 제2조제7호의 규정에 의한 **건설사업자** 또는 주택법 제7조제1항의 규정에 의하여 건설사업자로 보는 **등록사업자**를 말한다.

2. "**건설사업자등** 관련자"라 함은 **건설사업자등**의 임·직원, 그 피고용인, 용역요원 등 **건설사업자등**으로부터 해당 시공자 선정에 관하여 재산상 이익을 제공받거나 제공을 약속받은 자(조합원인 경우를 포함한다)를 말한다.

제2장 시공자 선정의 원칙

제3조(기준의 적용)

이 기준으로 정하지 않은 사항은 정관 등이 정하는 바에 따르며, 정관 등으로 정하지 않은 구체적인 방법 및 절차는 대의원회의 의결(대의원회를 두지 않은 경우 총회의 의결에 의한다. 이하 같다)에 따른다.

제4조(공정성 유지 의무)

① 조합·**건설사업자등** 및 입찰에 관계된 자는 입찰에 관한 업무가 자신의 재산상 이해와 관련되어 공정성을 잃지 않도록 이해 충돌의 방지에 노력하여야 한다.

② 조합임원 및 대의원은 입찰에 관한 업무를 수행함에 있어 직무의 적정성을 확보하여 조합원의 이익을 우선으로 성실히 직무를 수행하여야 한다.

③ **건설사업자등** 관련자 등 누구든지 시공자 선정과 관련하여 다음 각 호의 행위를 하여서는 아니 된다.

1. 금품, 향응 또는 그 밖의 재산상 이익을 제공하거나 제공의사를 표시하거나 제공을 약속하는 행위
2. 금품, 향응 또는 그 밖의 재산상 이익을 제공받거나 제공의사 표시를 승낙하는 행위
3. 제3자를 통하여 제1호 또는 제2호에 해당하는 행위를 하는 행위

제3장 시공자 선정의 방법

제5조(입찰의 방법)

① 조합이 **건설사업자등**을 시공자로 선정하고자 하는 경우에는 일반경쟁입찰, 제한경쟁입찰 또는 지명경쟁입찰의 방법으로 선정하여야 한다. 다만, 지명경쟁입찰의 방법은 조합원이 200명 이하인 정비사업으로 한정한다.

② 제1항에도 불구하고 미 응찰 등의 **사유로 2회 이상 유찰**된 경우에는 총회의 의결을 거쳐 수의계약 할 수 있으며, 「도시 및 주거환경정비법 시행령」 제24조에서 정하는 규모 이하의 정비사업의 경우에는 조합**원** 총회에서 정관으로 정하는 바에 따라 선정할 수 있다.

제6조(제한경쟁에 의한 입찰)

① 조합은 제5조의 규정에 의하여 **건설사업자등**의 자격을 시공능력평가액, 신용평가등급(회사채 기준), 해당 공사와 같은 종류의 공사실적, 그 밖에 조합의 신청으로 **시장·군수등**이 따로 인정한 것으로만 제한할 수 있으며, 5인 이상의 입찰참가 신청이 있어야 한다. 이 경우 공동참여의 경우에는 1인으로 본다.

② 제1항의 규정에 의하여 자격을 제한하고자 하는 경우에는 대의원회의 의결을 거쳐야 한다.

제7조(지명경쟁에 의한 입찰)

① 조합은 제5조의 규정에 의하여 지명경쟁에 의한 입찰에 부치고자 할 때에는 5인 이상의 입찰대상자를 지명하여 3인 이상의 입찰참가 신청이 있어야 한다.

② 제1항의 규정에 의하여 지명하고자 하는 경우에는 대의원회의 의결을 거쳐야 한다.

제8조(공고 등)

조합은 시공자 선정을 위하여 입찰에 부치고자 할 때에는 현장설명회 개최일로부터 7일 전에 ~~(1회 이상 전국 또는 해당 지방을 주된 보급지역으로 하는 일간신문에 공고)~~ ~~도시정비법 제29조 제2항에 따라~~ **예상 공사비가 6억원 초과 시 국가종합전자조달시스템을 이용하여 공고하여야** 한다. 다만, 지명경쟁에 의한 입찰의 경우에는 현장설명회 개최일로부터 7일 전에 내용증명 우편으로 발송하여야 하며, 반송된 경우에는 반송된 다음날에 1회 이상 재발송하여야 한다.

제9조(공고 등의 내용)

제8조의 규정에 의한 공고 등에는 다음 각 호의 사항을 명시하여야 한다.

1. 사업계획의 개요(공사규모, 면적 등)
2. 입찰의 일시 및 장소
3. 현장설명회의 일시 및 장소
4. 입찰참가 자격에 관한 사항
5. 입찰참가에 따른 준수사항 및 위반(제13조를 위반하는 경우를 포함한다)시 자격 박탈에 관한 사항
6. 그 밖에 조합이 정하는 사항

제10조(현장설명회)

① 조합은 입찰일 20일 이전에 현장설명회를 개최하여야 한다.
② 제1항의 규정에 의한 현장설명에는 다음 각 호의 사항이 포함되어야 한다.
1. 설계도서(사업시행인가를 받은 경우 사업시행인가서를 포함하여야 한다)
2. 입찰서 작성방법·제출서류·접수방법 및 입찰유의사항 등
3. **건설사업자등**의 공동홍보방법
4. 시공자 결정방법
5. 계약에 관한 사항
6. 기타 입찰에 관하여 필요한 사항

제11조(입찰서의 접수 및 개봉)

① 조합은 밀봉된 상태로 참여제안서를 접수하여야 한다.
② 입찰서를 개봉하고자 할 때에는 입찰서를 제출한 **건설사업자등**의 대표(대리인을 지정한 경우 그 대리인) 각 1인과 조합임원 기타 이해관계인이 참여한 공개된 장소에서 개봉 하여야 한다.

제12조(대의원회의 의결)

① 조합은 제출된 입찰서를 모두 대의원회에 상정하여야 한다.
② 대의원회는 총회에 상정할 6인 이상의 **건설사업자등**을 선정하여야 한다. 다만, 입찰에 참가한 **건설사업자등**이 5인 이하인 때에는 모두 총회에 상정하여야 한다.
③ 제2항의 규정에 의한 **건설사업자등**의 선정은 대의원회 **재적의원 과반수가 직접 참여한 회의**에서 비밀투표의 방법으로 의결하여야 한다. 이 경우 서면 또는 대리인을 통한 투표는 인정하지 아니한다.

제13조(건설사업자등의 홍보)

① 조합은 제12조의 규정에 의하여 총회에 상정될 **건설사업자등**이 결정된 때에는 조합원에게 이를 즉시 통지하여야 하며, **건설사업자등**의 합동홍보설명회를 2회 이상 개최하여야 한다. 이 경우 조합은 총회에 상정하는 **건설사업자등**이 제출한 (입찰제안서)**입찰계획서**에 대하여 시공능력, 공사비 등이 포함되는 객관적인 비교표를 작성하여 조합원에게 제공하여야 한다.

② 조합은 제1항의 규정에 의하여 합동홍보설명회를 개최할 때에는 미리 일시 및 장소를 정하여 조합원에게 이를 통지하여야 한다.

③ **건설사업자등** 관련자는 조합원을 상대로 개별적인 홍보(홍보관·쉼터 설치, 홍보책자 배부, 세대별 방문, 인터넷 홍보 등을 포함한다. 이하 이 항에서 같다)를 할 수 없으며, 홍보를 목적으로 조합원 또는 정비사업전문관리업자 등에게 사은품 등 물품·금품·재산상의 이익을 제공하거나 제공을 약속하여서는 아니 된다.

제14조(총회의 의결 등)

① 총회는 **조합원 총수의 과반수가 직접 참석**하여 의결하여야 한다. 이 경우 정관이 정한 **대리인이 참석한 때에는 직접 참여로 본다.**

② 조합원은 제1항에 따른 총회 직접 참석이 어려운 경우 서면으로 의결권을 행사할 수 있으나, 제1항에 따른 **직접 참석자의 수에는 포함되지 아니한다.**

③ 제2항에 따른 서면의결권 행사는 조합에서 지정한 기간·시간 및 장소에서 서면결의서를 배부 받아 제출하여야 한다.

④ 조합은 제3항에 따른 조합원의 서면의결권 행사를 위해 조합원 수 등을 고려하여 서면결의서 제출기간·시간 및 장소를 정하여 운영하여야 하고, 시공자 선정을 위한 총회 개최 안내 시 서면결의서 제출요령을 충분히 고지하여야 한다.

⑤ 조합은 총회에서 시공자 선정을 위한 투표 전에 각 **건설사업자등**별로 조합원들에게 설명할 수 있는 기회를 부여하여야 한다.

제4장 계약의 체결

제15조(계약의 체결)

조합은 제14조의 규정에 의하여 선정된 시공자가 정당한 이유없이 **3월 이내에 계약을 체결**하지 아니하는 경우에는 제14조의 규정에 의한 총회의 의결을 거쳐 해당 선정을 무효로 할 수 있다.

제16조(재검토 기한)

국토교통부장관은 「훈령·예규 등의 발령 및 관리에 관한 규정」에 따라 이 고시에 대하여 2016년 7월 1일 기준으로 매 3년이 되는 시점(매 3년째의 6월 30일까지를 말한다)마다 그 타당성을 검토하여 개선 등의 조치를 하여야 한다.

♣ 협상의 이론적 기초(정비조합 임원교육과정 강의)

[서울대 정비조합 임원교육과정, 법학대학원 고학수 교수]

◈ 사고의 전환(Thinking Outside the Box)(역발상)

► 문제점 : 편향(bias) - 선입견(pre-conception)
- 기준점(anchor)에서 출발하여 새로운 정보를 반영하여 충분한 조정을 하지 않을 가능성이 있다.
- 스스로 정한 목표수준(aspiration level)에 따라 행동한다.

► 사례 : 미국의 루즈벨트 대통령이 대통령후보시절 자신의 선거홍보물을 인쇄하여 전국에 배포하기 직전, 루주벨트 대통령의 사진이 시카고에 있는 사진관의 작품으로 그 사진관에 지적재산권이 있음을 발견하고 대처하는 과정이다.

(사고-1) : 법적으로 지적재산권이 있음이 확실하니 3만 불을 지급하한선으로 협상

(사고-2) : 대통령후보의 사진 아래에 당신의 사진관 이름을 표기하면 당신은 전국적으로 유명한 사진사가 될 수 있으니 3만불을 지급할 의향이 있는지에 대한 협상

(결 과) : '나의 경제사정을 감안하여 2만 불로 해주시기 바랍니다.' 라는 회신 접수

◈ 협상에서의 세 가지 긴장관리(tension management)

1. 『가치를 만들어 내는 것』과 『가치를 배분하는 것』 사이의 긴장관리

► 가치창출(value-creation)?
- 협상결과가 양 당사자 모두에게 그들이 합의를 하지 않았더라면 얻었을 것보다는 이득이 되거나 최소한 손해가 되지 않는 것임을 인식하도록 한다.
- 합의가 이루어지지 않을 경우 당사자들의 최선의 대안(BATNA, Best Alternative to Negotiated Agreements) 보다 나은 모든 협상의 결과물은 가치를 창출하는 것이라 할 수 있다.

► 문제점 : 협상 당사자들이 가치창출에 대한 관심이 없이 '배분'의 문제에 초점을 맞추게 되는 경향이 있다.

2. 『공감』과 『주장』 사이의 긴장관리

► 공감(Empathy)
- 상대방의 필요, 이해관계, 관점 등에 대한 이해를 표현하는 과정 즉, 상대의 주장을 들어주는 과정이지 상대의 주장에 대한 동의를 의미하는 것은 아니다.
- 다른 시각을 받아들이고(perspective-taking) 이를 표현(expression)한다.

► 주장(Assertiveness)

- 자신의 필요, 이해관계, 관점 등을 표현하고 옹호할 수 있는 능력이다.

- 이것은 '전투적인 태도'(belligerent behavior)나 '복종적 태도'(submissive behavior)와는 다른 것이다.
- 공감 및 주장을 잘하는 것은 가치창출과 가치배분에 모두 도움이 되는 것이 보통이다.

3.『본인(principal)』과『대리인(agent)』사이의 긴장관계

▶ 문제점 :
- 본인이냐 대리인이냐에 따라 잠재적인 이해상충의 문제는 지극히 다양한 형태로 나타날 수 있다.
- 따라서 문제의 발견이나 해결책을 생각해 내는 것이 쉽지 않을 수 도 있다.
- 대리인이 주는 '편익'과 '비용' 측면의 비교측량이 쉽지 않을 수도 있다.

▶ 긴장관계의 원천 : (대리인과 본인의 근본적 차이점)
- 선호 및 이해관계(interests)의 차이가 존재한다.
- 인센티브의 차이(incentive gap)가 있다.
- 가지고 있는 정보의 차이로 상당한 영향이 있다.

◈ 가치창출이 이루어지지 않는 이유는?

- 자기 스스로의 이해관계와 역량을 충분히 파악하지 못함
- 상대방의 이해관계와 역량을 충분히 파악하지 못함
- 파이를 한정하려는 경향(fixed pie bias)을 극복하지 못한 결과이다.
- 신뢰를 형성하고, 충분한 의사소통을 하고, 그로부터 가치창출 할 수 있는 기회를 확보하는 데 실패함
- 정보는 양날의 칼이다 : 이것이 "협상자의 딜레마(negotiator's dilemma)"이다.
- 상황을 고정되고 주어진 것으로만 받아들임
- 승과 패에 대한 이분법적('win-lose" dichotomy)인 시각이 계속하여 존재하기 때문이다.

◈ 가치창출을 위해 필요한 것은?

- 주어진 상황과 절차를 이미 확정된 것으로 받아들이지 말 것
- 자신 스스로의 이해관계와 역량에 대해 최대한 조사하고 파악할 것
- 상대방의 이해관계와 역량에 대해 최대한 조사하고 파악할 것
- 상대방과 의사소통하고 신뢰를 구축하여, 정보를 공유할 수 있는 분위기와 여건을 조성할 것
- 공통의 이해관계가 어떤 것인지는 물론 서로의 이해관계가 엇갈리는 것은 어떤 것인지에 대해서도 명확히 할 것
- 가치창출과 가치배분사이의 긴장관계(creating-claiming tension)를 명확히 인식하고 이를 관리(management)할 것

◈ **가치창출 과정의 장애물에 대한 평가(barriers audit)**

- 설정(setup)상 흠결이 없는지 평가
- 관련 당사자를 모두 확인하고, 그들의 이해관계 및 합의에 이르지 못하는 경우의 선택(no-deal options)이 어떤 것인지 확인한다.
- 순서나 절차에 대해 확인한다.

- 딜 디자인(deal design) 상의 장애물이 없는지 평가
- 파이(pie)를 최대화하는 디자인인가?
- 유지가 가능한 디자인인가?
- 당사자들의 목적을 달성하는 데에 도움이 되는 것인가?
- '계약의 진의'가 '계약의 문언'과 일치하는가?

- 전술적, 대인관계상 장애물이 없는지 평가
- 강경전술(hard-bargaining tactics)의 사용이 정당한가?

◈ **가치창출을 위한 수단(1)**

- 당사자를 적절하게 파악하고 설정할 것
- 잠재적 그리고 실제 당사자들을 파악
- 내부적 그리고 외부적 참가자들을 파악
- 본인과 대리인지를 파악
- 같은 편(allies)과 방해자들(blockers)을 파악
- 허가권이나 동의권을 가진 사람들을 파악
- 실행권을 가진 사람들이 누구인지 파악
- 이 모든 당사자들을 파악하고 그들 사이의 관계를 분석

- 이해관계를 적절하게 설정하고 파악할 것
- 협상상의 주장이나 명분(bargaining positions)을 내재되어 있는 이해관계의 본질적 부분(underlying interests)과 구분하여 파악하고 분석할 것

◈ **가치창출을 위한 수단(2)**

- 합의에 이르지 못하는 경우의 대안이 어떤 것인지 파악하고 합의와 비합의 사이의 균형을 모색할 것
- 합의가 이루어지지 않을 경우 자신의 대안(no-deal options)을 개선하고 보호할 것

- 협상의 절차적 측면에 대한 선택 문제
- 중요한 참가자, 의사결정에 영향을 미치는 사람을 파악하여 거꾸로 생각할 것
- 목표가 되는 참가자를 파악하여, 도움이 되는 과거의 합의사항이 있는 경우에는 이를 분석하여 활용할 것

◈ 협상참가자 지도(party map) 그리기(실직적인 역할을 하는 자를 파악)

- ■ 스스로에게 물어볼 질문들
- − 가장 높은 가치를 가지는 참가자를 포함시켰는가?
- − 협상에 도움이 되는 정보를 간접적으로 다루는 사람을 포함하여, 잠재적으로나 현실적으로 영향력이 있는 모든 참가자를 포함시켰는가?
- − 잠재적인 방해자(blockers)와 같은 편(allies)을 포함하여 의사결정에 영향을 미칠 수 있는 모든 사람들을 포함시켰는가?
- − 제도적으로나 현실적으로 합의내용에 동의하고 승인해야하는 위치에 있는 사람들을 포함시켰는가?
- − 합의내용을 실제로 이행하게 될 사람들을 고려하였는가?
- − 참가자가 지나치게 많지는 않은가?
- − 영향력을 가졌지만 부정적인 견해를 가진 자를 포함시켰는가?

◈ 잉여의 배분(surplus allocation)

- ■ 공정성(fairness) 개념의 중요성
- − 협상자들은 합의에 이르는데 있어 주로 사회적으로 만들어진 규범에 의지하는데 이러한 규범은 대부분 합의사항은 공정한 것이야 한다는 암묵적 전제하에 만들어진 것임을 인식해야 한다.
- − 사람들은 공정한 대우를 받기를 강력하게 원한다.
- − 사람들은 다른 사람을 공정하게 대하는 것에 대해서도 궁극적인 가치를 두고 있다.

◈ 협상에서 영향력을 높이기 위한 전략

- ■ 잠재적 이익보다는 잠재적 손실을 강조하라!
- − '이번 협상이 성사되면 당신은 빌딩을 소유할 수 있게 된다.' 보다
- − '이번 협상이 결렬되면 당신은 빌딩을 소유할 기회를 상실하게 된다.'라는 표현이 더욱 설득력이 있다.

- ■ 이득은 분해하고 손실은 결합시켜라!
  (이득의 분해)
- − 길을 가다 5만원권 2장을 습득하는 경우 보다, 오늘 5만원권 1장을 습득하고 다음날 다른 곳에서 또 5만원권 1장을 습득하는 경우가 기분을 더 좋게 한다.

  (손실의 결합)
- − 오늘 지갑을 열어보니 10만원을 잃어버린 것을 알았을 때 보다, 오늘 지갑을 열어보니 5만원을 잃어버린 것을 알았고 그 다음날 또 5만원을 잃어버린 것을 알았을 때 더욱 상실감을 크게 느끼게 된다.

（응 용）

- 양보의 여지가 있으면 한꺼번에 양보하지 말고 여러 번 나누어서 하고,
- 좋은 소식, 혜택, 보상은 여러 개로 나누어 하나씩 한다.
- 양보를 요구할 때에는 한꺼번에 하고,
- 나쁜 소식이 있거나 상대가 부담할 비용은 한꺼번에 한다.

■ 사회적 증거(social proof)의 힘을 이용하라!
- 명품매장에서 입장객의 수를 지나치게 제한한다.
- '지금 바로 전화주세요' 보다 '통화중이면 다시 전화주세요'라는 표현이 더욱 효과적이다.

■ (최소한의) 일방적인 양보를 제공하라!
- 나보다 상대방이 편리한 시간과 장소에서 만날 것
- 음료나 간식, 작은 선물을 준비할 것
- 상대방의 요구 중에서 작은 것 하나 쯤은 대가를 요구하지 말고 무조건 수락한 이후 본격적인 논의를 시작한다.

■ 준거기준(reference point)을 활용하여 제안이 합리적으로 보이도록 하라
- 대부분의 사람들은 동일한 음료수를 마을 가계보다 휴양지의 호텔에서 비싸게 파는 것은 당연한 것으로 인식한다.
- 소비자는 화장실용 미끄럼 방지타일을 공사비 납입단계에서 옵션으로 제시하는 경우 보다 공사비 납입 후 옵션으로 제시하는 경우에 불만을 더욱 크게 느낀다.

◈ 약자의 위치에서 협상력을 높이기 위한 전략

■ 자신이 약자임을 드러내지 마라
■ 상대의 약점을 이용하여 자신의 약점을 극복하라
■ 상대의 힘의 원천이 무엇인지 파악하여 이를 역이용하라
■ 당신이 제공할 수 있는 독특한 가치가 무엇인지 파악하고 강조하라
■ 당신이 가진 얼마 안 되는 힘조차 버리는 것이 필요할 수도 있음을 인식하라
■ 다수 당사자 협상의 경우, 다른 약한 상대방과 연합하라

◈ 재건축사업·재개발사업 추진과정에서 협상력이 요구되는 경우

■ **조합과 조합원**
- 조합원의 동의가 필요한 경우
 : 조합설립단계에서 조합설립동의서의 **접수** 및 관리처분단계에서 조합원의 동의가 필요
- 조합원의 이해나 협의가 필요한 경우
 : 적은 추가부담금, 넓은 주택형 배정에 대한 욕구, 아파트가격의 하락가능성으로 인한 리스크를 최소화하기 위해 조합원이 현금청산을 요구하는 경우

- **조합과 건설사**
  - 조합설립 후 조합원 총회를 거쳐 건설사를 '우선협상대상자'로 선정한다.
  - 그 후 조합과 건설사가 공사도급계약을 체결한다.
  - 조합의 입장 : 저렴한 공사비, 완성도 높은 공사, 사업시행과정에서 시공자의 지원
  - 건설사의 입장 : 수급인의 지위확보, 높은 공사비, 사후 공사비 인상 가능성 모색, 조합의 안정성을 필요로 한다.

- **조합과 행정청(구청)**
  - 행정청은 정비사업에 대한 직간접적인 감독의 위치에 있으며, 조합설립인가, 사업시행인가 및 관리처분인가의 위치에 있다.
  - 행정청도 사업시행 이후 기반시설에 대한 귀속의 주체가 되는 등 이익을 추구하는 입장이 되는 경우가 있다.
  - 기존의 기반시설을 조합에 이전하는 과정에서 공사비의 정산, 유상이전과 무상이전의 대상 결정 등 조합과 많은 부분에서 협상의 대상이 된다.

◨ **규약과 시행규정에 대한 정의**
  ① 규약 : 사업시행자인 토지등소유자가 자치적으로 정한 사항
  ② 시행규정 : 특별시장, 특별자치도지사, 시장, 군수, 자치구의 구청장(이하 "시장·군수등"이라 한다), 토지주택공사등 또는 신탁업자가 법 제53조에 따라 작성한 사항
  이 규약 및 시행규정에 대한 정의는 법 제2조제11호의 나목 및 다목에 기술되어있다.

◨ **수도권정비계획법에 따른 과밀억제 권역은 다음과 같다.** (2020.06.11. 일부개정)

: 1) **서울시특별시 전역**
  2) **인천광역시**
  : 강화군, 옹진군, 서구 대곡동·불로동·마전동·금곡동·오류동·왕길동·당하동·원당동, 인천경제자유구역(경제자유구역에서 해제된 지역을 포함한다) 및 남동 국가산업단지는 제외한다]
  3) **경기도**
  : 의정부시, 구리시, 남양주시(호평동, 평내동, 금곡동, 일패동, 이패동, 삼패동, 가운동, 수석동, 지금동 및 도농동만 해당한다), 하남시, 고양시, 수원시, 성남시, 안양시, 부천시, 광명시, 과천시, 의왕시, 군포시, 시흥시(반월 특수지역은 제외한다.<다만, 반월특수지역에서 해제된 지역을 포함한다.>)

위의 과밀억제 권역은 [수도권정비계획법 시행령 제9조 관련 별표 1(과밀억제권역, 성장관리권역 및 자연보존권역의 범위)] <개정 2017.6.20.> **참조**

[제2편]
정비사업의 시행

제1장
사업시행의 개념과 시행방법

1 사업시행의 개념

사업시행의 협의의 개념은 '정비구역의 기존 건축물을 철거하고, 건축물 및 정비기반시설을 설치하는 사업으로서 조합원을 위하여 필요한 행위'를 말한다. 광의의 의미는 협의의 개념을 포함하여 '정비구역을 지정하여 조합을 설립하고, 권리배분을 위한 관리처분계획과 이전고시·청산금의 부과 등을 포함하는 것으로 사업의 모든 과정을 수행해 나가는 절차'를 의미한다. 본 편에서는 협의의 의미에 대한 사업시행을 기술하기로 한다. 사업시행단계에서 가장 중요한 업무의 하나는 사업시행계획의 수립으로 그 효력은 인가를 통해 발생된다. 사업시행계획은 사업대상지역에 신축예정인 건축물에 대한 기본계획이며, **사업시행자는 이 사업시행계획서를 토대로 토지의 수용, 철거와 착공, 이주대책의 수립 및 준공인가의 신청 등을 집행하기 위한 개별적 처분권을 사용할 수 있는 법적인 지위를 확보하게 되는 것이다.**

2 정비사업의 시행방법

1) 재건축사업

재건축사업은 정비구역에서 법 제74조에 따라 인가 받은 관리처분계획에 따라 주택, 부대시설·복리시설 및 오피스텔(건축법 제2조제2항에 **따른 오피스텔**을 말한다)을 건설하여 공급하는 방법으로 시행한다. 다만, 주택단지에 있지 아니하는 건축물의 경우에는 지형여건·주변의 환경으로 보아 **사업 시행상 불가피한 경우로서 정비구역으로 보는 사업에 한정한다.**
(법 제23조제3항 참조)
재건축사업에서 **오피스텔**을 건설하여 공급하는 경우에는 「국토의 계획 및 이용에 관한 법률」에 따른 **준주거지역 및 상업지역에서만 건설할 수 있다.** 이 경우 오피스텔의 연면적은 전체 건축물 연면적의 100분의 30 이하이어야 한다. (법 제23조제4항 참조)

(시행자) : 조합이 시행하거나 조합이 조합원의 과반수 동의를 받아 시장·군수등, 토지주택공사등, **건설사업자** 또는 등록사업자와 공동으로 시행할 수 있다. (법 제25조제2항 참조)

2) 재개발사업

재개발사업은 정비구역에서 법 제74조에 따라 인가받은 관리처분계획에 따라 건축물을 건설하여 공급하거나, 법 제69조제2항에 따라 환지로 공급하는 방법으로 시행한다. (법 제23조제2항 참조)

(시행자) : [1] : 조합이 시행하거나 조합이 조합원의 과반수의 동의를 받아 시장·군수등, 토지주택공사등, **건설사업자,** 등록사업자 또는 대통령령으로 정하는 요건을 갖춘 유자격자인 **신탁업자나 한국부동산원과** 공동으로 시행한다. (법 제25조제1항제1호),(영 제19조)

[2] : 토지등소유자가 20인 미만인 경우에는 토지등소유자가 시행하거나 토지등소유자가 토지등소유자의 과반수의 동의를 받아 시장·군수등, 토지주택공사등, **건설사업자,** 등록사업자 또는 대통령령으로 정하는 요건을 갖춘 유자격자인 **신탁업자나 한국부동산원**과 공동으로 시행한다. (법 제25조제1항제2호),(영 제19조)

3) 주거환경개선사업

주거환경개선사업은 다음 각 호의 어느 하나에 해당하는 방법 또는 이를 혼용하는 방법으로 시행한다. (법 제23조제1항 참조), (법 제35조제1항에 따라 **조합설립이 불필요하다**)

(시행방법-1) : 법 제24조에 따른 사업시행자가 정비구역에서 정비기반시설 및 공동이용시설을 새로 설치하거나 확대하고 토지등소유자가 스스로 주택을 보전·정비하거나 개량하는 방법

(시행방법-2) : 법 제24조에 따른 사업시행자가 법 제63조에 따라 정비구역의 전부 또는 일부를 수용하여 주택을 건설한 후 토지등소유자에게 우선 공급하거나 대지를 토지등소유자 또는 토지등소유자 외의 자에게 공급하는 방법

(시행방법-3) : 법제24조에 따른 사업시행자가 법 제69조제2항에 따라 환지로 공급하는 방법

(시행방법-4) : 법제24조에 따른 사업시행자가 정비구역에서 법 제74조에 따라 인가받은 관리처분계획에 따라 주택 및 부대시설·복리시설을 건설하여 공급하는 방법

(시행자) : [1] : 법 제23조제1항제1호에 따른 방법으로 시행하는 주거환경개선사업은 시장·군수등이 직접 시행하되, 토지주택공사등을 사업시행자로 **지정**하여 시행하게 하려는 경우에는 법 제15조제1항에 따른 공람공고일 현재 토지등소유자의 **과반수의 동의**를 받아야 한다. (법 제24조제1항)

[2] : 법 제23조제1항제2호부터 제4호까지의 규정에 따른 방법으로 시행하는 주거환경개선사업은 시장·군수등이 직접 시행하거나 다음 각 호에서 정한 자에게 시행하게 할 수 있다. (법 제24조제2항)

1. 시장·군수등이 다음 각 목의 어느 하나에 해당하는 자를 사업시행자로 **지정**하는 경우

가. 토지주택공사등

나. 주거환경개선사업을 시행하기 위하여 국가, 지방자치단체, 토지주택공사등 또는 「공공기관의 운영에 관한 법률」 제4조에 따른 공공기관이 총지분의 100분의 50을 초과하는 출자로 설립한 법인

2. 시장·군수등이 제1호에 해당하는 자와 다음 각 목의 어느 하나에 해당하는 자를 공동시행자로 지정하는 경우

　　가. 「건설산업기본법」 제9조에 따른 **건설사업자**(이하 "건설사업자"라 한다)

　　나. 「주택법」 제7조제1항에 따라 **건설사업자로 보는 등록사업자**(이하 "등록사업자"라 한다)

법 제24조제2항에 따라 주거환경개선사업을 시행하려는 경우에는 법 제15조제1항에 따른 공람공고일 현재 해당 정비예정구역의 토지 또는 건축물의 소유자 또는 지상권자의 3분의 2 이상의 동의와 세입자 세대수의 과반수의 동의를 각각 받아야 한다.

4) 공공재개발사업 및 공공재건축사업(법 제101조의2 ~ 법 제101조의 7 참조)

(1) 공공재개발사업

재개발사업에서 다음 요건을 모두 갖추어 시행하는 재개발사업을 말한다. (법 제2조 참조)

(시행자) : **공공재개발사업 시행자**는 아래에 해당하는 자이어야 한다.

　　특별자치시장, 특별자치도지사, 시장, 군수, 자치구의 구청장("시장·군수등") 또는 **토지주택공사등**(조합과 공동으로 시행하는 경우를 포함한다)이 **주거환경개선사업의 시행자**이거나 **재개발사업의 시행자**나 **재개발사업의 대행자**

(주택의 건설 및 공급조건)

　　: 건설·공급되는 주택의 전체 세대수 또는 전체 연면적 중 토지등소유자 대상 분양분(제80조에 따른 지분형주택은 제외한다)을 제외한 나머지 주택의 세대수 또는 연면적의 100분의 50 이상을 제80조에 따른 지분형주택, 「공공주택 특별법」에 따른 공공임대주택(이하 "공공임대주택"이라 한다) 또는 「민간임대주택에 관한 특별법」 제2조제4호에 따른 공공지원민간임대주택(이하 "공공지원민간임대주택"이라 한다) 으로 건설·공급할 것. 이 경우 주택 수 산정방법 및 주택 유형별 건설비율은 대통령령으로 정한다.

(2) 공공재건축사업

재건축사업에서 다음 요건을 모두 갖추어 시행하는 재건축사업을 말한다. (법 제2조 참조)

(시행자) : **공공재건축사업 시행자**는 아래에 해당하는 자이어야 한다.

　　특별자치시장, 특별자치도지사, 시장, 군수, 자치구의 구청장("시장·군수등") 또는 **토지주택공사등**(조합과 공동으로 시행하는 경우를 포함한다)이 **재건축사업의 시행자**이거나 **재건축사업의 대행자**

(주택의 건설 및 공급조건)

　　: 종전의 용적률, 토지면적, 기반시설 현황 등을 고려하여 대통령령으로 정하는 세대수 이상을 건설·공급할 것. 다만, 제8조제1항에 따른 정비구역의 지정권자가 「국토의 계획 및 이용에 관한 법률」 제18조에 따른 도시·군기본계획, 토지이용현황 등

대통령령으로 정하는 불가피한 사유로 해당하는 세대수를 충족할 수 없다고 인정하는 경우에는 그러하지 아니하다.

◼ 정비사업 시행방법의 도시정비법 전부개정 전/후 비교 ◼

구 분	주거환경 개선사업	주거환경 관리사업	주택재개발 사업	도시환경 정비사업	주택재건축 사업	가로주택 정비사업
대상 지역	저소득자 집단거주	단독주택 및 다세대 밀집	노후불량 건축물밀집	상·공업지역	공동주택	노후불량주택 밀집 가로구역
통폐합	주거환경개선사업		재개발사업		재건축사업	'빈집 및 소규모주택 정비에 관한 특례법' 으로 이동

주) 정비사업 시행방법이 위와 같이 변경됨에 따라 도시환경정비사업에서는 <u>임대주택 의무공급규정이 구)도시환경정비사업에서는 적용되지 않았으나 전부 개정된 후에는 적용되게 되었다.</u> 다만, 전부 개정 전에 도시환경정비사업 구역으로 지정된 경우에는 종전규정이 적용된다.

③ 재개발사업·재건축사업의 공공시행(법 제26조)

1. 시장·군수등은 재개발사업 및 재건축사업이 다음 각 호의 어느 하나에 해당하는 때에는 법 제25조에도 불구하고 직접 정비사업을 시행하거나 토지주택공사등(토지주택공사등이 **건설사업자** 또는 등록사업자와 공동으로 시행하는 경우를 포함한다)을 사업시행자로 지정하여 정비사업을 시행하게 할 수 있다. , <개정 2018.6.12.>

   1) 천재지변,「재난 및 안전관리 기본법」제27조 또는「시설물의 안전 및 유지관리에 관한 특별법」제23조에 따른 사용제한·사용금지, 그 밖의 불가피한 사유로 긴급하게 정비사업을 시행할 필요가 있다고 인정하는 때

   2) 법 제16조제2항 전단에 따라 고시된 정비계획에서 정한 정비사업시행 예정일부터 2년 이내에 사업시행계획인가를 신청하지 아니하거나 사업시행계획인가를 신청한 내용이 위법 또는 부당하다고 인정하는 때(재건축사업의 경우는 제외한다)

   3) **추진위원회가 시장·군수등의 구성승인을 받은 날부터 3년 이내에 조합설립인가를 신청하지 아니하거나 조합이 조합설립인가를 받은 날부터 3년 이내에 사업시행계획인가를 신청하지 아니한 때**

   4) 지방자치단체의 장이 시행하는「국토의 계획 및 이용에 관한 법률」제2조제11호에 따른 도시·군계획사업과 병행하여 정비사업을 시행할 필요가 있다고 인정하는 때

   5) 법 제59조제1항에 따른 순환정비방식으로 정비사업을 시행할 필요가 있다고 인정하는 때

   6) 법 제113조에 따라 사업시행계획인가가 취소된 때

   7) **해당 정비구역의 국·공유지 면적 또는 국·공유지와 토지주택공사등이 소유한 토지를 합한 면적이 전체 토지면적의 2분의 1 이상으로서 토지등소유자의 과반수가 시장·군수등 또는 토지주택공사등을 사업시행자로 지정하는 것에 동의하는 때**

   8) **해당 정비구역의 토지면적 2분의 1 이상의 토지소유자와 토지등소유자의 3분의 2 이상에 해당하는 자가 시장·군수등 또는 토지주택공사등을 사업시행자로 지정할 것을 요청하는 때.** 이 경우 법 제14조제1항제2호에 따라 토지등소유자가 정비계획의 입안을 제안한 경우 입안제안에 동의한 토지등소유자는 토지주택공사등의 사업시행자 지정에 동의한 것으로 본다. 다만, 사업시행자의 지정 요청 전에 시장·군수등 및 법 제47조에 따른 주민대표회의에 사업시행자의 지정에 대한 반대의 의사표시를 한 토지등소유자의 경우에는 그러하지 아니 하다.

2. 시장·군수등은 제1항에 따라 직접 정비사업을 시행하거나 토지주택공사등을 사업시행자로 지정하는 때에는 정비사업 시행구역 등 토지등소유자에게 알릴 필요가 있는 사항으로서 대통령령으로 정하는 사항을 해당 지방자치단체의 공보에 고시하여야 한다. 다만, 위 제1항 제1호의 경우에는 토지등소유자에게 지체없이 정비사업의 시행 사유·시기 및 방법 등을 통보하여야 한다.

3. 제2항에 따라 시장·군수등이 직접 정비사업을 시행하거나 토지주택공사등을 사업시행자로 지정·고시한 때에는 그 고시일 다음 날에 추진위원회의 구성승인 또는 조합설립인가가 취소된 것으로 본다. 이 경우 시장·군수등은 해당 지방자치단체의 공보에 해당 내용을 고시하여야 한다.

4 재개발사업 · 재건축사업의 지정개발 (법 제27조)

1. 시장·군수등은 재개발사업 및 재건축사업이 다음 각 호의 어느 하나에 해당하는 때에는 토지등소유자, 「사회기반시설에 대한 민간투자법」 제2조제12호에 따른 민관합동법인 또는, **신탁업자로서 대통령령으로 정하는 요건을 갖춘 자(이하 "지정개발자"라 한다)를 사업시행자로 지정하여 정비사업을 시행하게 할 수 있다.** <개정 2018.6.12.>

   1) 천재지변, 「재난 및 안전관리 기본법」 제27조 또는 「시설물의 안전 및 유지관리에 관한 특별법」 제23조에 따른 사용제한·사용금지, 그 밖의 불가피한 사유로 긴급하게 정비 사업을 시행할 필요가 있다고 인정하는 때

   2) 법 제16조제2항 전단에 따라 고시된 정비계획에서 정한 정비사업시행 예정일부터 2년 이내에 사업시행계획인가를 신청하지 아니하거나 사업시행계획인가를 신청한 내용이 위법 또는 부당하다고 인정하는 때(재건축사업의 경우는 제외한다)

   3) <u>법 제35조에 따른 재개발사업 및 재건축사업의 조합설립을 위한 토지등소유자의 동의요건 (각 동별 구분소유자의 과반수 및 전체구분소유자와 토지소유자의 4분의 3 이상의 동의)에 해당하는 자가 신탁업자를 사업시행자로 지정하는 것에 동의하는 때</u>(법 제35조제3항 참조)

2. 시장·군수등은 제1항에 따라 지정개발자를 사업시행자로 지정하는 때에는 정비사업 시행구역 등 토지등소유자에게 알릴 필요가 있는 사항으로서 대통령령으로 정하는 사항을 해당 지방자치 단체의 공보에 고시하여야 한다. 다만, 제1항제1호의 경우에는 토지등소유자에게 지체없이 정비사업의 시행 사유·시기 및 방법 등을 통보하여야 한다.

3. **신탁업자는 제1항제3호에 따른 사업시행자 지정에 필요한 동의를 받기 전에 다음 각 호에 관한 사항을 토지등소유자에게 제공하여야 한다.**
   1) 토지등소유자별 분담금 추산액 및 산출근거
   2) 그 밖에 추정분담금의 산출 등과 관련하여 시·도조례로 정하는 사항

4. 제1항제3호에 따른 토지등소유자의 동의는 **국토교통부령으로 정하는 동의서에 동의를 받는 방법** 으로 한다. 이 경우 동의서에는 다음 각 호의 사항이 모두 포함되어야 한다(법 제27조제4항).
   1) 건설되는 건축물의 설계의 개요
   2) 건축물의 철거 및 새 건축물의 건설에 드는 공사비 등 정비사업에 드는 비용(이하 "정비 사업비"라 한다)
   3) 정비사업비의 분담기준(신탁업자에게 지급하는 신탁보수 등의 부담에 관한 사항을 포함한다)
   4) 사업 완료 후 소유권의 귀속
   5) 정비사업의 시행방법 등에 필요한 시행규정
   6) 신탁계약의 내용

5. 제2항에 따라 시장·군수등이 지정개발자를 사업시행자로 지정·고시한 때에는 그 고시일 다음 날에 추진위원회의 구성승인 또는 조합설립인가가 취소된 것으로 본다. 이 경우 시장·군수등은 해당 지방자치단체의 공보에 해당 내용을 고시하여야 한다.

5 재개발사업 · 재건축사업의 사업대행(법 제28조)

1. 시장·군수등은 다음 각 호의 어느 하나에 해당하는 경우에는 해당 조합 또는 토지등소유자를 대신하여 직접 정비사업을 시행하거나 토지주택공사등 또는 지정개발자에게 해당 조합 또는 토지등소유자를 대신하여 정비사업을 시행하게 할 수 있다.

   1) 장기간 정비사업이 지연되거나 권리관계에 관한 분쟁 등으로 해당 조합 또는 토지등 소유자가 시행하는 정비사업을 계속 추진하기 어렵다고 인정하는 경우

   2) **토지등소유자(조합을 설립한 경우에는 조합원을 말한다)의 과반수 동의로 요청하는 경우**

2. 제1항에 따라 정비사업을 대행하는 시장·군수등, 토지주택공사등 또는 지정개발자(이하 "사업대행자"라 한다)는 사업시행자에게 청구할 수 있는 보수 또는 비용의 상환에 대한 권리로써 사업시행자에게 귀속될 대지 또는 건축물을 압류할 수 있다.

3. 제1항에 따라 정비사업을 대행하는 경우 사업대행의 개시결정, 그 결정의 고시 및 효과, 사업대행자의 업무집행, 사업대행의 완료와 그 고시 등에 필요한 사항은 대통령령으로 정한다.

제2장
사업시행계획의 수립

1 사업시행계획의 의미 및 내용

1) 사업시행계획의 의미

사업시행계획은 행정계획으로서 대상지역에 대한 포괄적인 권리·의무를 정하는 **행정처분의 효력을 가진다.** 따라서 사업시행계획은 정비구역에 위치한 토지등소유자의 권리·의무에 관한 사항을 정하여 행정청으로부터 인가를 받음으로써 계획이 확정되며, 확정된 내용은 이해관계인과 관계 행정청에 영향을 미치게 된다. 따라서 사업시행계획을 수립하는 과정에서 이해관계인의 동의·공람 등 **제반 업무수행절차를 충실히 거쳐야 한다.**

사업시행계획의 내용에 포함된 사항들에 대해 이의가 있는 경우에는 사업시행계획 자체에 대한 취소소송을 제기할 수 있으나, 사후에 토지수용이나 이주대책의 단계 등에서는 이에 대한 구제를 받을 수 없다. 다만, 개별적 집행행위로서의 **수용재결**(재개발사업)이나 **매도청구** (재건축사업) 및 이주대책 자체에 대한 하자가 있는 경우에는 이에 대한 취소소송은 가능하다. 과거 주촉법에 따른 **재건축사업**의 경우 사업계획의 승인과 관련하여 동법 시행령에서는 사업시행인가의 전제조건으로 소유권확보를 요구하여 왔으나, 도시정비법상의 사업시행 인가에서는 토지소유권 확보에 대한 규정이 없다. 그러나 재건축사업 사업시행인가 시 소유권의 확보가 필요없다면 시도별 도시정비조례에서 요구하는 미동의자에 대한 매도 청구소송 등을 조기에 제기해야 되는 정당성이 없어지게 된다. 따라서 각 시·도의 도시정비 조례에서 조합설립인가 신청서류에는 소유권확보 차원에서 「매도청구대상자명부 및 매도청구 계획서」(재건축사업에 한함)를 포함시키고 있는 것이다.(서울시 도시정비조례 제19조제3호)

2) 사업시행계획서에 포함할 사항

(1) 법에서 정하는 사업시행계획서에 포함할 사항

사업시행자는 도시정비법 제8조제1항에 따라 고시된 정비계획에 따라 다음 각 호의 사항을 포함하는 사업시행계획서를 작성하여야 한다. (법 제52조제1항),<개정 2021.4.13.>

1. 토지이용계획(건축물배치계획을 포함한다)
2. 정비기반시설 및 공동이용시설의 설치계획
3. 임시수용시설을 포함한 주민이주대책
4. 세입자의 주거 및 이주대책

5. 사업시행기간 동안의 정비구역 내 가로등 설치, 폐쇄회로 텔레비전 설치 등 범죄예방 대책

6. 법 제10조에 따른 임대주택의 건설계획(**재건축사업의 경우는 제외한다**)

7. 법 제54조제4항, **제101조의5 및 제101조의6에 따른 국민주택규모 주택의 건설계획**(**주거환경개선사업의 경우는 제외한다**)

8. **공공지원민간임대주택** 또는 **임대관리 위탁주택**의 건설계획(**필요한 경우에 한정한다**)

9. 건축물의 높이 및 용적률 등에 관한 건축계획

10. 정비사업의 시행과정에서 발생하는 폐기물의 처리계획

11. 교육시설의 교육환경 보호에 관한 계획(정비구역으로부터 200미터 이내에 교육시설이 설치되어 있는 경우에 한한다)

12. 정비사업비

13. 그 밖에 사업시행을 위한 사항으로서 대통령령으로 정하는 바에 따라 시·도조례로 정하는 사항

(2) 시행령에서 정하는 사업시행계획서에 포함할 사항

법 제52조제1항제13호에서 말하는 '그 밖에 사업시행을 위한 사항으로서 대통령령이 정하는 바에 따라 **시·도조례로 정하는 사항**'이란 다음 각 호의 사항 중 해당 정비사업에 필요한 사항이다. (영 제47조제2항)

1. 정비사업의 종류·명칭 및 시행기간

2. 정비구역의 위치 및 면적

3. 사업시행자의 명칭 및 주소

4. 설계도서

5. 자금계획

6. 철거할 필요는 없으나 개보수할 필요가 있다고 인정되는 건축물의 명세 및 개보수계획

7. 정비사업의 시행에 지장이 없다고 인정되는 **정비구역의** 건축물 또는 공작물 등의 명세

8. 토지 또는 건축물 등에 관한 권리자 및 그 권리의 명세

9. 공동구의 설치에 관한 사항

10. 정비사업의 시행으로 법 제97조제1항에 따라 용도가 폐지되는 정비기반시설의 조서·도면과 새로 설치할 정비기반시설의 조서·도면(토지주택공사등이 사업시행자인 경우만 해당한다)

11. 정비사업의 시행으로 법 제97조제2항에 의하여 용도폐지 되는 정비기반 시설의 조서·도면 및 그 정비기반시설에 대한 2 이상의 **감정평가법인등의** 감정평가서와 새로이 설치할 정비기반시설의 조서·도면 및 그 설치비용 계산서

12. 사업시행자에게 무상으로 양허되는 국·공유지의 조서

13. 물의 재이용 촉진 및 지원에 관한 법률」에 따른 빗물처리계획

14. 기존주택의 철거계획서(석면을 함유한 건축자재가 사용된 경우에는 그 현황과 해당 자재의 철거 및 처리계획을 포함한다)

15. 정비사업 완료 후 상가세입자에 대한 우선 분양 등에 관한 사항

(3) 조례로 정하고 있는 사업시행계획서에 포함할 사항(서울시 도시정비조례 제26조)

① 영 제47조제2항에 따라 법 제52조제1항제13호에서 "시·도조례로 정하는 사항"이란 영 제47조제2항 각 호의 사항을 말한다. 이 경우 기존주택의 철거계획서에는 주택 및 상가등 빈집관리에 관한 사항, 비산먼지·소음·진동 등 방지대책 및 공사장 주변 안전관리 대책에 관한 사항을 포함하여 작성하여야 한다.

② 제1항에 따른 사업시행계획의 작성과 관련하여 필요한 서식 등은 규칙으로 정할 수 있다.

(4) 위의 「법, 시행령 및 조례에서 정하는 사업시행계획에 포함할 사항」 이외에 사업시행자가 사업시행계획의 인가신청 전에 수행해야 할 사항으로는, 「주택건설 기준 등에 관한 규칙」 제16조(장수명 주택인증 신청 등)에 따라 **사업계획승인을 신청하기 전에 장수명 주택인증을 신청하여야 한다.**

■ 주택건설 기준 등에 관한 규칙 제16조(장수명 주택 인증 신청 등)제1항 전문
① (주택)법 제2조제10호에 따른 사업주체(이하 "사업주체"라 한다)가 1,000세대 이상의 공동주택을 건설하는 경우에는 (주택)법 제15조제1항에 따른 주택건설사업계획 승인을 신청하기 전에 장수명 주택 인증을 신청하여야 한다. <개정 2016.8.12.>

3) 사업시행계획 수립을 위한 규정이나 규약의 작성내용

정비사업은 조합이 시행자인 것이 원칙으로 이 경우 조합원간의 합의사항을 담아 **정관**을 작성하지만, 사업시행자가 정비사업조합이 아닌 경우에는 사업시행계획의 수립을 위한 **시행규정**(시장·군수등, 토지주택공사등 또는 신탁업자가 단독으로 정비사업을 시행하는 경우) 또는 **규약**(토지등소유자가 자치적으로 시행하는 정비사업의 경우)을 작성하게 된다. 시행규정이나 규약은 조합정관에 준하는 지위를 갖는 동시에 사업시행계획의 내용도 포함한다.

(1) 시장·군수등에 의해 시행되는 사업에서의 시행규정 내용
가. 시장·군수등, 토지주택공사등 또는 신탁업자가 단독으로 정비사업을 시행하는 경우 다음 각 호의 사항을 포함하는 시행규정을 작성하여야 한다. (법 제53조)
1. 정비사업의 종류 및 명칭
2. 정비사업의 시행연도 및 시행방법
3. 비용부담 및 회계
4. 토지등소유자의 권리·의무
5. 정비기반시설 및 공동이용시설의 부담
6. 공고·공람 및 통지의 방법
7. 토지 및 건축물에 관한 권리의 평가방법
8. 관리처분계획 및 청산(분할징수 또는 납입에 관한 사항을 포함한다). 다만, 수용의 방법으로 시행하는 경우는 제외한다.
9. 시행규정의 변경
10. 사업시행계획서의 변경
11. 토지등소유자 전체회의(신탁업자가 사업시행자인 경우로 한정한다)
12. 그 밖에 시·도조례로 정하는 사항

나. 조례에서 정하고 있는 **시행규정**에서 정할 사항(서울시 도시정비조례 제29조)

　　법 제53조제12호에서 "그 밖에 시·도조례로 정하는 사항"이란 다음 각 호의 사항을 말한다.

　　　1. 건축물의 철거에 관한 사항
　　　2. 주민 이주에 관한 사항
　　　3. 토지 및 건축물의 보상에 관한 사항
　　　4. 주택의 공급에 관한 사항

(2) 토지등소유자가 시행하는 정비사업에서의 규약 내용

　　토지등소유자가 시행하는 정비사업에서의 규약 내용은 위의 시장·군수등, 토지주택공사등 또는 신탁업자가 단독으로 정비사업을 시행하는 경우의 정비사업 시행규정 내용을 준용하는 것으로 이해한다.

주) 토지등소유자가 시행하는 정비사업에서의 규약에 대한 내용은 '도시 및 주거환경정비법 시행령'의 전부개정안 제47조제3항에서 15개의 호로 제정을 계획하였으나, 시행령의 확정 공포과정에서 삭제되었다. 이후 규약 내용에 관한 규정은 도시정비법, 동 시행령, 동 시행규칙 및 동 서울시 조례에서는 '표준규약'이나, '규약 제정 시 규약에 포함시켜야 하는 사항'에 관하여 규정하고 있지 않다.

② 사업시행계획의 수립과 국민주택규모 주택의 건설

1) 국민주택규모 주택(임대주택) 및 주택규모별 건설비율

(1) 도시및주거환경정비법 제10조제1항<개정 2021.4.13.>에서 정하는 비율

정비계획의 입안권자는 주택수급의 안정과 저소득 주민의 입주기회 확대를 위하여 정비사업으로 건설하는 주택에 대하여 다음 각 호의 구분에 따른 범위에서 **국토교통부장관이 정하여 고시하는 임대주택 및 주택규모별 건설비**율 등을 정비계획에 반영하여야한다.

1. 「주택법」 제2조제6호에 따른 **국민주택규모의 주택**이 전체 세대 수의 100분의 90 이하에서 대통령령으로 정하는 범위

2. **임대주택**(민간임대주택 및 공공임대주택)이 전체 세대수 또는 전체 연면적의 100분의 30 이하로서 대통령령으로 정하는 범위

(2) 도시및주거환경정비법 시행령 제9조제1항제3호 및 제2항에서 정하는 비율

재건축사업에서는 국민주택규모의 주택이 건설하는 주택 전체 세대수의 100분의 60 이하로 하여야 한다(영 제9조제1항<개정 2021.7.13.>제3호). 이 규정에도 불구하고, 「수도권정비계획법」 제6조제1항제1호에 따른 **과밀억제권역**에서 다음 각 호의 요건을 모두 갖춘 경우에는 국민주택규모의 주택건설비율 적용하지 아니한다. (영 제9조제2항)

1. 재건축사업조합의 조합원에게 분양하는 주택은 기존 주택(재건축하기 전의 주택을 말한다)의 주거전용면적을 축소하거나 30퍼센트의 범위에서 그 규모를 확대할 것

2. 조합원 이외의 자에게 분양하는 주택을 모두 85제곱미터 이하 규모로 건설하는 경우

❑ **정비사업에서 주택의 규모 및 건설비율**(도시정비법 시행령 제9조)

① 법 제10조제1항제1호 및 제2호에서 "대통령령으로 정하는 범위"란 다음 각 호의 범위를 말한다. <개정 2021.7.13.>

  1. **주거환경개선사업**의 경우 다음 각 목의 범위

    가. 「주택법」 제2조제6호에 따른 국민주택규모(이하 "국민주택규모"라 한다)의 주택
      : 건설하는 주택 전체 세대수의 100분의 90 이하

    나. **공공임대주택**(「공공주택 특별법」에 따른 공공임대주택을 말한다)
      : 건설하는 주택 전체 세대수의 100분의 30 이하로 하되, 주거전용면적이 40제곱미터 이하인 공공임대주택이 전체 공공임대주택 세대수의 100분의 50 이하

  2. **재개발사업**의 경우 다음 각 목의 범위

    가. 국민주택규모의 주택: 건설하는 주택 전체 세대수의 100분의 80 이하

    나. 임대주택(「민간임대주택에 관한 특별법」에 따른 **민간임대주택**과 **공공임대주택**을 말한다. 이하 같다)

      : 건설하는 주택 전체 세대수(법 제54조제1항 또는 법 제101조의5제1항 에 따라 정비계획으로 정한 용적률을 초과하여 건축함으로 써 증가된 세대수는 제외한다. 이하 이 목에서 같다)의 **100분의 20** 이하[법 제55조제1항 또는 법 제101조의5제2항에 따라 공급되는 임대주택은 제외하며, 해당 임대주택 중 주거전용면적이 40제곱미터 이하인 임대주택이 전체 임대주택 세대수(법 제55조제1항 또는 법 제101조의5제2항 본문에 따라 공급되는 임대주택은 제외한다. 이하 이 목에서 같다)의 100분의 40 이하이어야 한다]. 다만, 특별시장·광역시장·특별자치시장·특별자치도지사·시장·군수 또는 자치구의 구청장이 정비계획을 입안할 때 관할 구역에서 시행된 재개발사업에서 건설하는 주택 전체 세대수에서 **별표 3 제2호가목1)**에 해당하는 세입자가 입주하는 임대주택 세대수가 차지하는 비율이 특별시장·광역시장·특별자치시장·도지사·특별자치도지사(이하 "시·도지사"라 한다)가 정하여 고시한 임대주택 비율보다 높은 경우 등 관할 구역의 특성상 주택수급안정이 필요한 경우에는 다음 계산식에 따라 산정한 임대주택 비율 이하의 범위에서 임대주택비율을 높일 수 있다.

> 해당 시·도지사가 고시한 임대주택비율+(건설하는 주택 전체 세대수×<u>10/100</u>)

  3. **재건축사업**의 경우 국민주택규모의 주택이 건설하는 주택 전체 세대수의 100분의 60 이하

② 제1항제3호에도 불구하고 「수도권정비계획법」 제6조제1항제1호에 따른 과밀억제권역에서 다음 각 호의 요건을 모두 갖춘 경우에는 국민주택규모의 주택 건설 비율을 적용하지 아니한다.

  1. 재건축사업의 조합원에게 분양하는 주택은 기존 주택(재건축하기 전의 주택을 말한다)의 주거전용면적을 축소하거나 30퍼센트의 범위에서 그 규모를 확대할 것

  2. 조합원 이외의 자에게 분양하는 주택은 모두 85제곱미터 이하 규모로 건설할 것

✳ <u>위의 도시정비법 시행령 제9조</u> 이외의 규정으로는 국토교통부가 고시한 '정비사업의 임대주택 및 주택규모별 건설비율'이 있으며 지침서 상권 부록-7에 수록하였다.

2) 재건축사업 등의 용적률 완화 및 국민주택규모 주택 건설비율

정부에서는 법 제54조를 통하여 아래의 제1항 「**국민주택규모 주택**의 건설대상 정비사업」 각 호의 어느 하나에 해당하는 정비사업에서 용적률을 완화하는 경우 국민주택규모 주택 건설을 의무화하였다.

사업시행자가 다음 각 호의 어느 하나에 해당하는 정비사업(「도시재정비 촉진을 위한 특별법」 제2조제1호에 따른 재정비촉진지구에서 시행되는 재개발사업 및 재건축사업은 제외한다)을 시행하는 경우 정비계획(이 법에 따라 정비계획으로 의제되는 계획을 포함한다)으로 정하여진 용적률에도 불구하고 지방도시계획위원회의 심의를 거쳐 「국토의 계획 및 이용에 관한 법률」 제78조 및 관계 법률에 따른 용적률의 상한(이하 "법적상한용적률"이라 한다)까지 건축할 수 있다.

필자는 이 조항이 임대주택과 전세주택을 공급하고, 국민주택규모 주택 공급의 기반을 구축하기 위한 목적으로 제정되었으며, 이 목적을 달성하기 위한 구체적인 수단으로 '용적률의 완화'라는 정책이 채택된 것으로 이해하고 있다.

따라서, 이 규정은 의무규정이 아니라 해당 정비사업 시행자가 이 규정의 채택여부를 결정할 수 있는 임의규정으로 이해되고 있는바, 이 규정의 채택여부를 판단하기 위한 요소들은 ① 아파트 단지의 과밀화여부, ② 임대주택이나 소형 주택형의 세대수 증가에 따른 단지 내 전체 아파트의 가치변화여부, ③ 추가되는 공사비의 파악, ④ 조합원 분담금의 실질 감소금액 등 여러 요소에 대한 사전 검토가 꼭 필요하다. 이러한 정밀한 사전 검토가 필요한 이유는 총 주택수가 증가되면 조합에게는 ① 공사비가 증가되고, ② 공사기간이 연장되며, ③ 커뮤니티시설 등 부대시설 및 복리시설의 확대 필요성 발생, ④ 이주비금융비용 증가 등 제반 사업추진경비가 증가된다. 특히, 재건축사업에서 발생되는 초과이익에 따른 '재건축부담금'을 납부해야 하는 상황에서는 무조건 용적률을 상향시켜 조합원의 부담금을 감소 내지 조합원 이익의 극대화 추진이 조합원에 미치는 실질적인 손익(損益)에 대해 면밀히 검토할 필요가 있다.

---

(1) 국민주택규모 주택의 건설대상 정비사업

법 제54조에서 규정하고 있는 **국민주택규모 주택**의 추가 건설이 가능한 정비사업은 다음 각 호의 어느 하나에 해당하는 정비사업의 경우이다.
1. 「수도권정비계획법」 제6조제1항제1호에 따른 '**과밀억제권역**'에서 시행하는 **재건축사업 및 재개발사업**(「국토의 계획 및 이용에 관한 법률」 제78조에 따른 **주거지역으로 한정한다**)
2. 제1호 외의 경우 시·도조례로 정하는 지역에서 시행하는 재건축사업 및 재개발사업

(2) 국민주택규모 주택의 건설내역(법 제54조제4항 참조)

정비사업 시행자는 법적상한용적률에서 정비계획으로 정하여진 용적률을 뺀 용적률(이하 "초과용적률"이라 한다)의 다음 각 호에 따른 비율에 해당하는 면적에 **국민주택규모 주택을 건설해야 한다**. 다만, 법제24조제4항, 법 제26조제1항제1호 **및** 법 제27조제1항제1호에 따른 정비사업을 시행하는 경우에는 그러하지 아니 하다. <개정 2021.4.13.>

1. 과밀억제권역에서 시행하는 재건축사업은 초과용적률의 100분의 30 이상 100분의 50 이하로서 시·도조례로 정하는 비율
2. 과밀억제권역에서 시행하는 재개발사업은 초과용적률의 100분의 50 이상 100분의 75 이하로서 시·도조례로 정하는 비율
3. 과밀억제권역 외의 지역에서 시행하는 재건축사업은 초과용적률의 100분의 50 이하로서 시·도조례로 정하는 비율
4. 과밀억제권역 외의 지역에서 시행하는 재개발사업은 초과용적률의 100분의 75 이하로서 시·도조례로 정하는 비율

서울시 도시정비조례 제30조에서 정하는 **국민주택규모 주택 건설비율 등**은 다음과 같다.
① 법 제54조제4항제1호 및 제2호에서 "시·도조례로 정하는 비율"은 법적상한용적률에서 정비계획으로 정해진 용적률을 뺀 용적률의 **100분의 50**을 말한다.
② 법 제55조제4항에 따라 인수한 장기공공임대주택의 임차인 자격 및 입주자 선정에 관한 사항은 「서울특별시 공공주택 건설 및 공급 등에 관한 조례 시행규칙」에서 정할 수 있다.

(3) 국민주택규모 주택 건설의 채택절차

정비계획상의 용적률을 초과하여 재건축 국민주택규모 주택을 건축하려면, 사업시행자는 조합설립인가(사업시행인가)를 신청하기 전에 미리 재건축 국민주택규모 주택에 관한 사항을 인수자와 협의한 후 사업시행계획에 반영하여야 한다. 이렇게 작성된 사업시행계획서는 정관 등 서류와 함께 정비법 시행규칙 별지 제6호서식인 「조합설립 동의서」에 포함하여 조합원 총회에서 조합원의 동의를 받아 시장·군수등에게 조합설립인가를 받는 절차를 거쳐야 한다.

가. 사업시행계획서의 작성 및 인수자와의 협의

사업시행자는 고시된 정비계획에 따라 임시수용시설을 포함한 주민이주대책, 세입자의 주거대책 및 임대주택의 건설계획(재건축사업의 경우 법 제54조제4항에 따른 재건축 **국민주택규모 주택**의 건설계획을 말함) 등을 포함한 사업시행계획서를 작성하여야 한다. 사업시행자는 사업시행인가를 신청하기 전에 미리 재건축 **국민주택규모 주택**에 관한 사항을 인수예정자와 협의하여 사업시행계획서에 반영하여야 한다.

나. 사업시행인가에 대한 동의절차

사업시행자(시장·군수등 또는 토지주택공사등을 제외한다)는 조합설립인가(사업시행인가)를 신청하기 전에 미리 총회를 개최하여 주택단지의 **공동주택의 각 동**(복리시설의 경우에는 주택단지의 복리시설 전체를 하나의 동으로 본다)**별 구분소유자의 과반수의 동의**(공동주택의 각 동별 구분소유자가 5 이하인 경우에는 제외한다)와 **주택단지의 전체 구분소유자의 4분의 3 이상 및 토지면적의 4분의 3 이상의 토지소유자의 동의**를 받아 법 제35조제2항 각호의 사항을 첨부하여 시장·군수등의 인가를 받아야 한다(법 제35조제3항). **인가받은 사항을 변경하고자 하는 때에는 총회에서 조합원의 3분의 2 이상의 찬성으로 의결한다.** 다만, 대통령령으로 정하는 경미한 사항을 변경하고자 하는 때에는 총회에서 조합원의 동의없이 시장·군수등에게 신고하고 변경할 수 있다. (법 제35조제5항)

그럼에도 불구하고 **주택단지가 아닌 지역이 정비구역에 포함된 때에는 주택단지가 아닌 지역의 토지 또는 건축물 소유자의 4분의 3 이상 및 토지면적의 3분의 2 이상의 토지소유자의 동의를 받아야 한다.** 이 경우 인가받은 사항을 변경하고자 하는 때에도 또한 같다. (법 제35조제4항)

다. 시장·군수등으로부터 사업시행계획의 인가(변경)

사업시행자[법 제25조(재개발사업·재건축사업의 시행자)제2항에 따른 공동시행의 경우를 포함하되, 사업시행자가 시장·군수등인 경우를 제외한다]는 정비사업을 시행하려는 경우에는 법 제52조에 따른 사업시행계획서와 함께 정관등과 그 밖에 국토부령으로 정하는 서류를 첨부하여 시장·군수등에게 제출하고 사업시행인가(변경)를 받아야하며, 정비사업을 중지 또는 폐지하고자 하는 경우에도 또한 같다. (법 제50조제1항 참조)

라. 재건축사업의 용적률 완화 및 국민주택규모 주택 건설 등 업무처리기준

재건축사업에서 용적률 완화와 **국민주택규모 주택**의 건설 등 업무처리기준에 관한 사항은 다음의 '□ 재건축사업의 용적률완화 및 국민주택규모 주택 건설 등 업무처리 기준'에 의한다.

(4) 국민주택규모 주택의 공급 및 인수(법 제55조)

1. 사업시행자는 법 제54조제4항에 따라 건설한 **국민주택규모 주택**을 국토교통부장관, 시·도지사, 시장, 군수, 구청장 또는 토지주택공사등(이하 이 조에서 "인수자"라 한다)에 공급하여야 한다.

2. 위 제1항에 따른 **국민주택규모 주택의 공급가격**은 「공공주택 특별법」 제50조의4에 따라 국토교통부 장관이 고시하는 **공공건설임대주택의 표준건축비로 하며, 부속 토지는 인수자에게 기부채납(寄附採納)한 것으로 본다.**

3. 사업시행자는 법 제54조제1항 및 제2항에 따라 정비계획상 용적률을 초과하여 건축하려는 경우에는 사업시행계획인가를 신청하기 전에 미리 제1항 및 제2항에 따른 **국민주택규모 주택**에 관한 사항을 인수자와 협의하여 사업시행계획서에 반영하여야 한다.

4. 위 제1항 및 제2항에 따른 **국민주택규모 주택**의 인수를 위한 절차와 방법 등에 필요한 사항은 대통령령으로 정할 수 있으며, 인수된 **국민주택규모 주택**은 대통령령으로 정하는 **장기공공임대 주택으로 활용**하여야 한다. 다만, 토지등소유자의 부담 완화 등 대통령령으로 정하는 요건에 해당하는 경우에는 인수된 **국민주택규모 주택**을 장기공공임대주택이 아닌 **임대주택으로 활용할 수 있다.**

5. 위 제2항에도 불구하고 제4항 단서에 따른 **임대주택의 인수자**는 임대의무기간에 따라 **감정평가액의 100분의 50 이하의 범위에서 대통령령으로 정하는 가격으로 부속 토지를 인수하여야 한다.**

3) 재건축사업 등의 용적률 완화를 위한 현금납부 방법 등(시행령 제14조 참조)

(1) 법 제17조제4항에서 "대통령령으로 정하는 공공시설 또는 기반시설"이란 「국토의 계획 및 이용에 관한 법률 시행령」 제46조제1항에 따른 공공시설 또는 기반시설을 말한다.

(2) 사업시행자는 법 제17조제4항에 따라 현금납부를 하려는 경우에는 토지등소유자(법

제35조에 따라 조합을 설립한 경우에는 조합원을 말한다) 과반수의 동의를 받아야 한다. 이 경우 현금으로 납부하는 토지의 기부면적은 전체 기부면적의 2분의 1을 넘을 수 없다.

(3) 법 제17조제4항에 따른 현금납부액은 시장·군수등이 지정한 둘 이상의 **감정평가법인등** (「감정평가 및 감정평가사에 관한 법률」에 따른 **감정평가법인등을** 말한다. 이하 같다)이 해당 기부토지에 대하여 평가한 금액을 산술평균하여 산정한다.

(4) 제3항에 따른 현금납부액 산정기준일은 법 제50조제9항에 따른 **사업시행계획인가** (**현금납부에 관한 정비계획이 반영된 최초의 사업시행계획인가를 말한다) 고시일로** 한다. 다만, **산정기준일로부터 3년이 되는 날까지** 법 제74조**에 따른 관리처분계획인가를 신청하지 아니한 경우에는** 산정기준일로부터 3년이 되는 날의 다음 날을 기준으로 제3항에 따라 다시 산정하여야 한다.

(5) 사업시행자는 **착공일부터 준공검사일**까지 제3항에 따라 산정된 현금납부액을 특별시장, 광역시장, 특별자치시장, 특별자치도지사, 시장 또는 군수(광역시의 군수는 제외한다)에게 **납부하여야 한다**.

(6) 특별시장 또는 광역시장은 제5항에 따라 납부 받은 금액을 사용하는 경우에는 해당 정비사업을 관할하는 자치구의 구청장 또는 광역시의 군수의 의견을 들어야 한다.

(7) 제3항부터 제6항까지에서 규정된 사항 외에 현금납부액의 구체적인 산정 기준, 납부 방법 및 사용 방법 등에 필요한 사항은 시·도조례로 정할 수 있다.

법 제17조제4항**에 따라** 사업시행자가 공공시설 또는 기반시설의 부지 일부를 현금으로 납부를 요청하는 경우에 대해 **조례에서 정하고 있는 현금납부액 산정기준 및 납부 방법 등은 다음과 같다.** (서울시 도시정비조례 제12조)

① 시장은 법 제17조제4항에 따라 사업시행자가 공공시설 또는 기반시설(이하 "공공시설등" 이라 한다)의 부지 일부를 현금으로 납부를 요청하는 경우 관련 법령에 따른 설치요건과 공공시설 건축물에 대한 수요 여부 등을 종합적으로 고려하여 그 범위를 정한다.

② 영 제14조제3항에 따라 현금으로 납부하는 해당 기부토지에 대하여 사업시행계획인가 (현금납부에 관한 정비계획이 반영된 최초의 사업시행계획인가를 말한다)된 사업시행 계획을 고려하여 평가한다.

③ 사업시행자는 제1항에 따른 현금납부액 산정을 위해 구청장에게 **감정평가법인등의** 선정· 계약을 요청하고 감정평가에 필요한 비용을 미리 예치하여야 한다. 구청장은 감정평가가 끝난 경우 예치된 금액에서 감정평가 비용을 직접 지급한 후 나머지 비용은 사업시행자와 정산하여야 한다.

④ 시장은 제1항에 따라 산정된 현금납부액을 착공일부터 준공검사일까지 분할납부 하게 할 수 있다.

⑤ 사업시행자는 관리처분계획인가 전까지 제1항에 따라 산정된 현금납부액, 납부방법 및 기한 등을 포함하여 시장과 협약을 체결하여야 한다.

⑥ 시장은 그 밖에 현금납부에 필요한 사항을 정할 수 있다.

❑ <u>도시및주거환경정비법</u> 제17조(정비구역 지정·고시의 효력 등)제3항 및 제4항

③ 정비계획을 통한 토지의 효율적 활용을 위하여 「국토의 계획 및 이용에 관한 법률」 제52조 제3항에 따른 건폐율·용적률 등의 완화규정은 법 제9조제1항에 따른 정비계획에 준용한다. 이 경우 "지구단위계획구역"은 "정비구역"으로, "지구단위계획"은 "정비계획"으로 본다.

④ 제3항에도 불구하고 <u>용적률이 완화되는 경우로서 사업시행자가 정비구역에 있는 대지의 가액 일부에 해당하는 금액을 현금으로 납부한 경우에는 대통령령으로 정하는 공공시설 또는 기반시설(이하 이 항에서 "공공시설등"이라 한다)의 부지를 제공하거나 공공시설등을 설치하여 제공한 것으로 본다.</u>

❑ 분양면적과 공급면적

<u>분양면적과 공급면적은 모두 「주거전용면적+주거공용면적」을 의미한다.</u> 다만, 분양면적은 '도시및주거환경정비법(영, 규칙)', '건축물분양에 관한 법률'과 정비사업에서 '시공자와의 공사 표준계약서' 등에서 사용되고 있으며, 공급면적은 '주택법 시행령', '주택공급에 관한 규칙'과 '주택의 분양현장(분양계약서)'에서 주로 사용된다.

❑ <u>재건축사업의 용적률 완화 및 국민주택규모 주택 건설 등 업무처리 기준</u>
(2009.6.23. 국토교통부에서 행정처리의 지침으로 각 시·도에 발송된 공문)
(이 기준은 2009년 6월 23일 발송된 공문을 2017년 2월 전부개정된 현재의 도시 및 주거환경정비법의 관계 조항만을 편자가 임의 수정한 것입니다.)

도시 및 주거환경정비법 제54조(재건축사업 등의 용적률 완화 및 국민주택규모 주택 건설비율)의 신설에 따른 업무처리는 다음 기준에 의한다.

1. 총칙

1-1. 법 제54조의 규정은 「수도권 정비계획법」 제6조제2항제1호에 따른 과밀억제권역에 해당하는 지역 내 <u>재건축사업에 적용한</u>다. 다만, 정비계획 수립 대상이 아닌 소규모 재건축사업의 경우 적용하지 아니한다.

1-2. 사업시행자는 개별 사업의 여건을 고려하여 법 제54조에 따라 법적상한용적률까지 건축할 것인지, 정비계획상의 용적률까지 건축할 것인지, 또는 정비계획상용적률을 초과하되 법적상한용적률 이하로 건축할 것인지 등을 선택할 수 있다.

2. 정비계획상 용적률의 산정방법

2-1. 정비계획상 용적률이란 법 제8조에 따라 정비계획으로 고시된 건축가능 용적률을 말하며, 도시및주거환경정비법에 따라 정비계획으로 의제되는 지구단위계획, 아파트 개발기본계획 등에서 정한 건축가능 용적률을 정비계획상용적률로 본다.

2-2. 정비계획상 용적률이 종전 법 제30조의2에 따라 재건축임대주택 건설에 따른 용적률 완화 분을 포함하여 산정된 경우, 임대주택 건설의무에 따른 용적률 완화 분을 제외한 용적률을 개정 규정의 적용을 위한 정비계획상 용적률로 본다.

3. 법적상한용적률의 산정방법

3-1. 법적 상한용적률이란 국토의계획및이용에관한법률, 건축법 등 건축 관계 법령의 제한에 따른 건축가능용적률을 말한다. 관계 법령에 따른 제한은 용적률에 대한 직접적인 제한뿐만 아니라 건축행위에 대한 법령상 제한으로 인하여 사실상 용적률이 제한되는 경우를 포함한다.

3-2. 정비계획 수립 시 도시계획위원회 심의를 통해 예정법적상한용적률을 정하고, 사업시행인가 시 건축위원회 심의를 통해 법적상한용적률을 최종 확정한다. 건축위원회에서 별도의 의견이 없는 경우 정비계획에 반영된 예정법적상한용적률을 법적상한용적률로 최종 확정한다.

3-3. 도시계획위원회 또는 건축위원회는 법적상한용적률을 확정함에 있어 법령상의 명시적 근거 또는 명확한 제한사유를 제시함이 없이 임의적으로 용적률을 제한할 수 없으며, 용적률을 제한하는 경우 시장·군수등은 사업시행자에게 용적률 제한의 법적 근거를 제시하여야 한다.

3-4. 도시계획위원회 또는 건축위원회는 사업시행자가 법적상한용적률까지 건축하기로 선택하였는지 여부에 불구하고 법 제54제4항에 따른 재건축 **국민주택규모주택** 건설비율을 확정하기 위하여 법적상한용적률을 확정하여야 한다.

3-5. 법 제54조에 따라 법적상한용적률까지 건축 허용 시 동조 제3항에 따른 재건축 국민주택규모 주택 공급의무 이외에 **용적률 완화와 결부하여 정비기반시설, 공공시설의 기부채납 등 부담이 되는 조건을 부과 할 수 없다.** 다만, 정비계획에서 확정된 기반시설 설치의무 등은 유지된다.

4. 재건축 국민주택규모 주택의 건설 및 공급

4-1. 사업시행자는 법적상한용적률까지 건축하기로 선택하였는지 여부에 불구하고 법 제54조제4항에 따라 법적상한용적률에서 정비계획상 용적률을 뺀 용적률의 30/100 이상 50/100 이하로 시·도조례로 정하는 비율을 곱한 면적에 주거전용면적 60㎡ 이하의 국민주택규모 주택을 건설하여야 한다.

4-2. 법 제54조제4항에 따라 건설된 재건축 **국민주택규모 주택**은 법 제10조 및 동법 시행령 제9조에 따른 규모별 건설비율에 포함하여 산정한다. 또한, 사업시행자가 정비계획상 용적률을 초과하여 건축하기로 선택한 경우 법 제54제4항에 따른 재건축 **국민주택규모 주택**을 제외한 주택에 대하여 「정비사업의 임대주택 및 주택규모별 건설비율」의 4-3에 따라 건축할 수 있다.

4-3. 사업시행자가 정비계획상 용적률을 초과하여 건축하기로 선택한 경우 법 제54제4항에 따라 정비계획상 용적률을 초과하여 건설한 재건축 **국민주택규모 주택** 중 시·도조례로 정하는 비율을 인수자에게 공급하여야 한다. 다만, 사업시행자가 정비계획상 용적률

이하로 건축하기로 선택한 경우 재건축 **국민주택규모 주택** 건설의무에도 불구하고 인수자에 공급하지 아니한다.

5. 경과조치

5-1. 종전 규정에 따라 사업시행인가를 얻은 재건축사업에 법 제54조를 적용하기 위해서는 사업시행계획서 변경을 위한 도시계획위원회 또는 건축위원회의 심의를 통해 법적 상한 용적률을 확정하여야 하며, 이에 따라 사업시행계획서가 변경된 경우 법 제54조제4항에 따른 재건축 **국민주택규모 주택비율**을 적용하여 사업시행계획서에 반영하여야 한다.

5-2. 관리처분계획인가를 얻은 재건축사업에서 법 제54조를 적용하기 위해서는 토지등소유자 3/4 이상의 동의를 얻어야 한다. 다만, 일반분양주택의 분양을 위한 입주자 모집승인 또는 입주자와의 분양계약(20세대 미만인 경우)이 이루어진 경우에는 개정된 규정을 적용하지 않는다.

5-3. 종전 법 30조의2에 따라 착공이 이루어져 설계변경이 불가능한 재건축사업(정비구역이 아닌 구역에서의 재건축사업을 포함한다)의 경우 다음 기준에 따라 법 제54조 규정을 적용할 수 있다.

5-3-1. 재건축임대주택을 포함하여 사업시행계획서에 반영된 용적률을 법적상한용적률로 보며, 법 제54조제4항에 따른 재건축 **국민주택규모 주택비율**은 적용하지 않는다.

5-3-2. 종전 법 제30조의2 폐지 당시 동조 제3항에 따라 용적률을 완화 받아 건설한 재건축임대주택으로서 인수자와 임대계약을 체결하지 않은 재건축임대주택의 경우, 종전 규정 법 제30조의2 제1항에 불구하고 법 제54조제4항에 따라 시·도조례가 정하는 비율에 해당하는 재건축임대주택에 한하여 인수자에게 공급한다.

5-3-3. 종전 법 제30조의2 폐지 당시 동조 제3항에 따라 용적률을 완화 받지 않고 건설한 재건축임대주택으로서 인수자와 임대계약을 체결하지 않은 재건축임대주택의 경우 종전 규정 제30조의2 제1항의 규정에 불구하고 재건축임대주택으로 공급하지 않는다.

5-3-4. 종전의 법 제30조의3은 정비기본계획 및 정비계획에도 불구하고 용적률을 조정하는 것이므로 정비기본계획 및 정비계획의 변경절차 없이 사업시행계획서의 변경만으로 개정된 규정을 적용할 수 있다.

▣ 정비계획수립 대상지역(재건축사업)(도시정비법 시행령 [별지 1]의 제3호 전문)

재건축사업을 위한 정비(기본)계획은 [별지 1]의 제1호 및 제2호에 해당하지 아니하는 지역으로서 다음 각 목의 어느 하나에 해당하는 지역에 대하여 수립한다.

가. 건축물의 일부가 멸실되어 붕괴나 그 밖의 안전사고의 우려가 있는 지역

나. 재해 등이 발생할 경우 위해의 우려가 있어 신속히 정비사업을 추진할 필요가 있는 지역

다. 노후·불량건축물로서 기존 세대수가 200세대 이상이거나 그 부지면적이 1만 제곱미터 이상인 지역

라. 「건축법 시행령」 별표 1 제2호 가목에 따른 아파트 또는 같은 호 나목에 따른 연립주택이 밀집되어 있는 지역으로서 (시행령)제10조에 따른 안전진단 실시 결과 전체 주택의 3분의 2 이상이 재건축이 필요하다는 판정을 받은 지역으로서 시·도조례로 정하는 면적 이상인 지역

③ 사업시행계획의 수립

법 제50조제1항에 따라 사업시행자(공동시행의 경우를 포함하되 사업시행자가 시장·군수 등인 경우를 제외하며, 시행자가 2 이상인 경우에는 그 대표자를 말한다)는 정비사업을 시행하려는 경우에는 사업시행계획서에 정관등과 그 밖에 국토교통부령으로 정하는 서류를 첨부하여 시장·군수등에게 제출하고 사업시행계획인가(변경·중지 또는 폐지인가를 포함한다)를 받아야 한다. 이때 신청서(전자문서로 된 신청서를 포함한다)는 **시행규칙 별지 제8호서식에 따른다**(시행규칙 제10조제1항 참조). 법 제57조제3항에 따른 인·허가등의 의제를 받으려는 경우에는 해당 법률이 정하는 관계 서류를 함께 제출하여야 한다. 법 제57조제1항이나 제2항에 따라 인·허가등을 받은 것으로 보는 경우에는 **인·허가등의 대가로 부과되는 수수료와 해당 국·공유지의 사용 또는 점용에 따른 사용료 또는 점용료를 면제한다.** (법 제57조제7항)

1) 사업시행계획의 수립 및 시행절차

사업시행자가 작성	**사업시행계획서의 작성**	(법 제52조, 영 제47조)
▽		
평가대상 : 도시교통정비촉진법 시행령 별표-1 참조	**교통영향평가(분석)**	(도시교통정비 촉진법)
▽		
21층 이상, 연면적이 10만㎡ 이상인 경우 서울시 심의 필요	**건축위원회 심의**	
▽		
관할 구청장에 신청	**사업시행인가의 신청**	(법 제50조)
▽		
재건축정비사업, 재개발정비사업에 한함	**용적률완화를 통한 국민주택규모 주택 및 임대주택건설 등의 협의**	(법 제55제3항)
▽		
	국·공유지의 관리와 처분, 무상양도 및 용도폐지에 관한 관리청과의 협의	(법 제97조, 제98조, 제101조)
▽		
	세입자 확인 및 대책수립	
▽		
시장·군수등(구청장)이 고시	**사업시행의 인가 및 고시**	(법 제50조제2항, 제9항)

2) 사업시행계획서의 작성

사업시행계획서의 작성은 사업의 시행자인 정비사업조합이 작성하는 것이 원칙이다. 한편, 재개발사업에서는 시장·군수등, 토지주택공사등, **건설사업자** 및 **건설사업자**로 보는 등록사업자와 조합이 공동으로 사업을 시행할 수 있으며, 재건축사업에서는 조합이 시장·군수등, 토지주택 공사등과 공동으로 사업시행이 가능하고, 주거환경개선사업은 시장군수등이 직접 시행하거나, 토지주택공사등을 지정 및 대행하도록 하거나 공동으로 시행할 수 있다. 조합이 **건설사업자등**과 공동으로 사업을 시행하는 경우에도 사업시행계획의 원칙적인 작성권자는 조합이며, 사업을 시장·군수등이 직접 시행하는 경우에는 사업시행계획서의 작성권도 시장·군수등에게 있다. 이 경우 사업시행의 제반절차 중 일정부분의 절차가 생략될 수 있다.

3) 이해관계인의 동의

(1) 동의절차이행의 의무

① 사업시행자(법 제25조제1항 및 제2항에 따른 공동시행의 경우를 포함하되, 사업시행자가 시장·군수등인 경우는 제외한다)는 정비사업을 시행하려는 경우에는 법 제52조에 따른 사업시행계획서(이하 "사업시행계획서"라 한다)에 정관등과 그 밖에 국토교통부령으로 정하는 서류를 첨부하여 시장·군수등에게 제출하고 사업시행계획인가를 받아야 하며, 인가받은 사항을 변경하거나 정비사업을 중지 또는 폐지하려는 경우에도 또한 같다. 다만, 대통령령으로 정하는 경미한 사항을 변경하려는 때에는 시장·군수등에게 신고 하여야 한다. (법 제50조제1항)

② 법 제25조제1항제2호에 따라 **20인 미만의 토지등소유자**가 정비사업을 직접 시행하거나, 토지등소유자가 토지등소유자의 과반수의 동의를 받아 시장·군수등, 토지주택공사등, **건설사업자**, 등록사업자 또는 대통령령으로 정하는 요건을 갖춘 유자격자인 **신탁업자나 한국부동산원**과 공동으로 **재개발사업을 시행하려는 경우**에는 사업시행계획인가를 신청하기 전에 사업시행계획서에 대하여 **토지등소유자의 4분의 3 이상 및 토지면적의 2분의 1 이상의 토지소유자의 동의를 받아야 한다. 다만, 인가받은 사항을 변경하려는 경우에는 규약으로 정하는 바에 따라 토지등소유자의 과반수의 동의를 받아야 한다.** 다만, 법 제50조 제1항 단서에 따른 경미한 사항의 변경인 경우에는 토지등소유자의 동의를 필요로 하지 아니 한다. (법 제50조제6항<개정 2021.3.16.> 참조)

③ 정비사업에서 '법 제52조에 따른 **사업시행계획서의 작성 및 변경**'과 '법 제74조에 따른 **관리처분계획서의 수립 및 변경**'에 대한 조합원 총회의 의결을 받고자 하는 경우에는 사전에 **토지등소유자**(재건축정비사업은 조합원을 말한다)의 **과반수의 동의**를 받아야 한다. 다만, 정비사업비가 100분의 10(생산자물가상승률분, 법 제73조에 따른 현금청산 금액은 제외한다) 이상 늘어나는 경우에는 **조합원 3분의 2 이상의 동의를 받아야 한다.** (법 제45조제1항 제9호·제10호 및 제4항 참조)

④ **지정개발자가 정비사업을 시행하려는 경우**에는 사업시행계획인가를 신청하기 전에 **토지등소유자의 과반수의 동의 및 토지면적의 2분의 1 이상의 토지소유자의 동의를 받아야 한다.** 다만, 대통령령으로 정하는 경미한 사항의 변경인 경우에는 토지등소유자의 동의를 필요로 하지 않는다. (법 제50조제7항<개정 2021.3.16.>)

⑤ 법 제26조제1항제1호 및 법 제27조제1항제1호에서 정한 천재지변에 따른 사업시행 자는 법 제50조제5항에도 불구하고 토지등소유자의 동의를 필요로 하지 아니한다. (법 제50조제8항<개정 2021.3.16.>)

(2) 사업시행인가의 경미한 변경

사업시행인가를 최초로 받는 경우에는 반드시 조합원의 동의를 받는 것이 원칙이며, 사업시행의 변경인가신청 시에도 동의를 받아야 한다. 다만, 변경인가를 신청하는 경우 대통령령이 정하는 경미한 사항의 변경은 조합원의 동의를 생략한 후 시장·군수등에게 신고하여야 한다. (법 제50조제1항 단서)

4) 사업시행계획서의 공람 및 의견제출

(1) 공람

시장·군수등은 사업시행계획인가를 하거나 사업시행계획서를 작성하고자 하는 경우에는 대통령령으로 정하는 방법 및 절차에 따라 관계 서류의 사본을 **14일 이상** 일반인이 공람하게 하여야 한다. 다만, 법 제50조제1항 단서에 따른 경미한 사항을 변경하고자 하는 경우에는 그러하지 아니하다. (법 제56조제1항)

시장·군수등은 사업시행계획인가 또는 사업시행계획서 작성과 관계되는 서류를 일반인에게 공람하게 하려는 때에는 그 요지와 공람장소를 해당 지방자치단체의 공보등에 공고하고, 토지등소유자에게 공고내용을 통지하여야 한다. (시행령 제49조)

(2) 의견제출

토지등소유자 또는 조합원 그 밖에 정비사업과 관련하여 이해관계를 가지는 자는 시장·군수등이 사업시행계획인가 등을 위해 시행하는 공람기간인 14일 이내에 시장·군수등에게 서면으로 의견을 제출할 수 있다. 시장·군수등은 제출된 의견을 심사하여 채택할 필요가 있다고 인정하는 때에는 이를 채택하고, 그렇지 않은 경우에는 의견을 제출한 자에게 그 사유를 알려주어야 한다. (법 제56조제2항, 제3항)

5) 관계 행정기관과의 사전협의

시장·군수등은 사업시행인가를 하거나 사업시행계획서를 작성하면서 의제(擬制)되는 인·허가 등에 해당하는 사항이 있는 경우에는 미리 관계 행정기관의 장과 협의하여야 한다. 이 경우 관계 행정기관의 장은 해당 법률에서 규정한 인·허가 등의 기준을 위반하여 협의에 응하여서는 아니 된다(법 제57조제4항). 한편, 사업시행자가 해야 하는 협의는 사업시행계획을 작성하는 단계에서의 협의이므로 인가권자의 협의와는 다른 작성권자의 협의절차가 되는 것이다.

(1) 사업시행자가 협의할 사항

① 정비기반시설 관리자의 비용부담에 관한 사항

사업시행자가 정비사업을 시행하는 지역에 전기·가스 등의 공급시설을 설치하기 위하여 공동구를 설치하는 경우에는 다른 법령에 의하여 그 공동구에 수용될 시설을 설치할 의무가 있는 자에게 공동구의 설치에 드는 비용을 부담시킬 수 있다(법 제94조제2항). 사업시행자는 정비사업비의 일부를 정비기반시설의 관리자에게 부담시키려는 때에는 정비사업에 소요된 비용의 명세와 부담 금액을 명시하여 해당 관리자에게 통지하여야 한다. (시행령 제78조제2항)

② 정비기반시설의 설치에 관한 사항

사업시행자는 관할 지방자치단체장과의 협의를 거쳐 정비구역에 정비기반시설(주거환경개선사업의 경우에는 공동이용시설을 포함한다)을 설치하여야 한다. (법 제96조)

정비구역의 국유·공유재산은 「국유재산법」 제9조 또는 「공유재산 및 물품 관리법」 제10조에 따른 국유재산종합계획 또는 공유재산관리계획과 「국유재산법」 제43조 및 「공유재산 및 물품 관리법」 제29조에 따른 계약의 방법에도 불구하고 사업시행자 또는 점유자 및 사용자에게 다른 사람에 우선하여 수의계약으로 매각 또는 임대될 수 있다. (법 제98조제4항)

③ 정비기반시설의 무상귀속과 무상양도에 관한 사항

사업시행자(시장·군수등 또는 토지주택공사등이 아닌 사업시행자 인 경우)는 관리청에 귀속될 정비기반시설과 사업시행자에게 귀속 또는 양도될 재산의 종류와 세목을 정비사업의 준공 전에 관리청에 통지하여야 하며, 해당 정비기반 시설은 그 정비사업이 준공인가되어 관리청에 준공인가 통지를 한 때에 국가 또는 지방자치단체에 귀속되거나 사업시행자에게 귀속 또는 양도된 것으로 본다. (법 제97조제5항)

④ 공사비 검증요청에 관한 사항

사업시행자(시장·군수등 또는 토지주택공사등이 아닌 사업시행자 인 경우)는 공사비가 도시 및 주거환경정비법 제29조의2제1항 각호에 해당하는 경우에는, **정비사업 지원기구인 한국부동산원 또는 한국토지주택공사에 공사비에 대한 검증을 요청하여야 한다.** (법 제29조의2제1항)(신설 2019.4.23.)

■ 사업시행자의 공사비 검증요청 의무 등(법 제29조의2)(본조신설 2019.4.23.)

① 재개발사업·재건축사업의 사업시행자(시장·군수등 또는 토지주택공사등이 단독 또는 공동으로 정비사업을 시행하는 경우는 제외한다)는 시공자와 계약 체결 후 다음 각 호의 어느 하나에 해당하는 때에는 (법) 제114조에 따른 정비사업 지원기구(한국부동산원 또는 한국토지주택공사)에 공사비 검증을 요청하여야 한다.

1. 토지등소유자 또는 조합원 5분의 1 이상이 사업시행자에게 검증 의뢰를 요청하는 경우
2. 공사비의 증액 비율(당초 계약금액 대비 누적 증액 규모의 비율로서 생산자물가상승률은 제외한다)이 다음 각 목의 어느 하나에 해당하는 경우

   가. 사업시행계획인가 이전에 시공자를 선정한 경우: 100분의 10 이상

   나. 사업시행계획인가 이후에 시공자를 선정한 경우: 100분의 5 이상

3. 제1호 또는 제2호에 따른 공사비 검증이 완료된 이후 공사비의 증액 비율(검증 당시 계약금액 대비 누적 증액 규모의 비율로서 생산자물가상승률은 제외한다)이 100분의 3 이상인 경우

② 제1항에 따른 공사비 검증의 방법 및 절차, 검증 수수료, 그 밖에 필요한 사항은 국토교통부장관이 정하여 고시한다.

(2) 시장·군수등이 다른 기관 등과 협의하여야할 사항

① 정비기반시설 관리자와의 협의(법 제94조제1항)
② 국가 또는 시·도지사의 보조 및 융자협의(재정비특별법 제29조제1항)

③ 사업시행자와 비용부담의 협의(법 제92조제2항, 시행령 제78조)

④ 재정비촉진지구 밖 기반시설의 설치비용 부담에 관한 사항(재정비특별법 제28조제1항)

⑤ 시·도지사와의 진입로 협의(법 제8조제3항)

⑥ 정비기반시설의 무상귀속과 무상양도 협의(법 제97조제4항)

⑦ 국·공유재산 처분 시 관리청과의 협의(법 제98조제1항, 제2항)

⑧ 국·공유재산의 임대 관련 국·공유지 관리청과의 협의(법 제99조제2항)

⑨ 국·공유지를 소유 또는 관리하고 있는 국가 또는 지방자치단체와의 협의(법 제101조제4항)

6) 사업시행계획의 인가와 고시

사업시행자가 정비사업을 시행하려는 경우에는 사업시행계획서에 정관등과 그밖에 국토부령으로 정하는 관계 서류를 첨부하여 시장·군수등에게 제출하고 사업시행인가를 받아야 하며, 인가받은 내용을 변경하거나 정비사업을 중지 또는 폐지하고자 하는 경우에도 또한 같다. 다만, 대통령령이 정하는 경미한 사항을 변경하고자 하는 때에는 시장·군수등에게 이를 신고하여야 한다(법 제50조제1항 단서). 정비조합과 토지주택공사등이 공동 시행하는 재건축사업의 경우에도 동일하며, 공동사업자의 일방이 시장·군수등인 경우에는 이에 해당하지 않는다.

(1) 사업시행인가 신청 시 구비서류

사업시행자가 사업시행계획을 인가받고자 하는 경우에는 시행규칙의 별지 제8호서식의 사업시행계획(인가·변경·중지·폐지인가) 신청서에 다음 각 호의 서류를 첨부하여 시장·군수등에게 제출(전자문서에 따른 제출을 포함)하여야 한다(시행규칙 제10조제2항).

1. 사업시행계획인가 : 다음 각 목의 서류
   가. 총회의결서 사본. 다만, 법 제25조제1항제2호에 따라 토지등소유자가 재개발사업을 시행하는 경우 또는 법 제27조에 따라 지정개발자를 사업시행자로 지정한 경우에는 토지등소유자의 동의서 및 토지등소유자의 명부를 첨부한다.
   나. 법 제52조에 따른 사업시행계획서
   다. 법 제57조제3항에 따라 제출하여야 하는 서류
   라. 법 제63조에 따른 수용 또는 사용할 토지 또는 건축물의 명세 및 소유권 외의 권리의 명세서(재건축사업의 경우에는 법 제26조제1항제1호 및 제27조제1항제1호에 해당하는 사업을 시행하는 경우로 한정한다)

2. 사업시행계획 변경·중지 또는 폐지인가 : 다음 각 목의 서류
   가. 제1호다목의 서류
   나. 변경·중지 또는 폐지의 사유 및 내용을 설명하는 서류

(2) 정비사업비의 예치

시장·군수등은 **재개발사업의 사업시행계획인가**를 하는 경우 해당 정비사업의 사업시행자가 지정개발자(지정개발자가 토지등소유자인 경우로 한정한다)인 때에는 정비사업비의

100분의 20의 범위에서 시·도조례로 정하는 금액을 예치하게 할 수 있다(법 제60조제1항). 예치금은 청산금의 지급이 완료된 때에 이를 반환한다. (법 제60조제2항)

(3) 인가 및 공보에 고시

시장·군수등은 사업시행계획인가(시장·군수등이 사업시행계획서를 작성한 경우를 포함)를 하거나 그 정비사업을 변경·중지 또는 폐지하는 경우에는 국토부령이 정하는 방법 및 절차에 의하여 그 내용을 해당 **지방자치단체의 공보에 고시**하여야 한다. 다만, 경미한 사항을 변경하고자 하는 때에는 예외로 한다.(법 제50조제9항<개정 2021.3.16.>)

시장·군수등은 사업시행인가(시장·군수등이 사업시행계획서를 작성한 경우를 포함)를 하거나 그 정비사업을 변경·중지 또는 폐지하는 때에는 법 제50조제9항 본문에 따라 다음 각 호의 구분에 따른 사항을 해당 **지방자치단체의 공보에 고시**하여야 한다. (시행규칙 제10조제3항)

1호 : **사업시행계획인가 : 다음 각 목의 사항**

가. 정비사업의 종류 및 명칭

나. 정비구역(정비구역이 아닌 구역에서 재건축사업이 시행되는 경우에는 그 구역을 말함)의 위치 및 면적

다. 사업시행자의 성명 및 주소(법인인 경우에는 법인의 명칭 및 주된 사무소의 소재지와 대표자의 성명 및 주소를 말함)

라. 정비사업의 시행기간

마. 사업시행계획인가일

바. 수용 또는 사용할 토지 또는 건축물의 명세 및 소유권 외의 권리의 명세(해당하는 사업을 시행하는 경우로 한정한다)

사. 건축물의 대지면적·건폐율·용적률·높이·용도 등 건축계획에 관한 사항

아. 주택의 규모 등 주택건설계획

자. 정비기반시설 및 토지 등의 귀속에 관한 사항

2호 : **사업변경·중지 또는 폐지인가의 경우**

가. 1호 가목 또는 다목까지의 사항

나. 변경·중지 또는 폐지의 사유 및 내용

(4) 인터넷 홈페이지에 게재

시장·군수등은 시행규칙 제3항에 따라 고시한 내용을 해당 기관의 인터넷 홈페이지에 게재하여야 한다. (시행규칙 제10조제4항)

□ 사업시행계획 인가신청 시 제출서류(목록)(재개발·재건축사업 기준)

순번	서 류	비 고	순번	서 류	비 고
1	사업시행계획승인 신청서	설계자	29	조합장 인감증명 신청서	조 합
2	건설개요	설계자	30	사용인감계	조합(컨)
3	사업시행계획서	설계자	31	건설주택의 처분계획서(조합원과 일반분양 구분)-환지처분계획 포함	조합(컨)
4	사업비 및 자금계획서	시공자			
5	부대시설 설치계획(배치도)	설계자	32	조합정관	조 합
6	복리시설 설치계획(배치도)	설계자	33	주택건설사업자 등록증	시공자
7	설계도서	설계자	34	건설업 면허증	시공자
8	간선시설 설치계획서	설계자	35	**시공자의 시공보증서 일반주택분양보증**(주택도시보증공사)	시공자 (조합)
9	공공시설 귀속에 관한 도서	설계자	36	지정업자 지정서	시공자
10	일반분양시설		37	**법인등기사항전부증명서**	시공자
11	현장조사서		38	인감증명서	시공자
12	경계·지적측량 성과도		39	사용인감계	시공자
13	건축허가 신청서	설계자	40	법규 체크리스트	설계자
14	건축물 동별 개요	설계자	41	분양면적 산출표	설계자
15	기존건축물의 철거계획서	시공자	42	정화조 설치신고서	설계자
16	토지목록표		43	정화조 인원산출 및 설계내역서	설계자
17	토지조서	조 합	44	내진설계 안전설계 확인서	설계자
18	토지사용 승낙서 (사업주체가 토지소유권 미취득 시)		45	구조기술사 자격증, 사업자등록증 사본, 기술사 사무소 개설증명서	설계자
19	토지이용계획 확인원 (도시계획 확인원)		46	지질조사서	조 합
20	지적도	조 합	47	지질기술사 자격증, 사업자등록 사본	조합(설계)
21	토지대장(필지별 1통)	조 합	48	건축사 면허증, 사업자등록증	
22	**토지등기사항전부증명서** (필지별 1통), 신청 7일전 발급	조 합	49	기계사업자 등록증 기계기술자 자격증	시공자
23	토지 기부채납 각서	조합(컨)		전기기술사 등록증 전기기술사 자격증	
24	조합설립인가필증 사본	조 합		소방사업자 등록증 소방기술자 자격증	
25	조합설립인가 변경신청서 및 추가동의서	조합(컨)	50	조경자격증 사본	시공자
26	국·공유지 매매 계약서(해당 시)	조합(컨)	51	현장사진	설계자
27	조합원명부	조 합	52	투시도 사진	설계자
28	매도청구소송 증빙서류		53	건축물 종합안전 계획서	설계자

※ 신청서류는 관할 허가관청에 따라 차이가 있을 수 있습니다.

7) 사업시행계획의 변경절차와 경미한 사항의 변경

(1) 변경절차

사업시행계획의 변경은 최초에 수립된 사업시행계획의 전부 또는 일부를 폐지하고, 새로운 사업시행계획을 수립하는 행위를 말하며, 그 내용이 매우 다양하고 포괄적이기 때문에 수립절차에 관한 규정이 모두 변경절차에 적용되는 것이 원칙이다. 다만, 사업시행인가의 내용 중 시행령 제46조에서 말하는 경미한 사항을 변경하고자 하는 경우에는 예외적으로 그 절차가 생략될 수 있도록 하되 **시장·군수등에게 이를 신고할 의무가 있다.**

(2) 경미한 변경사항

경미한 변경사항이란 사업시행계획의 기초에 영향을 미치지 않는 사항들로 사업시행계획의 비(非)본질적 사항을 의미 한다. 시장·군수등은 사업시행계획인가는 물론 그 정비사업을 변경·중지 또는 폐지하는 경우에도 국토부령이 정하는 방법 및 절차에 따라 그 내용을 **해당 지방자치단체의 공보에 고시하여야 한다.** 다만, 대통령령으로 정하는 경미한 사항을 변경하고자 하는 경우에는 예외로 한다(법 제50조제9항). 그러나 경미한 사항을 변경하려는 때에는 **시장·군수등에게 신고하여야 한다.** (법 제50조제1항)

① 도시정비법 시행령 제46조에서 정하는 경미한 변경사항

1. 정비사업비를 10퍼센트의 범위에서 변경하거나 관리처분계획의 인가에 따라 변경하는 때. 다만, 「주택법」 제2조제5호에 따른 국민주택을 건설하는 사업인 경우에는 **「주택도시기금법」에 따른 주택도시기금의** 지원금액이 증가되지 아니하는 경우만 해당한다. <개정 2020.6.23.>
2. 건축물이 아닌 부대시설·복리시설의 설치규모를 확대하는 때(위치가 변경되는 경우는 제외한다)
3. 대지면적을 10퍼센트의 **범위에서** 변경하는 때
4. 세대수와 세대당 주거전용면적을 변경하지 않고 세대당 **주거전용면적의 10퍼센트의 범위에서** 세대 내부구조의 위치 또는 면적을 변경하는 때
5. 내장재료 또는 외장재료를 변경하는 때
6. 사업시행계획인가의 조건으로 부과된 사항의 이행에 따라 변경하는 때
7. 건축물의 설계와 용도별 위치를 변경하지 아니하는 **범위에서** 건축물의 배치 및 주택단지 안의 도로선형을 변경하는 때
8. 「건축법 시행령」 제12조제3항 각호의 어느 하나에 해당하는 사항을 변경하는 때
9. 사업시행자의 명칭 또는 사무소 소재지를 변경하는 때
10. 정비구역 또는 정비계획의 변경에 따라 사업시행계획서를 변경하는 때
11. 법 제35조제5항 본문에 따른 조합설립변경 인가에 따라 사업시행계획서를 변경하는 때
12. 그 밖에 시·도조례로 정하는 사항을 변경하는 때

② **조례에서 정하는 경미한 변경사항**(서울시 도시정비조례 제25조)

영 제46조제12호에서 "그 밖에 시·도조례로 정하는 사항"이란 다음 각 호의 어느 하나에 해당하는 사항을 말한다.

1호 : 법 제53조에 따른 <u>시행규정</u> 중 영 제31조제1호 및 이 조례 제21조제1호에 해당하는 사항(㈜)

2호 : 시행령 제47조제2항제3호에 따른 사업시행자의 대표자

3호 : 시행령 제47조제2항제8호에 따른 토지 또는 건축물 등에 관한 권리자 및 그 권리의 명세

㈜ - 1. 위의 ② **서울시 도시정비조례 제25조**는 도시정비법 시행령 제46조제12호에 따라 조례로 정하는 '**사업시행계획인가의 경미한 변경사항**'을 정하고 있다.

  -2. 위 3개의 호 중 제2호와 제3호는 각각 <u>사업시행계획인가의 경미한 변경 사항</u>을 정하고 있으며,

  -3. 위 제1호의 법 제53조는 <u>시행규정의 작성</u>에 관한 조항이고, 영 제31조와 조례 제21조는 <u>조합설립인가의 경미한 변경</u>에 관한 사항으로 법 제35조제5항에 따라 제정된 것이며, 법 제53조제12호에 따라 제정된 사항은 조례 제29조에 규정되어 있다.

  -4. 따라서 위의 제1호는 개정되어야 한다는 것이 필자의 판단이다.

8) 사업시행계획 인가의 법적인 효력과 효과

(1) 착공할 수 있는 지위의 확보

사업시행계획 인가는 건축법상의 건축허가와 유사한 기능을 가진다. 사업시행계획이 행정청에 의해 인가·고시 되면 그 법적인 효력이 발생되고, 그 효력 중에서 가장 중요한 효력이 **공사에 착수할 수 있는 법적인 지위가 부여된다는 점이다**. 시공자 선정시기를 건축법에서는 건축주가 상황에 따라 선택할 문제이나 **도시정비법에서는 시공자의 선정시기를 조합설립인가 이후로 명시하고 있다**. (법 제29조제4항 참조)

이에 따라 조합설립인가를 받은 조합은 정관등이 정하는 경쟁입찰의 방식으로 시공자를 선정할 수 있게 되는 것이다.

(2) 시공자 선정권의 확보

조합은 **조합설립인가를 받은 후** 조합원 총회에서 경쟁입찰 또는 수의계약(2회 이상 경쟁입찰이 유찰된 경우로 한정한다)의 방법으로 **건설사업자** 또는 등록사업자를 시공자로 선정하여야 한다. 그러나 토지등소유자가 **재개발사업**을 시행하는 경우에는 **사업시행계획인가를 받은 후** 시공자를 선정하도록 하였으며, 시장·군수등이 직접 정비사업을 시행하거나 지정개발자를 사업시행자로 지정한 경우 **사업시행자 지정·고시 후** 시공자를 선정하도록 하였다. (법 제29조제4항, 제5항 및 제6항)

(3) 토지등소유권에 대한 수용재결

사업시행계획의 구체적인 시행을 위해서는 우선 기존 건축물 내에 거주하고 있는 조합원 또는 토지등소유자를 이주시켜야 한다(**이주대책**)(법 제52조제1항제3호 참조). 그리고 이들 중 소유권의 이전을 거부하는 자들을 수용 또는 매도청구소송의 수단으로 배제시켜야 한다 (**수용재결**). 도시정비법에서는 이와 같은 집행행위들을 위하여 사업시행계획의 내용에 수용 또는 매도청구소송 업무들을 포함하도록 규정함으로써 사업시행계획의 수립 시 이 업무를 충분히 고려하도록 하고 있다.

(4) 권리배분의 개시

사업시행자는 **사업시행계획인가의 고시가 있는 날**(사업시행계획인가 이후 시공자를 선정한

경우에는 시공자와 계약을 체결한 날)부터 **120일 이내**에 분양대상목적물, 분담금의 내역, 분양신청기간 등을 정하여 <u>토지등소유자에게 통지하고 해당 지역에서 발간되는 일간신문에 공고하여야 한다</u>(법 제72조). 이후 통지한 날부터 30일 이상 60일 이내에 (20일 이내 연장 가능) 토지등소유자의 분양신청을 받게 되고 이를 기초로 하여 관리처분계획이 작성되며, 이 **관리처분계획의 인가 후 기존건축물의 철거**가 시행되어야 한다.

(5) 인·허가의 의제 효력

정비조합은 사업을 진행하면서 국유재산법·지방재정법에 따른 사용·수익허가(**재개발·도시환경정비사업에 한한다**)를 받거나, 「국토의 계획 및 이용에 관한법률」에 따른 **개발행위의 허가 등을 받기 위해서는 별도의 절차를 받는 것이 원칙**이나, 정비사업의 시행인가를 받은 경우 절차나 허가를 득한 것으로 취급하는 것이 인·허가의 의제규정이다.

① 인·허가의 의제(<u>擬制</u>)

가. 사업시행자가 사업시행계획인가를 받은 때(시장·군수등이 직접 정비사업을 시행하는 경우에는 사업시행계획서를 작성한 때를 말한다)에는 다음 각 호의 인가·허가·승인·신고·등록·협의·동의·심사 또는 해제(이하 '인허가등'이라고 한다)가 있는 것으로 보며, <u>법 제50조제9항</u>**에 따른 사업시행인가의 고시가 있은 때**에는 다음 각 호의 관계 법률에 따른 인·허가 등의 고시·공고 등이 있는 것으로 본다. (법 제57조제1항, 개정 2021.7.20.)

1. 「주택법」 제15조에 따른 **사업계획의 승인**
2. 「공공주택 특별법」 제35조에 따른 **주택건설사업계획의 승인**
3. 「건축법」 제11조에 따른 건축허가, 같은 법 제20조에 따른 가설건축물의 건축허가 또는 축조신고 및 같은 법 제29조에 따른 건축협의
4. 「도로법」 제36조에 따른 도로관리청이 아닌 자에 대한 도로공사 시행의 허가 및 같은 법 제61조에 따른 **도로의 점용 허가**
5. 「사방사업법」 제20조에 따른 사방지의 지정해제
6. 「농지법」 제34조에 따른 농지전용의 허가·협의 및 같은 법 제35조에 따른 농지전용신고
7. 「산지관리법」 제14조·제15조에 따른 산지전용허가 및 산지전용신고, 같은 법 제15조의 2에 따른 산지일시사용허가·신고와 「산림자원의 조성 및 관리에 관한 법률」 제36조 제1항·제4항에 따른 입목벌채등의 허가·신고 및 「산림보호법」 제9조제1항 및 같은 조 제2항제1호에 따른 산림보호구역에서의 행위의 허가. 다만, 「산림자원의 조성 및 관리에 관한 법률」 에 따른 채종림·시험림과 「산림보호법」 에 따른 산림유전자원보호 구역의 경우는 제외한다.
8. 「하천법」 제30조에 따른 하천공사 시행의 허가 및 하천공사실시계획의 인가, 같은 법 제33조에 따른 하천의 점용허가 및 같은 법 제50조에 따른 하천수의 사용허가
9. 「수도법」 제17조에 따른 일반수도사업의 인가 및 같은 법 제52조 또는 제54조에 따른 **전용상수도 또는 전용공업용수도 설치의 인가**
10. 「하수도법」 제16조에 따른 공공하수도 사업의 허가 및 같은 법 제34조제2항에 따른 **개인하수처리시설의 설치신고**
11. 「공간정보의 구축 및 관리 등에 관한 법률」 제15조제3항에 따른 지도등의 간행 심사
12. 「유통산업발전법」 제8조에 따른 대규모점포 등의 등록

13. 「국유재산법」 제30조에 따른 사용허가(재개발사업으로 한정한다)

14. 「공유재산 및 물품 관리법」 제20조에 따른 사용·수익허가(재개발사업으로 한정한다)

15. 「공간정보의 구축 및 관리 등에 관한 법률」 제86조제1항에 따른 사업의 착수·변경의 신고

16. 「국토의 계획 및 이용에 관한 법률」 제86조에 따른 도시·군계획시설 사업시행자의 지정 및 같은 법 제88조에 따른 실시계획의 인가

17. 「전기안전관리법」 제8조에 따른 자가용전기설비의 공사계획의 인가 및 신고(법명개정)

18. 「화재예방, 소방시설 설치·유지 및 안전관리에 관한 법률」 제7조제1항에 따른 건축허가 등의 동의, 「위험물안전관리법」 제6조제1항에 따른 제조소등의 설치의 허가(제조소 등은 공장건축물 또는 그 부속시설에 관계된 것으로 한정한다)

✱ 인·허가등의 의제에 관한 위의 규정은 주택법 제19조에도 유사한 형식으로 규정되어 있다.

나. 사업시행자가 공장이 포함된 구역에 대하여 재개발사업의 사업시행계획인가를 받은 때에는 위의 가)목인 법 제57조제1항에 따른 인·허가등 외에 다음 각 호의 인·허가등이 있는 것으로 보며, 법 제50조제9항에 따른 사업시행계획인가를 고시한 때에는 다음 각 호의 관계 법률에 따른 인·허가 등의 고시·공고 등이 있는 것으로 본다. (법 제57조제2항<개정 2021.3.16.>)

1. 「산업집적활성화 및 공장설립에 관한 법률」 제13조에 따른 공장설립등의 승인 및 같은 법 제15조에 따른 공장설립등의 완료신고

2. 「폐기물관리법」 제29조제2항에 따른 폐기물처리시설의 설치승인 또는 설치신고(변경 승인 또는 변경신고를 포함한다)

3. 「대기환경보전법」 제23조, 「물환경보전법」 제33조 및 「소음·진동관리법」 제8조에 따른 배출시설설치의 허가 및 신고

4. 「총포·도검·화약류 등의 안전관리에 관한 법률」 제25조제1항에 따른 화약류저장소 설치의 허가

② 행정기관장과의 협의

시장·군수등은 사업시행인가를 하거나 사업시행계획서를 작성하려면 법 제57조제1항 각 호 및 제2항 각호에 따라 의제되는 인·허가 등에 해당하는 사항이 있는 경우에는 미리 관계 행정기관의 장과 협의하여야 하며, 협의를 요청받은 관계 행정기관의 장은 요청받은 날(제3항 단서의 경우에는 서류가 관계 행정기관의 장에게 도달된 날을 말한다) 부터 30일 이내에 의견을 제출하여야 한다. 이 경우 관계 행정기관의 장이 30일 이내에 의견을 제출하지 아니하면 협의된 것으로 본다. (법 제57조제4항)

③ 서류의 제출

사업시행자는 정비사업에 대하여 인허가등의 의제를 받으려면 사업시행인가 신청하는 때에 해당 법률이 정하는 관계 서류를 함께 제출하여야 한다. 다만, 사업시행인가를 신청한 때에 시공자가 선정되지 않아 관계 서류를 제출할 수 없거나 천재지변이나 그 밖의 불가피한 사유로 인하여 긴급히 정비사업을 시행할 필요가 있다고 시장·군수등이 인정하는 때에는 관계 행정기관의 장과 협의를 마치기 전에 사업시행인가를 하는 경우에는 시장·군수등이 정하는 기한까지 이를 제출할 수 있다(법 제57조제3항).

그러나 천재·지변이나 그 밖의 불가피한 사유로 인하여 긴급한 정비사업을 시행할 필요가

있다고 시장·군수등이 인정하는 경우에는 관계 행정기관의 장과 협의를 마치기 전에 사업
시행인가를 할 수 있다. 이 경우 협의를 마칠 때까지는 인·허가 등을 받은 것으로 보지
아니한다. (법 제57조제6항)

④ **국유·공유재산의 사용료 등의 면제**

정비사업에 대하여 다른 법률에 따른 인·허가 등이 있는 것으로 의제 받은 때에는 **관계 법률
또는 시·도조례에 따라 해당 인·허가등의 대가로 부과되는 수수료와 해당 국·공유지의
사용 또는 점용에 따른 사용료 또는 점용료를 면제한다.** (법 제57조제7항)

또한, 도시정비법 제97조제7항에서는 「정비사업의 시행으로 용도가 폐지되는 국가 또는 지방
자치단체 소유의 정비기반시설의 경우 정비사업의 시행기간 동안 해당 시설의 대부료는 면제 된다」고
규정하고 있다.

⑤ **사업부지의 국유·공유재산의 종전 용도의 폐지**

법 제98조제4항에 따라 사업시행자 또는 점유자 및 사용자에게 다른 사람에 우선하여 매각 또는
임대할 수 있는 **국유·공유재산은 사업시행인가의 고시가 있은 날부터 종전의 용도가 폐지된
것으로 본다.** (법 제98조제5항)

※ **의제(擬制)** : 본질은 같지 않지만 법률에서 다룰 때는 동일한 것으로 처리하여 동일한 효과를
주는 일. 민법에서 실종 선고를 받은 사람을 사망한 것으로 보는 따위이다.

❑ 도시및주거환경정비법 제57조제7항[전문]

: 제1항이나 제2항에 따라 인·허가등을 받은 것으로 보는 경우에는 관계 법률 또는 시·도조례에
따라 해당 인·허가등의 대가로 부과되는 수수료와 해당 국·공유지의 사용 또는 점용에 따른
사용료 또는 점용료를 면제한다.

[도시및주거환경정비법 제57조제7항에 대한 필자의 이해]

도시및주거환경정비법 제57조제7항에 따라 사용료나 점용료가 면제되는 토지는 ①사업부지
내의 모든 행정재산이나 일반재산은 아무런 조건 없이 포함되며, ②사업부지 외의 토지로
공사작업장이나 출입구 등으로 사용되는 도로나 공원(행정재산)과 공사자재의 보관 등을 위해
사용되는 대지(일반재산)가 사업시행인가 시 법 제57조제1항 및 제2항에 따라 다른 법률에
따른 해당 토지의 사용을 인·허가 받은 것으로 보는 경우에는 관계 법령 또는 시·도조례에
따라 해당 인·허가등의 대가로 부과되는 수수료와 해당 국유지·공유지의 사용 또는 점용에 따른
사용료 또는 점용료는 면제되는 것으로 이해한다.

필자의 이러한 이해의 근거는 도시정비법 제57조제7항은 국유지·공유지의 사용에 따른 사용료나
점용료를 부과하거나 징수하는 방법을 규정하고 있는 조항으로 이 조항에 관계되는 법령은
①「도로법」, ②「공유재산및물품관리법」 및 ③「도시및주거환경정비법」이다.

1) 「도로법」 제73조제1항에는 「도로사용 후 원상회복의 의무」와 「공유재산및물품관리법」 제9조
   에는 「영구시설물의 축조금지」가 각각 규정되어 있는 바, 이는 **공사를 위해 사용을 신청한
   사업부지 외의 도로나 공원과 같은 영구적인 행정재산**이 이에 해당하는 토지이다.

2) 「공유재산및물품관리법」 제32조제1항에는 「일반재산의 대부계약을 체결할 때에는 대통령령이 정하는 방법에 따르도록 한다.」고 규정하고 있는 바, 이 조항은 **공사를 위해 사용을 신청한 사업부지 외의 일반재산**이 이에 해당하는 토지이고,

3) 「도시및주거환경정비법」 제98조제5항은 **사업시행자에게 우선하여 매각되는 국유·공유재산**은 「사업시행계획인가의 고시가 있는 날로부터 종전의 용도가 폐지된 것으로 본다.」고 규정하고 있는데 이는 **사업부지 내의 도로나 공원과 같은 행정재산은 사업시행인가의 고시가 있으면 일반재산으로 그 용도가 전환되는 토지**이므로, 사업부지 내의 도로나 공원과 같은 행정재산이 이에 해당하는 토지라 해야 할 것이다.

4) 그리고 사업부지 내의 모든 토지는 사업시행의 인가를 득하면 「도시정비법」 제32조제1항제3호」 및 「주택법 제19조제1항제1호」에 따라 건축법 제11조에 의한 건축허가를 받은 것으로 의제되는 것이다. 따라서 **사업시행계획이 인가되면 계획에 포함된 토지는 다른 법률에 따른 인·허가 등을 받은 것으로 의제되며, 사업부지 내·외의 모든 토지에 대한 사용료 또는 점용료는 면제되는 것이다.**

다만, 위에서 인용된 법령 등에서 예상되는 문제점은 사업부지 내의 국유·공유재산에 대해 「도시정비법」 제50조제1항」에 의한 사업시행인가 및 「도시정비법」 제57조제1항」에 따른 인허가 등의 의제가 있기 이전의 해당 국유지·공유지에 대한 사용료 등의 부과 및 납부의무에 대해 문제를 제기할 수도 있었으나, **2017년 2월 8일 개정된** 도시정비법 제97조제7항**(전문 : 제1항 및 제2항에 따라 정비사업의 시행으로 용도가 폐지되는 국가 또는 지방자치단체 소유의 정비기반시설의 경우 정비사업의 시행 기간 동안 해당 시설의 대부료는 면제된다)에 따라, 최소한 용도가 폐지되는 사업부지 내·외의 정비기반시설(도로, 공원, 녹지, 기타 및 주거환경개선사업용 공동이용시설)에 대한 대부료는 정비사업의 시행기간 동안 면제**되는 것으로 이해한다.

또한, 서울시 도시정비조례 제55조제3항에는 대금지불방법에 대한 구체적인 규정 없이 「**매수자는 관리처분계획인가신청을 하는 때까지 매매계약을 체결해야 한다.**」라고 규정하고 있는 것은 폐지되는 정비기반시설은 법 제97조제2항에 따라 사업시행자가 사업시행계획 인가 시 부여받은 새로운 정비기반시설의 설치비용에 한하여 무상으로 양도받을 수 있기 때문에 모든 공사비가 확정되는 준공 시 토지대금과 정비시설 설치비용의 정산이 가능하고, 법 제97조제5항에 따른 정비기반시설의 양도·양수를 이행할 수 있기 때문으로 해석된다.

⑥ 토지보상법상의 사업인정 의제

    토지보상법을 준용함에 있어 사업시행인가의 고시(시장·군수등이 직접 정비사업을 시행하는 경우에는 사업시행계획서를 작성한 때를 말함)가 있는 때에는 토지보상법 제20조제1항 및 제22조제1항에 따른 사업인정 및 그 고시가 있는 것으로 본다. (법 제65조제2항). 이 규정에 따라 법 제50조제9항에 따른 **사업시행인가는 사업인정(事業認定)으로 의제되고 수용을 위한 행정절차인 수용재결이 가능해 진다.**

⑦ 국·공유재산의 금액산정 기준시점

    정비사업을 목적으로 우선 매각하는 국·공유지의 평가는 '**사업시행인가의 고시가 있은 날**'을 기준으로 하여 행하며, **주거환경개선사업**의 경우 매각가격은 이 평가금액의

100분의 80으로 한다. 다만, **사업시행의 고시가 있는 날부터 3년 이내에 매매계약을 체결하지 않은 국·공유지는 국유재산법 또는 지방재정법이 정하는 바에 따라 매매계약 체결일을 기준으로 행한다**(법 제98조제6항).

따라서 정비사업비의 절감을 위해서는 국·공유지의 매매계약 체결일에 대한 세심한 검토가 필요하다. 서울시 도시정비조례 제55조제3항에는 '국·공유지를 점유·사용하고 있는 자로서 제1항에 따라 우선 매수하고자 하는 자는 <u>관리처분계획인가신청을 하는 때까지 해당 국·공유지의 관리청과 매매계약을 체결하여야 한다</u>고 규정하고 있다.

❏ 국토의 계획 및 이용에 관한 법률 제65조(개발행위에 따른 공공시설 등의 귀속)

① 개발행위허가(다른 법률에 따라 개발행위허가가 의제되는 협의를 거친 인가·허가·승인 등을 포함한다. 이하 이 조에서 같다)를 받은 자가 **행정청인 경우** 개발행위허가를 받은 자가 새로 공공시설을 설치하거나 기존의 공공시설에 대체되는 공공시설을 설치한 경우에는 「국유재산법」과 「공유재산 및 물품 관리법」에도 불구하고 새로 설치된 공공시설은 그 시설을 관리할 관리청에 무상으로 귀속되고, 종래의 공공시설은 개발행위허가를 받은 자에게 무상으로 귀속된다.

② 개발행위허가를 받은 자가 **행정청이 아닌 경우** 개발행위허가를 받은 자가 새로 설치한 공공시설은 그 시설을 관리할 관리청에 무상으로 귀속되고, 개발행위로 용도가 폐지되는 공공시설은 「국유재산법」과 「공유재산및물품관리법」에도 불구하고 새로 설치한 공공시설의 설치비용에 상당하는 범위에서 개발행위허가를 받은 자에게 무상으로 양도할 수 있다.

③ 특별시장·광역시장·특별자치시장·특별자치도지사·시장 또는 군수는 제1항과 제2항에 따른 공공시설의 귀속에 관한 사항이 포함된 개발행위허가를 하려면 미리 해당 공공시설이 속한 관리청의 의견을 들어야 한다. 다만, 관리청이 지정되지 아니한 경우에는 관리청이 지정된 후 준공되기 전에 관리청의 의견을 들어야 하며, 관리청이 불분명한 경우에는 <u>도로 등에 대하여는 국토교통부장관을, 하천에 대하여는 환경부장관을 관리청으로 보고, 그 외의 재산에 대하여는 기획재정부장관을 관리청으로 본다</u>.
<개정 2020. 12. 31.>, [시행일 : 2022.1.1.]

④ 특별시장·광역시장·특별자치시장·특별자치도지사·시장 또는 군수가 제3항에 따라 관리청의 의견을 듣고 개발행위허가를 한 경우 개발행위허가를 받은 자는 그 허가에 포함된 공공시설의 점용 및 사용에 관하여 관계 법률에 따른 승인·허가 등을 받은 것으로 보아 개발행위를 할 수 있다. 이 경우 해당 공공시설의 점용 또는 사용에 따른 점용료 또는 사용료는 면제된 것으로 본다.

⑤ 개발행위허가를 받은 자가 행정청인 경우 개발행위허가를 받은 자는 개발행위가 끝나 준공검사를 마친 때에는 해당 시설의 관리청에 공공시설의 종류와 토지의 세목(細目)을 통지하여야 한다. 이 경우 공공시설은 그 통지한 날에 해당 시설을 관리할 관리청과 개발행위허가를 받은 자에게 각각 귀속된 것으로 본다.

⑥ 개발행위허가를 받은 자가 행정청이 아닌 경우 개발행위허가를 받은 자는 제2항에 따라 관리청에 귀속되거나 그에게 양도될 공공시설에 관하여 개발행위가 끝나기 전에 그 시설의 관리청에 그 종류와 토지의 세목을 통지하여야 하고, 준공검사를 한 특별시장·광역시장·특별자치시장·특별자치도지사·시장 또는 군수는 그 내용을 해당 시설의 관리청에 통보하여야 한다. 이 경우 공공시설은 준공검사를 받음으로써 그 시설을 관리할 관리청과 개발행위허가를 받은 자에게 각각 귀속되거나 양도된 것으로 본다.

⑦ 제1항부터 제3항까지, 제5항 또는 제6항에 따른 공공시설을 등기할 때에 「부동산등기법」에 따른 등기원인을 증명하는 서면은 제62조제1항에 따른 준공검사를 받았음을 증명하는 서면으로 갈음한다.

⑧ 개발행위허가를 받은 자가 행정청인 경우 개발행위허가를 받은 자는 제1항에 따라 그에게 귀속된 공공시설의 처분으로 인한 수익금을 도시·군계획사업 외의 목적에 사용하여서는 아니 된다.

⑨ 공공시설의 귀속에 관하여 다른 법률에 특별한 규정이 있는 경우에는 이 법률의 규정에도 불구하고 그 법률에 따른다.

9) 정비사업에 대한 영향평가

(1) 환경영향평가

① **환경영향평가의 대상**(환경영향평가법 제22조제1항)
환경영향평가를 실시해야하는 사업(이하 '환경영향평가 대상사업'이라 한다)은 「**도시의 개발사업**」, 산업입지 및 산업단지의 조성사업, 에너지개발사업, 항만의 건설사업, 도로의 건설사업, 수자원의 개발사업, 철도(도시철도 포함)의 건설사업, 공항의 건설사업, 하천의 이용 및 개발사업, 개간 및 공유수면의 매립사업 등 총 18개 종류의 사업이 있다.

② **환경영향평가의 대상사업 및 범위와 환경영향평가서의 협의 요청시기**
(환경영향평가법 시행령 제31조제2항 및 제47조제2항)
환경영향평가 대상사업의 구체적 종류 및 범위별 환경영향 평가서의 협의 요청시기 중 '**도시의 개발**' 관련 부분만을 요약하면 아래의 환경영향평가법 시행령의 별표 3과 같다.

환경영향평가 대상사업의 종류 및 범위별 협의 요청시기(도시의 개발 부분)

(환경영향평가법 시행령 [별표 3]<개정 2020.7.28.>-영 제31조제2항, 제47조제2항 관련)

환경영향평가 대상사업의 종류 및 범위	협의 요청시기
가. 「도시개발법」 제2조제1항제2호에 따른 도시개발사업 또는 「민간임대주택에 관한 특별법」 제22조에 따른 기업형임대주택 공급촉진지구 조성사업중 사업의 면적이 25만㎡ 이상인 사업	「도시개발법」 제17조제2항에 따른 실시계획의 인가 전 또는 「민간임대주택에 관한 특별법」 제28조에 따른 기업형임대주택 공급촉진지구 계획 승인 전
나. 「도시및주거환경정비법」 제2조제2호에 따른 정비사업(주거환경개선사업은 제외한다) 중 **사업면적이 30만㎡ 이상인 사업**	가) **지방자치단체가 시행하는 경우:** 「도시및주거환경정비법」 제50조제7항에 따른 사업시행인가의 고시 전 나) **지방자치단체 외의 자가 시행하는 경우:** 「도시및주거환경정비법」 제50조제1항에 따른 사업시행인가 전
다. (기록생략)	
라. 「주택법」 제15조에 따른 주택건설사업 또는 대지조성사업 중 **사업면적이 30만㎡ 이상인 사업**	「주택법」 제15조에 따른 사업계획의 승인 전
(이하 생략)	(이하 생략)

③ 서울시 환경영향평가에 관한 규정

가. 환경영향평가의 대상사업의 범위와 평가서 제출시기 및 협의요청시기

정비사업시행에 따른 환경영향평가를 실시하여야 하는 대상사업의 범위별 평가서의 제출시기 및 협의요청시기를 '**도시의 개발**' 부분만을 간추리면 아래와 같다.

(서울시 환경영향평가 조례 제4조 및 제13조 관련 [별표 1]<개정 2019.1.3.> 기준)

(환경영향평가) 대상사업의 범위	평가서 제출시기 또는 협의요청시기
가. 도시개발법 제2조제1항제2호에 따른 도시 개발사업 또는 「민간임대주택에 관한 특별법」 제23조제2항에 따른 공공지원민간임대주택 개발사업 중 사업면적이 7만5천㎡ 이상 25만㎡ 미만인 것	• 도시개발법 제17조제2항에 따른 실시계획의 인가 전, 또는 「민간임대주택에 관한 특별법」 제28조에 따른 지구계획 승인 전
나. 도시및주거환경정비법 제2조제2호에 따른 정비사업(주거환경개선사업은 제외한다) 중 사업면적이 9만㎡ 이상 30만㎡ 미만인 것	• 도시및주거환경정비법 제50조에 따른 사업시행계획인가 전, 지방자치단체가 시행하는 경우에는 사업시행계획인가의 고시 전
라. 주택법 제15조에 따른 주택건설사업 또는 대지조성사업 중 사업면적이 9만㎡ 이상 30만㎡ 미만인 것	• 주택법 제15조에 따른 사업계획의 승인 전
마. 택지개발촉진법」 제7조제1항에 따른 택지개발사업 또는 「공공주택건설 등에 관한 특별법」 제2조제3호 가목에 따른 공공주택지구조성사업 중 사업면적이 9만㎡ 이상 30만㎡ 미만인 것	• 택지개발촉진법 제9조제1항에 따른 택지개발사업 실시계획의 승인 전, 또는 공공주택건설 등에 관한 특별법 제17조에 따른 공공주택지구계획의 승인 전
자. 건축법 제2조제1항제2호에 따른 건축물의 건축으로서 연면적의 합계가 10만㎡ 이상인 것.	• 건축법 제11조제1항에 따른 건축허가 전 (2019.7.3.시행)

나. 환경영향평가의 분야 및 항목

환경영향평가는 대상사업의 시행으로 영향을 받게 되는 대기환경, 수(水)환경, 토지환경, 자연생태환경, 생활환경 및 사회·경제분야에 대하여 실시하여야 하며, 분야별 평가항목은 아래와 같다. (서울시 환경영향평가 조례 제29조제1항 관련) (별표 2)(개정 2013.8.1.)

분 야	항 목			
1. 대기환경분야	가. 기상(미기상포함)	나. 대기질	다. 악취	라. 온실가스
2. 수(水)환경분야	가. 수질(물 순환)	나. 수리·수문		
3. 토지환경분야	가. 토지이용	나. 토양	다. 지형·지질	
4. 자연생태환경분야	가. 동·식물상	나. 자연환경자산		
5. 생활환경분야	가. 친환경적 자원순환 마. 위생·공중보건	나. 소음·진동 바. 전파장애	다. 위락·경관	라. 일조장애
6. 사회·경제환경분야	가. 인구	나. 주거	다. 산업	

(2) 교통영향 평가(분석) 및 개선대책(서울시)

① 개선대책수립 대상사업(2022. 01. 현재)

「도시교통정비촉진법」 제15조제4항 및 동 시행령 제13조의2제7항에 따른 교통개선대책 수립 대상 사업의 범위는 다음 각 호와 같다.(서울시 교통영향평가에 관한 조례 제3조) <개정 2019.3.28.>

1. 조례의 [별표]<신설 2019.1.3.>(1. 개발사업-가. 도시의 개발)에서 정한 범위의 사업
2. 영 별표-1에서 정하지 않은 사업으로서 「서울특별시 주차장 설치 및 관리 조례」 제21조 제1항에 따른 "부설주차장의 설치제한지역"에 건설되는 건축물의 각 층 바닥면적을 합한 면적이 3천 제곱미터 이상인 시설물(주택과 오피스텔은 제외한다)의 건축, 대수선, 리모델링 및 용도변경

② 개선대책의 제출 및 검토

● 사업자는 대상사업 또는 그 사업계획(이하 "사업계획등"이라 한다)에 대한 승인·인가· 허가 또는 결정 등(이하 "승인등"이라 한다)을 받아야 하는 경우에는 그 승인등을 하는 기관의 장(이하 "승인관청"이라 한다)에게 대통령령으로 정하는 시기까지 교통영향평가 결과를 정리한 서류(이하 "교통영향평가서"라 한다)를 제출하여야 한다. (도시교통정비 촉진법 제16조제1항,<개정 2015.7.24.>)

● 승인관청은 제16조제1항에 따라 제출된 교통영향평가서를 검토할 때에는 제19조에 따른 승인관청 소속의 교통영향평가심의위원회의 심의를 거쳐야 한다. <개정 2015.7.24.> (도시교통정비 촉진법 제17조제1항)

(3) 매장문화재 지표조사

매장문화재는 「매장문화재보호 및 조사에 관한 법률」(이하 '법률'이라 한다)로 관리 및 보호되고 있다.

① 매장문화재 지표조사의 대상 (법률 제6조)

건설공사의 규모에 따라 대통령령으로 정하는 건설공사의 시행자는 해당 건설공사 지역에 문화재가 매장·분포되어 있는지를 확인하기 위하여 사전에 매장문화재 지표조사를 하여야 한다.

② 지표조사 절차 등 (법률 제7조)

- 지표조사는 법률 제6조에 따른 건설공사의 시행자가 요청하여 법률 제24조에 따른 매장문화재조사기관이 수행한다.
- 건설공사의 시행자는 지표조사를 마치면 그 결과에 관한 보고서를 대통령령으로 정하는 바에 따라 해당 사업지역을 관할하는 지방자치단체의 장과 문화재청장에게 제출하여야 한다.
- 지표조사에 필요한 비용은 해당 건설공사의 시행자가 부담한다. 다만, 국가와 지방 자치단체는 사업의 규모 및 성격 등을 고려하여 대통령령으로 정하는 건설공사에 대하여 예산의 범위에서 그 비용의 전부 또는 일부를 지원할 수 있다.
- 지표조사의 방법, 절차 및 지표조사 보고서 등에 관한 세부적인 사항은 문화재청장이 정하여 고시한다.

③ 지표조사 결과에 따른 협의 (법률 제8조)

- 지표조사 결과 매장문화재 유존지역에서 대통령령으로 정하는 개발사업을 하려면 미리 문화재청장과 협의하여야 한다.
- 문화재청장은 협의 후 매장문화재의 보호를 위하여 필요하다고 인정하면 개발사업을 하려는 자에게 대통령령으로 정하는 바에 따라 필요한 조치를 명할 수 있다.
- 지방자치단체의 장은 매장문화재 유존지역에서 건설공사의 인가·허가 등을 할 경우에는 미리 그 보호방안을 대통령령으로 정하는 바에 따라 검토하여야 한다. 이 경우 매장 문화재와 그 주변의 경관 보호를 위하여 필요하다고 인정하면 해당 건설공사의 인가· 허가 등을 하지 아니할 수 있다.

④ 문화재 보존 조치의 지시 등(법률 제9조)

- 법률 제7조제2항에 따라 지표조사 보고서를 받은 문화재청장은 문화재 보존 조치가 필요한 경우에는 해당 건설공사의 시행자에게 문화재 보존에 필요한 조치를 명하고, 해당 건설공사의 허가기관의 장에게도 이를 통보하여야 한다.
- 통보를 받은 건설공사의 시행자는 문화재 보존에 필요한 조치를 하고, 그 결과를 해당 건설공사의 허가기관의 장과 문화재청장에게 보고하여야 한다.
- 위의 해당 조치의 내용과 그 절차에 관하여 필요한 사항은 대통령령으로 정한다.

⑤ 보존 조치에 따른 건설공사 시행자의 의무 등(법률 제10조)

건설공사의 시행자는 법률 제9조에 따라 문화재 보존에 필요한 조치를 통보받은 경우 그 조치를 완료하기 전에는 해당 지역에서 공사를 시행하여서는 아니 된다.

가. 지표조사의 대상 사업(시행령 제4조제1항)

법률 제6조제1항에서 "대통령령으로 정하는 건설공사"란 다음 각 호의 어느 하나에 해당하는 건설공사를 말한다. 이 경우 동일한 목적으로 분할하여 연차적으로 개발하거나 연접하여 개발함으로써 사업의 전체면적이 아래의 제1호 또는 제2호에서 정하는 규모 이상인 건설공사를 포함한다. (2016.6.8. 개정 반영)

1. 토지에서 시행하는 건설공사로서 사업면적(매장문화재 유존지역과 제5항제1호 및 제2호에 해당하는 지역의 면적은 제외한다. 이하 이 조에서 같다)이 3만제곱미터 이상인 경우

2. 「내수면어업법」 제2조제1호에 따른 내수면에서 시행하는 건설공사로서 사업면적이 3만제곱미터 이상인 경우. 다만, 내수면에서 이루어지는 골재 채취 사업의 경우에는 사업면적이 15만제곱미터 이상인 경우로 한다.

3. 「연안관리법」 제2조제1호에 따른 연안에서 시행하는 건설공사로서 사업면적이 3만제곱미터 이상인 경우. 다만, 연안에서 이루어지는 골재채취 사업의 경우에는 사업면적이 15만제곱미터 이상인 경우로 한다.

4. 제1호부터 제3호까지의 규정에서 정한 사업면적 미만이면서 다음 각 목의 어느 하나에 해당하는 건설공사로서 지방자치단체의 장이 법 제6조제1항에 따른 매장문화재 지표조사(이하 "지표조사"라 한다)가 필요하다고 인정하는 경우

   가) 과거에 매장문화재가 출토되었거나 발견된 지역에서 시행되는 건설공사

   나) 역사서, 고증된 기록 또는 관련 학계의 연구결과 등에 따르는 경우 문화재가 매장되어 있을 가능성이 높은 지역에서 시행되는 건설공사

   다) 가목 또는 나목에 준하는 지역으로서 지방자치단체의 조례로 정하는 구역에서 시행되는 건설공사

나. 지표조사의 대상에서 예외 되는 사업(시행령 제4조제5항)

위의 규정에도 불구하고 다음 각 호의 어느 하나에 해당하는 건설공사에 대해서는 지표조사를 실시하지 아니하고 건설공사를 시행할 수 있다. 다만, 제1호부터 제3호까지의 경우에는 건설공사의 시행자가 건설공사의 시행 전에 지표조사를 실시하지 아니하고 시행할 수 있는 건설공사임을 객관적으로 증명하여야 한다.

1. 절토(切土)나 굴착으로 인하여 유물이나 유구(遺構) 등을 포함하고 있는 지층이 이미 훼손된 지역에서 시행하는 건설공사

2. 공유수면의 매립, 하천 또는 해저의 준설(浚渫), 골재 및 광물의 채취가 이미 이루어진 지역에서 시행하는 건설공사

3. 복토(覆土)된 지역으로서 복토 이전의 지형을 훼손하지 않는 범위에서 시행하는 건설공사

4. 기존 산림지역에서 시행하는 입목(立木)·죽(竹)의 식재(植栽), 벌채(伐採) 또는 솎아베기

⑥ 문화재 지표조사

문화재지표조사는 법령상으로는 도시정비법 제2조제2호에 따른 정비사업은 동법 제52조에 따른 사업시행계획서 작성 전까지 이행토록 규정하고 있다.

⑦ 문화재 지표조사 처리절차

문화재 지표조사 의뢰(사업시행자 → 문화재전문기관)

▽

문화재 지표조사(문화재전문기관)

▽

문화재 지표조사 보고서 제출(문화재전문기관 → 사업시행자)

▽

문화재 지표조사 심의 요청(사업시행자 → 구의 도시관리과)

▽

문화재 지표조사 심의 요청(사업시행자 → 구의 공원녹지과)

▽

문화재 지표조사 심의 의뢰(구의 공원녹지과 → 시의 문화재과)

▽

문화재 지표조사 심의 요청(시의 문화재과 → 문화재청)

▽

문화재 지표조사 심의(문화재청)

▽

심의 결과통보(문화재청→서울시 문화재과→구의 공원녹지과→구의 도시관리과)

▽

사업시행계획에 반영 통보(구의 도시관리과 → 사업시행자)

제3장.
토지의 수용

1 토지수용의 권한 및 이의신청

토지수용이란 국가 등 행정주체가 토지소유권을 소유자의 의사에 반하여 소멸시키는 것을 말한다. 공공의 필요를 위한 적법한 행정작용으로 인해 재산권이 박탈되는 경우를 수용이라고 하고, 이와 같은 재산권박탈은 정당한 보상을 전제로 가능하다. (헌법 제23조제3항)
사업시행자는 정비구역에서 정비사업(재건축사업의 경우에는 법 제26조제1항제1호 및 제27조 제1항제1호에 해당하는 사업으로 한정한다)을 시행하기 위하여 '공익사업을 위한 토지등의 취득 및 보상에 관한 법률'(이하 '토지보상법' 이라 한다) 제3조의 규정에 의한 토지·물건 또는 그 밖의 권리를 취득하거나 사용할 수 있다. (도시정비법 제63조)

2003.1.1.부터 시행되고 있는 토지보상법은 토지수용의 재결(裁決)에 대하여 불복이 있은 때에는 30일 이내에 중앙토지수용위원회에 이의신청이 가능하며, 토지수용의 재결에 대하여 행정소송을 제기할 때 이의신청을 거치지 않은 경우에는 재결서 수령일부터 60일 이내, 이의신청을 거친 경우 이의신청에 대한 재결서 정본의 수령 일부터 30일 이내에 소송이 가능하도록 이의재결 임의주의를 채택하고 있다.

사업부지 내의 국·공유지를 점유 및 사용하고 있는 경우에는 서울시 도시정비조례 제55조 (국·공유지의 점유·사용 연고권 인정기준 등)제3항에 따라 이를 우선 매수하고자 하는 자는 관리처분계획 인가신청을 하는 때까지 해당 국·공유지의 관리청과 매매계약을 체결하여야 한다.

2 사업인정의 의제

1) 토지취득 및 보상절차(토지보상법 제14조, 제15조, 제16조, 제26조)

정비구역에 위치한 정비사업의 시행을 위한 토지 또는 건축물의 소유권과 그 밖의 권리에 대한 수용 또는 사용에 관하여는 도시 및 주거환경정비법에 특별한 규정이 있는 경우를 제외하고는 「공익사업을 위한 토지 등의 취득 및 보상에 관한 법률(토지보상법)」을 준용한다. 다만, 정비사업의 시행에 따른 손실보상의 기준 및 절차는 대통령령으로 따로 정할 수 있다. (도시정비법 제65조제1항)

[토지수용 절차도]

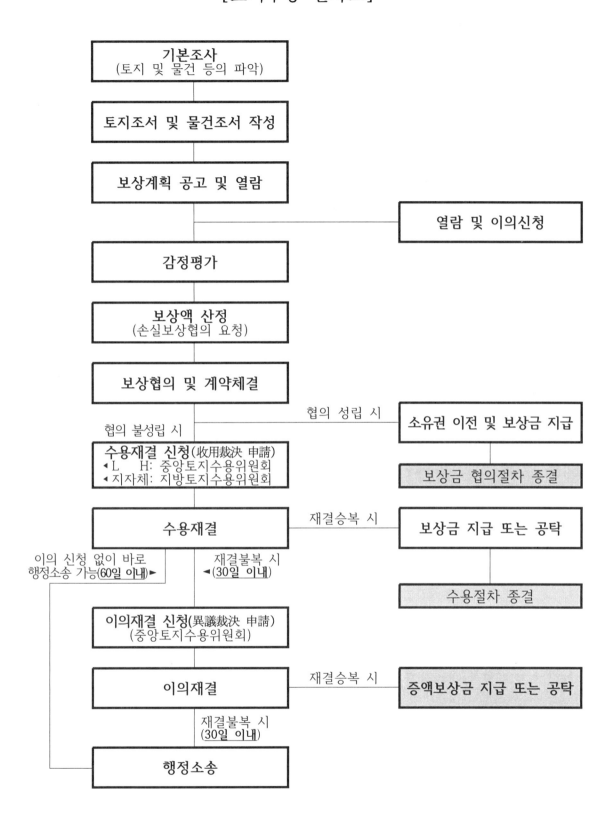

기본조사
(토지 및 물건 등의 파악)

토지조서 및 물건조서 작성

보상계획 공고 및 열람

열람 및 이의신청

감정평가

보상액 산정
(손실보상협의 요청)

보상협의 및 계약체결

협의 성립 시

소유권 이전 및 보상금 지급

협의 불성립 시

수용재결 신청(收用裁決 申請)
◀ LH: 중앙토지수용위원회
◀ 지자체: 지방토지수용위원회

보상금 협의절차 종결

수용재결

재결승복 시

보상금 지급 또는 공탁

이의 신청 없이 바로
행정소송 가능(60일 이내)▶

재결불복 시
◀(30일 이내)

수용절차 종결

이의재결 신청(異議裁決 申請)
(중앙토지수용위원회)

이의재결

재결승복 시

증액보상금 지급 또는 공탁

재결불복 시
(30일 이내)

행정소송

2) 사업인정·고시(事業認定·告示)의 특례

정비구역에 위치한 정비사업의 시행을 위한 토지나 건축물 등의 소유권과 그 밖의 권리에 관한 수용 또는 사용을 위해 「공익사업을 위한 토지 등의 취득 및 보상에 관한 법률: 약칭 **토지보상법」** 을 준용하는 경우 **사업시행인가의 고시**(시장·군수등이 직접 정비사업을 시행하는 경우에는 법 제50조제9항의 규정에 따른 사업시행계획서의 고시를 말한다)**가 있은 때에는 토지보상법 제20조제1항 및 제22조제1항의 규정에 따른 사업인정 및 그 고시가 있은 것으로 본다**. (법 제65조제2항<개정 2021.3.16.>)

3) 재결신청 기간(裁決申請 期間)의 특례

정비구역에 위치한 정비사업의 시행을 위한 **토지나 건축물 등의 소유권과 그 밖의 권리에 관한 수용 또는 사용에 대한 재결의 신청은 토지보상법 제23조 및 동법 제28조제1항에도 불구하고 사업시행인가를 할 때 정한 사업시행기간 내에 이를 행하여야 한다**(법 제65조제3항).

토지보상법은 사업시행자가 토지보상법 제22조제1항에 따른 사업인정고시가 된 날부터 1년 이내에 토지보상법 제28조제1항에 따른 재결신청을 하지 아니한 경우에는 사업인정 및 고시가 된 날부터 1년이 되는 날의 다음 날에 사업인정은 그 효력을 상실한다고 규정하고 있으나, 토지보상법 제28조(사업인정의 실효)제1항, 도시정비법 제65조제3항은 이에 대한 예외규정을 마련하여 사업시행인가에서 수용재결신청기간을 별도로 정할 수 있게 하고, 이 기간 동안 수용재결을 신청할 수 있도록 예외를 인정하고 있다. 수용의 대부분을 차지하고 있는 재개발사업의 경우 사업시행기간의 장기화, 법령의 개폐 또는 분쟁 등을 감안하여 특례조항을 두게 된 것이다.

4) 현물보상의 특례

대지 또는 건축물을 **현물보상하는 경우**에는 토지보상법 제42조제1항의 규정에도 불구하고 도시정비법 제83조에 따른 **준공인가 이후에도 할 수 있다.** (법 제65조제4항)

☐ 토지보상법 제42조(**재결의 실효**)제1항
사업시행자가 수용 또는 사용의 개시일까지 관할 토지수용위원회가 재결한 보상금을 지급하거나 공탁하지 아니하였을 때에는 해당 토지 수용위원회의 재결은 효력을 상실한다.

☐ 사업인정(事業認定)
: 사업인정이란 특정사업이 **토지 등을 수용을 할 수 있는 공익사업에 해당함을 인정하는** '사업인정·고시'를 함으로써 수용 할 목적물의 범위를 확정하고, 수용의 목적물에 관한 현재 및 장래의 권리사에게 대항할 수 있는 일송의 공법상의 물권으로서의 효력을 갖는 것을 말한다. 사업시행자는 토지 등을 수용 또는 사용하고자 하는 때에는 대통령령이 정하는 바에 따라 **국토교통부장관의 사업인정**을 받아야 합니다.

❑ 재결신청(裁決申請)

행정상 법률관계의 존재나 형성에 관해 다툼이 있을 경우에 권한 있는 행정청에 대하여 그 판정을 청구하는 행위를 말한다. 즉 **시심적 쟁송**을 의미한다. 이에 관한 일반법은 없고, 각 개별법의 규정에 의하는 바, 각 법령에 따라 재결신청(裁決申請), 재정신청(裁定申請) 및 결정신청(決定申請) 등으로 사용되며, 토지수용의 경우 사건의 진행절차에 따라 **수용재결 신청(收用裁決 申請)과 이의재결 신청(異議裁決 申請)순으로 진행된다.**

[시심적 쟁송] : 행정쟁송의 단계에 따라 분류한 것으로 행정작용 자체에 대하여 법률관계의 형성이나 존부에 관해 소송을 제기하는 것으로 예로는 **당사자 소송**이 있다. 이에 대칭되는 쟁송은 **복심적 쟁송**으로 이미 행하여진 행정작용에 대한 재심사를 구하는 쟁송으로 행정심판, 행정소송 등의 항고소송이 있다. 이때 당사자 소송이란 대등하게 대립되는 당사자 사이에서의 공법상의 권리관계에 관한 소송을 말한다.

❑ 재결(裁決)

정부가 공익사업을 시행하기 위하여 토지 등을 매수할 때 사업시행자와 토지등소유자 간에 협의매수가 불가능한 경우에는 국가공권력으로 강제 매입하는 수용(收用)절차를 밟게 되는데, 이때 '토지수용위원회'가 제3자의 입장에서 행정처분을 내리는 행위이다.

이를 다른 측면에서 이해하면, 협의불능 또는 협의가 성립되지 않은 때에 관할 토지수용위원회에 의하여 보상금의 지급 또는 공탁을 조건으로 하는 **수용의 효과를 완성하여 주는 형성적 행정처분**(국민에 대하여 특정한 권리나 권리능력, 행위능력, 포괄적인 법률관계 기타 법률상의 힘을 설정하거나 변경 및 소멸시킬 수 있는 행정처분)으로, 사업시행자가 신청하는 수용의 종국적 절차이다. **재결은 사건의 진행절차에 따라 수용재결(收用裁決)과 이의재결(異議裁決)순으로 행정처분이 이루어진다.**

③ 지상권 계약해지 등의 특례

1) 계약해지의 특례

정비사업의 시행으로 인하여 지상권·전세권 또는 임차권의 설정목적을 달성할 수 없는 때에는 그 권리자는 계약을 해지할 수 있다. (법 제70조제1항)

2) 금전반환청구권

계약을 해지할 수 있는 자가 가지는 전세금·보증금, 그 밖의 계약상의 금전의 반환청구권은 사업시행자에게 행사할 수 있다. (법 제70조제2항)

3) 구상권(求償權)

금전의 반환청구권의 행사로 해당 금전을 지급한 사업시행자는 해당 토지등소유자에게 이를 구상할 수 있다. (법 제70조제3항)

4) 건축물 등의 압류

사업시행자는 구상(求償)이 되지 않은 때에는 해당 토지등소유자에게 귀속될 대지 또는 건축물을 압류할 수 있다. 이 경우 압류한 권리는 저당권과 동일한 효력을 가진다. (법 제70조제4항)

5) 계약기간 등에 대한 특례

법 제74조에 따라 '관리처분계획의 인가를 받은 경우'의 지상권·전세설정계약 또는 임대차계약의 계약기간에 대하여는, 민법 제280조·제281조 및 제312조제2항, 주택임대차보호법 제4조제1항, 상가건물임대차보호법 제9조제1항은 적용되지 않는다.(법 제70조제5항)

▢ 토지수용에 따른 참고 법령의 이해(2022.01. 현재)

- **민법 제280조(존속기간을 약정한 지상권)**
  ① 계약으로 지상권의 존속기간을 정하는 경우에는 그 기간은 다음 연한보다 단축하지 못한다.
    1. 석조, 석회조, 연와조 또는 이와 유사한 견고한 건물이나 수목의 소유를 목적으로 하는 때에는 30년
    2. 전호 이외의 건물의 소유를 목적으로 하는 때에는 15년
    3. 건물 이외의 공작물의 소유를 목적으로 하는 때에는 5년
  ② 전항의 기간보다 단축한 기간을 정한 때에는 전항의 기간까지 연장한다.

- **민법 제281조(존속기간을 약정하지 아니한 지상권)**
  ① 계약으로 지상권의 존속기간을 정하지 아니한 때에는 그 기간은 전 조의 최단존속기간으로 한다.
  ② 지상권설정당시에 공작물의 종류와 구조를 정하지 아니한 때에는 지상권은 전 조 제2호의 건물의 소유를 목적으로 한 것으로 본다.

- **민법 제312조(전세권의 존속기간)제2항**
  건물에 대한 전세권의 존속기간을 1년 미만으로 정한 때에는 이를 1년으로 한다.

- **주택임대차보호법 제4조(임대차기간 등)제1항**
  기간을 정하지 아니하거나 2년 미만으로 정한 임대차는 그 기간을 2년으로 본다. 다만, 임차인은 2년 미만으로 정한 기간이 유효함을 주장할 수 있다.

- **상가건물임대차보호법 제9조(임대차기간 등)제1항**
  기간을 정하지 아니하거나 기간을 1년 미만으로 성한 임내자는 그 기간을 1년으로 본다. 다만, 임차인은 1년 미만으로 정한 기간이 유효함을 주장할 수 있다.

제4장. 신탁등기

1 신탁등기의 개념

1) 재건축사업과 신탁등기

일반적인 의미의 신탁이란 신뢰를 기초로 자기의 재산을 믿을 수 있는 사람에게 맡겨 재산을 관리·처분하는 행위이나, 재건축조합에서는 금융기관으로부터 이주비를 대여 받을 경우 근저당권 설정등기와 신탁등기를 하게 된다. 이 신탁행위는 매매나 상속 등을 원인으로 하는 일반적인 '소유권 이전등기'와는 전혀 다른 등기행위로서, 조합을 수탁자로 하여 재건축사업이 완료될 때까지 한시적으로 신탁을 하게 된다. 따라서 조합에서는 위 신탁의 목적인 '재건축 사업의 시행목적' 이외에 아무런 소유권행사를 할 수 없고, 사실상의 소유권행사는 해당 조합원이 하게 되며, 재건축조합은 '수탁자'이고 조합원은 '위탁자' 겸 '수익자'이다. 따라서 건축물이 철거 되고 공사가 진행되는 공사기간의 토지에 관한 세금도 해당 조합원이 부담하게 된다.

이에 반하여 재개발조합은 각 조합원의 소유권이 그대로 인정되므로, 담보설정 시 다른 형태가 채택되고 이는 재개발사업에서의 자금조달에 큰 어려움으로 작용하고 있다.

재건축조합에서는 조합원의 신탁등기에 대해 법령에 명시적으로 규정되어 있지 않음에도 불구하고, 정비사업 시행 중에 조합 이외의 자로부터 재산권이 행사되는 것을 방지하는 등 **조합원의 권리를 보호하거나, 권리배분에서의 편의성 때문에 법령에 명시적인 규정이 없음 에도 불구하고 관례적으로 신탁등기를 시행하여 왔다.** 한편, 신탁법 제22조제1항에 따라 신탁 전의 원인으로 발생한 권리에 대해서는 강제집행이나 경매가 가능하므로 기존대출금이 많은 조합원은 기존대출금을 상환한 후 조합이 선정한 은행으로부터 신규대출을 받을 수 있도록 한다. 이 때문에 일부 조합원에게는 기존대출금의 우선상환(기존대출계약의 중도해지) 등의 문제가 발생되기도 한다.

2) 신탁등기와 자금조달

토지에 대한 신탁행위는 조합원이 가지고 있는 토지 등에 대해 소유권이전에 관한 권한 등을 제외한 사용권 등에 대한 권한을 조합에게 부여하는 행위이다.

조합이 정비사업을 추진하기 위해 필요한 자금의 조달방법은 기존의 재건축사업의 경우 사업계획승인 전후 시공자의 주도로 금융기관으로 부터 자금조달이 이루어져 왔다.

사업계획승인을 받게 되면 조합은 시공자로부터 이주비를 대여 받으면서 근저당권 설정등기와 동시에 신탁등기를 하였다.

이에 반해, 재개발조합은 정비사업 기간 중 조합원 개개인의 소유권이 그대로 인정되므로 시공자의 도움으로 조합원 소유의 재산에 담보권이 설정되는 형태를 취하게 된다.

특히, 도시정비법의 개정으로 종래 자금조달의 주된 역할을 하던 시공자가 조합설립 이후에 선정(법 제29조제4항)되고, 재건축사업 방식의 경우 그 지위도 공동사업자가 아닌 수급자로 **전환**됨에 따라, 조합원 이주비의 대출방법은 '**조합이 주관하여 각 조합원별로 조합원의 토지를 담보로 제공한 후 대출하는 개인담보대출**'의 방법을 취하게 되었다.

다만, 조합이 주관하여 은행을 선정하기 때문에 **집단담보대출의 성격**을 가지며, 지급이자율은 상대적으로 낮아지게 되는 장점이 있는 것이다. 이와 같이 도시정비법이 제정·시행됨에 따라 조합은 원활한 정비사업의 수행을 위하여 조합원 토지에 대해 신탁등기를 통한 소유권의 확보와 그를 활용한 자금조달이 매우 중요한 업무로 대두되었다.

3) 신탁등기와 근저당권

신탁법에서는 "**신탁재산에 대해 강제집행 또는 경매를 할 수 없다. 단, 신탁 전의 원인으로 발생한 권리 또는 신탁사무의 처리상 발생한 권리에 기한 경우에는 예외로 한다.**"고 규정하여 신탁재산에 대한 강제집행 또는 경매불가원칙을 선언하고 있다. (신탁법 제22조제1항)

그러므로 신탁등기 전에 근저당을 설정하였다면 이는 신탁하기 전의 원인으로 발생한 권리이므로 강제집행(경매)을 하는 데는 아무런 문제가 없지만, 신탁등기 후 이주비를 담보로 하는 근저당이 설정되었으면 신탁재산에 대한 강제집행이 불가능하게 된다.

이때, 시공자가 자신의 책임으로 조합원 이주비를 조달한 경우에는 신탁사무의 처리상 필연적으로 발생한 채무로 볼 수 없어 담보권 행사가 제한된다는 이론(理論)이다.

필자가 참여하였던 재건축조합에서는 이미 언급한 바와 같이 조합원의 이주비대출 방법을 조합원 토지를 담보로 하여 개인별로 대출받는 「**개인담보대출**」의 방법을 채택하였다. 따라서 대출금융기관을 조합의 주관으로 공개경쟁입찰을 통해 선정함으로써 금융비용에 대한 많은 절감효과가 있었다. 또한, 준공 후에는 조합원 분담금(**중도금**)에 대해서도 공개경쟁입찰을 통해 대출기관을 선정함으로써 조합원들에게 많은 경제적 이익이 발생되었다.

② 신탁등기 관계 규정

재건축사업의 경우에는 도시정비법에는 물론 '재건축조합 표준정관' 및 '재건축공사 표준계약서(지분제 및 도급제)'에는 조합원의 '<u>소유권이전 및 신탁등기</u>' 의무 규정이 명시적으로 규정되어있지는 않으나 재건축사업을 수행하는 현장의 조합에서는 아래와 같이 이를 포함하는 것이 필요하다.

1) 재건축조합 표준정관의 규정내용

- (건교부 제정)재건축조합 표준정관 제10조(조합원의 권리·의무) 제1항

① 조합원은 다음 각 호의 권리와 의무를 갖는다.

1. 토지 또는 건축물의 분양청구권
2. 총회의 출석권·발언권 및 의결권
3. 임원의 선임권 및 피선거권
4. 대의원의 선출권 및 피선거권
5. 정비사업, 청산금, 부과금과 이에 대한 연체료 및 지연손실금(이주지연, 계약지연, 조합원 분쟁으로 인한 지연 등을 포함한다)등의 비용납부의무
6. 관리처분계획인가에 따른 철거 및 이주의무
7. **조합원은 조합으로의 '소유권이전 및 신탁등기' 의무**
8. 그 밖에 관계 법령 및 이 정관, 총회 등의 의결사항 준수의무

2) 재건축공사 표준계약서의 규정내용

● **도급제 재건축공사 표준계약서 제12조(공부정리 등)**
재건축정비사업 조합설립(재건축결의)에 찬성하지 아니한 구분소유자의 소유권정리, 제 측량에 의한 지적정리, 소유권 이외의 권리(저당권, 임차권, 지상권 등)정리, 건축시설의 준공 후 보존등기 및 기타 **공부정리는 '갑'(조합)의 책임과 비용으로 처리**한다.

● **지분제 재건축공사 표준계약서 제10조(공부정리 등)**
종전 토지 등에 대한 권리정리, 소유권 이외의 권리(저당권, 임차권, 지상권 등)정리, 건축시설의 준공 후 조합원 입주 아파트 및 복리시설의 보존등기는 '갑'(조합) 또는 '갑'의 조합원의 책임과 비용으로 처리하며, 제반 측량에 의한 지적정리, **신탁등기 및 해지비용, 재건축정비사업 조합설립**(재건축결의)에 찬성하지 아니한 자의 소유권확보 등 관련 비용, 건축시설의 준공 후 일반분양분 아파트 및 복리시설의 보존등기비, 기타 공부정리는 '을'(시공자)의 책임과 비용으로 처리한다.

③ 신탁등기의 법적인 효력

1) 강제집행의 금지

채권자가 특정한 조합원에 대한 신탁재산에 대하여 가압류나 경매 등 강제집행을 하고자 하는 경우가 있을 수 있다. 이러한 경우 신탁재산이 보호를 받을 수 있는지는 조합의 사업진행을 좌우할 수 있는 중요한 문제로 대두된다.

신탁재산은 위탁자 개인의 채무로 인해 해당 신탁재산에 대해 가압류·가처분·경매 등의 강제집행을 할 수 없다. 다만, 신탁 전의 원인으로 발생한 권리 또는 신탁사무의 처리상 발생한 권리에 관하여는 예외적으로 강제집행이나 경매를 허용하고 있다(신탁법 제22조 제1항). 따라서 조합에서는 신탁등기를 하면서 신탁등기 이전에 설정된 저당권 등 담보물권과 가압류 등을 모두 말소한 후에 신탁등기를 해야 한다.

2) 신탁의 종료 및 신탁재산의 귀속

재건축을 위한 신탁에서 재건축사업의 종료는 신탁의 목적을 달성한 때이다. 재건축사업이 종료되고 청산절차에서 조합원들이 부담하여야 할 건축비용을 납부하거나 또는 청산금을 지급받게 되면 이때, 선행조건으로 신탁해지를 하면서 동시에 소유권보존등기 또는 소유권이전등기가 끝나게 되는 것이다. (신탁법 제13조 참조)

3) 채권자들의 조합에 대한 조합원권리 보전처분 신청

채권자가 조합원이 재건축조합에 대하여 가지는 권리인 「소유권이전등기청구권」을 대상으로 보전처분(保全處分)을 하는 경우, 채권자가 조합원으로부터 소유권이전등기 청구권을 양도받았거나 또는, 조합원이 장래 취득하게 될 부동산을 미등기전매로 취득하였을 경우에 조합원의 소유권이전등기청구권에 대하여 처분금지가처분을 신청하게 되고, 조합원에 대한 금전채권을 보전하기 위하여 소유권이전등기청구권에 대한 가압류신청을 하게 된다.

4) 종후자산에 대한 가압류 신청

채권자가 조합원의 「소유권이전등기청구권」에 대한 가압류를 신청하는 경우 해당 조합원이 가압류에 대한 이의신청을 하거나 제3채무자인 재건축조합이 제3자 이의신청을 하게 되는데, 가압류의 목적물은 현재 신탁재산이기 때문에 신탁법 제22조제1항에 따라 가압류를 할 수 없다는 주장을 할 수 있다. 그러나 가압류의 대상이 해당 조합원이 조합에 신탁한 종전 토지가 아니라, 해당 조합원의 종후재산에 대한 '소유권이전등기청구권'이므로 신탁법에 따른 제한을 받지 않고 가압류가 가능한 것으로 해석하고 있다.

5) 종후자산에 대한 처분금지가처분

조합은 조합원의 소유권이전등기청구권을 대상으로 처분금지가처분이 신청되는 경우 아래의 원칙에 따라 처리하며, **조합의 정관에도 이와 같은 내용을 포함시키는 것이 필요하다.**

- **종후자산에 대한 가처분의 경우**
  1. 채무자(조합원)는 제3채무자(조합)에 대한 소유권이전등기청구권 즉, 제3채무자의 재건축사업시행에 따라 건축될 아파트에 대한 소유권이전등기청구권을 타인에게 양도하거나 질권의 설정 기타 일체의 처분을 하여서는 아니 된다.
  2. 제3채무자는 채무자의 위 아파트에 대한 소유권이전등기청구권의 양도를 승낙하거나 채무자 이외의 자에게 위 소유권이전등기 절차를 이행하여서는 아니 된다.

- **수분양권을 대상으로 한 가처분의 경우**
  1. 채무자(조합원)는 제3채무자(조합)에 대한 분양청구권 즉, 제3채무자의 재건축사업시행에 따라 건축될 아파트에 대한 분양청구권을 타에 양도하거나 질권의 설정 기타 일체의 처분을 하여서는 이니 된다.
  2. 제3채무자는 채무자의 위 아파트에 대한 분양청구권의 양도를 승낙하거나 관리처분계획 또는 수분양자 대상 명부에 채무자 이외의 자를 분양대상자로 정하여서는 아니 된다.

제5장.
조합원 이주

1 이주대책의 개념

정비사업에서의 이주대책은 직접적으로는 건축물의 철거 및 착공을 위한 전제적인 일이고, 법적인 측면에서는 토지등소유자의 대체주거지를 마련해주기 위해 사업시행자의 법적인 의무로 정하고 있는 것이다. 이러한 이주대책은 원만한 사업진행을 위해 필수적인 것이며, 건축물의 착공을 위해 가장 중요한 단계이다. 건축물이 원만히 비워지지 않는 한 건축물의 철거 및 착공이 불가능한 것이기 때문이다.

도시정비법은 **관리처분계획을 건축물의 철거 이전에 수립**하도록 정하면서, 사업시행자가 **관리처분계획의 인가를 받은 후 기존의 건축물을 철거하도록 명문화하였다**.(법 제81조제2항) 재건축사업에서는 조합원 각자의 동의에 의해 사업이 진행되기 때문에 사업에 동의한 자가 스스로 이주하는 것이 원칙이며, 따라서 이주대책을 수립할 법적인 의무는 없다고 해석된다. 그러나 재개발·주거환경개선사업의 경우에는 타의에 의한 이주로 사업이 진행되기 때문에 이주비지급·임대주택의 공급·주거대책비 등 이주대책의 수립이 법적인 의무사항이다.

1) 정비사업과 이주대책

사업시행자가 도시정비법 하에서 정비사업을 시행하고자 하는 경우에는 사업시행계획서에 정관등과 그 밖에 국토부령이 정하는 서류를 첨부하여 시장·군수등에게 제출하고 사업시행인가를 받아야 하며, 사업시행계획서에는 임시수용시설 설치를 포함한 주민이주대책, 세입자주거대책 및 임대주택의 건설계획 등을 포함하여야 한다(법 제52조제1항 제3호 및 제4호). 따라서 **도시정비법**에서는 각 정비사업의 특성에 맞는 별도의 이주대책을 수립할 의무를 사업시행자에게 부담시키고 있다.

도시정비법상의 주거환경개선사업은 해당 사업지구에 거주하는 주거용 건축물의 소유자나 세입자의 수가 매우 많고 다양하다는 점에서 해당 지구에 거주하는 자만을 이주대책의 대상으로 하여서는 사업시행자체가 불가능한 경향이 있다.
따라서 주거환경개선사업은 새로운 주택을 건설하여 종전주택의 소유자에게 공급하는 것을 그 고유한 목적으로 하고 있으며, 더 나아가 해당 정비구역의 세입자 등도 재정착하는 것을 본래의 목적으로 하고 있다. 즉, 도시정비법은 정비구역에 위치한 세입자를 포함한 모든 주민이 임시수용시설에서 잠시 거주하다가 새로이 건설된 주택으로 재입주하는 것을 전제로 법률체계가 구성되어 있다.

2) 도시 및 주거환경정비법에서 정하는 이주대책

(1) 임시수용시설의 설치

도시정비법은 모든 정비사업 즉 주거환경정비사업, 재개발사업 및 재건축사업에 있어 사업시행자가 사업시행계획서를 작성하는 경우 임시수용시설을 포함한 주민이주대책을 반드시 포함하도록 규정(법 제52조제1항제3호)하는 한편, 임시수용시설 설치는 주거환경 개선사업 및 재개발사업의 경우에만 적용하도록 규정하고 있다. 즉, 사업시행자는 주거환경개선사업 및 재개발사업의 시행으로 철거되는 주택의 소유자 또는 세입자에 대하여 해당 정비구역 안과 밖에 위치한 임대주택 등의 시설에 임시로 거주하게 하거나, 주택자금의 융자알선 등 임시수용에 상응하는 조치를 취해야 한다.(법 제61조제1항)

도시정비법에서는 사업시행자가 주민 이주대책을 수립함에 있어 임시수용시설의 설치 계획 등을 포함하도록 하되, 특히 주거환경개선사업 및 재개발사업의 경우에는 사업 시행자가 임시수용시설의 설치 또는 이에 상응하는 조치 등을 취하도록 별도의 명시적 규정을 두고 있다는 점에서 현행 도시정비법 하에서는 임시수용시설 설치 등의 의무는 공법상 의무로서 사업시행자의 정관등에 따라 이를 면제할 수 없다고 해석하고 있다. 다만, 사업현장의 실무에서는 정비구역 인근에 임시수용시설 등을 설치할 부지가 거의 없고 임시수용시설 설치 후 철거 등의 어려움을 감안하여 임시수용시설을 실제로 설치 하는 경우는 거의 없으며, 대부분 사업시행자가 주택자금을 융자 알선하는 것으로 임시수용시설 설치에 갈음하고 있다.

(2) 주거환경개선사업과 재개발사업에서의 주택공급

주거환경개선사업이나 재개발사업은 일반적으로 토지보상법상 이주대책의 대상이 되는 주거용 건축물의 소유자로서 해당 공익사업지구에 거주하는 자 뿐만 아니라 해당 공익사업지구(정비구역)에 거주하지 않고 있는 주거용 건축물의 소유자에게도 새로운 주택을 공급받을 수 있도록 하고 있다. 더 나아가 주거환경개선사업이나 재개발사업은 건축물뿐만 아니라 토지의 소유자에게도 주택을 공급하게 되는데 이는 주거환경개선 사업이나 재개발사업을 통하여 하나의 주택단지가 조성되면 별도의 단독필지로 환지해줄 방법이 없기 때문에 새로운 건축물에 대한 구분소유권과 부속토지에 대한 공유지분 으로 권리를 변환할 수밖에 없다.

한편, 주거환경개선사업이나 재개발사업 모두 해당 정비구역의 주거용 건축물 소유자 에게 새로운 주택을 건설하여 공급한다는 점에서는 차이가 없지만 그 공급방식에 있어서는 상호 현저한 차이를 보인다.

재개발사업은 관리처분계획방식을 통하여 주택을 공급하는 것으로 비록 사업시행자가 새로운 주택을 건설하여 조합원에게 개별 공급하는 형식을 취하는 것처럼 보이나 그 실질은 종전 건축물의 소유권이 새로이 건설된 공동주택의 구분소유권과 그 부속토지의 공유지분의 형태로 이전되는 것이다. 따라서 재개발사업의 경우에는 주거용 건축물의 소유자이기만하면 새로운 주택을 공급받을 수 있는 것이 원칙이기 때문에 별도의 공급 제도가 필요 없다.

한편, 주거환경개선사업은 공공사업시행자로 하여금 일단 **정비구역의** 토지 등을 협의매수나 수용을 통하여 모두 취득한 후 공동주택을 건설하여 도시정비법 시행령상의 직접적인 규정에 따라 토지등소유자에게 새로운 주택을 공급하는 형식을 취하고 있으며, 사업시행자에게 국·공유지의 무상양여, 각종 건축기준의 적용완화 등을 통하여 사업성을 보완해주고 있어, 이로 인한 투기발생가능성 등을 고려하여 **정비구역지정 공람공고일 또는 시장·군수등이 해당 구역의 특성에 따라 필요하다고 인정하여 시·도지사의 승인을 얻어 따로 정한 날(이하 "기준일") 현재,** 해당 **주거환경개선사업**을 위한 정비구역에 주택이 건설될 토지 또는 철거예정인 건축물을 소유한 자에게 주택을 공급하도록 한정하고 있다. 이와 같이 시행령 [별표 2](영 제66조 관련)에서 규정하고 있는 점이 **재개발사업과는 다른 점이다.** (시행령 [별표 2] 제2항 가호)

(3) 이주정착금의 지급

재개발사업에 반대하여 분양신청을 하지 않는 등의 사정으로 주거용 건축물을 수용당한 소유주나 주거환경개선사업에 있어 주택의 공급을 신청하지 아니한 주거용 건축물의 소유자에게 사업시행자가 토지보상법상으로는 이주정착금의 지급의무가 있는지 여부는 도시정비법상 명확하지 않다. 그러나 토지보상법에 '이주대상자가 이주정착지가 아닌 다른 지역으로 이주하고자 하는 경우에 이주정착금을 지급하도록 규정하고 있다는 점(토지보상법 제41조제2호)을 고려하여 사업시행자가 이주정착금의 지급의무를 부담하는 것으로 해석하는 것이 바람직할 것이다. 다만, 이주정착금의 지급은 실제로 이주하는 자를 대상으로 한다는 점에서 주거용 건축물 소유자로서 실제 거주하던 자만을 대상으로 하여야 한다.

3) 재건축사업에서의 이주대책

재건축사업은 재개발사업과 달리 수용재결처분을 통한 공용수용방식을 취하지 않고, 민사소송의 형태인 매도청구소송을 통해서 재건축사업에 반대하는 토지등소유자의 재산권을 박탈한다는 점에서 토지보상법이 적용되거나 준용될 여지가 없고, 이주대책에 관한 조문역시 적용되지 않는다고 보는 것이 일반적인 견해다. 하지만 사업시행자가 작성하여 시장·군수등의 인가를 받아야 하는 사업시행계획서의 내용에는 임시수용시설을 포함한 주민이주대책, 세입자의 주거대책 및 임대주택의 건설계획 등을 포함하도록 규정되어 있다. (법 제52조제1항제3호)

한편, 임시수용시설의 설치 등에 관한 조문인 도시정비법 제61조(임시거주시설·임시상가의 설치 등)에는 재건축사업의 임시수용시설의 설치에 대한 명시적인 규정이 없고, 토지보상법 령상 해당 규정이 준용될 여지도 없어 사업시행자에게 이주정착금 지급의무가 있다고 해석할 수는 없을 것이다.

2 세입자 보상

1) 세입자의 유형

(1) 생활권보상과 세입자

전통적으로 수용과 보상에 있어서 사법상 권리로 인정되지 않는 것들은 보상의 대상에 포함되기 어려웠고 특히 세입자의 권리는 보상의 대상에서 제외되는 것이 원칙이었다. 그 후에 생활권보상이라는 개념이 도입되고 명확하게 금전적인 가치로 환산하기 어려운 각종 생활상의 불이익이 토지보상법상의 보상내용에 도입되었는데 그 중의 상당한 부분은 세입자를 대상으로 제도화된 것들이었다.

(2) 주택세입자와 상가세입자

공익사업과 관련하여 보상의 대상이 될 수 있는 세입자는 보상의 내용과 관련해서 크게 주택세입자와 상가세입자로 분류된다. 주택세입자는 이른바 철거민으로 불리며 사업의 강력한 반대세력을 형성하였고 이들에 대한 생활권보상이 점차 확대되고 있다. 한편, 상가세입자는 주로 재개발사업에 의한 도심지에서의 정비과정에 다수 존재하지만, 재산권침해의 범위를 확정하는 것이 쉽지 않고 민사적 권리도 불분명한 경우가 많아 주택세입자에 비해 상대적으로 보상의 범위가 넓지 않다. 물론, 상가세입자에 대해서도 폐업보상 등 영업손실보상이 이루어지지만, 권리금·시설비보상 등은 아직도 불충분한 상태이다. 또한, 주거세입자에게 제공되는 임대아파트에 상응하는 보상수단은 상가 세입자에 대해서는 마련되기 어렵다. 따라서 현재는 상가세입자에 의한 사회문제가 점차 증대되고 있다.

(3) 사업추진 찬성 조합원의 세입자와 반대 조합원의 세입자

도시정비법상 재개발사업에 반대하여 분양신청을 하지 않은 조합원에 대해서는 **수용재결**이 내려지게 되고, **수용재결**이 내려지면 토지보상법이 정하는 보상금액이 지불될 수 있다. 따라서 반대하는 조합원의 세입자에 대해서도 토지보상법에 의한 **수용재결**이 내려질 수 있고 손실보상의 내용이 수용재결속에 포함하여 같이 정해질 수 있다.

그러나 찬성하는 조합원은 조합의 구성원으로서 조합에게 소유권을 이전해야할 의무가 있을 뿐, 분양신청을 한 조합원에 대해 수용재결이 내려지거나 손실보상을 해줄 수 있는 법률상의 근거는 없다. 찬성하는 조합원은 분양신청을 하기 때문에 도시정비법상 수용권이 발동될 수 있는 대상도 아니고, 이는 이론상 찬성하는 조합원의 세입자에 대한 경우도 마찬가지다.

(4) 재건축사업 세입자와 재개발사업 세입자

재건축사업에서는 조합설립동의에 찬성하지 않은 자의 소유권과 그 밖의 권리에 대해 도시정비법 제64조제4항을 근거로 매도할 것을 청구할 수 있게 된다. 따라서 재건축 사업에 대해서는 처음부터 토지보상법이 준용될 수 있는 길이 막혀 있으며, 토지보상법이 정하고 있는 세입자에 대한 생활권보상 조항은 재건축사업 세입자에 대해 아무런 의미도 같지 못한다. 따라서 재건축에 찬성하는 조합원의 세입자에 대한 처리는 전적으로 해당 조합원의 책임 하에 진행되고 있다.

2) 세입자 보상내역

(1) 세입자에 대한 일반적인 보상

도시정비법과 토지보상법에 의한 손실보상은 토지등소유자에 대한 보상을 위주로 규율되어 있지만, 개별적인 필요에 따라 토지보상법이나 주택법 등에 의해 세입자에 대한 각종 생활권 보상조항들이 불규칙적으로 마련되어 있다. 세입자에 대한 생활권 보상은 주택세입자에 대한 주거이전비·국민임대주택의 특별공급·상가세입자에 대한 영업손실보상 등을 포괄한다.

(2) 영업 손실보상

토지보상법은 주택세입자에 대해 주거이전비·임대아파트의 공급 등과 같은 적극적이고 구체적인 보상내용을 정하고 있는 반면, 상가세입자에 대한 보상은 최소한에 그치고 있다. 토지보상법상 영업손실의 보상은 공익사업으로 인해 잃게 되는 상가세입자의 일실이익(逸失利益)을 보전(補塡)해주는 형태이고 **휴업보상과 폐업보상으로 구성**된다. 영업손실의 보상은 특히 적법한 건축물에서 이루어지는 적법한 영업을 전제로 한다는 점에서 주택세입자에 대한 보상과 차이점을 보인다(토지보상법 시행규칙 제45조). 또한, 영업손실액의 산정은 영업이익을 기준으로 한다.(동법 시행규칙 제46조제1항 및 제3항)

주) 일실이익(逸失利益)

: 손해배상의 대상이 되는 손해가운데 손해배상청구의 발생사실이 없었다면 얻을 수 있었다고 생각되는 이익을 의미한다. 예를 들어 사고로 생명을 잃었을 때에 사고가 없었다면 사망자가 어느 정도의 수입을 올렸을 것인가를 상정하여 산출한 손해액이다.

❐ 영업의 손실 등에 대한 평가 관계 법령

(「공익사업을 위한 토지 등의 취득 및 보상에 관한 법률(약칭: 토지보상법) 시행규칙」 기준)

- 토지보상법 시행규칙 제45조(영업손실의 보상대상인 영업)

(토지보상)법 제77조제1항에 따라 영업손실을 보상하여야 하는 영업은 다음 각 호 모두에 해당하는 영업으로 한다. (개정 2015.4.28.)

1. 사업인정고시일등 전부터 적법한 장소(무허가건축물등, 불법형질변경토지, 그 밖에 다른 법령에서 물건을 쌓아놓는 행위가 금지되는 장소가 아닌 곳을 말한다)에서 인적·물적시설을 갖추고 계속적으로 행하고 있는 영업. 다만, 무허가건축물등에서 임차인이 영업하는 경우에는 그 임차인이 사업인정고시일등 1년 이전부터 「부가가치세법」 제8조에 따른 사업자등록을 하고 행하고 있는 영업을 말한다.

2. 영업을 행함에 있어서 관계 법령에 의한 허가등을 필요로 하는 경우에는 사업인정 고시일등 전에 허가등을 받아 그 내용대로 행하고 있는 영업

- 토지보상법 시행규칙 **제46조(영업의 폐지에 대한 손실의 평가 등)**
  ① 공익사업의 시행으로 인하여 영업을 폐지하는 경우의 **영업손실은 2년간의 영업이익** **(개인영업인 경우에는 소득을 말한다. 이하 같다)에 영업용 고정자산·원재료·제품 및** **상품 등의 매각손실액을 더한 금액으로 평가한다.**
  ② 제1항에 따른 영업의 폐지는 다음 각 호의 어느 하나에 해당하는 경우로 한다.
  1. 영업장소 또는 배후지(해당 영업의 고객이 소재하는 지역을 말한다. 이하 같다)의 특수성으로 인하여 해당 영업소가 소재하고 있는 시·군·구(자치구를 말한다. 이하 같다) 또는 인접하고 있는 시·군·구의 <u>지역 안</u>의 다른 장소에 이전하여서는 해당 영업을 할 수 없는 경우
  2. 해당 영업소가 소재하고 있는 시·군·구 또는 인접하고 있는 시·군·구의 <u>지역 안</u>의 다른 장소에서는 해당 영업의 허가등을 받을 수 없는 경우
  3. 도축장 등 악취 등이 심하여 인근주민에게 혐오감을 주는 영업시설로서 해당 영업소가 소재하고 있는 시·군·구 또는 인접하고 있는 시·군·구의 <u>지역 안</u>의 다른 장소로 이전하는 것이 현저히 곤란하다고 특별자치도지사·시장·군수 또는 구청장(자치구의 구청장을 말한다)이 객관적인 사실에 근거하여 인정하는 경우
  ③ 제1항에 따른 영업이익은 해당 영업의 최근 3년간(특별한 사정으로 인하여 정상적인 영업이 이루어지지 아니한 연도를 제외한다)의 평균 영업이익을 기준으로 하여 이를 평가하되, 공익사업의 계획 또는 시행이 공고 또는 고시됨으로 인하여 영업이익이 감소된 경우에는 해당 공고 또는 고시일 전 3년간의 평균 영업이익을 기준으로 평가한다. 이 경우 개인영업으로서 최근 3년간의 평균 영업이익이 다음 산식에 의하여 산정한 연간 영업이익에 미달하는 경우에는 그 연간 영업이익을 최근 3년간의 평균 영업이익으로 본다.
  「연간 영업이익 =「통계법」제3조제3호에 따른 통계작성기관이 같은 법 제18조에 따른 승인을 받아 작성·공표한 제조부문 보통 인부의 노임단가×25(일) × 12(월)」
  ④ 제2항에 불구하고 사업시행자는 영업자가 영업의 폐지 후 2년 이내에 해당 영업소가 소재하고 있는 시·군·구 또는 인접하고 있는 시·군·구의 <u>지역 안</u>에서 동일한 영업을 하는 경우에는 영업의 폐지에 대한 보상금을 환수하고 제47조에 따른 영업의 휴업 등에 대한 손실을 보상하여야 한다.
  ⑤ 제45조제1호 단서에 따른 임차인의 영업에 대한 보상액 중 영업용 고정자산·원재료·제품 및 상품 등의 매각손실액을 제외한 금액은 제1항에 불구하고 1천만 원을 초과하지 못한다.

- 토지보상법 시행규칙 **제47조(영업의 휴업 등에 대한 손실의 평가)**
  ① 공익사업의 시행으로 인하여 영업장소를 이전하여야 하는 경우의 영업손실은 휴업기간에 해당하는 영업이익과 영업장소 이전 후 발생하는 영업이익감소액에 다음 각 호의 비용을 합한 금액으로 평가한다. <개정 2014.10.22.>
  1. 휴업기간 중의 영업용 자산에 대한 감가상각비·유지관리비와 휴업기간 중에도 정상적으로 근무하여야 하는 최소인원에 대한 인건비 등 고정적 비용
  2. 영업시설·원재료·제품 및 상품의 이전에 소요되는 비용 및 그 이전에 따른 감손상당액
  3. 이전광고비 및 개업비 등 영업장소를 이전함으로 인하여 소요되는 부대비용

② 제1항의 규정에 의한 휴업기간은 4개월 이내로 한다. 다만, 다음 각 호의 어느 하나에 해당하는 경우에는 실제 휴업기간으로 하되, 그 휴업기간은 2년을 초과할 수 없다. <개정 2014.10.22.>

1. 해당 공익사업을 위한 영업의 금지 또는 제한으로 인하여 4개월 이상의 기간 동안 영업을 할 수 없는 경우
2. 영업시설의 규모가 크거나 이전에 고도의 정밀성을 요구하는 등 해당 영업의 고유한 특수성으로 인하여 4개월 이내에 다른 장소로 이전하는 것이 어렵다고 객관적으로 인정되는 경우

③ 공익사업에 영업시설의 일부가 편입됨으로 인하여 잔여시설에 그 시설을 새로이 설치하거나 잔여시설을 보수하지 아니하고는 그 영업을 계속할 수 없는 경우의 영업손실 및 영업규모의 축소에 따른 영업 손실은 다음 각 호에 해당하는 금액을 더한 금액으로 평가한다. 이 경우 보상액은 제1항에 따른 평가액을 초과하지 못한다.

1. 해당 시설의 설치 등에 소요되는 기간의 영업이익
2. 해당 시설의 설치 등에 통상 소요되는 비용
3. 영업규모의 축소에 따른 영업용 고정자산·원재료·제품 및 상품 등의 매각손실액

④ 영업을 휴업하지 아니하고 임시영업소를 설치하여 영업을 계속하는 경우의 영업손실은 임시영업소의 설치비용으로 평가한다. 이 경우 보상액은 제1항의 규정에 의한 평가액을 초과하지 못한다.

⑤ 제46조제3항 전단은 이 조에 따른 영업이익의 평가에 관하여 이를 준용한다. 이 경우 개인영업으로서 휴업기간에 해당하는 영업이익이 「통계법 제3조제3호에 따른 통계작성기관이 조사·발표하는 가계조사통계의 도시근로자가구 월평균 가계지출비를 기준으로 산정한 3인 가구의 휴업기간 동안의 가계지출비(휴업기간이 4개월을 초과하는 경우에는 4개월분의 가계지출비를 기준으로 한다)에 미달하는 경우에는 그 가계지출비를 휴업기간에 해당하는 영업이익으로 본다.(개정 2014.10.22.)

⑥ 제45조제1호 단서에 따른 임차인의 영업에 대한 보상액 중 제1항제2호의 비용을 제외한 금액은 제1항에 불구하고 1천만 원을 초과하지 못한다.

⑦ 제1항 각호 외의 부분에서 영업장소 이전 후 발생하는 영업이익 감소액은 제1항 각호 외의 부분의 휴업기간에 해당하는 영업이익(제5항 후단에 따른 개인영업의 경우에는 가계지출비를 말한다)의 100분의 20으로 하되, 그 금액은 1천만 원을 초과하지 못한다. (신설 2014.10.22)

3) 정비사업과 세입자 보상

(1) 재개발사업과 세입자보상

① 재개발사업에서의 수용요건

재개발사업은 강제가입제를 원칙으로 하기 때문에 정비사업구역이 지정되고 조합이 설립되면 토지등소유자는 조합설립에 대한 동의여부와 관계없이 조합원이 된다. 이들 조합원 중 과소토지소유자, 분양신청을 하지 않은 자 등이 **관리처분계획에서 청산대상 조합원으로 정해지고** 이들은 현금청산의 절차를 거쳐(도시정비법 제73조) 종국적으로

수용재결의 대상이 된다. 도시정비법상 **사업시행의 인가 고시가 있은 때에는 토지보상법 제20조제1항 및 제22조제1항에 따른 사업인정 및 고시가 있는 것으로 본다**(법 제65조제2항). **따라서 사업시행인가에 의해 사업에 반대하는 토지등소유자의 재산권을 박탈할 수 있는 법적 근거가 마련되는 것이다.** 토지등소유자에 대한 수용 및 보상의 절차는 토지보상법의 절차를 준용하는 것이 원칙이다. (도시정비법 제65조)

② 청산조합원 세입자의 수용

정비사업에서의 세입자는 수용을 당하는 세입자와 수용의 법적 근거가 없는 세입자로 대별된다. 재개발사업의 세입자 중 사업을 반대하는 조합원의 세입자에 대해서는 임대차 계약 등의 근거가 되는 건축물에 대한 수용 및 보상의 근거조항이 있으므로 이를 통해 토지보상법이 바로 적용되는 것으로 해석할 수 있다. 따라서 수용대상자의 주택이나 상가에 살고 있는 세입자에 대해서도 토지보상법의 조항에 따라 주거이전비, 영업손실 보상 등이 이루어질 수 있다. 즉, 수용의 근거조항이 있는 세입자에 대해서는 원칙적으로 별도의 수용재결이 내려져야 하며, 만약 수용재결이 이루어지지 않는 경우에는 **민사소송이 아닌 공법상의 당사자소송**에 의해 주거이전비나 영업손실보상을 청구해야 한다.

주) 「공법상의 당사자소송」이란

[요약] : 대등하게 대립되는 당사자 사이에서의 **공법상의 권리관계**에 관한 소송

일반적으로 공법상의 권리관계에 관한 분쟁이 있는 경우에는 그에 관하여 먼저 권한 있는 행정청의 재결 등을 구한 후에 그에 대하여 불복이 있는 경우에 항고소송의 형식으로 그에 대한 취소 또는 변경을 구하기 위한 행정소송을 제기하는 것이 보통이므로 당사자 소송의 예는 그리 많지 않다. 그러나 행정청에 대한 재결 등의 신청이 인정되지 않는 경우에는 각개 법률의 특별규정에 의하거나 또는 각 법률에 특별규정이 없더라도 법률적 쟁송(爭訟)인 것인 한, 행정소송법상의 개괄주의(槪括主義)에 의하여 당사자 소송을 제기할 수 있다. 당사자 소송의 예로는 공법상의 손실보상청구소송(損失補償請求訴訟), 공무원의 급여청구소송, 국회의원의 세비청구소송, **행정행위의 무효를 이유로 하는 소유권 확인** 또는 부당이득 반환청구소송 등이 있다.

③ 찬성조합원 세입자의 수용

재개발사업에 찬성하는 조합원의 경우에는 조합정관에 따라 건축물을 자진철거하거나 최소한 자신의 건축물을 비워줘야 할 의무가 발생한다. 이들은 사업에 찬성하는 자들로서 토지보상법상 수용대상이 아니며 오히려 사업시행자인 조합을 구성하는 조합원이므로 실질적으로 사업시행자에 가까운 법적 지위를 갖는다. 따라서 찬성하는 조합원은 사업의 성공적인 시행을 위하여 자신의 종전자산을 출자하고 사업비용을 분담하며, 사업의 성공으로 인해 새로 건설되는 아파트를 분양받을 수 있는 공법상의 지위를 누리기 때문이다. 따라서 찬성조합원의 세입자 보상에 대한 근거는 아직 마련되지 않은 상태이다.

④ 조합정관과 세입자보상

국토교통부에서 재개발사업을 지도하기 위해 제정한 표준정관과 그에 따른 재개발현장의 정관들에는 '사업시행에 따른 손실보상에 관하여는 도시정비법 및 토지보상법에 관한 법률을 준용 한다'는 조항이 마련되어 있고(재개발조합 표준정관 제37조),

이 조항을 확대 해석하면 조합원의 세입자에 대해서도 정관을 통해 토지보상법상의 보상조항이 준용될 수 있다. 그러나 동조 제2항(표준정관 제37조제2항)의 명시적인 조항에도 불구하고 협의가 성립하지 않은 찬성조합원의 세입자에 대해 수용재결을 신청할 수 있는지는 매우 의심스럽다는 것이 일반적인 해석이다.

⑤ 협의성립이 되지 않은 세입자에 대한 처리

찬성조합원의 세입자들은 법령상 명시적인 수용대상자로 정해져 있지 않은 상태에서 표준정관에 의해 단순보상자로만 정해져 있다. 도시정비법과 토지보상법이 정하는 수용대상자는 엄격하게 해석해야 하므로 찬성하는 조합원의 세입자에 대해 수용권이 수권되어 있다고 보기 어렵다. 그러므로 정관에 의해 보상대상자로 정해진 세입자에 대해서는 협의를 통하여 보상할 수 있을 뿐이며, 협의가 성립되지 않는다는 이유로 수용권이 발동될 수는 없다 할 것이다.

(2) 재건축사업과 세입자보상

① 재건축사업에서의 소유권박탈[법 제64조(재건축사업에서의 매도청구)]

재건축사업은 재개발사업과는 달리 토지등소유자의 개발이익을 위한 사적인 개발사업의 성격이 강하다. 따라서 토지수용권을 부여할 명분이 없었으나, 도시정비법이 2017년 2월 8일 '전부개정'되면서 재건축사업에서 배제할 수 있는 제도가 마련되었다.

② 매도청구소송과 세입자

도시정비법이 2017년 2월 8일 '전부개정'되면서 법 제64조에 재건축사업의 사업시행자가 직접 매도청구를 할 수 있도록 하였다. (도시정비법 제64조제4항)

재건축사업에 반대하여 토지소유권을 잃게 되는 토지등소유자는 ① 「조합설립」에 동의하지 아니한 자, ② 「시장·군수등, 토지주택공사등 또는 신탁업자」의 사업시행자 지정에 동의하지 아니한 자로서 이들은 일정한 절차를 거쳐 매도청구소송을 통해 정비사업에서 배제된다. 매도청구소송에서 소유권박탈의 대가로서 정해지는 보상은 토지등소유자에 대한 보상만을 의미하므로, 매도청구소송에서 세입자에 대한 보상이 이루어질 수 있는 가능성은 전혀 없다. 특히, 찬성하는 조합원에 대해서는 매도청구소송도 제기하지 않으므로 그들의 세입자에 대한 보상이 불가능한 것은 물론이다. 이 문제를 더욱 확실히 하기 위해 **각 조합의 정관에는 '세입자는 각 해당 조합원이 해당 조합원의 비용으로 해결한다.'라는 규정을 추가할 필요가 있으며**, 조합원과 합의가 되지 않은 세입자에 대해서는 사업의 신속한 추진을 위해 도시정비법 제70조(지상권 등 계약의 해지)제1항 내지 제4항을 원용하여 조합이 해당 세입자에 대한 문제를 해결하기도 한다.

③ 명도소송과 세입자 보상

1) 명도소송의 근거

정비사업의 세입자가 정당한 보상을 요구하며 건축물에 대한 점유를 풀지 않는 경우 그에 대한 정당한 행정수단은 존재하지 않는다. 따라서 정비사업의 시행자가 세입자의 건물을 인도받기 위해서는 불가피하게 명도소송을 제기하게 되는데, 그 법적근거는 도시정비법 제81조제1항이다. 동 조항은 관리처분계획의 인가·고시 후 소유자, 전세권자, 임차권자 등의 사용·수익권을 도시정비법 제86조의 규정에 의한 **이전의 고시**가 있는 날까지 정지시키고 있으므로 명도청구의 근거로 이용되고 있다.

2) 사용·수익의 중지

정비사업을 추진하기 위해서는 사업부지의 조합원이나 주택세입자 및 상가세입자등에 대해 해당 물건에 대한 사용이나 이를 이용한 수익행위를 우선 정지시킬 필요가 발생된다. 따라서 이를 중지시킬 수 있는 법적인 제도가 도시정비법 제70조(지상권 등 계약의 해지)에 마련되었으며, **관리처분계획의 인가로 사용·수익이 중지되도록** 하였다.

3) 점유이전과 수용소송(收用訴訟)

(1) 세입자점유권의 수용
토지보상법 및 도시정비법에는 세입자에게 소유권 이외의 생활권에 대해 보상을 정하고 있다. 그러므로 사업시행자의 세입자에 대한 명도소송에서 시행자가 요구하는 점유이전은 세입자와의 관계에서는 '수용'을 의미하며, 그 소송의 본질은 결국 수용소송이다.

(2) 수용소송과 보상
법원이 세입자의 생활권을 수용할 것을 명하는 수용판결을 내리고자 하는 경우에는 헌법이 정하는 바에 따라 정당한 보상에 대한 판단도 병행한다. 정당한 수용절차에서 **사업시행자는 보상액을 먼저 공탁해야 하며** 관할 토지수용위원회가 재결한 보상금을 지급하거나 공탁하지 아니하였을 때에는 해당 토지수용위원회가 행한 행정처분인 재결(裁決)이 실효되므로 **보상과 명도는 동시이행의 관계에 있다고** 해석해야 할 것이다. [토지보상법 제42조(재결의 실효)]

(3) 소유자에 대한 명도소송
현장에 따라서는 세입자에 대한 보상을 피하기 위해 조합이 직접 명도소송을 제기하지 않고 조합원 명의로 명도소송을 제기하거나 조합이 조합원의 권리를 대위(代位)해서 명도소송을 제기하는 경우가 있다. 그러나 건물의 소유자 역시 관리처분계획의 인가로 사용·수익권을 잃게 되기 때문에 점유의 이전을 청구할 수 없다는 해석이다.

4 손실보상 및 이주대책에 관한 규정

1) 손실보상에 관한 규정

(1) 보상협의

주거환경개선사업 및 재개발사업에 따른 임시수용시설을 위하여 공공단체(지방자치단체는 제외) 또는 개인의 시설이나 토지를 일시 사용함으로써 손실을 받은 자가 있는 경우 사업시행자는 그 손실액을 보상해야 하며, 손실을 보상함에 있어서는 손실을 받은 자와 협의하여야 한다. (법 제62조제1항)

공공단체란 국가로 부터 존립목적이 부여된 법인으로서 지방자치단체 등을 포함한 공법인으로 단순한 행정기관과 달리 법인격이 부여되어 있는 단체이다. 공공단체의 종류로는 지방자치단체(특별시·광역시·도, 시·군·자치구 등), 공공목적으로 결성된 공공의 조합과 영조물법인(營造物法人:한국가스공사, 한국도로공사, 한국은행 등과 같이 공익적 성격을 가진 법인)인 공적 재단법인이 있다.

(2) 재결신청(裁決申請)

사업시행자 또는 손실을 받은 자는 손실보상의 협의가 성립되지 않거나 협의 할 수 없는 경우에는 토지보상법 제49조에 따라 설치되는 관할 토지수용위원회에 재결을 신청할 수 있다. (법 제62조제2항)

(3) 토지보상법의 준용

손실보상은 도시정비법상에 규정된 것을 제외하고는 「공익사업을 위한 토지 등의 취득 및 보상에 관한 법률」(약칭: 토지보상법)을 준용한다. (법 제62조제3항)

토지보상법을 준용함에 있어서 사업시행인가의 고시(시장·군수등이 직접 정비사업을 시행하는 경우에는 사업시행계획서의 고시를 말한다)가 있은 때에는 토지보상법 제20조 제1항 및 제22조제1항에 따른 사업인정 및 그 고시가 있는 것으로 본다. (법 제65조제2항) 수용 또는 사용에 대한 재결의 신청은 토지보상법 제23조 및 동법 제28조제1항에 불구하고 사업시행인가를 할 때(사업시행계획변경인가를 포함한다) 정한 사업시행기간 이내에 하여야 한다(법 제65조제3항). 대지 또는 건축물을 현물보상 하는 경우에는 토지보상법 제42조에 불구하고 법 제83조에 따른 준공인가 이후에도 할 수 있다(법 제65조제4항).

2) 이주대책에 관한 규정

(1) 임시수용시설의 설치

- 도시정비법 제52조에서는 주민 이주대책의 경우 임시수용시설을 포함하도록 명시되어 있으나, 세입자에 대한 주거대책의 경우에는 임시수용시설이 포함되어있지 않다.
- 도시정비법 제61조에서는 주거환경개선사업 또는 재개발사업의 경우 사업시행자로 하여금 철거되는 주택의 소유자 또는 세입자에 해당 정비구역과 밖에 위치한 임대

주택 등의 시설에 임시로 거주하게 하거나 주택자금의 융자를 알선하는 등 임시거주에 상응하는 조치를 하여야 한다.

- 실무에서는 세입자에게 주거이전비의 지급만으로 그 의무를 다하는 것으로 본다.
- 토지보상법에서는 원래 임시수용시설 설치 등의 의무가 부여되어 있지 않아 주거이전비의 지급만으로 보상이 완료된 것으로 본다.

(2) 임대아파트의 공급

- 재개발·도시환경정비사업에 의해 철거되는 주택의 세입자에게는 주택법 제20조의 특별규정에 따라 국민임대주택을 특별 공급할 수 있도록 특례조항이 마련되어 있다.
- 현행 도시정비법령에서 정하는 **공공임대주택**은 <u>주거환경개선사업</u>의 경우 건설하는 주택 전체 세대수의 100분의 30 이하, 주거전용면적이 40m² 이하인 공공임대주택이 전체 공공임대주택 세대수의 100분의 50 이하가 되도록 하고(영 제9조제1항제1호), **재개발사업**의 경우 전체 세대수의 <u>100분의 20 이하</u>, 주거전용면적이 40m² 이하인 임대주택이 전체 임대주택세대수의 100분의 40 이하가 되도록 규정하고 있다. (영 제9조제1항제2호)
- **재건축사업의 경우 사업시행자가 판단하여** 정비계획으로 정하여진 용적률을 초과하여 법정상한 용적률까지 건축하는 경우 일정규모의 국민주택규모 주택(장기임대주택)을 건설 할 수 있도록 규정하고 있다. (법 제54조, 제55조제4항),(**제2편-제2장-제2절-제2항 참조**)

(3) 주거이전비의 지급

공익사업의 시행으로 인하여 이주하게 되는 주거용 건축물의 세입자로서 사업인정 고시일 등 당시 또는 공익사업을 위한 관계 법령에 의한 고시 등이 있은 당시, 해당 공익사업시행지구에서 3월 이상 거주한 자에 대하여는 가구원 수에 따라 4개월분의 주거이전비를 보상하여야 한다. 다만, 무허가건축물 등에 입주한 세입자로서 사업인정 고시일 등 당시 또는 해당 공익사업시행지구에서 1년 이상 거주한 세입자에 대하여는 주거이전비를 보상하여야 한다. 현행 토지보상법에서는 세입자에 대한 임대아파트공급이 이루어졌더라도 주거이전비는 지급되도록 하고 있다.

5 재건축사업과 이주

재건축사업의 승패는 조속한 이주여부에 달려 있다. 이주가 지연되면 금융비용이 증가하여 조합원의 분담금에 큰 영향을 미치게 된다. 재건축조합에서의 이주는 법률상으로 확립된 개념이 아닌 사실상의 개념으로서, 근저당설정등기와 신탁등기는 조합의 소유권확보의 목적보다도 이주비에 대한 담보목적의 성격이 더 강하다.

이주비 대여 시 조합은 이주비 대여와 신탁등기에 관련된 제반 서류(근저당권 설정서류인 금전소비대차 계약서·설정용 인감증명서·주민등록등본·등기필증·이주비지급영수증·등기위임장· 설정계약서와 신탁등기서류인 등기위임장·신탁계약서·신탁등기용 인감증명서·주민등록등본· 선순위권리말소서류 등)를 조합원으로부터 받게 된다.

조합원이 이주비를 대여 받고자 하는 경우에는 소유 토지를 담보로 제공하고 시공자를 채권자로 하는 금전소비대차 계약을 체결하거나, 금융지원기관과 담보대출계약을 체결하며, 이주비 총액의 120~130%를 채권최고액으로 하는 1순위 근저당권을 설정한다. 근래에 와서는 대부분의 조합에서 조합이 금융지원기관을 공개경쟁입찰로 선정한 후 **기본(무이자)이주비**, **추가(유이자)이주비** 및 원하는 조합원의 대출한도까지를 대출받는 **아파트담보대출이주비**를 대출받고 있어 시공자와는 관계없이 조합 스스로 대출을 일으키고 있다.

1) 기본이주비의 대출

종전의 재건축사업에 있어서는 시공자가 조합원들의 주택을 금융지원기관에 담보로 제공하게 하고 무이자 이주비라는 이름으로 기본이주비를 지급하는 등의 방법으로 기본 이주비를 포함한 제반 사업비를 충당하였으나 시공자의 부도·파산 등 사유가 발생하면 조합원은 큰 피해를 당할 우려가 있다. 이러한 기본이주비는 해당 이자를 공사비에 포함 하여 회계처리하기 때문에 무상이주비로 칭하나 엄밀한 의미의 무이자라고 볼 수 없다.

2) 이주비 대여 및 상환에 관한 규정

재건축사업에서는 조합설립에 동의한 조합원에게 이주비를 대여하게 된다. 여기에는 재건축 사업에서의 토지등소유자(건축물과 그 부속 토지 소유자)로서 조합설립에 동의한 자이다. 재개발사업에서도 재건축사업과 같이 조합설립에 동의한 조합원인 토지등소유자(토지 또는 건축물의 소유자)에게 이주비를 대여하게 된다. 재개발사업에서는 건축물의 소유자는 물론이고 분양대상자격을 갖춘 토지소유자에게도 이주비를 지급하는 것이 재건축사업과는 다른 점이다.
건교부 제정 '재건축사업 공사표준계약서'상의 이주비 대여 및 상환규정은 다음과 같다.

(1) 재건축사업 지분제 방식 공사표준계약서상의 규정

가. 이주비 대여에 관한 사항[제15조(이주비의 대여)]
① '갑'의 조합원이주비는 기존 재산권 내역에 따라 아래와 같이 정하며 이주비의 대여조건은 별지 제3호 서식에 따른다. 다만, '갑'이 원할 경우 '갑'의 조합원의 이주비를 금융기관으로부터 직접 차입할 수 있다.
② 이주비 대여는 시공자와의 본계약체결과 사업승인을 득한 후 대여하는 것을 원칙으로 하되 최초 이주비 대여 시기는 '갑'과 시공자인 '을'이 상호 협의하여 결정한다.
③ 이주비를 대여하기 전에 '갑'은 '갑'의 조합원의 건축물 및 토지의 소유관계, 거주자의 이주계획, 소유권 이외의 권리설정여부, 공과금 완납여부 등을 확인하여 '을'이 채권을 확보하는데 지장이 없도록 협조하여야 한다.
④ 이주비 대여 시 '갑'은 이주비 대여와 관련된 제반서류(금전소비대차 계약서 이주비 차용금증서, 근저당권 설정 관련 서류, 지장물 철거동의서 및 위임장, 각서 등)를 '갑'의 조합원으로부터 징구하여야 한다.
⑤ '갑'의 조합원이 이주비를 대여 받고자 하는 경우에는 소유 토지를 담보로 제공 하고 '을'을 채권자로 하는 금전소비대차 계약을 체결하며, 이주비 총액의 130%를

채권최고액으로 하는 제1순위 근저당권을 설정하여야 한다. (이 경우 근저당권 설정·해지에 따른 비용부담원칙은 은행의 여신 관련 표준약관에 따른다)

⑥ 근저당권 설정을 할 수 없거나 관계 법령에 의하여 근저당권을 해지해야 할 경우에는 이주비에 상응하는 금액의 약속어음 발행 및 공증 등 '을'이 요구하는 여타의 채권확보 방법에 '갑' 또는 '갑'의 조합원은 특별한 사유가 없는 한 이에 협조하여야 한다.

나. 이주비 상환에 관한 사항[제16조(이주비 상환)]

① '갑'의 조합원이 대여 받은 이주비의 원리금 상환은 입주일 또는 입주기간만료일 중 이른 날로 한다. 다만, '갑'의 조합원이 원할 경우 이주비의 일부 또는 전부를 조기 상환할 수 있다.

② '을'은 이주비를 대여 받은 '갑'의 조합원이 권리의 일부 또는 전부를 양도할 경우 기존 조합원의 대여조건에 따라 이주비를 승계해 주어야 한다. 이 경우 '갑'은 조합원 명의변경절차 이행 전에 이주비 승계 사실을 확인하여 '을'의 채권확보에 지장이 없도록 주의의무를 다하여야 한다.

③ 이주비를 대여 받은 '갑'의 조합원이 제1항의 기간까지 이주비를 상환 할 경우에는 OO은행 주택자금대출 이자율을 적용한 이자를, 제1항의 기간을 경과하여 상환할 경우에는 경과일수에 OO은행 주택자금대출 연체율을 적용한 연체료를 '을'에게 별도로 납부하여야 한다.

다. 사업경비의 지원 및 이주비 대여 중지[제17조(사업경비의 지원 및 이주비 대여중지)]

① '갑' 또는 '갑'의 조합원이 제11조, 제19조에 의한 제반 사업일정을 정한 기한 내에 완료하지 못하였을 경우 '을'은 '갑'에게 O개월 이내에 그 이행을 최고하고 그 기간이 경과하여도 이행이 완료되지 않을 경우 제반 사업경비의 지원 및 이주비 대여를 중지할 수 있다.

② 제1항에 따라 사업경비의 지원 및 이주비 대여가 중지될 경우 기 집행된 사업경비에 대하여 지연된 경과일수만큼 제16조제3항의 연체율을 적용한 금액을 '갑'이 '을'에게 지급한다.

※ 연체이자는 사업시행 중에는 조합원에게 징수하는 것이 어려운 상황이므로 별도로 잔금 지급 시 정산하기로 규정할 수 있을 것이다.

라. 연체료의 징구에 관한 사항[제35조(건설사업비의 충당 및 정산)]

① 제4조제2항에 의한 '을'의 건설사업경비는 제19조의 조합원 청산금, 제20조의 일반분양금(이하 '청산금등'이라 한다) 등으로 충당하며, 청산금등의 수납관리는 '갑'과 '을'이 공동명의로 계좌를 개설하여 관리한다.

② '을'의 건설사업비를 충당하는 방법은 제19조 및 제20조에 따라 계약금, 중도금 및 잔금이 입금되는 일자, 납부비율에 따라 정산하기로 한다.

③ '갑'이 본 계약서에서 정한 기한 내에 청산금의 납부를 지연할 경우, 연체기간에 대하여 제16조제3항의 연체율을 적용한 연체료를 '을'에게 납부하여야 한다.

④ '갑'의 조합원이 제16조제1항에 의한 이주비의 상환 및 제19조에 의한 중도금 및 잔금의 납부를 지연할 경우 그 연체기간에 대하여 제16조제3항의 연체율을

적용한 연체료를 '갑' 또는 '을'에게 납부하여야 한다.

⑤ 청산금 등의 납부 및 제반 연체료 등의 은행예치로 발생되는 이자는 '을'에게 귀속한다.

마. 채권확보에 관한 사항[제36조(채권확보)]

'갑'의 조합원이 입주기간 만료일로부터 ○일까지 대여 받은 이주비의 원리금 및 청산금을 완납하지 아니하는 경우 '을'은 '갑'의 조합원이 분양받은 건축시설에 채권확보를 위하여 법적조치를 할 수 있으며, 이에 따른 비용은 '갑'의 책임 하에 '갑'의 해당 조합원 부담으로 한다.

(2) 재건축사업 도급제 방식 공사표준계약서상의 규정

가. 이주비 대여에 관한 사항[제16조(이주비의 대여)]

① '갑'의 조합원이주비는 기존 재산권 내역에 따라 아래와 같이 정하며 이주비의 대여조건은 별지 제3호 서식에 따른다.

② 이주비 대여는 시공자와의 본계약체결과 사업승인을 득한 후 대여하는 것을 원칙으로 하되 최초 이주비 대여 시기는 '갑'과 시공자인 '을'이 상호 협의하여 결정한다.

③ 이주비를 대여하기 전에 '갑'은 '갑'의 조합원의 건축물 및 토지의 소유관계, 거주자의 이주계획, 소유권 이외의 권리설정여부, 공과금 완납여부 등을 확인하여 '을'이 채권을 확보하는데 지장이 없도록 협조하여야 한다.

④ 이주비 대여 시 '갑'은 이주비 대여와 관련된 제반서류(금전소비대차 계약서, 이주비 차용금증서, 근저당권 설정 관련 서류, 지장물 철거동의서 및 위임장, 각서 등)를 '갑'의 조합원으로부터 징구하여야 한다.

⑤ '갑'의 조합원이 이주비를 대여 받고자 하는 경우에는 소유 토지를 담보로 제공하고 '을'을 채권자로 하는 금전소비대차 계약을 체결하며, 이주비 총액의 130%를 채권최고액으로 하는 제1순위 근저당권을 설정하여야 한다. (이 경우 근저당권 설정·해지에 따른 비용부담원칙은 은행의 여신 관련 표준약관에 따른다)

⑥ 근저당권 설정을 할 수 없거나 관계 법령에 의하여 근저당권을 해지해야 할 경우에는 이주비에 상응하는 금액의 약속어음 발행 및 공증 등 '을'이 요구하는 여타의 채권확보 방법에 '갑' 또는 '갑'의 조합원은 특별한 사유가 없는 한 이에 협조하여야 한다.

나. 이주비 상환에 관한 사항[제40조(이주비 상환)]

① '갑'의 조합원이 대여 받은 이주비의 원리금 상환은 입주일 또는 입주기간만료일 중 이른 날로 한다. 다만, '갑'의 조합원이 원할 경우 이주비의 일부 또는 전부를 조기 상환할 수 있다.

② '을'은 이주비를 대여 받은 '갑'의 조합원이 권리의 일부 또는 전부를 양도할 경우 기존 조합원의 대여조건에 따라 이주비를 승계해 주어야 한다. 이 경우 '갑'은 조합원 명의변경절차 이행 전에 이주비 승계 사실을 확인하여 '을'의 채권확보에

지장이 없도록 주의의무를 다하여야 한다.

다. 사업경비의 지원 및 이주비 대여 중지[제19조(사업경비의 대여중지 등)]

① '갑' 또는 '갑'의 조합원이 제13조 및 제22조에 의한 제반 사업일정을 정한 기한 내에 완료하지 못하거나 공사계약금액의 지급을 지연할 경우 '을'은 '갑'에게 O개월 이내에 그 이행을 최고하고 그 기간이 경과하여도 이행이 완료되지 않을 경우에는 제반 사업경비의 대여를 일시 중지할 수 있다.

② 제1항의 경우 이미 지급한 이주비에 대한 이자는 지연된 경과일수 만큼 제18조 제2항의 연체율을 적용하며, 조합운영비 등 사업경비 또한 지연된 경과일수 만큼 제18조제1항의 연체율을 적용한 금액을 '갑'이 '을'에게 지급한다.

※ 연체이자는 사업시행 중에는 조합원에게 징수하는 것이 어려운 상황이므로 별도로 잔금 지급 시 정산하기로 규정할 수 있을 것이다.

라. 연체료의 징구에 관한 사항[제42조(연체료의 징구)]

① '갑'이 본 계약서에 정한 기한 내에 공사비 및 제반 사업비 등의 지불을 지연할 경우, 연체기간에 대하여 제18조제1항의 연체율을 적용한 연체료를 '을'에게 납부하여야 한다.

② '갑'의 조합원이 제22조제2항에 의한 중도금 및 잔금, 제40조제1항에 의한 이주 비의 상환을 지연할 경우 연체기간에 대하여 제18조제2항의 연체율을 적용한 연체료를 '갑'에게 납부하여야 한다.

마. 채권확보에 관한 사항[제43조(채권확보)]

'갑'의 조합원이 입주기간 만료일로부터 OO일까지 대여 받은 이주비의 원리금 및 청산금 등을 완납하지 아니하는 경우 '을'은 '갑'의 조합원이 분양받은 건축시설에 채권확보를 위하여 법적조치를 할 수 있으며, 이에 따른 비용은 '갑'의 책임 하에 '갑'의 해당 조합원 부담으로 한다.

3) 이주비대여 및 이주절차

(1) 이주비대여

이주비는 실제 이주하는 날 지급하여야 하며, 조합은 이주계획이 확정되면 이주비를 지급하기 전에 조합원으로부터 이주이행각서 등 이주와 관련된 제반 서류를 제출받아야 한다. 시공자가 이주비를 대여하는 경우에는 대여금 중 일정금액을 무이자로 대여 하면서 이주기간을 초과하는 경우에는 무이자 부분에 대하여 초과일수만큼 이자금리를 적용하도록 단서규정을 두고 있다. 그 이유는 소수 조합원의 이주의무 불이행으로 인한 사업지연 등 다수 조합원의 피해를 초래하는 경우를 대비하여야 하기 때문이다. 또한 그로 인해 발생되는 손해는 해당 조합원이 책임지도록 하고, 그 조합원의 권리물건을 환가처분하여 충당할 수 있는 규정을 둠으로써 이주지연으로 인한 분쟁을 예방해야 한다. 조합원은 세입자 등이 해당 주택에서 퇴거하지 않아 기존 주택의 철거 등 사업시행에 지장을 초래하는 때에는 그에 따라 발생되는 손해에 대하여 변상할 책임을 진다.

(2) 이주절차

정비사업시행인가 → 신탁등기(재건축사업의 경우에 한함) → 관리처분총회(의결) → 공람과 의견청취 → 관리처분계획 인가신청 → 관리처분계획 인가 → 이주 및 철거의 순으로 진행된다.

4) 이주비 등의 자금차입 방법

(1) 시공자로부터 직접 차입

조합원이 부동산 등의 담보를 제공하고 시공자로부터 자금을 직접 차입하는 방식이다. 이 방식의 경우 시공자가 제공하는 소위 무이자 이주비의 이자는 공사비에 포함하여 계산되며, 유이자 분은 시공자가 금융기관에 이자를 매월 부담하고 조합원이 입주하게 되면 그로부터 원금과 이자를 받아 금융기관에 원금을 상환한다. 현재 이 방식은 시공자의 자금여력이나 시공자의 부도 등을 고려하여 거의 이용되지 않고 있다.

(2) 조합이 시공자의 보증으로 금융기관에서 차입

이 방식은 금융기관에서 보편적으로 이루어지는 자금대출방식이며, 조합원은 조합으로의 부동산 신탁등기 전에 부동산을 담보로 제공하고 금융기관에 대출을 신청한다. 그리고 시공자는 무이자 이주비의 금융이자에 대해 대리지급을 약정하는 방식이다. 이는 자금의 차입과 상환절차가 간단한 반면, 유이자 이주비 부분의 이자는 매월 조합원이 직접 납부 하여야 하는 번거로움이 있다.

조합원 이주비 등의 대출에 관한 시공자의 보증에는 크게 두 가지가 있는데, 첫째는 조합에서 이주비 등을 납입하지 않을 경우 시공자가 이를 변제하겠다는 연대보증의 방법이 있고, 둘째로는 연대보증의 형식은 아니지만 공사이행보증을 하여 틀림없이 공사를 완공하여 실질적으로 조합이 이주비 등을 변제할 수 있도록 하는 방법이 있다.

(3) 조합이 직접 금융기관에서 차입

현재는 정비사업 현장에서 가장 많이 이용되는 방법으로 조합원의 이주지원금 등을 시공자로부터 차입하지 않고 조합원의 부동산을 금융지원기관에 담보로 제공하고 조합의 이주지원금 등을 차입하는 방식이며, 이는 일종의 **부동산 프로젝트 파이낸싱**(project financing) 이라 할 수 있다. 정비사업에 필요한 경비(운영자금, 국·공유지 등의 토지매입자금)를 조달하는 경우에는 담보대출의 성격을 벗어나기 때문에 금융기관에서는 근저당권의 설정은 물론 시공자의 대신 변제성격의 협약서를 요구하고 있다.

이 방식은 재건축조합이 자신의 책임 하에 조합원의 이주지원금을 사업시행계획서에 포함시키고 금융지원기관을 선정하여 지급하는 방식이므로, 채무불이행의 경우에는 해당 담보물건이 금융기관에 의해서 임의 경매될 수 있다.

5) 재건축사업에서 미이주 조합원과 세입자의 처리

(1) 미이주 조합원의 법적인 위치

미이주자는 재건축조합설립에 동의하여 조합원으로 가입하고도 재건축사업 추진과정 에서 조합에 대한 불만 등으로 약정기간 내에 이주하지 않는 자를 말한다. 이 경우 미이주 조합원이 조합원 전체에 미치는 경제적, 시간적 손실을 막기 위한 법적 수단으로 건축물의 명도소송·처분금지가처분·손해배상청구소송·매도청구소송 등이 있다.

미이주 조합원은 조합설립에 동의하고, 분양신청까지 한 자이므로 이론상 매도청구소송을 진행하기 어렵고, 현금청산대상자에도 해당되지 않는다. 따라서 조합정관에 이에 대한 조치방안을 규정해 두는 것이 바람직하다.

(2) 미이주 조합원에 대한 처리

① 건축물의 명도소송
- 조합원으로 가입하고도 조합에 대한 불만으로 이주하지 않는 등 제반 의무사항, 특히, 소유권에 대한 신탁등기 및 이주의무를 이행하지 않는 경우에 해당
- 미이주 조합원에 대해 '신탁을 원인으로 한 소유권이전등기의 소'와 '명도소송'을 제기함

② 처분금지 가처분
- 재건축 불참자가 그의 구분소유권을 제3자에게 매도하거나 그 재산권에 대하여 여러 가지 권리자가 나타나는 경우를 방지하기 위함
- 매도청구송과 처분금지가처분을 함께 신청할 수 있음

③ 손해배상 청구소송
- 이주지원금의 금액과 대여조건, 조합에 대한 불만 등으로 이주를 거부하는 조합원 때문에 건축물 철거 및 공사착공의 지연이 발생되는 경우에 소송을 제기함
- 전체 조합원에게 손해를 끼친 미이주 조합원에 대해 미이주 및 공사지연에 따른 손해배상청구소송을 제기함

④ 매도청구 소송
조합정관의 절차에 따라 미이주자를 제명 조치한 후 조합원자격을 박탈하는 최후의 수단임

6) 재건축예정아파트의 전세계약기간 특약

재건축을 시행할 예정인 아파트의 전세계약을 체결하거나 갱신하는 경우는 전세계약서에 **'도시정비법에 따른 재건축이주일 확정 시 임차인은 계약기간에 관계없이 이주일 확정 공고일 이내에 조건없이 이주하며, 이주지연으로 인한 사업시행지연 손해배상은 임차인 부담으로 한다.'**는 등의 특약사항을 두는 것이 바람직하다. 정비구역 내에서는 주택임대차보호법에 따른 2년의 임차기간이 보호되지 못하는 것으로 도시정비법에서 규정하고 있다. 조합에서는 정비사업의 초기단계인 '추진위원회' 단계부터 이러한 내용을 서면이나 조합의 홈페이지를 통하여 조합원에게 수시로 알려줌으로써 앞으로 진행될 이주업무의 추진에 지장이 없도록 미리 준비하여야 할 것이다.

♣ 재건축조합에서 시행한 자금조달방법의 예(도급제의 경우)

　정비사업을 추진하면서 필요한 자금은 조합원 이주지원금, 아파트 중도금, 아파트 잔금 및 사업추진경비 등이 있다. 이러한 필요 자금에 대해 필자가 참여한 재건축조합에서 시행한 자금의 조달방법은 아래와 같다.

1. 조합원 이주지원금

: 이주지원금은 기본이주비, 추가이주비 및 아파트담보대출금으로 구분하였으며, 기본이주비에 대한 이자의 지급은 조합이 지급하고, 추가이주비 및 아파트담보대출금의 이자는 해당 조합원이 납부하였다. 이때, 모든 이주지원금에 대한 담보는 해당 조합원이 제공한다.

　이주지원금의 대출을 위한 금융기관 선정은 조합이 주관하여 공개경쟁입찰을 통하여 선정하였으며, 선정 시 기본이주비 및 추가이주비에 대한 금리가 결정되었고, 아파트담보 대출금에 대한 이율은 각 금융기관의 담보대출금리를 적용하도록 하였다.

2. 중도금

: 중도금은 각 조합원이 조합이 선정한 은행으로부터 대출받았으며, 대출금에 대한 보증은 시공자와 은행이 '협약서'를 체결하는 것으로 해결하였다.

3. 잔금

: 잔금은 각 조합원이 조합이 선정한 은행으로부터 대출받았으며, 대출금에 대해서는 준공된 조합원의 아파트를 담보로 제공하였고 필요한 경우 이 대출금은 각 조합원별로 '장기저리담보대출금'으로 전환이 가능하도록 금융기관 선정 시 선정조건에 포함하였다.

4. 사업추진제경비

: 토지매입자금 등 대부분의 사업추진제경비는 시공자로부터 유이자로 차입하였다. 이때 유의해야 할 사항은 사업추진 제경비의 차입과 조합원 분양대금 및 일반분양대금의 수입시기 및 금액을 상호 검토하여 차입금의 차입시기와 상환시기 및 금액을 결정해야 불필요한 금융비용의 추가발생을 방지할 수 있다.

[해 설]

1. 조합원 이주지원금

　조합원 이주지원금은 기본이주비, 추가이주비 및 아파트담보대출금으로 구분하였으며, 기본이주비와 추가이주비의 대출금액은 관리처분총회에서 조합원의 결의로 결정되며, 대출금리는 금융기관 선정 시 공개경쟁입찰을 통하여 결정된다.

• 기본이주비

: 기본이주비는 대부분의 조합원이 이주에 필요한 최소한의 금액을 설문조사하여 조합원 총회에서 결정한 이주비이며, 해당 이자는 조합이 선정한 금융기관에 조합이 대신하여 선납하고 조합은 해당 금융비용을 조합의 총사업비에 포함하여 조합원 분담금을 계산한다.

조합이 금융기관에 지급하는 이자는 시공자로부터 차입하여 지급하며, 이때 발생되는 이자에 대한 이자는 시공자가 우선 부담한다. 일부 조합에서는 기본이주비를 무이자 이주비로 지칭하고 있으나, 결국은 공사비에 포함되기 때문에 엄밀한 의미로는 맞지 않는 용어이며 일부 조합원의 오해로 조합과 조합원간에 소송이 발생하기도 한다. 이 대출의 경우 대출금융기관에 대한 담보는 해당 조합원이 제공한다.

• **추가이주비**
: 추가이주비는 각 조합원의 사정에 따라 추가로 대출되는 이주비이며, 해당 이자는 조합이 선정한 금융기관에 조합원이 직접 납부한다. 이자율은 금융기관 선정 시 확정되며, 대출금융기관에 대한 담보물도 각 조합원이 제공한다.

• **아파트담보대출금**
: 아파트담보대출금은 각 조합원의 사정에 따라 추가로 대출되는 자금이며, 엄밀히 말하면 이주지원금이 아니다. 해당 이자는 조합이 선정한 금융기관에 해당 조합원이 납부한다. 대출은행에 대한 담보제공도 각 조합원이 제공하며, 금리는 각 금융기관과 해당 조합원이 각 금융기관의 담보대출금리를 기준으로 협의하여 결정된다.

• **중도금**
: 중도금 대출의 필요성은 해당 조합원이 무상 주택형 이상의 주택형을 선택하는 경우에 주로 발생된다. 중도금 대출에 대한 이자도 조합이 선정한 금융기관에 조합원이 납부한다. 대출금에 대한 보증은 시공자가 대출금융기관과의 '협약서'를 체결하여 해결하며, 만약 대출금에 대한 원리금상환에 문제가 발생되는 경우에는 우선 시공자가 처리하게 되나, 시공자는 이후 해당 조합원이 분양받은 아파트에 대해 구상권을 행사하는 것으로 처리가 가능하다. 이때, 시공자의 협조가 필요하게 되는 이유는 조합원 소유 토지는 이주비대출을 위해 금융기관에 이미 담보로 제공된 상태이며, 기존의 건축물은 철거되고 재건축되는 건축물은 아직 완성(소유권 등기)되지 않아 대출을 위한 담보물건이 없기 때문이다.

• **사업추진제경비**
: 국·공유지 등의 토지매입대금을 포함한 제반 사업추진경비에 대한 조달은 시공자로 부터 유이자로 조달한다. 해당 금리는 시중의 CD금리를 기준으로 하여 조합과 시공자가 협의를 통하여 결정한다. 이때 시공자는 조합임원들의 보증을 요구하고 있다.
그러나 2015. 6. 18. 서울시에서는 「서울특별시 정비사업조합등 표준행정업무규정」의 제45조에 대한 개정 고시를 통하여 조합장을 제외한 임원들은 조합등의 채무에 관한 보증행위를 일체 할 수 없도록 하였다.

※ 2011년 7월 공정거래위원회가 은행의 여신 관련 표준약관을 개정하면서 근저당권 설정비는 은행이 부담하고 근저당권의 해지비용은 대출자(채무자)가 부담하도록 하였다. 그러나 법적으로는 해지비용의 부담주체가 명시되어 있지는 않아 채권자와 채무자가 합의하여 부담주체를 결정할 수 있다. 또한, 근저당권 설정비용에서 국민주택채권매입비는 고객이나 설정자가 부담하고, 감정평가수수료 등의 비용은 근저당권을 설정할 때 은행이 부담한다. 다만, 인지대는 은행과 고객이 반분하여 각각 분담해야 할 것이다.

제6장
철거·착공 및 공사감리

1) 철거공사의 이해

기존 건축물의 철거 및 착공은 사업시행계획에서 정한 시공내역에 관한 제반 준비사항을 시행하는 최종단계의 행위이다. 사업시행인가에 의해 의제되는 건축법상의 행위는 건축허가 등에 국한되므로, 건축법상 철거신고의 의무는 건축허가와는 별도로 이행해야 한다. 또한, 주택법에 의해 건설된 아파트 등을 철거하는 경우라면 주택법의 적용을 받는 것으로 해석해야 한다.

도시정비법 제81조제2항에서는 건축물의 철거 등을 「사업시행자는 관리처분계획의 인가를 받은 후 기존의 건축물을 철거하여야 한다.」라고 규정하고 있다. 그러나 재난 및 안전관리기본법·주택법·건축법 등 관계 법령에 따라 기존 건축물의 붕괴 등 안전사고의 우려가 있는 경우 사업시행자는 기존 건축물 소유자의 동의 및 시장·군수의 허가를 받아 해당 건축물을 철거 할 수 있으며, 이 경우 건축물의 철거는 토지등소유자로서의 권리·의무에 영향을 주지 아니 한다.」고 규정하고 있다. 2017년 2월 8일에 전부개정 공포된 현재의 도시정비법 제29조제9항(개정 2017.8.9.)에 철거에 관한 규정이 마련됨으로써, **시공자와의 공사계약 내역에 기존 건축물의 철거공사**(석면 조사·해체·제거를 포함한다)**에 관한 사항이 포함되도록 하였다**.

2) 철거에 관한 규정

(1) 철거에 관한 규정의 개정연혁

철거와 관련한 법령으로 건축법에는 철거에 대해, 주택법에는 공동주택의 멸실신고에 대해 규정하고 있었다. 2016년 1월 19일 주택법이 전부개정되기 전까지 공동주택은 구)주택법 제42조제2항제3호에 건축물 철거신고에 관한 명시적인 조항이 있었고, 또한 실무의 관행이 공동주택의 멸실에 대해서는 주택법상의 사업승인이 없으면 불가능한 것으로 운영되어 왔다. 따라서 재건축사업에서는 주택법에 의한 사업승인만이 공동주택의 철거를 위한 원칙적인 방법이었다. 그러므로 건축법에 의해 건축허가를 받은 건축물에 대해서는 건축법에 의한 철거신고가, 주택법에 의해 사업승인을 받은 아파트는 주택법상의 사업승인과 멸실신고가 건축물의 철거를 위한 통상적인 절차였다. 그러나 주택법이 전부개정되어 위의 구)주택법 제42조제2항제3호가 삭제됨에 따라 철거는 건축법으로 일원화 되었고, 주택법에 의해 사업승인을 받아오던 아파트는 주택법상의 사업승인과 멸실신고가 건축물의 철거를 승인받는 절차로 인정받지 못하게 되었다.

이후 철거에 관한 규정은 건축법 제36조 및 건축법 시행규칙 제24조에 규정되어 시행되었으나, 건축법 제36조(건축물의 철거 등의 신고)는 2019년 4월 30일 완전 삭제되었고, 건축법 시행규칙 제24조 또한 2020년 5월 1일 삭제되었다. 다만, 현재는 <u>건축법 제21조</u>(착공신고 등)제1항에 "건축법 제11조·제14조 또는 제20조제1항에 따라 허가를 받거나 신고를 한 건축물의 공사를 착수하려는 건축주는 **국토교통부령으로 정하는 바에 따라 허가권자에게 공사계획을 신고하여야 한다. 다만, 「건축물관리법」 제30조에 따라 건축물의 해체허가를 받거나 신고할 때 착공예정일을 기재한 경우에는 그러하지 아니하다.**<개정 2019.4.30.>」라고 규정하고 있다. 또한, 도시및주거환경정비법 시행령 제47조**(사업시행계획서의 작성)** 제2항 제14호에는 철거 관련조항이 일부 규정되어있다.

(2) 도시정비법 및 동법 시행령상의 규정

사업시행자는 관리처분계획의 인가를 받은 후 기존의 건축물을 철거하여야 한다. 그러나 「재난 및 안전관리기본법」·「건축법」 등 관계 법령에 따라 기존 건축물의 붕괴 그 밖의 안전사고의 우려가 있거나 재난 등의 위험이 있는 경우에는 시장·군수등의 허가를 얻어 기존 건축물을 철거할 수 있다. 이 경우에는 건축물의 철거에도 불구하고 토지등소유자로서의 권리·의무에 영향을 주지 않는다. (법 제81조제2항 및 제3항)

사업시행자는 건축물을 철거하기 전에 관리처분계획의 수립을 위하여 기존 건축물에 대한 물건조서와 사진 또는 영상자료를 만들어 이를 착공 전까지 보관하여야 한다.
또한, 물건조서를 작성할 때에는 법 제74조제1항제5호에 따른 **종전 건축물의 가격산정을 위하여 건축물의 연면적, 그 실측평면도, 주요마감재료 등을 첨부하여야 한다**. 다만, 실측한 면적이 건축물대장에 첨부된 건축물현황도와 일치하는 경우에는 건축물현황도로 실측 평면도를 갈음할 수 있다(영 제72조). 이와 함께 도시정비법 시행령 제47조제2항 제14호에 따라 **기존 주택의 철거계획서**(석면을 함유한 건축자재가 사용된 경우에는 그 현황과 동 자재의 철거 및 처리계획을 포함)를 **사업시행인가신청 시 제출하여야 한다.**

(3) 부동산등기법상 멸실 등기

건축물 멸실이 완료된 때에는 조합은 1월 이내에 일괄적으로 멸실등기를 신청하여야 하며, 이를 해태하는 경우에는 50만원 이하의 과태료에 처한다. (등기법 제43조, 제112조)

(4) 철거업자 관련 총회 의결사항

철거작업을 수행할 (광의의) 의무가 있는 시공자(법 제29조제9항)의 선정 및 변경은 총회의 의결사항이다(법 제45조제1항제5호). 또한, 법 제103조에 따라 정비관리업자는 동일한 정비사업에 대하여 건축물의 철거업무를 수행할 수 없다.

3) 재건축·재개발사업에서의 철거

(1) 공사내역에 포함되는 철거공사

재개발사업과 재건축사업의 공사착수는 건축물의 철거에서 시작되는 것이며, 정비구역 전체에서 공사에 착수한다는 착공신고가 수리되지 않은 한 개별적인 건축물의 철거 행위는 금지되는 것으로 해석하여야 한다.

(2) 재건축사업에서의 철거시기

고층의 공동주택을 철거해야 하는 재건축사업에서 사업시행계획에 당연히 철거계획이 포함되는 것과 같이, 법에서 명시적으로 정해져 있지 않은 재개발사업이나 단독주택 재건축사업의 경우에도 철거 이전에 착공신고를 해야 하는 것으로 해석된다. 특히, 현재와 같이 착공신고가 없는 상태의 개별적 철거행위는 허용되지 않는 것으로 판단된다. 만약 착공신고를 하지 않고 사업시행자가 건축물을 철거하면 과태료가 부과될 수 있다.

4) 착공절차

(1) 경계측량

공사를 착공하기 전에는 경계측량, 건축물철거 및 멸실신고, 착공신고를 관할 관청에 하여야 한다. 경계측량은 대한지적공사에 구두로 신청하면 측량일자를 통보해 준다. 그리고 현지측량이 끝나면 측량성과도를 통보해 준다. 이에 따라 경계명시를 한 후 경계를 측량한 말뚝을 따라 담장을 두르고 경고문을 붙인 후 공사에 착수하게 된다.

(2) 착공신고 등

가. 건축법 제21조(착공신고 등)의 규정사항

① 제11조·제14조 또는 제20조제1항에 따라 허가를 받거나 신고를 한 건축물의 공사를 착수하려는 건축주는 **국토교통부령으로 정하는 바에 따라 허가권자에게 공사계획을 신고하여야 한다.** <개정 2021.7.27.>

② 제1항에 따라 공사계획을 신고하거나 변경신고를 하는 경우 해당 **공사감리자**(제25조 제1항에 따른 공사감리자를 지정한 경우만 해당된다)**와 공사시공자가 신고서에 함께 서명하여야 한다.**

③ 허가권자는 제1항 본문에 따른 신고를 받은 날부터 3일 이내에 신고수리 여부 또는 민원 처리 관련 법령에 따른 처리기간의 연장 여부를 신고인에게 통지하여야 한다. <신설 2017.4.18.>

④ 허가권자가 제3항에서 정한 기간 내에 신고수리 여부 또는 민원 처리 관련 법령에 따른 처리기간의 연장 여부를 신고인에게 통지하지 아니하면 그 기간이 끝난 날의 다음 날에 신고를 수리한 것으로 본다. <신설 2017.4.18.>

⑤ 건축주는 「**건설산업기본법 제41조**를 위반하여 건축물의 공사를 하거나 하게 할 수 없다. <개정 2017.4.18.>

⑥ 제11조에 따라 허가를 받은 건축물의 건축주는 제1항에 따른 신고를 할 때에는 제15조제2항에 따른 **각 계약서의 사본을 첨부**하여야 한다. <개정 2017.4.18.>

나 국토부령[건축법 시행규칙 제14조(착공신고 등)]의 규정사항(법=건축법)

① 법 제21조제1항에 따른 건축공사의 착공신고를 하려는 자는 별지 제13호서식의 착공신고서(전자문서로 된 신고서를 포함한다)에 다음 각 호의 서류 및 도서를 첨부하여 허가권자에게 제출하여야 한다. <개정 2021.12.31.>

1. 법 제15조에 따른 건축관계자 상호간의 계약서 사본(해당 사항이 있는 경우로 한정한다)
2. 별표 4의2의 설계도서. 다만, 법 제11조 또는 제14조에 따라 건축허가 또는

신고를 할 때 제출한 경우에는 제출하지 않으며, 변경사항이 있는 경우에는 변경사항을 반영한 설계도서를 제출한다.

3. 법 제25조제11항에 따른 감리 계약서(해당 사항이 있는 경우로 한정한다)

4. 「건축사법 시행령」 제21조제2항에 따라 제출받은 보험증서 또는 공제증서의 사본

② 건축주는 법 제11조제7항 각호 외의 부분 단서에 따라 공사착수시기를 연기하려는 경우에는 별지 제14호서식의 착공연기신청서(전자문서로 된 신청서를 포함한다)를 허가권자에게 제출하여야 한다.

③ 허가권자는 토지굴착공사를 수반하는 건축물로서 가스, 전기·통신, 상·하수도등 지하매설물에 영향을 줄 우려가 있는 건축물의 착공신고가 있는 경우에는 해당 지하매설물의 관리기관에 토지굴착공사에 관한 사항을 통보하여야 한다.

④ 허가권자는 제1항 및 제2항의 규정에 의한 착공신고서 또는 착공연기신청서를 받은 때에는 별지 제15호서식의 착공신고필증 또는 별지 제16호서식의 착공연기확인서를 신고인 또는 신청인에게 교부하여야 한다.

⑤ 삭제 <2020.10.28.>

⑥ 건축주는 법 제21조제1항에 따른 착공신고를 할 때에 해당 건축공사가 「산업안전보건법」 제73조제1항에 따른 건설재해예방전문지도기관의 지도대상에 해당하는 경우에는 제1항 각호에 따른 서류 외에 같은 법 시행규칙 별표 104호서식의 기술지도계약서 사본을 첨부해야 한다. <신설 2016.5.30., 2020.10.28.>

(3) 착공 시 감리자의 확인사항(건축법 제21조제2항 참조)

조합이 공사계획을 신고(공사착공계 제출)하거나 변경신고를 하고자하는 경우 해당하는 공사감리자(건축법 제25조제1항에 따른 공사감리자를 지정한 경우만 해당된다)와 공사시공자가 함께 사업시행계획서의 내용과 부합되는지의 여부, 현장기술자의 자격·경력 및 배치계획, 공정관리의 적정여부 및 각종 품질시험계획의 적정여부에 대한 사항을 검토·확인하고, 감리계획서 및 감리의견서를 첨부하여 공사신고서에 함께 서명하여야 한다.

(4) 다른 법률에 따른 감리자의 선정

위에서 기술한 바와 같이 '건축분야 및 건축설비분야'에 대하여 허가권자가 선정하는 **'지정 감리자'** 이외에 「전력기술 관리법」 제14조의2, 「정보통신공사업법」 제8조 및 「소방시설공사업법」 제17조에 따라서 감리업무를 수행하는 자인 정보통신이나 소방분야 등에 대한 감리업체(이하 **"다른 법률에 따른 감리자"**라 한다)의 선정은 재건축사업의 경우에는 지분제나 도급제 등의 사업추진방식에 불문하고 조합에서 선정할 수 있도록 하고 있다. 이 **'다른 법률에 따른 감리자'의 선정은 사업시행인가 후 선정**할 수 있도록 하고 있어 '다른 법률에 따른 감리자'는 착공 전에 관련 설계도서 등을 검토할 기회를 가짐으로써 담당 감리업무의 수행에 도움이 된다.

5) 주택의 공사감리

정비사업에 관한 도시정비법이 제정되면서 감리규정이 마련되지 않았으나, 도시정비법상 사업시행인가를 받으면 주택법 제15조에 따른 사업계획의 승인으로 의제되기 때문에 (도정법 제57조제1항제1호)**정비사업에서의 공사감리는 주택법의 적용을 받는 것으로 해석 하고 있다.**

공사감리에 대하여 다른 측면에서 해석해보면, 공사감리에 대한 규정은 건축법에서는 제25조(건축물의 공사감리)에서 규정하고 있으며 건축물 전반에 대한 감리를 규정하고 있다. 한편, 2016. 8. 12. 전부개정된 주택법에서는 주택법 제43조(**주택의 감리자 지정 등**)를 마련하여 건축물 중 **대통령령으로 정하는 호수 이상의 주택**에 한하여 특별히 규정하고 있다. 또한, 주택법 제43조제1항에 **따라 건축분야 및 설비분야에 대한 감리자(책임감리자라 한다)의 지정은 인·허가 담당자인 구청장이 '사업계획 승인 시' 정하게 된다.**

위와 같이 주택의 감리자 지정 등과 관련한 제반 법령 및 규정은 주택법 제43조제1항, 동법 시행령 제47조제1항, 동법 시행규칙 제18조 및 건교부 제정 「**주택건설공사 감리자 지정기준**」이 있다.

(1) 감리자의 지정의무(주택법 제43조제1항)

사업계획승인권자가 주택법 제15조제1항 또는 제3항에 따른 **주택건설사업계획을 승인하였을 때**와 시장·군수·구청장이 주택법 제66조제1항 또는 제2항에 따른 리모델링의 허가를 하였을 때에는 「건축사법」 또는 「건설기술 진흥법」에 따른 감리자격이 있는 자를 대통령령이 정하는 바에 따라 **해당 주택건설공사의 감리자로 지정하여야 한다.** 다만, 사업주체가 국가·지방자치단체·한국토지주택공사·지방공사 또는 대통령령으로 정하는 자인 경우와 「건축법」 제25조에 따라 공사감리를 하는 도시형 생활주택의 경우에는 그러하지 아니하다.

(2) 감리자의 업무 등(주택법 제44조)

① 감리자는 자기에게 소속된 자를 대통령령으로 정하는 바에 따라 감리원으로 배치하고, 다음 각 호의 업무를 수행하여야 한다.
   1. 시공자가 설계도서에 맞게 시공하는지 여부의 확인
   2. 시공자가 사용하는 건축자재가 관계 법령에 맞는 건축자재인지 여부의 확인
   3. 주택건설공사에 대하여 「건설기술 진흥법」 제55조에 따른 품질시험을 하였는지 여부의 확인
   4. 시공자가 사용하는 마감자재 및 제품이 주택법 제54조제3항에 따라 사업주체가 시장·군수·구청장에게 제출한 마감자재 목록표 및 영상물 등과 동일한지 여부의 확인.
   5. 그 밖에 주택건설공사의 시공감리에 관한 사항으로서 대통령령으로 정하는 사항

② 감리자는 제1항 각 호에 따른 업무의 수행 상황을 국토교통부령으로 정하는 바에 따라 사업계획승인권자(주택법 제66조[리모델링의 허가 등]제1항 또는 제2항에 따른 리모델링의 허가만 받은 경우에는 허가권자를 말한다. 이하 이 조, 제45조, 제47조 및 제48조에서 같다) 및 사업주체에게 보고하여야 한다. <개정 2018.3.13.>

③ 감리자는 제1항 각호의 업무를 수행하면서 위반 사항을 발견하였을 때에는 지체 없이 시공자 및 사업주체에게 위반 사항을 시정할 것을 통지하고, 7일 이내에 사업계획 승인권자에게 그 내용을 보고하여야 한다.

④ 시공자 및 사업주체는 제3항에 따른 시정 통지를 받은 경우에는 즉시 해당 공사를 중지하고 위반 사항을 시정한 후 감리자의 확인을 받아야 한다. 이 경우 감리자의 시정 통지에 이의가 있을 때에는 즉시 그 공사를 중지하고 사업계획승인권자에게 서면으로 이의신청을 할 수 있다.

⑤ 주택법 제43조제1항에 따른 (책임)감리자의 지정 방법 및 절차와 제4항에 따른 이의신청의 처리 등에 필요한 사항은 대통령령으로 정한다.

⑥ 사업주체는 주택법제43조제3항의 계약에 따른 공사감리비를 **국토교통부령으로 정하는 바에 따라 사업계획승인권자에게 예치하여야 한다.** <신설 2018.3.13.>

⑦ **사업계획승인권자는 제6항에 따라 예치받은 공사감리비를 감리자에게 국토교통부령으로 정하는 절차 등에 따라 지급하여야 한다.** <개정 2018.3.13.>

(3) 감리자에 대한 업무협조 의무(주택법 제45조)

① 감리자는 「전력기술관리법」 제14조의2, 「정보통신공사업법」 제8조, 「소방시설공사업법」 제17조에 따라 감리업무를 수행하는 '**다른 법률에 따른 감리자**'(전기·정보통신 및 소방공사에 대한 감리라 한자)와 서로 협력하여 감리업무를 수행하여야 한다.

② '다른 법률에 따른 감리자'는 공정별 감리계획서 등 대통령령으로 정하는 자료를 (책임)감리자에게 제출하여야 하며, 감리자는 제출된 자료를 근거로 '다른 법률에 따른 감리자'와 협의하여 전체 주택건설공사에 대한 감리계획서를 작성하여 감리업무를 착수하기 전에 사업계획승인권자에게 보고하여야 한다.

③ 감리자는 주택건설공사의 품질·안전 관리 및 원활한 공사 진행을 위하여 '다른 법률에 따른 감리자'에게 공정 보고 및 시정을 요구할 수 있으며, '다른 법률에 따른 감리자'는 요청에 따라야 한다.

(4) 감리자의 지정절차 및 감리원의 배치 등(주택법 시행령 제47조)

① 주택법 제43조(주택의 감리자 지정 등)제1항 본문에 따라 사업계획승인권자는 다음 각 호의 구분에 따른 자를 주택건설공사의 감리자로 지정하여야 한다. 이 경우 인접한 둘 이상의 주택단지에 대해서는 감리자를 공동으로 지정할 수 있다. <개정 2020.1.7., 2021.9.14.>

1. **300세대 미만의 주택건설공사** : 다음 각 목의 어느 하나에 해당하는 자[해당 주택건설공사를 시공하는 자의 계열회사(「독점규제 및 공정거래에 관한 법률」 제2조제3호에 따른 계열회사를 말한다)는 제외한다. 이하 제2호에서 같다]

   가. 「건축사법」 제23조제1항에 따라 건축사사무소 개설신고를 한 자
   나. 「건설기술 진흥법」 제26조제1항에 따라 등록한 **건설엔지니어링사업자**

2. **300세대 이상의 주택건설공사** : 「건설기술 진흥법」 제26조제1항에 따라 등록한 **건설엔지니어링사업자** (2020.1.7. 타법개정)

② 국토교통부장관은 제1항에 따른 지정에 필요한 다음 각 호의 사항에 관한 세부적인 기준을 정하여 <u>고시할 수 있다</u>.

1. 지정신청에 필요한 제출서류
2. 다른 신청인에 대한 제출서류 공개 및 그 제출서류 내용의 타당성에 대한 이의신청 절차
3. 그 밖에 지정에 필요한 사항

③ 사업계획승인권자는 제2항제1호에 따른 제출서류의 내용을 확인하기 위하여 필요하면 관계 기관의 장에게 사실 조회를 요청할 수 있다.

④ 제1항에 따라 지정된 감리자는 다음 각 호의 기준에 따라 감리원을 배치하여 감리를 하여야 한다. <개정 2017.10.17.>

1. 국토교통부령으로 정하는 감리자격이 있는 자를 공사현장에 상주시켜 감리할 것
2. <u>국토교통부장관이 정하여 고시하는</u> 바에 따라 공사에 대한 감리업무를 총괄하는 총괄감리원 1명과 공사분야별 감리원을 각각 배치할 것
3. 총괄감리원은 주택건설공사 전기간(全期間)에 걸쳐 배치하고, 공사분야별 감리원은 해당 공사의 기간 동안 배치할 것
4. 감리원을 **해당** 주택건설공사**외의 건설설공사에** 중복하여 배치하지 아니할 것

⑤ 감리자는 주택법 제16조제2항에 따라 착공신고를 하거나 감리업무의 범위에 속하는 각종 시험 및 자재확인 등을 하는 경우에는 서명 또는 날인을 하여야 한다.

⑥ 주택건설공사에 대한 감리는 법 또는 이 영에서 정하는 사항 외에는 「건축사법」 또는 「건설기술 진흥법」에서 정하는 바에 따른다.

⑦ 주택법 제43조제1항 단서에서 "대통령령으로 정하는 자"란 다음 각 호의 요건을 모두 갖춘 <u>위탁관리 부동산투자회사</u>를 말한다. <개정 2017.10.17.>
  1. 다음 각 목의 자가 단독 또는 공동으로 총지분의 50퍼센트를 초과하여 출자한 부동산투자회사일 것
     가. 국가   나. 지방자치단체   다. 한국토지주택공사   라. 지방공사
  2. 해당 부동산투자회사의 자산관리회사가 한국토지주택공사일 것
  3. **사업계획승인 대상 주택건설사업이 공공주택건설사업일 것**

⑧ 제7항제2호에 따른 자산관리회사인 한국토지주택공사는 주택법 제44조제1항 및 (이 조인)제44조제4항에 따라 감리를 수행하여야 한다.

□ 건축법 제25조(건축물의 공사감리)제1항 및 제2항(정비사업 외의 건축물이 대상)

① 건축주는 대통령령으로 정하는 용도·규모 및 구조의 건축물을 건축하는 경우 건축사나 대통령령으로 정하는 자를 공사감리자(공사시공자 본인 및 「독점규제 및 공정거래에 관한 법률」 제2조에 따른 계열회사는 제외한다)로 지정하여 공사감리를 하게 하여야 한다. <개정 2016.2.3.>

② 제1항에도 불구하고 「건설산업기본법」 제41조제1항 각호에 해당하지 아니하는 소규모 건축물로서 건축주가 직접 시공하는 건축물 및 <u>주택으로 사용하는</u> 건축물 중 대통령령으로 정하는 건축물의 경우에는 대통령령으로 정하는 바에 따라 허가권자가 해당 건축물의 설계에 참여하지 아니한 자 중에서 공사감리자를 지정하여야 한다. 다만, 다음 각 호의 어느 하나에 해당하는 건축물의 건축주가 국토교통부령으로 정하는 바에 따라 허가권자에게 신청하는 경우에는 해당 건축물을 설계한 자를 공사감리자로 지정할 수 있다. <개정 2020.4.7.>
1. 「건설기술 진흥법」 제14조에 따른 신기술 중 대통령령으로 정하는 신기술을 보유한 <u>자가</u> 그을 적용하여 설계한 건축물
2. 「건축서비스산업 진흥법」 제13조제4항에 따른 역량 있는 <u>건축사로서 대통령령으로 정하는</u> 건축사가 설계한 건축물
3. 설계공모를 통하여 설계한 건축물

❑ 착공신고 시 제출서류(공동주택의 경우)

구 분	관계자	비 고	구 분	관계자	비 고
착공신고서	설계자		품질관리 조직표	시공자	
시방서(분야별)	설계자	해당되는 경우	품질관리 계획서	시공자	
설계계약서	설계자		품질시험 계획서	시공자	
건축행정정보시스템CD 제작	설계자		실험실장비 배치도	시공자	
지질조사 보고서	설계자	해당되는 경우	현장사무실 도면	시공자	배치도, 단면도 등
구조계산서	설계자	구조기술사 날인	유해·위험방지 계획서	시공자	접수증
흙막이도면	설계자	지하 2층 이상의 경우	세륜시설 설치도	시공자	배치도
기술지도계약서	시공자		환경관리 계획서,	시공자	수질, 소음, 대기, 폐기물
비산먼지발생 신고필증	시공자	착공신고 7~10일 전 접수	사토(잔토)처리 계획서	시공자	
특정공사 사전신고필증	시공자	착공신고 7~10일 전 접수	공사도급계약서	시공자	
사업장폐기물배출자 신고필증	시공자	착공신고 7~10일 전 접수	공사예정공정표	시공자	
사업자등록증 사본	시공자		감리계약서 사본	감리자	건축, 토목, 기계, 통신, 소방
주택건설업 면허증 사본	시공자	승인대상인 경우	감리계획서 및 감리의견서	감리자	
주택건설업 등록증 사본	시공자	승인대상인 경우	법인등기사항전부증명서	감리자	
법인인감증명서/사용인감계	시공자		사업자등록증 사본/ 감리업등록증 사본	감리자	
법인등기사항전부증명서	시공자		인감증명서	감리자	
국세/지방세 납세증명서	시공자		사용인감계	감리자	
건설기술자 보유증명서	시공자		감리원 선임계	감리자	
현장기구 조직도	시공자		감리원 편성표	감리자	
현장대리인계 (경력증명서, 자격증사본, 재직증명서)	시공자		분야별 감리원(상주, 비상주) (경력증명서,재직증명서, 자격증사본, 경력확인서)	감리자	
안전관리인 선임계 (경력증명서, 자격증사본, 재직증명서)	시공자		관계전문기술 자격증 사본 (토목, 구조, 기계)	시공자	해당되는 경우
안전관리 조직표	시공자		관계전문기술자 엔지니어링 활동주체 신고증	시공자	해당되는 경우
안전관리 계획서	시공자		관계전문기술자 사업자등록증	시공자	
품질관리인 선임계 (경력증명서, 자격증사본, 재직증명서)	시공자		주택건설사업계획승인(인·허가) 이행조건	공통 사항	발주자, 설계자, 시공자, 감리자

※ 관할 허가관청에 따라 제출서류 등에 약간의 차이가 있을 수 있습니다.

제7장.
준공인가

1) 준공인가의 법적인 성격

사업시행계획은 건축물에 대한 설계도의 역할만을 하는 것이 아니라, 그 내용에는 다양한 사항들을 담고 있다. 준공인가 시 검토하는 사항은 원칙적으로 건축물 및 정비기반시설 등의 설치와 관련된 시공계획서로 한정되고, 이주대책이나 세입자대책 등의 문제는 제외된다고 해석된다. 또한, 준공인가는 사업시행계획에 종속되는 행정처분이다. 따라서 준공검사는 사업시행계획서에서 정해진 대로 시공되었는가를 확인하는 것일 뿐 그 이상의 효과를 부여하는 것은 아니다.

그러므로 준공인가에 대해 행정소송이 제기되는 경우는 통상 사업시행자가 신청한 준공인가가 거부된 경우인 것이다.

준공인가가 고시된 경우 비로소 이전고시의 절차가 개시되게 된다(법 제86조제1항).
따라서 준공인가가 없는 상태에서는 이전고시의 절차가 개시될 수 없고, 준공인가 전의 사용허가에 대해서는 이전고시가 시행될 수 없다고 할 것이다.

2) 준공인가의 절차

(1) 준공인가 신청

시장·군수등이 아닌 사업시행자는 정비사업에 관한 공사를 완료한 때에는 대통령령이 정하는 방법 및 절차에 따라 시장·군수등의 준공인가를 받아야 한다(법 제83조제1항).
이때에는 국토부령이 정하는 준공인가 신청서를 시장·군수등에게 제출하여야 한다. 다만, 토지주택공사등인 사업시행자(공동시행자인 경우를 포함)가 다른 법률에 따라 자체적으로 준공인가를 처리하는 경우에는 준공인가를 받은 것으로 보며, 이 경우 토지주택공사등인 사업시행자는 그 내용을 지체없이 시장·군수등에게 통보하여야 한다. (영 제74조제1항)

사업시행자는 위의 영 제74조제1항 본문에 따라 정비사업에 관한 공사를 완료하여 준공인가를 받고자 하는 경우에는 [시행규칙 별지 제10호서식]의 「준공인가신청서」(전자문서로 된 신청서를 포함한다)에 다음 각 호의 서류(전자문서에 따른 제출을 포함)를 첨부하여 시장·군수등에게 제출하여야 한다. (도시정비법 시행규칙 제15조제1항)
1호 : 건축물·정비기반시설(영 제3조제9호에 해당하는 것을 제외한다) 및 공동이용 시설 등의 설치내역서
2호 : 공사감리자의 의견서

3호 : 영 제14조제5항에 따른 현금납부액의 납부증명 서류(법 제17조제4항에 따라
　　　현금을 납부한 경우로 한정한다)

(2) 준공검사의 실시 의뢰

준공인가 신청을 받은 시장·군수등은 지체없이 준공검사를 실시해야 한다. 이 경우
시장·군수등은 효율적인 준공검사를 위하여 필요한 때에는 관계 행정기관·정부투자기관·
연구기관 그 밖의 전문기관 또는 단체에 준공검사의 실시를 의뢰할 수 있다.
(법 제83조제2항)

(3) 준공인가·통보 및 통지

시장·군수등은 준공검사의 실시결과 정비사업이 인가받은 사업시행계획대로 완성
되었다고 인정하는 때에는 준공인가를 하고, **공사의 완료를 해당 지방자치단체의 공보에
고시하여야 한다**(법 제83조제3항). 시장·군수등은 법 제83조제3항의 규정에 의하여
준공인가를 한 때에는 국토교통부령이 정하는 준공인가 증에 다음 각 호의 사항을 기재
하여 사업시행자에게 교부하여야 한다. (시행령 제74조제2항)
1. 정비사업의 종류 및 명칭
2. 정비사업 시행구역의 위치 및 명칭
3. 사업시행자의 성명 및 주소
4. 준공인가의 내역

(4) 사업시행자가 자체 준공하는 경우

토지주택공사등인 사업시행자(공동시행자인 경우를 포함한다)가 다른 법률에 의하여 자체적
으로 준공인가를 처리한 경우에는 준공인가를 받은 것으로 보며, 이 경우 토지주택공사
등인 사업시행자는 그 내용을 지체없이 시장·군수등에게 통보하여야 한다.
다만, 사업시행자(공동시행자인 경우를 포함한다)가 토지주택공사인 경우로서 「한국토지
주택공사법」 제19조제3항 및 같은 법 시행령 제41조제2항에 따라 준공인가 처리결과를
시장·군수등에게 통보한 경우에는 그러하지 아니하다.(시행령 제74조제1항)

사업시행자는 제1항 단서의 규정에 의하여 자체적으로 처리한 준공인가 결과를 시장·
군수등에게 통보한 때, 또는 제2항의 규정에 의한 준공인가증을 교부받은 때에는 그
사실을 분양대상자에게 지체없이 통지하여야 한다. (시행령 제74조제3항)

(5) 입 주

입주권은 아파트에 입주하여 사용·수익할 수 있는 권리로서, 공사비를 완납하여야
입주할 수 있는 권리가 부여된다.

3) 부분준공인가 및 사전사용허가

(1) 부분준공인가
원칙적으로 정비구역 내의 전체에 대해 준공인가를 하여야 한다. 그러나 정비사업의 효율적인 추진을 위하여 필요한 경우에는 해당 정비사업에 관한 공사가 전부 완료되기 전에 완공된 부분에 대하여 준공인가를 받아 대지 또는 건축물별로 이를 분양받은 자에게 그 소유권을 이전할 수 있다. (법 제86조제1항 단서)

(2) 준공인가 전 사용허가
시장·군수등은 준공인가를 하기 전이라도 완공된 건축물이 사용에 지장이 없는 등 대통령령이 정하는 기준에 적합한 경우에는 입주예정자가 완공된 시설물을 사용할 것을 사업시행자에 대하여 허가할 수 있다. 다만, 자신이 사업시행자인 경우에는 허가를 받지 아니하고 입주예정자가 완공된 건축물을 사용하게 할 수 있다. (법 제83조제5항)

4) 준공검사 등의 의제

(1) 의제효과
준공인가를 하거나 공사완료의 고시를 고시하는 경우 시장·군수등이 법 제57조에 따라 의제되는 인·허가 등에 따른 준공검사·준공인가·사용검사·사용승인 등에 관하여 관계 행정기관의 장과 협의한 사항에 대하여는 해당 준공검사·인가등을 받은 것으로 본다. (법 제85조제1항)

(2) 서류의 제출
시장·군수등이 아닌 사업시행자는 준공검사·인가 등의 의제를 받으려는 경우에는 준공인가를 신청하는 때에 해당 법률이 정하는 관계 서류를 함께 제출하여야 한다. (법 제85조제2항, <개정 2020.6.9.>)
의제는 준공절차의 간소화를 위해 하나의 절차에서 다양한 사항들을 심사하는 것에 불과하므로 준공검사 등에서 관계 법률이 요구하는 서류들은 각각 제출하여야 한다.

(3) 관계 행정기관과의 협의
시장·군수등은 법제83조의 규정에 따른 준공인가를 하거나 공사완료를 고시하는 경우, 그 내용에 법제57조에 따라 의제되는 인·허가 등에 따른 준공검사·인가등에 해당하는 사항이 있은 때에는 미리 관계 행정기관의 장과 협의하여야 한다. (법 제85조제3항)

제8장.
정비기반시설의 설치 및 기부채납

　정비기반시설이란 도로, 상·하수도, 공원, 공용주차장, 공동구 그 밖에 주민의 생활에 필요한 가스 등의 공급시설로서 대통령령이 정하는 시설이다.

사업시행자는 정비사업을 수행함에 있어 인·허가청으로부터 '사업시행인가조건'으로 정비기반시설 등을 설치하여 관리청에 기부채납(寄附採納)하게 된다.

1 정비기반시설의 설치

1) 정비기반시설의 종류

　정비기반시설은 도시및주거환경정비법 및 도시재정비 촉진을 위한 특별법(약칭:도시재정비법)에서 정하고 있으며, 도시정비법에서는 도로, 상·하수도, 구거(溝渠: 도랑), 공원, 공용주차장, 공동구[국토의 계획 및 이용에 관한 법률(약칭: 국토계획법) 제2조제9호에 따른 공동구] 그 밖에 주민의 생활에 필요한 열·가스 등의 공급시설로서 대통령령이 정하는 시설을 말한다. (도정법 제2조제4호). 도시재정비법 제2조(정의)제7호에서의 정비기반시설은 국토계획법 제2조 제6호에 따른 시설을 말한다.

2) 도로 중 도시정비법에서 정비기반시설로 정하고 있는 도로

　1. 도로 중 도시정비법에서 정비기반시설에 해당하는 도로는 다음 각 호의 어느 하나에 해당하는 도로를 말한다. (법 제97조제3항)
　　1) 「국토의 계획 및 이용에 관한 법률」 제30조에 따라 도시·군관리계획으로 결정되어 설치된 도로
　　2) 「도로법」 제23조에 따라 도로관리청이 관리하는 도로
　　3) 「도시개발법」 등 다른 법률에 따라 설치된 국가 또는 지방자치단체 소유의 도로
　　4) 그 밖에 「공유재산 및 물품 관리법」 에 따른 공유재산 중 일반인의 교통을 위하여 제공되고 있는 부지. 이 경우 부지의 사용 형태, 규모, 기능 등 구체적인 기준은 시·도조례로 정할 수 있다.
　2. 위의 법 제97조제3항제4호에 따라 서울시 도시정비조례 제54조제1항에서 정하는 도로의 기준
　　: 법 제97조제3항제4호에 따른 **공유재산 중 사업시행자에게 무상으로 양도되는 도로는 일반인의 통행에 제공되어 실제 도로로 이용하고 있는 부지**를 말한다. 이 경우 같은 법 제97조제1항에 따라 구청장 또는 토지주택공사등에게 무상으로 귀속되는 경우도 포함한다. (서울시 도시정비조례 제54조제1항)

3) 정비기반시설의 설치규정

사업시행자는 관할 지방자치단체의 장과의 협의를 거쳐 정비구역에 정비기반시설(주거환경개선사업의 경우에는 공동이용시설을 포함한다)을 설치하여야 한다. (법 제96조)
정비기반시설은 사업시행계획의 내용에 포함된 것이므로(법 제52조제1항제2호) 사업시행인가 단계에서 그 위치 및 형태 등이 정해진다. 정비기반시설의 설치에 관한 구체적인 사항은 각 시·도 조례로 정하고 있다.

4) 정비기반시설 및 토지 등의 귀속(법 제97조 참조)

1. 시장·군수등 또는 토지주택공사등이 정비사업의 시행으로 새로 정비기반시설을 설치하거나 기존의 정비기반시설을 대체하는 정비기반시설을 설치한 경우에는 「국유재산법」 및 「공유재산 및 물품 관리법」에도 불구하고 종래의 정비기반시설은 사업시행자에게 무상으로 귀속되고, 새로 설치된 정비기반시설은 그 시설을 관리할 국가 또는 지방자치단체에 무상으로 귀속된다.
2. **시장·군수등 또는 토지주택공사등이 아닌 사업시행자**가 정비사업의 시행으로 새로 설치한 정비기반시설은 그 시설을 관리할 **국가 또는 지방자치단체에 무상으로 귀속**되고, 정비사업의 시행으로 **용도가 폐지되는 국가 또는 지방자치단체 소유의 정비기반시설은 사업시행자가 새로 설치한 정비기반시설의 설치비용에 상당하는 범위에서 그에게 무상으로 양도된다.**
3. 시장·군수등은 법 제97조제1항부터 제3항까지의 규정에 따른 정비기반시설의 귀속 및 양도에 관한 사항이 포함된 정비사업을 시행하거나 그 시행을 인가하려는 경우에는 미리 그 관리청의 의견을 들어야 한다. 인가받은 사항을 변경하려는 경우에도 또한 같다.
4. 사업시행자는 법 제97조제1항부터 제3항까지의 규정에 따라 관리청에 귀속될 정비기반시설과 사업시행자에게 귀속 또는 양도될 재산의 종류와 세목을 정비사업의 준공 전에 관리청에 통지하여야 하며, **해당 정비기반시설은 그 정비사업이 준공인가 되어 관리청에 준공인가 통지를 한 때에 국가 또는 지방자치단체에 귀속되거나 사업시행자에게 귀속 또는 양도된 것으로 본다.**
5. 법 제97조제5항에 따른 정비기반시설의 등기에 있어서 정비사업의 시행인가서와 준공인가서(시장·군수등이 직접 정비사업을 시행하는 경우에는 법 제50조제9항에 따른 사업시행계획 인가의 고시와 법 제83조제4항에 따른 공사완료의 고시를 말한다)는 「부동산등기법」에 따른 등기원인을 증명하는 서류를 갈음한다. <개정 2021.3.16.>
6. 법 제97조제1항 및 제2항에 따라 **정비사업의 시행으로 용도가 폐지되는 국가 또는 지방자치단체 소유의 정비기반시설의 경우** 정비사업의 시행 기간 동안 해당 시설의 대부료는 면제된다.

따라서 새로 설치한 도로 중 법 제97조제3항의 4개항에 해당되는 도로는 정비기반시설에 속하며 공사 후 국가 또는 지방자치단체에 무상으로 양도되고, 정비사업의 시행으로 용도가 폐지되는 국가 또는 지방자치단체 소유인 도로(공유재산 및 물품관리법에 따른 공유재산 중 일반인의 통행에 제공되어 실제 도로로 이용되는 부지 포함)의 경우 사업시행자가 새로 설치한 정비기반시설의 설치비용에 상당하는 범위에서 시행자에게 무상으로 양도 된다.

□ 「주택건설기준 등에 관한 규정」에서 정하고 있는 <u>도로</u> 및 <u>주차장</u>의 설치기준
(하권 부록-4 참조)

(1) 도로(규정 제25조·제26조)

도로는 기간도로와 진입도로가 있다.(주택건설 기준 등에 관한 규정 제2조제7호/제8호) '기간도로'는 「주택법 시행령」<u>제5조</u>에 의한 도로이며, '진입도로'는 보행자 및 자동차의 통행이 가능한 도로로 기간도로로부터 주택단지 안의 출입구에 이르는 도로를 말한다.

가. 진입도로(규정 제25조)

① 공동주택을 건설하는 주택단지는 기간도로와 접하거나 기간도로로부터 해당 단지에 이르는 진입도로가 있어야 한다. 이 경우 기간도로와 접하는 폭 및 진입도로의 폭은 「주택건설기준 등에 관한 규정」 제25조제1항 및 규칙 제12조제1항에 따른다.

주택단지의 총세대수	기간도로와 접하는 폭 또는 진입도로의 폭
300세대 미만	6미터 이상
300세대 이상 500세대 미만	8미터 이상
500세대 이상 1천세대 미만	12미터 이상
1천세대 이상 2천세대 미만	15미터 이상
2천세대 이상	20미터 이상

② 주택단지가 2 이상이면서 해당 주택단지의 진입도로가 하나인 경우 그 진입도로의 폭은 해당 진입도로를 이용하는 모든 주택단지의 세대수를 합한 총 세대수를 기준으로 하여 산정한다. (주택건설기준 등에 관한 규정 제25조제2항,<신설 1999.9.29.>)

③ 공동주택을 건설하는 주택단지의 진입도로가 2 이상으로서 다음 표의 기준에 적합한 경우에는 제1항의 규정을 적용하지 아니할 수 있다. 이 경우 폭 4미터 이상 6미터 미만인 도로는 기간도로와 통행거리 200미터 이내인 때에 한하여 이를 진입 도로로 본다. <개정 2016.6.8.>

주택단지의 총세대수	폭 4미터 이상의 진입도로 중 2개의 진입도로 폭의 합계
300세대 미만	10미터 이상
300세대 이상 500세대 미만	12미터 이상
500세대 이상 1천세대 미만	16미터 이상
1천세대 이상 2천세대 미만	20미터 이상
2천세대 이상	25미터 이상

④ 도시지역 외에서 공동주택을 건설하는 경우 그 주택단지와 접하는 기간도로의 폭 또는 그 주택단지의 진입도로와 연결되는 기간도로의 폭은 제1항의 규정에 의한 기간도로와 접하는 폭 또는 진입도로의 폭의 기준 이상이어야 하며, 주택단지의 진입도로가 2 이상이 있는 경우에는 그 기간도로의 폭은 제3항의 기준 에 의한 각각의 진입도로의 폭의 기준 이상이어야 한다. <신설 2002.12.26.>

나. 주택단지 안의 도로(규정 제26조, <개정/신설 2013.6.17.>)

① 공동주택을 건설하는 주택단지에는 폭 1.5미터 이상의 보도를 포함한 폭 7미터 이상의 도로(보행자전용도로, 자전거도로는 제외한다)를 설치하여야 한다.

② 제1항에도 불구하고 다음 각 호에 어느 하나에 해당하는 경우에는 도로의 폭을 4미터 이상으로 할 수 있다. 이 경우 해당 도로에는 보도를 설치하지 아니할 수 있다.

  1. 해당 도로를 이용하는 공동주택의 세대수가 100세대 미만이고 해당 도로가 막다른 도로로서 그 길이가 35미터 미만인 경우

  2. 그 밖에 주택단지 내의 막다른 도로 등 사업계획승인권자가 부득이하다고 인정하는 경우

③ 주택단지 안의 도로는 유선형(流線型) 도로로 설계하거나 도로 노면의 요철(凹凸) 포장 또는 과속방지턱의 설치 등을 통하여 도로의 설계속도(도로설계의 기초가 되는 속도를 말한다)가 시속 20킬로미터 이하가 되도록 하여야 한다.

④ 500세대 이상의 공동주택을 건설하는 주택단지 안의 도로에는 어린이 통학버스의 정차가 가능하도록 국토교통부령으로 정하는 기준에 적합한 어린이 안전보호구역을 1개소 이상 설치하여야 한다.

⑤ 제1항부터 제4항까지에서 규정한 사항 외에 주택단지에 설치하는 도로 및 교통 안전시설의 설치기준 등에 관하여 필요한 사항은 국토교통부령으로 정한다.

주) 주택단지 안의 도로에 설치되는 '어린이 안전보호 구역', 주택단지 안에 설치하는 도로의 설치기준', 주택단지 안에 설치하는 교통안전시설의 설치기준' 등에 관한 사항은 「주택건설 기준 등에 관한 규칙」 제6조에 규정되어 있다.

(2) 주차장(규정 제27조)

① 주택단지에는 다음 각 호의 기준(소수점 이하의 끝수는 이를 한 대로 본다)에 따라 주차장을 설치하여야 한다. <개정 2021.1.5.>

  1. 주택단지에는 주택의 전용면적의 합계를 기준으로 하여 다음 표에서 정하는 면적당 대수의 비율로 산정한 주차대수 이상의 주차장을 설치하되, 세대당 주차 대수가 1대(세대당 전용면적이 60제곱미터 이하인 경우에는 0.7대) 이상이 되도록 하여야 한다. 다만, 지역별 차량보유율 등을 고려하여 설치기준의 5분의 1(세대당 전용면적이 60제곱미터 이하인 경우에는 2분의 1)의 범위에서 특별시·광역시·특별 자치시·특별자치도·시·군 또는 자치구의 조례로 강화하여 정할 수 있다.

주택규모별 (전용면적 : ㎡)	주차장 설치기준(대/㎡)			
	가. 특별시	나. 광역시·특별자치시 및 수도권내의 시 지역	다. 가목 및 나목 외의 시 지역과 수도권 내의 군 지역	라. 그 밖의 지역
85㎡ 이하	1대/75㎡	1대/85㎡	1대/95㎡	1대/110㎡
86㎡ 초과	1대/65㎡	1대/70㎡	1대/75㎡	1대/85㎡

2. 원룸형 주택은 제1호에도 불구하고 세대당 주차대수가 0.6대(세대당 전용면적이 30제곱미터 미만인 경우에는 0.5대) 이상이 되도록 주차장을 설치하여야 한다. 다만, 지역별 차량보유율 등을 고려하여 다음 각 목의 구분에 따라 특별시·광역시·특별자치시·특별자치도·시·군 또는 자치구의 <u>조례</u>로 강화하거나 완화하여 정할 수 있다.

가. 「민간임대주택에 관한 특별법」 제2조제13호가목 및 나목에 해당하는 시설로부터 통행거리 500미터 이내에 건설하는 원룸형 주택으로서 다음의 요건을 모두 갖춘 경우: 설치기준의 10분의 7 범위에서 완화

1) 「공공주택 특별법」 제2조제1호가목의 공공임대주택일 것

2) 임대기간 동안 자동차를 소유하지 않을 것을 임차인 자격요건으로 하여 임대할 것. 다만, 「장애인복지법」 제2조제2항에 따른 장애인 등에 대해서는 특별시·광역시·특별자치시·도·특별자치도의 조례로 자동차 소유 요건을 달리 정할 수 있다.

나. 그 밖의 경우: 설치기준의 2분의 1 범위에서 강화 또는 완화

3. 삭제 <2013.5.31.>

② 제1항제1호 및 제2호에 따른 주차장은 지역의 특성, 전기자동차(「환경친화적 자동차의 개발 및 보급 촉진에 관한 법률」 제2조제3호에 따른 전기자동차를 말한다) 보급정도 및 주택의 규모 등을 고려하여 그 일부를 전기자동차의 전용주차구획으로 구분 설치하도록 특별시·광역시·특별자치시·특별자치도·시 또는 군의 조례로 정할 수 있다.

③ 주택단지에 건설하는 주택(부대시설 및 주민공동시설을 포함한다)외의 시설에 대하여는 「주차장법」이 정하는 바에 따라 산정한 부설주차장을 설치하여야 한다.

④ 원룸형 주택이 다음 각 호의 요건을 모두 갖춘 경우에는 제1항제2호에도 불구하고 임대주택으로 사용하는 기간 동안 용도변경하기 전의 용도를 기준으로 「주차장법」 제19조의 부설주차장 설치기준을 적용할 수 있다. <신설 2021.1.12.>

1. 제7조제11항 각 호의 요건을 갖출 것

2. 제1항제2호에 따라 주차장을 추가로 설치해야 할 것

3. 세대별 전용면적이 30제곱미터 미만일 것

4. 임대기간 동안 자동차(「장애인복지법」 제39조제2항에 따른 장애인사용자동차등표지를 발급받은 자동차는 제외한다)를 소유하지 않을 것을 임차인 자격요건으로 하여 임대할 것

⑤ 「노인복지법」에 의하여 노인복지주택을 건설하는 경우 당해 주택단지에는 제1항의 규정에 불구하고 세대당 주차대수가 0.3대(세대당 전용면적이 60제곱미터 이하인 경우에는 0.2대) 이상이 되도록 하여야 한다. <신설 2021.1.12.>

⑥ 「철도산업발전기본법」 제3조제2호의 철도시설 중 역시설로부터 반경 500미터 이내에서 건설하는 「공공주택 특별법」 제2조에 따른 공공주택(이하 "철도부지 활용 공공주택"이라 한다)의 경우 해당 주택단지에는 제1항에 따른 주차장 설치기준의 2분의 1의 범위에서 완화하여 적용할 수 있다. <신설 2021.1.12.>

⑦ 제1항부터 제6항까지에서 규정한 사항 외에 주차장의 구조 및 설비의 기준에 관하여 필요한 사항은 국토교통부령으로 정한다. <신설 2021.1.12.>

② 공공시설의 귀속

1) 공공기관이 시행자인 경우의 귀속

시장·군수등 또는 토지주택공사등이 정비사업의 시행으로 새로 정비기반시설을 설치하거나 기존의 정비기반시설을 대체하는 정비기반시설을 설치한 경우에는 「국유재산법」 및 「공유재산 및 물품 관리법」에도 불구하고 종래의 정비기반시설은 사업시행자에게 무상으로 귀속되고, 새로 설치된 정비기반시설은 그 시설을 관리할 국가 또는 지방자치단체에 무상으로 귀속된다. (법 제97조제1항)

2) 조합이 시행자인 경우의 귀속

시장·군수등 또는 토지주택공사등이 아닌 사업시행자가 **정비사업의 시행으로 새로이 설치한 정비기반시설은 그 시설을 관리할 국가 또는 지방자치단체에 무상 귀속되고, 정비사업의 시행으로 용도가 폐지되는 국가 또는 지방자치단체 소유의 정비기반시설은 사업시행자가 새로이 설치한 정비기반시설의 설치비용에 상당하는 범위에서 그에게 무상으로 양도된다.** (법 제97조제2항)

3) 조례에서 정하는 정비기반시설 및 토지 등의 귀속

가. 법 제97조제3항제4호에 따른 공유재산 중 사업시행자에게 무상으로 양도되는 도로는 일반인의 통행에 제공되어 실제 도로로 이용하고 있는 부지를 말한다. 이 경우 같은 법 제97조제1항에 따라 구청장 또는 토지주택공사등에게 무상으로 귀속되는 경우도 포함한다.

나. 시장은 무상양도(귀속)에 필요한 도로의 기준 등을 정할 수 있다.

　　　(서울시 도시정비조례 제54조)

4) 귀속절차

사업시행자는 관리청에 귀속될 정비기반시설과 사업시행자에게 귀속 또는 양도될 재산의 종류와 세목을 정비사업의 준공 전에 관리청에 통지하여야 하며, **해당 정비기반시설은 그 정비사업이 준공인가 되어 관리청에 준공인가 통지를 한 때에 국가 또는 지방자치단체에 귀속되거나 사업시행자에게 귀속 또는 양도된 것으로 본다.** (법 제97조제5항)

법 제97조제5항에 따른 정비기반시설에 대한 등기의 경우 정비사업의 시행인가서와 준공인가서(시장·군수등이 직접 정비사업을 시행하는 경우에는 법 제50조제9항에 따른 사업시행계획인가의 고시와 법 제83조제4항에 따른 공사완료의 고시를 말한다)는 「부동산등기법」에 따른 등기원인을 증명하는 서류를 갈음한다. (법 제97조제6항),<개정 2021.3.16.>
정비사업의 시행으로 용도가 폐지되는 국가 또는 지방자치단체 소유의 정비기반시설의 경우 정비사업의 시행 기간 동안 해당 시설의 대부료는 면제된다. (법 제97조제7항)

5) 조례에서 정하는 국·공유지의 점유·사용 연고권 인정기준 등 (서울시 도시정비조례 제55조)

    가. 법 제98조제4항에 따라 정비구역의 국·공유지를 점유·사용하고 있는 건축물소유자 (조합 정관에 따라 조합원 자격이 인정되지 않은 경우와 신발생무허가건축물을 제외한다)에게 우선 매각하는 기준은 다음 각 호와 같다. 이 경우 매각면적은 200제곱미터를 초과할 수 없다.

        1. 점유·사용인정 면적은 건축물이 담장 등으로 경계가 구분되어 실제사용하고 있는 면적으로 하고, 경계의 구분이 어려운 경우에는 처마 끝 수직선을 경계로 한다.

        2. 건축물이 사유지와 국·공유지를 점유·사용하고 있는 경우에 매각면적은 구역 내 사유지 면적과 국·공유지 면적을 포함하여야 한다.

    나. 제1항에 따른 점유·사용 면적의 산정은 「공간정보의 구축 및 관리 등에 관한 법률」에 따른 지적측량성과에 따른다.

    다. **국·공유지를 점유·사용하고 있는 자로서 제1항에 따라 우선 매수하고자 하는 자는 관리처분계획인가신청을 하는 때까지 해당 국·공유지의 관리청과 매매계약을 체결하여야 한다.**

6) 국·공유지의 무상양여 등

    다음 각 호의 어느 하나에 해당하는 구역에서 <u>국가 또는 지방자치단체가 소유하는 토지는</u> <u>법 제50조제9항에 따른 사업시행계획인가의 고시가 있은 날부터 종전의 용도가 폐지된 것</u> <u>으로 보며, 「국유재산법」, 「공유재산 및 물품 관리법」 및 그 밖에 국·공유지의 관리 및 처분에</u> <u>관하여 규정한 관계 법령에도 불구하고 해당 사업시행자에게 무상으로 양여된다.</u> 다만, 「국유재산법」 제6조제2항에 따른 행정재산 또는 「공유재산 및 물품 관리법」 제5조제2항에 따른 행정재산과 국가 또는 지방자치단체가 양도계약을 체결하여 정비구역지정고시일 현재 대금의 일부를 수령한 토지에 대하여는 그러하지 아니하다. (법 제101조제1항)

    1. **주거환경개선구역**

    2. 국가 또는 지방자치단체가 도시영세민을 이주시켜 형성된 낙후지역으로서 대통령령으로 정하는 **재개발구역**(이 항 각호 외의 부분 본문에도 불구하고 무상양여 대상에서 국유지는 제외하고, 공유지는 시장·군수등 또는 토지주택공사등이 단독으로 사업시행자가 되는 경우로 한정한다)

③ 정비기반시설 설치에 따른 비용부담

1) 정비기반시설 설치비의 부담주체

(1) 사업시행자 부담의 원칙

    광장 등 주요한 정비기반시설에 대하여 그 설치에 드는 비용을 말한다.

    도시정비법이 시행되면서 정비사업의 유형별 구분이 없이 정비사업비는 사업시행자가 부담하는 것을 원칙으로 하였다. 정비사업비는 이 법 또는 다른 법령에 특별한 규정이 있는 경우를 제외하고는 사업시행자가 부담한다. (법 제92조제1항)

한편, 시장·군수등이 아닌 사업시행자가 시행하는 정비사업의 정비계획에 따라 설치되는 도시계획시설 중 주요 정비기반시설 및 임시수용시설의 건설에 드는 비용의 전부 또는 일부를 공공에서 지원가능토록 하여 주민의 부담을 경감토록 하였다.

(2) 시장·군수등의 비용부담

시장·군수등은 사업시행자가 <u>토지주택공사등인 주거환경개선사업</u>과 관련하여 제1항에 따른 정비기반시설 및 공동이용시설, 임시거주시설을 건설하는 경우 건설에 드는 비용의 전부 또는 일부를 토지주택공사등에게 보조하여야 한다. (법 제95조제2항)

2) 조합원의 비용부담

(1) 사업시행자의 부과·징수

사업시행자는 토지등소유자로부터 정비사업비와 정비사업의 시행과정에서 발생한 수입의 차액을 부과금으로 부과·징수할 수 있다(법 제93조제1항). <u>부과금의 부과처분에 대해서는 행정소송으로 취소를 구할 수 있지만, 민사소송으로는 다툴 수 없다.</u>

(2) 연체료의 부과·징수

사업시행자는 토지등소유자가 부과금의 납부를 **게을리** 한 때에는 연체료를 부과·징수할 수 있다. 부과금 및 연체료의 부과·징수에 관하여 필요한 사항은 정관 등으로 정한다. (법 제93조제2항<개정 2020.6.9.>, 제3항)

(3) 부과금 등의 강제징수

시장·군수등이 아닌 사업시행자는 부과금 또는 연체료를 체납하는 자가 있을 때에는 시장·군수등에게 그 부과·징수를 위탁할 수 있다. 시장·군수등은 부과·징수를 위탁받은 경우에는 '지방세체납처분의 예'에 따라서 부과·징수할 수 있다. 이 경우 사업시행자는 징수한 금액의 100분의 4에 해당하는 금액을 해당 시장·군수등에게 교부하여야 한다. (법 제93조 제4항, 제5항)

3) 재개발·재건축사업에서 설치비의 부담주체

현행의 법 제도는 법인과 그 구성원의 법적인 지위(권리와 의무)에 관하여 엄격히 분리하고 있다. 사단인 경우 그 구성원의 권리·의무와 법인의 권리·의무는 엄격히 구별된다. 주식회사도 그러하지만 법인격이 없는 사단인 경우에 있어서도 그러하다.

재개발이나 재건축조합을 사단법인으로 보고 있는 한 사단법인의 구성원인 조합원과 조합사이의 법률관계는 서로 연관되지 않고 독립적인 위치에 있다. 따라서 조합명의로 행한 행위의 책임은 조합이 지게 되며, 그 책임은 조합원에게 미치지 않는다. 일반분양에 있어 채무불이행이 있을 경우 그 책임은 조합이 질 뿐이며 조합원에게는 물을 수 없고, 이와는 반대로 일반분양자가 잘못이 있더라도 조합원은 그 일반분양자에 대하여 계약의 이행을 구할 수 없다. 또한, 조합과 시공자와의 공사도급계약에 있어서 조합이 채무를 불이행한 경우 조합에 그 책임을 물을 수 있을 뿐 조합원에게 물을 수 없다. 따라서 공사도급 계약서에 관하여 조합원은 시공자에게 특정한 사안에 대해 직접적으로 요구할 수 없으며 조합을 통해서만이 요구가 가능하다.

4) 법에서 정하는 정비기반시설 설치에 따른 비용부담

현행 도시정비법에서는 모든 정비사업으로 인하여 현저히 이익을 받는 정비기반시설의 관리자가 있는 경우, 그가 사업비의 일부를 부담하도록 통지할 수 있는 권한을 조합에 부여함 으로써 정비기반시설의 설치에 따라 조합원들이 부담하게 되는 정비사업비를 경감시킬 수 있도록 하였다.

(1) 정비기반시설 관리자의 비용부담

시장·군수등은 그가 시행하는 정비사업으로 인하여 현저한 이익을 받는 정비기반시설의 관리자가 있는 경우에는 대통령령이 정하는 방법 및 절차에 따라 해당 정비사업비의 일부를 그 정비기반시설의 관리자와 협의하여 그 관리자에게 이를 부담시킬 수 있다. (법 제94조제1항)

정비사업비 부담비용(법 제94조제1항에 따른 부담금)의 총액은 해당 정비사업에 소요된 비용(시행령 제76조제3항제1호에서 정하는 정비사업의 조사·측량·설계 및 감리에 든 비용은 제외)의 3분의 1을 초과하여서는 아니 된다. 다만, 다른 정비기반시설의 정비가 그 정비사업의 주된 내용이 되는 경우에는 그 부담금액의 총액은 해당 정비사업에 소요된 비용의 2분의 1까지로 할 수 있다. 시장·군수등은 정비사업의 일부를 정비기반시설의 관리자에게 부담시키고자 하는 때에는 정비사업에 소요된 비용의 명세와 부담금액을 명시 하여 그 비용을 부담시키고자 하는 자에게 통지하여야 한다. (시행령 제78조)

(2) 공동구 설치의무자(점용 예정자)의 비용부담

공동구란 지하매설물(전기·가스·수도 등의 공급설비, 통신시설, 하수도시설 등)을 공동 수용함으로써 미관의 개선, 도로구조의 보존 및 교통의 원활한 소통을 기하기 위하여 지하에 설치하는 시설물을 말한다. (국토계획 및 이용에 관한 법률 제2조제9호) **사업시행자는** 정비사업을 시행하는 지역에 전기·가스 등의 공급시설을 설치하기 위하여 공동구를 설치하는 경우에는 다른 법령에 의하여 그 공동구에 수용될 시설을 설치할 의무가 있는 자에게 공동구의 설치에 드는 비용을 부담시킬 수 있다. (법 제94조제2항)

[제3편]
조합원의 권리확정 및 분양

제1장.
관리처분계획

1 관리처분계획의 이해

정비사업을 추진하는 근본적이고 궁극적인 목적은 여러 사람들이 단체를 구성하여 새로운 건축물을 마련한 후 그 사업에 참여한 여러 이해관계인들이 새로운 결과물을 합리적이고 공평하게 분배하는 것이다. 이 목적을 달성하기 위해서는 사업시행계획을 세우고 그 사업의 결과물에 대한 배분계획을 정하게 되는데, 이 배분계획이 **관리처분계획(管理處分計劃)**인 것이다.

관리처분계획의 용어상 의미는 새로 수립하는 대지 및 건축시설에 대한 관리 및 처분에 관한 계획이며, 이 관리처분계획을 통하여 실현된 결과물에 대한 배분을 이행하는 구체적인 행위로는 **이전고시**나 **청산금부과처분**이 있으며, 이를 통하여 조합원이나 사업시행자에게 공동주택 등의 소유권을 귀속시키거나 조합원에 대한 과부족을 조절하게 되는 것이다. 따라서 관리처분계획은 단체 각 구성원의 경제적인 손익에 직접적인 영향을 미치게 되므로 **정비사업에서는 가장 중요한 행정처분**이라 할 것이다.

2 관리처분계획의 법적지위

● **관리처분계획은 행정처분이다.**
조합이 마련한 관리처분계획은 인가를 통하여 확정되며 구속력을 갖게 되고, 정비사업 구역의 토지등소유자의 권리와 의무를 확정하는 행정처분의 지위를 갖게 된다. 따라서 정비사업으로 인한 대지 및 건축물은 인가된 관리처분계획에 의해서만 처분 및 관리되며, 이후 이전고시를 통해서 확정적으로 실현된다. 이때, <u>토지등소유자가 관리처분계획에 대해</u> <u>이의가 있을 경우에는 조합을 상대로 하여 **행정처분 취소소송**을 제기할 수 있다.</u>

● **관리처분계획은 행정계획의 일종이다.**
조합이 마련한 관리처분계획은 도시정비법에서 말하는 행정계획이다. 따라서 계획의 작성 및 결정에 조합과 행정청이 계획수립의 공동주체가 되는 것이며, 따라서 인·허가권을 가진 행정청은 관리처분계획에 대한 폭넓은 재량권을 행사할 수 있는 것이다.

3 관리처분계획의 수립절차

[관리처분계획의 수립 및 시행 절차도]
(사업시행계획의 인가에서 조합원 분양까지)

사업시행계획의 인가 및 고시 (법 제50조제9항)	시장·군수등이 인가 및 해당 지방자치단체의 공보에 고시
⇩	
조합원 분양신청 개별통지 및 공고 (법 제72조제1항)[사업시행자]	사업시행인가인가 고시 후 **120일 이내**에 통지 및 분양신청기간 등을 지역 일간신문에 공고
⇩	
조합원 분양신청 (법 제72조제2항 및 제3항)	토지등소유자가 사업시행자에게 신청 (신청기간:통지 후 30일~60일),(20일 연장가능)
⇩	
조합원의 종전 및 종후자산 감정평가 (법 제74조제1항제3호 및 제5호)	2인 이상의 **감정평가법인등의** 선정, 산술평균 (사업시행자와 행정청이 각 1인의 **감정평가법인등** 선정)
⇩	
관리처분계획의 수립 (법 제74조제1항)	사업시행자(조합)가 수립
⇩	
관리처분계획의 조합원 총회 의결 (법 제45조제1항제10호 및 제4항, 제6항)	**조합원 과반수**의 찬성으로 의결 **조합원 100분의 20 이상이 직접 출석해야함**
⇩	
관리처분계획의 인가신청·공람 및 주민의견 청취 (법 제78조제1항 및 제5항)	사업시행자가 **30일 이상** 공람 및 의견청취 (**재개발사업은 시장·군수등이 공람절차 진행**)
⇩	
관리처분계획의 경미한 사항 변경은 신고 (법 제78조제1항 단서)	경미한 변경사항(시행령 제61조)은 시장·군수등에 신고의무
⇩	
관리처분계획의 인가 및 고시 (법 제78조제2항 및 제4항)	시장·군수등이 **30(60)일** 이내에 결정하여 지방자치단체의 공보에 고시
⇩	
관리처분계획의 인가내용 통지 (법 제78조제5항, 영 제65조)	사업시행자가 토지등소유자에게 **공람계획 통지**, 분양신청자에게 지체없이 **인가내용 통지**
⇩	
조합원분양 실시	주택형 및 동·호수 추첨

1) 조합원 분양신청 개별통지 및 공고

(1) <u>사업시행자는 사업시행인가의 고시가 있는 날</u>(사업시행인가 이후 시공자를 선정한 경우에는 시공자와 계약을 체결한 날)<u>부터 120일 이내에 다음 각 호의 사항을 토지등소유자에게 통지하고, 분양의 대상이 되는 대지 또는 건축물의 내역 등 대통령령이 정하는 내용을 해당 지역에서 발간되는 일간신문에 공고하여야 한다.</u>(법 제72조제1항,<개정 2021.3.16.>)

1. 분양대상자별 종전의 토지 또는 건축물의 명세 및 **사업시행계획인가의 고시가 있은 날을 기준으로 한 가격**(사업시행계획인가 전에 법 제81조제3항에 따라 철거된 건축물은 시장·군수등에게 허가를 받은 날을 기준으로 한 가격)
2. 분양대상자별 분담금의 추산액
3. 분양신청기간
4. **그 밖에 대통령령으로 정하는 사항(통지할 사항)**

(2) 법 제72조제1항 각호 외의 부분 본문에서 "분양의 대상이 되는 대지 또는 건축물의 내역 등 대통령령으로 정하는 사항이란 다음 각 호의 사항을 말한다. (영 제59조제1항)
    또한, 사업시행자는 이 사항도 **일간신문에 공고하여야 한다**. (법 제72조제1항)
1. 사업시행인가의 내용
2. 정비사업의 종류·명칭 및 정비구역의 위치·면적
3. 분양신청기간 및 장소
4. 분양대상 대지 또는 건축물의 내역
5. 분양신청자격
6. 분양신청방법
7. 토지등소유자외의 권리자의 권리신고방법
8. 분양을 신청하지 아니한 자에 대한 조치
9. 그 밖에 시·도조례로 정하는 사항

(3) 법 제72조제1항제4호에서 "그 밖에 대통령령으로 정하는 사항"이란 다음 각 호의 사항을 말한다. (영 제59조제2항)
    또한, 사업시행자는 이 사항을 **토지등소유자에게 통지하여야 한다**. (법 제72조제1항 본문)
1. 제1항제1호부터 제6호까지 및 제8호의 사항
2. 분양신청서
3. 그 밖에 시·도조례로 정하는 사항

■ '조합원분양 통지 및 공고'에 관한 위 3개항을 종합하여 정리하면 다음과 같다.

조합은 사업시행의 고시가 있는 날(사업시행인가 이후 시공자를 선정하는 경우에는 시공자와 계약을 체결한 날)부터 120일 이내에 다음 각 호의 사항을 토지등소유자에게 통지하고, 해당 지역에서 발간되는 일간신문에 공고하여야 한다. 이 경우 제10호의 사항은 통지하지 아니하고, 제11호 및 제12호의 사항은 공고하지 아니 한다.

1. 분양대상자별 종전의 토지 또는 건축물의 명세 및 사업시행계획인가의 고시가 있은 날을 기준으로 한 가격(사업시행계획인가 전에 철거된 건축물은 시장·군수등에게 허가를 받은 날을 기준으로 한 가격)
2. 분양대상자별 **분담금의 추산액**
3. 분양신청기간 및 장소
4. 사업시행인가의 내용

5. 사업의 종류·명칭 및 정비구역의 위치·면적

6. 분양대상 토지 또는 건축물의 내역

7. <u>분양신청자격</u>

8. 분양신청방법

9. 분양을 신청하지 아니한 자에 대한 조치

10. <u>토지등소유자외의 권리자의 권리신고방법</u>(통지 불필요)

11. <u>분양신청서</u><공고 불필요>

12. 그 밖에 시·도 조례가 정하는 사항<공고 불필요>

2) 조합원 분양신청

- 대지 또는 건축물에 대한 분양신청을 하려는 토지등소유자는 분양신청기간에 영 제59조 제2항제2호에 따른 분양신청서에 소유권 내역을 분명하게 적고, 그 소유의 토지 및 건축물에 관한 **등기사항전부증명서** 또는 환지예정지증명원을 첨부하여 사업시행자에게 제출하여야 한다. 이 경우 우편의 방법으로 분양신청을 하는 때에는 영 제59조 제1항제3호에 따른 분양신청기간 내에 발송된 것임을 증명할 수 있는 우편으로 하여야 한다. (도정법 제72조제3항, 도정법 시행령 제59조제3항)

- 조합원의 분양신청기간은 통지한 날부터 30일 이상 60일 이내로 하여야 하며, 관리처분계획의 수립에 지장이 없다고 판단되는 경우에는 분양신청기간을 20일의 범위에서 한 차례 연장할 수 있다. (도정법 제72조제2항)

- 법 제72조제2항에 따라 분양신청을 하고자 하는 자는 시행령 제59조제2항제2호에 따른 분양신청서에 다음 각 호의 서류를 첨부하여야 한다. (서울시 도시정비조례 제32조제3항)

  [1호] 종전의 토지 또는 건축물에 관한 소유권의 내역

  [2호] 분양신청권리를 증명할 수 있는 서류

  [3호] 법 제2조제11호 또는 이 조례에 따른 정관등에서 분양신청자격을 특별히 정한 경우 그 자격을 증명할 수 있는 서류

  [4호] 분양예정 대지 또는 건축물 중 관리처분계획 기준의 범위에서 희망하는 대상·규모에 관한 의견

- ❖ 조합원이 분양신청을 하기 위해서는 신축주택의 내역, 조합원별 분담금 등이 마련되어야 가능한데 이를 위해서는 사업시행계획의 인가, 조합원별 종전 및 종후자산의 가격산정 및 국·공유지 매수가격의 확정 등이 이루어져야 한다. 그러나 현실적으로는 사업을 진행하는 도중에도 계속되는 사업환경의 변화로 이와 같은 제반 업무를 확정한다는 것은 거의 불가능하기 때문에, 앞의 내용이 포함된 '관리처분계획의 수정'이 불가피하게 되고 계획의 수정 작업으로 인한 조합원간의 경제적 이해충돌이 발생되며, 부담금 증가 등으로 인하여 수정된 관리처분계획에 대한 법적인 불복이 대부분의 조합에서 발생되고 있다.

  따라서 최초 관리처분계획 수립 시 '<u>**추후 계획의 변경이 가능하다**</u>.'는 내용이 반영되어야 하며, 관리처분계획에 대한 여유 있고 세밀한 사전 준비 및 확인이 꼭 필요하다.

❑ 재건축부담금 예정액 산출의 예(가상의 자료에 의한 참고사항)(개정·시행: 2021.2.19.)

구 분		A-아파트	B-아파트	C-아파트
① 조정한 개시시점 주택가액	추진위 설립일 기준 공시가격×α	370억원	2700억원	1조3000억원
② 정상주택가격 상승분	①×해당지역 집값 상승률	110억원	1800억원	3400억뒨
③ 개발비용	공사비, 조합운영비, 제세공과금 등	400억원	2700억원	1조4000억원
④ 종료시점 주택가액	준공일 기준 조합원 주택 공시가격+일반 분양분 분양가	970억원	7700억원	3조8000억원
⑤ 초과이익	④-(①+②+③)	90억원	500억원	7600억원
⑥ 조합원당 평균초과이익	⑤÷조합원수	1억1300만원	1억4000만원	5억1000만원
조합원당 평균부담금	⑥×부과율 (10~50%)	2100만원	3400만원	2억2000만원
용적률	-	기존용적률: 230% 신축용적률: 300%	기존용적률: 176% 신축용적률: 300%	기존적용률: 110% 신축용적률: 300%

✳ 재건축부담금 산출식 ✳

재건축 부담금 = 재건축 초과이익 × 부과율(전체 재건축 초과이익÷조합원 수)

[재건축 초과이익] : **「종료시점주택가액」** 에서 아래 항목을 제외한 금액

　　　　　① **「조정한 개시시점주택가액」**(종료시점에 적용한 공시율[α]을 동일하게

　　　　　　　적용하여 조정한 금액), **(공시율**: 공시가격의 시세 반영률<현실화율>)

　　　　　② 정상주택가격상승분 총액(정기예금 이자율 또는 평균 집값 상승률로 계산)

　　　　　③ 공사비, 설계비, 조합운영비 등 개발비용

[부과율] 　　　 : 조합원 1인당 평균이익에 따라 0~50%가 적용된다.

[부과 대상] : 재건축사업으로 얻게 되는 이익이 조합원 1인당 평균 3000만원을

　　　　　넘으면, 초과하는 금액에 대해 10~50%의 부담금을 부과한다.

2018년 1월 1일 이후에 관리처분계획 인가를 신청하는 재건축단지.

주1. <u>조정한 개시시점주택가액</u> : 재건축추진위원회 승인일(단, 재건축추진위원회 승인일이 종료시점으로
　　　　　　부터 10년 초과 시에는 종료시점으로부터 역산하여 10년이 되는 날)
　　　　　　(종료시점에 적용한 공시율[α]을 개시시점에 동일하게 적용하여 조정한 금액)

　2. <u>종료시점주택가액</u> 　　　 : 준공인가일 혹은 건축물의 사용개시일의 가액
　3. 정상 주택가격 상승분: 정기예금 이자율과 시·군·구 평균주택 가격상승률 중 높은 비율을 곱하여
　　　　　　산정한 금액
　4. 개발비용: 공사비, 설계·감리비, 조합운영비, 부대비용, 제세공과금 등
　5. 조합원 1인당 평균이익별 부과율

조합원 1인당 평균이익	부과율 및 부담금 산식
3천만원 초과~5천만원 이하	3천만원 초과금액의 10% × 조합원수
5천만원 초과~7천만원 이하	(200만원+3천만원 초과금액의 20%) × 조합원수
7천만원 초과~9천만원 이하	(600만원+7천만원 초과금액의 30%) × 조합원수
9천만원 초과~1억1천천만원 이하	(1,200만원+9천만원 초과금액의 40%) × 조합원수
1억1천만원 초과	(2,000만원+1억1천만원 초과금액의 50%) × 조합원수

3) 분양신청을 하지 아니한 자 등에 대한 조치

(1) 사업시행자는 관리처분계획이 인가·고시된 다음 날부터 **90일 이내**에 다음 각 호에서 정하는 자와 토지, 건축물 또는 그 밖의 **권리의 손실보상에 관한 협의를 하여야 한다.** 다만, 사업시행자는 분양신청기간 종료일의 다음 날부터 협의를 시작할 수 있다. (법 제73조제1항 참조)

1. 분양신청을 하지 않은 자
2. 분양신청기간 종료 이전에 분양신청을 철회한 자
3. 법 제72조제6항 본문 및 **법 제39조제2항**에 따라 분양신청을 할 수 없는 자
4. 법 제74조에 따라 인가된 관리처분계획에 따라 분양대상에서 제외된 자

주-1 법 제72조제6항 전문

: **(법 제72조)**제3항부터 제5항까지의 규정에도 불구하고 투기과열지구의 정비사업에서 법 제74조에 따른 관리처분계획에 따라 같은 조 제1항제2호 또는 제1항제4호가목의 분양대상자 및 그 세대에 속한 자는 분양대상자 선정일(조합원 분양분의 분양대상자는 최초 관리처분계획 인가일을 말한다)부터 5년 이내에는 투기과열지구에서 제3항부터 제5항까지의 규정에 따른 분양신청을 할 수 없다. 다만, 상속, 결혼, 이혼으로 조합원 자격을 취득한 경우에는 분양신청을 할 수 있다. <신설 2017.10.24.>

주-2 법 제39조제2항

: 「주택법」제63조제1항에 따른 **투기과열지구(이하 "투기과열지구"라 한다)로 지정된 지역에서 재건축사업을 시행하는 경우에는 조합설립인가 후, 재개발사업을 시행하는 경우에는 제74조에 따른 관리처분계획의 인가 후 해당 정비사업의 건축물 또는 토지를 양수**(매매·증여, 그 밖의 권리의 변동을 수반하는 일체의 행위를 포함하되, 상속·이혼으로 인한 양도·양수의 경우는 제외한다)**한 자는 제1항에도 불구하고 조합원이 될 수 없다.** 다만, 양도인이 다음 각 호의 어느 하나에 해당하는 경우 그 양도인으로부터 그 건축물 또는 토지를 양수한 자는 그러하지 아니하다. <개정 2020.6.9., 2021.4.13.>

1. 세대원(세대주가 포함된 세대의 구성원을 말한다. 이하 이 조에서 같다)의 근무상 또는 생업상의 사정이나 질병치료(「의료법」제3조에 따른 **의료기관의 장이 1년 이상의 치료나 요양이 필요하다고 인정하는 경우로 한정한다**)·취학·결혼으로 세대원이 모두 해당 사업구역에 위치하지 아니한 특별시·광역시·특별자치시·특별자치도·시 또는 군으로 이전하는 경우
2. 상속으로 취득한 주택으로 세대원 모두 이전하는 경우
3. 세대원 모두 해외로 이주하거나 세대원 모두 2년 이상 해외에 체류하려는 경우
4. **1세대**(제1항제2호에 따라 1세대에 속하는 때를 말한다) **1주택자로서 양도하는 주택에 대한 소유기간 및 거주기간이 대통령령으로 정하는 기간 이상인 경우**
   (주: 대통령령(**시행령**) 제37조제1항에서 정하고 있는 기간은 소유 10년 혹은 거주 5년이다)
5. 제80조에 따른 지분형주택을 공급받기 위하여 건축물 또는 토지를 토지주택공사등과 공유하려는 경우
6. 공공임대주택, 「공공주택 특별법」에 따른 공공분양주택의 공급 및 대통령령으로 정하는 사업을 목적으로 건축물 또는 토지를 양수하려는 공공재개발사업 시행자에게 양도하려는 경우
7. 그 밖에 불가피한 사정으로 양도하는 경우로서 대통령령으로 정하는 경우

(2) **투기과열지구**로 지정된 지역에서 재건축사업을 시행하는 경우에는 조합설립인가 후, 재개발 사업을 시행하는 경우에는 법 제74조에 따른 관리처분계획의 인가 후 해당 정비사업의 건축물 또는 토지를 양수한 자(법 39조제2항 각호에 해당하는 자는 예외)와 **손실보상에 관한 협의를 하여야 한다.** (위의 '주-2' 법 제39조제2항<개정 2020.6.9., 2021.4.13.> 참조)

(3) 사업시행자는 제1항에 따른 협의가 성립되지 아니하면 그 기간의 만료일 다음 날부터 **60일 이내**에 수용재결을 신청하거나 매도청구소송을 제기하여야 한다.(법 제73조제2항)

(4) **사업시행자는 제2항에 따른 기간을 넘겨서 수용재결을 신청하거나 매도청구소송을 제기한 경우에는 해당 토지등소유자에게 지연일수(遲延日數)에 따른 이자를 지급하여야 한다.** 이 경우 이자는 **100분의 15 이하**의 범위에서 대통령령(시행령 제60조)으로 정하는 이율을 적용하여 산정한다(법 제73조제3항). 시행령 제60조에서 정하는 이율은 ① 6개월 이내는 100분의 5, ② 6개월 초과 12개월 이내는 100분의 10, ③ 12개월 초과는 100분의 15로 규정하고 있다.

4) 조합원의 종전 및 종후자산 감정평가

(1) 종전자산의 평가

사업시행자는 조합원 분양신청기간이 종료된 때에는 기존의 **건축물을 철거하기 전에** 분양신청의 현황을 기초로 '**분양대상자별 종전의 토지 또는 건축물(종전자산)의 명세 및 사업시행계획인가 고시가 있은 날을 기준으로 한 가격**'(사업시행계획인가 전에 법 제81조제3항에 따라 철거된 건축물은 시장·군수등에게 허가를 받은 날을 기준으로 **한 가격**)을 산정하여 하여 시장·군수 등의 인가를 받아야 한다(법 제74조제1항제5호). 종전의 토지 또는 건축물 가격의 산정방법은 「감정평가 및 감정평가사에 관한 법률」에 따른 **감정평가법인등** 2인 이상이 평가한 금액을 산술평균한 금액으로 한다.

(2) 종후자산의 평가

사업시행자가 분양대상자별 분양예정인 대지 또는 건축물의 추산액(**종후자산**)을 산정하여 시장·군수등의 인가를 받아야 한다. (법 제74조제1항제3호) 종후자산 추산액의 산정방법은 「감정평가 및 감정평가사에 관한 법률」에 따른 감정평가업자 2인 이상이 평가한 금액을 산술평균한 금액으로 한다.

(3) **감정평가법인등의 선정주체 등**(법 제74조제4항, <개정 2021.3.16.>)

정비사업(재개발사업, 주거환경개선사업 또는 재건축사업)에서 법 제74조제1항제3호· 제5호 및 제8호에 따라 ① 분양대상자별 분양예정인 대지 또는 건축물의 추산액 ② 분양 대상자별 종전의 토지 또는 건축물 명세 및 사업시행계획인가 고시가 있은 날을 기준으로 한 가격(사업시행계획인가 전에 법 제81조제3항에 따라 철거된 건축물은 시장·군수등에게 허가를 받은 날을 기준으로 한 가격) 및 ③ 세입자별 손실보상을 위한 권리명세 및 그 평가액에 대한 재산 또는 권리를 평가할 때에는 다음 각 호의 방법에 따른다.
1. 「감정평가 및 감정평가사에 관한 법률」에 따른 **감정평가법인등** 중 다음 각 목의 구분에 따른 **감정평가법인등이** 평가한 금액을 산술평균하여 산정한다. 다만, 관리처분계획을

변경·중지 또는 폐지하려는 경우 분양예정 대상인 대지 또는 건축물의 추산액과 종전의 토지 또는 건축물의 가격은 사업시행자 및 토지등소유자 전원이 합의하여 산정할 수 있다.

　가. **주거환경개선사업·재개발사업**: 시장·군수등이 선정·계약한 2인 이상의 **감정 평가법인등**

　나. **재건축사업**: 시장·군수등이 선정·계약한 1인 이상의 **감정평가법인등**과 조합원 총회의 의결로 선정·계약한 1인 이상의 **감정평가법인등**

2. 시장·군수등은 위 제1호에 따라 **감정평가법인등**을 선정·계약하는 경우 **감정평가법인등**의 업무수행능력, 소속 감정평가사의 수, 감정평가 실적, 법규 준수 여부, 평가계획의 적정성 등을 고려하여 객관적이고 투명한 절차에 따라 선정하여야 한다. 이 경우 **감정평가법인등**의 선정·절차 및 방법 등에 필요한 사항은 시·도조례로 정한다.

3. 사업시행자는 제1호에 따라 감정평가를 하려는 경우 시장·군수등에게 <u>감정평가법인등</u>의 선정·계약을 요청하고 감정평가에 필요한 비용을 미리 예치하여야 한다. 시장·군수등은 감정평가가 끝난 경우 예치된 금액에서 감정평가 비용을 직접 <u>지급</u>한 후 나머지 비용을 사업시행자와 정산하여야 한다. (개정 2021.7.27.)

5) 관리처분계획의 수립

사업시행자는 법 제72조에 따른 분양신청기간이 종료된 때에는(기존 건축물의 철거 전에) 분양신청의 현황을 기초로 관리처분계획을 수립하여 시장·군수등의 인가를 받아야 한다. 다만, 대통령령으로 정하는 경미한 사항을 변경하려는 경우에는 시장·군수등에게 신고하여야 한다. (법 제74조제1항 참조, <개정 2018.1.16.>)

6) 관리처분계획에 대한 조합원 총회의 의결

관리처분계획의 수립 및 변경(경미한 변경은 제외)은 '조합원 총수의 과반수 찬성'으로 의결한다. 다만, 사업비가 100분의 10(생산자물가상승률분, 법 제73조에 따른 손실보상금액은 제외한다) **이상 늘어나는 경우에는 3분의 2 이상의 동의를 받아야 한다**(법 제45조제4항).

일반의 조합원 총회의 의결은 조합원의 100분의 10 이상이 총회장에 직접 출석하여야 한다. 다만, 창립총회, 사업시행계획서의 작성 및 변경, 관리처분계획의 수립 및 변경을 의결하는 총회 등 대통령령으로 정하는 총회의 경우에는 조합원의 100분의 20 이상이 직접 출석하여야 한다.

7) 관리처분계획의 인가신청 전 사업자에 의한 공람·주민의견 청취 및 통지

(1) **사업시행자는** 법 제74조에 따른 관리처분계획인가를 신청하기 전에 관계 서류의 사본을 **30일 이상** 토지등소유자에게 **공람**하게 하고 의견을 들어야 한다. 다만, 법 제74조제1항 각호 외의 단서에 따라 정하는 경미한 사항을 변경하려는 경우에는 토지등소유자의 공람 및 **의견청취** 절차를 거치지 아니할 수 있다. (법 제78조제1항)

(2) 사업시행자가 법 제78조제1항에 따라 공람을 실시하려거나 법 제78조제4항에 따른 시장·군수등의 고시가 있은 때에는 대통령령으로 정하는 방법과 절차에 따라 **토지등소유자에게는 공람계획을 통지하고, 분양신청을 한 자에게는 관리처분계획인가의 내용 등을 통지하여야 한다.** (제78조제5항,<개정 2017.8.9.> 참조)

(3) **사업시행자는** 법 제78조제5항에 따라 관리처분계획인가를 신청하기 전에 토지등소유자에게 공람을 실시하려는 경우 공람기간·장소 등 공람계획에 관한 사항과 개략적인 공람사항을 미리 토지등소유자에게 통지하여야 한다. (영 제65조제1항)

8) 관리처분계획의 인가 및 고시(시장·군수등)

(1) 시장·군수등은 사업시행자의 관리처분계획의 인가신청이 있는 날부터 30일 이내에 인가 여부를 결정하여 사업시행자에게 통보하여야 한다. 다만, 시장·군수등은 제3항에 따라 관리처분계획의 타당성 검증을 요청하는 경우에는 관리처분계획인가의 신청을 받은 날부터 60일 이내에 인가 여부를 결정하여 사업시행자에게 통지하여야 한다(법 제78조제2항). 또한, 시장·군수등이 관리처분계획을 인가하는 때에는 그 내용을 해당 **지방자치단체의 공보에 고시**하여야 한다. (법 제78조제4항)

(2) 시장·군수등은 법 제78조제4항에 따라 **관리처분계획의 인가내용을 고시**하는 경우에는 다음 각 항의 내용을 포함하여야 한다. (시행규칙 제13조)
   1. 정비사업의 종류 및 명칭
   2. 정비구역의 위치 및 면적
   3. 사업시행자의 성명 및 주소
   4. 관리처분계획 인가일
   5. 다음의 각 목의 사항을 포함한 관리처분계획 인가의 요지
      가. 대지 및 건축물의 규모 등 건축계획
      나. 분양 또는 보류지의 규모 등 분양계획
      다. 신설 또는 폐지하는 정비기반시설의 명세
      라. 기존 건축물의 철거예정시기 등

(3) 종전의 토지 또는 건축물의 소유자·지상권자·전세권자·임차권자 등 권리자는 법 제78조제4항에 따른 관리처분계획인가의 고시가 있은 때에는, 법 제86조에 따른 이전고시가 있는 날까지 종전의 토지 또는 건축물을 사용하거나 수익할 수 없다. 다만, 다음 각 호의 어느 하나에 해당하는 경우에는 그러하지 아니하다. (법 제81조제1항, <개정 2017.8.9.>)
   1. 사업시행자의 동의를 받은 경우
   2. 「공익사업을 위한 토지 등의 취득 및 보상에 관한 법률」에 따른 손실보상이 완료되지 아니한 경우

(4) **사업시행자는** 법 제74조제1항에 따른 **관리처분계획인가를 받은 후 기존의 건축물을 철거하여야 한다**. (법 제81조제2항)

9) 관리처분계획에 대한 시장·군수등의 타당성 검증

(1) 시장·군수등은 다음 각 호의 어느 하나에 해당하는 경우에는 대통령령으로 정하는 공공기관에 관리처분계획의 타당성 검증을 요청하여야 한다. 이 경우 시장·군수등은 타당성 검증 비용을 사업시행자에게 부담하게 할 수 있다. (법 제78조제3항, <신설 2017.8.9.>)

1. 제74조제1항제6호에 따른 정비사업비가 제52조제1항제12호에 따른 정비사업비 기준으로 100분의 10 이상으로서 대통령령으로 정하는 비율 이상 늘어나는 경우

2. 제74조제1항제6호에 따른 조합원 분담규모가 제72조제1항제2호에 따른 분양대상자별 분담금의 추산액 총액 기준으로 100분의 20 이상으로서 대통령령으로 정하는 비율 이상 늘어나는 경우

3. 조합원 5분의 1 이상이 관리처분계획인가 신청이 있는 날부터 15일 이내에 시장·군수 등에게 타당성 검증을 요청한 경우

4. 그 밖에 시장·군수등이 필요하다고 인정하는 경우

(2) 위의 제1호 내지 제3호에서 "대통령령으로 정하는 공공기관"과 "대통령령으로 정하는 비율"은 다음과 같다. (시행령 제64조),

1. 법 제78조제3항 각 호 외의 부분 전단에서 "대통령령으로 정하는 공공기관"이란 다음 각 호의 기관을 말한다. <개정 2020. 12. 8.>

   가. 토지주택공사등

   나. 한국부동산원

2. 법 제78조제3항제1호에서 "대통령령으로 정하는 비율"이란 100분의 10을 말한다.

3. 법 제78조제3항제2호에서 "대통령령으로 정하는 비율"이란 100분의 20을 말한다.

㈜ 도시정비법에서는 제29조의2(사업시행자의 공사비 검증요청)를 신설하여, 이 조항에 해당하는 경우 사업시행자는 법 제114조에 따른 정비사업 지원기구인 한국부동산원 또는 한국토지주택공사에 공사비의 적정성 여부를 요청하도록 의무화하고 있다.
따라서 법 제29조의2는 사업시행자가 「공사비의 검증요청」을, 위의 법 제78조제3항 및 시행령 제64조는 시장·군수등이 「관리처분계획의 타당성 검증」을 대통령령으로 정하는 공공기관에 각각 요청하도록 중복하여 규정하고 있다.

10) 관리처분계획의 경미한 사항 변경

관리처분계획은 그 내용이 다양하고 사업시행인가 직후에 작성되는 반면, 계획이 미치는 영향은 매우 크다. 따라서 대부분의 조합에서 관리처분계획의 수립이나 변경에 대하여 이의제기를 하는 경우가 많아 조합에서는 관계 법령에 따른 제반 규정 및 절차를 준수 하여 예상되는 법적인 이의제기에 대비하여야 한다. 시행령 제61조에서 정하고 있는 경미한 사항의 변경은 법 제74조제1항 단서에 따라 (대의원회의 의결 후) **시장·군수등에게 신고 하여야 한다.**

- **경미한 변경에 해당하는 사항**(시행령 제61조)
  법 제74조제1항 각 호 외의 부분 단서에서 "대통령령으로 정하는 경미한 사항을 변경하려는 경우"란 다음 각 호의 어느 하나에 해당하는 경우를 말한다. <개정 2018.7.16.>

  1. 계산착오·오기·누락 등에 따른 조서의 단순정정인 경우(불이익을 받는 자가 없는 경우에 한한다)

  2. 법 제40조제3항에 따른 정관 및 법 제50조에 따른 사업시행계획인가의 변경에 따라 관리처분계획을 변경하는 경우

3. 법 제64조에 따른 매도청구에 대한 판결에 따라 관리처분계획을 변경하는 경우
4. 법 제129조에 따른 권리·의무의 변동이 있는 경우로서 분양설계의 변경을 수반하지 아니하는 경우
5. 주택분양에 관한 권리를 포기하는 토지등소유자에 대한 임대주택의 공급에 따라 관리처분계획을 변경하는 경우
6. 「민간임대주택에 관한 특별법」 **제2조제7호**에 따른 **임대사업자의** 주소(법인인 경우에는 법인의 소재지와 대표자의 성명 및 주소)를 변경하는 경우

11) 관리처분계획 인가내용 공람 및 통지(사업시행자)

(1) **사업시행자는** 법 제78조 제4항에 따른 관리처분계획 인가에 대한 시장·군수등의 고시가 있은 때에는, 대통령령으로 정하는 방법과 절차에 따라 미리 **토지등소유자에게는** 공람기간·장소 등의 공람계획을 통지하고, **분양신청을 한 자에게는** 관리처분계획인가의 내용 등을 통지하여야 한다. (법 제78조제5항 및 제6항<개정 2017.8.9.>과 영 제65조제1항 참조)

(2) **사업시행자**는 법 제78조제5항 및 제6항에 따라 분양신청을 한 자에게는 아래의 내용이 포함된 관리처분계획인가의 내용 등을 통지하여야 하며, 관리처분계획 변경의 고시가 있는 때에는 변경내용을 통지하여야 한다. (영 제65조제2항)
1. 정비사업의 종류 및 명칭
2. 정비사업 시행구역의 면적
3. 사업시행자의 성명 및 주소
4. 관리처분계획의 인가일
5. 분양대상자별 기존의 토지 또는 건축물의 명세 및 가격과 분양예정인 대지 또는 건축물의 명세 및 추산가액

4 관리처분계획의 내용 및 수립기준

1) 관리처분계획에 포함할 내용

(1) 법에서 정하는 관리처분계획에 포함할 내용(법 제74조제1항)

사업시행자는 법 제72조에 따른 분양신청기간이 종료된 때에는 분양신청의 현황을 기초로 다음 각 호의 사항이 포함된 관리처분계획을 수립하여 시장·군수등의 인가를 받아야 하며, 관리처분계획을 변경·중지 또는 폐지하려는 경우에도 또한 같다.
다만, 대통령령으로 정하는 경미한 사항을 변경하려는 경우에는 시장·군수등에게 신고하여야 한다. <개정 2018.1.16.>
1. 분양설계
2. 분양대상자의 주소 및 성명
3. 분양대상자별 분양예정인 대지 또는 건축물의 추산액(임대관리 위탁주택에 관한 내용을 포함한다)
4. 다음 각 목에 해당하는 보류지 등의 명세와 추산액 및 처분방법. 다만, 나목의 경우에는

법 제30조제1항에 따라 선정된 **임대사업자**의 성명 및 주소(법인인 경우에는 법인의 명칭 및 소재지와 대표자의 성명 및 주소)를 포함한다.

가. 일반 분양분

나. **공공지원민간임대주택**

다. 임대주택

라. 그 밖에 부대시설·복리시설 등

5. 분양대상자별 종전의 토지 또는 건축물 명세 및 <u>사업시행계획인가 고시가 있는 날을 기준으로 한 가격</u>(사업시행계획인가 전에 법 제81조제3항에 따라 철거된 건축물은 시장·군수등에게 허가를 받은 날을 기준으로 한 가격)

6. 정비사업비의 추산액(재건축사업의 경우에는 「재건축초과이익 환수에 관한 법률」에 따른 재건축부담금에 관한 사항을 포함한다) 및 그에 따른 조합원 분담규모 및 분담시기

7. 분양대상자의 종전 토지 또는 건축물에 관한 소유권 외의 권리명세

8. 세입자별 손실보상을 위한 권리명세 및 그 평가액

9. 그 밖에 정비사업과 관련한 권리 등에 관하여 대통령령으로 정하는 사항

(2) 시행령에서 정하는 관리처분계획에 포함할 내용(시행령 제62조)

법 제74조제1항제9호에서 "대통령령으로 정하는 사항"이란 다음 각 호의 사항을 말한다.

1. 법 제73조에 따라 현금으로 청산하여야 하는 토지등소유자별 기존의 토지·건축물 또는 그 밖의 권리의 명세와 이에 대한 청산방법

2. 법 제79조제4항 전단에 따른 보류지 등의 명세와 추산가액 및 처분방법

3. 제63조제1항제4호에 따른 비용의 부담비율에 따른 대지 및 건축물의 분양계획과 그 비용부담의 한도·방법 및 시기. 이 경우 비용부담으로 의하여 분양받을 수 있는 한도는 정관등에서 따로 정하는 경우를 제외하고는 기존의 토지 또는 건축물의 가격의 비율에 따라 부담할 수 있는 비용의 50퍼센트를 기준으로 정한다.

4. 정비사업의 시행으로 인하여 새롭게 설치되는 정비기반시설의 명세와 용도가 폐지되는 정비기반시설의 명세

5. 기존 건축물의 철거 예정시기

6. 그 밖에 시·도조례로 정하는 사항

(3) 조례에서 정하는 관리처분계획에 포함할 내용(서울시 도시정비조례 제33조)

영 제62조제6호에 따른 "그 밖에 시·도조례로 정하는 사항"이란 다음 각 호의 사항을 말한다.

1. 법 제74조제1항제1호의 분양설계에는 다음 각 목의 사항을 포함한다.

가. 관리처분계획 대상물건 조서 및 도면

나. 임대주택의 부지명세와 부지가액·처분방법 및 임대주택 입주대상 세입자명부 (임대주택을 건설하는 정비구역으로 한정한다)

다. 환지예정지 도면

라. 종전 토지의 지적 또는 임야도면

2. 법 제45조제1항제10호에 따른 관리처분계획의 총회의결서 사본 및 법 제72조제1항에 따른 분양신청서(권리신고사항 포함) 사본

3. 법 제74조제1항제8호에 따른 세입자별 손실보상을 위한 권리명세 및 그 평가액과 영 제62조제1호에 따른 현금으로 청산하여야 하는 토지등소유자별 권리명세 및 이에 대한 청산방법 작성 시 제65조에 따른 협의체 운영 결과 또는 법 제116조 및 제117조에 따른 도시분쟁조정위원회 조정 결과 등 토지등소유자 및 세입자와 진행된 협의 경과.

4. 영 제14조제3항 및 이 조례 제12조제3항에 따른 현금납부액 산정을 위한 감정평가서, 납부방법 및 납부기한 등을 포함한 협약 관련 서류

5. 그 밖의 관리처분계획 내용을 증명하는 서류

2) 관리처분계획의 내용 수립기준

법 제74조제1항에 따른 **관리처분계획의 내용은 다음 각 호의 수립기준에 따른다.**

(1) 수립기준의 일반사항

가. 법에서 정하는 관리처분계획의 내용 수립기준(법 제76조제1항,<개정 2018.3.20.>)

1. 종전의 토지 또는 건축물의 면적·이용 상황·환경, 그 밖의 사항을 종합적으로 고려하여 대지 또는 건축물이 균형 있게 분양신청자에게 배분되고 합리적으로 이용되도록 한다.

2. 지나치게 좁거나 넓은 토지 또는 건축물은 넓히거나 좁혀 대지 또는 건축물이 적정 규모가 되도록 한다.

3. 너무 좁은 토지 또는 건축물이나 정비구역 지정 후 분할된 토지를 취득한 자에게는 현금으로 청산할 수 있다.

4. 재해 또는 위생상의 위해를 방지하기 위하여 토지의 규모를 조정할 특별한 필요가 있는 때에는 너무 좁은 토지를 넓혀 토지를 갈음하여 보상을 하거나 건축물의 일부와 그 건축물이 있는 대지의 공유지분을 교부할 수 있다.

5. 분양설계에 관한 계획은 법 제72조에 따른 분양신청기간이 만료하는 날을 기준으로 하여 수립한다.

6. 1세대 또는 1명이 하나 이상의 주택 또는 토지를 소유한 경우 1주택을 공급하고, 같은 세대에 속하지 아니하는 2명 이상이 1주택 또는 1토지를 공유한 경우에는 1주택만 공급한다.

7. 제6호에도 불구하고 다음 각 목의 경우에는 각 목의 방법에 따라 주택을 공급할 수 있다.

　가) 2명 이상이 1토지를 공유한 경우로서 시·도조례로 주택공급을 따로 정하고 있는 경우에는 시·도조례로 정하는 바에 따라 주택을 공급할 수 있다.

　나) 다음 어느 하나에 해당하는 토지등소유자에게는 소유한 주택 수만큼 공급할 수 있다.

　　1) 과밀억제권역에 위치하지 아니한 재건축사업의 토지등소유자. 다만, 투기과열지구 또는 「주택법」 제63조의2제1항제1호에 따라 지정된 조정대상지역에서 사업시행계획인가(최초 사업시행계획인가를 말한다)를 신청하는 재건축사업의 토지등소유자는 제외한다.

　　2) 근로자(공무원인 근로자를 포함한다) 숙소, 기숙사 용도로 주택을 소유하고 있는 토지등소유자

　　3) 국가, 지방자치단체 및 토지주택공사등

　다) 법 제74조제1항제5호에 따른 가격의 범위 또는 종전 주택의 주거전용면적의 범위에서

2주택을 공급할 수 있고, 이 중 1주택은 주거전용면적을 60제곱미터 이하로 한다.
다만, 60제곱미터 이하로 공급받은 1주택은 법 제86조제2항에 따른 이전고시일 다음날부터 3년이 지나기 전에는 주택을 전매(매매·증여나 그 밖에 권리의 변동을 수반하는 모든 행위를 포함하되 상속의 경우는 제외한다)하거나 전매를 알선할 수 없다.

라) 과밀억제권역에 위치한 재건축사업의 경우에는 토지등소유자가 소유한 주택수의 범위에서 3주택까지 공급할 수 있다. 다만, 투기과열지구 또는 「주택법」 제63조의2제1항 제1호에 따라 지정된 조정대상지역에서 사업시행계획인가(최초 사업시행계획인가를 말한다)를 신청하는 재건축사업의 경우에는 그러하지 아니하다.

나. 조례에서 정하는 관리처분계획의 내용 수립기준(서울시 도시정비조례 제34조 참조)

법 제74조제1항에 따른 관리처분계획의 내용은 법 제76조제1항에 따라 다음 각 호의 기준에 적합하게 수립하여야 한다.

1. 종전 토지의 소유면적은 관리처분계획기준일 현재 「공간정보의 구축 및 관리 등에 관한 법률」 제2조제19호에 따른 소유토지별 지적공부(사업시행방식전환의 경우에는 환지예정지 증명원)에 따른다. 다만, 1필지의 토지를 여러 명이 공유로 소유하고 있는 경우에는 부동산등기부(사업시행방식전환의 경우에는 환지예정지증명원)의 지분비율을 기준으로 한다.

2. 국·공유지의 점유연고권은 그 경계를 기준으로 실시한 지적측량성과에 따라 관계 법령과 정관 등이 정하는 바에 따라 인정한다.

3. 종전 건축물의 소유면적은 관리처분계획기준일 현재 소유건축물별 건축물 대장을 기준으로 하되, 법령에 위반하여 건축된 부분의 면적은 제외한다. 다만, 정관 등이 따로 정하는 경우에는 재산세과세대장 또는 측량성과를 기준으로 할 수 있다.

4. 종전 토지 등의 소유권은 관리처분계획기준일 현재 부동산등기부(사업시행방식전환의 경우에는 환지예정지증명원)에 따르며, 소유권 취득일은 부동산등기부상의 접수일자를 기준으로 한다. 다만, 특정무허가건축물(미사용승인건축물을 포함한다)인 경우에는 구청장 또는 동장이 발행한 기존무허가건축물확인원이나 그 밖에 소유자임을 증명하는 자료를 기준으로 한다.

5. 국·공유지의 점유연고권자는 제2호에 따라 인정된 점유연고권을 기준으로 한다.

6. 「건축법」 제2조제1항제1호에 따른 대지부분 중 국·공유재산의 감정평가는 법 제74조 제2항제1호를 준용하며, 법 제98조제5항 및 제6항에 따라 평가한다.

다. 재건축사업 관리처분계획의 내용 수립기준(영 제63조제2항)

재건축사업의 경우 법 제74조제4항에 따른 관리처분은 다음 각 호의 방법에 따른다. 다만, 조합이 조합원 전원의 동의를 받아 그 기준을 따로 정하는 경우에는 그에 따른다.

1. 제1항제5호 및 제6호를 적용할 것

2. 부대시설·복리시설(부속 토지를 포함)의 소유자에게는 복리시설을 공급할 것. 다만, 다음 각 목의 어느 하나에 해당하는 경우에는 1주택을 공급할 수 있다.

가) 새로운 복리시설을 건설하지 아니하는 경우로서 기존 복리시설의 가액이 분양주택 중 최소분양단위규모의 추산액에 정관등으로 정하는 비율(정관등으로 정하지 않은 경우에는 1로 한다)을 곱한 가액보다 클 것

나) 기존 복리시설의 가액에서 새로이 공급받는 복리시설의 추산액을 뺀 금액이 분양주택 중 최소분양단위의 추산액에 정관등으로 정하는 비율을 곱한 가액보다 클 것

다) 새로 건설한 복리시설 중 최소분양단위규모의 추산액이 분양주택 중 최소분양 단위규모의 추산액보다 클 것

라. <u>주거환경개선사업과 재개발사업 관리처분계획의 내용 수립기준</u> (영 제63조제1항)

법 제23조제1항제4호의 방법으로 시행하는 주거환경개선사업과 재개발사업의 경우 법 제74조제4항에 따른 관리처분은 다음 각 호의 방법에 따른다.

1. 시·도조례로 분양주택의 규모를 제한하는 경우에는 그 규모 이하로 주택을 공급할 것

2. 1개의 건축물의 대지는 1필지의 토지가 되도록 정할 것. 다만, 주택단지의 경우 에는 그러하지 아니하다.

3. 정비구역의 토지등소유자(지상권자는 제외한다)에게 분양할 것. 다만, 공동주택을 분양하는 경우 시·도조례로 정하는 금액·규모·취득시기 또는 유형에 대한 기준에 부합하지 아니하는 토지등소유자는 시·도조례로 정하는 바에 의하여 분양대상에서 제외할 수 있다.

4. 1필지의 대지 및 그 대지에 건축된 건축물(법 제79조제4항에 의하여 보류지로 정하거나 조합원 외의 자에게 분양하는 부분을 제외한다)을 2인 이상에게 분양하는 때에는 기존의 토지 및 건축물의 가격(법 제93조에 따라 사업시행방식이 전환된 경우에는 환지예정지의 권리가액을 말한다. 이하 제7호에서 같다)과 제59조제4항 및 법 제62조제3호에 따라 토지등소유자가 부담하는 비용(**재개발사업의 경우에만 해당 한다**)의 비율에 따라 분양할 것

5. 분양대상자가 공동으로 취득하게 되는 건축물의 공용부분은 각 권리자의 공유로 하되, 해당 공용부분에 대한 각 권리자의 지분율은 그가 취득하게 되는 부분의 위치 및 바닥면적 등의 사항을 고려하여 정할 것

6. <u>1필지의 대지위에 2인 이상에게 분양될 건축물이 설치된 경우에는 건축물의 **분양면적의 비율**에 의하여 그 대지소유권이 주어지도록 할 것</u>(주택과 그 밖의 용도의 건축물이 함께 설치된 경우에는 건축물의 용도 및 규모 등을 고려하여 대지지분이 합리적으로 배분될 수 있도록 한다). 이 경우 토지의 소유관계는 공유로 한다.

7. <u>주택 및 부대시설·복리시설의 공급순위는 기존의 토지 또는 건축물의 가격을 고려 하여 정할 것</u>. 이 경우 그 구체적인 기준은 시·도조례로 정할 수 있다.

(2) 분양신청의 절차 및 분양기준

가. 분양신청의 절차(분양공고 및 분양신청) 등

● **분양신청의 절차 등에 관해 법에서 정하고 있는 사항**(법 제72조, 법 제39조제2항 참조)

① 사업시행자는 법 제50조제9항에 따른 사업시행계획인가의 고시가 있는 날(사업시행계획인가 이후 시공자를 선정한 경우에는 시공자와 계약을 체결한 날)부터 **120일 이내**에 다음 각 호의 사항을 **토지등소유자에게 통지**하고, 분양의 대상이 되는 대지 또는 건축물의 내역 등 대통령령으로 정하는 사항을 해당 **지역에서 발간되는 일간신문에 공고**하여야 한다. 다만, 토지등소유자 1인이 시행하는 재개발사업의 경우에는 그러하지 아니하다.

1. 분양대상자별 종전의 토지 또는 건축물의 명세 및 사업시행계획인가의 고시가 있은 날을 기준으로 한 가격(사업시행계획인가 전에 제81조제3항에 따라 철거된 건축물은 시장·군수등에게 허가를 받은 날을 기준으로 한 가격)

2. 분양대상자별 분담금의 추산액

3. 분양신청기간

4. 그 밖에 대통령령으로 정하는 사항

② 제1항제3호에 따른 분양신청기간은 통지한 날부터 30일 이상 60일 이내로 하여야 한다. 다만, 사업시행자는 제74조제1항에 따른 관리처분계획의 수립에 지장이 없다고 판단하는 경우에는 분양신청기간을 20일의 범위에서 한 차례만 연장할 수 있다.

③ 대지 또는 건축물에 대한 분양을 받으려는 토지등소유자는 제2항에 따른 분양신청기간에 대통령령으로 정하는 방법 및 절차에 따라 사업시행자에게 대지 또는 건축물에 대한 분양신청을 하여야 한다.

④ 사업시행자는 제2항에 따른 분양신청기간 종료 후 제50조제1항에 따른 사업시행계획인가의 변경(경미한 사항의 변경은 제외한다)으로 세대수 또는 주택규모가 달라지는 경우 제1항부터 제3항까지의 규정에 따라 분양공고 등의 절차를 다시 거칠 수 있다.

⑤ 사업시행자는 정관등으로 정하고 있거나 총회의 의결을 거친 경우 제4항에 따라 제73조 제1항제1호 및 제2호에 해당하는 토지등소유자에게 분양신청을 다시 하게 할 수 있다.

⑥ 제3항부터 제5항까지의 규정에도 불구하고 투기과열지구의 정비사업에서 제74조에 따른 관리처분계획에 따라 같은 조 제1항제2호 또는 제1항제4호가목의 분양대상자 및 그 세대에 속한 자는 분양대상자 선정일(조합원 분양분의 분양대상자는 최초 관리처분계획 인가일을 말한다)부터 5년 이내에는 투기과열지구에서 제3항부터 제5항까지의 규정에 따른 분양신청을 할 수 없다. 다만, 상속, 결혼, 이혼으로 조합원 자격을 취득한 경우에는 분양신청을 할 수 있다. <제6항: 신설 2017.10.24.>

⑦ 투기과열지구로 지정된 지역에서 재건축사업을 시행하는 경우에는 조합설립인가 후, 재개발사업을 시행하는 경우에는 제74조에 따른 관리처분계획의 인가 후 해당 정비사업의 건축물 또는 토지를 양수(매매·증여, 그 밖의 권리의 변동을 수반하는 일체의 행위를 포함하되, 상속·이혼으로 인한 양도·양수의 경우는 제외한다)한 자는 조합원이 될 수 없다(분양신청을 할 수 없다). (법 제39조제2항 참조, <개정 2021.4.13.>)

● **분양신청의 절차 등에 관해 시행령에서 정하고 있는 사항**(시행령 제59조)

① 법 제72조제1항 각 호 외의 부분 본문에서 "분양의 대상이 되는 대지 또는 건축물의 내역 등 대통령령으로 정하는 사항"이란 다음 각 호의 사항을 말한다.

1. 사업시행인가의 내용

2. 정비사업의 종류·명칭 및 정비구역의 위치·면적

3. 분양신청기간 및 장소

4. 분양대상 대지 또는 건축물의 내역

5. 분양신청자격

6. 분양신청방법

7. 토지등소유자외의 권리자의 권리신고방법

8. 분양을 신청하지 아니한 자에 대한 조치

9. 그 밖에 시·도조례로 정하는 사항

② 법 제72조제1항제4호에서 "대통령령으로 정하는 사항"이란 다음 각 호의 사항을 말한다.

1. 제1항제1호부터 제6호까지 및 제8호의 사항

2. 분양신청서

3. 그 밖에 시·도조례로 정하는 사항

③ 법 제72조제3항에 따라 분양신청을 하려는 자는 제2항제2호에 따른 분양신청서에 소유권의 내역을 분명하게 적고, 그 소유의 토지 및 건축물에 관한 **등기사항전부증명서** 또는 환지예정지 증명원을 첨부하여 사업시행자에게 제출하여야 한다. 이 경우 우편의 방법으로 분양신청을 하는 때에는 제1항제3호에 따른 분양신청기간 내에 발송된 것임을 증명할 수 있는 우편으로 하여야 한다.

④ 재개발사업의 경우 토지등소유자가 정비사업에 제공되는 종전의 토지 또는 건축물에 따라 분양받을 수 있는 것 외에 공사비 등 사업시행에 필요한 비용의 일부를 부담하고 그 대지 및 건축물(주택을 제외한다)을 분양받으려는 때에는 제3항에 따른 분양신청을 하는 때에 그 의사를 분명히 하고, 법 제72조제1항제1호에 따른 가격의 10퍼센트에 상당하는 금액을 사업시행자에게 납입하여야 한다. 이 경우 그 금액은 납입하였으나 제62조제4호에 따라 정하여진 비용부담액을 정하여진 시기에 납입하지 아니한 자는 그 납입한 금액의 비율에 해당하는 만큼의 대지 및 건축물(주택을 제외한다)만 분양을 받을 수 있다.

⑤ 제3항에 따라 분양신청서를 받은 사업시행자는 「전자정부법」 제36조제1항에 따른 행정정보의 공동이용을 통하여 첨부서류를 확인할 수 있는 경우에는 그 확인으로 첨부 서류를 갈음하여야 한다.

- **분양신청의 절차 등에 관해 조례에서 정하고 있는 사항**(서울시 도시정비조례 제32조)

  가) 영 제59조제1항제9호에서 "그 밖에 시·도조례로 정하는 사항"이란 다음 각 호의 사항을 말한다.

    1. 법 제72조제4항에 따른 재분양공고 안내

    2. 제44조제2항에 따른 보류지 분양 처분 내용

  나) 영 제59조제2항제3호에서 "그 밖에 시·도조례로 정하는 사항"이란 다음 각 호를 말한다.

    1. 분양신청 안내문

    2. 철거 및 이주 예정일

  다) 법 제72조제3항에 따라 분양신청을 하고자 하는 자는 영 제59조제2항제2호에 따른 분양신청서에 다음 각 호의 서류를 첨부하여야 한다.

    1. 종전의 토지 또는 건축물에 관한 소유권의 내역

    2. 분양신청권리를 증명할 수 있는 서류

    3. 법 제2조제11호 또는 이 조례에 따른 정관등에서 분양신청자격을 특별히 정한 경우 그 자격을 증명할 수 있는 서류

    4. 분양예정 대지 또는 건축물 중 관리처분계획 기준의 범위에서 희망하는 대상·규모에 관한 의견서

나. 정비사업의 분양기준 일반사항

- 사업시행자는 정비사업의 시행으로 건설된 건축물을 법 제74조에 따라 인가받은 관리

처분계획에 따라 토지등소유자에게 공급하여야 한다. (법 제79조제2항)

- 사업시행자는 정비구역에 주택을 건설하는 경우에는 입주자 모집 조건·방법·절차, 입주금(계약금·중도금 및 잔금을 말한다)의 납부 방법·시기·절차, 주택공급 방법·절차 등에 관하여 주택법 제54조에도 불구하고 대통령령으로 정하는 범위에서 시장·군수등의 승인을 받아 따로 정할 수 있다. (법 제79조제3항)

- 1세대 또는 1명이 하나 이상의 주택 또는 토지를 소유한 경우 1주택을 공급하고, 같은 세대에 속하지 아니하는 2명 이상이 1주택 또는 1토지를 공유한 경우에는 1주택만을 공급한다(법 제76조제1항제6호). **다만, 다음 각 목의 경우에는 각 목의 방법에 따라 주택을 공급할 수 있다.**(법 제76조제1항제7호)

  가) 2명 이상이 1토지를 공유한 경우로서 시·도조례로 주택공급을 따로 정하고 있는 경우에는 시·도조례로 정하는 바에 따라 주택을 공급할 수 있다.

  나) 다음 어느 하나에 해당하는 토지등소유자에게는 소유한 주택 수만큼 공급할 수 있다.

  1) 과밀억제권역에 위치하지 아니한 재건축사업의 토지등소유자. 다만, 투기과열지구 또는 「주택법」 제63조의2제1항제1호에 따라 지정된 조정대상지역에서 사업시행 계획인가(최초 사업시행계획인가를 말한다)를 신청하는 재건축사업의 토지등소유자는 제외한다.

  2) 근로자(공무원인 근로자를 포함한다) 숙소, 기숙사 용도로 주택을 소유하고 있는 토지등소유자

  3) 국가, 지방자치단체 및 토지주택공사등

  ※ 「민간임대주택에 관한 특별법」에 따른 임대사업자의 임대주택은 법 제76조에 규정되어있지 않다.

  다) 법 제74조제1항제5호에 따른 **가격의 범위** 또는 **종전 주택의 주거전용면적의 범위**에서 **2주택을 공급할 수 있고, 이 중 1주택은 주거전용면적을 60제곱미터 이하로 한다.** 다만, 60제곱미터 이하로 공급받은 1주택은 법 제86조제2항에 따른 이전고시일 다음 날부터 3년이 지나기 전에는 주택을 전매(매매·증여나 그 밖에 권리의 변동을 수반 하는 모든 행위를 포함하되 상속의 경우는 제외한다)하거나 전매를 알선할 수 없다.

  라) 과밀억제권역에 위치한 재건축사업의 경우에는 토지등소유자가 소유한 주택수의 범위에서 3주택까지 공급할 수 있다. 다만, 투기과열지구 또는 「주택법」 제63조의2제1항 제1호에 따라 지정된 조정대상지역에서 사업시행계획인가(최초 사업시행계획인가를 말한다)를 신청하는 재건축사업의 경우에는 그러하지 아니하다.

- 국토교통부장관, 시·도지사, 시장, 군수, 구청장 또는 토지주택공사등은 정비구역에 세입자와 대통령령으로 정하는 면적 이하의 토지 또는 주택을 소유한 자의 요청이 있는 경우에는 법 제79조제5항에 따라 인수한 임대주택의 일부를 「주택법」에 따른 토지임대부 분양주택 으로 전환하여 공급하여야 한다. [법 제80조(지분형주택 등의 공급)제2항]

다. 조례에서 정하고 있는 분양기준 일반사항(서울시 도시정비조례 제40조)

법 제79조제2항에 따라 토지등소유자에게 공급하는 주택과 제44조에 따른 처분 보류지를 제외한 대지 및 건축물(이하 " 체비시설"이라 한다)은 법 제79조제4항에 따라 조합원 또는 토지등소유자 이외의 자에게 분양할 수 있으며 분양기준은 다음 각 호에 따른다.

1. 체비시설 중 공동주택은 법 제74조제1항제4호가목에 따라 산정된 가격을 기준으로 「주택법」 및 「주택공급에 관한 규칙」에서 정하는 바에 따라 일반에게 분양한다.

2. 체비시설 중 부대·복리시설은 법 제74조제1항제4호라목에 따라 산정된 가격을 기준으로 「주택법」 및 「주택공급에 관한 규칙」에서 정하는 바에 따라 분양한다. 다만, 세입자(정비구역의 지정을 위한 **공람공고일 3개월 전**부터 사업시행계획인가로 인하여 이주하는 날까지 계속하여 영업하고 있는 세입자를 말한다)가 분양을 희망하는 경우에는 다음 각 목의 순위에 따라 우선 분양한다.

　　가. 제1순위 : 종전 건축물의 용도가 분양건축물 용도와 동일하거나 비슷한 시설인 건축물의 세입자로서 사업자등록을 필하고 영업한 자

　　나. 제2순위: 종전 건축물의 용도가 분양건축물 용도와 동일하거나 비슷한 시설인 건축물의 세입자로서 영업한 자

3. 제1호 및 제2호에 불구하고 구청장은 **재정비촉진지구에서** 도시계획사업으로 철거되는 주택을 소유한 자(철거되는 주택 이외의 다른 주택을 소유하지 않은 자로 한정한다)가 인근 정비구역의 주택분양을 희망하는 경우에는 「주택공급에 관한 규칙」 제36조에 따라 특별공급하도록 한다.

라. 주거환경개선사업의 분양기준

법 제23조제1항제1호부터 제3호까지의 방법으로 시행하는 주거환경개선사업의 사업시행자 및 같은 항 제2호에 따라 대지를 공급받아 주택을 건설하는 자가 법 제79조제3항에 따라 정비구역에 주택을 건설하는 경우 주택의 공급에 관하여는 별표 2에 규정된 범위에서 시장·군수등의 승인을 받아 사업시행자가 따로 정할 수 있다. (영 제66조)

(3) 자산의 평가기준

가. 종전자산의 평가시기

분양대상자별 종전의 토지 또는 건축물의 **평가시기는 사업시행인가·고시가 있은 날** (사업시행계획인가 전에 법 제81조제3항에 따라 철거된 건축물은 시장·군수등에게 허가를 받은 날)**을 기준**으로 한다. (법 제74조제1항제5호)

나. 종후자산의 평가시기(주택 등 건축물을 분양받을 권리의 산정 기준일)(법 제77조)

① 정비사업을 통하여 분양받을 건축물이 다음 각 호의 어느 하나에 해당하는 경우에는 법 제16조제2항 전단에 따른 고시가 있은 날 또는 시·도지사가 투기를 억제하기 위하여 기본계획 수립 후 정비구역 지정·고시 전에 따로 정하는 날(이하 이 조에서 "기준일"이라 한다)의 다음 날을 기준으로 건축물을 분양받을 권리를 산정한다. 〈개정 2018.6.12.〉

1. 1필지의 토지가 여러 개의 필지로 분할되는 경우

2. 단독주택 또는 다가구주택이 다세대주택으로 전환되는 경우

3. 하나의 대지 범위에 속하는 동일인 소유의 토지와 주택 등 건축물을 토지와 주택 등 건축물로 각각 분리하여 소유하는 경우

4. 나대지에 건축물을 새로 건축하거나 기존 건축물을 철거하고 다세대주택, 그 밖의 공동주택을 건축하여 토지등소유자의 수가 증가하는 경우

② 시·도지사는 제1항에 따라 기준일을 따로 정하는 경우에는 기준일·지정사유·건축물을 분양받을 권리의 산정 기준 등을 해당 지방자치단체의 공보에 고시하여야 한다.

다. 정비사업에서 재산 또는 권리의 평가방법(법 제74조제4항, <개정 2021.3.16.>)

정비사업에서 법 제74조제1항제3호에 의한 **종후재산**[분양대상자별 분양예정인 대지 또는 건축물의 추산액(임대관리 위탁주택에 관한 내용을 포함한다)], 법 제74조제1항 제5호에 따른 **종전재산**[분양대상자별 종전의 토지 또는 건축물 명세 및 사업시행계획 인가 고시가 있은 날을 기준으로 한 가격(사업시행계획인가 전에 법 제81조제3항에 따라 철거된 건축물은 시장·군수등에게 허가를 받은 날을 기준으로 한 가격)] 및 법 제74조 제1항제8호에 따른 「**세입자별 손실보상을 위한 권리명세**」를 평가할 때에는 다음 각 호의 방법에 따른다.

1. 「감정평가 및 감정평가사에 관한 법률」에 따른 **감정평가법인등** 중 다음 각 목의 구분에 따른 **감정평가법인등이** 평가한 금액을 산술평균하여 산정한다. 다만, 관리 처분계획을 변경·중지 또는 폐지하려는 경우 분양예정 대상인 대지 또는 건축물의 추산액과 종전의 토지 또는 건축물의 가격은 사업시행자 및 토지등소유자 전원이 합의 하여 산정할 수 있다.

    가) **주거환경개선사업 또는 재개발사업**: 시장·군수등이 선정·계약한 2인 이상의 **감정평가법인등**

    나) **재건축사업**: 시장·군수등이 선정·계약한 1인 이상의 **감정평가법인등과** 조합원 총회의 의결로 선정·계약한 1인 이상의 **감정평가법인등**

2. 시장·군수등은 제1호에 따라 **감정평가법인등을** 선정·계약하는 경우 **감정평가법인등**의 업무수행능력, 소속 감정평가사의 수, 감정평가 실적, 법규 준수 여부, 평가계획의 적정성 등을 고려하여 객관적이고 투명한 절차에 따라 선정하여야 한다. 이 경우 **감정평가 법인등의** 선정·절차 및 방법 등에 필요한 사항은 시·도조례로 정한다.

3. 사업시행자는 제1호에 따라 감정평가를 하려는 경우 시장·군수등에게 **감정평가법인등의** 선정·계약을 요청하고 감정평가에 필요한 비용을 미리 예치하여야 한다. 시장·군수등은 감정평가가 끝난 경우 예치된 금액에서 감정평가 비용을 직접 지급한 후 나머지 비용을 사업시행자와 정산하여야 한다. (개정 2021.7.27.)

라. 재개발임대주택 인수가격 및 가산항목 등(서울시 도시정비조례 제41조)

① 영 제68조에 따른 재개발임대주택(이하 "임대주택"이라 한다)의 인수가격은 건축비와 부속토지의 가격을 합한 금액으로 한다. 이 경우 건축비는 조합이 최초 일반분양 입주자 모집공고 당시의 「공공건설 임대주택 표준건축비」에 따른다.

② 영 제68조제2항에 따른 임대주택 건축비 및 부속토지의 가격에 가산할 항목은 「공동주택 분양가격의 산정 등에 관한 규칙」 제9조의2 및 「공공주택 특별법 시행규칙」 별표 7에 따라 협의하여 정한다.

③ **제1항에도 불구하고 사업시행자가 장기전세주택 등 임대주택의 건립을 선택하여 용적률을 완화 받은 경우에는 인수자에게 부속토지를 무상으로 제공하여야 한다.**

④ 영 제68조제2항에 따른 재개발임대주택의 부속토지는 임대주택의 대지권(「집합 건물의 소유 및 관리에 관한 법률」 제2조제6호의 대지사용권으로서 건물과 분리

하여 처분할 수 없는 것을 말한다)의 대상이 되는 토지를 말한다. 이 경우 정비구역 지정 시 별도 획지로 구획하여 재개발임대주택을 건설하는 경우에는 그 획지를 말한다.

(4) 조합원의 동·호수 추첨방법(예)

가. 동·호수 추첨의 환경변화
정비사업 중 재건축정비사업의 대상이 초기에는 5층 이하의 저층 아파트가 많은 부분을 차지하고 있었으나, 요즘에는 약 15층 내외의 중층아파트에 대한 재건축 수요가 점차 증대되고 있다. 또한, 조합원들은 동·호수 추첨방법에 따른 자신의 경제적 이해관계에 대한 관심도 증대됨에 따라 조합은 이 문제의 원만한 추진이 큰 과제 중 하나가 된다.

나. 동·호수 추첨방법에 대한 제안
5층 이하의 저층 아파트를 약 35층 이하로 재건축할 경우에는 특별히 선호하는 주택형 이외에는 대부분의 조합원 들은 5층 이상을 배정받을 수 있는 기회가 주어지기 때문에 동·호수 추첨방식에 특별한 조건을 두지는 않았다.

반면에 중층 아파트를 재건축하는 경우에는 동·호수 추첨결과 특히 배정된 층에 따라 저층의 소유자가 소위 로얄층에 배정되고 이와는 반대의 경우도 발생되는 등 조합원간의 경제적인 불평등이 발생하게 된다. 물론, 종전재산과 종후재산(신축 아파트)의 감정평가 시 층과 위치 및 주택형을 감안하여 가격이 산출되기는 하나 이 가격이 시가를 모두 반영할 수는 없다.

이에, **일부 조합에서는 종전재산과 종후재산을 감정평가 하여 이 평가금액을 기준으로 각각 3내지 4개의 그룹으로 분류한 후, 각 조합원은 종전재산과 동일한 그룹에 한하여 동·호수 추첨에 참여할 수 있도록 하는 추첨방식을 채택하여 시행하기도 한다. 물론, 이 경우에도 일반분양 세대 중 비선호 층은 선 제외한 상태에서 동·호수 배정이 시행된다.**

3) 분양대상자(분양대상 조합원)의 자격기준

재개발사업과 주거환경개선사업에서는 재건축정비사업과는 달리 정비구역의 토지등 소유자가 조합설립에 대한 동의여부와는 관계없이 모두 조합원의 지위를 가지게 되며, 이후 분양대상조합원과 청산대상조합원으로 구분되게 된다.

반면, 재건축사업에서는 조합설립에 대한 동의를 이행해야 조합원의 자격이 부여되도록 규정되어 있어 미동의자는 조합원이 될 수 없으며 현금청산대상자가 된다.

따라서 재건축조합원의 자격이 있는 자는 토지등소유자의 동의자 수 산정에 포함되며 동시에 분양대상 조합원이 된다. 이에 반하여 재개발사업 및 주거환경개선사업에서의 지상권자는 관리처분계획 이전까지는 토지등소유자의 동의자 수에 산정되지만, 관리처분 계획 기준일부터는 분양대상 조합원에서 제외된다.

(1) 재개발사업

가. 분양대상 조합원(서울시 도시정비조례 제36조제1항)
영 제63조제1항제3호에 따라 재개발사업으로 건립되는 공동주택의 분양대상자는 관리 처분계획기준일 현재 다음 각 호의 어느 하나에 해당하는 토지등소유자로 한다.

1. 종전의 건축물 중 주택(주거용으로 사용하고 있는 특정무허가건축물 중 조합의 정관등에서 정한 건축물을 포함한다)을 소유한 자

2. **분양신청자가 소유하고 있는 종전토지의 총면적이 90제곱미터 이상인 자**

3. 분양신청자가 소유하고 있는 권리가액이 분양용 최소규모 공동주택 1가구의 추산액 이상인 자. 다만, 분양신청자가 동일한 세대인 경우의 권리가액은 세대원 전원의 가액을 합산하여 산정할 수 있다.

4. 사업시행방식 전환의 경우에는 전환되기 전의 사업방식에 따라 환지를 지정받은 자. 이 경우 제1호부터 <u>제3호까지는 적용하지 아니할 수 있다.</u>

5. <u>「도시재정비법」 제11조제4항</u>에 따라 재정비촉진계획에 따른 기반시설을 설치하게 되는 경우로서 종전의 주택(사실상 주거용으로 사용되고 있는 건축물을 포함한다)에 관한 보상을 받은 자

나. 여러 명의 분양신청자 중 1인이 분양대상자인 경우(서울시 도시정비조례 제36조제2항)

제1항에도 불구하고 다음 각 호의 어느 하나에 해당하는 경우에는 여러 명의 분양신청자를 1명의 분양대상자로 본다.

1. 단독주택 또는 다가구주택을 권리산정기준일 후 다세대주택으로 전환한 경우

2. 법 제39조제1항제2호에 따라 여러 명의 분양신청자가 1세대에 속하는 때

3. 1주택 또는 1필지의 토지를 여러 명이 소유하고 있는 경우. 다만, 권리산정기준일 이전부터 공유로 소유한 토지의 지분이 제1항제2호 또는 권리가액이 제1항제3호에 해당하는 경우에는 그러하지 아니하다.

4. 1필지의 토지를 권리산정기준일 후 수개의 필지로 분할한 경우

5. 하나의 대지범위에 속하는 동일인 소유의 토지와 주택을 건축물 준공 이후 토지와 건축물로 각각 분리하여 소유하는 경우. 다만, 권리산정기준일 이전부터 소유한 토지의 면적이 90제곱미터 이상인 자는 예외로 한다.

6. <u>권리산정기준일 후 나대지에 건축물을 새로이 건축하거나 기존 건축물을 철거하고 다세대주택, 그 밖에 공동주택을 건축하여 토지등소유자가 증가되는 경우</u>

다. 정비사업의 청산대상조합원에 대한 규정

정비구역 내 토지등소유자이지만 조합설립에 동의하지 않거나 분양신청을 하지 않는 경우, 과소 토지 소유자인 경우 등의 원인으로 아파트분양권을 받을 자격(수 분양권)을 인정받지 못하는 자가 발생된다. 이러한 자들은 통상 현금청산대상자가 되거나 수용재결 매도청구소송 등으로 소유권을 잃는 청산대상자가 된다. 재건축사업 중 분양대상조합원이 아닌 청산대상조합원에 해당하면 아파트를 분양받지 못하고 현금으로 받게 된다.

라. 종전토지의 총면적 및 권리가액의 산정방법(서울시 도시정비조례 제36조제3항 및 제4항)

제1항제2호의 종전 토지의 총면적 및 제1항제3호의 권리가액을 산정함에 있어 다음 각 호의 어느 하나에 해당하는 토지는 포함하지 아니한다.

1. 「건축법」 제2조제1항제1호에 따른 하나의 대지범위 안에 속하는 토지가 여러 필지인 경우 권리산정기준일 후에 그 토지의 일부를 취득하였거나 공유지분으로 취득한 토지

2. 하나의 건축물이 하나의 대지범위 안에 속하는 토지를 점유하고 있는 경우로서 권리산정기준일 후 그 건축물과 분리하여 취득한 토지

3. 1필지의 토지를 권리산정기준일 후 분할하여 취득하거나 공유로 취득한 토지
4. 제1항부터 제3항까지 규정에 불구하고 사업시행방식전환의 경우에는 환지면적의 크기, 공동환지 여부에 관계없이 환지를 지정받은 자 전부를 각각 분양대상자로 할 수 있다.

(2) 재건축사업

가. 공동주택(아파트) 재건축사업

공동주택의 재건축사업에서는 주택 및 그 부속 토지를 소유한 자로 조합설립에 동의함으로써 조합원의 자격이 부여되며, 조합이 정하는 분양신청기간 이내에 분양신청을 한 자에 한하여 분양받을 자격을 가진다.

나. 단독주택 재건축사업(서울시 도시정비조례 제37조제1항 및 제2항)

단독주택재건축사업(대통령령 제24007호「도시 및 주거환경정비법 시행령」일부개정법령 부칙 제6조에 따른 사업을 말한다. 이하 같다)으로 건립되는 공동주택의 분양대상자는 관리처분계획기준일 현재 다음 각 호의 어느 하나에 해당하는 토지등소유자로 한다.

1. 종전의 건축물 중 주택 및 그 부속토지를 소유한 자
2. 분양신청자가 소유하고 있는 권리가액이 분양용 최소규모 공동주택 1가구의 추산액 이상인 자. 다만, 분양신청자가 동일한 세대인 경우의 권리가액은 세대원 전원의 가액을 합산하여 산정할 수 있다.

위의 기준(조례 제37조제1항)에도 불구하고 다음 각 호의 어느 하나에 해당하는 경우에는 여러 명의 분양신청자를 1명의 분양대상자로 본다.

1. 단독주택 또는 다가구주택을 권리산정기준일 후 다세대주택으로 전환한 경우
2. 법 제39조제1항제2호에 따라 여려 명의 분양신청자가 1세대에 속하는 경우
3. 1주택과 그 부속토지를 여러 명이 소유하고 있는 경우
4. 권리산정기준일 후 나대지에 건축물을 새로이 건축하거나 기존 건축물을 철거하고 다세대주택, 그 밖에 공동주택을 건축하여 토지등소유자가 증가되는 경우

(3) 주거환경개선사업(서울시 도시정비조례 제43조)

주거환경개선사업의 주택공급대상에서 제외되는 자는 영 제66조 별표 2 제2호 단서에 따라 **토지면적이 90제곱미터에 미달하는 토지소유자로 한다.**

4) 재건축사업에서 청산대상자

(1) 투기과열지구에서 건축물 또는 토지를 양수한 자

투기과열지구에서의 **재건축사업**을 시행하는 경우에는 조합설립인가 후, 재개발사업을 시행하는 경우에는 법 제74조에 따른 관리처분계획의 인가 후에 해당 정비사업의 건축물 또는 도지를 양수(매매·증여 그 밖의 권리의 변동을 수반하는 일체의 행위를 포함하되, 상속·이혼으로 인한 양도·양수인 경우는 제외한다)한 자는 **조합원이 될 수 없다**. 다만, 양도인이 다음 각 호의 어느 하나에 해당하는 경우 그 양도인으로부터 그 건축물 또는 토지를 양수한 자는 조합원이 될 수 있다.(법 제39조제2항, <개정 2020.6.9., 2021.4.13.>)

1. 세대원(세대주가 포함된 세대의 구성원을 말함)의 근무상 또는 생업상의 사정이나

질병치료(「의료법」제3조에 따른 의료기관의 장이 1년 이상의 치료나 요양이 필요하다고 인정하는 경우로 한정한다)·취학·결혼으로 세대원이 모두 해당 사업구역에 위치하지 아니한 특별시·광역시·특별자치시·특별자치도·시 또는 군으로 이전하는 경우

2. 상속으로 취득한 주택으로 세대원 모두 이전하는 경우

3. 세대원 모두 해외로 이주하거나 세대원 모두 2년 이상 해외에 체류하려는 경우

4. 1세대(제1항제2호에 따라 1세대에 속하는 때를 말한다) 1주택자로서 양도하는 주택에 대한 소유기간 및 거주기간이 대통령령으로 정하는 기간 이상인 경우
   (주: 대통령령(시행령) 제37조제1항에서 정하고 있는 기간은 소유 10년 혹은 거주 5년이다)

5. 제80조에 따른 지분형주택을 공급받기 위하여 건축물 또는 토지를 토지주택공사등과 공유하려는 경우

6. 공공임대주택, 「공공주택 특별법」에 따른 공공분양주택의 공급 및 대통령령으로 정하는 사업을 목적으로 건축물 또는 토지를 양수하려는 공공재개발사업 시행자에게 양도하려는 경우

7. 그 밖에 불가피한 사정으로 양도하는 경우로서 대통령령으로 정하는 경우

(2) 투기과열지구에서 분양대상자로 선정된 후 5년 이내에 투기과열지구에서 분양신청한 자
   투기과열지구의 정비사업에서 법 제74조에 따른 관리처분계획에 따라 같은 조 제1항제2호(관리처분계획에 따른 분양대상자)또는, 제1항제4호가목(일반분양 대상자)의 분양대상자 및 그 세대에 속한 자는 분양대상자 선정일(조합원 분양분의 분양대상자는 최초 관리처분계획 인가일을 말한다)부터 5년 이내에는 투기과열지구에서 법 제72조제3항부터 제5항까지의 규정에 따른 분양신청을 할 수 없다. 다만, 상속, 결혼, 이혼으로 조합원 자격을 취득한 경우에는 분양신청을 할 수 있다. (법 제72조제6항,<신설 2017.10.24.> 참조)

▸ **투기과열지구에서** 영 제37조제2항에 따라 조합원의 자격을 인정하는 경우
   법 제39조제2항제5호에서 "대통령령으로 정하는 경우"란 다음 각 호의 어느 하나에 해당하는 경우를 말한다. (영 제37조제2항 <개정 2020.6.23.>)

1. 조합설립인가일부터 3년 이상 사업시행인가 신청이 없는 재건축사업의 건축물을 3년 이상 계속하여 소유하고 있는 자(소유기간을 산정할 때 소유자가 피상속인으로부터 상속받아 소유권을 취득한 경우에는 피상속인의 소유기간을 합산한다. 이하 제2호 및 제3호에서 같다)가 사업시행인가 신청 전에 양도하는 경우

2. 사업시행계획인가일부터 3년 이내에 착공하지 못한 재건축사업의 토지 또는 건축물을 3년 이상 계속하여 소유하고 있는 자가 착공 전에 양도하는 경우

3. 착공일부터 3년 이상 준공되지 않은 재개발사업·재건축사업의 토지를 3년 이상 계속하여 소유하고 있는 경우

4. 법률 제7056호 도시및주거환경정비법 일부개정법률 부칙 제2항에 따른 토지등소유자로부터 상속·이혼으로 인하여 토지 또는 건축물을 소유한 자

5. 국가·지방자치단체 및 금융기관(「주택법 시행령」제71조제1호 각 목의 금융기관을 말한다)에 대한 채무를 이행하지 못하여 재개발사업·재건축사업의 토지 또는 건축물이 경매 또는 공매되는 경우

6. 「주택법」제63조제1항에 따른 투기과열지구(이하 "투기과열지구"라 한다)로 지정되기 전에

건축물 또는 토지를 양도하기 위한 계약(계약금 지급 내역 등으로 계약일을 확인할 수 있는 경우로 한정한다)을 체결하고, 투기과열지구로 지정된 날부터 60일 이내에 「부동산 거래 신고 등에 관한 법률」제3조에 따라 부동산 거래의 신고를 한 경우

(3) 관리처분계획에 따른 자

재건축사업에서 아파트 분양권을 받으려면 조합원의 경우 건물과 그 부속 토지까지 소유하여야 분양자격이 있다. 또한, 1세대 또는 1인이 1 이상의 주택 또는 토지를 소유한 경우 1주택을 공급하고, 같은 세대에 속하지 않는 2인 이상이 1주택 또는 1토지를 공유한 경우에는 1주택만 공급한다(법 제76조제1항제6호). 다만, 동조 동항 제7호의 가목 내지 라목에 따라 주택을 공급할 수 있다. (법 제76조제1항제7호)

(4) 분양신청을 하지 않은 자 등(법 제73조 <개정 2017.10.24.> 참조)

1. 사업시행자는 관리처분계획이 인가·고시된 다음 날부터 90일 이내에 다음 각 호에서 정하는 자와 토지, 건축물 또는 그 밖의 권리의 손실보상에 관한 협의를 하여야 한다. 다만, 사업시행자는 분양신청기간 종료일의 다음 날부터 협의를 시작할 수 있다.
   1) 분양신청을 하지 아니한 자
   2) 분양신청기간 종료 이전에 분양신청을 철회한 자
   3) (법) 제72조제6항 본문 및 **(법) 제39조제2항**에 따라 분양신청을 할 수 없는 자
   4) (법) 제74조에 따라 인가된 관리처분계획에 따라 분양대상에서 제외된 자
2. 사업시행자는 제1항에 따른 협의가 성립되지 아니하면 그 기간의 만료일 다음 날부터 60일 이내에 수용재결을 신청하거나 매도청구소송을 제기하여야 한다.
3. **사업시행자는 제2항에 따른 기간을 넘겨서 수용재결을 신청하거나 매도청구소송을 제기한 경우에는 해당 토지등소유자에게 지연일수(遲延日數)에 따른 이자를 지급하여야 한다. 이 경우 이자는 100분의 15 이하의 범위에서 영 제60조로 정하는 이율(100분의 5, 100분의 10 또는 100분의 15)을 적용하여 산정한다.**

(5) 분양을 하지 아니한 자 등에 대한 조치(시행령 제60조)

1. 사업시행자가 **법 제73조제1항**에 따라 토지등소유자의 토지, 건축물 또는 그 밖의 권리에 대하여 현금으로 청산하는 경우 청산금액은 사업시행자와 토지등소유자가 협의하여 산정한다. 이 경우 재개발사업의 손실보상액의 산정을 위한 **감정평가법인등**의 선정에 관하여는 「공익사업을 위한 토지 등의 취득 및 보상에 관한 법률」 제68조제1항에 따른다.
2. **법 제73조제3항** 후단에서 "대통령령으로 정하는 이율"이란 다음 각 호를 말한다.
   1) 6개월 이내의 지연일수에 따른 이자의 이율: 100분의 5
   2) 6개월 초과 12개월 이내의 지연일수에 따른 이자의 이율: 100분의 10
   3) 12개월 초과의 지연일수에 따른 이자의 이율: 100분의 15

5) 공동주택의 분양방법 등

(1) 도시정비법에 규정된 분양방법

정비사업으로 인한 주택의 건설규모와 공급방법은 기존의 주거환경개선법 시행령, 도시재개발사업조례 및 주택공급규칙에 따라 시행되었다. 이후, 이 규정이 도시정비법

으로 통합되면서 재건축·재개발사업은 사업시행자가 수립하여 시장·군수등으로 부터 인가받은 관리처분계획에 따라 공동주택이 분양된다.

(2) 주택공급에 관한 규칙의 적용대상

사업주체(건축법 제11조에 따른 건축허가를 받아 주택 외의 시설과 주택을 동일한 건축물로 하여 주택법 제15조제1항에 따른 호수 이상으로 건설·공급하는 건축주와 주택법 제49조에 따라 사용검사를 받은 주택을 사업주체로부터 일괄하여 양수받은 자를 포함한다)가 주택법 제15조에 따라 사업계획승인(건축법 제11조에 따른 건축허가를 포함한다)을 받아 건설하는 **주택** 및 **복리시설**의 공급에 대하여 적용한다.

(주택공급에 관한 규칙 제3조제1항), <개정 2016.8.12.>, (하권: 부록-12 참조)

(3) 정비사업의 시행방법에 따른 주택의 규모 및 건설비율에 관한 기준

법 제10조(임대주택 및 주택규모별 건설비율)제1항<개정 2021.4.13.>제1호와 제2호, 영 제9조(주택의 규모 및 건설비율)제1항<개정 2021.7.13.> 및 국토교통부 고시 제2020-528호 (개정 2020.7.22.)(정비사업의 임대주택 및 주택규모별 건설비율/국토교통부 고시) (상권: 부록-7)에 따른 주택의 규모 및 건설비율에 관한 기준은 다음 각 호의 범위를 말한다.

가. 주거환경개선사업의 경우(영 제9조<개정 2021.7.13.>제1항제1호 참조)

- 주택법 제2조제6호에 따른 국민주택규모의 주택이 건설하는 주택 전체 세대수의 100분의 90 이하
- **공공임대주택**은 건설하는 주택 전체 세대수의 100분의 30 이하로 하되, 주거전용 면적이 40m² 이하인 **공공임대주택**이 전체 공공임대주택 세대수의 100분의 50 이하

나. 재개발사업의 경우(영 제9조제1항제2호 참조)

- **국민주택규모의 주택은 건설하는 주택 전체 세대수의 100분의 80 이하**
- 임대주택은 건설하는 주택 전체 세대수의 **100분의 20 이하**. 다만, 특별시장·광역시장·특별자치시장·특별자치도지사·시장·군수 또는 자치구의 구청장이 정비계획을 수립할 때 관할 구역에서 시행된 재개발사업에서 건설하는 주택 전체 세대수에서 별표 3 제2호가목1)에 해당하는 세입자가 입주하는 임대주택세대수가 차지하는 비율이 특별시장·광역시장·특별자치시장·도지사·특별자치도지사(이하 시·도지사)가 정하여 고시한 임대주택 비율보다 높은 경우 등 관할 구역의 특성상 주택수급안정이 필요한 경우에는 다음 계산식에 따라 산정한 임대주택 비율 이하의 범위에서 임대주택비율을 높일 수 있다.

[산식: **해당 시·도지사가 고시한 임대주택비율+(건설하는 주택 전체세대수 × 10/100)**]

다. 재건축사업의 경우(영 제9조제1항제3호 참조)

국민주택규모의 주택이 건설하는 주택 전체 세대수의 100분의 60 이하

이때, 영 제9조제1항제3호의 규정에도 불구하고 「수도권정비계획법」 제6조제1항제1호에 따른 과밀억제권역에서 다음 각 호의 요건을 모두 갖춘 경우에는 국민주택규모의 주택건설비율을 적용하지 아니한다. (영 제9조제2항)

1) 재건축사업의 조합원에게 분양하는 주택은 기존 주택(재건축하기 전의 주택을 말한다)의 주거전용면적을 축소하거나 30퍼센트의 범위에서 그 규모를 확대할 것
2) (재건축사업의) 조합원 이외의 자에게 분양하는 주택은 모두 85제곱미터 이하 규모로 건설할 것

6) 정비사업에서 주택의 공급기준

(1) 도시정비법에서 정하고 있는 주택의 공급기준(법 제76조제1항제5호, 제6호 및 제7호)
정비사업에서의 관리처분계획 내용은 다음 각 호의 기준에 의한다.

1. 제1항제5호 : 분양설계에 관한 계획은 법 제72조에 따른 분양신청기간이 만료되는 날을 기준으로 하여 수립한다.

2. 제1항제6호 : 1세대 또는 1명이 하나 이상의 주택 또는 토지를 소유한 경우 1 주택을 공급하고, 같은 세대에 속하지 아니하는 2명 이상이 1주택 또는 1토지를 공유한 경우에는 1주택만 공급 한다.

3. 제1항제7호 : 제6호에도 불구하고 다음 각 목의 경우에는 각 목의 방법에 따라 주택을 공급할 수 있다.

  가. 2명 이상이 1토지를 공유한 경우로서 시·도조례로 주택공급을 따로 정하고 있는 경우에는 시·도조례로 정하는 바에 따라 주택을 공급할 수 있다.

  나. 다음 어느 하나에 해당하는 토지등소유자에게는 소유한 주택 수만큼 공급할 수 있다.

    1) 과밀억제권역에 위치하지 아니한 재건축사업의 토지등소유자. **다만, 투기과열지구 또는 「주택법」 제63조의2제1항제1호에 따라 지정된 조정대상지역에서 사업시행계획인가(최초 사업시행계획인가를 말한다)를 신청하는 재건축사업의 토지등소유자는 제외한다.**

    2) 근로자(공무원인 근로자를 포함한다) 숙소, 기숙사 용도로 주택을 소유하고 있는 토지등소유자

    3) 국가, 지방자치단체 및 토지주택공사등

  다. 법 제74조제1항제5호에 따른 가격의 범위 또는 종전 주택의 **주거전용면적**의 범위에서 2주택을 공급할 수 있고, 이 중 1주택은 **주거전용면적을 60제곱미터 이하로 한다.** 다만, 60제곱미터 이하로 공급받은 1주택은 법 제86조제2항에 따른 이전고시일 다음 날부터 3년이 지나기 전에는 주택을 전매(매매·증여나 그 밖에 권리의 변동을 수반하는 모든 행위를 포함하되 상속의 경우는 제외한다)하거나 전매를 알선할 수 없다.

  라. 과밀억제권역에 위치한 재건축사업의 경우에는 토지등소유자가 소유한 주택수의 범위에서 3주택까지 공급할 수 있다. 다만, 투기과열지구 또는 「주택법」 제63조의2제1항제1호에 따라 지정된 조정대상지역에서 사업시행계획인가(최초 사업시행계획인가를 말한다)를 신청하는 재건축사업의 경우에는 그러하지 아니하다.

(2) 조례에서 정하고 있는 재개발·재건축사업의 주택공급 기준[서울시 도시정비조례 제38조제1항]
영 제63조제1항제7호에 따라 법 제23조제1항제4호의 방법으로 시행하는 **주거환경개선사업, 재개발사업 및 단독주택재건축사업의 주택공급에 관한 기준**은 다음 각 호와 같다.

1. 권리가액에 해당하는 분양주택가액의 주택을 분양한다. 이 경우 권리가액이 2개의 분양주택가액의 사이에 해당하는 경우에는 분양대상자의 신청에 따른다.

2. 제1호에 불구하고 정관 등으로 정하는 경우 권리가액이 많은 순서로 분양할 수 있다.

3. 법 제76조제1항제7호다목에 따라 2주택을 공급하는 경우에는 권리가액에서 1주택 분양신청에 따른 분양주택가액을 제외하고 나머지 권리가액이 많은 순서로 60제곱미터 이하의 주택을 공급할 수 있다.

4. 동일규모의 주택분양에 경합이 있는 경우에는 권리가액이 많은 순서로 분양하고, 권리가액이 동일한 경우에는 공개추첨에 따르며, 주택의 동·층 및 호의 결정은 주택규모별 공개추첨에 따른다.

(3) 주거환경개선사업의 주택공급 기준[시행령 제66조(주택의 공급)].

법 제23조제1항 제1호부터 제3호까지의 방법으로 시행하는 주거환경개선사업의 사업시행자 및 같은 항 제2호에 따라 대지를 공급받아 주택을 건설하는 자가 법 제79조 제3항에 따라 정비구역에 주택을 건설하는 경우 주택의 공급에 관하여는 별표 2에 규정된 범위에서 시장·군수등의 승인을 받아 사업시행자가 따로 정할 수 있다.

❑ **시행령 [별표 2]-주거환경개선사업의 주택의 공급조건**[시행령 제66조 관련])

1. 주택의 공급기준은 1세대 1주택을 기준으로 공급한다.(별표 2의 제1호)

2. 주택의 공급대상은 다음의 어느 하나에 해당하는 자에게 공급한다. 다만, 주거환경개선사업을 위한 정비구역에 건축법 제57조에 따른 대지분할 제한면적 이하의 과소토지 등의 토지만을 소유하고 있는 자 등에 대한 주택공급기준은 시·도조례로 따로 정할 수 있다. (별표 2의 제2호)

　　[가목]: 시행령 제13조에 따른 정비구역지정을 위한 공람·공고일 또는 시장·군수가 해당 구역의 특성에 따라 필요하다고 인정하여 시·도지사의 승인을 얻어 따로 정하는 기준일 현재 해당 주거환경개선사업을 위한 정비구역 또는, 다른 주거환경개선사업을 위한 정비구역에 주택이 건설될 토지 또는 철거예정인 건축물을 소유한 자

　　[나목]: 국토계획법 제2조제11호에 따른 도시계획사업으로 인하여 주거지를 상실하여 이주하게 되는 자로서 해당 시장·군수등이 인정하는 자

3. 주택의 공급순위는 다음과 같다. (별표 2의 제4호)

　　[1순위] 기준일 현재 해당 정비구역에 주택이 건설될 토지 또는 철거예정인 건축물을 소유하고 있는 자로서 해당 정비구역에 거주하고 있는 자

　　[2순위] 기준일 현재 해당 정비구역에 주택이 건설될 토지 또는 철거예정인 건축물을 소유하고 있는 자(법인인 경우에는 사회복지를 목적으로 하는 법인에 한함)로서 해당 정비구역에 거주하고 있지 않은 자

　　[3순위] 기준일 현재 다른 주거환경개선사업을 위한 정비구역에 토지 또는 건축물을 소유하고 있는 자로서 해당 정비구역에 거주하고 있는 자

　　[4순위] 제2호 나목에 해당하는 자

▶ **주거환경개선사업의 주택공급대상에서 제외되는 자**(서울시 도시정비조례 제43조)
영 제66조 관련 별표 2 제2호 단서에 따라 주택공급에서 제외하는 자는 **토지면적이 90제곱미터**에 미달하는 토지소유자로 한다.

7) 복리시설(근린생활시설)의 공급기준

(1) 재건축사업의 경우(시행령 제63조제2항제2호)

부대시설·복리시설(부속토지를 포함한다. 이하 이 호에서 같다)의 소유자에게는 부대시설·복리시설을 공급할 것. 다만, 다음 각 목의 어느 하나에 해당하는 경우에는 1주택을

공급할 수 있다.

가. 새로운 부대시설·복리시설을 건설하지 아니하는 경우로서 기존 부대시설·복리시설의 가액이 분양주택 중 최소분양단위규모의 추산액에 정관등으로 정하는 비율(정관등으로 정하지 아니하는 경우에는 1로 한다. 이하 나목에서 같다)을 곱한 가액보다 클 것

나. 기존 부대시설·복리시설의 가액에서 새로 공급받는 부대시설·복리시설의 추산액을 뺀 금액이 분양주택 중 최소분양단위규모의 추산액에 정관등으로 정하는 비율을 곱한 가액보다 클 것

다. 새로 건설한 부대시설·복리시설 중 최소분양단위규모의 추산액이 분양주택 중 최소분양단위규모의 추산액보다 클 것

(2) 조례에서 정하고 있는 주거환경개선사업과 재개발사업의 경우[서울시 도시정비조례 제38조제2항]

영 제63조제1항제7호에 따라 법 제23조제1항제4호의 방법으로 시행하는 **주거환경개선사업과 재개발사업으로 조성되는 상가 등 부대·복리시설은** 관리처분계획기준일 현재 다음 각 호의 순위를 기준으로 공급한다. 이 경우 동일순위의 상가 등 부대복리시설에 경합이 있는 경우에는 제1항제4호에 따라 정한다.

1. 제1순위 : 종전 건축물의 용도가 분양건축물 용도와 동일하거나 유사한 시설이며 사업자등록(인가·허가 또는 신고 등을 포함한다. 이하 이 항에서 같다)을 필한 건축물의 소유자로서 권리가액(공동주택을 분양받은 경우에는 그 분양가격을 제외한 가액을 말한다. 이하 이 항에서 같다)이 분양건축물의 최소분양단위규모 추산액 이상인 자

2. 제2순위 : 종전 건축물의 용도가 분양건축물 용도와 동일하거나 유사한 시설인 건축물의 소유자로서 권리가액이 분양건축물의 최소분양단위규모 추산액 이상인 자

3. 제3순위 : 종전 건축물의 용도가 분양건축물 용도와 동일하거나 유사한 시설이며 사업자등록을 필한 건축물의 소유자로서 권리가액이 분양건축물의 최소분양단위규모 추산액에 미달되나 공동주택을 분양받지 아니한 자

4. 제4순위 : 종전 건축물의 용도가 분양건축물 용도와 동일하거나 유사한 시설인 건축물의 소유자로서 권리가액이 분양건축물의 최소분양단위규모 추산액에 미달되나 공동주택을 분양받지 아니한 자

5. 제5순위 : 공동주택을 분양받지 아니한 자로서 권리가액이 분양건축물의 최소분양단위규모 추산액 이상인 자

6. 제6순위 : 공동주택을 분양받은 자로서 권리가액이 분양건축물의 최소분양단위규모 추산액 이상인 자

■ 조례에서 정하는 재개발임대주택 인수가격 및 가산항목 등(서울시 도시정비조례 제41조)

① 영 제68조에 따른 재개발임대주택(이하 "임대주택"이라 한다)의 인수가격은 건축비와 부속토지의 가격을 합한 금액으로 한다. 이 경우 건축비는 조합이 최초 일반분양 입주자 모집공고 당시의 「공공건설임대주택 표준건축비」에 따른다.

② 영 제68조제2항에 따른 임대주택 건축비 및 부속토지의 가격에 가산할 항목은 「공동주택 분양가격의 산정 등에 관한 규칙」 제9조의2 및 「공공주택 특별법 시행규칙」 별표 7에 따라 협의하여 정한다.

③ 제1항에도 불구하고 사업시행자가 장기전세주택 등 임대주택의 건립을 선택하여 용적률을 완화 받은 경우에는 인수자에게 부속토지를 무상으로 제공하여야 한다.

④ 영 제68조제2항에 따른 재개발임대주택의 부속토지는 임대주택의 대지권(「집합건물의 소유 및 관리에 관한 법률」 제2조제6호의 대지사용권으로서 건물과 분리하여 처분할 수 없는 것을 말한다)의 대상이 되는 토지를 말한다. 이 경우 정비구역 지정 시 별도 획지로 구획하여 재개발임대주택을 건설하는 경우에는 그 획지를 말한다.

■ **조례에서 정하는 임대주택 인수방법 및 절차 등**(서울시 도시정비조례 제42조)

① 시장은 법 제79조제5항에 따라 조합이 재개발사업의 시행으로 건설된 임대주택(대지 및 부대·복리시설을 포함한다. 이하 같다)의 인수를 요청하는 경우 제41조제1항 및 제2항에 따라 산정된 인수가격으로 조합과 매매계약(이하 "매매계약"이라 한다)을 체결하여야 한다.

② 조합은 사업시행계획인가 이후 임대주택 건설계획 및 매매가격 산출내역(변경을 포함한다) 등 관련서류를 구청장에게 제출하고 구청장은 이를 시장과 협의하여야 한다.

③ 조합은 제2항에 따라 협의된 매매가격을 관리처분계획에 반영하여야 한다.

④ 시장과 조합은 최초 일반분양 입주자 모집공고를 하는 때에 임대주택 매매계약을 체결하여야 한다.

⑤ 제4항에도 불구하고 시장은 정비사업 활성화 등 필요 시 예산의 범위에서 매매계약 시점을 조정할 수 있다.

⑥ 시장은 매매계약에 따른 임대주택의 인수대금을 다음 각 호와 같이 지급한다.
  1. 계약금은 매매계약을 체결하는 경우 총액의 5퍼센트 지급
  2. 중도금은 건축공정에 따라 5회에 걸쳐 분할 지급하되, 건축공정의 20퍼센트, 35퍼센트, 50퍼센트, 65퍼센트, 80퍼센트 이상인 때에 각각 총액의 15퍼센트를 지급
  3. 잔금은 법 제83조에 따른 준공인가 후에 총액의 15퍼센트를 지급하고, 나머지는 법 제86조에 따른 이전고시일 이 후에 지급

⑦ 시장은 임대주택 인수에 필요한 사항은 별도로 정할 수 있다.

⑧ 제28조제1항에 따라 공사를 사업시행자로 지정하여 건설하고자 하는 임대주택부지의 매매계약 및 대금의 지급방법은 다음 각 호와 같다.
  1. 임대주택부지의 매매계약은 정비구역의 대지조성을 완료한 후에 해당 사업시행자와 시장이 체결한다.
  2. 매매가격은 영 제68조제2항에 따른 산정가격으로 한다.
  3. 매매대금은 계약금·중도금 및 잔금으로 구분하여 다음과 같이 지급한다.
     가. 계약금은 부지의 매매계약을 체결하는 때에 총액의 20퍼센트를 지급
     나. 중도금은 총액의 75퍼센트로 하되, 사업시행자가 임대부지의 현황측량을 하여 인계·인수한 이후에 지급
     다. 잔금은 법 제86조에 따른 이전고시일 이후에 지급

⑨ 사업시행자가 주거지보전사업으로 임대주택을 건설하는 경우 임대주택의 매매계약 체결 및 시기, 매매가격 및 대금 지급방법은 다음 각 호와 같다.
  1. 매매계약은 임대주택의 착공신고를 한 때에 시장과 해당 사업시행자가 체결한다.
  2. 매매가격은 영 제68조제2항에 따라 정하되, 건축비의 가격에 가산할 항목은 시장과

사업시행자가 협의하여 따로 정할 수 있고, 관리처분계획인가로 확정한다. 이 경우 해당 사업시행계획인가 고시가 있는 날을 기준으로 **감정평가법인등** 둘 이상이 평가한 금액을 산술평균한 금액을 초과하지 못한다.

3. 매매대금은 계약금·중도금 및 잔금으로 구분하여 다음과 같이 지급한다.

　가. **계약금은 매매계약 체결하는 때에 총액의 20퍼센트를 지급**

　나. **중도금은 사업시행자가 임대주택 부지의 대지조성을 완료하고, 현황측량 실시 결과를 시장에게 인계한 이후에 총액의 60퍼센트를 지급**

　다. 잔금은 법 제83조에 따른 준공인가 이후에 총액의 15퍼센트를 지급하고, 나머지는 법 제86조에 따른 이전고시일 이후에 지급

8) 무상지분율

(1) 무상지분율

주로 재건축사업에서 사용되는 용어로 지분제로 추진되는 재건축사업에서 시공자가 조합원의 대지지분을 기준으로 어느 정도의 주택형을 추가분담금이 없이 조합원들에게 제공할 수 있는지를 나타내는 비율이다. 이에 반하여 도급제방식으로 추진되는 재건축 사업에서는 시공자는 오직 수행한 공사의 공사비만을 지급받게 되기 때문에 무상지분율 과는 무관하며, 조합이 조합원에게 추가분담금이 없이 아파트를 분양받을 수 있는 면적을 설명하는 자료로 사용된다. 무상지분율을 계산하는 산식은 아래와 같다.

- 개발이익금(A) = 총수입(총분양수입금 등) − 총지출(공사비 등)
- 무상지분면적(B) = 개발이익금(A) ÷ m^2당 분양가
- 무상지분율 = 무상지분면적(B) ÷ 총 대지면적

(2) (추정)비례율

주로 재개발사업에서 사용되나, 재건축사업에서도 사용되며 실무상의 용어이다.

비례율은 조합의 총수입에서 사업비를 뺀 금액을 구역의 토지 및 건축물감정평가액으로 나눈 금액이다. 이 비례율에 조합원 개인의 지분에 대한 재산평가액을 곱한 금액이 조합원의 최종 권리가액이 된다.

❖ 추정비례율 산출 공식

$$\frac{(\text{사업완료 후 대지및건축물의}) \text{ 총 분양수입} - \text{정비사업 총비용}}{\text{종전 토지 및 건축물의 총 감정평가액}} \times 100\% = \text{추정비례율}$$

9) 개발이익금의 산출

개발이익금은 총수입에서 총사업비를 뺀 금액이다.

총수입은 공동주택과 상가 등의 분양수입금을 포함하며, 분양수입금은 추산액으로 사업수지를 예측하기 위한 금액이지만 이 추산액이 변하지 않는다는 가정 하에 사업계획을 수립하게 된다. 총사업비는 공사비, 이주비금융비용, 인·허가비용 등 해당 사업에 수반

되는 모든 비용을 말한다. 총수입과 총사업비의 추산에 있어 **조합원에게는 사업을 추진하는 과정에서 변경이 있을 수 있음을 사전에 고지할 필요가 있다.**

(1) 수입항목
▶ 주택분양수입금 : 조합원분양수입금, 일반분양수입금, 임대아파트 매각대금, 보류분 등
▶ 복리시설 분양수입금 : 상가분양수입금, 유치원분양수입금 등
▶ 대지매각수입금 : 보류지등 토지의 매각대금
▶ 기부채납가액 : 도로 등을 설치한 후 시·군·구로 유상으로 귀속시킬 경우 그 설치금액

(2) 분양가격 등의 산정방법
분양가격의 산출방법은 일반적으로 원가방법, 비교(사례)방법, 수익환원법 등 3가지 방식으로 대별할 수 있는데, 이러한 방식으로 구한 가격을 조정하여 최종 분양가격을 결정하게 된다. 정확하고 조합원이 신뢰할 수 있는 분양가격(종후자산평가)을 위해서 2인 이상 <u>감정평가법인등의</u> 평가를 거치도록 규정하고 있다.

▶ **원가법**

원가법은 부지가격에 건축물의 건축비용, 기타 부대비용 등의 원가를 더하여 산정하는 방식이다. 부지가격은 사업완료 후의 상태를 상정하여 결정하게 되는데, 이는 개발이익을 포함한다는 의미가 된다. 다만, 도로, 공원 등을 제외한 분양하는 택지면적을 기준으로 하여야 하며, 제반 대지조성비를 모두 포함한 대지가격을 전제로 하여 부지가격을 산정한다.

사업완료 후의 택지가격은 인근 신축아파트의 공시지가수준과 실거래가격수준 등을 참작하여 결정하는 것이 감정평가의 통상적인 방식이다. 건축물은 시공설계도의 내용에 따라 제곱미터당 건축비를 추산하게 된다. 이때 판매비용, 일반관리비, 제세공과금 등의 소요비용도 원가에 포함된다.

▶ **거래사례비교법(비교사례법, 비교거래법)**

이 방식은 인근의 유사한 건축물의 거래가격이나 최근에 분양한 분양가격을 참조하여 분양가격을 산정하는 방식이다. 이 방식은 많은 사례를 수집하여 판단하는 것이 정확도를 높일 수 있는 방법이다. 비교요인 중 주변요인으로는 지역난방 등 제반 기반시설의 설치유무, 단지의 진입도로 상황, 지하철역 등 교통의 편리성, 생활편의시설의 접근성, 공원 등 휴식시설의 접근성, 종합병원 등의 의료시설 기타 학교시설 등이 있으며, 아파트의 자체 요인으로는 아파트단지의 규모(세대수), 아파트의 주택형, 준공연도, 용적률, 건축물의 설비상태, 조망권의 정도, 위험시설의 유무, 시공회사의 브랜드, 주차시설의 편리성 등이 있다. 상가의 경우는 상가의 활성화정도, 아파트단지의 규모 (세대수) 및 주택형, 경쟁상가의 유무, 단지주변의 시장성 등이 있으며 이때에도 상가 준공 후를 상정하여 비교한다.

※ **감정평가에 관한 규칙 제16조(토지와 건물의 일괄감정평가) [전문]**
<u>감정평가법인등은</u> 「집합건물의 소유 및 관리에 관한 법률」에 따른 구분소유권의 대상이 되는 건물부분과 그 대지사용권을 일괄하여 감정평가 하는 경우 등 제7조제2항에 따라 토지와 건물을 일괄하여 감정평가할 때에는 **거래사례비교법을 적용**하여야 한다. 이 경우 감정평가액은 합리적인 기준에 따라 토지가액과 건물가액으로 구분하여 표시할 수 있다.

▶ **수익환원법(收益還元法)**

이 방식은 해당 부동산이 임대 등을 통하여 발생하는 순수익을 자본환원 이율을 이용하여 분양가격을 산정하는 방식이다. 즉, 투자 후의 수익(금)을 기준으로 하여 건물의 가치를 산정하는 감정평가의 방법이다. 아파트에도 적용이 가능하지만 **상가에 적용하는 것이 더욱 유효하다.** 인근의 유사 건축물의 수익사례를 파악한 후 분양예정가격 등을 추정하는 것이다.

이 방법은 부동산시장과 자본시장의 통합화가 가속화 되면서 금융기관 등의 요구에 의해 감정평가업계에서 새로운 자산평가방법으로 이용되기 시작하고 있다.

▶ **적산법(積算法)**

대상물건의 기초가액에 기대이율을 곱하여 산정된 기대수익에 대상물건을 계속하여 임대하는 데에 필요한 경비를 더하여 대상물건의 임대료(사용료를 포함한다)를 산정하는 감정평가방법을 말한다.

▶ **임대사례비교법**

대상물건과 가치형성요인이 같거나 비슷한 물건의 임대사례와 비교하여 대상물건의 현황에 맞게 사정보정, 시점수정, 가치형성요인비교 등의 과정을 거쳐 대상물건의 임대료를 산정하는 감정평가방법을 말한다.

▶ **수익분석법**

일반기업 경영에 의하여 산출된 총수익을 분석하여 대상물건이 일정한 기간에 산출할 것으로 기대되는 순수익에 대상물건을 계속하여 임대하는 데에 필요한 경비를 더하여 대상물건의 임대료를 산정하는 감정평가방법을 말한다.

(3) 사업비용의 항목

이 사업비용의 항목은 조합 창립총회 때 필요한 '건축물의 철거 및 신축비용 개산액'을 산출할 때에도 참고가 되는 항목이므로 잘 숙지할 필요가 있다.

① 공사비

공사비에는 대지조성공사비, 건축시설공사비, 부대시설공사비 및 공공시설공사비 등이 있다. 이들 중에서 공사비에 큰 영향을 주는 요소 중 하나가 **굴착공사**로 사업초기에 정확한 지질조사를 시행함으로써 추후 지질에 따른 토목공사비의 증가가 발생되지 않도록 대비하고 이를 시공사와의 공사계약서에도 명시하도록 하여야 한다.

② 이주비 금융비용

이주비 금융비용은 조합원의 이주비대출로 발생되는 금융비용으로, 총공사비의 간접 공사비 중에서는 가장 큰 비중을 차지하는 요소 중 하나이다. 과거의 정비사업 현장에서는 이주지원금을 시공자가 주관하여 대출을 받은 후 이를 '무이자이주비'와 '유이자이주비'로 구분하고, '무이자 이주비로 인한 금융비용'은 시공자가 우선하여 부담한 후 시공자는 이를 공사비에 포함(제곱미터당 공사비에 포함)하여 환수하였다.

그러나 근래에는 조합원 이주지원금 조달방식을 해당 조합이 직접 차입하는 방식을 취하고 있다. 이 방식은 **'각 조합원이 자신의 소유 토지를 금융지원기관에 담보로 제공하고 각자 대출을 일으키는 일종의 개인담보대출'**이다. 이 경우 '무이자이주비'는 해당 조합이 금융비용을 해당 시공자로부터 차입하여 우선 부담한 후, 조합원 청산 시 각 조합원별로 상계하며, '유이자이주비'는 해당 조합원이 매월 금융비용을 납부한 후, 모든 원금은 입주 시 해당 조합원이 상환하는 방법을 취한다. 일부 조합에서는 '무이자 이주비'라는 용어상의 오해로 인해 조합과 시공자간 또는 조합과 조합원간에 법적인 분쟁이 발생되는 경우가 있었다. 결국, 요즘에는 이주지원금의 조달에서 시공자는 보증행위 이외에는 거의 무관하며, 해당 정비조합과 조합원이 대출을 일으키는 방식을 취함으로써 실질적으로는 거액의 **집단대출 방법**을 취하게 되는 것이다.

③ **조사 측량비**
사업을 계획하기 위해서는 토지의 현황측량이나 건축물 현황측량 등이 필요하다. 그 외의 측량으로는 설계측량, 시공측량 및 준공검사를 위한 확정측량 등이 있으며, 통상적으로 설계를 위한 현황측량과 공사를 위해 시공자가 시행하는 시공측량 외에는 조합이 해당 측량비용을 부담한다.

④ **설계비**
설계비에는 건축물설계비 뿐만 아니라 정비기반시설 즉, 도로, 교량, 지하도입구 등에 대한 설계비도 필요한 경우가 있다. 설계비에는 통상적으로 지질조사비가 포함되는데 지질의 현황이 파악되어야 설계자가 건축물의 기초에 대한 설계가 가능하기 때문에 **특별한 경우 외에는 설계자가 직접 설계용 지질조사를 하게 하도록 하는 것이다.**

⑤ **감리비**
재건축정비사업에서는 건축·설비공사에 대한 **'지정감리자'**를 구청이 사업시행계획의 인가 시 선정하도록 규정되어 있는데, 법적인 의미로는 해당 구청을 대신하여 감리자로 하여금 공공성이 있는 건축물에 대한 공사를 대리하여 감독하도록 하는 것이며, 해당 구청에서 선정하고 소요되는 감리비는 해당 정비조합이 부담한다. 이외에 전기·정보통신·소방공사에 대한 감리자인 **'다른 법률에 따른 감리자'**는 정비조합이 별도로 선정·계약 후 감리비를 지급한다.

⑥ **철거비**
기존 건축물의 철거비 및 각종 시설물의 이설비가 있으며 전부개정된 도정시정비법의 관련 조항에서는 철거공사는 시공자와의 본공사계약에 포함하도록 규정되어 있다.

⑦ **안전진단비**
정비사업조합이 해당 시장·군수등에게 신청하며 신청을 받은 자치단체장은 안전진단을 실시할 기관을 지정해야 한다. 이때 지정된 기관은 건축물의 안전진단을 실시하게 된다. 안전진단은 예비안전진단과 정밀안전진단 등 2단계로 나눠진다.
정밀안전진단을 실시한 후, 대상건축물은 A등급부터 E등급까지 평가결과가 세분화된다.

⑧ **각종 영향평가비용**
환경영향평가, 교통영향평가 등이 있다.

⑨ **인·허가비용**
인허가비용에는 건축심의비용(통상 설계비에 포함), 국민주택채권 매각차손, 건축허가

수수료, 면허세, 도로점용료 등이 있으며, 주로 사업의 규모에 따라 부과되므로 정확한 사업규모가 확정되어야 금액이 결정된다.

⑩ **각종 부담금**

광역교통시설부담금, 학교용지부담금 및 인입시설(전기, 도시가스, 상·하수도 및 지역난방)부담금 등이 있으며, 인입시설부담금은 정확한 실시설계가 완료된 후에 산출이 가능하고 재건축으로 인해 필요한 시설용량에서 기존에 시설되어 있는 용량을 차감한 용량에 대해 각 시설의 종류(시설기관)별로 정해진 규정에 따라 비용이 산출된다.

⑪ **미동의자 구분소유권 매입비용 등**

미동의자의 토지·건축물 등의 매입비용, 국·공유지 매입비용 등이 있으며, 미동의자의 구분소유권에 대한 시가의 산정은 사업자가 매도청구소송을 제기하면서 매도청구자가 관할 법원에 시가감정을 의뢰하여 법원에서 지정하는 **감정평가법인등에** 의해 정해지는 것이 일반적이다.

⑫ **각종 등기비**

재건축사업에서는 신탁등기(해지포함), 멸실등기, 이전등기 및 보존등기(일반분양에만 해당)가 있다. 재건축사업에서는 제반 등기업무를 조합이 선정한 법무사를 통하여 일괄적으로 처리하며, 가액에 따라 등기비용이 조정된다.

⑬ **미술작품 설치비용**

미술작품 설치비용은 통상적으로 공사비에 포함하여 계산되며, 작품 선정은 시공자가 건축주와 협의한 후 시공자가 집행한다.

▶ **법적인 근거 : 문화예술진흥법[법 제9조 및 영 제12조(건축물에 대한 미술작품의 설치)]**

대통령이 정하는 종류 또는 규모 이상의 건축물을 건축하려는 자(건축주)는 건축비용의 일정 비율에 해당하는 금액을 회화·조각·공예 등 미술작품의 설치에 사용하여야 한다. 미술작품 설치 또는 문화예술진흥기금에 출연하는 금액은 건설비용의 100분의 1 이하의 범위 안에서 대통령령으로 정하며 미술작품의 설치 절차·방법 등에 관하여 필요한 사항은 대통령령으로 정한다.

▶ **설치대상 건축물**

● 공동주택의 건축연면적이 10,000㎡(주차장·기계실·전기실·변전실·발전실 및 공조실 면적은 제외한다) 이상인 경우

● 이 외에 제1종 근린생활시설 및 2종 근린생활시설, 문화 및 집회시설 중 공연장·집회장 및 관람장, 판매시설, 운수시설(항만시설 중 창고기능에 해당하는 시설은 제외한다), 의료시설 중 병원, 업무시설, 숙박시설, 위락시설, 방송통신시설

▶ **설치비용**

주거용 건축비용의 1000분의 1 이상으로 각 지자체별로 1000분의 1~1000분의 5 범위 내에서 규정하고 있다. [서울특별시 문화예술진흥에 관한 조례 제20조(공동주택의 미술장식에 사용하는 건축비용의 비율) : **1000분의 1 이상**]

▶ 건축비용

건축비용은 수도권정비계획법 제14조제2항에 의해 국토교통부장관이 고시하는 표준
건축비(사업계획승인일 기준)를 기준으로 연면적에 대하여 산정한 금액을 말한다.

▶ 설치대상 미술작품

1. 회화, 조각, 공예, 사진, 서예, 벽화, 미디어아트 등 조형예술물
2. 분수대 등 미술작품으로 인정할 만한 공공조형물

⑭ 용역수수료

정비사업전문관리업자에 대한 컨설팅 용역수수료 등

⑮ 감정평가비용

감정평가비용은 종전자산평가와 종후자산평가비용 등이 있다. 보수는 '감정평가보수에
관한 기준'(국토부 공고 제0000-000호)으로 정한다.

⑯ 분양경비

모델하우스의 부지 임차료, 모델하우스의 설치 및 해체비, 분양에 따른 광고·선전비,
운영경비 등이 있다. **(이 경비도 통상적으로 공사비에 포함하여 시공자가 집행한다.)**

⑰ 조합운영비

조합사무실 임차료, 인건비, 통신비, 회의비, 사무용품비, 조합원총회 개최비 등이 있다.
세부항목은 다음과 같다.
· 인건비 : 조합장, 총무이사, 기술이사, 사무장, 사무원 등
· 상근자 월정 판공비 : 조합장, 총무이사, 기술이사 등
· 차량유지 및 교통비 : 조합장, 총무이사, 기술이사, 사무장, 사무원 등
· 운영비 : 사무실 운영비용(사무용품비, 제잡비 등)

⑱ 총회비용

일반적으로 총회비용은 총회장소 임차료, 진행요원 인건비, 총회 안내자료, 총회자료
우편발송비용, 총회 홍보비용 기타 안전요원 인건비, 서면결의서 징구비용(D/M비용)
등이 있으며, 사업추진기간 동안에는 조합 창립총회, 관리처분총회, 임시총회(약 2회),
정기총회(약 2회) 및 조합 해산총회 등 통상적으로 총 6회 내지 7회가 개최된다.

⑲ 회계비용

회계비용은 조합 내부감사보고비용과 회계처리 등의 외부회계감사를 위한 공인회계사
용역비용, 세무·회계 기장비용(세무사 비용) 등이 있으며 공인회계사와 세무사는 각
해당 조합이 선정하여 계약에 의해 비용이 결정된다.

⑳ 제세공과금

정비사업에 따라 납부하여야 할 법인세, 부가가치세 등을 말한다.

❖ 기타 사업비용

● 변호사 선임비용

대부분의 정비조합에서는 수건에서부터 수십 건에 이르는 소송이 제기되고 있다. 주로 매도청구, 명도단행가처분, 신탁등기청구이행, 관리처분 무효소송, 행정청을 상대로 하는 행정소송, 이웃 주민과의 민사소송 및 조합원이 제기하는 형사소송 등이 제기된다.

● 민원처리비

공사의 진행에 따라 이웃주민에 의해 제기된 민원에 대한 처리비용이며, 필자가 경험한 민원발생의 예로는 일조권침해소송, 아파트의 고층화에 따른 전파방해민원처리, 사업부지 주변의 학교시설 개선요청에 대한 처리비용 등이 있다.

● 예비비

정비사업의 업무를 수행하면서 예상하지 못하고 돌발적으로 발생되는 사건의 처리를 위한 비용과, 이미 책정된 비용 중 예상금액을 초과하는 사건에 대한 처리비용을 위한 비용이다. 따라서 **조합의 운영규정(회계처리기준)에는 '각 계정간의 이동이 가능'하도록 하는 내용을 추가할 필요가 있다.**

예비비의 금액책정은 각 정비사업의 종류나 추진방식에 따라 크게 달라지는데, 정비사업 중에서 운영비가 가장 많이 소요되는 **'재건축사업 도급제 시행방식'**에서는 제반 운영경비(급여＋관리비＋업무추진비)의 약 10퍼센트로 책정하도록 하는 것이 바람직하다. 한편, 재건축정비사업의 지분제 사업방식 및 재개발사업에서는 제반 운영경비의 5퍼센트 내지 10퍼센트로 책정한 후 조합 운영규정의 '회계 및 예산결산' 조항에 반영한다.

10) 재건축사업에서 재건축부담금의 산출

(1) **재건축부담금의 부과대상**(재건축이익 환수법 제3조, 제12조 및 영 제2조 참조)

2018년 1월 1일 이후 **관리처분계획의 인가를 신청**하는 재건축사업추진 단지로서, 재건축사업으로 얻게 되는 **재건축초과이익**이 조합원 1인당 평균 3000만원을 넘는 경우에는 초과하는 금액에 대해 10%~50%의 **재건축부담금**이 부과된다. 법 제3조에도 불구하고, 아래의 경우에는 부과대상에서 제외된다. (재건축이익환수법 시행령 제2조, <개정 2021.2.19.>)

1. 국가 또는 지방자치단체가 보유하는 주택
2. 「공공기관의 운영에 관한 법률」 제4조에 따른 공공기관 또는 「지방공기업법」 제49조에 따라 주택사업을 수행하기 위하여 설립된 지방공사(이하 "지방공사"라 한다)가 임대목적으로 보유하는 주택
3. 관계 법령에 따라 주택을 건설·공급하는 때에 국가 또는 지방자치단체로 보는 기관이 임대목적으로 보유하는 주택

(2) **재건축부담금의 부과율**(재건축초과이익 환수법 제12조<본문용어개정 2020.6.9.>)

조합원 1인당 평균이익에 따라 0%~50%가 적용된다. 다만, 산출된 **조합원 1인당 재건축부담금**이 3000만원 이하인 경우에는 재건축부담금을 면제한다.

가. 조합원 1인당 평균이익이 3천만원 이하 : 면제

나. 조합원 1인당 평균이익이 3천만원 초과 5천만원 이하

  : 3천만원을 초과하는 금액의 100분의 10 × 조합원수

다. 조합원 1인당 평균이익이 5천만원 초과 7천만원 이하

  : 200만원 × 조합원수 + 5천만원을 초과하는 금액의 100분의 20 × 조합원수

라. 조합원 1인당 평균이익이 7천만원 초과 9천만원 이하

  : 600만원 × 조합원수 + 7천만원을 초과하는 금액의 100분의 30 × 조합원수

마. 조합원 1인당 평균이익이 9천만원 초과 1억1천만원 이하

  : 1천200만원 × 조합원수 + 9천만원을 초과하는 금액의 100분의 40 × 조합원수

바. 조합원 1인당 평균이익이 1억1천만원 초과

  : 2천만원 × 조합원수 + 1억1천만원을 초과하는 금액의 100분의 50 × 조합원수

(3) 전체 재건축초과이익의 산출(재건축초과이익 환수법 제7조)

재건축부담금의 부과기준은 종료시점 부과대상 주택의 가격 총액(이하 "종료시점 주택가액"이라 한다)에서 다음 각 호의 모든 금액을 공제한 금액으로 한다. 다만, 부과대상 주택 중 일반분양분의 종료시점 주택가액은 분양시점 분양가격의 총액과 제9조 제3항에 따라 산정한 종료시점까지 미분양된 일반분양분의 가액을 반영한 총액으로 한다. <개정 2020.8.18.>

1. 개시시점 부과대상 주택의 가격 총액(이하 "개시시점 주택가액"이라 한다)
   (조정한 개시시점주택가액)

2. 부과기간 동안의 개시시점 부과대상 주택의 정상주택가격상승분 총액

3. **제11조의** 규정에 의한 개발비용 등

※ 위의 「입주 시의 공시가격 총액<종료시점 주택가액>」은 통상적으로는 해당 조합에 이웃하는 아파트 단지 중 규모나 시설 등이 유사하고, 가장 최근에 준공된 아파트의 현재 거래가격이나 공시가격을 기준으로 산출하게 된다.

따라서 관리처분계획을 작성할 당시에는 약 3.5년 후의 재건축아파트 가격을 예상하여 관리처분계획을 수립하게 되는 것인바, 이 계획과 조합원 입주 시의 공시가격에는 많은 차이가 발생할 수 있다.

비록 재건축초과이익 환수법 제15조에 따라 국토교통부장관이 부과종료시점부터 5월 이내에 재건축부담금을 결정·부과하도록 하고 있으나, 해당되는 조합원들은 예상하여 미리 준비가 불가능한 많은 금액의 재건축부담금을 입주 시 갑자기 납부해야하는 매우 어려운 상황에 처하게 되는 것이다.

따라서 관계 당국에서는 조합원이 부담하게 되는 재건축 부담금의 분할 납부(현행의 환수법에도 법 제18조에 분할납부제도가 마련되어 있으나 이 조항의 '개발이익 환수에 관한 법률 제20조 준용' 규정은 본 환수법에서는 아래와 같이 비현실적인 규정으로 판단됨)를 포함하여 납부방법이나 납부시기 등에 대한 많은 연구·검토를 포함하여 근본적인 제도의 보완이 필요하다.

■ 개발이익 환수에 관한 법률 제20조(납부의 연기 및 분할 납부) 제1항

① 시장·군수·구청장은 개발부담금의 납부 의무자가 다음 각 호의 어느 하나에 해당
하여 개발부담금을 납부하기가 곤란하다고 인정되면 대통령령으로 정하는 바에 따라
해당 개발사업의 목적에 따른 이용 상황 등을 고려하여 3년의 범위에서 납부 기일을
연기하거나 5년의 범위에서 분할 납부를 인정할 수 있다. <개정 2020.2.18.>
1. 재해나 도난으로 재산에 심한 손실을 받은 경우
2. 사업에 뚜렷한 손실을 입은 경우
3. 사업이 중대한 위기에 처한 경우
4. 납부 의무자 또는 그 동거 가족의 질병이나 중상해로 장기 치료가 필요한 경우
5. 그 밖에 대통령령으로 정하는 경우

(4) 조합원별 재건축부담금 분담의 기준(재건축이익환수법 시행령 제4조 참조)

가. 법 제6조제3항에서 "조합원별로 종전자산을 평가한 가액 등 대통령령이 정하는 사항"
이라 함은 다음 각 호의 사항을 말한다. <개정 2021.2.19.>
1. 조합원별 개시시점 부과대상 주택의 가격
2. 조합원별 종료시점 부과대상 주택의 가격 추정액
3. 조합원별 관리처분계획상 청산금
나. **가항의 각 호의 사항을 고려하여 산정된 조합원별 순이익을 모두 합산한 총액에서 조합원별
순이익이 차지하는 비율에 기초하여 조합원별 재건축부담금의 분담비율을 결정하여야 한다.**

(5) 재건축부담금(조합원 1인당) 산출식

재건축 부담금 = 재건축 초과이익 × 부과율(전체 재건축 초과이익÷조합원 수)

[재건축 초과이익] : 「종료시점주택가액」에서 아래 항목을 제외한 금액
① 「조정한 개시시점주택가액」(종료시점에 적용한 공시율[α]을 동일하게
적용하여 조정한 금액), (공시율: 공시가격의 시세 반영률<현실화율>)
② 정상주택가격상승분 총액(정기예금 이자율 또는 평균 집값 상승률로 계산)
③ 공사비, 설계비, 조합운영비 등 개발비용

[부과율] : 조합원 1인당 평균이익에 따라 0~50%가 적용된다.

[부과 대상] : 재건축사업으로 얻게 되는 이익이 조합원 1인당 평균 3000만원을
넘으면, 초과하는 금액에 대해 10~50%의 부담금을 부과한다.

2018년 1월 1일 이후에 관리처분계획 인가를 신청하는 재건축단지.

주1. 조정한 개시시점주택가액 : 재건축추진위원회 승인일(단, 재건축추진위원회 승인일이 종료시점으로
부터 10년 초과 시에는 종료시점으로부터 역산하여 10년이 되는 날)
(종료시점에 적용한 공시율[α]을 개시시점에 동일하게 적용하여 조정한 금액)

2. 종료시점주택가액 : 준공인가일 혹은 건축물의 사용개시일의 가액

3. 정상 주택가격 상승분: 정기예금 이자율과 시·군·구 평균주택 가격상승률 중 높은 비율을 곱하여
산정한 금액

4. 개발비용: 공사비, 설계·감리비, 조합운영비, 부대비용, 제세공과금 등

5. 조합원 1인당 평균이익별 부과율

조합원 1인당 평균이익	부과율 및 부담금 산식
3천만원 초과~5천만원 이하	3천만원 초과금액의 10% × 조합원수
5천만원 초과~7천만원 이하	(200만원+3천만원 초과금액의 20%) × 조합원수
7천만원 초과~9천만원 이하	(600만원+7천만원 초과금액의 30%) × 조합원수
9천만원 초과~1억1천천만원 이하	(1,200만원+9천만원 초과금액의 40%) × 조합원수
1억1천만원 초과	(2,000만원+1억1천만원 초과금액의 50%) × 조합원수

(6) 조정한 개시시점 주택가액 산출식 (재건축이익환수법 시행령 제6조<신설 2021.2.19.>)

<u>법 제9조제2항</u> 전단에 따라 조정한 가액은 다음 계산식에 따라 산정한 금액으로 한다.

법 제9조제2항 전단에 따라 조정한 개시시점 주택가격 = A × B × C

A: 개시시점주택가격
B: 종료시점 부과대상 주택의 가격 총액(이하 "종료시점주택가격이하 한다)을 종료 시 거래가격으로 나눈 값
C: 개시시점 실거래가격을 개시시점주택가격으로 나눈 값

＊ 재건축초과이익 환수법 제9조(주택가액의 산정) 제1항 및 제2항

① 제7조에 따른 **개시시점 주택가액**은 「부동산 가격공시에 관한 법률」에 따라 공시된 부과대상 주택가격(공시된 주택가격이 없는 경우는 <u>제3항에서</u> 규정한 절차에 따라 국토교통부장관이 산정한 부과개시시점 현재의 주택가격)총액에 공시기준일부터 개시시점까지의 정상주택가격 상승분을 반영한 가액으로 한다. <개정 2020.8.18.>

② 제1항에도 불구하고 제15조에 따라 재건축부담금을 결정·부과하는 경우에는 제1항에 따른 **개시시점 주택가액에 종료시점 주택가액과 종료시점 실거래가격**(실거래가격이 없거나 부족한 경우에는 인근 유사단지의 실거래가격을 고려한 적정가격을 말한다) **과의 비율을 적용하여 조정한 가액으로 한다.** 이 경우 실거래가격의 산정 및 비율적용의 기준·방법에 관하여 필요한 사항은 대통령령으로 정한다. <신설 2020.8.18.>
[제9조제2항 시행일 : 2021.2.19.]

<u>즉, 조정한 개시시점 주택가액은 최초의 개시시점 주택가액에 종료시점 주택가액과 종료시점 실거래가격과의 비율을 적용하여 산출한 가액으로 한다.</u>

■ 재건축부담금 산정방식에 대한 00구(區)의 개선안(2021.2.19. 개정 및 시행)

	구 분	국토부 매뉴얼	00구 개선안
1	종료시점 주택가액 산정방법	막연한 인근시세 산정방법	단지위치, 규모, 조망 등을 토대로 인근시세 산정방법 구체화
2	공시가격의 시세반영률 적용방법	개시시점 가액에 종료시점 가액과 동일한 시세반영률 적용 (2021.2.19. 개정)	개시시점과 종료시점을 동일한 공시가격 시세반영률 적용
3	미래의 가격상승률 선정방법	추진위 승인일~ 예정액 산정시점(현재) 평균상승률	10년 전~예정액 산정시점(현재) 평균상승률
4	재건축부담금 예정액 산정범위	재건축 부담금 예정액 산정범위 미설정	재건축 부담금 예정액의 최대 및 최소액을 제시함으로써 예정액의 산정범위 설정 (이 개선안은 입주 시 조합원이 부담할 예상액을 제시함으로써 해당 조합원이 자금마련 계획을 원활히 수립할 수 있도록 함)
5	조합원별 재건축부담금 배분방법	막연한 배분기준 (조합 자체적으로 결정)	주택매입시기, 실거주여부 등을 반영한 배분기준 마련(1주택 실소유거주자 등 보호)

□ 관리처분계획의 상세 추진절차도

분양신청의 통지/공고 [시행자→토지등소유자]	분양신청 [토지등소유자→시행자]	증전자산 평가/ 증후자산추산액 산정 [시행자]	관리처분계획의 수립 [시행자]
[법 제72조제1항] ·사업시행인가 고시일로부터 120일 이내 통지 <통지/공고 내용> ·분양대상자별 증전의 토지 또는 건축물의 명세, 가격 ·분양대상자별 분담금의 추산액 ·분양신청기간 ·대통령령으로 정하는 사항	[법 제72조제2항] <분양신청 기간> ·통지한 날부터 30일 이상 60일 이내, 20일 범위 내에서 연장가능 <분양신청 서류> ·분양신청서 ·토지 및 건축물에 관한 등기사항전부증명서 또는 환지예정증명서 첨부	[법 제74조제1항] ·분양대상자별 분양예정인 대지 또는 건축물의 추산액 ·분양대상자별 증전의 토지 또는 건축물의 명세 및 사업시행인가의 고시가 있는 날을 기준으로 한 가격 ·시장·군수등이 선정 및 계약한 감정평가법인등 2인 이상이 평가한 금액을 산술평균 ·재건축사업은 조합과 시장· 군수등이 각각 1인 이상의 감정평가법인등을 선정하여 평가한 금액을 산술평균	[법 제74조제1항] <관리처분계획의 수립내용> ·분양설계 ·분양대상자의 주소 및 성명 ·분양대상자별 분양예정인 대지 또는 건축물의 추산액 ·분양대상자별 증전의 토지 또는 건축물의 명세 및 사업 시행인가 고시일을기준 으로 한 가격 ·정비사업의 추산액 및 조합원 분담규모 및 분담시기 ·세입자별 손실보상 명세 및 금액 ·기타 사행령으로 정하는 사항

관리처분계획의 총회의 의결/공람 [시행자]	관리처분계획의 인가신청 [시행자→시장, 군수]	관리처분계획의 인가/고시 [시장, 군수]	관리처분계획의 공람/통지 [시행자]
[법 제45조제4항, 제6항] ·관리처분계획의 의결 및 변경은 조합원 과반수의 찬성으로 의결하며, 조합원의 100분의 10 이상이 직접 출석하여야 한다. [법 제78조제1항] ·공람 전 공람일정 등에 관한 사항을 조합원에 통지 ·시행자는 관리처분계획의 인가신청 전 30일 이상 토지등소유자에게 공람 및 의견청취	[법 제78조제1항] <신청서류> [시행규칙 제12조] ·관리처분계획서 ·총회의결서 사본	[법 제78조제2항, 제4항] ·30일 이내에 인가여부 결정 지방자치단체의 공보에 고시 <고시 내용> [시행규칙 제13조] ·정비사업의 종류 및 명칭 ·정비구역의 위치 및 면적 ·사업시행자의 성명 및 주소 ·관리처분계획의 인가일 ·관리처분인가의 요지	[법 제78조제5항] ·고시내용을 토지등소유자나 분양신청을 한 자에게 통지 <통지 사항> [시행령 제65조제2항] ·정비사업의 종류, 명칭 ·정비구역의 면적 ·사업시행자의 성명 및 주소 ·관리처분계획의 인가일 ·분양대상자별 증전/증후의 명세 및 가격과 추산가액

이주→철거 [시행자]	착공→분양 [시행자]	손실보상, 수용/사용 [시행자]
[법 제81조] <이 주> ·이주계획 및 일정 협의 ·금융지원기관 선정 ·이주계획서 작성 및 송부 ·이주비 대여 및 근저당 설정 <철 거> ·철거계획서 작성 ·철거승인 ·수목이식/지장물 이설 ·철거(관리처분 인가 후)		[법 제62조],[법 제63조] ·사업시행자는 정비구역 에서 정비사업 사행을 위해 필요한 경우 토지, 물건 또는 그 밖의 권리를 수용 또는 사용할 수 있음 ·손실보상의 협의가 성립되지 아니하거나 협의할 수 없는 경우 관할 토지수용 위원회에 재결신청을 할 수 있음

제2장.
청산금의 부과(중도금 납부)

1 청산금의 부과처분

1) 청산금의 개념

청산금이란 조합원 총회에서 결의된 관리처분계획에 의해 토지등소유자(조합원)의 권리와 의무를 배분한 결과, 조합원이 제공한 토지 및 공사비를 포함한 제반비용과 분양받은 목적물의 가격에 차이가 존재하는 경우, 이 과·부족을 조절하기 위해 징수하거나 지급하는 금전을 말하며, 이를 부과하는 행위를 「청산금 부과처분」 이라 한다. 재건축조합 등 많은 정비사업의 현장에서는 이를 **분담금**으로 칭하고 있으며, **중도금 납부**라는 이름으로 이행된다.

2) 청산금 부과처분의 법적 근거

- 대지 또는 건축물을 분양받은 자가 종전에 소유하고 있던 토지 또는 건축물의 가격과 분양받은 대지 또는 건축물의 가격사이에 차이가 있는 경우 사업시행자는 법 제86조제2항의 규정에 의한 **이전고시가 있은 후**에 그 차액에 상당하는 금액을 분양받은 자로부터 징수하거나 분양받은 자에게 지급하여야 한다. 다만, 정관등에서 분할징수 및 분할지급에 대하여 정하고 있거나 조합원 총회의 의결을 거쳐 따로 정한 경우에는 관리처분계획인가 후부터 법 제86조제2항의 규정에 의한 이전고시일까지 일정기간별로 분할징수하거나 분할지급할 수 있다. (법 제89조제1항 및 제2항)

- 청산금의 부과는 강제징수의 절차에 의해 이행이 강제된다(법 제90조). 그러므로 청산금 부과처분은 행정처분이며, 행정소송을 통한 취소소송의 대상이 된다.

☐ 도시정비법 제90조(**청산금의 징수방법 등**)

① 시장·군수등인 사업시행자는 청산금을 납부할 자가 이를 납부하지 아니하는 경우 지방세 체납처분의 예에 따라 징수(분할징수를 포함한다. 이하 이 조에서 같다)할 수 있으며, 시장·군수등이 아닌 사업시행자는 시장·군수등에게 청산금의 징수를 위탁할 수 있다. 이 경우 법 제93조제5항을 준용한다.

② 법 제89조제1항에 따른 청산금을 지급받을 자가 받을 수 없거나 받기를 거부한 때에는 사업시행자는 그 청산금을 공탁할 수 있다.

③ 청산금을 지급(분할지급을 포함한다)받을 권리 또는 이를 징수할 권리는 법 제86조제2항에 따른 <u>이전고시일의 다음 날부터 5년간 행사하지 아니하면 소멸한다.</u>

3) 청산금 및 사업비용의 부과처분

- 정비사업에 소요되는 일체의 비용은 사업시행자가 부담하는 것이 원칙이며(법 제92조제1항), 사업시행자는 이를 조달하기 위해 조합원에게 부과금을 징수할 수 있다(법 제93조제1항). 또한, 관리처분계획에 의해 정해지는 '정비사업비의 추산액'은 조합원이 부담해야 할 비용과 청산금을 포함한다. 분담금의 부담시기와 분담금액 등 분담금 납부방법의 제반 사항은 관리처분계획에서 정해지므로(법 제74조제1항제6호), 이를 바탕으로 하여 청산금 및 사업비용에 대한 부과처분도 그 범위 안에서 집행되어야 한다. 이러한 부과처분은 도시정비법이 사업비의 부과처분에 대한 근거 조문을 둠으로써 법적인 근거가 마련된 것이다.

- 정비사업 추진현장에서 청산금(중도금)의 납부방법은 계약금 20%, 잔금 20%로 하고 공사기간(약 36개월)을 6등분하여 10%씩를 납부(결국 총 8회 납부)토록 하고 있으며, 이 방법은 「주택공급에 관한 규칙」에서 정하는 방법과 유사하다.

② 청산금의 산정방법

법 제89조제1항에 따라 청산금을 분양받은 자로부터 징수하거나 분양받은 자에게 지급하기 위해 종전에 소유하고 있던 토지 또는 건축물의 가격과 분양받는 대지 또는 건축물의 가격을 산출함에 있어서는 그 토지 또는 건축물의 규모·위치·이용현황·정비사업비 등을 참작하여 평가하여야 한다. (법 제89조제3항 참조)

1) 종전자산 및 종후자산의 가격평가

정비사업에서 분양예정인 대지 또는 건축물, 분양대상자별 종전의 토지 또는 건축물과 세입자별 손실보상을 위한 권리명세 및 그 금액을 평가할 때에는 「감정평가및감정평가사에 관한 법률」에서 정하는 **감정평가법인등** 2인 이상이 평가한 금액을 산술평균하여 산정한다. 다만, 관리처분계획을 변경·중지 또는 폐지하고자하는 경우에는 분양예정 대상자인 대지 또는 건축물의 추산액과 종전의 토지 또는 건축물의 가격은 사업시행자 및 토지등소유자 전원이 합의하여 이를 산정할 수 있다. (법 제74조제4항<개정 2021.3.16.>제1호)

2) 주택 등 건축물을 분양받을 권리의 산정 기준일(법 제77조)

(1) 정비사업을 통하여 분양받을 건축물이 다음 각 호의 어느 하나에 해당하는 경우에는 법 제16조제2항 <u>전단에</u> 따른 고시가 있은 날 또는 **시·도지사**가 투기를 억제하기 위하여

기본계획 수립 후 정비구역 지정·고시 전에 따로 정하는 날(이하 이 조에서 "기준일"이라 한다)의 다음 날을 기준으로 건축물을 분양받을 권리를 산정한다. <개정 2018.6.12.>

1. 1필지의 토지가 여러 개의 필지로 분할되는 경우
2. 단독주택 또는 다가구주택이 다세대주택으로 전환되는 경우
3. 하나의 대지 범위에 속하는 동일인 소유의 토지와 주택 등 건축물을 토지와 주택 등 건축물로 각각 분리하여 소유하는 경우
4. 나대지에 건축물을 새로 건축하거나 기존 건축물을 철거하고 다세대주택, 그 밖의 공동주택을 건축하여 토지등소유자의 수가 증가하는 경우

(2) 시·도지사는 위 제1항에 따라 기준일을 따로 정하는 경우에는 기준일·지정사유·건축물을 분양받을 권리의 산정 기준 등을 해당 지방자치단체의 공보에 고시하여야 한다.

3) 감정평가법인등의 선정주체

종전자산의 가격평가, 종후자산의 가격평가 및 세입자별 손실보상을 위한 권리명세 및 그 금액을 평가할 **감정평가법인등** 2인 이상을 선정하는 주체는 다음과 같다. (법 제74조제4항<개정 2021.3.16.>제1호)

가. 주거환경개선사업 또는 재개발사업
　: 시장·군수등이 선정·계약한 2인 이상의 **감정평가법인등**
나. 재건축사업
　: 시장·군수등이 선정·계약한 1인 이상의 **감정평가법인등**과 조합(원)총회의 의결로 선정·계약한 1인 이상의 **감정평가법인등**

4) 종후자산의 평가방법

분양받은 대지 또는 건축물의 가격은 법 제89조제3항에 따라 다음 각 호의 구분에 따른 방법으로 평가한다. (시행령 제76조제2항)
가. 법 제23조제1항제4호의 방법으로 시행하는 주거환경개선사업과 재개발사업의 경우에는 법 제74조제4항제1호가목을 준용하여 평가할 것
나. 재건축사업의 경우에는 사업시행자가 정하는 방법에 따라 평가할 것. 다만, **감정평가법인등**의 평가를 받으려는 경우에는 법 제74조제4항제1호나목을 준용할 수 있다.

5) 종후자산의 가격산정 요소

분양받은 대지 또는 건축물의 가격을 평가를 할 때에는 영 제76조제2항 각호에 따라 다음 각 호의 비용을 가산하여야 하며, 법 제95조에 따른 보조금은 공제하여야 한다. (영 제76조제3항)
1. 정비사업의 조사·측량·설계 및 감리에 소요된 비용
2. 공사비
3. 정비사업의 관리에 소요된 등기비용·인건비·통신비·사무용품비·이자 그 밖에 필요한 경비
4. 법 제95조의 규정에 의한 융자금이 있는 경우에는 그 이자에 해당하는 금액

5. 정비기반시설 및 공동이용시설의 설치에 소요된 비용(법 제95조제1항의에 따라 시장·군수등이 부담한 비용은 제외한다)
6. 안전진단의 실시, 정비사업전문관리업자의 선정, 회계감사, 감정평가 그 밖에 정비사업추진과 관련하여 지출한 비용으로서 정관 등에서 정한 비용

③ 청산금의 징수절차 등

1) 강제징수 방법

청산금을 납부할 자가 이를 납부하지 아니하는 경우에는 시장·군수등인 사업시행자는 지방세 체납처분의 예에 의하여 이를 징수(분할징수를 포함 한다)할 수 있으며, 시장·군수등이 아닌 사업시행자는 시장·군수등에게 청산금의 징수를 위탁할 수 있다. 이 경우 법 제93조제5항을 준용한다. (법 제90조제1항)

2) 공탁하는 방법

법 제89조제1항의 규정에 의한 청산금을 지급받을 자가 이를 받을 수 없거나 거부한 때에는 사업시행자는 그 청산금을 공탁할 수 있다. (법 제90조제2항)

3) 청산금의 소멸시효

청산금을 지급(분할지급을 포함한다)받을 권리 또는 이를 징수할 권리는 법 제86조제2항에 따른 **이전고시일 다음 날부터 5년간 이를 행하지 않으면 소멸한다**. (법 제90조제3항)

4) 청산금의 지급규정

사업시행자가 토지등소유자의 토지·건축물 그 밖의 권리에 대하여 현금으로 청산하는 경우, **청산금은 사업시행자와 토지등소유자가 협의하여 산정한다.** 그러나 협의가 성립되지 않은 경우 청산금액의 산정은 다음 방법에 따른다.
분양신청 이후에는 사업시행자인 조합과 토지등소유자가 새로운 감정평가를 통해 청산금을 산정하여 이를 기준으로 협의하는 것이 원칙이다.

(1) 재개발사업 또는 주거환경개선사업의 경우
시장·군수등이 추천하는 「감정평가 및 감정평가사에 관한 법률」에 따른 2인 이상의 **감정평가법인등의** 감정평가금액을 산술평균한 금액을 기준으로 협의할 수 있다.

(2) 재건축사업의 경우
- 매도청구에 대한 재판이 있는 경우에는 해당 재판의 판결금액으로 한다.
- 사업시행자와 토지등소유자가 협의하여 시장·군수에게 감정평가업자의 추천을 의뢰한

경우에는 시장·군수가 추천하는 「감정평가 및 감정평가사에 관한 법률」 상의 **감정평가법인등** 2인 이상이 평가한 금액을 산술평균하여 산정한 금액으로 한다.

♣ 정비사업 추진단계별 <u>감정평가법인등(2인 이상)</u>의 선정주체

사업단계	감정평가 사항	선정주체	
		재개발·주거환경개선사업	재건축사업
조합설립인가 ⇩ 사업시행인가	• 정비기반시설 무상양도 및 무상귀속을 위한 평가	조 합 (영 제47조제2항제11호)	조 합 (영 제47조제2항제11호)
사업시행인가 ⇩ 관리처분계획인가	• 종전자산평가 • 종후자산(분양예정자산)평가 • 세입자별 손실보상	시장·군수등이 2개업자를 선정 (법 제74조**제4항**제1호가목) (영 제76조제1항 및 제2항)	시장·군수등과 조합이 각각 1개 업자를 선정 (조합은 총회 의결 필요) (법 제74조**제4항**제1호나목) (영 제76조제1항 및 제2항)
	• 국·공유재산의 처분평가	시장(군수,구청장) (공유재산 및 물품관리법 시행령 제27조제1항)	시장(군수,구청장) (공유재산 및 물품관리법 시행령 제27조제1항)
관리처분계획인가 후	• <u>현금청산을 위한 평가</u>	조합과 토지등소유자가 협의하여 선정(영 제60조) [각각 1개 업자를 선정 혹은 시장(군수,구청장)]	조합과 토지등소유자가 협의하여 선정(영 제60조) [각각 1개 업자를 선정 혹은 시장(군수,구청장)

주-1) 위 도표의 '조합'은 조합 이외의 사업시행자를 포함한다.

주-2) 「**현금청산을 위한 평가**」에 대한 선정주체는 구)시행령 제48조에서 규정하고 있던 **감정평가법인등**의 선정주체에 대한 규정이 전부 개정된 <u>시행령 제60조제1항</u>에서는 사업시행자와 토지등소유자가 협의하여 산정하도록 규정하고 있다.

❏ 분담금(分擔金)과 부담금(負擔金) 용어의 이해

: 분담금과 부담금은 같은 의미로 사용되기도 하지만 다른 의미로 사용되기도 한다.

1. 동일한 의미로 쓰이는 경우
  1) 조합원 분담금(부담금)과 같이 필요한 사업비 등을 일정한 비율에 따라 해당 조합원이 나누어 낸다는 의미에서는 같은 의미로 쓰인다.
  2) 또한, 일반회계의 경우 개발이익환수금, 교통유발부담금 등이 있으며, 해당 사업과 특별한 관계로 발생되는 수익자부담금(농지전용부담금), 원인자부담금(환경개선부담금), 손괴자부담금 등이 있다.

2. 다른 의미로 쓰이는 경우는

  1) 분담금(分擔金)
  : 주민이나 자치단체가 부담하는 것으로서 넓은 의미로서 목적세의 일종인데, 지방자치단체의 재산 또는 공공시설의 설치로 인하여 주민의 일부가 특별한 이익을 받을 때 그 비용의 전부 또는 일부를 지변(支辨)하기 위하여 그 이익을 받은 자로부터 그 수익의 정도에 따라 징수하는 공과금으로 특별부과금이라고도 한다.
  재건축사업에서는 재건축으로 인해 전기, 수도, 도시가스 등이 증설되는 데에 따라 각 공사별로 특별부과금을 납부하게 되는데 이는 분담금이다.

  2) 부담금(負擔金)
  : 지방재정법상 지방자치단체 또는 그 기관이 법령에 의하여 실시해야할 국가와 지방자치단체의 공동관심사무로서 국가에서 부담하지 않으면 안 되는 경비를 국가가 그 전부 또는 일부를 부담하는 경우

3. 본 지침서에서의 사용구분
  본 지침서에서는 재건축으로 전기, 수도, 도시가스 등이 증설되는 데에 따라 각 공사별로 특별부과금을 납부하게 되는데 이는 목적세의 일종인 공과금으로 분담금이라 불린다. 그럼에도 불구하고, 조합원들이 주택을 배정받은 후에 환급받거나 지불하게 되는 제반 금액을 **분담금**으로 부르도록 하였다. 이 경우 **사업비용을 납부하는 경우에는 부담금**이라는 용어를 사용하게 되는데 이와 구분되는 점이 있다고 할 것이다.

[참고사항]
- 정관(定款) : 회사나 공익법인 등의 설립목적, 조직, 업무집행 따위에 관한 규정.
- 규약(規約) : 서로 협의하여 정한 규칙, 단체 등에서 쌍방 간의 협의에 의하여 정한 규칙.
- 규정(規定) : 규칙으로 정해 놓은 조항이나 조목,
   관공서 따위에서 내부조직이나 사무취급 등에 대하여 정해놓은 규칙
- 규칙(規則) : 국가나 단체에 속한 사람들이 지키도록 정해놓은 여러 가지 사항.

[제4편]
소유권이전 및 조합의 해산

제1장.
지적(地積)의 정리

1 지적공부의 정리

 정비사업이 완료되고 이전고시가 이루어지면 토지의 변동이 있게 되고, 이에 대한 토지 등의 공부정리가 필요하게 된다. 또한 재건축된 건축물 및 이동된 대지 등에 관한 새로운 소유관계를 공시하기 위하여 등기부의 편성도 필요하게 된다.
사업시행자가 사업시행인가를 받은 때에는 도시정비법 제57조제1항(개정 2021.7.20.)에 따라 측량수로 지적법 제86조제1항에 따른 사업의 착수·변경을 신고한 것으로 보며, 도시정비법 제50조제9항에 따른 **사업시행계획인가의 인·허가 등의 고시·공고 등이 있는 것으로 본다.**

또한, 도시정비법 제83조에 따라 준공인가를 하거나 공사완료를 고시하는 경우 도시정비법 제57조에 따라 의제되는 인·허가등에 따른 "준공검사·인가등"에 관하여 법 제85조제3항에 따라 시장·군수등이 관계 행정기관의 장과 협의한 사항은 해당 준공검사·인가등을 받은 것으로 본다. (도시정비법 제85조제1항)

 정비사업의 시행으로 토지의 이동이 있은 때에는 사업시행자가 지적의 정리를 신청하여야 한다. 토지의 이동이란 토지의 표시를 새로 정하거나 변경 또는 말소하는 것을 말한다(측량수로 지적법 제2조제18호). 토지소유자는 신규등록, 등록전환, 분할신청할 토지가 있는 때에는 대통령령이 정하는 바에 따라 그 날로부터 **60일 이내에 지적소관청에 신청**하고(측량수로 지적법 제77조), 소관청은 절차를 밟아 지적정리를 하게 된다. 소관청은 지번의 변경, 지적공부를 복구하거나 신규등록·등록전환·분할·합병·지목변경 등 토지의 이동이 있는 경우에 해당하는 경우에는 지적공부를 정리하여야 한다. (지적법 시행령 제84조)
그리고 도시정비법의 정비사업 등과 관련하여 기부채납(예, 도로·공원 등), 환지에 따른 지번의 변동 등 토지의 이동 신청에 대한 특례규정에 의해 지적정리를 하기도 한다.
[측량수로지적법 제86조(도시개발사업 등 시행지역의 토지이동 신청에 관한 특례)]

주)-1 **지적소관청(地積所管廳)** : 지적공부를 관리하는 시장, 군수 또는 구청장을 말한다.
주)-2 '측량·수로조사및지적에관한법률'은 **'공간정보의구축및관리등에관한법률'**로 개칭되어 2016년 1월 25일 시행되었으며, 개칭된 법의 약칭은 **'측량수로지적법'** 혹은 **'지적법'** 으로 한다.

② 지적공부의 정리에 관한 법규

1) 공간정보의 구축 및 관리 등에 관한 법률(약칭: 측량수로지적법) 제86조

- **측량수로지적법 제86조(도시개발사업 등 시행지역의 토지이동 신청에 관한 특례)** [전문]
  ① 「도시개발법」에 따른 도시개발사업, 「농어촌정비법」에 따른 농어촌 정비사업, 그밖에 **대통령령으로 정하는 토지개발사업**의 시행자는 대통령령으로 정하는 바에 따라 그 사업의 착수·변경 및 완료 사실을 지적소관청에 신고하여야 한다.
  ② 제1항에 따른 사업과 관련하여 토지의 이동이 필요한 경우에는 해당 사업의 시행자가 지적소관청에 토지의 이동을 신청하여야 한다.
  ③ 제2항에 따른 토지의 이동은 토지의 형질변경 등의 공사가 준공된 때에 이루어진 것으로 본다.
  ④ 제1항에 따라 사업의 착수 또는 변경의 신고가 된 토지의 소유자가 해당 토지의 이동을 원하는 경우에는 해당 사업의 시행자에게 그 토지의 이동을 신청하도록 요청하여야 하며, 요청받은 시행자는 해당 사업에 지장이 없다고 판단되면 지적소관청에 그 이동을 신청하여야 한다.

2) 공간정보의 구축 및 관리 등에 관한 법률 시행령 제83조

- **시행령 제83조(토지개발사업 등의 범위 및 신고)** <개정 2020.7.28.>
  ① 측량수로지적법 제86조제1항에서 '대통령령으로 정하는 토지개발사업'이란 다음 각 호의 사업을 말한다.
  1. 「주택법」에 따른 주택건설사업
  2. 「택지개발촉진법」에 따른 택지개발사업
  3. 「산업입지 및 개발에 관한 법률」에 따른 산업단지개발사업
  4. **「도시 및 주거환경정비법」에 따른 정비사업**
  5. **「지역개발 및 지원에 관한 법률」에 따른 지역개발사업**
  6. 「체육시설의 설치·이용에 관한 법률」에 따른 체육시설설치를 위한 토지개발사업
  7. 「관광진흥법」에 따른 관광단지 개발사업
  8. **「공유수면 관리 및 매립에 관한 법률」에 따른 매립사업**
  9. **「항만법」, 「신항만건설촉진법」에 따른 항만개발사업 및 「항만 재개발 및 주변지역 발전에 관한 법률」에 따른 항만재개발사업**
  10. **「공공주택 특별법」에 따른 공공주택지구조성사업**
  11. 「물류시설의 개발 및 운영에 관한 법률」 및 「경제자유구역의 지정 및 운영에 관한 특별법」에 따른 개발사업
  12. **「철도의 건설 및 철도시설 유지관리에 관한 법률」에 따른 고속철도, 일반철도 및 광역철도 건설사업**
  13. 「도로법」에 따른 고속국도 및 일반국도 건설사업
  14. 그 밖에 제1호부터 제13호까지의 사업과 유사한 경우로서 국토교통부장관이 고시하는 요건에 해당하는 토지개발사업

② 측량수로지적법 제86조제1항에 따른 도시개발사업 등의 착수·변경 또는 완료 사실의 신고는 <u>그 사유가 발생한 날로부터 15일 이내에 하여야 한다.</u>

③ 측량수로지적법 제86조제2항에 따른 토지의 이동 신청은 그 신청대상지역이 환지(換地)를 수반하는 경우에는 측량수로지적법 제86조제1항에 따른 사업완료 신고로써 이를 갈음할 수 있다. 이 경우 사업완료 신고서에 측량수로지적법 제86조제2항에 따른 토지의 이동 신청을 갈음한다는 뜻을 적어야 한다.

④ 「주택법」에 따른 주택건설사업의 시행자가 파산 등의 이유로 토지의 이동 신청을 할 수 없을 때에는 그 주택의 시공을 보증한 자 또는 입주예정자 등이 신청할 수 있다.

제2장
이전고시

1 용어의 이해

1) 이전고시

이전고시(移轉告示)란 준공인가의 고시로 사업시행이 완료된 이후에 관리처분계획에서 정한 바에 따라 조합원들 및 사업시행자에게 공동주택의 소유권을 귀속시키는 행정처분을 말한다. 이전고시는 관리처분계획의 집행행위로서 관리처분계획이 정한 바에 따라 정비사업으로 조성된 대지 및 건축물 등의 소유권을 분양받을 자에게 이전하는 **행정처분**이다.

2) 이전고시와 등기

일반의 공동주택이 완료된 후에는 사업시행자 앞으로 대지 및 건축물 등을 보존등기하고 이후 분양자에게 이전등기 하는 방식이 통상적인 권리취득의 형식이 될 것이다. 그러나 도시정비법에서는 조합원의 권리취득 형식에 대해 별도의 절차를 정하여, 관리처분계획에 대한 「이전고시」를 통하여 소유권을 부여하는 특칙을 마련하였다.

정비사업에서는 이와 같이 이전고시라는 제도를 통해 조합원에게 분양되는 건축물 및 대지는 각 조합원 명의로 바로 소유권이 이전되고, 일반분양은 조합명의로 보존등기된 후 일반분양자에게 이전등기를 하게 된다.

다시 말하면, 조합원 분양분은 이전고시를 통하여 해당 조합원에게 최종적으로 소유권이 이전되며, 일반분양분에 대해서는 이전고시로 소유권이 조합으로 보존등기된 후, 각 일반분양자에게 이전등기를 통해 소유권이 최종 이전되는 것이다. (민법 제187조 참조)

❖ 일반분양분에 대해서는 조합원분양분과 달리 **조합명의로의 보존등기**가 선행되어야 하는 이유는, 일반분양을 위해서는 우선 신축건물에 대한 구체적인 물건내역 및 현 소유자에 대한 법적인 지위확보가 필요하게 되는데, 이 새로운 건축물의 구체적인 사항에 대한 법적인 지위확보가 조합명의로의 보존등기인 것이다. 이는 <u>신축 건축물에 대한 호적등록 행위</u>라고 할 수 있으며, '보존등기'를 마친 다음에는 해당 물건에 대해 이미 확보된 법적 권리를 기준으로 해당 주택을 일반분양자에게 명의이전 할 수 있게 되는 것이다.

3) 소유권의 취득시기

사업시행자는 법 제83조제3항 및 제4항에 따른 공사완료·고시가 있은 때에는 지체 없이 대지확정측량을 하고, 토지의 분할절차를 거쳐 관리처분계획에서 정한 사항을 분양받을 자에게 통지하고 대지 또는 건축물의 소유권을 이전하여야 한다. 다만, 정비사업의 효율적인 추진을 위하여 필요한 경우에는 해당 정비사업에 관한 공사가 전부 완료되기 전에 완공된 부분에 대하여 준공 인가를 받아 대지 또는 건축물별로 이를 분양받은 자에게 그 소유권을 이전할 수 있다. (도시정비법 제86조제1항)

사업시행자는 대지 및 건축물의 소유권을 이전하고자 하는 때에는 그 내용을 해당 지방 자치단체의 공보에 고시한 후 이를 시장·군수등에게 보고하여야 한다. 이 경우 **대지 또는 건축물을 분양받을 자는 고시가 있은 날의 다음 날에 그 대지 또는 건축물에 대한 소유권을 취득한다**. (도시정비법 제86조제2항)

4) 지방세법 시행령에 의한 취득시기[지방세법 시행령 제20조(취득의 시기 등)]

- 건축물을 건축 또는 개수하여 취득하는 경우에는 사용승인서(「도시개발법」 제51조제1 항에 따른 준공검사 증명서, 「도시 및 주거환경정비법 시행령」 제74조에 따른 준공인가 증 및 그 밖에 건축 관계 법령에 따른 사용승인서에 준하는 서류를 포함한다. 이하 이 항에서 같다)를 내주는 날(사용승인서를 내주기 전에 임시사용승인을 받은 경우에는 그 임시사용승인일을 말하고, 사용승인서 또는 임시사용승인서를 받을 수 없는 건축물의 경우에는 사실상 사용이 가능한 날을 말한다)과 사실상의 사용일 중 빠른 날을 취득일로 본다. (영 제20조제6항, <개정 2019.5.31.>)

- 「주택법」 제11조에 따른 주택조합이 주택건설사업을 하면서 조합원으로부터 취득하는 토지 중 조합원에게 귀속되지 아니하는 토지를 취득하는 경우에는 「주택법」 제49조에 따른 사용검사를 받은 날에 그 토지를 취득한 것으로 보고, 「도시 및 주거환경정비법」 제35조제3항에 따른 재건축조합이 재건축사업을 하거나 「빈집 및 소규모주택 정비에 관한 특례법」 제23조제2항에 따른 소규모재건축조합이 소규모재건축사업을 하면서 조합원으로부터 취득하는 토지 중 조합원에게 귀속되지 아니하는 토지를 취득하는 경우 에는 「도시 및 주거환경정비법」 제86조제2항 또는 「빈집 및 소규모주택 정비에 관한 특례법」 제40조제2항에 따른 소유권이전 고시일의 다음 날에 그 토지를 취득한 것으로 본다. (영 제20조제7항, <개정 2018.2.9.>)

2 이전고시를 위한 법적 필요조건

1) 준공인가의 고시

사업시행자는 정비사업의 준공인가가 있은 때에는 지체없이 이전고시에 관한 절차를 진행하여야 한다. 그러므로 준공인가는 이전고시의 절차를 개시하기 위한 법적요건이다. 부분준공인가가 있는 경우에도 역시 준공인가가 있는 건축물에 한하여 이전고시의 법적인 요건이 갖추어진 것이다.

2) 관리처분계획의 인가

이전고시는 관리처분계획이 정하고 있는 권리배분에 관한 사항을 실현하는 집행행위이다. 따라서 관리처분계획의 유효성이 인정된 것을 전제로 이전고시의 절차이행이 가능하다.

3) 조합의 토지소유권 확보

정비사업은 조합에게 일차적으로 토지 등의 소유권을 확보시킨 후 그 지상에 건축물을 건설하여 조합원 등에 배분하는 구조를 취한다. 예컨대, 토지수용(법 제63조: **재개발사업**) 및 매도청구(법 제64조: **재건축사업**) 등의 제도는 조합이 토지소유권을 확보하기 위한 보충적 수단이다. 따라서 정비사업에 반대하는 자들의 소유권은 반드시 이전고시 이전에 확보되어야 한다. 만약, 이전고시라는 처분이 구소유권의 소멸이라는 효과를 수반하는 것으로 해석되면 토지수용이나 매도청구소송은 불필요하게 된다. 이는 정비사업에 반대하는 토지등소유자의 권리도 이전고시에 의해 모두 소멸되는 것으로 해석될 것이기 때문이다. 그러나 법조문의 어느 부분을 보아도 이전고시에 의해 소유권이 이전된다는 표현만이 있을 뿐 구소유권이 소멸된다는 표현은 없다. 이는 도시개발법상의 환지처분이 구)소유권을 소멸(도시개발법 제42조제1항)시키는 것과 좋은 대조를 이룬다.

이전고시는 구소유권을 소멸시키는 힘을 갖지 못하는 것으로 해석해야 한다. 이러한 이유는, 조합이 구소유권을 유효하게 확보하고 있어야 하는 것이 이전고시의 필요하고 적법한 요건이 되기 때문이다. 소유권이 이전되려면 구소유자가 적법한 소유권을 보유하고 있어야 한다. 만약 조합이 정비구역 내 토지 등에 대해 자신의 배타적인 소유권을 확보하지 못한 경우 이전고시는 법적 요건이 결여된 위법한 처분이 되는 것이다.

필자는 위의 이론은 「사업부지 내의 국·공유토지」에도 적용되는 이론이라고 이해되는바, 조합의 토지소유권 확보여부는 신축되는 건축물은 물론 새로운 토지도 함께 처분되는 조합원 분양과, 비조합원에게는 매매계약을 통해 건축물과 토지의 소유권이 이전되는 일반분양의 적법성 여부와도 직접적인 연관이 있다고 할 것이다. 이와 함께, 이전고시를 위한 조합의 토지소유권 확보의 법률적 필요성은 착공 후 국·공유지에 대한 사용료나 변상금의 부과와도 관련이 있다고 할 것이다. 필자가 참여한 재건축조합에서는 사업부지 내에 위치하는 국·공유지(지목이 도로 및 공원인 정비기반시설)에 대한 사용료납부여부에 대한 문제로 해당 구청과 수년간의 법적 다툼이 있었다.

국유·공유지에 대한 사용료나 점용료 등의 납부여부에 관한 법령인 구)도시정비법 제32조제6항이 2012년 2월 1일 사용료나 점용료 등이 면제되는 내용으로 개정되었으나, 이 법의 적용대상 토지는 여러 관계 법령을 감안하면, 사업부지 외의 행정재산, 즉 정비사업시행 후에도 계속하여 도로나 공원으로 존치되는 토지에 해당되는 것으로 이해되었으나, <u>2017년</u>

2월 8일 전부개정된 도시정비법 제57조제7항 및 제97조제7항을 통하여 사용료·점용료 및 대부료가 면제되는 대상 토지 및 면제기간을 더욱 구체적으로 규정하고 있다.

❏ 사업부지내 국·공유지의 사용료 부과처분에 대한 대법원판결 요지
(대법원 2015년 2월 26일 선고, 2012두6612 사용료부과처분취소)

1. 공유재산의 종류

1) 행정재산
(1) 정의
공원, 도로 등과 같이 공공의 다수인이 공공의 용도로 해당 재산을 계속하여 이용할 수 있도록 하기 위해 지속적인 유지·관리가 필요한 재산
(2) 이용 및 관리규정
① 대부, 매각, 교환, 양여, 신탁, 대물변제나 출자, 기타 사권의 설정이 금지된다.
② 단, 지방자치단체의 장이 해당 토지의 목적, 용도에 지장이 없는 범위에서 사용 또는 수익을 허가할 수 있다. 사용·수익허가는 대통령령에 따른 요율, 산출방법에 따른다. 이 사용·수익의 허가는 강학적(講學的) 특허에 해당하므로, 공공의 용도가 폐지되는 경우에는 사용·수익허가도 그 효력이 소멸된다.

2) 일반재산
(1) 정의
지방자치단체 소유의 지목이 대지인 토지 등과 같이 공유의 재산이나 주민이 일상 생활을 유지하는데 필수적이지는 않은 재산
(2) 이용 및 관리
① 대부, 매각, 교환, 양여, 신탁, 기타 사권의 설정 및 법령에 따라 현물출자, 대물변제가 가능한 재산
② 대부를 위해 **대부계약을 체결**하는 때에는 대통령령으로 정하는 요율과 산출방법에 따라 매년 대부료를 징수하도록 한다.
(3) 일반재산의 관리상의 특성
일반재산은 행정재산과 달리 사용·수익허가의 대상이 될 수 없고, (오직)대부계약의 대상이 될 뿐이다. 또한, 사용·수익허가처분과 사용료 부과처분은 적용대상과 근거법률 및 법률효과를 달리하는 별개의 처분이다.

2. 행정재산의 일반재산으로 전환 시 법적 지위의 변경
행정재산이 일반재산으로 전환되는 경우 그에 대한 공유재산법상의 제한은 소멸된다. 즉, 강학상(講學上)특허에 해당하는 행정재산의 사용·수익에 대한 허가는 그 효력이 소멸된다.

3. 지방자치단체장의 행정재산에 대한 사용·수익허가
1) 지방자치단체의 장에 의한 사용·수익허가는 행정재산을 대상으로 한다.
2) 그 목적, 용도에 장애가 되지 아니하는 범위에서 이루어져야 한다.
3) 재건축아파트의 사업시행인가가 고시되는 경우에는 사업부지 내의 행정재산의 용도는

동시에 폐지되고 행정재산의 목적이나 용도를 벗어나게 되며, 행정재산은 일반재산으로 전환된다. 따라서 해당 재산은 그 본래의 목적이나 용도에 장애가 없는 범위 내에서 허용되었던 사용·수익허가에 관한 행정처분은 소멸된다.

4. 결론

행정재산이 사업시행의 인가로 용도가 폐기되어 일반재산이 되는 경우에는 용도가 폐기되기 전의 행정재산에 대한 사용·수익허가는 소멸된다. 따라서 용도가 폐기된 행정재산에 대하여는 공유재산법 제22조를 근거로 하여 사용료를 부과할 수 없다.

[상기 대법원 판결에 대한 필자의 이해]

행정재산의 사용·수익은 관계 지방자치단체장의 사용·수익허가에 대한 행정처분으로 확정되며, 일반재산은 관계 지방자치단체의 장과 재산의 사용신청자가 대부계약을 체결함으로써 해당 재산의 사용이 확정되는 것이다. 따라서 사용·수익허가처분과 사용료의 부과처분은 그 적용대상과 부과의 근거 법령 및 법적인 효력을 달리하는 별개의 처분이다.

한편, 사업부지 내의 도로나 공원 등의 행정재산은 해당 사업에 대한 인가가 고시되면 일반재산으로 전환되므로 해당 재산에 대한 사용은 해당 지방자치단체의 장과 해당 재산의 사용신청자간에 대부계약을 체결함으로써만이 사용료의 부과가 가능하게 된다.

따라서 일반재산으로 전환된 재산에 대하여 대부계약을 체결하고 그 기초 하에 대부료를 부과하는 행정절차를 대신하여, 일반재산에 대해 행정재산과 동일한 방법으로 지방자치단체장의 행정처분에 의하여 일방적으로 사용료를 징수하는 것은 잘못된 처분이다.

위의 대법원 판결에 대한 필자의 이해와는 별개로 '사업부지 내의 국·공유지에 대한 사용료 등'에 대한 상기 대법원 판결은 '사업부지 내의 국·공유지 중 일반재산에 대한 사용료나 변상금 등에 대한 판결의 의미보다는 사업부지의 외부를 포함한 일반적인 국·공유지 중 일반재산에 대한 사용료의 부과방법을 판단한 것으로 이해되며, 사업부지 내에 위치한 국·공유지가 가지는 특수한 상황에 대한 여러 조건을 감안한 판결은 이 사건 당시의 구)법 제32조제6항에 대한 불비함 등을 감안하여 그 판단을 유보한 것으로 이해한다. 이후, <u>2012년 2월 1일 구)도시정비법 제32조제6항이 개정되어 사용료 또는 점용료를 면제하도록 함으로써 사업부지 내의 국·공유지는 재산의 종류나 대부계약의 체결여부 등 아무런 조건없이 일체의 사용료 또는 점용료는 면제된다. 전부 개정된 도시정비법에서도 법 제57조제7항에 따라 사용료 또는 점용료가 면제된다.</u>

❑ 상기 대법원판결 관계 법령

1. 공유재산 및 물품관리법 제5조(공유재산의 구분과 종류)제1항 및 제3항

① 공유재산은 그 용도에 따라 행정재산과 일반재산으로 구분한다.

③ "일반재산"이란 행정재산 외의 모든 공유재산을 말한다.

2. 공유재산 및 물품관리법 제32조(대부료)제1항

① 일반재산의 대부계약을 체결하였을 때에는 대통령으로 정하는 요율과 산출방법에 따라 매년 대부료를 징수한다.

3. 구)도시 및 주거환경정비법 제66조[전부개정 후 제98조](국유·공유재산의 처분 등)제5항

⑤ 제4항에 따라 다른 사람에 우선하여 매각 또는 임대할 수 있는 국유·공유재산은 「국유재산법」, 「공유재산 및 물품관리법」 및 그 밖에 국유지·공유지의 관리와 처분에 관하여 규정한 관계 법령에도 불구하고 <u>사업시행인가의 고시가 있는 날부터 종전의 용도가 폐지된 것으로 본다.</u>

③ 이전고시의 절차

1) 대지의 확정측량 및 토지분할

사업시행자는 법 제83조제3항 및 제4항에 따른 준공인가 및 공사완료의 고시가 있은 때에는 지체 없이 대지확정측량을 하고 토지의 분할절차를 거쳐 관리처분계획에서 정한 사항을 분양받을 자에게 통지하고 대지 또는 건축물의 소유권을 이전하여야 한다. 다만, 정비사업의 효율적인 추진을 위하여 필요한 경우에는 해당 정비사업에 관한 공사가 전부 완료되기 전이라도 완공된 부분은 준공인가를 받아 대지 또는 건축물별로 분양받을 자에게 소유권을 이전할 수 있다. (법 제86조제1항)

2) 소유권의 이전고시

사업시행자는 법 제86조제1항에 따라 대지 및 건축물의 소유권을 이전하려는 때에는 그 내용을 해당 지방자치단체의 공보에 고시한 후 시장·군수등에게 보고하여야 한다. 이 경우 <u>대지 또는 건축물을 분양받을 자는 고시가 있은 날의 다음 날에 그 대지 또는 건축물의 소유권을 취득한다.</u> (법 제86조제2항)

3) 사업시행자의 등기신청

사업시행자는 법 제86조제2항에 따른 이전고시가 있은 때에는 지체 없이 대지 및 건축물에 관한 등기를 지방법원지원 또는 등기소에 촉탁 또는 신청하여야 한다. 위의 등기에 관하여 필요한 사항은 대법원 규칙으로 정한다. (법 제88조제1항 및 제2항 참조)

④ 재산세의 납부

1) 취득시점

주택이 완성되어 이전고시를 거친 경우 민법 제187조에 따라 소유권이전등기를 하지 않아도 소유권을 취득한 것으로 본다. 따라서 도시개발법 제39조제1항에 의해 '분양처분의 고시'(이전고시)가 있은 날의 다음 날 그 대지 또는 건축시설에 대한 소유권을 취득한 것으로 본다. 또한 지방세법 시행령 제73조제4항에서도 '재개발·주거환경개선사업에 한해 건축한 주택을 이전고시일의 다음 날을 취득일'로 본다.

2) 재산세 납부 의무자

이전고시가 있은 다음 날 재산세 납부 의무자는 사업시행자에 한정되는 것이 아닌, 각 토지등소유자 모두에게 해당된다.

5 이전고시의 법적인 효력

1) 권리의 이전

(1) 대지 또는 건축물을 분양받을 자에게 법 제86조제2항에 따라 소유권이 이전된 경우 종전의 토지 또는 건축물에 설정된 지상권·전세권·저당권·임차권·가등기권·가압류 등 등기된 권리 및 주택임대차보호법의 요건을 갖춘 임차권은 소유권을 이전받은 대지 또는 건축물에 설정된 것으로 본다. (법 제87조제1항)

(2) 법 제87조제1항에 따라 취득하는 대지 또는 건축물 중 토지등소유자에게 분양하는 대지 또는 건축물은 「도시개발법」 제40조에 따라 행하여진 **환지로 본다**(법 제87조제2항). **따라서 분양받은 대지 및 건축물에 대해서는 취득세나 부가가치세 등은 면세의 대상이 된다.**

(3) 사업시행자는 법 제79조제4항에 따라 분양신청을 받은 후 잔여분이 있는 경우에는 일부 토지를 **보류지(건축물 포함)로 정하거나 일반에게 분양할 수 있으며,** 「도시개발법」 제34조(체비지 등)에 따라 **보류지 중 일부를 체비지로 정하여 경비에 충당할 수 있다.**

2) 권리이전에 따른 납세의무

지방세법에서는 환지계획 등에 따른 취득 부동산에 대하여 재건축사업은 **취득세**(종전자산가치 대비 종후자산가치가 커서 분담금을 납부한 경우) **및 양도소득세**(종전자산가치 대비 종후자산가치가 적어 분담금을 수령한 경우)**를 납부하게 되며,** 재개발사업에서도 환지방식을 적용하는 경우 환지에 해당하는 액수에 대해서는 부과되지 않으나 청산금에는 부과된다. 즉, 대지 또는 건축물을 분양받은 자가 종전에 소유하고 있던 토지 또는 건축물의 가격과 분양받은 대지 또는 건축물의 가격사이에 차이가 있으면, 사업시행자는 이전고시 이후에 그 차액에 상당하는 청산금(분담금)을 분양받은 자로부터 징수하거나 분양받은 자에게 지급하여야 한다. (법 제89조제1항)

이때, 조합원이 차액을 납부하거나 수령하는 금액을 '**청산금**' 혹은 분담금이라고 하며, 이 중 납부해야 하는 청산금은 해당 조합원이 중도금이라는 이름으로 조합에 납부하게 된다.
한편, 위의 양도소득세는 대부분 종전의 토지가격보다 종후의 토지가격이 작아 발생되는 것으로, 결국 종전의 토지 일부를 제3자에게 매각(환지처분)한 것으로 간주되어 이 토지의 매각에 따른 양도소득세가 부과되는 것이다.

조합은 조합의 홈페이지나 통신문을 통하여 '종전토지보다 종후토지가 작아 분담금을 수령하는 조합원은 환지처분으로 간주되어 양도소득세를 납부해야 하며, 종전평가액보다 종후평가액이 큰 아파트를 분양받은 경우에는 그 차액에 해당하는 취득세를 납부해야 한다.'는 내용을 조합원에게 여러 번 고지하여 조합원이 납세에 미리 대비토록 하여야 한다.

3) 권리변동의 제한

사업시행자는 법 제86조제2항에 따른 이전고시가 있은 때에는 지체 없이 대지 및 건축물에 관한 등기를 지방법원지원 또는 등기소에 촉탁 또는 신청하여야 한다. 등기에 필요한 사항은 대법원규칙으로 정한다.

정비사업에 관하여 법 제86조제2항에 따른 이전고시가 있은 날부터 법 제86조제1항에 따른 등기가 있을 때까지는 저당권 등의 다른 등기를 하지 못한다. (법 제88조제3항)

6 회계감사

1. 시장·군수등 또는 토지주택공사등이 아닌 **사업시행자(조합) 또는 추진위원회**는 다음 각 호의 어느 하나에 해당하는 경우에는 다음 각 호의 구분에 따른 기간 이내에 「주식회사 등의 외부감사에 관한 법률」 제2조제7호 및 제9조에 따른 **감사인의 회계감사**를 받기위하여 시장·군수등에게 회계감사기관의 선정·계약을 요청하여야하며, 그 감사결과를 회계감사가 종료된 날부터 15일 이내에 시장·군수등 및 해당 조합에 보고하고 조합원이 공람할 수 있도록 하여야 한다. 다만, 지정개발자가 사업시행자인 경우에는 제1호에 해당하는 경우는 제외한다.
   (법 제112조 제1항<개정 2021.3.16.>, 영 제88조 참조)

   1) 제34조제4항에 따라 추진위원회에서 사업시행자(조합)로 인계되기 전까지 납부 또는 지출된 금액과 계약 등으로 지출될 것이 확정된 금액의 합이 대통령령으로 정한 금액인 3억5천만원 이상인 경우: **추진위원회에서 사업시행자(조합)로 인계되기 전 7일 이내**

   2) 제50조제9항에 따른 사업시행계획인가 고시일 전까지 납부 또는 지출된 금액이 대통령령으로 정하는 금액인 7억원 이상인 경우: **사업시행계획인가의 고시일부터 20일 이내**

   3) 제83조제1항에 따른 준공인가 신청일까지 납부 또는 지출된 금액이 대통령령으로 정하는 금액인 14억원 이상인 경우: **준공인가의 신청일부터 7일 이내**

   4) 토지등소유자 또는 조합원 5분의 1 이상이 사업시행자에게 회계감사를 요청하는 경우: 아래의 제4항에 따른 절차를 고려한 상당한 기간 이내(즉 **회계감사비용 예치에 따른 절차를 고려한 상당한 기간 이내**)

2. 시장·군수등은 제1항에 따른 요청이 있는 경우 즉시 회계감사기관을 선정하여 회계감사가 이루어지도록 하여야 한다. <법 개정 2021.1.5.>

3. 제2항에 따라 회계감사기관을 선정·계약한 경우 시장·군수등은 공정한 회계감사를 위하여 선정된 회계감사기관을 감독하여야 하며, 필요한 처분이나 조치를 명할 수 있다.

4. 사업시행자는 또는 추진위원회는 제1항에 따라 회계감사기관의 선정·계약을 요청하려는 경우 시장·군수등에게 회계감사에 필요한 비용을 미리 예치하여야 한다. 시장·군수등은 회계감사가 끝난 경우 예치된 금액에서 회계감사비용을 직접 <u>지급한 후</u> 나머지 비용은 사업시행자와 정산하여야 한다. <법 개정 2021.7.27.>

제3장
조합의 해산

도시정비법의 시행 이후 재건축조합도 재개발조합과 같이 조합해산 시 관할 관청으로부터 해산인가없이 이전고시 후 대의원회의에서 해산결의를 하고 청산등기 하는 등 그 절차를 밟게 된다. 도시정비법에서는 정비조합의 해산에서 청산까지를 **민법 중 사단법인에 관한 규정을 준용**하도록 하고 있다. (법 제49조 참조)

1 조합해산 절차도

1. 준공인가 및 공보에 고시 (법제83조, 영 제74조)	7. 관계 서류의 인계 (법 제125조제2항)
⇩	⇩
2. 토지분할 및 확정측량 (법 제86조)	8. 채권신고의 공고 및 최고 (민법 제88조, 제89조)
⇩	⇩
3. 이전고시 (법 제86조)	9. 청산감사 및 채권채무 종결 (민법 제95조, 제81조)
⇩	⇩
4. 등기 촉탁 또는 신청 (법 제88조)	10. 잔여재산 귀속 및 청산종결 (민법 제80조)
⇩	⇩
5. 청산금 징수 및 조합해산총회 (법 제89조, 영 제76조)	11. 청산 종결의 등기 (민법 제85조)
⇩	
6. 조합해산 및 청산인 선임등기 (법 제49조)	

2 조합의 해산절차

1) 조합의 해산

조합은 소유권 이전고시 후 대지 및 건축시설 등에 관한 등기절차를 이행하면 조합원 총회 또는 대의원회를 소집(사업완료로 인한 조합해산의 경우에는 대의원회의 권한)하여 조합 해산을 결의한다. 도시정비법에서는 조합해산에 관한 규정을 두고 있지 않으며, 다만 민법 중 사단법인에 관한 규정을 준용하도록 규정(법 제49조)하고 있고, **민법에도 조합의 해산의무에 대한 명문규정은 없다.** 다만, 국토교통부가 제정·고시한 **표준규약의 제57조** (조합의 해산)제1항에 규정되어 있다. 이때, 이 표준규약은 강제규정이 아니고 권유나 참고사항인 임의규정이다. 따라서 각 조합은 조합의 합병 또는 해산에 관한 사항을 조합정관 에서 따로 정하여 시행하여야 한다. (법 제40조제1항제18호, 영 제38조제12호 참조)

※ **조합 해산 관련 민법의 규정[민법 제77조(해산사유)]**
　① 법인은 존립기간의 만료, 법인의 목적 달성 또는 달성의 불능 기타 정관에 정한 해산사유의 발생, 파산 또는 설립허가의 취소로 해산한다.
　② 사단법인은 사원이 없게 되거나 총회의 결의로도 해산한다.

※ **재건축조합 표준정관 제56조(조합의 해산)**
　① 조합은 준공인가를 받은 날부터 1년 이내에 이전고시 및 건축물 등에 대한 등기절차를 완료하고 총회 또는 대의원회를 소집하여 해산의결을 하여야 하며, 해산을 의결한 경우 시장·군수에게 신고하여야 한다.
　② 조합이 해산의결을 한 때에는 해산의결 당시의 임원이 청산인이 된다.
　③ 조합이 해산하는 경우에 청산에 관한 업무와 채권의 추심 및 채무의 변제 등에 관하여 필요한 사항은 민법의 관계 규정에 따른다.

※ **재건축조합 표준정관 제65조(민법의 준용 등)**
　① 조합에 관하여는 도시및주거환경정비법에 규정된 것을 제외하고는 민법 중 사단법인에 관한 규정을 준용한다.
　② 법, 민법, 이 정관에서 정하는 사항 외에 조합의 운영과 사업시행 등에 관하여 필요한 사항은 관계 법령 및 관계 행정기관의 지침·지시 또는 유권해석 등에 따른다.
　③ 이 정관이 법령의 개정으로 변경하여야 할 경우 정관의 개정절차에 관계없이 변경되는 것으로 본다. 그러나 관계 법령의 내용이 임의 규정인 경우에는 그러하지 아니하다.

2) 청산법인의 구성

(1) 청산법인의 등기 및 청산인 취임의 신고
해산한 법인은 청산의 목적범위 내에서만 권리가 있고 의무를 부담한다(**민법 제81조**).

법인이 해산한 때에는 파산의 경우를 제외하고는 **이사가 청산인이 된다.** 그러나 정관 또는 총회의 결의로 달리 정한 바가 있으면 그에 따른다. (민법 제82조)

청산인은 파산의 경우를 제외하고는 그 취임 후 3주 이내에 해산의 사유 및 연월일, 청산인의 성명 및 주소와 청산인의 대표권을 제한한 때에는 그 제한을 주된 사무소 및 분사무소 소재지에서 등기하여야 한다(민법 제85조제1항). 청산인은 파산의 경우를 제하고는 그 취임 후 3주간 내에 위 제1항의 사항을 주무관청에 신고하여야 한다. (민법 제86조제1항)

(2) 법원에 의한 청산인의 선임과 해임

청산인이 될 자가 없거나 청산인의 결원으로 인하여 손해가 생길 염려가 있을 때에는 법원은 직권 또는 이해관계인이나 검사의 청구에 의하여 청산인을 선임할 수 있다. (민법 제83조) 중요한 사유가 있은 때에는 법원은 직권 또는 이해관계인이나 검사의 청구에 의하여 청산인을 해임할 수 있다. (민법 제84조)

(3) 청산인의 직무

청산인은 현존사무의 종결, 채권의 추심 및 채무의 변제 및 잔여재산의 인도의 직무를 행하기 위하여 필요한 모든 행위를 할 수 있다. (민법 제87조)

재건축·재개발조합 표준정관에서는 위의 민법 제87조의 내용 외에도 '그 밖에 청산에 필요한 사항'을 청산인의 직무로 열거하고 있다.

3) 채권신고의 공고와 최고

(1) 채권신고의 공고

청산인은 취임한 날로부터 2월내에 3회 이상의 공고로 채권자에 대하여 일정한 기간내에 그 채권을 신고할 것을 최고해야 한다, 그 기간은 2월 이상이어야 한다(민법 제88조제1항). 공고에는 채권자가 기간 내에 신고하지 않으면 청산으로부터 제외될 것을 표시하여야 한다. 공고는 법원의 등기사항의 공고와 동일한 방법으로 한다.(민법 제88조)

(2) 채권신고의 최고

청산인은 알고 있는 채권자에게 각각 그 채권신고를 최고(催告)하여야 한다. 알고 있는 채권자는 청산으로부터 제외하지 못한다(민법 제89조). 청산인은 민법 제88조제1항의 채권신고기간내에는 채권자에 대해 변제하지 못한다. 그러나 법인은 채권자에 대한 지연손해배상의 의무를 면하지 못한다. (민법 제90조)

(3) 채권변제의 특례

청산중의 법인은 변제기에 이르지 않은 채권에 대하여도 변제할 수 있다. 조건 있는 채권, 존속기간의 불확정한 채권 기타 가액의 불확정한 채권은 법원이 선임한 감정인의 평가에 의하여 변제하여야 한다. (민법 제91조)

(4) 청산업무의 감사

법인의 해산 및 청산은 법원이 검사·감독한다(민법 제95조). 도시정비법 제112조제1항 제3호에서는 준공인가의 신청일부터 7일 이내에 **감사인의 회계감사**를 받도록 하고 있다. 그러나 청산에 대한 감사는 법 제112조제1항에 규정이 없는 임의감사로 실무에서는 일반 회계감사로 대체하고 있다.

4) 청산금의 징수방법 등(법 제90조)

(1) 시장·군수등인 사업시행자는 청산금을 납부할 자가 이를 납부하지 아니하는 경우 지방세 체납처분의 예에 따라 징수(분할징수를 포함한다. 이하 이 조에서 같다)할 수 있으며, 시장·군수등이 아닌 **사업시행자는 시장·군수등에게 청산금의 징수를 위탁할 수 있다.** 이 경우 법 제93조제5항을 준용한다.

(2) 법 제89조제1항에 따른 청산금을 지급받을 자가 받을 수 없거나 받기를 거부한 때에는 **사업시행자는 그 청산금을 공탁할 수 있다.**

(3) **청산금을 지급(분할지급을 포함한다)받을 권리 또는 이를 징수할 권리는** 법 제86조제2항에 **따른 이전고시일의 다음 날부터 5년간 행사하지 아니하면 소멸한다.**

5) 잔여재산의 귀속 및 청산종결

(1) 잔여재산의 귀속

해산한 법인의 재산은 정관으로 지정한 자에게 귀속한다. 정관으로 귀속 권리자를 지정하지 않거나 이를 지정하는 방법을 정하지 않은 때에는 이사 또는 청산인은 주무관청의 허가를 얻어 그 법인의 목적에 유사한 목적을 위하여 그 재산을 처분할 수 있다. 그러나 사단법인에 있어서는 총회의 결의가 있어야 하며, 처분되지 않은 재산은 국고에 귀속한다. (민법 제80조)

(2) 채무변제 및 잔여재산의 처분

청산종결 후 조합의 채무 및 잔여재산이 있을 때에는 해산 당시의 조합원에게 분양받은 토지 또는 건축물의 부담비용 등을 종합적으로 고려하여 공정하게 배분하여야 한다(재건축조합 표준정관 제56조, 재개발조합 표준정관 제62조, 제63조). 이는 잔여 재산뿐 아니라 채무도 규정하여 청산 시의 혼란을 줄이도록 하였다.

(3) 청산종결의 등기와 신고[민법 제94조(청산종결의 등기와 신고)]

청산이 종결한 때에는 청산인은 3주간 내에 이를 등기하고 주무관청에 신고하여야 한다.

(4) 관련 자료의 인계(서울시 도시정비조례 제88조제1항)

토지주택공사 등이 아닌 사업시행자는 다음 각 호의 서류를 구청장에게 인계하여야 한다.

1. 이전고시 관계서류
2. 확정측량 관계서류
3. 청산관계 서류

4. 등기신청 관계서류

5. 감정평가 관계서류

6. 손실보상 및 수용 관계서류

7. 공동구설치 비용부담 관계서류

8. 회계 및 계약 관계서류

9. 회계감사 관계서류

10. 총회, 대의원회, 이사회 및 감사의 감사 관계서류

11. 보류지 및 체비시설의 처분과 우선매수청구권자에 대한 분양 관계서류

□ **국세기본법 제38조(청산인 등의 제2차 납세의무)** <전문개정 2010.1.1.>

① 법인이 해산하여 청산하는 경우에 그 법인에 부과되거나 그 법인이 납부할 국세 및 강제징수비를 납부하지 아니하고 해산에 의한 잔여재산을 분배하거나 인도하였을 때에 그 법인에 대하여 강제징수를 하여도 징수할 금액에 미치지 못하는 경우에는 청산인 또는 잔여재산을 분배받거나 인도받은 자는 그 부족한 금액에 대하여 제2차 납세의무를 진다 <2020.12.22.>

② 제1항에 따른 제2차 납세의무납세의무의 한도는 다음 각 호의 구분에 따른다. <개정 2019.12.31.>

1. 청산인: 분배하거나 인도한 재산의 가액

2. 잔여재산을 분배받거나 인도받은 자: 각자가 받은 재산의 가액

※ **조합의 해산에 관한 규정의 이해**

조합의 해산에 관하여 도시정비법 제49조(민법의 준용)에는 도시및주거환경정비법에서 규정된 것을 제외하고는 민법 중 사단법인에 관한 규정을 준용하도록 규정되어 있다.

따라서 도시정비법에 규정되어 있지 않은 정비조합의 해산에 관해서는 민법의 관계 규정을 따라야 할 것이다.

한편, 조합의 해산의무에 관해서는 민법에 규정된 바가 없고 오직 해산의 사유에 관한 사항만 규정하고 있으며, 국토부에서 제정한 재건축조합 표준정관 제56조에 일부 반영되어 있는데 그 내용의 요지는 '재건축조합은 준공인가를 받은 날로부터 1년 이내에 해산'하도록 하고 있다. 이때, 표준정관은 그 규약을 준수할 법적인 의무가 없는 임의규정임을 감안하면, 재건축조합의 해산은 해당 조합의 형편에 따라 조합이 해산여부를 결정할 수 있다 할 것이다.

조합의 해산여부를 결정할 때 고려해야할 중요한 요소 중 하나는 조합해산 이후 법인세나 조합원에 대한 청산금이 발생될 것인지의 여부이며, 만일 조합해산 이후에 법인세나 청산금이 발생될 것으로 예상되는 경우에는 조합의 해산을 재검토해야 할 것이다. 그 이유는 조합이 해산된 이후 조합의 법인세나 조합원의 부담금 등이 발생되는 경우 당시의 청산위원회는 법인세의 납부 및 청산금의 징수에 많은 애로가 발생되기 때문이다.

조세기본법 제38조(청산인 등의 제2차 납세의무)는 법인이 해산한 경우 체납금액을 징수할 수 없는 경우에는 청산인 등이 제2차 납세의무를 지도록 하고 있다.

✷ 재건축조합 설립 이후 사업추진 절차도(개요) ✷

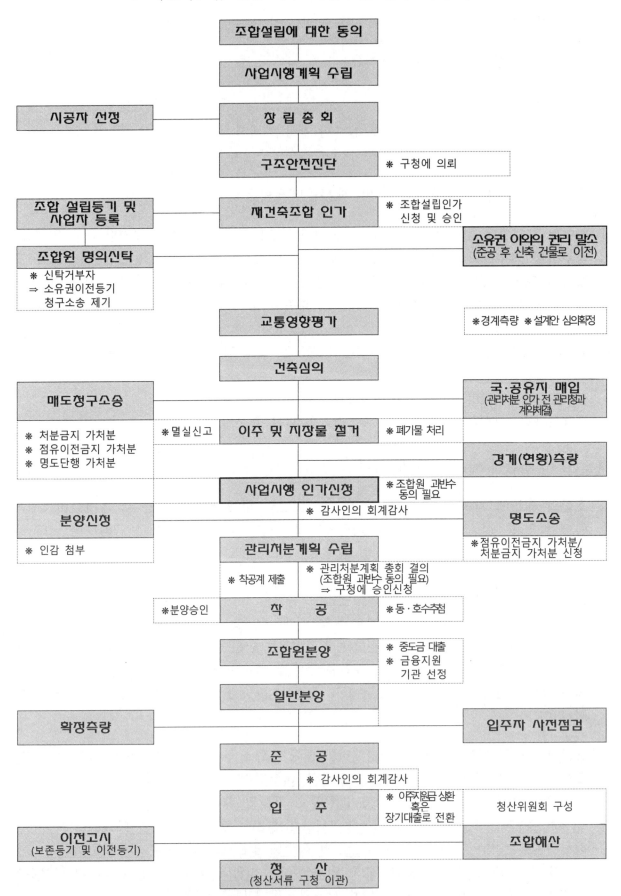

조합설립에 대한 동의

사업시행계획 수립

시공자 선정 ── 창 립 총 회

구조안전진단 ── ✷ 구청에 의뢰

조합 설립등기 및 사업자 등록 ── 재건축조합 인가 ── ✷ 조합설립인가 신청 및 승인

조합원 명의신탁
✷ 신탁거부자
⇒ 소유권이전등기 청구소송 제기

소유권 이외의 권리 말소
(준공 후 신축 건물로 이전)

교통영향평가 ── ✷경계측량 ✷ 설계안 심의확정

건축심의

매도청구소송 ── 국·공유지 매입
(관리처분 인가 전 관청과 계약체결)
✷ 처분금지 가처분
✷ 점유이전금지 가처분
✷ 명도단행 가처분 ── ✷멸실신고 ── 이주 및 지장물 철거 ── ✷폐기물 처리

경계(현황)측량

사업시행 인가신청 ── ✷조합원 과반수 동의 필요

분양신청 ── ✷ 감사인의 회계감사 ── 명도소송
✷ 인감 첨부 ── 관리처분계획 수립 ── ✷점유이전금지 가처분/ 처분금지 가처분 신청

✷ 착공계 제출 ✷ 관리처분계획 총회 결의 (조합원 과반수 동의 필요) ⇒ 구청에 승인신청

✷분양승인 ── 착 공 ── ✷동·호수추첨

조합원분양 ── ✷ 중도금 대출 ✷ 금융지원 기관 선정

일반분양

확정측량 ── 입주자 사전점검

준 공
✷ 감사인의 회계감사

입 주 ── ✷ 이주지원금 상환 혹은 장기대출로 전환 ── 청산위원회 구성

이전고시
(보존등기 및 이전등기) ── 조합해산

청 산
(청산서류 구청 이관)

[제5편]
정비사업의 단계별 분쟁유형

정비사업은 사업시행과정에서 사업시행자의 전문성 부족, 사업의 불투명한 운영, 정비조합 주체들 간의 경제적인 이해상충, 조합 행정업무 이행절차에 대한 인식부족 등으로 인하여 대부분의 정비조합에서 많은 법적분쟁이 발생되고 있다.

또한, 사업시행자인 정비조합은 정비사업을 수행할 전문적인 지식이나 조합 운영비 및 조합원 이주지원금 등 제반 사업추진경비의 원활한 조달수단이 부족하기 때문에 자금조달을 위한 별도의 수단을 필요로 하게 된다. **조합설립 추진위원회가 설립되어 인·허가관청에 신고 된 이후에는, 조합이 설립되고 일반분양수입 등 조합의 수입이 개시되기 전까지 조합원으로부터 일정한 금액의 운영비 징수 등 추진위원회의 운영자금을 적법하게 조달할 수 있는 제도가 마련되어 있다(정비사업조합 설립추진위원회 운영규정 제33조). 이 운영규정을 원용(援用)하여 조합이 추진위원회의 잔여 운영자금을 이전받는 방법으로 초기의 조합 운영비가 마련**된 후에는 시공자, 설계자 및 정비사업 전문관리업자, 그 외에 자문변호사 등 각 분야의 전문가와 계약에 의한 협력관계를 맺고 정비사업을 본격적으로 추진할 수 있게 된다.

정비사업을 추진하는 과정에서는 많은 법적분쟁이 발생되는데 대부분의 분쟁은 해당 사업의 시행자인 조합의 구성원들로 구성된 이른바 '비상대책위원회'(약칭 비대위)가 문제를 제기하는 것이 거의 대부분이며, '비대위' 활동이 현 집행부의 전횡에 대한 견제라는 순기능(順機能)도 있겠으나, 필자가 경험한 바로는 많은 정비사업 현장에서 '비대위'의 활동으로 인한 끊임없는 법적다툼에 휘말리고 이로 인해 시간적·경제적으로 막대한 손실이 발생되는 역기능(逆機能) 또한 엄연한 현실이다.

필자가 참여했던 재건축조합에서도 정비사업을 추진하는 과정에서 약 50건 이상의 법적인 분쟁이 발생되었으며, 그 상대방은 조합원 상호간의 이해상충으로 발생되는 것이 대부분을 차지하는데 정비조합은 해당 전문가의 조력을 받아 업무를 수행하기 때문에 법원의 판결은 대부분 95% 이상을 조합이 승소하게 된다.

그 이외에 조합원, 인·허가관청, 인근주민 등 분쟁의 상대방은 매우 다양하다. 이러한 분쟁은 정비사업의 성공적이고 원활한 추진에 결정적인 저해요인으로 작용하고 있으며, 조합설립에 대한 무효판결 혹은 공사중단이라는 극한적인 상황이 발생되기도 한다.

이에, 필자가 서울대학교 법학전문대학원에서 '정비조합 임원교육과정'의 교육을 통해 수강한 내용 중 **'정비사업의 주요 분쟁유형 개괄'**을 이해하기 쉽게 정리하여 수록하는 바, 이 자료를 참고하여 정비사업을 추진하는 과정에서 발생되는 분쟁들을 사전에 최소화하고, 분쟁발생 시에는 지혜롭게 대처하는데 도움이 되기를 기대한다.

제1장
정비구역 지정 전 단계의 분쟁유형

1 정비기본계획과 관련한 분쟁

도시 및 주거환경 정비기본계획(약칭 정비기본계획)은 도시정비에 관한 각종 계획을 수립하기 위한 행정기관의 내부적인 지침으로서 행정기관만을 구속하는 비구속적 계획이다. 이는 정비기본계획이 수립되는 것만으로 개인에 대해 구체적인 권리·의무관계에 직접적인 영향을 미치지 않는 것으로 처분성이 인정되지 않는 것이 원칙이다. 따라서 정비기본계획에 이의가 있을 경우에는 행정소송으로 다툴 수 없다.

또한, 도시기본계획은 도시의 기본적인 공간구조와 장기발전방향을 제시하는 종합계획으로 그 계획에는 토지이용계획, 환경계획, 공원녹지계획 등 장래의 도시개발에 대한 일반적인 방향이 제시되지만, 그 계획은 도시계획입안의 지침이 되는 것에 불과하여 일반국민에 대한 직접적인 구속력은 없는 것이다. (대법원 2002.10.11. 선고 2000두8226 판결)

2 정비구역지정과 관련한 분쟁

(1) 정비구역 지정처분 취소 소송

정비구역으로 지정되면 정비계획의 내용에 반하는 건축물 또는 공작물을 설치할 수 없는 등 토지등소유자의 권리·의무에 직접적인 제한이 가해지므로 처분에 해당한다. 따라서 정비구역 지정에 관하여 행정소송을 제기하여 다툴 수 있다.

주거환경개선사업이 노후불량건축물이 과도하게 밀집한 지역의 주거환경을 개선하기 위하여 시행하는 것이라고 하더라도 그 의사에 반하여 자신의 토지 또는 건축물을 수용 당하는 토지등소유자의 의사도 충분히 존중되어야 하는 바, 주거환경개선사업이 타당성을 얻고 주거환경개선사업의 시행으로 인한 사업지구 내 토지등소유자들의 이해관계를 합리적으로 조정하기 위해서는 무엇보다 **관계 법령이 정하는 정비계획 수립대상구역 지정 요건 및 절차가 엄격히 준수**되어야 하고, 뿐만 아니라 도시정비구역 지정권자는 도시 정비구역으로 지정될 예정인 지역에 있는 건축물이 노후불량건축물이라는 점에 대하여는 별도의 조사과정을 거쳐 객관적인 자료를 확보한 다음 판단해야 할 것이다.

[관련 판례(대전지방법원 판결)]
(중략) 피고가 이 사건 처분을 하면서 이 사건 정비구역 내에 있는 **건축물이 노후불량
건축물인지에 대하여 별도의 조사과정을 거쳐 객관적인 자료를 확보한 다음 그 자료를
토대로 노후불량건축물이 3분의 2 이상 존재한다고 판단한 후 이 사건 처분**을 하였다고
인정하기에는 부족하고, 달리 이를 인정할만한 증거가 없다.

(2) 정비계획 변경청구의 소의 제기가능 여부

자신의 토지 또는 건축물이 위치한 지역을 정비구역으로 지정해 달라고 하거나 정비계획의
내용을 변경해 달라고 하는 청구는 원칙적으로 허용되지 않는다.
(대법원 1999.8.24. 선고 97누7004 판결)
재개발사업지구 내 토지 등의 소유자의 재개발사업에 관한 사업계획 변경신청에 대한
불허통지는 항고소송의 대상이 되는 행정처분에 해당하지 않는다.
그러나 법원은 일부 판결에서 주민에게 도시계획의 입안을 요구할 수 있는 법규상 권리가
있다고 판시한 사례가 있다.

[관련 판례(대법원 2007.1.11. 선고 2006두8365 판결)]
(중략)행정주체가 행정계획을 입안 결정함에 있어 이익형량(利益形量)을 전혀 행하지
아니하거나, 이익형량의 고려 대상에 마땅히 포함시켜야 할 사항을 누락한 경우 또는
이익형량을 하였으나 정당성과 객관성이 결여된 경우에는 그 행정계획결정은 재량권을
일탈남용(逸脫濫用)한 것으로서 위법하게 된다.

❖ **이익형량(利益形量)의 원칙**
　: 한가지로 결정해야 할 두 가지 사안이 서로 충돌하거나 양립되기 힘들 때에 두 가지
　　사안에 대한 이익을 비교하여 이익이 더 큰 쪽으로 결정하는 원칙

❖ **부관(附款)**
　: 법률행위의 효력의 발생 또는 소멸을 제한하기 위하여 부가되는 약관(約款)

제2장
추진위원회 단계 및 조합설립 후의 분쟁유형

1 추진위원회 설립시기의 분쟁

2002.12.30. 제정된 도시정비법과 국토교통부가 고시한 정비사업조합 설립추진위원회 운영규정에서는 조합설립 추진위원회의 설립시기에 관하여 명시적인 규정을 두고 있지 않다가 2009.2.6. 도시정비법을 개정하면서 정비구역지정고시 이후에 추진위를 설립하도록 명시하였다. 그 이전에는 정비구역지정 전이라도 도시 및 주거환경정비 기본계획이 수립된 경우(정비예정구역 결정)에는 추진위원회 설립이 가능하다는 것이 국토교통부의 입장이었고(정비사업조합 설립추진위원회 업무처리기준[2003.9], 주거정비과-405, 2004.5.8. 회신), 이에 따라 다수의 추진위원회가 설립승인을 받았다. 그런데, 일부 하급심 판결에서 정비구역이 지정되지 않는 한 추진위원회를 설립할 수 없다는 취지로 판시하여 논란이 되었다.

(1) **대법원의 입장-1** : 정비기본계획 조차 수립되지 않은 곳은 설립승인 무효
(2009.10.29. 선고 2009두12297 판결)
(2) **대법원의 입장-2** : 정비기본계획이 수립되고 예정구역과 정비구역의 차이가 없을 경우에 설립승인 유효. (**대법원 2010.9.30. 선고 2010두9358판결**)
(3) **추진위원회 승인 후 구역이 확대되는 경우**
정비구역으로 지정되기 전에 설립된 재개발추진위원회라도 사업구역 확대변경 후에 변경승인을 받았다면 추진위원회 설립이 유효하다고 판결하였다. (2010.10.11)

2 추진위원회의 시공자 선정권한에 대한 분쟁

시공자 선정권한은 원칙적으로 조합원 총회의 고유권한이기 때문에 추진위원회에서 시공자 선정결의를 하였더라도 무효이다. (대법원 2008.6.12. 선고 2008다6298 판결)
다만, 주택재개발정비조합과 구) 도시환경정비사업조합의 경우 2006년 8월 24일 이전에는 추진위원회의 승인을 얻은 경우 경쟁입찰에 의하지 않고 시공자를 선정하는 것도 가능하므로 향후 조합이 설립된 후 조합원 총회에서 추진위원회가 선정한 시공자를 다시 시공자로 선정하는 결의를 할 경우 시공자 선정이 유효하다는 판례들이 있다. (**서울고등법원 2008나87749 판결**)

3 추진위원회 주체들 간의 동의와 관련한 분쟁

추진위원회의 설립추진 단계에서는 여러 주체들 간에 토지등소유자의 과반수를 확보하기 위하여 많은 분쟁이 발생하게 되는데, 공유자들은 공유하고 있는 다수의 부동산에 대한 대표자를 같은 사람으로 선정하든지 대표자를 선정하지 아니하고 다수의 부동산에 대한 동의여부의 의사를 한번만 표시할 수 있다는 제한을 받게 된다고 봄이 상당하다. (대법원 1996.3.22. 선고 95다49318 판결 참조)

또한, 정비기본계획 고시 전에 추진위원회 설립에 동의한 토지등소유자로부터 토지 등을 취득한 자라 할지라도 종전 소유자 등이 한 동의를 적법하게 철회하지 않는 한 그 동의의 효력은 그대로 유지된다 할 것이다.

4 조합설립인가에서 사업시행인가단계까지의 분쟁

1) 조합설립인가 무효소송

(1) 제1기 : 민사법원에서 조합설립 무효사건을 심리하던 시기

법원은 재건축결의 의사를 번복할 만한 사정변경이 존재한다면 기존의 재건축결의는 무효이며, 재건축결의 당시 재건축사업 참여여부를 결정할 만한 정도의 정보제공은 이루어져야 한다는 것을 기본 원칙으로 밝혀 왔다.

재건축결의에 따라 설립된 재건축조합은 민법상의 비법인 사단에 해당하므로 그 구성원의 의사의 합의는 총회의 결의에 의할 수밖에 없다고 할 것이다. 다만, 집합건축물의 소유 및 관리에 관한 법률 제49조에 의하여 의제된 합의내용인 재건축결의의 내용을 변경함에 있어서는 그것이 구성원인 조합원의 이해관계에 미치는 영향에 비추어 재건축결의 시의 의결정족수를 규정한 같은 법 제47조제2항을 유추 적용하여 조합원 5분의 4 이상의 결의가 필요하다고 할 것이다. (대법원 2005.4.21. 선고 2003다4969 판결)

(2) 제2기 : 전원합의체 판결에 따라 조합설립사건의 행정법원 담당 후의 시기

조합설립인가처분, 관리처분계획인가처분의 경우 일단 행정처분이 내려진 이상 행정 소송으로 다투어야 한다고 법원의 입장이 정리됨으로써 다수의 사건이 행정법원으로 이송되었다. 도시및주거환경정비법상 행정주체인 주택재건축정비사업조합을 상대로 관리처분계획안에 대한 조합원 총회 결의의 효력 등을 다투는 소송은 행정처분에 이르는 절차적 요건의 존부나 효력유무에 관한 소송으로서 그 소송결과에 따라 행정처분의 위법여부에 직접 영향을 미치는 공법상 법률관계에 관한 것이므로, 이는 행정소송법상의 당사자소송에 해당한다. (대법원 2009.9.17. 선고 2007다2428 판결)

조합설립추진위원회가 사후에 임의로 '신축건물의 설계의 개요'란과 '건축물 철거 및 신축비용 개산액'란에 아무런 내용이 기재됨이 없이 공란인 상태로 제출되었다가 추후 완성된 동의서는 동의의 본질적 내용이 정해지지 않은 상태에서 받은 것으로 무효이며, 이에 해당하는 동의서를 제외하면 법정동의율인 5분의 4(개정된 도시정비법에 따른 동의율은 4분의 3)에 현저히 미치지 못하여 그 하자가 중대할 뿐만 아니라 객관적으로 명백하다 할 것이므로, 이 사건 인가처분은 무효라 할 것이다. (서울행정법원 2010.1.21. 선고 2009구합1945 판결)

(3) 제3기 : 행정법원의 조합설립인가 무효판결 이후의 시기

도시정비법상 **정해진 동의서**에 근거하여 조합설립이 이루어진 이상 유효하다는 대법원 판결이 내려짐으로써 동의서의 내용이 추상적이라는 이유로 조합설립무효 판결이 내려진 사안들은 어느 정도 정리가 된 것으로 보인다.

통상적으로는 표준 동의서의 내용 중 특히 '비용부담에 관한 사항'에 관하여 살펴보면, 전체적으로 조합정관에 정한 바에 따른다는 취지로 기재되어 있는 바, 구도시정비법 및 구시행령과 표준정관에 따른 이 사건의 조합 정관등에서 조합원이 사업진행으로 부담하게 될 청산금의 산정방식(청산금=분양받은 대지 및 건축물의-종전 토지 및 건축물의 가격)뿐 아니라, 분양받은 대지 및 건축물의 가격과 종전 토지 및 건축물 가격의 평가방법과 평가기준시점, 청산금의 부담시기와 납부방법 등을 구체적으로 규정하고 있고 또, 이러한 내용을 담은 이 사건 조합정관도 동시에 조합설립결의의 대상으로 하고 있다는 점 등에 비추어 보면, 이 부분에 관한 표준동의서 상의 기재 내용이 조합원이 부담하게 될 사업비용의 분담기준을 구체적으로 정하지 않은 것이어서 위법하다고 볼 수 없다. (대법원 2010.4.8. 선고 2009다10881 판결 참조)

한편, 최근 대법원에서 토지등소유자에게 동의서를 징구할 당시 일부 항목이 공란이었다고 하더라도 행정청에 조합설립승인신청서를 제출할 때 보충이 된 상태였다면(보충권의 유무에도 불구하고) 명백한 하자로 볼 수 없기 때문에 무효에 해당 한다고 볼 수 없다는 판결이 있었다. (대법원 2010.10.28. 선고 2009다29380 판결 참조)

2) 매도청구소송

(1) 최고시점(催告時點)에 관한 사례

집합건물법 제48조제1항은 재건축결의가 있은 때에는 집회를 소집한 자는 지체없이 그 결의에 찬성하지 아니한 구분소유자에 대하여 그 결의내용에 따른 재건축에의 참가 여부를 회답할 것을 서면으로 최고하여야 한다고 규정하고 있는데,(중략) 이 사건 재건축결의는 원고 조합의 창립총회 시인 1997. 11. 30. 이루어진 것이 아니라, 위 창립총회 이후의 지속적인 서면결의를 통하여 2000. 5. 경 완결된 것이므로, 재건축불참자에 대한 최고기간 및 최고에 따른 매도청구권행사기간도 재건축결의가 완결된 2000년 5월을 기준으로 따져야 할 것이다.(대법원 2005.6.24. 선고 2003다55455 판결 참조)

(2) 최고서(催告書)에 기재할 사항의 구체성
법 제64조(재건축사업에서의 매도청구)에 따라 「집합건물의소유및관리에관한법률」

제48조를 준용하여 「조합의 설립에 동의를 하지 아니한 자」, 「재건축사업에서 건축물 또는 토지만 소유한자」 및 「법 제27조제1항에 따라 시장·군수등 또는 토지주택공사등의 사업시행자 지정에 동의를 하지 아니한 자」에 대하여는 매도청구를 할 수 있다. 조합의 설립에 동의하지 아니한 구분소유자 등에 대하여 매도청구권을 행사하기 위한 전제로서의 최고는 반드시 서면으로 하여야 하는 바(집합건축물의소유및관리에관한법률 제48조 제1항), 이는 최고를 받은 구분소유자가 조합의 설립에 관한 구체적 사항을 검토하여 재건축사업에 참가할지 여부를 판단하여야 하므로 최고서에는 조합의 설립에 관한 사항이 구체적으로 적시되어 있어야 한다.

(3) 매도청구권 행사기간 준수여부의 판단에 관한 소를 제기한 경우

종전의 재건축결의(조합의 설립에 동의)에 하자가 있어 새로이 재건축결의(조합설립에 동의)를 한 경우 그 결의에 따른 매도청구권은, 집합건축물의소유및관리에 관한 법률 제48조제2항, 제4항에 따라 재건축참가자 또는 매수지정자가 재건축결의(조합설립에 동의)에 찬성하지 아니한 구분소유자 또는 승계인에 대하여 새로운 결의에 따라 재건축에 참가할 것인지 여부를 최고한 후 그 회답기간 만료일로부터 2개월 이내의 행사기간 내에 이를 행사지 아니하면 그 효력을 상실하는 것이고, 매도청구권 행사에 따른 소송이 계속 중이라고 하여 달리 볼 것은 아니다.

5 사업시행인가단계의 분쟁

1) 사업시행인가 취소소송

사업시행인가처분으로 법률상 불이익을 입을 경우 사업시행인가처분 취소소송 등으로 위법한 처분을 시정할 수 있다. 그러나 사업시행인가처분의 경우 사업시행자에게 상당한 재량이 인정되므로 절차상 하자 등을 이유로 하지 않는 한 권리구제를 받기 쉽지 않다. 아울러 **사업시행인가가 이루어지면** 「공익사업을 위한 토지 등의 취득 및 보상에 관한 법률」상 **사업인정으로 의제**되는데 사업시행인가를 다툴 수 있는 기간이 도과하여 더 이상 다툴 수 없게 되면 사업시행인가의 위법사유를 근거로 토지수용재결처분의 취소를 주장할 수 없게 된다. (대법원 1995.11.14. 선고 94누13572 판결)

2) 무상양도 조항과 관련한 분쟁

사업시행자가 정비사업의 시행으로 설치한 정비기반시설은 그 시설을 관리할 국가 또는 지방자치단체에 무상으로 귀속되고 정비사업의 시행으로 인하여 용도가 폐지되는 국가 또는 지방자치단체의 정비기반시설은 그가 새로이 설치한 정비기반시설의 설치비용에 상당하는 범위 안에서 사업시행자에게 무상으로 양도되는 것이 원칙이다. (도시정비법 제97조제2항) 이는 민간 사업시행자에 의하여 새로 설치될 정비기반시설의 설치비용에 상당하는 범위 안에서 용도 폐지될 정비기반시설의 무상양도를 강제하는 강행규정이므로, 위 규정을 위반하여 사업시행자와 국가 또는 지방자치단체 간에 체결된 매매계약 등은 무효이다. (중략)매매계약 체결 당시 새로 설치될 정비기반시설의 설치비용이 확정되지 않았다거나 용도가 폐지될 정비기반시설에 대한 점유·사용권의 취득이 필요하다는 사정만으로 민간사업시행자에게 무상양도 되어야 할 용도폐지 정비기반시설을 민간사업시행자로 하여금 국가나 지방자치단체로부터 유상으로 매수하도록 하는 내용의 매매계약이 유효로 될 수는 없다. (대법원 2009.6.25. 선고 2006다18714 판결)

3) 변상금 부과처분 취소소송 등

행정청이 도시환경정비사업 시행자에게 무상양도 되지 않는 구역 내 국유지를 착공신고 전까지 매입하도록 한 부관을 붙여 사업시행인가를 하였거나 시행자가 국유지를 매수하지 않고 점용한 사안에서, 그 부관은 국유지에 관해 사업시행인가의 효력을 저지하는 조건이 아니라 작위의무를 부과하는 부담으로, 사업시행인가를 받은 때에 국유지에 대해 국유 재산법 제24조의 규정에 의한 사용수익 허가를 받은 것이어서 같은 법 제51조에 따른 변상금 부과 처분은 위법하다. (대법원 2008.11.27. 선고 2007두24289 판결)
아울러 법원은 「특정건축물 정리에 관한 특별조치법」에서 정한 절차에 따라 국·공유지 위에 건축된 무허가건물의 경우 건물부지 부분에 대하여는 토지의 사용승낙을 얻은 것 으로 볼 수 있기 때문에 변상금을 부과한 것은 위법하다고 볼 수 있다.
(대법원 2007.11.29. 선고 2005두8375 판결)

6 관리처분계획인가단계의 분쟁

1) 관리처분계획인가 취소소송

(1) 관리처분계획 취소 소송의 형태

도시및주거환경정비법상 행정주체인 주택재건축정비업조합을 상대로 관리처분계획(안)에 대한 조합원 총회결의의 효력 등을 다투는 소송은 행정처분에 이르는 절차적 요건의 존부나 효력유무에 관한 소송으로서 그 소송결과에 따라 행정처분의 위법여부에 직접 영향을 미치는 공법상 법률관계에 관한 것이므로, 이는 행정소송법상의 당사자 소송에 해당한다. (대법원 2009.9.17. 선고 2007다2428 판결)
아울러 관리처분계획의 하자 내용이 전체에 영향을 주는 것이라면 전체의 취소를 구 하는 것도 가능하다. (대법원 1995.7.14. 선고 93누9118 판결)

(2) 관리처분계획의 하자

조합원들의 주된 관심사항인 분양대상자별 종전자산의 권리가액 등에 관한 감정평가 액과 조합원별 추가분담금의 규모 등에 관한 정보가 조합(피고)에 의하여 조합원들에게 전혀 제공되지 않은 상태에서 이루어진 이 사건 총회결의 중 이 사건 관리처분계획이 제대로 수립되었다고 볼 수 없고, 이러한 하자는 그 정도가 중대할 뿐만 아니라 이 사건 관리처분계획 내용 자체에서 객관적으로 명백하므로 무효다.(부산지방법원 판결 참조)

2) 청산금지급 청구소송

(1) 청산금지급의무 발생 시기

사업시행자는 토지등소유자가 분양신청을 하지 아니한 자, **분양신청기간 종료 이전에 분양신청을 철회한자**, 또는 법 제74조에 따라 인가된 관리처분계획에 따라 분양대상에서 제외된 자에 대해서는 관리처분계획이 인가·고시된 다음 날로부터 **90일 이내**에 대통령령으로 정하는 절차에 따라 토지·건축물 또는 그 밖의 권리의 손실보상에 관한 협의를 하여야 한다.(법 제73조)
이 개정 규정은 이 법 시행 후 최초로 조합설립인가를 신청하는 분부터 적용한다. 또한, 사업시행자는 위에서 정한기간 내에 현금으로 청산하지 아니한 경우에는 정관등으로 정하는 바에 따라 해당 토지등소유자에게 이자를 지급하여야 한다.

(2) 관리처분계획인가처분이 내려진 후 분양계약을 체결하지 아니한 사람에 대한 처리

도시및주거환경정비법 관계 규정은 분양대상자의 조속한 확정을 통하여 재건축정비사업을 안정적으로 수행할 수 있도록 하기 위한 강행 법규라는 점에서, 조합(원고)의 정관 중 '분양신청을 철회한 자' 부분은 분양신청기간 내에 또는 늦어도 관리처분계획의 인가 전에 분양신청을 철회한 자를 가리키는 것으로 해석하여야 한다. 따라서 위와 같은 도시정비법의 취지에 반하여 관리처분계획인가 후 일정한 기간 내에 분양계약을 체결하지 않은 조합원에 대하여도 현금청산의 경우를 준용하도록 규정하고 있는 원고의 정관은 위 도시정비법 관계 규정에 위배되어 효력이 없다. (**대구고등법원 2008.3.19.선고**)

(3) 현금청산대상 조합원에 대한 소유권이전등기청구 소송

도시및주거환경정비법 제73조의 규정에 따라 사업시행자가 분양신청을 하지 아니하거나 분양신청을 철회한 토지등소유자 및 관리처분계획에 따라 분양대상에서 제외된 자에게 청산금의 지급의무를 부담하는 경우에, 토지등소유자가 그 소유 토지 등에 관하여 이미 사업시행자 앞으로 신탁을 원인으로 한 소유권이전등기를 마친 경우에는 청산금을 지급받기 위하여 별도로 소유권을 이전할 의무는 부담하지 아니한다.
(대법원 2010.9.9. 선고 2010다19024 판결)

(4) 명도(인도)소송

임의로 점유를 이전하지 않는 사람들을 상대로 명도소송을 제기하게 된다. 조합에서는 신속한 점유확보를 위하여 명도단행가처분신청을 구하는 예가 많지만 법원에서는 명도단행가처분 인용에 소극적인 편이다. 따라서 명도소송절차(통상 6월 가량 소요)를 거치는 것을 원칙으로 하여 업무를 계획하여야 한다. 명도소송의 대상자는 점유자이며 명도소송의 패소 후에는 판결문 송달을 거부하거나(물품은 그대로 존치) 이사하는 경우도 있다.

7 사업완료단계의 분쟁

1) 이전고시에 대한 취소소송

도시재개발법에 의한 도시 재개발사업에서 분양처분이 일단 고시되어 효력을 발생하게 된 이후에는 그 전체의 절차를 처음부터 다시 밟지 아니하는 한 그 일부만을 따로 떼어 분양처분을 변경할 길이 없고, 분양처분의 일부 변경을 위한 관리처분계획의 변경도 분양처분이 이루어지기 전에만 가능하므로, 분양처분이 효력을 발생한 이후에는 조합원은 관리처분계획의 변경 또는 분양거부처분의 취소를 구할 수 없고, 재개발조합에서도 분양처분의 내용을 일부 변경하는 취지로 관리처분계획을 변경할 수 없다. (대법원 1999.10.8. 선고 97누12105 판결)

2) 개발부담금의 조합원 부담방법에 대한 소송

비법인 사단인 주택조합에 부과된 개발부담금을 조합원들에게 어떻게 분담하게 하는가는 정관 기타 규약에 따라 조합원 총회 등에서 조합이 자산과 부채를 정산하여 조합원들이 납부하여야 할 금액을 결정하고 이를 조합원에게 부담시키는 결의를 하였을 때 비로소 확정적으로 발생하는 것이므로, 이러한 결의 등의 절차없이 구청장이 부담금을 임의로 확정하여 이에 대한 국세징수법상의 채권압류통지를 하였다 하여도 조합원들에게 압류의 효력이 미치지 아니한다. (대법원 1998.10.27. 선고 98다18414 판결)

8 그 밖의 주요 분쟁유형

1) 총회 개최금지 가처분

총회 개최를 금지하는 가처분이 다수 제기되고 있다. 그 밖에 총회결의의 효력정지를 구하는 가처분도 빈번히 제기된다. 가처분의 경우 심리기간이 짧고 피보전권리에 관하여 상당히 높은 정도의 소명을 요구하기 때문에 사전에 철저한 준비가 필요하다.

2) 조합장직무대행자 선정금지 가처분

분쟁이 격화된 조합의 경우 조합장 직무대행자 선정가처분이 제기되는 예가 많다. 아울러 조합장직무집행정지 가처분도 다수 제기된다.

3) 형사사건

(1) 도시정비법 위반죄

최근 들어 총회의 의결을 거치지 아니하고 예산집행 등을 한 사례들이 많이 문제되고 있다(도시정비법 제84조의3 제7호). 또한 정보제공에 소홀한 경우에도 형사처벌 대상이 되므로 주의가 필요하다.

(2) 건설산업기본법 위반죄

도급계약의 체결 또는 건설공사의 시공과 관련하여 발주자, 수급인, 하수급인 또는 이해관계인은 부정한 청탁에 의한 재물 또는 재산상의 이익을 취득하거나 공여하여서는 아니 되는데(건설산업기본법 제38조의2), 시공과 관련한 청탁으로 금전을 수수한 경우 이 조항으로 처벌되는 사례가 빈번하다.

(3) 명예훼손, 업무방해죄

조합업무와 관련하여 가장 고소가 많이 이루어지는 사건이 명예회손과 업무방해이다. 중하게 처벌되는 사례가 많지 않지만 임원결격사유 등에 해당할 수 있으므로 주의가 필요하다.

(4) 폭행죄

조합은 각종 조합원 총회, 이사회 및 대의원회의 개최가 필요하게 되며, 이는 조합의 집행부에 반대하는 세력인 소위 '비대위'의 직접적이고 물리적인 의사표시의 장이 된다. 따라서 조합원 총회를 개최하는 경우 거의 예외없이 다수의 경호요원들을 필요로 하게 되고 이에 따른 많은 경비가 지출되게 된다.

이 과정에서 주의해야할 사항은 조합임원들은 어떠한 경우에도 조합원과의 직접적인 신체접촉을 피하도록 해야 한다. 신체접촉은 추후 폭행으로 인한 형사소송, 이후 확정 되는 형에 따라 민사소송(업무금지가처분소송)이 이어지는 상황에 처하게 될 수 있다. 또한, 만일의 경우를 대비하여 조합 정관의 작성 시 「임원의 결격사유 및 자격상실 등」에 관한 조항에서 "④ 임원으로 선임된 후 그 직무와 직접적으로 관련한 횡령 등의 형사 사건으로 기소된 경우(개인 간의 민·형사 사건에 의한 기소는 제외한다.<주1>)에는 확정 판결이 있을 때까지 제18조제4항의 절차에 따라 그 자격을 정지할 수 있다"에서 괄호안의 문구를 가능한 추가할 필요가 있다.

<주1>: 법 제41조(조합의 임원) 및 법 제43조(조합임원 등의 결격사유 및 해임) 참조

(5) 형사사건의 변호사 선임료 부담주체

원칙적으로 단체의 비용으로 지출할 수 있는 변호사 선임료는 단체 자체가 소송당사 자가 된 경우에 한하므로 단체의 대표자 개인이 당사자가 된 민·형사사건의 변호사 선임료는 단체의 비용으로 지출할 수 없고, 예외적으로 분쟁에 대한 실질적인 이해관계는 단체에 있으나 법적인 이유로 그 대표자의 지위에 있는 개인이 소송 기타 법적절차의 당사자가 되었다거나 대표자로서 단체를 위해 적법하게 행한 직무행위 또는 대표자의 지위에 있음으로 말미암아 의무적으로 행한 행위 등과 관련하여 분쟁이 발생한 경우와 같이, 해당 법적분쟁이 단체와 업무적인 관련이 깊고 당시의 제반사정에 비추어 단체의 이익을 위하여 소송을 수행하거나 고소에 대응해야할 특별한 필요성이 있는 경우에 한하여 단체의 비용으로 변호사 선임료를 지출할 수 있다.

(대법원 2006.10.26. 선고 2004도6280 판결)

상대방의 의도적인 행위로 발생된 형사문제 등으로 인한 소송에서는 단체(추진위원회, 조합)로 부터의 공식적인 변호사 선임비용의 지원 등은 또 다른 위법행위(공금횡령 등)로 인한 법적분쟁의 빌미가 될 수 있는지의 여부를 변호사에 확인할 필요가 있다. 만일, 이러한 문제로 변호사 선임료가 발생된 경우 우선 자신이 처리한 후 조합으로부터 특별 포상금 등의 공식적인 방법으로 처리하는 방안에 대해 검토할 필요가 있다.

[제6편]
정비사업의 세무와 회계

제1장
정비사업의 세무

1 정비사업과 납세의무

1) 정비사업에서 세무회계의 필요성

정비사업은 이에 관련되는 이해관계인이 수백명 내지 수천명에 이르는 집단적인 사업이며, 투입되는 사업금액 또한 많게는 수조원에 이르는 큰 사업이다. 따라서 이 사업과 관련한 세무와 회계업무는 이 사업에 관계되는 조합원, 시공자, 세무당국 등 수많은 이해관계자 상호간의 관계가 가능한 합리적이고 공정하며 적법하게 처리되어야 한다. 또한, 가능한 모든 이해관계인들의 납세상의 권익과 경제적 이익이 보장될 수 있도록 하기 위해 철저한 세무회계의 필요성이 요구되는 것이다.

그러나 일부 사업장에서는 세무·회계에 대한 이해나 정보의 부족 등으로 인하여 이해 당사자간의 갈등이 초래되고 거액의 경제적 손실이 발생되는 사례가 있음은 매우 안타까운 일이다. 정비사업과 관련한 세법 및 회계처리 규정이 복잡하고 이에 대한 인식의 부족으로 인하여 많은 혼란이 발생되고 있는 현 상황을 개선하기 위해서는, 조합의 임직원에 대한 정기적인 실무교육은 물론이거니와 해당 정비조합의 세무·회계업무에 대한 용역계약을 체결한 자는 정비조합의 세무·회계업무에 더욱 많은 관심과 협조가 필요하다.

2) 정비조합의 법인격

정비조합은 법인(**비영리내국법인**)으로 하며 조합설립인가를 받은 날부터 30일 이내에 주된 사무소의 소재지에서 대통령령이 정하는 사항을 등기함으로써 법인격이 성립한다.(법 제38조) 조합이 설립되는 정비사업은 조합을 법인등기 하도록 강제되어 있어 법인세법이 적용된다. 정비조합에는 재개발조합 및 재건축조합이 있으며, 주거환경개선사업은 토지주택공사 등이 사업을 직접 시행하는 '공영개발방식'으로 사업을 추진하기 때문에 조합이 결성되지 않고 주민대표회의가 구성되어 사업을 시행한다. (법 제23조 및 제24조 참조)
위와 같이 정비조합은 도시정비법에 따라 법인격이 부여되므로 조합의 소득에 대해서는 세법상 법인세의 납세의무가 발생하나, 조합을 설립하지 않고 정비사업을 시행하는 **토지등 소유자방식의 주거환경개선사업**에서는 법인격이 없어 소득세법이 적용된다.

3) 정비사업과 관련된 세금

정비사업과 관련되는 세금은 크게 조합이 부담하는 세금과 그 구성원인 조합원이 부담하는 세금이 있으며, 이들 세금은 국세와 지방세로 분류된다. 정비조합이 납부할 세금은 법인세·부가가치세·취득세(등록세 포함) 등이 있고, 조합원이 개인적으로 납부하는 세금은 취득세·사업소득세(토지등소유자방식의 주거환경개선사업)·양도소득세 등이 있다.

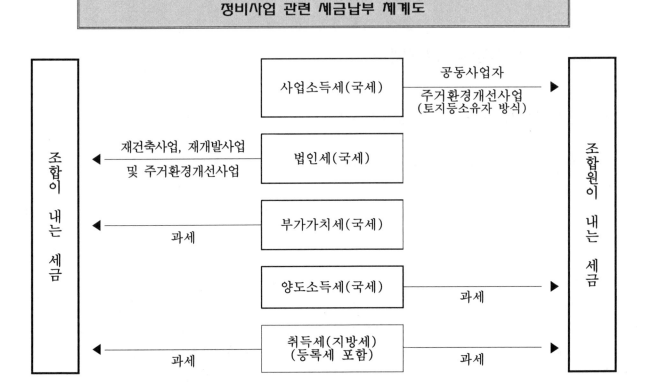

2 정비조합의 법인세

1) 법인세의 납세의무

도시정비법 제38조에 의하면 조합은 법인으로 하며, 조합은 조합설립인가를 받은 날부터 30일 이내에 주된 사무소 소재지에 등기함으로써 법인격이 성립한다. 그러므로 도시정비법 시행 후에 설립된 **재개발조합 및 재건축조합**은 법인세법이 적용된다.

2) 법인인 재건축조합의 과세구분

정비조합은 수익사업과 비수익사업이 동시에 존재하게 된다. 조합의 일반분양분은 조합원 분양금과의 차액에서 수익이 발생한 것으로 보아 법인세가 과세된다. 그러나 **조세특례 제한법 제104조의7제2항**에 따라 법인세법 제1조에도 불구하고 비영리내국법인으로 보아 법인세법을 적용한다. 이 경우 전환정비사업조합은 조세특례제한법 제104조의7제1항 단서에 따라 신고한 경우만 해당한다.

♣ 조세특례제한법 제104조의7(정비사업조합에 대한 과세특례) 제2항

「도시및주거환경정비법」 제35조에 따라 설립된 조합(전환정비사업조합을 포함하며, 이하 이 조에서 "정비사업조합"이라 한다)에 대해서는 「법인세법」 제2조에도 불구하고 **비영리내국법인** 으로 보아 「법인세법」(같은 법 제29조는 제외한다)을 적용한다. 이 경우 전환정비사업조합은 제1항 단서에 따라 신고한 경우에만 해당한다.(개정 2018.12.24.)

3) 수익사업과 비수익사업의 구분기장

정비조합의 일반분양에서 생기는 수익사업과 조합원의 주택 등을 건설하는 고유목적사업 에서 생기는 비수익사업을 구분경리하여야 한다. 구분경리의 대상이 되는 사업 또는 소득에 귀속되는 자산·부채가 개별적으로 파악이 가능한 경우 법인은 이를 장부상 각각 독립된 계정과목에 의하여 구분기장하여야 한다. 정비조합의 수익사업에 속하는 자산과 부채란 일반분양수입을 획득하기 위하여 직접 생산 활동에 참여하거나 용역을 제공하는 자산과 수익사업소득을 발생시키는 원천에 직접 또는 간접으로 관련하여 발생하는 부채를 말한다.

수익사업과 비수익사업에 공통되는 자산과 부채는 이를 전부 수익사업에 속하는 것으로 보며, 수익사업의 자산의 합계액에서 부채(충당금 포함)의 합계액을 공제하여 수익사업의 자본금을 계산한다.

특정의 수익이나 비용을 구분하여야 할 사업이나 소득 중 어느 원천에서 발생하였음이 분명한 경우에는 개별익금 또는 개별손금이라 하며, 그 발생원천이 불분명한 수익 또는 비용을 공통손금 또는 공통익금이라 한다. 공통손익금은 구분경리의 대상이 되지 아니하여 사업연도 중에는 이를 사업별로 구분하지 아니하고 하나의 계정과목에 합계 기장하였다가 결산 시 구분계산의 방법에 따라 수익사업 및 비수익사업에 각각 귀속시켜야 한다.

4) 총 익금

정비조합이 주택과 상가를 분양하는 사업은 수익사업이다. 즉 조합의 총 익금은 일반에게 분양하는 상가 및 주택의 분양대금이다.

조합의 분양수입금 중 총 익금에 해당하는 대금은 아래 그림의 (B), (C), (E), (F)의 분양대금이다. 이때, 조합원의 **분담금**으로 인한 수익에 대하여는 전문 회계사와의 협의 및 자문이 필요하다.

조합원분양분아파트(A)	일반분양분아파트(B)	일반분양상가(C)
토지(D)	토지(E)	토지(F)

5) 총 손금

정비조합의 총 손금은 크게 토지매입가액과 공사도급금액으로 대별되며 세목은 다음과 같다.

(1) 건설용지의 평가액

조합이 현물출자에 의하여 취득한 건설용지에 대한 장부상 가액은 법인세법 시행령 제72조(자산의 취득가액 등)제2항제3호의 규정에 따라 '해당 재산의 시가'로 하며, 법인세법상 건설용지의 취득시기는 현물출자일과 신탁등기일 중 빠른 날이다. 법인세법상 건설용지의 취득 시점에서는 시가를 알 수 없기 때문에 실무적으로는 「감정평가 및 감정평가사에 관한 법률」 제29조(설립 등)에 의한 감정평가법인이 현물출자일을 기준으로 감정평가 한 가액으로 하는 것이 타당하다고 판단하고 있다.

(2) 공사도급금액

총 익금에 대응하는 건축비상당액은 전체의 공사도급금액 중 일반분양분에 해당하는 건축비상당액을 안분 계산한다.

(3) 법인세율[법인세법 제55조(세율),<개정 2018.12.24.>],(<u>영리법인 및 비영리법인</u>)

과세표준		세 율	세액 산출식
-	2억원 이하	10%	과세표준액의 10분의 10
2억원 초과	200억원 이하	20%	2천만원+(2억원을 초과하는 금액의 100분의 20
200억원 초과	3,000억원 이하	22%	39억8천만원+(200억원을 초과하는 금액의 100분의 22)
3,000억원 초과	-	25%	655억8천만원+(3,000억원을 초과하는 금액의 100분의 25)

주) 위 세율과는 별도로 「당기순이익 과세법인」은 별도의 세율이 적용됩니다.

❏ 2022년 종합소득세율[소득세법 제55조(세율),(2020.12.29. 개정), (2021년부터 적용)

종합소득 과세표준		세 율	세액 산출식
-	1,200만원 이하	6%	과세표준액의 10분의 6
1,200만원 초과	4,600만원 이하	15%	72만원+1천200만원을 초과하는 금액의 100분의 15
4,600만원 초과	8,800만원 이하	24%	582만원+4천600만원을 초과하는 금액의 100분의 24
8,800만원 초과	1억 5천만원 이하	35%	1천590만원+8천8백만원을 초과하는 금액의 100분의 35
1억5천만원 초과	3억원 이하	38%	3천760만원+1억5천만원을 초과하는 금액의 100분의 38
3억원 초과	5억원 이하	40%	9천460만원+3억원을 초과하는 금액의 100분의 40
5억원 초과	10억원 이하	42%	1억7천460만원+5억원을 초과하는 금액의 100분의 42
10억원 초과	-	45%	3억8천460만원+10억원을 초과하는 금액의 100분의 45

주) 총 납부세액은 상기 소득세액에 10%의 지방소득세가 가산된다.

※ 법인세 과세표준액의 산출

: 일반분양수입금－원가[(공사비 × 일반분양공사비/전체공사비)＋(토지비 × 일반분양토지비/
전체토지비＋(사업비 × 일반분양사업비/전체사업비)]

(4) 조합의 수입시기 및 작업 진행률

조합에서는 공사의 진행정도에 따라 매해 일부씩 나누어서 소득이 발생된다. 조합의
아파트나 상가의 일반분양분은 예약매출에 해당하므로, 건설·제조 기타용역(도급공사
및 예약매출 포함)의 수입금액은 해당 건설 등의 계약기간에 따라 다음과 같이 세무조정
한다. 여기서 계약기간이란 목적물의 건설 등에 착수한 날부터 인도일까지의 기간을
말한다.

① 계약기간이 1년 미만인 경우

그 목적물의 인도일 또는 용역제공을 완료한 날이 속하는 사업연도의 익금과 손금에
산입한다(법인세법 제55조제1항). 결산을 확정함에 있어 작업진행률을 기준으로 하여
수익과 비용을 계산한 경우에는 인도기준으로 세무를 조정할 수 없다. 정비조합의
일반분양 주택의 경우 계약일부터 입주일까지 1년 이상의 기간이 소요될 것이므로
입주하는 해에 한꺼번에 수익을 인식하는 방법은 거의 없을 것으로 보인다.

② 계약기간이 1년 이상인 경우

계약기간이 1년 이상인 경우에는 작업진행률을 기준으로 하여 계산한 수익과 비용을
각각 해당 사업연도의 익금과 손금에 산입한다.

③ 작업진행률의 계산

작업진행률에 의한 수익금액 산정방법은 법인세법 시행규칙 제34조제1항에 따라 아래와
같이 계산한다.

$$※ \ 작업진행률 = \frac{해당 \ 사업연도말까지 \ 발생한 \ 총공사비 \ 누적액}{총예정공사비}$$

☐ 익금 ＝ 계약금액 × 작업진행률－직전 사업연도말까지 익금에 산입한 금액
(법인의 순자산을 증가시키는 거래로 인하여 발생하는 수익의 금액)

☐ 손금 ＝ 해당 사업연도에 발생한 총비용
(법인의 순자산을 감소시키는 거래로 인하여 발생하는 손비의 금액)

단, 다음 각 호의 어느 하나에 해당하는 경우에는 그 목적물의 인도일이 속하는 사업
연도의 익금과 손금에 각각 산입한다.

1. 작업진행률을 계산할 수 없다고 인정되는 경우로서 기획재정부령으로 정하는 경우
2. 법인세법 제51조의2제1항 각 호의 어느 하나에 해당하거나 「조세특례제한법」
   제104조의31제1항에 따른 법인으로서 한국채택국제회계기준을 적용하는 법인이 수행
   하는 예약매출의 경우
   (법인세법 시행령 제69조제2항<개정 2021.2.17.>, 법인세법 시행규칙 제34조제4항 참조)

3 정비조합의 부가가치세

부가가치세는 상품의 거래나 서비스의 제공과정에서 발생하는 세금이므로 인격이 개인에서 법인으로 <u>변경(전환)</u>(재건축조합만 변경됨)이 되더라도 부가가치세의 산정에는 변동이 없다.

1) 부가가치세의 개념

부가가치세는 상품(재화)의 거래나 서비스(용역)의 제공과정에서 얻어지는 부가적인 가치(이윤)에 대하여 과세하는 세금이며, 사업자가 납부하는 부가가치세는 매출세액에서 매입세액을 차감하여 계산한다.

따라서 부가가치세는 물건을 사면서 부담한 세금과 팔면서 다른 사람으로부터 받은 세금과의 차액만을 일정기간별로 계산하여 내는 것으로 결국은 최종소비자가 부담하는 것이기 때문에 소득세와 같이 사업자가 얻는 수입 중에서 내는 세금은 아니다.

부가가치세액 = 매출세액(매출액×세율) **− 매입세액**(매입 시 부담한 세액)

2) 부가가치세 과세기간

부가가치세는 6개월을 과세기간으로 하여 신고 납부하게 되며, 각 과세기간을 다시 3개월로 나누어 중간에 예정신고 제도를 두고 있으며, 과세기간과 신고납부기간은 다음과 같다.

신고구분	과세기간	제1기	제2기
예정신고	대 상 기 간	1. 1 ~ 3. 31	7. 1 ~ 9. 30
	신고납부기간	4. 1 ~ 4. 25	10. 1 ~ 10. 25
확정신고	대 상 기 간	1. 1 ~ 6. 30	7. 1 ~ 12. 31
	신고납부기간	7. 1 ~ 7. 25	다음 해 1. 1 ~ 1. 25

3) 추진위원회의 사업자등록

(1) 사업자등록 의무

부가가치세 납세의무자는 사업자나 재화를 수입하는 자로서 개인, 법인(국가·지방자치단체와 지방자치단체조합을 포함한다)과 법인격이 없는 사단·재단 또는 그 밖의 단체를 포함한다.

또한, 사업자는 부가가치세법 제8조제1항에 따라 사업장마다 대통령령이 정하는 바에 따라 **사업개시일로부터 20일 이내에 사업장 관할 세무서장에게 등록**하여야 한다.

다만, 신규로 사업을 개시하고자 하는 자는 사업개시일 전이라도 등록할 수 있다.

(2) 추진위원회의 사업자등록과 매입세액공제

추진위원회에서 사업자등록을 하지 않을 경우 매입세금계산서는 공제되지 아니하므로 추진위원회도 사업자등록을 하여 매입부가가치세를 공제받을 수 있도록 하여야 한다. 또한, 추진위원회는 사용경비를 기재한 회계장부 및 관련 서류를 조합설립의 인가일로 부터 30일 이내에 조합에 인계하여야 하며, 조합설립인가를 받은 날로부터 30일 이내에 등기하도록 규정되어 있다. 그러므로 추진위원회는 부가가치세법 제3조에서 규정하는 사업자에 해당하고, 정비사업(주택신축, 건설)을 영위하는 조합이 행하는 업무와 동일하며, 조합설립 이전에 추진위원회가 행한 업무는 조합에 포괄 승계되어 정비사업을 수행하는 것이므로 추진위원회의 사업자등록은 가능하며 필요하다.

4) 일반분양분에 대한 부가가치세 납세의무

부가가치세법상의 납세의무자는 영리목적의 유무에 불구하고, 사업상 독립적으로 재화 또는 용역을 공급하는 자를 말하며, 이러한 납세의무자는 개인·법인(국가, 지방자치단체와 지방자치단체조합을 포함한다)과 법인격이 없는 사단·재단·기타 단체를 포함한다.
영리를 목적으로 하지 않는 사업자라 할지라도 과세대상인 재화 또는 용역의 공급에 부가가치세를 납부하도록 함으로써 최종소비자에게 전가하여 부담한다. 따라서 **조합은 일반분양분에 대해서는 최종소비자인 일반분양자에게 부가가치세를 전가하여 부담 시키므로 부가가치세의 납세의무가 있다**.

5) 일반분양분에 대한 부가가치세 산정

(1) 매출부가가치세

정비조합이 관리처분계획에 따라 조합원에게 공급하는 주택에 대해서는 재화의 공급으로 보지 않는다. 조합원에 공급하는 부분을 재화의 공급으로 보지 않는다는 부분은 조세특례제한법 개정 시 명문화되었다(조세특례제한법 제104조의7제3항). 부동산 중 토지를 공급하는 것은 부가가치세가 면제된다. (부가가치세법 제26조제1항제14호)

또한, 국민주택과 해당 주택의 건설용역의 공급에 대해서도 부가가치세를 면제한다. (조세특례제한법 제106조제1항제4호)
국민주택이란 세대당 주거전용면적이 85㎡(약 25.7평)이하인 상시 주거용 주택을 말한다. 그러므로 재건축조합에서 매출부가세의 과세대상이 되는 것은 일반분양대상으로서 국민주택규모 초과 아파트의 건물부분과 상가의 건물부분이 과세대상이다.
상가의 일반분양분은 조세특례법상의 면세대상이 아니므로 전용면적이 85㎡ 이하라도 부가가치세가 과세되므로 부가가치세 과세대상은 아래 그림의 D와 F이다.

대상 물건		조합원에게 분양되는 부분		일반에게 분양되는 부분		
건축물부분	국민주택규모 초과	(A)	상가 (C)	(D)		상가 (F)
	국민주택규모 이하	(B)		(E)		
토 지	모든 토지	(G)				

※ 정비조합에 대한 과세특례(조세특례제한법 제104조의7제3항) 전문

정비사업조합이 「도시 및 주거환경정비법」 또는 「빈집 및 소규모주택 정비에 관한 특례법」에 따라 해당 정비사업에 관한 공사를 마친 후에 그 관리처분계획에 따라 조합원에게 공급하는 것으로서 종전의 토지를 대신하여 공급하는 토지 및 건축물(해당 정비사업의 시행으로 건설된 것만 해당한다. 이하 이 조에서 같다)은 「부가가치세법」 제9조 및 제10조에 따른 재화의 공급으로 보지 아니한다.<개정 2021.12.28.>

(2) 매입부가가치세

조합원에게 공급되는 건축물에 대해서는 부가가치세 매입세액은 공제되지 않는다. 그리고 일반분양분의 건축비의 매입세액은 국민주택규모 이상의 주택 및 상가에 한하여 매입세액의 공제를 받을 수 있다. 건축물을 신축 또는 취득하여 과세사업과 면세사업에게 제공할 예정면적을 구분할 수 있는 경우에는 총 예정사용면적에 대한 면세사업에 관련된 예정사용면적의 비율로 매입세액불공제액을 산정하고, 사용면적이 확정되는 때에는 정산하여야 한다. 따라서 정비조합에 있어 매입세액을 공제받을 수 있는 대상은 위 도표상의 매출부가가치세 과세대상과 동일(D, F)하다.

□ 공사비에 대한 공제대상매입세액(공사비, 설계비)

$$= 공사비\ 매입세액 \times \frac{국민주택규모\ 초과\ 일반분양면적(D) + 상가일반분양면적(F)}{국민주택규모\ 초과\ 주택면적(A+D) + 상가일반분야면적(F)}$$

국민주택의 건설용역이 부가가치세법상 면세이므로 시공사에서 조합에 공사비를 청구할 경우 국민주택규모 이하분에 대해서는 세금계산서를 교부하지 아니하고 부가가치세가 없는 계산서만을 교부하므로 조합의 입장에서는 공사비 매입세액은 국민주택규모 초과 및 일반분양상가분에 대하여만 지급된다.

□ 공사비 이외의 건축비(감리비 등)에 대한 공제대상매입세액

$$= 공통\ 매입세액 \times \frac{국민주택규모초과\ 일반분양면적(D) + 상가일반분양면적(F)}{전체연면적(A+B+C+D+E+F)}$$

□ **기타경비(사무실유지비 등)에 대한 공제대상매입세액**

공제대상금액은 일반분양분 대상 중 국민주택규모 초과 건물분 공급가액 해당분만 매입세액을 공제한다. 따라서 1차는 총 예정사용면적으로 조합 및 일반분양분을 구분하고, 2차는 총 예정공급가액으로 건물 및 토지가액을 안분 계산한다.

□ **일반분양분 관련 매입세액(광고선전비 등)에 대한 공제대상매입세액**

매입세액 중 일반분양에 대하여만 사용된 매입비용에 대하여 국민주택규모 초과분 중 건물분에 대하여만 매입세액을 공제한다. 전체 일반분양금액 중 건물분에 해당하는 공급가액으로 안분 계산한다.

정비조합의 부가가치세를 요약하면 다음과 같다.

유형별	조합원분	일반분양분
주택(국민주택규모 이하)	과세거래 아님	면 세
주택(국민주택규모 초과)	과세거래 아님	과 세
상 가	과세거래 아님	과 세
부속 토지	과세거래 아님	면 세

6) 정비조합의 부가가치세 부담주체

(1) 시공자가 부담하는 부가가치세

시공자가 조합에 제공하는 건설용역에 대해서는 국민주택규모 초과분과 상가에 대해 조합원 귀속분여부를 불문하고 부가가치세를 납부하여야 한다.

(2) 조합원간 부가가치세 분담

부가가치세의 최종부담자는 부가가치세 제도의 법리상 최종소비자가 된다. 따라서 조합과 시공자간에 특별한 약정이 없는 한 국민주택규모를 초과하는 주택을 분양받는 조합원은 건축비에 포함된 부가가치세(매입세액)의 최종부담자가 되고 일반분양하는 주택 중 국민주택규모를 초과하는 주택과 상가 등 부속시설은 그를 분양받는 자가 최종적으로 부가가치세를 부담한다.

조합은 시공자에 지급한 매입세액 중 국민주택규모를 초과한 일반분양분에 대해서는 매출부가가치세에서 공제되지만 국민주택규모를 초과한 주택 중 조합원 귀속분에 대해서는 매입세액이 공제되지 않고 해당 조합의 공사원가를 구성한다. 그러므로 국민주택규모 초과에 입주하는 조합원이 부담하는 부가가치세는 **명목상은 부가가치세이나 실질적으로는 조합의 공사원가를 부담하는 것이다.**

(3) 건축비원가에 해당하는 부가가치세의 분담

국민주택규모 초과에 입주하는 조합원이 공사원가에 해당하는 부가가치세를 부담하지 않으면, 결국 해당 원가는 조합원 전체가 분담하게 되는데, 이것은 국민주택규모 이하에 입주하는 세대가 매입세액불공제액에 대한 원가의 일부를 부담하게 되는 것이며, 이는 타당하지 않다는 견해가 있다. 이러한 견해는 국민주택규모를 초과하는 주택에 입주하는 조합원이 국민주택규모 이하에 입주하는 조합원에게 해당 원가를 전가시키는 것이라는 주장이나, 이 주장은 '조합원은 누구나 부가세의 부담의무가 없다는 규정[조세특례제한법 제104조의7제3항]과는 서로 배치되는 주장이 될 수 있다.

다만, 모든 조합원은 자신의 종후자산 평가액(배정받은 재건축아파트의 감정평가액)이 종전자산 평가액(기존에 소유하고 있던 아파트의 감정평가액)대비 큰 경우, 즉 배정받은 재건축 아파트가 자신의 무상평수를 초과하여 부담금을 납부해야 하는 경우에는 부담하는 금액에 해당되는 넓이의 아파트는 부가가치가 발생된 재산이므로 이 부분(금액)에 한하여 부가가치세를 납부할 의무가 있다 할 것이다.

위와 같은 여러 사안들을 감안하면, 조합에서는 부가가치세의 조합원간 부담주체에 대해 전문가와의 철저한 사전협의와 조합원 총회에서 안건 결의 시 「특별 결의요건」에 해당되는 안건인지 여부 등 조합원 총회에서의 적법한 결의요건에 대한 사전확인이 꼭 필요하다.

(4) 상가조합원과 부가가치세

조합이 공급받은 건설용역 중 상가부분에 대해서는 해당 조합원이 부가가치세를 부담해야 한다. 상가 중 일반분양분은 당연히 매입세액의 공제가 가능하다. 그리고 조합원 분양분은 상가 조합원이 시공자로부터 공동으로 매입하는 경우에 해당하여 매입세액을 공제받을 수 있다.

조합이 시공자 등으로부터 교부받은 세금계산서상의 공급가액의 범위 내에서 실제로 해당 건설용역을 공급받은 조합원(관리처분에 의해 상가를 분양받은 조합원)에게 해당 조합원이 부담한 현금·토지 등의 비용을 기준으로 세금계산서를 교부할 수 있는 것이며, 조합원은 해당 매입세액이 자기의 과세사업과 관련된 경우에는 자기의 매출세액에서 공제받을 수 있다.

♣ 조합원간 부가가치세 분담에 관한 대법원 판례-1

(대법원 2010.4.29. 선고 2009다84653 판결, 부당이득금 반환)

[판시사항]

[1] 국민주택규모 아파트의 분양가격에 국민주택규모 초과 아파트의 건설용역에 관한 부가가치세 중 일부라도 포함시키는 내용으로 비용의 분담에 관한 사항을 결의하는 경우, 재건축결의 시의 특별다수의 정족수 요건을 갖추어야 하는지 여부.

[2] 국민주택규모 초과 아파트의 건설용역에 관한 부가가치세를 총사업비에 포함시키는 내용의 비용분담결의가 재건축결의 시에 요구되는 특별다수의 정족수 요건을 갖추지 못하였음을 이유로 국민주택규모 아파트를 분양받은 조합원들이 재건축주택조합을 상대로 분담금 차액 상당의 부당이득반환을 청구한 사안에서, 재건축주택조합의 부당이득 반환의무를 인정한 원심판결을 분양총수입추산액에 위 부가가치세가 포함되었다고 볼 증거가 없다는 이유로 파기한 사례

[판결요지]

[1] 국민주택규모 아파트의 분양가격에 국민주택규모 초과 아파트의 건설용역에 관한 부가가치세 중 일부라도 포함시키는 내용으로 비용의 분담에 관한 사항을 결의하는 경우 이해관계가 대립하는 조합원들 간의 형평을 보장하기 위하여 재건축결의(조합설립 동의) 시의 **특별 다수의 정족수를 준용하여 조합원 4/5 이상의 다수에 의한 결의가 필요하다.**

[2] 국민주택규모 초과 아파트의 건설용역에 관한 부가가치세를 총사업비에 포함시키는 내용의 비용분담결의가 재건축결의 시에 요구되는 특별다수의 정족수 요건을 갖추지 못하였음을 이유로 국민주택규모 아파트를 분양받은 조합원들이 재건축주택조합을 상대로 분담금 차액 상당의 부당이득반환을 청구한 사안에서, 위 부가가치세는 아파트의 분양가에 반영되어 분양총수입으로 회수되었다고 봄이 상당하므로 총사업비에 위 부가가치세가 포함되었다고 하더라도 동액상당의 분양총수입추산액도 증가하기 때문에 추정비례율에는 변동이 없고, 분양총수입추산액이 증가하지 않았다는 사정 및 국민주택규모 아파트의 분양가격에 위 부가가치세가 포함되었다는 사실은 부당이득의 반환을 구하는 원고들에게 증명책임이 있음에도 불구하고, 분양총수입추산액에 위 부가가치세가 포함되었다고 볼 증거가 없다는 이유로 재건축주택조합의 부당이득반환의무를 인정한 원심판결을 파기한 사례

♣ 조합원간 부가가치세 분담에 관한 대법원 판례-2

(대법원 2002.6.28. 선고, 2000다21079 판결 부당이득금 반환)

공사(工事)업자가 재건축조합과의 사이에 체결한 공사도급계약에 따라, 국민주택규모를 초과하는 조합주택을 신축하는 건설용역을 공급한 경우 그 공사업자는 부가가치세 납부의무를 부담하는 것이므로 그 용역을 공급받은 자인 재건축조합 측으로부터 부가가치세를 징수할 수 있다 할 것이고 다만, 그 **부가가치세를 최종적으로 누가 부담할 것인가는 공사업자, 재건축조합, 조합원사이의 약정에 의하여 정하여 질 수 있는 문제로서, 재건축조합이 조합주택을 조합원에게 분양할 경우 주택의 규모와 상관없이 이를 부가가치세 과세대상이 되는 재화의 공급으로 보지 않는다고 달리 볼 것은 아니다.**

❑ 조합원간 부가가치세 분담에 관한 필자의 견해

재건축사업에서 조합원의 부가가치세 면세에 관한 사항은 ①토지에 대한 면세는 「부가가치세법 제26조제1항제14호」, ②조합원 전체에 대한 면세는 「조세특례제한법 제104조의7제3항」 그리고 ③국민주택규모[전용면적 85㎡(약 25.7평)]이하인 주택을 배정받은 사람에 대한 면세는 「조세특례제한법 제106조제1항제4호」 법령에 각각 규정되어있다.

한편, 부가가치세에 대한 위 2건의 대법원 판례는 각각 「특별다수 정족수에 의한 총회 결의」와 「이해당사자간의 합의여부」 및 이해당사자간의 약정을 판결의 일정부분에 대한 근거자료로 제시하고 있는 바, 이는 모든 조합원은 부가가치세를 납부할 의무가 없으며, 각 조합원의 선택은 조합원 총회에서 자신의 현 위치에 따른 유·불리에 따라 결의에 임할 것임을 전제하면, 위의 대법원 판결은 현행법의 한계로, 해당 사건에 대한 결정일 뿐, 근본적인 해결방안을 제시하는 예는 될 수 없을 것이다. 현재 운용되고 있는 법령 체계에서는 이 문제를 근원적으로 해결할 수 있는 명문화된 규정은 없으나, **부가가치세 매입세액 불공제액** 즉, 시공자에게는 지불하였으나 조합은 공제받지 못하여 부가가치세액이 원가에 포함된 공사자재나 용역이 국민주택규모를 초과하는 주택형에만 사용되었다고는 볼 수 없기 때문에 매입세액불공제액도 모든 조합원이 **분양면적의 비율**로 부담하는 것이 가장 합법적이고 합리적이며, **국민주택규모 이상의 주택형에 배정받은 조합원만이 부담해야 한다는 주장은 위의 부가가치세 및 조세특례제한법에 정면으로 위배되는 주장**으로 이에 동의할 수 없다. 필자의 주장을 부가가치세 관계 법령을 통하여 이해하면 다음과 같다.

첫째 : 부가가치세 면세에 관한 위의 3가지 법령 중 토지에 대한 면세와 조합원에 대한 면세규정은, **「부가가세는 생산 및 유통과정의 각 단계에서 창출되는 부가가치에 대하여 부과되는 조세」** 임을 감안하면 이 2가지 법령은 모든 조합원의 부가가치세 면세취지에 부합하는 법령인 반면,

둘째 : 국민주택규모[전용면적 85㎡(약 25.7평)]이하인 주택을 배정받은 경우에 대한 면세규정은 행정부가 국민주택규모의 보급증대와 국민의 주택보유에 대한 지원대책의 일환으로 제정·시행 되는 법령으로서 부가가치세 제정의 근본 취지와는 무관한 법령이다.

셋째 : **매입세액불공제액에 해당하는 원가의 배분을** 세금부과의 근본에서 다시 관찰해보면, 모든 세금의 부과나 납부는 국가와 납세의무자간에 직간접적으로 이루어지는 행정행위인 바, 공사가 완료된 후 **부가가치세액인 매입세액불공제액이 공사원가에 포함된 상태**(조합이 시공자에게 공사비를 지급하는 방법은, 도급제의 경우 주택규모와는 무관하게 동일한 단위가격으로 지급하며, 지분제의 경우에는 시공자 선정 시 확정된 「대물변제 기준」에 따르고 부가세 납부 및 환급은 시공자가 부담 및 수령한다)로 **신축건축물을 분배하는** 행위는, 조합이 시공자에게 부가가치세의 명목으로 지불한 금액을 **부가가치세법 제3조(납세의무자)에서 규정한 사업자 및 재화를 수입하는 자** 중 사업자인 조합을 제외한 자 즉, **「부가가치세 매입세액 불공제액을 수입한 최종소비자」** 가 특정되지 않은 상태에서 주택을 배분하는 행위로, **해당 조합은 조세특례제한법 제104조의 7(정비사업조합에 대한 과세특례) 제3항을 위반하여** 「조세특례제한법 제106조제1항제4호」를 근거로 특정한 조합원에게만 부가가치세를 **부과할 아무런 권한도 갖고 있지 못하다**고 보아야 할 것이다. 가정하여 매입세액불공제액을 조합원 총회의 결의로 특정한 조합원에게만 부과하는 것으로 결의 한다면, 이 조합원 총회는 적법한 결의를 한 것으로 판단하기가 어렵게 된다.

이를 부가가치세가 제정된 근본 취지를 감안하여 판단하면, 해당 조합이 부담해야하는 부가가치세인 **부가가치세 매입세액불공제액은 이를 공사원가로 간주하여 모든 조합원이 분양면적에 비례하여 부담**하는 것이 부가가치세법의 제정취지와 부가가치세의 과세원칙에도 부합하는 방법이라 할 것이다.

[정비사업에서 부가가치세 면세 관련 법령]
 1. 부가가치세법 제26조(재화 또는 용역의 공급에 대한 면세)제1항제14호」
  : 14. 토지
 2. 조세특례제한법 제104조의7(정비사업조합에 대한 과세특례)제3항
  : ③ 정비사업조합이 「도시및주거환경정비법」에 따라 해당 정비사업에 관한 공사를 마친 후에 그 관리처분계획에 따라 조합원에게 공급하는 것으로서 종전의 토지를 대신하여 공급하는 토지 및 건축물(해당 정비사업의 시행으로 건설된 것만 해당한다)은 「부가가치세법」 제9조 및 제10조에 따른 재화의 공급으로 보지 아니한다.
 3. 조세특례제한법 제106조(부가가치세의 면제 등)제1항제4호
  : 4. 대통령령으로 정하는 국민주택(주택법에서 정하는 전용면적이 85㎡이하의 주택) 및 그 주택의 건설용역(대통령령으로 정하는 리모델링 용역을 포함한다)

따라서 모든 조합원등은 위의 제1항 및 제2항의 법령에 따라 부가가치세를 면제 받았기 때문에, 제3항의 적용은 조합원등을 제외한 일반분양자에 한하며, 모든 조합원등은 조합의 출자자로서 사업비에 해당하는 부가가치세 매입세액 불공제액을 공동으로 부담할 의무를 가진다고 보아야 할 것이다. 따라서 부가가치세 납부주체에 관여는 전문가와의 충분한 협의가 꼭 필요하다.

4 정비조합과 종합부동산세

1) 재건축 중인 토지의 과세여부

주택법에 의해 주택건설사업자등록을 한 주택건설사업자가 주택을 건설하기 위하여 사업시행계획의 승인을 받은 토지로서 사업시행계획승인을 받은 날부터 사용승인일까지 그 사업에 공여되고 있는 토지에 대해서는 재산세를 분리과세(0.2%)하므로 종합부동산세 과세대상에 해당되지 않는다.

2) 미분양주택에 대한 비과세

과세기준일(매년 6월1일) 현재 주택분 재산세의 납세의무자로서 국내에 있는 재산세 과세대상인 **주택의 공시가격을 합산한 금액이 6억원(1세대 1주택의 경우에는 공시가격 11억원(2022.1.1. 현재)까지이다.** 이하 '주택분 과세기준금액'이라 한다)을 초과하는 자는 종합부동산세를 납부할 의무가 있다. 다만, 매년 6월 1일인 과세기준일 현재 소득세법 제168조 또는 법인세법 제111조의 규정에 의한 사업자등록을 한 자가 건축하여 소유하는 주택으로서 같은 법 시행규칙 제4조의 "미분양주택"에는 과세기준일 이전에 분양계약을 체결하고 과세기준일 현재 잔금청산 또는, 소유권이전 등기가 되지 아니한 주택을 포함한다. 즉, 준공 이후 잔금을 미납하여 잔금청산 및 소유권이전등기가 되지 아니하더라도 미분양주택으로 보아 종합부동산세가 비과세된다.

3) 미동의자 매입 분 주택에 대한 과세여부

조합이 현금청산 과정을 통하여 취득한 철거대상주택에 대하여 종합부동산세의 과세 제외 규정이 없다는 점에 유의하여야 한다. 즉, 조합이 취득한 철거대상 주택은 종합부동산세가 과세되므로 가능한 과세기준일(매년 6월1일) 이전에는 철거가 이루어져야 비과세 된다.

5 청산금에 대한 양도소득세

1) 조합원의 소유형태별 과세기준

도시정비법에 따라 재건축사업 또는 재개발사업을 시행하는 정비조합원이 기존주택이 멸실됨에 따라 취득하는 입주권은 주택수의 계산에 포함된다. 이러한 내용은 2006년 이후 재건축·재개발사업의 관리처분계획이 인가된 입주권부터 적용한다.
또한, 입주권은 2021년 1월1일 이후 새로 취득하는 분양권부터 다른 주택의 양도세 비과세 및 중과세 여부를 판단할 때 주택 수에 포함한다.

2) 현금청산에 대한 양도소득세의 과세

(1) 과세 대상

도시정비법상의 재개발 혹은 재건축 조합원이 교부받은 현금청산금은 그 청산금에 상당하는 종전의 토지·건물을 유상으로 이전한 것에 해당하므로 양도소득세가 과세된다.

(2) 양도시기

도시정비법에 의한 주택사업에 참여한 조합원이 소유하던 종전 부동산을 조합에 제공하고 그 대가로 해당 조합으로부터 새 아파트를 취득할 입주권과 청산금을 교부받은 경우로서 해당 청산금 수령액에 상당하는 종전 부동산의 양도일은 원칙적으로 대금 청산일로 하는 것이다. 다만, 소득세법 시행규칙 제78조의 규정에 의한 장기할부조건에 해당하는 경우에는 소유권이전등기접수일·인도일 또는 사용수익일 중 빠른 날로 한다.

(3) 1세대 1주택의 경우

재개발조합에 참여한 조합원이 소유하던 토지·건물의 대가로 재개발조합으로부터 새로운 아파트를 취득할 수 있는 권리와 청산금을 교부받은 경우 그 청산금에 상당하는 종전의 토지·건물은 유상이전에 해당하여 양도소득세 과세대상이다. 다만, 1세대 1주택 비과세요건을 충족한 주택 및 부속토지에 대한 청산금은 양도소득세가 과세되지 않는다.

6 취득세

취득세는 지방교육세와 함께 대표적인 지방세로서 재건축조합 및 재개발조합은 '조세특례제한법 제104조의7제2항'에 따라 **비영리내국법인**으로 보아, 다음 쪽의 도표(부동산 취득세율)의 '**비영리 사업자**'에 해당되며, 조합원은 <u>원시취득(신축 등)</u>에 해당되어 취득세율 2.8%가 적용된다.

1) 재건축조합

(1) 조합의 취득세(취·등록세의 통합명칭)

① 건축물에 대한 취득세

건축허가를 받아 건축하는 건축물에 있어서는 준공검사일, 준공검사 이전에 사실상 사용하거나 가사용승인을 받은 경우에는 그 사실상의 사용일 또는 가사용승인 일을 취득일로 본다. 그러므로 재건축조합의 경우에 준공인가를 받기 전 가사용승인이 있으면 이로부터 60일 이내에 취득세를 자진신고·납부하여야 한다. (지방세법 제20조제1항 참조)

지방세특례제한법 제33조(주택공급확대를 위한 감면)제1항에 따르면 분양할 목적으로 건축한 전용면적 60㎡ 이하인 5세대 이상의 공동주택과 해당 공동주택을 건축한 후 미분양 등의 사유로 임대용으로 전환하는 경우 그 공동주택에 대한 취·등록세의 면제는 **2014년 12월 31일 종료**되었다. 다만, 동조 제2항 및 동법 시행령 제15조제2항<개정 2020. 1. 15.>에 따라 전용면적 40㎡ 이하이고, 취득가액이 1억원 미만의 주택을 1가구 1주택자가 분양받는 경우 <u>2024년 12월 30일</u>**까지** 취득세를 100% 면제한다.
재건축조합의 취득세 과세표준은 다음과 같다.

$$\text{조합에서 납부해야할 건물 과세표준} = \text{도급금액 등} \times \frac{\text{일반분양분면적}}{\text{전체면적}}$$

조합이 취득·등기하는 토지(또는 대지권) 및 건축물에 대한 취득세(명칭 변경된 등록세 포함) 과세구분은 다음과 같다.

납세의무자	납부대상 건축물	세 율
조 합	일반분양분 건축물	건물과세표준 × 2.8%

'**과세표준의 2.8%에 해당하는 취득세**' 이외에 0.16%에 해당하는 목적세인 지방교육세를 지방세로 납부하게 된다. 또한, 0.2%에 해당하는 국세이며 목적세인 농어촌특별세가 함께 부과된다. 따라서 과세표준의 3.16%에 해당하는 세금을 납부해야 한다.

② 일반분양분 토지에 대한 취득세

대법원에서는 재건축조합원에게 일반분양 토지지분에 대한 취득세를 부과하는 것은 부당하다고 판결을 내린 바가 있다. (대법원 2008.2.14. 선고 2006두9320)

(2) 조합원의 취득세(취·등록세의 통합명칭)

- 건축허가를 받아 건축하는 건축물의 취득일은 사용승인일이며, 사용승인일 이전에 사실상 사용하거나 가사용승인을 받은 경우에는 그 사실상의 사용일 또는 가사용승인일이 취득일이다. 취득세 납부기한은 사용승인일(가사용승인일)부터 60일 이내이며, 과세표준은 건축공사비와 기타공사비의 합계액이다.

  재건축사업의 조합원은 **재개발사업 또는 도시환경정비사업**과는 달리 새로 완성된 건축물의 과세표준은 청산금만을 대상으로 하지 않고, **총 분양공사원가를 전체 건물의 연면적으로 나눈 가액에서 조합원 분양건물의 연면적을 곱하여 과세표준을 산정한다.**
  조합원이 취득·등기하는 건축물에 대한 취득세 과세구분은 다음과 같다.

취득의 유형	세 율	비 고
1. 신탁해지로 인한 소유권 환원	비과세	–
2. 신축건물(아파트)의 취득	2.8%	과세표준은 공사비 등 단가×세대당 면적

  '**과세표준의 2.8%에 해당하는 취득세**' 이외에 0.16%에 해당하는 목적세인 지방교육세를 지방세로 납부하게 된다. 또한 0.2%에 해당하는 국세이며 목적세인 농어촌특별세가 함께 부과된다. 따라서 **과세표준의 3.16%에 해당하는 세금을 납부해야 한다.**
  토지의 경우 지분증가분(새로운 토지면적-종전토지면적)에 이전고시일의 익일(취득일)의 개별공시지가를 곱한 가액을 과세표준으로 하여 0.28%의 세율이 적용된다. (재건축사업의 경우 실무적으로는 토지의 지분증가가 되는 경우는 매우 드물다.

- **필자가 참여한 재건축정비사업조합에서는 새로 완성되어 각 조합원이 취득한 건축물의 과세표준은 각 조합원이 취득한 건축물의 분양가격에서 해당 조합원의 종전자산의 평가액을 차감하여 과세표준을 산정하였다.**

취득의 유형	세 율	비 고
1. 신탁해지로 인한 소유권 환원	비과세	–
2. 신축건물(아파트)의 취득	2.8%	과세표준은 종후자산가격 –종전자산가격

  '**과세표준의 2.8%에 해당하는 취득세**' 이외에 0.16%에 해당하는 목적세인 지방교육세를 지방세로 납부하게 된다. 또한 0.2%에 해당하는 국세이며 목적세인 농어촌특별세가 함께 부과된다. 따라서 **과세표준의 3.16%에 해당하는 세금을 납부해야 한다.**

2) 재개발조합

(1) 조합의 취득세(취·등록세의 통합명칭)

지방세특례제한법에서는 **재개발사업 및 도시환경정비사업**의 시행자가 대지조성을 위하여 취득하는 부동산과 해당 사업의 관리처분계획에 따라 취득하는 주거용 부동산에 대해서는 2022년 12월 31일까지 취득세를 면제한다. (지방세특례제한법 제74조제1항)

이를 달리 말하면, 재개발사업의 시행자인 재개발조합은 일반분양하기 위해 우선 취득하는 부동산(체비지 또는 시설)과 관리처분계획의 변경에 따라 발생되는 문제나 민원발생 등의 예상치 못한 상황에 충당하기 위해 일반분양하지 않고 예비비의 항목으로 남겨 놓은 부동산(보류지 또는 시설)은 모두 <u>2022년 12월 31일까지 취득세가 면제된다.</u>
다만, 전용면적 40㎡ 이하이고, 취득가액이 1억원 미만의 주택을 1가구 1주택자가 분양받는 경우에는 지방세감면조례에 따라 취득세를 100% 면제받을 수 있다.(개정 2020.1.15.)

(2) **조합원의 취득세**(취·등록세의 통합명칭)

관리처분에 의해 취득하는 토지 및 건축물은 <u>2022년 12월 30일까지</u> 취득세를 부과하지 않는다. 다만, 단서 제1호 및 제2호의 경우 취득세를 부과한다(지방세특례제한법 제74조제1항, <개정 2020.1.15.>)

그러나 원 조합원(최초 사업시행인가일 현재 부동산을 소유한 자)이 **85㎡ 이하**의 주거용 부동산 취득(청산금을 부담하는 경우에는 해당하는 금액)에 대하여는 취득세를 <u>**2022년 12월 30일까지 경감한다.**</u>(지방세특례제한법 제74조제5항제3호),(신설 2020.1.15.)

납세의무자	납부대상 건물면적	세 율
원 조합원 및 승계 조합원	건물면적에 무관	청산금의 2.8%

'<u>과세표준의 2.8%에 해당하는 취득세</u>' 이외에 0.16%에 해당하는 목적세인 지방교육세를 지방세로 납부하게 된다. 또한 0.2%에 해당하는 국세이면서 목적세인 농어촌특별세가 함께 부과된다. 따라서 <u>과세표준의 3.16%에 해당하는 세금을 납부해야 한다.</u>

❑ 정비사업조합 조합원등의 취득세 과세여부

구 분		환 지				
		권리가액		불입청산금(증환지)		
		상가	주택	85㎡ 이하	85㎡ 초과	상가
원 조합원등	재건축조합	과세(주-3)		과 세		
	재개발조합	면제	경감/면제(주-1)		과세	과 세
	주거환경사업	과 세	경감/면제(주-1)			과 세
승계 조합원등	재건축조합	과세(주-3)				
	재개발조합	면 제		과 세		
	주거환경사업	과 세				
일반분양자		과세. 단, 현 소유주택이 1세대1주택으로 전용 40㎡ 이하인 주거용 건축물 및 그 부속토지로서 취득가격이 1억 미만인 경우 2022년 12월 30일까지 100% 감면, (주-2)				

주)-1 : 지방세특례제한법 제74조(2020.1.15.개정)(아래 쪽 참조)
주)-2 : 지방세특례제한법 제33조제2항 및 동 시행령 제15조제2항(아래 쪽 참조)
주)-3 : 증가되는 주택면적의 신축비 및 지분증가 토지에 한하여 과세된다.

❏ 정비사업조합의 취득세 과세여부

(2022.1. 현재)

구 분	대지조성	체비지·보류지	관리처분으로 취득한 주거용
재건축조합	과 세	과 세	과 세
재개발조합	경감(지특법 제74조제5항) (2022.12.31.까지 75% 경감)	감면(2022.12.31.까지) (지방세특례제한법 제74조제3항)	면제(지특법 제74조제1항) (2022.12.31.까지 면제)

❏ 부동산 취득세율(1가구 1주택의 경우)

(2022.1. 현재)

부동산 취득의 종류		구 분	취득세	농특세	교육세	합계
주 택 [유상주택] [일반분양자]	6억이하	85m² 이하	1.00%	비과세	0.10%	1.10%
		85m² 초과	1.00%	0.20%	0.10%	1.30%
	6억초과 9억이하	85m² 이하	1%~3%	비과세	0.10%	1.1~3.5%
		85m² 초과	1%~3%	0.20%	0.30%	1.1~3.5%
	9억초과	85m² 이하	3.00%	비과세	0.30%	3.30%
		85m² 초과	3.00%	0.20%	0.30%	3.50%
주택 외 유상취득			4.00%	0.20%	0.40%	4.60%
농지의 유상취득			3.00%	0.20%	0.20%	3.40%
농지의 유상취득(자경)			1.50%	비과세	0.10%	1.60%
원시취득(신축 등)			2.80%	0.20%	0.16%	3.16%
상 속 [무상취득]	무주택자	85m² 이하	0.80%	비과세	0.16%	0.96%
		85m² 초과	0.80%	비과세	0.16%	0.96%
	1주택이상	85m² 이하	2.80%	비과세	0.16%	2.96%
		85m² 초과	2.80%	0.20%	0.16%	3.16%
	농 지		2.30%	0.20%	0.06%	2.56%
	그 외		2.80%	0.20%	0.16%	3.16%
증 여 [무상취득]	주 택 [조정대상지역]	85m² 이하	12.00%	비과세	0.40%	12.40%
		85m² 초과	12.00%	1.00%	0.40%	13.40%
	주 택 [그 외 지역]	85m² 이하	3.50%	비과세	0.30%	3.80%
		85m² 초과	3.50%	0.20%	0.30%	4.00%
	주택 외		3.50%	0.20%	0.30%	4.00%

◻ 정비사업조합의 토지 및 건축물 취득시기

구 분	귀속자	토 지	건축물
재건축조합	조합원	소유권이전고시일의 익일 (지분증가분)	사용승인일과 사실상 사용일 중 빠른 날
	조 합 (비조합원 분)	소유권이전고시일의 익일	사용승인일과 사실상 사용일 중 빠른 날
재개발조합	조합원	소유권이전고시일의 익일	소유권이전고시일의 익일과 사실상 사용일 중 빠른 날
	조 합 (비조합원 분)	소유권이전고시일의 익일	소유권이전고시일의 익일과 사실상 사용일 중 빠른 날
주거환경 개선사업	조합원	소유권이전고시일의 익일	소유권이전고시일의 익일과 사실상 사용일 중 빠른 날
	조 합 (비조합원 분)	소유권이전고시일의 익일	소유권이전고시일의 익일과 사실상 사용일 중 빠른 날

◻ 재건축사업 참여자의 취득세 부담률

납세의무자	주택건물면적	과세표준 및 세율	비 고
원 조합원	면적에 무관함	건물 : 세대당 공사비의 2.8%	소유권보존등기
		토지 : 지분증가분의 2.8%	이전고시일(취득일)기준 개별공시지가 적용
승계 조합원	면적에 무관함	신고가액의 4%(주-1) / 세대당 공사비의 2.8%	소유권보존등기/이전고시일 익일
일반분양자	전용 40㎡ 초과	분양가의 1%~3%	2013년 8월 28일 이후 최초로 취득하는 분부터 적용
	전용 40㎡ 이하	2018년 12월 30일까지 100% 감면	현 소유주택이 1세대1주택, 취득가액이 1억 미만인 경우(주-2)

◻ 재개발사업 참여자의 취득세 부담률

납세의무자	주택건물면적	과세표준 및 세율	비 고
원 조합원	전용 85㎡ 초과	청산금불입액의 2.8%	소유권보존등기, 토지분과 건물분으로 안분
	전용 85㎡ 이하	감면/면세	지방세특례제한법 제74조제3항 (2017.12.26.개정)
승계 조합원	면적에 무관함	신고가액의 4%(주-1) / 청산금불입액의 2.8%	소유권보존등기/이전고시일 익일
일반분양자	전용 40㎡ 초과	분양가의 1%~3%	2013년 8월 28일 이후 최초로 취득하는 분부터 적용
	전용 40㎡ 이하	2018년 12월 30일까지 100% 감면	현 소유주택이 1세대1주택, 취득가액이 1억 미만인 경우(주-2)

주-1 : 건축물의 멸실 후 조합원 지위를 승계하는 경우 **주택 외 유상취득으로 보아 토지에 대한 취득세율인 4%**가 부과되는 것이 원칙이다.

주-2 : 아래의 「지방세특례제한법 제33조제2항 및 동 시행령 제15조제2항」 참조

❏ **지방세특례제한법 제33조(주택 공급 확대를 위한 감면)제2항 <개정 2021.12.28.>**

② 상시 거주(「주민등록법」에 따른 전입신고를 하고 계속하여 거주하는 것을 말한다. 이하 이 조에서 같다)할 목적으로 대통령령으로 정하는 서민주택을 취득[상속·증여로 인한 취득 및 원시취득(原始取得)은 제외한다]하여 대통령령으로 정하는 1가구 1주택에 해당하는 경우(해당 주택을 취득한 날부터 60일 이내에 종전 주택을 증여 외의 사유로 매각하여 1가구 1주택이 되는 경우를 포함한다)에는 취득세를 <u>2024년 12월 31일</u>까지 면제한다.

❏ **지방세특례제한법 시행령 제15조제2항**

② 법 제33조제2항에서 "대통령령으로 정하는 서민주택"이란 연면적 또는 전용면적이 40제곱미터 이하인 주택[「주택법」 제2조제1호에 따른 주택으로서 「건축법」에 따른 건축물대장·사용승인서·임시사용승인서 또는 「부동산등기법」에 따른 등기부에 주택으로 기재{「건축법」(법률 제7696호로 개정되기 전의 것을 말한다)에 따라 건축허가 또는 건축신고 없이 건축이 가능했던 주택(법률 제7696호 건축법 일부개정법률 부칙 제3조에 따라 건축허가를 받거나 건축신고가 있는 것으로 보는 경우를 포함한다)으로서 건축물대장에 기재되어 있지 않은 주택의 경우에도 건축물대장에 주택으로 기재된 것으로 본다}된 주거용 건축물과 그 부속토지를 말한다. 이하 이 조에서 같다]으로서 취득가액이 1억원 미만인 것을 말한다. <개정 2020.1.15.>

❏ **지방세특례제한법 제74조(도시개발사업 등에 대한 감면)**

① 「도시개발법」 제2조제1항제2호에 따른 도시개발사업과 「도시 및 주거환경정비법」 제2조제2호나목에 따른 재개발사업의 시행으로 해당 사업의 대상이 되는 부동산의 소유자(상속인을 포함한다. 이하 이 조에서 같다)가 환지계획 및 토지상환채권에 따라 취득하는 토지, 관리처분계획에 따라 취득하는 토지 및 건축물(이하 이 항에서 "환지계획 등에 따른 취득부동산"이라 한다)에 대해서는 취득세를 2022년 12월 31일까지 면제한다. 다만, 다음 각 호에 해당하는 부동산에 대해서는 취득세를 부과한다. <개정 2020.1.15.>

1. 환지계획 등에 따른 취득부동산의 가액 합계액이 종전의 부동산 가액의 합계액을 초과하여 「도시 및 주거환경정비법」 등 관계 법령에 따라 청산금을 부담하는 경우에는 그 청산금에 상당하는 부동산

2. 환지계획 등에 따른 취득부동산의 가액 합계액이 종전의 부동산 가액 합계액을 초과하는 경우에는 그 초과액에 상당하는 부동산. 이 경우 사업시행인가(승계취득일 현재 취득부동산 소재지가 「소득세법」 제104조의2제1항에 따른 지정지역으로 지정된 경우에는 도시개발구역 지정 또는 정비구역 지정) 이후 환지 이전에 부동산을 승계취득한 사로 한정한다.

② 제1항제2호의 초과액의 산정 기준과 방법 등은 대통령령으로 정한다.

③ 도시개발사업의 사업시행자가 해당 도시개발사업의 시행으로 취득하는 체비지 또는 보류지에 대해서는 취득세의 100분의 75를 2022년 12월 31일까지 경감한다. <개정 2020.1.15.>

④ 「도시 및 주거환경정비법」 제2조제2호가목에 따른 주거환경개선사업(이하 이 조에서 "주거환경개선사업"이라 한다)의 시행에 따라 취득하는 주택에 대해서는 다음 각 호의 구분에 따라 취득세를 2022년 12월 31일까지 감면한다. 다만, 그 취득일부터 5년 이내에 「지방세법」 제13조제5항제1호부터 제4호까지의 규정에 해당하는 부동산이 되거나 관계 법령을 위반하여 건축한 경우에는 감면된 취득세를 추징한다. <신설 2020.1.15.>

1. 주거환경개선사업의 시행자가 주거환경개선사업의 대지조성을 위하여 취득하는 주택에 대해서는 취득세의 100분의 75를 경감한다.

2. 주거환경개선사업의 시행자가 「도시 및 주거환경정비법」 제74조에 따라 해당 사업의 시행으로 취득하는 체비지 또는 보류지에 대해서는 취득세의 100분의 75를 경감한다.

3. 「도시 및 주거환경정비법」에 따른 주거환경개선사업의 정비구역지정 고시일 현재 부동산의 소유자가 같은 법 제23조제1항제1호에 따라 스스로 개량하는 방법으로 취득하는 주택 또는 같은 항 제4호에 따른 주거환경개선사업의 시행으로 취득하는 **전용면적 85제곱미터 이하**의 주택에 대해서는 취득세를 면제한다.

⑤ 재개발사업의 시행에 따라 취득하는 부동산에 대해서는 다음 각 호의 구분에 따라 **취득세를 2022년 12월 31일까지 경감한다**. 다만, 그 취득일부터 5년 이내에 「지방세법」 제13조제5항제1호부터 제4호까지의 규정에 해당하는 부동산이 되거나 관계 법령을 위반하여 건축한 경우 및 제3호에 따라 대통령령으로 정하는 일시적 2주택자에 해당하여 취득세를 경감받은 사람이 그 취득일부터 3년 이내에 대통령령으로 정하는 1가구 1주택이 되지 아니한 경우에는 감면된 취득세를 추징한다. <신설 2020.1.15.>

1. 재개발사업의 시행자가 재개발사업의 대지 조성을 위하여 취득하는 부동산에 대해서는 취득세의 100분의 50을 경감한다.

2. 재개발사업의 시행자가 「도시 및 주거환경정비법」 제74조에 따른 해당 사업의 관리처분계획에 따라 취득하는 주택에 대해서는 취득세의 100분의 50을 경감한다.

3. 「도시 및 주거환경정비법」에 따른 재개발사업의 정비구역지정 고시일 현재 부동산의 소유자가 재개발사업의 시행으로 주택(같은 법에 따라 청산금을 부담하는 경우에는 그 청산금에 상당하는 부동산을 포함한다)을 취득함으로써 대통령령으로 정하는 1가구 1주택이 되는 경우(취득 당시 대통령령으로 정하는 일시적으로 2주택이 되는 경우를 포함한다)에는 다음 각 목에서 정하는 바에 따라 취득세를 경감한다.

　　가. 전용면적 60제곱미터 이하의 주택을 취득하는 경우에는 취득세의 100분의 75를 경감한다.

　　나. **전용면적 60제곱미터 초과 85제곱미터 이하의 주택을 취득하는 경우**에는 취득세의 100분의 50을 경감한다.

7 정비사업 관련 제2차 납세의무

법인의 재산에 대하여 체납처분을 집행하여도 조합이 납부하여야 할 국세 등에 충당하기에 부족한 경우에는 법인과 일정한 관계에 있는 자가 그 부족액에 대해 보충적으로 납부의무를 부담한다. 이에 대한 관계 법규는 ①정비사업 관련 제2차 납세의무(조특법 제104조의7 제4항), ②청산인 등의 제2차 납세의무(국세기본법 제38조), ③출자자의 제2차 납세의무(국세 기본법 제39조), ④법인의 제2차 납세의무(국세기본법 제40조), ⑤사업양수인의 제2차 납세의무(국세기본법 제41조), ⑥청산인 등의 제2차 납세의무(지방세기본법 제46조)가 있으며 정비사업과 직접 관련되는 법령은 아래와 같다.

1) 조세특례제한법에 따른 조합원의 제2차 납세의무

정비사업조합이 관리처분계획에 따라 해당 정비사업의 시행으로 조성된 토지 및 건축물의 소유권을 타인에게 모두 이전한 경우로서 그 정비사업 조합이 납부할 국세 또는 강제징수비를 납부하지 아니하고 그 남은 재산을 분배하거나 인도한 경우에는 그 정비사업에 대하여 강제징수를 하여도 징수할 금액이 부족한 경우에만 그 남은 재산의 분배 또는 인도를 받은 자가 그 부족액에 대하여 제2차 납세의무를 진다. 이 경우 해당 제2차 납세의무는 그 남은 재산을 분배 또는 인도받은 가액을 한도로 한다. [조세특례제한법 제104조의7제4항] <개정 2020.12.29.>

2) 국세기본법에 따른 청산인 및 조합원의 제2차 납세의무

법인이 해산하여 청산하는 경우에 그 법인에 부과되거나 그 법인이 납부할 국세 및 강제징수비를 납부하지 아니하고 해산에 의한 잔여재산을 분배하거나 인도하였을 때에 그 법인에 대하여 강제징수를 하여도 징수할 금액에 미치지 못하는 경우에는 청산인 또는 잔여재산을 분배받거나 인도받은 자는 그 부족한 금액에 대하여 제2차 납세의무를 진다.
이때, 제2차 납세의무의 한도는 청산인은 분배하거나 안도한 재산의 가액, 잔여재산을 분배받거나 인도받은 자는 각자가 받은 재산의 가액으로 한다.
[국세기본법 제38조제1항<개정 2020.12.22.> 및 제2항<개정 2019.12.31.>]

<u>제2차 납세의무가 발생되기 위한 요건은 아래와 같다</u>.

구 분	청산인 등의 제2차 납세의무
주된 납세의무자	해산한 정비사업조합
제2차 납세의무자	① 청산인 ② 잔여 재산을 분배받거나 인도받은 자
요 건	다음 요건을 모두 충족하는 경우에 한해 의무가 발생한다. ① 법인의 해산 ② 청산 후 남은 재산의 분배 또는 인도 ③ 법인의 재산으로 징수할 금액에 부족

3) 지방세기본법에 따른 청산인 및 조합원의 제2차 납세의무

법인이 해산한 경우에 그 법인에 부과되거나 그 법인이 납부할 **지방자치단체의 징수금**을 납부하지 아니하고 남은 재산을 분배하거나 인도(引渡)하여, 그 법인에 대하여 체납처분을 집행하여도 징수할 금액보다 적은 경우에는 청산인과 남은 재산을 분배받거나 인도를 받은 자는 그 부족한 금액에 대하여 제2차 납세의무를 진다.

제2차 납세의무는 청산인에게는 분배하거나 인도한 재산의 가액을, 남은 재산을 분배받거나 인도받은 자에게는 각자가 분배·인도받은 재산의 가액을 한도로 한다.

[지방세기본법 제45조(청산인 등의 제2차 납세의무)제1항 및 제2항]

주) 위의 "지방자치단체의 징수금"이란 지방세와 가산금 및 체납처분비를 말한다.
  [지방세기본법 제2조(정의)제1항제22호]

정비조합의 해산 시 청산인이 되는 자는 정관에서 정하는 자이며, 대부분의 정비사업조합 정관에는 조합해산의결 당시의 임원이 청산인이 된다고 규정하고 있다.

8 공사계약과 세무·회계

정비사업을 추진함에 있어 시공자와의 공사계약에 따른 세금의 부담주체에 관한 법적인 다툼이 심심치 않게 발생되고 있어, 공사계약 시에는 각종 세금에 대한 부담주체를 확실히 하여 추후 법적 분쟁의 발생을 예방할 수 있도록 대비하여야 할 것이다.

1) 공사계약의 형태

정비사업에 대한 공사계약은 이론적으로 대부분 도급계약의 한 가지에 해당한다고 할 수 있다. 다만, 공사대금의 지불방법과 책임 등에 따라서 ①확정지분제계약, ②변동지분제(혼합지분제)계약, ③도급제계약, ④대물계약 등의 4가지로 구분할 수 있다.

이때, 대물계약은 시공자에게는 법적인 제약이나 세금의 부담 등 많은 문제점이 발생한다. 따라서 대부분의 공사계약은 결국 도급제의 형태가 됨으로써 조합은 발주자, 건설사는 도급자의 입장에서 공사계약이 체결된다고 할 것이다.

2) 공사계약형태의 선택

공사계약형태를 결정함에 있어 부동산경기가 활황인 경우에는 예측가능 한 분양금액 등으로 인해 공사계약조건의 선택이 비교적 용이하였으나, 최근에는 경제적, 사회적 분위기의 변화로 인하여 '각 사업조건별 경제적인 안정성여부 검토' 등을 면밀히 확인하여 계약조건, 시행시기, 계약형태 등을 선택하는 것이 계약상 중요한 문제로 인식되고 있다.

이중에서도 시중금리의 변동사항, 분양경기의 흐름, 특히 정비사업조합측의 특성이라 할 수 있는 사업주체의 경험부족, 자금부족, 회계처리의 전문성부족, 의사결정의 지연, 조합원 간의 분쟁, 기타 민원 등으로 인해 정비사업의 효율적이고 원활한 추진이 어렵게 됨을 감안 하여 시공자는 공동사업주체라는 자세로 조합과의 상호협력이 절실히 요구되는 것이다.

3) 공사계약 시 부담주체를 확인할 비용이나 세금

시공자와의 공사계약 전에는 아래 사항에 대한 확인이 꼭 필요하다.

가. 대여금인지 시공자 부담인지의 여부

나. 무이자이주비 등에 대한 금융비용의 처리문제

다. 부가가치세 환급금의 귀속문제

라. 사업소득세, 제세공과금 등의 부담주체

마. 조합원이 부담하는 매입부가세 문제 등

바. 인입시설공사에 따른 공사비와 인·허가비용 및 분담금의 부담주체

사. 정비기반시설 공사비의 부담주체

아. 학교시설 부담금, 교통시설 부담금 등의 각종 부담금

자. 인근 주민과의 분쟁으로 인해 지불되는 비용

　　: 일조권 침해로 인한 비용, 공사 중 소음이나 분진 등으로 인한 비용, 전파방해로 인한 비용 등

차. 인·허가관청과의 분쟁으로 인한 비용

　: 토지(국·공유지)사용료, 임차료, 과태료 등

이러한 비용의 부담주체에 관한 사항은 공사계약의 형태 즉, 지분제와 도급제 중 어느 형태를 선택하느냐에 따라 크게 달라지며, 각각의 공사계약 형태를 확정한 이후에도 조합(조합원)과 시공자간에 비용의 부담주체로 인한 분쟁이 발생될 수 있는 소지가 항상 존재한다.

따라서 이미 정비사업을 시행한 조합의 사례를 여러 건 수집한 후에 이를 시공자선정 시 '사업참여제안서 작성지침'이나 시공자와의 '공사계약서'에 반영하도록 하여야 한다.

제2장
정비조합의 회계 및 급여처리

1 정비조합의 회계처리

정비조합의 회계 계정과목은 크게 조합과 조합원과의 거래, 조합과 시공자간의 거래 및 조합운영비의 3가지로 나누어진다.

1) 조합과 조합원간의 거래

조합원이 조합에 출자하는 부분은 크게 종전자산의 출자액과 공사비부족액에 대한 현금 납입액으로 구분할 수 있다. 종전자산의 출자액에 대해서는 감정평가액을 기준으로 한다. 정비조합의 관리처분계획에는 분양대상자별 종전의 토지 또는 건축물의 명세 및 **사업시행 인가의 고시가 있는 날을 기준으로 한 가격**이 포함되어 있어야 한다. (법 제74조제1항제5호)

2) 조합과 시공자간의 거래

건축공사비는 약정에 의하여 지급하게 되는 부분이므로 회계처리상 크게 문제될 부분은 없다. 다만, 기타경비 중 다음의 경비 등은 회계처리상 유의하여야 한다. 조합운영비, 토지매입비, 보존등기비, 설계비와 감리비등 기타 사업과 관련된 경비는 조합원의 분담금 내에 이미 전부 포함되어 있다. 즉, 사업 초기에는 조합에 자금이 없으므로 이러한 사업 경비를 시공자로부터 차용하여 사용하게 되고, 조합원이 분담금을 납부하게 되면 상환한다.

(1) 조합운영비

조합운영비는 시공자에게서 지원되는 부분에 대해 영업외수익과 차입금으로 구분할 수 있다. 조합 입장에서 영업외수익(무상 수익이므로)으로 회계처리를 하고 있다면 건설회사 입장에서는 당연히 접대비로 분류된다. 그러나 조합에서 해당 운영비를 차입금 으로 계정분류하고 정산 시 상환하는 것으로 처리한다면 실제로 공사비가 과다 계상 되지 않으므로 유리하다. 그러므로 조합은 매달운영비가 입금이 되면 차입금으로 회계 처리하는 것이 유리하다.

(2) 토지매입비

미동의자의 지분 매입비 혹은 추가 부지를 매입할 경우에 시공자로부터 대금을 차입하게 된다. 지분제사업의 경우 조합명의로 취득하는 부동산에 대해서는 실제적으로는 일반분양 수입과 조합원 분담금에서 상환될 가액이므로 건설공사비에 포함되어서는 아니 된다.

(3) 보존등기비

일반분양분에 대한 건물분의 보존등기비는 재건축조합이 원시취득자이므로 재건축조합 자체가 납세의무자이다. 따라서 해당 비용은 조합에서 시공자로부터 차입하여 지출한 비용이므로 조합에서는 차입금으로 회계처리를 하여야 한다.

(4) 설계비 및 감리비

설계와 감리계약은 상대 용역제공자와의 계약주체가 누구인가에 따라 회계처리가 달라져야 한다. 설계비 및 감리비의 계약자가 재건축조합일 경우에는 일반분양금과 조합원 분담금 내에 해당비용이 포함되어 있으므로 시공자에게서 차입하여 지급하는 것으로 회계처리 하여야 한다. 시공자가 공동시행자의 지위가 아닌 공사를 수행하는 수급인의 지위에 있는 경우 설계와 감리계약의 주체는 조합이다.

3) 운영비의 회계처리

정비조합이 매월 집행하는 주요경비는 다음과 같이 계정분리 한다.

계정 과목	내 역
인 건 비	임직원의 급여, 수당, 상여, 퇴직급여 등
복리후생비	일·숙직비, 직원식대 및 차대, 직원 야유회 비용, 직원회식비, 임직원경조비, 임직원피복비, 건강보험료와 국민연금 중 조합부담 분
여비/교통비	시내교통비, 출장여비, 해외출장비, 시외교통비
통 신 비	전화료 및 전신료, 우편료지급, 정보통신료, 팩시밀리 사용료 및 유지비
수도광열비	상하수도요금, 도시가스대금, 가스대금, 난방용 유류대
접 대 비	거래처 선물대금, 거래처 경조사비, 거래처 접대비, 행사참가비
전 력 비	전기요금, 동력비(사무실 전기요금은 수도광열비로 처리)
세금/공과금	자동차세, 인지대금, 적십자회비, 협회비, 균등할주민세[취득세(등록세 포함)는 취득건물의 원가에 포함](법인세, 소득세, 주민세는 미포함), 교통벌칙금
지급임차료	조합사무실 임차료, 복사기임차료, 차량임차료, 기타 임차료
수 선 비	건물수선비. 기계수선비, 공기구수선비, 비품수선비, 유시모수료
보 험 료	산재보험료, 자동차보험료, 보증보험료, 책임보험 (건강보험은 상근임직원의 조합부담 분)
차량유지비	유류대, 차량수리비, 주차료, 안전협회비, 검사비, 통행료 등

교육훈련비	강사초청료, 연수원임차료, 학원연수비 위탁교육훈련비
도서인쇄비	신문구독료, 도서대금, 인쇄대금, 사진현상대금, 복사대금, 명함인쇄대금
사무용품비	장부서식대금, 문구대금 등
소모품비	소모자재대, 외주포장비, 박스, 포장재료, 기타 소모품비(주로 100만원 미만인 것)
지급수수료	변호사비용, 세무수수료, 특허권사용료, 기술로열티
회 의 비	임원회의비, 대의원회의비, 식대, 차대, 총회장소 임차비용 등
업무추진비	임원의 업무추진비
광고조사비	일반분양광고, 시장조사비, 의견조사용 통신비 등
잡 비	경미한 비용 중 규정되지 않은 항목
예 비 비	총 운영비예산의 10% 이내

4) 정비조합의 회계감사

(1) 회계감사의 대상

시장·군수등 또는 토지주택공사등이 아닌 사업시행자는 회계감사를 받아야 한다. 회계감사(법정감사, 임의감사 포함)는 조합의 결산서(대차대조표, 손익계산서, 이익잉여금처분계산서, 이에 관련된 각종 부속명세서)가 회계감사기준에 입각하여 작성되었는지를 감사하는 것이다.

(2) 회계감사 시기 및 대상 [시행일 : 2021.7.6.] 제112조

시장·군수등 또는 토지주택공사등이 아닌 **사업시행자(조합) 또는 추진위원회**는 다음 각 호의 어느 하나에 해당하는 경우에는 다음 각 호의 구분에 따른 기간 이내에 「**주식회사 등의 외부감사에 관한 법률**」 제2조제7호 및 제9조에 따른 **감사인의 회계감사**를 받기위하여 시장·군수등에게 회계감사기관의 선정·계약을 요청하여야하며, 그 감사결과를 <u>회계감사가 종료된 날부터 15일 이내</u>에 시장·군수등 및 해당 조합에 보고하고 조합원이 공람할 수 있도록 하여야 한다. 다만, 지정개발자가 사업시행자인 경우에는 제1호에 해당하는 경우는 제외한다.
(법 제112조 제1항<개정 2021.3.16.>, (영 제88조)

1) 제34조제4항에 따라 추진위원회에서 사업시행자로(**조합**으로) 인계되기 전까지 납부 또는 지출된 금액과 계약 등으로 지출될 것이 확정된 금액의 합이 대통령령으로 정한 금액인 3억5천만원 이상인 경우: <u>**추진위원회에서 조합로 인계되기 전 7일 이내**</u>
2) **제50조**제9항에 따른 사업시행계획인가 고시일 전까지 납부 또는 지출된 금액이 대통령령으로 정하는 금액인 7억원 이상인 경우: <u>**사업시행계획인가의 고시일부터 20일 이내**</u>
3) 제83조제1항에 따른 준공인가 신청일까지 납부 또는 지출된 금액이 대통령령으로 정하는 금액인 14억원 이상인 경우: <u>**준공인가의 신청일부터 7일 이내**</u>
4) 토지등소유자 또는 조합원 5분의 1 이상이 사업시행자에게 회계감사를 요청하는 경우: 제4항에 따른 절차인 **회계감사비용 예치에 따른 절차를 고려한 상당한 기간 이내**

위와 같이 회계감사가 필요한 경우 사업시행자는 그 시장·군수등에게 회계감사기관의 선정·계약을 요청하여야 하며, 시장·군수등은 요청이 있는 경우 즉시 회계감사기관을 선정하여 회계감사가 이루어지도록 하여야 한다. (법 제112조제2항<개정 2021.1.5.>)

(3) 외부회계감사인

조합에 대한 회계감사를 할 수 있는 **감사인**은 「주식회사 등의 외부감사에 관한 법률」 제2조(정의)제7호에 의한 감사인이다. 즉, "회계법인"과 "한국공인회계사회에 등록한 감사반" (이하 "감사반"이라 한다)을 말한다.

(4) 회계감사 결과의 조치

회계감사가 종료되면 종료일로부터 **15일 이내**에 시장·군수등에 보고하고 이를 해당 조합에 보고하여 조합원이 공람할 수 있도록 조치하여야 한다.

❖ 회계감사 준비자료

회계감사 시 준비할 영구조서 목록
1. 회사설립과 관련된 자료
    (1) 정관
    (2) 주주명부
    (3) 사업자등록증 (사업장별)
    (4) 법인등기부 등본
    (5) 회사 규정집
    (6) 주식납입금보관영수증
    (7) 임대차계약서 & **등기사항전부증명서**
2. 회사에 대한 일반정보
    (1) 회사현황
    (2) 회사연혁
    (3) 기구조직표(사업부문별 조직구성&임직원현황)
    (4) 사업자등록증외 각종 등록 현황
    (5) 면허보유현황
    (6) 협력업체 등록현황
    (7) 회사 및 공장약도
    (8) 형식승인서
    (9) 경영진에 대한 정보(성명, 연령, 입사일, 주요 경력사항, 현 직책&담당업무)
    (10) 관계회사 현황 (관계회사와의 영업상 의존도, 관계회사 재무현황&업종)
    (11) 관계회사 상호간의 출자현황&지급보증현황
    (12) 금융기관별 차입금&담보현황

3. 기타 자료
   (1) 회계방침과 절차
   (2) 회사 규정집
   (3) 주주총회&이사회 의사록
   (4) 각종 계약서
   (5) 법인세정보
   (6) 특허권, 상표권등 법적권리 획득자료

■ 감사조서[監査調書]

이는 감사의뢰인이 보유하는 기록과 감사인이 작성하는 감사보고서를 연결하여 양자의 정확성을 증명하는 유일한 수단이다. 감사조서의 내용은 감사에 관련하여 기록된 보고의 모든 것을 집성(集成)한 것으로, 그 주된 것은 시산표(試算表)/ 부속명세표(附屬明細表) 및 분석표/ 정리기입표/ 확인서/ 주석서(註釋書)/ 비망표/ 정관/ 의사록/ 계약서의 발췌 감사조서/ 색인표 등이다. 감사조서에는 매년 새로이 작성되는 조서와 해가 바뀌어도 별로 변화가 없으므로 그대로 사용되는 영구적인 조서가 있다. 회사설립인가증/ 사규사칙/ 사채계약서/ 회계절차서/ 사무분담조직표/ 주요 인원배치표 등은 이른바 퍼머넌트 파일 (permanent file:영구적 서식) 이라 한다.

감사조서는 계속하여 사용할 수 있는 중요한 자료들을 새로운 정보가 있을 때마다 갱신·정리한 **영구조서(permanent file)**와 해당년도 감사와 관련된 정보를 정리한 **당기조서(current file)**로 구분될 수 있다.

② 정비사업과 시공자의 회계처리

1) 개요

일반적으로 조합과 시공자간의 계약에 대해 조합은 이를 지분제계약과 도급제계약으로 구분하지만, 시공자의 입장에서는 공사도급계약형식으로 회계처리 한다. 물론 지분제계약 형식으로 시공자가 재건축조합에 건물을 무상으로 신축하여주고 그에 대한 대가를 토지와 건물로 양도받는 대물변제의 형식을 취할 수도 있으나 이러한 경우 세무상 많은 문제점이 발생되므로 세무회계상으로 진정한 의미의 지분제사업은 없다고 해도 과언이 아니다. 또한, 같은 공사계약이라 하더라도 회계처리방안에 따라 시공자와 조합에 세금상의 많은 차이를 발생시키므로 주의하여야 한다.

2) 사업경비에 대한 시공자대여금의 종류

(1) 조합원이주비
(2) 조합운영비(조합사무실 임차료 등 포함)

(3) 설계비 및 감리비,

(4) 안전진단비용

(5) 각종 영향평가비

(6) 인·허가비, 채권매입비, 사용검사비

(7) 광역교통시설부담금 등의 각종 부담금 및 각종 인입시설분담금

(8) 관리처분비용(감정평가비 등)

(9) 토지구입비 및 제반 세금 및 부가가치세

(10) 회계감리비, 세무대행비용

(11) 각종 소송비용, 수수료

(12) 컨설팅비용(정비사업전문관리업자 선정비용), 세무회계 등 제반 용역비용, 총회비용, 민원처리비

(13) 분양경비

(14) 예비비 및 기타 조합경비

3) 사업경비의 회계처리

(1) 조합원이주비

조합원이주비는 조합이 정비사업을 추진함에 있어 공사비를 제외하고 조합에서 수행하는 금융업무 중 금액상으로 그 규모가 가장 큰 업무인 것이 대부분의 경우이다.

필자가 참여했던 재건축조합의 경우는 총 조합원수가 1,720명으로 해당 조합원에 대한 이주비로 약 팔천억원이 소요되었으며, 이주비대출을 위한 공개경쟁입찰을 실시하여 2개의 금융지원기관을 선정하였다.

이주비대출 금융지원기관의 선정을 위한 자료인 '**금융지원기관 선정을 위한 금융지원제안서**'를 포함하여 관련 자료는 제Ⅱ부−제2편−제4장(**금융지원기관 선정 및 조합원 중도금 대출**)에 수록되어있으니 참고하기 바랍니다.

① 조합원이주비는 조합원이 재건축공사기간 중에 거주할 주택의 전세자금 보조금이며, 조합원 입주 전에 본인이 대출받은 금액을 시공자나 금융기관에 상환하여야 한다.

② 이주비조달방식의 종류

ⓐ **시공자로부터 조달하는 방식**

가. 이주비의 원금과 이자를 시공자로부터 조달하여 조합원에게 제공하며, 원리금은 일반분양수입 등에서 우선하여 상환하는 방식이다. 이 경우에는 조합과 시공자가 관련 금융기관에 보증인으로 참여하게 된다.

이 조달방식에서는 이주비를 **무이자이주비**와 **유이자이주비**로 구분하여 지급하게 되는데, 무이자이주비의 금융비용은 모든 금융비용을 평당공사비에 포함시키기 때문에 실질적으로는 무이자이주비라고 할 수 없는 것이다.

나. 표면적으로는 이자를 받지 않는 무이자이주비 대여금은 건설회사가 수주를 하기 위하여 지출한 판매촉진비의 성격으로 간주되어 법인세의 규정에 의한다 해도 적정한 회계처리로 인정되고 있다.

다. 유이자이주비 대여금은 약정이자를 조합이나 조합원이 부담하게 되며, 조합 또는

조합원이 이를 지불하는 절차는 해당 이자를 조합이나 조합원으로부터 원천징수하여 상환한다.

ⓑ **조합원이 직접 조달하는 방식**

가. 이주비의 원금을 각 조합원이 현재 공유지분의 형태로 소유 중인 사업부지 내의 토지를 대출금융기관에 담보로 제공하여 대출받는 일종의 개인담보대출이다.

　이때 발생되는 금융비용(이자)은 조합이 시공자로부터 대여금을 받아 대출금융기관에 납부하게 되며, 시공자의 대여금은 공사도급계약서의 계약내용에 따라 그 원리금을 일반분양수입입금 등에서 우선하여 시공자에 상환한다.

나. 조합원이 집단대출방식을 통하여 더욱 유리한 대출조건을 확보할 수 있도록 하기 위해서는 조합이 주관하여 1개 내지 2개의 금융지원기관을 일반경쟁입찰을 통해 선정하는 방안을 검토할 필요가 있다. 이때 선정된 금융기관은 조합원이 입주한 후에도 금융거래가 계속 유지되기 때문에 은행들은 입찰에 큰 관심을 가지게 된다. 필자가 참여한 재건축조합에서도 이 조달방법을 채택함으로써 금융비용에서 기대 이상의 많은 비용을 절감할 수 있었다.

다. 이 대출방식에서 일부 유의해야할 사항은 소수 조합원은 소유한 토지를 담보로 이미 많은 금액을 대출받은 경우가 발생되기도 하는데, 이 경우 기존의 대출금을 중도 상환해야 상대적으로 저리의 조합집단대출을 이용할 수 있게 된다. 이 과정에서 해당 조합원은 위약금을 부담하며 기존대출금을 중도 해약해야 하는 어려움이 발생되므로 모든 조합원이 유리한 조건의 이주지원금을 대출받기 위해서는 기존 대출금의 **중도상환이 필요하다는 내용을 전 조합원에 사전 통지**할 필요가 있다.

라. 이주비를 조합원 명의로 은행에서 대출받아 조합원이 사용하고, 해당 금융비용은 법인인 시공자가 부담한다면 그 비용은 건설회사의 재건축공사원가로 비용처리할 수 있다.

(2) 조합운영비 등(일반관리비용)

조합운영비 등을 대여금의 약정없이 시공자가 지불하였다면 시공자는 비용으로 처리하며 이를 접대비로 보아 세무회계상으로는 한도초과액으로 인해 비용을 부인당할 우려가 있으므로, 계약상으로는 조합이 부담하는 것으로 약정한 후에 장기소요자금은 시공자로부터 장기대여금회계처리한 후, 차후에 분양수입금이 입금될 때에 대여금을 우선하여 회수하는 방법으로 회계처리 하는 것이 합리적인 방법이라 할 것이다.

다시 말하면, 건설업을 영위하는 법인이 재건축조합과 계약에 의하여 조합이 부담하여야할 운영비 일부를 업무와 관련하여 현금으로 무상 지원하는 경우 이 금액은 접대비에 해당한다. 상기 조합운영비의 처리를 조합 입장에서 영업외수익(무상 수익이므로)으로 회계처리를 하고 있다면 시공자 입장에서는 당연히 접대비로 분류가 되지만, 만약 조합에서 해당 운영비를 차입금으로 계정분류하고 정산 시 상환하는 것으로 처리할 수가 있다면 시공자에게는 접대비로 간주되는 것을 방지할 수 있다. 따라서 시공자는 조합운영비를 대여금으로 처리하여 계약서를 작성하여야 한다.

또한, 시공자 입장에서는 상기 운영비만큼이 대여금 회수로 처리되어 도급액이 감액되므로 일반분양분에 대한 보존등기비와 시공자의 매출감소에 따르는 부가치세를 절감할 수 있게 된다.

(3) 설계비, 감리비 및 안전진단비 등(공사원가성 비용)

설계비와 감리비 등 공사원가성 비용은 상대 용역제공자와의 계약의 주체가 누구인가에 따라 회계처리가 달라져야 한다. 종래 설계비 및 감리비의 계약자가 재건축조합일 경우에는 일반분양금과 조합원분담금 내에 해당 비용이 포함되어 있으므로 건설사의 공사비가 감액되어야 하고 설계비 및 감리비의 계약자가 건설사일 경우에는 도급액을 감액시킬 필요가 없어 건설사에서 원가처리를 하고 이 금액을 공사비로 회수하였다. 앞서 지적한 바와 같이 도시정비법의 시행으로 시공자는 수급인으로서 설계자를 선정할 수 없으므로 조합이 원칙적인 계약당사자가 된다.

다시 말하자면, 이러한 비용은 조합과의 계약에 따라 조합이 부담하는 경우에는 대여금으로 처리하고, 시공자가 부담하는 것으로 약정한 경우에는 공사원가로 처리한 후, 추후 공사수입금에서 회수한다.

이러한 비용을 대여금으로 처리하기로 약정하였다면 건설회사는 비용이 아닌 대여 및 회수가 되어 회수할 때는 수입금이 아니며, 조합은 이러한 비용도 건설공사의 원가(비용)로 회계처리가 되어야 한다.

(4) 토지매입비

재건축조합과 관련하여 추가부지 취득 혹은 미동의자 지분매입 시 취득의 주체를 어디로 결정하느냐에 따라 세금부담 및 회계처리방법이 많이 달라진다. 지분제사업의 경우 조합명의로 취득하는 부동산에 대해서는 실제로는 일반분양수입과 조합원분담금에서 상환될 가액이므로 건설공사비에 포함되어서는 안 된다.

만일, 토지매입비가 공사비에 포함되어 있는 경우에는 해당 토지매입비에 해당하는 공사비만큼의 부가가치세를 조합에서 환급받을 수 없다.

(5) 보존등기비

일반분양분에 대한 건물분의 보존등기비는 재건축조합이 원시취득자이므로 재건축조합 자체가 납세의무자이다. 따라서 해당 비용은 조합에서 회계 처리할 비용이며, 기타 조합명의로 취득하는 부동산에 대해서도 취득세(등록세 포함) 등은 조합명의로 과세된다.

조합명의로 재산을 취득함에도 불구하고 동 보존등기비 등을 건설사에서 경비로 처리할 경우 상기 조합운영비와 마찬가지로 접대비로 간주될 수 있으므로, 조합에 대한 대여금으로 처리하며 이 경우에도 동 금액만큼 도급액이 감소되는 효과가 있다.

4) 공사비의 정산

- 지분제사업방식인 경우는 조합의 사업경비 및 운영경비를 대여금으로 회계처리하고

조합의 분양수입총액에서 대여금을 회수할 금액(운영경비 등)을 차감한 후에 공사 도급액을 조정한다.

이 경우 지출영수증은 모두 조합 앞으로 발행된 영수증(세금계산서, 계산서 등)을 증빙으로 수취하여 조합의 회계로 처리하여야 한다.

- 지분제에서 조합의 운영비 부담액 등을 시공자가 부담한 후 시공자의 원가나 관리비로 처리할 경우 도급금액은 총 분양수입금액 전부를 도급금액으로 확정·조정·가감한다.
  이 경우 시공자가 부담한 금액만큼 수입금액(도급액)이 증가되고 또한 회사의 비용도 증가한다. 따라서 앞의 경우와 같이 공사손익은 같다. 다만, 수입금액의 증가로 인한 매출세액의 부담이 증가한다. 따라서 전항의 처리방법이 경제적이라고 판단된다.
  이때, 영수증은 모두 시공자(지불회사)앞으로 받아 증빙으로 처리하여야 한다. 설령 조합을 통하여 지불한 경우라도 이때는 시공자 앞으로 영수증을 받아서 시공자가 처리 하여야 한다. 즉 조합비용이 아니다.

(1) 공사비의 산출

조합 부담금	+	일반분양수입금	−	경비/대여금 (조합집행경비)	=	공사비
▫ 국민주택규모 이하 건축비 ▫ 국민주택규모 초과 건축비 ▫ 국민주택규모 초과 부가세 (조합부담 부가세) (#3)		▫ 토지가액 ▫ 국민주택규모 이하 건축비 ▫ 국민주택규모 초과 건축비 ▫ 국민주택규모 초과 부가세(#1)		▫ 조합운영비 ▫ 보존등기비 ▫ 조합명의 토지매입 ▫ 기타 사업비 등		▫ 국민주택규모 이하 공사비 ▫ 국민주택규모 초과 공사비 ▫ 국민주택규모 초과 부가세(#2)

❖ 조합부담 부가가치세 : [(#3) = (#1) − (#2)]

건설용역의 제공은 준공인가시점(혹은 임시사용승인시점)에서 완료되므로 해당 시점 에서 공사비를 확정하여야 한다. 대부분의 재건축조합에서 사용검사시점에서는 잔금의 회수가 대부분 이루어지지 않은 상태이고, 일부 경비가 미집행인 상태이므로 공사비의 금액산정에 있어 오차금액이 발생할 수 있으나 이를 최소한으로 줄여야 한다.

(2) 연체료와 할인료

대부분의 지분제 약정(지분제 사업방식)의 경우 위약금, 연체료수입, 할인료 비용 등은 시공자의 수익 및 비용으로 귀속된다. 시공자에서는 이를 공사비에서 조정하는 방안과 영업외수익비용으로 처리하는 방안이 있다.

참고로, 연체료가 할인료보다 클 경우에는 영업외수익으로 처리한다. 부가가치세법상 계약 등에 의하여 확정된 대가의 지급지연으로 지급받는 연체이자의 경우에는 부가가치세 과세표준에서 제외된다. (부가세법 제29조제5항제5호) 그러므로 공사비에서 조정하지 않고 영업외수익으로 처리하더라도 과세표준에 포함되지 않는 것이 타당하다.

(3) 공사비의 추가정산

일반분양아파트와 상가를 분양하여 공사비로 충당하기로 하였으나 미분양등으로 인하여 분양가액의 확정이 안 된 경우에는 준공인가시점에서 정확한 공사비를 산정하기가 불가능하다. 이러한 경우 준공인가시점에서는 건설용역의 제공이 완료되었기 때문에 미분양분의 예정분양가액을 반드시 포함하여 공사비를 산정하고 실제 분양계약이 체결되는 시점에서 변동되는 금액을 추가로 정산하여야 한다. 추가로 예정분양가액과 실제 분양가격이 차이가 많아서 공사비정산금액이 큰 상항이면 준공인가시점에 납부한 취득세(등록세 포함)를 자진하여 수정신고 하는 것이 가산세 등의 부담을 줄일 수 있다.

5) 정비조합의 급여신고 등

(1) 근로소득세, 퇴직소득세 및 소득할주민세

조합에서 급료를 지급한 경우에는 소득세법에 따라 소정의 근로소득세와 퇴직소득세, 그리고 이에 부수되는 소득할주민세를 원천징수하여 징수한 다음달 10일 이내에 신고하고 납부하여야 한다.

갑근세(주민세 포함)는 조견표를 보고 원천징수하고, **퇴직소득**의 경우 퇴직소득계산에 따라 퇴직소득세(퇴직소득세할주민세 포함)를 원천징수하고 징수한 익월 10일 이내에 보고 및 납부하여야 한다.

상시고용인원이 10인 이하인 사업장은 원천징수 반기별 신고납부를 하여야 하나, 월별 신고납부를 하려면 반기별 신고납부 제외신청이 가능하다.

(2) 배당소득의 처리

조합의 해산 시 수익사업에서 발생한 이익(총수익에서 일반분양 등에서의 수입만 해당 : 필자가 참여했던 조합은 약 22%)의 <u>**2천만원 초과분에 대하여는 종합과세 대상 소득에서 분리하여 원천징수하여 납부하거나, 종합과세를 선택하여 종합소득세율로 납부할 수 있다.**</u> 또한 일반분양수익분의 조합원 건설비에 충당한 가액에 대하여 조합원에게 현물로 환지할 경우에는 배당소득에 대한 원천징수문제가 발생한다.

(3) 4대사회보험의 보험료[2022년 1월 현재 기준]

가. 4대보험의 내역 및 부담기준

건강보험료, 국민연금, 고용보험료의 경우 본인 부담분은 원천징수하고 조합 부담분은 조합운영비로 계산·정리하여 납부하여야 하며, 산재보험료의 경우는 전액 조합 부담분이므로 전액 조합운영비로 정리하여야 한다.

① **건강보험료**

상시 1인 이상의 근로자를 사용하는 사업장에 고용된 근로자와 그 사용자는 보수월액에 보험료율 <u>6.99%</u>를 곱하여 산정한 보험료를 납부하여야 하며, 조합과 본인이 각각 <u>3.495%</u>씩 부담하여 납부한다.

② **산재보험료**

상시 근로자 1인 이상의 사업장이 가입대상이다. 상용, 일용, 임시직 등 고용형태나 명칭과 상관없이 대상이 된다. 요율은 업종에 따라 다르며 전액 조합이 부담한다.

③ **고용보험료**

상시 근로자 1인 이상이 있는 모든 사업주는 의무적으로 고용보험에 가입하여야 한다. 일반사업장(건설현장은 별도)의 실업급여를 위한 보험은 근로자와 사업주가 공동으로 부담하는 기금으로 생활에 필요한 실업급여를 지급하여 실직근로자의 생활안정에 사용하며, 근로자의 고용안정사업 및 직업능력개발사업을 위해 사용자(조합)만이 보험료를 부담(고용인원수별 0.25%~0.85%)하여 근로자의 재취업을 지원하는 사회보험제도이다. 고용보험에 가입한 사업장에 재직하고 있는 모든 근로자가 고용보험의 혜택을 받게 된다. 다만, 다음의 근로자는 적용제외 대상이다.
- 65세 이상인 자(단, 고용보험료 취득 대상이므로 취득상실신고하고 납부는 제외)
- 1개월간 소정근로시간이 60시간 미만(주간 15시간 미만)인 자
- 국가공무원법과 지방공무원법에 따른 공무원
- 사립학교 교직원 연금의 적용을 받는 자
고용보험의 경우 고용보험 적용 대상자의 범위가 모호하여 논란이 될 소지가 많으므로 상시 근무자 및 일용직 근무자 모두 신고적용대상자로 보고 신고하는 것이 추후 고용보험의 추징을 피할 수 있다.

④ **국민연금**

근로자 1인 이상인 법인 및 전문 직종 사업장도 의무적으로 가입하여야 한다. 개인사업장은 사용자를 제외한 근로자 1인 이상 사업장이면 당연가입 대상이며 법인사업장은 근로자(대표이사 포함) 1인 이상이면 당연가입 대상이다. 가입자 자격취득 시 신고하는 기준소득월액에 요율은 9.00%(4.50%는 조합부담, 4.50%는 본인부담)를 적용하여 납부한다.

나. 이중(二重) 근로소득자의 4대사회보험 처리

① **고용보험**

이중 취득이 인정되지 않는다. 즉, 근로자의 선택에 의해 주된 사업장을 등록해야 하며 보험료는 주된 사업장에서만 원천공제하면 된다(주된 사업장이란 급여를 많이 받는 곳이거나 근무시간이 많은 곳을 말한다).

② **산재보험**

근무하는 모든 사업장에서 적용된다. 전액 사업주 부담이며, 각각 사업장에 해당되는 산재요율이 적용된다.

③ **국민연금**

각각 사업장의 소득합계가 월 360만원을 초과하지 않으면, 각각의 사업장에서 지급받은 임금에 맞는 국민연금을 각기 부과한다. 만일 한 사업장의 급여가 월 360만원을 초과한다면 다른 사업자에서는 보험가입자 명단에는 등재되지만 보험료는 부과되지 않는다.

④ **건강보험**

주된 사업장에서 건강보험증이 발급되고 부양가족이 있는 경우 주된 사업장의 건강보험증에 등재되며, 부 사업장의 경우에는 건강보험증 발급은 안 되나 본인만 이름이 건강보험상에 등재되어 각각 사업장에서 보험료를 부과한다(한도 없음).

만일, 주된 사업장에서 퇴사 시 가족들을 부 사업장에 1개월 이내에 등재하지 않을 경우 가족들에게만 지역에서 보험료가 부과될 수 있다.

다. 무급임원의 4대사회보험 처리

① **고용보험, 산재보험**

대표이사와 무급인원은 신고대상에서 제외된다.

② **국민연금**

국민연금 가입 후 대표이사가 무급이라는 증빙서류를 제출하면 된다(납부예외신고, 이사회회의록 또는 정관).

③ **건강보험**

무급일 경우 건강보험 가입대상자가 아니며, 건강보험에 가입되어 있는 경우에는 자격상실신고 후 무급이라는 증빙서류를 제출하면 된다(이사회 회의록 또는 정관).

라. 4대사회보험의 소급적용 처리

① **사업장 가입이 되어있는 경우**

사업장 가입이 되어있는데 4대 보험을 납부하지 않을 경우에는 국민연금, 건강보험, 고용보험, 산재보험이 모두 입사일을 기준으로 소급적용이 가능하다.

② **사업장 가입이 되어있는 않은 경우**

사업장 가입이 되어있지 않은 경우에는 먼저 사업장가입을 해야 하며, 국민연금, 고용보험, 산재보험 등은 소급적용이 가능하나 건강보험의 경우 사업장가입신고 날짜가 취득 일로 처리되어 소급적용이 불가능하다.

(4) 차입금 이자

이주비나 조합운영비 등에 충당하기 위하여 시공자나 정비관리업자(단, 금융권은 제외) 등으로부터 차입한 자금에 대한 이자를 지급하는 경우 비영업대금의 이익인 법인의 이자소득으로 보아 25%(지방소득세 2.5% 별도) 원천징수하여 그 다음달 10일까지 신고한다.

(별표- 1)

조합과 조합원이 부담하는 제반세금

구 분			과세여부	비 고
국 세	소 득 세	사업소득세	일반분양만 과 세	· 조합소득 전체에 과세 : 심판원 · 조합원별 소득 과세방법 : 국세청 · 법인은 법인세로 과세
		양도소득세	과 세	· 현물출자는 환지로 규정하여 과세에서 제외 · 분양권전매, 청산금수령, 아파트양도 시 과세
	부가가치세	일반분양주택 85㎡ 초과	과 세	· 조합원에게 분양하는 주택과 상가는 비과세 · 일반분양이라도 토지가액은 면세
		일반분양주택 85㎡ 이하	면 세	
		상가 등 (일반분양)	과 세	
		조합원에게 분양하는 주택, 상가 전부	과세제외	·시공자에 대한 부가세 부담은 있음
지방세	취득세	조합 조합원용	과세제외	
		조합 일반분양분용	과 세	
		조합원 보존등기취득	과 세	· 건물만 과세, 토지는 신탁 및 해지등기 시 과세 제외
기 타	개 발 부 담 금		과세제외	· 재건축사업은 개발부담금 과세제외 사업임
	농어촌 특별세(국세)		과 세	· 과세표준의 0.2%
	지 방 교 육 세(지방세)		과 세	· 과세표준의 0.16%
	갑근세, 인지대, 이자소득, 원천세		과 세	· 임직원(갑근세)계약서(인지대)등 · 이주비 관련(원천세)

(별표- 2)

정비사업 추진단계별 세무·회계업무

단계	사업내용	세무·회계업무 내용
사업준비단계	1. 추진위원회	· 추진위원회는 부가가치세법 제8조제1항에 따라 사업개시일로부터 20일 이내에 사업장 관할세무서장에게 사업자등록 · 자금의 출납·장부기장요령 숙지→지속적인 장부기장 · 전표, 지출결의서 등 문서작성 및 관리(별지양식)
	2. 창립총회	· 총회, 대의원회 등에서 각종 규약이나 규정 마련 시 회계·자금관리, 세무·회계 등 예산반영 · 사업소득세, 취득세 등 → 부담계획 수립
	3. 조합설립인가신청 및 인가	· 설립인가 이후 20일 이내에 사업자등록신청 (설립인가 후 30일 이내에 설립등기신청) · 세무대리인 선정 및 계약 – 장부조직체계 확립 – 회계감사 대비업무 – 계약서초안 검토업무 – 각종 세무신고 준비 – 매년 결산보고서 준비 – 각종 보험업무 – 갑근세 등의 세무보고 – 조합원명의변경에 따른 조치 대비
공사진행단계	4. 사업승인, 시공사선정, 관리처분계획 수립	· 세무대리인 선정 및 계약(2차) · 1차 회계감사 실시 · 공사계약서 중 세무회계 검토 · 제세공과금·매입부가세·이자비용부담 등 검토 · 부가세 환급 또는 납부 신청업무
	5. 신탁(현물출자), 이주, 철거, 착공, 용지매입	· 소득세 절세를 위한 감정평가 · 용지매입 시의 취득세, 양도세 등 검토 · 위의 3가지업무 계속
	6. 사용검사, 등기, 입주, 정산, 해산	· 2차 회계감사 실시→결산서 등 준비 · 조합과 조합원의 취득세·등록세 신고 및 납부→등기 · 사업소득세 신고 검토 – 조합원 확정 – 사업자등록 정정(조합장→공동 조합원) – 출자지분율 확성 및 소득세 신고방법 확정→신고 및 납부 · 자산, 부채, 자본 정리 · 청산을 위한 결산서 작성 · 조합서류 이관(사업주체→주택관리주체)

(별표- 3)

정비사업 시행자의 감사인의 회계감사대상 및 일정(요약)

구 분	내 용	관련법규
해당 사업자	시장·군수등 또는 토지주택공사등이 아닌 사업시행자 (정비사업추진위원회, 재건축정비사업조합, 직장주택조합, 지역주택조합 등)	•도시및주거환경정비법 제112조
대상 및 시기	1. 추진위원회에서 조합으로 인계되기 전까지 납부 또는 지출된 금액 등이 3억5천만원 이상인 경우: **추진위원회에서 조합으로 인계되기 전 7일 이내** 2. 사업시행인가 고시일 전까지 납부 또는 지출된 금액이 7억원 이상인 경우: **사업시행인가의 고시일부터 20일 이내** 3. 준공인가신청일까지 납부 또는 지출된 금액이 14억원 이상인 경우: **준공인가의 신청일로부터 7일 이내** 4. 토지등소유자 또는 조합원 5분의 1 이상이 사업 시행자에게 회계감사를 요청하는 경우: **회계감사비용 예치에 따른 절차를 고려한 상당한 기간 이내**	•도시및주거환경정비법 제112조<개정 2021.1.5.> 및 동 시행령 제88조
감사인	회계법인 또는 한국공인회계사회에 등록한 감사반 (특수 관계인은 제외)	•주식회사 등의 외부감사에 관한 법률 제2조제7호 •공인회계사법 제23조
감사결과 통 보	회계감사가 종료된 날부터 15일 이내에 시장·군수등 및 해당 주택조합에 보고하고 조합원이 공람할 수 있도록 하여야 한다.	•도시및주거환경정비법 제112조<개정 2021.1.5.>
벌 칙	회계감사를 받지 아니한 경우에는 1년 이하의 징역 또는 1천만원이하의 벌금	•도시및주거환경정비법 제138조제1항제6호
[감사 제외의 경우는 삭제됨] (전부개정된 영에서는 삭제됨)	(위의 감사대상에 해당하나 조합원[조합 미결성 시는 토지등소유자]으로부터 회계결과에 대해 80퍼센트 이상의 동의를 얻은 경우에는 회계감사가 제외되었으나(**구 시행령 제67조**), **전부개정된 도시정비법 시행령 제88조(회계감사)에서는 위의 회계감사 제외 규정이 삭제되었다.**	•<도시및주거환경정비법 시행령 제88조(회계감사)>

2022년 4대 사회보험 요율표

구분	관리기관	의무가입조건		보험료 산출률		계	비고 (산출기준)
				근로자부담	사업주부담		
국민연금	국민연금 관리공단 관할지사	1인 이상의 근로자를 사용하는 모든 사업장		4.50%	4.50%	9.00%	기준소득월액 (비과세제외급여)
건강보험	국민건강 보험공단 관할지사	상시 1인 이상의 근로자를 사용하는 모든 사업장	건강보험료	3.495%	3.495%	6.99%	보수월액
			장기요양 보험료	(6.315%)	(6.315%)	(12.27%)	(건강보험료의 백분율)
고용보험	근로복지공단 관할지사	• 일반사업장 : 상시 근로자 1인 이상의 사업 또는 사업장. 다만, 농업, 임업, 어업, 수렵업 중 법인이 아닌 경우는 5인 이상.	실업급여 0.90%	0.90%	0.90%	1.80%	월평균보수액
			고용안정 및 직업능력 개발사업	(사업주만 부담, 고용인원수별) (실업급여산출률 + 고용안정 등 산출률)			보수월액
				150인 미만 기업 실업급여+0.25%		2.05%	
				150인 이상 (우선지원대상기업) 실업급여+0.45%		2.25%	
				150인 이상~ 1,000 미만 기업 실업급여+0.65%		2.45%	
				1,000명 이상 기업, 국가지방자치단체 실업급여+0.85%		2.65%	
산재보험	근로복지공단 관할지사	• 일반사업장 : 상시 근로자 1인 이상의 사업 또는 사업장. 다만, 농업, 임업, 어업, 수렵업 중 법인이 아닌 경우는 5인 이상. • 건설공사장 산재보험료 산출율 : 37.63/1000		없음	0.7% (금융 및 보험업) 내지 5.85%~18.65% (광업) (총 10개업종)	0.7% (금융 및 보험업) 내지 5.85%~18.65% (광업) (총 10개업종)	보수총액

(별표- 5)

우리나라의 부동산 관련 조세

구 분		세 목	세율	중 요 내 용
취득단계	국 세	· 상속세	–	· 사망→상속→상속인에 과세(별도의 부가세가 없다)
		· 증여세	–	· 무상기부·증여과세→수증자에 과세(별도의 부가세가 없다)
		· 인지세	–	· 부동산매매계약 시(인지대)
		· 농어촌특별세	–	· **부동산 취득세에 추가**
	지방세	· 취득세 (**지방교육세 추가**)	–	· 승계취득: 매매, 교환, 출자, 상속, 증여
				· 원시취득: 간척, 신축, 증축
				· 간주취득: 지목변경, 개축(자본적 지출), 과점주주
				· 용지구입비, 건물신축비
				· 등기 시 납부
보유단계	국 세	· 소득세	–	· 토지, 주택, 건물, 임대주택에 대한 과세 **(농어촌특별세 추가)**
		· 법인세		
		· 부가가치세	–	· 토지, 건물임대에 대한 과세. (주택의 임대는 면세)
		· 종합부동산세 (**농어촌특별세 추가**)	–	· 개인이 소유하고 있는 토지·건물·주택 등 <u>모든 부동산의 합산액</u>이 일정규모 이상인 소유자에 <u>개인별 합산과세</u>. 매 6월 1일 현재 소유자에 과세. 12월 1일~15일 납부. [대상]:공시가격 6억원 초과 주택(1가구 1주택은 <u>11억원</u>), 종합합산토지는 5억원 초과, 별도합산토지의 경우 공시지가 80억원 초과 상가 등의 사업용 토지]
	지방세	· 재산세 (**지방교육세 추가**)	–	· <u>토지, 건물 및 주택별로 구분하여 과세, 토지, 건물, 주택분 재산세에 20%의 교육세 추가 과세.</u> [구] **종합토지세는** 토지를 별도합산과세, 분리과세 및 종합합산과세 대상토지로 구분하여 과세되었으나, 2005년 「종합부동산세」가 신설되면서 토지에 대한 재산세로 통합]
		· 농업소득세	–	· 농업소득에 과세, (구 농지세)
		· 지역자원시설세	–	· 소방시설, 오물처리시설, 수리시설, 기타 공공시설로 이익을 받는 건축물, 선박, 토지에 과세
		· 재산할 사업소득세	–	· 사업소연면적 ㎡당 과세[종업원할(급여×0.5%)]
양도분양단계	국 세	· 양도소득세	–	· 토지, 건물 권리 등의 양도차익에 과세(비사업자)
		· 사업소득세	–	· 토지, 건물, 주택의 분양, 매매 소득(사업자)
		· 특별부가세	–	· 법인의 양도소득세
		· 법인세	–	· 법인의 사업소득세 **(과세표준금액이 5억원 초과 시 농어촌특별세 추가)**
		· 부가가치세	–	· 건물, 국민주택초과분 주택분양판매→과세토지의 분양·판매와 국민주택건설과 분양→면세
	지방세	· 지방소득세	–	· 양도·특별부가세·사업소득세·법인세의 각10%

주): 도시계획세는 지방세에 흡수되고, 공동시설세와 지역개발세는 지역자원시설세로 통합.

제Ⅱ부 :
재건축사업 행정업무 시행자료

[제1편]
사업시행계획의 수립 및 본공사 계약

제1장
사업시행계획의 수립

　'사업시행계획'을 수립하기 위해서는 먼저 **"기본계획의 수립권자"**가 해당 지역에 대한 **'정비기본계획'**을 수립한 후, **'정비계획의 입안권자'**가 이 정비기본계획에 적합한 범위에서 노후·불량 건축물이 밀집해있는 등 대통령령으로 정하는 요건에 해당하는 구역에 대하여 **'세부 정비계획'**을 수립하게 되고, 이를 해당 주민에게 서면으로 통보한 후 주민설명회를 하고 30일 이상 주민에게 공람하며, 지방의회의 의견을 들은 다음 이를 **'정비구역의 지정권자'**에게 정비구역 지정을 신청 하면, **'정비구역의 지정권자'**가 정비구역을 지정 및 고시함으로써 정비계획이 확정된다. 이와 같이 **정비계획**이 확정되면 이를 기본으로 하여 해당 주민들이 정비사업을 추진할 수 있게 된다. 해당 주민들이 정비사업을 추진하기 위해서는 정비사업을 위한 조합을 구성해야 되는데 조합을 구성하기 위해서는 **'재건축정비사업 조합설립추진위원회'**를 구성해야 하며, '사업시행계획의 수립'은 이 추진위원회 에서 계획을 수립한 후 조합의 창립총회 전에 **'재건축 정비사업 조합설립'**에 대한 **서면동의 절차가 완성된 후**에 개최되는 조합 창립총회에서 조합원의 결의로 사업시행계획이 확정되는 것이다.

　한편, 추진위원회에서 사업시행계획을 수립할 당시에는 추진위원회의 구성원은 물론, 주민들 대부분은 사업시행계획의 수립에 대한 전문적인 지식이나 행정능력 등 정비사업에 대한 업무를 원만히 수행할 실질적인 능력을 구비하고 있지 못한 것이 사실이다. 따라서 전문분야인 사업시행계획의 수립은 추진위원회가 이미 선정한 설계자가 작성하여 인·허가청의 승인을 받은 사업시행계획을 바탕으로 정비사업전문관리업자가 그 업무를 대행하게 된다. **재건축정비사업**의 경우 도시정비법이 제정되기 전에는 공동사업자인 시공자가 사업시행계획을 수립하는 데 일정한 역할을 하였으나, 도시정비법이 시행되면서 시공자의 선정시기가 변경되었고 법적인 지위도 단순한 도급인으로 전환됨에 따라 시공자의 역할이 대폭 축소되었으며, 공동사업자인 경우를 제외하면 이 역할의 대부분을 정비사업전문관리업자가 대신하게 되었다. **전부개정된 현행의 도시정비법 체계 하에서도 정비업자의 업무에는 일정부분 제한**이 있고, 추진위원회의 업무처리능력 또한 한계가 있는 시기임을 감안할 때, 정비사업의 기초가 되며 사업의 방향을 처음 확정하게 되는 사업시행계획의 수립에 특별한 주의와 대책이 요구된다. 따라서 **추진위원회나 조합이 설계자나 정비사업전문관리업자가 제시하는 자료에 대하여 스스로 확인할 수 있는 능력을 배양하거나, 자격을 갖춘 제3의 협력자 선정을 통해 설계내역 등을 확인할 별도의 수단을 확보할 필요가 있다는 것이 필자의 경험에 따른 판단이다.**

반포주공0단지 재건축정비사업조합

우(137 - 909)/서울시 서초구 000동 00-0 . 00빌딩 000호 /
전화(02)533-0000,3477-0000/FAX3477-0000/ http://www.banpo2.com

문서번호 : 반포0재조 제0000 -   호

시행일자 : 0000. 0. 00

수   신 : 조합원 제위

참   조 :

제   목 : 희망 주택형 설문조사에 대한 협조요청

---

1. 조합원 여러분 안녕하십니까?

2. 당 조합에서는 조합원 여러분의 희망 주택형을 정확히 파악하여 이를 토대로 하는 (수정)사업시행계획을 수립함으로써, 모든 조합원들께서 원하시는 재건축정비사업을 조속히 추진하고자 이번에 희망 주택형에 대한 조합원 설문조사를 실시하게 되었습니다.

3. 조합원들께서는 별첨의 보고서를 자세히 검토해 보신 다음 첨부된 설문조사 회신용지에 조합원님의 의견을 표시하여 조합으로 회신하여 주시기 바랍니다.

4. 이제까지의 여러 설문조사에 대해 조합원님들께서 보내주신 적극적인 협조에 깊이 감사드리며, 이번 설문조사에서도 좋은 결과를 얻을 수 있도록 모든 조합원님께서는 **동봉하여 드린 회신봉투를 이용하여 설문지가 최소한 00월 00일** 까지 당 조합으로 회신될 수 있도록 협조하여 주시기 바랍니다. 감사합니다.

[별첨] : 조합원 입주희망 주택형 설문지- 1부

0000년 0월 00일

반포주공0단지 재건축정비사업조합
조 합 장   0 0 0

조합원 입주희망 주택형 설문조사

설문조사기간
0000년 0월 00일 ~ 0월 00일(30일간)

반포주공0단지 재건축정비사업조합

목 차

(1) 종전의 조합원 권리지분

가. 창립총회(0000년 00월) 당시 사업계획

(단위 : m², 천원)

주택형 (전용면적)	분양면적	세대수	예상분양금액	예상분담금	
				18평형 소유자 (권리지분: 550,668)	25평형 소유자 (권리지분: 764,104)
59m²	85.90	572	312,500	-238,168(환급)	-451,604(환급)
84m²	115.12	878	540,000	-10,668(환급)	-224,104(환급)
105m²	136.92	564	715,000	164,332(부담)	-49,104(환급)
125m²	158.00	379	825,000	274,332(부담)	60,895(부담)
144m²	180.88	260	1,008,000	457,332(부담)	243,896(부담)
170m²	211.00	114	1,224,000	673,332(부담)	459,896(부담)
합　계		2,767	1,770,421,000	-	-

나. 0000년 00월 수정 사업계획

(단위 : m², 천원)

주택형 (전용면적)	분양면적	세대수	예상분양금액	예상분담금	
				18평형 소유자 (권리지분: 1,314,000)	25평형 소유자 (권리지분: 1,817,000)
59m²	87.23	634	785,000	-529,000(환급)	-1,032,000(환급)
84m²	114.92	460	1,149,400	-164,600(환급)	-667,600(환급)
105m²	143.82	440	1,510,100	196,100(부담)	-306900(환급)
125m²	159.23	420	1,831,100	517,100(부담)	14,100(부담)
144m²	182.62	240	2,100,100	786,100(부담)	283,100(부담)
170m²	211.00	160	2,532,000	1,218,000(부담)	715,000(부담)
합　계		2,454	3,369,064,000	-	-

주) 1. 주택형별 분양면적(㎡)당 예상 조합원분양가는 87.23㎡: 9,000천원, 114.92㎡: 10,000천원, 143.82㎡: 10,500천원, 159.23㎡: 11,500천원, 182.62.㎡: 11,500천원, 211.00㎡는 12,000천원을 적용하였다.

2. 창립총회 당시의 적용 세대수는 2,767세대, 대지지분은 18평형 조합원은 58.530m², 25평형 조합원은 81.216m²을 적용하여 산출된 것이며, 0000년 00월의 관계 규정 변경에 따른 수정 사업시행계획은 기준세대수 증가율인 1.421배를 적용하여 산출한 2,454세대를 적용하였고, 0000년 0월 현재는 다음과 같이 2,444세대를 적용하여 사업시행계획을 수립하였다.

3. 수정 사업시행계획은 제반 상황변화에 따라 변경될 수 있다.

4. 수정 사업계획은 대지면적 111,788m², 총사업비는 853,800,000천원, 총이익금은 2,515,264,000천원을 전제로 산출한 것이다.

(2) 건립세대수 2,444세대에 따른 조합원 권리지분 및 주택형별 분담금

가. 제1안(용적률 : 270%)

(단위 : m², 천원)

재건축 총세대수 : 2,444세대 아파트 건축연면적 :358,673m²				18평형소유자 분담금			25평형소유자 분담금		
신 축 주택형	예상분양가격		세대수	권리지분 : 1,367,000			권리지분 : 1,896,000		
	단 가	분양가격		예상분담금		무상면적	예상분담금		무상면적
59.9m²(87)	11,000	957,000	489	-410,000	(환급)	124.27	-939,000	(환급)	172.36
84.9m²(113)	11,500	1,299,500	978	-67,000	(환급)	118.87	-596,500	(환급)	164.87
116.5m²(148)	12,000	1,776,000	120	409,000	(부담)	113.92	-120,000	(환급)	166.58
136.5m²(173)	12,500	2,162,500	210	795,500	(부담)	109.36	266,500	(부담)	158.00
169.5m²(205)	13,000	2,665,000	240	1,298,000	(부담)	105.15	769,000	(부담)	145.85
198.0m²(238)	13,500	3,213,000	225	1,846,000	(부담)	101.26	1,317,000	(부담)	140.44
222.5m²(268)	14,000	3,752,000	182	2,205,000	(부담)	97.64	1,856,000	(부담)	135.43
합 계		4,451,518,000	2,444	제곱미터(m²)당 권리지분 : 23,350천원					

나. 제2안(용적률 : 270% / 169.5m²형, 198.0형m² 및 222.5m²형의 세대수 조정)

(단위 : m², 천원)

재건축 총세대수 : 2,444세대 아파트 건축연면적 : 358,682m²				18평형소유자 분담금			25평형소유자 분담금		
신축 주택형	예상분양가격		세대수	권리지분 : 1,437,000			권리지분 : 1,897,000		
	단 가	분양가격		예상분담금		무상면적	분담금		무상면적
59.9m²(87)	11,000	957,000	489	-410,000	(환급)	124.27	-940,000	(환급)	172.45
84.9m²(113)	11,500	1,299,500	978	-67,000	(환급)	118.87	-597,500	(환급)	164.96
116.5m²(148)	12,000	1,776,000	120	409,000	(부담)	113.92	-121,000	(환급)	166.58
136.5m²(173)	12,500	2,162,500	210	795,500	(부담)	109.36	265,500	(부담)	158.08
169.5m²(205)	13,000	2,665,000	247	1,298,000	(부담)	105.15	768,000	(부담)	145.92
198.0m²(238)	13,500	3,213,000	210	1,846,000	(부담)	101.26	1,316,000	(부담)	140.52
222.5m²(268)	14,000	3,752,000	190	2,205,000	(부담)	97.64	1,855,000	(부담)	135.50
합 계		4,451,994,000	2,444	제곱미터(m²)당 권리지분 : 23,354천원					

주) 1 : 사업수지와 권리지분은 다음 사항의 변경에 따라 변동될 수 있다.

    1. 건축연면적, 신축세대의 주택형, 세대수 및 분양가

    2. 공사비, 사업추진경비, 토지매입비, 제세공과금, 은행이율, 기타 보상비 등

  2 : 신축 주택형의 면적은 전용면적(괄호 안은 분양면적)이며, 실시설계 시에는 면적과 세대수에 약간의 변동이 있을 수 있다.

  3 : 무상지분면적(m²)= 소유자 권리지분(원)÷주택형별 단가(원), 대지면적은 133,349m² 적용

  4 : 도정법 시행령 제9조제1항제3호에 따라 국민주택규모 미만의 세대수를 60% 이하로 하였다. (재건축 정비사업에 한한다.)

(3) 조합원 권리지분 산출기준 및 산출내역(제1안 기준)

　가. 산출기준

　　가) 주택형별 건설예정비율은 정부에서 정한 비율인 소형(20%), 국민주택규모(40%), 자율형(40%) 즉, 2 : 4 : 4로 사업계획을 수립함

　　나) 총 건립예정 세대수는 2,444세대로 확정하였음

　　다) 아파트의 연건축면적은 용적률 270%를 기준하여 358,673m²임

　　라) 조합원 권리지분을 제고하기 위해 용적률 270%는 최대한 확보토록 하였음

　　마) 신축아파트의 분양가는 창립총회 당시 대비 분양가를 현실화한 것임

　　바) 사업추진경비는 현실에 맞게 수정하였음

　나. 산출내역(세대수 2,444세대의 경우)

　　가) **제곱미터당 권리지분**
　　　: (총수입 − 총경비) ÷ 총 대지지분면적
　　　(4조4,515억원 − 1조8,413억원) ÷ 111,788m² = 2,335만원

　　나) **조합원 권리지분**
　　　: 제곱미터당 권리지분 × 조합원 대지지분
　　　18평형소유자 : 2,335만원 × 58.530m² = 13억6,668만원
　　　25평형소유자 : 2,335만원 × 81.216m² = 18억9,639만원

　　다) **주택형별 분담금**
　　　: 주택형별 분양가격 − 조합원 권리지분

　　라) **총 분양수입금**
　　　: 아파트의 총 건립세대를 매도하여 들어오는 분양수입금의 총합계
　　　: 7개 주택형 × 제곱미터당 분양가격 × 세대수 = 주택형별 분양수입금의 합계
　　　또는, 연건축면적 × 제곱미터당 평균분양가격 = 총 분양수입금
　　　358,673m² × 1,241.10만원 = 4조4,515억원

마) **총 사업추진경비**
  : 아파트재건축사업에 소요되는 총 비용
  (별첨 사업추진경비 명세표 참조 : 1조8,413억원)

바) **총 대지지분**
  : 조합원들이 보유하고 있는 대지면적의 총 합계
  : 18평형소유자 : 58.530m²(평균) × 1,230세대 = 71,991.9m²
    25평형소유자 : 81.216m²(평균) × 490세대 = 39,795.9m²
    합계 : 71,991.9m² + 39,795.9m² = 111,788m²

사) **주택형별 예상 무상면적**
  : 조합원 권리지분 ÷ 해당 주택형 제곱미터당 분양가

(예) 136.5m²형(분양면적: 173m²)에 대한 예상무상면적의 경우
    18평형 권리지분
  : 13억6,668만원÷136.5m²의 분양면적 m²당 분양가(1,250만원/m²)=109.36m²

아) **자율형 아파트의 세대당 평균분양면적**
  : 정부정책에 의한 국민주택규모 이하의 세대수인 1,467세대를 제외한 나머지 977세대에 대한 평균분양면적
    [358,673m²−(87m² × 489세대)−(113m² × 978세대)]÷977세대=237.18m²

자) **제곱미터당 평균분양금액**
  : 총 분양수입금 4조4,515억원 ÷ 연건축면적 358,673m² = 1,241.10만원

차) **용적률 1%당 분양수입금**
  : 총 분양수입금 4조4,515억원 ÷ 270% = 165억

카) **용적률 1%당 건축면적**
  : 연건축면적 358,673m² ÷ 270% = 1,328.4m²

(4) 사업추진경비(0000년 00월 창립총회 당시)

(단위 : 천원)

항 목		산출내역	금 액	비 고
공사비	직접공사비	540,816m² × 0,000.00	000,000,000	철거,인입공사 포함
	부가가치세	일반분양 316,204 × 801 × 10%	25,327,940	매입부가세
	인입공사부담금	직접공사비에 포함	0	
	합 계		000,000,000	
설계감리	설계비	540,816m² × 5.24 × 1.1(부가세)	3,117,263	지질조사,측량비포함
	법정감리비	540,816m² × 9.68 × 1.1	5,758,608	
	공사감독비	540,816m² × 3.03 × 1.1	1,802,540	
	합 계		10,678,411	
각종부담금및사업경비	조합운영비	사업기간:97개월, 월평균:1,800만원	1,746,000	창립총회→완료 시
	회계/세무	1식	70,000	계약금액
	감정평가비용	1식 × 감정평가기관(2개업체)	2,620,000	2개 감정평가법인등
	행정용역비용	540,816m² × 2.18 × 1.1	1,296,877	부가가치세 포함
	법인세,주민세	(일반분양-토지비,공사비,경비) × 1.1	11,030,158	토지(908만원/m²)
	교통시설부담금	건축연면적에 따라 산출	260,000	광역교통시설부담금
	신탁,멸실등기비	1,720세대 × 200	344,000	
	각종 소송비용	1,720세대 × 500	860,000	
	보존등기비	일반분양분(m²) × 3.16% × m²당공사비	2,526,722	
	안전진단비	1식	37,000	집행완료
	인·허가비용	채권매입, 인지대 등	500,000	
	예비비 등	공사지연, 미분양 등	10,000,000	추정금액
	합 계		31,290,757	
토지매입/이주비	토지매입비	20,044.6m² × 5,189.4	104,016,337	00년지가 × 1.3(인상률 × 1.5(매입가)
	토지제세공과금	104,049,660 × 5.8%	6,034,880	
	유치원매입비	1,514m² × 9,680	14,655,520	집행완료
	유치원제세금	취득세, 등록세 등	800,000	집행완료
	이주비금융비용	이주비 × 6.0% × 3.5%	57,771,000	총이주비 : 2,751억원
	합 계		183,337,140	
총 금융비용(모든 자금의 입출금에 의한 발생이자)			16,142,174	
총 사 업 비 용 합 계			718,689,788	

주) : 상기 금액은 기 집행금액을 제외하고는 전 항목의 비용이 추정치이며 추후 변경될 수 있다.

(5) 사업추진경비 변경내역(0000년 00월 관리처분계획 당시)

(단위 : 천원)

항 목		최초계획금액	수정계획금액	현재계획금액	비 고
공사비	직접공사비	(미표기)	(미표기)	(미표기)	철거,인입공사 포함
	부가가치세	18,415,409	32,658,200	25,329,893	매입부가세
	인입공사부담금	0	0	0	직접공사비에 포함
	합 계	(미표기)	(미표기)	(미표기)	
설계감리	설 계 비	2,921,676	2,894,800	3,116,920	지질, 측량비포함
	법정감리비	5,164,58	5,146,310	5,758,614	
	공사감독비	0	2,228,996	1,799,567	법정감리/기타감리
	합 계	8,086,253	10,270,1206	10,678,101	
각종부담금및사업경비	조합운영비	900,000	1,410,000	1,746,000	사업기간연장
	회계/세무	200,000	300,000	70,000	입찰가
	감정평가비용	100,000	2,620,000	2,620,000	입찰가
	행정용역비용	1,475,594	1,157,920	1,295,688	부가가치세 포함
	법인세,주민세	0	3,213,000	11,030,158	토지(907.5만원/m²)
	교통시설부담금	0	253,774	260,000	광역교통시설부담금
	신탁,멸실등기비	0	344,000	344,000	
	각종 소송비용	300,000	860,000	860,000	
	보존등기비	2,000,000	1,490,820	2,526,722	
	안전진단비	100,000	37,000	37,000	집행완료
	인·허가비용	500,000	500,000	500,000	
	예비비 등	10,000,000	10,000,000	10,000,000	추정금액
	합 계	15,575,594	22,186,514	31,289,568	
토지매입/이주비	토지매입비	39,696,000	53,358,800	104,049,660	토지가 519만원/m²
	토지제세공과금	2,302,368	3,094,810	6,034,880	
	유치원매입비	0	0	14,681,600	집행완료
	유치원제세금	0	0	800,000	집행완료
	이주비금융비용	59,023,748	62,585,300	57,771,000	총이주비 : 2,751억원
	합 계	101,022,116	119,038,910	183,337,140	
중금융비용(발생이자)		0	0	16,142,174	80%공정완료 후 분양
총사업비		718,689,788	853,800,000	1,841,300,000	

주): 상기 금액은 기 집행금액을 제외하고는 전 항목의 비용이 추정치이며 추후 변경될 수 있다.

(6) 우리 아파트단지의 재건축사업 개요(0000년 00월 관리처분계획)

(2,444세대 기준)

번 호	항 목		금 액	비 고	
1	분양수입 총액		4조4,515억원		
2	사업추진비 총액		1조8,413억원		
3	사업이익금 총액		2조6,102억원	권리지분총액	
4	대지면적		133,348.55m²	사립유치원면적 포함	
5	연건축면적(아파트)		358,673m²	용적률 270%00	
6	조합원지분 연건축면적		111,788m²	18평형	58.530m²
				25평형	81.216m²
7	제곱미터당 권리지분금액		2,335.04만원	(계산식) : 제3항÷제6항	
8	제곱미터당 평균분양금액		1,044.10만원	(계산식) : 제1항÷제5항	
9	용적률 1%당 평균분양금액		132.8억원	(계산식) : 제1항÷270%	
10	용적률 1%당 면적		1,328.4m²	(계산식) : 제5항÷270%	
11	세대당 평균권리지분	18평형	13억6,700만원	(계산식) : 제7항÷대지지분	
		25평형	18억9,600만원		
12	세대당 환산무상면적	18평형	약 115.95m²	(계산식) : 제7항÷제8항 ×제6항(평형별 대지지분)	
		25평형	약 160.96m²		
13	평균 제곱미터당 사업비		316.33만원	(계산식) : 제2항÷제5항	
14	조합원 사업경비분담금	18평형	5억9,405만원	(계산식) : 제2항÷제6항 ×제6항(평형별 대지지분)	
		25평형	8억2,430만원		

「재건축사업에서는 시간이 금입니다!」

조합원 입주희망 주택형 설문지

(조사기간 : 0000년 0월 00일 ~ 0월 00일 까지)

소 유 아파트	동	호	소유주 이 름	인감 날인	희망 주택형(해당 난에 1,2,3 으로 표기) (단위: m²)						
					59.9 (26평형)	84.9 (34평형)	116.5 (44평형)	136.5 (52평형)	169.5 (62평형)	198.0 (72평형)	222.5 (81평형)
18평형	123	201	홍 길 동	(인)		1	2		3		
25평형	234	301	홍 길 동	(인)			2	1		3	

주): 1. 필히 인감도장을 날인하여 주십시오.
   2. 18평형소유자는 18평형 난에 제1, 제2 및 제3지망을 1, 2. 3 으로 표기
      25평형소유자는 25평형 난에 제1, 제2 및 제3지망을 1, 2, 3 으로 표기.
   3. 주택형의 면적은 관계 법령에 따라 **전용면적(m²)**으로 표기하였으며,
      조합원의 이해를 돕기 위하여 **분양면적(전용면적+주거공용면적)**을 평(坪)
      단위로 병기하였음.

희망 주택형에 대한 기타의견

반포주공0단지 재건축정비사업조합 귀중

2) 수정사업시행계획 수립을 위한 설문조사

반포주공0단지 재건축정비사업조합

우(137 - 909)/서울시 서초구 ㅇㅇ동 ㅇㅇ-0. ㅇㅇ 빌딩 000호
전화(02)533-0000,3477-0000 / FAX3477-0000 / http://www.banpo2.com

문서번호 : 반포0재조 제0000 -   호

시행일자 : 0000. 0. 00

수   신 : 조합원 제위

참   조 :

제   목 : 수정사업시행계획에 대한에 찬반투표 협조요청

1. 조합원 여러분 안녕하십니까?

2. 당 조합에서는 조합원 여러분의 적극적인 협조로 희망 주택형에 대한 설문조사를 실시하였으며, 그 결과를 종합·분석한 자료를 바탕으로 하여 수정된 사업시행 계획을 수립하게 되었습니다.

3. 조합원들께서는 별첨의 보고서를 검토해 보시고 이번에 수립된 수정사업시행 계획이 확정되어 우리 아파트단지의 재건축정비사업이 원활하게 추진될 수 있도록 하기 위해 보고서에 첨부하여 송부해드린 찬반투표용지에 여러분의 의견을 기록 하여 조합으로 송부하여 주시기 바랍니다.

4. 지난번 희망 주택형 설문조사에 대해 조합원님들께서 보내주신 협조에 깊이 감사 드리며, 이번 조사에서도 좋은 결과를 얻을 수 있도록 모든 조합원께서는 **동봉 하여드린 회신봉투**를 이용하여 수정사업시행계획에 대한 **찬반여부를 투표지에** 표기하여 최소한 00월 00일까지 당 조합으로 회신하여 주시기 바랍니다.
   감사합니다.

반포주공0단지 재건축정비사업조합
조 합 장   0 0 0

목   차

1. 희망 주택형 제1지망자 현황

(단위 : m², 명)

구 분		82.64 (25평형)	132.23 (40평형)	165.29 (50평형)	182.82 (55평형)	208.26 (63평형)	238.02 (72평형)	계
18평형 소유자	실제	11	438	271	81	18	12	831
	%	1.3%	52.7%	32.6%	9.7%	2.2%	1.4%	100%
	환산	16	648	401	120	27	18	1,230
25평형 소유자	실제	0	11	143	115	28	14	311
	%	0.0%	3.5%	46.0%	37.0%	9.0%	4.5%	100%
	환산	0	17	226	181	44	22	490
계	실제	11	449	414	196	46	26	1,142
	환산	16	665	627	301	71	40	1,720

주) : 실제는 설문조사에 응한 세대수이며, 환산은 이를 전체 세대수로 환산한 세대수임.
　　주택형의 면적은 주택형의 면적에 대한 이해를 돕기 위해 분양(공급)면적 사용.

2. 충족도 조사결과 분석

(단위 : m², 명)

구 분	82.64 (25평형)	132.23 (40평형)	165.29 (50평형)	182.82 (55평형)	208.26 (63평형)	238.02 (72평형)	계
계획세대수	734	460	440	420	240	160	2,454
희망세대수	16	665	627	301	71	40	1,720
충족도(%)	4,588%	69%	70%	140%	338%	400%	143%

주) : 충족도 = 계획세대수 ÷ 지망세대수 × 100

1) 희망 주택형 제1지망현황의 환산세대수와 당초 계획한 세대수에서 보는 바와 같이 조합원들의 권리지분에 가장 가깝고 또 가장 많이 선호하는 **40평형~55평형**대는 희망세대수가 1,593세대인데 비해서, 계획세대수는 1,330세대이므로 전체 희망 주택형 충족도는 약 83% 정도입니다. 하지만, 주택형별 충족도를 살펴보면 **40평형**과 **50평형**이 약 70%로 낮은데 반해 **55평형**은 140%로 아주 높아 주택형별로 편중된 것을 알 수 있습니다.

2) 기타 **25평형** 734세대는 국민주택규모 주택 건립 의무비율(계획세대수의 30% 이상)에 따라 계획된 세대수로서 조정이 불가능하며, 대형주택인 **63형평**과 **72평형**은 용적률 270%를 최대한 확보하여 사업수지를 올리고 우리단지의 품격을 제고하기 위하여 계획한 것입니다.

3. 충족도 편중 조정

(단위 : m², 명)

구 분	82.64 (25평)	132.23 (40평)	165.29 (50평)	182.82 (55평)	208.26 (63평)	238.02 (72평)	계
당초계획	734	460	440	420	240	160	2,454
조정계획	734	550	520	250	240	160	2,454
희망세대수	16	665	627	301	71	40	1,720
충족도%	4,588%	83%	83%	83%	338%	400%	143%

주) 위의 주택면적은 분양면적임

1) 앞의 충족도 분석에서 언급한 바와 같이 **40평형, 50평형, 55평형의 충족도**가 69%, 70% 및 140%로 편중되어 있는 것을 위의 표와 같이 고르게 조정하여 83%로 조정해 본 결과, 세 가지 주택형의 전체세대수는 같으나 **55평형**이 줄고 **40평형, 50평형**이 대폭 증가하므로 인하여 **전체 용적률은 270%에서 266%로 약 4%가 감소**되었으며, 따라서 조합원들의 권리지분도 **18평형** 소유자는 5억 1,396만원으로, **25평형** 소유자는 7억1,318만원으로 감소하고 각 주택형별 분담금은 반대로 많이 늘어나게 됩니다.

2) 그러면 희망 주택형 충족도 83%를 유지하면서 용적률 270%를 확보할 수 있는 방법은 없는가?
전체 계획세대수 2,454세대와 국민주택규모 주택 734세대는 서울시 기본계획 (세대수 증가율 : 기존세대수의 1.421배, 국민주택규모 주택 **의무비율** : 전체 세대수의 30%)에 **따라 확정된** 것으로 우리 뜻대로 변경할 수 없기 때문에 충족도를 그대로 유지하면서 용적률을 올리는 방법은 **주택형과 세대수를 동시에 조정**하는 방법밖에 없습니다.

4. 희망 주택형 제2지망자 분석

18평형, 25평형 소유자의 제2지망 현황을 분석해 보면,

1) 18평형 소유자의 제2지망 현황
40평형을 제1지망한 사람은 89%가 제2지망으로 **50평형**을 선택,
50평형을 제1지망한 사람은 62%가 제2지망으로 **40평형**을 선택,
55평형을 제1지망한 사람은 79%가 제2지망으로 **50평형**을 선택

하였으며, 여기에서 40평형을 제1지망한 사람들은 대부분 40평형보다 큰 주택형으로 제2지망하였으며, 50평형을 제1지망한 사람은 50평형보다 작거나 큰 주택형을 각각 거의 절반씩 제2지망을 선택하였으며, 반대로 55평형을 제1지망한 사람들은 작은 주택형으로 제2지망한 것을 알 수 있습니다.

『따라서 18평형 소유자는 40평형을 제일 많이 지망(55%)하였지만 실제로는 40평형보다는 크고 55평형보다는 작은 주택형을 지망함에 따라 약 50평형 내외의 면적을 적합하다고 생각하고 있는 것 같습니다.』

2) 25평형 소유자의 제2지망 현황

40평형을 제1지망한 사람은 91%가 제2지망으로 50평형을 선택,

50평형을 제1지망한 사람은 76%가 제2지망으로 55평형을 선택,

55평형을 제1지망한 사람은 71%가 제2지망으로 50형평을 선택.

『따라서 25평형 소유자는 50평형을 제일 많이 원하지만(53%) 50평형보다 크고 63평형보다는 작은 평형인 56평형 내외를 원하는 것 같습니다.』

5. 주택형 조정방안

1) 40평형과 50평형지망자 중 30평형대와 40평형대의 신설을 요청한 조합원이 전체 설문 응답자 1,142명 중 각각 6.4%와 14.8%가량 되는데 당초의 계획에서부터 이러한 주택형들이 있었다면 보다 더 많은 조합원이 이러한 주택형대를 지망하였을 것으로 추정됩니다.

2) 따라서 조합원들의 이러한 요구와 위의 제2지망 분석결과를 반영하여 40평형을 38평형과 45평형으로 분리하면서 용적률 270%와 충족도 84%를 그대로 유지하였을 때의 분담금변화를 확인하여 보면, 주택형 및 세대수의 조정계획에서와 같이 조합원 분담금이 당초계획의 수준과 별로 차이가 없으나 조합원들이 원하는 주택형대의 선택기회는 더 많게 되는 것입니다.

3) 그리고 40평형 대신 38평형과 45평형을 신설하면서 50평형도 조정하여 52평형으로 하고, 55평형도 58평형으로, 63평형은 65평형으로 조정하는 것이 용적률도 확보하게 되면서 희망 주택형의 선택폭도 넓고 충족도도 향상되는 것으로 판단됩니다. 아울러 이런 주택형 조정에 대해서 우리 시공자인 (주)00건설과 설계사인 00 설계사무소에 자문을 받았으며, 이들 주택형이 주택시장에서도 선호하는 주택형이라는 것을 확인하였습니다.

6. 대형 주택형 축소방안에 대한 분석

1) 우리 조합원들 중 일부 조합원들은 **대형 주택형 세대수를 대폭 축소**하고 조합원이 희망하는 주택형으로 배정(충족도 약 100%)받게 해달라고 요청하고 있습니다.

   따라서 **희망 주택형을 100% 반영해달라는** 요청에 따라 충족도 100%일 때의 사업수지와 분담금이 어떻게 변하는지 계산하여 보았는데, **용적률이 대폭 감소하여 252%에 이르게 되고(18%감소)** 조합원의 분담금은 대폭증가하게 됩니다. 충족도 90%로 다시 계산하여 보면 용적률이 260%로 되면 조합원 분담금은 당초계획과 충족도 100%의 중간수준정도가 됩니다.

   이와 같이 조합원 분담금은 대형 주택형의 면적을 축소하여 충족도의 수준(100%, 90%, 83% 등을 적용)을 조정함에 따라 크게 달라진다는 것을 알 수 있으며, 과연 어떤 수준의 희망 주택형 충족도를 선택해야 할지를 고민하지 않을 수 없게 되었습니다.

2) 대형 주택형을 감소시키면 감소시킬수록 희망 주택형에 대한 충족도는 올라가지만 반면에 용적률이 줄어들어 분담금이 대폭 늘어나게 되고, 반대로 용적률이 올라가서 분담금은 줄어들지만 희망 주택형에 대한 충족도 또한 함께 줄게 되어 이를 해결하기 위해서는 솔로몬의 지혜가 필요합니다.

7. 분양가 책정

1) 우리 조합에서는 작년 11월 중순경 강남/서초지역의 아파트분양가를 조사하여 주택형별 분양가를 책정하였으며, 이때 시장가격보다 조금은 낮게 책정하였습니다. 왜냐하면, 우리 아파트단지는 앞으로 약 2년 후에 분양이 이루어질 예정인데 그때의 부동산경기에 따라 분양가가 어떻게 변동될지 아무도 알 수 없기 때문에 비교적 안전한 수준의 분양가를 적용하도록 하였습니다.

2) 그런데 최근에 정부의 여러 부동산시책이 발표되면서 아파트분양가가 많이 변동되고 있습니다. 우리의 사업시행계획상 예상분양가와 현재의 거래가격을 비교해 보면 중형 주택형(34~50평형)의 예상분양가는 시장가격보다 다소 낮은 것 같고, 대형 주택형(63~72평형)의 예상분양가는 반대로 현 시장가격보다 약간 높은 것으로 파악됩니다. 특히, 대형 주택형에 대한 정부의 규제가 심해 이들 주택형의 요즘 시장가격이 눈에 띄게 낮아지고 있는 실정입니다.

그러나 부동산가격, 특히 아파트의 가격은 **아파트단지의 위치, 단지규모, 편의시설 및 마감수준** 등에 따라 많은 편차가 있음을 감안하면 아직은 확정할 단계는 아니라고 생각합니다.

3) 따라서 조합에서는 강남/서초지역에서도 우리 단지와 입지조건이 유사한 아래의 타 단지에 대한 최근의 아파트 예상분양가를 조사하여 우리의 사업시행계획에 참고하였습니다. **물론, 이번 계획도 앞으로의 상황변화에 따라 함께 변경될 수밖에 없음**은 조합원님들도 잘 아실 것입니다.

● 도곡 0차(도급제) 0000년 0월 분양

(단위: m², 천원)

주택형	59m²	84m²	116m²	13m²0	187m²
분양면적	87m²	114m²	148m²	165m²	223m²
예상분양단가	14,900	14,200	12,100	12,100	12,000

● 반포주공0단지(지분제) 0000년 0월

(단위: m², 천원)

주택형	56m²	105m²	120m²	138m²	150m²
분양면적	83m²	134m²	155m²	178m²	192m²
예상분양단가	14,800	14,300	12,500	12,500	12,500

주택형	162m²	175m²	186m²	201m²	-
분양면적	208m²	224m²	238m²	258m²	-
예상분양단가	12,300	12,300	12,200	12,100	-

8. 제1지망자 분산방안

1) 앞에서 살펴본 바와 같이 **우리 조합원들은 30평형, 40평형 및 50평형대의 아파트를 제1지망으로 집중선택**하고 있습니다. 따라서 희망 주택형 충족도에 따라 경쟁률이 달라지겠지만 이들 주택형에서는 조합원들 간에 분양당첨자 결정을 위한 경쟁이 불가피하게 될 것입니다.

(충족도 83%일 때 평균 1.2 대 1의 경쟁)

2) 이러한 경쟁률을 다소 완화시키기 위해서는 **25평형, 63평형, 72형평**으로 조합원들이 제1지망을 선택하도록 분산시킬 필요가 있다고 봅니다.

이들 주택형으로 조합원들이 많이 지망한다면 다른 주택형에서는 경쟁률이 낮아지게 되므로 이들 주택형에 대해 조합원들이 많이 지망하도록 해야 할 것입니다.

따라서 이들 주택형에서는 건립세대수에 비해 지망자가 현저히 적으므로 이들 주택형에 한해서 지망하는 조합원들에게는 로얄층에 갈 수 있는 기회를 부여할 계획입니다.

25평형 조합원에 대해서는 지망하는 조합원들이 마음대로 선택 할 수 있게 할 계획이며, **60평형** 이상에서는 비인기층을 제외하고 나머지 층만을 대상으로 동·호수추첨을 하는 방안을 검토해 볼 예정입니다.

동·호수추첨에 관한 방법을 정확히 분석해 보면, 누구든 추첨에서 탈락하게 된다면 30평형~50평형대는 추첨이 이미 끝난 상태이므로 나머지 25평형, 63평형 및 72평형으로 갈 수 밖에 없게 됩니다.

따라서 불가피하게 이들 주택형으로 배정받게 되는 조합원을 최소화하기 위해서는 실효성 있는 대책을 세울 필요가 있다고 생각합니다.

그러나 분양시점에 대형 주택형에 대한 인기가 다시 올라가면 지망하는 사람이 늘어날 수도 있으므로, 현재로서는 구체적으로 어떤 대책을 결정하기가 매우 어렵습니다.

따라서 이러한 대책이 필요한 경우 분양시점에서 다시 한 번 분양가격의 조정 등을 포함한 대책을 논의해야 될 것입니다.

9. 주택형 확정을 위한 최선의 대책

『이제까지 검토한 바에 의하면 서울시의 개발기본계획에 의한 소형 주택형 의무비율 30%(734세대)와 세대수증가율 1.421배(최대 2,454세대)를 지키면서 허용용적률 270%를 모두 확보하여 조합원들의 권리지분을 최대한으로 높여 분담금을 낮추고, 희망 주택형 충족도도 향상시킬 수 있는 방안이 우리의 최선의 길이라고 생각합니다.』

따라서 조합원들께서도 『분담금과 희망 주택형에 따른 충족도 변화의 상관관계를 잘 이해하시어 자신에게 적합한 분담금과 충족도수준이 어느 정도면 좋을 것인지를 잘 분석해 보아야 합니다. 참고로 타 단지는 모두가 희망 주택형 충족도를 100% 확보하기보다는 용적률 270%를 확보하여 사업수지를 최대한 높이고 조합원 분담금을 최대한 낮추는 방향으로 사업추진을 계획하고 있으며, 우리 조합도 이 방법이 가장 합리적인 결정이라고 생각합니다.

10. 기타 조합원 요구사항에 대한 답변

1) 조합원들은 전부 로열층에 가도록 해 달라 !

일부 조합원들은 모든 조합원들에게는 로열층에 가도록 해달라고 요구하고 있습니다. 총 계획세대수 2,454세대에서 **25평형** 734세대를 제외하면 잔여 세대수는 1,720세대가 되는데, 이 세대수는 우리 조합원수와 똑 같습니다. 이를 다시 말한다면 **25평형**을 제외한 나머지 주택형에서는 **1층부터 최고층까지 우리 조합원이 모두 배정받게 된다는 것**입니다.

그러므로 **로열층을 조합원들이 원하는 대로 선택할 수 있는 가능성은 전혀 있을 수 없을 것**이며, 동·호수추첨을 통해서만 로열층에 갈 수 있습니다. 단, **25평형**과 **60평형** 이상에서는 제1지망자에 한하여 로열층에 갈 수 있을 것으로 예상됩니다.

2) 조합원들은 자기가 원하는 희망 주택형에 꼭 가게 해 달라 !

또한, 우리 조합원들 중 일부는 무조건 희망하는 주택형으로 꼭 가야된다고 주장하고 있습니다. 조합원들의 희망 주택형 조사·분석에서 상세히 언급한 바와 같이 희망 주택형 충족도 100%를 선택하면 거의 모든 조합원들이 희망하는 주택형으로 갈 수가 있겠으나, 조합원 분담금이 엄청나게 늘어나게 되므로 충족도를 적정하게 낮추어 분담금도 감소시키면서 조합원들의 희망 주택형을 분산·조정하는 방안을 강구해야 합니다.

3) 조합원에게는 분양가를 대폭 낮추어 달라 !

일반분양분 **25평형**을 제외하고 나머지 주택형은 전부 조합원이 분양받아야 한다는데 그렇다면, 우리 조합원에게는 분양가를 대폭 낮춰서 분양해 주면 어떻겠느냐는 의견을 제안하였는데,

조합원분양가 차등적용에서 보는 바와 같이 **25평형** 이상 중·대형 주택형의 분양가를 대폭 낮춘다고 가정하면 조합원들이 선호하는 주택형대의 분담금은 오히려 늘어나고, 대형 주택형 분담금은 현저하게 감소하는 것을 알 수 있습니다. 따라서 이 방법은 주택형 간의 분담금 불균형을 초래하여 형평성에 문제를 야기하게 됩니다.

4) 대형 주택형만 재건축한다면 조합원 권리지분이 대폭 올라갈 것인데...

그렇습니다. 대형 주택형의 **세대를 많이 계획하는 경우** 권리지분이 대폭 올라가게 됩니다. 그러나 분담금도 따라 올라가서 조합원들께서 원하는 주택형을 분양받기가 더욱 어려워지게 됩니다.

11. 타 재건축단지의 분양가 책정방향

우리 인근단지의 사업시행계획에서 주택형별 세대수 분포를 살펴보면 조합원들의 희망 주택형을 반영하는 것보다는 사업수지를 맞추는 방향으로 주택형별 세대수가 계획된 것으로 분석됩니다. **인근단지의 사업수익성 검토**에서 살펴보면, 주택형별 세대수에 많은 불균형을 이루고 있다는 것을 알 수 있으며, 분양가도 요즘 시장가격과는 상당한 차이가 있음을 알 수 있습니다. 해당 아파트단지는 확정지분제로 사업을 추진하고 있어 분양가가 변동된다고 해도 조합원은 영향을 받지 않게 되는 상황입니다.

★ 결　론 ★

【그동안 조합원이 제안한 방법을 포함하여 여러 가지의 문제를 다각도로 검토해 본 조합의 입장에서는 그 해결방안으로 아래와 같은 기준을 설정하고 이를 바탕으로 하여 최선의 대책을 송부예정인『수정사업시행계획』과 같이 제시하고자 합니다.】

1. 아파트의 주택형을 조정하여 선택의 폭을 다양화한다.
2. 조합원들이 선호하는 **희망 주택형**에 대한 세대수를 최대한 증가시킨다.
3. 대형 주택형을 포함시켜 용적률 270%를 모두 확보한다.
4. **제곱미터당** 예상분양가를 현실화(차등화)하여 주택형간 불균형을 해소한다.
5. 조합원 권리지분을 최대한 높이고 분담금을 줄인다.
6. 조합원들의 제1지망을 가능한 한 분산시키도록 한다.

『이와 같이『수정사업시행계획』에는 조합원 여러분들이 희망하는 주택형들을 최대한 늘려서 희망 주택형 충족도를 89%까지 올렸으며, 대형 주택형은 과거 400세대에서 300세대로 대폭 줄였습니다. 그리고 용적률 270%도 확보하여 조합원들의 분담금도 감소시켰습니다.』

이 수정사업시행계획 보다 더 좋은 방안은 거의 불가능할 것으로 생각됩니다.

물론, 일부 조합원들 중에는『수정사업시행계획』에 대해서도 다른 의견을 가질 수도 있습니다만 그렇다고 여러 가지 요소들을 종합적으로 고려해 볼 때 이보다 더 좋은 방안은 없을 것으로 판단되므로, 대부분의 조합원들이 적극 찬성해 주시리라고 기대하면서『수정사업시행계획』을 수립하였습니다.

조합원 여러분!

우리 조합에서는 이번 기회에 서면투표를 통하여 『수정사업시행계획』을 확정지으려고 합니다. 그동안 여러 방법으로 신축아파트의 주택형과 세대수 등을 검토하고 논의하여 최선의 방안이라 할 수 있는 『수정사업시행계획』이 수립되었으며, 이제는 하루 빨리 확정하여 우리의 재건축정비사업이 힘차게 나아가도록 해야 할 것입니다.

조합원 여러분들이 『수정사업시행계획』을 확정시켜 주시면 조합에서는 즉시 본 설계에 착수하여 조합원 여러분들께서 쾌적하고 첨단시설의 아파트단지에 입주하실 수 있도록 최선을 다할 것입니다.

★ 주　　의 ★

『수정사업시행계획』은 다음과 같은 요인이 발생할 경우에는 변동되며 조합원들의 권리지분과 분담금도 따라서 변동됩니다.

1. 예상분양가가 변동될 경우
2. 사업부지 면적이 달라질 경우
3. 주택형과 세대수가 달라질 경우
4. 공사비가 변동될 경우
5. 사업추진경비가 변경될 경우
6. 용적률 270%를 모두 확보하지 못할 경우
7. 기타 사업추진과정에서의 잦은 분쟁 및 돌발사항이 발생되는 경우 등

반포주공0단지 재건축정비사업조합
조 합 장 　 0 　 0 　 0

수정사업시행계획 찬반 투표지

(기간 : 0000.3.15 ~ 3.31)

소유아파트	동	호	성 명	날 인	수정사업시행계획	
					찬 성	반 대
18평형 소유자						
25평형 소유자						

주): 1. **18평형** 소유자는 **18평형 소유자** 난에, **25평형** 소유자는 **25평형 소유자** 난에 찬성, 반대 중 택일하여 ○ 으로 표기 하세요.
     2. 날인 난에는 필히 소유자 인감도장을 날인하여 주십시오.

※ 수정사업시행계획에 대한 기타의견

반포주공0단지 재건축정비사업조합 귀중

3) 이주비 결정을 위한 설문조사

반포주공0단지 재건축정비사업조합
우(137 - 909)/서울시 서초구 00동 00-0 00빌딩 000호 /
전화(02)533-0000,3477-0000/FAX3477-0000http://www.banpo2.com

문서번호 : 반포0재조 제0000 - 　　　호

시행일자 : 0000. 0. 00

수　　신 : 조합원 제위

참　　조 :

제　　목 : 이주비 설문조사에 대한 협조요청

1. 조합원 여러분 안녕하십니까?

2. 당 조합에서는 조합원 여러분께서 재건축예정 주택에 대한 조합원 희망 주택형 설문조사 및 수정사업시행계획의 확정을 위한 투표에 적극적으로 협조하여주신 것에 대하여 다시 한 번 깊은 감사를 드립니다.

3. 이번에 본격적으로 재건축정비사업을 추진하기 위한 선행 작업인 조합원 이주비의 책정에 관한 설문조사를 실시하게 된 것을 매우 기쁘게 생각합니다.

4. 이번 조사에서도 빠르고 유익한 결과를 얻을 수 있도록 하기 위해 조합원께서는 동봉하여 드린 회신봉투를 이용하여 희망이주비 설문조사서에 표기하시어 최소한 0월 00일까지 당 조합으로 회신하여 주시기 바랍니다. 감사합니다.

반포주공0단지 재건축정비사업조합
조　합　장　　　0 0 0

이주비 설문조사 안내문

조합원 여러분 안녕하십니까?

어느덧 만물이 소생하는 새봄이 왔습니다.
댁내 두루 평안하시고 조합원님 가정에 만복이 깃들기를 기원합니다.
지난번 실시한 **희망 주택형 설문조사**에 대한 조합원님들의 적극적인 지지와 협조에 대해 깊은 감사를 드립니다.
지난 **희망 주택형 설문조사**에서는 총 1,720세대의 조합원 중 1,142세대(66.4%)의 조합원이 응답해 주셨는데, 단지 내 조합원이 55.4%, 단지 외 조합원이 73.2%의 참여율을 보여 주셨습니다. 이번 설문조사 결과를 분석하고 조합원 여러분들의 희망을 최대한 수렴하여 조합원을 위한 최적의 수정사업시행계획을 수립하였습니다.
조합원 여러분들의 적극적인 협조 덕분에 더욱 **훌륭한** 사업시행계획을 내놓게 된 것을 매우 기쁘게 생각합니다.

이번에는 이주비에 대한 조합원 여러분들의 의견을 파악하고자 합니다. 현재, 단지 외부에 거주하는 조합원들은 별 문제가 없겠으나 단지 내에 거주하는 **조합원들에게는 이 이주비야 말로 조합원 여러분들이 짧지 않은 재건축공사 기간동안 타 지역에 거주하는데 있어 매우 중요한 사안이 될 것입니다.**
생활근거지인 이곳에서 멀리 이사할 수도 없는 형편이며 특히, 자녀들의 학교나 직장문제로 더욱 이 지역을 떠날 수가 없을 것입니다. 그러므로 여기서 멀지 않은 곳에 쉽게 이주할 수 있도록 해야 하는데, **요즘에는 전세금이 많이 올라 현재의 이주비로는 이주하는데 많은 어려움이 있을 것으로 판단되어 이주비를 현실화할 필요성에 대한 검토가 요구되고 있습니다.**

우리 조합에서는 조합원이주비를 창립총회(0000.00월)를 통하여 처음 책정하였습니다. 그 후 전세금이 많이 상승하여 당초 책정한 이주비가 부족하다고 판단되어 제1차 이주비 변경결의를 통해 이주비를 증액한 바가 있습니다.
또한, 최근 추세를 감안하면 이주비의 추가인상이 필요한 것으로 생각됩니다.
요즘에는 주변지역의 전세금이 많이 상승하여 예정된 이주비로는 원하시는 전세주택을 구하기가 매우 어려울 것으로 판단되기 때문입니다.
따라서 당 조합에서는 제2차 이주비의 변경을 계획하게 되었습니다. 이주비가 아래와 같은 수준이 되어야 이주에 어려움이 없으리라고 생각합니다.

조합원 이주비 변경내역

(단위 : 원)

주택형	세대수	당초계획		제1차 변경		제2차 변경	
		이주비	총액	이주비	총액	이주비	총액
18평형	1,230	2.2억	2,706억	2.86억	3,518억	4.4억	5,412억
25평형	490	3.0억	1,470억	3.9억	1,991억	6.0억	2,940억
총 계	1,720		4,176억		5,429억		8,352억

그러나 위 표에서 보시는 바와 같이 이주비총액이 당초계획인 4,176억원에서 제1차 변경으로 5,429억원, 또 제2차 변경에서 8,352억원으로 대폭 증가하게 됩니다. 따라서 조합이 부담해야 하는 이주비 금융비용도 비례하여 대폭 증가하게 됩니다. 이를 좀 더 상세히 분석해보면 아래와 같습니다.

이주비 금융비용

(단위 : 원)

구 분	이주비 총 액	금융비용 년6.5%/3.5년	세대당 분담금		비 고
			18평형	25평형	
당초계획	4,176억	950억	5,005만	6,825만	(반올림)
제1차변경	5,429억	1,235억	6,507만	8,872만	
제2차변경	8,352억	1,900억	10,010만	13,650만	

주) : 대출이율 및 대출기간이 변경될 경우 세대 당 분담금도 변경됩니다.

이와 같이 이주비가 증가함에 따라서 조합의 금융비용도 증가되고 조합원의 분담금도 증가하게 됩니다. 당초 계획이나 제1차 변경에 대해서는 사업수지를 분석할 때 이주비금융비용을 이미 사업비에 반영하여 조합원들의 권리지분이 계산되었으나, 제2차 수정사업시행계획에는 이주비로 인한 금융비용이 조합원의 분담금 산정에 반영되지 않으며, 이번에 여러분들의 여론을 수렴한 후 반영할 계획입니다.

따라서 제2차 수정사업시행계획에 반영될 경우 조합원의 분담금도 변경되어 **18평형** 소유자는 819만원, **25평형** 소유자는 1,138만원이 실제로 증가하게 됩니다. 지난번 배포해드린 사업시행계획서의 주택형별 조합원 분담금에 이 증가된 금액을 더하여 보시면 알 수 있습니다.

요즈음 우리아파트의 인근지역 전세금을 파악해보면 다음과 같습니다.

인근지역 전세금 현황(0000.0월 현재)

지 역	주택면적	전 세 대 금	비 고
반 포 동	21~29 평형	4.5 ~ 5.5억원	
	32~36 평형	5.5 ~ 6.5억원	
방 배 동	26~29 평형	4.0 ~ 4.5억원	
	32~39 평형	4.8 ~ 5.5억원	
서 초 동	25~29 평형	4.3 ~ 5.8억원	
	31~35 평형	5.3 ~ 6.3억원	

위에서 보시는 바와 같이 현재 책정되어있는 이주비로는 전세주택을 구하는데 부족할 것으로 보입니다.

참고로 우리 인근 재건축단지의 이주비 책정 현황은 다음과 같습니다.

인근 아파트단지 이주비 책정 현황

단 지 명	책정된 이주지원금
반포 0단지	22평형 : 3.3억원
반포 0단지	16평형 : 3.9억원, 25평형 : 6.0억원
한신 아파트	28평형 : 5.2억원, 32·33평형 : 6.0억원, 53평형 : 8.0억원
○ ○ 아파트	28평형 : 5.7억원, 38평형: 6.3억원

인근 아파트단지도 최초 이주비를 책정한 후 많은 시간이 경과하였기 때문에 현 실정에는 이주비가 부족할 것으로 보입니다.
조합에서는 이주비에 관한 여러 자료를 조합원 여러분께 제시하였으니 **조합원 여러분들께서 현명하게 판단하시어 이번 「이주비 설문조사」에 적극 참여하여 주심으로써 적정한 이주비가 결정될 수 있도록 협조하여 주시기 바랍니다.**

❋ 궁금한 사항을 알아봅시다!

1. 이주비는 과연 무이자인가? 답은 무이자가 아닙니다.

　　이주비 조달은 원칙적으로 조합원 각자가 자기의 책임 하에 조달하는 것이 원칙이나, 조합원의 개인대출로 인한 불편과 금융비용의 불이익 등을 감안하여 조합원 전체를 대표하여 조합에서 일괄대출을 받는 형식을 취하게 됩니다.

따라서 기본이주비(무이자 이주비) 대출금에 대한 이자는 조합원을 대신하여 조합에서 지불할 계획이므로 조합원들은 마치 무이자로 대출 받은 것처럼 생각할 수도 있습니다. 그러나 **조합에서는 추후 이 대출금의 이자에 대해 재건축사업 추진경비에 포함시켜 정산처리** 하도록 예정되어 있어 실제로는 무이자가 아닙니다. 즉, 이 이주비금융비용은 **정산과정을 거쳐 각 조합원의 권리지분(분담금)에** 그대로 반영되는 것입니다.

2. 그렇다면, 이주비를 받지 않는 조합원은 어떻게 하는가?
   이자를 계산해 드립니다.
   자금에 여유가 있는 조합원들은 이주비를 받지 않아도 됩니다. 이때에는 이주비에 해당하는 이자를 계산해서 지불해 드릴 것입니다. **적용할 이자율 이나 기타 조건은 이주비 지급 전에 확정하여 발표할 예정입니다.**

3. 이주비가 막대한 금액인데 적용 이율은 어떻게 되는가?
   이주비의 총액이 8,000억원 이상으로 예상됩니다. 따라서 **여러 은행간의 입찰경쟁을 통하여 가장 유리한 은행을 선정할 예정입니다.** 현재 금융비용의 계산에 적용된 이율(약 6.5%)은 추정치 입니다. 그동안 조합에서는 타 조합의 대여조건 등을 면밀히 조사하여 우리 조합에 적합한 대출조건을 확보하도록 노력할 것입니다. 현재 개인적으로 대출 받는 이율보다는 유리할 것으로 예상됩니다.

4. 기존에 아파트를 담보로 해서 대출 받은 사람은 어떻게 해야 하나요?
   이주비를 받아도 은행에서 정한 담보대출 한도 내에 해당되는 금액이면 문제가 없으리라고 봅니다. 그러나 **한도금액을 초과하는 경우에는 초과하는 금액만큼을 우선 상환(중도상환)하여야** 이주비를 받을 수가 있을 것입니다. 그리고 기존의 대출은행과 조합에서 정한 은행이 다를 경우에는 가능한 한 은행간에 대환처리토록 할 계획입니다.

5. 조합에서 정한 이주비보다 더 많이 대출 받고 싶은데...
   조합에서 정한 이주비보다 더 많이 대출 받고자 할 경우에는 은행과 대출 협의를 하여야 합니다. 물론, 대출한도 내에서는 대출이 가능하리라고 생각합니다. 그러나 이 **추가대출금에 대한 이자는 해당 조합원이 은행에 직접 납부해야합니다.** 조합에서는 조합원들을 위하여 추가대출금에 대해서도 금융지원기관 선정 시 이율을 확정하여 적용토록 노력할 계획입니다.

이주비설문조사서

(조사기간 : 0000.3.15~3.31)

소유아파트 동·호수		소유자 성 명	날 인	제1안 18평형 : 1.44억원 25평형 : 2.0 억원	제2안 18평형 : 1.8억원 25평형 : 2.5억원
18평형	( )동				
	( )호				
25평형	( )동				
	( )호				

주) : 1. 18평형 소유자는 18평형 난에 25평형 소유자는 25평형 난에,
　　　　제1안과 제2안 중 희망하는 이주금액을 택일하여 (O)으로 표기 하세요.
　　2. 날인 난에는 필히 소유자 인감도장으로 날인하여 주십시오.

※ 이주비에 대한 기타의견

반포주공0단지 재건축정비사업조합 귀중

4) 수정사업시행계획 및 이주비설문조사 결과보고

반포주공0단지 재건축정비사업조합

우(137 - 909)/서울시 서초구 00동 00 - 0. 00 빌딩 000호 /
전화(02)533-0000, 3477-0000 / FAX3477-0000 http://www.banpo2.com

문서번호 : 반포0재조 제0000-　　　호

시행일자 : 0000. 0. 00

수　　신 : 조합원 제위

참　　조 :

제　　목 : 수정사업시행계획 및 이주비 설문조사 결과보고

1. 조합원 여러분 안녕하십니까?

2. 조합원 여러분의 적극적인 협조로 수정사업시행계획 및 이주비에 관한 설문 조사가 원만히 실시되었으며, 조합에서는 이를 정리·분석한 **'수정사업시행계획 및 이주비 설문조사 결과'**를 조합원 여러분께 보고하게 된 것을 매우 기쁘게 생각합니다.

3. 첨부해드린 '보고서'는 당 조합에서 조합원 여러분의 의견을 하나도 빠짐없이 검토하여 얻어낸 최선의 결과라고 생각합니다.
   그러나 우리 조합원의 공동이익을 위하여 일부 조합원들께서 원하시는 방안에 대해서는 불가피하게 반영되지 못한 것을 이해하여 주시기 바랍니다.

4. **'수정사업시행계획 및 이주비 설문조사 결과'**는 차기 조합원 총회의 결의를 통하여 최종 확정될 예정이며, 앞으로도 조합원 여러분들의 성원으로 확정된 제반 사업 시행계획을 신속하고 성실히 수행하도록 최선의 노력을 다할 것입니다.
   조합원 여러분의 협조를 계속하여 부탁드립니다.　감사합니다.

반포주공0단지 재건축정비사업조합
조　합　장　　0 0 0

수정사업시행계획 및 이주비 설문조사 결과

1. 수정사업시행계획 설문조사 결과

수정사업시행계획에 대한 설문조사를 종합한 결과는 아래와 같으며, 조합원 여러분의 압도적인 지지로 확정되었음을 알려드립니다.

구 분		세대수	참여자	참여율(%)	찬성	찬성율(%)	반대	반대율(%)
18평형	전 체	1230	688	56.0	649	94.3	39	5.7
	단지내	444	180	40.6	168	93.3	12	6.7
	단지외	786	508	64.7	481	94.7	27	5.3
25평형	전 체	490	260	53.1	244	93.8	16	6.2
	단지내	198	138	69.7	128	92.8	10	7.2
	단지외	292	122	41.8	116	95.1	6	4.9
전 체	전 체	1720	948	55.1	893	94.2	55	5.8
	단지내	642	318	49.5	296	93.1	22	6.9
	단지외	1078	630	58.5	597	94.8	33	5.2

위에서 보시는 바와 같이 설문조사에 참여한 세대수는 전체 세대수의 약 절반이 조금 넘는 55% 정도이며, 참여 세대수 중에서 94.8%가 수정사업시행계획을 찬성하였습니다. 찬성률을 보면 주택형과 단지의 내외를 막론하고 고루 찬성한 것을 알 수 있습니다.

일부 반대하는 조합원 중에는 조합원의 부담이 늘어난다고 하더라도 희망 주택형에 100% 배정받도록 해 달라고 요청하는 반면, 일부는 권리지분을 최대한 크게 하여 분담금을 줄여 달라고 요청하기도 하였습니다.
조합원들의 기타의견으로는,
- 주택형을 더 다양하게 해 달라,
- 대형 주택형을 줄이고 다른 주택형을 늘려 달라,
- 로열층을 배정해 달라,
- 전부 남향 배치로 해 달라 등등
아주 다양한 요구가 있었는데 일부 조합원은 희망 주택형 설문조사 결과에 대한 이해부족과 수정사업시행계획에 대한 설명을 잘 읽어보지 않은 것 같습니다.
다시 한 번 조합에서 보내드린 안내문을 읽어보시면 이해에 많은 도움이 될 것입니다.

그동안 여러 가지 의견이 제시되었으나 수정사업시행계획의 기본취지인 '조합원의 공동이익 추구'에 부합되지 않는 요구들은 반영할 수 없을 것으로 예상되며, 타당한 의견들은 사업을 진행하는 과정에서 반영해 나가도록 하겠습니다.

당 조합에서는 조합원의 절대적인 찬성을 받은 수정사업시행계획을 기준으로 하여 정비사업을 힘차게 추진해 나갈 것입니다. 이미 설계업무도 많이 추진되어 단위세대 평면계획이 거의 완성단계에 있으며, 배치도 및 입면도에 대해서도 현재 계획 중에 있습니다. 따라서 수정사업시행계획을 또다시 변경할 기회는 현실적으로 없을 것으로 판단되며, 만일 다시 변경할 경우 사업추진만 늦어지게 됩니다.

2. 이주비 설문조사 결과

이주비 설문조사 결과는 아래와 같이 제1안이 제2안 보다 7.2% 더 많이 선택 되어 제1안으로 채택되었습니다.

구 분		세대수	참여자	참여율(%)	제1안	비율(%)	제2안	비율(%)
18평형	전 체	1230	670	54.5	356	53.1	314	46.9
	단지내	444	181	40.8	60	33.2	121	66.8
	단지외	786	489	62.2	296	60.5	193	39.5
25평형	전 체	490	258	52.7	141	54.7	117	45.3
	단지내	198	135	68.2	54	40.0	81	60.0
	단지외	292	123	42.1	87	70.7	36	29.3
전 체	전 체	1720	928	53.9	제497	53.6	431	46.4
	단지내	642	316	49.2	114	36.1	202	63.9
	단지외	1078	612	56.8	383	62.6	229	37.4

위에서 보시는 바와 같이 제1안은 53.6%가 지지하였으며, 제2안은 46.4%가 지지하여 제1안이 과반수의 지지를 받아 채택되었습니다.

전반적으로 단지 내 거주자가 제2안을 더 많이 지지한 것을 보면 이주비가 더 필요한 것으로 보이는데 참여율이 저조하여 결국은 제1안으로 채택된 것으로 생각됩니다. 그러나 제1안이 채택됨으로써 금융비용이 추가로 소요되지 않는 장점도 있습니다. 조합에서는 이주시점에 이주비가 부족한 조합원들을 위해 각 조합원이 개별적으로 담보한도 내에서 유리하게 추가대출을 받을 수 있도록 해당 금융기관과 협의하여 대책을 강구할 예정입니다. 감사합니다.

반포주공0단지아파트

재건축정비사업 안내문

(0000. 0.)

반포주공0단지 재건축조합 설립추진위원회

서울특별시 서초구 반포2동 00-0번지 (새마을회관 2층)
전화 : 00-000-0000, 00-0000-0000 / FAX : 00-0000-0000

반포주공0단지아파트

재건축정비사업 안내문

(0000. 0.)

반포주공0단지 재건축조합 설립추진위원회

서울특별시 서초구 반포2동 00-0번지 (새마을회관 2층)

전화 : 00-000-0000, 00-0000-0000 / FAX : 00-0000-0000

목 차

❖ 추진위원장 인사말

❖ 정비사업 전문관리업자 인사말

❖ 경과보고

☐ 재건축정비사업 시행계획서

❖ 추진위원장 인사말

존경하는 반포주공0단지아파트 소유주님 !

안녕하십니까? 만물이 소생하는 생동의 계절에 댁내 만복이 함께하시기를 기원합니다.
저는 0000년 00월 00일 반포주공0단지 재건축조합 설립추진위원회에서 위원장으로 선출된
0 0 0입니다.

부족한 점이 많은 제가 여러분의 성원으로 위원장에 선출되어 무한한 책임감을 느끼고
있으며, 재건축사업추진의 지난한 현실을 감안하면 앞으로 많은 어려움이 예상되나,
여러분들의 변함없는 성원의 힘으로 예상되는 높은 파고를 헤치고 기필코 주어진
업무를 성실히 수행할 것을 다짐하며, 먼저 서면을 통해 여러분께 인사를 드립니다.

그동안 많은 소유주님들과 추진위원들의 적극적인 관심과 협조로 재건축사업의
성공적인 추진을 위한 준비작업을 착실히 준비하여 왔으며, 그 결과 재건축사업의
실질적인 출발점이라고 할 수 있는 '**재건축사업 시행계획(안)**'을 준비하여 이번 기회를
통하여 발표하게 되었으며, 이 '**재건축사업 시행계획(안)**'을 바탕으로 하는 '**재건축
정비사업 조합설립 동의서**'를 징구할 수 있게 되었습니다.
재건축사업의 성공적인 추진을 위해서는 소유자 여러분의 적극적이고 지속적인 참여와
협조가 필요합니다. 또한, 재건축사업은 현재 계속되고 있는 건설관련 물가의 상승과,
점차 강화될 것으로 예상되는 재건축 관계 법령 등을 감안하면 우리는 더욱 철저한
준비와 함께 신속한 사업추진이 필요하다고 판단됩니다.
저는 앞으로도 우리 아파트의 성공적인 재건축사업이 조속히 달성될 수 있도록 모든
노력을 다할 각오입니다.

반포주공0단지 아파트소유자 여러분!
우리 아파트단지의 성공적인 재건축사업을 위해서는 소유자 여러분의 많은 협조와
적극적인 참여가 꼭 필요하다는 것을 다시 한 번 말씀드리며, 사업추진과정에 대한
의문사항이나 개선할 사항이 있으면 추진위원회 사무실로 연락해주시기 바랍니다.
소유자 여러분의 가정에 건강과 행복만이 가득하시기를 기원합니다.

0000년 00월

반포주공0단지 재건축조합설립추진위원장 0 0 0

❖ 정비사업 전문관리업자 인사말

반포주공0단지아파트 소유자 여러분 안녕하십니까?
봄날을 맞이하여 꽃들이 만발하는 아름다운 계절에 여러분 가정이 두루 평안하신지요.

현재, 여러분의 재건축사업에 대한 관리업무를 담당하고 있는 (주)000는 재건축추진위원회와 긴밀한 협력을 통하여 주공0단지 재건축사업의 성공적인 추진을 위하여 심혈을 기울이고 있습니다.
그동안 여러분의 다양한 의견을 수렴하여 투명하고 경제적인 재건축사업을 추진함에 있어 여러 가지 어려운 문제로 인하여 사업이 다소 지연되기도 하였으나, 저희 주) 000는 오직 소유자 여러분의 이익을 최선의 목표로 하여 주워진 업무를 성실히 수행하여 왔으며 앞으로도 변함이 없을 것입니다.

다행스럽게도 투명하고 빠른 재건축사업의 목표달성을 향하여 일에 매진하고 있는 추진위원회의 노력과, 적극적으로 협력해주시는 소유자 여러분의 협조로 저의 정비사업 관리업자는 긴 기간을 사무실에 상주하면서 보람되게 일할 수 있었으며, 만족스럽지는 못하지만 나름대로는 의미 있는 성과물을 마련하여 이번에 여러분께 제시할 수 있게 된 것을 매우 기쁘게 생각합니다.

그동안 관계 기관에 소형 주택형 의무비율의 완화요구와, 설계자 선정관련 계약서의 검토, 사업성 검토, 조합의 정관·규정의 작성, 시공자선정을 위한 자료 준비 등 재건축사업을 위한 많은 준비작업이 진행되었으며, '재건축정비사업 조합설립 동의서'의 징구도 조합설립을 위한 법적인 동의요건을 완벽히 구비함으로써 이제는 재건축정비사업의 본격적인 추진이 시작된 것이라 할 수 있습니다.
저희 (주)000은 반포주공0단지 재건축사업이 순조롭게 진행되고 있는 것에 대하여 소유자 여러분 및 추진위원회에 다시 한 번 깊은 감사를 드리며, 계속 정진하여 성공적인 재건축사업이 성취될 수 있도록 최선의 노력을 다 하겠습니다.

앞으로도 소유자 여러분들의 적극적인 이해와 협조를 당부 드리오며, 아무쪼록 가내 행복만이 가득하기를 기원합니다.   감사합니다.

0000년 0월

정비사업전문관리업자 (주) ０ ０ ０ 대표이사 ０ ０ ０

❖ 경 과 보 고

▣ 사업추진 경과보고(0000. 0. ~ 0000. 0.)

일 시	주요수행업무내역	비 고
0000. 0. 00.	★ 재건축추진 준비위원회 구성 : 잉여금 중 추진비 1,000만원 조달	
	★ 6회에 걸쳐 조합설립 동의서 징구 안내문 발송 : 동의서 76.5% 징구	
	★ 재건축추진 준비위원회 명칭변경 →'재건축 조합설립추진위원회'	
	★ 조합설립 동의서 징구결과 보고 ★ 조합정관 제정 발의	
	★ 9회에 걸쳐 조합설립 동의서 징구 안내문 발송 : 동의서 76.5% 징구	
	★ 재건축추진비용 조달방법 결의	
	★ 동별 대의원 선거 실시 : 총30명	
	★ 동별 대의원 상견례 및 임시 추진위원장 선출 : 0 0 0 선출 ★ 미선출된 동대의원 재선출 결의	
	★ 동별 대의원 재선거 실시 – 11명 재 선출	
	★ 재건축 조합설립추진위원장 선출 및 운영위원회 결성 – 위원장 0 0 0 선출, 대의원회 구성(의원 : 7명)	
	★ 설계자 선정 발의(대의원) : 11차례 심사위원회 심의 ★ 대의원회 최종 결의로 설계자 선정 : (주) 000엔지니어링 종합건축사사무소	
	★ 재건축 조합설립추진위원회 사무소 개소식 개최 : 시의원, 구의원, 반포동협의회, 입주민 참석	
	★ 조합정관(안) 일부 개정, 여직원 채용, '운영위원회'를 '이사회'로 명칭변경	
	★ 예산편성 승인(8개 항목 : 18,855,000원), 회계감사 선출 : 김 0 0	

일 시	주 요 수 행 업 무 내 역	비 고
0000. 0. 00.	* 재건축조합정관(안) 일부 개정, 궐위된 대의원 5명 선출 * 예산편성 승인 : 2개 항목 250만원 증액	
	* 사업추진방식 확정 : 도급제로 결정 * 궐위된 동대의원 2명 선출	
	* 시공자 선정 시기에 관한 토의 * 창립총회에서 시공자를 최종 선정하는 방안 확정	대의원회
	* 컨소시엄에 관한 대의원 투표실시-컨소시엄 반대 확정 * 재건축사업시행계획서(개정된 동의서 등) 발송	
	* 시공자 선정을 위한 현장설명회 개최 : 8개회사 참여, 입찰참여제안서 접수	
	* 이사 3명 선출	
	* 조합장 입후보자 등록 공고	
	* 재건축관련 주민설명회 개최	
	* 조합장 입후보자 등록마감	
	* 시공자 입찰계획서 접수마감 : 2개사 입찰참여	
	* 총회 상정안건 확정, 총회 개최 일시 및 장소 확정	대의원회
	* 시공자의 입찰계획서 분석 후 사업추진방식을 도급제로 하는 것으로 확정	대의원회

1) 재건축정비사업 시행계획(안)

□ 재건축정비사업 시행계획(안)

반포주공0단지아파트

재건축정비사업 시행계획서

(0000. 0.)

반포주공0단지 재건축조합 설립추진위원회

반포주공0단지아파트

재건축정비사업 시행계획서

(0000. 0.)

반포주공0단지 재건축조합 설립추진위원회

- 목 차 -

Ⅰ. 재건축정비사업 시행계획(안)

Ⅱ. 재건축정비사업조합 정관(안)

Ⅲ. 조합원 참고사항

Ⅳ. 재건축정비사업 조합설립 동의서 제출안내

[첨 부] :
    1. 재건축정비사업 조합설립 동의서(양식)
    2. 재건축정비사업 조합설립 동의서 작성방법
    3. 공유지분소유자 대표조합원 선임동의서(양식)
    4. 외국인 거주자 및 외국인의 동의서 제출 구비서류

재건축정비사업 시행계획(안)

1. 재건축정비사업 시행계획 수립의 목적

2. 재건축정비사업 시행계획 수립의 기본반향

3. 재건축정비사업 시행계획(안)의 결의요건

4. 재건축정비사업 시행계획(안)

5. 재건축정비사업 추진일정

6. 배치도 및 주택형별 단위세대 평면도(계획도면)

1. 재건축정비사업 시행계획(안) 수립의 목적

반포주공0단지 재건축정비조합설립 추진위원회에서는 재건축사업의 성공적인 수행을 위하여 서울시 반포아파트지구 개발기본계획[변경]을 기초로 하여 가설계(안)를 정하였고 다음과 같은 재건축정비사업 시행계획(안)을 수립하였습니다. 본 재건축정비사업 시행계획(안)은 재건축사업을 수행하기 위한 기본계획으로, 도시정비법 시행령 제30조(조합설립인가 신청의 방법 등) 제2항 및 도시정비법 시행령 제47조(사업시행계획서의 작성) 제2항에서 정하고 있는 사항을 포함하고 있습니다. 또한, 재건축정비사업을 위한 조합설립을 위해서는 조합설립에 동의하지 않은 미동의자에 대한 매도청구소송의 제기가 필요한데 이를 위해서는 조합설립에 대한 조합원의 동의가 필요합니다.

2. 재건축정비사업 시행계획 수립의 기본방향

재건축정비사업의 궁극적인 목표는 쾌적한 주거환경의 조성에 있으나 조합원의 현실적인 관심은 개발이익의 극대화를 통한 재산증식에 있다고 할 것입니다.

이러한 두 가지의 기본적인 목표는 상호 상반되는 요소를 가지고 있어 서로 충돌을 일으킬 수밖에 없습니다. 즉, 신축아파트의 품질을 확보하기 위해서는 무엇보다도 충분한 투자가 필요 하지만 개발이익의 극대화를 위해서는 정비사업비가 최소화되도록 해야 합니다. 품질을 확보하기 위해서는 일반사업비는 최대한 절약하고 품질향상에 필요한 건축비는 과감하게 투자할 필요성이 있으며, 이에 소요되는 공사비의 마련을 위해 일반분양수입금의 극대화가 필요합니다. 따라서 우리 아파트 재건축사업의 기본계획(안)은 비용절감을 통한 조합원 부담금의 최소화와 품질향상을 통한 개발이익의 극대화라는 두 가지의 목표를 동시에 추구하면서도 고품질, 최첨단 및 친환경아파트의 건축에 주안점을 두어 개발이익을 극대화하고, 입주 후에는 고부가가치의 아파트가 될 수 있도록 사업시행계획을 수립하였 습니다.

3. 재건축정비사업 시행계획(안)의 결의요건

본 사업계획(안)은 서울시 반포아파트지구 개발기본계획[변경]을 기준[소형 주택형(전용면적 60㎡ 이하) : 20%, 국민주택규모(전용면적 85㎡ 이하) : 40%, 자율 주택형(중대형 주택형) : 40%) 으로 하여 작성된 조합의 가설계(안)를 기준으로 하여 작성하였으며, 본 가설계(안)은 반포 아파트지구 개발기본계획에 대한 확정고시와 주민(아파트 및 상가 조합원)의 의견반영, 조합 내부의 심의과정, 조합원 총회에서 선정된 시공자와의 업무협의, 인·허가 과정(건축심의, 사업시행계획 승인 등)을 거치면서 변경되며, 추후 00구청의 사업시행계획 승인절차를 거쳐 확정됩니다. 소유자 여러분께서 조합설립에 동의하여 각 동별 구분소유자의 과반수의 동의와 주택단지의 전체 구분소유자의 4분의 3 이상 및 토지면적의 4분의 3 이상의 토지소유자가 '재건축정비 사업 조합설립'에 동의하여 주시면, 조합 창립총회를 개최한 후 00구청에 조합 설립인가 신청서를 제출하여 조합의 설립인가를 받아 사업을 시행할 수 있게 됩니다.

4. 재건축정비사업 시행계획(안)

1) 건설되는 건축물의 설계개요

가. 설계개요

구 분	개 요				
사 업 명	반포주공0단지 재건축정비사업				
대지위치	서울시 서초구 반포0동 00-1,2, 3, 4, 21, 23, 14-1번지				
지역/지구	도시지역, 일반주거지역, 아파트지구, 중심지 미관지구				
대지면적(㎡)	주 택 용 지	133,060.00	도 로 : 20,674.70		
	주구중심#1	4,799.50	공 원 : 11,803.80		
	주구중심#2	1,289.00	학 교 : 37,713.10		
	계	139,148.50	주구중심 : 6,088.50		
주택형별 세 대 수	주 택 형	세 대 수	비 율		
	59m²	572	20.67(%)		
	84m²	878	31.73(%)		
	105m²	564	20.38(%)		
	125m²	379	13.70(%)		
	144m²	260	9.40(%)		
	170m²	114	4.12(%)		
	합 계	2,767	100.00(%)		
건축면적	19,926.42㎡				
연면적	지상면적	568,465.17㎡			
	지하면적	193,550.04㎡			
건 폐 율	11.89%(법정 : 60% 이하)				
용 적 율	269.67%(지침 : 270% 이하)				
건설규모	아파트 28개동, 지하3층, 지상25~31층 및 부대시설, 상가				
구 조	철근콘크리트 벽식구조, 진도 8.0 적용(MMI 기준)				
설 비	난방방식	지역난방방식			
	급수방식	부스터방식			
주차대수	계획대수	4,111대(아파트)			
	법정대수	4,011대(아파트)			
조경면적	대지면적의 30% 이상				

나. 아파트 주택형별 세대수 및 면적

(단위 : m²)

주택형	세대수	주 거 전용면적	주 거 공용면적	분양면적 (공급면적)	비주거 공용면적	지하주차장	계약면적
59m²	572	59.85	26.05	85.90	1.78	26.64	114.32
84m²	878	84.99	30.13	115.12	2.53	37.83	155.48
105m²	564	105.00	31.92	136.92	3.13	46.73	186.78
125m²	379	125.00	33.00	158.00	3.72	55.63	217.36
144m²	260	144.88	36.00	180.88	4.32	64.48	249.68
170m²	114	170.00	41.00	211.03	5.07	75.63	291.73
합 계	2,767	272,499.22	85,898.62	358,401.26	8,121.22	121,278.93	478,799.56

다. 부대시설·복리시설 설치계획

(단위 : m²)

시 설 명	규 모	지상면적	지하면적	면적계	비 고
관리사무소		150.00	-		
노 인 정		300.00	-		
집 회 소		300.00	-		
보육시설	지하1층-지상2층	110.00	-		
경 비 실		50.00	-		
문 고		50.00	-		
유 치 원					
커뮤니티시설	지하2층		3,081.00		
기계/전기실	지하3층		3,000.00		
근로자 휴게시설	지하2층		1,000.00		

※ 위의 '건설되는 건축물의 설계개요'와 설치면적 등은 반포아파트지구 개발기본계획에 따라 추진위원회가 준비한 계획(안)이며, 서울시 개발기본계획 결정고시 및 조합의 사업시행계획의 변경이나 허가가관의 승인 과정에서 변경될 수 있습니다.

※ <u>사업부지가 2단으로 계획되어있어 위의 지하2층 및 3층은 실제상(實際上)으로는 지하1층 및 2층입니다. 즉, 위의 기계/전기실을 제외한 모든 시설은 지하 1층에 설치됩니다.</u>

2) 공사비 등 정비사업에 드는 비용(정비사업비)의 개산액

※ 지출금 산출내역의 확정절차

가설계(안)를 기준으로 0000년 00월 현재 예상되는 철거비용과 건축비 및 제사업비용을 개략적으로 산출하였으며, 사업추진에 따라 단계별로 비용이 정해지며, 재건축사업장의 여건에 따라 산출내역이 변경될 수 있으며, 관리처분 시 가청산하며, 입주(결산) 시 확정됩니다.

(단위 : 천원)

구 분	항 목	산 정 내 역	금액(천원)	비 고
공사비	건 축 비	@0,000천원×487,798.8m²	000,000,000	공사계약 시 확정됨
	철 거 비	건축공사비에 포함	-	
	소 계		000,000,000	
제 사 업 비	설 계 비	5,450천원×1.1×487,798.8m²	2,924,354	
	감 리 비	@10,590원×487,798.8m²	5,165,789	
	안전진단비	1식	100,000	입찰예상가격
	행정용역비	4천원×487,798.8m²	1,951,195	
	조합운영비	월20,000천원(사업시행 전)×18개월 +월15,000천원(사업시행 후)×36개월	900,000	
	측량/지질조사	경계측량, 확정측량, 지질조사 등 1식	-	설계비에 포함
	회계/세무	용역비	200,000	
	등기비용	신탁, 멸실, 보존등기비용	2,000,000	
	감정평가	1식(토지 및 상가 등)	100,000	
	소송비용	매도, 명도, 일반소송 등	300,000	
	인·허가비용	교통/환경영향평가, 사업계획승인 등	500,000	
	부가가치세	85m²(25.7평) 이상 적용 487,798.8m²×48%×800×10%	18,731,474	건축비 중 금융비용 제외
	인입시설 부담금	전기, 지역난방, 수도, 도시가스, @2,000원×487,798.8m²	975,598	
	토지매입비	21,871m²×@1820천원	39,805,220	
	토지매입 제세공과금	39,805,220×5.8%	2,308,703	
	예 비 비	(1식)	9,114,646	
	소 계		84,075,625	
금융비	금융비용	@130천원×487,798.8m²	63,413,844	
합 계			718,800,000	

※ 재건축사업의 도급제에서는 소요되는 사업비용이 사업시행계획수립 시 대비 결산(입주) 시는 다음의 '참고자료'와 같이 많은 금액의 차가 발생됩니다. 따라서 조합에서는 예상되는 사업비 증가에 따라 입주 시 조합원 분담금 증가로 인한 심각한 민원발생을 사전에 방지하기 위해 관리처분계획의 수립 및 수정 등에 대한 세심한 주의가 필요합니다.

3) 공사비 등 정비사업에 드는 비용(정비사업비)의 분담기준

가. 별도로 동봉한 '재건축정비사업 조합설립 동의서'상에 표시되지 않은 사항은 조합의 정관이 정하는 바(사업경비의 부과 및 징수)에 따라 부과하고 징수합니다.

나. 신축비용 등의 조달은 조합원에게 분양하고 남는 아파트의 일반분양 수입금과 조합원 분담금(중도금)으로 우선 충당하되, 부족분은 재건축에 참여한 조합원(승계의 경우 승계인)이 토지 및 주택의 면적, 위치 등을 고려하여 공평하게 부담하게 됩니다.

다. 다음 쪽 (8)-마의 주택형별 조합원 예상 분담금의 산출은 사업계획수립일 현재(0000년 00월)를 기준으로 산출한 예상수지분석에 의하여 작성하였으며, 추후 조합정관이 정하는 기준에 따라 수립되는 '관리처분계획'에 의해 가결산하며, 입주 후 결산 시 분담금이 최종 확정됩니다.

　㈜ 법 제89조(청산금 등) 제1항에서는 위의 '분담금'을 '청산금'으로 표현하고 있다.

4) 사업완료 후 소유권의 귀속에 관한 사항

'재건축사업 시행계획(안)에 표시되지 않은 사항은 조합정관 제8장(관리처분계획)에서 정하는 관리처분계획의 기준에 따릅니다.

가. 공동주택(아파트)의 경우

① 조합원에게 우선분양하며, 조합원에 대한 주택형배정은 조합원의 분양신청에 의하되, 사업시행계획 승인 후 조합정관이 정하는 분양신청방법에 의해 배정합니다.

② 경합이 있는 경우에는 현 소유주택(종전주택)의 주택형이 큰 조합원에게 우선권을 부여하고, 주택형이 동일한 경우의 주택형 선택과 동·호수의 결정은 조합정관에 따라 수립되는 관리처분계획에 따릅니다.

③ 조합원에게 우선분양하고 남는 아파트 잔여세대는 관계 법령과 조합정관이 정하는 바에 따라 일반분양합니다.

나. 상가 등 복리시설의 경우

① 분양면적 및 호수 결정은 조합원 분양신청에 따른다.

② 경합이 있는 경우에는 현 소유상가(종전상가)의 동일층 조합원에게 우선권을 부여하고, 층이 같은 경우에는 단위면적(㎡)당 감정평가금액이 높은 조합원에게 우선권을 부여하며, 평가금액이 동일한 경우에는 공개추첨에 의합니다.

③ 분양면적과 호수는 조합의 상가분양계획에 의해 분할하여 정하는 면적과 호수에 의합니다.

5) 재건축조합 정관 동의서 제출에 관한 사항

조합정관(안)은 국토교통부의 '재건축조합 표준정관'을 기준으로 작성하였으며, 일부 내용은 우리 아파트의 실정에 맞도록 수정·보완하였습니다. 조합의 조직과 운영에 관한 사항 등을 정하는 준칙규정은 조합원 모두가 숙지하셔야할 사항입니다.

조합원의 권리를 확보하고 조합집행부의 권리남용을 방지하는 방향으로 정관이 제정되어야 마땅하나, 이를 지나치게 강조하다 보면, 효율적인 재건축사업의 추진에 걸림돌이 될 수 있다는 점도 배제할 수 없습니다.

'조합정관'의 확정을 위해서는 조합원 모두가 확인 날인을 하여야 하나, 편의상 생략하고 대표자(조합장)가 조합을 대표하여 확인 날인 합니다.

6) '대표자 선정 동의서' 제출에 관한사항

동의서상에는 '대표자의 주소, 성명 및 주민등록번호'가 공란으로 되어있습니다. 이는 금번 창립총회에서 대표자(조합장)를 직선제로 선출하고, 선출된 대표자(조합장)의 인적사항을 창립총회 이후 조합에서 기입하기 위함이며, 조합원께서 창립총회에서 선출한 대표자의 인적사항을 조합에서 기입하는 것에 동의하여 주시면, 창립총회에서 선출된 대표자(조합장)가 앞으로 반포주공0단지아파트의 재건축사업을 이끌어 갈 것입니다.

7) 사업추진 단계와 절차

가. 각 동별(상가 등 복리시설 동은 전체를 하나의 동으로 간주한다) 소유자의 과반수 동의와 전체 구분소유자의 4분의 3 이상 및 토지소유자의 4분의 3 이상이 동의하여 본 재건축사업을 위한 『재건축정비사업 조합설립 동의서』를 제출하여 주시면, 조합 창립 총회를 개최하여 『조합설립 동의』, 『조합정관 승인』, 『사업비예산(안) 승인』, 『시공자 선정』, 『사업시행계획』과 『기타 안건』 등에 대한 결의 및 『임원 선출』 등에 대해 인준을 받은 후 사업추진을 위한 조합설립과 정비사업을 수행하게 됩니다.

나. 조합 창립총회 후 조합설립인가 신청을 위해 00구청에 의뢰하여 안전진단을 실시하고, 안전진단 문제가 처리되면 바로 조합설립인가신청을 위한 제반 서류를 구비하여 인가승인권자인 00구청장에게 신청하게 됩니다.

8) 재건축사업 수지분석내역과 조합원 분담금 및 사업시행계획변경의 주된 요인

조합원 분담금의 수지분석은 현 가설계(안)와 현재의 예상 건축비, 예상 사업비용 및 예상 분양수입금을 참고하여 작성하였습니다. 조합원 분담금은 사업시행계획(안)의 내용과 조합정관이 정하는 바에 따라 공평하게 부과되며, 관리처분계획을 통하여 더욱 구체화된 후 일단 가결산을 하게 되고, 입주 후 결산 시에 조합원 분담금이 최종 확정됩니다.

가. 예상 분양수입금

(단위 : m², 천원)

구 분	주택형	분양면적	예상분양금액		세대수	예상총분양금액	비 고
			분양단가	분양금액			
아파트	59m²	85.90	3,638	312,500	572	178,750,000	
	84m²	115.12	4,691	540,000	878	474,120,000	
	105m²	136.92	5,222	715,000	564	403,260,000	
	125m²	158.00	5,222	825,000	379	312,675,000	
	144m²	180.88	5,573	1,008,000	260	262,080,000	
	170m²	211.03	5,800	1,224,000	114	139,536,000	
합 계					2,767	1,770,421,000	

나. 예상 건축비 및 제반 사업비용

위의 '(2) 공사비 등 정비사업에 드는 비용(정비사업비)의 개산액' 참조

다. 예상 개발이익

(단위 : 천원)

구 분	산 출 금 액	예상개발이익	비 고
총 예상수입금	1,770,421,000	1,051,731,121	
총 지출금액	718,689,788		

라. 단위면적(m²)당 예상 개발이익

(단위 : 천원)

예 상 개 발 이 익	조합원의 권리지분면적(m²)	단위면적(m²)당 예상개발이익
1,051,731,121	111,788m²(33,816평)	94,083/m²(311,016/평)

마. 주택형별 조합원 예상 분담금 산출내역

(단위 : 천원)

구 분		조합원의 단위면적(m²)당 권리지분 : 85,137	
		[18평형] ▶ 대지지분 : 58.530m² ▶ 권리지분 : 550,668	[25평형] ▶ 대지지분 : 81.216m² ▶ 권리지분 : 764,104
주택형	예상분양금액	예상분담금	예상분담금
59m²	312,500	-238,168(환급)	-451,604(환급)
84m²	540,000	-10,668(환급)	-224,104(환급)
105m²	715,000	164,332(부담)	-49,104(환급)
125m²	825,000	274,332(부담)	60,895(부담)
144m²	1,008,000	457,332(부담)	243,896(부담)
170m²	1,224,000	673,332(부담)	459,896(부담)

* 예상 분양금액에는 주차장 분양가가 포함되어 있습니다.

* 현 부동산을 매매하는 경우의 실거래가격은 분양권에 대한 기대수익(주택형, 선택권, 로열층 배정 등)으로 인해 상기 조합원의 권리지분보다 당연히 높게 나타납니다.

바. 사업시행계획 변경의 주된 요인

① 앞으로 조합원의 의견수렴과 조합 내부 및 총회결의, 시공자를 포함한 사업추진을 위한 협력회사와의 업무협의 과정에서 변경될 수 있습니다.

② 관계 법규, 국토교통부 시행령 및 서울시 조례 등의 개정으로 용적률 등이 인하되거나 교통영향평가나 환경영향평가, 경관심의 또는 사업시행계획에 대한 심의나 인·허가 과정에서 건축규모나 사업추진일정 등이 조정 및 변경될 수 있습니다.

③ 사업시행계획(안)에 제시된 수입과 지출경비 등의 수치는 모두 사업시행계획 수립당시의 시점에서 예상한 수치로 추후 시공자와의 계약조건, 협력사에 대한 입찰 및 계약조건 그리고 분양 시 결정되는 분양금액과 사업추진기간 등에 따라 변경될 수 있습니다.

④ 조합원 총회나 총회결의건의 위임에 의해, 또는 기타 정관 등이 정하는 적법한 절차에 따라 사업시행계획이 변경될 수 있습니다.

5. 재건축정비사업 추진일정(예정)

NO	진행절차	0000				0000						0000						0000	0000	0000			
		5 6	7 8	9 10	11 12	1 2	3 4	5 6	7 8	9 10	11 12	1 2	3 4	5 6	7 8	9 10	11 12			1 2	3 4	5 6	7 8
1	창립총회	■																					
2	시공자 선정	■																					
3	반포아파트지구 개발기본계획	■	■																				
4	안전진단		■	■																			
5	조합설립인가		■	■																			
6	신탁등기				■	■																	
7	매도청구				■	■																	
8	사업승인 및 설계						■	■	■	■													
9	관리처분계획									■													
10	이주계획수립 및 이주실시									■	■												
11	지장물철거 및 멸실신고											■	■										
12	착공/준공											■	■	■	■	■							
13	분양											■	■										
14	입주																			■			
15	청산 및 조합해산																						■
기타사항	※ 이 일정계획은 반포아파트지구 개발기본계획이 0000년 00월까지 확정되는 것을 조건으로 한 것이며, 개발기본계획의 확정여부에 따라 변경될 수 있습니다.																						

▸ 알림 : 본 도표에서는 도표의 형식만 참고하기 바랍니다.

6. 배치도 및 주택형별 단위세대 평면도

배치도 및 주택형별 단위세대 평면도

※ **정비사업 시행계획(안)**에 첨부되는 배치도 및 주택형별 단위세대 평면도는 공사를 시행하기 위한 시공도면이 아니라 배치계획 및 단위평면의 기본계획을 수립하기 위한 계획도면으로서 사업시행계획 수립 및 시공자 선정 등을 위한 용도로 쓰이는 하나의 '기본계획 설계도'(Concept Drawing) 즉, 설계의 방향이나 개념만을 잡기위한 도면입니다.

이후, 이 계획도면을 기초로 하여 시공도면의 기본안이 작성되고 이 안을 기준으로 설계자가 시행자인 재건축조합과 많은 토의를 거친 후 비로서 공사를 위한 '실시설계도'가 확정됩니다. 이 '실시설계도'는 시공자와의 공사계약 체결이나 공사물량산출 등에 이용되며, '실시설계도'에 대한 인·허가기관의 허가를 받으면 본공사를 착수할 수 있는 '시공도면'이 확정됩니다.

(본 지침서에서는 편의상 '기본계획 설계도'를 대신하여 설계내역에 대한 계획이 거의 확정된 '실시설계도'를 첨부하였고, 단위세대의 호칭면적은 법령에서 정하고 있는 전용면적을 대신하여 편의상 분양면적을 표기함)

1) 배치도

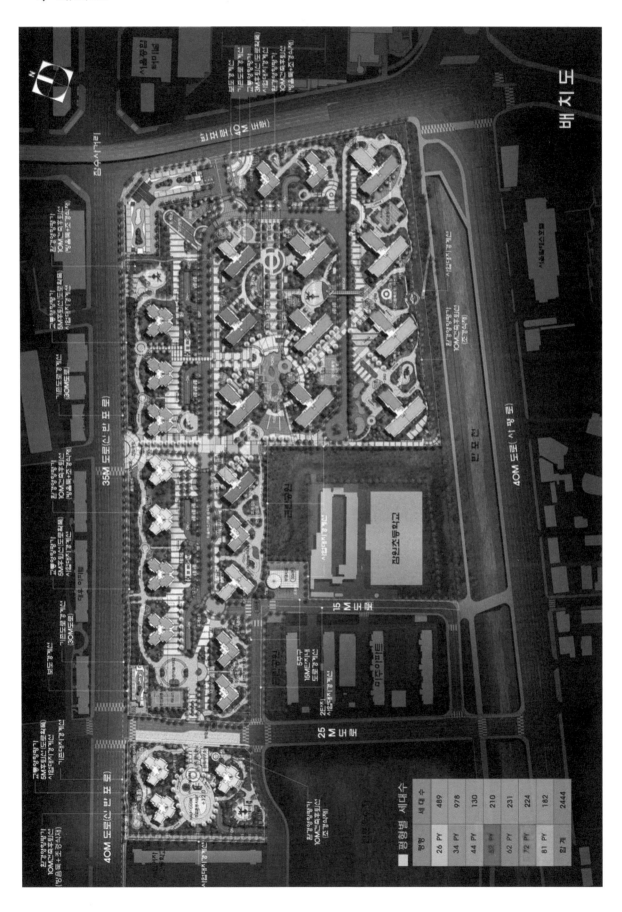

배치도

평형별 세대수		
평형		세대수
26 PY		489
34 PY		978
44 PY		130
59 PY		210
62 PY		231
72 PY		224
81 PY		182
합계		2444

2) 주택형별 단위세대 평면도

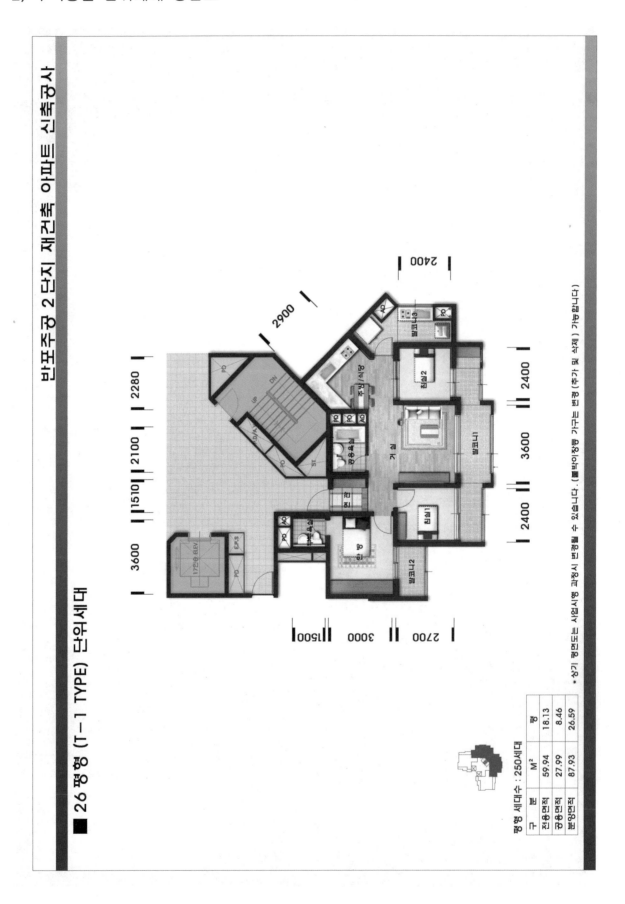

반포주공 2단지 재건축 아파트 신축공사

■ 26평형 (T-1 TYPE) 단위세대

평형 세대수 : 250세대

구 분	M²	평
전용면적	59.94	18.13
공용면적	27.99	8.46
분양면적	87.93	26.59

* 상기 평면도는 사업시행 과정시 변경될 수 있습니다. (불박이장등 가구도 변경 (추가 및 삭제) 가능합니다)

■ 26평형 (T-2 TYPE) 단위세대

평형 세대수 : 239세대

구 분	M²	평
전용면적	59.91	18.12
공용면적	27.27	8.25
분양면적	87.18	26.37

* 상기 평면도는 사업시행 과정시 변경될 수 있습니다. (붙박이장등 가구는 변경 (추가 및 삭제) 가능합니다.)

■ 34평형 (L-1 TYPE) 단위세대

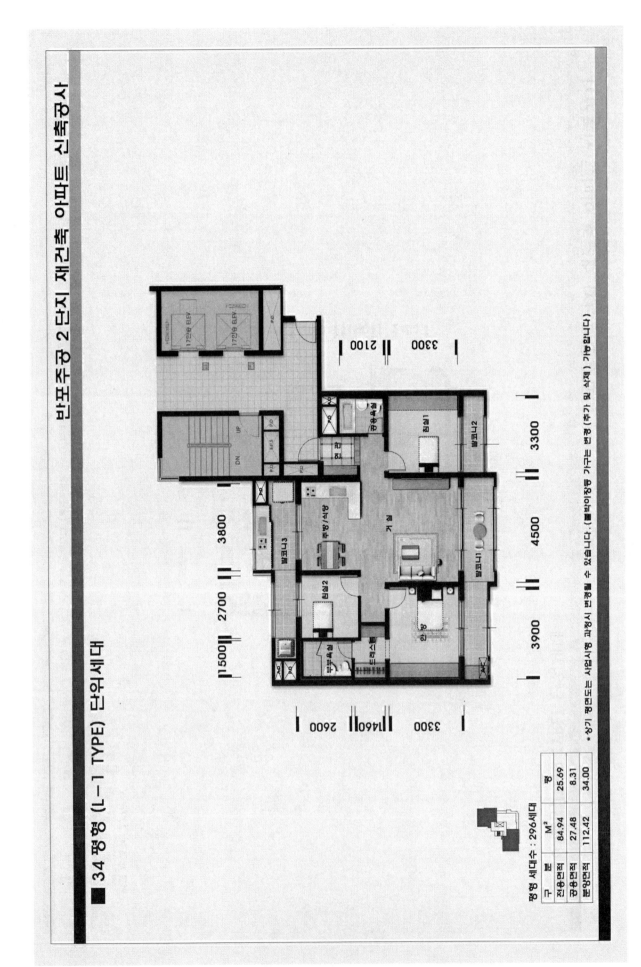

평형 세대수 : 296세대		
구 분	M²	평
전용면적	84.94	25.69
공용면적	27.48	8.31
분양면적	112.42	34.00

* 상기 평면도는 사업시행 과정시 변경될 수 있습니다. (붙박이장등 가구는 변경 (추가 및 삭제) 가능합니다)

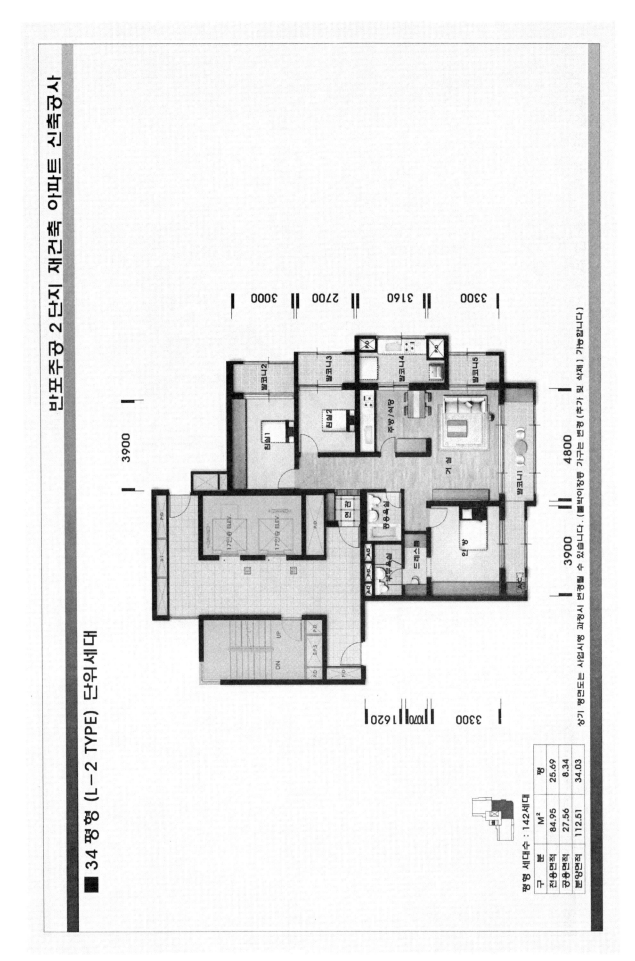

반포주공 2단지 재건축 아파트 신축공사

■ 34 평형 (L-2 TYPE) 단위세대

평형 세대수 : 142세대		
구 분	M²	평
전용면적	84.95	25.69
공용면적	27.56	8.34
분양면적	112.51	34.03

상기 평면도는 사업시행 과정시 변경될 수 있습니다. (붙박이장등 가구는 변경 (추가 및 삭제) 가능합니다)

■ 34 평형 (T-1 TYPE) 단위세대

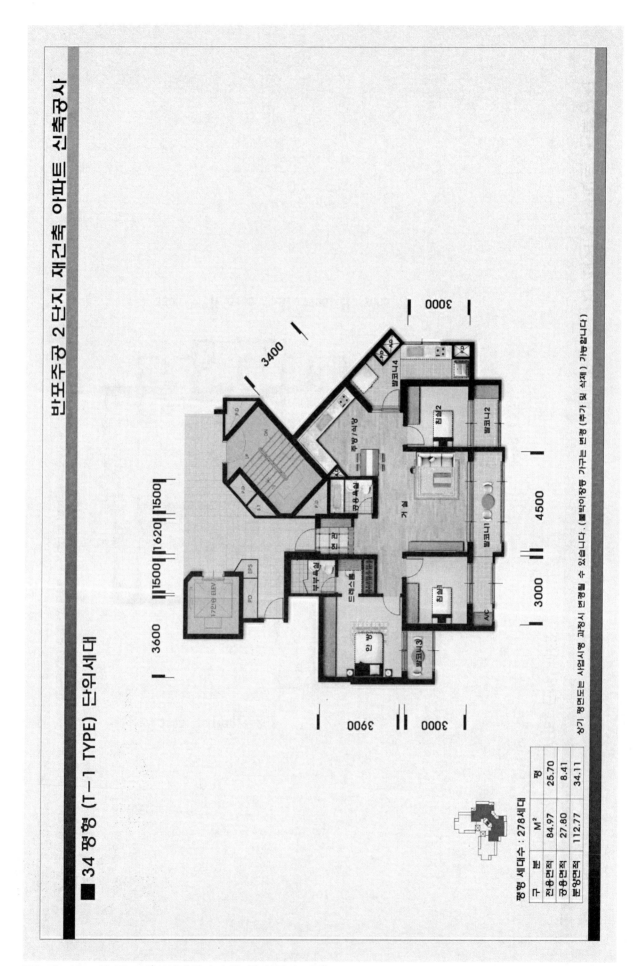

구 분	M²	평
전용면적	84.97	25.70
공용면적	27.80	8.41
분양면적	112.77	34.11

평형 세대수 : 278세대

상기 평면도는 사업시행 과정시 변경될 수 있습니다. (붙박이장등 가구는 변경 (추가 및 삭제) 가능합니다)

■ 34평형 (T-2 TYPE) 단위세대

평형 세대수 : 262세대

구 분	M²	평
전용면적	84.94	25.69
공용면적	27.46	8.31
분양면적	112.40	34.00

* 상기 평면도는 사업시행 과정시 변경될 수 있습니다. (붙박이장등 가구는 변경(추가 및 삭제) 가능합니다)

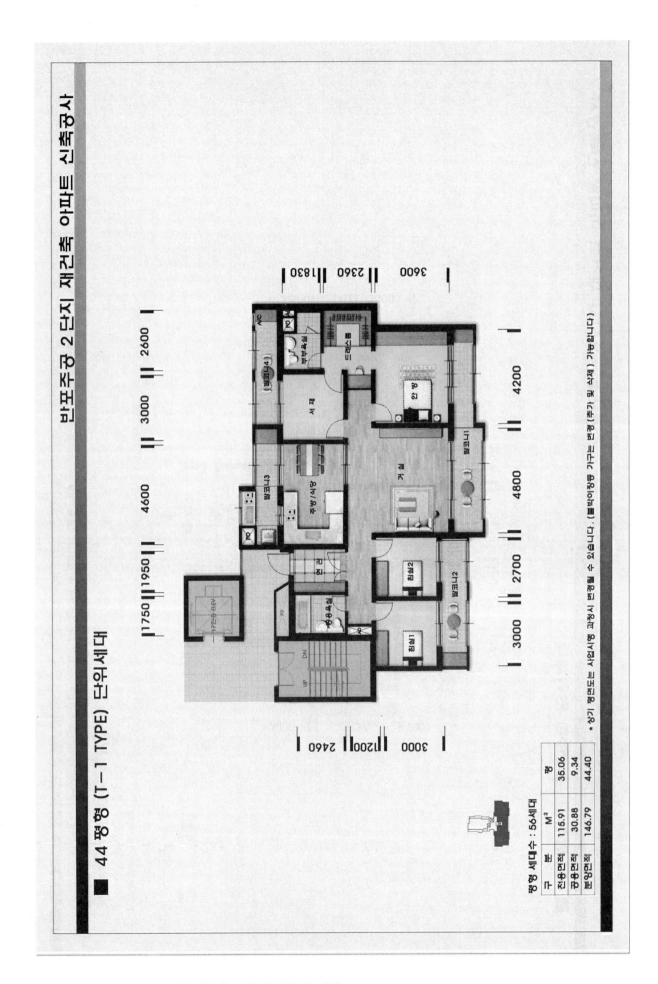

■ 44 평형 (T-1 TYPE) 단위세대

구 분	M²	평
전용면적	115.91	35.06
공용면적	30.88	9.34
분양면적	146.79	44.40

평형 세대수 : 56세대

* 상기 평면도는 사업시행 과정시 변경될 수 있습니다. (불박이장등 가구는 변경 (추가 및 삭제) 가능합니다)

■ 44평형 (T-2 TYPE) 단위세대

평형 세대수 : 74세대

구 분	M²	평
전용면적	116.75	35.31
공용면적	30.78	9.31
분양면적	147.53	44.62

* 상기 평면도는 사업시행 과정시 변경될 수 있습니다. (붙박이장등 가구는 변경 (추가 및 삭제) 가능합니다.)

■ 52평형 (T-1 TYPE) 단위세대

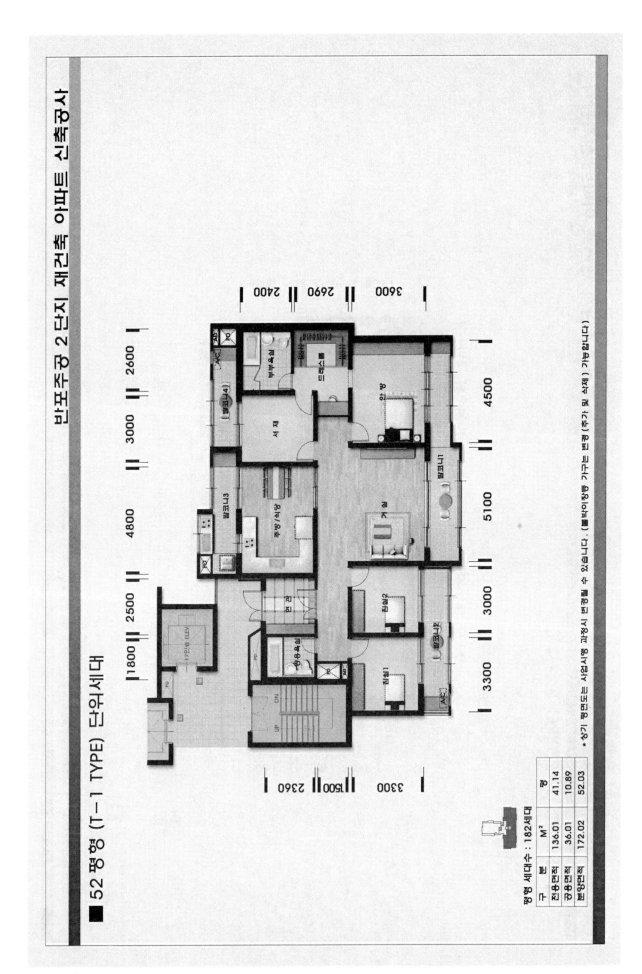

평형 세대수 : 182세대

구 분	M²	평
전용면적	136.01	41.14
공용면적	36.01	10.89
분양면적	172.02	52.03

* 상기 평면도는 사업시행 과정시 변경될 수 있습니다. (붙박이장등 가구는 변경 (추가 및 삭제) 가능합니다)

반포주공 2단지 재건축 아파트 신축공사

■ 52평형 (T-2 TYPE) 단위세대

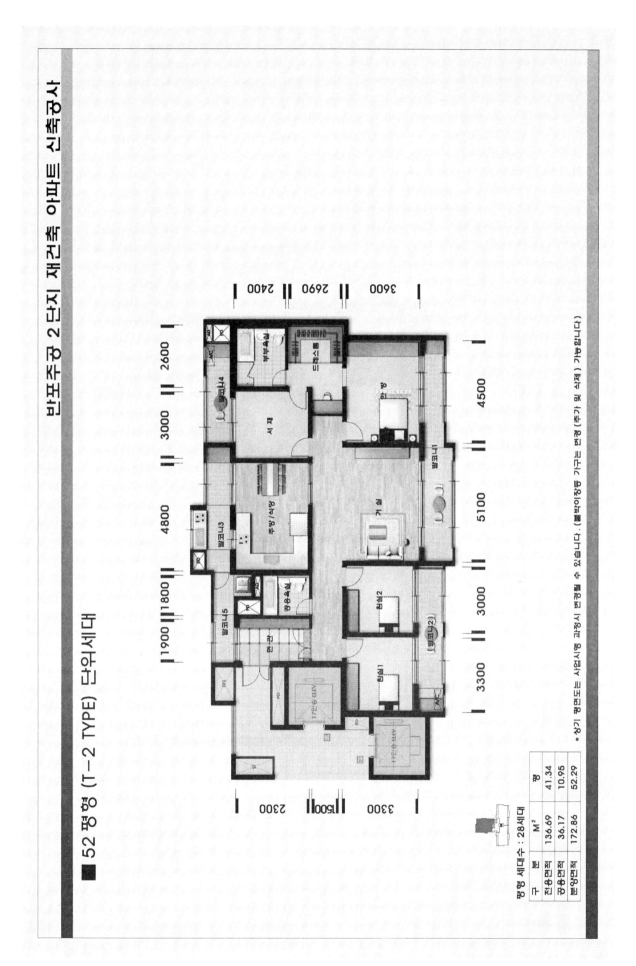

구 분	M²	평
전용면적	136.69	41.34
공용면적	36.17	10.95
분양면적	172.86	52.29

평형 세대수 : 28세대

* 상기 평면도는 사업시행 과정시 변경될 수 있습니다. (불박이장등 가구는 변경 (추가 및 삭제) 가능합니다)

반포주공 2단지 재건축 아파트 신축공사

■ 62평형 (T-1 TYPE) 단위세대

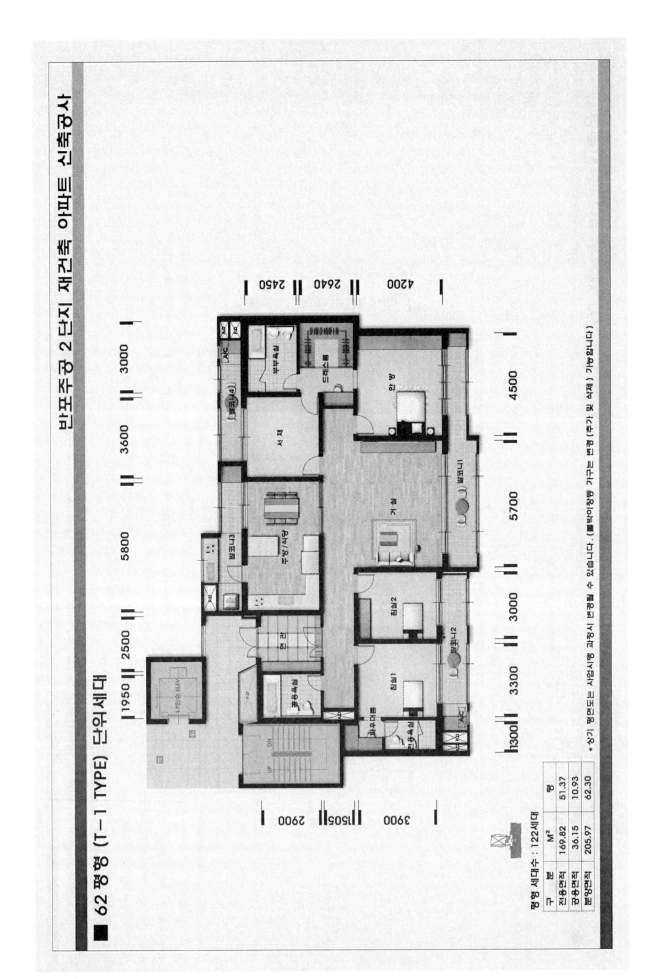

구 분	M²	평
전용면적	169.82	51.37
공용면적	36.15	10.93
분양면적	205.97	62.30

평형 세대수 : 122세대

* 상기 평면도는 시공시행 과정시 변경될 수 있습니다. (붙박이장등 가구는 변경 (추가 및 삭제) 가능합니다.)

반포주공 2단지 재건축 아파트 신축공사

■ 62 평형 (T-2 TYPE) 단위세대

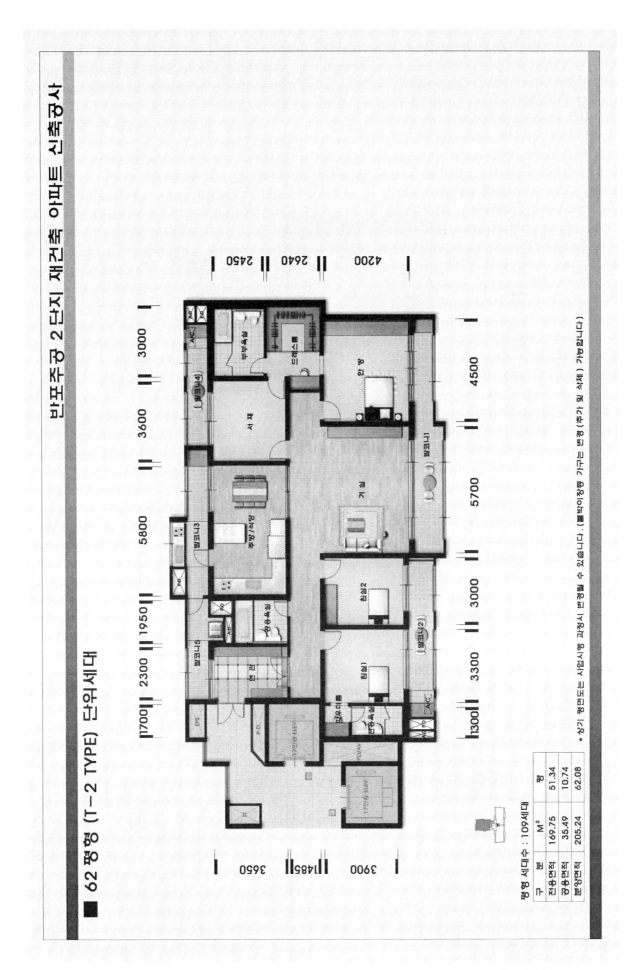

구 분	M²	평
전용면적	169.75	51.34
공용면적	35.49	10.74
분양면적	205.24	62.08

평형 세대수 : 109세대

* 상기 평면도는 사업시행 과정시 변경될 수 있습니다. (붙박이장등 가구는 변경 (추가 및 삭제) 가능합니다)

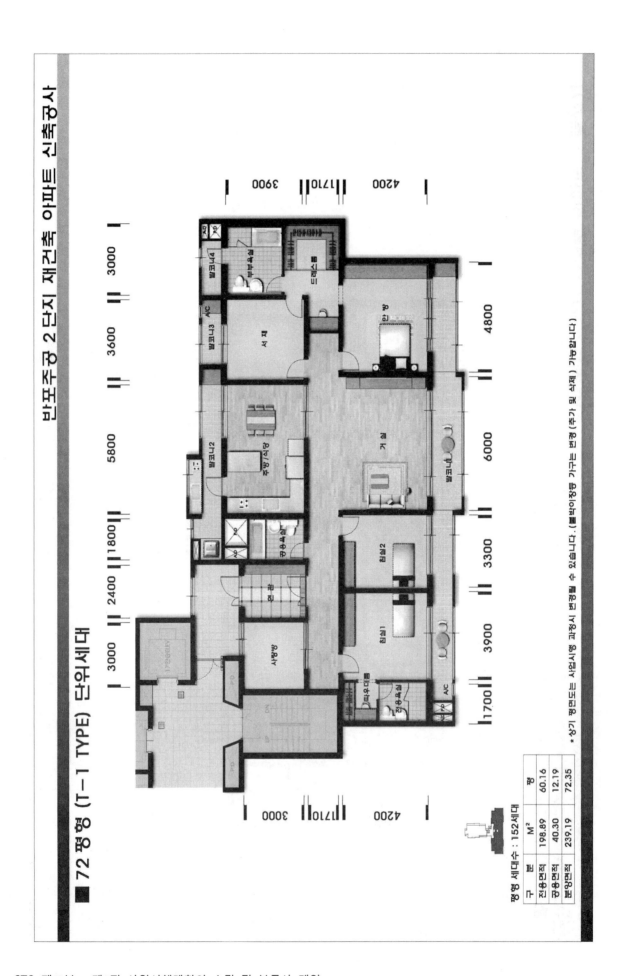

반포주공 2단지 재건축 아파트 신축공사

■ 72평형 (T−1 TYPE) 단위세대

구 분	M²	평
전용면적	198.89	60.16
공용면적	40.30	12.19
분양면적	239.19	72.35

평형 세대수 : 152세대

* 상기 평면도는 사업시행 과정시 변경될 수 있습니다. (붙박이장 가구는 변경 (추가 및 삭제) 가능합니다)

■ 72평형 (T-2 TYPE) 단위세대

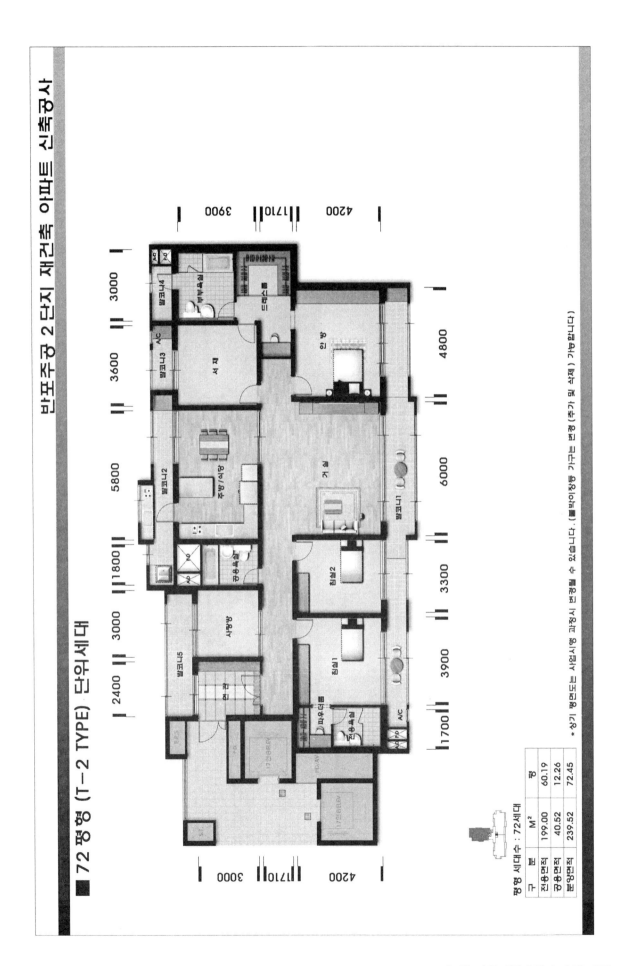

평형 세대수 : 72세대

구 분	M²	평
전용면적	199.00	60.19
공용면적	40.52	12.26
분양면적	239.52	72.45

* 상기 평면도는 사업시행 과정시 변경될 수 있습니다. (붙박이장등 가구는 변경 (추가 및 삭제) 가능합니다)

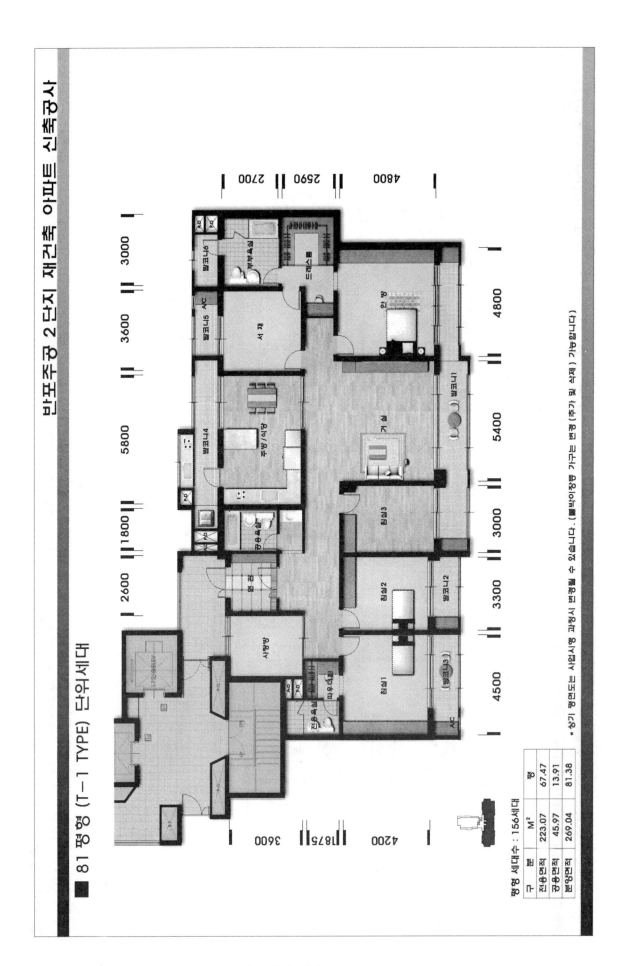

■ 81 평형 (T-1 TYPE) 단위세대

구 분	M²	평
전용면적	223.07	67.47
공용면적	45.97	13.91
분양면적	269.04	81.38

평형 세대수 : 156세대

* 상기 평면도는 사업시행 과정시 변경될 수 있습니다. (붙박이창형 가구는 변경 (추가 및 삭제) 가능합니다)

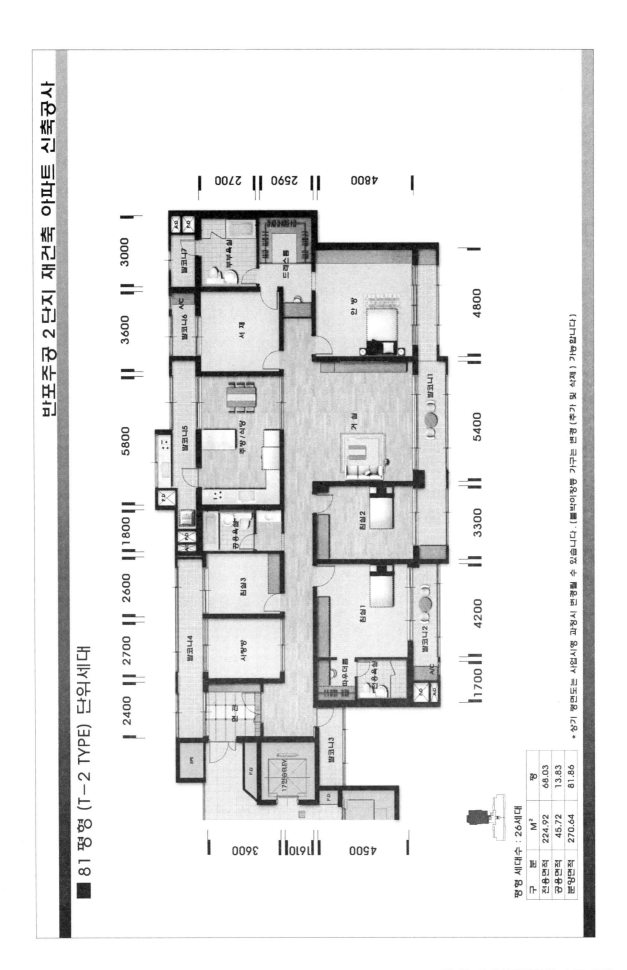

반포주공 2 단지 재건축 아파트 신축공사

■ 81 평형 (T-2 TYPE) 단위세대

구 분	M²	평
전용면적	224.92	68.03
공용면적	45.72	13.83
분양면적	270.64	81.86

평형 세대수 : 26세대

* 상기 평면도는 사업시행 과정시 변경될 수 있습니다. (붙박이장등 가구는 변경 (추가 및 삭제) 가능합니다)

2) 재건축정비사업조합 정관(안)

Ⅱ. 재건축정비사업조합 정관(안) (간지)

본 재건축정비사업조합 정관(안)은 도시정비법 제40조(정관의 기재사항 등), 도시정비법 시행령 제38조(조합정관에 정할 사항), 국토부가 제정한 「재건축정비사업조합 표준정관」 등을 기본사항으로 하여 필자가 참여한 재건축조합에서 작성하여 업무에 활용된 정관을, 반포주공0단지 아파트의 특수한 환경이나 정비사업조합의 사업목표 등은 가능한 삭제한 후 **전부 개정된 도시정비법 및 동 시행령 등에 따라 새롭게 재구성한 것이다**.

정비사업조합 정관의 작성절차는 서울시 도시정비조례 제21조제1항제4호에 따라 「국토교통부 제정 표준정관」을 기준으로 하며, **전부 개정된** 도시정비법 제40조, 동 시행령 제38조 및 각 정비사업조합의 지역특성이나 제반여건을 감안하여 정관초안을 작성한 후, 법률 전문기관이나 조합의 자문변호사로부터 자문을 받아 수정 및 보완되며, 조합 대의원회의 결의를 받음으로써 정관 초안이 완성된다. **정관(안)은 조합 창립총회에서 조합원의 과반수 출석과 출석조합원 과반수의 찬성으로 결의를 받아 조합의 정관으로 최종 확정된다**.
이때, 조합 창립총회장에는 법 제45조제6항에 따라 조합원의 100분의 20 이상이 직접 출석하여야 한다.

재건축정비사업조합 정관(안)

본 재건축정비사업조합 정관은 국토교통부가 제정한「재건축정비사업조합 표준정관」을 기준으로 작성된 것으로, 정비사업조합은 표준정관을 준수할 법적인 의무는 없으나, 법 제40조제2항의 규정(시·도지사의 표준정관 보급가능)과 서울시 도시 및 주거환경정비 조례 제20조제1항제4호(정관은 법 제40조제2항에 따른 표준정관을 준용하여 작성함을 원칙으로 한다)을 감안하고 정관 작성 당시의 개정된 여러 관계 법령들과 조합의 특성 등을 반영하여 작성한 것이다.

반포주공0단지 재건축조합설립추진위원회

- 차 례 -

제10장 보 칙

제1장 총　칙

제1조(명칭)

① 본 조합의 명칭은 **반포주공0단지 재건축정비사업조합**(이하 "조합"이라 한다)이라 한다.

② 본 조합이 시행하는 재건축사업의 명칭은 **반포주공0단지 재건축정비사업**(이하 "사업" 혹은 "정비사업"이라 한다)이라 한다.

제2조(목적)

조합은 도시및주거환경정비법(이하 "법"이라 한다)과 이 정관이 정하는 바에 따라 제3조의 사업시행구역(이하 "사업시행구역"이라 한다)의 건축물을 철거하고 그 토지 위에 새로운 건축물을 건설하여 도시 및 주거환경을 개선하고 조합원의 주거안정 및 주거생활의 질적 향상에 이바지함을 목적으로 한다.

제3조(사업시행구역)

조합의 사업시행구역은 서울특별시 서초구 반포0동 00-0번지 외 0필지상의 주공0단지 아파트 단지로서 토지의 총면적은 133,349㎡(유치원부지 1,515.7㎡ 및 도로불하 예정용지 약 20,044.6㎡ 포함)로 한다. 다만, 사업시행상 불가피하다고 인정되어 관계 법령 및 이 정관이 정하는 바에 따라 추가로 편입되는 토지 등이 있을 경우에는 사업시행구역과 토지의 총면적이 변경된 것으로 본다.

제4조(사무소)

① 조합의 주된 사무소는 서울특별시 서초구 반포0동 00번지 반포주공0단지아파트단지에 둔다.

② 조합사무소를 이전하는 경우 대의원회의 의결을 거쳐 서초구 지역 내에서 이전할 수 있으며 조합원에게 통지한다.

제5조(사업시행방법)

① 조합원은 소유한 토지 및 건축물을 조합에 현물로 출자하고, 조합은 법 제74조 규정에 따라 인가받은 관리처분계획에 따라 공동주택 및 **부대시설·복리시설**을 건설하여 공급하기로 한다.

② 조합은 사업시행을 위하여 필요한 경우 정비사업비 일부를 금융기관 또는 관계 협력회사 등으로부터 대여 받아 사업을 시행할 수 있다.

③ 조합은 인·허가 등의 행정업무의 대행, 사업성 검토 및 사업시행계획서의 작성, 설계자·시공자 선정에 관한 업무의 지원, 사업시행인가의 신청에 관한 업무의 대행, 관리처분계획의 수립에 관한 업무의 대행 등을 지원하는 정비사업전문관리업자를 선정 또는 변경할 수 있다.

④ 사업시행을 위하여 필요한 대지 및 주택 등의 사용·처분, 공사비 및 부대비용 등 사업비의 부담, 시공상의 책임, 공사기간, 하자보수책임 등에 관하여는 조합과 시공자간에 별도의 약정을 체결하여 그에 따른다.

⑤ 조합은 사업시행계획서를 작성하여 사업시행인가를 신청할 수 있으며, 이 경우 토지등 소유자의 동의를 얻어야 한다.

제6조(사업기간)

사업기간은 조합설립인가일부터 법 제89조에서 규정한 청산업무가 종료되는 날까지로 한다.

제7조(조합원의 권리·의무에 관한 사항의 고지·공고 방법)

① 조합은 조합원의 권리·의무에 관한 사항 및 총회, 대의원회, 조합의 운영에 관한 사항 등을 조합원에게 성실히 고지·공고하여야 한다.

② 제1항의 고지·공고방법은 이 정관에서 따로 정하는 경우를 제외하고는 다음 각 호의 방법에 따른다.

1. 관계 조합원에게 등기우편으로 개별 고지하여야 하며, 등기우편이 주소불명, 수취 거절 등의 사유로 반송되는 경우에는 1회에 한하여 일반우편으로 추가 발송하며, 같은 사유로 반송되는 경우에는 제2호의 공고로 통지된 것으로 한다. 단, 사업구역에 거주하는 조합원의 경우에는 우편발송을 생략하고 직접 전달하거나 각 동 우편함 또는 입구의 게시판에 게시함으로써 대신할 수 있다.

2. 조합원이 쉽게 접할 수 있는 일정한 장소의 게시판(이하 "게시판"이라 한다)에 14일 이상 공고하고 게시판에 게시한 날부터 3월 이상 조합사무소에 관계 서류와 도면 등을 비치하여 조합원이 열람할 수 있도록 한다.

3. 인터넷 홈페이지가 있는 경우 홈페이지에도 공개하여야 한다. 다만, 특정인의 권리에 관계되거나 외부에 공개하는 것이 곤란한 경우에는 그 요지만을 공개할 수 있다.

4. 제1호의 등기우편이 발송되고, 제2호의 게시판에 공고가 있는 날부터 고지·공고된 것으로 본다.

제8조(정관의 변경)

① 정관을 변경하고자 할 때에는 조합원 5분의 1 이상, 대의원 과반수 또는 조합장의 발의가 있어야 한다.

② **정관을 변경하고자 하는 경우에는 조합원 과반수**(법 제40조제1항제2호·제3호·제4호·제8호·제13호 또는 제16호의 경우에는 **조합원 3분의 2 이상**을 말한다)의 동의를 얻어 구청장의 인가를 받아야 한다. 다만, 도시및주거환경정비법 시행령(이하 "시행령"이라 한다) 제39조에서 정하는 경미한 사항을 변경하고자 하는 때에는 대의원회의 의결을 거쳐 변경하고 **구청장**에게 신고하여야 한다.

③ 법 제36조의 **토지등소유자의 동의방법에 관한 규정**은 제2항의 규정에 의한 동의에 이를 준용한다.

제2장 조 합 원

제9조(조합원의 자격 등)

① 조합원은 법 제2조제9호나목의 규정에 의한 건축물 및 그 부속토지의 소유자(이하 "토지등소유자"라 한다)로서 **조합설립에 동의한** 자로 한다. 다만, 조합설립에 동의하지 아니한 자는 **정관 제46조**의 규정에 의한 분양신청기한까지 다음 각 호의 사항이 기재된 도시정비법 시행규칙 별지 제6호서식의 **조합설립 동의서**를 조합에 제출하여야 조합원이 될 수 있다.

1. 신축건축물의 설계개요

2. 공사비 등 정비사업에 드는 비용

3. 공사비 등 정비사업에 드는 비용의 분담

4. 신축건축물 구분소유권의 귀속에 관한 사항

5. 조합정관

② 동일인이 2개 이상의 주택 등을 소유한 때 및 조합설립인가 후 1명의 토지등소유자로부터 토지 또는 건축물의 소유권이나 지상권을 양수하여 여러 명이 소유하게 된 때는 그 주택 등의 수에 관계없이 1인의 조합원으로 본다.

③ 하나의 (구분)소유권이 여러 명의 공유에 속하는 때, 여러 명의 토지등소유자가 1세대에 속하는 때에는 동일한 세대별 주민등록표상에 등재되어있지 아니한 배우자 및 미혼인 **19세 미만**의 직계비속은 1세대로 보며, 1세대로 구성된 여러 명의 토지등소유자가 조합설립인가 후 세대를 분리하여 동일한 세대에 속하지 아니 하는 때에도 이혼 및 **19세 이상** 자녀의 분가(세대별 주민등록을 달리하고, 실거주지를 분가한 경우로 한정한다)를 제외하고는 1세대로 본다. 이 경우 그 여러 명은 대표자 1인을 대표조합원으로 지정하고 **별지 2**의 대표조합원선임 동의서를 작성하여 조합에 신고하여야 하며, 조합원으로서의 법률행위는 그 대표조합원이 행한다.

④ 양도·상속·증여 및 판결 등으로 조합원의 권리가 이전된 때에는 조합원의 권리를 취득한 자로 조합원이 변경된 것으로 보며, 권리를 양수받은 자는 조합원의 권리와 의무 및 종전의 권리자가 행하였거나 조합이 종전의 권리자에게 행한 처분, 청산 시의 권리·의무에 관한 범위 등을 포괄 승계한다.

⑤ 건축물 및 토지를 소유한 자라 하더라도 법 제39조제2항 본문에 해당하는 경우 조합원이 될 수 없다.

⑥ 건축물 및 토지를 소유한 자라 하더라도 법 제72조제6항 본문에 해당하여 분양신청을 할 수 없는 자는 조합원이 될 수 없다.

⑦ 토지를 소유하고 있지 아니한 건축물의 소유자는 자신의 부담으로 그 건축물의 부속토지를 확보하는 조건으로 조합원이 될 수 있다.

제10조(조합원의 권리·의무)

① 조합원은 다음 각 호의 권리와 의무를 갖는다.

1. 관리처분계획으로 정한 토지 또는 건축물의 분양청구권

2. 총회의 출석권·발언권 및 의결권

3. 임원의 선임권 및 피선임권

4. 대의원의 선출권 및 피선출권

5. 대지 및 건축물의 출자의무, 정비사업비, 청산금, 부과금(추가분담금, 사업경비 분담금, 매입부가세 및 사업소득세 등과 관련된 제반 부담금)과 이에 대한 연체료 및 지연손실금 (이주지연, 계약지연, 조합원 분쟁으로 인한 지연 등을 포함한다)등의 비용납부의무

6. 사업시행계획에 의한 철거 및 이주 의무

7. 손실보상청구권

8. 그 밖에 관계 법령 및 이 정관, 총회 등의 의결사항 준수의무

② 조합원의 권한은 평등하며 권한의 대리행사는 원칙적으로 인정하지 아니 한다. 다만, 다음 각 호에 해당하는 경우에는 권한을 대리할 수 있다. 이 경우 조합원의 자격은 변동 되지

아니 한다.
1. 조합원이 권한을 행사할 수 없어 배우자·직계존비속·형제자매 중에서 성년자를 대리인으로 정하여 위임장을 제출하는 경우
2. 해외거주자가 대리인을 지정한 경우
3. 법인인 토지등소유자가 대리인을 지정한 경우(이 경우 법인의 대리인은 조합의 임원 또는 대의원으로 선임될 수 있다.
③ 조합원이 그 권리를 양도하거나 주소 또는 인감을 변경하였을 경우에는 그 양수자 또는 변경 당사자는 그 행위의 종료일부터 **14일 이내**에 조합에 그 변경내용을 신고하여야 한다. 이 경우 신고하지 아니하여 발생되는 불이익 등에 대하여 해당 조합원은 조합에 이의를 제기할 수 없다.
④ 조합원은 조합이 재건축정비사업시행에 필요한 서류를 요구하는 경우 이를 제출할 의무가 있으며, 조합의 승낙이 없는 한 이를 회수할 수 없다. 이 경우 조합은 요구서류에 대한 용도와 수량을 명확히 하여야 하며, 조합의 승낙이 없는 한 회수할 수 없다는 것을 미리 고지하여야 한다.

제11조(조합원 자격의 상실)
① 조합원이 건축물의 소유권이나 입주자로 선정된 지위 등을 양도하였을 때에는 조합원의 자격을 즉시 상실한다.
② 관계 법령 및 이 정관에서 정하는 바에 따라 조합원의 자격에 해당하지 않게 된 자의 조합원자격은 자동 상실된다.
③ 조합원으로서 고의 또는 중대한 과실 및 의무불이행 등으로 조합에 대하여 막대한 손해를 입힌 경우에는 총회의 의결에 따라 조합원을 제명할 수 있다. 이 경우 제명 전에 해당 조합원에 대해 청문 등 소명기회를 부여하여야 하며, 청문 등 소명기회를 부여하였음에도 이에 응하지 아니한 경우에는 소명기회를 부여한 것으로 본다.
④ 조합원은 임의로 조합을 탈퇴할 수 없다. 다만, 부득이한 사유가 발생한 경우 총회 또는 대의원회의 의결에 따라 탈퇴할 수 있다.

제3장 시공자, 설계자 및 정비사업전문관리업자의 선정

제12조(시공자의 선정 및 계약)
① 시공자의 선정은 일반경쟁입찰 또는 지명경쟁입찰방법으로 하되, 1회 이상 일간신문에 입찰공고를 하고, 현장설명회를 개최한 후 **사업참여 계획서**를 제출받아 총회에서 선정한다. 다만, 미응찰 등의 이유로 **2회** 이상 유찰된 경우에는 총회의 의결을 거쳐 「국가를 당사자로 하는 계약에 관한 법률」 시행령 제27조의 규정을 준용하여 수의계약 할 수 있다. 선정된 시공자를 변경하는 경우에도 같다.
② **제1항 본문에 따라 일반경쟁의 방법으로 계약을 체결하는 경우로서 대통령령으로 정하는 규모를 초과하는 계약인 경우에는 「전자조달의 이용 및 촉진에 관한 법률」 제2조제4호의 국가종합전자조달시스템(이하 "전자조달시스템")을 이용하여야 한다.** <신설 2017. 8. 9.>
③ 조합은 제1항의 규정에 의하여 선정된 시공자와 그 업무범위 및 관련 사업비의 부담 등

사업시행 전반에 대한 내용을 협의한 후 미리 총회의 의결을 거쳐 별도의 계약을 체결하여야 하며, 그 계약내용에 따라 상호간의 권리와 의무가 부여된다. 계약내용을 변경하는 경우도 같다. 다만, 금전적인 부담이 수반되지 아니하는 사항의 변경은 대의원회의 의결을 거쳐야 한다.

④ 조합은 제2항의 규정에 의하여 시공자와 체결한 계약서를 조합해산 일까지 조합사무소에 비치하여야 하며, 조합원의 열람 또는 복사요구에 응하여야 한다. 이 경우 복사에 드는 비용은 복사를 원하는 조합원이 부담한다.

⑤ 제2항의 계약내용에는 토지 및 건축물의 사용·처분, 공사비 및 부대비용 등 사업비의 부담, 시공보증, 시공상의 책임, 공사기간, 하자보수 책임 등에 관한 사항을 포함하여야 한다.

제13조(설계자의 선정 및 계약)

① 설계자는 건축사법 제23조의 규정에 적합하여야 하며, 설계자의 선정은 일반경쟁입찰방법 또는 지명경쟁입찰방법으로 하되, 1회 이상 일간신문에 입찰공고를 하고, 현장설명회를 개최한 후 **사업참여 제안서**를 제출받아 총회에서 선정한다. 다만, 미응찰 등의 이유로 **2회** 이상 유찰된 경우에는 총회의 의결을 거쳐 수의계약할 수 있다. 선정된 설계자를 변경하는 경우도 같다.

② **제12조제2항내지 제4항**의 규정은 설계자의 선정 및 계약에 관하여 이를 준용한다. 이 경우 "시공자"는 각각 "설계자"로 본다.

제14조(정비사업전문관리업자의 선정 및 계약)

① 조합이 정비사업전문관리업자를 선정 또는 계약하고자 하는 경우에는 제13조의 규정을 준용한다. 이 경우 "설계자"는 각각 "정비사업전문관리업자"로 본다.

② 조합은 정비사업전문관리업자가 법 제106조제1항 규정에 의해 등록취소처분 등을 받은 경우, 처분 등을 통지받거나 처분사실을 안 날로부터 3월 이내 해당 업무계약의 해지여부를 결정하여야 한다.

③ 조합은 정비사업전문관리업자가 법 제106조제5항에 해당하게 되는 경우 즉시 업무를 중지시키고 관계서류를 인계받아야 한다.

제4장 임 원 등

제15조(임원)

① 조합에는 다음 각 호의 임원을 둔다.

1. 조합장 1인
2. 이사 5~10인 이내
3. 감사 1인 이상 2인 이내(회계감사, 업무감사)

② 조합임원은 총회에서 조합원 과반수 출석과 출석 조합원의 과반수 동의를 얻어 다음 각 호의 1에 해당하는 조합원 중에서 선임한다. 다만, 임기 중 궐위된 경우에는 다음 각 호의 1에 해당하는 조합원 중에서 대의원회가 이를 보궐선임 한다. 이때, 조합장은 선임일로부터 관리처분계획인가를 받을 때까지는 해당 정비구역에서 거주(영업을 하는 자의 경우 영업을 말한다)하여야 한다.

1. **정비구역에서 거주하고 있는 자로서 선임일 직전 3년 동안 정비구역 내 거주 기간이 1년**

이상일 것.

2. **정비구역에 위치한 건축물 또는 토지(재건축사업의 경우에는 건축물과 그 부속토지를 말한다)를 5년 이상 소유하고 있을 것**

③ 임원의 임기는 선임된 날부터 3년까지로 하되, 총회의 의결을 거쳐 연임할 수 있다. 이때, 임기의 기산점은 조합임원의 등기시점을 기준으로 한다.

④ 조합임원의 선출방법 등은 정관으로 정한다. 다만, **시장·군수등은** 다음 각 호의 어느 하나에 해당하는 경우 시·도조례로 정하는 바에 따라 변호사·회계사·기술사 등으로서 대통령령으로 정하는 요건을 갖춘 자를 **전문조합관리인으로 선정하여 조합임원의 업무를 대행하게 할 수 있다.**

1. 조합임원이 사임, 해임, 임기만료, 그 밖에 불가피한 사유 등으로 직무를 수행할 수 없는 때부터 6개월 이상 선임되지 아니한 경우

2. 총회에서 조합원 과반수의 출석과 출석 조합원 과반수의 동의로 전문조합관리인의 선정을 요청하는 경우

⑤ 제2항 단서의 규정에 따라 보궐 선임된 임원의 임기는 전임자의 잔임 기간으로 한다.

⑥ 임기가 만료된 임원은 그 후임자가 선임될 때까지 그 직무를 수행한다.

⑦ 조합장은 대의원이나 조합원 중에서 재건축정비사업에 관한 전문직 약간 명을 자문위원으로 위촉할 수 있다. 이때, 자문위원은 의결권이나 투표권을 행사할 수 없다.

제16조(임원의 직무 등)

① 조합장은 조합을 대표하고 조합의 사무를 총괄하며 총회와 대의원회 및 이사회의 의장이 된다.

② 이사는 조합장을 보좌하고, 이사회에 부의된 사항을 심의·의결하며 이 정관이나 운영 규정이 정하는 바에 따라 조합의 사무를 분장한다.

③ 감사는 조합의 사무 및 재산 상태와 회계에 관하여 감사하며 정기 총회에 감사결과 보고서를 제출하여야 하며, 조합원 5분의1 이상의 요청이 있을 때에는 공인회계사에게 회계감사를 의뢰하여 공인회계사가 작성한 감사보고서를 총회 또는 대의원회에 제출 하여야 한다.

④ 감사는 조합의 재산관리 또는 조합의 업무집행이 공정하지 못하거나 부정이 있음을 발견하였을 때에는 대의원회 또는 총회에 보고하여야 하며, 조합장은 보고를 위한 대의원회 또는 총회를 소집하여야 한다. 이 경우 감사의 요구에도 조합장이 소집하지 아니하는 경우에는 감사가 직접 대의원회를 소집할 수 있으며 대의원회 의결에 의하여 총회를 소집할 수 있다. 회의소집 절차와 의결방법 등은 제20조제7항, 제22조 및 제26조의 규정을 준용한다.

⑤ 감사는 제4항 직무 위배행위로 인해 감사가 필요한 경우 조합임원 또는 외부전문가로 구성된 감사위원회를 구성할 수 있다. 이 경우 감사는 감사위원회의 의장이 된다.

⑥ 조합장이 아래와 같은 이유로 그 직무를 수행할 수 없을 때에는 이사의 과반수 동의로 정한 이사가 그 직무를 대행하는 것을 원칙으로 한다.

1. 조합장이 유고 등으로 인하여 그 직무를 수행할 수 없을 경우

2. 조합장이 자기를 위한 조합과의 계약이나 소송 등에 관련되었을 경우

3. 조합장의 해임에 관한 사항

⑦ 조합은 그 사무를 집행하기 위하여 필요하다고 인정하는 때에는 조합의 인사규정이 정하는 바에 따라 상근하는 임원 또는 유급직원을 둘 수 있다. 이 경우 조합의 인사규정은 미리 총회의 의결을 받아야 한다.

⑧ 조합임원은 같은 목적의 사업을 시행하는 다른 조합·추진위원회 또는 해당 사업과 관련된 시공자·설계자·정비사업전문관리업자 등 관련 단체의 임원·위원 또는 직원을 겸할 수 없다.

⑨ 임원으로 선출된 날로부터 총회의결 시까지의 임원이 행한 적법한 업무행위는 법적효력을 갖는다.

제17조(임원의 결격사유 및 자격상실 등)

① 다음 각 호의 자는 조합의 임원 및 대의원이 될 수 없다.
  1. 미성년자·피성년후견인 또는 피한정후견인
  2. 파산선고를 받고 복권되지 아니한 자
  3. 금고 이상의 실형의 선고를 받고 그 집행이 종료(종료된 것으로 보는 경우를 포함한다)되거나 집행이 면제된 날부터 2년이 경과되지 아니한 자
  4. 금고 이상의 형의 집행유예를 받고 그 유예기간 중에 있는 자
  5. <u>도시 및 주거환경정비법</u>을 위반하여 벌금 100만원 이상의 형을 선고받고 <u>10년</u>이 지나지 아니한 자

② 임원이 제1항 각호의 1에 해당하게 되거나 선임당시 그에 해당하는 자이었음이 판명되거나, 선임당시에 제15조제2항의 규정에 따른 자격요건을 갖추지 못한 경우 당연 퇴임한다.

③ 제2항의 규정에 의하여 퇴임된 임원이 퇴임 전에 관여한 행위는 그 효력을 잃지 아니 한다.

④ 임원으로 선임된 후 그 직무와 직접적으로 관련한 횡령 등의 형사사건으로 기소된 경우 **(다만, 개인 간의 민·형사 사건에 의한 기소 등은 제외한다)**에는 확정판결이 있을 때까지 제18조제4항의 절차에 따라 그 자격을 정지할 수 있다. 또한, 임원이 그 사건으로 받은 확정판결 내용이 법 제137조 및 제138조 벌칙규정에 의한 벌금형에 해당하는 경우에는 총회에서 신임여부를 의결하여 자격상실 여부를 결정한다.

제18조(임원의 해임 등)

① 임원이 아래 사항에 해당하는 경우에는 해임할 수 있다. 다만, 제17조제2항의 규정에 의하여 당연 퇴임한 임원에 대해서는 해임 절차 없이 그 사실이 확인된 날로부터 그 자격을 상실한다.
  1. 업무상 중대 과실 및 업무태만
  2. 당 조합정관 및 재건축정비사업 관계 법령 등을 위반하여 조합에 부당한 손실을 초래한 경우
  3. 하도급공사의 수주, 하도급업자의 선정, 자재 납품 등의 업무와 관련된 이권개입
  4. 공사의 편의제공으로 뇌물수수 등
  5. 인쇄물의 배포, 게시 등의 방법으로 허위사실을 유포하여 조합의 명예나 신용을 훼손하거나 조합원간의 갈등, 분쟁을 조장하여 사업추진을 지연, 방해함으로써 타 조합원에 손실을 초래한 경우

② 임원이 자의로 사임하거나 제1항의 규정에 의하여 해임되는 경우에는 지체없이 새로운 임원을 선출하여야 한다. 이 경우 새로 선임된 임원의 자격은 **구청장**의 조합설립 변경인가 및 법인의 임원 변경등기를 하여야 대외적으로 효력이 발생한다.

③ 임원의 해임은 조합원 10분의 1 이상 또는 대의원 3분의 2 이상의 발의로 조합장(조합장이 해임 대상인 경우는 발의자 공동명의로 한다)이 소집한 총회에서 조합원 과반수의 출석과 출석조합원의 과반수 동의를 얻어 해임할 수 있다. 조합장이 해임 대상인 경우 발의자 대표의 임시사회자로 선출된 자가 그 의장이 된다.

④ 제2항의 규정에 의하여 사임하거나 해임되는 임원의 새로운 임원이 선임, 취임할 때까지 직무를 수행하는 것이 적합하지 아니하다고 인정될 때에는 이사회 또는 대의원회 의결에 따라 그의 직무수행을 정지하고 조합장이 임원의 직무를 수행할 자를 임시로 선임할 수 있다. 새로운 임원의 선임은 사임 및 해임 후 3월 이내에 조합의 선거관리규정에 의하여 선출한다. 다만, 조합장이 사임하거나 퇴임·해임되는 경우에는 제16조제6항을 준용한다.

⑤ 조합장 및 임원의 교체 시에는 조합관계 서류 일체를 후임자에게 인계인수 하여야 하며, 감사는 입회하여 확인 및 날인을 하여야 한다.

제19조(임직원의 보수 등)
① 조합은 상근임원 외의 임원에 대하여는 보수를 지급하지 아니한다. 다만, 임원의 직무수행으로 발생되는 경비는 지급할 수 있다.

② 조합은 상근하는 임원 및 유급직원에 대하여 조합이 정하는 별도의 보수규정에 따라 보수를 지급하여야 한다. 이 경우 보수규정은 미리 총회의 의결을 거쳐야 한다.

③ 유급직원은 조합의 인사규정이 정하는 바에 따라 조합장이 임명한다. 이 경우 임명결과에 대하여 사후에 대의원회의 인준을 받아야 하며 인준을 받지 못하면 즉시 해임하여야 한다.

제5장 기 관

제20조(총회의 설치)
① 조합에는 조합원 전원으로 구성하는 총회를 둔다.

② 총회는 정기총회·임시총회로 구분하며 조합장이 소집한다.

③ 정기총회는 매년 1회, 회계연도 종료일부터 2월 이내에 개최한다. 다만, 부득이한 사정이 있는 경우에는 3월 범위 내에서 사유와 기간을 명시하여 일시를 변경할 수 있다. 단, 특별한 결의사항이 없을 경우 대의원 결의 후 서면결의, 소식지 등 서면으로 대체할 수 있다.

④ 임시총회는 조합장이 필요하다고 인정하는 경우에 개최한다. 다만, 다음 각 호의 1에 해당하는 때에는 조합장은 해당일로부터 2월 이내에 총회를 개최하여야 한다.

  1. 조합원 5분의 1 이상(정관의 기재사항 중 법 제40조제1항제6호에 따른 조합임원의 권리·의무·보수·선임방법·변경 및 해임에 관한 사항을 변경하기 위한 총회의 경우는 10분의 1 이상으로 한다)이 총회의 목적사항을 제시하여 청구하는 때

  2. 대의원 3분의 2 이상의 요구로 조합장이 소집하는 때

⑤ 제4항의 각호의 규정에 의한 청구 또는 요구가 있는 경우로써 조합장이 2월 이내에 정당한 이유 없이 총회를 소집하지 아니하는 때에는 감사가 지체없이 총회를 소집하여야 하며, 감사가 소집하지 아니하는 때에는 제4항 각호의 규정에 의하여 소집을 청구한 자의 공동명의로 이를 소집한다.

⑥ 제2항 내지 제5항의 규정에 의하여 총회를 개최하거나 일시를 변경하는 경우에는 총회의 목적·안건·일시·장소·변경사유 등에 관하여 미리 이사회의 의결을 거쳐야 한다. 다만, 제5항의 규정에 의한 조합장이 아닌 공동명의로 총회를 소집하는 경우에는 그러하지 아니하다.

⑦ 제2항 내지 제5항의 규정에 의하여 총회를 소집하는 경우에는 회의개최 **14일전**부터 회의 목적·안건·일시 및 장소 등을 **게시판에 게시**하여야 하며 각 조합원에게는 회의개최 **7일전까지 등기우편으로 이를 발송, 통지하여야 한다**.

⑧ 총회는 제7항에 의하여 통지한 안건에 대해서만 의결할 수 있다.

제21조(총회의 의결사항)

다음 각 호의 사항은 총회의 의결을 거쳐 결정한다.<법 제45조, 개정 2021.3.16.>

1. 정관의 변경(법 제40조제4항에 따른 경미한 사항의 변경은 이 법 또는 정관에서 총회의 결사항으로 정한 경우로 한정한다)
2. 자금의 차입과 그 방법·이자율 및 상환방법
3. 정비사업비의 **세부 항목별 사용계획이 포함된 예산안 및 예산의 사용내역**
4. 예산으로 정한 사항 외에 조합원에게 부담이 되는 계약
5. **시공자·설계자 및 감정평가법인등**(법 제74조제4항에 따라 시장·군수등이 선정·계약하는 **감정평가법인등은** 제외한다)의 선정 및 변경. 다만, **감정평가법인등** 선정 및 변경은 총회의 의결을 거쳐 구청장(**시장·군수등**)에게 위탁할 수 있다.
6. 정비사업전문관리업자의 선정 및 변경
7. 조합임원의 선임 및 해임(임기 중 궐위된 자를 보궐선임하는 경우에는 제외한다)
8. 정비사업비의 조합원별 분담내역
9. 법 제52조에 따른 사업시행계획서의 작성 및 변경(법 제50조제1항 본문에 따른 정비사업의 중지 또는 폐지에 관한 사항을 포함하며, 같은 항 단서에 따른 경미한 변경은 제외한다)
10. 법 제74조에 따른 관리처분계획의 수립 및 변경(법 제74조제1항 각 호 외의 부분 단서에 따른 경미한 변경은 제외한다)
11. 법 제89조에 따른 청산금의 징수·지급(분할징수·분할지급을 포함한다)과 조합 해산 시의 회계보고
12. 법 제93조에 따른 비용의 **금액** 및 징수방법
13. 그 밖에 조합원에게 경제적 부담을 주는 사항 등 주요한 사항을 결정하기 위하여 대통령령 또는 정관으로 정하는 사항

제22조(총회의 의결방법)

① 총회의 의결방법은 도시정비법 또는 이 정관에서 특별히 정한 경우를 제외하고는 **조합원 과반수의 출석으로 개의하고 출석조합원 과반수의 찬성으로 의결**한다. 다만, 가부동수일 때는 의장이 그 결정권을 행사한다.

② 제1항의 규정에 불구하고 다음 각 호에 관한 사항은 **조합원 과반수**의 찬성으로 의결한다. 다만, **정비사업비가 100분의 10**(생산자물가상승분, 법 제73조에 따른 손실보상금액은 제외한다) **이상 늘어나는 경우에는 조합원 3분의 2 이상의 찬성으로 의결한다**.

1. 정관 제21조제9호 – 법 제45조제1항 제9호의 사업시행계획의 작성 및 변경

2. 정관 제21조제10호 – 법 제45조제1항 제10호의 관리처분계획의 작성 및 변경

③ 조합원은 서면 또는 제10조제2항 각호에 해당하는 대리인을 통하여 의결권을 행사할 수 있다. 서면결의를 행사하는 경우 제1항 및 제2항의 규정에 의한 출석으로 본다.

④ 조합원은 제3항의 규정에 의하여 출석을 서면으로 하는 때에는 안건내용에 대한 의사를 표시하여 총회 전일까지 조합에 도착되도록 하여야 한다.

⑤ 조합원은 제3항의 규정에 의하여 출석을 대리인으로 하고자 하는 경우에는 조합이 정한 위임장양식에 인감 또는 조합에 등록된 사용인감을 날인한 위임장이나 대리인 관계를 증명하는 서류를 조합에 제출하여야 한다.

⑥ 총회 소집결과 정족수에 미달되는 때에는 재소집하여야 하며, 재소집의 경우에도 정족수에 미달되는 때에는 대의원회로 총회를 갈음할 수 있다. 단, 제21조제1호·제2호·제4호·제5호· 제6호·제7호·제9호·제10호 및 제11호에 관한 사항은 그러하지 아니하다.

⑦ 제3항의 규정에도 불구하고 **시공자 선정을 위한 총회는 조합원 과반수가 직접 참석한 경우(대리인이 참석한 때에는 직접 참석으로 본다)에 한하여 의사를 진행할 수 있다.**

제23조(총회의 운영 등)

① 총회는 이 정관 및 의사진행의 일반적인 규칙에 따라 운영한다.

② 의장은 총회의 안건의 내용 등을 고려하여 다음 각 호에 해당하는 자등 조합원이 아닌 자를 총회에 참석하여 발언하도록 할 수 있다.

1. 조합직원

2. 정비사업전문관리업자·시공자 또는 설계자

3. 그 밖에 의장이 총회운영을 위하여 필요하다고 인정하는 자

③ 의장은 총회의 질서를 유지하고 의사를 정리하며, 고의로 의사진행을 방해하는 발언· 행동 등으로 총회질서를 문란하게 하는 자에 대하여 그 발언의 정지·제한 또는 퇴장을 명할 수 있다.

④ 제1항과 제3항의 의사규칙은 대의원회에서 정하여 운영할 수 있다.

제24조(대의원회의 설치)

① 조합에는 대의원회를 둔다.

② 대의원의 수는 100인으로 하되 가능한 동별로 균등하게 대의원을 선출하여야 한다.

③ 대의원회 구성인원은 아래의 방법으로 선출된 대의원으로 한다.

　가. 각 동별로 선출된 대의원

　나. 상가 대표 대의원

④ 대의원은 조합원 중에서 선출하며, **조합장이 아닌 조합임원은 대의원이 될 수 없다.**

⑤ 대의원의 선출 또는 궐위된 대의원의 보선은 다음 각 호의 1에 해당하는 조합원 중에서 선임한다. 다만, 궐위된 대위원의 보선은 대의원 5인 이상의 추천을 받아 대의원회가 이를 보궐 선임한다.

1. 피선출일 현재 사업시행구역에서 3년 이내 1년 이상 거주하고 있는 자(다만, 거주의 목적이 아닌 상가 등의 건축물에서 영업 등을 하고 있는 경우 영업 등은 거주로 본다)

2. 피선출일 현재 사업시행구역에서 5년 이상 토지 및 건축물을 소유한 자

⑥ 대의원회는 조합장이 필요하다고 인정하는 때에 소집한다. 다만, 다음 각 호의 1에 해당하는 때에는 조합장은 해당 일부터 14일 이내에 대의원회를 소집하여야 한다.

1. 조합원 10분의 1 이상이 총회의 목적사항을 제시하여 소집을 청구하는 때
2. 대의원의 3분의 1 이상이 회의의 목적사항을 제시하여 청구하는 때

⑦ 제6항 각호의 1에 의한 소집청구가 있는 경우로서 조합장이 <u>14일 이내</u>에 정당한 이유없이 대의원회를 소집하지 아니한 때에는 감사가 지체없이 이를 소집하여야 하며, 감사가 소집하지 아니하는 때에는 제6항 각호의 규정에 의하여 소집을 청구한 자의 공동명의로 이를 소집한다.

⑧ 대의원회 소집은 회의개최 <u>7일 전</u>에 회의목적·안건·일시 및 장소를 기재한 통지서를 대의원에게 송부하고, 게시판에 게시하여야 한다. 다만, 사업추진상 시급히 대의원회 의결을 요하는 사안이 발생하는 경우에는 회의 <u>개최 3일 전에 통지</u>하고 대의원회에서 안건상정 여부를 묻고 의결할 수 있다.

⑨ 대의원 해임에 관한 사항은 제18조제1항을 준용한다.

제25조(대의원회 의결사항)

① 대의원회는 다음 각 호의 사항을 의결한다.

1. 궐위된 임원 및 대의원의 보궐선임
2. 예산 및 결산의 승인에 관한 방법
3. 총회 부의안건의 사전심의 및 총회로부터 위임받은 사항
4. 인사규정, 보수규정, 회계규정 및 선거관리규정의 개정에 관한 사항
5. 총회의 의결로 정한 예산의 범위 내에서의 용역계약 등
6. 선거관리위원, 소위원회 등의 선출

② 대의원회는 제24조제8항의 규정에 의하여 통지한 사항에 관하여만 의결할 수 있다. 다만, 통지 후 시급히 의결할 사항이 발생한 경우, <u>의장의 발의와 출석대의원 과반수 동의를 얻어 안건으로 채택한 경우</u>에는 그 사항을 의결할 수 있다.

③ 대의원 자신과 관련된 사항에 대하여는 그 대의원은 의결권을 행사할 수 없다.

④ 이사·감사는 대의원회에 참석하여 의견을 진술할 수 있다.

제26조(대의원회 의결방법)

① 대의원회는 법 및 이 정관에서 특별히 정한 경우를 제외하고는 <u>재적대의원의 과반수 출석으로 개의하고 출석대의원의 과반수 찬성으로 의결한다. 다만, 제22조제6항의 규정에 의하여 대의원회가 총회의 권한을 대행하여 의결하는 경우에는 재적대의원 3분의 2 이상의 출석과 출석대의원 3분의 2 이상의 동의를 얻어야 한다.</u>

② 대의원은 대리인을 통한 출석을 할 수 없다. 다만, 서면으로 대의원회에 출석하거나 의결권을 행사할 수 있다. 이 경우 제1항의 규정에 의한 출석으로 본다.

③ 제23조의 규정은 대의원회에 이를 준용한다.

제27조(이사회의 설치)

① 조합에는 조합의 사무를 수행하기 위하여 조합장과 이사로 구성하는 이사회를 둔다.

② 이사회는 조합장이 소집하며, 조합장은 이사회의 의장이 된다.

③ 조합장을 제외한 이사의 과반수가 회의 목적을 제시하고 회의 소집을 요구할 시에는 조합장은 즉시 이사회를 소집하여야 한다.

④ 이사회 소집 통보는 소집일 2일 전까지 서면통보를 원칙으로 하되 긴급 시에는 12시간 전에 유선(전화, 팩스, 전자우편)통보도 가능하며 이 경우 통화기록부를 비치하여야 한다.

제28조(이사회의 사무) (주: 관계 법령의 개정에 따라 필자가 임의 수정)

이사회는 다음 각 호의 사무를 심의한다.

1. 조합의 예산 및 통상업무에 관한 사항
2. 총회 및 대의원회의 상정안건의 심의에 관한 사항
3. 업무규정 등 조합 내부규정의 제정 및 개정안 작성에 관한 사항
4. 대의원회의가 정족수 미달 등으로 회의 개최가 불가능 한 경우 이사회가 필요하다고 판단되는 사항에 대한 제25조제1항 제2호 내지 제5호의 업무를 수행 할 수 있다. 이 경우 집행내역은 대의원회의가 구성된 후 즉시 대의원회 또는 총회의 추인을 받아야 한다.
5. 그 밖에 조합의 운영 및 사업시행에 관하여 필요한 사항

제29조(이사회의 의결방법)

① 이사회는 대리인 참석이 불가하며, 구성원 과반수 출석으로 개의하고 출석구성원 과반수 찬성으로 의결한다.

② 구성원 자신과 관련된 사항에 대하여는 그 구성원은 의결권을 행사할 수 없다.

③ 제26조제2항의 규정은 이사회의 의결에 준용한다.

제30조(감사의 이사회 출석권한 및 감사요청)

① 감사는 이사회에 출석하여 의견을 진술할 수 있다. 다만, 의결권은 가지지 아니한다.

② 이사회는 조합운영상 필요하다고 인정될 때에는 감사에게 조합의 업무에 대하여 감사를 실시하도록 요청할 수 있다.

제31조(의사록의 작성 및 관리)

조합은 총회·대의원회 및 이사회의 의사록을 작성하여 청산 시까지 보관하여야 하며, 그 작성기준 및 관리 등은 다음 각 호와 같다. 다만, 속기사의 속기록일 경우에는 제1호의 규정을 적용하지 아니 한다.

1. 의사록에는 의사의 경과, 요령 및 결과를 기재하고 의장 및 출석한 이사가 기명날인하여야 한다.
2. 의사록은 조합사무소에 비치하여 조합원이 항시 열람할 수 있도록 하여야 한다.
3. 임원의 선임 또는 대의원의 선출과 관련된 총회의 의사록을 관할 시장·군수에게 송부하고자 할 때에는 임원 또는 대의원 명부와 그 피선자격을 증명하는 서류를 첨부하여야 한다.

제6장 재 정

제32조(조합의 회계)

① 조합의 회계는 매년 1월1일(설립인가를 받은 해당 년도는 인가일)부터 12월 말일까지로 한다.

② 조합의 예산·회계는 기업회계의 원칙에 따르되 조합은 필요하다고 인정하는 때에는 다음

사항에 관하여 별도의 회계규정을 정하여 운영할 수 있다. 이 경우 회계규정을 정할 때는 미리 총회의 인준을 받아야 한다.

1. 예산의 편성과 집행기준에 관한 사항

2. 세입·세출예산서 및 결산보고서의 작성에 관한 사항

3. 수입의 관리·징수방법 및 수납기관 등에 관한 사항

4. 지출의 관리 및 지급 등에 관한 사항

5. 계약 및 채무관리에 관한 사항

6. 그 밖에 회계문서와 장부에 관한 사항

③ 조합은 매 회계년도 종료일부터 30일 내에 결산 보고서를 작성한 후 감사의 의견서를 첨부하여 대의원회에 제출하여 의결을 거쳐야 하며, 대의원회의 의결을 거친 결산 보고서를 총회 또는 조합원에게 서면으로 보고하고 조합사무소에 이를 3월 이상 비치하여 조합원들이 열람할 수 있도록 하여야 한다.

④ 조합은 다음 각 호의 1에 해당하는 시기에 「주식회사 등의 외부감사에 관한 법률」 제2조제7호 및 제9조의 규정에 의한 "감사인"의 회계감사를 받아야 한다.

1. 추진위원회에서 조합으로 인계되기 전까지 납부 또는 지출된 금액과 계약 등으로 지출될 것이 확정된 금액의 합이 대통령령으로 정한 금액인 3억5천만원 이상인 경우: 추진위원회에서 사업시행자로 인계되기 전 7일 이내

2. 사업시행인가고시일 전까지 납부 또는 지출된 금액이 대통령령으로 정한 금액인 7억원 이상인 경우: 사업시행계획인가의 고시일부터 20일 이내

3. 준공인가 신청일까지 납부 또는 지출된 금액이 대통령령으로 정한 금액인 14억원 이상인 경우: 준공인가의 신청일부터 7일 이내

4. 토지등소유자 또는 조합원 5분의 1 이상이 추진위원회나 조합에 회계감사를 요청하는 경우: 법 제112조제4항에 따른 회계감사비용 예치를 위한 절차를 고려한 상당한 기간 이내

⑤ 조합은 제4항의 규정에 의하여 실시한 회계감사 결과를 회계감사 종료일로부터 15일 이내에 시장·군수등에게 보고하고, 조합사무소에 이를 비치하여 조합원들이 열람할 수 있도록 하여야 한다. (주: 기존의 제5항은 관계 법령의 개정으로 필자가 임의 삭제)

제33조(재원)

조합의 운영 및 사업시행을 위한 자금은 다음 각 호에 의하여 조달한다.

1. 조합원이 현물로 출자한 토지 및 건축물

2. 조합원이 납부하는 정비사업비 등 부과금

3. 건축물 및 복리시설의 분양 수입금

4. 조합이 금융기관 및 시공자 등으로부터 조달하는 차입금

5. 대여금의 이자 및 연체료 등 수입금

6. 청산금

7. 그 밖에 조합재산의 사용수익 또는 처분에 의한 수익금

제34조(정비사업비의 부과 및 징수)

① 조합은 사업시행에 필요한 비용을 충당하기 위하여 조합원에게 공사비 등 주택사업에 소요되는 비용(이하 "정비사업비"라 한다)을 부과·징수 할 수 있다.

② 제1항의 규정에 의한 정비사업비는 총회의 의결을 거쳐 부과할 수 있으며, 추후 사업시행구역의 토지 및 건축물 등의 위치·면적·이용상황·환경 등 제반여건을 종합적으로 고려하여 관리처분계획에 따라 공평하게 금액을 조정하여야 한다.

③ 조합은 납부기한 내에 정비사업비를 납부하지 아니한 조합원에 대하여는 금융기관에서 적용하는 연체금리의 범위 내에서 연체료를 부과할 수 있으며 법 제93조제4항의 규정에 따라 **구청장**에게 정비사업비의 징수를 위탁할 수 있다.

제7장 사 업 시 행

제35조(재건축 국민주택규모 주택의 건설)

도시정비법 제54조에 따라 정비계획으로 정하여진 용적률에도 불구하고 '**법적상한용적률**'까지 적용하여 재건축 **국민주택 규모 주택**(임대)을 공급하게 되는 경우에는, 관계 법령에 적합한 범위 내에서 **국민주택 규모 주택**(임대) 공급에 대한 사업시행계획을 작성하여 총회의 의결을 받아야 한다.

제36조(사업시행계획의 동의)

조합은 사업시행인가를 신청하기 전에 조합원 총회를 개최하여 조합원 과반수의 동의를 얻어야 한다. 다만, 법 제50조 제1항 단서에 따라 영 제46조에서 정하는 경미한 사항의 변경인 경우(대의원회의 의결을 받아) **구청장**에게 신고하여야 한다.

제37조(이주대책)

① 사업시행으로 주택이 철거되는 조합원은 사업을 시행하는 동안 자신의 부담으로 이주하여야 한다.

② 조합은 이주비의 지원을 희망하는 조합원에게 조합이 직접 금융기관과 약정을 체결하거나, 시공자와 약정을 체결하여 지원하도록 알선할 수 있다. 이 경우 이주비를 지원받은 조합원은 사업시행구역의 소유 토지 및 건축물을 담보로 제공하여야 한다.

③ 제2항의 규정에 의하여 이주비를 지원받은 조합원 또는 그 권리를 승계한 조합원은 지원받은 이주비의 원리금을 신축된 주택 등에 입주 시까지 금융지원기관 또는 시공자에 상환하여야 한다.

④ 조합원은 조합이 정하여 통지하는 이주기한 내에 해당 건축물에서 퇴거하여야 하며, 세입자 또는 임시거주자 등이 있을 때에는 해당 조합원의 책임으로 함께 퇴거하도록 조치하여야 한다.

⑤ 조합원은 본인 또는 세입자 등이 해당 건축물에서 퇴거하지 아니하여 기존 주택 등의 철거 등 사업시행에 지장을 초래하는 때에는 그에 따라 발생되는 모든 손해에 대하여 변상할 책임을 진다.

⑥ 제5항의 규정에 의하여 조합원이 변상할 손해금액과 징수방법 등은 대의원회에서 정하여 총회의 승인을 얻어 해당 조합원에게 부과하며, 이를 기한 내에 납부하지 아니한 때에는 해당 조합원의 권리물건을 환가처분하여 그 금액으로 충당할 수 있다.

⑦ 조합원은 전기·수도·도시가스요금 등 제세공과금을 이주 시까지 조합원 책임 하에 정산하여야 한다.

제38조(부동산의 신탁)

① 재건축사업의 원활한 추진을 위하여 조합원은 사업시행계획승인 신청일 이전에 조합원의 소유로 되어있는 사업시행지구의 토지 또는 주택 등에 대하여 조합에 신탁등기를 완료하여야 하며, 등기기간 내에 신탁등기를 이행치 않을 경우 조합은 신탁등기 <u>이행의 소를</u> 제기할 수 있다.

② 조합은 신탁된 조합원의 재산권을 재건축사업시행 목적에 맞게 적합하게 행사하여야 하며, 재건축사업이 종료되면 즉시 신탁을 해지하고 위탁자인 조합원에게 반환하여야 한다.

제39조(신탁등기 및 소유권이전 등)

조합이 재건축사업을 위해 **민법 제276조제1항**과 **부동산등기법 시행규칙 제56조제3항**의 규정에 의한 다음 각 항의 소유권이전등기를 할 경우에는 조합원 총회의 결의를 받지 아니 한다.

1. 조합원명의의 부동산을 조합명의로 신탁하는 것을 원인으로 하는 소유권이전 및 신탁등기
2. 신탁등기 이후 해당 조합원이 시공사나 금융기관으로부터 이주비 차용 시 담보제공에 따른 근저당설정등기
3. 사업종료 또는 조합원 자격상실 등에 따른 신탁해지를 원인으로 하는 소유권이전등기
4. 교환·합병(필)·분할(필)·기부채납(寄附採納)에 따른 등기
5. 일반에 분양한 부동산의 보전등기

제40조(지장물 철거 등)

① 조합은 관리처분계획인가 후, 사업시행구역의 건축물을 철거할 수 있다.

② 조합은 제1항의 규정에 의하여 건축물을 철거하고자 하는 때에는 30일 이상의 기간을 정하여 구체적인 철거계획에 관한 내용을 미리 조합원 등에게 통지하여야 한다.

③ 사업시행구역의 통신시설·전기시설·급수시설·도시가스시설 등 공급시설에 대하여는 해당 시설물 관리권자와 협의하여 철거기간이나 방법 등을 따로 정할 수 있다.

④ 조합원의 이주 후 건축법 제36조(건축물의 철거 등의 신고)의 규정에 의한 철거 및 멸실신고는 조합이 일괄 위임받아 처리하도록 한다.

제41조(보상의 예외 등)

사업시행구역의 철거되는 일체의 지장물 중 등기 또는 행정기관의 공부에 등재되지 아니한 지장물은 보상 대상이 될 수 없다.

제42조(지상권 등 계약의 해지)

① 조합은 정비사업의 시행으로 인하여 지상권·전세권 또는 임차권의 설정 목적을 달성할 수 없는 권리자가 계약상 금전의 반환청구권을 조합에 행사할 경우 조합은 해당 금전을 지급할 수 있다.

② 조합은 제1항에 의하여 금전을 지급하였을 경우 해당 조합원에게 이를 구상할 수 있으며, 구상이 되지 아니한 때에는 해당 조합원에게 귀속될 건축물을 압류할 수 있으며 이 경우 압류한 권리는 저당권과 동일한 효력을 가진다.

③ 조합설립인가일 이후에 체결되는 지상권·전세권 설정계약 또는 임대차계약의 계약기간에 대하여는 민법 제280조·제281조 및 제312조제2항, 주택임대차보호법 제4조제1항, 상가

건물임대차보호법 제9조제1항의 규정은 이를 적용하지 아니한다.

제43조(매도청구 등)

① 조합은 재건축사업을 시행함에 있어 **가)** 법 제35조제3항 **및** 제4항의 규정에 의한 조합설립에 대한 동의를 하지 아니한 자(건축물 또는 토지만 소유한 자를 포함한다), **나)** 사업시행자를 지정하기로 한 후 이에 각각 동의를 촉구하였으나, 촉구 후 2개월 이내에 회답하지 아니한 토지등소유자와 건축물 또는 토지만을 소유한 자, **다)** 법 제39조제2항 및 법 제72조제6항에 해당되어 분양신청을 할 수 없는 자, **라)** 인가된 관리처분계획에 따라 분양신청에서 제외된 자 에게 건축물 및 토지의 소유권과 그 밖의 권리에 대해 <u>법 제64조(재건축사업에서의 매도청구)의 규정에 따라 매도청구를 할 수 있다.</u> 이 매도청구 대상에는 제명된 조합원을 포함한다. 매도청구를 하는 경우 조합설립의 동의로 보며, (구분)소유권 및 토지사용권은 사업시행 구역의 매도청구의 대상이 되는 토지 또는 건축물의 소유권과 그 밖의 권리로 본다.

② 제1항에 의한 매도청구 시 매도청구의 소에 관한 조합측 당사자는 조합장에게 있다.

③ 조합이 통지한 기간 내에 이주에 필요한 서류를 미제출한 조합원 등에서 이주의사가 없음이 객관적(이사회의 의견 등)으로 인정되는 조합원은 이주개시일로부터 1개월 이내에 명도소송, 점유이전가처분, 신탁을 원인으로 하는 소유권이전등기소송, 손해배상청구소송 등 제반 법적조치를 취할 수 있으며, 그에 따라 발생되는 모든 손해에 대하여는 해당 조합원 이나 가구주가 변상할 책임을 진다.

제44조(소유자의 확인이 곤란한 건축물 등에 대한 처분)

① 조합은 사업을 시행함에 있어 조합설립인가일 현재 토지 또는 건축물의 소유자의 소재 확인이 현저히 곤란한 경우 전국적으로 배포되는 2 이상의 일간신문에 2회 이상 공고하고, 그 공고한 날부터 30일 이상이 지난 때에는 그 소유자의 소재 확인이 현저히 곤란한 토지 또는 건축물의 감정평가액에 해당하는 금액을 법원에 공탁하고 사업을 시행할 수 있다. 이 경우 그 감정평가액은 시장·군수등이 추천하는 「감정평가 및 감정평가사에 관한 법률」에 따른 **감정평가법인등** 2인 이상이 평가한 금액을 산술평균하여 산정한다.

② 정비사업을 시행함에 있어 조합설립인가일 현재 조합원 전체의 공동소유인 토지 또는 건축 물에 대하여는 조합소유의 토지 또는 주택 등으로 보며 이를 **관리처분계획에 명시한다.**

제8장 관리처분계획

제45조(분양통지 및 공고 등)

조합은 사업시행의 고시가 있는 날(사업시행인가 이후 시공자를 선정하는 경우에는 시공자와 계약을 체결한 날)부터 <u>120일 이내</u>에 다음 각 호의 사항을 토지등소유자에게 통지하고, 해당 **지역에서 발간되는 일간신문**에 공고하여야 한다. 이 경우 제10호의 사항은 통지하지 아니 하고, 제11호의 사항은 공고하지 아니 한다.

1. 분양대상자별 종전의 토지 또는 건축물의 명세 및 사업시행계획인가의 고시가 있은 닐을 기준으로 한 가격(사업시행계획인가 전에 철거된 건축물은 시장·군수등에게 허가를 받은 날을 기준으로 한 가격)

2. 분양대상자별 분담금의 추산액

3. 분양신청기간 및 장소

4. 사업시행인가의 내용

5. 사업의 종류·명칭 및 정비구역의 위치·면적

6. 분양대상 토지 또는 건축물의 내역

7. 분양신청자격

8. 분양신청방법

9. 분양을 신청하지 아니한 자에 대한 조치

10. <u>토지등소유자외의 권리자의 권리신고방법</u>

11. **분양신청서**

12. 그 밖에 시·도 조례가 정하는 사항

제46조(분양신청 등)

① 위 <u>**제45조제3호의**</u> 분양신청기간은 그 통지한 날부터 30일 이상 60일 이내로 한다. 다만, 조합은 관리처분계획의 수립에 지장이 없다고 판단되는 경우에는 분양신청기간을 20일 범위 이내에서 연장할 수 있다.

② 토지 또는 건축물을 분양받고자 하는 조합원은 분양신청서에 소유권의 내역을 명시하고, 그 소유의 토지 및 건축물에 관한 <u>**등기사항전부증명서**</u> 등 그 권리를 입증할 수 있는 증명서류를 조합에 제출하여야 한다.

③ 제1항 및 제2항의 규정에 의한 분양신청서를 우편으로 제출하고자 할 경우에는 그 신청서가 분양신청 기간 내에 발송된 것임을 증명할 수 있도록 등기우편 등으로 제출하여야 한다.

④ 조합은 관리처분계획이 인가·고시된 다음 날부터 <u>**30일 이내**</u>에 다음 각 호의 자에게 조합설립 또는 사업시행자의 지정에 관한 동의 여부를 회답할 것을 서면으로 촉구하여야 한다. 이 촉구를 받은 토지등소유자는 촉구를 받은 날부터 2월 이내에 회답하여야 하며, 이 기간 내에 회답하지 아니한 경우 조합설립 또는 사업시행자의 지정에 동의하지 아니하겠다는 뜻을 회답한 것으로 본다.

1. 조합설립에 동의하지 아니한 자(미응답자 포함)

2. 사업시행자의 지정을 총회에서 결의하였으나 이에 동의하지 아니한 자

⑤ 조합은 회답기간이 만료된 때부터 <u>**2월 이내**</u>에 제4항의 각호에 해당하는 자와 건축물 또는 토지만 소유한 자에게 건축물 또는 토지의 소유권과 그 밖의 권리를 매도할 것을 청구할 수 있다.

⑥ **조합이 협의기간의 만료일 다음 날부터 <u>60일</u>(회답을 촉구한 날로부터 120일)을 넘겨서 매도청구소송을 제기한 경우에는 100분의 15 이하의 범위에서 대통령령으로 정하는 이율을 적용한 이자를 해당자에게 지급하여야 한다.**

⑦ 조합은 아래의 각 호에 해당하는 자에 대하여는 위 제4항, 제5항 및 제6항에서 정한 방법을 준용한다.

1. 분양신청을 하지 아니한 자

2. 분양신청기간 종료 이전에 분양신청을 철회한 자

3. <u>법 제39조제2항 본문 및 법 제72조제6항 본문에 따라 분양신청을 할 수 없는 자</u>

4. 법 제74조에 따라 인가된 관리처분계획에 따라 분양대상에서 제외된 자

⑧ 손실보상금은 조합과 토지등소유자가 합의하여 산정하는 것을 원칙으로 하되, 관할

구청장이 추천하는 **감정평가법인등** 2 이상이 평가한 금액을 산술평균하여 산정한 금액을 기준으로 청산할 수 있다.

⑨ 조합원은 관리처분계획인가 후 조합에서 지정한 기간 이내에 분양계약 체결을 하여야 하며 분양계약 체결을 하지 않는 경우 위 제4항의 규정을 준용한다.

제47조(보류지)

① 분양대상의 누락, 착오 등의 사유로 인한 관리처분계획의 변경과 소송 등의 사유로 향후 추가분양이 예상되는 경우를 대비하여 조합원 분양세대의 1% 이내의 주택과 복리시설의 일부를 보류지로 정할 수 있다.

② 제1항의 보류지에 대한 분양대상자, 처분기준 및 분양가격 등은 조례에 정한 방법에 따른다.

제48조(관리처분계획의 수립기준)

법 제74조제1항의 규정에 의한 조합원의 소유재산에 관한 관리처분계획은 분양신청 및 공사비가 확정된 후 건축물철거 전에 수립하며 다음 각 호의 기준에 따라 수립하여야 한다.

1. 조합원이 출자한 종전의 토지 및 건축물의 가격·면적을 기준으로 새로이 건설되는 주택 등을 분양함을 원칙으로 한다.

2. 사업시행 후 분양받을 건축물의 면적은 **분양면적(주거전용면적+주거공용면적)**을 기준으로 하며, 1필지의 대지 위에 2인 이상에게 분양될 건축물이 설치된 경우에는 영 제63조제1항제6호에 따라 건축물의 **분양면적(공급면적)의** 비율에 의하여 그 대지소유권이 주어지도록 하여야 한다. 이 경우 토지의 소유관계는 영 제63조제1항제6호에 따라 공유로 한다.

3. 조합원에게 분양하는 주택의 규모나 세대수는 건축계획을 작성하여 사업시행인가를 받은 후 주택형별로 확정한다.

4. 조합원에 대한 신축건축물의 주택형별 배정에 있어 조합원 소유 종전 건축물의 가격·면적·유형·규모 등에 따라 우선순위를 정할 수 있다.

5. 조합원이 출자한 종전의 토지 및 건축물의 면적을 기준으로 산정한 주택의 분양대상 면적과 사업시행 후 조합원이 분양받을 주택의 규모에 차이가 있을 때에는 해당 사업계획서에 의하여 산정하는 주택형별 가격을 기준으로 환산한 금액의 부과 및 지급은 제56조 및 제57조의 규정을 준용한다.

6. 사업시행구역에 건립하는 상가 등 부대시설·복리시설은 조합이 시공자와 협의하여 별도로 정하는 약정에 따라 공동주택과 구분하여 관리처분계획을 수립할 수 있다.

7. 조합원에게 공급하고 남는 잔여주택이 20세대 이상인 경우에는 일반에게 분양하며, 그 잔여주택의 공급시기와 절차 및 방법 등에 대하여는 「주택공급에 관한 규칙」이 정하는 바에 따라야 한다. 잔여주택이 20세대 미만인 경우에는 그러하지 아니하다.

8. 1세대 또는 1명이 하나 이상의 주택 또는 토지를 소유한 경우 1주택을 공급하고, 같은 세대에 속하지 아니하는 2명 이상이 1주택 또는 1토지를 공유한 경우에는 1주택만 공급한다. 다만 다음 각 목의 어느 하나에 해당하는 토지등소유자에 대하여는 소유한 주택 수만큼 공급할 수 있다.

   1) 과밀억제권역에 위치하지 아니한 재건축사업의 토지등소유자. **다만, 투기과열지구 또는 「주택법」 제63조의2제1항제1호에 따라 지정된 조정대상지역에서 사업시행계획인가**

(최초 사업시행계획인가를 말한다)를 신청하는 재건축사업의 토지등소유자는 제외한다.

> 2) 근로자(공무원인 근로자를 포함한다) 숙소, 기숙사 용도로 주택을 소유하고 있는 토지등소유자
>
> 3) 국가, 지방자치단체 및 토지주택공사등

9. 법 제39조제2항 본문에 해당하는 자는 조합원이 될 수 없다.

10. 법 제72조제6항 본문에 해당하는 자는 조합원분양신청을 할 수 없다.

11. 법 제74조제1항제5호에 따른 **가격의 범위 또는 종전 주택의** 주거전용면적**의 범위**에서 2주택을 공급할 수 있고, 이 중 1주택은 주거전용면적을 60제곱미터 이하로 한다. 다만, 60제곱미터 이하로 공급받은 1주택은 법 제86조제2항에 따른 이전고시일 다음 날부터 3년이 지나기 전에는 주택을 전매(매매·증여나 그 밖에 권리의 변동을 수반하는 모든 행위를 포함하되 상속의 경우는 제외한다)하거나 전매를 알선할 수 없다.

12. 과밀억제권역에 위치한 경우에는 토지등소유자가 소유한 주택수의 범위에서 **3주택까지** 공급할 수 있다. **다만, 투기과열지구 또는「주택법」제63조의2제1항 제1호에 따라 지정된 조정대상지역에서 사업시행계획인가(최초 사업시행계획인가를 말한다)를 신청하는 재건축 사업의 경우에는 그러하지 아니하다.**

13. 부대시설·복리시설(부속 토지를 포함한다. 이하 이 호에서 같다)의 소유자에게는 부대시설·복리시설을 공급한다. 다만, 다음 각 목의 1에 해당하는 경우에는 복리시설의 소유자에게 1주택을 공급할 수 있다. (영 제63조제2항제2호 참조)

> 가. 새로운 부대시설·복리시설을 건설하지 아니하는 경우로서 기존 부대시설·복리시설의 가액이 분양주택 중 최소분양단위규모의 추산액에 정관등으로 정하는 비율(정관등으로 정하지 아니하는 경우에는 1로 한다. 이하 나목에서 같다)을 곱한 가액보다 클 것
>
> 나. 기존 부대시설·복리시설의 가액에서 새로 공급받는 부대시설·복리시설의 추산액을 뺀 금액이 분양주택 중 최소분양단위규모의 추산액에 정관등으로 정하는 비율을 곱한 가액보다 클 것
>
> 다. 새로 건설한 부대시설·복리시설 중 최소분양단위규모의 추산액이 분양주택 중 최소분양단위규모의 추산액보다 클 것
>
> 라. 조합원 전원이 동의한 경우

14. 종전의 주택 및 부대시설·복리시설(부속되는 토지를 포함한다)의 평가는 **감정평가법인등** 2인 이상이 평가한 금액을 산술평균한 금액으로 한다.

15. 분양 예정인 주택 및 부대시설·복리시설(부속되는 토지를 포함한다)의 평가는 감정평가업자 2인 이상이 평가한 금액을 산술평균한 금액으로 한다.

16. 그 밖에 관리처분계획을 수립하기 위하여 필요한 세부적인 사항은 관계 규정 등에 따라 조합장이 정하여 대의원회의 의결을 거쳐 시행한다.

제49조(분양받을 권리의 양도 등)

① 조합원은 조합원의 자격이나 권한, 입주자로 선정된 지위 등을 양도한 경우에는 조합에 변동 신고를 하여야 하며, 양수자에게는 조합원의 권리와 의무, 자신이 행하였거나 조합이 자신에게 행한 처분·절차, 청산 시 권리의무에 범위 등이 포괄 승계됨을 명확히 하여 양도하여야 한다.

② 제1항의 규정에 의하여 사업시행구역의 토지 또는 건축물에 대한 권리를 양도받은 자는 **등기사항전부증명서** 등 증명서류를 첨부하여 조합에 신고하여야 하며, 신고하지 아니하면 조합에 대항할 수 없다.

③ 조합은 조합원의 변동이 있는 경우 변경의 내용을 증명하는 서류를 첨부하여 시장·군수에 신고하여야 한다.

제50조(관리처분계획의 공람 등)

① 조합은 관리처분계획의 인가를 받기 전에 관계 서류의 사본을 30일 이상 토지등소유자에게 공람하고 다음 각 호의 사항을 각 조합원에게 통지하여야 한다.

　1. 관리처분계획의 개요

　2. 주택 및 토지지분면적 등 분양 대상 물건의 명세

　3. 그 밖에 조합원의 권리·의무와 이의신청 등에 관한 사항

② 조합원은 제1항의 규정에 의한 통지를 받은 때에는 조합에서 정하는 기간 안에 관리처분계획에 관한 이의신청을 조합에 제출 할 수 있다.

③ 조합은 제2항의 규정에 의하여 제출된 조합원의 이의신청내용을 검토하여 합당하다고 인정되는 경우에는 관리처분계획의 수정 등 필요한 조치를 취하고, 그 조치 결과를 공람·공고 마감일부터 10일 안에 해당 조합원에게 통지하여야 하며, 이의신청이 이유 없다고 인정되는 경우에도 그 사유를 명시하여 해당 조합원에게 통지하여야 한다.

④ 조합은 제3항의 규정에 따라 관리처분계획을 수정한 때에는 총회의 의결을 거쳐 확정한 후 그 내용을 각 조합원에게 통지하여야 한다.

⑤ 조합원의 동·호수추첨은 OO은행 전산추첨을 원칙으로 경찰관 입회하에 공정하게 실시하여야 하며 추첨결과는 **구청장**(시장·군수)에게 통보하여야 한다.

제51조(관리처분계획의 통지 등)

① 조합은 관리처분계획의 고시가 있은 때에는 지체없이 다음 각 호의 사항을 분양신청을 한 각 조합원에게 통지하여야 한다.

　1. 분양대상자별 종전의 토지 또는 건축물의 명세 및 사업시행계획인가의 고시가 있은 날을 기준으로 한 가격(사업시행계획인가 전에 철거된 건축물은 구청장에게 허가를 받은 날을 기준으로 한 가격)

　2. 분양대상자별 분담금의 추산액

　3. 분양신청기간 및 장소

　4. 사업시행인가의 내용

　5. 사업의 종류·명칭 및 정비구역의 위치·면적

　6. 분양대상 토지 또는 건축물의 내역

　7. 분양신청자격

　8. 분양신청방법

　9. 분양을 신청하지 아니한 자에 대한 조치

　10. 토지등소유자외의 권리자의 권리신고방법

　11. 분양신청서<공고 불필요>

　12. 개략적인 부담금내역

13. 그 밖에 시·도 조례가 정하는 사항

② 관리처분계획의 인가고시가 있은 때에는 종전의 건축물의 소유자·지상권자·전세권자·임차권자 등 권리자는 법 제86조의 규정에 의한 이전의 고시가 있은 날(이하 "이전고시일"이라 한다)까지 종전의 토지 또는 건축물에 대하여 이를 사용하거나 수익할 수 없다. 다만, 조합의 동의를 얻은 경우에는 그러하지 아니하다.

제9장 완료조치

제52조(준공인가 및 입주통지 등)

① 조합은 관할 **구청장**으로부터 준공인가증을 교부 받은 때에는 지체없이 조합원에게 입주하도록 통지하여야 한다.

② 조합은 제1항의 규정에 의하여 입주통지를 한 때에는 통지된 날부터 1월 이내에 소유자별로 통지내용에 따라 등기신청을 할 수 있도록 필요한 조치를 하여야 하며, 토지 및 건축물 중 일반분양분에 대해서는 조합명의로 등기(소유권보존등기)한 후 매입자가 이전등기절차를 이행하도록 하여야 한다.

제53조(이전고시 등)

① 조합은 공사의 완료고시가 있은 때에는 지체없이 토지확정측량을 하고 토지의 분할절차를 거쳐 조합원과 일반분양자에게 이전하여야 한다. 다만, 사업의 효율적인 추진을 하는데 필요한 경우에는 해당 사업에 관한 공사가 전부 완료되기 전에 완공된 부분에 대하여 준공인가를 받아 토지 및 건축물별로 이를 분양받을 자에게 이전할 수 있다.

② 조합은 제1항의 규정에 의하여 건축물을 이전하고자 하는 때에는 조합원과 일반분양자에게 통지하고 그 내용을 해당 지방자치단체의 공보에 고시한 후 이를 **구청장**에게 보고하여야 한다.

제54조(토지 및 건축물에 대한 권리의 확정)

조합원은 이전고시가 있은 날의 다음 날에 분양대상 건축물에 대한 소유권을 취득한다. 대지 또는 건축물을 분양받을 자에게 법 제86조제2항의 규정에 의하여 소유권을 이전한 경우 종전의 토지 또는 건축물에 관한 지상권·전세권·저당권 또는 등기된 임차권과 주택임대차보호법 제3조제1항의 요건을 갖춘 임차권은 분양받은 토지 또는 건축물에 설정된 것으로 본다.

제55조(등기절차 등)

조합은 제53조제2항의 규정에 의한 이전의 고시가 있은 때에는 지체없이 토지 및 건축물에 관한 등기를 지방법원지원 또는 등기소에 촉탁 또는 신청하여야 한다.

제56조(청산금 등)

① 토지 또는 건축물을 분양받은 자가 종전에 소유하고 있던 토지 또는 건축물의 가격과 분양받은 토지 또는 건축물의 가격사이에 차이가 있는 경우에는 조합은 이전고시일

후에 그 차액에 상당하는 금액(이하 "청산금"이라 한다)을 분양받은 자로부터 징수하거나 분양받은 자에게 지급하여야 한다. 다만, 분할징수 및 분할지급에 대하여 총회의 의결을 거쳐 따로 정한 경우에는 관리처분계획인가 후부터 이전고시일까지 일정기간 별로 분할 징수하거나 분할 지급할 수 있다.

② 제1항의 규정을 적용함에 있어서 종전에 소유하고 있던 토지 또는 건축물의 가격과 분양받은 토지 또는 건축물의 가격은 **감정평가법인등** 2인 이상이 평가한 금액을 산술평균하여 산정한다. 이 경우 가격평가에 있어서 층별, 위치별 가중치(효용지수)를 고려하여 산정한다.

③ 제2항의 분양받은 토지 또는 건축물의 가격산정에 있어 다음 각 호의 비용을 가산한다. 다만, 법 제95조의 규정에 의한 보조금은 이를 공제하여야 한다.

1. 조사·측량·설계 및 감리에 소요된 비용

2. 공사비

3. 정비사업의 관리에 소요된 등기비용·인건비·통신비·사무용품비·이자 그 밖에 필요한 경비

4. 법 제95조의 규정에 의한 융자금이 있는 경우에는 그 이자에 해당하는 금액

5. 정비기반시설 및 공동이용시설의 설치에 소요된 비용(법 제95조제1항의 규정에 의하여 **시장·군수등**이 부담한 비용을 제외한다)

6. 안전진단의 실시, 정비사업전문관리업자의 선정, 회계감사, 감정평가비용

7. 그 밖에 정비사업추진과 관련하여 지출한 비용으로서 총회에서 포함하기로 정한 것

제57조(청산금의 징수방법)

① 청산금을 납부하지 않은 조합원이 있을 경우 조합은 청산금 납부요청을 2회 이상 최고하고 최고최종일로부터 1월 이내 **구청장**에게 청산금과 연체료의 징수를 위탁할 수 있다.

② 청산금을 지급받을 조합원이 이를 받을 수 없거나 거부한 때에는 조합은 그 청산금을 공탁한다.

③ 청산금을 지급받을 권리 또는 이를 징수할 권리는 이전고시일 다음 날부터 **5년간 이를 행사하지 아니하면 소멸한다.**

제58조(조합의 해산)

① 조합은 **특별한 사항이 없는 경우** 준공인가를 받은 날로부터 1년 이내에 이전고시 및 건축물 등에 대한 등기절차를 완료하고 총회 또는 대의원회를 소집하여 해산 의결을 하여야 하며, 해산을 의결한 경우 **구청장**에게 신고하여야 한다.

② 조합이 해산 의결을 한 때에는 해산 의결 당시의 임원이 청산인이 된다.

③ 조합장은 청산인 대표가 되며 청산위원회 결의로 기한을 정하여 소수의 임직원을 상근하게 할 수 있다. 그 외 조항은 정관과 운영규정을 준용한다.

④ 조합이 해산하는 경우에 청산에 관한 업무와 채권의 추심 및 채무의 변제 등에 관하여 필요한 사항은 민법의 관계 규정에 따른다.

제59조(청산인의 임무)

청산인은 다음 각 호의 업무를 성실히 수행하여야 한다.

1. 현존하는 조합의 사무종결

2. 채권의 추심 및 채무의 변제

3. 잔여재산의 처분
4. 그 밖에 청산에 필요한 사항

제60조(채무변제 및 잔여재산의 처분)

① 조합이 조합정관 등의 적법한 규정이나 절차에 의해 공식적으로 행한 업무행위에 대하여는 모든 조합원이 동등한 책임을 진다.

② 청산종결 후 조합의 시공자 등에 대한 채무는 전 조합원이 그 채무를 변제할 연대책임을 지며, 잔여재산이 있을 때에는 해산당시의 조합원에게 분양받은 토지 또는 건축물의 부담비용 등을 종합적으로 고려하여 형평이 유지되도록 공정하게 배분하여야 한다. 기타, 채권, 채무에 관한 사항은 관계 민법 및 상법에 따른다.

제61조(관계 서류의 이관)

조합은 사업을 완료하거나 폐지한 때에는 서울시 도시정비조례 제88조에 따라 관계 서류를 구청장에게 인계하여야 한다.

제10장 보 칙

제62조(관련 자료의 공개와 보존)

① 조합은 사업시행에 관하여 다음 각 호의 서류 및 관련 자료를 인터넷 등을 통하여 공개하여야 하며, 조합원의 공람요청이 있는 경우에는 이를 공람시켜 주어야 한다. 다만, 개인비밀의 보호, 자료의 특성상 인터넷 등에 공개하기 어려운 사항은 개략적인 내용만 공개할 수 있다.
1. 정관
2. 설계자·시공자 및 정비사업전문관리업자의 선정계약서
3. 총회의사록
4. 추진위원회, 조합의 이사회 및 대의원회 의사록
5. 사업시행계획서
6. 관리처분계획서
7. 해당 사업의 시행에 관한 행정기관의 문서
8. 회계감사결과

② 조합 또는 정비사업전문관리업자는 총회 또는 중요한 회의가 있은 때에는 속기록녹음 또는 영상자료를 만들어 이를 청산 시까지 보관하여야 한다.

③ 조합원이 제1항 각호의 사항을 열람하고자 하는 때에는 서면으로 열람을 요청하여야 하며, 조합은 특별한 사유가 없는 한 이에 응하여야 한다.

제63조(약정의 효력)

조합이 사업시행에 관하여 시공자 및 설계자, 정비사업전문관리업자와 체결한 약정은 관계 법령 및 이 정관이 정하는 범위 안에서 조합원에게 효력을 갖는다.

제64조(재건축정비사업조합 설립추진위원회 행위의 효력)

조합설립인가일 전에 조합의 설립과 사업시행에 관하여 추진위원회가 행한 행위는 관계 법령 및 이 정관이 정하는 범위 안에서 조합이 이를 승계한 것으로 본다.

제65조(정관의 해석)

이 정관의 해석에 대하여 이견이 있을 경우 일차적으로 이사회에서 해석하고, 그래도 이견이 있을 경우는 대의원회에서 해석한다.

제66조(소송 관할 법원)

조합과 조합원간에 법률상 다툼이 있는 경우 소송관할 법원은 조합소재지 관할 법원으로 한다.

제67조(민법의 준용 등)

① 조합에 관하여는 도시및주거환경정비법에 규정된 것을 제외하고는 민법 중 사단법인에 관한 규정을 준용한다.

② 법, 민법, 이 정관에서 정하는 사항 외에 조합의 운영과 사업시행 등에 관하여 필요한 사항은 관계 법령 및 관계 행정기관의 지침·지시 또는 유권해석 등에 따른다.

③ 이 정관이 법령의 개정으로 변경하여야 할 경우 정관의 개정절차에 관계없이 변경되는 것으로 본다. 그러나 관계 법령의 내용이 임의규정인 경우에는 그러하지 아니하다.

제68조(이권개입의 금지)

임원 및 대의원은 본 재건축 정비사업과 관련하여 본인 및 관계인을 통한 직·간접적인 방법으로 자재의 납품 및 공사의 수주 등 어떠한 이권개입이나 청탁을 할 수 없다. 이를 위반한 경우에는 기 체결된 계약은 무효로 하고 임원 및 대의원은 그 지위를 자동 상실하며 이에 대한 모든 손해배상의 책임을 진다.

제69조(시행세칙 등)

본 정관의 시행에 관하여 필요한 사항은 운영규정, 선거관리규정, 대의원회회의운영규칙에 따라 시행하며, 기타 사업에 필요한 규정을 이사회 또는 대의원회의에서 별도로 정하여시행할 수 있다.

부   칙 - 1

이 정관은 00구청장으로부터 재건축조합의 설립인가를 받은 날부터 시행한다.

부   칙 - 2

1. 이 정관은 서울지방법원에 반포주공0단지 재건축정비사업조합으로 등기되고 총회의 의결 후 시행한다.

2. (종전 행위의 효력)

이 정관 시행당시 종전의 조합에 의한 결정, 처분, 계약, 절차, 대의원회 결의로 시행 중인 각종 시행세칙 및 그 밖의 행위는 이 정관에 의하여 행하여진 것으로 본다.

3) 조합원 참고사항

Ⅲ. 조합원 참고사항

1. 사업추진방식(도급제방식, 지분제방식) 비교표

구 분	도 급 제	지 분 제	
		변동지분제	확정지분제
개 념	• 시공자에 정해진 건축비만 지급 하고 모든 결정권은 조합이 가지며, 수입금과 지출금은 조합의 소유로 하며, 사업추진 시 발생되는 모든 위험도 조합이 지는 사업방식 • 사업지연, 건축규모의 축소, 금융비용의 증가, 미분양발생에 의한 손실 등이 조합원 부담으로 됨	• 시공자는 일정한 무상지분율을 약속하고 추가이익은 시공자의 소유로 하며, 미분양책임 이외에는 대부분 조합이 위험을 부담하는 사업방식 • 사업추진상의 많은 위험은 조합의 책임으로 하며, 추가분담금의 발생으로 시공사와의 많은 분쟁발생이 예상됨	• 시공자는 일정한 무상지분율을 약속하고 추가이익은 시공자의 소유로 하며, 위험부담도 시공자가 책임지는 사업방식 • 사업추진상의 모든 위험은 시공자의 책임으로 하며, 조합원은 추가분담금의 발생이 없음
장 점	• 조합원이 사업주체가 되며, 개발이익이 창출되면 조합원에게 최대한의 이익분배가 가능하다	• 특별한 장점이 없는 제도	• 사업초기에 조합원분담금이 확정되어 안정적인 사업추진이 가능
단 점	• 관리처분 및 입주 전까지 조합원 분담금이 미확정 • 주택경기 불황 시 분담금증가 위험	• 대부분 위험은 조합원이 부담하고 추가이익은 시공사에 돌아감	• 추가이익이 발생되면 실질적으로 조합원에 손실발생
시공자 선호도	• 시공자 선호	• 시공자 선호	• 시공자 기피
문제점	• 사업이 지연될 경우 금융비용이나 사업비 증가로 조합원분담금 증가	• 추가분담금 발생 시 시공자와 매우 어려운 분쟁 발생	• 시공자의 계약기피로 확정지분제 사업방식의 채택이 어려움
문제점 해결방안	• 사업초기 정확한 분담금산출과 사업지연 예방으로 추가분담금 발생방지	• 조합원에게 변동지분제의 특성을 인식시켜 추후 혼란을 방지	• 시공자에게도 추가이익의 발생이 가능한 방안을 별도로 제시하여 확정지분제방식의 채택에 노력
채택 시의 사회여건	• 금리안정이나 인하가 예상되는 경우 • 경제의 안정 또는 상승기 • 용적률이 예측 가능한 경우 • 조합원간 분쟁이 적게 예상되는 경우 • 추가이익의 발생이 예상되는 경우 • 저물가시대	• 미분양발생 등 주택경기가 불안정한 경우	• 금리가 불안정(급등)한 경우 • 미분양발생 등 주택경기가 불안정한 경우 • 용적률의 감소가 예상되는 경우 • 조합원간 분쟁발생 등 사업지연이 예상되는 경우 • 분양가가 비자율화의 경우 • 고물가(인프레이션)시대
사업지역	• 대도시중심부 등 추후 분양수입금의 증가가 예상되는 지역	• 추후 분양수입금의 증가가 작은 중소도시 및 도시근교지역	• 추후 분양수입금의 증가가 작은 중소도시 및 도시근교지역
기 타	• 계약서 대비 추가공사가 추진되는 경우 시공사의 능력에 대응할 수 있는 여러 분야의 우수한 인력이 조합에 필요하다	• 계약서 대비 추가공사가 추진되는 경우, 시공자의 기술력에 대응할 수 있는 여러 분야의 우수한 인력이 조합에 필요하다	• 시공자가 계약상의 의무를 수행 하는 지의 여부를 확인할 수 있을 정도의 인력이 필요하다.

2. 용어의 해설

1) 조합원

재건축조합 설립인가 시 ①건축물을 소유하고, ②조합설립에 동의한 자를 말한다. 주택을 여러 채 소유하였거나 1주택을 수인이 공유하고 있는 경우에는 모두 1인의 조합원으로 본다. 토지만을 소유한 자는 신축건물을 분양받을 권리가 없으며, 조합원 분양은 재당첨 금지 조항, 무주택세대주 조건 등 주택분양에 관한 법 규정을 적용받지 않는다.

2) 조합설립동의의 의미와 동의내역

토지등소유자의 과반수 동의로 추진위원회를 구성한 후 조합설립을 위한 창립총회를 개최하여 정비사업의 추진을 결정하는 행위를 말한다. 조합설립 동의에 따른 동의내역에는 1) 조합설립 및 정비사업 내용(① 신축건축물의 설계개요, ② 공사비 등 정비사업에 드는 비용, ③ 공사비 등 정비사업에 드는 비용의 분담, ④ 신축건물 구분소유권의 귀속에 관한 사항)과, 2) 조합장 선정, 3) 정관 승인 4) 추진위원회에서 작성할 정비사업 시행계획 등이 포함된다. 조합을 설립하기 위해서는 주택단지의 공동주택 동별 소유자의 과반수 동의와 재건축 단지의 전체 구분소유자의 4분의 3 이상 및 토지면적의 4분의 3 이상의 토지등소유자의 동의가 필요하다. (시행규칙 별지 제6호 서식-조합 설립동의서, 도정법 제35조제3항 참조)

2002년 12월 30일 도시및주거환경정비법이 제정되기 이전에는 '조합설립의 동의'라는 용어를 대신하여 집합건축물의소유및관리에관한법률 제47조에 따라 이를 '재건축결의'라고 하였다. 따라서 도시및주거환경정비법이 시행되고 있는 현재는 '재건축결의'라는 용어는 사실상 사문화된 상태이다.

3) 무상지분율

정비사업에서의 무상지분율이란 정비사업의 조합원이 추가 분담금 없이 배정받을 수 있는 건축면적 비율을 말한다.
예를 들어 무상지분율이 200%라면 대지지분이 100㎡인 조합원이 입주 시 200㎡의 아파트를 추가분담금 없이 배정받을 수 있는 것이다.
무상지분율은 해당 정비사업에 적용되는 용적률이 가장 큰 영향을 미치게 되며, 그 외에 일반분양가와 공사비에 따라 좌우된다.

4) 용적률

대지면적에 대한 건축물 연면적의 비율을 말한다. 용적률을 계산하는 경우에 지하층 건축면적은 포함되지 않는다.

5) 건폐율

건축면적(1층 바닥면적)의 대지면적에 대한 비율로서 주로 용도지역에 따라 그 비율을 달리한다.

6) 사업시행계획의 인가와 고시

사업시행자는 정비사업을 시행하고자 하는 경우, 사업시행계획서에 정관등과 그밖에 법령이 정하는 관계 서류를 첨부하여 시장·군수에게 제출하고 사업시행 인가를 받아야 한다. 사업시행자가 사업시행 인가를 받고자 하는 때에는 소정양식의 인가신청서와 다음 각 호의 서류를 첨부하여 시장·군수등에게 제출하여야 한다. 해당 서류는 정관, 총회 결의서 사본, 사업시행계획서, 사용 또는 수용할 토지 또는 건축물의 명세 및 소유권 외의 권리의 명세서, 기타 법이 정하는 서류이다.

7) 관리처분계획

관리처분계획(管理處分計劃)이란 정비사업지역에 조성된 대지와 신축 건축물의 관리 및 처분에 관한 계획이다. 즉, 종전의 토지나 건축물에 대한 소유권 및 그 이외의 권리 (지상권, 전세권 등)를 정비사업으로 새롭게 조성되는 토지와 건축물에 대한 권리로 전환시켜 배분하는 계획을 말한다. 쉽게 표현하면 신축 후 조합원별로 분양받게 되는 토지 및 건축물의 배분과 분담금을 확정하기 위한 계획을 말한다.

관리처분계획에서는 재건축된 건물에 대한 조합원별 지분율과 분담금, 정산받을 금액 등을 정하게 된다. 이는 조합원에 대한 동·호수 추첨을 끝낸 후 작성되며, 이때 가치가 큰 동호수를 분양받은 조합원은 그만큼 더 많은 분담금을 내게 된다.

한편, 관리처분계획은 기존 건축물과 대지의 가치를 산정하여 보상하게 되며 보상 금액에 따라 사업의 당사자들 간의 이해관계가 상충되게 된다. 따라서 이 과정에서 분쟁이 가장 많이 발생하게 된다. 이러한 분쟁을 최소화하기 위하여 재개발사업에서는 종전 및 종후재산에 대한 감정평가 실시가 의무화되어 왔으며, 재건축사업에서도 관계 법령이 개정되면서 타 정비사업과 같이 감정평가를 실시하고 있다.

또한, 관리처분계획은 정비사업을 추진함에 있어 중요한 부분인 자금문제, 권리의 조정 등 조합원의 권리에 대한 이해관계를 다루게 되므로 정비사업의 성패를 좌우하는 매우 중요한 단계이다. 한편 도시정비법 제74조제1항에서는 사업시행자가 (기존 건축물을 철거하기 전에) 관리처분계획을 수립하여 시장·군수등의 인가를 받도록 규정하고 있다.

8) 이전고시

사업시행자는 공사완료의 고시가 있는 경우에는 지체없이 대지에 대한 확정측량을 하여야 하며, 토지의 분할절차를 거쳐 관리처분계획에서 정한 사항을 분양받은 자에게 통지하고, 이전하려는 대지 또는 건축물의 소유권을 해당 지방자치단체의 공보에 고시 하고 해당 시장·군수등에 보고하여야 한다. (도시정비법 제86조 제1항 및 제2항 참조)

9) 정비기반시설

정비기반시설이라 함은 도로, 상·하수도, 공원, 공용주차장, 공동구(국토의 계획 및 이용에 관한 법률 제2조제9호의 규정에 의한 공동구) 그 밖에 주민의 생활에 필요한 가스의 공급시설 등 대통령이 정하는 시설을 말한다.

3. 재건축사업과 컨설팅제도(PM, CM)

❖ 컨설팅제도(PM, CM)란?

◆ PM(Project Management)

사업(Project)의 계획에서 부터 최종 완료 시까지의 모든 업무를 총괄하여 관리하는 일을 수행하는 것으로 수행하는 주요 업무내용은 ①사업시행계획, ②사업수지분석, ③공정관리, ④원가관리, ⑤현장관리업무, ⑥계약서 검토, ⑦인·허가업무와 ⑧기타 제반 행정업무 등을 사업시행자를 대리하여 수행하고 일정한 용역비를 지급받는 제도이다.

이 PM제도는 해외에서 진행되는 대부분의 사업에서는 도입이 보편화되어 있으며, 우리나라에서도 이 제도의 도입이 점차 증가하고 있다. 그러나 아직도 컨설팅 업무의 필요성에 대한 많은 이해가 필요한 것이 현실이다.

◆ CM(Construction Management)

CM의 원론적인 의미는 사업(Project)의 건설부분에 대한 업무만을 수행하는 것을 말한다. 즉, ①건설공정관리, ②품질관리, ③원가관리, ④안전관리 등이 주된 업무내용으로 건축물이 우수한 품질로, 예정된 금액 및 공기 이내에 완공될 수 있도록 사업주체를 도와 현장관리 업무를 수행하는 것을 말한다.

그러나, 이 CM제도는 건설회사가 정비사업의 추진에 따른 건설공정관리, 품질관리, 원가관리 및 안전관리 등 모든 업무에 대한 실질적인 책임을 지고 공사를 수행하고 있는 재건축사업을 포함한 모든 정비사업에 대한 공사수행 시스템 하에서는 도입이 꼭 필요한 제도라고는 판단되지 않는다.

❖ 컨설팅(PM)회사의 역할 및 제도의 도입에 따른 효과
- ◆ 개발이익의 극대화
- ◆ 조합원 분담금의 최소화
- ◆ 사업주체의 입장에서 사업수행, 컨설팅업체의 전문지식 활용
- ◆ 시공자와 대등한 정보력과 기술력 확보
- ◆ 사업기간의 단축으로 사업비 절감(정비사업에서는 시공자가 책임지고 수행)
- ◆ 건설당시의 최신형 구조 및 최첨단 설비의 정보제공
- ◆ 조합의 제반 규정에 대한 적정성여부 확인
- ◆ 시공자와의 공사계약 체결 전 계약서의 사전 검토로 사업주체의 이익 극대화
- ◆ 사업주체의 업무내용에 대한 사전 검토로 법적 분쟁 최소화
- ◆ 동의서 징구 등 사업주체의 효율적인 업무수행 가능
- ◆ 문제가 예상되는 조합원에 대한 특별 관리 가능
- ◆ 시공자의 요구 사항에 대한 정확한 판단가능
- ◆ 예상되는 문제에 대한 사전 예방조치 가능
- ◆ 투명한 조합운영 및 협력회사의 효율적인 관리 가능

4. PM제도 도입에 대한 대안

1) 정비사업에서 PM제도의 도입이 활성화되지 못하고 있는 근본 원인은, 이 제도에 대한 인식부족과 함께 제도의 도입에 따른 추가적인 비용부담도 한 원인이라고 판단된다.

2) 한편, 사업시행자로서 정비사업에 관한 제반 업무에 대해 전문지식을 가지지 못한 조합은 정비사업전문관리업자, 변호사 등 많은 전문가나 협력회사와 용역계약 등을 통하여 해당 전문지식에 대한 많은 협력을 받고 있다.

3) 협력회사의 협력에도 불구하고 실시설계의 확인, 추가공사 등에 대한 공사비의 적정성 검토, 조합이 수행하는 업무 중 정비사업전문관리업자의 고유한 업무 이외에 조합이 수행해야 하는 금융지원 업무 등 중요한 업무에 관해서는 전문가의 협조가 사실상 전무하거나 차단되어있는 상태이다.

4) 따라서 위 제3항의 업무 중 추가공사에 대한 원가계산, 실시설계의 적정성 검토 등 중요한 업무만을 부분적으로 확인하기 위한 **법적인 자격을 갖춘 협력자**가 필요하며, 이 제3의 협력자의 역할이 PM제도의 도입에 따른 역할 중 중요한 업무의 대부분을 대행할 수 있을 것이며 소요비용의 측면에서도 경제적인 방안이라고 판단된다.

5. 아파트의 면적표시 방법

1) 주거전용면적

: 소유자가 단독으로 사용할 권리를 가지는 면적으로, 각 세대현관의 내부면적 중에서 거실, 침실, 주방, 욕실 등의 안목치수(각 실의 내부 벽 사이의 치수)로 계산한 면적을 합한 면적을 말한다. 따라서 이 면적에는 각 세대 현관의 내부면적에서 벽량(벽체가 차지하는 면적) 등과 발코니 면적을 제외한 면적이다. 관계 규정에서는 **주거전용면적을 해당 아파트의 주택형(호칭면적)으로 하도록 하고 있으며 재산세 부과의 기준이 된다.**

2) 주거공용면적

: 주로 각 동별로 존재하며, 주거전용면적을 사용하기 위한 면적으로 계단실, 엘리베이터 피트, 복도, 각층의 홀, 1층 공동현관(1층 로비면적) 등 주거를 위해 이웃의 다른 세대와 공동으로 사용하는 면적을 말하며, 설계분야에서는 **코어면적**이라고도 한다.

3) 기타공용면적

: 단지 내의 모든 입주자가 공동으로 사용하는 면적을 말하며, 관리사무소, 커뮤니티시설, 노인정, 지하주차장을 제외한 지하층면적 등이 이에 속한다.

4) 서비스면적

: 각 세대 내의 발코니 면적을 말하며, 이 면적은 분양면적에 포함되지 않으며, 발코니를 확장하는 경우에도 주거전용면적에는 변화가 없다. 따라서 발코니 확장 이후에도 호칭 주택형, 건축물대장 및 **등기사항전부증명서**에는 일체의 면적 변화가 없다. 따라서 재산세도 변함이 없다. 발코니 확장에 소요된 공사비는 추후 양도소득세 계산 시에는 매입원가(필요경비)에 반영된다.

5) 지하주차장면적

: 지하층에 있는 주차를 위한 면적을 말하며, 이 면적은 계약면적에 포함된다.

6) 분양면적(공급면적)

: 아파트의 단위세대 면적 중 **주거전용면적과 주거공용면적을 합한 면적**을 말한다.

7) 계약면적

: 아파트 공급자에게 대금을 지불하는 면적으로 발코니면적(서비스면적)을 제외한 모든 면적이 포함된다. 따라서 **주거전용면적, 주거공용면적, 기타공용면적, 지하주차장면적을 합한 면적**이 계약면적이 된다. 즉, 서비스면적인 발코니 면적은 계약면적에서 제외된다.

※ 발코니의 폭(너비) 측정기준

: 발코니의 폭을 측정하는 기준은 세대의 외벽(분합문이 설치된 벽)의 중심선에서 발코니를 구성하는 **벽체의 외부면까지의 거리**를 해당 발코니의 폭으로 하도록 규정되어 있다.

※ 향후 조합원분양 시까지 필요한 인감증명서 및 주민등록등본

구 분		인 감 증 명 서		주민등록 등·초본	비 고
		수 량	용 도		
①	조합설립 시	1통	공유지분자 대표자 신고용 1 통 (공유지분자에 한함)	등본 1통	[명의변경 시]는 명의변경용(인감) 필요
②	신탁등기 시	1통	신탁등기용 1통	등본 1통	-
③	이주비신청 시	6통	▪ 이주비차입 신청용 1통 ▪ 소비대차 계약용 1통 ▪ 근저당권 설정용 1통 ▪ 철거위임 각서용 1통 ▪ 영수증용 1통	등본 2통 초본 2통	※ 초 본 (조합원 본인의 초본)
④	분양신청 시	1통	분양신청용 1통	등본 1통	-
⑤	동·호수추첨 시	1통 (2통)	동·호수 추첨 신청용 1통 (※ 위임용1통 : 대리인이 계약할 경우)	등본 1통	-
⑥	분양계약 시	1통 (2통)	아파트분양계약용 1통 (※위임용 1통 : 대리인이 계약하는 경우)	등본 1통	※ 초 본 (조합원 본인의 초본)
합 계		본인의 경우 11통 (대리인의 경우 13통)		등본 7통 초본 2통	※ 공유자만(추가) 필요

☞ 상기 도표는 당시의 관계 법령 및 각 정비사업 조합에 따라 서로 다를 수 있습니다.

Ⅳ. 재건축정비사업 조합설립 동의서 제출안내

[동의내역]

가. 조합설립 동의

1) 조합설립 동의요건(도시정비법 제35조제3항)

재건축사업의 추진위원회가 조합을 설립하고자 하는 때에는 「집합건물의 소유 및 관리에 관한 법률」 제47조제1항 및 제2항에도 불구하고 주택단지의 공동주택의 각 동(복리시설의 경우에는 주택단지의 복리시설 전체를 하나의 동으로 본다)별 구분소유자의 과반수 동의(공동주택의 각 동별 구분소유자가 5 이하인 경우는 제외한다)와 주택단지의 전체 구분소유자의 4분의 3 이상 및 토지면적의 4분의 3 이상의 토지소유자의 동의를 얻어 시장·군수등의 인가를 받아야 한다.

2) 조합설립 동의를 위한 사업시행계획 내용(도시및주거환경정비법 시행령 제30조제2항)

도시및주거환경정비법 시행령 제30조제2항에 따른 조합설립 동의를 위한 5가지 사업시행계획의 내용은 ① 건설되는 건축물의 설계개요, ② 공사비 등 정비사업에 드는 비용, ③ 공사비 등 정비사업에 드는 비용의 부담기준, ④ 사업완료 후 소유권의 귀속에 관한 사항, ⑤ 조합 정관이 포함되어있어야 합니다.

3) 조합설립 동의의 의미

재건축조합설립 동의는 재건축사업에 있어 두 가지의 중요한 의미를 가지게 되는 것이다. 첫 번째는 재건축조합을 구성하여 사업추진을 할 수 있는 것이고, 두 번째는 재건축을 반대하는 구분소유권자에게 매도청구권을 행사하여, 차후 재건축조합원의 반대로 인해 발생될 수도 있는 손해를 합법적으로 방어할 수 있는 수단이 될 수 있는 것입니다.

나. 재건축사업 시행계획

반포주공0단지 재건축정비사업 조합설립추진위원회에서 작성한 재건축사업 시행계획서와 같이 재건축정비사업을 시행한다.

다. 조합장 선정동의

본 조합의 대표자(조합장)는 조합원 총회에서 조합 정관에 따라 선출된 자로 한다.

라. 재건축조합 정관

재건축조합 정관(안)은 0000년 0월까지 개정된 국토교통부의 '재건축조합 표준정관'을 근거로 작성하였으며, 일부 내용은 우리아파트 실정에 맞도록 추진위원회와 여러 전문기관들의 자문을 통해 수차례 수정 및 보완작업이 진행되었습니다.

재건축정비사업 조합설립 동의서(양식)
(검정양식인 도시정비법 시행규칙 별지 6호서식 기준)

※ 색상이 어두운 란은 동의자가 적지 않습니다.

행정기관에서 부여한 연번범위		연 번	

Ⅰ. 동의자 현황

1. 주택소유자 인적사항

주민등록상 현주소			
성 명		주민등록번호	－
연 락 처	전화번호 :	핸드폰 :	

2. 공동주택 및 상가 등 부대시설 구분소유권 현황

소유권 위치 (물건소재지)	서울시 서초구 반포동 00-0번지(외 0필지) 지상, 반포주공0단지 ■ 아파트 : ( )동 ( )호 ■ 상 가 : ( )동 ( )층 ( )호		
등기상 건축물 지분	m²	등기상 대지 지분	m²

Ⅱ. 동의내용

1. 조합설립 및 재건축사업 시행계획 내용

가. 신축건축물의 설계개요
　　(※ 반포아파트지구 개발기본계획 확정고시(안)를 기준하여 사업계획승인 시 확정됨)

대지면적 (m²)	건축연면적 및 건축규모와 세대수										용적률 (%)	복리 시설/ 상가	비 고
	건축연면적 (m²)	층 수	동 수	아파트 규모(m²)와 세대수									
				59	84	105	125	144	170	합계			
133,661.30	487,799.56	14~35	25	572	878	564	379	260	114	2,767	269.67		

나. 공사비 등 정비사업에 드는 비용(정비사업비)
　　(※ 예상사업비를 추산하여 산출하였으며 설계변경, 관리처분계획 및 입주 시 확정됨)

철거 및 건설공사비	기타 사업비용	합 계
약 523,304,540천원	약 195,385,248천원	약 718,689,788천원

다. 공사비 등 정비사업에 드는 비용의 분담
　: 조합정관에 따라 현 소유주택의 주택형에 따라 비용을 공평하게 분담하며, 관리처분 시 가청산하고, 입주 후 청산 시 분담금을 최종 확정하는 데 동의한다.

■ 공동주택 소유 조합원의 신축 공동주택 입주 주택형별 예상 분담금액

구 분 (금액단위 : 천원)		조합원의 단위면적(m²)당 권리지분 : 85,137	
		[18평형] ▶ 대지지분 : 58.530m² ▶ 권리지분 : 550,668	[25평형] ▶ 대지지분 : 81.216m² ▶ 권리지분 : 764,104
주택형	예상 분양금액	예상분담금	예상분담금
59m²	312,500	-238,168(환급)	-451,604(환급)
84m²	540,000	-10,668(환급)	-224,104(환급)
105m²	715,000	164,332(부담)	-49,104(환급)
125m²	825,000	274,332(부담)	60,895(부담)
144m²	1,008,000	457,332(부담)	243,896(부담)
170m²	1,224,000	673,332(부담)	459,896(부담)

(※ 최종 분담금액은 관리처분, 가청산 및 청산 등을 통하여 확정한다)

《 공동주택(아파트) 소유 조합원의 분담금 산정 》

◉ 도급제방식으로 사업을 추진하기로 결의한 경우의 분담금 산정
 ① 현 소유주택 주택형을 기준으로 분담금을 정하는 경우
  * 조합원 분담금=분양받을 아파트의 분양금액-(해당)조합원의 권리지분
  * 조합원의 권리지분= 주택형별 개발이익금 배분금액×(해당)조합원 현
   소유주택 주택형별 평균대지면
  * 주택형별 개발이익금 배분금액=개발이익금÷아파트 소유 조합원의
   총 소유대지 지분 면적
* 조합원 권리지분의 산출

$$조합원\ 권리지분\ =\ 개발이익금\ \times\ \frac{조합원의\ 현\ 소유토지\ 및\ 건축물\ 평가액}{사업구역\ 내\ 전체조합원의\ 현소유토지\ 및\ 건축물\ 총\ 평가액}$$

  * 개발이익금=(총 분양수입금+기타수입금) - (건축비 등 총사업비)

 ② 현 소유 토지 및 건축물을 감정평가 하여 분담금을 정하는 경우
  * 조합원 분담금=분양받을 아파트의 분양금액-(해당)조합원의 권리지분
  * 개발이익금=(총 분양수입금+기타수입금)-(건축비 등 총사업비)

◉ 지분제방식으로 사업을 추진하기로 결의한 경우의 분담금 산정
  * 시공자 선정 시 시공자가 제시하는 조합원 권리지분(무상지분)금액과
   분양 주택형별 분담금액에 따른다.

《 상가 등 소유 조합원의 분담금 산정 》
◉ 상가 구분소유권자의 분담금 산정은 별도의 관리처분계획에 따른다.

> ▣ 사업추진방식은 조합정관이 정하는 바에 따라 총회에서 재적조합원 과반수의 출석과 출석조합원 과반수 찬성으로 결정한다.
>
> ▣ 분담금을 정하기 위한 조합원의 권리금액산정은 아래의 '① 현 소유주택 주택형을 기준으로 분담금을 산정하는 경우'와, '② 현 소유 토지 및 건축물을 평가하여 분담금을 산정하는 경우' 중에서 관리처분계획의 수립을 위한 총회에서 조합정관이 정하는 바에 따라 재적조합원 과반수의 출석과 출석조합원의 과반수 찬성으로 확정한다.

라. 신축건축물 구분소유권의 귀속에 관한 사항
: 조합정관 제8장(관리처분계획)에 따른다.

> ■ 아파트 : 분양 주택형의 결정은 조합원의 분양신청에 의하고, 경합이 있는 경우에는 현 소유(종전주택) 주택형이 큰 조합원에게 우선권을 부여하고, 주택형이 동일한 경우의 주택형 선택과 동·호수의 결정은 조합정관에 따른 관리처분계획 수립 시 정한다.
>
> ■ 상 가 : 분양면적 및 호수 결정은 분양신청에 의하고, 경합이 있는 경우에는 종전 (현재) 소유 상가의 동일 층 조합원에게 우선권을 부여하고, 층이 같은 경우에는 제곱미터당 감정평가금액이 높은 조합원에게 우선선택권을 부여하며, 평가금액이 동일한 경우에는 공개추첨에 의한다. 단, 분양면적과 호수는 조합의 상가 분양계획에 의해 분할하여 정하는 면적과 호수에 의한다.
>
> ■ 잉여분 처분에 관한 사항 : 조합원에게 분양하고 남은 아파트와 상가 등 복리시설은 '주택공급에 관한 규칙'이 정하는 바에 따라 분양하고, 분양대금은 사업비에 우선 충당한다.
>
> ■ 토지 배분에 관한 사항 : 신축건물에 대한 토지는 공유지분으로 배분하되, 그 배분 비율은 '도시및주거환경정비법 및 시행령 제63조'와 기타 법령이 정하는 바에 따른다.

위 본인은 '재건축 조합설립추진위원회'에서 작성·배포한 **재건축사업을 위한 사업시행 계획서를** 살펴보고, 도시및주거환경정비법 제35조의 규정에 따라 조합을 설립하여 재건축 사업을 시행하는 데 동의합니다.

2. 조합장 선정동의
본 조합의 대표자(조합장)는 조합원 총회에서 조합정관에 따라 선출된 자로 한다.

3. 재건축조합 정관(안) 승인(동의)

위 본인은 '도시및주거환경정비법 제35조'의 규정에 따라 반포주공0단지 재건축 조합설립추진위원회가 정한 첨부의 정관 내용을 숙지하고, 정관에서 정한 조합원의 권리 및 의무에 대해 성실히 이행하며, 정관에서 정한 내용에 대해 이의가 없음을 확인하고, 조합정관의 내용 및 제정에 동의한다. (※ 조합정관 간인은 임원 및 감사 날인으로 대체합니다.)

(첨 부) - 재건축조합 정관(안)

4. 재건축사업 시행계획서

반포주공0단지 재건축사업 조합설립추진위원회에서 작성한 재건축사업 시행계획서와 같이 재건축정업을 추진한다.

※ 본 동의서를 제출한 경우에도 조합설립에 반대하고자 하는 경우 「도시및주거환경정비법 시행령」 제33조제2항에 따라 조합설립인가를 신청하기 전까지 동의를 철회할 수 있습니다. 다만, 동의 후 「도시및주거환경정비법 시행령」 제30조제2항 각호의 사항이 변경되지 아니한 경우에는 최초로 동의한 날부터 30일까지만 철회할 수 있으며, 30일이 지나지 아니한 경우에도 조합설립을 위한 창립총회 후에는 철회할 수 없습니다.

위 같이 본인은 반포주공0단지 재건축사업 시행구역의 토지등소유자로서 위의 동의 내용을 숙지하고 동의하며, 「도시및주거환경정비법」 제35조제2항부터 제3항까지의 규정에 따른 조합의 설립에 동의합니다. 또한, 조합 설립 및 재건축사업 시행계획 내용은 사업시행계획인가내용, 시공자 등과의 계약내용 및 제반 사업비의 지출내용에 따라 변경될 수 있으며, 그 내용이 변경됨에 따라 조합원 청산금(분담금) 등의 조정이 필요한 경우 「도시및주거환경정비법」 및 같은 법 시행령에서 정하는 변경절차를 거쳐 사업을 계속하여 추진하는 것에 동의합니다.

0000년 0월 00일

위 동의자 　　　　　　　　(인) (자필서명 후 지장날인)

(첨부 서류) : 토지등소유자 신분증명서 사본 1통

반포주공0단지 재건축 조합설립추진위원회 귀중

(가칭)반포주공0단지 재건축정비사업조합 창립총회 참석자 일동
(재건축조합 설립 동의서 제출자 총　　　　명)

※ 재건축정비사업 조합설립 동의서 작성방법

★표가 표시된 부분은 반드시 기입하여주시기 바랍니다.

※ 색상이 어두운 란은 동의자가 적지 않습니다.

행정기관에서 부여한 연번범위		연 번	

I. 동의자 현황

1. 주택소유자 인적사항※

주민등록상 현주소	★		
성 명	★	주민등록번호	★
연 락 처	전화번호 : ★	핸드폰 :	★

※ 인적사항은 주민등본등록상의 내용을 기재하여 주시기 바라며, 주민등록사항이 변경되거나 주민등록과 상이할 경우 실거주지의 주소, 전화번호, 핸드폰 등을 추진위원회(조합)로 관계 서류를 첨부하여 제출하여주시기 바랍니다.

2. 공동주택 및 상가 등 부대시설 구분소유권 현황

소유권 위치 (물건소재지)	서울시 서초구 반포동 00-0번지(외 0필지) 지상, 반포주공0단지 ■ 아파트 : (★)동 (★)호 ■ 상 가 : (★)동 (★)층 (★)호		
등기상 건축물 지분	◎ m²	등기상 대지 지분	◎ m²

※ 소유주님께서는 ★표 난은 반드시 기입하여주시고 등기상 건축물 지분 및 등기상 대지 지분(◎표 난)은 **등기사항전부증명서**상의 면적을 기입하여 주시고, 정확한 공부상 면적을 잘 모르실 경우 공란으로 비워주시면 추진위원회(조합)에서 공부상의 면적을 기재할 것입니다.

II. 동의내용

1. 조합설립 및 재건축사업 시행계획 내용
 ※ 이 항에는 소유주기재사항은 없으며, 사업계획의 내용을 숙지하시기 바랍니다.

2. 조합장 선정동의
 본 조합의 대표자(조합장)는 조합원 총회에서 조합정관에 따라 선출된 자로 한다.

3. 재건축조합 정관 동의
 ※ 이 항에는 소유주 기재사항은 없으며, 조합정관(안) 내용을 숙지하시기 바랍니다.

4. 재건축사업 시행계획서

※ 이 항에는 소유주 기재사항은 없으며, 재건축사업 시행계획서(안) 내용을 숙지하시기 바랍니다.

★ 년 ★ 월 ★ 일

동의자   ★   (인) (지장날인)

기타 동의서 작성 시 유의사항

① 제출하는 연월일을 기재하시고, 동의자(등기부상 소유자)의 성명을 기재하며, 공유지분 소유자는 대표자의 성명 기재 및 인감도장을 날인하여 주시기 바랍니다.

② 날인은 반드시 소유자의 인감을 날인하여야 하며, 제출하실 인감증명서의 인감과 동일하여야 합니다.

③ 인감증명서의 제출이 필요한 경우 인감증명서의 용도는 부동산의 매도나 매수 시에만 해당 발행처에서 미리 기재하게 되므로, 당 위원회에 제출하실 인감증명서에는 용도를 기입하지 않으셔도 됩니다. 다만, 기재를 원하시는 소유주께서는 **'재건축사업 조합설립 동의용'**으로 기재하시면 됩니다.

(첨부 서류) : 토지등소유자 신분증명서 사본 1통

반포주공0단지 재건축조합설립 추진위원회

공유지분소유자 대표조합원 선임동의서

1. 물건소재지 및 구분소유권 현황

① 물건소재지

서울시 서초구 반포동 000-00 번지 반포주공0단지아파트 (   )동 (   )호

② 구분소유권 현황

	성 명	지분현황	비 고
1		( ) 분의 ( )	
2		( ) 분의 ( )	
3		( ) 분의 ( )	
4		( ) 분의 ( )	
5		( ) 분의 ( )	

상기 구분소유자는 구분소유권의 공유지분소유자로서 반포주공0단지 재건축정비사업에 참여함에 있어 '도시및주거환경정비법'에 따라 아래의 구분소유자를 반포주공0단지 재건축정비사업을 위한 대표조합원으로 선임하고 모든 구분소유자의 권리와 의무를 위임합니다.

년   월   일

2. 대표조합원

성   명 :   인 (인감날인)

주민등록번호 :   -

3. 위임자(동의자)

① 성   명 :   인 (인감날인)

주민등록번호 :   -

② 성   명 :   인 (인감날인)

주민등록번호 :   -

③ 성   명 :   인 (인감날인)

주민등록번호 :   -

※ 반드시 인감을 날인하여야하며, 공유지분소유자 모두의 인감을 1부씩 첨부하여야 한다.

반포주공0단지 재건축조합설립추진위원회 귀중

※ 외국인 거주자 및 외국인의 동의서 제출 구비서류

1. 외국거주자(한국에 주민등록증이 있는 경우)

인 감 증 명 서	외국주재 한국공관(영사관)에서 인감증명신청용지 위임 란에 대리인을 지정하여 서명날인 후 영사(또는 공사)의 확인을 받아 국내로 보내오면 위임받은 대리인이 주민등록이 있는 동사무소에 가서 발급받아 제출한다. ※ 주의 : 3통이 필요하며 3통으로 작성하여 확인을 받아 보내야합니다.
주민등론등본	국내의 최종 주소지에서 주민등록등본 또는 말소등본을 발급받아 제출
거주사실증명원	외국 거주지의 '재외국민 거주사실증명' (외국주재 한국공관에서 발행, 한국공관이 없는 경우 공증인의 공증서)
위임장 (총회참석 및 의결권 행사 등)	조합이 발행한 양식을 외국으로 보낸 후 인감을 날인하고 인감증명서 1부 (영사확인) 발급받아 제출하거나, 외국의 공증인에게 공증받아 제출 (영문위임장의 경우 공증 필요)

2. 외국국적을 취득하고 한국국적이 상실된 경우

인 감 증 명 서	• 원본 인감증명서 • 기타 날인(인감)제도가 없는 국가의 경우 : 서명증명(공증)
주민등론등본	설명변경의 경우 국내의 해당국 영사확인(발행) (예) Tom(실명) = 탐(등기상 이름) → 동일인증명 필요
거주사실증명원	① 외국거주 : 주소지증명 혹은 거주사실증명 　　　　　　　(외국 공관에서 발행 또는 외국 공증인의 공증) ② 한국내 거주 : 외국인 등록표 등본(외국인 거주신고를 한 경우 한국의 　　　　　　　동사무소에서 발행) 또는 주소증명이나 거주사실증명 　　　　　　　(외국 관공서 발행 또는 공증인 공증)
위임장	조합이 발행한 양식에 공증하며, 외국어로 작성하여 공증한 경우에는 국내에서 번역 후 함께 제출)

※ **한국국적을 상실하지 않아 이중 국적자로 남아있는 경우에는 외국거주 한국인**
   위의 제1항 외국거주자(한국에 주민등록증이 있는 경우)로 취급할 수 있습니다.

☞ 상기 도표는 각 정비사업조합에 따라 서로 다를 수 있습니다.

반포주공0단지 재건축정비사업

사 업 참 여 제 안 서

0000년 0월 00일

반포주공0단지 재건축조합설립추진위원회

반포주공0단지 재건축정비사업

사 업 참 여 제 안 서

0000년 0월 00일

반포주공0단지 재건축조합설립추진위원회

목 차

Ⅰ. 일반사항

1-1 사업개요

가. 사 업 명 : 반포주공0단지 재건축정비사업

나. 발 주 자 : 반포주공0단지 재건축 조합설립추진위원회

다. 사업장 위치 : 서울시 서초구 반포0동 00-0번지 외 0필지

라. 사업발주방식 : 설계/시공 분리발주방식

마. 사업추진방식 : 도급제와 지분제 중 추후 결정

1-2 사업추진일정

가. 현장설명일시 : 0000년 00월 00일(화요일) 17:00시(시간 이후 참여 불가)

나. 현장설명회 참석 시 제출서류

(1) 사용인감계(법인 인감증명서 첨부)

(2) 사업자등록증 사본 1부

(3) 위임장 1부(대리참석 시)

(4) 법인인감 또는 사용인감 지참

다. 입찰신청서 접수마감일 : 0000년 00월 00일(토요일) 12: 00시까지

(현장설명회 참여업체에 한함)

라. 현장설명회 개최 및 입찰신청서 접수처

: 반포주공0단지아파트 내 재건축 조합설립추진위원회 사무실

(TEL : 00-000-0000, FAX : 000-0000-0000)

마. 시공자 선정일시

(1) 제1차 선정일 : 0000년 00월 00일(추후 통지 예정)

(2) 최종 선정일 : 0000년 00월 00일(재건축조합 창립총회일)

바. 조합은 재건축조합 창립총회에서 최종 결의된 시공자와 공사계약을 체결한다.

Ⅱ. 입찰 참여 규정

제1조(목적)

본 규정은 반포주공0단지 재건축정비사업조합에서 시행하는 재건축정비사업을 위한 시공자 선정과 관련하여 입찰에 참여하고자 하는 자가 유의하여야할 사항을 정함을 목적으로 한다.

제2조(용어의 정의)

본 규정에서 사용되는 용어의 정의는 아래 각 호에 따라 정하는 경우를 제외하고는 건설산업기본법, 건설기술진흥법, 건축법에 정하는 바에 의한다.

① '**발주자**'라 함은 해당 반포주공0단지아파트 재건축사업을 발주한 반포 주공0단지 아파트 재건축 조합설립추진위원회를 말한다.

② '**입찰안내서**'라 함은 본 '**사업참여 제안서**'를 말한다.

③ '**입찰자**'라 함은 본 규정에 제시된 자격조건을 갖추고, 시공자선정 입찰에 참여하는 자를 말한다.

④ '**입찰신청서**'라 함은 입찰자가 입찰에 참여하기 위해 '**사업참여 계획서**'를 포함하여 '발주자'에게 제출하는 모든 입찰관련 서류를 말한다.

제3조(입찰참가 자격)

입찰참가 자격은 다음 각 호를 모두 충족하는 업체를 말한다.

① 대한건설협회 0000년도 도급순위 20위 이내인 건설업체

② 최근 10년 이내 아파트 준공실적이 1,000세대 이상인 건설업체

③ 회사의 부채비율이 300%미만인 업체

④ 회사채 발행 신용등급이 BBB⁺ 이상인 업체

⑤ '채무자 회생 및 파산에 관한 법률'에 의한 '재무구조개선약정' 등 기업회생절차 (법정관리)를 신청한 업체는 제외

⑥ ISO 인증업체

제4조(입찰참가 제출서류)

① '입찰자'는 단일 시공자로 제한한다. (2개시 이상의 공동사업단 참여 불허)

② '입찰자'는 입찰공고 또는 '**입찰 안내서**'에 기재된 다음 각 호의 서류를 포함한 '입찰참여 신청서'를 0000년 00월 00일 17:00시까지 '발주자'에게 제출하여야 한다.

　가. 사용인감계(법인 인감증명서 첨부)

나. 사업자등록증 사본 1부

다. 위임장 1부(대리참석 시)

라. 법인인감 또는 사용인감 지참

제5조(입찰장소 및 마감일시)

① 장소 : 서울시 서초구 반포0동 00-0번지 반포주공0단지아파트 내
　　　　재건축 조합설립추진위원회 사무실

② 일시 : 0000년 0월 00일(토요일) 12:00

제6조(입찰서류 작성기준)

① '입찰자'는 '**사업참여 계획서**'를 '발주자'에 제출하여야 하며, '**사업참여 계획서**'는 본 '**입찰 안내서**' Ⅲ.장의 '**사업참여 계획서 작성기준**'에 준하여 작성하여야 한다.

② '입찰자'가 제출하는 모든 서류는 원본을 포함하여 5부를 제출하여야 하며, 모든 제출서류가 포함된 USB 1부를 별도로 제출하여야 한다.

③ 입찰참가 제출서류에 사용하는 인감은 현장설명회 참석 시 제출한 법인인감 또는, 사용인감으로 하여야 한다. 인감이 다른 경우 제출된 서류는 무효로 처리한다.

제7조(입찰관련사항 등의 숙지)

① '입찰자'는 입찰에 관한 서류를 입찰 전에 완전히 숙지하여야 하며, 이를 숙지하지 못하여 발생되는 제반사항은 '입찰자'에게 그 책임이 있다.

② '입찰자'는 제1항의 규정에 따라 '**입찰 안내서**'를 검토하는 과정에서 발견한 서류상의 착오, 누락사항 또는 추가설명이 필요한 사항에 대하여는 0000년 0월 00일까지 '발주자' 사무실에 서면 또는 FAX를 통해 확인할 의무가 있으며, 이를 이행하지 않아 발생되는 모든 책임은 '입찰자'에게 있다.

③ '발주자'는 '**입찰 안내서**'에 추가나 수정이 필요한 사항 등이 발생한 경우에는 '입찰자'에게 즉시 서면 또는 FAX를 통한 방법으로 통지하여야 한다.

제8조(입찰의 성립)

'입찰자'가 상기 제6조에서 정한 소정의 서류를 0000년 0월 00일 12:00까지 '발주자' 사무실에 제출한 후 '발주자'로부터 '입찰신청서 접수증'을 교부받았을 때에 한하여 입찰이 성립된 것으로 한다.

제9조(입찰 신청서의 작성기준)

① '입찰 신청서'는 본 **'입찰 안내서'**를 숙지한 후 정확히 작성하여야 한다.

② '입찰 신청서'에 사용하는 인감은 법인인감을 사용하여야 한다. 다만, 사용인감계를 제출하는 경우에는 법인인감을 사용한 것으로 갈음한다.

③ '입찰 신청서'의 기재사항 중 삭제 또는 정정한 곳이 있을 때에는 입찰에 사용한 인감으로 날인하여야 한다.

④ '입찰 신청서'는 입찰공고 또는 입찰참가 통지서 등에 별도로 규정한 경우를 제외하고는 한글로 작성하여야 하며, 입찰금액의 통화는 원화로 한다.

⑤ '입찰 신청서'의 금액표시는 한글 또는 한자로 기재하여야 하며, 아라비아 숫자를 병기할 수 있다. 이 경우 한글 또는 한자로 기재된 금액과 아라비아 숫자가 서로 차이가 있을 경우에는 한글 또는 한자로 기재한 금액에 의한다.

⑥ '입찰 신청서'는 도급제와 지분제로 나누어 동시에 제출하고, 도급제는 공사비와 금융비용(이주비 이자 등)을 구분표시하고 지분제는 다음 각 호와 같이 표시하여야 한다. 단, 실제 분양 시 주택형별 예상분양가를 증액시킬 때에는 지분을 상향 조정한다.

※ 「확정지분제 사업참여 계획서」에 포함할 사항

　가. [**별지 제1호**] : 대물변제기준

　　　　　　　　　　　① 대물변제기준 조건, ② 아파트 주택형별 조합원 분양가,

　　　　　　　　　　　③ 무상지분권리금액, ④ 아파트 주택형별 대물변제기준

　나. [**별지 제2호**] : 조합원 이주비 대여조건

　다. [**별지 제3호**] : 사업추진경비 지원내역

　　　　(상세내역은 제Ⅱ부-제4장-2.지분제방식의 공사계약서의 별지 참조)

제10조(입찰 신청서의 제출)

① '입찰 신청서'는 '발주자' 사무실에 마감시간을 엄수하여 직접 제출하여야 하며, 우편접수는 인정하지 아니한다.

② '입찰자'는 기 제출한 서류를 교환, 변경, 삭제 또는 취소할 수 없다.

③ 기 제출된 '입찰 신청서'는 일체 반환되지 않으며 '발주자'에게 귀속된다.

제11조('입찰자'의 공정한 경쟁의무)

① '입찰자'는 입찰가격에 대해 그 누구와도 사전협의 할 수 없으며, 특정인이 낙찰자가 되도록 하기 위한 담합행위 등 불공정행위를 하여서는 아니 된다.

② '입찰자'가 상기 제1항의 의무를 위반한 경우 '발주자는' 본 규정 제13조에 따라 입찰의 무효, 공정거래위원회에 조사의뢰 등의 조치를 취할 수 있다.

제12조(입찰의 무효)

다음 각 호의 하나에 해당하는 경우는 입찰을 무효로 한다.

① 제3조에 의한 입찰참가자격이 없는 자가 입찰한 경우

② 대리권이 없는 자가 입찰한 경우

③ '입찰 신청서'가 입찰마감일시까지 지정된 장소에 도착하지 아니한 경우

④ 동일사항에 대하여 동일인이 2통 이상의 '입찰 신청서'를 제출한 경우

⑤ 동일사항에 대하여 타인을 대리하거나 2인 이상을 대리하여 입찰한 경우

⑥ '입찰 신청서'의 입찰금액 등 중요한 부분이 불투명하거나, 이를 정정한 후 정정날인이 누락된 경우

⑦ 담합행위를 하거나 타 입찰참여자에 대한 방해 또는 '발주자'의 정당한 입찰 관련 업무수행을 방해하는 경우

⑧ '입찰자'의 기명이나 인감날인이 없는 경우('입찰 신청서' 제출 시 신고한 인감과 다른 인감으로 날인한 경우 포함)

⑨ '입찰 신청서'에 기재한 주요부분에 오기가 있음을 이유로 개찰 현장에서 '입찰자'가 입찰취소의사를 표시한 경우로 '발주자'가 이를 인정한 경우

⑩ 기 제출된 이행각서 내용을 위반하였을 경우

제13조(입찰의 연기)

① '발주자'는 다음 각 호의 경우 입찰공고 또는 입찰참가 통지서에 기재된 현장 설명회 일시 및 '입찰 신청서' 제출 마감일시를 연기할 수 있다.

　가. 설명 요구사항의 내용이 중대하여 연기가 불가피하다고 판단되는 경우

　나. 기타 불가피한 사유로 인하여 지정된 일시에 현장 설명회 또는 입찰행위를 실시하지 못하는 경우

② 제1항의 규정에 의한 입찰 연기의 경우에는 그 연기 사유와 연기 기간을 입찰 신청자에게 통지하여야 한다.

제14조(재입찰)

① 입찰을 함에 있어 '입찰자'가 없는 경우와 '입찰자'가 1개인 경우 및 '유효한 입찰자'가 없는 경우에는 다시 입찰에 부칠 수 있다.

② '낙찰자'가 정해진 기간 내(총회 후 30일 이내)에 공사도급계약을 체결하지 아니하는 경우에는 다시 입찰에 부칠 수 있다.

제15조('낙찰자'의 확정)

'발주자'는 '입찰자'에 대한 유효입찰 및 적격입찰 여부를 심사하여 조합원 총회에 상정한 후, 출석 조합원의 비밀투표에 의해 최다 득표한 '입찰자'는 계약대상자의 지위를 가진다.

제16조(공사도급계약의 체결)

계약대상자는 조합원 총회 이후 30일 이내에 계약을 체결하여야 한다. 만약 이 기간 내에 공사도급계약이 체결되지 않을 경우에는 '발주자'는 조합원 총회에서 차상위로 득표한 자와 계약을 체결하여도 이의를 제기할 수 없다.

제17조(비밀유지의 의무)

'입찰자'는 '발주자'로부터 교부받은 입찰 관련 서류 또는 각종 자료 및 입찰과정에서 얻은 정보를 해당 입찰행위 이외의 목적으로 사용하여서는 아니 된다.

제18조(홍보지침)

① 모든 '입찰자'는 '발주자'의 조합원, 대의원, 임원에 대하여 어떠한 명목으로도 금품이나 향응제공 등의 행위를 일체하여서는 아니 된다.

② 당 조합에서 정한 홍보기간을 준수하여야 한다.

제19조(입찰 보증금)

① '입찰자'는 입찰서류 제출 시 입찰참가 보증금으로 0억원을 '발주자'에게 납부하여야 한다.

② '입찰자'가 입찰참여 신청 이후 특별한 사유없이 중도에 입찰을 포기하는 경우 '발주자'는 입찰참가 보증금을 반환하지 아니한다.

③ 최종낙찰자의 입찰참가 보증금은 '발주자'가 기 집행한 지출비용 및 총회 관련 비용을 차감한 후 잔액은 조합운영비로 대체한다.

④ 최종낙찰자를 제외한 '입찰자'의 입찰참가 보증금은 조합원 총회 후 10일 이내에 원금을 반환한다.

제20조(기타 사항)

입찰공고 내용 및 본 **사업참여 제안서**에 명시되지 아니한 기타사항에 대해서는 '발주자'가 정하는 바에 따른다.

Ⅲ. 사업참여 계획서 작성기준

1. 사업참여 계획서 작성 및 편철기준

   가. **법인등기사항전부증명서** 1부

   나. 사업자등록증 사본 1부

   다. 이행각서(별지서식 #2 참조)

   라. 아파트 시공실적 및 증빙서류(별지서식 #3 참조)

   마. 수상실적 및 증빙서류(별지서식 #4 참조)

   바. 재무상태 감사보고서

   사. 최근 2년간의 결산서 1부

   아. 부채비율확인서(금년 00월 기준)(경영상태 및 시공 여유율 확인서 포함)

   자. 공사비 제안서(별지서식 #5 참조)

   차. 사업추진제경비 내역(별지서식 #6 참조)

   카. 사업비 총괄표(별지서식 #7 참조)

2. 사업참여 계획서 작성 시 유의사항

   가. 이주비

구 분	기본이주비	추가이주비	이 자 율
18평형	000,000천원	00,000천원	년% 프라임레이트 변동금리를 적용하되
25평형	000,000천원	00,000천원	시공자가 별도 명기

   ① 이주비는 조합과 시공자가 보증한다.

   ② 기본이주비에 대한 이자는 시공자가 선 지급하고 사업비에 포함하여 분양
      수입금에서 상환한다.

   나. 이주기간 : 최초 이주개시 후 9개월

   다. 아파트 공사수준(마감수준)

    : '발주자'가 제시한 '**자재선정 및 단위세대 마감목록**'을 기준으로 작성한다.

   라. 공사일정

① 이주기간 : 9개월

② 철거기간 : 6개월

③ 공사기간 : 35개월

마. 지질조건 : 토질여건에 따른 공사비 변동 없음

바. 공사비 상환방법

① 분양수입금으로 별도로 정한 지급절차 및 공사 기성률에 따라 지급한다.

② 조합원 분담금의 납부는 일반분양 절차, 일정, 납부비율을 동일 적용한다.

사. 공사도급계약서 작성기준

: 국토교통부 제정 '재건축사업 공사표준계약서(지분제, 도급제)'에 준한다.

아. 연체이자율 : 연 00%(또는 적용기준 제시)

자. 특기사항

① 물가변동으로 인한 공사비의 조정은 공사착공 이후에는 적용하지 않는다.

② 국토교통부 제정 재건축사업 공사표준계약서 제8조(물가변동으로 인한 계약금액의 조정)제1항 및 제2항을 적용한다.

③ 이주는 조합의 책임이며, 철거는 시공자의 책임으로 한다.

④ 시공자의 대안설계 금지

※ 시공자 입찰참여 제출서류

연번	평가항목	평가서류	발행기관	비 고
1	총 괄	• 입찰신청서(사업참여 신청서) • 이행각서	• 신 청 자	
2	시공실적	• 아파트 시공실적 증빙서류 (단일단지 1,000세대 이상) • 수상실적 증빙서류 • ISO인증서(사본)	• 공공발주기관 및 수상기관	
3	경영상태	• 재무관리상태 감사보고서 • 부채비율 확인서 (0000년 0월 기준)	• 공인회계사 • 대한건설협회	

Ⅳ. 사업개요

1. 기존단지 현황

가. 단지개요

① 단 지 명 칭 : 반포주공0단지아파트
② 단지 소재지 : 서울시 서초구 반포0동 00-0번지 외 0필지
③ 준공일자 : 1978.10.30
④ 세 대 수 : 1,720세대
⑤ 동 수 : 46개동
⑥ 층 수 : 5층

나. 면 적

① 대지면적 : 116,558.82m²
② 건축면적 : 22,737m²
③ 연 면 적 : 116,582m²(지상-115,573m²)
④ 용 적 률 : 99%

다. 기존건축물 현황

① 아파트

(단위 : ㎡)

구 분			세 대 수	대지지분				비 고
				건물면적		대지면적		
				세대당	계	세대당	계	
아파트	18평형	N형	400	57.26	22,904.0	57.47	22,988.0	
			390	57.36	22,370.4	57.47	22,413.3	
		S형	260	57.26	14,887.6	59.59	15,493.4	
			180	57.36	10,324.8	59.59	10,726.2	
	25평형	N형	80	80.23	6,418.4	82.77	6,621.6	
			90	80.96	7,286.4	82.77	7,449.3	
		S형	30	80.00	2,400.0	79.82	2,394.6	
			230	80.23	18,452.9	79.82	18,358.6	
			60	80.96	4,857.6	79.82	4,789.2	
계			1,720 세대		109, 902.1		111,234.2	

② 부대시설·복리시설

구 분	면 적	비 고
관리사무소	연면적 370m²	철근콘크리트 슬라브조 지하1층
새마을회관	1,094m²	철근콘크리트 연와조 지상2층
어린이놀이터	4개소	휴게소 14개소
공동저수시설	용량 1700ton	-
체 육 시 설	정구장 1면	비상우물 14개소
독 서 실	288m²	철근콘크리트 슬래브조 지하2층
녹 지	68,245m²	공원 3개소
종 합 상 가	대지:3,911.2m²/건물:4,043.10m²	-
0 0 상 가	대지 : 854.50m²/건물:4,043.10m²	-

2. 사업계획

가. 공사총괄

사 업 명	반포주공0단지 재건축정비사업			
대 지 위 치	서울시 서초구 반포0동 00-0번지 외 0필지			
지 역/지 구	일반주거지역 / 아파트지구			
대 지 면 적	133,661.30㎡(40,432.54평)			
건 축 면 적	15,891.50㎡(4,807.18평)			
연 면 적		487,799㎡ (147,559.37평)	지상면적	360,437.84㎡ (109,032.45평)
			지하면적	127,361.72㎡ (38,526.92평)
건 폐 율	11.09%(법정 : 60%)			
용 적 률	269.67%(지침 : 270%)			
구 조	철근콘크리트 기둥식구조 및 일부 벽식구조, 플랫 플레이트 슬래브 구조, 내진구조(진도 8.0 적용)			
설 비	난방 : 지역난방, 급수 : 부스터펌프 방식			
아파트	지하층	주 차 장	121,280,50㎡(36,687.35평)	
		커뮤니티	3,081.22㎡(932.06평)	
		기계·전기실	3,000㎡(907.5평)	
		소 계	127,361.72㎡(38,526.34평)	
	지상층	아 파 트	358,397.84㎡(108,415.34평)	
		관리, 노인, 보육, 집회소, 경비실, 문고	960㎡(290.40평)	
		기타 (부대시설·복리시설)	1080㎡(326.7평)	
		소 계	360,437.84㎡(109,032.45평)	
복리시설		근린생활시설	(㎡)(평)	
		계	(㎡)(평)	
합 계				

나. 건축개요-1(아파트, 부대시설·복리시설 등)

사 업 명	반포주공0단지 재건축정비사업			
대지위치	서울시 서초구 반포2동 00-0번지 외 00필지			
지역/지구	일반주거지역/ 아파트지구			

시설명		연면적(㎡)			비 고
		지하층	지상층	소 계	
아파트	공동주택	–	358,278.76	358,278.76	
	소 계	–	358,278.76	358,278.76	
부대시설/ 복리시설	경로당	–	323.73	323.73	
	관리사무소	334.25	118.80	453.95	
	근로자 휴게시설	1,000.00	–	1,000.00	
	주민공동시설	4,773.41	11.44	4,784.85	
	보육시설	–	277.93	277.93	
	유 치 원	–	681.77	681.77	
	문 고	112.26		112.26	
	중앙감시실	143.34	21.95	165.29	
	MDF실	–	73.95	73.95	
	경 비 실	–	99.96	99.96	
	기 타	–	81.92	81.92	옥외 코아 등
	주민공동시설	23,987.67		23,987.67	지하
	–				
	계	30,350.93	1,691.45	32,042.38	
놀이터/ 운동시설	어린이 놀이터	–	2,741.39	–	
	주민운동시설	–	2,126.52	–	
	휴 계 소	5개소 설치			
기계, 전기실 주차장	기계/전기실	3,579.48	–	3,579.48	
	주 차 장	142,331.10	–	142,331.10	
	–				
	소 계	145,910.58	–	145,910.58	
합 계		176,261.51	359,970.21	536,231.72	
근린생활시설 #1					(주구중심 별도)※
근린생활시설 #2					(주구중심 별도)※
합 계		176,261.51	359,970.21	536,231.72	

다. 건축개요-2(근린생활시설 #1, #2)

구 분	주택용지		주구중심		비 고
대지면적	133,349.00㎡	-	○○상가	4,799.50㎡	-
			◇◇상가	1,000.00㎡	-
건축면적	15,854.59㎡	-	○○상가	2,398.12㎡	-
			◇◇상가	499.84㎡	-
건폐율	11.89%	-	○○상가	49.97%	-
			◇◇상가	49.98%	-
연면적	지상연면적	359,970.21㎡	-	○○상가	11,806.36㎡	
				◇◇상가	2,480.73㎡	
	지하연면적	176,261.51㎡	-	○○상가	7,104.08㎡	
				◇◇상가	1,217.84㎡	
	합 계	536,231.72㎡	-	○○상가	18,910.44㎡	
				◇◇상가	3,698.57㎡	
용적률	269.95%	-	○○상가	245.99%	
			◇◇상가	248.07%	
조경면적	53,390.59㎡	-			
세대수	2,444세대				

주차대수	용도	면적	설치기준	법정대수	계획주차대수
	전용85㎡ 이하	112,384.57	1대/75㎡	1,498대	지하 4,355대
	전용85㎡ 초과	168,138.51	1대/65㎡	2,587대	
	합 계	-		4085대	

규 모	아파트 : 22~32개층, 27개동 / 복리시설: 5개층, 2개동
최고높이	최고높이 : 109.55M(옥탑 및 해발고도 포함)
구 조	철근콘크리트 벽식구조/내진구조(진도 8.0<MMI 기준> 적용)
설비방식	급수방식 : 브스터 방식, 난방 : 지역난방

※ '주구중심(상가)별도'는 반포주공0단지 재건축정비사업조합에서는 주구중심(상가)의 재건축사업을 각 주구중심의 조합원이 정비사업의 권한과 의무를 실질적으로 가지는 소위 '독립정산제방식'를 채택하여 정비사업을 별도로 시행하였기 때문이다.

라. 주택형별 세대수 및 면적

(단위 : ㎡)

주택형	세대수	전용면적	분양면적	주차장면적	계약면적
59㎡T1	230	59.89	87.46	30.40	126.45
59㎡T2	238	59.96	86.57	30.44	125.60
59㎡P1	44	59.98	87.33	30.45	126.37
84㎡L1	532	84.93	113.14	43.12	168.42
84㎡L2	265	84.93	114.00	43.12	169.28
84㎡T1	50	84.85	113.73	43.08	168.96
84㎡T2	52	84.76	113.07	43.04	168.25
84㎡P1	56	84.93	114.05	43.12	169.33
115㎡T1	56	115.65	147.16	58.72	222.44
117㎡T2	74	117.12	148.42	59.47	224.66
135㎡T1	182	135.92	172.73	69.02	261.22
136㎡T2	28	136.65	173.32	69.39	262.28
169㎡T1	122	169.31	205.61	85.97	315.83
168㎡T2	109	168.65	205.02	85.64	314.82
198㎡T1	152	198.04	238.20	100.56	367.13
198㎡T2	72	198.22	238.84	100.66	367.89
222㎡T1	156	222.76	268.79	113.12	413.82
222㎡T2	26	222.15	268.44	112.81	413.07
계	2,444	279,425.58	358,192.13	141,899.36	540,124.89

※ 위의 사업계획은 관계 법령, 관리처분계획 및 허가관청 요청 등으로 그 내용이 일부
  변경될 수 있다.

3. 자재선정 및 단위세대 마감목록(참고사항 및 기본 요구사항)

자재선정 및 단위세대 마감목록

본 '자재선정 및 단위세대 마감목록'의 시설기준이나 마감수준은 상급 마감수준을 전제로 한 하나의 견본으로, 해당 정비사업에서는 관계 법령의 제정이나 개정내용 및 새롭게 개발된 자재나 기술의 반영, 정비사업의 규모나 사업장의 위치, 조합원의 의견, 일반소비자의 취향, 일반분양가격, 당시의 사회적 트렌드 그리고 주택형 등 여러 조건에 따라 특정한 설비를 추가하거나 제외, 공동시설의 규모나 마감자재 및 시설의 기준 등을 적절히 조정하여 해당 정비사업에 적용할 필요가 있다.

본 지침서의 보정판부터 새롭게 추가한 전기·기계·가스설비시설로는 현재까지 수십년동안 사용되고 있는 조명시설의 ON/OFF 스위치를 포함하여, 난방조절·엘리베이터 콜버튼·가스시설·환기시설 등을 거실, 주방 그리고 각 침실별로 설치되는 월-패드에서 터치 방식으로 각 시설을 조정하고 관리하는 새로운 운영설비가 개발되었고, 이 시설의 설치가 개시된 후 점차 증가됨에 따라 이 시설을 본 마감목록에 추가하였다.

1. 단지 내 시설공사
가. 토목공사

▪ 토질여건의 변동에 따른 공사비 변동은 없음

▪ 사업시행(사업시행계획 승인) 시 허가관청에서 부여되는 사항 중 아래 항목은 총공사비에 포함된다.

   가) 주변도로, 공개공지 및 기부채납(寄附採納) 관련 공사
      (가로수 식재, 보·차도공사 일체를 포함한 도시계획도로/ 공개공지의 수목식재, 석재바닥타일, 석재벤치
      및 석재의자 등 제반 시설)

   나) 기존도로 폐쇄로 인한 간선시설의 이설, 철거 및 복구 등에 대한 비용

   다) 철거공사(건축물 및 구조물, 도로, 수목 등)로 인한 폐기물처리에 대한 비용. 단, 이주 시 발생되는 생활
      쓰레기 및 기 매립되어 있는 폐기물, 쓰레기 등의 처리비용은 조합(시행자)이 별도로 부담한다.

   라) 허가 관청이 아파트단지 외곽에 방음벽의 설치를 요청하는 경우

   마) 기타 준공에 필요한 공사 일체

나. 조경공사

부위/ 아이템	마 감 수 준	비 고
수목이식	기존 수목은 환경영향평가서에 따라 조합 명의로 시공자가 이설 및 재이식 '기존 수목의 현황 및 활용계획' 작성 후 인·허가기관에 제출(해당되는 경우)	
주민휴게공간	테마공원, 화훼공원, 분수 및 수경공간, 파고라, 썬큰가든 등 다양한 주민휴게시설 설치	
자전거전용도로	바닥은 투수콘 시공(세사 위 에폭시수지 도포) 및 자전거보관소(투명지붕/ 스테인리스 기둥으로 구성) 설치	(동급자재 이상 대체 가능)
보행자전용도로	점토바닥벽돌 패턴시공(단, 보차혼용구간은 컬러콘크리트 블록포장)	(동급자재 이상 대체 가능)
어린이놀이터	서구식 어린이놀이터(안전매트 설치)(설치기준 준수)/비상벨, IP카메라 설치	
예술장식품	환경친화적 예술작품 설치(관계 법령에 적합한 장식품)	
산책로/식재	자연석, 통나무 등을 활용한 산책로 및 단지 내 조경의 특성화 벚꽃놀이 마당, 각종 유실수 공원 등의 설치 및 고급 수종 식재	
경 계 석	화강석 시공(보·차도경계석, 정원경계석 등 모든 경계석 포함)	
방 음 림	여러 수종의 상록수로 밀실 식재(건축허가조건 충족)	
조경설계 및 급수시설	그린빌딩 인증이 가능한 조경설계 및 시공 하절기 조경수용 급수시설(수전·스프링클러)(동파방지 시설) 설치 (설치개소: 각 동별 1개소 이상, 설계도면에 따라 확정)	
옥외 조명설비	옥외등은 고휘도 방전램프(HID Lamp)나 LED 램프를 사용하고 조명회로는 격등 점등과 자동점멸기에 의한 점멸이 가능하도록 한다.	(전등과 조명방식 : 법정 의무사항)

다. 부대시설공사

부위 / 아이템	마 감 수 준	비 고
주민운동시설	주민운동시설은 남·여사우나, 수영장, 헬스크럽, 에어로빅, 부속 락커룸, 골프연습장(스크린연습장 포함), GX룸·필라테스 등의 시설이 포함된 휘트니스센터와 옥외에 설치되는 운동시설을 포함한다. (수영장, 사우나, 헬스크럽, 에어로빅, 골프연습장 등 하중[荷重]으로 인해 지하층에 설치가 유리한 시설은 지하1층에 설치하고 썬큰가든을 설치하는 방법 등으로 가능한 외부의 정원과 접하도록 한다.)	(커뮤니티시설) :시공도면에 따라 시설규모 확정
주민회의시설	주민회의실 겸용 대형 연회장(취사시설 포함) 설치 (회의실 분리사용을 위한 접이식 행어도어 설치)	
단지내 식당	조식제공 등 맞벌이부부, 노령가구 및 1인가구 등을 위한 구내식당 설치 (주민회의시설과 겸용할 수 있도록 계획) (입주민카드 리더기/환기시설/가스시설을 포함한 주방시설 등 설치)	
문화시설	남·여독서실, 생활문화센터(Book Cafe) 등 설치	
유아 및 탁아시설	맞벌이 부부를 위한 유아놀이방 및 탁아시설 설치	
휘트니스센터 운영자 사무실	휘트니스센터 운영을 위한 사무실 설치(근무인원 3명 내외) (책상과 의자, 책장 등 사무기구 일체)	
자치회 사무실	각 동을 대표자로 하는 주민자치회의 사무실 설치(근무인원 1명 내외) (책상과 의자, 책장 등 사무기구 일체)	
공용 화장실	휘트니스센터 사용자를 위한 남·여 공용화장실 각각 2개소 설치 (각 실의 전용 화장실 설치는 시공도면에 따른다)	
아파트 관리시설 및 근로자 휴게시설	지하층에서 주차공간으로 사용이 불가능한 장소(각 동의 하부 피트 등)에 주민지원센터 설치(**주택건설 규정 제28조 제1항 규정사항**)	시공도면에 따라 규모 확정
	지하층에서 주차공간으로 사용이 불가능한 장소(각 동의 하부 피트 등)에 보안사무실(인원: 45~50인), 미화사무실(인원: 약 40인) 및 시설사무실(건축, 전기, 설비팀: 인원: 약 25인) 등 근로자 휴게시설 설치 (**주택건설 규정 제28조 제1항 규정사항**)	
	각 실별 가구 및 설비: 남·녀화장실, 샤워실, 옷장, 책상 등 사무기구 일체	
유치원/노인정	공사내역에 포함하여 시공사가 시공(남·여화장실 포함)	
냉난방시설	휘트니스센터, 아파트관리시설, 유치원, 노인정, 지상의 경비실 등에 냉방시설 및 난방시설 설치(각 시설별 별도의 계량기 설치)	
분리수거시설	음식물쓰레기 및 분리수거쓰레기 <u>수거장</u> 설치(2개동당 1개소 설치) 청소용 수전, 세면기, 소제용 씽크대 설치	지상에 설치
재활용품 수거시설	지하 최하층에서 주차공간으로 사용이 불가능한 장소인 경사로 하부 등에 재활용품 수거장 설치 (가연성물질 보관으로 인한 화재에 대비하여 천정에 화재감지기 및 스프링클러와 벽에 소화기를 소방법에 따라 설치)	약 300가구 (3 개동)당 1개소 설치
공중전화	단지 내 상가 부근에 설치	
무인택배함	각 동에 무인택배함 설치 (1층을 필로티로 하는 경우 1층의 엘리베이터 홀 출입구 부근에 설치) (각 세대의 **홈 네트워크 시스템[홈 패드]**과 연동을 통한 택배알림 기능)	
정화조	관계 규정에 따라 적합한 정화조 설치(부패탱크방식)	
기타 시설	상기 시설 외에 건축법 및 도시및주거환경정비법에서 정하고 있는 부대시설 및 복리시설 설치	

2. 건축공사 일반사항

가. 공용·공통부분

부위 / 아이템		마감수준	비고
외벽마감		제치장콘크리트 견출면 위 수성페인트 마감(전체 면에 견출시공) 지상 5층(최고층이 20층 내외: 3층)까지 화강석 붙이기(물갈기 마감)	
온돌마루 칼라 선택기회		온돌마루 공사 전 4가지(샤벨, 체리, 메이폴, 화이트오크) 중 조합원의 취향에 따른 선택기회 제공	컬러맞춤기회 부여
최신자재 선택기회		입주 1년 전에 최신 마감자재 및 사양 선택기회 제공	ON TIME(트렌드 맞춤)기회 부여
가변평면 선택기회		일부 공간구조를 조합원이 원하는 구조로 선택할 수 있는 기회부여	평면 맞춤기회 부여
방수	옥상	평슬라브 : 아스팔트 복합 방수 경사지붕, 옥탑지붕 : 액체방수 2차	
	내부	다용도실, 발코니, 화장실 등: 액체방수 2차(코너부위: 우레탄방수)	
	지하실	콘크리트구체방수 + 유도방수	
단열	천장/ 바닥	가등급 단열재	`17.12.28. 개정고시 (`18.9.1. 시행)된 건축물의 에너지 절약설계기준에 적합한 단열공사
	측벽	가등급 단열재 + 두께 9.5mm 석고보드	
	결로방지	주택건설기준 등에 관한 규정 제14조의 3에 따라 설계 및 시공 (거실·침실의 벽체와 천장의 접합부위, 최상층세대의 천장부위, 지하주차장·승강기홀의 벽체부위 등에 결로방지용 단열재 설치)	
판넬히팅		경량기포콘크리트 + 코일 + 시멘트몰탈	
내부칸막이공사		시멘트벽돌, 시멘트블럭, 경량칸막이, 기타	
미장면 기본두께		외벽 : 두께 24mm 이상, 내벽 : 두께 18mm 이상	
목재면 도장		무광락카(천연무늬목의 창호·붙박이장 등)	
주현관	현관 라운지	동 전체나 한 세대의 1층을 기둥식으로 구조전환 하여 필로티로 설계 후, (일부에) **호텔식 라운지를 조성**하여 우편함, 쇼파와 탁자, 커튼 등 설치	화강석 사용 시 발암물질인 라듐의 방출여부 확인
	바닥	화강석(두께 30mm) 패턴시공	
	벽체	화강석(두께 20mm) 마감	
	천정	경량천정틀 + 두께 9.5mm 석고보드 위 천연페인트 마감, 우물천정 설치(주현관 및 복도에 각각 설치)	
	조명	주현관등(주출입구 부근·천정매입·사각형), 쇼파등(천정매입·사각형) 우편함등(원형 매입 센서등 3개), 복도등(원형 매입 센서등 2개) 설치	
	창호	고급 알루미늄샤시(불소코팅 2회: 지정색)/ 16~24mm 페어글라스의 대형 고정창 설치	
	현관문	슬라이딩 자동문/ 스테인리스 프레임(칼라코팅) + 강화유리(12mm)	
	공동현관 로비폰	각 세대의 홈 네트워크 시스템과 화상연결 및 음성통화 기능, 비밀번호·RF카드(태그) 및 원패스카드(자동)로 열림 기능 포함	
	우편물 보관함	전체 스테인리스 우편함 설치/ 매립형(별도의 실 계획) 세대별로 다이얼식 잠금장치 부착	
	동 번호표시	공동현관 입구 외벽에 동 번호(황동제품)+야간용 조명시설(후광, LED전구)	

공용·공통부분(계속)

부위 / 아이템		마 감 수 준	비 고
엘리이터홀 / 계단실	바 닥	EL.홀: 1층- 칼라화강석(두께: 30mm)/기준층- 포세린타일(혹은 칼라화강석) 계단실: 1층- 칼라화강석(두께: 30mm)/기준층- 계단 전용 타일	
	벽	EL.홀: 벽- 1층- 칼라화강석(혹은 천연대리석) 마감, - 기준층: 포세린타일)(혹은 본타일 마감) 계단실: 제치장 콘크리트면 정리 후 무늬코트 도장 마감	천연페인트
	천 장	EL.홀: 석고보드 위 수성페인트 마감/ 우물천정	천연페인트
	창 호	고급 알루미늄샤시 고정창(불소코팅 2회: 지정색)/ 16~24mm 페어글라스 (1층은 환기용으로 프로젝트 타입 창호와 롤-타입 방충망 설치)	
	핸드레일	스테인리스 포스트와 손잡이(PVC Cap)(계단측면 앙카 부착형)	
	조 명	계단실 조명, 유도등 및 각층별 홀의 등은 인체감지 점멸형(자동센서)등 설치 및 LED램프 사용, 홀에 설치하는 등은 사각형 천정매입등 설치	LED램프 사용은 법정 의무사항
	소화전함	본타일벽인 경우: 철재면 위 본타일 도장 마감/ 타일벽인 경우: 스테인리스스틸 카바, 황동재로 제작된 글자(소화전함)부착 포함	
	피트카바	철재면 위 본타일 도장 마감	
엘리베이터	엘리베이터 사양(기능)	▪ 17~20인승, 인·화물겸용(운구형 포함), 속도: 120~150m/min 이상 ▪ 승강기 내부바닥: 미라톤(Miraton)이나 테라조 포세린 타일 패턴깔기 혹은 천연대리석 패턴깔기 ▪ 1층 외부도어: 스테인리스 재질 에칭처리+하이그로시 코팅처리 ▪ 지하주차장 1,2,3층까지 연결 (지하1·2·3층에 방풍실 설치)(1층과 동일한 현관 도어폰 설치) ▪ 승강기 천정고: 2.5m 이상(시공도면에서 정하는 층고에 따라 확정) ▪ 에너지절약적 제어방식 채택(전력회생형 엘리베이터)(법정 의무사항)	
	엘리베이터 추가기능	▪ Elev. 고장 시 외부와 전화연결 기능 (디지털방식의 비상통화기능) ▪ 운행 휴무 시 Elev. 조명·에어컨 및 팬 자동휴지 ▪ 이중 버튼기능(취소기능) ▪ Elev. 점자판버튼 ▪ Elev. 카도어 광전장치(전자빔이용 출입문 통제시스템) ▪ Elev. 에어컨+공기정화기	
엘리베이터 기계실 차음시설		Elev. 소음저감 공사 (Elev. 기계실의 바닥, 벽, 천장에 방진 및 흡음·단열공사)	
동 주출입구(외부)		동 주출입구 외부 화강석문주 특화공사	
필로티	바 닥	화강석(두께 30mm 버너구이)	
	벽	화강석(두께 20mm 물갈기)	
	천 장	알루미늄 스팬드럴/ 조명시설(원형 천정매입등)	
옥 탑	바 닥	액체방수 2차 + 보호몰탈	ELEV. 기계실 포함
	벽	액체방수2차 + 보호몰탈 (옥탑 : H=450)	
	천 장	두께 50mm 단열재	
경 비 실		책상과 의자 + 소형탁자 + 우편물·택배물 보관대 + IP카메라 모니터 + 구내전화 + 에어컨 + 화장실(양변기 + 세면기 + 배기 휀) 등 설치 (차량 출입구 및 3~4개동에 1개소 설치), (외벽: 화강석 마감)	
문 주		단지 출입구에 대형 문주 설치(석재마감, 3개소 설치)	

나. 지하주차장 / 기계·전기실 / 지하저수조

부위 / 아이템	마 감 수 준	비 고
바 닥	구체방수+액체방수 2차+무근콘크리트+중보행용 에폭시 수지도장 (주차공간을 제외한 주행공간은 저소음타입으로 시공) **주) 바닥시멘트공사는 동절기공사 지양 및 물/시멘트비율 엄수**	(지정색)
벽	액체방수 2차 + 보호몰탈 + 4″치장블럭 쌓기 + 수성페인트(하부 약 1m는 오염에 대비하여 암갈색이나 진회색)	
천 장	제치장 콘크리트면 위 단열·흡음재(퍼라이트) 스프레이 마감	
슬라브 방수	지상의 흙과 면하는 슬라브는 아스팔트 복합방수로하고, 신축이음(Expansion Joint) 상부 카바는 스테인리스스틸 판재 사용 최하층은 유도방수 채택(오픈형 수로설치 후 조약돌 채우기)	
저수조 / 내부마감	스테인리스스틸 지하저수조	
저수조 / 운전시스템	3단계 물넘침 자동차단시스템 및 무선호출시스템	
출입구 경사로	상부에 투시형 지붕 설치/ 벽체: 화강석 마감	
창 호	고급 알루미늄샤시(불소코팅 2회: 지정색)/ 5mm 그린칼라유리	
공동기계설비 및 탱크류	설계도서 및 시방서·준수	
중앙감시실(반)	단지 내 상하수도 시설, 공조설비 등 관리시설에 대처하기 위한 설비의 운전, 감시, 제어 기록 등과 원격제어설비 설치 시설·운용: 대형(60인치 이상) PDP Monitor 2대)/AV입력신호/PC신호입력	
지하주차장 시 설	■ 설비: 법령 규정설비, 주차장스토퍼(개소당 2개), 강제급배기+유인팬(저소음) 　이동통신 중개시스템, 주차위치확인 설비, IP카메라, 소화설비 등	(스프링클러 설치)
	■ 조명: LED전등 설치/동체를 감지하여 On-Off되는 벤트(동체)감지 　시스템 설치(LED조명 디밍시스템 채택) **(법정 의무사항)**	
	전기차 충전시설:「주택건설기준 등에 관한 규칙」 제6조의 2 제4호에 따라 설계 및 시공/ TESLA용 충전시설 설치 **(전기자동차용 과금형 콘센트를 총 주차단위구획 수의 10% 이상 설치)**	(규칙 제16조의 2 에서는 콘센트를 4% 이상 설치하도록 규정)
	■ 천창(측창)설치: 지하1층 주차장에는 주차장 300m² 이내마다 1개소 　이상의 외기와 직접 면하는 2m² 이상의 개폐가 가능한 　천창 또는 측창을 설치(자연채광 계획)**(법정 의무사항)**	
지하주차장 출입구 전실 설치	지하주차장 1,2,3층에 Elev.홀의 전실(방풍실)을 별도 구획하여 설치 (전면 벽은 강화유리로 구획, 강화유리의 자동문 설치, 천정형 공기청정 시스템 에어컨 설치, 1층 주현관의 홀과 동일마감 및 현관 도어폰 설치)	

다. 친환경·에너지절감 공사

부위/ 아이템	마 감 수 준	비 고
세대 내 친환경자재	천연페인트 사용, 친환경 접착제 사용, 천연무늬목 건식 시공(목재창호)	
녹색건축인증	친환경자재를 사용(Basic Package)하여 친환경건축물 인증제도에 의한 **건축물의 에너지효율 1등급 및 녹색건축물 최우수등급(그린 1등급)**	(녹색건축물 조성 지원법)
에너지효율등급	1등급(주거시설)	(서울시 녹색건축물 설계기준)
신.재생에너지 공급율	연도별/규모별 설치비율(%)(민간건축물 주거시설) 준수	

3. 설비공사

가. 기계설비공사(기준)

부위 / 아이템		마 감 수 준	비 고
열원(난방, 급탕)		지역난방(저/중/고 3구역으로 Zoning)	
냉방설비		거실, 식당 및 침실(서재 등 포함)에 천정 매립형 시스템에어컨 설치	인버터 채용
난방설비	난방방식	세대별 적산열량계 설치, 각 실별 디지털 멀티온도조절기 설치	
	공급방식	인버터 채용 난방순환펌프 시스템 적용	
	배관재질	주관/입상관/횡주관 : STS관, 난방코일: 엑셀(XL)파이프(15A) PB관	
	설치기준	보온재: 고무발포단열재, 욕실난방방식: 바닥난방, 원격검침시스템	
급수/급탕설비	공급방식	고효율 부스터펌프(Booster Pump)+감압밸브(V/V)	
	배관방법	이중 매립배관	
	배관재질	세대 : PB관/ 기타(주관/입상관/횡주관 : STS관	
	보온시공	동파·동결방지시설(수도계량기/외부에 접한 배관 열선시공 및 보온시공)	
	기 타	조경수용 수전(각 동별 설치, 동파방지시설), 각동 지하층에 청소용 수전	
오배수시설(관)	욕실세대	발포중심 PVC관(R.F 접관)/ 저소음 층하배관	
	욕실입상관	PVC 나선관(스핀관)(R.F접합)/ 횡지관 Pipe는 저소음Pipe(R.F접합)	
	주방/세탁실	PE 편수관/ 섹스티아밴드(Sextia Band: 통기용 이음관) 있음	Sextia RF접합
	지하층횡주관	CIP(no-hub joint: 허브없이 가스켓과 밴드로 접합)(배수용 주철관)	
소화설비	설치기준	소방관련 설치기준 준수, 10층 이상의 경우 2~3구역으로 Zoning	(소방설비)
	배관재질	백강관	
환기설비	설치기준	아파트세대: 전열교환방식 + CO_2 감지 자동환기방식	
	설치방식	욕실/주방: 직배기방식, 지하주차장: 강제급기+유인팬(저소음)	
가스설비	열 원	도시가스(LNG)기준	
	설치기준	원격가스검침시스템 적용, 자동감지 및 차단밸브	
	배관재질	매립관 : PE관/ 입상, 세대관 : 백강관	
자동제어설비	운용방식	DDC방식	
	설치장소1	방재실 주요장비 상태감시, 경보기능	
	설치장소2	지하저수조 3단계 물넘침 경보, 차단시스템	
신재생에너지		지열냉·난방(주민공동시설), 우수재활용시스템적용	
지하저수조시설		SUS재질 저수조	
제습설비		안방 드레스룸에 천정 매립형 제습기 설치(40평형대 이상)	

나. 전기설비공사(기준)

부위 / 아이템	마 감 수 준	비 고
수변전설비공사	전자식 무효전력 보상장치, 세대 공용부 Duct Bank(전기관로) 적용, ACB간 Tie ACB 적용, 디지털 보호계전기 적용(최신모델)	
전력제어 및 조명제어 설비공사	지하주차장 조명제어(주행구간-도플러센서, 주차구간-PIR센서) 옥외조명제어(타이머)	
전력간선 설비공사	공용부 및 세대판넬공사, BUS DUCT 전기실내부 적용, 중요판넬 1차측 서지보호기 적용	
동력설비공사	일반동력공사 기준	
세대내 전등제어공사	안방리모컨, 거실리모컨, 거실네트워크스위치[2회로], 비상전원용 누전차단기(APU; Automatic Power switching Unit) 적용	
전등설비공사	세대 내 모든 전등 및 세대 내 우물천정간접등 LED 적용, 공용부[계단,세대창고, 지하주차장, 기계·전기실 등] 지하주차장 몰드바 2단적용[강전,약전 구분]	
전열설비공사	대기전력차단콘센트[30%] 적용, 전기쿡탑용 전용회로 구성	
주차관제설비공사	주차유도시스템(모든층 주차장), 차번호인식 적용	
CABLE TRAY공사	공용부 적용[지하층, 지상층 EPS/TPS실]	
전기차 충전설비공사	전기차 충전시설:「주택건설기준 등에 관한 규칙」제6조의 2 제4호에 따라 설계 및 시공/ TESLA용 충전시설 설치 (전기자동차용 과금형 콘센트를 총 주차단위구획 수의 10% 이상 설치)	(하권 제819쪽)
항공장애등 설비공사	'항공법'에 따라 설치(35층 이상 건축물)	
경관조명 설비공사	[서울시 좋은 빛 위원회] 심의규정 준수 대로변에 위치하는 OO개동의 코어 옥탑에 설치	
태양광발전 설비공사	법적기준(OOOKw 예상) 적용하여 설치	
피뢰 및 접지 설비공사	피뢰도선+보조피뢰침, 개별접지, 지하 Mesh접지	
케이블TV	케이블TV 수신용 배관 및 배선(2회선)(위성/공중파 방송)	
H/N(무인경비) 설비공사	음성인식 IoT Home Pad 12인치, 음성인식 Smart 주방TV 10인치, 음성인식 IoT Home Cube, 현관 스마트인포디스플레이, 세대현관 푸쉬풀디지털도어록(지문인식), 도어폰 방범녹화, 1,2,3,최상층 동체감지기, 모바일원격제어[가스,조명,난방] 옥상출입구 출입통제 적용, 부부욕실 스피커폰 적용	
커뮤니티설비공사	커뮤니티 운영시스템, App 포함, 커뮤니티 내 A.V설비(피트니스, GX룸, 주민회의실)적용	
방송 설비공사	PC통합 방송 시스템 채택(TTS기능 포함)	
자동화재탐지 설비공사	소방법 적용기준	
무선통신보조 설비공사	소방법 적용기준(지하층 및 지상 30층 이상 아파트 16층부터 적용), FM중계설비 포함	
엘리베이터 설비공사	에어컨(카내부, 엘리베이터 기계실 중앙제어), LCD모니터, 지진감지스스템 속도 210m/min(30층 이상), 150m/min(20층~29층), 90m/min(셔틀용)	

다. 정보통신공사

부위 / 아이템	마 감 수 준	비 고
광케이블 설치	초고속광통신 설비(정부인증 정보화 특등급 기준) 설치 각 세대까지 광케이블 배선	
LAN시스템 구축	단지 전체를 하나의 네트워크로 연결하는 LAN설비 설치	LAN환경구축
초고속 인터넷 설치	초고속 인터넷서버 설치(통합배선 설비공사)	
홈페이지 제공	단지 내 홈페이지를 개설하여 단지 전체를 네트워크로 연결, 단지 내 상가 주문배달서비스 및 이웃 간의 대화공간, 사이버장터 등 정보제공	
CATV 설비공사	위성방송/공중파방송 수신설비 설치	
문자자막 안내	TV를 이용해 단지 내 생활정보를 문자자막으로 안내하는 시스템 제공	
무선 이동통신	주차장 무선이동통신 중계시스템 설치	

라. 첨단시스템공사

부위 / 아이템	마 감 수 준	비 고
홈 네트워크	네트워크형 월-패드(Wall Pad) 설치	
홈시어터 배관	거실에 홈시어터용 인써트 파이프 배관	(A.V설비 배관)
소화설비	최신형 CRT 감시반 (컴퓨터방재 시스템) 설치	
방송설비	PC(컴퓨터)통합방송시스템(TTS기능 포함) 최신형CRT Computer 조작반) 설치	
원격검침	중앙집중 통합관리로 관리비 절감 및 검침원의 방문이 필요 없는 시설, 아파트 중앙감시센터에서 원격 검침시스템(전기, 가스, 난방, 온수, 냉수)	원격검침 전자식 계량기 설치
BEMS 설비공사	세대 에너지관리시스템(BEMS: Building Energy Management System) 적용 5종(전기,수도,가스,난방,온수) 적용	
	세대의 전기·수도사용량을 각 세대에서 실시간으로 모니터링(확인), 공용부에너지 모니터링시스템 분리운용	
전력선 통신(PLC)	전력선만을 이용하여 초고속인터넷, 인터넷전화, 홈네트워킹, 홈뱅킹, 음성·문자·데이터·영상 등 전송, 원격검침, IOT시스템이용 등이 가능.	
원패스 시스템	원패스카드(자동·태그)로 공동현관, 세대현관(버튼) 및 지하층 출입(버튼), 공동현관 출입 시 엘리베이터 자동호출과 목적층 자동운행, 주차장에서는 주차차량 위치인식(수동) 및 경비실에 비상콜(수동) 기능	
IOT 시스템 (사물인터넷)	스마트폰을 활용한 세대 내부의 기기를 제어 및 모니터링 (조명, 전열, 난방 등) (스마트폰의 앱으로 제어)	
각 세대별 자동환기설비	거실 및 모든 침실에 환기시설(전열교환방식+CO_2 자동환기 시설) (각 실에 미세먼지 측정 센서를 설치하여 공기질을 측정한 후 자동환기) (초미세먼지(0.3μm 이하) 99.97% 이상 포집이 가능한 H13등급 필터 적용) (전기소모량 절약을 위해 열교환기능은 Off 상태로 소유자에게 인계)	(헤파필터 사용)
A/S설비	인터넷을 이용한 아파트 관리시스템, 입주 시 품질보증서 발급 아파트 A/S 접수 및 처리결과 조치 시스템 아파트시설 사용설명서 제작 배포 (CD 혹은 USB 제작 포함)	

마. 보안 / 안전시스템공사

부위/ 아이템	마 감 수 준	비 고
세대현관	디지털 도어록(고급형)(최신형)	
차량출입통제	정문 차량통제 : RF카드를 이용한 차량번호 인식(LPR) 시스템 채택 (감지거리 : 4-6m), LED 차단봉. (LPR : License Plate Recognition)	원거리감지 형
비상계단 출입통제	(지하주차장)비상계단의 지상 출입문 외벽에 R/F카드 리더기 설치	
단지 내 교통사고방지	야간 건널목 표시등, 과속방지턱, 야광도로중앙선, 대형교통반사경, 차량유도등, 야광표지판 등 설치	
(IPTV) 네트워크카메라	「주택건설 기준 등에 관한 규칙」 제9조에 따른 영상정보처리기기. 지하주차장, 어린이놀이터, 엘리베이터, 공동현관, 옥상출입구 등에 설치	규칙 개정에 따른 CCTV 대체설비
외곽감시	단지외곽(경계) 감시시스템 설치	
방범설비	저층부 가스배관 감지기 설치, 가스배관 방범시설 설치	
방재설비	컴퓨터 방재시스템 (R형수신반)	
내진ㆍ내풍설계	내진설계 1등급(진도 8.0)에서도 견딜 수 있는 내진 설계(MMI 기준) 내풍설계(초속 30~50m 이상 대비하여 설계)	
비상벨설비공사	지하주차장(30m간격), 어린이놀이터 등에 설치	
벤트(동체)감지기	지상 1층, 2층 및 최상층에 홈 네트워크와 연계된 벤트(동체)감지기 설치	
하향식 피난구	비학장 발코니인 안방 발코니나 대비공간[방화문으로 구획된 피난공간] 등의 바닥에 하향식 피난구를 설치하여 화재 등 비상상황 시 하부층으로 안전하고 신속하게 이동할 수 있는 설비(접이식 사다리) 설치	관련 법령에 따라 피난시설 확정

바. 환기설비공사

부위 / 아이템	마 감 수 준	비 고
아파트세대	전열교환방식+CO_2 자동환기	
욕실/주방	직배기방식	
지하주차장	강제급배기+유인팬	

사. 기타시설공사

부위 / 아이템	마 감 수 준	비 고
층간소음저감시설	층간소음 저감시설(인정바닥구조) 설치(경량-1등급, 중량-3등급 이상 확보)	방열판 설치
충진재/방화재	모든 충진재, 파이프 보온재 등은 불연재 또한 난연재, 비발암물질 사용	
빗물이용시설	빗물이용시설 설치(조경수용)(설치대상: 건축면적 1만m² 이상인 아파트) (법규: 물의 재이용 촉진 및 지원에 관한 법률 제8조, 동 시행령 제10조)	
통합택배시설	지상: 택배물 하치장, 지하: 택배물관리 사무실 설치	

4. 단위세대 내부 마감

가. 현관(Entrance) / 전실(Foyer) / 복도(Corridor)

면적 : 분양면적

부위 / 아이템	마감수준				비고
	90m² 미만	90m² 이상-130m² 미만	130m² 이상-198m² 미만	198m² 이상	
바닥	현관·전실: 천연칼라화강석(현관은 Two Tone 칼라 패턴시공) 복도: 강마루 혹은 천연무늬목 온돌마루(UV도장)				
벽	현관·전실: 천연대리석 복도: 고급 실크벽지		현관·전실: 천연대리석 복도: 천연무늬목 판넬		복도1면 픽쳐레일
현관 디딤판	천연 칼라화강석 혹은 천연 대리석				
천 장	고급 실크벽지(우물천정 부분)/천연페인트 도장(천정 부분)				
우물천정	우물천정(깊이 약 12cm) 설치/ 크라운몰딩(2단 몰딩)/간접등				
몰 딩	크라운몰딩 위 천연페인트 도장				
걸레받이	판재(MDF) 위 천연무늬목 마감				
현관 공틀	집성목 위 천연무늬목 마감(건식)(바닥: 재료분리대)(현관 중문 미설치 시)				
현관 중문	행거 포켓도어(목재 격자문)+5T 맑은 유리) 혹은 3연동 미서기도어+5T 맑은 유리(포켓도어 불가능 시)				
현관방화문/ 전실 현관문	그래픽 도어/ 165m² 이상은 쌍여닫이문 설치, 도어크로스, 도어스토퍼(원터치식 말발굽)				
현관문 도어락	디지털 도어락(Push-Pull 방식(1Stap 방식)/ 스마트폰과 연동) (기능: 이상 움직임 감지·경보/가족귀가 알림/ 동작상태 알림/ 방범설정) [열림방식[4Way]: 지문인식·RF카드키 테그·비밀번호 입력·비상키)				(최신형/고급형)+ 안면인식 시스템
현관문 경첩	분리형 경첩 (4.5"× 4.0"× 3.0T, 스테인리스 제품) x 3개 혹은 스테인리스 피보트힌지 중 설계 시 확정				방화문 용 경첩
신발장/수납장	천연무늬목 신발장 및 수납장/ 빌트인 타입 회전식 신발장 +수납장우산꽂이 설치, 골프용품·스키장비 등의 수납이 가능한 크기				
대형거울/ 수 납 장	대형거울 설치 혹은 무늬목 마감 수납장 설치		양측 벽면에 수납장 설치		대형거울: 수납장 맞은편에 설치
현관 에어브러시	세대현관에 미세먼지 제거용 에어브러시(신발장내에 본체 설치)				
조명(전실포함)	자동센서 작동 현관조명등(LED램프-법정 의무사항)				현관 월-패드에서 통합하여 제어 (현관부근의 복도벽면에 설치)
ELEV. 콜버튼	세대별 Elev. 호출버튼(운행 층 표시기능) 설치				
전등·가스 통합제어시스템	외출 시 현관에서 전체의 조명 및 가스를 스위치로 한꺼번에 차단하는 일괄소등스위치(쎈서등 및 비상등 제외 가능)				
복도조명	• 천정매입 원형등(야간 안전유도등) 4개(복도구간 2개소+거실구간 2개소) 설치 : On-Off 스위치를 현관부근 및 안방부근에 각각 설치(3로 스위치) • 복도 장방향 양측 벽면을 위한 천정매입형 장식등 각각 설치 (복도등과 장식등은 거실 월-패드와 링크 : 3로 스위치로 구성)				

※ NOTE : 현관바닥은 신발을 착용한 상태에서 사용하는 공간이므로 천연대리석은 다른 석재에 비해 유지 및 관리에
　　　　　 어려움이 있다. 따라서 강도가 비교적 강하며 색상도 풍부한 칼라화강석의 사용빈도가 증가하고 있다.
　　　　　 이때, 이화강석을 사용하는 경우에는 발암물질인 라듐의 방출여부를 필히 확인할 필요가 있다.

나. 거실(Living Room)

부위 / 아이템	마감수준				비 고
	90m² 미만	90m² 이상– 130m² 미만	130m² 이상– 198m² 미만	198m² 이상	
바 닥	강마루 혹은 천연무늬목 온돌마루(무늬는 선택기회 부여)(UV 도장) (선택사양: 포세린타일/원목마루)				국내산
벽/천장	고급 실크벽지 마감				
커텐박스	합판 위 천연페인트 마감				
우물천정	우물천정(깊이 약 16cm)설치, 크라운몰딩(2단 몰딩)				
아트월	천연대리석 아트월 설치(좌우 양측에 각형의 기둥(단) 설치)				
몰 딩	크라운몰딩 위 천연페인트 마감				1면 픽쳐레일
걸레받이	판재(MDF)위 천연무늬목 마감				
거 실 장	천연무늬목 거실장(수납장 타입)				
거실-발코니 분합문	내부일면 무늬목 래핑 PL창(16-24mm 페어글라스)				
조명 / 거실등	고품격 인테리어등(LED램프)				
조명 / 보조등	간접등(LED램프)/ 2단으로 설치(조도 조절기능 설치)				
조명 / 비상등	고품격 인테리어 비상등(LED램프)				
조명 / 안전유도등	안전유도등(센서등)(LED램프)(Step Light) 설치(복도 벽 하부에 2개소 설치)				
조명 / Down Light	아트월 용 Down Light 2개소 설치		아트월 용 Down Light 3개 설치		LED할로겐램프
조명 / 시설기준	터치방식의 스위치: 거실등·보조등1·보조등2 On-Off 기능/ (안방발코니와 거실발코니 전등 On-Off 추가)				거실 월-패드에서 통합하여 제어 (홈 네트워크 시스템 하부에 일체형으로 설치)
대기전력 차단장치	전기제품의 대기전력차단 설비(전등 On-Off와 일체형 스위치) (쎈서등 및 비상등 제외 가능)				
난방온도조절	디지털 멀티 온도조절기능 (거실에서 각 침실 온도조절 기능 및 각 침실에서 온도조절 기능)				
세대 환기	세대의 각 실 환기시스템 컨트롤 기능(거실 혹은 주방[식당벽]에 설치)				
콘 센 트	안전형 콘센트(2구, 접지극부형) 3개소(전면벽: 2개소+후면벽: 1개소) 설치				
통합유니트 (통합콘센트)	[전화콘센트(1회선)+Data Unit(PC)(1회선)+쌍방향TV Unit]를 전·후면 2개 벽면에 각각 설치				(골조공사 후 거실 전면 결정)
냉방설비	천정 매립형 시스템에어컨 설치(설치 대수는 시공설계 시 확정) (리모컨)				
홈시어터용 배관	홈시어터 설치용 파이프를 전·후면 2개 벽면에 배관(AV 설비공사)				
화재감지설비	화재감지기 설치[광전식 열감지기 혹은 연기감지기] ※ 연기감지기는 오작동의 단점이 있으나 예민하여 화재예방에는 효과적이다.				
홈 네트워크 시스템 [구성과 기능]	1. 홈 네트워크형 월패드(Wall Pad)(13인치) 2. 세대현관 카메라와 화상연결로 영상 확인 및 음성통화 기능 3. 공동현관(주현관)과 화상연결(공동현관 자동문 열림장치와 연결)로 영상 확인 및 음성통화 기능, 단지 내 영상통화 기능, IOT 시스템(사물인터넷) 기능 4. 경비실, 지하1·2·3층 출입문 카메라, 무인경비시스템과 연결 5. 기능: 1) 부재 중 전화확인 기능, 2) 비상콜버튼 기능, 3) 가스·전등제어 기능 4) 주방액정TV, 욕실비상콜버튼과 연결, 5) 기타 기능				

다. 안방/침실(Bed Room)/서재(Study)

부위 / 아이템		마감수준				비 고
		90m² 미만	90m² 이상-130m² 미만	130m² 이상-198m² 미만	198m² 이상	
바 닥		강마루 혹은 천연무늬목 온돌마루(UV 도장)(무늬는 선택기회 부여)				고급제품
벽/천장		고급 실크벽지 마감				
커텐박스		합판 위 천연페인트 마감				
우물천정		우물천정(깊이 약 12cm) 위 고급 실크벽지 마감, 크라운몰딩				
아트월		–		Frame: 천연무늬목의 디자인월 Base: 쿠션 위 Fabric 마감		안방벽에 설치
몰 딩		크라운몰딩 위 천연페인트 마감				
걸레받이		판재(MDF) 위 천연무늬목 마감				
문	문 짝	천연무늬목 도어(두께 45mm)(건식)(도어스톱 포함) 구성: (집성목+판재) 위 천연무늬목(건식)				최신 디자인
	문 틀	집성목 위 천연무늬목(건식)/ 문지방 없는 구조(바닥: 재료분리대 설치), 문틀의 가로대(Transom) 상부는 천연무늬목 판재 마감				좌우문틀 몰딩재를 천정까지 연장설치
	안방차음	안방문은 자동차음장치 설치(Bottom Tightener + Door Gasket)				
	도어락/도어스토퍼	레버타입 모티스 도어락(락 분리형)(크롬 도금) 혹은 Push&Pull 타입 상부 문틀 안쪽의 하부에 부착하는 일자형 도어스토퍼(SUS) 설치				최상급
	경 첩	스테인리스 정첩(분리형/SUS304/유광/4.5인치/3.0T) x 3개				최상급(독일산)
분합문	안 방	외측창 : 외부-백색 / 내부-무늬목 래핑 PL창(16-24mm 페어글라스) 내측창 : PL창-완자창(두께 5~8mm 맑은 유리 위 불투명 필름부착)				발코니 비확장 시의 분합문
	침실/서재	내부일면 무늬목 래핑 PL창(16-24mm 페어글라스)				
드레스룸	바 닥	–	강마루 혹은 천연무늬목 온돌마루(UV 도장)			
	벽/천장		고급 실크벽지(외기에 면하는 벽체는 결로방지공사)			
	출입문		행어 포켓도어(목재 격자문/5T 맑은 유리)			
	가 구		화장대(천연무늬목 하부장+칼라화강석상판+대형거울) +천연무늬목 붙박이장(천연무늬목 도어+시스템가구)			
조명	침실/서재등	고품격 인테리어등 혹은 천정매입등(LED램프)				
	드레스룸등	천정 매입형등(LED램프)				
	시설기준	터치방식 스위치 : 전등 On-Off 기능/소등지연 기능/조도조절기능				각 실 월-패드에서 통합하여 제어
대기전력차단장치		전기제품의 대기전력차단 설비(전등 On-Off와 일체형 스위치) (쎈서등 및 비상등 제외 가능)				
안방 전등스위치		시간표시기능+기상·취침·방범 알람기능+자동소등기능+디밍시스템 채택				
난방온도조절		디지털 멀티온도 조절기능(예약기능 포함)				
콘 센 트		각 침실별로 안전형 통합콘센트(2구, 접지극부형) 2개소 설치				
냉방설비		천정 매립형 시스템에어컨 설치(설치 개수는 시공설계 시 확정)(리모컨)				
통합유닛		전화콘센트(1회선)+Data Unit(1회선)+쌍방향TV Unit/각실 당 2개소 설치				
붙박이장		안방: 고품격 장롱형 붙박이장 설치(문짝 안쪽면에 전신거울 1개소 설치) 침실 2개소: 붙박이장 설치(장 측면-하부: 3단수납장/상부: 반신거울 설치)				

라. 주방(Kitchen) & 식당(Dining Room) -1(마감/가구)

부위 / 아이템		마감수준				비 고
		90m² 미만	90m² 이상－130m² 미만	130m² 이상－198m² 미만	198m² 이상	
바 닥		강마루 혹은 천연무늬목 온돌마루바닥재(무늬는 선택기회 부여)(UV도장) (선택사양: 포세린타일/ 원목마루)				국내산
벽/천정		고급 실크벽지(벽: 천연무늬목 디자인 월+실크벽지)				식당벽과 천정
커텐박스		합판 위 천연페인트 마감				
우물천정		－	우물천정(깊이 약 12cm) 위 실크벽지 마감, 크라운몰딩			식당천정에 설치
몰 딩		크라운몰딩 위 천연페인트 마감				
걸레받이		판재(MDF)위 천연무늬목 마감 자재				
주 방 벽		천연 칼라화강석 혹은 엔지니어스톤				
주방-발코니 분합문		내부일면 무늬목 래핑 PL창(16-24mm 페어글라스)				
주방-거실 중문		－		행어 포켓도어 (목재 격자문/5T 맑은 유리)		(132m² 이상)
주방가구	상판/상·하부장	천연 칼라화강석 혹은 엔지니어스톤 상판 +천연무늬목 시스템가구(혹은 하이그로시+UV도장)				
	개수대	대형 스테인리스 개수대(언더형)				(싱크볼)
	레인지후드	침니형 레인지후드(저소음·고풍량·LED램프·터치식 스위치/ 동시급배기 기능 / 타이머 기능/ 풍량·소음 최적설정 기능/ 24시간 상시배기 기능)				(최신형)
	기타 설비	▪ 씽크대수전 :**원터치형**, 측면 싱글레버, 크롬도금 ▪ 세대별 정수기 ▪ 싱크대 원터치 세제 디스펜서 ▪ 음식물쓰레기 탈수기 ▪ 소형가전(전자렌지) 수납장 :전자파 차단용 자동문 설치		▪ 빌트인 다용도 양념통장 ▪ 행거선반 ▪ 코너회전수납장(코너에 설치) ▪ 개수대등 :싱크대 상부장 하부에 설치(내장형) ▪ 식기건조대 :AL.제품·2단 선반·물받이로 구성		(수전 절수패달은 원터치형 수전을 감안하여 제외) (식기건조대는 상판 코너에 거치)
보조주방	가 구	엔지니어스톤 상판 + 천연무늬목(혹은 하이그로시) 하부장 개수대(빨래판 부착형) + 가스쿡탑(2구) 혹은 전기쿡탑(인덕션)(2구)				
	바닥/벽/천장	바닥: 포세린타일(커팅타일), 벽과 천정: 천연페인트 마감				
조명	주방등	천정 매입형등-1, 천정 매입형등-2(132m² 이상: 2개소 설치)(LED램프)				주방 월-패드에서 **통합하여 제어** (식당측 벽면에 설치)
	아일랜드등	천정매입형 원형 아일랜드등 1개소 설치(LED램프)				
	식탁등	고급 인테리어등(LED램프)				
대기전력 차단장치		전기제품의 대기전력차단 설비(전등 On-Off와 일체형)(<u>냉장·내동고는 제외</u>) (쎈서등 및 비상등 제외 가능)				
콘센트		주방벽면 양측에 가전제품용 전기콘센트(2구) 2개소 설치, 식당(식탁) 전용 전기콘센트(2구) 식당(식탁)측 벽면에 1개소 설치				
냉방설비		천정 매립형 시스템에어컨 설치(설치 대수는 시공설계 시 확정) (리모컨)				
주방 가스누출 감지·차단설비		가스누출을 감지하여 **자동으로 차단**하는 설비(가스경보기+제어판넬+차단기) - **주방 가스 콘트롤 스위치와 연동 / 정온식 열감지기 설치**				후드 아래면과 상부장하부에 설치
주방 가스 콘트롤 스위치		주방 가스의 열림과 닫침을 **자동/수동으로 작동**(가스누출 감지 기능 포함)				주방(식탁)측 벽에 설치

마. 주방(Kitchen) & 식당(Dining Room)-2 (가전)

아이템			주택형별 가전				비 고
			90m² 미만	90m² 이상~130m² 미만	130m² 이상~198m² 미만	198m² 이상	
주방	레인지/오븐	규격	빌트인 전기레인지(인덕션 3구)+기능성 전기오븐(50리터) 혹은 빌트인 가스오븐레인지(가스쿡탑 4구 포함) 중 택일				
		성능	기능성 전기오븐은 오븐+그릴+레인지기능 등 포함/ 광파오븐, 가스쿡탑 상판재질은 블랙·쎄라믹 글라스				
	식기세척기	규격	–	빌트인 12인용			
		성능	–	고온살균기능 등			
	양문형 냉장고	규격	빌트인 양문형 냉장고				
		용량	약 700리터				
	김치냉장고	규격	빌트인 김치냉장고	빌트인 스탠드형 김치냉장고			가구도어부착
		용량	약 100리터	약 220리터			
	콤비냉장고	규격	–	빌트인 스텐드형 냉장고			가구도어부착
		용량	–	약 250리터			
	냉동고	규격	–	빌트인 스탠드형 냉장고			가구도어부착
		용량	–	약 280리터			
보조주방	가스쿡탑	규격	가스쿡탑(2구) 혹은 전기쿡탑(인덕션)(2구)				직배기방식
		성능	가스쿡탑 재질은 블랙·쎄라믹 글라스				
주방용 액정TV		규격	주방용 칼라액정 TV (10인치)				
		성능	전화+시계+라디오+TV+방문자 확인+메세지녹음+공동현관문 열림기능				
기타 가전			1. 드럼세탁기(약 21kg 기준) : 건축설계에 따라 모든 세대에 세탁기 설치를 위한 설비(수전 등)를 세탁실이나 주방발코니에 설치한다./ 바닥턱 시공 /세탁기 위에 건조기 추가설치 대비(콘센트 설치 등) 2. 전기건조기: 9kg 기준(세탁기 상부에 설치) 3. 스탠드형 대형 김치냉장고 : 국민주택규모 이상 세대는 주방발코니에 스탠드형 김치냉장고(약 350리터 이상)를 위한 장소와 콘센트 설치				

NOTE-1 : 설치되는 주방가전은 위에 열거된 여러 가전제품 중 아파트의 주택형이나 단위면적당 공사비 및 분양가격 등에 따라 품목이나 규격 등을 조정하여 설치한다.

NOTE-2 : 가전제품은 모델 및 기능의 잦은 변경을 감안하여, 실제 설치되는 가전제품의 선정은 상기 규격 및 성능에 준하여 제품설치 당시에 생산되는 최신제품 중 동일가격 내에서 갑과 을이 합의하여 결정하기로 한다.

주) 메인 주방의 조리기구를 전기쿡탑(인덕션/하이브리드)으로 설치하는 경우, 우리나라의 고유한 음식문화나 주거문화 등을 감안하면, **외기에 직접면한 보조주방에는 대형용기에 많은 양의 식재료 등을 장시간 동안 끓이거나 삶는데 편리한 가스쿡탑(2구)의 설치가 바람직하다는 것이 필자의 판단이다.**

바. 욕실(Bath Room) - 1(기구 / 마감)

부위/ 아이템		마 감 수 준				비 고
		90m² 미만	90m² 이상~ 130m² 미만	130m² 이상~ 198m² 미만	198m² 이상	
방 수		액체방수 (욕조, 샤워 H = 1,800mm/ 기타 H = 1,200mm), 코너: 우레탄방수				
바 닥	Dry Area	포세린타일(300×300)(미끄럼방지타일)				(건축법 제52조 제3항 참조)
	Wet Area	포세린타일(300×300)(미끄럼방지타일)				
벽	Dry Area	포세린타일(300×600)/ PVC 코너비드 설치				
	Wet Area	포세린타일(300×600)/ PVC 코너비드 설치				
천 정		SMC판넬				동등 이상 제품
문		두께 45㎜ 천연무늬목 도어(Frame : 안방/ 침실과 동일)(건식)				
도 어 락		레버타입 모티스 도어락(락 분리형)(크롬 도금)(침실용과 동일)				최상급(독일산)
경 첩		스테인리스 정첩(분리형/SUS304/유광/4.5인치/3.0T) x 3개(침실용과 동일)				최상급(독일산)
도 어 쎌		천연 칼라화강석 혹은 엔지니어스톤				
조 명	욕실등	세면기등(사각형 매입등), 양변기등(원형 매입등), 샤워룸등(원형 매입등)				
	전실등	화장대등(사각형 매입등), 전실등(원형 등), 드레스룸등(사각형 매입등)				
	센서등	욕실 센서등(야간 안전유도등)				
	시설기준	모든 등은 천정 매입형 /LED램프				
세 면 기		도기질 카운터 세면기[천연 칼라화강석(혹은 엔지니어스톤) + 세라믹볼]				
세면기수전		고급원터치 싱글레버타입(크롬 도금)				
양변기/ 비데		비데일체형 양변기(벽부 리모컨/자동 물내림·자동 탈취 ·시트온도조절기능 등),/ 오배수방음 Pipe(3중 파이프)				
욕 실 장		AL. 슬라이딩 욕실장 (AL. Frame + Mirror 뒤 가구식 수납장)				
욕 조	공용욕실	세라믹욕조				
	부부욕실	–	세라믹욕조	월풀 세라믹욕조 (165m² 이상)		월풀욕조는 건식(이동식)
	욕조데크	천연 칼라화강석(측벽 포함)				
욕조수전		수도꼭지+냉온수조절기+ON/OFF조절기+샤워헤드(크롬 도금)				고급형
샤 워 기	부부욕실/ 전용욕실	해바라기샤워기(레인샤워기)(높이조절 가능)(자동 온도조절기능) (세면용 거울 부착)(최상급 품)				고급형
	공용욕실	해바라기샤워기(레인샤워기)(높이조절 가능)				
샤워부스		All Glass Type(8T 이상 강화유리)/ 독립형 샤워부스 /코너 유리선반/ 바닥: 포세린타일(300×300)(미끄럼방지타일), (벽: 300×600)				(건축법 제52조제3항 참조)
악세사리		▪ 고기능 저소음 배기팬(직배기 방식) ▪ 벽체 매입형 휴지걸이(트레이 부착) ▪ 호텔식 수건선반/2단 수건걸이 ▪ 양변기청소용 수전(샤워부스 설치개소) ▪ 벽걸이형 변기솔(스테인리스 제품)		▪ 방수형 콘센트(2구, 카바부착) ▪ 부부욕실폰: 방문자 통화, 문열림, 비상호출 기능 ▪ 공용욕실폰: 비상호출 기능 ▪ 김서림방지 욕실거울 ▪ 잡지꽂이(안방욕실)		

주) 욕실 특히 포인트월에 사용하는 타일은 세제나 화학제품에 반응하지 않는 타일을 사용하여야 한다.

사. 발코니(Balcony)

부위 / 아이템		마감수준				비고
		90m² 미만	90m² 이상-130m² 미만	130m² 이상-198m² 미만	198m² 이상	
마감(1)	대상 발코니	비확장 발코니				
	바닥	액체방수 위 300×300 포세린타일				
	벽/천장/파라펫	천연페인트 마감				
	창고(설치 시)	내부 외벽: 단열+마감재 설치 문: 환기가 가능한 구조로 설계 및 설치				결로방지공사
마감(2)	대상발코니	확장 발코니				
	바닥	난방코일 설치 후 접속실과 동일마감				
	벽/천정	접속실과 동일 마감				
벽체의 구성		내진옹벽(내력벽/ 외벽): 150-200콘크리트 + 견출(외부면 전체) 그 이외의 벽(내벽) : 벽돌 쌓기 + 미장				
시설	전면발코니	▪ 청소용 수전(스프레이 건) 설치 ▪ 천연무늬목 수납장 설치- 천연무늬목문짝 및 내부에 선반 설치 　　- 내부벽면은 결로 방지용 단열공사				세탁기 상부에 건조기 설치를 대비하여 설계
	후면발코니	▪ 손빨래 전용수전(냉·온수/원홀/매입형) 설치 ▪ 김치냉장고 설치공간 확보: 전기콘센트(2구) 설치 ▪ 세탁시설: 전용공간(단 설치), 전기콘센트(방수형 2구) 전용배수구, 전용수전(투홀/매입형), 전용선반(2단) 설치 ▪ 빨래건조대: 천정형 전동빨래건조대(LED조명·송풍건조·리모컨 등)				
	보조주방발코니	보조주방가구 및 개수대 설치, 냉·온수전 설치				
창호	전면발코니	AL.발코니 시스템 창호: 알루미늄(불소코팅 2회, 단열바) Frame+ 16~24mm 페어글라스(그린+그린)				▪난간용 강화유리 및 롤-방충망 설치. ▪AL시스템 창호는 고효율·친환경인증 및 신기술인증일 것 ▪창호레일은 무소음 레일 설치
		(확장 시) PL.발코니 창호: PVC Frame(내부 면은 무늬목 래핑)+ 16~24mm 로이 페어글라스(그린+그린) 추가설치				
	기타발코니	AL.발코니 창호: 알루미늄(불소코팅 2회, 단열바) Frame+ 16~24mm 페어글라스(그린+그린)				
		(확장 시) PL.발코니 창호: PVC Frame(내부 면은 무늬목 래핑)+ 16~24mm 로이 페어글라스(그린+그린) 추가설치				
	기타 외부창	AL.발코니 창호: 알루미늄(불소코팅 2회, 단열바) Frame + 16~24mm 페어글라스(그린+그린)				1층·세대현관 홀, 계단실 등의 창, 롤-방충망 설치
선홈통		소음저감 나선형 선홈통				
발코니난간		강화유리난간(4T+0.76접합유리필름+4T)(H: 1800mm 이상) (중간의 수평 바가 없는 타입에서는 단판 강화유리) (발코니 창호의 형식 결정은 하권의 제III부-제1장-7-4) 참조)				오픈발코니 설치 시에도 적용
방충망		롤-타입 방충망 설치(발코니 창 등 외기에 면한 창에 설치)				
조명		인테리어등(천장 직부형)				LED램프
콘센트		전열용 콘센트(매립형) 설치				
에어컨실외기실/ 대피공간 설치		방화문, A/C실외기, A/C실외기용 분전반, 조명등, 급기시설 (A/C실외기 상부에 설치), 전기콘센트(2구형), 배수구 등 설치 (실외기실용 루버 : <u>실외기 작동감지 자동루버</u>(AL.)				오픈발코니공간을 확대하여 대피소 겸용 /방화문에 대피공간 표지판 부착 (법정 의무사항)

5 커뮤니티 마감

구 분		마 감	구 분		마 감
북카페	천정	석고보드 위 도장	수영장	천정	SMC
	벽체	우드판넬, 패브릭		벽체	포쉐린타일, 대리석
	바닥	수입산 칼라화강석		바닥	화강석, 수영장 전용타일
주민회의실	천정	도장, 흡음판넬	사우나	천정	SMC
	벽체	우드판넬, 페인트 글라스		벽체	수입산 칼라화강석, 타일
	바닥	카펫타일		바닥	수입산 칼라화강석
연회장	천정	석고보드 위 도장	파우더룸, 락카룸	천정	석고보드 위 도장
	벽체	무늬목, 패브릭		벽체	무늬목, 패브릭판넬
	바닥	카펫타일		바닥	카펫타일
독서실	천정	도장, 우드루버	스카이 라운지	천정	석고보드 위 도장
	벽체	우드판넬, 도장		벽체	대리석, 무늬목
	바닥	PVC카펫		바닥	기능성 원목마루
유아 놀이시설	천정	석고보드 위 도장	생활지원 센터	천정	석고보드 위 도장
	벽체	무늬목, 패브릭		벽체	우드판넬, 도장
	바닥	PVC카펫 위 안전매트		바닥	PVC카펫
복도, 라운지	천정	석고보드 위 도장	근로자 휴게시설 (보안,미화 시설팀 등)	천정	석고보드 위 도장
	벽체	대리석		벽체	우드판넬, 도장
	바닥	수입산 칼라화강석		바닥	뜬 바닥구조 위 PVC카펫
체육관	천정	도장, SMC	화장실	천정	SMC
	벽체	무늬목		벽체	포쉐린타일
	바닥	기능성 원목마루		바닥	포쉐린타일
카페테리아	천정	석고보드 위 도장	(기계)	1. 열원: 지열시스템+지역난방 2. 수영장/사우나: 　수처리,냉난방,급배수,샤워시설, 　환기 등 기계설비 일체 3. 보육시설: 영유아법 기준 4. 커뮤니티 전체 전열교환 　환기시스템 적용 5. 그 외 필요설비 일체	
	벽체	대리석, 우드판넬			
	바닥	수입산 칼라화강석			
휘트닉스 GX 필라테스	천정	도장, 우드루버			
	벽체	무늬목판넬			
	바닥	기능성 원목마루			
골프연스장	천정	석고보드 위 도장	(전기)	1. 컴퓨터운영시스템 2. A.V설비적용: 피트니스, GX룸 　　　　　　　주민회의실, 3. 그 외 필요설비 일체	
	벽체	무늬목판넬, 패브릭판넬			
	바닥	카펫타일			

주) 생활지원센터(관리사무소) 및 근로자 휴게시설은 법정 설치의무시설임(주택건설 기준 등에 관한 규정 재28조제1항)

6 부대복리시설(상가) 마감

(계속)

공 종	위 치		마감재	비 고
건축공사	엘리베이터홀	천 정	친환경도장	
		벽 체	천연석재	
		바 닥	천연석재	
	복 도	천 정	친환경도장	
		벽 체	친환경도장	
		바 닥	테라조타일	
	판매시설	천 정	친환경도장	
		벽 체	친환경도장	
		바 닥	테라조타일	
	지하주차장	천 정	친환경도장	
		벽 체	친환경도장	
		바 닥	에폭시페인트	최하층 배수판 설치
	기계실	천 정	친환경도장	
		벽 체	친환경도장	
		바 닥	에폭시페인트	
	전기실	천 정	친환경도장	
		벽 체	친환경도장	
		바 닥	에폭시페인트	
	화장실	천 정	친환경도장	
		벽 체	포쉐린타일	
		바 닥	포쉐린타일	
	계단실	천 정	무늬코트	
		벽 체	무늬코트	
		바 닥	자기질타일	
	외부마감	옥 상	우레탄방수/일부 조경	
		기준층	커튼월, AL.쉬트, 화강석	
		저층부	커튼월, AL.쉬트, 화강석	
		창 호	커튼월 AL.창호	
		기 타	미디어파사드	(외벽에 설치)

공 종	위 치		마감재	비 고
전기공사	등기구	점 포	천정매입 개방등	
		복 도	LED 다운라이트	
		주차장	LED 몰드바	
		옥 외	LED보안등	
	공용부		각 매장별로 분전반설치, 단위전용면적당 150VA/m² 확보 매장별 전화/LAN 2포트 제공	
설비공사	화장실	세면기	도 기	
		양변기	원피스/후레쉬벨브	
		수 전	싱글레버	
		액서서리	휴지걸이, 수건걸이, 거울, 청소용싱크	
	관제실	급탕, 급수관	STS관, / PB관	
		옥외매립 급탕급수관	STS관, / PB관	
		오수배관	PVC관	
		오수배관(지하)	고강성내 충격관/주철관	
		가스배관(옥외)	백강관(가스배관용)	
		가스배관(옥내)	PE관(가스배관용)	
		소방배관	백 강 관	
	가스메타		없음	
	환기시설		전열교환기	
	냉난방설비		지하: 중앙냉난방 지상: 개별냉난방	
	지하저수조		STS재질	
	엘리베이터		15인승, 60m/min, 2대 장애인겸용, 화물겸용 지진감지설비	

7. 기타사항

1) 본 '자재선정 및 단위세대 마감목록'에 기술된 자재는 목록작성 당시의 자재, 설비 및 설계 경향에 따라 선정된 자재이므로 실시설계도서나, 실 시공을 위한 자재 등의 선정은 선정 당시의 경향에 따라 "갑"과 "을"이 협의하여 최신 마감사양으로 변경하여(트렌드 맞춤) 결정 하기로 한다.
2) 전기분야 중 조명기구의 사양은 본 '자재선정 및 단위세대 마감목록'에 기술된 것을 원칙으로 하되, 조명기구나 조명방법 등은 시공당시의 경향이나 생산현황 등을 감안하여 "갑"과 "을"이 협의하여 조명기구를 선정하기로 한다.
3) 본 '자재선정 및 단위세대 마감목록'에 구체적인 자재사양이 명기되지 않은 품목에 대하여는 "갑"의 사업참여 제안서 작성지침, "을"의 사업참여 계획서, 설계도서, 시방서 등에서 정하는 바에 의하며, 설계도서 등에도 명기되지 아니한 품목에 대하여는 "갑"의 아파트가 위치하는 인근지역의 신축되는 아파트의 이용자재에 준하여 선정하기로 한다.
4) 본 '자재선정 및 단위세대 마감목록'에 누락된 시설 중, 주택건설기준 등에 관한 규정 및 규칙에 따라 설치의무가 있는 시설에 대하여는 시공자("을")의 부담으로 설치하기로 한다.
5) "을"은 "갑"이 특별히 지정한 비확장 발코니를 제외한 전 세대의 발코니를 확장하는 것을 전제로 m²당 공사비(총 공사비)를 산정하며, "을"은 "갑"의 조합원이 발코니 비확장을 선택하는 경우를 대비하여 모든 주택형별 발코니 비확장에 대한 '마이너스 옵션'에 대한 해당 금액을 산출 하여 "갑"에게 제출하여야 한다. 이때 금액산출기준은 본 마감목록의 해당 항목에 준한다.
주) 본 '자재선정 및 단위세대 마감목록'은 일반분양 아파트와 조합원분양 아파트에 모두 적용되며, 조합("갑")과 협의하여 동등 이상의 자재로 변경할 수 있다.

◆ NOTE - 1 : 네트워크 카메라(IP 카메라)

: 유선 또는 무선으로 인터넷에 연결이 되어 있어 PC나 모바일, 스마트폰 등의 기기로 즉시 영상을 송출할 수 있는 카메라다. 카메라 본체, 카메라 모듈, CPU, 디코더(decoder), 영상 압축 칩, 네트워크 전송 칩 등으로 구성되어 있으며 'IP 카메라'라고도 불린다. 녹화를 먼저 한 이후에 필요한 부분을 찾아봐야 하는 CCTV와는 달리 실시간으로 영상을 확인할 수 있다.

◆ NOTE - 2 : 시스템 창호

: 시스템 창호란 새로운 기능의 창호 하드웨어나 신기술 등을 이용하여 생산된 창호가 기존의 창호에 비하여 편의성·기밀성·단열성능은 물론, 차음성능·보안기능·안전성·수밀성 등 사용자가 필요로 하는 제반 기능이 향상되었거나, 이러한 기능을 새롭게 갖추고 있는 창호인 경우 이를 통칭하는 일종의 <u>창호재 제품분류 관련</u> 용어이다.

주) <u>월풀욕조 설치방법</u>

월풀욕조는 욕조 내에 설치된 특수 모터나 펌프로 강한 거품 등을 일으켜 마사지를 해주는 기능성 욕조이다. 이때, 모터나 펌프는 일정기간이 되면 교체해야 되는 경우가 발생되므로, <u>건식(이동식) 방식으로 설치하는 것이 매우 바람직하다.</u> 또한, 요즘에는 많은 아파트 단지에 공용 사우나시설이 설치되는 것 등을 감안하여 월풀욕조는 대형 주택형의 기본설치사양으로 계획하는 방식보다는 <u>선택품목으로 처리하는 방안</u>을 검토할 필요가 있다. 설치 시에는 모터 등의 교체가 용이하도록 마감설계 및 시공이 꼭 필요하고, <u>모터나 펌프 등으로 인한 층간소음 발생이나 급기파이프와 욕조의 연결부위에서 누수가 발생되지 않도록</u> 세심한 주의가 요구된다.

주) <u>세대별 중앙집진식 진공청소시스템</u> 및 지하실에 설치되는 <u>중앙정수시스템</u>은 무선진공청소기의 보급이 대중화되고, 각 세대 개별정수기의 설치 및 급수시설에서 철재 파이프의 사용을 제한함에 따라 해당 시설들의 설치를 생략 하는 추세이다.

입찰참여 신청서

■ 접 수 번 호	0000 호	■ 회사전화번호	
■ 회 사 명		■ 대표자 성명	
■ 회 사 주 소			
■ 제 출 문 건	반포주공0단지 재건축사업 시공자 선정을 위한 입찰신청서 일식		
■ 연락처	주 소		
	핸드폰	( ) – FAX NO. :	

반포주공0단지 재건축사업을 위한 시공자 선정에 참여하고자 귀 조합이 제시한 사업참여 제안서에 따라 작성된 '입찰 신청서'를 제출합니다.

신청인 :   ㉙

0000 년 00월 00일

반포주공0단지 재건축조합설립추진위원회 귀중

------------------------------------- 절취선 ㉙ -------------------------------------

입찰신청서 접수증

■ 접 수 번 호	0000 호	■ 회 사 명	
■ 제 출 문 건	반포주공0단지 재건축사업 시공자 선정을 위한 입찰신청서 일식		

상기 _____은 반포주공0단지 재건축사업의 시공자 선정을 위한 '입찰 신청서'를 당 조합에 접수하였음을 확인합니다.

접수인 :   ㉙

0000 년 00월 00일

반포주공0단지 재건축조합설립추진위원회

<별지 제2호>

◈ 이 행 각 서 ◈

O 건 설 사 명 :

O 주   소 :

O 대표자 성명 :

 상기 인은 귀 위원회가 추진하는 재건축사업의 시공자 선정을 위한 입찰에 참가를 신청함에 있어, 시공자로 선정되기 전이나 선정된 후에도 아래 각 호의 사항을 위반할 경우에는 귀 조합이 입찰참여자격의 박탈 또는 선정된 자격을 무효로 하여도 귀 위원회에 대하여 일체의 민·형사상의 이의를 제기하지 않을 것임을 확약하며 본 이행각서를 작성 제출합니다.

– 아 래 –

1. 제출된 모든 서류에 하자가 있거나 보완의 필요성이 있어 조합의 요구가 있을 때에는 조합이 요구하는 지정기일까지 어김없이 이행하겠음

2. 공식적인 홍보기간이 도래하기 전에는 공적인 업무 이외에 임원이나 대의원 및 조합원의 방문, 서신이나 통신 등을 통한 일체의 홍보행위를 하지 않겠음

3. 홍보 시에는 기 제출된 **사업참여 계획서** 내용의 범위 내에서만 홍보하고 기 제출된 **사업참여 계획서** 내용을 변경하는 등 일체의 행동을 하지 않겠음

4. 모든 홍보물은 조합의 사전 승낙없이는 일체 배포하지 않겠음

5. 타 사업자를 비방하거나 입찰 관련 업무를 방해하지 않겠음

6. 외부인을 고용하거나 관계인으로 하여금 유언비어의 유포, 비방, 과대선전 등의 행위를 하지 않겠음

7. 어떠한 경우에도 임원, 대의원, 조합원을 상대로 향응을 제공하거나 금전, 물품 등을 제공하지 않겠음

8. 시공자 선정여부에 관계없이 조합의 모든 결의사항을 이의없이 따르겠음

9. 총회에서 1순위 계약당사자로 선정된 후 공사를 이행하지 못하는 사유가 발생된 경우에는 차순위 계약대상자와 약정을 체결하여도 이의없이 따르겠음

10. 계약대상자가 공사를 이행하지 못하는 경우가 발생하여 중도에 포기할 경우 입찰참가에 따라 소요된 경비 및 포기시점까지 소요된 일체의 비용을 조합에 청구하지 않겠음

11. 일반분양분 마감수준은 조합원분 마감수준과 동일한 수준으로 시공한다.

12. 1순위 계약대상자로 선정된 자는 조합 총회와 관련하여 지출된 제 비용을 즉시 정산하기로 한다.

13. 대안설계(안)는 일체 제시하지 않겠으며, 귀 위원회의 설계나 마감계획에 따라 위의 입찰조건으로 준공예정기간 내에 공사를 완수할 것을 확약합니다.

년   월   일

각서인 업 체 명 :

대표자명 :   (인)

반포주공O단지 재건축조합설립추진위원장 귀중

아파트 시공실적(최근 10년 이내)

연번	사업명	사업장 위치	세대수

O 해당 증빙서류를 첨부한 공사에 한하여 실적으로 인정됩니다.

O 가예약이나 본계약에 관한 사항은 정확히 기재하시기 바랍니다.

O 허위 작성 시에는 본 입찰참여제안서 작성기준 제12조에 따라 무효 처리될 수 있습니다.

<별지 제4호>

아파트시공 부문 수상실적(최근 10년 이내)

연번	사업명	사업장 위치	세대수

O 해당 상장 또는 증명서 사본 첨부

O 건교부, 한국능률협회, 언론사, 지자체 등에서 개최하는 행사에서의 수상실적 표기

O 허위 작성 시에는 본 **입찰참여 제안서 작성기준** 제12조에 따라 무효처리될 수 있습니다.

공사비 산출내역서(부가세 별도)

1. 직접공사비

구 분		항 목	금 액
① 토목공사비		터파기, 잔토처리, 되메우기, 흙막이, 파일공사 등	
소 계			
②건축공사	가설공사	공통가설, 일반가설	
	기초 및 토공사	터파기, 잡석다짐, 밑창콘크리트공사, 레미콘, 파일 등	
	골조공사	레미콘, 철근가공조립, 형틀	
	조적공사	시멘트벽돌 쌓기(0.5B, 1.0B, 1.5B)	
	방수공사	지붕 및 지하실 방수 (아스팔트방수, 액체방수, 보호몰탈 등)	
	미장공사	테라조판공사, 시멘트몰탈, 쇠흙손마감 등	
	석공사	대리석공사, 화강석공사 등	
	타일공사	제반 타일공사(모자이크타일, 자기타일 등)	
	목공사	천장틀공사(철재포함), 칸막이공사 등	
	창호공사	제반 창호공사(철재문, 목재문, PVC문, AL.창호, 등 재질별로 구분하여 산정)	
	유리공사	위치별, 규격별로 구분하여 금액산출	
	도장공사	수성페인트, 조합페인트, 바니쉬 , 본타일 등 위치별, 재질별로 금액산출	
	지붕 및 홈통공사	루프드레인, 후로아드레인 등 용도별, 재질별로 금액산출	
	수장공사	단열재, 벽지, 모노륨, 온돌마루공사 등 구분하여 금액산출	
	금속공사	핸드레일, 논스립, 발코니 난간대(설치시) 등을 구분하여 재질별로 금액산출	
	기타공사	판넬히팅공사 등	
	운반비	제반 자재의 운반비(철근, 시멘트, 잡석 등)	
	고자재 대금공재액	고철근 등	
	철거공사 철거공사비	철거에 소요되는 모든 공사비	
	철거공사 잔재처리비	잔재처리비용(석면 철거비용포함)	
소 계			

구 분		항 목	금 액
③조경공사비		수목의 종류, 규격, 식재수, 놀이시설, 휴게시설 등 제반시설 일체	
소 계			
④ 전기통신설비	전기설비	수변전시설, 전력설비, 전등설비(옥외전등 포함)	
	통신설비	방송설비, TV공시청시설, 유선방송설비, 전화설비, 통신설비(초고속 인터넷설비 등)	
	안전설비	피뢰설비, CC-TV설비,	
	화재감지시설	화재감지설비,	
소 계			
⑤ 설비공사비	위생설비	규격 및 재질 등 표기(정화조설비 포함)	
	급배수설비	규격 및 재질 등 표기	
	난방설비	지역난방(열교환기 포함)설비	
	소화설비	배관, 펌프시설 등	
	스프링클러설비	종류 및 성능 등 표기	
	가스탐지설비	종류 및 성능 등 표기	
	주방설비	규격, 조건, 재질 등 표기	
	승강기설비	규격, 속도 재질, 부속설비 등 표기	
소 계			
⑥ 인입공사비	전기공사	계약전기용량, 배선공사 등(세대 당 3Kw 이상/ 전 세대에 시스템에어컨 설치 고려)	
	상하수도공사	용량 및 배관공사 등	
	가스공사	용량 및 배관공사 등	
	통신공사	유선전화, 무선전화 등	
	지역난방	용량 및 배관공사 등	
소 계			
⑦ 예술장식품 공사		법규에 맞는 금액으로 설치	
소 계			
⑧ 기타공사비	사업승인이행공사		
	부대시설공사		
	담장공사 등		
소 계			
직접공사비 총계			

2. 간접공사비

구　분		항　목	금　액
① 분 양 관 련 제 경 비	M/H 건립비		
	M/H 운영비		
	M/H 임차비		
	분양광고비		
	분양보증수수료		
	기타 비용		
소　계			
② 기 타 경 비	제 보증수수료		
	민원처리비용		
	공사 중 제반경비		
간접공사비총계			
총공사비	(　　　　　)만원	m²당공사비	(　　　　) 원/m² 원/평)

※ 특기사항

1. 공사비 산출 시 조합이 배포한 '**사업참여 제안서**'에 첨부된 '**자재선정 및 단위세대 마감 목록**'을 근거하여 작성한 후 '재질', '시공사양' 등을 명기하여야 한다.
   상기 마감목록에 명시되지 않은 자재 등은 응찰자가 결정하여 필히 명기한다.

2. 상기 항목 이외의 공사비 내역은 응찰자가 추가하여 산출한다.

3. 상기 직접공사비와 간접공사비에 포함되는 항목은 시공사의 부담으로 시행하며, m²당 공사비에 포함한다.

4. 인입시설 공사에 따른 '인·허가비용 및 분담금의 부담주체는 지분제인 경우 시공자가 부담하며, 도급제인 경우 조합과 시공자가 협의하여 결정한다.

<별지 제6호>

사업추진 제반경비 내역

구 분	대여금액(원)	대여기간(월)	비 고
조합운영비			
설 계 비			
감 리 비			
측량비 (확정측량, 경계명시측량)			
지질조사비			
굴토설계비 (심의비용 포함)			
안전진단비			
각종 영향평가비 (교통, 환경, 문화재 등)			
인·허가비			
각종 소송비용 (매도 및 명도청구, 기타)			
각종 수수료 및 기타 공과금			
광역교통시설 부담금			
관리처분비용			
각종 등기비 (신탁및해지, 멸실, 보존등기)			
채권매입자금			
토지매입비			
토지매입 관련 제반 세금			
미동의자 토지 등 매입자금			
컨설팅 용역비			
회계세무 용역비			
민원처리비			
감정평가 수수료			
각종 보증료			
지급수수료			
인입시설 분담금 (전기, 가스, 지역난방, 상수도)			
조합사무실 임차료			
기타 경비			
합 계			

※ 상기 모든 대여금은 무이자임

<별지 제7호>

사업비 총괄표

구 분	내 용		비 고
공 사 비		만원/㎡	
	지상층:	만원/㎡	
	지하층:	만원/㎡	
이주비이자	만원/㎡		
사업추진제경비 및 금융비용	만원/㎡		
소 계	만원/㎡		
공사비포함내역	-		별도 항목으로 세부적으로 표기
이주기간	최초이주개시 후 9개월		
공사수준(마감수준)	-		주택형별 단위세대 내부마감표 참조
공사기간	35개월		
지질조건	-		토질여건에 따른 공사비변동 없음
공사계약서 작성기준			건교부 제정 표준계약서에 준함 인건비 : 노무비율 기준
연체이자율	%/년		
기타사항			특수조건 있을 시 명시할 것

시공자 입찰심사 기준표

1. 시공경력(25점)

심사항목	평가요소	배점	등급 및 평점		심사자 평가
			등급	평점	
최근 10년간 재개발·재건축아파트 준공실적(서울시 및 수도권)	규모: (세대수 또는 연면적 기준)	25	A : 200% 이상	25	
			B : 150% 이상	17	
			C : 100% 이상	9	
소 계		25			

2. 경영상태(20점)

심사항목	평가요소	배점	등급 및 평점		심사자 평가
			등급	평점	
0000년 부채비율 (타인자본/자기자본)	업체의 평균부채 비율에 대한 업체별 부채비율	20	A : 100% 미만	25	
			B : 100% 이상 150% 미만	17	
			C : 150% 이상 200% 미만	9	
			D : 200% 이상	5	
소 계		20			

3. 입찰가격(40점)

심사항목	평가요소	배점	등급 및 평점		심사자 평가
			등급	평점	
공사비	공사비의 적정성	40	A : 예정가격의 ±10%이내	25	
			B : 예정가격의 ±15%이내	17	
			C : 예정가격의 ±20%이내	9	
			D : 예정가격의 ±20%초과	5	
소 계		40			

※ 조합예정가격 : 시공사별 제시액 중 최고 및 최저가격을 제외한 시공사별 액수의 평균가격의 85%

4. 마감자재사양(15점)

심사항목	평가요소	배점	등급 및 평점		심사자 평가
			등급	평점	
마감재 (㎡당 공사비 포함)	특화항목 (건당 100만원 이상 단위)	15	A : 5개 품목 이상	15	
			B : 4개 품목 이상	10	
			C : 3개 품목 이상	5	
소 계		15			

반포주공0단지 재건축정비사업 시공자 선정을 위한

사업참여조건 비교표 및 사업참여 계획서

－ 시공자가 제출한 사업참여 계획서에 따라 작성됨 －

(제1차 선정업체)

□ □ 건　설
○ ○ 건　설

반포주공0단지 재건축정비사업조합

반포주공0단지 재건축정비사업 시공자 선정을 위한

사업참여조건 비교표 및 사업참여 계획서

- 시공자가 제출한 사업참여 계획서에 따라 작성됨 -

(제1차 선정업체)

□ □ 건 설
○ ○ 건 설

반포주공0단지 재건축정비사업조합

주 소 : 서울시 서초구 반포동 00-00 새마을회관 2층
☎ 02)533-0000, 3477-0000 FAX: 02)3477-0000
홈페이지: www. banpo0.com, www.mirizu.com/banpo0

반포주공0단지 재건축정비사업

사업참여 제안서

(조합 제시안)

0000. 0. 0.

반포주공0단지 재건축조합설립추진위원회

반포주공0단지 재건축정비사업

사 업 참 여 제 안 서

(작성기준은 상권 제Ⅱ부-제1편-제2장 참조)

0000. 0. 0.

반포주공0단지 재건축조합설립추진위원회

반포주공0단지 재건축정비사업

시공자 사업참여조건 비교표

(1차 선정업체)

△△ 건 설

□□ 건 설

0000. 0. 0.

반포주공0단지 재건축조합설립추진위원회

시공자 사업참여조건 비교표

[0000년 00월 00일 현재](접수순)

구분 \ 업체	□ □ 건 설	○ ○ 건 설
1. 공사비(m²당)	0,000,000원(V.A.T 별도)	0,000,000원(V.A.T 별도)
2. 공사마감기준	△△동 주택전시장 기준	□□동 모델하우스 기준
3. 적용이자율 (사업추진경비 대여금 등)	연 0% 변동금리	연 0% 변동금리
4. 무상지원 내역	3층 이하 외벽 화강석 마감공사 무상지원	이주비용 무상지급 : 가구당 0,000,000
5. 회사 신용등급	A⁺	A⁺
6. 공사비 변동요건	표시 없음	0000년 00월 이내 착공 시에는 확정공사비
7. 기타사항	공사기간 00개월, 이주기간 0개월, 철거기간0개월	공사기간 00개월, 이주기간 0개월, 철거기간 0개월 커뮤니티시설에 20억원 무상지원
8. 공통사항	• 이주비 조합안-18평형 : 무이자 1억1천만원/ 유이자 3천만원 -25평형 : 무이자 1억5천만원/ 유이자 3천만원 • 금융비용은 추진위원회(조합)가 선정하는 금융지원기관의 무이자 이주비대여금과 실취급금리 및 연체이율을 적용한다. • 각 시공자 주거래 은행의 금리가 일반금융기관의 실취급금리보다 낮을 경우에는 시공자 주거래은행의 금리 적용한다. • 유이자이주비는 조합원의 담보범위 내에서 대출금융기관의 대출 취급기준에 따라 대여한다. • 사업추진 제경비는 시공자가 대여하도록 하며, 이 중 유이자로 대여하는 항목의 이자에 대해서는 추진위원회(조합)가 정한 금융 지원기관의 이주비(무이자)의 금리를 동일하게 적용하도록 한다. • 토질여건에 따른 공사비의 변동은 없다 • 공사도급계약서의 작성기준은 국토교통부에서 제정한 표준계약서에 준한다.	
＊ 입찰참여자 확인	(인)	(인)

반포주공0단지 재건축정비사업

사 업 참 여 계 획 서

(△△ 건설)

(계획서 내역 지침서에 미첨부)

자재선정 및 단위세대 마감목록

(△△ 건설)

(자재선정 및 단위세대 마감목록 내역 지침서에 미첨부)

반포주공0단지 재건축정비사업

사 업 참 여 계 획 서

（□□ 건설）

（계획서 내역 지침서에 미첨부）

자재선정 및 단위세대 마감목록

(□□ 건설)

(자재선정 및 단위세대 마감목록 내역 지침서에 미첨부)

제3장
재건축사업 공사표준계약서(국토교통부 제정)

'주택건설촉진법'이 폐지되고 '도시및주거환경정비법' 등 제반 법령이 제정 및 시행되었으며, 2017년 2월 8일 '도시및주거환경정비법'이 전부 개정되었고 이후 시행령 및 시행규칙 등도 전부 개정됨에 따라 건설교통부가 제정한 '재건축사업 공사표준계약서'도 개정되어야 하나, 2022년 1월 현재까지 전혀 개정되지 않음에 따라, '재건축사업 공사표준계약서'의 내용 중 **수정되어야할 사항들은 괄호 안에 표기**하였으며, 전부개정된 도시및주거환경정비법과 시행령 등에 따라 **필자가 임의 수정한 내용을 추가**하였다.

본 표준계약서는 "갑"과 "을"이 해당 사항을 준수해야 되는 강제규정이 아니라 "갑"과 "을" 쌍방이 공사도급계약서 작성 시 참고하여야 할 사항을 기술한 '임의규정'임을 감안하여 공사도급계약서가 작성되어야 할 것이다.

서울특별시가 제정한 '정비사업 공사표준계약서'는 현행의 건설 관련 법령과의 관계, 정비사업 현장상황과의 관계 등을 감안하면, 일정부분 (본 공사 착공 후에도 공사비에 매년 물가상승률 반영 등)에서는 보완이 필요한 점이 있다는 판단에 따라 본 지침서에는 수록하지 않았다.

재건축사업 공사표준계약서

(도급제 방식)

2000. 6.

(2000년 6월 제정된 이후 2022년 1월 현재까지 개정/보완되지 않음)

국 토 교 통 부

재건축 공사표준계약서의 성격과 활용방법

(아래의 내용은 현재의 관계 법령에 따라 필자가 임의로 수정한 내용입니다)

□ 표준계약서의 성격과 목적

- **도시 및 주거환경정비법**의 규정에 의한 노후·불량주택의 소유자가 재건축정비사업 조합을 설립하여 사업시행자가 되어 주택건설사업을 시행하는 경우, 재건축정비사업 조합과 건설사업자 간에 대지 및 주택(부대시설·복리시설 포함)의 사용·처분, 사업비의 부담, 시공상의 책임, 공사기간, 하자보수책임 등에 관하여 약정을 체결하여 정비 사업시행계획의 승인을 신청하여야 함.

- 따라서, 동 약정 체결시 계약서상에 명시하여야 할 사항과 계약서 작성상 유의할 점 등을 조합설립 인가권자, 재건축조합, 건설사업자 및 관련 주민들에게 제공하여 재건축정비사업이 조합원은 물론 시공자, 일반분양자 및 관련 주민들 모두에게 공평하고 공정하게 이루어 질 수 있도록 하고, 또한 동 사업이 성공적으로 추진될 수 있도록 하는 데 그 목적이 있음.

□ 표준계약서의 활용방법

- 본 표준계약서(안)는 시공능력이 없는 재건축정비사업조합이 사업주체가 되어 주택 건설사업을 시행할 때, 그 <u>사업의 구체적인 추진절차 및 쌍방간의 권리·의무관계, 채권·채무관계 등에 관한 계약체결상의 방법을 예시하는 하나의 가이드라인으로 법적 구속력은 없으며</u>, 정비사업조합·건설사업자·사업지역의 특징과 여건에 따라 각자 에게 적합한 계약서를 작성할 수 있도록 한 것임.

- 표준계약서상의 관련 조항을 면밀히 검토하여 각자의 실정에 맞도록 추가, 삭제, 수정할 수 있으나, 이 때 사업의 추진과정에서 발생할 수 있는 분쟁의 최소화 (예방)를 위해 모호한 규정 및 일방에게 유리할 수 있는 조건 등은 가능한한 지양하여 재건축정비사업이 소기의 목적대로 원활하게 추진될 수 있도록 하여야 할 것이며, 또한 계약내용들은 관계 법령에 위반하여서는 아니됨.

※ 본 표준계약서에서 사용하는 용어 또는 기호의 정의는 다음과 같음
" **【주】** ": 표준계약서에 직접 규정하되, 해당 조항이 지니는 의의와 성격, 실제 계약서 작성시 주의해야 할 점, 내용·기준범위 등을 설명한 것.
" ○ ": 표준계약서에 직접 규정하기 어려운 사항으로 조합 및 시공사의 위치, 명칭, 대표자 성명, 사업구역, 구체적인 수치 등을 계약당사자가 기재해야 할 사항.

목 차

I. ○○아파트 재건축사업 공사계약서

II. 공사계약조건

공 사 도 급 계 약 서

아래 사업의 (공동)사업주체인 반포주공0단지 재건축정비사업조합(이하 "갑"이라 한다)과 **수급자인** 00건설회사(이하 "을"이라 한다)는 반포주공0단지 재건축정비사업에 필요한 사항을 정하기 위하여 상호간에 아래 및 별첨 공사계약조건과 같이 약정하고, 이를 증명하기 위하여 본 계약서 2통을 작성하여 "갑"과 "을"이 기명·날인한 후 각각 1통씩 보관한다.

--- 아 래 ---

1. 사업의 명칭 : 반포주공0단지 재건축정비사업

2. 사업의 위치 : 00시 00구 00동 00번지 외 0필지

3. 사업부지 면적 : 000,000.00㎡ (00,000.00평)

4. 사업의 내용 : 관할 지방자치단체장이 승인한 건축시설의 신축공사

5. 계 약 금 액 : 일금_____원정

6. 공 사 기 간 : 착공신고 일로부터 00개월

7. "갑"과 "을"은 (주택건설촉진법)**도시 및 주거환경정비법** 및 동법 시행령·동법 시행규칙과 주택건설기준 등에 관한 규정 및 규칙, 주택공급에 관한 규칙, 집합건물의 소유 및 관리에 관한 법률 등 관계 법령과 조합의 정관을 준수하여 계약조건에 따라 해당 재건축사업이 성공적으로 완료되도록 상호 신의와 성실의 원칙에 따라 이 계약을 이행하기로 한다.

8. 별첨서류 :
   가. 공사계약조건 1부
   나. 공사계약 특수조건 1부
   다. 설계도서 1부
   라. 공사비 산출내역서(수량산출조서 및 원가계산서 포함) 1부
   마. 공사시방서 및 자재선정 목록 1부
   바. 공사예정 공정표 1부
   사. 공사계획서 1부
   아. 기타 부대서류 1부

년   월   일

"갑"　　주　　　소 : 00시 00구 00동 00번지
　　　　명　　　칭 : 반포주공0단지 재건축정비사업조합
　　　　조 합 장 : 0　　0　　0　　（인）

"을"　　주　　　소 : ○○시 ○○구 ○○동 ○○번지
　　　　명　　　칭 : ○○건설회사
　　　　대표이사 : ○　　○　　○　　（인）

"갑"의 연대보증인(☛조합이사 중 일부나 이사 전원이 연대보증)

주　　　　　소 :
직　　　　　책 :
성　　　　　명 :　　　　　　　　（인）
주민등록번호 :

주　　　　　소 :
직　　　　　책 :
성　　　　　명 :　　　　　　　　（인）

주민등록번호 :
주　　　　　소 :
직　　　　　책 :
성　　　　　명 :　　　　　　　　（인）

주민등록번호 :
주　　　　　소 :
직　　　　　책 :
성　　　　　명 :　　　　　　　　（인）
주민등록번호 :

주-1) 서울시에서는 2015년 06월 18일 조합의 채무 등에 관하여 조합임원은 보증행위를 할 수 없도록 하는 내용이 포함된 규정을 개정 고시하였다. 이번 고시는 대상자가 해당 규정을 준수할 의무를 부여하고 있는 것으로 해석하고 있다.

주-2) 「서울특별시 정비사업 조합 등 표준 행정업무규정 개정 고시」
　　　(서울특별시 고시 제2015-163호, [개정 2015.06.18.])
　　　제45조(보증행위 등 금지) 제3호(전문)
　　　3. 조합 등의 채무에 관하여 보증하는 행위. 단, 조합장등은 제외

공 사 계 약 조 건

제1장 총 칙

제1조(목적)

이 계약은 00(시·도) 00(시·군·구) 00(읍·면·동) 00번지 소재 재건축정비사업에 관하여 "갑"과 "을"의 지위, 권리·의무 등을 규정함으로써 상기 재건축사업의 성공적인 완성을 목적으로 한다.

제2조(공사의 범위)

"을"이 시공할 공사의 범위는 "갑"이 제공한 대지상에 관할 지방자치단체장이 최종 승인한 건설사업 계획(변경 승인을 포함한다. 이하 같다)상의 아파트 및 부대시설·복리시설 등의 건축을 공사범위로 한다.

제3조(당사자 간의 지위 및 사업원칙)

① "갑"과 "을"은 ~~(공동사업주체로서 주택건설촉진법)~~**도급자와 수급자로서 도시 및 주거환경 정비법** 등 관계 법령에 따라 그 책임과 의무를 지며 본 사업이 성공적으로 완료되도록 상호 신의·성실의 원칙에 따라 계약을 이행하도록 한다.

【주】 재건축사업을 추진하기 위해서는 도시 및 주거환경정비법 제35조(조합설립인가 등) 규정에 의하여 재건축정비사업조합을 설립하여 관계 기관의 허가 및 법인 등기를 한 후 공개경쟁입찰을 통하여 건설사업자(시공자)를 선정하여야 한다.

② 본 계약과 관련하여 "갑"은 조합원 전체를 대표하며, 본 계약조건에 따라 행한 "갑"의 행위는 조합 전체의 권한·의무행위가 성립되는 것으로 간주한다. 동시에 "갑"의 조합원은 "을"에게 일체의 권리행사를 직접 요구할 수 없으며, "갑"을 통해서만 할 수 있다.

제4조(사업시행의 방법)

① "갑"은 "을"에게 "갑"과 "갑"의 조합원이 소유하고 있는 00시 00구 00동 00번지 외 00필지 일대의 토지를 제공하고 공사계약금액을 지불하며, "을"은 "갑"이 제공한 토지에 관할 지방자치단체장이 승인한 설계도서, 계약서 등의 내용에 따라 건축시설을 시공 한다. 이 경우 "을"에게 제공하는 토지라 함은 "갑"이 토지의 소유권 및 대지 사용권을 확보하여 "을"의 공사착공에 지장이 없는 상태의 토지를 말한다.

② "갑"의 조합원의 이주비 및 "갑"의 사업경비는 "을"이 "갑" 및 "갑"의 조합원에게 대여 할 수 있으며, 이때 "갑" 및 "갑"의 조합원은 제39조 및 제40조의 규정에 따라 원리금을 상환하여야 한다. 다만, "갑"과 "을"은 협의하여 이주비 및 사업경비를 금융기관을 통해 "갑"이 직접 조달할 수 있다.

제5조(사업의 재원 등)

① "갑"은 제4조 제1항의 토지를 제공한다.

② "을"은 제4조 제1항의 건축시설을 시공하고 사업경비 등을 대여하며 본 공사를 시공 함에 있어 다음 각 호를 수행한다.

1. 건축공사
2. 토목공사
3. 조경공사
4. 전기공사
5. 설비공사
6. 철거공사(각종 이설공사 포함) 및 잔재처리

　【주1】공사관련 배관, 관로, 지장물 등의 이설공사를 철거공사에 포함하도록 한 것은 이와 관련한 "갑"과 "을"의 분쟁을 예방하기 위한 것으로 단지의 상황에 맞게 달리 조정할 수도 있을 것임

　【주2】철거공사에 따른 조합의 업무경감 및 철거와 관련하여 발생할 수 있는 비리를 예방하기 위하여 철거공사를 "을"에게 일괄처리토록 규정한 것임. 따라서 어떠한 경우에도 조합이 철거업체를 선정할 수 없도록 규정하고 있다.

7. (주택건설촉진법)**도시 및 주거환경정비법**에 의한 도로, 전기, 통신, 상·하수도, 가스, 지역난방 등 간선시설 설치·인입공사
8. 예술장식품 설치
9. 지하수 개발공사(해당 시에 한한다)
10. 분양과 관련한 견본주택 운영(부지임차, 건립, 관리, 철거 등), 분양광고, 분양보증업무 등

　【주】분양 관련 경비를 공사계약금액에 포함하여 경비부담주체와 관련한 분쟁을 예방하기 위한 규정이며, 이때 "갑"과 "을"은 견본주택의 규모, 운영 등에 대해 협의하여 결정하면 될 것임

11. 사업시행계획승인 이행조건에 관련된 제반공사

　【주】사업계획승인 시 부여되는 조건의 이행비용 등을 공사계약금액에 포함시켜 건설사업자인 시공자가 적극적으로 인허가 및 사업추진에 임하도록하기 위한 규정임

12. 상가 등 복리시설의 구획별 상·하수도, 전기, 통신 등 관련 공사

　【주】사업계획승인 시 부여되는 조건의 이행비용 등을 공사계약금액에 포함시켜 건설사업자인 시공자가 적극적으로 인허가 및 사업추진에 임하도록하기 위한 규정임

13. (기타사항)

제6조(공사예정공정표와 공사비 산출내역서 등)

① "을"은 본 계약체결 시 제2호, 제3호 및 제4호의 서류를 "갑"에게 제출하여야 하며, 착공 시에는 제1호 및 제4호의 서류를 첨부한 착공 신고서를 "갑"에게 제출하여야 한다.
　1. 현장대리인 지정서
　2. 공사예정 공정표
　3. 공사비 산출내역서(수량산출조서 및 원가계산서 포함)
　4. 기타 "갑"이 지정한 사항
② "을"은 계약의 이행 중에 제1항의 규정에 의하여 제출한 서류의 변경이 필요한 때에는 관계 서류를 변경하여 제출하여야 한다.

③ "갑"은 제1항 및 제2항의 규정에 의하여 제출된 서류의 내용을 조정할 필요가 있다고 인정될 경우에는 "을"에게 이의 조정을 요구할 수 있다.

④ "을"은 공사와 관련하여 "갑"이 현장 제반관리 업무상 필요로 하는 자료 및 현황 등을 이의없이 즉시 제공하여야 한다.

제7조(공사계약금액)

① "갑"이 "을"에게 지급해야 하는 공사계약금액은 다음과 같으며, 동 금액은 제6조 제1항의 공사비 산출내역서에 의해 산출한다.

구 분		면 적(㎡)	단가(원)	합 계(원)	비 고
1. 아파트	지상층				
	지하층				
2. 부대시설·복리시설					
3. 소 계(1+2)					
4. 철거 및 잔재처리비					
5 합 계(3+4)					

【주】 공사비의 항목 등은 별지 제1호 서식에 열거된 사항을 참조하여 상세한 내역을 작성할 수 있을 것임

② 제1항의 공사비는 제24조 및 제25조의 마감자재를 기준으로 하며, "갑"의 조합원이 그 마감자재를 상회하는 품질을 요구할 경우 제1항의 공사비와는 별도이며, 이에 대한 공사비의 조정은 "갑"과 "을"이 협의하여 결정한다.

제8조(물가변동으로 인한 계약금액의 조정)

① 계약 체결일(계약체결일 이후에 물가변동으로 계약금액의 조정이 있었던 경우에 최종 계약금액 조정일)로부터 착공신고일까지 **공사비** 산출내역서에 포함되어 있는 품목 또는 비목의 가격 등의 변동으로 인한 등락액이 공사계약금액의 100분의 5 이상인 때에는 계약금액을 조정한다.

【주】 물가변동의 기준으로 기획재정부에서 조사발표하는 소비자물가지수 중 시도별 주택 설비수리항목지수 또는 시도별 소비자물가지수 등을 적용할 수 있을 것임

(필자는 재건축정비사업은 관리처분을 통하여 사업초기에 조합원의 부담금이 확정되는 특수한 사업임을 감안하면 이 규정의 삭제가 필요하다는 판단이다)

② "을"이 계약금액의 증액을 요구하는 경우에는 계약금액 조정 내역서를 제출하여야 한다.

제9조(공사기간)

① 공사기간은 사업부지 내 지장물 철거 및 잔재처리 완료 후 건축법 제21조에 의한 착공신고일로부터 00개월로 한다.

② 공사완공 일은 최초의 사용검사필증 교부일로 한다.

제10조(계약이행보증)

① "갑"과 "을"은 본 계약의 이행을 보증하기 위하여 "갑"은 임원 및 대의원을 포함한 ○인을 연대보증인으로 세워야 하고, "을"은 별도로 정하는 계약보증금을 계약 체결과 동시에 "갑"에게 현금 등으로 납부하여야 한다. 다만, "갑"과 "을"이 합의에 의하여 계약보증금을 납부하지 아니하기로 하고 "을"이 (주택건설촉진법시행령 제34조의4의 요건을 갖춘 건설회사 2인을 연대보증인으로 두기로 한)도시 및 주거환경정비법 제82조 제1항에 따른 시공보증서를 제출하는 경우에는 그러하지 아니하다.

② "갑"(과)은 "을"의 연대보증인이 사망 (또는 파산) 등으로 인하여 보증인의 자격을 상실한 경우에는 다른 연대보증인으로 교체하여야 하며, 교체된 연대보증인은 종전의 의무사항을 승계한다.

③ (연대보증인은 "갑"과 "을"의 계약의무 불이행에 따른 채무에 대하여 각각 "갑"과 "을"에 연대하여 책임을 진다.) "갑"은 "갑"의 조합원이 연대책임을 진다.(조합정관에 명시한다)

④ 제1항의 (계약보증금은 다음 각 호의 기관이 발행한 보증서로 납부할 수 있다.) 시공보증서는 다음과 같다. (전부 개정된 정비법 시행규칙 제14조에 따라 수정된 내용임)
  1. 「건설산업기본법」에 따른 공제조합이 발행한 보증서
  2. 「주택법」에 따른 대한주택보증회사가 발행한 보증서
  3. 「은행법」 제2조제2호에 따른 금융기관, 「한국산업은행법」에 따른 한국산업은행, 한국수출입은행법에 의한 한국수출입은행, 「중소기업은행법」에 따른 중소기업은행이 발행한 지급보증서
  4. 「보험업법」에 따른 보험사업자가 발행한 보증보험증권

⑤ "을"은 계약금액이 증액된 경우에는 이에 상응하는 금액의 보증금을 제1항 및 제4항의 규정에 따라 추가 납부하여야 하며, 계약금액이 감액된 경우에는 "갑"은 이에 상응하는 금액의 계약보증금을 "을"에게 반환하여야 한다.

⑥ 제34조제1항의 각호의 사유로 계약이 해제 또는 해지된 경우 제1항의 규정에 의하여 납부된 계약보증금은 "갑"에게 귀속한다. 이 경우 계약의 해제 또는 해지에 따른 손해 배상액이 계약보증금을 초과한 경우에는 그 초과분에 대한 손해배상을 청구할 수 있다.

⑦ "갑"은 제34조제2항 각호의 사유로 계약이 해제 또는 해지되거나 계약의 이행이 완료된 때에는 제1항의 규정에 의하여 납부된 계약보증금을 지체없이 "을"에게 반환 하여야 한다.

  【주】계약보증금의 기준은 국가를 당사자로 하는 계약에 관한법률을 준용하여 "갑"과 "을"이 협의하여 처리할 수 있을 것이며, "을"이 계약보증금을 두지 않고 연대보증인을 두기로 약정한 경우에는 제4항 내지 제7항 삭제

제11조(인·허가 업무의 주관)

해당 사업과 관련한 인·허가 등 제반업무는 (공동사업주체의 명의로) "갑"이 주관하되 "을"은 이에 적극 협조하여야 한다.

  【주】인.허가 등 제반업무에 대해 "갑"은 필요할 경우 공신력있는 컨설팅기관 등에게 인.허가 관련 제반업무를 위탁하여 처리할 수도 있을 것임.

제12조(공부정리 등)

(재건축 결의)재건축정비사업 조합설립에 찬성하지 아니한 구분소유자의 소유권정리, 제반 측량에 의한 지적정리, 소유권 이외의 권리(저당권, 임차권, 지상권 등)정리, 건축시설의 준공 후 보존등기 및 기타 공부정리는 "갑"의 책임과 비용으로 처리한다.

제2장 이주 및 철거

제13조(거주자의 이주)

① 사업지구 내 거주자(세입자를 포함한다. 이하 같다)의 이주는 최초 이주비대여일로 부터 0개월 이내에 "갑"의 책임 하에 완료하여야 하며, "을"은 이주촉진을 위한 조치와 지원을 하여야 한다.

② 거주자의 이주 시 전기, 수도, 전화, 기타 제반 세금과 공과금 등의 미납금은 "갑" 및 "갑"의 조합원 책임으로 정리하여야 하며, "갑"은 해당 건물에 대한 상수도, 전기, 가스사용 등의 공급중지와 관련한 제반조치를 취하여야 하고 "을"은 이에 대하여 적극 협조하여야 한다.

제14조(지장물의 철거)

① 본 사업부지 내 지장물철거는 거주자 이주완료 후 ○개월 이내에 시행하여야 한다.

② 지장물의 철거 또는 시공 중에 발생되는 수목, 골재, 폐자재 등 부산물은 "갑"에게 귀속된다. 단, 이러한 부산물의 매도가 곤란하다고 판단될 경우 "갑"과 "을"은 협의하여 "을"이 처분한다.

③ "갑"과 "을"은 본 사업부지 내의 통신시설, 전기시설, 급수시설, 도시가스시설 등 공급 시설에 대하여는 해당 시설물 관리권자와 협의하여 철거기간이나 방법 등을 따로 정할 수 있다.

제3장 사업경비 등

제15조(사업경비)

① 본 계약상의 사업경비는 다음 각 호와 같으며, "을"은 "갑"에게 별도로 정하는 대여 조건에 따라 "갑"에게 사업경비를 대여한다. 다만, "갑"이 원할 경우 "갑"은 금융기관 으로부터 직접 차입할 수 있다.

【주】개별 사업지역의 특성에 따라 사업경비를 규정할 수 있으며, 이 때 별지 제2호 서식의 항목들을 참조할 수 있을 것임

1. 조합운영비(사무실 임차료 포함)
2. 설계비, 감리비 및 측량비
3. 안전진단비
4. 인·허가비(사용검사비 포함)
5. 각종 영향평가비
6. 각종 소송비용

7. 지질조사비

8. 각종 수수료 및 기타 공과금

9. 관리처분비용

10. 각종 등기비(조합원분 건축시설 보존등기비 제외)

11. 채권 매입자금

12. (집합건물의 소유 및 관리에 관한 법률 제48조에 의한 재건축 결의)도시 및 주거환경
    정비법 제35조에 의한 재건축정비사업 조합설립에 동의하지 아니한 자의 구분
    소유권, 대지사용권 및 기타 토지 등의 매입자금

13. 컨설팅용역 수수료

14. 민원처리비("갑"의 책임에 속하지 않는 경우는 제외한다)

15. 기타 사업추진에 따른 필수경비 및 이 조항에 명시되지 아니하였으나, "갑"과 "을"이
    협의하여 정한 비용 중 "갑"이 "을"에게 대여를 요청하는 비용

    【주】"갑"이 이주비 등 제 사업경비를 시공자로부터 조달할 경우, 시공자에게 예속될
    수도 있으므로, 시공자가 대여하는 제 사업경비를 금융회사에서 직접 차입하는
    것이 오히려 사업의 투명성 확보 및 원활한 추진 측면에서 바람직할 수도 있으며,
    이 경우 시공자와는 도급공사 계약, 금융회사와는 사업경비 등에 대한 계약이
    이루어져야 할 것임. 또한, 이럴 경우에는 본 계약서 제15조 내지 제19조, 제39조
    제2항 및 제40조 등은 삭제

② "갑" 또는 "갑"의 조합원 및 "을"은 사업경비 조달에 필요한 제반서류의 구비 및 그에
따른 절차를 각각 이행하여야 한다.

제16조(이주비의 대여)

① "갑"의 조합원 이주비는 기존 재산권 내역에 따라 아래와 같이 정하며 이주비의
대여조건은 별지 제3호 서식에 따른다. 다만, "갑"이 원할 경우 "갑"의 조합원의
이주비를 금융기관으로부터 직접 차입할 수 있다.

구 분		세대당 이주비(원)	소 계(원)	비 고
아파트	○○㎡형			
	○○㎡형			
	○○㎡형			
복리시설				
합 계				

② 이주비 대여는 본 계약체결과 사업계획승인을 득한 후 대여하는 것을 원칙으로 하되
최초이주비 대여 시기는 "갑"과 "을"이 상호 협의하여 결정한다.

③ 이주비를 대여하기 전에 "갑"은 "갑"의 조합원의 건축물 및 토지의 소유관계, 거주자의
이주계획, 소유권 이외의 권리설정 여부, 공과금 완납여부 등을 확인하여 "을"이
채권을 확보하는 데 지장이 없도록 협조하여야 한다.

【주】소유권이외의 권리가 설정되어 있어 채권확보가 어렵다고 판단될 경우에는 "을"은 이주비 지급을 거부할 수 있을 것이며, "갑" 및 "갑"의 조합원은 이를 말소 또는 해지하여야 할 것임

④ 이주비 대여 시 "갑"은 이주비 대여와 관련된 제반서류(금전소비대차 계약서, 이주비 차용금증서, 근저당권설정 관계 서류, 지장물 철거 동의서 및 위임장, 각서 등)를 "갑"의 조합원으로부터 징구하여야 한다.

⑤ "갑"의 조합원이 이주비를 대여 받고자 할 경우에는 소유 토지를 담보로 제공하고 "을"을 채권자로 하는 금전소비대차 계약을 체결하며, 이주비 총액의 130%를 채권 최고금액으로 하는 제1순위 근저당권을 설정하여야 한다. 이 경우 근저당권 설정**에 따른 비용은 대출 금융기관이 부담하고,** 해지에 따른 비용은 "갑" 또는 "갑"의 조합원이 부담한다.

⑥ 근저당권 설정을 할 수 없거나 관계 법령에 의하여 근저당권을 해지하여야 할 경우, 이주비에 상응하는 금액의 약속어음 발행 및 공증 등 "을"이 요구하는 여타의 채권 확보방법에 "갑" 또는 "갑"의 조합원은 특별한 사유가 없는 한 이에 협조하여야 한다.

제17조(조합운영비의 대여)

"을"은 "갑"에게 조합운영에 필요한 경비를 대여할 수 있으며, 대여기간 및 대여금 등은 "갑"과 "을"이 협의하여 결정한다.

제18조(이자부담)

① 제15조 사업경비로 인한 이자 및 연체이자는 ○○은행 일반자금대출 이자율 및 연체율을 적용한다.

② 제16조 이주비로 인한 이자 및 연체이자는 ○○은행 주택자금대출 이자율 및 연체율을 적용한다.

제19조(사업경비의 대여중지 등)

① "갑" 또는 "갑"의 조합원이 제13조 및 제22조에 의한 제반사업 일정을 정한 기한 내에 완료하지 못하거나 공사계약금액의 지급을 지연할 경우 "을"은 "갑"에게 ○개월 이내에 그 이행을 최고하고, 그 기간이 경과하여도 이행이 완료되지 않을 경우 제반 사업경비의 대여를 일시 중지할 수 있다.

② 제1항의 경우 이미 지급한 이주비에 대한 이자는 지연된 경과 일수만큼 제18조 제2항의 연체율을 적용하며, 조합운영비 등 사업경비 또한 지연된 경과일수만큼 제18조 제1항의 연체율을 적용한 금액을 "갑"이 "을"에게 지급한다.

【주】연체이자는 사업 중에 조합원에게 징수하는 것이 어려운 상황이므로 별도로 잔금 지급 시 정산하기로 규정할 수 있을 것임

제4장 건축시설의 분양

제20조(관리처분계획)

① "갑"은 공사비 및 사업경비의 원리금 등이 부족하지 않도록 관리처분계획을 수립하여야 한다.

② 관리처분계획의 수립은 "갑" 또는 "갑"이 지정한 컨설팅기관 등이 수행한다. 다만, "갑"의 요구가 있을 경우 "을"이 수행할 수 있다.

제21조(분양업무)

아파트 및 복리시설의 분양(조합원 및 일반분양)과 관련된 업무는 "갑"이 주관하는 것을 원칙으로 하되, 필요 시 "갑"이 지정하는 컨설팅기관 또는 "을"이 분양업무를 수행할 수 있으며 이에 따른 사항은 "갑"과 "을"이 협의하여 결정하기로 한다.

제22조(조합원 분양)

① "갑"은 제20조 규정에 의한 관리처분계획수립 후 ○○일 이내에 "갑"의 조합원별 동·호수 추첨 및 분양계약을 완료하여야 한다.

② "갑"의 조합원은 분양받은 건축시설의 가액이 분양기준가액을 초과하거나 미달하는 경우에는 그 차액을 청산하여야 하며, 청산금의 납부시점 및 납부방법 또는 지급시점 및 지급방법 등은 다음 각 호와 같다.

  1. "갑"의 조합원 청산금 납부방법 등은 일반분양자의 분양금 납부방법 등을 준용하여 처리하기로 하며, "갑"과 "을"이 협의하여 조정할 수 있다.

  2. 계획된 공사일정이 당초 중도금 납부일정보다 현저히 늦어지는 경우 "갑"과 "을"은 협의하여 제1호의 중도금 납부일정을 조정할 수 있다.

제23조(일반분양)

① "갑"의 조합원에게 분양하고 남은 건축시설은 일반분양하고 분양시기, 분양방법, 분양절차 등은 「주택공급에 관한 규칙」에 따르며 조합원 동·호수 결정 후 입주자모집 공고 승인을 받아 일반분양한다. 단, 분양대상 복리시설의 분양시기는 "갑"과 "을"이 협의하여 조정할 수 있다.

② 사용검사일까지 일반분양분 아파트, 복리시설 등의 미분양분이 있을 경우에는 "갑"과 "을"이 별도의 협의를 거쳐 결정하기로 한다.

제5장 공사의 기준 등

제24조(공사의 기준)

① "을"의 공사기준은 제4조제1항 대지에 관할 지방자치단체장으로부터 승인된 사업계획 설계도서에 의한다.

② 마감재는 조합원 분양분과 일반 분양분을 동일 수준으로 적용하고 시공은 "을"이 건설한 ○○아파트 견본주택 마감재와 동등 이상의 최신시설 및 자재를 사용한다.

제25조(건축자재 및 자재의 검사 등)

① "을"이 사용하는 건축자재는 한국공업규격표시제품(KS)을 원칙으로 하며, 규격표시가 제정되지 아니한 자재는 설계도서, 시방서상에 표시된 자재를 사용하기로 한다.

단, 자재의 품절, 품귀 등 부득이 한 사유가 있는 경우에는 "갑"과 "을"이 협의하여 공사비의 인상을 수반하지 않는 범위 내에서 동등 이상의 유사한 타제품을 사용할 수 있다.

② "갑"은 필요한 경우 "을"이 사용하는 건축자재를 검사할 수 있고, 그 결과 전항 및 제24조와 상이한 건축자재를 사용한 경우 그 교체를 요구할 수 있으며, "을"은 이에 즉각 조치를 취해야 한다.

③ 제2항의 검사에 이의가 있는 경우 "을"은 "갑"에게 재검사를 요구할 수 있으며,재검사가 필요하다고 인정되는 경우 "갑"은 지체없이 재검사하도록 조치하여야 한다.

④ "을"은 자재의 검사에 소요되는 비용을 부담하여야 하며, 검사 또는 재검사 등을 이유로 공사기간의 연장을 요구할 수 없다. 다만, 제3항의 규정에 의하여 재검사 결과 적합한 자재인 것으로 판명될 경우에는 재검사에 소요된 기간에 대하여는 공사기간을 연장할 수 있다.

⑤ 공사에 사용하는 자재 중 조립 또는 시험을 요하는 것은 "갑"의 입회 하에 그 조립 또는 시험을 하여야 한다.

⑥ 수중 또는 지하에서 행하여지는 공사나 준공 후 외부에서 확인할 수 없는 공사는 "갑"의 참여없이 시행할 수 없다. 다만, 사전에 "갑"의 서면 승인을 받고 사진, 비디오 등으로 시공방법을 확인할 수 있는 경우에는 시행할 수 있다.

⑦ "을"은 공사수행과 관련하여 필요한 경우 "갑"에게 입회를 요구할 수 있으며, "갑"은 이에 응하여야 한다.

제26조(공사감리 등)

① 본 공사의 감리는 (주택건설촉진법 제33조의 6)주택법 제43조제1항의 규정 등 관계 법령과 주택건설공사 감리업무 세부기준 등에 따른다.

② "을"은 공사진행 실적 및 추진계획을 공사감리자의 확인을 받아 매월 "갑"에게 보고 하여야 한다.

제27조(공사감독원 등)

① "갑"은 계약의 적정한 이행확보 및 공사감독을 위하여 자신 또는 자신을 대리하여 다음 각 호의 사항을 수행하는 자(이하 "공사감독원"이라 한다.)를 지명 파견하여 "을"의 수행공사에 대하여 감독업무를 수행하게 할 수 있다.
  1. 시공일반에 대한 감독 및 입회
  2. 공사의 재료와 시공에 대한 검사 또는 시험에의 입회
  3. 공사의 기성부분 검사, 입주자 사전점검 또는 공사목적물의 인도에의 입회
  4. 기타 공사감독에 관하여 "갑"이 위임하는 사항

② "갑"은 제1항의 규정에 의하여 공사감독원을 선임한 때에는 그 사실을 즉시 "을"에게 통보하여야 한다.

③ "갑"은 "을"이 시공한 공사 중 설계도서에 적합하지 아니한 부분이 있을 때에는 이의 시정을 요구할 수 있으며, "을"은 지체없이 이에 응하여야 한다. 다만, 설계도서에 적합하지 아니한 공사가 "갑"의 부당한 요구 또는 지시에 의한 경우에는 "갑"이 그에 대한 책임을 진다.

④ "을"의 현장 임직원이나 협력업체 임직원 등이 관계 법규와 승인된 사업계획 및 계약조건을 위반하여 공사의 원만한 수행에 영향을 미친 경우에 "갑"은 "을"에게 해당 인원의 교체 등 시정을 요구할 수 있으며, "을"은 정당한 사유없이 이를 거부할 수 없다.

⑤ "을"은 공사감독원의 감독 또는 지시사항이 공사수행에 현저히 부당하다고 인정될 때에는 "갑"에게 그 사유를 명시하여 시정 등 필요한 조치를 요구할 수 있다.

제28조(현장대리인)

① "을"은 건설산업기본법에 의하여 본 공사에 해당하는 건설기술자를 현장대리인으로 지명하여 "갑"에게 통지하여야 한다.

② 현장대리인은 공사현장에 상주하여 현장의 관리와 공사에 관한 모든 사항에 대하여 "을"을 대리하여 처리한다.

③ "을"의 현장대리인은 관계 법령과 승인된 설계도서 및 계약조건을 준수하여 공사를 수행하여야 한다. 단, 이를 적정하게 수행하지 않을 경우 "갑"은 "을"의 현장 대리인의 교체를 요구할 수 있으며 "을"은 정당한 사유없이 이를 거부할 수 없다.

제29조(공사의 하도급 등)

① "을"은 계약된 공사의 일부를 제3자에게 하도급 하고자 하는 경우 사전에 "갑"의 서면 승낙을 받아야 한다. 다만, 건설산업기본법의 규정에 의하여 건설공사 중 전문공사에 해당하는 건설공사를 하도급 하고자 하는 경우에는, "을"은 해당 업종의 **전문건설사업자**에게 하도급하고 "갑"에게 이를 통지하여야 한다.

② "을"이 제1항에 의해 본 공사를 제3자에게 하도급 하고자 하는 경우에는 건설산업기본법 및 하도급거래공정화에 관한 법률에서 정한 바에 따라 하도급 하여야 하며, 하수급인의 선정, 하도급계약의 체결 및 이행, 하도급 대가의 지급에 있어 관계 법령의 제 규정을 준수하여야 한다.

③ "갑"은 본 공사의 시공이 현저히 부적당하다고 인정하는 하수급인이 있는 경우에는 하도급의 통보를 받은 날 또는 그 사유가 있음을 인지한 날로부터 30일 이내에 서면으로 그 사유를 명시하여 하수급인의 변경 또는 하도급 계약내용의 변경을 요구할 수 있다. 이 경우 "을"은 정당한 사유가 없는 한 이에 응하여야 한다.

　【주】기술적인 능력이 부족하거나 시공능력이 없는 하수급인이 선정되어 공사의 조잡, 부실 등이 발생할 우려가 있으므로 이를 조합이 미연에 방지하고 관리할 수 있도록 하기 위한 규정

④ "갑"은 제3항에 의하여 본 공사의 시공에 있어 현저히 부적당한 하수급인이 있는지 여부를 판단하기 위하여 하수급인의 시공능력, 하도급 계약금액의 적정성 등을 심사할 수 있다.

　【주】하수급인의 적정성 판단에 대해 필요할 경우 공신력있는 컨설팅기관 등에 자문을 구할 수 있을 것임.

제30조(공사기간의 연장)

① 다음 각 호에 해당하는 경우에는 이에 상응하는 만큼 공사기간을 "갑"과 "을"이 협의하여 연장하기로 한다.
  1. 천재지변, 전쟁, 내란 등 불가항력의 상황이 발생한 경우
  2. 15일 이상 계속된 우천이나, 이에 준하는 기상이변이 있을 때. 단, 전체층수의 골조공사가 완료되었을 경우는 본 호의 사유로 공사기간을 연장할 수 없다.

【주】 골조공사 완료 후 내부 마감공사는 우천 등에 영향을 크게 받지 않으므로 이러한 사유로 시공자가 공사기간을 연장하지 못하도록 하기 위한 단서조항임

  3. "갑"의 귀책사유 또는 본 계약의 불이행 및 "을"의 귀책사유가 아닌 민원발생 등으로 공사가 중단 또는 지연되는 경우
  4. 제31조의 사유로 공사기간이 연장되는 경우
② 제1항의 규정에 의해 공사기간이 연장되는 경우 이에 따르는 현장관리비 등 추가 경비에 대해서는 "갑"과 "을"이 협의한다.

제31조(공사의 변경)
① "갑"이 사업계획승인 후 공사규모 등을 변경하고자 할 때에는 사전에 "을"과 협의하여 변경하여야 한다.
② "을"은 다음 각 호에 해당되는 경우 (주택건설촉진법령)도시 및 주거환경정비법령, 건축법령 등 관계 법령의 범위 내에서 "갑"에게 공사변경을 요구할 수 있으며, "갑"과 "을"은 협의하여 공사를 변경한다.
  1. 본 계약 체결 이전에 선행된 지질조사 결과와 상이한 암반 및 연약지반 등의 지반조건 발생 시

【주】 조합은 시공자 선정전에 지질조사를 실시하여 이를 기초로 시공자로 하여금 공사비 등 견적조건을 제시하게 함으로써 추후, 지질과 관련하여 일방적인 공사비 인상요구를 방지하도록 하기 위한 규정임. 이를 위해서 조합은 기 선정된 설계업체 등과 협의하여 사전에 지질조사를 하는 것이 바람직함

  2. 설계서의 내용이 공사현장의 상태와 일치하지 않거나, 불분명, 누락, 오류가 있는 경우
  3. "을"의 귀책사유와 관계없는 정부의 정책변경이나 행정명령 등 불가피한 상황이 발생할 경우

제32조(공사계약금액의 조정)
① "을"은 다음 각 호에 해당되는 경우 그 사실을 "갑"에게 서면통지하고, "갑"과 "을"은 상호 합의하여 제7조의 공사계약금액을 조정한다.
  1. 제31조에 의한 공사의 변경이 있는 경우
  2. 기초공사 중 설계변경에 의해 기초공사 및 골조공사의 변경이 이루어질 경우
② 제1항의 설계변경으로 인하여 공사량의 증감이 발생한 때에는 다음 각 호의 기준에 의하여 공사계약금액을 조정하되, "을"은 공사계약금액의 변동에 대한 명확한 근거를 제시하여야 한다.
  1. 증감된 공사비는 제7조의 규정에 의한 공사계약금액상의 단가를 기준으로 "갑"과 "을"이 상호 협의하여 결정한다.

2. **공사비** 산출내역서에 포함되어 있지 아니한 신규비목의 단가는 설계변경 당시를 기준으로 산정한 단가로 한다.

제33조(공사의 시정명령)

"을"이 관계 법령과 승인된 설계도서 또는 계약조건을 위반하여 건축시설을 시공하는 경우 "갑"은 이의 시정을 요구할 수 있으며, "을"은 이를 거부할 수 없고 "을"의 위반으로 발생한 추가비용 및 "갑"에 대한 손해는 "을"이 부담 또는 배상한다.

제34조(계약의 해제 및 해지)

① "갑"은 다음 각 호에 해당하는 사유가 발생하여 "을"이 계약을 이행할 수 없다고 판명된 경우에는 ○일의 계약이행 기한을 정하여 서면으로 통보한 후, 동 기한 내에 이행되지 아니한 경우 본 계약의 전부 또는 일부를 해제 또는 해지할 수 있고, 계약의 전부가 해지 또는 해제되었을 때에는 "을"은 해당 공사를 즉시 중지하고 모든 공사기구들을 공사장으로부터 철거하여야 하며 이로 인하여 발생하는 손해는 "을"이 배상한다.

　　1. "을"이 정당한 사유없이 약정한 착공기일을 경과하여도 공사를 착수하지 아니한 경우

　　2. "을"의 책임 있는 사유로 인하여 공사기간 내에 공사를 완성할 가능성이 없다고 객관적으로 판단되는 경우

　　3. 제37조제1항의 규정에 의한 지체상금이 계약보증금 상당액에 도달한 경우로서 계약기간을 연장하여도 공사를 완공할 가능성이 없다고 객관적으로 판단되는 경우

　　4. 기타 "을"이 계약조건을 위반함으로써 계약의 목적을 달성할 수 없다고 객관적으로 판단되는 경우

② "을"은 다음 각 호에 해당하는 사유가 발생하여 공사의 계속 수행이 불가능하다고 객관적으로 판명된 경우에는 ○일의 계약이행 기한을 정하여 서면으로 통보한 후, 동 기한 내에 이행되지 아니한 경우 공사를 중지하고 본 계약의 전부 또는 일부를 해제 또는 해지할 수 있다. 이 경우 "갑"은 "을"로부터 차입한 제반 대여금과 기성부분의 공사금액 등을 지체없이 정산하여야 한다.

　　1. "갑"의 귀책사유로 공사기간이 3분의 1 이상 지연되었을 경우

　　2. "갑"이 정당한 사유없이 본 계약을 이행하지 않거나, 계약사항에 정한 협의에 불응하여 공사의 계속적인 수행이 불가능하다고 객관적으로 판단되는 경우

　　3. 기타 "갑"이 계약조건을 위반하여 약정목적을 달성할 수 없다고 객관적으로 판단 되는 경우

③ 제1항 및 제2항의 규정에 의하여 계약이 해지된 때에는 "갑"과 "을"은 지체없이 기성부분의 공사금액을 정산하여야 한다.

④ 제1항 및 제2항의 규정에 의한 계약의 해제 또는 해지로 인하여 손해가 발생한 경우에는 상대방에게 그에 대한 배상을 청구할 수 있다.

제35조(재해방지 및 민원)

① "을"은 공사현장에 안전표시판을 설치하는 등 재해방지에 필요한 조치를 취하여야 하며 공사로 인한 모든 안전사고에 대하여는 "을"의 책임으로 한다.

② 본 공사와 관련하여 "을"의 시공상 직접적인 하자 또는 부주의로 인하여 발생한 민원과

제3자에게 끼친 손해 등은 "을"의 책임 및 비용으로 해결하되, 인접도로의 통행제한, 인접건물의 공사수행방해, TV난시청 등 공사와 무관한 간접피해 및 민원은 "갑"의 책임 및 비용으로 해결한다.

【주】 민원의 내용별 해결주체를 분명히 하여 조합과 <u>시공자간</u>에 책임소재의 다툼을 미연에 방지하기 위한 규정임.

③ 건축물 및 시설의 인계 전에 발생한 공사전반에 관한 인적·물적 손해에 관하여 "을"이 보상, 배상 및 원상복구의 책임을 지며, 또한 건축물 및 각종 시설물의 인수·인계 후에도 부실시공으로 판명되어 물적 인적 손해가 있을 경우에는 "을"에게 그 책임이 있으며 "갑"에게 이의를 제기할 수 없다.

④ "을"은 재해방지를 위하여 특히 필요하다고 인정될 때에는 미리 긴급조치를 취하고 즉시 이를 "갑"에게 통지하여야 한다.

⑤ "갑"은 재해방지 기타 공사의 시공상 부득이 하다고 인정될 때에는 "을"에게 긴급 조치를 요구할 수 있다. 이 경우 "을"은 즉시 이에 응하여야 하며, "을"이 "갑"의 요구에 응하지 않는 경우 "갑"은 제3자로 하여금 필요한 조치를 하게 할 수 있다.

⑥ 제4항 및 제5항의 규정에 의한 응급조치에 소요된 경비는 실비를 기준으로 "갑"과 "을"이 협의하여 부담한다.

제36조(기성부분에 대한 손해책임)

① 건축시설의 기성부분에 대하여 "을"은 선량한 관리자의 주의와 의무를 다하여 관리하여야 한다.

② 건축시설의 사용검사 전에 천재지변으로 인하여 건축시설의 기성부분에 손해가 발생할 경우 그 손해는 "을"의 부담으로 한다. 다만, 발생한 손해가 기성공사금액의 3분의 1을 초과했을 경우에는 그 초과부분에 대하여 "갑"과 "을"이 협의하여 부담한다.

제37조(지체상금)

① "을"은 정당한 사유없이 제9조에 의한 공사기간 내에 공사를 완공하지 못할 때는 지체기간동안 지체상금을 부담하여야 한다. 다만, 제30조에 의하여 공사가 지연될 경우에는 그러하지 아니하다.

② 제1항의 지체상금은 매 지체일수마다 제7조의 공사계약금액에 ○○○분의 1을 곱하여 산출한 금액을 "갑"에게 납부하거나, "갑"이 "을"에게 지급할 공사비에서 공제한다. 단, 지체상금 총액이 공사비 총액의 100분의 10을 초과하는 경우 그 초과부분에 대하여는 "갑"과 "을"이 협의하여 결정할 수 있다.

【주】 지체상금의 기준은 국가를 당사자로 하는 계약에 관한법률 또는 시중은행의 일반 대출자금 연체금리 등을 기준으로 조합과 시공자의 사정에 따라 별도로 정할 수 있을 것임

제6장 공사비 지급 및 사업경비 등의 상환

제38조(공사비 등의 충당)

"갑"은 "갑"의 조합원의 청산대금, 일반분양 수입금, 복리시설의 수입금, 기타 수입금 등으로 공사비, 사업경비 등에 충당한다.

제39조(공사비 (상환)지급 등)

① "갑"이 "을"의 공사비를 지급하는 방법은 제22조 및 제23조에 따라 분양대금 등이 입금되는 일자를 기준으로 기성률에 따라 지급하기로 한다.

【주】조합의 공사비지급은 공사기성실적에 따라 그 해당 부분에 대해 지급하면 될 것 이며, 지급방법, 구체적인 지급시기 등에 대해서는 "갑"과 "을"이 협의하여 결정하면 될 것임

② "갑"은 제15조의 사업경비에 대하여 본 계약상 특별한 규정이 없는 한, 제46조제1 항의 규정에 의한 입주기간만료일 익일까지 원리금 전액을 "을"에게 (상환)지급하여야 한다. 다만, "갑"이 원할 경우 사업경비의 일부를 조기 (상환)지급할 수 있다.

③ 조합원 청산금, 일반분양대금, 수령한 사업경비 및 제반 연체료 등의 은행예치로 발생되는 이자는 "갑"에게 귀속한다.

제40조(이주비 상환)

① "갑"의 조합원이 대여 받은 이주비의 원리금 상환은 입주일 또는 입주기간 만료일 중 이른 날로 한다. 다만, "갑"의 조합원이 원할 경우 이주비의 일부 또는 전부를 조기 상환할 수 있다.

② "을"은 이주비를 대여 받은 "갑"의 조합원이 권리의 일부 또는 전부를 양도할 경우 기존 조합원의 대여조건에 따라 이주비를 승계하여 주어야 한다. 이 경우 "갑"은 조합원 명의변경절차 이행 전에 이주비 승계사실을 확인하여 "을"의 채권확보에 지장이 없도록 주의의무를 다하여야 한다.

제41조(자금관리)

조합원 청산금 및 일반분양대금(상가 등 복리시설을 포함한다) 등의 수납관리는 "을"의 공사비를 충당하거나 사업경비 등의 상환을 위하여 "갑"과 "을"이 공동명의로 계좌를 개설하여 처리한다.

【주】조합원의 청산금 및 일반분양자 분양금 등의 수납관리를 조합 및 시공자가 공동으로 하게 함으로써 시공자의 일방적인 공사비 충당 및 사업경비의 상환을 방지하게 하기 위한 규정임

제42조(연체료 징구)

① "갑"이 본 계약서에서 정한 기간 내에 공사비의 지급 및 제반 사업경비 등의 상환을 지연할 경우, 연체기간에 대하여 제18조제1항의 연체율을 적용한 연체료를 "을"에게 납부하여야 한다.

② "갑"의 조합원이 제22조제2항에 의한 중도금 및 잔금의 (자금)납부, 제40조제1항에 의한 이주비의 (납부를)상환을 지연할 경우 연체기간에 대하여 제18조제2항의 연체율을 적용한 연체료를 "갑"에게 납부하여야 한다.

제43조(채권확보)

"갑"의 조합원이 입주기간 만료일부터 ○○일까지 대여 받은 이주비의 원리금 및 청산금 등을 완납하지 아니하는 경우 "을"은 "갑"의 조합원이 분양받은 건축시설에 채권확보를 위하여 법적조치를 할 수 있으며, 이에 따른 비용은 "갑"의 책임 하에 해당 "갑"의 조합원 부담으로 한다.

제7장 사용검사 및 입주 등

제44조(사용검사)

① "을"은 관계 법령 및 관할 지방자치단체장이 승인한 설계도서, 계약서 등의 기준에 따라 공사를 완료하였을 경우 공사감리자의 확인을 받아 사용검사신청 예정일로부터 ○일 이전에 사용검사의 신청에 필요한 구비서류를 "갑"에게 제출하여야 하며, "갑"과 "을"은 협의하여 관할 지방자치단체장의 사용검사(임시사용승인을 포함한다) 및 입주자 사전점검을 실시한다.

② 관할 지방자치단체장의 사용검사필증을 받음과 동시에 "을"은 건축시설의 시공에 대한 의무를 다한 것으로 본다. 단, 하자보수 및 의무관리 등 주택건설 관계 법령에서 정한 사항은 그러하지 아니하다.

제45조(건축시설의 인도)

① "갑"은 사용검사를 필한 날로부터 ○일 이내에 공사목적물을 인수하여야 하며, 인수과정에서 공사목적물을 보수하여야 할 사항이 있을 때에는 "갑"은 "을"에게 이를 통지하고 "을"은 지체없이 보수하여야 한다.

② 공사비와 사업경비의 미지급이 있을 경우에는 "을"은 완성된 건축시설에 대하여 인도거부 및 유치권의 행사를 할 수 있으며, 건축시설에 대한 보존등기 및 이전등기를 보류할 수 있다.

③ "을"은 본 건축시설을 인도할 때까지 선량한 관리자로서의 주의와 의무를 다해야 한다.

제46조(입 주)

① "을"은 사용검사 완료 즉시 "갑"과 협의하여 입주기간을 지정한다.

【주】 입주기간을 시공자가 일방적으로 지정할 경우 입주자의 입주시기, 잔금납부 등의 문제가 발생할 수가 있어 이를 조합과 협의하여 입주기간을 지정토록 한 규정임

② 제1항의 규정에 의한 입주기간이 확정되기 전에 미리 "갑"과 "을"은 협의하여 입주 예정 ○일 전까지 구체적인 입주예정 개시일자를 지정하여 계약자 등에게 통지 및 확인하기로 하며, "을"은 입주 시 필요서류 및 홍보용 각종 자료의 제작 등 계획 수립과 제반사항을 준비 및 확인한다.

③ "갑"과 "을"은 건축시설을 분양받은 조합원이 입주하는 경우 청산금, 이주비, 연체료 등의 완납여부를 미리 확인하여야 하며, 이를 완납하지 아니한 자에게는 입주를 허용 하지 아니할 수 있다.

제47조(하자 및 관리)

① 건축시설의 하자보수 범위, 기간, 하자보수보증금 예치, 사업주체의 의무관리 등에 대하여는 공동주택관리령 등 관계 법령에 적합한 범위 안에서 "갑"과 "을"이 협의하여 결정한다.

② "갑"은 사용검사완료 즉시 관리사무소를 개설·운영하여야 한다.

③ "갑"의 조합원이 사용검사 된 건축시설 입주 후 임의 변경하여 발생되는 하자에 대하여 "을"은 책임지지 않는다.

제8장 기타사항

제48조(분쟁 및 소송)

① 본 계약에 관하여 분쟁이 발생할 경우 "갑"과 "을"이 협의하여 해결하되, 쌍방 간에 원만히 해결이 되지 않을 경우 관할 시·도 건설분쟁조정위원회에 분쟁의 조정을 의뢰한다.

② 제1항에 의하여 분쟁의 조정이 원만히 해결되지 않을 경우 법원에 소를 청구할 수 있으며, 재판에 대한 관할법원은 본 사업부지 소재지를 관할하는 법원으로 한다.

【주1】조합과 시공자가 본 계약에 대하여 해석의 견해 및 적용을 달리 하여 분쟁이 발생하게 될 경우는 우선적으로 상호 협의하여 원만하게 해결을 하도록 하고, 협의가 되지 않은 경우는 건설산업기본법의 규정에 의한 건설분쟁조정위원회의 조정을 통하여 해결하도록 하며, 그리 하여도 조정이 되지 않을 경우는 재판을 통하여 해결하도록 그 절차를 규정한 내용임.

【주2】소송으로 인한 시간과 비용을 절감하기 위하여 분쟁에 대해 대한상사중재원의 중재에 따를 것으로 아래의 예시와 같이 중재조항을 명시할 수도 있으며, 이 경우 중재원의 중재판정은 법원의 확정판결과 같은 효력을 가짐.

예) "본 계약으로부터 발생하는 분쟁에 대해서는 대한상사중재원의 중재로써 최종 해결한다."

제49조(계약외의 사항)

본 계약서에 명시되어 있지 않은 사항은 (주택건설촉진법)**도시 및 주거환경정비법**, 집합건물의 소유 및 관리에 관한 법률, 주택공급에관한규칙과 민법 등의 관계 법령에 따라 처리하되, 기타 세부 실무내용에 관하여는 "갑"과 "을"이 협의하여 처리한다.

제50조(채권의 양도)

"을"은 본 공사의 이행을 위한 목적 이외의 목적을 위하여 본 계약에 의하여 발생한 채권(공사대금청구권 등)을 제3자에게 양도하지 못한다.

제51조(이권개입 금지)

① "갑"은 "갑"의 조합원이나 "을"과 <u>조합정관에</u> 명시된 이외의 이면계약이나 약속을 할 수 없다.

② "갑" 또는 "갑"의 조합원은 "을"이 시공하는 공사와 관련하여 어떠한 이권개입이나

청탁을 할 수 없다.

③ "을"은 본 공사와 관련하여 "갑" 또는 "갑"의 조합원 및 임원에게 부당한 금품이나 향응 등을 제공할 수 없다.

제52조(계약의 효력)

① 본 계약의 효력은 계약체결일로부터 동 사업이 완료(조합해산)될 때까지 유효하다. 단, "갑"은 본 계약체결 전에 계약내용에 대하여 "갑"의 조합원 총회에서 결의를 선행하여 계약이행에 차질이 없도록 하여야 한다.

② 본 계약은 "갑"의 대표자(조합장) 및 "갑"의 임원 등의 변경과 "을"의 대표자 변경에 영향을 받지 아니한다.

③ 제51조를 위반하여 부적법하고 불합리한 공사계약체결이 이루어졌다고 판단되는 명백하고 객관적인 사실이 입증되면 "갑"과 "을"은 제34조의 규정을 따른 계약의 해제 및 해지 또는 취소할 수 있다.

제53조(특약사항)

기타 이 계약에서 정하지 아니한 사항에 대하여는 "갑"과 "을"이 합의하여 별도의 특약을 정할 수 있다.

도급공사비의 항목 (제7조제1항 관련)

구 분		항 목	단가(원)
건 축 공 사 비	가설공사	공통가설, 일반가설	
	기초 및 토공사	터파기, 잡석다짐, 밑창콘크리트, 레미콘, 파일 등	
	철근 콘크리트 공사	레미콘, 철근가공조립, 형틀	
	조적공사	시멘트 벽돌쌓기 0.5B, 1.0B 1.5B 등	
	방수공사	아스팔트 방수 ○○회, 액체방수 ○○회, 보호 몰탈 ○○회 등	
	미장공사	현장테라죠, 시멘트몰탈, 쇠흙손마감 등	
	석공사	대리석, 화강석, 마블 등	
	타일공사	모자이크타일, 자기질타일, 논스립타일 등	
	목공사	천장틀설치(재질표시), 출입문(재질표시), 창틀설치(재질표시), 마루틀(거실)설치 (재질표시) 등	
	창호공사	규격 및 재질표시 등	
	유리공사	거실부분, 안방부분, 베란다부분 등 규격표시	
	도장공사	수성페인트(내부, 외부 ○회 이상), 조합페인트, 바니쉬, 본타일 등 재질표시	
	지붕 및 홈통공사	강관선홈통, 루프드레인 등	
	수장공사	단열재(재질 및 규격표시), 비닐벽지(재질 및 규격표시), 모노륨, 밤라이트 등 규격 및 재질 표시	
	금속공사	핸드레일, 황동논스립, 황동줄눈대, 발코니 난간대 등 규격 및 재질표시	
	기타공사	판넬히팅 등	
	운반공사	철근, 시멘트, 모래, 자갈, 잡석 등	
	고 자재 대금 공제	고 철근 등	
	토목공사비	터파기, 잔토처리, 되메우기, 흙막이, 지반개량 등	
	조경공사비	수목의 종류, 규격, 식재수, 놀이시설 등	

구 분		항 목	단가(원)
전기공사비		화재탐지설비, 방송설비, TV공시청설비, 피뢰침설비, 수변전설비, 유선방송설비, 전화설비, 통신설비, 전등설비, 전력설비, 동력 및 간선설비 등	
설비공사비	위생설비	규격 및 재질 등(정화조포함)	
	급배수설비	규격 및 재질 등	
	난방설비	개별 및 지역, 중앙난방	
	소화전설비	배관 등	
	스프링클러설비	종류 및 성능 등	
	가스탐지설비	종류 및 성능 등	
	주방설비	규격, 조건 및 재질 등	
	화물 및 승용 승강기설비	속도, 규격, 성능 등	
철거공사비		철거방법(폭파, 파쇄 등)	
잔재처리비		처리방법(재활용, 매립 등)	
인입공사비	전기	용량, 배관 등	
	상·하수도	용량, 배관 등	
	가스	용량, 배관 등	
	지역난방	용량, 배관 등	
예술장식품 설치비		종류, 크기 등	
분양관련제경비	모델하우스 건립비	면적, 층수 등	
	모델하우스 운영비	운영기간, 방법 등	
	모델하우스 부지임차 및 간접비	보증금, 임차료 등	
	분양광고비	TV, 신문광고, 카다로그 등	
	분양보증 수수료	보증방법	
	기타분양관련 제 비용 등	모형도 등	

구　분	항　목	단가(원)
기 타 공 사 에 관 련 되 는 제 경 비		

사업경비의 항목 (제15조제1항 관련)

구 분	대여금(원)	금리 (연%)	기간(월)	이자(원)
조합운영비				
설계비				
감리비				
측량비				
안전진단비				
인·허가비				
각종 영향평가비				
각종 소송비용				
지질조사비				
각종 수수료 및 기타 공과금				
관리처분비용				
각종 등기비				
채권 매입자금				
미동의자 등 매입자금				
컨설팅 용역 수수료				
민원처리비				
기타 경비				

이주비의 항목 (제16조제1항 관련)

구 분		대여금(원)	금리(연%)	기간(월)	이자(원)	비 고
아파트	○○m²형					
	○○m²형					
	○○m²형					
복리시설						
합 계						

재건축사업 공사표준계약서

(지분제 방식)

2000. 6

(2000년 6월 제정된 이후 2022년 1월 현재까지 미 개정됨)

국 토 교 통 부

<h1 style="text-align: center">목   차</h1>

재건축사업 공사계약서

아래 사업의 (공동)사업주체인 반포주공0단지 재건축정비사업조합(이하 "갑"이라 한다)과 **수급자인** 00건설회사(이하 "을"이라 한다)는 반포주공0단지 재건축정비사업에 필요한 사항을 정하기 위하여 상호간에 아래 및 별첨 공사계약조건과 같이 약정하고, 이를 증명하기 위하여 본 계약서 2통을 작성하여 "갑"과 "을"이 기명·날인한 후 각각 1통씩 보관한다.

- 아 래 -

1. 사업의 명칭 : 반포주공0단지 재건축정비사업

2. 사업의 위치 : ○○시 ○○구 ○○동 ○○번지외 ○○필지

3. 사업부지면적 : _____㎡ (_____평)

4. 사업의 내용 : 관할 지방자치단체장이 승인한 건축시설의 신축공사

5. 사 업 방 법 : "갑"의 소유 토지에 대한 아파트 및 복리시설의 대물변제방법

6. 공 사 기 간 : 착공신고일로부터 ○○개월

7. "갑"과 "을"은 (주택건설촉진법)**도시 및 주거환경정비법** 및 동법 시행령·동법 시행규칙과 주택건설기준등에 관한 규정 및 규칙, 주택공급에 관한규칙, 집합건물의 소유 및 관리에 관한 법률 등 관계 법령과 **조합의 규약(정관)**을 준수하여 계약조건에 따라 해당 재건축사업이 성공적으로 완료 되도록 상호 신의와 성실의 원칙에 따라 이 계약을 이행하기로 한다.

8. 별첨서류 : 가. 공사계약조건 1부
　　　　　　　나. 공사계약 특수조건 1부
　　　　　　　다. 설계도서 1부
　　　　　　　라. 공사시방서 및 자재선정 목록 1부
　　　　　　　마. 공사예정공정표 1부
　　　　　　　바. 공사계획서 1부
　　　　　　　사. 기타 부대서류 1부

년　　　월　　　일

"갑"   주   소 : ○○시 ○○구 ○○동 ○○번지
           명   칭 : 반포주공0단지 재건축정비사업조합
           조 합 장 : ○ ○ ○   (인)

"을"   주   소 : ○○시 ○○구 ○○동 ○○번지
           명   칭 : ○ ○ 건 설 회 사
           대표이사 : ○ ○ ○   (인)

"갑"의 연대보증인

● 주   소 :
  직   책 :
  성   명 :   (인)
  주민등록번호 :
● 주   소 :
  직   책 :
  성   명 :   (인)
  주민등록번호 :

"을"의 연대보증인

● 주   소 :
  명   칭 :
  사업자등록번호 :
  대 표 이 사 :   (인)
● 주   소 :
  명   칭 :
  사업자등록번호 :
  대 표 이 사 :   (인)

주) 서울시에서는 2015년 6월 18일 조합의 채무 등에 관하여 조합임원은 보증행위를 할
    수 없도록 하는 내용이 포함된 규정을 개정 고시하였다. 이번 고시는 대상자가 해당 규정을
    준수할 의무를 부여하고 있습니다.

    「서울특별시 정비사업 조합 등 표준 행정업무규정 개정 고시」
        (서울특별시 고시 제2015-163호, [개정 2015.06.18.])

    제45조(보증행위 등 금지) 제3호(전문)
    3. 조합 등의 채무에 관하여 보증하는 행위. 단, 조합장등은 제외

공 사 계 약 조 건

제1장 총 칙

제1조(목적)

이 계약은 ○○(시·도) ○○(시·군·구) ○○(읍·면·동) ○○번지 소재 주택재건축정비사업에 관하여 "갑"과 "을"의 지위, 권리·의무 등을 규정함으로써 상기 재건축정비사업의 성공적인 완성을 목적으로 한다.

제2조(공사의 범위)

"을"이 시공할 공사의 범위는 "갑"이 제공한 토지상의 기존건물 철거공사, 동 대지상에 관할 지방자치단체장이 최종 승인한 주택건설사업 계획(변경 승인을 포함한다. 이하 같다) 상의 아파트 및 부대시설·복리시설 등의 건축을 공사범위로 한다.

제3조(당사자 간의 지위 및 사업원칙)

① "갑"과 "을"은 (공동사업주체로서 주택건설촉진법)**도급자와 수급자로서 도시 및 주거환경 정비법** 등 관계 법령에 따라 그 책임과 의무를 지며 본 사업이 성공적으로 완료되도록 상호 신의·성실의 원칙에 따라 계약을 이행하도록 한다.

【주】 재건축사업을 추진하기 위해서는 도시 및 주거환경정비법 제35조(조합설립인가 등) 규정에 의하여 재건축정비사업조합을 설립하여 관계 기관의 허가 및 법인 등기를 한 후 공개경쟁 입찰을 통하여 건설사업자 (시공자)를 선정하여야 한다.

② 본 계약과 관련하여 "갑"은 조합원 전체를 대표하며, 본 계약조건에 따라 행한 "갑"의 행위는 조합 전체의 권한·의무행위가 성립되는 것으로 간주한다. 동시에 "갑"의 조합원은 "을"에게 일체의 권리행사를 직접 요구할 수 없으며, "갑"을 통해서만 할 수 있다.

제4조(사업시행의 방법)

① "갑"은 "을"에게 "갑"과 "갑"의 조합원이 소유하고 있는 ○○시 ○○구 ○○동 ○○번지 외 ○○필지 일대의 토지를 제공하며 이에 대한 대가로 신축된 아파트 및 부대·복리 시설을 대물로 공급받는다. 이 경우 "을"에게 제공하는 토지라 함은 "갑"이 토지의 소유권 및 대지 사용권을 확보하여 "을"의 공사착공에 지장이 없는 상태의 토지를 말한다.

② "을"은 "갑"이 제공한 제1항의 대지에 관할 지방자치단체장이 승인한 설계도서, 계약조건 등의 내용에 따라 필요한 사업경비를 투입하고 건축시설을 시공하여 "갑"이 제공한 토지에 대한 대물변제 조건으로 신축된 아파트 및 복리시설을 "갑"에게 공급하며, 잔여 건축 시설은 일반분양하여 공사비 및 사업경비(이하 "건설사업비"라 한다)로 충당한다.

③ "갑"의 조합원의 이주에 필요한 자금은 "을"이 "갑"의 조합원에게 대여할 수 있으며 이때 "갑"의 조합원은 제16조의 규정에 따라 원리금을 상환하여야 한다. 다만, "갑"과 "을"은 협의하여 이주비를 금융기관을 통해 "갑"이 직접 조달할 수 있다.

제5조(대물변제 기준)

① 제4조제1항에 따라 "갑"의 조합원이 소유한 종전 토지 또는 건물에 대한 신축아파트 및 복리시설의 대물변제기준은 다음과 같다.

아파트	1.분양면적	2.종전면적	3.대물변제 면적	4.차이면적	5.분양단가	비 고
	○○m²	○○m²	○○m²	○○m²	○○○만원	전용○○㎡이하
	○○m²	○○m²	○○m²	○○m²	○○○만원	전용○○㎡이하
	○○m²	○○m²	○○m²	○○m²	○○○만원	전용○○㎡이하
복리시설	○○m²	○○m²	○○m²	○○m²	○○○만원	

【주1】 분양단가에 대하여

아파트 분양가가 자율화되었으므로 시공자가 아파트 분양가격을 높게 책정한 경우 조합원 입주 주택형과 대물변제면적(무상보상면적)과의 차이면적에 대한 분양단가가 상승할 수 있음.

따라서 이에 따른 분쟁을 예방하고 원활한 사업추진을 위해 공사계약 체결 시 대물변제면적(무상보상 면적) 결정과 아울러 조합원의 제곱미터당 분양단가를 확정하는 것이 바람직할 것임

【주2】 대물변제기준을 종전 토지 또는 건물을 적용하는 데 대하여

대부분 대물변제(무상공급) 기준은 종전소유 토지를 기준으로 하나, 복리시설 소유 조합원인 경우나 조합 특성상 종전건물을 기준으로 대물변제 하는 경우가 있어 "갑"과 "을"의 합의하에 기준을 따로 정할 필요가 있음

② "갑"의 조합원의 분양가차액(이하 "청산금"이라 한다)은 분양받은 아파트의 주택형별 분양면적(주거공용면적 포함) 및 복리시설의 분양면적과 대물변제면적과의 차이면적에 제1항의 분양단가를 곱하여 결정하며 징수 또는 지급시기, 방법 등은 제19조에 따른다.

【주】 조합원 청산금 징수 또는 지급방법을 일반분양자와 동일하게 함으로 시공사의 자금수급을 원활히 하여 부실공사방지를 도모코자 함

③ 지하층 면적은 분양면적 및 대물변제면적에 포함하지 아니하며, "을"은 지하층 면적에 대한 가격을 별도로 징수할 수 없다.

④ "갑"의 조합원이 입주하는 아파트의 마감자재는 일반분양아파트 선택사양과 동일 수준으로 한다.

【주】 조합원이 공급받는 아파트의 마감자재는 일반분양 선택사양과 동일 수준으로 정하여 이에 따른 추가비용 부담에 대한 다툼 방지

제6조 (공사예정공정표 등)

① "을"은 본 계약체결 시 제2호 및 제3호의 서류를 "갑"에게 제출하여야 하며, 착공 시에는 제1호 및 제3호의 서류를 첨부한 착공신고서를 "갑"에게 제출하여야 한다.

1. 현장대리인 지정서
2. 공사예정 공정표
3. 기타 "갑"이 지정한 사항

② "을"은 계약의 이행 중에 제1항의 규정에 의하여 제출한 서류의 변경이 필요한 때에는 관계 서류를 변경하여 제출하여야 한다.

③ "갑"은 제1항 및 제2항의 규정에 의하여 제출된 서류의 내용을 조정할 필요가 있다고 인정될 경우에는 "을"에게 이의 조정을 요구할 수 있다.

④ "을"은 공사와 관련하여 "갑"이 현장 제반관리 업무상 필요로 하는 자료 및 현황 등을 이의없이 즉시 제공하여야 한다.

제7조(공사기간)

① 공사기간은 사업부지 내 지장물 철거 및 잔재처리 완료 후 건축법 제21조에 의한 착공신고일로부터 ○○개월로 한다.

② 공사완공일은 최초의 사용검사필증 교부일로 한다.

제8조(계약이행보증)

① "갑"과 "을"은 본 계약의 이행을 보증하기 위하여 "갑"은 임원 및 대의원을 포함한 ○인을 연대보증인으로 세워야 하고, "을"은 (주택건설촉진법시행령 제34조의4의 요건을 갖춘 건설회사 2인을 연대보증인으로 두기로 한다.) 도시및주거환경정비법 제82조제1항에 **따른 시공보증서를 제출하기로 한다**.

② "갑"은 (및 "을"와) 연대보증인이 사망 (또는 파산) 등으로 인하여 보증인의 자격을 상실한 경우에는 다른 연대보증인으로 교체하여야 하며, 교체된 연대보증인은 종전의 의무사항을 승계한다.

③ (연대보증인은 "갑"과 "을"의 계약의무 불이행에 따른 채무에 대하여 각각 "갑"과 "을"에 연대하여 책임을 진다.) **"갑"은 "갑"의 조합원이 연대책임을 진다. (조합정관에 명시한다)**

제9조(인·허가 업무의 주관)

해당 사업과 관련한 인·허가 등 제반업무는 (공동사업주체의 명의로) "갑"이 주관하되, "을"은 이에 적극 협조하여야 한다.

제10조(공부정리 등)

종전 토지 등에 대한 권리정리, 소유권 이외의 권리(저당권, 임차권, 지상권 등)정리, 건축시설의 준공 후 조합원입주 아파트 및 복리시설의 보존등기는 "갑" 또는 "갑"의 조합원의 책임과 비용으로 처리하며, 제 측량에 의한 지적정리, 신탁등기 및 해지비용, (재건축 결의)**재건축정비사업 조합설립**에 찬성하지 아니한 자의 소유권확보 등 관련 비용, 건축시설의 준공 후 일반분양분 아파트 및 복리시설의 보존등기비, 기타 공부정리는 "을"의 책임과 비용으로 처리한다.

제2장 이주 및 철거

제11조(거주자의 이주)

① 사업지구 내 거주자(세입자를 포함한다. 이하 같다)는 최초 이주비 대여일로부터 ○개월 이내에 "갑"의 책임 하에 완료하여야 하며, "을"은 이주촉진을 위한 조치와 지원을 하여야 한다.

② 거주자의 이주 시 전기, 수도, 전화, 기타 제세공과금 등의 미납금은 "갑" 및 "갑"의 조합원의 책임으로 정리하여야 하며, "을"은 해당 건물에 대한 상수도, 전기, 가스사용 등의 공급중지와 관련한 제반조치를 취하여야 하고 "갑"은 이에 대하여 적극 협조하여야 한다.

제12조(지장물의 철거)

① 본 사업부지 내 지장물 철거는 거주자 이주완료 후 ○개월 이내에 "을"이 시행하여야 한다.

② 지장물의 철거 또는 시공 중에 발생되는 수목, 골재, 폐자재 등 부산물은 "을"에게 귀속된다.

③ "갑"과 "을"은 본 사업부지 내의 통신시설, 전기시설, 급수시설, 도시가스시설 등 공급시설에 대하여는 해당 시설물 관리권자와 협의하여 철거기간이나 방법 등을 따로 정할 수 있다.

제3장 사업경비의 지원 및 이주비 대여

제13조(사업경비의 지원)

① "갑"과 "을"은 다음 각 호의 사업경비의 지원에 대해 상호 협의하여 결정한다.
   1. 조합운영비(사무실 임차료 포함)
   2. 설계비, 감리비 및 측량비
   3. 안전진단비
   4. 인·허가비(사용검사비 포함)
   5. 각종 영향평가비
   6. 각종 소송비용
   7. 지질조사비
   8. 각종 수수료 및 기타 공과금
   9. 관리처분비용
   10. 각종 등기비(조합원분 아파트 및 복리시설 보존등기비 제외)
   11. 채권 매입자금
   12. (집합건물의 소유 및 관리에 관한 법률 제48조에 의한 재건축 결의에 찬성)<u>도시 및 주거환경정비법 제35조</u>에 의한 재건축정비사업 조합설립에 동의하지 아니한 자의 구분소유권, 대지사용권 및 기타 토지 등의 매입자금

13. 컨설팅용역 수수료
14. 민원처리비
15. 기타 사업추진에 필요한 제경비

② "갑"은 사업경비와 관련된 제반 증빙서류를 "을"에게 제출하여야 하며, 사업경비의 지원시기와 방법은 "갑"과 "을"이 협의하여 결정한다.

제14조(조합운영비의 지원)
"을"은 "갑"에게 조합운영에 필요한 경비를 지원하기로 하며, 지원기간, 방법, 조합운영비의 한도 등은 "갑"과 "을"이 협의하여 결정한다.

제15조(이주비의 대여)
① "갑"의 조합원 이주비는 기존 재산권 내역에 따라 아래와 같이 정하며, 이주비의 대여 조건은 별지 서식에 따른다.

구 분		세대당 이주비(원)	소 계(원)	비 고
아파트	○○m²형			
	○○m²형			
	○○m²형			
복리시설				
합 계				

② 이주비 대여는 본 계약체결과 사업계획승인을 득한 후 대여하는 것을 원칙으로 하되, 최초이주비 대여 시기는 "갑"과 "을"이 상호 협의하여 결정한다.

③ 이주비를 대여하기 전에 "갑"은 "갑"의 조합원의 건축물 및 토지의 소유관계, 거주자의 이주계획, 소유권 이외의 권리설정 여부, 공과금 완납여부 등을 확인하여 "을"이 채권을 확보하는데 지장이 없도록 협조하여야 한다.

【주】 소유권이외의 권리가 설정되어 있어 채권확보가 어렵다고 판단될 경우에는 "을"은 이주비 지급을 거부할 수 있을 것이며, "갑" 및 "갑"의 조합원은 이를 말소 또는 해지하여야 할 것임

④ 이주비 대여 시 "갑"은 이주비 대여와 관련된 제반서류(금전소비대차 계약서, 이주비 차용금증서, 근저당권 설정 관계 서류, 지장물 철거 동의서 및 위임장, 각서 등)를 "갑"의 조합원으로부터 징구하여야 한다.

⑤ "갑"의 조합원이 이주비를 대여 받고자 할 경우에는 소유 토지를 담보로 제공하고 "을"을 채권자로 하는 금전소비대차 계약을 체결하며, 이주비 총액의 130%를 채권최고금액으로 하는 제1순위 근저당권을 설정하여야 한다. 이 경우 근저당권 **설정에 따른 비용은 "을"이 부담하며**, 해지에 따른 비용은 "갑" 또는 "갑"의 조합원이 부담한다.

⑥ 근저당권 설정을 할 수 없거나 관계 법령에 의하여 근저당권을 해지하여야 할 경우, 이주비에 상응하는 금액의 약속어음 발행 및 공증 등 "을"이 요구하는 여타의 채권확보 방법에 "갑" 및 "갑"의 조합원은 특별한 사유가 없는 한 이에 협조하여야 한다.

제16조(이주비 상환)

① "갑"의 조합원이 대여 받은 이주비의 원리금 상환은 입주일 또는 입주기간 만료일 중 이른 날로 한다. 다만, "갑"의 조합원이 원할 경우 이주비의 일부 또는 전부를 조기 상환할 수 있다.

② "을"은 이주비를 대여 받은 "갑의 조합원이 권리의 일부 또는 전부를 양도할 경우 기존 조합원의 대여조건에 따라 이주비를 승계해 주어야 한다. 이 경우 "갑"은 조합원명의 변경절차 이행 전에 이주비 승계 사실을 확인하여 "을"의 채권확보에 지장이 없도록 주의의무를 다하여야 한다.

③ 이주비를 대여 받은 "갑"의 조합원이 제1항의 기간까지 이주비를 상환할 경우에는 ○○은행 주택자금대출 이자율을 적용한 이자를, 제1항의 기간을 경과하여 상환할 경우는 경과일수에 ○○은행 주택자금대출 연체율을 적용한 연체료를 "을"에게 별도로 납부하여야 한다.

제17조(사업경비의 지원 및 이주비 대여 중지)

① "갑" 또는 "갑"의 조합원이 제11조, 제19조에 의한 제반 사업일정을 정한 기한 내에 완료하지 못하였을 경우 "을"은 "갑"에게 ○개월 이내에 그 이행을 최고하고 그 기간이 경과하여도 이행이 완료되지 않을 경우 제반 사업경비의 지원 및 이주비 대여를 중지할 수 있다.

② 제1항에 따라 사업경비의 지원 및 이주비 대여가 중지될 경우 기 집행된 사업경비에 대하여 지연된 경과일수만큼 제16조제3항의 연체율을 적용한 금액을 "갑"이 "을"에게 지급한다.

【주】 연체이자는 사업 중에 조합원에게 징수하는 것이 어려운 상황이므로 별도로 잔금 지급 시 정산하기로 규정할 수 있을 것임

제4장 건축시설의 분양

제18조(관리처분계획)

① "갑"은 "갑"의 조합원별 종전 소유토지 등에 대한 적정한 보상과 "을"의 건설사업비 충당이 원만히 이루어질 수 있도록 합리적인 관리처분계획을 수립하여야 한다.

② 관리처분계획수립은 "갑" 또는 "갑"이 지정한 컨설팅기관 등이 수행한다. 다만, "갑"의 요구가 있을 경우 "을"이 수행할 수 있다.

제19조(조합원 분양)

① "갑"은 제18조 규정에 의한 관리처분계획수립 후 ○○일 이내에 "갑"의 조합원별 동·호수 추첨 및 분양계약을 완료하여야 한다.

② "갑"의 조합원은 분양받은 건축시설의 면적이 대물변제면적을 초과하거나 미달하는 경우에는 그 차액을 청산하여야 하며, 청산금의 납부시점 및 납부방법 또는 지급시점 및 지급방법 등은 다음 각 호와 같다.
  1. "갑"의 조합원의 청산금 납부방법 등은 일반분양자의 분양금 납부방법 등을 준용하여 처리하기로 하며 "갑"과 "을"이 협의하여 조정할 수 있다.
  2. 계획된 공사일정이 당초 중도금 납부일정보다 현저히 늦어지는 경우 "갑"과 "을"은 협의하여 제1호의 중도금 납부일정을 조정할 수 있다.

제20조(일반 분양)

① "갑"의 조합원에게 분양하고 남은 건축시설은 일반분양하고 분양시기, 분양방법, 분양 절차 등은 주택공급에 관한 규칙에 따르며, 일반분양가격은 "갑"의 관리처분계획에 의하여 "갑"과 "을"이 합의하여 결정한다. 단, 분양대상 복리시설의 분양 시기는 "갑"과 "을"이 협의하여 조정할 수 있다.

② 사용검사일까지 일반분양분 아파트, 복리시설 등의 미분양분이 있을 경우에는 "갑"과 "을"이 별도의 협의를 거쳐 결정하기로 한다.

제5장 공사의 기준

제21조(공사의 기준)

① "을"의 공사기준은 제4조제1항 대지에 관할 지방자치단체장으로부터 승인된 사업계획 설계도서에 의한다.

② 마감재는 조합원 분양분과 일반분양분을 동일 수준으로 적용하고, 시공은 "을"이 건설한 ○○아파트 견본주택 마감재와 동등이상의 최신시설 및 자재를 사용한다.

제22조(건축자재 및 자재의 검사 등)

① "을"이 사용하는 건축자재는 한국공업규격표시제품(KS)을 원칙으로 하며, 규격표시가 제정되지 아니한 자재는 설계도서, 시방서상에 표시된 자재를 사용하기로 한다. 단, 자재의 품절, 품귀 등 부득이 한 사유가 있는 경우에는 "갑"과 "을"이 협의하여 공사비의 인상을 수반하지 않는 범위 내에서 동등 이상의 유사한 타제품을 사용할 수 있다.

② "갑"은 필요한 경우 "을"이 사용하는 건축자재를 검사할 수 있고, 그 결과 전항 및 제21조와 상이한 건축자재를 사용한 경우 그 교체를 요구할 수 있으며, "을"은 이에 즉각 조치를 취해야 한다.

③ 제2항의 검사에 이의가 있는 경우 "을"은 "갑"에게 재검사를 요구할 수 있으며, 재검사가 필요하다고 인정되는 경우 "갑"은 지체없이 재검사하도록 조치하여야 한다.

④ "을"은 자재의 검사에 소요되는 비용을 부담하여야 하며, 검사 또는 재검사 등을 이유로 공사기간의 연장을 요구할 수 없다. 다만, 제3항의 규정에 의하여 재검사 결과 적합한 자재인 것으로 판명될 경우에는 재검사에 소요된 기간에 대하여는 공사기간을 연장할 수 있다.

⑤ 공사에 사용하는 자재 중 조립 또는 시험을 요하는 것은 "갑"의 입회 하에 그 조립 또는 시험을 하여야 한다.

⑥ 수중 또는 지하에서 행하여지는 공사나 준공 후 외부에서 확인할 수 없는 공사는 "갑"의 참여없이 시행할 수 없다. 다만, 사전에 "갑"의 서면승인을 받고 사진, 비디오 등으로 시공방법을 확인할 수 있는 경우에는 시행할 수 있다.

⑦ "을"은 공사수행과 관련하여 필요한 경우 "갑"에게 입회를 요구할 수 있으며, "갑"은 이에 응하여야 한다.

제23조(공사감리 등)

① 본 공사의 감리는 (주택건설촉진법 제33조의 6)주택법 제43조제1항의 규정 등 관계 법령과 주택건설공사 감리업무 세부기준 등에 따른다.

② "을"은 공사 진행 실적 및 추진계획을 공사감리자의 확인을 받아 매월 "갑"에게 보고 하여야 한다.

제24조 (공사감독원 등)

① "갑"은 계약의 적정한 이행 확보 및 공사감독을 위하여 자신 또는 자신을 대리하여 다음 각 호의 사항을 수행하는 자(이하 "공사감독원"이라 한다)를 지명 파견하여 "을"의 수행공사에 대하여 감독업무를 수행하게 할 수 있다.
   1. 시공일반에 대한 감독 및 입회
   2. 공사의 재료와 시공에 대한 검사 또는 시험에의 입회
   3. 공사의 기성부분 검사, 입주자 사전점검 또는 공사목적물의 인도에의 입회
   4. 기타 공사감독에 관하여 "갑"이 위임하는 사항

② "갑"은 제1항의 규정에 의하여 공사감독원을 선임한 때에는 그 사실을 즉시 "을"에게 통보하여야 한다.

③ "갑"은 "을"이 시공한 공사 중 설계도서에 적합하지 아니한 부분이 있을 때에는 이의 시정을 요구할 수 있으며, "을"은 지체없이 이에 응하여야 한다. 다만, 설계도서에 적합하지 아니한 공사가 "갑"의 부당한 요구 또는 지시에 의한 경우에는 "갑"이 그에 대한 책임을 진다.

④ "을"의 현장 임직원이나 협력업체 임직원 등이 관계 법규와 승인된 사업계획 및 계약 조건을 위반하여 공사의 원만한 수행에 영향을 미친 경우에 "갑"은 "을"에게 해당 인원의 교체 등 시정을 요구할 수 있으며, "을"은 정당한 사유없이 이를 거부할 수 없다.

⑤ "을"은 공사감독원의 감독 또는 지시사항이 공사수행에 현저히 부당하다고 인정될 때에는 "갑"에게 그 사유를 명시하여 시정 등 필요한 조치를 요구할 수 있다.

제25조(현장대리인)

① "을"은 건설산업기본법에 의하여 본 공사에 해당하는 건설기술자를 현장대리인으로 지명하여 "갑"에게 통지하여야 한다.

② 현장대리인은 공사현장에 상주하여 현장의 관리와 공사에 관한 모든 사항에 대하여 "을"을 대리하여 처리한다.

③ "을"의 현장대리인은 관계 법령과 승인된 설계도서 및 계약조건을 준수하여 공사를 수행하여야 한다. 단, 이를 적정하게 수행하지 않을 경우 "갑"은 "을"의 현장 대리인의 교체를 요구할 수 있으며 "을"은 정당한 사유없이 이를 거부할 수 없다.

제26조(공사의 하도급 등)

① "을"은 계약된 공사의 일부를 제3자에게 하도급 하고자 하는 경우 사전에 "갑"의 서면 승낙을 받아야 한다. 다만, 건설산업기본법의 규정에 의하여 건설공사 중 전문공사에 해당하는 건설공사를 하도급 하고자 하는 경우에는 "을"은 해당 업종의 **전문건설사업자**에게 하도급하고 "갑"에게 이를 통지하여야 한다.

② "을"이 제1항에 의해 본 공사를 제3자에게 하도급 하고자 하는 경우에는 '건설산업기본법' 및 '하도급거래공정화에관한법률'에서 정한 바에 따라 하도급하여야 하며, 하수급인의 선정, 하도급계약의 체결 및 이행, 하도급 대가의 지급에 있어 관계 법령의 제 규정을 준수하여야 한다.

③ "갑"은 본 공사의 시공이 현저히 부적당하다고 인정하는 하수급인이 있는 경우에는 하도급의 통보를 받은 날 또는 그 사유가 있음을 인지한 날로부터 30일 이내에 서면으로 그 사유를 명시하여 하수급인의 변경 또는 하도급 계약내용의 변경을 요구할 수 있다. 이 경우 "을"은 정당한 사유가 없는 한 이에 응하여야 한다.

【주】 기술적인 능력이 부족하거나 시공능력이 없는 하수급인이 선정되어 공사의 조잡, 부실 등이 발생할 우려가 있으므로 이를 조합이 미연에 방지하고 관리할 수 있도록 하기 위한 규정

④ "갑"은 제3항에 의하여 본 공사의 시공에 있어 현저히 부적당한 하수급인이 있는지 여부를 판단하기 위하여 하수급인의 시공능력, 하도급 계약금액의 적정성 등을 심사할 수 있다.

【주】 하수급인의 적정성 판단에 대해 필요할 경우 공신력 있는 컨설팅기관 등에 자문을 구할 수도 있을 것임.

제27조(공사기간의 연장)

① 다음 각 호에 해당하는 경우에는 이에 상응하는 만큼 공사기간을 "갑"과 "을"이 협의하여 연장하기로 한다.
  1. 천재지변, 전쟁, 내란 등 불가항력의 상황이 발생한 경우

2. 15일 이상 계속된 우천이나 이에 준하는 기상이변이 있을 때. 단, 전체층수의 골조공사가 완료되었을 경우는 본 호의 사유로 공사기간을 연장할 수 없다.

【주】 골조공사 완료 후 내부 마감공사는 우천 등에 영향을 크게 받지 않으므로 이러한 사유로 시공자가 공사기간을 연장하지 못하도록 하기 위한 단서조항임

3. "갑"의 귀책사유 또는 본 계약의 불이행 및 "을"의 귀책사유가 아닌 민원발생 등으로 공사가 중단 또는 지연되는 경우
4. 제28조의 사유로 공사기간이 연장되는 경우

② 제1항의 규정에 의해 공사기간이 연장되는 경우 이에 따르는 현장관리비 등 추가경비에 대해서는 "갑"과 "을"이 협의한다.

제28조(공사의 변경)

① "갑"이 사업계획승인 후 공사규모 등을 변경하고자 할 때에는 사전에 "을"과 협의하여 변경하여야 한다.

② "을"은 다음 각 호에 해당되는 경우 (주택건설촉진법령)도시및주거환경정비법령, 건축법령 등 관계 법령의 범위 내에서 "갑"에게 공사변경을 요구할 수 있으며, "갑"과 "을"은 협의하여 공사를 변경한다.
1. 본 계약 체결 이전에 선행된 지질조사 결과와 상이한 암반 및 연약지반 등의 지반 조건 발생 시

【주】 조합은 시공자 선정전에 지질조사를 실시하여 이를 기초로 시공자로 하여금 대물변제면적 등 견적조건을 제시하게 함으로써 추후 지질과 관련하여 일방적인 대물변제면적의 조정 요구를 방지하도록 하기 위한 규정임. 이를 위해서 조합은 기 선정된 설계업체 등과 협의하여 사전에 지질조사를 하는 것이 바람직함

2. 설계서의 내용이 공사현장의 상태와 일치하지 않거나, 불분명, 누락, 오류가 있는 경우
3. "을"의 귀책사유와 관계없는 정부의 정책변경이나 행정명령 등 불가피한 상황이 발생할 경우

제29조(대물변제면적의 조정)

① "을"은 다음 각 호에 해당되는 경우 그 사실을 "갑"에게 서면통지하고 "갑"과 "을"은 상호 합의하여 제5조의 대물변제면적을 조정한다.
1. 제28조에 의한 공사의 변경이 있는 경우
2. 기초공사 중 설계변경에 의해 기초공사 및 골조공사의 변경이 이루어질 경우

② 제1항의 설계변경으로 인하여 공사량의 증감이 발생한 때에는 대물변제면적을 조정하되, "을"은 그 변동에 대한 명확한 근거를 제시하여야 한다.

제30조(공사의 시정명령)

"을"이 관계 법령과 승인된 설계도서 또는 계약조건을 위반하여 건축시설을 시공하는 경우 "갑"은 이의 시정을 요구할 수 있으며, "을"은 이를 거부할 수 없고 "을"의 위반으로 발생한 추가비용 및 "갑"에 대한 손해는 "을"이 부담 또는 배상한다.

제31조(계약의 해제 및 해지)

① "갑"은 다음 각 호에 해당하는 사유가 발생하여 "을"이 계약을 이행할 수 없다고 객관적으로 판명된 경우에는 ○일의 계약이행 기한을 정하여 서면으로 통보한 후, 동 기한 내에 이행되지 아니한 경우 본 계약의 전부 또는 일부를 해제 또는 해지할 수 있고, 계약의 전부가 해지 또는 해제되었을 때에는 "을"은 해당 공사를 즉시 중지하고 모든 공사기구들을 공사장으로부터 철거하여야 하며 이로 인하여 발생하는 손해는 "을"이 배상한다.

1. "을"이 정당한 사유없이 약정한 착공기일을 경과하여도 공사를 착수하지 아니한 경우
2. "을"의 책임 있는 사유로 인하여 공사기간 내에 공사를 완성할 가능성이 없다고 객관적으로 판단되는 경우
3. 제34조의 규정에 의한 지체상금이 ○○만원(또는 건설사업비 총액의 ○%)에 도달한 경우로서 계약기간을 연장하여도 공사를 완공할 가능성이 없다고 객관적으로 판단되는 경우
4. 기타 "을"이 계약조건을 위반함으로써 계약의 목적을 달성할 수 없다고 객관적으로 판단되는 경우

② "을"은 다음 각 호에 해당하는 사유가 발생하여 공사의 계속 수행이 불가능하다고 객관적으로 판명된 경우에는 ○일의 계약이행 기한을 정하여 서면으로 통보한 후 동 기한 내에 이행되지 아니한 경우 공사를 중지하고 본 계약의 전부 또는 일부를 해제 또는 해지할 수 있다. 이 경우 "갑"은 "을"로부터 차입한 제반 대여금과 기성부분의 공사금액 등을 지체없이 정산하여야 한다.

1. "갑"의 귀책사유로 공사기간이 3분의 1 이상 지연되었을 경우
2. "갑"이 정당한 사유없이 본 계약을 이행하지 않거나, 계약사항에 정한 협의에 불응하여 공사의 계속적인 수행이 불가능하다고 객관적으로 판단되는 경우
3. 기타 "갑"이 계약조건을 위반하여 약정목적을 달성할 수 없다고 객관적으로 판단되는 경우

③ 제1항 및 제2항의 규정에 의하여 계약이 해지된 때에는 "갑"과 "을"은 지체없이 기성부분의 공사금액을 정산하여야 한다.

④ 제1항 및 제2항의 규정에 의한 계약의 해제 또는 해지로 인하여 손해가 발생한 경우에는 상대방에게 그에 대한 배상을 청구할 수 있다.

제32조(재해방지 및 민원)

① "을"은 공사현장에 안전표시판을 설치하는 등 재해방지에 필요한 조치를 취하여야 하며 공사로 인한 모든 안전사고에 대하여는 "을"의 책임으로 한다.

② 본 공사와 관련하여 "을"의 시공상 직접적인 하자 또는 부주의로 인하여 발생한 민원과 제3자에게 끼친 손해 등은 "을"의 책임 및 비용으로 해결하되, 인접도로의 통행제한, 인접건물의 공사수행방해, TV난시청 등 공사와 무관한 간접피해 및 민원은 "갑"의 책임 및 비용으로 해결한다.

【주】 민원의 내용별 해결주체를 분명히 하여 조합과 시공사간에 책임소재의 다툼을 미연에 방지하기 위한 규정임.(확정지분제에서는 위의 "갑"의 책임과비용에 관한 사항은 재검토가 필요하다)

③ 건축물 및 시설의 인계 전에 발생한 공사전반에 관한 인적·물적 손해에 관하여 "을"이 보상, 배상 및 원상복구의 책임을 지며, 또한 건축물 및 각종 시설물의 인수·인계 후에도 부실시공으로 판명되어 물적·인적 손해가 있을 경우에는 "을"에게 그 책임이 있으며 "갑"에게 이의를 제기할 수 없다.

④ "을"은 재해방지를 위하여 특히 필요하다고 인정될 때에는 미리 긴급조치를 취하고 즉시 이를 "갑"에게 통지하여야 한다.

⑤ "갑"은 재해방지 기타 공사의 시공상 부득이 하다고 인정될 때에는 "을"에게 긴급조치를 요구할 수 있다. 이 경우 "을"은 즉시 이에 응하여야 하며, "을"이 "갑"의 요구에 응하지 않는 경우 "갑"은 제3자로 하여금 필요한 조치를 하게 할 수 있다.

⑥ 제4항 및 제5항의 규정에 의한 응급조치에 소요된 경비는 실비를 기준으로 "갑"과 "을"이 협의하여 부담한다.

제33조(기성부분에 대한 손해책임)

① 건축시설의 기성부분에 대하여 "을"은 선량한 관리자의 주의의무를 다하여 관리하여야 한다.

② 건축시설의 사용검사 전에 천재지변으로 인하여 건축시설의 기성부분에 손해가 발생할 경우 그 손해는 "을"의 부담으로 한다.

제34조(지체상금)

① "을"은 정당한 사유없이 제7조에 의한 공사기간 내에 공사를 완공하지 못할 때는 지체기간 동안 지체상금을 부담하여야 한다. 다만, 제27조에 의하여 공사가 지연될 경우에는 그러하지 아니 하다.

② 제1항의 지체상금은 매 지체일수마다 건설사업비 총액에 ○○○분의 1을 곱하여 산출한 금액을 "갑"에게 납부하거나, "갑"이 "을"에게 지급할 청산금에서 공제한다. 단, 지체상금 총액이 건설사업비 총액의 100분의 10을 초과하는 경우 그 초과부분에 대하여는 "갑"과 "을"이 협의하여 결정할 수 있다.

【주】 지체상금의 기준은 국가를 당사자로 하는 계약에 관한법률 또는 시중은행의 일반대출자금 연체금리 등을 기준으로 조합과 시공자의 사정에 따라 별도로 정할 수 있을 것임

제6장 건설사업비의 충당 및 자금관리

제35조(건설사업비의 충당 및 정산)

① 제4조제2항에 의한 "을"의 건설사업비는 제19조의 조합원 청산금, 제20조의 일반분양 대금(이하 "청산금 등"이라 한다) 등으로 충당하며, 청산금 등의 수납관리는 "갑"과 "을"이 공동명의로 계좌를 개설하여 관리한다.

② "을"의 건설사업비를 충당하는 방법은 제19조 및 제20조에 따라 계약금, 중도금 및 잔금이 입금되는 일자, 납부비율에 따라 정산하기로 한다.

③ "갑"이 본 계약서에서 정한 기간 내에 청산금의 납부를 지연할 경우, 연체기간에 대하여 제16조제3항의 연체율을 적용한 연체료를 "을"에게 납부하여야 한다.

④ "갑"의 조합원이 제16조제1항에 의한 이주비의 상환 및 제19조에 의한 중도금 및 잔금의 납부를 지연할 경우 그 연체기간에 대하여 제16조제3항의 연체율을 적용한 연체료를 "갑" 또는 "을"에게 납부하여야 한다.

⑤ 청산금 등의 납부 및 제반 연체료 등의 은행예치로 발생되는 이자는 "을"에게 귀속한다.

제36조(채권확보)

"갑"의 조합원이 입주기간 만료일부터 ○○일까지 대여 받은 이주비의 원리금 및 청산금을 완납하지 아니하는 경우 "을"은 "갑"의 조합원이 분양받은 건축시설에 채권확보를 위하여 법적조치를 할 수 있으며, 이에 따른 비용은 "갑"의 책임 하에 해당 "갑"의 조합원 부담으로 한다.

제7장 사용검사 및 입주 등

제37조(사용검사)

① "을"은 관계 법령 및 관할 지방자치단체이 승인한 설계도서, 계약조건 등의 기준에 따라 공사를 완료하였을 경우 공사감리자의 확인을 받아 사용검사신청 예정일로부터 ○일 이전에 사용검사의 신청에 필요한 구비서류를 "갑"에게 제출하여야 하며, "갑"과 "을"은 협의하여 관할 지방자치단체장의 사용검사(임시사용승인을 포함한다) 및 입주자 사전점검을 실시한다.

② 관할 지방자치단체장의 사용검사필증을 받음과 동시에 "을"은 건축시설의 시공에 대한 의무를 다한 것으로 본다. 단, 하자보수 및 의무관리 등 주택건설 관계 법령에서 정한 사항은 그러하지 아니하다.

제38조(건축시설의 인도)

① "갑"은 사용검사를 필한 날로부터 ○일 이내에 공사목적물을 인수하여야 하며, 인수 과정에서 공사목적물을 보수하여야 할 사항이 있을 때에는 "갑"은 "을"에게 이를 통지하고 "을"은 지체없이 보수하여야 한다.

② 이주비의 원리금 및 청산금의 미지급이 있을 경우에는 "을"은 완성된 건축시설에 대하여 인도거부 및 유치권의 행사를 할 수 있으며, 건축시설에 대한 보존등기 및 이전등기를 보류할 수 있다.

③ "을"은 본 건축시설을 인도할 때까지 선량한 관리자로서의 주의와 의무를 다하여야 한다.

제39조(입주)

① "을"은 사용검사 완료 즉시 "갑"과 협의하여 입주기간을 지정한다.

【주】 입주기간을 시공자가 일방적으로 지정할 경우 입주자의 입주시기, 잔금납부 등의 문제가 발생할 수가 있어 이를 조합과 협의하여 입주기간을 지정토록 한 규정임

② 제1항의 규정에 의한 입주기간이 확정되기 전에 미리 "갑"과 "을"은 협의하여 입주예정 ○일 전까지 구체적인 입주예정 개시일자를 지정하여 계약자 등에게 통지 및 확인하기로 하며, "을"은 입주 시 필요서류 및 홍보용 각종 자료제작 등 각종 계획수립과 제반 사항을 준비 및 확인한다.

③ "갑"과 "을"은 건축시설을 분양받은 조합원이 입주하는 경우 청산금, 이주비의 원리금, 연체료 등의 완납여부를 미리 확인하여야 하며, 이를 완납하지 아니한 자에게는 입주를 허용하지 아니할 수 있다.

제40조(하자 및 관리)

① 건축시설의 하자보수범위, 기간, 하자보수보증금 예치, 사업주체의 의무관리 등에 대하여는 공동주택관리령 등 관계 법령에 적합한 범위 안에서 "갑"과 "을"이 협의하여 결정한다.

② "갑"은 사용검사완료 즉시 관리사무소를 개설·운영하여야 한다.

③ "갑"의 조합원이 사용검사된 건축시설 입주 후 임의변경 하여 발생되는 하자에 대하여 "을"은 책임지지 않는다.

제8장 기타사항

제41조 (분쟁 및 소송)

① 본 계약에 관하여 분쟁이 발생할 경우 "갑"과 "을"이 협의하여 해결하되, 쌍방 간에 원만히 해결이 되지 않을 경우 관할 시·도 건설분쟁조정위원회에 분쟁의 조정을 의뢰한다.

② 제1항에 의하여 분쟁의 조정이 원만히 해결되지 않을 경우 법원에 소를 청구할 수 있으며, 재판에 대한 관할법원은 본 사업부지 소재지를 관할하는 법원으로 한다.

【주1】 조합과 시공자가 본 계약에 대하여 해석의 견해 및 적용을 달리 하여 분쟁이 발생하게 될 경우는 우선적으로 상호 협의하여 원만하게 해결을 하도록 하고, 협의가 되지 않은 경우는

건설산업기본법의 규정에 의한 건설분쟁조정위원회의 조정을 통하여 해결하도록 하며, 그리하여도 조정이 되지 않을 경우는 재판을 통하여 해결하도록 그 절차를 규정한 내용임

【주2】소송으로 인한 시간과 비용을 절감하기 위하여 분쟁에 대해 대한상사 중재원의 중재에 따를 것으로 아래의 예시와 같이 중재조항을 명시할 수도 있으며, 이 경우 중재원의 중재판정은 법원의 확정판결과 같은 효력을 가짐
예) "본 계약으로부터 발생하는 분쟁에 대해서는 대한상사 중재원의 중재로써 최종 해결한다."

제42조 (계약외의 사항)

본 계약서에 명시되어있지 않은 사항은 (주택건설촉진법)'**도시 및 주거환경정비법**', '집합건물의 소유 및 관리에 관한법률', '주택공급에 관한규칙'과 '민법' 등의 관계 법령에 따라 처리하되, 기타 세부실무 내용에 관하여는 "갑"과 "을"이 협의하여 처리한다.

제43조 (채권의 양도)

"을"은 본 공사의 이행을 위한 목적 이외의 목적을 위하여 본 계약에 의하여 발생한 채권 (공사대금청구권 등)을 제3자에게 양도하지 못한다.

제44조 (이권개입 금지)

① "갑"은 "갑"의 조합원이나 "을"과 <u>조합 규약(정관)</u>에 명시된 이외의 이면계약이나 약속을 할 수 없다.

② "갑" 또는 "갑"의 조합원은 "을"이 시공하는 공사와 관련하여 어떠한 이권개입이나 청탁을 할 수 없다.

③ "을"은 본 공사와 관련하여 "갑" 또는 "갑"의 조합원 및 임원에게 부당한 금품이나 향응 등을 제공할 수 없다.

제45조 (계약의 효력)

① 본 계약의 효력은 계약체결일로부터 동 사업이 완료(조합해산)될 때까지 유효하다. 단, "갑"은 본 계약체결 전에 계약내용에 대하여 "갑"의 조합원 총회에서 결의를 선행하여 계약이행에 차질이 없도록 하여야 한다.

② 본 계약은 "갑"의 대표자(조합장) 및 "갑"의 임원 등의 변경과 "을"의 대표자 변경에 영향을 받지 아니한다.

③ 제44조를 위반하여 부적법하고 불합리한 공사계약체결이 이루어졌다고 판단되는 명백하고 객관적인 사실이 입증되면 "갑"과 "을"은 제31조의 규정을 따른 계약의 해제 및 해지 또는 취소할 수 있다.

제46조 (특약사항)

기타 이 계약에서 정하지 아니한 사항에 대하여는 "갑"과 "을"이 합의하여 별도의 특약을 정할 수 있다.

이주비의 항목 (제15조제1항 관련)

구 분		대여금(원)	금리 (연%)	기간(월)	이자(원)	비 고
아파트	○○m²형					
	○○m²형					
	○○m²형					
복리시설						
합 계						

제4장
재건축사업 공사계약서의 예

반포주공0단지 재건축정비사업

工 事 都 給 契 約 書

0000년 0월 00일

[본 공사도급계약서는 국토교통부에서 제정한 표준계약서를 기준으로 작성하여 예시한 것으로 실제 체결된 계약서의 내용과는 서로 상이하며, 재건축정비사업의 도급제 사업추진방식을 전제하여 작성한 것입니다.]

시행자 : 반포주공0단지 재건축정비사업조합

수급자 : 0 0 건 설 주 식 회 사

공사도급 계약서

　반포주공0단지　재건축정비사업조합(이하　"갑"이라　한다)과　주식회사　00건설(이하 "을"이라　한다)은　반포주공0단지　재건축정비사업에　필요한　사항을　정하기　위하여　상호 아래　및　첨부　'공사도급계약조건'과　같이　약정하고,　이를　증명하기　위하여　본　계약서　2부를 작성하여　"갑"과　"을"이　날인한　후　각각　1부씩　보관하기로　한다.

－ 아　　래 －

1. 사업의　명칭 : 반포주공0단지　재건축정비사업

2. 사업장의　위치 : 서울시　서초구　반포0동　00-0번지　외　0필지

3. 사 업 개 요
　　1) 지역 / 지구　: 일반주거지역 / 아파트지구
　　2) 대 지 면 적　: 133,349.00㎡ (40,338.07평)
　　　　　　　　　　　　(도로불하예정용지,　유치원매입토지　포함)
　　3) 건 축 면 적　: 　15,854.59㎡ (4,796.01평)
　　4) 건축 연면적　: 535,231.72㎡ (161,907.58평)
　　　　　　　　　　 － 지상층　건축　연면적 : 359,970.21㎡ (108,890.98평)
　　　　　　　　　　 － 지하층　건축　연면적 : 175,261.51㎡ 　(53,016.60평)
　　5) 건 폐 율 : 　11.89%
　　6) 용 적 율 : 269.95%
　　7) 세 대 수 : 전용면적 60㎡ 이하　　 － 　　489세대
　　　　　　　　　 전용면적 60㎡ ～ 85㎡ － 　　978세대
　　　　　　　　　 전용면적 85㎡ 초과　　 － 　　977세대
　　　　　　　　　　　　　계　　　　　　　2,444세대
　　8) 구　　　　조 : 철근콘크리트　벽식　구조,　진도　8.0(MMI기준)　적용
　　9) 층　　　　수 : 32층　이하
　　10) 설　　　　비 : 난방―지역난방,　급수 ― 부스터　방식
　　11) 기　　　　타 : 부대시설　및　복리시설
　　　　※ 상기　사업개요는　사업시행변경인가에　따라　변경될　수　있다.

4. 사업추진방식 : 도 급 제

5. 공사도급금액 : 단위면적(3.3㎡)당　공사도급금액에　최종　건축연면적을　곱한　금액

6. 공 사 기 간 : 본　공사착공일로부터　35개월

7. "갑"과 "을"은 도시및주거환경정비법 및 동 시행령, 주택법 및 동 시행령과 동 시행 규칙, 주택건설기준등에관한 규정과 규칙, 주택공급에관한규칙, 집합건물의소유및 관리에관한법률, 건설산업기본법 기타, 관계 법령과 "갑"의 조합정관을 준수하며 첨부한 '공사도급계약조건' 및 별첨된 계약관계도서에 따라 당 재건축사업이 성공적 으로 완료될 수 있도록 상호 신의와 성실의 원칙에 따라 이 계약을 이행하기로 한다.

8. 본 계약체결 시에는 아래 도서를 "갑"과 "을"이 각각 작성하여 별첨하기로 한다.
    (1) 자재선정 및 단위세대 마감목록 1부(별지 제1호)
    (2) "갑"의 재건축사업 참여제안서 작성지침(0000.0. 작성)1부(별지 제2호)
    (3) "을"의 재건축사업 참여계획서(별지 제3호)
    (4) 설계도서 1부(별책)
    (5) 공사비 산출내역서 1부
    (6) 공사예정 공정표 1부(PERT/ CPM 포함)
    (7) 공사계획서 및 공사시방서 1부
        (단, 제5호, 제6호 및 제7호는 착공신고 전까지 첨부한다)

0000년 0월 00일

"갑" (시행자)
    주   소   : 서울시 서초구 반포0동 00-0 번지
    조 합 명   : 반포주공0단지 재건축정비사업조합
    성   명   : 조합장   이   0   0   (인)

"을" (수급자)
    주   소   : 서울시 00구 00동 000번지
    회 사 명   : 주식회사 00건설
    성   명   : 대표이사   0   0   0   (인)

공사도급 계약조건

제1조(목적)

이 계약은 서울시 서초구 반포0동 00-0 번지 외 0필지 소재, 반포주공0단지 재건축정비사업에 관하여 "갑"과 "을"의 지위, 권리 및 의무 등을 규정함으로써 상기 재건축정비사업의 성공적인 완성을 목적으로 한다.

제2조(공사의 범위)

"을"이 시공할 공사의 범위는 "갑"의 사업대상 부지 위의 기존건축물 철거 및 관할 구청장이 최종 승인한 사업시행인가(변경인가를 포함한다. 이하 같다)상의 아파트, 부대시설 및 복리시설 등의 건축을 공사범위로 한다.

제3조(당사자 간의 지위 및 사업원칙)

① "갑"은 본 사업의 시행자겸 도급인이며 "을"은 수급인으로서 도시및주거환경정비법 및 주택법 등 관계 법령에 따라 그 책임과 의무를 지며, 본 사업이 성공적으로 완료되도록 상호 신의와 성실의 원칙에 따라 계약을 이행하도록 한다.

② 본 계약과 관련하여 "갑"은 조합원 전체를 대표하며, 본 계약조건에 따라 행한 "갑"의 행위는 조합 전체의 권한·의무행위가 성립되는 것으로 간주한다. 따라서 "갑"의 조합원은 "을"에게 일체의 권리행사를 직접 요구할 수 없으며, "갑"을 통해서만 할 수 있다.

제4조(사업시행의 방법)

① "갑"은 "을"에게 "갑"과 "갑"의 조합원이 소유하고 있는 서울시 서초구 반포0동 00-0 번지 외 0필지 일대의 사업대상 부지의 소유권 및 대지사용권을 확보하여 "을"의 공사착공 및 제반 사업일정에 지장이 없도록 하고, 공사도급금액을 지불하며, "을"은 "갑"의 사업대상 부지에 관할 구청장이 승인한 설계도서, 계약서 등의 내용에 따라 건축시설을 시공한다.

② "갑"의 조합원 이주비는 "갑"이 금융기관을 통하여 직접 조달하는 것을 원칙으로 한다. 이때, "을"은 "갑"의 대여요청에 따라 기본이주비이자를 "갑"에게 대여하고, "갑"은 "갑"의 조합원 분담금, 일반분양수입금, 복리시설 분양수입금, 기타 수입금 등(이하 "분양수입금 등"이라고 한다)의 입금 시에는 "을"로부터 차입한 기본이주비이자의 대여원금과 이자[이자 산출은 월별 미지급 잔고액에 "해당 대여일의 CD(91일물) 유통수익률'+0.0%"(3개월 변동금리)을 곱하여 매월 산출한다]를 "을"에게 우선 상환하여야 한다.

③ "을"은 "갑"이 본 재건축사업을 시행하는 데 소요되는 사업추진제경비를 본 계약조건 제15조에 따라 대여하여야 한다. 단, 필요 시 "갑"과 "을"의 합의에 따라 "갑"은 중도금 및 사업추진제경비를 금융기관을 통하여 직접 조달할 수 있으며, 이 경우 "을"은 협약 등의 방법으로 협조하기로 한다.

④ "갑"은 조합의 정관, 사업계획 등의 변경이 "을"에게 직접적으로 관계되는 사안일 경우에는 이를 "을"에게 통지하기로 한다.

제5조(공사의 범위 및 공사비의 부담)

① "을"은 제4조제1항의 건축시설을 시공함에 있어 다음 각 호를 수행하며 이에 따른 비용을 부담한다.

1. 건축공사
2. 토목공사(암반 및 연약지반공사, 흙막이공사 포함)
3. 조경공사
4. 전기공사
5. 설비공사
6. 기존건물의 철거공사(각종 이설공사 포함) 및 잔재(폐기물)처리
   단, 이주 시 발생한 생활쓰레기의 처리는 제외임
7. 주택법에 의한 도로, 통신(광케이블 설치 포함), 상·하수도, 전기, 가스, 지역난방 등 인입공사(유치원 등의 모든 부대시설 및 복리시설의 인입공사 포함)
8. 예술장식품 설치공사
9. 일반분양에 관련된 제반업무 및 제 경비(모든 분양대금수납 및 정리업무, 분양보증수수료, 분양광고, 선전비 등 일식), M/H건립 및 관리비(모형 및 디스플레이 제작설치, 부지임차 및 철거비 등 일식)
10. 부지조성공사
    단, 매립된 폐기물, 쓰레기 등의 처리책임과 터파기에 따라 발생한 토사 (모래, 자갈 등)의 처리 권한은 "갑"에 있다.
11. 사업부지 접속도로의 확장공사를 포함한 행정기관에 무상 귀속되는 도시계획도로 일체, 반포천교량 신설공사(단, 반포유수지 상의 도시계획도로와 관련하여 교량 등으로 시공될 경우, 귀속관청으로부터의 공사비 환급금액에서 일반도로 시공금액을 차감한 금액을 "을"에게 지급한다), 기존 교량의 보행자전용통로로의 개량공사(관할 관청의 허가 시) 등 사업시행인가조건의 이행에 관련된 **정비기반시설 공사**
12. 근린공원조성공사(기본 공사비를 포함하며, 인허가 과정에서 마감재의 상향 등 구청의 추가요구 등으로 증가되는 공사비는 "갑"이 "을"에게 별도 지급한다)
13. 주민 커뮤니티시설 설치공사(기구, 비품, 집기 등의 설치비용으로 00억원의 한도 내에서 "을"이 "갑"의 의사에 따라 설치하거나, 설치예정일의 2개월 전까지 "갑"에게 지급한다)
14. 공사 관련 민원경비
15. 인터넷 사용료(2년간)
16. "갑"의 '새건축사업 참여 제안서 작성지침'에 따른 "을"의 '사업참여 계획서'에 기술된 모든 공사내역
17. 본 공사 입찰 시 "을"이 "갑" 및 "갑"의 조합원에게 제시한 모든 참여조건(사업참여 계획서, 마감재 리스트, 홍보물, 비디오테이프, 전단지 등)
18. 상기 제1호 내지 제17호의 내용과 직접 관련이 없는 사업시행인가조건[학교시설

개선, 기존 수목의 이식, 북측 하수유입박스의 확장이설, 사업부지 내 구거부지의 하수암거의 이설(필요시), 도로확폭구간 가로등 개량, 지하철(도시철도)관련 조건 등]의 이행에 관련된 업무 및 그 이행 책임은 제외하나, "갑"의 관리처분계획에서 책정한 공사비의 공사범위 내의 공사비로 "을"이 공사를 수행한다.

제6조(공사예정 공정표 등)

① "을"은 본공사 착공신고 시에는 아래의 제1호 및 제5호의 서류를 첨부한 착공신고서를 "갑"에게 제출하여야 하며, 본공사 착공 시에는 아래의 제2호, 제3호, 제4호 및 제5호의 서류를 "갑"에게 제출하여야 한다.
  1. 현장대리인 지정서
  2. 공사계획서 및 공사예정 공정표(PERT / CPM 포함)
  3. 공사비 산출내역서(수량산출서 등)
  4. 공사시방서, 자재리스트(주택형별 소요량 기재)
  5. 기타 "갑"이 요구하는 사항

② "을"은 계약의 이행 중에 제1항의 규정에 의하여 제출한 서류의 변경이 필요한 경우에는 "갑"과 협의하여 변경 제출하여야 한다.

③ "갑"이 제1항 및 제2항의 규정에 의하여 제출된 서류의 내용을 조정할 필요가 객관적으로 인정되어 이를 요구할 경우 "을"은 이에 따라야 한다.

④ "갑"이 공사와 관련하여 업무상 필요로 하는 자료 및 현황 등을 요구할 경우 "을"은 이에 협조하여야 한다.

제7조(공사도급금액)

① "갑"이 "을"에게 지급해야 하는 공사도급금액은 관할 구청장이 최종 인가한 건축시설의 건축연면적에 제곱미터당 ₩0,000,000원을 곱한 금액으로 한다.

② 상기 제1항의 규정에 의한 공사도급금액은 부가가치세[국민주택규모(전용면적 85㎡) 초과 아파트 등에 대한 부가가치세]를 제외한 금액으로서 상기 공사도급금액 외에 "갑"이 별도 부담하기로 한다.

③ "갑"은 "을"로부터 사업추진제경비를 직접 차입하여 발생되는 금융비용(단, 제15조 제1항 제7호 및 제16호에 한함)에 대한 이율은 「대여일 현재의 CD(91일물) 유통수익률'+0.0%」(3개월 변동금리)로 하기로 하며, 상기 공사도급금액 외에 "갑"이 별도 부담하기로 한다.

④ 상기 제곱미터당 공사금액에는 제5조에 명기된 공사비 등과 이를 수행하는 데 소요되는 간접비 및 이윤을 포함한다.

제8조(물가변동으로 인한 도급금액의 조정)

① 상기 제7조제1항의 공사도급금액은 0000년 12월말 착공 기준이며, 그 이후 실 착공 시까지의 인상률은 기획재정부에서 매월 조사하여 발표하는 전국소비자물가지수를 기준하여 변경(상향 또는 하향) 조정하되, 연도별 인상상한액은 아래 금액을 초과 하지 않는다.

연도별 M²당공사비 상한
(단위: 원/m²)

착 공 시 기	금 액	비 고
0000년 12월 이내 착공 시	0,000,000	
0000년 12월 이내 착공 시	0,000,000	
0000년 12월 이내 착공 시	0,000,000	V. A. T 별도
0000년 12월 이내 착공 시	0,000,000	
0000년 12월 이내 착공 시	0,000,000	
0000년 12월 이내 착공 시	0,000,000	

② "을"이 물가변동으로 인한 공사도급금액의 증액을 요구하는 경우에는 '도급금액 조정 내역서'를 "갑"에게 제출하여야 한다.

③ 이주개시 후 11개월 이후부터는 물가변동에 의한 공사도급금액을 조정하지 않는다. 다만, "갑"이 제13조제2항을 이행하지 못하였거나 제13조제4항 단서에 따라 지연될 경우에는 제외하며, 이 경우에도 상기 제1항의 연도별 상한액을 적용한다. 또한 "갑"이 이주기간을 단축하는 경우에는 단축기간부터 물가변동에 의한 도급 금액을 조정하지 않는다.

제9조(공사 기간)

① 공사기간은 실제 공사착공일로부터 35개월로 한다.

② 공사착공일은 철거공사 완료일익일을 기준으로 한다. 단, "을"의 귀책사유로 이주 및 철거공사가 지체되는 경우의 공사착공일은 이주개시일로부터 11개월이 지난날을 기준으로 한다. 한편, "갑"이 이주기간을 단축하는 경우에는 "을"은 공사착공일정을 단축한다.

③ 공사완공일은 제44조에 따른 날로 한다.

제10조(계약이행보증)

① "갑"은 본 계약 체결 시 조합장이 대표로 계약을 체결하기로 한다. "갑"의 전 조합원은 본 계약서에 대하여 "을"에게 연대하여 채무를 상환할 책임을 지며, 이를 보증하기 위하여 전 조합원이 연대책임을 진다는 내용을 "갑"의 조합정관에 명시하여야 한다.

② "을"은 도시및주거환경정비법 제82조에 따른 시공보증서(보증비율은 공공공사 공사
이행보증비율, 보증기간은 실 공사기간을 적용한다)를 "갑"에게 제출하여야 하며, "을"은
일반분양주택에 대하여 「주택도시기금법 시행령 제21조제1항제1호」에 따른 주택분양
보증 관련 서류를 제출하여야 한다.

제11조(인가 및 허가 업무의 주관)

해당 사업과 관련한 인·허가 등 제반업무는 본 사업의 시행자인 "갑"의 명의로 "갑"이
주관하되 "을"은 이에 최대한의 협조를 다하여야 한다.

제12조(공부정리 등)

조합설립에 동의하지 아니한 구분소유자의 소유권정리, 측량에 의한 지적정리, 소유권
이외의 권리(저당권, 임차권, 지상권 등)정리, 건축시설의 준공 후 보존등기 및 기타
공부정리는 "갑"의 책임과 비용으로 처리한다.

제13조(거주자의 이주)

① 사업지구에 거주하는 자(세입자를 포함한다. 이하 같다)의 이주는 이주기간(9개월) 이내에
"갑"의 주관 하에 수행하여야 한다.

② "갑"은 조합설립에 미동의 한 거주자에 대하여는 매도청구소송 및 명도청구소송
(관련 가처분을 포함) 등의 절차에 착수하여 이주기간 만료일 3개월 이전에 승소
(가처분 및 본안소송의 제1심판결－가집행선고 포함)하여야 한다.

③ "갑"은 미이주가 객관적으로 예상되는 거주자(이주 및 신탁등기 서류, 철거동의서 등
미제출세대 등)에 대해서는 구비서류접수기간 만료일로부터 1개월 이내에 제1차
명도청구소송(관련 가처분 포함. 이하 같다)을 제기하여야 하며, 이주개시일로부터
5개월 이내에 미이주자 전원에 대하여 제2차 명도청구소송 등을 제기하여야 한다.

④ "갑"은 이주를 위하여 최선을 다하여야 하며, "을"은 이주촉진을 위한 제반 조치에
최대한 협조하기로 한다. 그럼에도 불구하고 이주기간인 9개월 이내에 이주가
완료되지 못할 경우 "을"은 다음 각 호의 책임을 진다.
단, "갑"이 본조 제2항의 기한 내에 소송이 종료되지 못하거나 제3항의 소송제기 후
"갑"이 추진하는 업무와 관련한 다툼(조합설립, 관리처분 총회의 효력, 인허가절차)으로
이주기간 내 상기 소송이 종료되지 못하여 이주가 늦어지는 경우와 인·허가 절차의 미비
또는 지연에 따라 이주가 늦어져 착공이 늦어지는 경우에는 "갑"의 책임으로 한다.
1. 제반 금융비용의 부담 증가
2. 사업추진제경비의 추가발생
3. 미이주자에 대한 법적, 행정적 조치 등에 필요한 제반 비용
4. 착공지연으로 인한 공사도급금액의 증가

⑤ 거주자의 이주 시 전기, 수도, 전화, 기타 제세공과금 및 관리비 등의 미납금은 "갑" 및

"갑"의 조합원 책임으로 정리하여야 하며, "갑"은 해당 세대에 대한 상수도, 전기, 가스사용 등의 공급중지와 관련한 제반 조치를 취하여야 하고 "을"은 이에 적극 협조하여야 한다.

⑥ "을"은 "갑"의 조합원에게 이주계획에 따른 이사소요비용(제15조제1항제16호)을 매 월단위로 하여 대여금조로 지급하고, 이 금액은 도급금액에서 정산하기로 한다.

제14조(지장물의 철거)

① "을"의 지장물 철거공사기간은 4개월로 하되, 철거공사 완료는 이주완료일 익일부터 2개월이 되는 날까지로 하고, 공사착공일은 철거공사 완료일익일을 기준으로 한다. 다만, "을"의 귀책사유로 이주 및 철거공사가 지체되더라도 공사착공일은 이주시작일로 부터 11개월이 지난날을 기준으로 한다. 한편, "갑"이 이주기간을 단축하는 경우에는 "을"은 공사착공일정도 그에 따라 단축하여야 하고, 제13조제2항의 기간이 경과되거나 제13조제4항 단서의 경우에는 실제 철거시작일로부터 4개월이 지난날을 공사착공일로 한다.

② "을"은 거주자 이주개시 즉시, 건축물의 불법점유 또는 무단출입 등으로 인하여 발생이 예상되는 제반사고 등을 미연에 방지하기 위한 필요조치를 취하여야 한다.

③ 공사 중(철거공사 포함)에 발생되는 폐자재 등 일체의 부산물은 "을"의 비용으로 처리하되, 이주 시 발생한 생활쓰레기는 "갑"이 처리하거나 처리비용을 부담하기로 한다.

④ 사업시행 인가조건에 따라 환경영향평가서에서 요구하는 기존 수목의 이식 및 재 이식은 "갑"이 시행하여야 하나, "갑"의 요청 시 "을"은 기존 수목의 이식 및 재이식을 시행한다.

⑤ "갑"과 "을"은 본 사업부지 내의 통신시설, 전기시설, 급수시설, 도시가스 시설 등의 공급시설에 대하여는 해당 시설물 관리권자와 협의하여 철거기간이나 방법 등을 따로 정할 수 있다.

제15조(사업추진제경비)

① "을"은 "갑"의 자금 소요계획에 따라 다음 각 호의 사업추진 제경비를 대여하기로 한다.
   1. 조합운영비(조합사무실 임차료 등 포함)
   2. 설계비, 감리비, CM비(공사감독원 운용비)
   3. 기존건축물의 안전진단비
   4. 인·허가비(채권매입비 포함) 및 사용검사비 등
   5. 각종 영향평가비
   6. "갑"의 명의로 부과되는 광역교통시설 부담금, 학교용지부담금, 하수도 원인자부담금 등 각종 부담금 및 각종 인입시설분담금
   7. 토지매입비[사유지(건물 포함) 및 국·공유지] 및 관련 제 세금, 조합이 부담하는 부가가치세 등

8. 관리처분비용(감정평가 수수료 등 포함)

9. **재건축조합 설립**에 찬성하지 아니한 자의 구분소유권, 대지사용권 및 기타 토지 등의 매도청구비용(공탁금 및 매입자금 등)

10. 각종 소송비용 및 수수료

11. 각종 등기비(신탁등기, 일반분양분의 보존등기, 법인등기 등)

12. 행정용역비(컨설팅비) 및 조합원 총회비용 등

13. 민원처리비 등

14. 각종 수수료 및 기타 공과금

15. 회계, 세무, 법무 및 기타 용역비

16. 이사비용(세대 당 0백만원)

17. 기본이주비로 인한 이자

18. 예비비(상기 제1호 내지 제17호에 규정한 비용 이외의 사업비용)

② 상기 제1항의 사업추진제경비 중 제0호와 제00호를 제외한 각 호에 대하여는 제7조 제3항에서 정하는 금융비용 적용대상에서 제외한다.

③ "갑" 또는 "갑"의 조합원은 "을"의 사업추진제경비 등의 직·간접조달에 협조하여야 하며, 다음 내용이 포함된 차입결의를 조합원 총회 시 결의하고, 이의 직·간접 조달 및 대여에 필요한 제반 서류의 구비 및 그에 따른 절차를 각각 이행하여야 한다. 다만, "갑"과 "을"이 합의하여 사업추진제경비를 "갑"이 직접 조달할 수 있다.

1. 차입용도 및 금액 : 본 조 제1항의 사업추진제경비 및 제38조제3항에 따른 선분양대금의 자금충당금, 관리처분 시 예상금액

2. 차입기간 : 차입일로부터 입주예정일까지

3. 차입처 및 차입이율 : "을"이 선정하는 금융기관의 차입조건 적용

4. 차입선결조건 : "을"의 협약서 체결(시공사와 금융기관이 체결)

④ "갑"은 "을"에서 대여 받은 상기 제1항의 사업추진제경비 중 제7호 항목에 대해서는 대여일로부터 조합원 분담금, 계약금(착공일로부터 1개월 이내) 입금일까지의 이자만을 지급하고, 제17호 항목에 대한 이자는 조합원분담금 계약금 및 각 중도금 입금전일까지의 이자를 각 입금일에 지급한다. 이때 이자계산은 월별 대여원리금 누계×"대여일 현재 CD(91일물)유통수익률+0.0%(3개월 변동금리)"×대여일로부터 조합원 분담금의 계약금 및 각 중도금 입금일까지의 일수를 기준 한다.

"갑"은 조합원분양금 중 계약금 입금일에 그 때까지 발생된 "갑"의 사업추진제경비의 원리금을 우선 상환하며, 세부시행방법은 "을"이 결정하되, 이후 어떠한 경우라도 사업 경비로 인한 "갑"의 이자발생이 없는 조건으로 한다.

⑤ 상기 제1항의 사업추진제경비 중 제0호와 제00호를 제외한 설계감리비 등 제 사업 경비(약 000억원)에 대하여는 무이자로 하기로 한다.

제16조(조합운영비)

제15조제1항제1호의 조합운영비는 준공인가 월까지 매월 00,000,000원(단, 기 집행 금액에 대하여는 소급하지 않는다)과 조합사무실 임대보증금 및 월임대료 등을 포함한다.

제17조(이주비의 대여)

① 제4조제2항에 따라 "갑"의 조합원이주비는 "갑"이 직접 조달함을 원칙으로 한다.

② "을"을 통하여 이주비를 조달할 경우에는 아래에 준하여 시행한다.
    1. 이주비는 이주시점의 현실에 맞게 "갑"과 "을"이 협의하여 증액할 수 있다.
    2. 이주비 대여는 사업시행인가를 득하고 본계약 체결을 이행한 후 대여하는 것을 원칙으로 하며, 이주비의 대여방법은 "갑"의 이주계획서에 따라 "갑"과 "을"이 상호 협의하여 지급한다.
    3. "갑"의 조합원이 이주비를 대여 받고자 할 경우에는 소유 토지를 담보로 제공하고 이주비조달금융기관 등을 채권자로 하는 '금전소비대차계약'을 체결하며, 이주비 총액의 120%를 채권최고금액으로 하는 제1순위 근저당권을 설정하여야 한다. 이 경우 근저당권의 해지에 따른 비용은 "갑" 또는 "갑"의 조합원이 부담한다.
    4. 이주비를 대여하기 전에 "갑"은 조합원의 건축물 및 토지의 소유관계, 거주자의 이주계획, 소유권 이외의 권리설정 여부, 공과금 완납여부 등을 확인하여 이주비 조달 금융기관이 제1순위자로 하는 근저당권을 확보하는 데 지장이 없도록 하여야 하며, "을"은 이에 적극 협조하여야 한다.
    5. 근저당권 설정을 할 수 없거나 관계 법령에 의하여 근저당권을 해지하여야 할 경우 에는 이주비에 상응하는 금액의 약속어음 발행 및 공증 등 이주비 조달 금융기관이 요구하는 여타의 채권확보방법에 "갑" 또는 "갑"의 조합원은 협조하여야 한다.

③ "갑"은 "갑"의 조합원에게 이주비를 대여하기 전에 이주비 대여 및 철거와 관련된 제반서류(이주비차용금증서, 근저당권설정 관계 서류, 지장물철거동의서 및 위임장 등)를 징구하여야 한다.

제18조(사업추진제경비의 대여 중지 등)

"갑"이 제21조 및 제22조에 의한 분양일정을 정한 기한 내에 완료하지 못하여 공사기성 금액의 지급을 지연할 경우, "을"은 "갑"에게 2개월 이내에 그 이행을 최고하고 그 기간이 경과하여도 이행이 완료되지 않을 경우에는 사업추진제경비의 대여를 중지 할 수 있다. 단, 제22조의 일반분양이 저조하여 공사기성금액의 지급이 지연될 경우에는 예외로 한다.

제19소(관리처분계획)

① "갑"은 공사비 및 사업추진제경비의 원리금등이 부족하지 않도록 관리처분계획을 수립하여야 하며, 제14조에 따른 지장물의 철거 전에 관리처분절차를 완료하여야 한다. 단, "갑"과 "을"이 협의하여 관리처분시기를 조정할 수 있다.

② 관리처분계획의 수립은 "갑" 또는 "갑"이 지정한 컨설팅기관이 수행한다. 다만, "갑"의 요구가 있을 경우에는 "을"은 이에 협조하여야 한다.

제20조(분양업무)

① 아파트 및 분양대상 복리시설의 분양과 관련된 업무는 "갑"이 주관하는 것을 원칙으로 하되, 일반분양 업무는 "갑"의 요청으로 "을"이 대행하고, 조합원분양 및 분양대상 복리시설의 분양 업무는 "을"이 대행할 수 있다. 이때 분양에 따른 세부내용 등은 "갑"과 "을"이 협의하여 결정하기로 한다.

② "갑"이 일반분양을 위한 분양보증서 발급요청 시, "을"은 이에 협조하여야 한다.

제21조(조합원 분양)

① "갑"은 본공사 착공일로부터 1월 이내에 조합원과의 분양계약을 체결하여야 한다. 단, "갑"의 사정에 따라 "갑"과 "을"이 합의하여 일정을 조정할 수 있다.

② 도시및주거환경정비법 제89조에 따른 청산금(분담금) 분할납부 및 분할지급에 따른 납부시점, 납부방법과 지급시점 및 지급방법 등은 다음 각 호와 같다.

1. "갑"의 조합원 분담금(중도금) 납부방법 등은 아래 내용을 기준으로 하며, 추후 "갑"이 "을"과 협의하여 조정할 수 있다.

구 분	계 약 금	중 도 금	잔 금	비 고
납부일자	분양계약일	공사기간 6회 균등분할 시점	입 주 일	
납부금액	20%	10% × 6회 = 60%	20%	

2. 계획된 공사일정이 당초의 중도금 납부일정보다 현저히 늦어지는 경우에는 "갑"이 "을"과 협의하여 상기 제1호의 중도금 납부일정을 조정할 수 있다.

제22조(일반분양)

① "갑"의 조합원에게 우선분양하고 남은 건축시설물의 분양시기, 분양방법, 분양절차 등은 주택공급에관한규칙, 도시및주거환경정비법 등의 관계 법령에 따라 일반분양 (공공주택분양 포함)한다. 단, "갑"은 관리처분계획에 따른 보류지분에 대하여 분양을 유보할 수 있으며, 분양대상 복리시설의 분양에 관하여는 "갑"이 "을"과 협의하여 결정할 수 있다.

② 일반분양자에 대한 분양대금 납부방법은 아래 내용을 기준으로 하며, 추후 관계 법령 및 "갑"과 "을"이 협의하여 조정할 수 있으며, 임대분양은 관계법에 따른다.

구 분	계 약 금	중 도 금	잔 금	비 고
납부일자	분양계약일	공사기간 6회 균등분할 시점	입 주 일	
납부금액	20%	10% × 6회 = 60%	20%	

③ 관할 구청의 준공인가일까지 일반분양 아파트 및 분양대상 복리시설 등의 미분양분이 있을 경우에는 "갑"과 "을"이 별도의 협의를 거쳐 결정하기로 한다.

④ 일반분양자(조합원분양자 포함)의 전매승인은 관계법이 정하는 범위 내에서 분양 계약자의 편의를 위하여 "을"이 명의변경(전매) 절차를 대행하고 즉시, 그 내용을 조합에 제출하여야 한다.

⑤ "갑"의 조합원 분담금 및 일반분양자의 분양대금 납부지연으로 인한 연체료 및 해약에 따른 위약금 등은 "을"의 선투입공사비 및 금융비용에 대응하여 "을"에게 귀속된다.

제23조(공사의 기준)

① "을"의 공사범위에 대한 기준은 제4조제1항에 명시된 대지에 관할 구청장으로부터 승인된 사업계획설계도서 및 실시설계도서에 의한다.

② 조합원 분양분의 마감자재 및 시설기준은 별첨의 「자재선정 및 단위세대마감목록」을 적용함을 원칙으로 하며, 아래 각 호의 사항도 동시에 적용한다.
  1. "갑"이 0000년 0월 "을"에 제시한 '재건축사업 참여 제안서 작성지침'에 명시된 마감재 및 시설기준 이상
  2. "을"이 입찰참여 시 "갑"에게 제출한 '사업참여 계획서' 및 "갑"의 조합원에 배포한 홍보물에 명시된 마감재 및 시설기준 이상
  3. "을"이 입찰참여 시 "갑"의 조합원에게 제시한 00동 소재, 00모델하우스의 마감재 및 시설기준 이상
  4. "을"은 분양계약 시 모든 세대에게 가변평면맞춤기회를 부여한다.
  5. "을"은 조합원분양계약 전까지 조합원분양을 위한 견본주택 3개 주택형을 건립하기로 한다. "을"은 견본주택 축조 후 "갑"의 조합원이 마감재 등의 사용계획을 확인하고 이에 대한 의견을 제시할 수 있는 일정한 기회를 부여하여야 한다.
  6. "을"은 골조공사 후에 조합원용 및 일반분양용 샘플하우스를 전 주택형별로 "갑"의 조합원 및 일반분양자가 용이하게 볼 수 있는 곳에 설치, 운영하기로 한다.
     "을"은 샘플하우스를 건립하기 전에 상기 제1항 및 제2항에 부합되는 마감재와 시설기준에 적합한 자재 등의 사용방안에 대하여 "갑"과 사전협의(인테리어 설계 도면 및 자재 등)한 후 제반 공사내역을 확정한다. 이때 "을"은 "갑"의 조합원에게 트랜드맞춤기회 및 칼라맞춤기회를 부여하기로 한다.
  7. "을"은 견본주택 및 샘플하우스를 축조한 한 이후에는 "을"의 부담으로 사진첩 및 비디오테이프를 각각 3부씩 "갑"에게 제출하여야 한다. 또한, "을"은 관계 법령이

허용하는 범위 내에서 "갑"과 "을"이 합의하여 상기 제6호의 샘플하우스를 일반분양을 위한 모델하우스로 대신하여 사용할 수 있다.

③ 일반분양분 마감재 및 시설기준은 시공자 선정 시 "갑" 및 "을"이 제시한 마감수준으로 하며, 일반분양 시의 트렌드를 감안하여 "갑"과 "을"이 협의하여 별도로 정하는 수준으로 한다.

④ 공공주택의 마감재 및 시설기준은 관계 법령의 범위 내에서 상기 제3항에 준하여 "갑"과 "을"이 합의하여 정하는 수준으로 하고, 공사금액은 "갑"과 "을"이 협의한다.

제24조(건축자재 및 공정의 검사 등)

① "을"이 사용하는 건축자재는 한국공업규격표시제품(KS)을 원칙으로 하며, 계약서에 별첨된 「자재선정 및 단위세대 마감목록」 을 기준으로 한다. 목록에 규격의 표시가 지정되지 아니한 자재는 설계도서, 시방서 등 계약서에 별첨된 도서에 의한다. 단, 자재의 품절 등 부득이한 사유가 있는 경우에는 "갑"과 "을"이 합의하여 공사비의 변동없이 동등 이상의 유사한 최신 타제품을 사용할 수 있다. 본 공사도급계약조건 이외 별첨 도서가 서로 상이한 경우에는 "갑"의 선택에 따른다.

② "을"은 사용자재를 선정하기 전에 가능한 모든 자재에 대하여 그 견본품(Sample)을 품질보증서와 함께 "갑"에게 제출하여야 한다. 이때, "갑"은 필요한 경우 "을"이 제출한 건축자재에 대하여 품질검사서를 요구하거나 검수 및 검사할 수 있고, 그 결과 상기 제1항 및 제23조와 상이한 자재인 경우에는 선정 자재의 교체를 요구할 수 있으며, "을"은 이에 즉각 조치를 취하여야 한다.

③ "을"은 "갑"의 검수 및 검사기간을 감안하여 충분한 시간 전에 견본품을 제출하여야 하며, "갑"의 검사에 이의가 있는 경우 "을"은 "갑"에게 재검사를 요구할 수 있다. 재검사가 필요하다고 인정되는 경우에는 "갑"은 지체없이 재검사하도록 조치하여야 한다.

④ "을"은 자재의 검사에 소요되는 비용을 부담하여야 하며, 검사 또는 재검사 등을 이유로 공사기간의 연장을 요구할 수 없다. 다만, 제3항의 규정에 의하여 재검사한 결과 적합한 자재인 것으로 판명되고, "갑"의 재검사가 공사지연의 원인을 제공하였다고 객관적으로 인정될 시("을"이 제출한 PERT/ CPM을 기준)에는 재검사에 소요되는 기간에 대하여 공사기간을 연장하며 재검사비용은 "갑"이 부담한다. 이러한 사실이 발생되면 "을"은 즉시 "갑"에게 서면으로 통지하여 승인을 받아야 그 효력이 발생한다.

⑤ 공사에 사용하는 자재 중 조립 또는 시험을 요하는 것은 "갑"의 입회 하에 해당 자재에 대한 조립 또는 시험을 하여야 한다.

⑥ 수중 또는 지하에서 행하여지는 공사나 준공 후 외부에서 확인할 수 없는 공사는

"갑"의 참여없이 시행할 수 없다. 다만, 이에 대한 "을"의 참여요청에도 불구하고 "갑"이 불참하거나 사전에 "갑"의 서면승인을 받은 경우에는 시공과정이나 결과 등을 사진, 비디오 등으로 기록한 후 이를 시행할 수 있다.

⑦ "을"은 공사수행과 관련하여 건설기술진흥법에 의한 품질경영, 안전 및 환경에 관한 계획서를 사전에 "갑"에게 제출하고 "갑"의 의견을 수렴하여 공사를 수행하여야 한다.

제25조(공사의 감리 등)

① 본 공사의 감리는 주택법 제43조제1항 및 제2항 등 관계 법령과 국토교통부 제정 「주택건설공사 감리업무 세부기준」 등에 따른다.

② "을"은 공사진행실적 및 추진계획을 매월 말일을 기준으로 하여 공사감리자의 확인을 받아 익월 10일까지 "갑"에게 보고하여야 한다.

제26조(공사 감독원 등)

① "갑"은 계약의 적정한 이행확보 및 공사감독을 위하여 자신 또는 자신을 대리하여 다음 각 호의 사항을 수행하는 자(이하 "공사감독원"이라 한다)를 지명 파견하여 "을"의 수행공사에 대하여 감독업무를 수행하게 할 수 있다.
1. 시공일반에 대한 감독 및 입회
2. 공사의 자재 및 재료와 시공에 대한 검사 또는 시험에의 입회
3. 공사의 기성부분 검사, 입주자 사전점검 또는 공사목적물의 인도에의 입회
4. 기타 공사감독에 관하여 "갑"이 위임하는 사항

② "갑"은 제1항의 규정에 의하여 공사감독원을 선임한 때에는 그 사실을 즉시 "을"에게 서면으로 통지하여야 한다.

③ "갑"은 "을"이 시공한 공사 중 설계도서 등에 표시된 사실과 부합하지 아니한 부분이 있을 때에는 이의 시정을 요구할 수 있으며, "을"은 이에 응하여야 한다. 다만, 설계도서 등에 적합하지 아니한 공사가 "갑"의 부당한 요구나 지시에 의한 경우에는 "갑"이 그에 대한 책임을 진다.

④ "을"의 임직원이나 협력업체의 임직원 등이 관계 법규와 사업계획 및 계약조건을 위반하여 공사의 원만한 수행에 악영향을 끼친 경우 "갑"은 "을"에게 해당 인원의 교체 등 시정을 요구할 수 있으며, "을"은 정당한 사유없이 이를 거부할 수 없다.

⑤ "을"은 공사감독원의 지시사항이 공사수행에 현저히 부당하다고 인정될 때에는 "갑"에게 서면을 통한 시정 등의 필요한 조치를 요구할 수 있다.

제27조(현장대리인)

① "을"은 공사착수 전에 건설산업기본법에 부합되는 부장급 이상의 건설기술자를 현장대리인으로 지명하여 "갑"에게 통지하여야 한다.

② 현장대리인은 공사착수 이전부터 공사현장에 상주하여 현장의 관리와 공사에 관한 모든 법적인 사항에 대하여 "을"을 대리하여 처리한다.

③ "을"의 현장대리인 및 현장소장은 관계 법령과 승인된 설계도서 및 계약조건을 준수하여 공사를 수행하여야 한다. 단, 이를 적정하게 수행하지 못할 경우에는 "갑"은 "을"의 현장 대리인의 교체를 요구할 수 있다.

④ "을"의 모든 현장종사자는 기술과 경험이 풍부하여야 하며 공사착수 전에 관계 설계도서 등의 제반 자료를 충분히 검토 및 숙지하여 공사의 간섭, 오류, 불분명, 누락 등의 여부를 확인하여야 하며, 이를 발견 즉시 "갑"에게 서면으로 통지하여야 한다. 또한 현장종사자가 행한 모든 행위에 대한 법적책임은 "을"이 진다.

제28조(공사의 하도급 등)

① "을"은 계약된 공사의 전부 또는 주요부의 대부분을 다른 **일반건설사업자**에게 하도급할 수 없다. 또한, 건설산업기본법의 규정에 의하여 건설공사 중 전문공사에 해당하는 건설공사를 하도급 하고자 하는 경우 "을"은 해당 업종의 **전문건설사업자**에게 하도급하고 이를 "갑"에게 서면으로 통지하여야 한다.

② "을"이 상기 제1항에 의해 본공사를 제3자에게 하도급 하고자 하는 경우에는 건설산업기본법 및 하도급거래 공정화에 관한 법률에서 정한 바에 따라 하도급 하여야 하며, 하수급인의 선정, 하도급계약의 체결 및 이행, 하도급 대가의 지급에 관하여는 관계 법령의 제 규정을 준수하여야 한다.

③ "갑"은 본공사의 시공에 있어 현저히 부적당하다고 인정되는 하수급인이 있는 경우에는 하도급의 통보를 받은 날 또는, 그 사유가 있음을 인지한 날로부터 30일 이내에 서면으로 그 사유를 명시하여 하수급인의 변경을 요구할 수 있다. 이 경우 "을"은 정당한 사유가 없는 한 이에 응하여야 한다.

④ "갑"은 상기 제1항 내지 제3항에 해당하는지의 여부를 판단하기 위하여 "갑" 또는 "갑"이 지정한 제3자가 하수급인의 시공능력 및 자격기준에 대하여 심사할 수 있으며, "을"은 이에 적극 협조하여야 한다.

제29조(공사기간의 연장)

① 다음 각 호에 해당하는 경우에는 이에 상응하는 만큼 공사기간을 "갑"과 "을"이 협의하여 연장하기로 한다.
  1. 천재지변, 전쟁, 내란 등 불가항력의 상황 등으로 현저히 계약이행이 어려운 경우

2. 15일 이상 계속된 우천이나 기상이변으로 인하여 공사수행이 불가능한 경우
   (주공정에 해당되는 골조공사가 완료되기 이전에 한함)
3. "갑"의 귀책사유 또는 계약의 불이행 및 "을"의 귀책사유가 아닌 민원발생 등으로
   공사가 중단 또는 지연되는 경우
4. 제30조의 사유로 공사기간의 연장이 인정되는 경우

② 상기 제1항에 의한 공기연장의 사유라도 "을"은 입주개시일을 준수하기 위하여
   최선의 노력을 다하여야 한다.

③ 제1항의 규정에 의해 공사기간이 연장되는 경우, 이에 따르는 현장관리비 등의
   추가경비에 대해서는 "갑"과 "을"이 협의하여 결정한다.

제30조(공사규모의 변경 등)

① "갑"이 사업시행인가 후 관계 법령이 정하는 경미한 사항 이외의 공사규모 등을 변경
   하고자 할 때에는 사전에 "을"과 협의하여 변경하여야 한다.

② "을"은 다음 각 호에 해당되는 경우 관계 법령의 범위 내에서 "갑"에게 공사변경을
   요구할 수 있으며, "갑"과 "을"은 상호 협의하여 공사를 변경한다.
   1. "갑"과 "을"의 귀책사유와 관계없는 정부의 정책변경이나 행정명령 등 불가피한
      상황이 발생할 경우
   2. 설계도서의 내용이 공사현장의 상태와 일치하지 않거나, 누락, 오류가 있는 경우

제31조(공사도급금액의 조정)

① "을"은 다음 각 호에 해당되는 경우 그 사실을 "갑"에게 서면 통지하고, "갑"과 "을"은
   상호 협의하여 제7조의 공사도급금액을 조정한다.
   1. 제30조에 의한 공사규모의 변경이 있는 경우
   2. 공사착공 후 "갑"이 설계변경을 요청하여 건축연면적이 증가되는 경우, 마감재의
      물량이나 자재의 품질향상으로 인한 공사비의 상승이 발생되는 경우
   3. 제28조제4항의 규정에 따라 설계도서 등의 내용이 공사현장상황과 일치하는지의
      여부, 불투명, 누락, 오류 등이 있는지를 파악하는 작업을 성실히 수행하였음이
      객관적으로 인정됨에도 재시공이 필요한 경우

② 상기 제1항에 의하여 공사물량이 증감되었을 때에는 다음 각 호의 기준에 의하여
   공사도급금액을 조정하되, "을"은 제6조제1항에 따라 제출한 공사비산출내역서 등의
   근거자료를 첨부하여 제출하여야 하다.
   1. 증감된 공사비는 제6조제1항 및 제7조의 규정에 의한 공사도급단가를 기준으로
      "갑"과 "을"이 상호 협의하여 결정한다.
   2. 산출내역서에 포함되어 있지 아니한 비목의 단가는 최초단가 확정일을 기준하며,
      설계변경으로 신규비목이 추가되었을 경우에는 설계변경당시를 기준으로 산정한
      단가로 조정한다.

제32조(공사의 시정명령)

"을"이 관계 법령과 승인된 설계도서 또는 공사도급 계약조건 등을 위반하여 건축시설을 시공하는 경우 "갑"은 이의 시정을 요구할 수 있으며, "을"은 이를 거부할 수 없다. "을"의 위반으로 발생한 추가비용 및 "갑"에 대한 손해는 "을"이 부담 및 배상한다.

제33조(계약의 해제 및 해지)

① "갑"은 다음 각 호에 해당하는 사유가 발생하여 "을"이 계약을 이행할 수 없다고 판단된 경우에는 30일간의 계약이행 기한을 정하여 서면으로 통보하고 이 기한 내에 계약의 이행이 되지 아니할 때에는 본 계약의 전부 또는 일부를 해제 또는 해지할 수 있다. 이 경우, "을"은 해당 공사를 즉시 중지하고 모든 인원 및 공사기구 등을 공사현장으로부터 철수하고 제10조(계약이행보증)에 의한 보증절차에 의해 처리하기로 한다. 이때, "갑"이 "을"로부터 차입한 대여금 및 미지급 기성공사비의 정산은 잔여공사의 승계시공자가 결정된 후, 60일 이내에 "갑"과 "을" 및 승계시공자(보증회사)가 상호 협의하여 대여금 및 미지급 기성공사비에 대한 정산금액을 확정하여 지급하기로 한다. 합의되지 않을 경우에는 예상정산금의 50%를 지급하고 나머지는 시공사 승계완료 시 지급하기로 한다.

1. "을"이 약정한 착공일을 경과하여도 정당한 사유없이 공사를 착수하지 아니한 경우
2. "을"이 계약조건을 위반하는 등의 책임 있는 사유로 인하여 공사기간 내에 공사를 완성할 수 없다고 객관적으로 판단되는 경우
3. "을"이 "갑"에게 제15조에서 정한 사업추진제경비를 3월 이상 지급하지 않아 "갑"의 업무수행에 지장을 초래하는 경우
4. 제36조제1항의 규정에 의한 지체상금이 계약보증금 상당액에 도달한 경우로서 계약기간을 연장하여도 공사를 완공할 가능성이 없다고 객관적으로 판단되는 경우
5. "을"이 파산, 부도, 법정관리, 워크아웃, 금융거래정지 등으로 인하여 계약의 목적을 달성할 수 없다고 객관적으로 판단되는 경우에는 이행의 최고없이 즉시 해지할 수 있다.
6. 제29조에 규정된 사유를 제외하고는 "을"이 어떠한 경우라도 15일 이상 공사를 중단하거나 공사장에서 철수하는 경우

② "을"은 "갑"에게 다음 각 호에 해당하는 사유가 발생하여 공사의 계속수행이 불가능하다고 객관적으로 판명된 경우에는 30일의 계약이행기한을 정하여 서면으로 통보하여야 하며, 동 기한 내에도 이행되지 아니한 경우에는 본 계약의 전부 또는 일부를 해제 또는 해지할 수 있다. 이 경우, "갑"은 "을"로부터 차입한 제반 대여금 및 미지급 기성공사비 등을 상환하여야 한다.

1. "갑"의 귀책사유로 본 공사기간이 3월 이상 지연되었을 경우
2. "갑"이 정당한 사유없이 본 계약을 이행하지 않거나, 계약사항에 정한 협의에 불응하여 공사의 계속적인 수행이 불가능하다고 객관적으로 판단되는 경우
3. 조합원분양 등을 계약에서 정한 기한 내에 완료하지 못하여 공사기성금액의 지급을 3월 이상 지연할 경우
4. 기타, "갑"이 계약조건을 위반하여 계약의 목적을 달성할 수 없다고 판단되는 경우

③ 상기 제1항 및 제2항의 규정에 의한 계약의 해제 또는 해지로 인하여 손해가 발생한 경우에는 "갑"과 "을"은 각각 상대방에게 그 손해에 대한 배상을 청구할 수 있다.

제34조(재해방지 및 민원)

① "을"은 ISO 9001 및 ISO 1400의 통합매뉴얼에 따라 공사현장에 안전표시판을 설치하는 등 환경 및 안전업무에 필요한 조치를 취하여야 하며, 공사로 인한 모든 안전사고에 대하여는 "을"의 책임 및 비용으로 처리한다.

② 본 공사와 관련하여 "을"의 시공과정에서 발생한 소음, 진동, 분진, 인접 시설물의 하자발생 등의 민원과 제3자에게 끼친 손해 등은 "을"의 책임 및 비용으로 해결하고, 일조권, 조망권, 프라이버시침해, TV 난시청 등 공사와 무관한 간접피해 및 민원은 "갑"의 책임 및 비용으로 처리한다. 이 경우, "갑"과 "을"은 문제 해결에 적극적으로 협력하여야 한다.

③ 건축물 및 시설물을 인수인계하기 전에 "을" 및 "을"의 하청업체나 제품을 공급한 업체의 귀책사유로 발생한 공사전반에 관한 인적, 물적 손해에 관하여는 "을"이 보상, 배상 및 원상복구의 책임을 지며, 또한 건축물 및 각종 시설물 인수 및 인계 후에도 부실시공 및 제품의 하자로 인한 인적, 물적 손해가 있을 경우에는 "을"에게 이에 대한 보수, 배상 등의 모든 책임이 있다.

④ "을"은 재해방지를 위하여 특히 필요하다고 인정될 때에는 미리 긴급조치를 취하고 즉시 이를 "갑"에게 통지하여야 한다.

⑤ "갑"은 재해방지 기타, 공사의 시공상 부득이 하다고 인정될 때에는 "을"에게 긴급 조치를 요구할 수 있다. 이 경우 "을"은 즉시 이에 응하여야 하며, "을"이 "갑"의 요구에 응하지 않는 경우에는 "갑"은 제3자로 하여금 필요한 조치를 하게 할 수 있다.

⑥ 상기 제5항의 규정에 의한 응급조치에 소요된 경비는 실비를 기준으로 "을"이 부담한다.

⑦ "을"은 시공과정에서 발생할 수 있는 사고에 대비하여 공사보험 등에 가입하고 해당 증빙서류를 본공사 착공 시 "갑"에게 제출하여야 한다.

제35조(기성부분에 대한 관리 및 손해 책임)

① "을"은 건축시설의 기성부분에 대하여 폭우에 의한 침수방지 등에 대하여 책임을 지고 주의와 의무를 다하여 관리하여야 한다.

② "을"은 제26조제1항에 따라 검사를 마친 기성부분에 대하여 천재지변(지하실 침수 등은 제외) 등 불가항력에 의한 손해가 발생한 때에는 즉시 그 사실을 "갑"에게 통지하여야 한다.

③ "갑"은 제2항의 통지를 받은 경우 즉시 그 사실을 조사·확인하고 그 손해의 부담에 있어서 검사를 필한 부분은 "갑"과 "을"이 협의하여 결정한다.

④ 제3항의 협의가 성립되지 않은 때에는 제47조의 규정에 의한다.

제36조(지체상금)

① "을"은 정당한 사유없이 제9조에 규정된 공사기간 내에 공사를 완공하지 못할 때는 지체기간동안의 지체상금을 부담하며, 지체상금총액이 공사비총액의 100분의 10을 초과하는 경우에는 "갑"과 "을"이 상호 협의하여 결정한다. 다만, 제29조에 의하여 공사가 지연될 경우에는 그러하지 아니하다.

② 상기 제1항의 지체상금은 매 지체일수에 공사도급금액의 1000분의 1을 곱하여 산출한 금액을 "갑"에게 납부하거나, "갑"이 "을"에게 지급할 공사비에서 공제한다.

③ 제1항 및 제2항을 적용함에 있어 제43조의 규정에 의한 준공인가 전 사용허가에 따라 "갑"이 공사목적물의 전부 또는 일부를 사용한 경우에는 그 부분에 상당하는 금액을 지체상금에서 감하기로 한다.

제37조(공사비 등의 충당)

"갑"은 "갑"의 조합원 분담금, 일반분양수입금, 복리시설 분양수입금, 기타 수입금 등 (이하 "분양수입금 등"이라 한다)으로 공사도급금액과 제15조에 따라 시공사로부터 대여한 사업추진제경비 원리금의 상환에 충당한다.

제38조(공사비 지급 및 사업추진제경비 등의 상환)

① "갑"이 "을"의 공사비를 지급하는 방법은 제21조 및 제22조에 따라 입금된 분양 수입금 등의 입금일자 및 금액을 기준으로 입금된 분양수입금을 상기 제37조에 따라 지불하되 입금된 분양수입금 등이 공사기성액을 초과할 경우에도 전체공사비에 달할 때 입금액 전액을 공사비 변제에 우선 충당하기로 한다.

② 상기 제1항의 단위기간의 분양수입금액이 기성률에 따른 공사기성금에 비해 부족하여 "을"이 부족한 공사비를 충당하는 경우에도 "갑"은 그 부족액을 지급하거나 그 이자 등을 지급하지 않기로 한다.

③ "갑"이 "을"로부터 대여 받은 사업추진제경비의 상환은 준공인가일까지 "을"에게 상환하여야 한다. 다만, 입주지정기간동안 상환을 유보할 수 있다.

④ "갑"과 "을"은 입금내역 및 지출내역에 대하여 매월 확인하는 절차를 갖기로 한다.

⑤ 총공사기간(35개월) 중 매 8개월마다 전체공정을 기준하여 정한 공정대비 "을"의

귀책사유로 30% 이상 공사가 지연(PERT/CPM기준)될 경우에는 공사비의 지급을 보류 할 수 있다.

⑥ 조합원 분담금, 일반분양수입금 및 제반 연체료 등의 은행예치로 발생되는 이자는 "을"의 선투입공사비 및 금융비용에 대응하여 "을"의 귀속으로 한다. 또한 분양수입금 등의 미납으로 발생되는 부족자금 및 그 이자에 대한 모든 책임도 "을"이 지기로 한다.

제39조(이주비 원리금의 상환)

① "을"을 통하여 이주비를 조달할 경우 "갑"의 조합원이 대여 받은 이주비 원금의 상환은 입주일 또는 입주기간 만료일 중 이른 날로 한다. 다만, "갑"의 조합원이 원할 경우에는 이주비의 일부 또는 전부를 대출조건에 따라 조기 상환할 수 있다.

② "을"을 통하여 이주비를 조달한 경우 이주비를 대여 받은 "갑"의 조합원이 권리의 일부 또는 전부를 타인에게 양도할 때에는 기존 조합원의 대여조건에 따라 이주비를 승계하여 주어야 한다. 이 경우 "갑"은 조합원 명의변경절차 이행 전에 이주비 승계 사실을 확인 하여 이주비 대출금융기관의 채권확보에 지장이 없도록 주의와 의무를 다하여야 한다.

③ "갑"의 조합원이 변제일까지 이주비의 원금 및 이자를 상환하지 못하는 경우에는 대출금융기관의 대출계약조건에 따른 연체율을 적용한 연체금을 납부하여야 한다.

제40조(자금관리)

① 조합원 분담금 및 일반분양수입금 등의 수납관리는 "을"의 공사비 지급 및 사업추진 제경비 등의 상환을 위하여 "갑"과 "을"의 공동명의로 계좌를 개설하며, "갑"은 통장을 보관하고 "을"은 자금관리업무를 담당한다. 이 때 상기 제38조제6항의 경우를 제외 하고는 대금입금일 익일을 기준으로 "을"의 당좌계좌에 자동이체하기로 한다.

② "갑"의 분양계약서에 분양대금 납부계좌는 "갑"과 "을"의 공동명의 계좌로 명기하고 「동 계좌로 입금되지 아니하는 어떠한 다른 형태의 입금도 이를 정당한 입금으로 인정하지 아니한다.」 라는 내용을 명기하여야 한다.

제41조(연체료 및 지체상금의 징구)

① "갑"이 본 계약서에서 정한 기간 및 방법에 반하여 공사비 및 사업추진제경비 등의 지급 및 상환을 지연할 경우에는 제36조제2항의 이자계산방법에 따라 이자를 계산 하여 "을"에게 별도 지불하여야 한다.

② "갑"이 제반 일정(이주완료, 관리처분, 조합원분양계약, 일반분양계약)을 완료하지 못하여 공정이 지연될 경우, "갑" 또는 "갑"의 조합원은 지연시점까지 "을"이 "갑" 또는 "갑"의 조합원에게 직접 대여 및 간접 조달한 대여금(무이자대여금 포함) 및 투입공사비총액에 대하여 그 지체기간에 대한 지체상금을 "을"에게 별도 지불 하여야

한다. 이때 지체상금은 상기 제1항에 준하여 계산하고, 이주완료는 제13조제2항에서 정하는 것을 기준하여 판단한다.

제42조(채권확보)

"갑"의 조합원이 입주기간 만료일까지 대여 받은 이주비의 원리금을 상환하지 않을 경우("을"을 통하여 이주비를 조달한 경우)와 공사비의 지급이나 사업추진제경비를 미상환하였을 경우 "을"은 해당 세대에 대한 채권확보를 위하여 제반 법적조치를 취할 수 있으며, "갑"은 이에 협조하여야 하고 이에 따른 비용은 "갑"의 해당 조합원이 부담하게 하기로 한다.

제43조(준공인가)

① "을"은 관계 법령 및 관할 지방자치단체장이 승인한 설계도서, 계약서 등의 기준에 따라 공사를 완료하였을 경우에는 입주자 사전점검을 실시하고 "갑"의 준공검사 (공동시설, 부대시설 및 복리시설의 준공확인)를 받은 후, 공사감리자의 확인을 받아 준공인가 신청예정일로부터 15일 이전에 준공인가 신청에 필요한 구비서류를 "갑"에게 제출하여야 하며, "갑"과 "을"은 협의하여 관할 지방자치 단체장의 준공인가 ('준공인가전사용허가'를 포함한다. 이하 같다)를 받아야 한다.

② "갑"의 준공검사는 "을"이 요청한 날로부터 30일 이내에 검사를 완료하여야 하며, 경미한 보수사항은 "갑"의 조건부 준공 후 "을"이 지체없이 보수를 완료하여야 한다.

③ 관할 지방자치단체장의 준공인가 필증을 교부받음과 동시에 "을"은 건축 시설의 시공에 대한 의무를 다한 것으로 본다.

제44조(건축시설의 인도)

① "갑" 또는 "갑"의 조합원은 "갑"의 준공검사 및 관할구청의 준공인가(준공인가 전 사용허가 포함) 후, 입주지정기간 내에 순차적으로 공사목적물을 인수하기로 한다. 이때, 보수로 인하여 발생하는 입주지연 등의 손해는 "을"이 부담한다.

② "갑"이 공사비의 지급이나 사업추진제경비를 미상환하였을 경우에는 "을"은 미분양 세대나 분양대금을 미납한 세대에 한하여 완성된 건축시설에 대한 인도거부 및 유치권의 행사를 할 수 있으며, 건축시설에 대한 이전등기를 보류하게 할 수 있다.

③ "을"은 "갑"이 모든 건축시설물을 전량 인수할 때까지 또는 "갑"의 조합원과 일반 분양자의 입주기간 만료일까지는 관리자로서의 제반 의무와 모든 시설물의 유지관리 의무를(제반 비용 포함) 다해야 한다. 단, 입주기간 내에 입주한 세대에 한하여 입주일 이후의 단위세대에 관한 제 비용의 부담은 제외한다.

제45조(입 주)

① 입주기간은 구청의 사용검사일 이후 60일간을 원칙으로 하며, "갑"과 "을"이 사전협의하여 조정할 수 있다.

② "갑"과 "을"은 미리 협의하여 입주개시예정의 30일 이전까지 입주예정일자를 계약자 등에게 통지하여야 하며, "을"은 "을"의 비용으로 입주계획의 수립, 입주 시 필요서류의 준비와 부대시설, 복리시설 및 세대별 아파트사용설명서를 제작 및 배포 등 제반 사항을 이행하여야 한다.

③ "갑"과 "을"은 건축시설을 분양받은 조합원이 입주하는 경우에는 분담금, 이주비, 연체료 등의 완납여부를 미리 확인하여야 하며, 이를 완납하지 아니한 자에게는 입주를 허용하지 아니할 수 있다.

제46조(건축시설의 하자보수 및 관리)

① "을"은 주택법 등 관계 법령에 따라 하자보수보증금을 예치하고 건축시설의 하자보수 업무를 수행하여야 한다.

② 입주 시 공동주택의 관리는 주택법 등에 따라 "갑"이 수행하되 "을"은 이에 최대한 협조하여야 한다. "갑"의 관리기간 중에는 "을"은 주요 부문별로 전문요원을 상주시켜 하자보수에 차질이 없도록 하여야 한다.

③ "을"은 입주일 이전 및 입주지정 기간 내에 발생한 각 세대별 제반 요금 및 공용시설에 대한 관리 및 유지 등에 필요한 전기, 수도, 가스, 지역난방 등의 요금을 부담하여야 하며, 각 세대 입주일 및 입주기간만료일 이후에 발생한 비용은 해당 세대 및 "갑"이 부담한다.

제47조(분쟁 및 소송)

① 본 계약에 대하여 분쟁이 발생할 경우 "갑"과 "을"이 협의하여 해결하되 쌍방간에 원만히 해결되지 않을 경우에는 즉시 법원에 소를 청구할 수 있으며, 재판에 대한 관할법원은 본 사업부지 소재지를 관할하는 법원으로 한다.

② "을"은 법원에 소를 제기하는 상황을 포함한 어떠한 분쟁이 발생하여도 "갑"이 본 계약서 제38조에 명기된 공사대금지불방법에 따라 대금을 지불하지 않을 경우를 제외하고는 공사를 중단할 수 없으며, "갑"과 계약한 제9조의 공사기간을 준수하여야 한다.

제48조(계약이외의 사항)

본 계약서에 명시되어 있지 않은 사항은 건축법, 도시및주거환경정비법, 주택법, 건설산업기본법, 집합건물의소유및관리에관한법률, 주택공급에관한규칙과 민법 등의 관계 법령에 따라 처리하며, 기타 세부 실무내용에 대하여는 "갑"과 "을"이 협의하여 처리한다.

제49조(채권의 양도)

"을"은 본 공사의 이행을 위한 목적 이외의 목적을 위하여 본 계약에 의하여 발생한 모든 채권(공사대금청구권 등)을 제3자에게 양도하지 못한다.

제50조(이권개입의 금지)

① "갑"은 조합정관에 명시된 사항 이외의 사항을 이면계약이나 별도의 방법으로 "갑"의 조합원이나 "을"과 약속할 수 없다.

② "갑" 또는 "갑"의 조합원은 "을"이 시공하는 본 재건축정비사업과 관련하여 어떠한 이권의 개입이나 청탁을 할 수 없다. 이를 위반한 경우에는 조합원의 제명처분과 함께 그에 대한 민사 및 형사상의 책임을 진다.

③ "을"은 본 공사와 관련하여 "갑" 또는 "갑"의 조합원 및 임원에게 부당한 금품이나 향응 등을 제공할 수 없다.

④ "을"은 본 공사와 관련하여 "갑"의 협력회사(건축사사무소, 행정용역회사, 법무사, 회계사, 감리회사 등)와 불공정행위나 이면협약 또는 약속 등으로 부당한 이권개입을 해서는 안 된다. 이를 위반한 경우에는 형사고발 및 이에 상응하는 손해를 배상하고 보상하여야 한다.

제51조(계약의 효력 및 변경)

① 본 계약의 효력은 계약체결일로부터 사업완료(조합해산)일까지 유효하다.

② 본 계약은 "갑"의 총회의 의결을 거쳐 계약을 체결하기로 한다.

③ 본 계약은 "갑"의 대표자(조합장) 및 임원 등의 변경과 "을"의 대표자변경에 영향을 받지 아니한다.

④ 본 계약서의 모든 계약 관련 도서 상호 간에 상이한 사항이 발견되었을 경우에는 "갑"의 선택에 따른다.

제52조(설계도서의 제공)

① "갑"은 국토교통부 고시 제2003-11호의 설계도서작성기준에 따른 설계도서를 계획설계, 중간설계, 실시설계 등 각 단계별로 "을"에게 제공한 후 "을"과 협의한 결과를 설계에 반영하기로 한다.

② 본공사 착공 관련 실시설계도서는 이주개시 후 3개월 이내에 "을"에게 제공하여야 하며, "을"은 수령일로부터 3개월 이내에 검토를 완료하고 "갑"과 협의하여 그 결과를 설계에 반영하도록 하며, "갑"은 본공사 착공 1개월 전에 수정도서를 "을"에게 제공하여야 한다. "을"이 상기 일정을 초과하였을 경우에는 검토의견이 없는 것으로 간주하며, "갑"이 상기 일정을 지키지 못하여 주공정의 지연이 객관적으로 인정될 경우(PERT/ CPM에 따라 판단)에는 그 지연기간 만큼 본공사착공일을 연장한다.

③ 공종별 실시설계도서는 "을"이 제출한 공사예정공정표(PERT/ CPM)상의 해당 공사 착수 3개월 전에 "을"에게 제공하여야 하며, "을"은 수령일로부터 1개월 이내에 검토를 완료하고 "갑"과 협의하여 그 결과를 설계에 반영토록하고 "갑"은 해당 공사 착수 1개월 전에 수정도서를 "을"에게 제공하도록 한다. "을"이 상기 일정을 초과 하였을 경우에는 검토의견이 없는 것으로 간주하며, "갑"이 상기 일정을 지키지 못하여 PERT/CPM 공정표상의 주공정의 지연이 객관적으로 판명될 경우에는 그 지연기간 만큼 공사기간을 연장하기로 한다.

④ 설계도서의 제출은 청사 12부, A3 축소판반접 4부, A1 편철 4부, A1 반접 4부, 제2원도 1부, 축소(A3)제2원도 1부, 계산서 및 시방서 등 관계 서류 2부, CAD를 이용한 전체 설계도서에 대한 CD 1식을 "을"에게 제공하여야 한다.

제53조(준공도면 등의 제출)

① "을"은 공사를 시공하는 과정에서 발생한 주요내용과 문제점 등이 포함된 공사기록부 (사진첨부)를 3부 작성하여 준공인가 신청 전까지 "갑"에게 제출하여야 한다.

② "을"은 공사완료 후 실제 시공된 사항 등을 기록한 준공도면을 CD / ROM, 트레싱지 원도 각 1부 및 청사진 5부를 "갑"에게 제출하여야 한다.

③ "을"은 각종 장비 및 시스템의 운영 및 유지보수를 위한 매뉴얼 5부 및 각 세대별 아파트의 전기제품이나 설비 등의 사용설명서를 "갑"과 합의한 작성방법에 따라 작성하여 제출한다.

④ "을"은 제3항에 따라 제출된 매뉴얼에 따라 시스템별로 "갑"의 아파트관리요원들을 무상으로 교육시켜야 한다.

⑤ "을"은 주요공사 및 매립되는 공사는 사진촬영이나 비디오로 촬영하여 각 2부를 "갑"에게 제출하여야 한다.

제54조(특약사항)

① "을"은 "갑"과 협의하여 현장(사무실) 내에 공사감독원실 및 감리사무실 등을 제공하며, 이에 따른 집기, 비품 및 냉·난방시설 등 일체를 제공한다.

② 본 계약서에서 정하지 아니한 사항에 대하여는 "갑"과 "을"이 합의하여 특약 사항을 추가할 수 있다.

③ 분양대금의 잔금입금 시에는 준공검사 완료 후 지불하기로 하며, 모든 사업비를 공제하고 남은 잔액(조합의 이익분)에 대하여는 조합에서 사전 공제하여 보관하기로 한다. (이상)

자재선정 및 단위세대 마감목록

0000년 0월 0일

['자재선정 및 단위세대 마감목록'은 본 지침서 제Ⅱ부-제2장-제3절의 「자재선정 및 단위세대 마감목록」을 참고하기 바랍니다.]

반포주공0단지 재건축정비사업

工 事 都 給 契 約 書

0000년 0월 00일

[본 공사도급계약서는 국토교통부에서 제정한 표준계약서를 기준으로
작성하여 예시한 것으로 실제 체결된 계약서의 내용과는 서로 상이하며,
재건축정비사업의 지분제 사업추진방식을 전제하여 작성한 것입니다.]

발주자 : 반포주공0단지 재건축정비사업조합

수급자 : ㅇㅇ건설주식회사

공사계약서

반포주공0단지 재건축정비사업조합(이하 "갑"이라 한다)과 (주)00건설(이하 "을"이라 한다)은 반포주공0단지 재건축정비사업에 필요한 사항을 정하기 위하여 상호 아래 및 첨부 '공사계약조건'과 같이 약정하고, 이를 증명하기 위하여 본 공사계약서 2부를 작성하여 "갑"과 "을"이 날인한 후 각각 1부씩 보관하기로 한다.

- 아 래 -

1. 사업의 명칭 : 반포주공0단지 재건축정비사업

2. 사업의 위치 : 서울시 서초구 반포0동 00-0번지 외 0필지

3. 사 업 개 요
   1) 지역 / 지구   : 일반주거지역 / 아파트지구
   2) 대 지 면 적   : 199,653.10㎡ (60,385.06평)
                     (도로 불하예정용지, 유치원매입 토지 포함)
   3) 건 축 면 적   : 27,563.95㎡ (8,338.10평)
   4) 건축 연면적   : 837,303.91㎡ (253,284.43평)
              － 지상층 건축 연면적 : 537,748.65㎡ (162,668.97평)
              － 지하층 건축 연면적 : 299,555.26㎡ (90,615.47평)
   5) 건 폐 율 :   13.81%
   6) 용 적 율 : 269.34%
   7) 세 대 수 : 전용면적 60m² 이하   －   683세대
                 전용면적 60m² ~ 85m² －   1,363세대
                 전용면적 85m² 초과   －   1,364세대
                       계   3,410세대
   8) 구   조 : 철근콘크리트 벽식 구조, 내진구조(진도 8.0 적용<MMI 기준>)
   9) 층   수 : 29층 이하
   10) 설   비 : 난방—지역난방, 급수—부스터 방식
   11) 기   타 : 부대시설 및 복리시설

   ※ 상기 사업개요는 사업시행변경인가에 따라 변경될 수 있다.

4. 사업추진방식 : 확정지분제("갑"에 대한 확정대물변제방식이며, 대물변제지분과 관계없이 사업 관련 필요제비용은 "을"의 부담이며, 일반분양에 대한 모든 책임 및 권리는 "을"에게 있다)

5. 공사계약금액 : 총 분양수입금액 중에서 부가가치세와 사업경비를 차감한 금액

6. 공 사 기 간 : 착공신고일로부터 00개월(지장물철거 및 잔재처리 포함)

7. "갑"과 "을"은 도시및주거환경정비법 및 동법 시행령, 주택법 및 동법 시행령과 건물의소유및관리에관한법률, 건설산업기본법 기타, 관계 법령과 "갑"의 조합정관을 준수하며, 첨부한 '공사도급계약조건' 및 별첨된 계약 관계 도서에 따라 해당 재건축 사업이 성공적으로 완료될 수 있도록 상호 신의와 성실의 원칙에 따라 이 계약을 이행하기로 한다.

8. 본 계 약 체결 시에는 아래 도서를 "갑"과 "을"이 각각 작성하여 별첨하기로 한다.
    (1) 대물변제기준(별지 제1호)
    (2) 이주비 대여조건(별지 제2호)
    (3) 사업추진경비내역(별지 제3호)
    (4) 자재선정 및 단위세대 마감목록(조합원 무상제공 품목) 1부(별지 제4호)
        (도급제 방식의 자재선정 목록과 동일함 / 본 지침서에서는 미첨부)
    (5) 공사예정 공정표 1부(PERT/ CPM 포함)(별책)(본 지침서에서는 미첨부)
    (6) 공사계획서 및 공사시방서 1부(별책)(본 지침서에서는 미첨부)
    (7) "갑"의 재건축사업 참여제안서 작성지침(0000.0. 작성)1부 (별책)
        (본 지침서에서는 미첨부)
    (8) "을"의 재건축사업 참여제안서(계획서)(별책)(본 지침서에서는 미첨부)
    (9) 설계도서 1부(별책)(본 지침서에서는 미첨부)

0000년 00월 00일

"갑"(시행자)
    주   소   : 서울시 서초구 반포0동 00-0 번지
    조 합 명   : 반포주공0단지 재건축정비사업조합
    성   명   : 조합장   0   0   0   (인)

"을"(도급자)
    주   소   : 경기도 00시 00구 00동 000번지
    회 사 명   : (주)00건설
    성   명   : 대표이사   0   0   0   (인)

"갑"(시행자)의 연대보증인(합의 시)

- 주   소 :
  직   책 :
  성   명 :   (인)
  주민등록번호 :

- 주   소 :
  직   책 :
  성   명 :   (인)
  주민등록번호 :

- 주   소 :
  직   책 :
  성   명 :   (인)
  주민등록번호 :

- 주   소 :
  직   책 :
  성   명 :   (인)
  주민등록번호 :

- 주   소 :
  직   책 :
  성   명 :   (인)
  주민등록번호 :

- 주   소 :
  직   책 :
  성   명 :   (인)
  주민등록번호 :

"을"(도급자)의 연대보증인(필요 시)

- 주　　　　소 :
  명　　　　칭 :
  사업자등록번호 :
  대 표 이 사 :　　　　　　　　(인)

- 주　　　　소 :
  명　　　　칭 :
  사업자등록번호 :
  대 표 이 사 :　　　　　　　　(인)

◆ 임원·직원의 보증행위금지
　서울특별시에서는 2015년 06월 18일 「정비사업 조합 등 표준 행정업무규정」 제45조 (보증행위의 금지 등)의 개정 고시(서울특별시 고시 제2015-163호)를 통하여 조합장등을 제외한 조합의 임원(위원)·직원은 조합등의 채무에 관하여 보증하는 행위를 금지하고 있다. 이 '표준 행정업무규정'은 임의규정이 아니라 특별히 준수할 의무를 가지는 강제규정으로 제정하였다. ("조합등"이라 함은 추진위원회와 조합을 말하며, "조합장등"이라 함은 추진위원장과 조합장을 말한다)

공사계약조건

제1장 총 칙

제1조(목적)

이 계약은 서울시 서초구 반포0동 00-0번지 외 0필지 소재, 반포주공0단지 재건축정비사업에 관하여 "갑"과 "을"의 지위, 권리 및 의무 등을 규정함으로써 상기 재건축정비사업의 성공적인 완성을 목적으로 한다.

제2조(공사의 범위)

"을"이 시공할 공사의 범위는 "갑"의 사업대상 부지 위의 기존건축물 철거 및 관할 지방자치단체장이 최종 승인한 사업시행인가(변경인가를 포함한다. 이하 같다)상의 아파트, 부대시설 및 복리시설(상가를 포함한다. 이하 같다)과 정비기반시설의 설치, 공공청사신축, 단지 내 학교 개보수공사 등 반포주공0단지 재건축사업과 관련된 모든 사항을 공사의 범위로 한다.

제3조(당사자간의 지위 및 사업원칙)

① "갑"과 "을"은 도시및주거환경정비법 및 주택법 등 관계 법령에 따라 그 책임과 의무를 지며, 본 사업이 성공적으로 완료되도록 상호 신의와 성실의 원칙에 따라 계약을 이행하도록 한다.

② 본 계약과 관련하여 "갑"은 조합원 전체를 대표하며, 본 계약조건에 따라 행한 "갑"의 행위는 조합 전체의 권한·의무행위가 성립되는 것으로 간주한다. 따라서 "갑"의 조합원은 "을"에게 일체의 권리행사를 직접 요구할 수 없으며, "갑"을 통해서만 할 수 있다.

제4조(사업시행의 방법)

① 반포주공0단지 재건축사업의 사업시행방법은 "갑"에 대한 확정대물변제방식이며, 대물변제지분과 관계없이 사업 관련 필요한 제반비용은 "을"의 부담이며, 일반분양분에 대한 일체의 책임과 권리는 "을"에게 있는 확정지분방식이다.

② "갑"은 "을"에게 "갑"과 "갑"의 조합원이 소유하고 있는 서울시 서초구 반포0동 00-0번지 외 0필지 일대의 사업대상 부지의 소유권 및 대지사용권을 확보하여 "을"의 공사착공 및 제반 사업일정에 지장이 없도록 제공하고, 이에 대한 대가로 신축되는 아파트 및 복리시설을 대물로 공급받는다.

③ "을"은 "갑"이 제공한 상기 제2항의 대지에 "갑"이 작성하고 관할 지방자치단체장이 승인한 설계도서, 본 계약조건, 사업참여 제안서 작성지침, "을"이 제출한 사업참여계획서 등의 내용에 따라 필요한 공사비 및 사업경비(이하 '건설사업비'라 한다)를

투입하여 건축시설을 시공하고, 대물변제조건으로 신축된 아파트 등을 "갑" 및 "갑"의 조합원에게 공급하며, 잔여 건축시설물은 일반분양하여 건설사업비로 충당한다. "을"은 일반분양수입금 및 조합원 분담금이 상기 건설사업비 대비 부족한 경우에도 "갑" 및 "갑"의 조합원에게 그 부족한 건설사업비를 추가로 청구할 수 없다. 다만, 본 계약조건에 특별히 정한 사항은 그러하지 아니하다.

④ "갑"의 조합원 이주에 필요한 자금은 "갑"의 요청이 있을 시 "을"은 조합원에게 대여할 의무가 있으며, 이때 "갑"의 조합원은 아래 제16조의 규정에 따라 원리금을 상환하여야 한다. 다만, "갑"의 의사에 따라 금융기관을 통하여 이주비를 직접 조달할 수 있으며, 이때 "을"은 이에 적극 협조할 의무를 가진다.

⑤ "갑"이 조합원 이주비, 기타 사업경비 등을 금융기관을 통해 직접 조달하는 경우 차입의 주체는 "갑"으로 하며, 이에 필요한 제반 서류의 준비 및 차입에 필요한 제반 절차를 이행하기로 한다. 이와 관련된 원금과 금융비용은 금리의 변동과 관계없이 "을"의 책임 및 부담으로 이행한다. 단, 별지 제2호(이주비 대여조건)에 명시된 조합원 이주비의 원금 및 추가이주비대출금의 금융비용은 입주 시 조합원이 상환할 책임을 진다.

⑥ "갑"은 조합의 정관, 사업계획 등의 변경이 "을"에게 직접적으로 관계되는 사안일 경우에는 이를 "을"에게 통지하기로 한다.

제5조(대물변제 기준)
① 상기 제4조제1항에 따라 "갑"의 조합원이 소유한 종전 토지 또는 건축물에 대한 신축아파트의 대물변제기준("무상보상기준", 이하 같다)은 별지 제1호와 같다.

② "갑"의 조합원의 분양가차액(이하 "청산금" 또는 "분담(환급)금"이라 한다)은 해당 조합원의 분양아파트 분양금액과 무상권리지분금액과의 차액으로 하며 분담(환급)방법은 아래 제19조에 의한다.

③ 아파트 주거전용면적 및 주거공용면적을 제외한 기타공용면적 및 지하주차장면적 등은 **분양면적** 및 대물변제면적에 포함하지 아니하며, "을"은 이 면적에 대한 가격을 별도로 "갑" 및 "갑"의 조합원으로부터 징수할 수 없다.

④ "갑"의 조합원이 입주하는 아파트의 시설 및 마감재는 제21조에 의한다.

⑤ "갑"의 상가조합원 및 복리시설 조합원에 대한 대물변제기준은 별도의 관리처분계획에 의한다.

제6조(공사예정 공정표 등)
① "을"은 본 계약체결 시 아래 제3호의 서류를 "갑"에게 제출해야 하며, 착공신고 시에는

제1호 내지 제3호의 서류를 첨부한 착공신고서를 "갑"에게 제출하여야 한다.

1. 현장대리인 지정서
2. 공사계획서 및 공사예정 공정표(PERT / CPM 포함)
3. 기타 "갑"이 요구하는 사항

② "을"은 계약의 이행 중에 제1항의 규정에 의하여 제출한 서류의 변경이 필요한 경우에는 "갑"과 협의하여 변경 제출하여야 한다.

③ "갑"이 제1항 및 제2항의 규정에 의하여 제출된 서류의 내용을 조정할 필요가 객관적으로 인정되어 이를 요구할 경우에 "을"은 이에 따라야 한다.

④ "갑"이 공사와 관련하여 업무상 필요로 하는 자료 및 현황 등을 요구할 경우에는 "을"은 이의없이 즉시 제공하여야 한다.

⑤ 설계도서(일반시방서, 특기시방서, 실시설계도면 등), 공사비 산출내역서(수량산출 및 원가계산 포함) 등 공사에 필요한 기본설계도서는 "갑"이 작성한 후 "을"의 의사를 반영하여 "갑"이 최종 확정한다.

제7조(공사기간)

① 공사기간은 사업부지 내의 지장물 철거 및 잔재처리를 포함하여 총 00개월 이내로 한다.

② 공사완료일은 제38조(사용검사) 제7항에 의한 시공의무완료일로 한다.

제8조(연대보증인)

① "갑"과 "을"은 본 공사도급계약의 이행을 보증하기 위하여 "갑"은 조합장이 대표로 계약을 체결하기로 하며, "을"은 <u>주택법 시행령 제14조제3항</u>의 요건을 갖춘 건설회사 1인을 연대보증인으로 세워야 한다.

② 제1항의 규정에 의한 "을"의 연대보증인은 해당 연도 시공능력평가순위 15위 이내며 신용등급 BBB⁺인 업체 중 아파트 전문 시공업체로서 본 재건축사업을 수행할 수 있는 자격과 능력이 있어야 한다.

③ "갑"은 제2항의 규정에 의해 연대보증인으로 선정된 자가 규정상 부적격하다고 인정되는 때에는 "을"에게 연대보증인의 변경을 요청할 수 있고 "을"은 이에 응해야 한다.

④ "갑" 및 "을"의 연대보증인이 사망, 파산 또는 부도 등으로 인하여 보증인의 자격을 상실한 경우에는 다른 연대보증인으로 조속히 교체하여야 하며, 교체된 연대보증인은 종전의 연대보증 의무사항을 승계한다.

⑤ "갑"의 연대보증인의 보증한도는 각 연대보증인이 현물 출자한 자산에 한하며, "을"은 제2항의 연대보증인의 선정을 대신하여 도시및주거환경정비법 제82조에 따른 시공보증서(보증비율은 공공공사 공사이행보증비율, 보증기간은 실 공사 기간을 적용한다)를 "갑"에게 제출할 수 있으며, "을"은 일반분양주택에 대하여 주택도시기금법 시행령 제21조제1항제1호에 따른 주택분양보증 관련 서류를 제출하여야 한다.

제9조(인·허가 업무의 주관)

"을"은 본 공사도급계약의 이행을 위해 필요한 관계 기관의 각종 심의, 사업계획승인 (변경 포함), 인허가업무 등에 필요한 관련 도서(제6조제5항의 설계도서 제외)의 작성 및 관계 기관과의 협의, 착공 및 준공에 필요한 대관업무 등에 대하여 "갑"을 대리하여 성실히 수행하여야 하며, 이에 수반되는 제반 비용은 "을"의 부담으로 한다. 이때 "갑"은 필요서류의 제출 등 이에 최대한의 협조를 다하여야 한다.

제10조(공부정리 등)

① 종전 토지 등에 대한 권리정리, 소유권 이외의 권리(저당권, 임차권, 지상권 등)정리, 건축시설물 준공 후, 조합원 입주와 아파트 및 복리시설의 보존등기업무는 "갑" 또는 "갑"의 조합원의 책임과 비용으로 시행 및 처리한다.

② 제반 측량에 의한 지적정리, 신탁등기 및 해지, 조합설립에 찬성하지 아니한 자의 소유권 확보 등, 건축시설물의 준공 후 일반분양분 아파트 및 복리시설의 보존등기, 기타 공부정리는 "갑"의 협조 하에 "을"의 책임과 비용으로 처리한다.

③ 사업시행인가조건 등에 따라 구분지상권 설정 등의 공부정리는 "갑"이 처리한다. 다만, 이와 관련한 비용은 "을"의 부담으로 한다.

제2장 이주 및 철거

제11조(거주자의 이주)

① 사업지구 내 아파트 및 복리시설의 거주자(세입자를 포함한다. 이하 같다)의 이주는 최초 이주비 대여일로부터 0개월 이내에 "을"의 책임 하에 완료하여야 하며, "갑"은 이주촉진을 위한 사전 조치로 전체 조합원의 이주계획서를 제출받아 "을"에게 제출하는 등 조합원이주에 적극 협조하여야 하며, 이에 소요되는 비용은 "을"이 부담하기로 한다.

② 거주자의 이주 시 전기, 수도, 전화, 기타 제세공과금 및 관리비 등의 미납금은 "갑" 및 "갑"의 조합원 책임으로 정리하여야 하며, "갑"은 해당 세대에 대한 상수도, 전기, 가스사용 등의 공급중지와 관련한 제반조치를 취하여야 하고 "을"은 이에 대해 적극 협조하여야 한다.

제12조(지장물의 철거)

① 본 사업부지 내의 지장물 철거는 거주자 이주완료 후 0개월 이내에 "을"이 완료하여야 한다.

② "갑"은 지장물 철거 이전에 사업시행인가조건을 충족하는 범위 내에서 조경수목을 처분할 수 있으며, 공사 중에 발생되는 골재 등에 대하여는 골재의 채취비용, 공사 기간 등을 감안하여 "갑"이 그 처분권을 가질 수 있다.

③ "갑"과 "을"은 본 사업부지 내의 통신시설, 전기시설, 급수시설, 도시가스 시설 등의 공급시설에 대하여는 해당 시설물 관리권자와 협의하여 철거기간이나 방법 등을 따로 정할 수 있다.

④ "을"은 거주자 이주개시 즉시, 건축물의 불법점유 또는 무단출입 등으로 인하여 발생이 예상되는 제반사고 등을 미연에 방지하기 위한 필요조치를 취하여야 한다.

제3장 사업경비 및 이주비대여

제13조(사업추진경비의 처리)

① "을"은 "갑"에게 반포주공0단지 재건축사업과 관련되어 필요한 모든 사업추진경비를 지원한다.

② "을"은 "갑"이 요구하는 적정 규모의 조합과 감독관 사무실 및 감리자 사무실을 집기 및 비품 등 일체를 구비하여 이용이 편리한 장소에 각각 설치하여 보증금 및 월임대료를 포함하여 무상으로 제공한다. 사무실의 이설 시에도 또한 같다.

③ "갑"은 사업경비와 관련된 제반 증빙서류를 "을"에게 제출하여야 하며, 제1항의 사업추진경비에 대한 지원시기 및 방법 등은 "갑"과 "을"이 협의하여 결정한다.

④ "갑"은 상기 제1항의 사업추진경비를 지원받고자 하는 경우에는 금전소비대차 계약서를 작성하여 "을"에게 제출하여야 한다.

⑤ "갑"이 "을"로부터 사업추진경비를 차입하는 경우에는 매 차입 시마다 해당 차입액에 상당하는 영수증을 "을"에게 교부하기로 한다.

⑥ "을"은 사업추진경비의 증감에 관계없이 필요한 사업추진경비를 "갑"에게 지원한다.

제14조(조합운영비의 지원)

"을"은 "갑"에게 조합운영비(월 0천만원)를 입주지정 만료일 후 6월까지 지급하기로 하며, 지급방법 등 세부사항은 "갑"과 "을"이 협의하여 결정한다. 조합운영비 지원액은 조합사무실 개소 후 6개월을 운영한 다음, 현실에 맞는 금액으로 재조정할 수 있다.

제15조(이주비의 대여)

① "갑"의 조합원 이주비에 대한 대여금액, 대여조건 및 조달방법 등은 별지 제2호와 같다. 다만, "갑"이 원할 경우 "을"과 협의하여 "갑"의 조합원 이주비를 금융기관으로부터 직접 조달할 수 있다.

② 이주비 대여는 사업시행인가를 득하고 본 계약 체결을 이행한 후 대여하는 것을 원칙으로 하며, 이주비의 대여시기 등은 "갑"의 이주계획서에 따라 "갑"과 "을"이 상호 협의하여 결정한다.

③ 이주비를 대여하기 전에 "갑"은 "갑"의 조합원의 건축물 및 토지의 소유관계, 거주자의 이주계획, 소유권 이외의 권리설정 여부, 공과금 완납여부 등을 확인하여 "을"이 제1순위자로 하는 근저당권을 확보하는 데 지장이 없도록 협조하여야 한다.

④ 이주비 대여 시 "갑"의 조합원은 "을" 또는 이주비대출 관련 금융기관이 요구하는 이주비대출 관계 서류를 제출하여야 한다.

⑤ "갑"의 조합원이 이주비를 대여 받고자 할 경우에는 소유 토지를 담보로 제공하고 "을"을 채권자로 하는 '금전소비대차계약'을 체결하며, 이주비 총액의 120%를 채권 최고금액으로 하는 제1순위 근저당권을 설정하여야 한다. 이 경우 근저당권의 설정에 따른 비용은 금융기관이 부담하고, 해지에 대한 비용은 "갑" 또는 "갑"의 조합원이 부담하며, 기타 비용은 '은행권의 근저당권 설정 관련 여신거래 표준약관'에 따른다. 단, "갑"의 조합원이 출자한 토지지분을 공인감정기관 또는 이주비대출 금융기관에서 평가한 가액이 해당 조합원에 대여할 이주비 대여금액보다 적을 경우, "을"은 해당 조합원에 대해 다른 담보의 제공을 요구하거나 별도의 연대보증인을 입보하도록 요구할 수 있으며, 요구받은 조합원은 이에 즉시 응하여야 하며, "갑"은 해당 조합원이 소유권 및 조합원자격 등의 권리관계에 변동이 있을 때에는 이주대여금의 회수 등 채권회수를 위하여 "을"에게 즉시 통지하여야 하며 이를 이행하지 못하여 "을"에게 손해가 발생하는 경우 이에 대한 책임은 "갑"에게 있다.

⑥ 근저당권 설정을 할 수 없거나 관계 법령에 의하여 근저당권을 해지하여야 할 경우 이주비에 상응하는 금액의 약속어음 발행 및 공증 등 "을"이 요구하는 여타의 채권확보 방법에 "갑" 또는 "갑"의 조합원은 특별한 사유가 없는 한 협조하여 한다.

⑦ 조합원의 권리의무의 승계가 있을 시에는 "갑"은 그 양도자 또는 양수자로부터 대여금 전액을 반환받아 "을"에게 상환하여야 한다. 단, "갑"의 양도양수에 의한 권리의무 승계 계약을 체결하고 "을"의 사전 승인을 받을 경우에는 그러하지 아니하다.

⑧ "을"은 "을"의 책임 있는 귀책사유에 의한 이주 및 공사 지연으로 준공이 지연되는 경우에는 이로 인한 무이자이주비 이자 등 일체를 "갑"에게 요구할 수 없다.

⑨ 조달금리가 기 약정한 금리(년 0.0% 변동금리)기준 증감될 경우에는 그 증감되는 금리부분은 "갑"에 귀속되며, "갑"은 해당 금리를 조합원 분담금(환급금)의 잔금납부 시 반영한다.

제16조(이주비의 상환)

① "갑"의 조합원이 대여 받은 이주비의 원리금 상환은 입주일 또는 입주지정기간만료일 중 빠른 날로 한다. 단, 추가이주비대출금의 금융비용은 상환에서 제외한다.

② "갑"의 조합원이 원할 경우 이주비의 일부 또는 전부를 조기 상환할 수 있으며, 이 경우 "을"은 별지 제2호에 정한 바에 따라 이주비 조기상환액의 조달금리 기준(별지 제2호에서 정한 조달금리 기준을 말한다. 이하 같다)으로 산정한 이자 상당액을 "갑"의 해당 조합원 분담금에서 감액한다.
단, 최초이주 시부터 이주비를 전액 수령하지 않은 조합원의 경우 조달금리 기준으로 산정한 이자 상당액을 조합원 분담금의 잔금납부 시 감액하여 정산한다.

③ "을"은 이주비를 대여 받은 "갑"의 조합원이 권리의 일부 또는 전부를 양도할 경우 기존 조합원의 대여조건에 따라 이주비를 승계해 주어야 한다. 이 경우 "갑"은 조합원 명의변경 절차를 이행하기 전에 이주비의 승계 여부를 확인하여 "을"의 채권 확보에 지장이 없도록 주의의무를 다하여야 한다.

④ 이주비를 대여 받은 "갑"의 조합원이 제1항의 기간을 경과하여 상환할 경우에는 이주비 조달 금융기관의 일반주택자금대출 연체율을 적용한 연체료를 "을" 또는 이주비조달 금융기관에 납부하여야 한다.

제17조(사업추진경비 및 이주비의 대여 중지)

"갑" 또는 "갑"의 조합원의 책임 사유로 제18조 및 제19조에서 정한 제반 사업일정을 정한 기간 내에 완료하지 못하였을 경우, "을"은 "갑"에게 30일 이내에 그 이행을 최고하고 그 기간이 경과하여도 이행이 완료되지 아니할 경우 제반 사업경비의 지원 및 이주비 대여를 중지할 수 있다. 단, 조합운영비 등 최소한의 경비는 중지할 수 없다.

제4장 신축시설의 분양

제18조(관리처분계획)

① "갑"은 사업시행인가를 득한 후 도시및주거환경정비법에 따라 120일 이내에 "갑"의 조합원별 종전 소유 토지 등에 대한 적정한 보상과 "을"의 공사비 등 건설사업비의 충당이 원만히 이루어질 수 있도록 합리적인 관리처분계획을 수립하고 조합원 총회의 결의를 득하여야 한다.

② 관리처분계획의 수립은 "갑" 또는 "갑"이 지정한 컨설팅기관 등이 수행할 수 있으며, "갑"은 "을"과 협의하여 계획이 합리적으로 수립되도록 하여야 한다.

제19조(조합원 분양)

① "갑" 또는 "을"은 제18조에 의한 관리처분계획에 대한 조합원 총회의 결의를 거친 후 "갑"의 조합원별 동·호수 추첨을 완료하여야 하고 철거공사기간(공사착공 전) 이내에 조합원분양계약 체결을 완료하여야 한다.

② "갑"의 조합원은 아파트 등(상가 및 판매가능 복리시설 포함. 이하 같다)을 분양함에 있어 일반분양에 우선하며, 조합원분의 아파트 등의 동·호수 등은 "갑" 및 "갑"의 조합원이 우선하여 선택한다.

③ "갑"의 조합원은 분양받은 건축시설의 면적이 대물변제면적을 초과하거나 미달하는 경우에는 그 차액을 정산하여야 하며, 분담금의 납부(환급)시점 및 납부(환급)방법 등은 다음 각 호에 따른다.
　1. "갑"의 조합원 분담금 납부방법 등은 아래와 같다.

구 분	계 약 금	중 도 금	잔 금	비 고
납부일자	분양계약일	공사기간 6회 균등분할 시점	입 주 일	
납부금액	20%	10% × 6회 = 60%	20%	

　2. 계획된 공사일정이 당초의 중도금 납부일정보다 현저히 늦어지는 경우에는 "갑"이 "을"과 협의하여 상기 제1호의 중도금 납부일정을 조정할 수 있다.
　3. "갑"의 조합원에게 환급금이 있는 경우에는 조합원 분담금 납부비율에 따라 "갑"의 조합원에게 지급하거나 분담금에서 정산한다.

④ 상기 제1항의 기한 내에 분양계약을 체결하지 아니한 조합원에 대하여 "갑"은 30일의 기한으로 그 이행을 최고하여야 하며, "갑"의 조합원은 이에 응해야 한다. 만일 이에 응하지 아니할 경우에는 **정관** 제38조(분양신청 등)에 의해 처리하며, 해당 조합원 에게는 사업완료 시 현금 청산하기로 하며, 해당 조합원이 분양받은 아파트 등은 제20조에 따라 일반분양하기로 한다.

⑤ "갑"이 상기 제1항의 규정에 정한 기한 내에 조합원분양을 실시하지 아니하는 경우 등 분양계약을 지연한 기간에 대하여는 "을"이 기 지급한 이주비(기본이주비 포함) 및 사업경비에 대하여 이주비 조달금리를 적용하여 산정한 이자를 "갑"이 "을"에게 지급하기로 한다.

제20조(일반분양)

① "갑"의 조합원에게 우선분양하고 남은 잔여 건축시설물은 일반분양 등의 방법으로 처분하며, 일반분양에 관한 분양시기, 분양방법, 분양절차 등은 주택공급에 관한 규칙, 도시및주거환 경정비법 등의 관계 법령에 따른다. 또한, 일반분양에 관한 분양가격의 결정, 분양책임이나 귀속 등 분양에 관한 모든 권한 및 책임은 "을"에게 있다. 단, 분양대상 복리시설의 분양시기는 "갑"과 "을"이 협의하여 조정할 수 있다.

② 상기 제1항에 의한 일반분양분 아파트를 분양함에 있어 미분양이 발생되어 "을"의 자금회수가 지연되는 경우에도 "을"은 "갑" 및 "갑"의 조합원에게 지분율 조정 또는 추가분담금 부과 등 부담이 증가되는 일체의 요구를 할 수 없다.

③ 주택형별 조합원 분양가는 별지 제1호의 조합원 확정분양가를 기준으로 한다.

④ "갑"의 조합원에게 우선분양하고 남은 잔여세대 아파트를 일반분양함에 있어 분양 금액의 증감이나 미분양 등으로 발생되는 모든 책임과 권한은 "을"에게 있다. 다만, 분양가상한제의 시행 등 정부정책의 급격한 변경으로 인하여 "을"의 자금회수에 큰 변화가 발생되는 경우에는 그러하지 아니하다.

⑤ "갑"이 신축건축물에 대한 보존등기를 함에 있어 사용검사일까지 일반분양분 아파트나 복리시설 등에 미분양이 있을 경우에는 해당 미분양 건축물(대지소유권 포함)에 대하여 "을"을 채권자로 하는 담보가등기 또는 근저당권설정 등에 필요한 서류를 "을"에게 즉시 교부하여야 한다. 이에 필요한 제반 세금 및 비용 등 일체는 "을"이 부담한다.

제5장 공사의 기준 등

제21조(공사의 기준)

① "을"의 공사기준은 제4조제1항에 명시된 대지에 "갑" 및 관할 지방자치단체장으로 부터 승인된 사업계획과 설계도서에 의한다.

② 조합원 분양분의 마감자재 및 시설기준은 별첨의 자재선정목록을 적용함을 원칙으로 하며, 아래 각 호의 사항도 동시에 적용한다.
  1. "갑"이 0000년 0월 "을"에 제시한 '사업참여 제안서 작성지침'에 명시된 마감재 및 시설기준 이상
  2. "을"이 입찰 참여 시 "갑"에게 제출한 '사업참여 계획서' 및 "갑"의 조합원에 배포한 홍보물에 명시된 마감재 및 시설기준 이상
  3. "을"이 입찰 참여시 "갑"의 조합원에게 제시한 00동 소재, 00모델하우스의 마감재 및 시설기준 이상
  4. "을"은 분양계약 시 모든 세대에게 가변평면 맞춤기회를 부여한다.
  5. "을"은 조합원 분양계약 전까지 조합원분양을 위한 견본주택 3개 주택형을 건립하기로 한다. "을"은 견본주택 축조 후 "갑"의 조합원이 마감재 등의 사용계획을 확인하고 이에 대한 의견을 제시할 수 있는 일정한 기회를 부여하여야 한다.
  6. "을"은 조합원분양 전(골조공사 후)에 조합원용 샘플하우스를 전 주택형별로 "갑"의 조합원이 용이하게 참관할 수 있는 곳에 설치, 운영하기로 한다. "을"은 샘플하우스를 건립하기 전에 상기 제1항 및 제2항에 부합되는 마감재와 시설기준에 적합한

자재 등의 사용방안에 대하여 "갑"과 사전협의(인테리어 설계도면 및 자재 등) 한 후 제반 공사내역을 확정한다. 이때 "을"은 "갑"의 조합원에게 트랜드맞춤기회 및 칼라맞춤기회를 부여하기로 한다. 단, 이로 인한 대물변제면적의 조정은 없다.

7. "을"은 견본주택 및 샘플하우스를 축조한 이후에는 "을"의 부담으로 사진첩 및 비디오 테이프를 각각 3부씩 "갑"에게 제출하여야 한다. 또한 "을"은 관계 법령이 허용하는 범위 내에서 "갑"과 "을"이 합의하여 상기 제6호의 샘플하우스를 일반분양을 위한 모델하우스로 대신하여 사용할 수 있다.

③ 임대주택의 마감재 및 시설기준은 관계 법령의 범위 내에서 상기 제3항에 준하여 "갑"과 "을"이 합의하여 정하는 수준으로 하고, 공사금액은 "갑"과 "을"이 협의한다.

제22조(건축자재 및 자재의 검사 등)

① "을"이 사용하는 건축자재는 한국공업규격표시제품(KS)을 원칙으로 하며, 계약서에 별첨된 자재선정목록을 기준으로 한다. 목록에 규격의 표시가 지정되지 아니한 자재는 설계도서, 시방서 등 계약서에 별첨된 도서에 의한다. 단, 자재의 품절 등 부득이한 사유가 있는 경우에는 "갑"과 "을"이 합의하여 공사비의 변동없이 동등 이상의 유사한 최신 타제품을 사용할 수 있다. 본 공사도급계약조건 이외 별첨도서가 서로 상이한 경우에는 "갑"의 선택에 따른다.

② "을"은 사용자재를 선정하기 전에 가능한 모든 자재에 대하여 그 견본품(Sample)을 품질보증서와 함께 "갑"에게 제출하여야 한다. 이때, "갑"은 필요한 경우 "을"이 제출한 건축자재에 대하여 품질검사서를 요구하거나 검수 및 검사할 수 있고, 그 결과 상기 제1항 및 제21조와 상이한 자재인 경우에는 선정 자재의 교체를 요구할 수 있으며, "을"은 이에 즉각 조치를 취하여야 한다.

③ "을"은 "갑"의 검수 및 검사기간을 감안하여 충분한 시간 전에 견본품을 제출하여야 하며, "갑"의 검사에 이의가 있는 경우, "을"은 "갑"에게 재검사를 요구할 수 있다. 재검사가 필요하다고 인정되는 경우에는 "갑"은 지체없이 재검사 하도록 조치하여야 한다.

④ "을"은 자재의 검사에 소요되는 비용을 부담하여야 하며, 검사 또는 재검사 등을 이유로 공사기간의 연장을 요구할 수 없다.

⑤ 공사에 사용하는 자재 중 조립 또는 시험을 요하는 것은 "갑"의 입회 하에 해당 자재에 대한 조립 또는 시험을 하여야 한다.

⑥ 수중 또는 지하에서 행하여지는 공사나 준공 후 외부에서 확인할 수 없는 공사는 "갑"의 참여없이 시행할 수 없다. 다만, 이에 대한 "을"의 참여 요청에도 불구하고 "갑"이 불참하거나 사전에 "갑"의 서면승인을 받은 경우에는 시공과정이나 결과 등을 사진, 비디오 등으로 기록한 후 이를 시행할 수 있다.

⑦ "을"은 공사수행과 관련하여 건설기술진흥법에 의한 품질경영, 안전 및 환경 에 관한 계획서를 사전에 "갑"에게 제출하고 "갑"의 의견을 수렴하여 공사를 수행하여야 한다.

제23조(공사의 감리 등)

① 본 공사의 감리는 주택법 제43조제1항 및 제2항, 건설기술진흥법 등의 관계 규정과 건설교통부 제정 「주택건설공사 감리업무 세부기준」 등에 따른다.

② "을"은 공사진행실적 및 추진계획을 매월 말일을 기준으로 하여 공사감리자의 확인을 받아 익월 10일까지 "갑"에게 보고하여야 한다.

제24조(공사 감독원 등)

① "갑"은 계약의 적정한 이행확보 및 공사감독을 위하여 자신 또는 자신을 대리하여 다음 각 호의 사항을 수행하는 자(이하 "공사감독원"이라 한다)를 지명 파견하여 "을"의 수행공사에 대하여 감독업무를 수행하게 할 수 있다.
  1. 시공일반에 대한 감독 및 입회
  2. 공사의 자재 및 재료와 시공에 대한 검사 또는 시험에의 입회
  3. 공사의 기성부분 검사, 입주자사전점검 또는 공사목적물의 인도에의 입회
  4. 기타 공사감독에 관하여 "갑"이 위임하는 사항

② "갑"은 제1항의 규정에 의하여 공사감독원을 선임한 때에는 그 사실을 즉시 "을"에게 서면으로 통지하여야 한다.

③ "갑"은 "을"이 시공한 공사 중 설계도서, 본 공사도급계약조건 및 "을"이 제출한 사업참여 계획서 등에 표시된 사실과 부합하지 아니한 부분이 있을 때에는 이의 시정을 요구할 수 있으며, "을"은 이에 응하여야 한다. 다만, 설계도서 등에 적합하지 아니한 공사가 "갑"의 현저히 부당한 요구나 지시에 의한 경우에는 그러하지 아니하다.

④ "을"의 현장 임직원이나 협력업체 임직원 등이 관계 법규와 사업계획 및 계약조건을 위반하여 공사의 원만한 수행에 악영향을 끼친 경우 "갑"은 "을"에게 해당 인원의 교체 등 시정을 요구할 수 있으며, "을"은 정당한 사유없이 이를 거부할 수 없다.

⑤ "을"은 공사감독원의 지시사항이 공사수행에 현저히 부당하다고 인정될 때에는 "갑" 에게 서면을 통한 시정 등의 필요한 조치를 요구할 수 있다.

제25조(현장대리인)

① "을"은 공사착수 전에 건설산업기본법에 부합되는 건설기술자를 현장대리인으로 지명하여 "갑"에게 통지하여야 한다.

② 현장대리인은 공사 착수 이전부터 공사현장에 상주하여 현장의 관리와 공사에 관한 모든 법적인 사항에 대하여 "을"을 대리하여 처리한다.

③ "을"의 현장대리인은 관계 법령과 승인된 설계도서 및 계약조건을 준수하여 공사를 수행하여야 한다. 단, 이를 적정하게 수행하지 못할 경우 "갑"은 "을"의 현장 대리인의 교체를 요구할 수 있으며, "을"은 정당한 사유없이 이를 거부할 수 없다.

④ "을"의 현장종사자는 기술과 경험이 풍부하여야 하며 공사 착수 전에 관계 설계도서 등을 사전에 충분히 검토 및 숙지하여 공사의 간섭, 오류, 불분명, 누락 등의 여부를 확인하여야 하며, 이를 발견 즉시 "갑"에게 서면으로 통지하여야 한다. 또한 현장 종사자가 행한 모든 행위에 대한 법적책임은 "을"이 진다.

제26조(공사의 하도급 등)

① "을"은 계약된 공사의 전부 또는 주요부의 대부분을 다른 **일반건설사업자**에게 하도급할 수 없다. 또한 건설산업기본법의 규정에 의하여 건설공사 중 전문공사에 해당하는 건설공사를 하도급 하고자 하는 경우에는 "을"은 해당 업종의 **전문건설사업자**에게 하도급하고 "갑"에게 이를 서면으로 통지하여야 한다.

② "을"이 상기 제1항에 의해 본 공사를 제3자에게 하도급 하고자 하는 경우에는 건설산업기본법 및 하도급거래 공정화에 관한 법률에서 정한 바에 따라 하도급 하여야 하며, 하수급인의 선정, 하도급계약의 체결 및 이행, 하도급 대가의 지급에 관하여는 관계 법령의 제 규정을 준수하여야 한다.

③ "갑"은 본 공사의 시공에 있어 현저히 부적당하다고 인정되는 하수급인이 있는 경우에는 하도급의 통보를 받은 날 또는 그 사유가 있음을 인지한 날로부터 30일 이내에 서면으로 그 사유를 명시하여 하수급인의 변경을 요구하거나 해당 하도급계약 내용의 변경을 요구할 수 있다. 이 경우 "을"은 정당한 사유가 없는 한 이에 응하여야 한다.

④ "갑"은 상기 제1항 내지 제3항에 해당하는지의 여부를 판단하기 위하여 "갑" 또는 "갑"이 지정한 제3자가 하수급인의 시공능력 및 자격기준에 대하여 심사할 수 있으며, "을"은 이에 적극 협조 하여야 한다.

제27조(공사기간의 연장)

① 다음 각 호에 해당하는 경우에는 이에 상응하는 만큼의 공사기간을 "갑"과 "을"이 협의하여 연장하기로 한다.
  1. 천재지변, 전쟁, 내란 등 불가항력의 상황 등으로 계약이행이 현저히 어려운 경우
  2. 15일 이상 계속된 우천이나 이에 준하는 기상이변으로 인하여 공사수행이 불가능한 경우. 단, 전체층수의 골조공사가 완료된 이후에는 본 호의 사유로 공사기간을 연장할 수 없다.
  3. "갑"의 귀책사유 또는 계약의 불이행 및 "을"의 귀책사유가 아닌 민원발생 등으로 공사가 중단 또는 지연되는 경우

4. 제28조의 사유로 공사기간의 연장이 인정되는 경우

② 상기 제1항에 해당하여 공사기간이 연장되더라도 건설사업비 등 추가로 발생되는 경비에 대해서는 "을"의 부담으로 한다. 다만, 제1항제1호 및 제3호와 제28조제2항 제3호의 경우에는 "갑"과 "을"이 협의하여 결정하며, 공기연장의 사유라도 "을"은 입주개시일을 준수하기 위하여 최선의 노력을 다하여야 한다.

③ 제1항의 규정에 의해 공사기간이 연장되는 경우, 이에 따르는 현장관리비 등의 추가경비에 대해서는 "갑"과 "을"이 협의하여 결정한다.

제28조(공사규모의 변경 등)
① "갑"이 사업시행인가 후 관계 법령이 정하는 경미한 사항 이외의 공사규모 등을 변경 하고자 할 때에는 사전에 "을"과 협의하여 변경한다.

② "을"은 다음 각 호에 해당되는 경우 관계 법령의 범위 내에서 "갑"에게 공사변경을 요구할 수 있으며, "갑"과 "을"은 상호 협의하여 공사를 변경한다.
   1. "갑"과 "을"의 귀책사유와 관계없는 정부의 정책변경이나 행정명령 등 불가피한 상황이 발생할 경우
   2. 설계도서의 내용이 공사현장의 상태와 일치하지 않거나, 누락, 오류가 있는 경우

제29조(무상권리금액의 조정)
① "을"은 다음 각 호에 해당되는 경우 그 사실을 "갑"에게 서면통지하고, "갑"과 "을"은 상호 협의하여 제5조의 조합원 무상지분권리금액을 조정한다.
   1. 제28조제2항제1호에 의한 공사의 변경(용적률 변경 포함)이 있는 경우
   2. "갑"의 요청에 의해 설계변경이 이루어지는 경우

제30조(공사의 시정명령)
"을"이 관계 법령과 승인된 설계도서 또는 공사도급 계약조건 등을 위반하여 건축시설을 시공하는 경우 "갑"은 이의 시정을 요구할 수 있으며, "을"은 이를 거부할 수 없다. "을"의 위반으로 발생한 추가비용 및 "갑"에 대한 손해는 "을"이 부담 및 배상한다.

제31조(계약의 해제 및 해지)

① "갑"은 다음 각 호에 해당하는 사유가 발생하여 "을"이 계약을 이행할 수 없다고 객관적으로 판명되는 경우에는 30일간의 계약이행기한을 정하여 서면으로 통보하고, 이 기한 내에 계약이 이행되지 아니할 때에는 본 계약의 전부 또는 일부를 해제 또는 해지할 수 있다. 계약의 전부가 해지 또는 해제되었을 때에는 "을"은 해당 공사를 즉시 중지하고 모든 인원 및 공사기구 등을 공사현장으로부터 철수하고 상기 제8조 (연대보증인)에 의한 보증절차에 의해 처리하기로 한다. 이때, "갑"이 "을"로부터 차입한

대여금 등의 정산은 잔여공사의 승계시공자가 결정된 후 60일 이내에 "갑"과 "을" 및 승계시공자(보증회사)가 상호 협의하여 대여금 등에 대한 정산금액을 확정하여 지급하기로 한다. 합의가 되지 않을 경우에는 예상정산금의 50%를 지급하고 나머지는 시공사 승계완료 시 지급하기로 한다. 또한, 계약의 해제 또는 해지로 인해 "갑"에게 발생되는 일체의 손해는 "을"이 부담한다.

1. "을"이 약정한 착공일을 경과하여도 정당한 사유없이 공사를 착수하지 아니한 경우
2. "을"이 계약조건을 위반하는 등의 책임 있는 사유로 인하여 공사기간 내에 공사를 완성할 수 없다고 객관적으로 판단되는 경우
3. 제34조의 규정에 의한 지체상금이 계약보증금 상당액에 도달한 경우로서 계약기간을 연장하여도 공사를 완공할 가능성이 없다고 객관적으로 판단되는 경우
5. "을"이 파산, 부도, 기업회생절차(법정관리), 기업개선작업(워크아웃), 금융거래정지 등으로 인하여 계약의 목적을 달성할 수 없다고 객관적으로 판단되는 경우에는 이행의 최고없이 즉시 해지할 수 있다.
6. 제27조제1항 제1호 내지 제3호에 규정된 사유를 제외하고는 "을"이 어떠한 경우라도 공사를 중단하거나 공사장에서 철수하는 경우

② "을"은 "갑"에게 다음 각 호에 해당하는 사유가 발생하여 공사의 계속 수행이 불가능하다고 객관적으로 판명된 경우에는 30일의 계약 이행 기한을 정하여 서면으로 통지하여며, 동 기한 내에 이행되지 아니한 경우에는 본 계약의 전부 또는 일부를 해제 또는 해지할 수 있다.

1. "갑"의 귀책사유로 본 공사기간이 3월 이상 지연되었을 경우
2. "갑"이 정당한 사유없이 본 계약을 이행하지 않거나, 계약사항에 정한 협의에 불응하여 공사의 계속적인 수행이 불가능하다고 객관적으로 판단되는 경우
3. 기타 "갑"이 계약조건을 위반하여 계약목적을 달성할 수 없다고 객관적으로 판단 되는 경우

③ 상기 제1항 및 제2항의 규정에 의한 계약의 해제 또는 해지로 인하여 손해가 발생한 경우에는 "갑"과 "을"은 각각 귀책사유가 있는 상대방에게 그에 대한 손해배상을 청구할 수 있다.

제32조(재해방지 및 민원)

① "을"은 ISO 9001 및 ISO 1400의 통합 매뉴얼에 따라 공사현장에 안전표시판을 설치하는 등 환경 및 안전업무에 필요한 조치를 취하여야 하며, 공사로 인한 모든 안전사고에 대하여는 "을"의 책임 및 비용으로 처리한다.

② "을"은 본 공사와 관련하여 시공과정에서 발생하는 소음, 진동, 분진, 인접 시설물의 하자발생 등의 민원과 제3자에게 끼친 일체의 손해 등은 "을"의 책임 및 비용으로 해결 하고, 일조권, 조망권, 프라이버시침해, TV 난시청 등 공사와 무관한 간접피해 및 민원은 "갑"의 책임 및 비용으로 처리한다. 이 경우, "갑"과 "을"은 문제 해결에 적극적으로 협력하여야 한다.

③ 건축물 및 시설물을 인수인계하기 전에 발생한 공사전반에 관한 인적, 물적 손해에 관하여는 "을"이 보상, 배상 및 원상복구의 책임을 지며, 또한 건축물 및 각종 시설물의 인수 및 인계 후에도 부실시공 및 제품의 하자로 인한 인적·물적 손해가 있을 경우에는 "을"에게 이에 대한 보수, 배상 등의 모든 책임이 있다.

④ "을"은 재해방지를 위하여 특히 필요하다고 인정될 때에는 미리 긴급조치를 취하고 즉시 이를 "갑"에게 통지하여야 한다.

⑤ "갑"은 재해방지 기타 공사의 시공상 부득이 하다고 인정 될 때에는 "을"에게 긴급 조치를 요구할 수 있다. 이 경우 "을"은 즉시 이에 응하여야 하며, "을"이 "갑"의 요구에 응하지 않는 경우에는 "갑"은 제3자로 하여금 필요한 조치를 하게 할 수 있다.

⑥ 상기 제5항의 규정에 의한 응급조치에 소요된 경비는 실비를 기준으로 "을"이 부담한다.

⑦ "을"은 시공과정에서 발생할 수 있는 사고에 대비하여 공사보험 등에 가입하고 해당 증빙서류를 본공사 착공 시 "갑"에게 제출하여야 한다.

제33조(기성부분에 대한 관리 및 손해 책임)
① "을"은 건축시설의 기성부분에 대하여 폭우에 의한 침수방지 등 선량한 관리자로서의 책임과 주의의무를 다하여 관리하여야 한다.

② "을"은 검사를 마친 기성부분에 대하여 천재지변(지하실 침수 등은 제외) 등 불가항력에 의한 손해가 발생한 때에는 즉시 그 사실을 "갑"에게 통지하여야 한다.

③ "갑"은 제2항의 통지를 받은 경우 즉시 그 사실을 조사·확인하고 그 손해의 부담에 있어서 검사를 필한 부분은 "갑"과 "을"이 협의하여 결정한다.

④ 제3항의 협의가 성립되지 않은 때에는 제42조(분쟁 및 소송)의 규정에 의한다.

제34조(지체상금)
① "을"은 정당한 사유없이 제7조에 귀정된 공사기간 내에 공사를 완공하지 못할 때는 지체 기간 동안의 지체상금을 부담한다. 다만, 제28조에 의하여 공사가 지연될 경우에는 그러하지 아니하다.

② 상기 제1항의 지체상금은 매 지체일수에 공사 도급금액의 1000분의 1을 곱하여 산출한 금액을 "갑"에게 납부하거나, "갑"이 "을"에게 지급할 청산금에서 공제한다. 다만, 지체상금 총액이 공사비총액의 100분의 10을 초과하는 경우에는 그 초과금액에 대하여는 "갑"과 "을"이 상호 협의하여 결정한다.

③ 제1항 및 제2항을 적용함에 있어 제38조의 규정에 의한 준공인가 전 사용허가에 따라 "갑"이 공사목적물의 전부 또는 일부를 사용한 경우에는 그 부분에 상당하는 금액을 지체상금에서 감하기로 한다.

제35조(부가가치세)

① "갑"의 부가가치세 납부(환급 포함)의무와 관련한 세무업무는 "을"이 수행하며, 발생되는 세금은 "을"의 부담으로 한다.

② 부가가치세가 환급되는 경우에는 "갑"은 즉시 "을"의 일반분양대금 관리계좌로 이체하여야 한다.

제6장 건설사업비의 충당 및 자금관리

제36조(건설사업비의 충당 및 정산)

① 제4조제2항에 의한 "을"의 건설사업비는 제19조의 조합원 분담금, 제20조의 일반분양대금 등으로 충당하며, 분담금 등의 수납관리는 "갑"과 "을"의 공동명의로 계좌를 개설하여 관리한다.

② "을"은 "갑"에게 사업시행에 필요한 자금인출 계획서를 사전에 제출하고, "갑"은 "을"의 자금 운용과 관련하여 사업시행에 지장이 없도록 적극 협조하기로 한다. "을"의 건설사업비 충당은 제19조 및 제20조에 의한 계약금, 중도금 및 잔금의 입금 일자에 따르며, 사업비의 지출은 대여금 이자의 지급, 대여금의 상환, 공사비의 지출 순으로 집행한다.

③ "갑"의 조합원이 제16조제1항에 의한 이주비의 상환 및 제19조에 의한 중도금 및 잔금의 납부를 지연할 경우 그 연체기간에 대하여 제16조제4항의 연체율을 적용한 연체료를 "갑"과 "을"의 공동명의 계좌로 납부하도록 한다.

④ 분담금 및 일반분양대금의 은행예치로 발생되는 이자 및 제반 연체료 등은 "을"에게 귀속된다.

⑤ "갑"과 "을"은 입금내역 및 지출내역에 대하여 매월 확인하는 절차를 갖기로 한다.

⑥ "갑"의 분양계약서에 분양대금 납부계좌는 "갑"과 "을"의 공동명의 계좌로 명기하고 「동 계좌로 입금되지 아니하는 어떠한 다른 형태의 입금도 이를 정당한 입금으로 인정하지 아니한다.」라는 내용을 명기하여야 한다.

제37조(채권확보)

"갑"의 조합원이 입주기간 만료일까지 대여 받은 이주비의 원리금을 상환하지 않거나 분담금을 완납하지 않은 경우 "을"은 해당 조합원이 분양받은 건축시설물에 대해 채권 확보를 위하여 "을" 또는 대출 금융기관을 채권자로 하는 담보가등기 또는 근저당권을 설정하는 등 제반 법적 조치를 취할 수 있으며, "갑"은 이에 협조하여야 하며 이에 따른 비용은 "갑"의 해당 조합원이 부담하도록 하기로 한다.

제7장 사용검사 및 입주 등

제38조(사용검사)

① "을"은 관계 법령 및 관할 지방자치단체장이 승인한 설계도서, 계약조건 등의 기준에 따라 공사를 완료하였을 경우에는 공사감리자의 확인을 받아 사용검사 관계 서류의 제출일 45일 이전에 "갑"의 조합원에게 입주자 사전점검을 완료할 수 있도록 하여야 한다.

② "을"은 제1항의 입주자 사전점검 결과에 따라 수정조치하고 사용검사의 신청에 필요한 구비서류를 공사감리자의 확인을 받아 사용검사 신청예정일 15일 이전에 "갑"에게 제출하여야 하며 "갑"과 "을"은 협의하여 관할 지방자치단체장의 사용검사(임시사용을 포함한다)를 받아 사용검사를 필하여야 한다.

③ "을"은 제2항의 검사에 있어서 "을"의 계약이행 내용의 전부 또는 일부가 계약내용에 위배되거나 부당함을 발견한 때에는 필요한 시정조치를 하여야 한다. 이 경우에는 "을"로부터 그 시정을 완료한 사실을 통지받은 날로부터 제2항의 기간을 계산한다.

④ "을"은 제3항의 경우에 중대한 사유로 인하여 계약기간이 연장될 때에는 제34조의 규정에 의하여 "갑"에게 지체상금을 지급하여야 한다.

⑤ "을"은 제2항 및 제3항의 규정에 의한 검사에 이의가 있을 경우에는 재검사를 요청할 수 있다. 이 경우 "갑"은 재검사를 하여야 한다.

⑥ "갑"은 검사를 완료한 때에는 그 결과를 "을"에게 통지하여야 한다.

⑦ "을"은 사업승인권자의 사용검사필증을 받음과 동시에 건축시설의 시공에 대한 의무를 다한 것으로 본다. 다만, "갑"의 책임 있는 사유로 인하여 사용검사승인이 지연되는 경우에는 "을"의 공사완료 통지일에 시공상의 모든 의무가 종료된 것으로 한다. 단, 하자보수 및 의무관리 등 관계 법령에서 정한 사항은 그러하지 아니하다.

제39조(건축시설의 인도)

① "갑" 또는 "갑"의 조합원은 "갑"의 준공검사 및 관할 지방자치단체장의 준공인가 (준공인가 전 사용허가를 포함한다) 후 입주지정 기간 내에 순차적으로 공사목적물을 인수하기로 한다. 이때, 보수로 인하여 발생하는 입주지연 등의 손해는 "을"이 부담한다.

② "갑"의 조합원이 이주비 원리금의 미상환 및 분담금의 미지급이 있을 경우 "을"은 해당 조합원의 완성된 건축시설에 대하여 인도거부 및 유치권을 행사할 수 있으며, 건축시설에 대한 보존등기 및 이전등기를 보류할 수 있다.

③ "을"은 "갑"이 모든 건축시설물을 전량 인수할 때까지 또는 "갑"의 조합원과 일반 분양자의 입주기간 만료일까지는 선량한 관리자로서의 제반 의무와 모든 시설물의 유지 및 관리의무(제반비용 포함)를 다해야 한다. 단, 입주기간 내에 입주한 세대에 한하여 입주일 이후의 단위세대에 관한 제비용의 부담은 제외한다.

제40조(입 주)

① 입주기간은 구청의 사용검사일 이후 00일간을 원칙으로 하며, "갑"과 "을"이 사전 협의하여 조정할 수 있다.

② "갑"과 "을"은 미리 협의하여 입주개시예정일 00일 이전까지 개인별 입주예정일자를 계약자 등에게 통지 및 확인하여야 하며, "을"은 "을"의 비용으로 입주계획의 수립, 입주 시 필요서류의 준비와 부대시설, 복리시설 및 세대별 아파트 사용설명서의 제작 및 배포 등 제반사항을 이행하여야 한다.

③ "갑"과 "을"은 건축시설을 분양받은 조합원이 입주하는 경우에는 분담금, 이주비 원리금, 연체료 등의 완납여부를 미리 확인하여야 하며, 이를 완납하지 아니한 자에게는 입주를 허용하지 아니할 수 있다.

제41조(건축시설의 하자보수 및 관리)

① "을"은 주택법 등 관계 법령에 따라 하자보수보증금을 예치하고 건축시설의 하자보수 업무를 수행하여야 한다. 하자보증기간은 제38조제7항에 의한 시공의무 완료일을 기산일로 한다.

② "갑"은 입주대상자의 과반수가 입주한 이후 1개월 이내에 입주자대표회의에서 관리 주체(자치관리 또는 위탁관리)를 결정하여 운영하여야 한다.

③ 입주 후 공동주택의 관리는 주택법 등에 따라 "갑"이 수행하되 "을"은 이에 최대한 협조하여야 한다. "갑"의 관리기간(입주개시일로부터 6개월간) 중에는 "을"은 주요 공종별로 전문요원을 상주시켜 하자보수에 차질이 없도록 하여야 하며, "갑"과 "을"이 협의하여 하자보수요원의 상주기간을 연장할 수 있다.

④ "을"은 입주일 이전 및 입주지정기간 내에 발생한 각 세대별 제반요금 및 공용시설에 대한 관리 및 유지 등에 필요한 전기, 수도, 가스, 지역난방 등의 요금을 부담하여야 하며, 각 세대 입주일 및 입주기간 만료일 이후에 발생한 비용은 해당 세대 및 "갑"이 부담 한다.

⑤ "을"은 입주 시 각 입주자에게 품질보증서를 발급하고, 하자보수는 부문별 하자담보 책임기간의 만료 전까지 완료하여야 한다.

제8장 기타 사항

제42조(분쟁 및 소송)

① 본 계약에 관하여 분쟁이 발생할 경우 "갑"과 "을"이 협의하여 해결하되 쌍방 간에 원만히 해결되지 않을 경우에는 즉시 법원에 소를 청구할 수 있으며, 재판에 대한 관할법원은 본 사업부지 소재지를 관할하는 법원으로 한다.

② "을"은 법원에 소를 제기하는 상황을 포함한 어떠한 분쟁이 발생하여도 공사를 중단할 수 없으며, "갑"과 계약한 제7조의 공사기간을 준수하여야 한다.

제43조(계약 이외의 사항)

본 계약서에 명시되어 있지 않은 사항은 건축법, 도시및주거환경정비법, 주택법, 건설산업기본법, 집합건물의 소유 및 관리에 관한 법률, 주택공급에 관한 규칙과 민법 등의 관계 법령에 따라 처리하며, 기타 세부 실무내용에 대하여는 "갑"과 "을"이 협의하여 처리한다.

제44조(채권의 양도)

"을"은 본 공사의 이행을 위한 목적 이외의 목적을 위하여 본 계약에 의하여 발생한 모든 채권(공사대금청구권 등)을 제3자에게 양도하지 못한다.

제45조(이권개입의 금지)

① "갑"은 조합정관에 명시된 사항 이외의 사항을 이면계약이나 별도의 방법으로 "갑"의 조합원이나 "을"과 약속할 수 없다.

② "갑" 또는 "갑"의 조합원은 "을"이 시공하는 본 재건축정비사업과 관련하여 자재의 납품이나 하도급공사의 수주 등 어떠한 이권의 개입이나 청탁을 할 수 없다.

③ "을"은 본 공사와 관련하여 "갑" 또는 "갑"의 조합원 및 임원에게 부당한 금품이나 향응 등을 제공할 수 없다.

④ "을"은 본 공사와 관련하여 "갑"의 협력회사(건축사사무소, 행정용역 회사, 법무사, 회계사, 감리회사 등)와 불공정 행위나 이면협약 또는 약속 등으로 부당한 이권개입을 해서는 안 된다. 이를 위반한 경우에는 형사고발 및 이에 상응하는 손해를 배상 및 보상하여야 한다.

제46조(조합 홈페이지의 개설)

"을"은 "갑"과 협의하여 "갑"이 운영하는 조합 홈페이지를 개설한 후 조합의 수행업무와 재건축공사의 진행사항 등 조합원이 필요로 하는 사항 등을 "갑"에게 제공하여야 하며, 홈페이지의 운영에 필요한 제반사항을 지원하기로 한다.

제47조(특허권의 사용)

재건축공사를 수행함에 있어 특허권이나 제3자의 권리대상으로 되어있는 공법 등을 사용할 경우 "을"은 그 사용에 따른 일체의 책임을 지기로 한다.

제48조(기술지식의 이용 및 비밀엄수 의무)

① "갑"은 본 계약서상의 규정에 의하여 "을"이 제출하는 각종보고서, 정보, 기타자료 및 이를 통하여 얻은 기술지식의 전부 또는 일부를 "을"의 서면승인을 얻은 후 "갑"의 이익이 되는 경우에 한하여 복사, 이용 또는 공개할 수 있다.

② "갑"과 "을"은 해당 공사도급계약을 통하여 얻은 정보, 자료 등 기밀사항을 계약 이행의 전후를 막론하고 누설할 수 없다.

제49조(설계도서의 제공)

① "갑"은 국토부고시 제2003-11호의 설계도서 작성기준에 따른 설계도서를 계획설계, 중간설계, 실시설계 등 각 단계별로 "을"에게 제공한 후 "을"과 협의한 결과를 설계에 반영하기로 한다.

② 본공사 착공 관련 실시설계도서는 이주개시 후 3개월 이내에 "을"에게 제공 하여야 하며, "을"은 수령일로부터 3개월 이내에 검토를 완료하고 "갑"과 협의하여 그 결과를 설계에 반영하도록 하며, "갑"은 본공사 착공 1개월 전에 수정 도서를 "을"에게 제공하여야 한다. "을"이 상기 일정을 초과하였을 경우에는 검토의견이 없는 것으로 간주하며, "갑"이 상기 일정을 지키지 못하여 주공정의 지연이 객관적으로 인정될 경우(PERT/ CPM에 따라)에는 그 지연기간 만큼 본공사착공일을 연장한다.

③ 공종별 실시설계도서는 "을"이 제출한 공사예정공정표(PERT/ CPM)상의 해당 공사 착수 3개월 전에 "을"에게 제공하여야하며, "을"은 수령일로부터 1개월 이내에 검토를 완료하고 "갑"과 협의하여 그 결과를 설계에 반영토록하고 "갑"은 해당 공사 착수 1개월 전에 수정도서를 "을"에게 제공하도록 한다. "을"이 상기 일정을 초과 하였을 경우에는 검토의견이 없는 것으로 간주하며, "갑"이 상기 일정을 지키지 못하여 PERT/CPM 공정표상의 주공정의 지연이 객관적으로 판명될 경우에는 그 지연기간 만큼 공사기간을 연장하기로 한다.

④ 설계도서의 제출은 청사 12부, A3 축소판반접 4부, A1 편철 4부, A1 반접 4부, 제2원도 1부, 축소(A3)제2원도 1부, 계산서 및 시방서 등 관계 서류 2부, CAD를 이용한 전체 설계도서에 대한 CD 1식을 "을"에게 제공하여야 한다.

제50조(준공도면 등의 제출)

① "을"은 공사를 시공하는 과정에서 발생한 주요내용과 문제점 등이 포함된 공사기록부(사진첨부)를 3부 작성하여 준공인가 신청 전까지 "갑"에게 제출하여야 한다.

② "을"은 공사완료 후, 실제 시공된 사항 등을 반영한 준공도면을 CD / ROM, 트레싱 지원도(A0 또는 A1 및 A3) 각 1부 및 청사진(A0 또는 A1 및 A3) 각 5부를 "갑"에게 제출하여야 한다.

③ "을"은 각종 장비 및 시스템의 운영 및 유지보수를 위한 매뉴얼 5부 및 각 세대별 아파트의 전기제품이나 설비 등의 사용설명서를 "갑"과 합의한 작성방법에 따라 작성하여 제출한다. 제출된 매뉴얼에 따라 시스템 별로 "갑"의 아파트관리 요원들을 무상으로 교육해야 한다.

④ "을"은 제3항에 따라 제출된 매뉴얼에 따라 시스템 별로 "갑"의 아파트관리 요원들을 무상으로 교육해야 한다.

⑤ "을"은 주요공사 및 매립되는 공사는 사진촬영이나 비디오로 촬영하여 각2부를 "갑"에게 제출하여야 한다.

제51조(계약의 효력)

① 본 계약의 효력은 계약체결일로부터 사업완료(조합해산)일까지 유효하다.

② 본 계약은 "갑"의 총회의 의결을 거쳐 계약을 체결하기로 한다.

③ 본 계약은 "갑"의 대표자(조합장) 및 임원 등의 변경과 "을"의 대표자 변경에 영향을 받지 아니한다.

④ 본 계약서의 모든 계약 관련 도서 상호간에 상이한 사항이 발견되었을 경우에는 "갑"의 선택에 따른다.

제52조(특약사항)

① "을"은 "갑"과 협의하여 현장(사무실)내에 공사감독원실 및 감리사무실 등을 제공하며, 이에 따른 집기, 비품 및 냉·난방시설 등 일체를 제공한다.

② 본 계약서에서 정하지 아니한 사항에 대하여는 "갑"과 "을"이 합의하여 특약사항을 추가할 수 있다.

부 칙

① "을"은 사업계획승인 시 관할 관청에서 요구하는 단서조항을 준수하고 주변시설 (학교 등)의 민원 등이 발생되지 않도록 시공하여야 한다.

② 00초등학교의 개보수 공사범위는 "갑", "을" 및 00교육청이 체결한 협약서에 따르며, 소요 비용은

자재선정 및 단위세대 마감목록

0000. 00.

['자재선정 및 단위세대 마감목록'은 본 지침서 제Ⅱ부-제2장-제3절의
「자재선정 및 단위세대 마감목록」을 참고하시기 바랍니다.]

◆ 별지 제1호(대물변제기준)

1. 대물변제기준 조건

- 주택형별 분양가는 각 타입별, 층별, 동별, 향별 평균분양가이며, 동별, 층별, 향별로 차등 적용하여 확정한다. 따라서 '**감정평가 및 감정평가사에 관한 법률**'에 따른 **감정평가법인등** 2인 이상이 평가한 금액을 산술평균하여 산정한 금액으로 확정한다.

- 기본이주비(무이자이주비), 일반분양 후분양금융비용, 기타 조합사업비의 금융기관 조달 시 조달주체(대출명의자)는 조합이며, 시공자는 연대책임을 진다. 이와 관련된 모든 원금과 금융비용(무이자 이주비 제외)은 금리변동과 관계없이 시공자의 책임 및 부담으로 한다.

- 일반분양에 대한 분양가 결정, 분양책임 및 귀속 등 모든 권리는 시공자에 있다.

- 조합원 환급금은 조합원 분담금 납부비율에 따라 지급정산 한다. 단, 지급일은 조합원 납부기일 종료 후 15일 이내로 한다.
- 견본주택은 조합원 분양계약 체결 전(착공 전) 시공자의 부담으로 3개 주택형을 건립한다. 이때 시공자는 시공자 선정 시의 입찰관계 서류에 근거하여 작성된 각 주택형별 마감자재 사양 및 설비 등의 상세 리스트를 조합의 사전 승인을 득한 후 건설하여야 한다.

- 사업부지에 포함되는 국·공유토지는 시공자의 책임 및 부담으로 매입한다.

- 조합원 명의로 개인별로 부과되는 각종의 제세공과금은 해당 조합원의 부담으로 한다.

- 상가, 유치원, 새마을회관의 토지에 관련한 조합원 대물변제기준은 변동이 없다.

- 사업추진에 소요되는 제반 사업경비에 관련한 조합원 대물변제기준은 변동이 없다.

- 임대주택의 건립, 일반분양가 원가연동제 실시 등 정부정책이 변경되는 경우에는 조합원 대물변제기준이 변동된다.

- 관리처분계획의 대물변제기준은 상기 조건을 전제로 산출된 확정지분이다.

☞ (아래의 주택형, 세대수, 분양가 등에 대한 수치는 실제 사용된 가격이 아니라 독자의 이해를 돕기 위해 필자가 가정하여 기술한 수치입니다)

2. 아파트 주택형별 조합원분양가

[단위 : ㎡, 천원]

주택형 (전용면적)	분양면적	세대수	㎡당분양가	세대당분양가
59㎡A	59.986	525	4,850	290,580
59㎡B	59.987	158	4,850	291,325
84㎡A	84.960	724	4,720	400,927
84㎡B	84.895	197	4,720	400,507
84㎡C	84.947	222	4,720	398,033
84㎡D	84.986	220	5,720	400,519
128㎡	128.546	224	5,290	680,203
129㎡	129.139	116	5,280	682,492
163㎡	163.975	224	5,400	885,555
164㎡	164.527	116	5,380	884,690
188㎡	188.744	194	5,700	1,075,657
189㎡	189.653	102	5,670	1,075,580
210㎡	210.925	162	6,130	1,293,320
241㎡	241.078	156	6,310	1,521,150
244㎡A	244.894	35	6,410	1,570,705
244㎡B	244.841	35	6,420	1,570,688

3. 무상지분 권리금액

구 분	대지지분	16평형	대지지분	25평형
무상지분 권리금액	67.59㎡	501,435천원	67.59㎡	783,533천원
	66.60㎡	494,126천원	66.60㎡	772,104천원
	65.51㎡	486,032천원	65.51㎡	759,424천원

4. 종전 아파트 주택형별 대물변제기준

1) 16평형

[단위 : ㎡, 천원]

구 분	16평형					
	6.51㎡		66.60㎡		67.59㎡	
주택형	무상면적	분담금	무상면적	분담금	무상면적	분담금
59㎡A	141.28	- 195,453	144.56	- 203,546	146.68	- 210,855
59㎡B	142.18	- 194,707	143.56	- 202,801	146.68	- 210,109
84㎡A	141.55	- 85,105	143.93	- 93,198	146.05	- 100,507
84㎡B	141.55	- 855,525	143.93	- 93,618	146.05	- 100,927
84㎡C	141.55	- 87,999	143.93	- 96,093	146.05	- 103,401
84㎡D	141.55	- 85,513	143.93	- 93,607	146.05	- 100,916
128㎡	116.53	194,171	118.48	186,078	120.23	174,769
129㎡	116.53	194,460	118.48	188,366	120.23	178,769
163㎡	109.59	399,523	111.40	391,430	113.06	384,121
164㎡	109.59	398,658	111.40	390,565	114.06	383,256
188㎡	104.26	589,625	105.98	581,531	107.57	574,222
189㎡	104.26	589,548	105.98	581,454	107.57	574,145
210㎡	99.14	807,288	100.79	799,194	102.28	791,885
241㎡	94.61	1,035,118	95.27	1,027,024	97.62	1,019,716
244㎡A	93.72	1,084,673	95.27	1,076,779	96.69	1,069,270
244㎡B	93.72	1,084,655	95.27	1,076,562	96.69	1,069,253

※ 조합원은 조합원 분담금 이외 별도의 부가세를 납부하지 않는다.

※ 조합원의 무상지분권리금액은 현재의 관리처분계획 하에서 확정금액이다.

※ 무상면적 = 무상지분권리금 ÷ 주택형별 조합원 제곱미터당 분양가

※ 부담금(환급금) = 조합원분양가 - 무상지분권리금

2) 25평형

구 분	25평형					
	102.36㎡		104.07㎡		105.61㎡	
주택형	무상면적	분담금	무상면적	분담금	무상면적	분담금
59m²A	222.18	- 468,844	225.88	- 481,524	229.22	- 492,954
59m²B	222.18	- 468,099	225.88	- 480,779	229.22	- 492,1208
84m²A	221.19	- 358,497	224.89	- 371,176	228.20	- 382,606
84m²B	221.19	- 358,916	224.89	- 371,596	228.20	- 383,026
84m²C	221.19	- 361,391	224.89	- 374,071	228.20	- 385,500
84m²D	221.19	- 358,905	224.89	- 371,585	228.20	- 383,014
128m²	182.08	79,221	185.12	- 91,900	187.87	- 103,330
129m²	182.08	76,932	185.12	- 89,612	187.87	- 101,041
163m²	171.24	126,132	174.08	113,452	176.67	102,022
164m²	171.24	125,266	174.08	112,587	176.67	101,157
188m²	162.90	316,233	165.62	303,553	167.21	292,124
189m²	162.90	316,156	165.62	303,476	167.21	292,047
210m²	154.90	533,896	157.49	521,216	159.83	509,787
241m²	147.83	761,726	150.28	749,046	152.53	737,617
244m²A	146.41	811,281	148.86	798,601	151.07	787,172
244m²B	146.41	811,264	148.86	798,584	151.07	787,155

※ 조합원은 조합원 분담금 이외 별도의 부가세를 납부하지 않는다.

※ 조합원의 무상지분권리금액은 현재의 관리처분계획 하에서 확정금액이다.

※ 무상면적 = 무상지분권리금 ÷ 주택형별 조합원 단위면적당 분양가

※ 부담금(환급금) = 조합원분양가 - 무상지분권리금액

◈ 별지 제2호

조합원 이주비 대여조건

구 분	기본이주비대출금	추가이주비대출금	계
16평형	일억 삼천만원	오천만원	일억 팔천만원
25평형	이억원	오천만원	이억 오천만원
상가, 유치원	(총액)일백억원	담보범위 내	
기 타	이사비용 : 세대당 0백만원 무상지원		

※ 조달금리는 년 0.0% 변동금리 기준임

※ 기본이주비를 차입하지 않은 경우 해당금액에 대하여 해당금리 기준으로 분담금에 감액함

※ 조합원 이주비는 금융회사로부터 조합원 직접대출 기준임

※ 추가이주비는 개인별 담보범위 내에서 추가대출이 가능함

사업추진경비 지원내역

(단위 : 백만원)

사업추진 경비	금 액	비 고
조합운영비		사무실임대보증금 1억원 및 운영비 월 이천만원 포함
설계비		굴토설계비(심의비용 포함)
감리비		
측량비 및 지질조사비 일체		
안전진단비		
각종 영향평가비		
인·허가비		채권매입자금 포함
각종 소송비용		매도, 명도청구소송 등 일체
광역교통시설부담금, 환경개선부담금 등		
관리처분비용		감정평가수수료 포함
각종 등기비용		일반분양분 보존등기 등 일체
토지매입비		토지매입 관련 제 세금 포함 미동의자 등 매입자금 포함
컨설팅 용역수수료		
각종 수수료 및 보증비용		분양보증수수료는 공사비에 포함
모든 인입시설 분담금		전기, 수도, 도시가스, 지역난방 등
공공용지(토지) 사용료		도로, 공원 등 사용료
민원처리비		공사로 인한 분진, 소음 등의 민원처리비 등
기타 필요경비 일체		
예비비		총 사업추진경비의 20%
합 계		

※ 필요 사업추진경비와 관련하여, 조합원 대물변제기준은 변동이 없다.
※ 어떠한 경우라도 사업경비가 추가되는 경우 시공사가 추가하여 부담한다.
※ 모든 사업추진경비의 지원기간은 조합원 입주완료 시까지로 한다.

[제2편]
사업추진 단계별 행정업무

제1장
조합원 이주 및 신탁등기

반포주공0단지 재건축정비사업조합

우(137-909)/서울시 서초구 반포동 00-0 /전화(02)533-0000, 3477-0000/ FAX3477-0000
http://www.banp0.com

문서번호 : 반포0 재조 제0000 -　　호
시행일자 : 0000. 0. 00
수　　신 : 조합원 제위
참　　조 :
제　　목 : 이주 및 신탁등기 공고

1. 조합원 여러분의 성원에 감사드립니다.

2. 전체 조합원을 대상으로 0000년 0월 실시한 '조합원 이주 및 신탁등기에 관한 의견조사'를 바탕으로 확정된 내용을 아래와 같이 공고합니다.

◆　아　래　◆

1) 이주기간
전체 조합원 : 0000년 0월 00일(월요일) ~ 0000년 0월 00일(수요일)(4개월)

2) 대출한도　　　　　　　　　　　　　　　　　　　　　　　(단위 : 만원)

구분　　주택형	18평형		25평형		상　가
세　대　수	1,230세대		490세대		(추후 확정)
기본이주비대출금	14,400	32,000	20,000	45,000	(추후 확정)
추가이주비대출금	17,600		25,000		(추후 확정)
아파트담보대출금	조합원별 대출상한액		조합원별 대출상한액		(추후 확정)

3) 구비서류(이주계획서 및 신탁등기) 접수 및 대출금 신청

① 접수기간 및 접수시간
　　▫ 기간 : 0000년 4월 11일(월요일) ~ 0000년 5월 31일(화요일)(51일간)
　　▫ 시간 : 10시 ~ 16시(토요일은 13시까지, 공휴일은 접수하지 않습니다)

② 접수장소 : 단지 내 유치원 1층

(첨 부) : 1. 대출금신청 세부내역
　　　　　 2. 이주 및 신탁등기 관련 제출해야 할 서류 (끝)

반포주공0단지 재건축정비사업조합
조　　　합　　　장　0　　0　　0

대출금신청 세부사항

대출금의 지급은 조합원이 신탁등기 및 대출금을 신청한 후 관리사무소에 공과금을 완납하고, 영수증사본과 출입문열쇠를 조합에 제출하면 조합직원이 아파트를 방문하여 폐기물 반출상태, 가스차단 신고여부 등 인수가능 여부를 확인 한 후 발급하는 확인증을 발부받아 해당 은행에 제출하면 해당 은행의 본인 통장으로 대출금이 입금됩니다.

1. 대출한도

: 각 조합원별 대출금한도는 다음과 같습니다(기존 주택형별로 구분).

(단위 : 만원)

구분 \ 주택형	18평형		25평형		상 가
세 대 수	1,230세대		490세대		(추후 확정)
기본이주비대출금	14,400	32,000	20,000	45,000	(추후 확정)
추가이주비대출금	17,600		25,000		(추후 확정)
아파트담보대출금	조합원별 대출상한액		조합원별 대출상한액		(추후 확정)

2. 대출조건

1) 대출대상

: 대출대상은 조합원 소유 건물 및 토지에 대한 신규 대출 은행의 제1순위 근저당설정이 가능한 조합원이여야 합니다.

2) 대출기간

: 대출기간은 대출 후 만3년으로 하며, 사업기간 종료 시 까지 동일조건으로 하여 1년 단위로 자동연장 됩니다. 즉, 대출기간은 조합원 입주 예정일까지입니다.

그러나 재건축사업완료 후 조합원의 소유권보존등기일을 기준으로 기간을 조정할 수 있으며, 조합원이 자격을 상실하는 경우에는 기한 전이라도 상환하여야 합니다.

3) 대출금리

(1) 기본이주비 및 추가이주비의 대출금리는 (3개월CD금리+0.6%)/년으로 동일한 이율이 적용됩니다. 즉, 금리는 3개월(91일)물 단위의 **CD(양도성예금증서)에 연동되는 변동금리**이며, 0000년 1월 현재의 3개월CD금리 약1.66%에 0.6%가 추가된 약 2.2.6%가 됩니다.

(2) 아파트 담보대출금은 해당 **은행의 담보대출금리**에 따라 이자를 지급하여야 합니다.

(3) 근저당 설정비는 **1회에 한하여** 해당은행이 부담합니다. 따라서 조합원은 최초 담보설정 시 필요자금을 충분히 고려하여 저당권 설정한도액을 결정하여 대출금을 신청하기 바랍니다.

4) 대출금 지급방법

(1) 조합원이주의 편의를 위하여 조합에 대출관계 서류(이주비대출신청서, 신탁등기서류)를 제출한 5일 이후 해당 은행에 개설된 통장에 기본이주비 대출금의 10%를 우선 지급하며, 특별한 경우를 제외하고는 공가 여부를 확인한 후에 기본이주비 대출금의 90% 및 추가이주비 대출금을 조합원 통장에 입금 또는 직접 지급할 예정이오니, 자금이 필요한 날을 감안하여 미리 대출을 신청하시기 바랍니다.

(2) 대출방법(대출 횟수) : 총3회 대출

구 분	대 출 금 액	대 출 시 기
제1회	필요한 조합원에 한하여 기본이주비대출금 신청액의 10%	이주비대출신청 및 신탁등기가 완료되면 5일 이후 조합원 통장으로 입금
제2회	[기본이주비대출금 신청액 + 추가이주비] 이내의 신청금액	조합원 아파트의 공가 여부를 확인 한 후 조합원 통장으로 입금
제3회	[최초 근저당권 설정금 범위-①회와 ②회 대출금] 중 신청금액	신축아파트 계약금납부마감일 이전까지
기 타	추가대출로 발생되는 대출금도 기본이주비와 추가이주비의 범위(18평형조합원:32,000만원, 25평형조합원:45,000만원) 내에서 동일한 금리(3개월CD금리+0.6%/년)가 적용됩니다.	

3. 이자납부방법

1) 기본이주비대출금의 대출이자는 조합이 사업추진비에서 은행에 직접 납부합니다.
   즉, 조합원은 기본이주비대출금이자를 은행에 납부하지 않아도 됩니다.

2) 조합이 납부하는 기본이주비대출금의 대출이자에 대한 조합의 지급의무기간은 이주 개시일로부터 조합이 정하는 입주지정만기일(0000년 0월경)까지입니다.

3) 추가이주비대출금이자 및 아파트담보대출금이자는 해당 조합원이 매월 해당 일에 해당 은행에 납부하여야 합니다.

4. 대출금의 상환

대출금의 상환은 대출금만기일(입주지정만기일)에 해당 조합원이 은행에 직접 상환하거나, 해당 조합원이 해당 은행과 별도로 체결하는 대출약정에 의해 **주택담보 장기대출**로의 전환이 가능합니다.

5. 조합원의 대우

조합원은 해당 은행거래를 함에 있어 그 은행의 VIP고객 수준으로 각종 수수료 등의 감면 혜택을 받을 수 있습니다.

6. 거래은행

거래은행은 현재 소유하고 있는 아파트 호수가 홀수인 조합원은 □□은행, 짝수인 조합원은 △△은행에서 대출하는 것을 원칙으로 하나, 기존대출금의 유무 및 기타의 사유로 그러하지 않을 수 있습니다.

각 은행의 위치, 담당자, 필요서류, 대출절차 등 문의사항이 있으면 아래를 참조하여 해당 은행에 문의하여 주시기 바랍니다.

◈ 홀수 조합원 해당 은행(예 : 200동 101호)

근 무 지	직 위	성 명	사무실 TEL.	E-mail 주소	비 고
△△은행 센트럴지점	부지점장	0 0 0	02)532-0000 (구내 000)	–	
	과 장	0 0 0	02)532-0000 (구내 000)	–	
조합 사무실	02) 3477- 0000 / 02) 3477- 0000				

◈ 짝수 조합원 해당 은행(예 : 200동 102호)

근 무 지	직 위	성 명	사무실 TEL.	E-mail 주소	비 고
□□은행 센트럴지점	지 점 장	0 0 0	02)502-0000 (구내 000)	–	
	차 장	0 0 0	02)502-0000 (구내 000)	–	
조합 사무실	02) 3477- 0000 / 02) 3477- 0000				

7. 해당 법무사

근 무 지	홀수 조합원(△△법무사무소)	짝수 조합원(□□법무사무소)	비 고
담당 법무사	0 0 0 법무사	0 0 0 법무사	
담 당 자	0 0 0 실장	0 0 0 사무장	
사무실전 화번호	02) 501-0000	02) 548-0000	
사무실 FAX.번호	02) 501-0000	02) 540-0000	
E-Mail 주 소	–	–	
조합 법무상담 번호	02) 3477-0000	02) 4377-0000	

구비서류 목록표

1. 이주 및 신탁등기 구비서류(이주비 대출대상 조합원)

준비서류	용도 및 수량		소계	비고
인감증명서	신탁등기용	1통	7통	- 제출일을 기준으로 1개월 이내에 발행된 것으로, - 발급받을 때 용도를 기재하지 않아도 됩니다.
	근저당설정등기용	1통		
	이주계획서용	1통		
	이주이행각서용	1통		
	대출금 신청용	2통		
	건축물철거 및 멸실 동의용	1통		
주민등록등본	근저당설정등기용	1통	3통	- 제출일을 기준으로 1개월 이내에 발행된 것
	신탁등기용	1통		
	대출금 신청용	1통		
주민등록초본 (조합원본인)	근저당설정등기용	1통	2통	- 제출일을 기준으로 1개월 이내에 발행된 것 - 주소변경사항이 모두 표기된 초본으로 발급요함
	주소변경등기용 ※ 소유부동산과 실거소지가 다른 경우에 한함	1통		
등기권리증	신탁등기 및 근저당설정등기 시 필요하니 원본을 제출		토지, 건물	
등기사항 전부증명서	근저당설정용		1통	**서류신청 당일 발급 본**
채무잔액 증명서	채무확인용		1통	기 대출받은 은행에서 발급
임대차 계약서원본	대출금신청용		1통	※ 임대를 한 경우에 한함

인감도장 및 신분증 지참	이주비 신청은 본인이 신청 및 날인해야 되기 때문에 **인감도장과 주민등록증을** 지참하여 은행이나 조합사무실로 본인이 내방해야 합니다.(반드시 주민증 지참)
공동소유자	**공동소유자는 전원이** 대출신청서류 및 신탁등기서류 등에 **자필서명** 하여야 하므로, 공동소유자 전원(해외체류경우 해당 법무사와 협의)이 조합이나 해당 은행에 내방하여야 합니다.
대출금지급통장	대출금지급통장은 대출은행에서 통장을 일괄하여 신규발급 예정입니다.
등기권리증을 분실한 경우	소유자 본인이 지정법무사로부터 확인서면을 작성하여야 합니다. (주민등록증, 인감도장 지참)(작성료는 해당 조합원이 별도 부담)
철거동의서 등 작성	조합사무실에 서류가 비치되어 있으므로 **이주계획서, 이주비대출금내역및 이행** 각서, 건축물 철거 및 멸실 동의서를 작성하여 제출하여야 합니다.

※ 이주비신청 및 신탁등기를 하는 경우로 국내거주 조합원 및 해외거주(시민권자, 영주권자 포함) 조합원 공통으로 필요한 서류입니다.

2. 대출금신청을 하지 않은 조합원의 경우(신탁만을 하는 경우)

준비서류	용도 및 수량		소계	비고
인감증명서	신탁등기용	1통	4통	- 제출일을 기준으로 1개월 이내에 발행된 것으로, - 발급받을 때 용도를 기재 하지 않아도 됩니다.
	이주계획서용	1통		
	이주이행각서용	1통		
	건축물철거 및 멸실 동의용	1통		
주민등록등본	신탁등기용	1통	1통	- 제출일을 기준으로 1개월 이내에 발행된 것
주민등록초본 (조합원본인)	주소변경등기용 ※ 소유부동산과 실거소지가 다른 경우에 한함	1통	2통	- 제출일을 기준으로 1개월 이내에 발행된 것 - 주소변경사항이 모두 표기된 초본으로 발급요함
등기권리증	신탁등기 및 근저당설정등기 시 필요하니 원본을 제출		토지, 건물	

인감도장 및 신분증 지참	이주비 신청은 본인이 신청 및 날인해야 되기 때문에 **인감도장과 주민등록증을** 지참하여 조합사무실로 본인이 내방해야 합니다.(반드시 주민증 지참)
공동소유자	**공동소유자는 전원**이 신탁등기서류 등에 **자필서명** 하여야 하므로 공동소유자 전원(해외체류경우 해당 법무사와 협의)이 내방하여야 합니다.
대출금지급통장	대출금지급통장은 대출은행에서 통장을 일괄하여 신규발급 예정입니다.
등기권리증을 분실한 경우	소유자 본인이 지정법무사로부터 확인서면을 작성하여야 합니다. (주민등록증, 인감도장 지참)(작성비용은 해당 조합원이 별도 부담)
철거동의서 등 작성	조합사무실에 서류가 비치되어 있으므로 **이주계획서, 이주비대출금내역 및 이행각서, 건축물 철거 및 멸실 동의서**를 작성하여 제출하여야 합니다.

※ 이주비신청을 신청하지 않고 신탁등기만을 하는 경우로 국내거주 조합원 및 해외거주 (시민권자, 재외국민 포함) 조합원 공통으로 필요한 서류입니다.

3. 시민권자 및 재외국민의 구비서류

1) 시민권 취득자

구비서류	수량	구비서류에 대한 설명
● 처분위임장 및 인감증명서 ※ 조합원이 국내에 미입국 시, 본인이 직접 하지 않는 경우 (번역하여 제출하여야 함)	5통	**인감제도가 없는 경우** - 처분위임장 및 자필서명확인서(본인이 작성하였다는 시민권 취득국관공서의 증명이나 인감증명서 제출) **인감제도가 있는 경우** - 처분위임장 및 시민권 취득국의 인감증명서 제출
● 거주사실증명서	4통	**주소제도가 없는 경우** - 주소지를 공증한 서면(미국, 영국, 호주 등)(운전면허증, 신분증, 여권을 사본하여 원본과 동일하다는 취지를 기재한 후, 관공서 증명이나 공증인 공증[한국대사관(영사관)확인서명 가능] **주소제도가 있는 경우** - 주소증명서 또는 거주사실증명서 (모든 거주지 기재)(일본, 대만 등)
● 동일인 증명서 (외국국적 취득으로 성명 변경 시)	3통	<u>등기사항전부증명서</u> 상의 성명과 외국국적 취득 후의 성명이 동일하다는 국적취득국 관공서의 증명 또는 공증인의 공증이 있는 서면

※ 외국인이 국내에 입국한 경우	1. 위 인감증명서제도에 따라 처분위임장 및 인감증명서를 제출하여야 함 2. <u>외국인등록을 한 경우</u>는 동사무소에서 인감증명서를 발급받아 제출도 가능 3. 외국국적 동포인 경우 국내거소신고사실증명[시민권 취득국 대사관(영사관)에서 발급]으로 가능
※ 대리인 지정의 경우 (외국인을 대리하여 수임 받은 경우)	1. 신탁등기, 근저당권설정등기 위임장에 <u>외국인의 대리임을 표시하고,</u> 2. 수임인(대리인)이 직접 작성하여 수임인의 인감증명서 **2통**을 첨부하여 제출하여야 합니다.
● 등기권리증	-
● 기타 사항	처분위임장 등에 서명 날인 시 여권의 서명과 동일한 서명이어야 한다.

2) 재외국민[영주권자 또는 외국거주자]

구비서류	수량	구비서류에 대한 설명
● 처분위임장 (한글로 번역하여 제출)	5통	조합에서 제공한 양식 참조
		인감신고를 한 경우 - 거주지 관할 재외공관(대사관, 영사관)에서 인감증명서 발급 위임장에 확인을 받아 국내 수임인이 인감증명서를 발급받아야 함
		인감신고가 안 된 경우 - 주소지, 최종주소지 또는 본적지 관할 동사무소에서 인감신고 가능, 인감신고 시 인감을 신고한 성년 1인의 연서가 있는 신고서로 신고 가능
● 거주사실증명서	4통	한국대사관(영사관)에서 발행하는 재외국민거주사실증명서 또는, 재외국민 등록부등본(한국 영사관이 없는 경우에는 주소를 공증한 서면으로 대체 가능)
		국내에 입국한 경우 - 국내거주 사실증명서를 출입국관리사무소에서 발급
● 기타 지참물		1. 주민등록 말소자 초본 4통(과거 주소지 기재사항 포함) 2. 등기권리증 원본 3. 인감도장

※ 등기권리증을 분실한 경우 조합원 본인이 조합 사무실을 방문하여 확인서면을 작성한 후 해당 법무사에게 제출하여야 한다.

4. 구비서류 관련 추가사항

(1) 등기권리증 분실 시 본인이 조합을 방문하여 확인서면을 법무사에게 작성토록 하여야 합니다. 이 경우 작성비용(약 ○만원)은 해당 조합원이 별도로 부담하여야 합니다.

(2) 주민등록초본은 토지(건축물)등기부상의 주소와 현주소가 다른 경우에 제출합니다. 이 경우 주소변경등기수수료(약 ○만원)가 별도로 소요됩니다.

(3) 임대(전월세)가 되어있는 경우에는 **임대차계약서사본**을 지참하여야 합니다.

(4) 대출금신청은 **소유자 본인의 자필서명[외국거주자의 경우 국내대리인의 서명 가능]**이 필요하기 때문에 반드시 본인이 직접 나오셔야 합니다.

(5) 토지주택공사 설정등기가 말소되지 않은 세대, 외주인 거주자 및 상속자, 미성년자의 경우는 조합 또는 조합에서 지정한 법무사와 사전에 상담바랍니다.

(6) 등기부상에 가압류, 가처분, 가등기 등이 설정된 경우는 대출이 불가능하니 해당 은행이나 해당 법무사와 사전 협의바랍니다.(설정해지비용 : 약 ○만원)
[즉, 가처분, 가등기 등의 해지 후 대출이 가능합니다]

(7) 토지대장, 건축물대장, 공시지가확인원은 조합에서 준비할 예정이니 조합원은 준비할 필요가 없습니다.

2 조합원 이주 및 신탁등기 안내문

반포주공0단지 재건축정비사업조합

우(137-766)/서울시 서초구 반포동 00-0/전화(02)533-0000, 3477-0000
/FAX3477-0000 http://www.banpo0.com

문서번호 : 반포0재조 제0000 -   호

시행일자 : 0000. 0.

수　　신 : 조합원 제위

제　　목 : 이주기간 고지

---

1. 조합원 여러분의 성원에 감사드립니다.

2. 우리 조합이 여러 어려운 여건 속에서도 0000년00월 00일 사업시행인가를
   득한 후 관리처분총회를 마침에 따라, 아래와 같이 이주기간을 확정하여 고지합니다.

- 아　래 -

가. 이 주 기 간
 : 0000년 0월 00일 ~ 0000년 0월 0일(4개월간)

나. 이주계획서 및 신탁등기 구비서류제출 및 대출금 신청(상담)
 ① 접수기간
 : 0000년 0월 00일 ~ 0000년 0월 00일(30일간)
   [관공서 등의 휴무로 인하여 토요일, 일요일 및 국·공휴일은 제외]

 ② 접수장소 및 접수시간
 ◦ 접수장소 : 단지 내 유치원 1층
 ◦ 접수시간 : 10시~16시

 (첨부) : 이주 및 신탁등기 안내문 1부   (끝)

반포주공0단지 재건축정비사업조합
조　합　장　 0 0 0

반포주공0단지아파트 재건축조합원

이주 및 신탁등기 안내문

반포주공0단지 재건축정비사업조합

주 소: 서울시 서초구 반포동 00-0 새마을회관 2층
☎ 02)533-0000, 3477-0000 FAX: 02)3477-0000
홈페이지: www. banpo0.com

1. 조합원 이주안내

안녕하십니까? 조합장 ○○○입니다.

창립총회 이후 정부의 각종 규제조치 등 온갖 난관을 극복하고 관리처분총회까지 무사히 끝마치고 마침내 이주를 개시하게 되었습니다. 이는 조합원님들의 협조와 성원의 결과로 사료되며, 조합원님들께 깊은 감사의 말씀을 드리는 바입니다.

이주에 필요한 제반사항을 아래와 같이 알려드리니, 내용을 숙지하시어 조합원님들의 이주에 지장이 없도록 하여주시기 바랍니다.

◆ 아   래 ◆

조합에서는 재건축사업의 성공적인 추진을 위해서는 조속한 사업추진만이 유일한 길이라고 판단하고, 이주 및 조합원재산의 신탁등기 개시일자를 0000년 0월 중에 추진하기로 하였습니다.

이주는 자녀학교문제, 직장출퇴근문제 등 가정에서도 매우 중요한 일일 뿐만 아니라, 재건축사업의 성공적 추진에도 중요한 요소임을 감안하여, 조합의 여러 협력회사와는 많은 의견을 교환하고 조합원의 의견도 수렴한 후 이주기간을 결정하고자 합니다.

이주개시에 앞서 조합원님들께 당부드릴 말씀은 세입자를 포함한 조합원 이주책임은 전적으로 해당 조합원에 있으므로, 조합에서 정하는 이주기간 내에 이주를 완료해야 하며, 이를 이행하지 않을 경우에는 조합정관 제37조[이주대책]에 따라 부득이하게 법적인 절차인 명도소송 등이 제기됨을 양지하시어, 이주지연으로 인한 피해가 발생되는 일이 없도록 조합원님들의 적극적인 협조를 부탁드립니다.

또한, 신탁등기 관련 서류 등을 제출하지 않고 이주비를 대출받으신 조합원께서는 조합사무실에 신탁등기에 필요한 서류를 '이주계획서' 접수기간 내에 제출하여주시기 바랍니다. 신탁등기에 관한 서류를 제출하지 않을 경우 기 대출받은 이주비에 대해서는 조합과 은행이 합의한 대출금리 인 '3개월CD금리+0.6%/년'을 적용받을 수 없음을 알려드립니다.

조합원님들께서는 본 안내문을 필히 숙지하시어 재건축사업이 원만히 추진될 수 있도록 적극 협조하여주시기 부탁드립니다. 감사합니다.

2. 대출금 신청 절차도

 이주는 각 조합원이 신탁등기 및 이주비대출금을 신청한 다음 관리사무소에 공과금을 완납한 후, 영수증사본과 현관출입문열쇠를 조합에 제출하시면 조합직원이 아파트를 방문하여 인수가능 상태를 확인한 다음 확인증을 발부받아 해당 은행에 신청하면 해당 은행통장으로 이주비가 입금됩니다.

조합사무실

조 합

[작성할 서류]

1. 이주계획서
2. 이주비대출금신청 내역 및 이행각서 등

법 무

[작성할 서류]

1. 신탁등기 대위등기 신청서
2. 위임장

은 행

[작성할 서류]

1. 대출신청서
2. 근저당권설정계약서
3. 통장 신규개설신청서
4. 대리인지정서 (해당자에 한함)

아파트 관리사무소

1. 관리비완납증명서 발급
2. 수도단수, 전기단전, 가스폐전절차 신청
(접수 2~3일 전 관리사무소에 연락하시어 일반관리비 및 공과금 정산금액을 미리 파악하시기 바랍니다)

조합사무실(이주담당자)

1. 현관출입문 열쇠 및 공과금 완납 영수증사본 제출
2. 조합직원이 아파트를 방문하여 인수가능 상태 (가구류의 반출상태 등)를 확인한 후 이사비용을 정산하여 지급

은 행

조합이 발급한 확인서를 은행에 제출하면 신규로 개설된 통장에 이주비가 입금됨

3. 조합원[세입자] 이주단계별 세부사항

조합원이나 세입자가 이주를 함에 있어 꼭 알아야할 사항을 기술한 것이니 숙지하시어 이주에 지장이 없도록 하시기 바랍니다.

안내문 발송

- 이주일정,
  이주비지급금액,
  지급은행 등

※ 조합원이 세입자에게 통지의무

이주대상주택 선정

- 지역, 환경, 교육,
  주택의 규모 등을
  고려하여 이주주택
  결정

※조합원 또는 세입자

이주신청서류 제출

- 구비서류를 제출하고
  이주비신청금액,
  지급일자 등을 결정

※ 이주비신청 접수기간
  내에 제출

임대차계약 확인

- 1순위설정 가능여부
  등의 조사(본인)
- 계약서사본 조합 제출

※ 선 지급가능 여부확인
※ 이사짐센타와 계약

관리비 등 정산

- 관리비, 기타
  제세공과금 등의 납부

※ 관리사무소에(사전)
  내역서 발급의뢰

퇴거절차 이행

- 전화이전신고(전화국)
- 자녀 전학신고 등

※ 신거주지, 연락처를
  조합에 통지 및 확인

퇴 거

- 이사짐 운반
- 제세공과금납부영수증
  사본을 조합에 제출
- 각종신고 완료
- 퇴거확인(폐기물 등)
- 이사비지원금 지급

※조합(단전, 단수, 도시가스
  차단, 폐전 등)

이주비 수령 및 신탁(완료)

- 이주전월관리비의
  공제금액 확인필요
  (예치금공제내역서 발급)
- 통장 입금액 확인
- 인감도장 지참

※ 예치금공제내역서
  수령 등

전입신고

- 전입신고, 의료보험,
  차량등록 등
- 주소변경을 위해
  주민등록증, 면허증 등
  지참

※ 일자 확인
  (동사무소, 등기소 등)

4. 이주신청 시 구비서류(신탁등기 및 이주비신청 용)

업무간소화를 위해 신탁등기업무와 이주비대출 신청업무를 병행하여 수행코자 하오니 아래의 **구비서류 목록표**에서 요구하는 서류를 준비하시어, 조합에서 지정하는 '**이주계획 제출 및 대출금신청서 접수기간**'내에 제출함으로써 이주업무가 원만히 진행될 수 있도록 적극 협조하여 주시기 바랍니다.

1. 구비서류 목록표

준비서류	용도(제출처) 및 필요수량		소계	비고
인감증명서	신탁등기용	1통	7통	- 제출일을 기준으로 1개월 이내에 발행된 것으로, - 발급받을 때 용도를 기재하지 않아도 됩니다.
	근저당권설정등기용	1통		
	이주계획서용	1통		
	이주이행각서용	1통		
	이주비대출금 신청용	2통		
	건축물철거 및 멸실 동의용	1통		
주민등록등본	근저당권설정등기용	1통	3통	- 제출일을 기준으로 1개월 이내에 발행된 것
	신탁등기용	1통		
	이주비대출금 신청용	1통		
주민등록초본 (조합원본인)	근저당권설정등기용	1통	2통	- 제출일을 기준으로 1개월 이내에 발행된 것 - 주소변경사항이 모두 표기된 초본으로 발급요함
	주소변경등기용 ※ 소유부동산과 실거소지가 틀릴 경우에 한함	1통		
등기권리증	신탁등기 및 근저당설정등기 시 필요하니 원본을 제출		토지, 건물	
<u>등기사항 전부증명서</u>	근저당권설정용		1통	<u>서류신청 당일 발급 본</u>
채무잔액 증 명 서	채무확인용		1통	기 대출받은 은행에서 발급
임 대 차 계약서원본	이주비 대출금신청용		1통	※ 임대를 한 경우에 한함

인감도장 및 신분증 지참	이주비 신청은 본인이 신청 및 날인해야 되기 때문에 **인감도장과 주민등록증**을 지참하여 은행이나 조합사무실로 본인이 내방해야 합니다.(반드시 주민증 지참)
공동소유자	**공동소유자는 전원**이 대출신청서류 및 신탁등기서류 등에 **자필서명** 하여야 하므로, 공동소유자 전원(해외체류경우 조합과 상의)이 내방하여야 합니다.
대출금지급통장	대출금지급통장은 대출은행에서 통장을 일괄하여 신규발급 예정입니다.
등기권리증을 분실한 경우	소유자 본인이 지정법무사로부터 확인서면을 작성하여야 합니다. (주민등록증, 인감도장 지참)(작성료는 해당 조합원이 별도 부담)
철거동의서 등 작성	조합사무실에 서류가 비치되어 있으므로 **이주계획서, 이주비대출금내역 및 이행각서, 건축물 철거 및 멸실 동의서**를 작성하여 제출하여야 합니다.

2. 구비서류 관련 추가사항

1) 등기권리증 분실 시 본인이 방문하여 확인서면을 법무사에게 작성토록 하여야 합니다. 이 경우, 작성비용(약△만원)은 해당 조합원이 별도로 부담하셔야 합니다.

2) 주민등록초본은 토지(건축물)등기부상의 주소와 현주소가 다른 경우에 제출합니다.

3) 임대(전월세)가 되어있는 경우에는 **임대차계약서 원본**을 지참하여야 합니다.

4) 이주비신청은 **소유자 본인의 자필서명(외국거주자의 경우 국내대리인의 서명 가능)**이 필요하기 때문에 반드시 본인이 직접 나오셔야 합니다.

5) 토지주택공사)의 설정등기가 말소되지 않은 세대, 단지외거주자, 상속자 및 미성년자의 경우에는 조합 또는 조합이 지정한 법무사와 사전에 상담하여 주시기 바랍니다.

6) 등기부상에 가압류, 가처분, 가등기 등이 설정되어 있는 경우에는 **가처분, 가등기 등의 해지 후 대출이 가능**하니, 해당 은행이나 해당 법무사와 사전협의를 하시기 바랍니다.

7) 토지대장, 건축물대장, 공시지가확인원은 조합에서 발급할 예정이오니 조합원은 발급할 필요가 없습니다.

5. 대출금신청 세부사항

대출금의 지급은 조합원이 신탁등기 및 대출금을 신청한 후 관리사무소에 공과금을 완납하고, 영수증사본과 출입문열쇠를 조합에 제출하면 조합직원이 아파트를 방문하여 폐기물반출상태, 가스차단신고여부 등 인수가능여부를 확인 한 후 발급하는 확인증을 발부받아 해당 은행에 제출하면 해당 은행의 본인 통장으로 대출금이 입금됩니다.

1. 대출한도

각 조합원별 대출금한도는 다음과 같습니다(기존 주택형별로 구분).　　　　(단위 : 만원)

구분　　　　주택형	18평형		25평형		상　가
세　대　수	1,230세대		490세대		(추후 확정)
기본이주비대출금	14,400	32,000	20,000	45,000	(추후 확정)
추가이주비대출금	17,600		25,000		(추후 확정)
아파트담보대출금	조합원별 대출상한액		조합원별 대출상한액		(추후 확정)

2. 대출조건

1) 대출대상

대출대상은 조합원 소유 건물 및 토지에 대한 신규 대출 은행의 제1순위 근저당설정이 가능한 조합원이여야 합니다.

2) 대출기간

대출기간은 대출 후 만3년으로 하며, 사업기간 종료 시까지 동일조건으로 하여 1년 단위로 자동연장 됩니다. 즉, 대출기간은 조합원 입주예정일까지 입니다.

그러나 재건축사업 완료 후 조합원의 소유권보존 등기일을 기준으로 기간을 조정할 수 있으며, 조합원이 자격을 상실하는 경우에는 기한 전이라도 상환하여야 합니다.

3) 대출금리

(1) 기본이주비 및 추가이주비의 대출금리는 (3개월CD금리+0.6%)/년으로 동일한 이율이 적용됩니다.

즉, 금리는 3개월(91일)물 단위의 CD(양도성예금증서)에 연동되는 변동금리이며, 2015년 1월 현재의 금리는 3개월CD금리 약1.8%~2.0%에 0.6%가 추가된 약2.4~2.6%가 됩니다.

(2) 아파트 담보대출금은 해당 **은행의 담보대출금리**에 따라 이자를 지급하여야 합니다.

(3) 근저당 설정비는 **1회에 한하여** 해당은행이 부담합니다. 따라서 조합원은 최초 담보 설정 시 필요자금을 충분히 고려하여 저당권 설정한도액을 결정하여 대출금을 신청하기 바랍니다.

4) 대출금 지급방법

(1) 조합원이주의 편의를 위하여 조합에 대출관계서류(이주비대출신청서, 신탁등기서류)를 제출한 5일 이후 해당 은행에 개설된 통장에 기본이주비대출금의 10%를 우선 지급하며, 특별한 경우를 제외하고는 공가 여부를 확인한 후에 기본이주비대출금의 90% 및 추가이주비대출금을 조합원통장에 입금 또는 직접 지급할 예정이오니, 자금이 필요한 날을 감안하여 미리 대출을 신청하기 바랍니다.

(2) 대출방법(대출 횟수) : 총3회 대출

구 분	대 출 금 액	대 출 시 기
제1회	기본이주비대출금 신청액의 10%	이주비대출신청 및 신탁등기제출일의 5일 이후 조합원 통장으로 입금
제2회	[기본이주비대출금 신청액의 90% +추가이주비] 이내의 신청금액	조합원 아파트의 공가 여부를 확인한 후 조합원통장으로 입금
제3회	총대출한도액 중에서 기 대출한 금액을 제외한 금액	신축아파트 계약금납부마감일 이전까지

3. 이자납부방법

1) 기본이주비대출금의 대출이자는 조합이 사업추진비에서 은행에 직접 납부한다.

즉, 조합원은 기본이주비대출금이자를 은행에 납부하지 않아도 됩니다.

2) 조합이 납부하는 기본이주비대출금의 대출이자에 대한 조합의 지급의무기간은 이주 개시일로부터 조합이 정하는 입주지정만기일(△△△△년 △월경)까지 입니다.

3) 추가이주비대출금이자 및 아파트담보대출금이자는 해당 조합원이 매월 해당 일에 해당 은행에 납부하여야 합니다.

4. 대출금의 상환

대출금의 상환은 대출금만기일(입주지정만기일)에 해당 조합원이 은행에 직접 상환하거나, 해당 조합원이 해당 은행과 별도로 체결하는 대출약정에 의해 장기대출로의 전환이 가능합니다.

5. 조합원의 대우

조합원은 해당 은행거래를 함에 있어 그 은행의 VIP고객 수준으로 각종 수수료 등의 감면혜택을 받을 수 있습니다.

6. 거래은행

거래은행은 현재 소유하고 있는 아파트 호수가 홀수인 조합원은 △△ 은행, 짝수인 조합원은 □□은행에서 대출하는 것을 원칙으로 하나, 기존대출금의 유무 및 기타의 사유로 그러하지 않을 수 있습니다.

각 은행의 위치, 담당자, 필요서류, 대출절차 등 문의사항이 있으면 아래를 참조하여 해당 은행에 문의하여 주시기 바랍니다.

◈ 홀수 조합원 해당 은행(예 : 200동 101호)

근 무 지	직 위	성 명	사무실 TEL.	E-mail 주소	비 고
△△은행 센트럴지점	부지점장	0 0 0	02)532-0000 (구내 000)	-	
	과 장	0 0 0	02)532-0000 (구내 000)	-	

조합 사무실	02) 3477- 0000 / 02) 3477- 0000	

◈ 짝수 조합원 해당 은행(예 : 200동 102호)

근 무 지	직 위	성 명	사무실 TEL.	E-mail 주소	비 고
□□은행 센트럴지점	지 점 장	0 0 0	02)502-0000 (구내 000)	-	
	차 장	0 0 0	02)502-0000 (구내 000)	-	

조합 사무실	02) 3477- 0000 / 02) 3477- 0000	

6. 이주지원금[이사비용] 지급

1. 조합원 및 세입자의 이주지연으로 발생이 예상되는 피해를 최소화하고, 이주비용을 절감하며, 이주를 촉진하기 위하여 시공사에서 이주지원금 일금 △△만원을 지급할 예정인 바,
2. 이주에 필요한 제반 서류의 제출 및 해당 세대의 폐기물처리여부, 가스차단시행여부 등에 대한 확인서를 발급받아 조합사무실에 제출하여야 지원금이 지급됩니다.
3. 지급되는 금액은 관리비예치금, 폐기물처리비용(해당 세대에 한함)등을 공제한 금액이며, 조합사무실에서 지급합니다.

7. 관리비의 징수

1. 우리 아파트단지는 수도, 전기, 난방시설이 중앙집중식으로 설치되어 있어 이사일을 기준 하여 전월분 관리비를 통합정산(납부)하지 못함에 따라 정산되지 않은 조합원의 미납부 관리비에 대비하기 위하여, 이주지원금에서 18평형은 15만원, 25평형은 20만원을 각각 징수 한 후 추후 각 조합원 별로 정산할 예정입니다.
2. 이주개시일로부터 철거완료일까지 소요되는 **아파트기본관리비**는 조합의 사업추진경비로 지급할 예정입니다.

8. 전기, 수도, 도시가스의 계약해지 안내

1. 조합에서는 조합원이 소유하고 있는 부동산(아파트 및 상가)의 전기, 수도, 지역난방 등에 대한 사용료의 개별납부로 인한 조합원의 번거로움을 해소하기 위해 조합이 관리사무소를 통하여 일괄신고 할 예정입니다. 따라서 **대출금을 신청하고자 하는 경우에는 관리사무소 에서 납부영수증을 발급받아 조합의 이주담당자에게 제출하여야 합니다.**
2. **도시가스 폐전신청 절차**
   1) 도시가스 폐전신청은 조합원 본인(각 세대)이 하여야 합니다.
   2) 아파트 관리사무소 전화번호 : 02) 591- 0000 / 02) 599 - 0000]
   3) 우리 아파트는 대한도시가스공사 서초2지역관리소 관할입니다. [TEL. 02) 597-0000]
   4) 이주예정일 1주일 전에 가스레인지 철거신청을 하여야 합니다.(전화신청 가능)
   5) 이주예정일 1~2일 전에 이미 납부한 마지막영수증을 지참하여 계량기사용량(현재)을 확인하여 해당지역 도시가스담당자로부터 고지서를 발급받아 사용료를 납부하여야 합니다. 이때, 발급받을 서류는 ①가스레인지 철거 영수증, ②사용요금(직수납)영수증입니다.

9. 이주 전까지 조합원이 꼭 해야 할 일

1. 조합원 소유 부동산(아파트 및 상가)의 전기, 수도, 지역난방에 대한 폐기처리는 조합에서 일괄하여 처리할 예정이므로 조합원은 이주예정일자를 관리소에 신고하면 됩니다.

2. 이주 시 발생되는 폐가구(장롱, 쇼파 등)등 처리방법은 폐기처분할 물건을 조합사무실의 이주담당자(**전화번호 : 02) 3477-0000 / 02) 3477-0000**)에게 사전에 신고한 후 처리 비용을 납부하여야 하며, 생활쓰레기 등은 규격봉투를 사용하여 처리하기 바랍니다. 이를 위반한 경우에는 조합이 대납한 후 이사비지원금에서 공제할 예정입니다.

3. 이주예정일 15일 전까지는 대출금신청서를 조합에 접수하여야 이주비지원금이 차질없이 지급될 수 있으니, **이주계획서 접수기간동안** 조합사무실에 필히 신청하기 바랍니다.

4. 이주 후 연락가능한 주소를 반드시 조합에 신고하시기 바랍니다. 미 신고하는 경우에는 조합에서의 연락이 불가능하여 중요한 공지사항 등을 연락받지 못할 수 있으며, 그에 따라 불이익이 있을 수 있습니다.

10. 신 탁 등 기

1. 신탁등기의 개요

신탁등기는 재건축사업의 원활한 진행을 위하여 조합원 소유로 되어 있는 토지 또는 주택 등 신탁대상재산을 일정기간 동안 조합이 접수하여 일괄적으로 신탁등기를 하는 행위입니다.

신탁등기를 하더라도 실질적인 소유권은 조합원이 그대로 가지고 있게 되며, 형식적인 소유권만을 조합에 신탁하는 것입니다.

신탁등기는 조합원 상호간의 권리를 보호하고, 재건축사업을 원활하게 추진하기 위하여 실시합니다. 조합은 신탁 받은 재산권을 재건축사업시행 목적에 적합하게 행사할 것이며, 조합원의 동의없이 재건축사업 목적 외의 어떠한 목적으로도 사용할 수 없으며, 재건축사업이 종료되면 즉시 신탁을 해지하고 조합원에게 소유권을 반환 하게 됩니다. 즉, 조합(수탁자)은 조합원(위탁자)과 신탁계약서에 명시된 재산과 관련된 신탁목적의 범위 내에서만 권리를 행사할 수 있습니다.

2. 신탁등기의 필요성

1) 신탁등기를 완료하면 부동산의 형식적인 소유자는 조합이 되므로 조합원 개인사정에 의한 제3자로부터의 가압류, 가처분 등 재산권을 제한하는 모든 행위를 할 수 없게 하는 효력이 있어 조합원의 재산권보호는 물론 청산절차에도 유용합니다.

2) 신탁등기를 할 경우 각 조합원은 이주비의 채권확보를 위한 근저당권설정등기를 하게 되는데 이때, 이주비설정등기를 제외한 신탁부동산에 등기된 제반 제한내용을 전부 말소하여야 합니다. 또한, 신탁등기를 안함으로써 각 조합원의 재건축 대상 부동산에 임의로 융자를 받는 등 채무가 과다하게 설정되어 있는 경우에는 조합청산 시 문제가 제기될 수 있습니다.

3) 조합명의로 신탁등기를 하지 않으면 조합원 개개인이 모두 사업시행자가 되므로, 일반분양자에 대하여 분양계약서를 작성하여 줄때 조합원 모두의 날인이 필요하게 되고, 건축물 준공 후 일반분양자에게 이전등기를 해줄 때에도 전 조합원이 매도용 인감증명서를 첨부해야 하는 등의 어려움이 있어 조합에 신탁등기를 할 필요가 있는 것입니다.

3. 신탁등기를 조속히 완료하여야 하는 이유

통상적으로 신탁등기시기는 ①조합설립인가 후 사업계획승인 신청을 준비하면서 하는 경우와, ②사업시행인가 후 조합원이 이주를 개시할 때 이주비 근저당권 설정등기와 동시에 하는 경우가 있습니다.

현재 우리 조합은 이미 사업시행인가를 받은 상태이므로 조기에 신탁등기를 완료함 으로써 조합원재산에 대한 채권자들의 강제집행도 예방하고 일부 특정 조합원들의 고의적인 허위담보권설정 등의 업무방해를 피할 수 있어, 재건축사업이 지연되는 것을 방지할 수 있기 때문에 가능한 빨리 신탁등기를 해야 합니다.

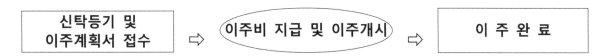

4. 해당 법무사

근 무 지	홀수동 조합원 (△△법무사무소)	짝수동 조합원 (□□법무사무소)	비 고
담 당 법 무 사	○○○ 법무사	○○○ 법무사	
담 당 자	○○○ 실장	○○○ 사무장	
사무실 전화번호	02) 501-0000	02) 548-0000	
사무실 FAX.번호	02) 501-0000	02) 540-0000	
E-Mail 주 소	-	-	
조합 법무상담 번호	02) 3477-9000	02) 4377-9100	

11. 기타 참고사항

1. 이주지연에 따른 손해배상

조합정관 제37조(이주대책)에는 조합원은 조합이 정하는 기간 내에 퇴거(명도)를 조합원 책임 하에 해결하도록 되어있으며, 이주지연으로 사업추진에 지장을 초래하는 경우 그에 따른 모든 손해를 해당 조합원이 변상할 책임을 진다고 규정되어 있습니다. 따라서 조합원은 세입자의 이주지연으로 인하여 이주가 지연될 경우에도 그 책임은 해당 조합원에게 돌아가게 되므로, 미리 세입자와 협의하여 이주가 지연되지 않도록 대비하여주기 바랍니다.

2. 대출금신청 시 근저당권설정이 되어 있는 경우

기 설정되어 있는 근저당권은 조합에서 선정한 은행으로부터의 대출금을 신청하기 전에 해지되어야 하므로 조합이 선정한 은행과 사전에 협의하여 주시기 바랍니다.

12. 이주 및 신탁등기 관련 조합정관

　아래 내용은 이주 및 신탁등기업무를 수행하기에 앞서 이와 관련된 조합의 정관을 정리한 것입니다. 조합은 재건축사업이 원활히 추진되며 일부 조합원들의 이주지연으로 예상되는 피해를 방지하여 조합원의 재산상 손실이 최소화되도록 최선의 노력을 다 하겠습니다. 이점을 충분히 이해하시고 조합이 지정하는 이주기간 내에 신탁등기 및 이주비신청 등을 마치시고 세입자 또는 조합원님의 이주계획을 세워서 순조로운 이주가 진행될 수 있도록 협조하여 주시기 바랍니다.

제10조(조합원의 권리·의무) 제4항
: 조합원은 조합이 재건축사업시행에 필요한 서류를 요구할 경우에 이를 제출할 의무가 있으며, 조합의 승낙이 없는 한 이를 회수할 수 없다. 이 경우 조합은 요구서류에 대한 용도와 수량을 명확히 하여야 하며, 조합의 승낙이 없는 한 회수 할 수 없다는 것을 미리 고지하여야 한다.

제37조(이주대책)
제4항 : 조합원은 조합이 정하여 통지하는 이주기간 내에 해당 주택에서 퇴거하여야 하며, 세입자 또는 임시거주자 등이 있을 때에는 해당 조합원의 책임으로 함께 퇴거하도록 조치하여야 한다.
제5항 : 조합원은 조합원 또는 세입자 등이 해당 주택에서 퇴거하지 아니하여 기존 주택의 철거 등 사업시행에 지장을 초래하는 때에는 그에 따라 발생되는 모든 손해에 대하여 변상할 책임을 진다.
제6항 : 제5항의 규정에 의하여 조합원이 변상할 손해금액과 징수방법 등은 대의원회의에서 정하여 총회의 승인을 얻어 해당 조합원에게 부과하며, 이를 기한 내에 납부하지 아니한 때에는 해당 조합원의 권리 물건을 환가처분하여 그 금액으로 충당할 수 있다.

제38조(부동산의 신탁)
제1항 : 재건축사업의 원활한 추진을 위하여 조합원은 사업계획승인 신청일 이전에 조합원의 소유로 되어 있는 **사업시행지구의** 토지 또는 주택등에 대하여 조합에 신탁등기를 완료하여야 하며, 등기기간 내에 신탁등기를 이행치 않을 경우 조합은 신탁등기 이행의 소를 제기할 수 있다.
제2항 : 조합은 신탁된 조합원의 재산권을 재건축사업시행 목적에 맞게 적합하게 행사하여야 하며, 재건축사업이 종료되면 즉시 신탁을 해지하고 위탁자인 조합원에게 반환하여야 한다.

약 정 서

반포주공0단지 재건축정비사업조합(이하 "갑" 이라 한다)과 ○○건설 주식회사(이하 "을"이라 한다)은 반포주공0단지 재건축정비사업의 거주자(조합원 및 세입자 포함)의 이주업무와 철거공사와 관련하여 필요한 사항을 다음과 같이 약정하고, 이를 증명하기 위하여 본 약정서 2부를 작성하여 "갑"과 "을"이 날인한 후 각각 1부씩 보관하기로 한다.

– 아 래 –

제1조(이주비의 대여)

① "갑"의 조합원 이주비는 "갑"이 금융기관을 통하여 직접 조달하는 것을 원칙으로 한다. 이때, "갑"이 필요한 경우 "을"은 이주비에 대한 이자를 "갑"을 대신하여 "갑"이 선정한 금융기관에 선 지급하기로 한다.

② "갑"은 "갑"의 분양수입금 등의 입금 시 이주비이자 선지급금에 대한 원리금을 "을"에게 상환하여야 한다.

③ 선지급금의 이자산출방법은 월별 미지급금 잔고액에 대하여 "갑"이 선정한 금융기관에서 "갑"이 대출받은 이자율을 동일하게 적용한다.

④ 이주비를 대여하기 전에 "갑"은 이주비대여 및 철거와 관련된 제반 서류(이주비 차용금증서, 근저당권설정 관련 서류, 지장물철거동의서 및 위임장 등)를 "갑"의 조합원으로부터 징구하여야 한다.

제2조(거주자의 이주)

① 사업지구 내 거주자(세입자를 포함한다. 이하 같다)의 이주는 이주기간(9개월) 이내에 "갑"의 주관 하에 수행하여야 한다.

② "갑"은 '**조합 설립동의**'에 미동의한 거주자에 대하여는 매도청구 및 명도청구 소송(관련 가처분소송 포함) 등의 절차에 착수하여 이주기간 만료일 3개월 이전에 승소(가처분 및 본안1심판결)하여야 한다.

③ 미이주가 객관적으로 예상되는 거주자(이주 관련 서류 및 신탁등기서류 미제 출세대 등)에 대해서는 이주개시일로부터 4개월 이내에 명도청구소송(관련 가처분소송 포함) 등을 제기하여야 한다.

④ "갑"은 이주를 위하여 최선을 다하여야 하며, "을"은 이주촉진을 위한 제반 조치와 지원에 최선을 다하여야 한다. 이후, 이주지연에 대한 모든 책임은 "을"이 진다. 이때, "을"의 '이주지연책임'이라함은 "갑"이 지정한 이주기간인 9개월 이내에 이주가 완료되지 못하므로 인해 발생하는 아래 각 호의 제반 사항에 대한 책임을 의미한다. 단, 상기 제2항의 사유에 해당하는 경우에는 적용하지 않는다.

가. 제반 금융비용의 부담증가
나. 사업추진 제경비의 추가발생
다. 미이주자에 대한 법적, 행정적, 물리적 조치에 필요한 제반 비용
라. 착공지연으로 인한 공사도급금액의 증가
마. 기타, 이주지연에 따른 모든 문제

⑤ 거주자 이주 시 전기, 수도, 전화, 기타 제세공과금 및 관리비 등의 미납금은 "갑" 및 "갑"의 조합원 책임으로 정리하여야 하며, "갑"은 해당 세대에 대한 상수도, 전기, 가스사용 등의 공급중지와 관련한 제반 조치를 취하여야 하고 "을"은 이에 적극 협조하여야 한다.

⑥ "갑"은 이주비를 대여하기 전에 "을"이 필요로 하는 지장물철거동의서 및 집행위임장 등의 서류를 "갑"의 조합원으로부터 징구하여 제출하여야 한다.

제3조(지장물의 철거)

① "을"의 지장물 철거공사완료는 이주완료일 익일부터 2개월까지로 하고, 공사 착공일은 철거공사완료일 익일을 기준으로 한다.

단, 이주 및 철거공사 지체 시에는 약정기한 만료일을 철거공사 완료일로 하고, '갑"이 이주기간을 단축하는 경우에는 "을"은 착공일정도 단축한다.

② "을"은 거주자이주개시 즉시 건축물의 불법점유 또는 무단출입 등으로 인하여 발생이 예상되는 제반사고 등을 미연에 방지하기 위하여 필요한 조치를 취해야 한다.

③ 공사 중(철거공사 포함)에 발생되는 폐자재 등의 부산물은 "을"의 비용으로 처리하되, 이주 시 발생되는 생활쓰레기는 "갑"이 처리하거나 처리비용을 부담하여야 한다.

④ 사업시행인가조건에 따라 환경영향평가서에서 요구하는 기존 수목의 이식 및 재이식은 "갑"의 책임으로 하되, "을'은 "갑'의 요청이 있을 경우 가능한

사업부지 내 근린공원부지의 선조성 등을 통하여 기존 수목의 이식 장소를 제공하고 그에 따른 이식에 필요한 비용을 지원하는 등 이식 및 재이식에 협조하기로 한다.

⑤ "갑"과 "을"은 본 사업부지 내의 통신시설, 전기시설, 급수시설, 도시가스시설 등의 공급시설에 대하여는 해당 시설물 관리권자와 협의하여 철거기간이나 방법 등을 따로 정할 수 있다.

제4조(이사비용)

① "을"은 이사비 명목으로 세대 당 일금 △△만원을 "갑"에게 지원하기로 한다.
② 상기 제1항의 이사비용은 "갑"의 조합원 이주계획에 따른 소요비용을 매월 단위로 "갑"에게 지급하고, 이 금액은 대여처리 후 도급액에서 정산하기로 한다.

0000년 0월 00일

"갑"(도급자)

주　　소 : 서울시 서초구 반포0동 00-0 번지
조 합 명 : 반포주공0단지 재건축정비사업조합
성　　명 : 조 합 장　　　0　0　0　　(인)

"을"(수급자)

주　　소 : 경기도 00시 00구 00동 000번지
회 사 명 : 0 0 건 설　주식회사
성　　명 : 대표이사　　　0　0　0　　(인)

이 주 계 획 서

■ 조합원(주택소유자) 인적사항 ※ 2인 이상 공유자는 대표자만 기재합니다.

성　　명		주민등록번호	－
부동산표시 (동·호수)	서울시 서초구 반포0동 00-0번지 외 0필지 반포주공0단지 아파트 :　　　동　　　호 (　　　주택형)		
현 주 소			
전화번호	자택 :　　　　　　　　　　　휴대폰 :		

■ 이주계획서　　　　　　　　　　　　　　※해당란에☑하시기 바랍니다.

이　주 희망일자	0000년　월　일부터 ~ 0000년　월　일까지 ※ 이주희망일자는 일주일(7일)이내의 범위 내에서 작성		
임대차 권　리	☐ 있음 : 보증금　　만원, 월세　　만원 　　　　　(만기일:　　　년　월　　일) ☐ 없음 : ☐　　본인 거주 　　　　　☐　　친척 (　　　　　) 거주 　　　　　☐　　기타 (　　　　　) 거주	기　타 권리사항	

■ 이주계획서 작성 시 주의 및 공지사항

1. 이주기간은 조합정관 제37조에 따라 조합이 정하는 기간 내에 이주를 완료하고, 철거는 조합정관 제40조에 따른다.

2. 이주예정일이 변경될 경우에는 최소 15일전에 조합에 연락한다.

3. 권리사항은 소유권이외의 **근저당, 압류, 가압류, 전세권 등의 권리 및 채무액, 채무내용, 채권자 등** 의 사항을 기재한다.

　첨부 : 인감증명서 1부 (용도 : 이주계획서 제출용)

0000년　0월　00일

조합원 성명 :　　　　　　　　㊞ (인감날인)

반포주공0단지 재건축정비사업조합 귀중

이주비대출금 신청서

■ 조합원(주택소유자) 인적사항 ※ 2인 이상 공유자는 대표자만 기재합니다.

성 명		주민등록번호	−
부동산표시 (동·호수)	서울시 서초구 반포0동 00-0번지 외 0필지 반포주공0단지 아파트 : 동 호 (주택형)		
현 주 소			
전화번호	자택 : 휴대폰 :		

1. 이주비대출금 신청내역

◆ **신청내역**

아파트	기본이주비			② 추가이주비	합계(①+②)
	주택형	기준금액	① 실 신청액		
	18평형	14,400만원	(만원)	(만원)	(만원)
	25평형	20,000만원	(만원)		

◆ **대출 희망일자** : 0000년   월   일

※ 기본이주비는 관리처분총회(0000년 0월 00일)에서 최종 결정되었으며, 조합원이 개별적으로 이자를 납부하지 않고 조합이 사업비에서 납부합니다.
※ 추가이주비는 조합원별 담보범위 내에서 조합원의 필요에 따라 추가로 대출받을 수 있으며, 기본이주비와 동일한 금리로 조합원이 개별적으로 이자를 납부해야 합니다.

2. 이주계획(이주희망일자)

이 주 희망일자	0000년 월 일 ~ 0000년 월 일 ※ 이주희망일자는 일주일(07일) 이내의 범위 내에서 작성

[첨 부] : 인감증명서 1부 (용도 : 이주비대출금 신청용)

0000년 0월 00일

조합원 성명 :   (인)   (인감날인)

반포주공0단지 재건축정비사업조합 귀중

건축물철거 및 멸실 동의서

■ 소 유 동·호 :   동   호

성 명		주민등록번호		-
전화번호	자택 :		휴대폰 :	
주 소	부동산 표시	서울시 서초구 반포0동 00-0번지 외 0필지 반포주공0단지 아파트 : 동 호 (주택형)		
	이 주 지 (신 거소지)			
이 주 비 신 청 내 역		기본이주비	추가이주비	합 계
		만원	만원	만원

    상기 부동산 표시에 위치한 건축물의 반포주공0단지 재건축정비사업에
관한 아래 내용에 동의합니다.

◁ 아 래 ▷

1. 상기 부동산 표시 건축물을 반포주공0단지 재건축정비사업조합의
   재건축정비사업추진을 위하여 철거하는 것에 동의한다.

2. 관계 기관의 철거승인 이후 상기 부동산표시 물건을 철거하여도 민·형사상의
   일체의 이의를 제기하지 않을 것이며, 철거 후 조합의 멸실신고 및 멸실등기
   행위에 대하여 이의 없음을 동의합니다.

※ 첨부 : 인감증명서1부(건축물철거 및 멸실 동의용)

0000년 0월 00일

        조합원 성명 :   ㉙ (인감날인)

반포주공0단지 재건축정비사업조합 귀중

[조합 확인란]

이주비 수령일	0000년 월 일	열쇠반납부일	0000년 월 일

이주이행 각서

성 명		주민등록번호	-
부동산표시 (동·호수)	서울시 서초구 반포0동 00-0번지 외 0필지 반포주공0단지아파트　　　동　　　호		
현 주 소			
전화번호	(자택) :	(휴대폰) :	

　상기 본인은 반포주공0단지 재건축정비사업과 관련하여 재건축조합에서 별도로 정하는 이주기간 내에 본인 소유 주택에서 점유거주 중인 임차인을 본인 책임 하에 퇴거시킬 것이며, 위 기간 내에 퇴거가 이행되지 않을 경우 본인을 대리하여 아래 사항에 대한 권한행사를 재건축조합에서 임의 집행함에 동의하며, 이로 인하여 제기되는 제반 문제에 대해 본인이 전적으로 책임지기로 한다.

　또한, 이주비(잔금)를 수령하고도 이주하지 않을 경우 귀 조합에서 강제 이주조치를 취하여도 아무런 이의를 제기치 않을 것임을 확약하며 이에 본 각서를 제출합니다.

- 아　　래 -

1. 해당 임차인의 유상 및 무상자진퇴거를 위한 협의권한
2. 동 주택(상가)의 철거 및 공부상의 멸실 조치
3. 주택(상가)에 대한 명도소송 제기를 위한 모든 행위에 대한 대행권한
4. 상기 제1항 내지 제3항의 권한행사 시 발생되는 비용[임차인과 합의한 이주보상비 혹은, 주택(상가)에 대한 명도소송제기 및 변호사 선임비용, 강제집행비용 등의 일체의 비용]의 임의집행과 그 집행비용에 대한 사전공제권한
　(비용공제의 금원은 본인에게 부여되는 이주비대출금 혹은 재건축개발이익배당금에 한함)

[첨　부] : 인감증명서 1부(이주이행각서용)

0000년　0월　00일

상기 각서인　　　　　　　　　　(인) (인감날인)

반포주공0단지 재건축정비사업조합 귀중

반포주공0단지 재건축정비사업조합

조 합 원 분 양 신 청 안 내

반포주공0단지 재건축정비사업조합

반포주공0단지 재건축정비사업조합

조합원 분양신청 안내

기　　간 : 0000년 0월 00일 ~ 0월 00일(31일간. 공휴일은 제외)

접수시간 : 09:00~18:00

장　　소 : 조합사무실

반포주공0단지 재건축정비사업조합

주 소 : 서울시 서초구 반포동 00-00　새마을외관 2층

☎ 02)533-0000, 3477-0000　FAX: 02)3477-0000

홈페이지: www. banpo0.com, www.mirizu.com/banpo0

조합원 분양신청 안내

- 목 차 -

※ 주택형 배정통지서(양식)
※ 별첨자료-1 : 조합소정양식의『분양신청서』[위의 3-10항 분양신청서 작성의 예(견본)과 동일]

[별첨 조합소정양식인 『분양신청서』를 작성한 후, 관계 서류를 완비하여 동봉된 흰색 봉투에 넣어 밀봉하시어 조합사무실로 제출하여 주시기 바랍니다.]

1) 사업시행인가서

재건축사업 시행인가서

반포주공0단지 재건축정비사업조합

재 건 축 사 업 시 행 인 가 서		① 인가번호	0000-0

<table>
<tr><td rowspan="4">시
행
자</td><td colspan="2">② 명 칭</td><td colspan="5">반포주공0단지 재건축정비사업조합</td></tr>
<tr><td rowspan="2">대표자</td><td>③ 성 명</td><td>0 0 0</td><td>④ 법인등록번호</td><td colspan="3">114-86-00000</td></tr>
<tr><td>⑤ 주 소</td><td colspan="3">서울특별시 서초구 반포동 00-0 (전화) 02-533-0000</td></tr>
<tr><td colspan="2">⑥ 사무소
소재지</td><td colspan="5">서울특별시 서초구 반포동 0-0 (전화) 02-533-0000</td></tr>
</table>

시행자

② 명 칭	반포주공0단지 재건축정비사업조합		
대표자 ③ 성 명	0 0 0	④ 법인등록번호	114-86-00000
대표자 ⑤ 주 소	서울특별시 서초구 반포동 00-0 (전화) 02-533-0000		
⑥ 사무소 소재지	서울특별시 서초구 반포동 0-0 (전화) 02-533-0000		

설계자

⑦ 성 명	(주)000엔지니어링 종합건축사사무소 0 0 0 / (주) 종합건축사사무소 00 0 0 0	⑧ 자 격	건축사(제0000호)/ 건축사(제0000호)
⑨ 주 소	서울특별시 강동구 성내동 000-00/ 00동00-00 (전화) 02-2140-0000		

시공자

⑩ 성 명	(주) 00물산 0 0 0	⑪ 자 격	202-85-0000
⑫ 주 소	경기도 00시 00구 00동 000번지 (전화) 02-2008-0000		

사업시행계획

⑬ 사업의 명칭	반포주공0단지 재건축정비사업	⑭ 위 치	서울시 서초구 반포동 00-0 외 00필지
⑮ 시행 면적	209,340.10m²/ 139,148.50m²	⑯ 시행시간	착공일로부터 38개월

건축시설

⑰ 부지의 명칭	계	택 지	주구중심#1	주구중심#2	비 고
⑱ 대지면적 (m²)	139,148.50	133,349.00	4,799.50	1,000.00	도로: 29,674.70m² 공원: 11,803.80m² 주구중심:5,799.50m²
⑲ 주 용 도	공동주택 및 부대시설, 복리시설	공동주택 및 부대시설, 복리시설	근린생활시설	근린생활시설	
⑳ 건축면적 (m²)	18,752.55	15,854.59	2,398.12	499.84	
㉑ 건축연면적(m²)	557,840.73	535,231.44	18,910.44	3,968.57	
㉒ 지하면적 (m²)	183,583.43	175,261.51	7,104.08	1,217.84	
㉓ 건 폐 율 (%)	13.48	11.89	40.97	49.98	
㉔ 용 적 율 (%)	268.96	269.95	245.99	248.07	
㉕ 최고높이 (m²)	90.50	90.50	24.15	23.80	
㉖ 층 수	지하3층 ~ 지상 32층	지하3층 ~ 지상 32층	지하2층 ~ 지상 5층	지하2층 ~ 지상 5층	
㉗ 주 차 장 (대, m²)	지하 4,513대	지하 4,355대 142,331.1m²	133대	25대	

주택

공급 구분	㉘ 주택의 형태	㉙ 동수	㉚ 세대수	㉛ 주택규모별 세대수(전용면적 기준)							
				60 이하	85 이하	130 이하	165 이하	190 이하	211 이하	223 이하	245 이하
계	공동주택	27	2,444	489	978	130	210	231	224	182	-
분양	공동주택	27	2,444	489	978	130	210	224	224	182	-
임대	공동주택	-	-	-	-	-	-	-	-	-	-

사업시행계획

공공시설 - 용도폐지되는 종전의 공공시설

㉜ 종류	㉝ 명칭	㉞ 위치	㉟ 규모	㊱ 무상양여 또는 무상귀속		
				규모	가격	양도 또는 귀속될 자
도로	현황도로	구내역	21,544.30			반포주공0단지 재건축 정비사업조합
구거	구거	구내역	6,355.50			반포주공0단지 주택재건축 정비사업조합
공원	공원	구내역	13,606.80			반포주공0단지 재건축 정비사업조합

새로이 설치할 공공시설

㊲ 종류	㊳ 명칭	㊴ 위치	㊵ 규모	㊶ 설치비용				㊷ 비용부담		㊸ 무상귀속될 관리청
				계 (천원)	보상비 (천원)	공사비 (천원)	기타	부담자	부담내용	
도로	도로용지 #1(대로2류29호)	반포동 14-1~18-2	3,281.50	24,057,609	23,713,789	343,820	-	조합	토지비 및 설치비용	서울특별시
도로	도로용지 #2(광로2류51호)	반포동 14-2~18-4	1,236.50	7,851,646.5	7,386,183.	465,463	-	조합	토지비 및 설치비용	서울특별시
도로	도로용지 #3(대로3류)	반포동 14-2~117-18	4,108.50	31,957,438	22,435,400	9,522,039	-	조합	토지비 및 설치비용	서울특별시
공원	신규	반포동 14-21, 11,15,17, 18, 3,4,5,7, 117-1,2	11,803.80	67,386,485.5	64,755,485.	2,631,000	-	조합	토지비 및 설치비용	서초구청

철거 또는 이전 요구허가 대상	㊹ 건축물(동)	철거	이전	㊺ 공작물 (개소)	철거	이전
		47개동	-		-	-

㊻ 개수대상 건축물	해당사항 없음	㊼ 임시수용소	해당사항 없음

수용또는사용대상	토지	㊽ 필지수	㊾ 면적	㊿ 관리자수	건축물	⑤ 동수	⑤ 연면적(㎡)	⑤ 권리자수
		30	139,148.50	1,994인		47	113,686.00	

⑤ 세입자 대책	대상세대수	임대주택공급세대	주거대책비 지급세대	비대책세대
	-	-	-	-

⑤ 일괄처리항

주택건설사업자 등록 (0)	주택건설사업계획승인 (0)	건축허가 (0)
가설건축물건축허가 (0)	가설건축물축조신고 (0)	도로공사 시행허가 (0)
도로점용허가 ( )	사방지지정해제 ( )	농지전용허가·협의·동의·승인 ( )
농지전용신고 ( )	보전임지전용허가 ( )	하천공사 시행허가 ( )
하천점용허가 ( )	일반수도사업인가 (0)	전용상수도 설치인가 (0)
공공하수도사업허가 (0)	측량성과사용승인 (0)	시장개설허가 ( )
국유지사용수익허가 ( )	공유지대부·사용허가 (0)	사업착수,변경또는완료신고 (0)
토질형질변경허가 (0)	토지의 출입등 허가 (0)	

기타(도시및주거환경정비법 제57조 규정에 따른 법률의 인·허가 등의 의제)

⑤ 기타인가내역	

이 인가서 및 첨부 서류에 기재한 내용과 같이 도시및주거환경정비법 제50조 규정에 의하여 재건축정비사업의 시행을 인가합니다.

0000년 00월 00일

0 0 구 청 장   □□

※ 첨부서류

※ 인가안내
1. 재건축사업시행을 변경하거나 사업을 중지 또는 폐지하고자 할 때에는 구청장의 변경인가를 받아야 합니다.(경미한 변경 제외)

（간지）

조합원분양 공고문

반 포 주 공 0 단 지　재 건 축 정 비 사 업 조 합

[반포0재건축 공고 0000- 호]

조합원 분양공고

도시및주거환경정비법 제72조제1항에 따라 반포주공0단지 재건축정비사업 조합원에 대한 신축 아파트 분양신청을 다음과 같이 공고합니다.

- 다   음 -

1. 사업시행인가의 내용
① 지하3층, 지상22~32층 아파트 27개동 2,444세대
② 지하2층~지상5층의 부대·복리시설

2. 정비사업의 종류·명칭 및 정비구역의 위치·면적
① 명칭: 반포주공0단지 재건축정비사업
② 위치: 서울시 서초구 반포동 00-0번지 일대(133,349.00㎡)

3. 분양신청기간 및 장소
① 기간: 0000년 0월 00 일 ~ 0000년 0월 0일(31일간, 국·공휴일은 제외) 09:00~18:00
② 반포주공0단지 재건축정비사업조합 사무실

4. 분양대상 건축물 내역

① 아파트
(단위 : ㎡)

주택형	세대수	분양면적			기타공용	지 하 주차장	계약면적
		주거전용	주거공용	소계			
59m²A	250	59.94	27.99	87.93	7.39	30.41	125.73
59m²B	239	59.91	27.27	87.18	7.39	30.39	124.96
84m²A	296	84.94	27.48	112.42	10.48	43.09	165.99
84m²B	142	84.95	27.56	112.51	10.48	43.10	166.09
84m²C	278	84.97	27.80	112.77	10.48	43.11	166.36
84m²D	262	84.94	27.46	112.40	10.48	43.09	165.97
115m²	56	115.91	30.88	146.79	14.30	58.81	219.90
116m²	74	116.75	30.78	147.53	14.40	59.23	221.16
136m²A	182	136.01	36.01	172.02	16.78	69.00	257.80
136m²B	28	136.69	36.17	172.86	16.87	69.35	259.08
169m²A	122	169.82	36.15	205.97	20.95	86.16	313.08
169m²B	109	169.75	35.49	205.24	20.95	86.12	312.31
198m²	152	198.89	40.30	239.19	24.54	100.91	364.64
199m²	72	199.00	40.52	239.52	24.56	100.96	365.04
223m²	156	223.07	45.97	269.04	27.53	113.18	409.75
244m²	26	224.92	45.72	270.64	27.75	114.11	412.50

(신축 주택형은 사업시행인가 기준이며, 사업시행인가 변경 시 변경될 수 있음)

② 복리시설
지상층 14,557.09㎡, 지하층 8,321.92㎡, 지하2층~지상5층 규모 2개동

5. 분양신청자격
도시및주거환경정비법 제35조제3항과 제4항 및 제39조, 동법 시행령 제37조의 규정에 의하여 조합원의 자격을 취득한자

6. 분양신청방법
조합에서 지정한 분양신청 기간 내에 분양신청서를 작성하여 조합사무실에 제출

7. 분양을 신청하지 아니한 자에 대한 조치
도시및주거환경정비법 제73조에 따라 '감정평가및감정평가사에 관한 법률'에 의한 <u>감정평가법인등</u> 2인 이상이 평가한 금액을 산술평균하여 산정한 금액을 기준으로 하여 협의하고 관리처분계획 인가를 받은 날의 다음 날로부터 90일 이내에 토지·건축물 또는 그 밖의 권리에 대하여 현금으로 청산한다.

8. 분양신청안내문, 이주예정일 및 철거예정일은 별도통지

0000. 0. 00,

반포주공0단지 재건축정비사업조합 조합장 000

조합원 분양신청 안내문

반포주공0단지 재건축정비사업조합

안녕하십니까? 조합장 0 0 0입니다.

조합원님 가정의 평안과 행복을 기원합니다.

그동안 모든 조합원님들께서 고대하시던 사업시행인가를 득함에 따라 조합원 분양신청을 접수 받고자 합니다. 분양신청은 조합원의 주택형 결정 및 분담금을 정하는 매우 중요한 절차입니다.

따라서 조합정관 제46조(분양신청 등)와 "도시및주거환경정비법" 제72조(분양공고 및 분양신청)에 따라 조합원 분양신청방법을 안내해 드리오니, 본 분양신청 안내문을 숙지하신 후 분양신청서를 작성하여 공고된 분양신청기간 내에 구비 서류를 갖추어서 반드시 분양신청을 완료하여 주시기 바랍니다.

분양신청기간 내에 신청을 하지 않은 조합원의 경우에는 "도시및주거환경정비법" 제73조 (분양신청을 하지 아니한 자 등에 대한 조치)의 규정에 따라 해당 지분은 현금청산을 원칙으로 하고 있으니, 반드시 기간 내에 신청을 완료하여 주시기를 당부 드립니다.

1) 분양신청기간 등

(1) **분양신청기간** : 0000년 2월 24일(월)~0000년 3월 5일(토)까지(31일간, 국·공휴일 제외)
　　　　　　　　　　　(평일 09:00~18:00, 토요일 09:00~13:00)

(2) **분양신청장소** : 반포주공0단지 재건축조합 사무실 (약도 참조)
　　　　　　　　　　　☎ 02)533-0000, 02)3477~0000, FAX. : 02)3477 - 0000)

(3) **분양신청방법** : 분양신청서(별첨-조합소정양식)를 작성하여 반드시 인감을 날인한 후 구비서류를 첨부하여 신청기간 내에 우편접수(우편으로 제출할 경우에는 신청서가 분양신청기간 내에 발송한 것임을 증명할 수 있도록 등기우편으로 발송)하시거나 조합사무실로 직접 방문하여 접수

(4) **분양신청자격** : 도시및주거환경정비법 제35조제3항 및 제4항, 제39조, 동법 시행령 제37조의 규정에 의하여 조합원의 자격을 취득한 자

2) 개략적인 분담금 내역

현재 18평을 소유한 조합원					(단위 : m², 천원)
입주희망 주택형	분양면적	예상분양가격	예상평균권리가액	조합원 예상평균분담금	
59.9m²	87	957,000	1,440,000	환급금	-483,000
84.9m²	113	1,311,000	1,440,000	환급금	-129,000
116.5m²	148	1,776,000	1,440,000	부담금	336,000
136.5m²	173	2,162,500	1,440,000	부담금	722,500
168.0m²	205	2,652,000	1,440,000	부담금	1,212,000
198.0m²	238	3,199,500	1,440,000	부담금	1,759,500
222.5m²	268	3,766,000	1,440,000	부담금	2,326,000

현재 25평을 소유한 조합원					(단위 : m², 천원)
입주희망 주택형	분양면적	예상분양가격	예상평균권리가액	조합원 예상평균분담금	
59.9m²	87	957,000	1,999,000	환급금	-1,042,000
84.9m²	113	1,311,000	1,999,000	환급금	-688,000
116.5m²	148	1,776,000	1,999,000	환급금	-223,000
136.5m²	173	2,162,500	1,999,000	부담금	163,500
169.5m²	205	2,652,000	1,999,000	부담금	653,000
198.0m²	238	3,199,500	1,999,000	부담금	1,200,500
222.5m²	268	3,766,000	1,999,000	부담금	1,767,000

주) 1. 예상평균권리가액은 주택형별 평균가액으로 층, 향, 위치 등의 차이에 따라 차등 적용되었다.

2. 산출된 분담금은 0000년 00월 사업시행인가 기준이며, 사업시행변경인가 및 정책변경 등으로 변경될 수 있다.

3. 조합원 예상분담금은 개별조합원 권리가액에 따라 결정된다.

4. 입주희망 주택형의 괄호 안의 면적은 분양면적(전용면적+거주공용면적)임

3) 분양을 신청하지 아니한 자 등에 대한 조치

① 「도시및주거환경정비법」 제73조에 따라 다음 각 호에서 정하는 자와 「감정평가 및 감정평가사에 관한 법률」에 의한 **감정평가법인등** 2인 이상이 평가한 금액을 산술평균하여 산출한 금액을 기준으로 협의하여 관리처분계획 인가를 받은 날의 다음 날로부터 90일 이내에 토지·건축물 또는 그 밖의 권리의 손실에 관한 협의를 하여야 한다. 다만, 사업시행자는 분양신청기간종료일의 다음 날부터 협의를 시작할 수 있다.

  1. 분양신청을 하지 아니한 자

  2. 분양신청 종료이전에 분양신청을 철회한 자

  3. <u>법 제39조제2항</u> **본문에 따라 조합원이 될 수 없는 자.**

  4. <u>법 제72조제6항</u> **본문에 따라 분양신청을 할 수 없는 자**

  5. 법 제74조에 따라 인가된 관리처분계획에 따라 분양대상에서 제외된 자

② 사업시행자는 제1항에 따른 협의가 성립되지 아니하면 그 기간의 만료일 다음 날부터 60일 이내에 수용재결을 신청하거나 매도청구소송을 제기하여야 한다.

③ 사업시행자는 제2항에 따른 기간을 넘겨서 수용재결을 신청하거나 매도청구소송을 제기한 경우에는 해당 토지등소유자에게 지연일수(遲延日數)에 따른 이자를 지급하여야 한다. 이 경우 이자는 100분의 15 이하의 범위에서 대통령령으로 정하는 이율을 적용하여 산정한다.

4) 사업시행인가의 개요(0000년 00월 00일 사업시행인가서에 의함)

■ 설계개요

구 분	내 용
대지면적	139,148.50㎡ (42,092.42평) - 아파트 133,349.50㎡, 상가 5799.50㎡
건축면적	18,752.55㎡ (5,672.64평) - 아파트 15,854.59㎡, 상가 2,897.96㎡
용 도	공동주택 (아파트 및 복리시설)- 아파트 15,854.59㎡, 상가 2,897.96㎡
연 면 적	557,840.73㎡ (168,746.82평) - 아파트 535,321.72㎡, 상가 22,878.01㎡
지하주차장면적	183,583.43㎡ (55,533.98평)
건 폐 율	13.48% - 아파트 11.89%, 상가 49.98%
용 적 률	268.96% - 아파트 269,95.50%, 상가 245.99%
규 모	아파트 27개동(22층~32층, 지하3층), 복리시설
조경면적	계획 : 53,390.59㎡(16,150.65평)
주차대수	계획 : 4,513대

(1) 아파트(신축아파트 주택형별 내역)

(단위 : 세대,㎡)

구 분	신축아파트 주택형별 내역									비 고
	59m²			84m²				115m²		
	T1	T2	p	L1	L2	T1	T2	T1	T2	
세 대 수	230	238	44	532	256	50	52	56	74	
분양면적	87.46	86.57	87.33	113.14	114.00	113.73	113.07	114.05	147.16	

구 분	신축아파트 주택형별 내역								계	비 고
	135m²		169m²		198m²		222m²			
	T1	T2	T1	T2	T1	T2	T1	T2		
세 대 수	182	28	122	109	152	72	156	26	2,444	분양면적계
분양면적	172.73	173.32	205.61	205.02	238.20	238.84	268.79	268.44	→	358,192.13㎡

(2) 복리시설(신축상가 면적내역)

구 분	신축 상가 면적 내역		비 고
	주구중심 #1	주구중심 #2	
용 도	근린생활시설	근린생활시설	
면 적	18,910.44㎡	3,698.57㎡	

5) 분양신청기준 및 참고사항 : 향후 관리처분계획 기준(안)

(1) 주택형 배정방법(기준)

주택형배정은 조합원의 분양신청 주택형에 의해 해당 주택형을 배정하는 것을 원칙으로 하되, 경합이 발생할 경우에는 현 소유 주택형이 큰 조합원에게 우선권을 부여하고, 주택형이 동일한 경우에는 관리처분총회에서 결정된 추첨방식에 의해 배정한다.

(2) 동·호수 추첨방법

향후 관리처분계획 시 정하는 기준(전산추첨방식 또는 직접추천방식)에 따른다.

(3) 기타 참고사항

① 조합이 정하여 통지한 분양신청기간 내에 분양신청을 하여야 하며, 분양 신청한 내용은 조합원 임의로 변경할 수 없으니 주택형 선택 시 신중을 기하여 주시기 바랍니다.

② 토지 및 건축물의 소유권이 공유에 속하는 때에는 그 공유자 전체가 1인의 분양 대상자로 간주되며, 분양신청인(조합원 분양신청서의 ①에 해당하는 자)은 조합에 대표조합원으로 신고 된 사람이어야 한다.

③ 분양신청을 하지 않거나 분양신청을 철회한 자 또는 분양신청을 하였으나 관리처분 계획의 기준에 의하여 분양대상에서 제외된 자는 아파트와 복리시설을 분양받을 수 없으며 현금청산을 원칙으로 한다.

④ 동일인이나 동일세대의 세대원이 2채 이상의 아파트를 소유하고 있는 경우, 2가구 이하로 분양신청을 하여야 한다. 이때 분양받고자 하는 아파트를 소유자 본인이 지정 하여 2세대 이하를 신청하여야 한다.

⑤ 토지지분이 없는 건축물 소유자와 토지만을 소유한 자는 신축아파트를 분양받을 수 없다.

⑥ 분양신청서를 우편으로 제출할 경우에는 그 신청서가 분양신청기간 내에 발송한 것 임을 증명할 수 있도록 등기우편으로 발송해야 한다.

⑦ 다음 각 호에 해당하는 조합원은 분양신청을 할 수 없으며, 규약(정관) 등의 규정에 따라 조합원 제명처분하거나 금전청산을 원칙으로 한다.

　가. 미동의자

　나. 조합이 업무추진 시 소유자의 비협조로 인하여 소송이 발생하고 이로 인하여 비용을 미납한 해당 조합원 등

※ 상기 내용에 대한 기타 참고사항은 관계 법령의 개정 시 조합의 상황이 허락하는 한 개정된 법령에 따른다.

6) 분양신청 시 제출서류

조합원 분양신청서 작성 시 첨부하여 제출하는 서류		
구비서류	수량	해 당 사 항(제출서류)
1. 등기사항전부증명서	–	• 조합에서 일괄 발급
2. 주민등록등본 (공통사항)	1통	• 공유자 : 공유자 전원의 주민등록 등본
		• 외국거주자 : 재외국민등록부(거주증명서)
3. 인감증명서 (공통사항)	1통	• 용도 : 분양신청용
		• 공유자 : 공유자 전원의 인감증명서
		• 외국거주자 : 신청서에 영사관(대사관) 확인(공증)을 받음
4. 배우자 또는 세대원 전원의 주민등록등본	1통	• 배우자 또는 세대원이 동일한 주민등록에 등재되어 있지 않은 경우에는 각각의 주민등록 등본
5. 호적등본	1통	• 배우자가 없거나 단독세대인 경우 또는 미성년자 소유인 경우에 한함
6. 공유자명세서	1통	• 공유자 : 공유자 명세서

❑ 제출하는 서류의 상세 설명서

가. 등기사항전부증명서

조합에서 일괄하여 발급합니다.(조합원 준비 불필요)

나. 주민등록등본

모든 조합원이 공통으로 제출하여야 합니다.

공유인 경우에는 공유자 전원의 주민등록등본을 제출하고, 외국거주자는 거주지의 영사관(대사관)에서 발급하는 재외국민등록부(거주증명서 또는 체류증명서)등본을 제출하여야 합니다.

다. 인감증명서

모든 조합원이 공통으로 제출하여야 합니다.

용도에는 '**분양신청용**'으로 기재하시기 바랍니다.

공유인 경우에는 공유자 전원의 인감증명서를 제출하여야 합니다. 인감증명을 발급받을 수 없는 외국거주자는 분양신청서를 거주지의 영사관(대사관)에서 본인이 작성하였다는 취지의 공증(서명인증서)을 받아 제출하시기 바랍니다.

라. 배우자 또는 세대원 전원의 주민등록등본

조합원의 배우자 또는 세대원이 동일한 주민등록에 등제되어 있지 않는 경우에 해당합니다. 가까운 동사무소에서 온라인으로 신청하여 발급받을 수 있습니다.

마. 호적등본

배우자가 없거나 단독세대인 경우에는 미성년자 소유인 경우에 해당합니다. 가까운 동사무소에서 온라인으로 신청하여 발급받을 수 있습니다.

7) 분양신청서 서식

: (별첨 – 조합 소정양식 참조)

8) 분양신청서 작성방법

(1) 신청인(조합원)[양식의 ①난]

주민등록주소와 주민등록번호, 성명은 필히 기재하시고, 주민등록상 주소 이외에 추가로 거주장소 또는 송달장소가 있는 경우에는 거주장소, 송달장소를 기재하여 주시기 바랍니다. 이는 송달이 안 될 경우를 대비하기 위한 것입니다.

(2) 소유권 내역[양식의 ②난]

해당 주택형에 체크하시기 바랍니다.

(3) 분양신청 희망 주택형[양식의 ③, ⑤난]

설계도면 및 개략적인 분담금을 참고하시어 분양 희망 주택형의 1순위부터 7순위까지 반드시 인감도장으로 날인하여주시기 바랍니다. 같은 주택형에 복수지원 할 수 없습니다.

※ 상기 4) 사업시행인가 개요의 「신축아파트 주택형별 내역」은 사업시행인가를 기준으로 한 것으로 추후 실시설계를 통하여 분양면적이나 세대수 등에 약간의 변경이 있을 수 있습니다.

※ <u>후순위 분양신청을 하지 않아 발생되는 불이익은 해당 조합원의 책임이며, 경합발생으로 인하여 희망 주택형 탈락 시에는 관리처분 총회에서 결정된 동·호수 배정방식에 의해 남은 주택형으로 임의 배정합니다.</u>

(4) 작성날인[양식의 ④난]

조합원 이름을 적고 그 옆에 인감도장으로 선명하게 날인합니다.

자택, 휴대폰 모두를 기재하여주시기 바라며, 조합원 본인의 전화번호가 아닌 대리인의 전화번호인 경우에는 대리인 이름까지 추가로 적어주시기 바랍니다.

(5) 공유자 명세서[양식의 ⑥난]

여러 명이 공동으로 소유하는 경우에 해당합니다.

(6) 동일인 또는 동일세대원이 2채 이상의 주택(아파트)을 소유하고 있는 경우

동일인이나 동일세대의 세대원이 2채 이상의 아파트를 소유하고 있는 경우, 2가구 이하로 분양신청 하여야 합니다. 이때 분양받고자 하는 아파트를 지정하여 2세대 이하를 신청하여야 합니다.

9) 상가소유조합원 아파트 분양기준

(1) 분양신청자격

반포 주공0단지 상가소유자(00상가, ◇◇상가) 중 상가분양을 대신하여 아파트를 신청하는 경우에 한함

(2) 아파트 배정방법

상가조합원의 아파트 배정방법은 아파트 조합원에게 우선 배정완료한 후, 잔여세대를 배정하는 것을 원칙으로 하며, 분양 주택형 결정은 상가 조합원의 분양신청에 의한다.

(3) 상가조합원의 아파트 1주택 분양기준의 확정

기존 협의된 내용과 향후 관리처분계획 시 별도로 합의된 내용을 관리처분총회에서 결정하고 그 결정에 따른다.

(4) 분양희망물건의 선택 및 희망사항

상가조합원은 상가와 아파트 중 분양을 희망하는 '란'에 인감날인하고, 아파트분양을 희망하는 경우 분양설계도서 및 개략적 분담금을 참고하시어 분양희망 주택형의 1순위부터 7순위 까지 반드시 인감도장으로 날인하여주시기 바랍니다. 같은 주택형에 복수지원할 수 없습니다.

조합원 분양신청서(아파트 소유 조합원용)

① 신청인 (조합원)	성 명	이 천 수	주민등록 주 소	서울시 서초구 반포동 14-1번지 주공아파트 246-101
	주민등록 번 호	701013-1111111	실거주장소 (송달가능장소)	서울시 서초구 반포동 14-1번지 주공아파트 246-101
공 유 자		뒷면에 공유자 명세를 작성하여 날인		
② 소유권 내 역	소유물건	서울시 서초구 반포동 00-0번지(외 6필지)반포주공0단지아파트 201동 101호		
	주택형	☐ 건물 18평　　☛ 해당 사항에 체크 (☑) ☐ 건물 25평		
③ 분양신청 희망 주택형		희망 주택형은 뒷장의 '⑤ 분양신청희망 주택형' 해당 순위 란에 7순위까지를 반드시 인감도장으로 날인하여 선택하여주시기 바랍니다.		
배정방식		조합원의 분양신청에 의해 주택형을 배정하는 것을 원칙으로 하되, 경합이 발생하는 경우에는 현 소유 주택형이 큰 조합원에게 우선권을 부여하고, 주택형이 동일한 경우 관리처분 총회에서 정한 추첨방식에 의해 배정한다.		

　상기 본인은 반포주공0단지 재건축정비사업조합 조합원으로서 조합정관
제46의 규정에 따라 신축 아파트에 대한 분양을 신청합니다.

0000년 00월 00일

④ **조합원** : 이 천 수　　　　(인) **(※ 반드시 인감날인)**

전화번호 : (자　택) 02-123-0000
(휴대폰) 010-0000-0000

반포주공0단지 재건축정비사업조합 귀중

첨부 제출하는 서류

구 분	수량	해당사항(제출서류)
1. 등기사항전부증명서 (공통사항)	–	조합에서 일괄하여 발급
2. 주민등록등본 (공통사항)	1통	▫ 공유자 : 공유자 전원의 주민등록등본 ▫ 외국거주자 : 재외국민등록부(거주증명서)등본과 (말소)주민등록등본
3. 인감증명서	1통	용도 : (분양신청용) ▫ 공유자 : 공유자 전원의 인감증명서 ▫ 외국거주자 : 인감이 없는 경우 신청서에 영사관(대사관)의 　　　　　　 확인(공증)을 받음
4. 배우자 또는 세대원 전원의 주민등록등본	각 1통	배우자 또는 세대원이 동일한 주민등록에 등재되어 있지 않는 경우에 해당함
5. 호적등본	1통	배우자가 없거나 단독세대인 경우 또는 미성년자 소유인 경우에 해당함
6. 공유자명세서	1통	공유인 경우에는 공유자명세서

⑤ 분양신청 희망 주택형

(필히 인감으로 날인할 것)

주택형	세대수	1순위	2순위	3순위	4순위	5순위	6순위	7순위
59m²	489세대	☺						
84m²	489세대		☺					
115m²	489세대			☺				
135m²	489세대				☺			
169m²	489세대					☺		
198m²	489세대						☺	
222m²	489세대							☺
합 계	2,444 세대							

※ <u>해당 신축 주택형에 반드시 인감도장으로 날인하여주시기 바랍니다.</u>

※ 상기 신축 주택형과 세대수는 사업시행인가를 기준한 것으로 추후 세대수 등에 약간의 변경이 있을 수 있습니다.

※ 같은 주택형에 복수지원할 수 없습니다.

※ 1순위 이후의 후순위 분양신청을 하지 않아 발생되는 불이익은 해당 조합원의 책임이며, 경합발생으로 인하여 희망 주택형(상기 7순위까지) 탈락 시에는 남은 주택형으로 자동 배정됩니다.

⑥ 공유자 명세서

☞ **(공동으로 소유하고 있는 경우에 한함)**

구 분	공유자	인감날인	주 소	주민등록번호	지분율
대표자	이 철 수	☺	서울시 서초구 반포동 14-1번지 주공아파트 246-101	701013-1111111	1/2
공유자	김 순 자	☺	서울시 서초구 반포동 14-1번지 주공아파트 246-101	701013-0111111	1/2
공유자					
공유자					
공유자					
공유자					
공유자					
공유자					
공유자					
공유자					

※ 공유자들은 대표조합원을 신청인(분양신청서 ①난)으로 정하여 조합원 분양신청서에 기재하고 날인하며, 본 조합원 분양신청서는 공유자 전원에게 그 효력이 미치게 됩니다.

(주) : 대표자는 조합에 대표조합원으로 신고 된 사람이어야 합니다.

조합원 분양신청서(상가 소유 조합원용)

① 신청인 (조합원)	성 명	이 천 수	주민등록 주 소	서울시 서초구 반포동 14-1번지 주공아파트 246-101
	주민등록 번 호	701013-1111111	실거주장소 (송달가능장소)	서울시 서초구 반포동 14-1번지 주공아파트 246-101
공 유 자		뒷면에 공유자 명세를 작성하여 날인		

| ②
소유권
내 역 | 소유물건 | 서울시 서초구 반포동 00-0번지(외 6필지)반포주공0단지아파트 201동101호 | |
| | 주택형 | ☐ 건물　　　　㎡ (　　　평)
☐ 건물　　　　㎡ (　　　평) | ☛ 해당 사항에 체크 (☑) |

③ 분양희망	상가	✕	아파트	☺
	아파트 분양희망 시 : 희망주택형은 뒷장 '⑤ 분양신청희망주택형'(신청서) 의 해당 희망 주택형 난에 반드시 인감도장으로 날인하여 선택하여주시기 바랍니다.			
배정방식	※ 상가조합원의 아파트배정 시기는 아파트조합원의 배정완료 후 배정한다. ※ 기 합의된 내용과 향후 관리처분계획 시 별도합의 된 내용에 따른다.			

　　상기 본인은 반포주공0단지 재건축정비사업조합 조합원으로서 조합정관 제46조의
규정에 따라 신축 아파트에 대한 분양을 신청합니다.

0000년 00월 00일

④ 조합원 : 이 천 수　　　　(인) (※ 반드시 인감날인)
전화번호 : (자　택) 02-123-5678
(휴대폰) 010-12345-6789

반포주공0단지 재건축정비사업조합 귀중

첨부 제출하는 서류

구 분	수량	해당사항(제출서류)
1. 등기사항전부증명서 (공통사항)	－	조합에서 일괄하여 발급
2. 주민등록등본 (공통사항)	1통	▫ 공유자 : 공유자 전원의 주민등록등본 ▫ 외국거주자 : 재외국민등록부(거주증명서)등본과 　　　　　　　　(말소)주민등록등본
3. 인감증명서	1통	용도 : (분양신청용) ▫ 공유자 : 공유자 전원의 인감증명서 ▫ 외국거주자 : 인감이 없는 경우 신청서에 영사관(대사관)의 　　　　　　　　확인(공증)을 받음
4. 배우자 또는 세대원 전원의 주민등록등본	각 1통	배우자 또는 세대원이 동일한 주민등록에 등재되어 있지 않는 경우에 해당함
5. 호적등본	1통	배우자가 없거나 단독세대인 경우 또는 미성년자 소유인 경우에 해당함
6. 공유자명세서	1통	공유인 경우에는 공유자명세서

⑤ 분양신청 희망 주택형

(필히 안감으로 날인할것)   신축주택형:: 전용면적

주택형	세대수	1순위	2순위	3순위	4순위	5순위	6순위	7순위
59m²	489세대	☺						
84m²	489세대		☺					
115m²	489세대			☺				
135m²	489세대				☺			
169m²	489세대					☺		
198m²	489세대						☺	
222m²	489세대							☺
합 계	2,444 세대							

※ 상가조합원의 아파트 배정 시기는 아파트조합원 주택형 배정 완료 후 배정한다.

⑥ 공유자 명세서

☞ (공동으로 소유하고 있는 경우에 한함)

구 분	공유자	인감날인	주 소	주민등록번호	지분율
대표자	이 철 수	☺	서울시 서초구 반포동 14-1번지 주공아파트 246-101	701013-1111111	1/2
공유자	김 순 자	☺	서울시 서초구 반포동 14-1번지 주공아파트 246-101	701013-0111111	1/2
공유자					
공유자					
공유자					
공유자					
공유자					
공유자					
공유자					

※ 공유자들은 대표조합원을 신청인(분양신청서 ①난)으로 정하여 조합원 분양신청서에
기재하고 날인하며, 본 조합원 분양신청서는 공유자 전원에게 그 효력이 미치게 됩니다.

(주) : 대표자는 조합에 대표조합원으로 신고 된 사람이어야 합니다.

참 고 사 항

반포주공0단지 재건축정비사업조합

[참고사항]-1 : 조합원 권리행사와 의무이행에 관한 규정

1. 조합정관 제10조(조합원의 권리·의무), 제11조(조합원 자격의 상실)

아파트, 상가 등이 매매 또는 상속 등으로 인하여 명의가 변경된 조합원이나 이사로 인한 주소변경 또는 인감이 변경될 경우에는 반드시 조합에 신고하여야 한다.

이는 조합정관 제10조(조합원의 권리·의무)제3항에 따라 행위 종료일로부터 14일 이내에 조합에 변경 내용을 신고하여야 하며, 만약 신고하지 않을 시 아파트나 상가의 동·호수 추첨에 관한 안내문의 미수령 등 조합원에게 불이익이 돌아갈 수 있습니다.

이 경우 신고하지 아니하여 발생되는 불이익 등에 대하여는 조합에 이의를 제기할 수 없습니다.

2. 조합정관 제49조(분양받을 권리의 양도 등)

조합원은 조합원의 자격이나 권한, 입주자로 선정된 지위 등을 양도하고자 하는 경우에는 조합에 변경 신고를 하여야 하며, 양수자에게는 조합원의 권리와 의무, 자신이 행하였거나 조합이 자신에게 행한 처분 및 절차, 청산 시의 권리와 의무에 관한 범위 등이 포괄 승계됨을 명확히 한 후 양도하여야 한다.

[참고사항]-2 : 분양신청서 접수절차

1. 조합사무실 방문 접수 시 [※인감도장 필히 지참]

분양신청서를 작성하여 흰색봉투에 넣어 밀봉하고 구비서류를 완비하여 조합사무실로 방문

⇩

분양신청서 접수확인증 수령
★ 조합사무실에서 서류접수 시 발급

2. 우편으로 접수 시 (분양신청 기간 내 소인이 찍힌 것에 한하여 유효함)

분양신청서를 작성하여 동봉된 흰색봉투에 넣어 밀봉하고 구비서류를 완비한 후 반송용 황색봉투에 넣어 등기우편으로 조합사무실로 발송

⇩	⇩
가. 서류완비 시	나. 서류미비 시
⇩	⇩
분양신청접수 완료 (우편물봉투 보관)	해당 조합원에게 전화 통보하여 해당사항 보완 후 접수완료

[참고사항]-3 : 분양업무 추진과정 및 향후 일정

분양신청의 통지 및 공고 (도시정비법 제72조)	⇨	분양신청서, 분양신청 기간, 장소, 자격, 방법, 개략적인 부담금내역 등 고지 (동 시행령 제59조)	⇨	분양신청	⇨	종전 및 종후 자산의 평가
0000년 1월 24일		0000년 1월		0000년 1월~3월 (31일간)		0000년 1월~2월

관리처분계획서 작성	⇨	총회소집 통보	⇨	관리처분총회 및 동·호수 추첨	⇨	토지등소유자에게 공람(30일간)
0000년 3월		0000년 3월		0000년 4월		0000년 4월~5월

관리처분인가 및 고시	⇨	조합원에게 통지
0000년 5월		0000년 5월

[분양신청 접수장소 약도]

반포주공0단지 재건축정비사업조합

우(137 - 909)/서울시 서초구 잠원동 76-5 금00빌딩705호/
전화(02)533-1475,3477-9086/FAX3477-9051http://www.banpo0.com

주택형 배정 통지서

현 소유주택 동-호수	000 -000	조합원 성명	홍 길 동

배정 주택형
$136m^2$ 형

귀 조합원께서는 위에 표기된 주택형에 배정되었음을 통지합니다.

0000년 0월 00일

반포주공0단지 재건축정비사업조합

조 합 장   0   0   0   (인)

반포주공0단지 재건축정비사업조합
신축아파트 세대별 조합원분양가

반포주공0단지 재건축정비사업조합

목　차

■ 조감도

■ 설계개요

■ 아파트 주택형별 면적개요

■ 배치도

■ 신축아파트 단위세대 평면도

■ 신축아파트 동별 주택형 및 호수 구성도

■ 신축아파트 세대별 조합원분양가

■ 조감도

■ 설계개요

사 업 명 칭	반포주공0단지 재건축정비사업			
대 지 위 치	서울시 서초구 반포0동 00-0외 00필지			
지역, 지구	일반주거지역, 아파트지구			
반포아파트지구 토지이용계획	구　분	기본계획 전	기본계획 후	비　고
	합　계	209,340.10㎡	209,340.10㎡	변경사항 없음
	주택용지	113,304.40㎡	133,349.00㎡	20,044.60㎡
	주구중심	4,767.30㎡	5,799.50㎡	1,032.20㎡
	도　로	39,348.50㎡	20,674.70㎡	−18,673.80㎡
	공　원	13,606.80㎡	11,803.80㎡	−1,803.00㎡
	학　교	38,313.10㎡	37,713.10㎡	−600.00㎡

구　분	주택용지	주구중심		−
대지면적	133,349.00㎡ (40,338.07평)	○○상가	4,799.50㎡	−
		◇◇상가	1,000.00㎡	
건축면적	15,854.59㎡ (4,796.01평)	○○상가	2,398.12㎡	−
		◇◇상가	499.84㎡	
건폐율	11.89% [법정 : 20%]	○○상가	49.97%	−
		◇◇상가	49.98%	
연면적	지하 연면적	175,261.51㎡ (53,016.60평)	○○상가 7,104.08㎡	−
			◇◇상가 12176.84㎡	
	지상 연면적	359,970.21㎡ (108,890.98평)	○○상가 11,806.36㎡	−
			◇◇상가 2,480.73㎡	
	합　계	535,231.72㎡ (161,907.58평)	○○상가 18,910.44㎡	−
			◇◇상가 3,698.57㎡	
용적률	269.95% [법정 : 270%]	○○상가	245.00%	−
		◇◇상가	248.07%	
조경면적	533,390.00㎡ (계획 : 40.03%)	[법정 : 40% 이상]		−
세대수	2,444 세대	−		−

주차대수	용　도	면　적	설치기준	법정 주차대수	계획 주차대수	
	전용85㎡이하	112,384.57㎡	1대/75㎡	1,498대	지하 4,355대	−
	전용85㎡초과	168,138.51㎡	1대/65㎡	2,587대		
	합　계			4,085대		

규모 및 최고높이	아파트 22~32층, 28개동 및 복리시설(근린생활시설), 최고높이 109.55M 옥탑 및 해발고도 포함
구조 및 설비방법	철근콘크리트 벽식구조, 내진구조(진도 8.0<MMI기준>), 지역난방, 부스터방식 급수

시 설 명		연 면 적(㎡)			설 치 기 준	법정면적
		지하층	지상층	소 계		
아파트	공동주택		358,278.76	358,278.76		
	소 계	–	358,278.76	358,278.76		
부대시설 복리시설	경 로 당		323.76	323.76	20㎡+(세대수합-150)×0.1m 또는 300㎡	249.40
	관리사무소	334.25	118.80	453.05	10㎡+(세대수합 -50)×0.5m 또는 100㎡	100.00
	주민공동시설	4,773.41	11.44	4,784.85	50㎡+(세대수합 -300)×0.1m 또는 300㎡	264.40
	보육시설		277.93	277.93	500세대 이상 단지 내 30인 이상 영유아보육가능시설	
	유 치 원		681.77	681.77	유치원:2,000세대 이상 단지 내 설치	
	문 고	112.26		112.26	문고:500세대 이상 단지 내 설치	
	중앙감시시설	143.34	21.95	165.29		
	MDF실		73.95	73.95		
	경 비 실		99.96	99.96		
	기 타		81.92	81.92	옥외코아 등	
	주민공동시설 (지하)	23,987.67		23,987.67		
	근로자 휴게시설	1,000.00		1,000.00		법정설치 의무사항
	–					
	계	30,350.93	1,691.45	32,042.38		
놀이터 운동시설	어린이놀이터		2,741.39		300㎡+ {(세대수-100) ×1m}²	2,644
	주민운동시설		2,126.52		300㎡+ {(세대수 -500) /200 ×150m}²	1,800
	휴 계 실		5개소설치		1+ {1×(세대수-500/200}개소 / 조경 안에 포함	5개소
기 계 전실기/ 주차장	기계전기실	3,579.48		3,579.48		
	주 차 장	142,331.10		142,331.10		
	–					
	–					
	소 계	145,910.58	–	145,910.58		
합 계		176,261.51	359,970.21	536,231.72		
근린생활시설-1					(주구중심 별도)	
근린생활시설-2					(주구중심 별도)	
합 계		176,261.51	359,970.21	536,231.72		

■ 아파트 주택형별 면적개요

단위 : ㎡

주택형	세대수 (세대)	주거전용 면 적	주거공용 면 적	분양 면적	기타공용 면 적	지하주차장 면 적	계약 면적	서비스 면 적
59㎡A	250	59.94	27.99	87.93	7.39	30.41	125.73	25.26
59㎡B	239	59.91	27.27	87.18	7.39	30.39	124.96	23.12
84㎡A	296	84.94	27.48	112.42	10.48	43.09	165.99	29.40
84㎡B	142	84.95	27.56	112.51	10.48	43.10	166.09	33.39
84㎡C	278	84.97	27.80	112.77	10.48	43.11	166.36	30.03
84㎡D	262	84.94	27.46	112.40	10.48	43.09	165.97	24.10
115㎡	56	115.91	30.88	146.79	14.30	58.81	219.90	39.21
116㎡	74	116.75	30.78	147.53	14.40	59.23	221.16	45.63
136㎡A	182	136.01	36.01	172.02	16.78	69.00	257.80	40.37
136㎡B	28	136.69	36.17	172.86	16.87	69.35	259.08	46.61
169㎡A	122	169.82	36.15	205.97	20.95	86.16	313.08	44.08
169㎡B	109	169.75	35.49	205.24	20.95	86.12	312.31	51.07
198㎡	152	198.89	40.30	239.19	24.54	100.91	364.64	48.52
199㎡	72	199.00	40.52	239.52	24.56	100.96	365.04	57.50
223㎡	156	223.07	45.97	269.04	27.53	113.18	409.75	52.71
224㎡	26	224.92	45.72	270.64	27.75	114.11	412.50	67.49
합 계	2,444	280,523.23	57.720.77	356,278.76	34,621.86	142,331.10	535.231.72	86,608.73

■ 배치도

평형별 세대수	
26 PY	512
34 PY	955
44 PY	130
52 PY	210
62 PY	231
72 PY	224
81 PY	182
합 계	2,444

단위세대 평면도(아파트)

(본 지침서에는 18개 단위세대 평형 중 6개 평형 첨부)

■ 26평형 (T-1 TYPE) 확장형 단위세대

* 상기의 이미지는 조합원의 이해를 위하여 이해를 위하여 가구 등을 임의 배치하여 시뮬레이션 한 것입니다.
* 상기의 이미지는 착공 및 실시설계시 다소 변경될 수 있습니다.
* 붙박이장, 가구, 인테리어물 등은 변경(추가 및 삭제) 될 수 있습니다.

■ 34평형 (L-1 TYPE) 확장형 단위세대

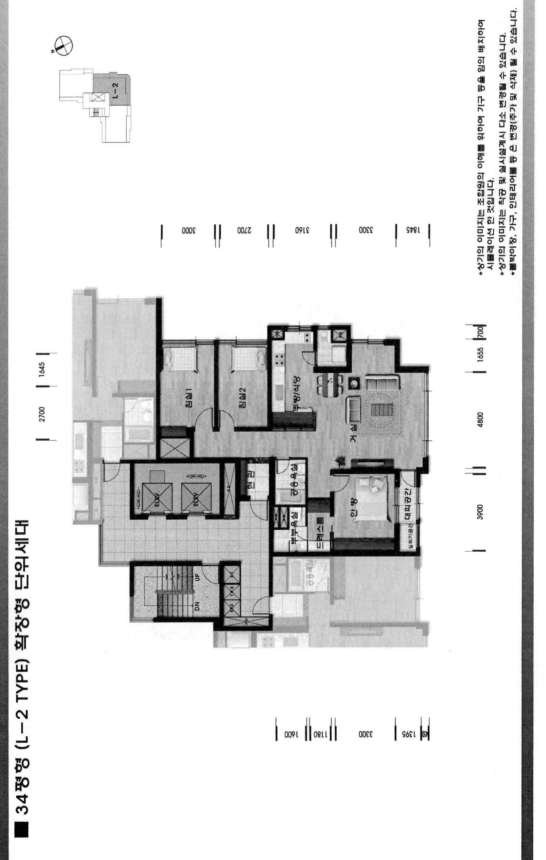

반포주공 2 단지 재건축 아파트 신축공사

■ 34평형 (L-2 TYPE) 확장형 단위세대

침실1

침실2

주방/식당

거실

현관

공용욕실

부부욕실

드레스룸

안방

파우더룸

욕실

*상기의 이미지는 조합원의 이해를 돕기 위하여 실제와 다소 차이가 있을 수 있으며, 가구 등 옵션 일의 배치이며 시물레이션 한 것입니다.
*상기의 이미지는 착공 및 실시설계시 다소 변경될 수 있습니다.
*불박이장, 가구, 인테리어틀 등은 변경(추가 및 삭제) 될 수 있습니다.

■ 34평형 (T-2 TYPE) 확장형 단위세대

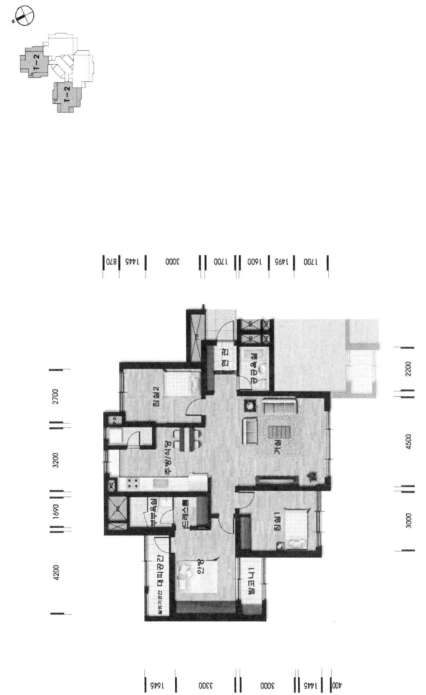

*상기의 이미지는 조합원의 이해를 돕기 위하여 워이어 가구 등을 임의 배치하여 시뮬레이션 한 것입니다.
*상기의 이미지는 착공 및 실시설계시 다소 변경될 수 있습니다.
*불박이창, 가구, 인테리어빌 등 은 변경(추가 및 삭제) 될 수 있습니다.

반포주공 2단지 재건축 아파트 신축공사

■ 62평형 (T-2 TYPE) 확장형 단위세대

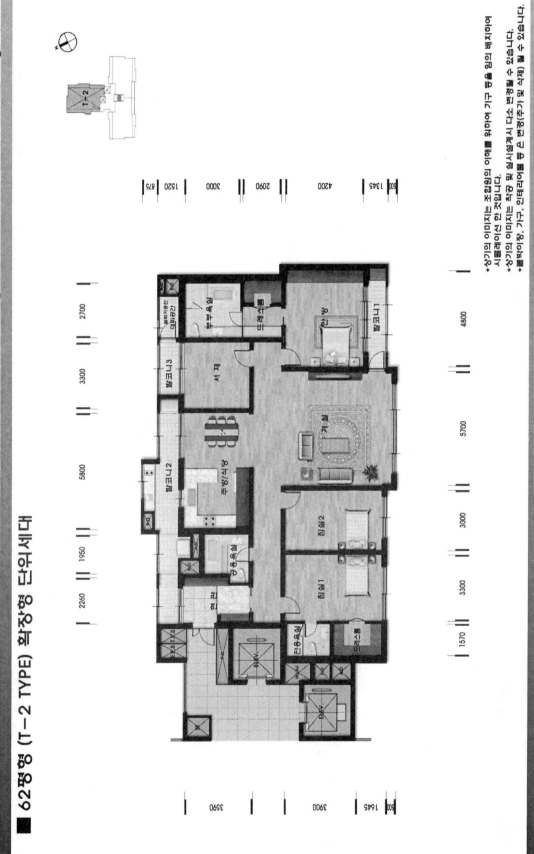

*상기의 이미지는 조합원의 이해를 위하여 이해를 위하여 기구 등을 임의 배치하여 시뮬레이션 한 것입니다.

*상기의 이미지는 착공 및 실시설계시 다소 변경될 수 있습니다.

*붙박이장, 가구, 인테리어물 등 은 변경(추가 및 삭제) 될 수 있습니다.

반포주공 2 단지 재건축 아파트 신축공사

■ 81평형 (T-1 TYPE) 확장형 단위세대

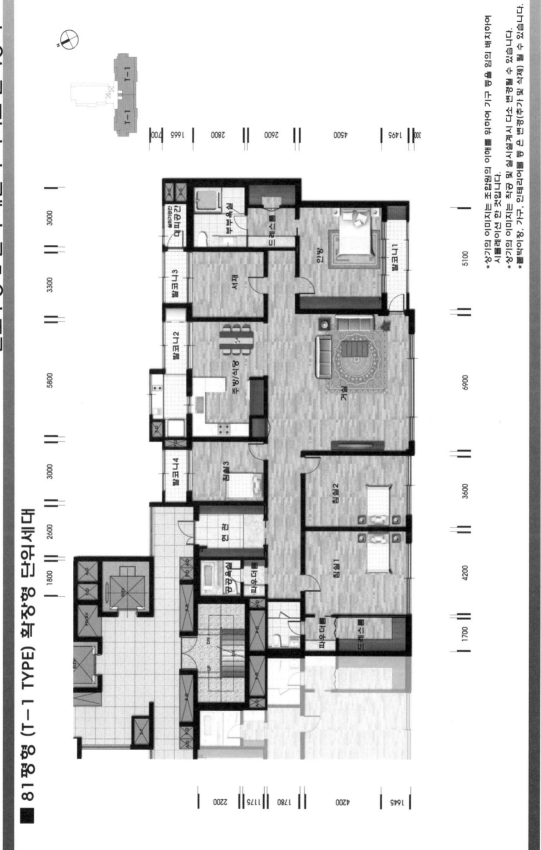

* 상기의 이미지는 조합원의 이해를 위하여 가구 등을 임의 배치하여 시뮬레이션 한 것입니다.
* 상기의 이미지는 착공 및 실시설계시 다소 변경될 수 있습니다.
* 붙박이장, 가구, 인테리어를 등은 변경(추가 및 삭제) 될 수 있습니다.

■ 신축아파트 동별 주택형 및 호수 구성도(총 28개동 중 5개동 첨부)

101동

84L1	84L2	84L1
	2802	2801
	2702	2701
	2602	2601
2503	2502	2501
2403	2402	2401
2303	2302	2301
2203	2202	2201
2103	2102	2101
2003	2002	2001
1903	1902	1901
1803	1802	1801
1703	1702	1701
1603	1602	1601
1503	1502	1501
1403	1402	1401
1303	1302	1301
1203	1202	1201
1103	1102	1101
1003	1002	1001
903	902	901
803	802	801
703	702	701
603	602	601
503	502	501
403	402	401
303	302	301
203	202	✕
103	102	✕

101동 / 84㎡형 / 91세대

102동

84L1	84L1	84L1
		3101
		3001
		2901
2803	2802	2801
2703	2702	2701
2603	2602	2601
2503	2502	2501
2403	2402	2401
2303	2302	2301
2203	2202	2201
2103	2102	2101
2003	2002	2001
1903	1902	1901
1803	1802	1801
1703	1702	1701
1603	1602	1601
1503	1502	1501
1403	1402	1401
1303	1302	1301
1203	1202	1201
1103	1102	1101
1003	1002	1001
903	902	901
803	802	801
703	702	701
603	602	601
503	502	501
403	402	401
303	302	301
203	202	✕
103	102	✕

102동 / 84㎡형 / 85세대

103동

84T2	84T	84T1	84T2
2604	2003	2602	2601
2504	2003	2502	2501
2404	2003	2402	2401
2304	2003	2302	2301
2204	2003	2202	2201
2104	2003	2102	2101
2004	2003	2002	2001
1904	1003	1902	1901
1804	1003	1802	1801
1704	1003	1702	1701
1604	1003	1602	1601
1504	1003	1502	1501
1404	1003	1402	1401
1304	1003	1302	1301
1204	1003	1202	1201
1104	1003	1102	1101
1004	1003	1002	1001
904	103	902	901
804	103	802	801
704	103	702	701
604	103	602	601
504	103	502	501
404	103	402	401
304	103	302	301
204	103	✕	201
104	103	✕	101

103동 / 59㎡형 / 102세대

123동

2603	2602	2601
2503	2502	2501
2403	2402	2401
2303	2302	2301
2203	2202	2201
2103	2102	2101
2003	2002	2001
1903	1902	1901
1803	1802	1801
1703	1702	1701
1603	1602	1601
1503	1502	1501
1403	1402	1401
1303	1302	1301
1203	1202	1201
1103	1102	1101
1003	1002	1001
903	902	901
803	802	801
703	702	701
603	602	601
503	502	501
403	402	401
303	302	301
203	202	✕
103	102	✕
222T1	222T1	189T1

124동

		2801
		2701
		2601
2503	2002	2501
2403	2002	2401
2303	2002	2301
2203	2002	2201
2103	2002	2101
2003	1002	2001
1903	1002	1901
1803	1002	1801
1703	1002	1701
1603	1002	1601
1503	1002	1501
1403	1002	1401
1303	1002	1301
1203	1002	1201
1103	1002	1101
1003	1002	1001
903	302	901
803	302	801
703	302	701
603	302	601
503	302	501
403	302	401
303	302	301
203	202	✕
103	102	✕
189T1	189T1	222T1

123동		124동	
189m²형	222m²형	189m²형	222m²형
24세대	52세대	50세대	26세대

범례

주택형	세대수	범위표시
222m²형	182	
198m²형	224	
169m²형	231	
135m²형	210	
115m²형	130	
84m²형	955	
59m²형	512	
합계	2.444	-
필로티부분		✕

주) 실무에서는 구성도를 위의 스케일 대비 약50%로 하고, A3 사이즈의 용지를 사용한다.

신축아파트 세대별 조합원분양가

(총 28개동 중 3개동 첨부)

101동

세대수	총	79 세대
	L1	51 세대
	L2	28 세대

(단위 : 천원)

84.9m²형(34평형) L1		84.9m²형(34평형) L2		84.9m²형(34평형) L1	
호	분양금액	호	분양금액	호	분양금액
		2802호	1,366,700	28101호	1,355,500
		2702호	1,353,300	2701호	1,342,100
		2602호	1,353,300	2601호	1,342,100
2503호	1,323,100	2502호	1,353,300	2501호	1,341,000
2403호	1,318,900	2402호	1,353,300	2401호	1,341,000
2303호	1,322,400	2302호	1,353,300	2301호	1,341,000
2203호	1,321,300	2202호	1,350.800	2201호	1,341,000
2103호	1,320,800	2102호	1,350,200	2101호	1,341,000
2003호	1,320,800	2002호	1,350,200	2001호	1,340,000
1903호	1,320.800	1902호	1,349,500	1901호	1,339,800
1803호	1,320,800	1802호	1,347,700	1801호	1,339,800
1703호	1,320,800	1702호	1,347,100	1701호	1,338,000
1603호	1,318.300	1602호	1,345,400	1601호	1,338,000
1503호	1,315,000	1502호	1,319,700	1501호	1,333,000
1403호	1,308,100	1402호	1,319,000	1401호	1,329,600
1303호	1,303,100	1302호	1,318,000	1301호	1,326,000
1203호	1,299,200	1202호	1,313,600	1201호	1,323,000
1103호	1,291,800	1102호	1,313,400	1101호	1,314,600
1003호	1,288,600	1002호	1,313,200	1001호	1,311,300
903호	1,281,300	902호	1,313,000	901호	1,304,700
803호	1,275,300	802호	1,311,400	801호	1,298,000
703호	1,269,800	702호	1,304,700	701호	1,289,000
603호	1,263,100	602호	1,291,500	601호	1,283,000
503호	1,257,600	502호	1,275,800	501호	1,276,000
403호	1,247,600	402호	1,274,800	401호	1,263,900
303호	1,192,900	302호	1.263,000	301호	1,252,200
203호	1,138,200	202호	1,208,300		
103호	1,083,500	102호	1,153,600		

115동

주택형	135.92m²(52평)형		117.12m²(44평)형	
세대수	T1	29세대	T2	25세대
	T1	29세대		

(단위 : 천원)

135.92m²(62평)형 /T1 타입		135.92m²(72평)형 /T1 타입		117.12m²(44평)형/ T2 타입	
호	분양금액	호	분양금액	호	분양금액
2903호	1,970,100	2903호	1,984,500		
2803호	1,972,000	2803호	1,989,500		
2703호	1,968,100	2703호	1,985,500	2701호	1,626,800
2603호	1,964,300	2603호	1,978,800	2601호	1,630,300
2503호	1,960,300	2502호	1,973,900	2501호	1,628,400
2403호	1,959,400	2402호	1,970,100	2401호	1,626,800
2303호	1,956,500	2302호	1,967,200	2301호	1,626,700
2203호	1,954,500	2202호	1,966,200	2201호	1,623,900
2103호	1,954,500	2102호	1,962,247	2101호	1,621,200
2003호	1,952,600	2002호	1,957,400	2001호	1,618,400
1903호	1,950,700	1902호	1,954,500	1901호	1,616,600
1803호	1,948,700	1802호	1,952,600	1801호	1,615,700
1703호	1,946,800	1702호	1,952,600	1701호	1,614,700
1603호	1,944,800	1602호	1,949,700	1601호	1.613,800
1503호	1,939,000	1502호	1,943,800	1501호	1,608,800
1403호	1,934,000	1402호	1,937,900	1401호	1,604,800
1303호	1,929,200	1302호	1,932,100	1301호	1,600,600
1203호	1,921,400	1202호	1,925,300	1201호	1,596,600
1103호	1,910,700	1102호	1,914,600	1101호	1,592,500
1003호	1,904,800	1002호	1,907,800	1001호	1,582,800
903호	1,896,100	902호	1,898,000	901호	1,574,800
803호	1,885,400	802호	1,888,300	801호	1,567,800
703호	1,872,800	702호	1,878,600	701호	1,567,700
603호	1,863,100	602호	1,868,900	601호	1,551,000
503호	1,851,400	502호	1,859,100	501호	1,542,200
403호	1,838,900	402호	1,846,600	401호	1,530,300
303호	1,826,200	302호	1,833,000	301호	1,518,600
203호	1,809,700	202호	1,814,500		
103호	1,769,900	102호	1,770,800		

124동

주택형	199.00m²(72평)형		223.07m²(81평)형	
세대수	T1	25세대	T2	26세대
	T1	25세대		

(단위 : 천원)

199.00m²(72평)형 /T1 타입		199.00m²(72평)형 /T1 타입		223.07m²(81평)형/ T2 타입	
호	분양금액	호	분양금액	호	분양금액
				2801호	3,167,800
				2701호	3,184,000
				2601호	3,184,000
2503호	2,786,400	2502호	2,794,000	2501호	3,183,300
2403호	2,797,700	2402호	2,806,600	2401호	3,183,300
2303호	2,795,400	2302호	2,805,700	2301호	3,183,300
2203호	2,792,000	2202호	2,805,700	2201호	3,177,300
2103호	2,788,700	2102호	2,804,700	2101호	3,168,800
2003호	2,787,700	2002호	2,804,700	2001호	3,167,800
1903호	2,786,400	1902호	2,804,700	1901호	3,167,800
1803호	2,786,400	1802호	2,803,800	1801호	3,166,300
1703호	2,786,400	1702호	2,802,300	1701호	3,166,300
1603호	2,785,400	1602호	2,802,300	1601호	3,166,300
1503호	2,785,400	1502호	2,795,500	1501호	3,158,500
1403호	2,778,500	1402호	2,788,500	1401호	3,150.700
1303호	2,771,600	1302호	2,780,700	1301호	3,140,300
1203호	2,763,700	1202호	2,772,400	1201호	3,132,500
1103호	2,754,500	1102호	2,765,500	1101호	3,116,000
1003호	2,747,600	1002호	2,750,900	1001호	3,108,100
903호	2,733,900	902호	2,737,200	901호	3,090,000
803호	2,719,400	802호	2,721,300	801호	3,075,200
703호	2,704,300	702호	2,706,600	701호	3,059,000
603호	2,689,700	602호	2,691,600	601호	3,042,600
503호	2,676,000	502호	2,677,000	501호	3,027,000
403호	2,661,400	402호	2,655,600	401호	3,001,300
303호	2,639,600	302호	2,632,900	301호	2,976,000
203호	2,596,000	202호	2,602,300		
103호	2,528,100	102호	2,537,500		

제3장
조합원 선택사양

조합원 선택사양 관련 안내문

조합원 여러분 안녕하십니까? 조합장 ㅇㅇㅇ 입니다.

당 조합에서는 금년 0월 00일로 예정되어있는 '조합원 분양계약 행사'를 시행하기에 앞서 **'발코니확장' 및 '천정매립형 시스템에어컨 설치'**에 관한 사항을 안내해 드리고자 합니다.

모든 조합원은 조합원별 가족구성원이나 취향, 직업 등에 따라 각 세대 내의 인테리어에 대한 구성요구가 서로 다를 뿐만 아니라, 우리의 재건축사업이 착수된 직후에는 공사 중에 발코니확장이 가능하도록 관계 법령이 개정되었고, 종전에는 입주 후 각 세대별로 벽체에 설치되던 기존의 에어컨과는 달리 아파트공사 중에 에어컨이 설치되어야 하는 새로운 방식의 천정매립형 시스템에어컨의 설치가 가능하도록 됨에 따라, 각 조합원별로 발코니의 확장 및 에어컨의 설치여부를 신청받기에 앞서 이에 관한 제반 사항을 안내하오니, 관련 내용을 숙지하신 후 해당 설비의 설치여부를 결정하는데 참고하시기 바랍니다.

1. 발코니 확장에 관한 사항

1) 주택형별 확장이 가능한 발코니

(1) 59m²형 및 84m²형의 경우

: 조합원 동·호수 배정 시 이미 배포해 드린 책자 **'신축아파트 세대별 분양가'**에 첨부되어 있는 '단위세대 평면도'의 **'안방 발코니'**를 제외한 **모든 발코니**를 확장할 수 있습니다. 안방 앞 발코니를 비확장으로 정한 이유는 이 발코니는 소방법에 의한 대피공간으로 설치되었으며 세탁물 건조장소로도 이용할 수 있도록 하기 위함입니다.

(2) 115m²형, 135m²형, 169m²형, 198m²형 및 222m²형의 경우

: 조합원 동·호수 배정 시 이미 배포해 드린 책자 **'신축아파트 세대별 분양가'**에 첨부되어 있는 '단위세대 평면도'의 **'거실, 침실1 및 침실2의 발코니'**만을 확장할 수 있습니다. 이와 같이 결정한 이유는 전면에 위치한 안방발코니는 세탁물 건조장소로 이용할 수 있도록 하기 위함이고 후면의 침실은 인접세대와의 프라이버시 문제와 북측에 위치함에 따른 침실의 겨울철 단열문제 등을 고려하여 비확장으로 결정한 것입니다.

2) 주택형별 발코니확장의 종류 및 확장신청 시 참고사항

(1) 59m²형 및 84m²형의 경우

① 발코니 확장의 종류

　가. 거실, 침실1, 침실2 및 주방 발코니 확장(4개소 확장)

　나. 거실, 침실1, 침실2 발코니 확장(3개소 확장)

② 참고사항

　주방 발코니를 각 조합원의 취향에 따라 확장여부를 선택할 수 있도록 한 이유는 우리나라의 음식문화(악취 등)를 감안하여 확장여부를 선택할 수 있도록 하였습니다. 따라서 주방발코니 확장은 장점과 단점이 동시에 있을 수 있으므로 충분한 검토가 필요합니다. 다만, 132m²형대 이하의 아파트에서는 공간의 크기 및 고성능의 주방후드가 설치되는 것을 감안하여 많은 세대에서 확장을 신청할 것으로 예상됩니다.

(2) 115m²형, 135m²형, 169m²형, 198m²형 및 222m²형의 경우

① 발코니확장의 종류

　가. 거실, 침실1, 침실2 및 주방 발코니 확장(4개소 확장)

　나. 거실, 침실1, 침실2 발코니 확장(3개소 확장)

② 참고사항

　거실 발코니를 각 조합원의 취향에 따라 확장여부를 선택할 수 있도록 한 이유는 각 세대의 취향(화훼공간 설치여부 등)과 주상복합 아파트에서 문제점으로 인식되고 있는 하절기 우천 시의 환기문제(**우천 시에 환기를 위해서는 발코니가 있어야 창의 개폐가 가능하다**)를 감안하여 확장여부를 선택할 수 있도록 하였습니다.

　따라서 거실발코니 확장은 장점과 단점이 동시에 있을 수 있으므로 충분한 검토가 필요합니다. 다만, 132m²형대와 165m²형대 아파트에서는 거실공간의 크기를 감안하여 많은 세대에서 확장을 신청할 것으로 예상됩니다.

　198m²형대 이상의 아파트에서는 오직 입주자의 판단에 따라 확장여부를 결정하게 될 것이며, 다만, 보행자에 의해 프라이버시의 침해가 예상되는 저층부의 세대는 발코니 확장여부에 대하여 세밀한 검토가 필요할 것입니다.

2) 주택형별 발코니확장 공사금액

　발코니 확장 시의 주택형별, 타입별 및 부분별 소용금액은 아래와 같습니다.

　59m²형 및 84m²형의 부분 확장은 주방(식당)발코니를 제외한 경우이며, 115m²형 이상의 주택형 에서의 부분 확장은 거실발코니를 제외한 경우이며, 후면(북측)의 모든 발코니는 인접세대와의 프라이버시, 단열 등을 감안하여 발코니 확장을 원천적으로 금하였다.

　(그러나, 추후 주방(식당)의 사용상 편의성을 위해 주방발코니 확장을 허용하였다)

　아래의 금액은 단위평면도의 설계변경 등에 따라 공사금액이 다소 조정될 수 있습니다.

발코니 확장 공사금액

(단위 : 원), (부가세 포함)

주택형	공사비	전(全)실 확장 (59m²형, 84m²형 : 4실 확장) (115m²형 이상 : 4실 확장)	부분 확장 (59m²형, 84m²형 : 3실 확장) (115m²형 이상: 3실 확장)	비 고
59m²	T1	00,000,000	0,000,000	
	T2	00,000,000	0,000,000	
84m²	L1	00,000,000	00,000,000	
	L2	00,000,000	0,000,000	
	T1	00,000,000	0,000,000	
	T2	00,000,000	0,000,000	
	P	00,000,000	00,000,000	
115m²	T1	00,000,000	0,000,000	
	T2	0,000,000	0,000,000	
135m²	T1	00,000,000	0,000,000	
	T2	00,000,000	0,000,000	
169m²	T1	000,000,000	0,000,000	
	T2	000,000,000	0,000,000	
198m²	T1	000,000,000	0,000,000	
	T2	000,000,000	0,000,000	
222m²	T1	000,000,000	00,000,000	
	T2	000,000,000	00,000,000	

㈜ : 2012.11.5. 국토교통부에서 제정한 「발코니 등의 구조변경 절차 및 설치기준」은 지침서 하권의 첨부-8에 수록되어 있습니다.

2. 에어컨 설치에 관한 사항

1) 천정매립형 시스템에어컨의 개요

(1) 신축되는 아파트에 설치될 예정인 에어컨은 주로 주상복합아파트에 설치되는 천정매립형 시스템에어컨으로서 대단지의 아파트에서는 국내 최초로 설치되는 것입니다.

(2) 천정 매립형 시스템에어컨은 입주 후 각 세대별로 벽면에 설치되는 종전의 에어컨에 비해 설치비는 다소 증가될 수 있으나, 현재 천정 매립형 시스템에어컨의 설치가 일반화 되어있는 주상복합아파트를 미루어 예상하면 시스템에어컨을 설치할 경우 미설치하는 경우보다 해당 아파트의 재산가치 면에서 상당히 긍정적인 영향이 있을 것으로 예상 됩니다.

(3) 천정 매립형 시스템에어컨은 공정상 천장시공 전에 설치되므로 입주 후 추가로 설치 하는 경우에는 천장공사를 재시공해야하는 등 많은 추가비용의 소요가 예상됩니다.

(4) 천정 매립형 시스템에어컨에 설치되는 기계설비에 대한 개요는, **실외기는 실외기실에 1대가 설치되며, 실내기는 주방을 포함한 모든 실에 설치됩니다. 또한 실내기의 가동은 각 실별로 조종이 가능하며 리모컨으로도 작동할 수 있습니다.**

(5) 따라서 기존의 침실에 설치되는 벽걸이형과 거실에 설치되는 스텐드형 에어컨 대비, 실내공간의 활용도가 크게 높아지고 인테리어 측면에서도 많은 이점이 있습니다.
따라서 시스템에어컨은 순수 아파트에도 그 설치가 일반화 될 것으로 예상됩니다.

(6) 우리 조합의 일반분양 예정인 모든 주택형의 아파트는 천정 매립형 시스템에어컨을 설치하여 우리 아파트단지의 품격을 향상시키는데 이바지하고, 조합의 분양수입금 극대화에도 큰 도움이 될 수 있도록 할 예정입니다.

2) 주택형별 에어컨 실내기 설치대수 및 설치비 예상액

(단위 : 원), (부가세 별도)

주택형	설 치 비	실내기 설치장소(설치 대수)
59m²	00,000,000	안방, 침실1, 침실2, 주방, 거실에 각 1개소 (총 5대)
84m²	00,000,000	안방, 침실1, 침실2, 주방에 각 1개소/ 거실에 2개소 (총 6대)
115m²	00,000,000	안방, 침실1, 침실2, 주방, 서재에 각 1개소/ 거실에 2개소 (총 7대)
135m²	00,000,000	안방, 침실1, 침실2, 주방, 서재에 각 1개소/ 거실에 2개소 (총 8대)
169m²	00,000,000	안방, 침실1, 침실2, 주방, 서재에 각 1개소/ 거실에 3개소 (총 8 대)
198m²	00,000,000	안방, 침실1, 침실2, 주방, 서재, 사랑방에 각 1개소/ 거실에 3개소 (총 9대)
222m²	00,000,000	안방, 침실1, 침실2, 주방, 서재, 사랑방에 각 1개소/ 거실에 3개소 (총 9대)

3) 천정 매립형 시스템에어컨의 주요 기계사양

(1) 각 주택형별로 설치되는 **실내기**는 각 주택형별로 냉방부하를 계산하여 주택형별로 실내기의 용량(타입)을 결정한 후 2Kw, 3.3Kw 및 4Kw 중 택일하여 설치할 예정입니다.

(2) **실외기**는 59m²형과 84m²형은 5마력, 115m²형은 6마력, 135m²형과 169m²형은 8마력용량을 설치하고, 198m²형과 222m²형은 10마력용량의 타입이 설치될 예정입니다.

(3) 무선리모컨은 각 실별로 최상급의 모델(취침예약기능 등 포함)이 지급될 예정입니다.

4) 천정 매립형 시스템에어컨의 설치를 신청하지 않은 조합원

(1) 천정 매립형 시스템에어컨의 설치를 신청하지 않은 조합원은 시공사와의 계약조건에 따라 입주 후 거실에는 상치형(스텐드형), 각 침실(주방 제외)에는 벽걸이형의 일반형 에어컨을 설치할 수 있도록 파이프 등이 설치됩니다.

(2) 배관되는 장소(실)는 59m²형, 84m²형은 거실, 안방 및 침실1의 3개소이며,115m²형 이상의 주택형에서는 거실, 안방, 침실1, 침실2 및 서재의 5개소에 배관 됩니다.

3. 선택사양 공사비 납부조건

1) 납부일정

모든 선택사양의 공사비 납부조건은 아래와 같습니다.

구　　분	계약금	중도금	잔　금	비　고
납 부 시 기	아파트 계약 시	0000. 00. 00	입주 시	
납부금액(비율)	총액의 20%	총액의 10%	총액의 70%	

2) 납부계좌

납부은행	ㅇㅇ 은행	계좌번호	000000 - 00 - 000000
예 금 주	ㅇㅇ물산(주)	기　　타	입금자란에 배정된 동·호수 및 조합원 성명 기재

3) 기타 안내사항

모든 선택사양의 공사비는 **은행대출이 불가능** 합니다.

0000년 0월 00일

반포주공0단지 재건축정비사업조합

조 합 장　　　　0　　0　　0 (인)

제4장
금융지원기관 선정 및 조합원 중도금 대출

① 조합원이주 및 금융지원기관 선정

반 포 주 공 0 단 지 재 건 축 정 비 사 업 조 합

우(137-909)/서울시 서초구 반포동 00-0 /전화(02)533-0000, 3477-0000/ FAX3477-0000
http://www.banp0.com

문서번호 : 반포0 재건축 제0000 - 00호
시행일자 : 0000. 0. 00.
수   신 : 수신처 참조
제   목 : 조합원이주비 및 사업추진제경비 금융지원기관 선정을 위한 참여 요청

1. 귀 사의 무궁한 발전을 기원합니다.
2. 당 조합이 아래와 같이 시행하는 재건축정비사업에 소요되는 조합원 이주비 및
   사업추진제경비의 금융지원기관 선정과 관련하여 귀사의 참여를 요청합니다.

- 아   래 -

1) 사업개요

① 사 업 명 : 반포주공0단지 재건축정비사업
② 위   치 : 서울시 서초구 반포동 00-0번지 일대
③ 신축세대수 : 아파트 총 2,444세대 및 상가 2개동

2) 기존세대수

① 아 파 트 : 1,720세대 (◆18평형 - 1,230세대, ◆25평형 - 490세대)
② 상   가 : ◆ 2개동 (법적 조합원수 - 115세대)

3) 금융지원 항목

① 아파트 조합원 기본이주비
 : 기존 아파트의 주택형별 기본이주비로 기준금액을 조합이 확정하여 제시
② 아파트 조합원 추가이주비
 : 기존 아파트의 주택형별 대출한도 내에서 기본이주비를 제외한 지원가능
   상한금액을 각 주택형별로 금융기관이 제시

③ 상가 조합원 이주비 및 공사비
 : 상가 조합원 지원금은 현재 미확정된 상태이며, 최종 선정되는 금융기관에 제시 예정
④ 사업추진제경비
 : 조합의 토지매입비, 관리비 등 사업추진에 필요한 제반 자금
⑤ 기타
 : 사업설명회 시 제시 예정

4) **예상소요 자금** : 기본이주비(一金 이천칠백오십일억이천만원 내외) + 추가이주비
           + 사업추진제경비 + 기타

5) **선정예정 금융기관** : 2개 금융기관

6) **사업설명회**
① 일 시 : 0000년 0월 00일(화요일) 15:00
② 장 소 : 서울특별시 서초구 반포동 00-0
           반포주공0단지아파트 새마을회관 2층, 당 조합사무실
③ 전화번호 : (02)533-0000 / (02)3477-0000 [FAX. 02)3477-0000]
④ 사업설명회 참가 시 지참물 : 참석 직원의 회사신분증 및 주민등록증
⑤ 사업설명회에서 조합이 작성한 '금융지원 제안서' 배포

7) **금융지원 계획서 접수일정 등** : 사업설명회 시 제시 예정 (끝)

※ 사업설명회 참가 은행에 한하여 금융지원 계획서 제출자격이 부여됨

[수신처]

금융기관명	수 신 처	참 조
국민은행	개인영업2그룹 모바일세일즈팀	센트럴시티점
기업은행	개인마케팅부 제안영업실	반포지점
농협중앙회	투자금융실	논현동지점
신한은행	개인영업부	반포남지점
우리은행	우리은행장	반포센트럴시티점
제일은행	주택금융마케팅부	반포점
하나은행	론스타 가계영업추진본부	반포중앙지점

반포주공0단지 재건축정비사업조합
조 합 장 0 0 0

금융지원기관 선정을 위한

금 융 지 원 제 안 서

0000년 0월

반포주공0단지 재건축정비사업조합

◈ 목 차 ◈

Ⅰ. 사업개요

1. 시행자

① 명　　　　　칭 : 반포주공0단지 재건축정비사업조합

② 대표자 성명 : 0　　0　　　0

③ 법인등록번호 : 110271 - 0000000

④ 주　　　　소 : 서울특별시 서초구 반포동 00-0. 반포주공0단지

　　　　　　　　　 (전화) 02)533-0000 /02)3477-0000

　　　　　　　　　 (FAX.) 02)3477-0000

2. 시공자 : (주) 00건설

3. 사업추진방식 : 도급제

4. 사업추진계획

1) 건축시설

① 대지면적　 : 139,148.5m²(42,092.5평)

② 건축면적　 : 18,752.55m²(5,672.6평)

③ 건축연면적 : 557,840.73m²(168,746.82평)

④ 층　　　수 : 지하 3층 ~지상 32층

⑤ 주 용 도 : 공동주택, 부대시설·복리시설, 근린생활시설(주구중심 #1 및 #2)

2) 주택 규모별 신축세대수 : 총세대수 : 2,444세대

① 59m²형　 : 489세대　　② 84m²형 : 978세대　　③ 115m²형 : 130세대

④ 135m²형 : 210세대　　⑤ 169m²형 : 231세대　　⑥ 198m²형 : 224세대

⑦ 222m²형 : 182세대

3) 사업추진일정

① 공 사 기 간 : 착공일로부터 38개월(예정)

② 입주예정일　 : 0000년 0월

③ 사업추진일정 : 첨부 사업추진일정표 참조

※ 상기 사업추진계획은 발주자의 사정으로 일부 변경될 수 있습니다.

Ⅱ. 일 반 사 항

1. 사 업 명 : 반포주공0단지 재건축정비사업

2. 사업장위치 : 서초구 반포동 00-0번지 일대

3. 기존세대수 : 총 1,835세대

- ▶ 아파트 : 1,720세대
  - 18평형 − 1,230세대
  - 25평형 − 490세대
- ▶ 상 가 : 115세대
  - ○○상가 − 113세대
  - ◇◇상가 − 02세대(23인 공유 지분)

4. 주요 금융지원 항목 : 재건축정비사업에 소요되는 조합원 이주비

(아파트 및 상가 조합원의 기본이주비와 추가이주비)

및 사업추진제경비 등

5. 주요 항목별 금융지원 예상금액

항 목		예 상 지 원 금 액	비 고
아파트조합원 이 주 비	기본이주비	一金이천칠백오십일억이천만원 (₩275,120,000,000)	1식
	추가이주비	(각 금융기관이 주택형별 상한액 제시)	1식
상가조합원 이주비 및 공사비		(조합이 추후 제시예정)	1식
지원요청 사업추진제경비		一金 사천억원(추산액) (₩400,000,000,000)	1식
예 상 총 금 액		一金칠천억원 내외 (₩700,000,000,000)	

1) 아파트 조합원의 이주비지원은 해당 조합원 각각의 토지를 담보로 제공하는 부동산(주택)담보대출 조건임

2) 아파트 조합원의 이주비 중 추가이주비는 주택형별 대출상한액에서 기본이주비를 제외한 지원 상한금액을 각 금융기관이 제시

3) 상가 조합원에 대한 이주비는 아파트 조합원의 제곱미터당 지원금에 준하여 추후 제시할 예정이며, 공사비의 조달방법이나 금액 등은 현재 미결정 상태임

4) 지원 요청하는 사업추신세경비는 사업시행인가신청 시 산정한 총 소요추산액 중 발주자가 추산한 금액으로 **당 정비사업 시공자와의 본계약에 따라 취소되거니 관리처분계획 인가 시 변경될 수 있음.** [첨부된 자금계획서(추산액) 참조]

5) 기타 사항은 아래의 'Ⅲ. 금융지원 계획서 작성기준' 참조

6. 금융지원기관 선정 일정 등

1) 금융지원 계획서 접수
① 접수기간 : 0000년 00월 00일(월요일)10:00 ~ 17:00까지(01일간)
② 제출서류 : 금융지원 계획서(금융지원 내역 / 실적현황 / 이행각서),
　　　　　　 금융지원업무 협약서(안), 기타 조합 요구사항 등
③ 제 출 처 : 발주자 사무실

2) 서류심사 (제1차 선정)
① '발주자'의 이사회에서 서류심사 후, 3개 내지 4개 금융기관을 선정하여 개별통지
　 할 예정임(제1차 선정)
② 통지예정일 : '입찰신청서' 접수 마감일 후 07일 내외
③ 제1차 선정된 입찰자에 한하여 우선협상대상자 선정을 위한 설명회에 참가할
　 자격이 부여됨
④ 심사 항목 중 주요 평가사항
　가. 금융지원 금액의 항목별 이자율
　나. '발주자'가 제시하는 조건에 대한 수용여부
　다. 각 '입찰자'가 추가로 제시하는 제반 조건
　라. 금융지원 업무협약서(안)의 제반 조건
　마. 사업추진제경비의 지원 한도 금액 및 지원 조건
　바. 금융지원기관의 신용도, 이용의 편리성 등
　사. 기타

3) 우선(1순위)협상대상자의 선정
　: 우선협상대상자 선정을 위한 설명회 일자 등은 서류심사 후 개별통지 예정

7. 최종 선정 금융지원기관의 지위
　: '발주자'의 금융지원기관으로 최종 선정되는 자는 '발주자'가 시행 예정인 주택
　 재건축정비사업에 필요한 자금의 지원 및 수납 등을 관리하는 주된 금융기관의
　 지위를 가진다.

Ⅲ. 금융지원 계획서 작성기준

1. 항목별 지원금액

1) 조합원 이주비

(1) 아파트 조합원 기본이주비

- 조합이 요구하는 지원금액
- 조합이 우선 이자부담 / 조합원의 토지(건축물) 담보제공
  - ▶ 18평형 소유 조합원 : 一金 일억사천사백만원(₩144,000,000)/세대
  - ▶ 25평형 소유 조합원 : 一金 이억원(₩200,000,000)/세대

(2) 아파트 조합원 추가이주비 상한액

- 기본이주비를 제외한 주택형별 지원 상한액
- 조합원 본인이 매월 이자 부담 / 조합원의 토지(건축물) 담보제공
  - ▶ 18평형 소유 조합원 : 금융지원기관이 각 세대 당 지원 상한액 제시
  - ▶ 25평형 소유 조합원 : 금융지원기관이 각 세대 당 지원 상한액 제시

(3) 상가 조합원 이주비 및 공사비

- 상가 조합원의 결정에 따라 최종 선정된 금융지원기관에 추후 제시 예정
- 이주비 및 공사비에 대한 이자율은 아파트 조합원의 이주비에 대한 이율에 준한다.

(4) 사업추진제경비

- 조합이 예정하는 지원요구 사업추진제경비 추산액
  : 一金사천억원(₩400,000,000,000)
- 사업추진제경비는 사업계획인가 신청 시 산정한 추산액이며, 당 재건축사업의 시공자와의 공사도급 계약내용에 따라 취소될 수 있으며, 관리처분계획의 인가 시 지원시기 및 금액이 최종 확정되거나 조정된다.
  [첨부 자금계획서(추산액) 참조]
- 금융지원에 대한 부대조건이 있을 시 금융지원 계획서에 명시하여 제시 할 것

2) 지원금 이자율

- 이자율은 "3개월CD금리" 및 "고정금리"를 각각 제시하고 소수점이하 4자리까지 표기할 것
- 대출기간은 4년을 기준으로 하되 실 입주일(보존등기 완료일)까지로 한다.
- 기본이주비 및 추가이주비에 대한 각각의 이자율 제시
- 기본이주비 및 추가이주비를 동일이자율로 하는 경우의 이자율 제시
- 사업추진제경비 및 중도금의 이자율 제시
  : 당 재건축사업 시공자 연대보증에 관한 "협약서" 체결을 전제로 제시할 것

3) 지원금 대출기한

- 아파트 조합원 이주비의 대출만기일은 각 조합원의 입주예정일(0000년 0월경)을 원칙으로 하며, 보존등기일까지 연장할 수 있다.
- '발주자'가 시공자와 공사도급계약의 해지 및 해약 등 특별한 경우가 발생한 경우 '발주자'와 '금융지원기관'이 별도 협의하여 지원금 회수일을 결정한다.
- 사업추진제경비의 대출 만기일은 '발주자'의 일반분양 완료일이나 입주 완료일로 한다.

4) 지원금 상환방법

- 기본이주비 및 추가이주비는 아파트 조합원 입주 시 현금상환을 원칙으로 하며, 원하는 조합원에 한하여 장기대출로의 전환 가능여부 제시
  (작성 예) : **"만기 현금상환"** 혹은 **"장기 담보대출 전환가능"**
- 이주비의 중도상환 수수료는 없는 것으로 한다. (미적용)
- 사업추진제경비의 상환은 당 조합이 상환능력에 도달하는 날(일반분양 완료일이나 입주완료일 등) 현금상환을 원칙으로 한다.
- '발주자'가 상환능력에 도달하여 중도상환 할 경우 대출 시의 동일한 이율로 상환 할 수 있다. (**중도상환 수수료 없음**)

5) 이주비 대출에 대한 근저당 설정 주체 및 비용부담

- 이주비대출 근저당설정에 소요되는 모든 비용은 해당 금융기관이 부담한다.
- 금융지원을 위한 담보설정업무 담당자 선정은 '발주자'가 기 선정한 2개의 법무사 사무소와 해당 금융기관이 협의하여 결정하고, 법무용역비는 각 금융기관과 해당 법무사가 합의한 금액으로 하며 해당 금융지원기관이 지급한다.

6) 이자납입의 유예

- '발주자'가 기본이주비 및 사업추진제경비의 금융비용을 지급하기 위하여 사업경비의 명목으로 지원을 요청할 수 있으며, '발주자'의 요청이 있을 시 최종 선정된 금융지원기관은 이에 응하여야 한다.
  불가능할 경우에는 계획서 제출 시 **"기타사항"** 난에 명기하여 제시할 것
- 예상되는 지원요청금액은 이주비 및 사업추진제경비의 약 **6개월분**에서 발생되는 금융비용으로 추산됨

7) 이주비의 선지원

- 금융지원기관이 선정된 날로부터 조합이 정하는 이주개시일 이전에 선 이주하는 조합원에게는 선이주일부터 기 계약된 이주비지원 조건과 동일한 조건으로 이주비를 선지원 할 수 있는지의 여부 제시(**가능/불가능**)
- 선 지급되는 기간의 이자는 지원받는 해당 조합원이 매월 개별납부 조건임

8) 조합원 신축아파트에 대한 계약금 및 중도금 대출

- 금융지원기관 선정일 현재, 조합원분양 및 일반분양 계획은 '주택공급에관한규칙'에 준하여 분양할 예정이며, 조합원 분양은 분양계약 시 계약금 10%, 중도금은 공사기간(35개월)을 6회 균등분할 하여 매회 10%, 잔금은 해당 조합원 입주일에 20%로 분할하여 납부하도록 할 예정임

9) 대출실적

- 최근 10년 이내의 재건축 및 재개발사업의 현장별 대출금 총액이 500억원 이상의 대출실적을 기술할 것

10) 기존 대출금에 대한 처리(이주비 대출 관련)

- 당 조합원의 기존 대출금에 대한 처리방안을 제시할 것
  타 금융기관의 기존 대출금 및 동일한 은행에서의 기존 대출금에 대한 처리 방안을 각각 제시할 것
- 기존대출금이 신규대출금 상한액을 초과하는 경우 및 미초과하는 경우를 각각 제시할 것
- 타 금융기관의 기존대출금을 중도해지 않고 추가되는 대출금을 2순위로 담보 설정할 수 있는 지의 여부를 제시할 것

11) 대출금의 지급

대출금은 차주(조합원)에 직접 지급하는 것을 원칙으로 한다.

12) 채권보전

조합원의 대지 및 건축물에 대하여 1순위 근저당권설정을 원칙으로 한다.

13) 기타 사항

- '금융지원 계획서 작성기준' 외에 각 금융기관이 별도로 제시하는 조건이 있을 시 제안내역의 "기타 사항" 난에 명기하여 제시할 것
- '발주자'는 '금융지원 계획서 작성기준' 외에 추가조건이 발생되는 경우 추가하여 조건을 제시할 수 있다.

2. 최종 선정 금융지원기관

1) 최종 선정되는 금융지원기관의 수는 2개 금융기관으로 한다.

2) 우선(1순위)협상대상자의 제안내용에 대하여 '발주자'와의 협의과정에서 합의가 이루어지지 않을 경우 차순위 금융기관을 우선협상대상자로 선정할 수 있다.

3) 2개의 금융기관을 선정하기 위하여 차순위 협상대상자의 제안조건이 제1차로 선정된 금융기관과 동일조건으로 조정될 필요가 있는 경우, 차순위 협상대상자는 '발주자'의 조정요구에 적극 협조하기로 한다. 이때, 차순위 협상대상자와 조정이 이루어지지 않을 경우 다음 순위의 협상대상자와의 조정을 거쳐 제2의 최종 금융지원기관으로 선정 할 수 있으며, 이에 관하여 해당 금융기관은 일체의 이의를 제기하지 않기로 한다.

3. 입찰신청서 제출

1) 일   시 : 0000. 00. 00.(월요일) 10 : 00부터 17 : 00 까지(01일간)

2) 장   소 : 서울시 서초구 반포동 00-0, 새마을회관 2층
　　　　　　반포주공0단지 재건축정비사업조합 사무실

3) 제출서류 :

   ① 금융기관의 법적지위에 관한 서류

      가. 지배인사용인감계 : 1부

      나. 법인인감증명서　 : 1부

      다. **법인등기사항전부증명서**　 : 1부

   ② 금융지원 계획서(당 조합 소정양식) : 1부

   ③ 대출계약 시 사용될 협약서(안)　 : 3부

   ④ 기타 필요서류

4) **제출방법** : 우편접수는 불가하며 '발주자'에 직접 접수만이 유효하다.

4. 기 타

1) 기 제출된 모든 서류는 일체 반환하지 않기로 한다.

2) '발주자'에 기 제출된 '금융지원 계획서'에 대해서는 '발주자'의 확인사항 이외에 삭제, 추가, 수정 등 일체의 내용 변경을 할 수 없다.

3) 당 주택재건축사업에 참여를 신청한 모든 금융기관은 이상과 같은 금융지원기관 선정방법에 전적으로 동의한 것으로 간주되며, 관계 법령 등의 규정에도 불구하고 민·형사상의 소 제기 등 일체의 이의제기를 하지 않기로 한다.

4) 용어의 정의

본 **'금융지원 제안서'**에서 사용되는 용어의 정의는 아래 각 호와 같다.

① **'발주자'**라 함은 해당 반포주공0단지아파트 재건축사업을 추진하는 반포주공0단지 재건축정비사업조합을 말한다.

② **'금융지원 계획서'**라 함은 본 '금융지원 제안서'를 바탕으로 당 조합이 작성한 소정양식에 따라 '입찰자'가 금융지원 조건을 작성한 내역서를 말한다.

③ '입찰자'라 함은 본 '금융지원 제안서'에 제시된 자격조건을 갖추고, 금융지원기관 선정과정에 참여하기 위하여 '입찰신청서'를 제출한 자를 말한다.

④ **'입찰신청서'**라 함은 입찰자가 입찰에 참여하기 위하여 '금융지원 계획서'를 작성한 후 조합이 요구하는 서류를 첨부하여 '발주자'에게 제출한 **모든 서류**를 말한다.

IV. 금융지원기관 선정절차

1. 시중 우량 금융기관을 대상으로 금융지원기관 선정에 관한 공문 발송

2. 금융지원기관 선정에 관한 설명회 개최
- 장 소 : 서울시 서초구 반포동 00-0번지,
  반포주공0단지 새마을회관 2층, 당 조합사무실 (우) 137-766
  [TEL. 02)533-0000 / 02)3477-0000][FAX.02)3477-0000]
- 금융지원 계획서 작성기준 및 참고자료 배부

3. 입찰신청서 접수

4. 각 금융기관이 제출한 입찰신청서의 내역 확인
- 문서(FAX. 포함)로 각 입찰신청서 내역 확인

5. 금융지원 계획서 비교표 작성
- 선정업무의 공정성을 기하기 위하여 비교표 작성 전까지 금융기관별 금융지원 계획서는 비공개로 한다.
- 비교표 작성 후에도 이사회에 상정하기 전까지는 금융기관별 금융지원 계획서 및 금융지원 비교표는 비공개로 한다.
- 비교표 작성순서는 대출금리 순으로 배열(추가 상세방안은 조합이 결정) 한다.

6. 조합 이사회에 상정(제1차 선정)
- 금융지원 계획서 접수 후, 비교표를 작성하여 이사회에 상정한다.
- 서류심사를 거쳐 3개 내지 4개 기관을 제1차 선정 후 개별통지 한다.

7. 조합 대의원회에 상정(최종선정)
- 이사회에서 서류심사를 통과한 금융기관을 대상으로 하여 비교표를 작성한 후, 우선(1순위)협상대상자 선정을 위하여 대의원회에 상정한다.
- 조합의 제안 설명 및 대의원의 의견개진
- 각 금융기관의 제안 설명

: 각 금융기관별로 약15분씩 브리핑시간 부여

(형평 유지 및 시간절약을 위해 슬라이드 사용금지/ 인쇄물 및 차트만을 허용)

- 각 금융기관별 설명 후 각사의 설명 자료에 대한 대의원 의견개진(10분 이내)
- 부작용을 고려하여 각 금융기관의 제안 설명 및 대의원 의견개진 시 특정 은행에 대한 유·불리한 질의나 발언금지

8. 투표실시 및 우선(1순위)협상대상자 선정(2개 기관 선정 시)

- 금융지원기관 관계자 퇴장 후 대의원 비밀투표실시
- 제1차 투표에서 참석인원의 과반수 득표기관을 우선(1순위)협상대상자로 선정.
- 제1차 투표결과 과반수의 득표자가 없는 경우 제1차 투표의 득표 상위 2개 기관을 선정하여 제2차 투표를 실시한 후 최다득표자를 우선(1순위)협상대상자로 선정
- 최다득표 금융기관을 우선(1순위)협상대상자로 선정하고, 제2차 및 제1차 투표의 득표순위에 따라 차순위 협상대상자의 순위 결정

9. 금융지원기관의 최종선정

- 우선(1순위)협상대상자와 대출협약에 대한 제반 조건을 협의 및 확인하여 최종선정 금융기관 중 제1의 최종 금융지원기관으로의 선정여부 결정
- 차순위 협상대상자와 제1차로 최종 선정된 금융기관과의 제반 대출조건을 일치시키기 위한 협의 후 제2의 최종 금융지원기관 선정

10. 금융지원 업무협약의 체결

- '발주자'의 금융지원기관으로 최종 선정된 금융기관은 최종선정 후 15일 이내에 '금융지원 업무협약'을 체결하여야 한다. 이 기간 내에 협약의 체결에 응하지 않을 경우에는 발주자의 대의원회에서 차순위로 득표한 금융기관과 협약을 체결하여도 해당 금융기관은 이의를 제기할 수 없다.
- 대출협약의 체결은 각 금융기관이 금융지원 계획서 제출 시 '발주자'에 함께 제출한 협약서(안)를 기준으로 하며, '금융지원 업무협약' 체결 시 이를 위반하는 경우에는 최종선정자의 지위를 자동 상실한다.

11. 기타사항

- '금융지원 제안서'에 명시되지 아니한 기타 사항에 대하여는 발주자가 정하는 바에 의한다.

[첨부-1] : 금융지원기관 선정 일정표

1. 1월 10일(월요일)
   : 시중 금융기관에 금융지원기관 선정에 관한 공문발송

2. 1월 14일(금요일)
   : 사업설명회 개최 - '금융지원 제안서' 배포

3. (금융기관의 사업내용 검토)
   : 검토소요 예상기간 : 07일

4. 1월 21일(금요일)~22일(토요일)
   : '금융지원 계획서' 접수(검토기간 : 07일 예정)

5. 1월 25일(화요일)
   : 조합 이사회의 서류심사를 통하여 4개 금융기관을 제1차 선정

6. 1월 28일(금요일)
   : 조합 대의원회에서 우선협상대상자로 2개 금융기관 선정

7. 1월 31일(월요일)
   : 우선협상대상 금융기관과 계약조건 조정

8. 2월 03일(목요일)
   : 선정된 금융기관과 '금융지원 업무협약서' 체결

9. (2월 초부터 대출개시 예정)

[첨부-2] : 반포주공0단지 재건축정비사업비 총괄표

(단위 : 천원)

구 분			전 체	감리대상	감리제외	타법감리
총공사비	순공사비	토목공사	39,332,325	24,567,745	14,764,580	-
		건축공사	312,613,095	219,820,118	92,792,977	-
		기계설비공사	67,132,938	63,079,489	4,053,449	-
		전기공사	42,869,725	-	-	42,869,725
		정보통신공사	631,353	-	-	631,353
		소방설비공사	1,958,337	-	-	1,958.337
		소 계	464,537,773	307,467,353	111,611,006	45,459,415
	일반관리비		12,216,588	-	8,680,856	3,535,732
	이 윤		5,235,681	-	3,720,367	1,515,314
	소 계		481,990,042	307,467,353	124,012,228	50,510,461
간접비	설 계 비		3,632,773	-	3,637,773	-
	감 리 비		7,675,419	-	7,675,419	-
	일반분양시설경비		10,874,738	-	10,874,738	-
	분담금 및 부담금		13,574,411	-	13,578,411	-
	보 상 비		78,127,000	-	78,127,000	-
	기타사업비		81,958,702	-	81,953,702	-
	소 계		195,838,043	-	195,838,043	-
대 지 비			84,799,000	-	84,799,000	-
부가가치세액			27,762,518	-	27,762,518	-
총 사업비액			790,380,603	307,467,353	432,411,790	50,510,461

주 1 : 순공사비란 재료비, 노무비, 경비를 합한 금액임.

2 : 일반관리비와 이윤에 대한 정의 및 산정방법은 (원가계산에 의한 예정가격작성준칙(회계예규)'에 따름.

3 : 부가가치세액의 정의와 산정방법은 '부가가치세법'에 따른다.

4 : 간접비란 사업비 중 총공사비를 제외한 설계비, 감리비, 일반분양시설경비 등 사업비성 경비를 말하며 세부 비목은 다음과 같다.

▫ 일반분양시설경비 : 시공비, 운영비, 광고홍보비

▫ 분담금 및 부담금 : 인입분담금(가스, 전기, 수도, 지역난방), 진입도로, 학교용지확보 부담금

▫ 보상비 : 이주대책비, 이주 보상비

▫ 기타 사업비성 경비 : 제세공과금·측량·교통·환경영향평가 수수료, 취득세, 등록세, 건물보존등기비 및 입주관리비, 감정평가수수료, 분양·임대보증 및 하자보증수수료등 기타 사업비성 경비

▫ 대지비 : 대지구입비, 대지구입 관련 금융비용 및 제세공과금

구 분			전 체	감리대상	감리제외	타법감리
순공사비	토목공사 (13개공종)	토 공 사	12,787,970	12,787,970	–	–
		흙막이공사	7,982,586	7,982,586	–	–
		비탈면보호공사	–	–	–	–
		옹벽공사	–	–	–	–
		석축공사	–	–	–	–
		우·오수공사	2,222,914	2,222,914	–	–
		공동구공사	–	–	–	–
		지하저수조·급수공사	615,549	615,549	–	–
		도로포장공사	316,504	316,504	–	–
		교통안전시설물공사	–	–	–	–
		정화조공사	642,223	642,223	–	–
		조경공사	12,919,007	–	12,919,007	–
		부대시설공사	1,845,572	–	1,845,572	–
		소 계	39,332,325	24,567,745	14,764,580	–
	건축공사 (23개공종)	공통가설공사	16,025,613	–	16,025,613	–
		가스시설공사	4,108,598	–	4,108,598	–
		지정 및 기초공사	8,011,855	8,011,855	–	–
		철골공사	–	–	–	–
		철근콘크리트공사	112,302,415	112,302,415	–	–
		용접공사	–	–	–	–
		조적공사	8,830,087	8,830,087	–	–
		미장공사	17,573,239	17,573,239	–	–
		단열공사	조적공사에 포함	–	–	–
		방수·방습공사	7,466,367	7,466,367	–	–
		목 공 사	10,159,714	10,159,71	–	–
		가구공사	40,506,917	–	40,506,917	–
		금속공사	8,721,558	8,721,558	–	–
		지붕 및 홈통공사	금속공사에 포함	–	–	–
		창호공사	32,026,708	32,026,708	–	–
		유리공사	3,970,726	–	3,970,726	–
		타일공사	7,748,430	–	7,748,430	–
		돌 공 사	–	–	–	–
		도장공사	5,266,726	–	5,266,726	–
		도배공사	13,787,242	–	13,787,242	–
		수장공사	12,853,061	12,853,061	–	–
		주방가구공사	가구공사에 포함	–	–	–
		잡 공 사	3,253,839	1,875,115	1,378,724	–
		소 계	312,613,095	219,820,118	92,792,977	–

순공사비	기계공사 (9개공종)	급수설비공사	14,233,950	14,233,950	−	−
		급탕설비공사	급수공사에 포함	−	−	−
		오배수공사 등	9,611,999	9,611,999	−	−
		위생기구공사	4,053,449	−	4,053,449	−
		승강기계공사	9,613,230	9,613,230	−	−
		난방설비공사	13,767,774	13,767,774	−	−
		가스설비공사	2,531,137	2,531,137	−	−
		자동제어설비공사	13,321,399	13,321,399	−	−
		특수설비공사	−	−	−	−
		소 계	67,132,938	63,079,489	4,053,449	−
	전기공사(15개공사)		42,869,725	−	−	42,869,725
	정보통신(13개공사)		631,353	−	−	631,353
	소방설비(2개공사)		1,958,337	−	−	1,958,337
일반관리비			12,216,588	−	8,680,856	3,535,732
이 윤			5,235,681	−	3,720,367	1,515,314
총 공사비			481,990,042	30,467,353	124,012,228	50,510,461

사 업 추 진 일 정 표

NO	진행절차	0000				0000						0000						0000	0000	0000			
		5 6	7 8	9 10	11 12	1 2	3 4	5 6	7 8	9 10	11 12	1 2	3 4	5 6	7 8	9 10	11 12			1 2	3 4	5 6	7 8
1	창립총회	■																					
2	시공자 선정	■																					
3	저밀도 아파트지구 개발기본계획	■	■																				
4	안전진단		■	■																			
5	조합설립인가		■	■																			
6	신탁등기				■	■																	
7	매도청구					■	■																
8	사업승인 및 설계							■	■	■													
9	관리처분계획									■													
10	이주계획수립 및 이주실시									■	■	■											
11	지장물철거 및 멸실신고													■									
12	착공/준공													■	■	■	■	■	■	■	■		
13	분양														■	■							
14	입주																					■	
15	청산 및 조합해산																						■
	기타사항	※ 이 일정계획은 저밀도아파트지구 개발기본계획이 2001년 10월까지 확정되는 것을 조건으로 한 것이며, 저밀도개발기본계획의 확정여부에 따라 변경될 수 있습니다.																					

주): 본 도표에서는 도표의 형식만 참고하기 바랍니다.

반포주공0단지 재건축정비사업조합

금 융 지 원 계 획 서

0000년 0월

0 0 은 행

1. 금융지원계획 내역

구 분	제 안 내 용			비 고
대출한도	구 분	기본이주비	추가이주비(상한액)	
	18 평형	00백만원/세대	( )원/세대	
	25 평형	000백만원/세대	( )원/세대	
	상 가	상가감정가액의 ( )%		
	중 도 금	신축아파트 분담금의 ( )%		
	사 업 비	약 0천억원(추산액)		
대출금리 (소수점이하 4자리까지 표기)	기본이주비	변동금리	3개월CD연동금리 + ( )%	
		고정금리	( )%	
	추가이주비	변동금리	3개월CD연동금리 + ( )%	
		고정금리	( )%	
	(기본+추가) 이주비	변동금리	3개월CD연동금리 + ( )%	
		고정금리	( )%	
	사 업 비	변동금리	3개월CD연동금리 + ( )%	
		고정금리	( )%	
	중 도 금	변동금리	3개월CD연동금리 + ( )%	
		고정금리	( )%	
대출기간	이주비대출	입주지정 만기일(보존등기일)까지		
	중도금대출	입주지정 만기일(보존등기일)까지		
	사업비대출	입주지정 만기일(보존등기일)까지		
상환방법	이주비대출	만기 현금상환 혹은 장기 담보대출 전환가능		
	중도금대출	만기 현금상환 혹은 장기 담보대출 전환가능		
	사업비대출	만기 현금상환		
중도상환수수료	이주비대출	면 제		
	중도금대출	면 제		
	사업비대출	면 제		
근저당권설정비	이주비 대출	금융기관 부담		
채권보전 방법	이주비대출	조합원 토지(건물)담보 제공		
	중도금대출	시공사와의 지급보증에 관한 협약서로 대신함.		
	사업비대출	시공사와의 지급보증에 관한 협약서로 대신함.		
기타사항	**(작성 예)** - 조합원 분양신청자의 중도금대출 시 계약금부터 대출지원 함 - 조합원 권리양도 시 대출승계가 가능하도록 함 - 이주비 대출시 조합원들의 편익을 위하여 은행직원 파견근무 등 최대한의 서비스를 제공하도록 함 - 기본이주비 이자의 지급을 위한 사업경비를 상기 대출금리로 대출할 수 있음 ☞ **상기 사항 이외의 각 금융기관별 장점사항을 제시 할 것**			

2. 재건축/재개발 사업지별 금융지원실적 현황

(최근 10년이 내 ,500억 원 이상 사업지)

연 번	사 업 명	사 업 장 위 치	총 지 원 금 액	시 공 사	지 원 일 자

3. 이 행 각 서

▷ **금융기관명 :**
▷ **주   소 :**
▷ **대표자 성명 :**

상기 인은 귀 조합의 재건축정비사업에 관한 금융지원 계획서를 제출함에 있어, 귀 조합의 금융지원기관으로 선정되기 전이나 선정된 후에도 아래 각 호의 사항을 위반하는 경우에는 선정된 자격의 상실 등 모든 조치에 대해 민·형사상의 일체의 이의를 제기하지 않을 것을 확약하며 본 각서를 제출합니다.

– 아 래 –

1. 제출된 모든 서류 중 확인이나 보완의 필요성이 발생되어 귀 조합의 요구가 있을 때에는 요구하는 지정기일까지 이를 이행하겠음

2. 공식적인 업무 외에는 임원이나 대의원의 방문, 서신, 통신 등을 통한 일체의 홍보행위를 하지 않겠음

3. 귀 조합이 제시한 사항 중 제출된 제안서에 아무런 언급이 없는 사항은 당사가 그 내용을 이행할 의무가 있음을 인정함

4. 귀 조합 대의원회에서 우선(1순위)협상대상자로 선정된 후, 제안내용 등을 이행하지 못하는 경우 조합이 차순위(2순위)협상대상자와 대출협약을 체결하여도 이의를 제기하지 않기로 함

0000년 0월 00일

위 각서인   금융기관명 :
　　　　　　대표자 성명 :　　　　　　　　　　　　(인)

반포주공0단지 재건축정비사업조합 귀중

입찰참여 신청서

■ 접 수 번 호	0000 - 호	■ 회사전화번호	
■ 회 사 명		■ 대표자 성명	
■ 회 사 주 소			
■ 제 출 문 건	반포주공0단지 재건축정비사업을 위한 금융지원기관 선정 입찰신청서 일식		
■ 연락처	주 소		
	핸드폰	( ) - FAX NO. :	

반포주공0단지 재건축정비사업을 위한 조합원 이주지원금 및 사업추진제경비에 대한 금융지원기관 선정에 참여하고자 금융지원 제안서를 기준으로 작성된 입찰신청서를 제출 합니다.

신청인 :   ㉑

0000 년 0월 00일

반포주공0단지 재건축정비사업조합 귀중

----------------------------절취선㉑----------------------------

입찰신청서 접수증

■ 접 수 번 호	0000 - 호	■ 회 사 명	
■ 제 출 문 건	반포주공0단지 재건축정비사업을 위한 금융지원기관 선정 입찰신청서 일식		

상기 _____은 반포주공0단지 재건축정비사업을 위한 금융지원기관 선정 입찰신청서를 당 조합에 접수하였음을 확인합니다.

접수인 :   ㉑

0000 년 0월 00일

반포주공0단지 재건축정비사업조합

4 금융기관별 금융지원 계획서의 평가(예)

1. 금융지원기관 선정 투표용지

2. 금융지원기관 선정 입찰신청서 접수현황

3. 금융기관별 금융지원 계획서 비교표

금융지원기관 선정 투표용지

☆ 선정대상 금융기관 ☆

① △△은행	② ○○은행	③ □□은행	④ ◇◇은행

※ 선정하고자 하는 금융기관 하단에 "○"로 기표하여 주시기 바랍니다.

0000년 0월 00일

반포주공0단지 재건축정비사업조합   (인)

금융지원기관 선정 입찰신청서 접수현황

항목	접수번호 0000 – 01 접수일시			0000 – 02			0000 – 03			0000 – 04			비 고
	월	일	시	월	일	시	월	일	시	월	일	시	
금 융 기 관 명			은행			은행			은행			은행	
대 표 자 성 명													
회 사 소 재 지													
회사 전화번호													
FAX. NO.													
신청인 성명													
신청인 H.P													
지배인사·용인감계													
금융지원 계획서													
대출약정서(안)													
기 타 – 1( )													
기 타 – 2( )													

반포주공0단지 재건축정비사업조합

금융기관별 금융지원 계획서 비교표

반포주공○○단지 재건축 정비사업조합

	구 분	① △△은행	② ○○은행	③ □□은행	④ ◇◇은행	비 고
1	조합원 기본이주비 (이자는 조합 부담) 18평형	₩144,000,000원	₩144,000,000원	₩144,000,000원	₩144,000,000원	
	25평형	₩200,000,000원	₩200,000,000원	₩200,000,000원	₩200,000,000원	
2	조합원 추가이주비 한도액 (이자는 개별 부담) 18평형	₩72,000,000원	₩72,000,000원	₩72,000,000원	₩72,000,000원	
	25평형	₩100,000,000원	₩100,000,000원	₩100,000,000원	₩100,000,000원	
3	사업추진제경비 지원가능 총금액	₩400,000,000,000원	₩400,000,000,000원	₩400,000,000,000원	₩400,000,000,000원	
4	이 자 율 기본이주비	%	%	%	%	
	추가이주비	%	%	%	%	
	(기본+추가)이주비	%	%	%	%	보증이자율 +( )%
	사업경비(보증시)	%	%	%	%	
	사업경비(미보증시)	%	%	%	%	
5	상환방법	입주시 장기대출				가능/불가능
6	이주비에 대한 담보설정비 부담주체	해당 금융기관	해당 금융기관	해당 금융기관	해당 금융기관	
7	이자의 납입유예 가능여부					가능/불가능
8	이주비의 선지원 가능여부					가능/불가능
9	조합원분양신청자의 계약금 및 중도금 지원가능여부, 이자율 및 대출율					가능/불가능/%
10	대출약정서(안)					
11	금융지원실적현황					재건축 현장 500억원이상
12	기 타 - 1( )					
13	기 타 - 2( )					

금융기관별 금융지원 계획서 분석표-1

[분석표 -1] : '조합원 기본이주비'만을 반영한 금융비용

1. 대출총액 : 275,120백만원으로 가정

2. 대출기간 : 42개월(3.5년) 기준

3. 대출금리 : 변동금리 적용

(고정금리는 선정된 금융기관에 한하여 제시 요구)

[금융비용(이자액)별 순위: ○○은행 – △△은행 – □□은행 – ◇◇은행]

(상기 4개 은행을 대상으로 대의원회에서 비밀투표로 2개 은행을 선정)

반포주공○단지 재건축정비사업조합

반포주공O단지 제O건축 정비사업조합

구분			① △△△은행	② ○○은행	③ □□은행	④ ◇◇은행	비고
1	대출한도	기본이주비 18평형	144백만원/세대	144백만원/세대	144백만원/세대	144백만원/세대	
		기본이주비 25평형	200백만원/세대	200백만원/세대	200백만원/세대	200백만원/세대	
		추가이주비 18평형	72백만원/세대	180백만원/세대	262백만원/세대	151백만원/세대	
		추가이주비 25평형	100백만원/세대	260백만원/세대	360백만원/세대	205백만원/세대	
		상 가	감정평가액의 50%	감정평가액의(추후)%	감정평가액의 40%	감정평가액의 50%	
		조합원 중도금	부담금의 50%	부담금의 40%	부담금의 40%	부담금의 40%	
		사업추진 경비	최대 4천만원	최대 4천만원	최대 4천만원	최대 4천만원	
2	대출금리	기본이주비 변동금리	3개월CD+0.9000%	3개월CD+0.7950%	3개월CD+0.6500%	3개월CD+0.8500%	
		기본이주비 고정금리	5.8370%	5.4500%	5.3000%	5.1000%	
		추가이주비 변동금리	3개월CD+1.1000%	3개월CD+0.7950%	3개월CD+0.7500%	3개월CD+0.9000%	
		추가이주비 고정금리	5.9370%	5.5400%	5.5500%	5.8370%	
		(기본+추가)이주비 변동금리	3개월CD+1.0000%	3개월CD+0.7950%	3개월CD+0.7000%	3개월CD+1.0000%	
		(기본+추가)이주비 고정금리	5.8870%	5.4500%	5.3500%	5.1000%	
		조합원 중도금 변동금리	3개월CD+1.0000%	3개월CD+0.7950%	3개월CD+0.8500%	3개월CD+0.9250%	
		조합원 중도금 고정금리	5.8370%	5.4500%	5.6000%	5.1000%	
		사업추진경비 변동금리	3개월CD+1,7800%	3개월CD+1.8000%	3개월CD+1.1000%	3개월CD+1.1000%	
		사업추진경비 고정금리	5.2400%	5.5600%	5.6000%	5.1000%	
3	대출기간	이주비대출	보존등기일	보존등기일	보존등기일	보존등기일	
		중도금대출	보존등기일	보존등기일	보존등기일	보존등기일	
		사업비대출	보존등기일	보존등기일	보존등기일	보존등기일	
4	상환방법	이주비대출	장기담보대출가능	장기담보대출가능	장기담보대출가능	장기담보대출가능	
		중도금대출	장기담보대출가능	장기담보대출가능	장기담보대출가능	장기담보대출가능	
		사업비대출	현금상환	현금상환	현금상환	현금상환	
5	중도상환수수료	이주비대출	면 제	면 제	면 제	면 제	
		중도금대출	면 제	면 제	면 제	면 제	
		사업비대출	면 제	면 제	면 제	면 제	
6	근저당권 설정비	이주비대출	금융기관 부담	금융기관 부담	금융기관 부담	금융기관 부담	
7	순 위	(차 액)	⑨(+2,888.76)	⑥(+1,877.694)	②(+481.46)	⑦(+2,407.3)	
	대출금 이자액		8,666.28백만원	7,655.214백만원	6,258.98백만원	8,184.82백만원	

반포주공0단지 재건축 정비사업 협조은행

구분			⑤△△은행	⑥○○은행	⑦□□은행	⑧◇◇은행	비고
1	대출한도	기본이주비 18평형	144백만원/세대	144백만원/세대	144백만원/세대	144백만원/세대	
		기본이주비 25평형	200백만원/세대	200백만원/세대	200백만원/세대	200백만원/세대	
		추가이주비 18평형	160원/세대	106만원/세대	136백만원/세대	156백만원/세대	
		추가이주비 25평형	240원/세대	15만원/세대	197백만원/세대	200백만원/세대	
		상가	감정평가액의 40%	감정평가액의 60%	감정평가액의 30%	감정평가액의 30%	
		조합원중도금	부담금의 40%	부담금의 40%	부담금의 40%	부담금의 40%	
		사업추진경비	최대 4천만원	최대 4천만원	최대 4천만원	최대 4천만원	
2	대출금리	기본이주비 변동금리	3개월CD+0.7000%	3개월CD+0.7899%	3개월CD+0.6000%	3개월CD+0.7500%	
		기본이주비 고정금리	현재 5.5000%	6.5000%	4.9800%	(미제시)%	
		추가이주비 변동금리	3개월CD+0.8300%	3개월CD+1.0999%	3개월CD+0.6000%	3개월CD+0.7500%	
		추가이주비 고정금리	현재 5.5000%	6.5000%	4.9800%	(미제시)%	
		(기본+추가)이주비 변동금리	3개월CD+0.7000%	3개월CD+0.8400%	3개월CD+0.6000%	3개월CD+0.7500%	
		(기본+추가)이주비 고정금리	5.8300%	6.5000%	4.9800%	(미제시)%	
		조합원중도금 변동금리	3개월CD+0.8이상%	3개월CD+0.8400%	3개월CD+0.8000%	3개월CD+0.7500%	
		조합원중도금 고정금리	현재 5.5000%	6.6500%	5.1000%	(미제시)%	
		사업추진경비 변동금리	3개월CD+2.0000%	3개월CD+1.3999%	3개월CD+0.9500%	3개월CD+0.8000%	
		사업추진경비 고정금리	6.3000%	(미제시)%	5.2000%	(미제시)%	
3	대출기간	이주비대출	보존등기일	보존등기일	보존등기일	보존등기일	
		중도금대출	보존등기일	보존등기일	보존등기일	보존등기일	
		사업비대출	보존등기일	보존등기일	보존등기일	보존등기일	
4	상환방법	이주비대출	장기담보대출가능	장기담보대출가능	장기담보대출가능	장기담보대출가능	
		중도금대출	장기담보대출가능	장기담보대출가능	장기담보대출가능	장기담보대출가능	
		사업비대출	현금상환	현금상환	현금상환	현금상환	
5	중도상환수수료	이주비대출	면제	면제	면제	면제	
		중도금대출	면제	면제	면제	면제	
		사업비대출	면제	면제	면제	면제	
6	근저당권 설정비	이주비대출	금융기관 부담	금융기관 부담	금융기관 부담	금융기관 부담	
7	순위(차액)		③(+962.92)	⑤(+1,828.59)	①(+0원)(기준)	④(+1,444.38)	
	대출금 이자액		6,740.44백만원	7,606.11백만원	5,777.52백만원	7,221.9백만원	

반포주공0단지 재건축 정비사업조합

구 분		분 류	⑨ △△은행		비 고
1	대출한도	기본이주비 18평형	144백만원/세대		
		기본이주비 25평형	200백만원/세대		
		추가이주비 18평형	180원/세대		
		추가이주비 25평형	120 원/세대		
		상 가	감정평가액의 30%		
		조합원 중도금	부담금의 40%		
		사업추진 경비	최대 4천만원		
2	대출금리	기본이주비 변동금리	3개월CD+0.8500%		
		기본이주비 고정금리	원화금리-2.4200%		
		추가이주비 변동금리	3개월CD+1.2500%		
		추가이주비 고정금리	원화금리-2.2200%		
		(기본+추가) 이주비 변동금리	3개월CD+(0.8500)%		
		(기본+추가) 이주비 고정금리	(1.2500)%		
		조합원 중도금 변동금리	3개월CD+1.2500%		
		조합원 중도금 고정금리	원화금리-2.2200%		
		사업추진경비 변동금리	3개월CD+3.6000%		
		사업추진경비 고정금리	원화금리+1.0000%		
3	대출기간	이주비대출	보존등기일		
		중도금대출	보존등기일		
		사업비대출	보존등기일		
4	상환방법	이주비대출	장기담보대출가능		
		중도금대출	장기담보대출가능		
		사업비대출	현금상환		
5	중도상환수수료	이주비대출	면 제		
		중도금대출	면 제		
		사업비대출	면 제		
6	근저당권 설정비	이주비대출	금융기관 부담		
7	순 위	(차 액)	⑦(+2,407.3)		
	대출금 이자예		8,184.82백만원		

금융기관별 금융지원 제회서 분석표-2

[분석표 -2] : '기본이주비와 추가이주비'를 다믐 이용로 계산한 경우

1. 기본이주비 : 275,120백만원 기준

2. 추가이주비 : 55,560백만원 기준

3. 대출기간 : 42개월(3.5년) 기준

4. 대출금리 : 변동금리 기준

(고정금리는 선정된 금융기관에 한하여 제시요구)

[금융비용(이자액)별 순위: ○○○은행 – △△△은행 – □□□은행 – ◇◇◇은행]

(상기 4개 은행을 대상으로 대의원총회에서 비밀투표로 2개 은행을 선정)

반포주공0단지 재건축정비사업조합

반포주공○단지 제3주축 정비사업조합

구분			① △△은행	② ○○은행	③ □□은행	④ ◇◇은행	비고
1	대출한도	기본이주비 18평형	144백만원/세대	144백만원/세대	144백만원/세대	144백만원/세대	
		기본이주비 25평형	200백만원/세대	200백만원/세대	200백만원/세대	200백만원/세대	
		추가이주비 18평형	72백만원/세대	180백만원/세대	262백만원/세대	151백만원/세대	
		추가이주비 25평형	100백만원/세대	260백만원/세대	360백만원/세대	205백만원/세대	
		상 가	감정평가액의 50%	감정평가액의 (주후)%	감정평가액의 40%	감정평가액의 40%	
		조합원 중도금	부담금의 50%	부담금의 40%	부담금의 40%	부담금의 40%	
		사업추진경비	최대 4천만원	최대 4천만원	최대 4천만원	최대 4천만원	
2	대출금리	기본이주비 변동금리	3개월CD+0.9000%	3개월CD+0.7950%	3개월CD+0.6500%	3개월CD+0.8500%	
		기본이주비 고정금리	5.8370%	5.4500%	5.3000%	5.1000%	
		추가이주비 변동금리	3개월CD+1.1000%	3개월CD+0.7950%	3개월CD+0.7500%	3개월CD+0.9000%	
		추가이주비 고정금리	5.9370%	5.5400%	5.5500%	5.8370%	
		(기본+추가)이주비 변동금리	3개월CD+1.0000%	3개월CD+0.7950%	3개월CD+0.7000%	3개월CD+1.0000%	
		(기본+추가)이주비 고정금리	5.8870%	5.4500%	5.3500%	5.1000%	
		조합원 중도금 변동금리	3개월CD+1.0000%	3개월CD+0.7950%	3개월CD+0.8500%	3개월CD+0.9250%	
		조합원 중도금 고정금리	5.8370%	5.4500%	5.6000%	5.1000%	
		사업추진경비 변동금리	3개월CD+1,7800%	3개월CD+1.8000%	3개월CD+1.1000%	3개월CD+1.1000%	
		사업추진경비 고정금리	5.2400%	5.5600%	5.6000%	5.1000%	
3	대출기간	이주비대출	보존등기일	보존등기일	보존등기일	보존등기일	
		중도금대출	보존등기일	보존등기일	보존등기일	보존등기일	
		사업비대출	보존등기일	보존등기일	보존등기일	보존등기일	
4	상환방법	이주비대출	장기담보대출가능	장기담보대출가능	장기담보대출가능	장기담보대출가능	
		중도금대출	장기담보대출가능	장기담보대출가능	장기담보대출가능	장기담보대출가능	
		사업비대출	현금상환	현금상환	현금상환	현금상환	
5	중도상환수수료	이주비대출	면 제	면 제	면 제	면 제	
		중도금대출	면 제	면 제	면 제	면 제	
		사업비대출	면 제	면 제	면 제	면 제	
6	근저당권 설정비	이주비대출	금융기관 부담	금융기관 부담	금융기관 부담	금융기관 부담	
7		순 위 (차 액)	⑧(+3,861.06)	⑤(+2,256.891)	②(+773.15)	⑦(+3,183.14)	
		대출금 이자액	10,805.34백만원	9,201.171백만원	7,717.43백만원	10,129.42백만원	

구분			⑤ △△은행	⑥ ○○은행	⑦ □□은행	⑧ ◇◇은행	비고
1	대출한도	기본이주비 18평형	144백만원/세대	144백만원/세대	144백만원/세대	144백만원/세대	
		25평형	200백만원/세대	200백만원/세대	200백만원/세대	200백만원/세대	
		추가이주비 18평형	160만원/세대	106만원/세대	136만원/세대	156백만원/세대	
		25평형	240 원/세대	15 원/세대	197백만원/세대	200백만원/세대	
		상가	감정평가액의 40%	감정평가액의 60%	감정평가액의 30%	감정평가액의 30%	
		조합원 중도금	부담금의 40%	부담금의 40%	부담금의 40%	부담금의 40%	
		사업추진 경비	최대 4천만원	최대 4천만원	최대 4천만원	최대 4천만원	
2	대출금리	기본이주비 변동금리	3개월CD+0.7000%	3개월CD+0.7899%	3개월CD+0.6000%	3개월CD+0.7500%	
		고정금리	현재 5.5000%	6.5000%	4.9800%	(미 제시)%	
		추가이주비 변동금리	3개월CD+0.8300%	3개월CD+1.0999%	3개월CD+0.6000%	3개월CD+0.7500%	
		고정금리	현재 5.5000%	6.5000%	4.9800%	(미 제시)%	
		(기본+추가)이주비 변동금리	3개월CD+0.7000%	3개월CD+0.8400%	3개월CD+0.6000%	3개월CD+0.7500%	
		고정금리	5.8300%	6.5000%	4.9800%	(미 제시)%	
		조합원 중도금 변동금리	3개월CD+0.8이상%	3개월CD+0.8400%	3개월CD+0.8000%	3개월CD+0.7500%	
		고정금리	현재 5.5000%	6.6500%	5.1000%	(미 제시)%	
		사업추진 경비 변동금리	3개월CD+2.0000%	3개월CD+1.3999%	3개월CD+0.9500%	3개월CD+0.8000%	
		고정금리	6.3000%	(미 제시)%	5.2000%	(미 제시)%	
3	대출기간	이주비대출	보존등기일	보존등기일	보존등기일	보존등기일	
		중도금대출	보존등기일	보존등기일	보존등기일	보존등기일	
		사업비대출	보존등기일	보존등기일	보존등기일	보존등기일	
4	상환방법	이주비대출	장기담보대출가능	장기담보대출가능	장기담보대출가능	장기담보대출가능	
		중도금대출	장기담보대출가능	장기담보대출가능	장기담보대출가능	장기담보대출가능	
		사업비대출	현금상환	현금상환	현금상환	현금상환	
5	중도상환수수료	이주비대출	면제	면제	면제	면제	
		중도금대출	면제	면제	면제	면제	
		사업비대출	면제	면제	면제	면제	
6	근저당권 설정비	이주비대출	금융기관 부담	금융기관 부담	금융기관 부담	금융기관 부담	
7	순위	(차 액)	③(+1,410.78)	⑥(+2,800.695)	①(+0원)(기준)	④(+1,736.07)	
	대출금 이자액		8,354.458백만원	9,744.975백만원	6,944.28백만원	8,780.35백만원	

반포주공0단지 재건축 정비사업조합

구	분		⑨ △△은행		비 고
1	대출한도	기본이주비	18평형	144백만원/세대	
			25평형	200백만원/세대	
		추가이주비	18평형	180원/세대	
			25평형	120 원/세대	
		상	가	감정평가액의 30%	
		조합원 중도금		부담금의 40%	
		사업추진 경비		최대 4천만원	
2	대출금리	기본이주비	변동금리	3개월CD+0.8500%	
			고정금리	원화금리-2.4200%	
		추가이주비	변동금리	3개월CD+1.2500%	
			고정금리	원화금리-2.2200%	
		(기본+추가) 이주비	변동금리	3개월CD+(0.8500)%	
			고정금리	(1.2500)%	
		조합원 중도금	변동금리	3개월CD+1.2500%	
			고정금리	원화금리-2.2200%	
		사업추진경비	변동금리	3개월CD+3.6000%	
			고정금리	원화금리+1.0000%	
3	대출기간		이주비대출	보존등기일	
			중도금대출	보존등기일	
			사업비대출	보존등기일	
4	상환방법		이주비대출	장기담보대출가능	
			중도금대출	장기담보대출가능	
			사업비대출	현금상환	
5	중도상환수료		이주비대출	면 제	
			중도금대출	면 제	
			사업비대출	면 제	
6	근저당권 설정비		이주비대출	금융기관 부담	
7	순 위		(차 액)	⑨(+3,671.29)	
	대출금 이자액			10,615.57백만원	

금융기관별 금융지원 계획서 분석표-3

[분석표 -3] : '조합원 기본이주비 및 추가이주비'를 통일한 이자율로 계산

1. 다른 이자율을 제시한 경우 제시한 이자율 반영

2. 총 대출예상금액은 기본이주비는 조합제시 액,
   추가이주비 대출한도액은 각 은행이 제시한 금액의 산술평균가를 기준

3. 대출금리 : 변동금리 적용(고정금리는 선정된 금융기관에 한하여 제시요구)

[금융비용(이자액)별 순위: ○○은행 - △△은행 - □□은행 - ◇◇은행]
(상기 4개 은행을 대상으로 대의원회에서 비밀투표로 2개 은행을 선정)

반포주공0단지 재건축정비사업조합

구 분			① △△△은행	② ○○은행	③ □□은행	④ ◇◇은행	비 고
1	대출한도	기본이주비 18평형	144백만원/세대	144백만원/세대	144백만원/세대	144백만원/세대	
		기본이주비 25평형	200백만원/세대	200백만원/세대	200백만원/세대	200백만원/세대	
		추가이주비 18평형	72백만원/세대	180백만원/세대	262백만원/세대	151백만원/세대	
		추가이주비 25평형	100백만원/세대	260백만원/세대	360백만원/세대	205백만원/세대	
		상 가	감정평가액의 50%	감정평가액의(주)%	감정평가액의 40%	감정평가액의 50%	
		조합원 중도금	부담금의 50%	부담금의 40%	부담금의 40%	부담금의 40%	
		사업추진 경비	최대 4천만원	최대 4천만원	최대 4천만원	최대 4천만원	
2	대출금리	기본이주비 변동금리	3개월CD+0.9000%	3개월CD+0.7950%	3개월CD+0.6500%	3개월CD+0.8500%	
		기본이주비 고정금리	5.8370%	5.4500%	5.3000%	5.1000%	
		추가이주비 변동금리	3개월CD+1.1000%	3개월CD+0.7950%	3개월CD+0.7500%	3개월CD+0.9000%	
		추가이주비 고정금리	5.9370%	5.5400%	5.5500%	5.8370%	
		(기본+추가)이주비 변동금리	3개월CD+1.0000%	3개월CD+0.7950%	3개월CD+0.7000%	3개월CD+1.0000%	
		(기본+추가)이주비 고정금리	5.8870%	5.4500%	5.3500%	5.1000%	
		조합원 중도금 변동금리	3개월CD+1.0000%	3개월CD+0.7950%	3개월CD+0.8500%	3개월CD+0.9250%	
		조합원 중도금 고정금리	5.8370%	5.4500%	5.6000%	5.1000%	
		사업추진경비 변동금리	3개월CD+1.7800%	3개월CD+1.8000%	3개월CD+1.1000%	3개월CD+1.1000%	
		사업추진경비 고정금리	5.2400%	5.5600%	5.6000%	5.1000%	
3	대출기간	이주비대출	보존등기일	보존등기일	보존등기일	보존등기일	
		중도금대출	보존등기일	보존등기일	보존등기일	보존등기일	
		사업비대출	보존등기일	보존등기일	보존등기일	보존등기일	
4	상환방법	이주비대출	장기담보대출가능	장기담보대출가능	장기담보대출가능	장기담보대출가능	
		중도금대출	장기담보대출가능	장기담보대출가능	장기담보대출가능	장기담보대출가능	
		사업비대출	현금상환	현금상환	현금상환	현금상환	
5	중도상환수수료	이주비대출	면 제	면 제	면 제	면 제	
		중도금대출	면 제	면 제	면 제	면 제	
		사업비대출	면 제	면 제	면 제	면 제	
6	근저당권 설정비	이주비대출	금융기관 부담	금융기관 부담	금융기관 부담	금융기관 부담	
7	순 위 (차 액)		⑨(+4,629.52)	⑤(+2,256.89)	②(+1,157.38)	⑧(+2,407.3)	
	대출금 이자예상		11,579.8백만원	9,201.171백만원	8,101.66백만원	10,705.765백만원	

반포주공0단지 제건축 정비사업조합 참여신청조건

	구 분		⑤ △△은행	⑥ ○○은행	⑦ □□은행	⑧ ◇◇은행	비 고
1	대출한도	기본이주비 18평형	144백만원/세대	144백만원/세대	144백만원/세대	144백만원/세대	
		기본이주비 25평형	200백만원/세대	200백만원/세대	200백만원/세대	200백만원/세대	
		추가이주비 18평형	160원/세대	106만원/세대	136백만원/세대	156백만원/세대	
		추가이주비 25평형	240 원/세대	15 만원/세대	197백만원/세대	200백만원/세대	
		상 가 (감정평가액의)	40%	60%	30%	30%	
		조합원 중도금 (부담금의)	40%	40%	40%	40%	
		사업추진 경비	최대 4천만원	최대 4천만원	최대 4천만원	최대 4천만원	
2	대출금리	기본이주비 변동금리	3개월CD+0.7000%	3개월CD+0.7899%	3개월CD+0.6000%	3개월CD+0.7500%	
		기본이주비 고정금리	현재 5.5000%	6.5000%	4.9800%	(미 제시)%	
		추가이주비 변동금리	3개월CD+0.8300%	3개월CD+1.0999%	3개월CD+0.6000%	3개월CD+0.7500%	
		추가이주비 고정금리	현재 5.5000%	6.5000%	4.9800%	(미 제시)%	
		(기본+추가)이주비 변동금리	3개월CD+0.7000%	3개월CD+0.8400%	3개월CD+0.6000%	3개월CD+0.7500%	
		(기본+추가)이주비 고정금리	5.8300%	6.5000%	4.9800%	(미 제시)%	
		조합원 중도금 변동금리	3개월CD+0.8이상%	3개월CD+0.8400%	3개월CD+0.8000%	3개월CD+0.7500%	
		조합원 중도금 고정금리	현재 5.5000%	6.6500%	5.1000%	(미 제시)%	
		사업추진경비 변동금리	3개월CD+2.0000%	3개월CD+1.3999%	3개월CD+0.9500%	3개월CD+0.8000%	
		사업추진경비 고정금리	6.3000%	(미 제시)%	5.2000%	(미 제시)%	
3	대출기간	이주비대출	보존등기일	보존등기일	보존등기일	보존등기일	
		중도금대출	보존등기일	보존등기일	보존등기일	보존등기일	
		사업비대출	보존등기일	보존등기일	보존등기일	보존등기일	
4	상환방법	이주비대출	장기담보대출전가능	장기담보대출전가능	장기담보대출전가능	장기담보대출전가능	
		중도금대출	장기담보대출전가능	장기담보대출전가능	장기담보대출전가능	장기담보대출전가능	
		사업비대출	현금상환	현금상환	현금상환	현금상환	
5	중도상환수수료	이주비대출	면 제	면 제	면 제	면 제	
		중도금대출	면 제	면 제	면 제	면 제	
		사업비대출	면 제	면 제	면 제	면 제	
6	근저당권 설정비	이주비대출	금융기관 부담	금융기관 부담	금융기관 부담	금융기관 부담	
7	순 위	(차 액)	③(+1,410.178)	⑥(+2,727.712)	①(+0원)(기준)	④(+1,735.07)	
	대출금 이자액		8,354.458백만원	9,721.992백만원	6,944.28백만원	8,680.35백만원	

반포주공0단지 재건축 정비사업조합

구 분			⑨ △△은행	비 고
1	대출한도	기본이주비 18평형	144백만원/세대	
		기본이주비 25평형	200백만원/세대	
		추가이주비 18평형	180원/세대	
		추가이주비 25평형	120 원/세대	
		상 가	감정평가액의 30%	
		조합원 중도금	부담금의 40%	
		사업추진 정비	최대 4천만원	
2	대출금리	기본이주비 변동금리	3개월CD+0.8500%	
		기본이주비 고정금리	원화금리−2.4200%	
		추가이주비 변동금리	3개월CD+1.2500%	
		추가이주비 고정금리	원화금리−2.2200%	
		(기본+추가)이주비 변동금리	3개월CD+(0.8500)%	
		(기본+추가)이주비 고정금리	(1.2500)%	
		조합원 중도금 변동금리	3개월CD+1.2500%	
		조합원 중도금 고정금리	원화금리−2.2200%	
		사업추진정비 변동금리	3개월CD+3.6000%	
		사업추진정비 고정금리	원화금리+1.0000%	
3	대출기간	이주비대출	보존등기기일	
		중도금대출	보존등기기일	
		사업비대출	보존등기기일	
4	상환방법	이주비대출	장기담보대출가능	
		중도금대출	장기담보대출가능	
		사업비대출	현금상환	
5	중도상환수수료	이주비대출	면 제	
		중도금대출	면 제	
		사업비대출	면 제	
6	근저당권 설정비	이주비대출	금융기관 부담	
7	순 위	(차 액)	⑦(+3,671.29)	
대출금 이자액			10,615.57백만원	

금융지원 업무협약서

0000년 0월 00일

"갑" – 주식회사　　　　○　○　은　　행
　　　 – 주식회사　　　　△　△　은　　행

"을" – 반포주공0단지　재건축정비사업조합

금융지원 업무협약서
(조합원이주비 대출용)

주식회사 00은행(지점: 반포00지점) 및 주식회사 △△은행(지점: 반포○○지점) (이하 "갑"이라 한다)과 반포주공0단지 재건축정비사업조합(이하 "을"이라 한다)은 "을"이 서울시 서초구 반포0동 00-0번지 일대에서 시행 중인 재건축정비사업과 관련하여 본 협약서 체결일 현재, "을"의 주택 및 상가 소유조합원(이하 "병"이라 한다)이 이주를 목적으로 한 이주비대출을 "갑"에게 신청함에 있어, "갑" 및 "을"은 아래의 각 조항과 같이 약정하고 이를 증명하기 위하여 업무협약서 3부를 작성한 후 "갑"과 "을"이 날인한 후 각각 1부씩 보관하기로 한다.

- 아 래 -

제1조(용어의 정의)

1. '기본이주비'란 "병"이 "갑"으로부터 대출받은 대출금에 의한 금융비용을 "을"이 대신하여 납부한 후, 추후 "을"과 "병"이 정산하는 이주비대출금을 말한다.
2. '추가이주비'란 "병"이 "갑"으로부터 대출받은 대출금에 의한 금융비용을 "병"이 직접 대출금융기관에 납부하는 이주비대출금을 말한다.
3. '아파트담보대출금'이란 "갑"과 "을"이 협약한 이주비대출한도액 이외에 "갑"과 "병"이 별도의 약정에 따라 추가로 발생하는 대출금으로, 해당 금융비용은 "병"이 "갑"에게 직접 납부할 의무를 진다.

제2조(대출한도)

1. "갑"이 취급할 "병"의 대출에 대한 각 조합원별 대출금한도는 아래와 같다.

구분＼주택형	18평형 소유자		25평형 소유자		상가조합원
세 대 수	1,230세대		490세대		(추후 확정)
기본이주비대출금	144백만원	320백만원	176백만원	352백만원	(추후 협의)
추가이주비대출금	176백만원		176백만원		(추후 협의)
아파트담보대출금	조합원별 약정액		조합원별 약정액		(추후 협의)

2. 기본이주비 대출금의 총대출금 한도액은 一金 275,120백만원이며, 추가이주비 대출금의 총대출금한도액은 一金 338,980백만원으로 한다. 또한, '아파트담보대출금'은 "갑"과 "병" 간의 별도의 대출약정에 따라 처리한다.
3. 상가조합원 이주비 대출조건은 주택조합원의 조건에 준하여 추후 결정한다.

제3조(대출조건)

"갑"과 "병"간의 이주비대출에 대한 조건은 다음 각 호와 같다.

1. 대출대상 :

   이주비의 대출대상은 조합원 소유의 건물 및 토지에 대해 "갑"이 제1순위로 근저당권의 설정이 가능한 조합원으로 한다.

2. 대출기간 :

   최초 대출취급 후 만 3년이 경과한 날까지로 하는 것을 원칙으로 하며, "을"의 사업기간 종료 시까지 1년을 단위로 하여 기 체결된 대출조건과 동일한 조건으로 자동 연장되는 것으로 한다. 단, 사업이 완료된 후 보존등기일을 기준으로 대출기간을 연장할 수 있으며, 주택의 매매 등으로 인한 조합원자격을 양도하거나 상실하는 경우에는 대출기한 전이라도 상환해야 한다.

3. 대출이율 :

   1) 기본이주비 및 추가이주비 대출이율은 '(3개월 CD변동금리+0.0%)/년'으로 한다.
   2) '아파트담보대출금'은 "갑"과 "병"간의 '별도의 대출약정에 따른 이율'로 한다.
   3) 총대출금한도액까지의 근저당권 설정비 등은 관계 법령과 지침이 정하는 바에 따라 "갑"과 "병"이 각각 부담하기로 한다.

4. 대출의 종류 등 :

   대출의 종류는 "병"의 토지 및 건축물을 담보로 제공하는 **'부동산담보대출(가계대출)'**이며, "갑"이 대출금의 120%를 채권최고액으로 하는 제1순위 근저당권을 설정하기로 한다.

5. 대출제외 대상 :

   1) '금융기관의 신용정보교환 및 관리규약'에 따라 불량거래자로 규제중인 자
   2) 현재 "병"의 "갑"에 대한 채무가 연체중인 자
   3) "갑"의 특수채권에 대한 채무관계자
   4) 기타, "갑"의 내규에 따라 여신취급이 제한되는 자

      [금치산자, 한정치산자, 신용등급거절자, 담보로 제공되는 부동산이 법적인 절차(가압류, 가등기, 가처분, 예고등기 등)가 진행 중인 물건의 소유자 등]

제4조(이자납부)

1. 상기 제1조제1항에 의한 기본이주비대출금의 대출이자는 본 협약서 제2조제3항 에서 정한 이율로 하며, 이자납부예정일에 "을"이 "갑"에게 납부한다. 단, "을"이

지정하는 이주개시일 이전에 발생되는 기본이주비대출금의 대출이자는 "병"이 "갑"에게 지급하기로 하며, "을"은 대출이자 납입에 대한 일체의 의무가 없는 것으로 한다.

2. "을"이 부담하는 기본이주비대출금의 대출이자 지급의무기간은 이주개시예정일 (0000년 00월 00일)로부터 "을"이 정하는 입주지정만기일까지로 한다. "을"의 기본이주비대출금에 대한 대출이자의 지급의무기일 이후에는 "갑"이 직접 "병"으로 부터 징수하기로 한다.

3. 추가이주비대출에 대한 이자는 "병"이 매월 부담하기로 하며, "갑"이 직접 징수한다.

제5조(대출금의 상환 등)

1. 본 업무협약에 의한 대출금상환은 상기 제2조제3항의 대출금 만기일에 "병"이 "갑"에게 직접 상환하거나, "병"의 의사에 따라 각 조합원이 체결하는 대출약정에 의하여 **주택담보 장기대출**로의 전환이 가능한 것으로 한다.

2. 사업완료 후 "병"의 입주 시 또는 "병"이 조합원의 자격을 상실하거나 그 자격을 양도한 경우 기한 전이라도 "병"은 "갑"에게 즉시 상환하거나 대출에 관한 권리와 의무를 승계하여야 한다. 이때, 조기상환이나 채무자변경 등 어떠한 경우에도 불이익은 없는 것으로 한다.

제6조(협조 의무)

1. "을"은 다음 각 호에 대하여 "갑"에게 성실히 협조하여야 한다.
   1) 대출신청자의 성명, 주소, 주민등록번호, 소유 주택형 등 필요한 정보의 제공
   2) 사업계획 및 사업추진내용 등 해당 재건축사업과 관련된 의견조회에 대한 성실한 회신
   3) "병"의 조합원 자격상실 및 전매 등에 대한 사실의 통보
   4) 대출 조합원의 토지 및 주택에 대한 압류, 가처분 등 법적인 제한 사실의 공식적인 접수에 대한 통지
   5) 입주예정일의 변경 등 주요사업내용에 관한 통지
   6) "을"은 "병"의 소유권이전과 동시에 "갑"이 제1순위 근저당권을 설정할 수 있도록 협조

2. "갑"은 다음 각 호에 대하여 "을" 및 "병"에게 협조하여야 한다.
   1) "병"의 대출금에 대한 회수사유발생 통지
   2) 대출의 실행, 조건변경 등의 통지

3) "갑"은 대출금만기 3개월 전에 "병"에 대한 장기대출로의 전환 또는 상환 의사여부를 상호 협의하기로 한다.

4) "갑"은 대출기간 중 대출금리의 급격한 변동이 예상되거나 발생되는 경우에는 이를 사전에 "을" 및 "병"에게 통지할 의무가 있으며, 이로 인한 민원방지에 최선을 다하여야 한다.

3. "을"의 요구가 있을 경우에는 "갑"은 "병"의 은행이용편의를 위하여 "을"의 현장에 임시사무소를 설치하고, 은행직원을 상주시켜야 한다. 이 경우 "을"은 적정한 사무공간을 무상으로 제공하여야 한다.

제7조(대출금의 지급)

"갑"은 "병"에 대한 이주비대출금을 "병"에게 직접 지급하기로 하며, 그 대출금에 대한 모든 회수책임은 "갑"에게 있다.

제8조(회계처리업무 협조)

"갑"은 "을"이 "병"으로부터 수령 및 지급하여야 할 분담금 중 "갑"이 수령하는 금액의 계산에 관한 내역을 포함하는 프로그램을 "을"에게 제공하거나 직접 회계 처리하기로 한다.

제9조(조합원의 대우)

1. "갑"은 "병"이 은행거래를 함에 있어 해당 은행의 VIP고객의 수준으로 각종 수수료 등의 감면혜택을 부여하기로 한다.

2. "병"의 요청이 있을 경우에는 추가담보의 제공없이 "병"의 신용도에 따라 一金 0천만원의 한도 내에서 '아파트담보대출금'과는 별도로 마이너스 대출이 가능하며, 이때의 이자율은 '각 은행이 정한 이자율'을 적용하기로 한다.

제10조(거래은행의 선택)

1. "병"은 거래은행을 선택함에 있어 "을"이 짝수(00은행) 및 홀수(△△은행)로 정한 은행을 이용하기로 한다. 단, 기존대출금 등의 이유로 타 은행과의 거래를 원하는 경우에는 그러하지 아니하다.

2. "갑"은 대출업무에 관하여 상호 협의할 수 있으며, "을"은 그 협의 내용에 대하여 시정을 요구할 수 있고, 특별한 사유가 없는 한 "갑"은 이 요구에 따라야 한다.

3. "갑"은 대출금총액을 매월 "을"에게 통지하여야 하며, "을"은 이를 근거로 하여 "갑" 상호간의 대출금총액의 형평(衡平) 유지에 노력하기로 한다.

제11조(기타 사항)

1. "갑"은 본 업무협약서에 명시된 사항 이외의 사항은 "을"의 '금융지원 제안서' 및 "갑"이 "을"에게 기 제출한 '금융지원 계획서'의 모든 내용에 준하여 이행할 의무를 지며, 이를 위반하는 경우 "을"은 본 업무협약을 해지하거나 해제할 수 있다.

2. 중도금지원 및 사업추진제경비에 관한 업무협약서의 작성은 상기 제1항에 준하여 추후 작성하기로 하며, 특히, 우선협상대상자 중 1순위부터 4순위 자까지가 제시한 조건에 준하여 체결하기로 한다.

3. 상기 제1항 및 제2항을 위반하여 본 업무협약이 해지 및 해제되었을 경우 이에 따른 모든 비용과 손해는 이를 위반한 자가 배상 및 보상하기로 한다.

제12조(준용사항)

협약체결 당사자 간에 분쟁이 발생한 경우에는 협의를 통하여 해결토록하며, 부득이 협의가 성립되지 않을 경우 관할 법원은 "갑"의 본점소재지 또는 "을"의 소재지 법원으로 한다.

제13조(협약의 효력)

1. 본 업무협약의 효력은 협약당사자의 대표가 변경되어도 그 효력이 유효하며, "병"이 조합원지위를 제3자에게 이전한 경우에도 본 협약서에 대한 권한과 의무는 승계되는 것으로 한다.

2. 본 업무협약은 당사자 간에 서명날인한 날로부터 그 효력이 발생한다.

제14조(대출관련 서류의 확인 및 보관)

1. "을"은 "병"의 정당한 대표권자 본인이 대출관련 서류(업무협약서)를 직접 작성하였음을 확인한다.

2. "병"의 대출관련 서류는 "갑"이 보관하기로 한다.

위 사항을 증명하기 위하여 업무협약서를 3부 작성하고 "갑"과 "을"이 서명·날인하여 각각 1부씩 보관한다.

0000년 0월 00일

"갑" :

  - 1. 서울시 서초구 잠원동 00-0번지

    0 0 은행 반포 0 0 지점

    지점장   0   0   0   (인)

  - 2. 서울시 서초구 반포동 00-0번지

    0 0 은행 반포 0 0 지점

    지점장   0   0   0   (인)

"을" :

    서울시 서초구 반포0동 00-0번지

    반포주공0단지 재건축정비사업조합

    조합장   0   0   0   (인)

6 조합원 중도금 대출

중도금이란 총회에서 결의된 관리처분계획에 의해 토지등소유자(조합원)의 권리와 의무를 배분한 결과, 조합원이 제공한 토지 및 공사비를 포함한 제반비용과 분양받은 목적물의 가격에 차이가 존재하는 경우 이 과·부족을 조절하기 위해 교부되거나 징수되는 금전을 말하며, 이를 부과하는 행위를 **청산금 부과처분**이라 한다. 정비사업 현장에서는 이를 **분담금**으로 칭하고 있으며, **중도금 납부**라는 이름으로 이행된다.

대지 또는 건축물을 분양받은 자가 종전에 소유하고 있던 토지 또는 건축물의 가격과 분양받은 대지 또는 건축물의 가격사이에 차이가 있는 경우 사업시행자는 법 제86조 제2항의 규정에 의한 이전의 고시가 있은 후에 그 차액에 상당하는 금전을 분양받은 자로부터 징수하거나 분양받은 자에게 지급하여야 한다. 다만, 정관등에서 분할징수 및 분할지급에 대하여 정하고 있거나 총회의 의결을 거쳐 따로 정한 경우에는 관리 처분계획인가 후부터 법 제86조제2항의 규정에 의한 이전의 고시일까지 일정기간별로 분할징수 하거나 분할지급 할 수 있다.
중도금의 부과는 강제징수의 절차에 의해 이행이 강제된다(도시및주거환경정비법 제90조). 그러므로 중도금의 부과처분은 행정처분이며, 행정소송을 통한 취소소송의 대상이 된다.

조합원 중도금대출의 필요성은 위에서 언급한 바와 같이 건축물을 분양받은 자가 종전에 소유하고 있던 토지 또는 건축물의 가격보다 분양받은 대지 또는 건축물의 가격이 큰 경우 그 차액을 중도금으로 납부하게 되는데, 이러한 조합원을 지원하기 위하여 조합이 중도금지원을 위한 금융지원기관을 선정하게 된다. 이때, 시공자의 보증이 필요하게 되는데, 시공자의 지급보증이 필요하게 되는 이유는 중도금 납부 시기에는 기존의 건축물은 이미 철거된 상태이며, 조합원 소유의 토지는 이주 지원금의 대출을 위한 담보물건으로 이미 제공된 상태이기 때문에 중도금 지원 금융기관은 별도의 지급보증을 요구하게 되는 것이며 이를 이행할 위치를 가지고 있는 자는 오직 시공자뿐이다.

반포주공0단지 재건축정비사업조합

조합원 중도금대출 안내

□ **계약기간**

- **계약금부터 대출을 신청하는 조합원**

  : **0월 16일(토요일) ~ 20일(수요일)[5일간, 토·일요일도 진행]**

  [계약금부터 대출신청을 하는 조합원은 신용조회 및 대출신청처리기간으로
  인하여 불가피하게 20일(수요일)까지 계약하셔야 합니다.]

- **중도금 미대출 조합원 및 제1회차부터 중도금 대출을 신청하는 조합원**

  : 0월 16일(토요일) ~ 25일(수요일)[10일간, 토·일요일도 진행]

□ **접수시간**

  : 10 : 00 ~ 16 : 00

□ **접수장소**

  : **강남구 00동 00 주택문화관(00동 모델하우스)**

  [중도금 대출신청과 분양계약은 건설회사 00주택문화관에서 일괄 접수합니다.]

반포주공0단지 재건축정비사업조합

주 소: 서울시 서초구 잠원동 76-5 00빌딩 000호 (우 : 137-909)
☎ 02)533-0000, 3477-0000 FAX: 02)3477-0000
홈페이지: www. banpo2.com

어느덧 무더운 여름이 지나고 시원한 바람을 느끼게 하는 가을이 찾아 왔습니다. 조합원님 가정에 건강과 행복이 항상 가득하시기를 기원합니다.

지난 7월에는 조합원 동·호수추첨을 마치고 0월16일부터 0월25일까지 강남구 00동 00주택문화관에서 신축아파트에 대한 조합원 분양계약행사를 진행할 예정이오니, 분양계약에 관한 안내서(팸플릿)를 자세히 읽어보신 후 대출에 필요한 서류 등을 준비하시어 모든 조합원들께서 분양계약을 체결해주시기 바랍니다.

❏ 계약기간 및 장소

구 분	계약기간	계약시간	계약장소
1. 계약금부터 대출을 신청하는 조합원	0월 16일(토)~20일(수) (5일간 실시)	10:00~16:00	00구 00동 00주택문화관 (모델하우스)
2. 제1차 중도금부터 대출을 신청하는 조합원	0월 16일(토)~25일(월) (10일간 실시)		
3. 대출을 신청하지 않는 조합원			

✱ 계약금부터 대출을 신청하시는 조합원은 신용조회 및 대출신청에 대한 처리기간으로 인하여 부득이 20일(수요일)까지는 계약을 하셔야 합니다.

✱ 접수기간동안에는 토요일과 일요일도 업무를 진행합니다.

❏ 분양계약 시 필요서류

구 분	필요서류	비 고
1. 국내거주 조합원 본인 참석 시	① 신분증 ② 인감도장 ③ 주민등록등본 1통 ④ 인감증명서 1통(용도 : 아파트분양계약용) ⑤ 계약금 입금증	※공유지분일 경우 공유자 각각 모든 서류 준비
2. 국내거주 조합원 대리인 참석 시	① 조합원의 인감도장 ② 대리인신분증 복사본 및 대리인 도장 ③ 분양계약 위임장-첨부서식(공급계약위임장) ④ 조합원 인감증명서 2통 (용도 : 분양계약용, 분양계약 위임용) ⑤ 조합원 주민등록 등본 1통 ⑥ 계약금 입금증	–
3. 해외거주 조합원 대리인 참석 시	① 해외거주사실증명원 ② 조합원 인감도장 혹은 서명확인 증명서 ③ 분양계약 위임장(대·영사관 인증서류) ④ 대리인 신분증 ⑤ 계약금 입금증	※국내에 인감이 등록되어 있는 경우에는 인감증명서를 제출하고, 없는 경우는 서명 후 공증인의 공증을 받아 제출한다.

✱ 구비서류는 계약일 기준 3개월 이내 발행분에 한하며, 인감증명서 용도는 반드시 본인이 기재하시기 바랍니다.

✱ 무통장입금을 이용한 경우는 계약서체결 시 영수증(입금증)을 필히 지참하셔야 합니다.

❑ 계약금 및 중도금 납부방법

(1) 중도금 미대출 조합원 및 제1차중도금부터 대출을 신청하는 조합원은 계약금을 지정된 입금계좌에 무통장으로 입금하고 계약서 작성 시 입금증을 제출하여 주시기 바랍니다.

[예 시]

납 부 은 행	00은행
계 좌 번 호	000000 - 00 - 123456
예 금 주	반포주공0단지 재건축조합, 00건설(주)
무통장입금방법	배정된 동·호수 표기방법 : 동과 호수 사이에 '–'를 기입 (예) 101동 101 호는 [101 - 101 (홍길동)]로 표기(7자리의 경우) 　　　101동 1001호는 [101 - 1001 (홍길동)]로 표기(8자리의 경우)

※ 무통장 입금증은 계약 시 영수증으로 간주되니 계약 시 꼭 지참하시기 바랍니다.

(2) 중도금대출을 신청하는 조합원은 중도금대출 안내서를 잘 숙지하시기 바랍니다.

(3) **계약금부터 대출을 신청하고자 하는 조합원**은 우선 분양계약서를 작성한 후 대출신청 접수창구에서 대출신청을 하여 대출가능여부를 먼저 확인 한 후에야 계약금 이체처리가 가능하며, 계약현장에서 작성한 분양계약서는 입금이 확인된 후에 등기우편으로 계약자에게 발송됩니다.

(4) **중도금대출신청** 시에는 세대별 대출금의 유무를 확인하기 위해 **배우자가 신분증을 지참하고 계약현장을 함께 방문하시거나, 배우자의 인감도장과 인감증명서를 구비한 다음 계약자만 참석**하실 수 있습니다.

(5) **중도금대출신청은 조합원 본인이 직접 신청하여야 합니다.(대리신청 불가)**

(6) 현재는 중도금대출을 신청하지 않았지만 추후 중도금대출을 하고자 하는 조합원은 대출희망일 15일 전까지 담당하는 은행에 신청하시면 됩니다.

(7) 환급금지급(수령)대상자는 계약금, 중도금 및 잔금의 납부비율과 납부일정에 따라 분양계약 시 조합원이 지정한 계좌(통장사본 제출)로 입금하여 드립니다. 단, 계약금의 경우에는 분양계약서 체결행사가 종료된 후 10일 이내(은행 영업일기준)에 지급합니다.

❑ 분양대금 납부일정

납부 일자	0000년	0000년			0000년		0000년	
	계약 시	1. 25	6. 25	11. 26	4. 25	9. 25	2. 25	입주예정일
납부율	계약금	1차중도금	2차중도금	3차중도금	4차중도금	5차중도금	6차중도금	잔 금
	20%	10%	10%	10%	10%	10%	10%	20%

※ 상기 납부일정은 사업추진상황에 따라 변경될 수 있습니다.

❑ 계약금 입금방법(무통장 입금방법)

(1) 계약금 및 중도금을 대출받지 않은 조합원은 **계약금 입금 시 배정받은 신축아파트의 동·호수를 기재하여 입금**하시기 바랍니다.

(2) 본 대출계약서 체결 시에는 계약접수처에서 현금수납을 일체하지 않으니 유의하시기 바랍니다.

(3) 무통장입금증은 분양계약체결 시 영수증으로 대체되니 꼭 지참하시기 바랍니다.

❑ 분양계약을 하지 않은 자(현금청산 대상자)에 대한 처리

조합에서 지정한 날짜에 분양계약을 체결하지 아니한 자는 현금청산 대상자로서「도시 및 주거환경정비법」및 조합 정관에 따라「**감정평가 및 감정평가사에 관한 법률**」에 의한 **감정평가법인등** 2인 이상이 평가한 금액을 산술평균하여 산정한 금액으로 현금청산되니 모든 조합원께서는 이점을 유념하시고 한분도 빠짐없이 계약기간 내에 분양계약을 체결 하여 주시기 바랍니다.

❑ 견본주택(모델하우스)개관 및 옵션품목 계약행사

(1) 분양계약 장소에는 우리 아파트의 34L-1, 52T-1, 72T-1 등 3가지 타입의 견본주택이 설치되어 있으니, 분양계약 시 관람하실 수 있습니다.

(2) 분양계약 당일에는 시공자와 발코니확장, 시스템에어컨 설치 등에 관한 옵션품목을 계약하오니 별첨의 안내서를 참고하시기 바랍니다.

❑ 조합원 분양계약 체결절차

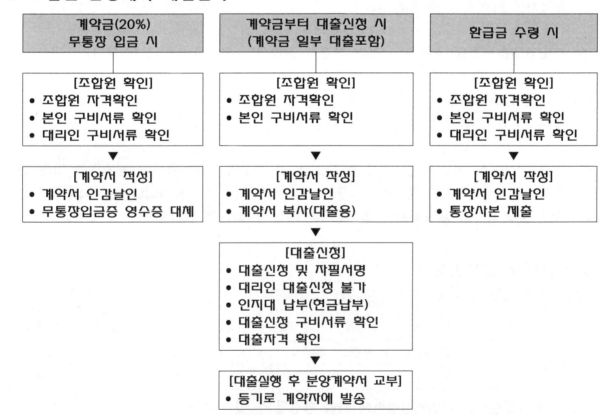

❏ 중도금대출 관련 안내

1. 중도금대출 가능여부 판단기준(0000년 0월 현재)

: 조합원이 반포주공0단지재건축사업 관련 기본이주비 및 추가이주비만 신청하는 경우

구분	대출 여부	대출조건		기존 대출 현황 / 조합원 연령
조합원중 기혼자	대출 가능	1	조건없이 대출	배우자가 모든 금융기관으로 부터 받은 주택담보대출이 없는 경우
		2	다른 소유주택 처분 조건부 대출	조합원이 다른 소유주택을 담보로 대출이 1건 있고, 배우자가 모든 금융기관으로부터 받은 주택담보대출이 없는 경우
		3	배우자 소유주택 처분조건부 또는 본인 DTI 40% 이내 조건부 대출	배우자가 다른 소유주택을 담보로 대출을 1건 받은 경우
	대출 불가능	4		조합원이 다른 2채 이상의 소유주택을 담보로 대출을 2건 이상 받은 경우
		5	-	배우자가 다른 2채 이상의 소유주택을 담보로 대출을 2건 이상 받은 경우
		6		조합원과 배우자가 각각 다른 소유주택을 담보로 대출을 1건 이상 받은 경우
		7		조합원 또는 배우자가 다른 분양아파트 또는 재건축·재개발과 관련하여 추가분담금 관련 중도금 대출을 받고 있는 경우
조합원중 미혼자	대출 가능	8	조건없이 대출	조합원이 대출신청일 현재 **만30세 이상**이며, 반포0단지재건축 사업과 관련한 대출만 받은 경우
		9	다른 소유주택 처분 조건부 대출	조합원이 대출신청일 현재 **만30세 이상**이며, 반포0단지 재건축 사업과 관련한 대출이외에 다른 소유주택을 담보로 대출을 1건 받은 경우
		10	본인 DTI <u>40%</u> 이내 조건부 대출	조합원이 대출출신청일 현재 **만30세 미만**이며, 반포0단지재건축사업과 관련한 대출만 받은 경우
		11	다른 소유주택 처분 조건부 및 본인 DTI <u>40%</u> 이내 조건부 대출	조합원이 대출신청일 현재 **만30세 미만**이며, 반포0단지재건축 사업과 관련한 대출 이외에 다른 소유주택을 담보로 대출을 1건 받은 경우
	대출 불가능	12	-	조합원이 대출신청일 현재 만19세 미만으로 **미성년자**인 경우 반포0단지재건축사업과 관련한 대출 이외에 다른 주택보유 여부에 관계없이 대출이 불가능

[위의 내용은 관련 규정의 잦은 개정으로 현 규정과는 다를 수 있으니, 선정된 은행과 개정된 규정을 확인 바랍니다.]

※ 위에서 모든 금융기관이라 함은 은행, 보험회사, 저축은행 등을 포함하는 제반 금융기관을 말한다.

※ 본인 또는 배우자 소유주택 처분조건부 : 중도금대출 신청 시 재건축아파트의 등기 후 1년 이내에 기존의 소유주택을 처분하고 해당 주택담보대출을 상환하는 조건으로 약정할 경우 대출이 가능하다.

※ (기존)DTI = (신규 주택담보대출원리금+기존 주택담보대출<u>이자</u>+기타 대출이자)/연간소득

※ <u>신DTI(Debt To Income)(총부채 상환비율)</u>

  = (신규 주택담보대출원리금+기존 주택담보대출<u>원리금</u>+기타 대출이자)/연간소득

※ <u>DSR(Debt To Service Ratio)(총체적상환능력비율)</u>

  = (신규 주택담보대출원리금+기존 주택담보대출<u>원리금</u>+기타 대출 <u>원리금</u>)/연간소득

2. 대출한도 : 주택형별 분담금의 40% 이내
(공급계약서상의 납부일정에 따라 계약금부터 분할대출)

3. 대출기간 및 형식 : 3년만기 일시상환(공사기간 연장 시는 연장 가능)
(중도금 용도의 개별대출방식[약정 후 분할지급]이며, 대출금은 조합명의 계좌로 입금)
☞ 조합명의 계좌로만 입금이 가능하며, 개인 앞으로는 지급이 불가능.

4. 대출금리 : 연 4.8%[3개월물 CD(MOR) + 0.20%P, 0000년 0월 현재]
(대출실행일로부터 3개월 단위로 금리변동, ☞ 실제 적용금리는 9/25일을 기준함)

5. 비 용(인지대) : 대출신청 시 아래의 대출금리 별로 현금을 별도 준비하여야 한다.

대 출 금 액	수입인지대
2천만원 초과 ~ 3천만원 이하	0만원
3천만원 초과 ~ 5천만원 이하	0만원
5천만원 초과 ~ 1억원 이하	0만원
1억원 초과 ~ 10억원 이하	00만원

6. 대출제한 및 유의사항

❏ 대출신청자가 다음 각 호에 해당하는 경우에는 대출대상에서 제외된다.
　(1) 금융기관의 신용정보교환 및 관리규약에 의해 신용관리대상자로 규제중인 경우
　(2) 현재 해당 은행의 대출금(보증채무, 신용카드 포함)이 연체중인 경우
　(3) 현재 해당 은행의 상각채권 및 채무면제(감면)에 대한 채무자 또는 연대보증인
　(4) 기타 해당 은행의 내부심사기준에 따라 여신부적격자로 판명되는 경우

❏ 앞으로 대출금이자를 3개월 이상 연체하는 경우에는 신용관리대상자로 등록된다.

❏ 대출신청 시 대출금이자 자동이체에 대한 약정체결신청이 가능하다.
　• 대출신청 시 신청인명의의 해당 은행 예금통장(또는 사본)이 필요하다.
　• 매월 최초의 분할대출일을 기준으로 사전에 자동이체약정을 위한 예금통장에 대출금이자(3개월 단위 금리변동을 감안한 금액)에 해당하는 금액을 입금하여야 한다.
　• 분담금(중도금)납부 예정일자에 대출금이자가 납부되지 않은 경우에는 대출취급이 불가능함으로 대출금이자에 대한 해당 금액을 상기의 자동이체약정 예금통장에 중도금 납부일 전일까지 입금하여야 한다.

❏ 당초 대출신청 시 지정(희망)한 중도금대출 회차를 변경 또는 대출을 포기하고자 하는 경우에는 해당 은행 지점(대출신청 지점 외 모든 지점에서 가능)에 본인이 직접 내점 하여 지정된 회차(중도금 납부일) 7일 전에 서면으로 변경신청을 하여야 한다.

7. 대출신청 시 준비서류

1) 조합원 본인이 신청 시(국내거주 국민)

NO	준비서류	용 도	통 수	발급 기관
1	조합원 및 배우자 신분증	– 본인 확인 ※ 주민등록증, 운전면허증, 여권 등	–	–
2	조합원 및 배우자 인감도장	– 대출관계 서류 날인	–	–
3	• 배우자 인감도장 • 인감증명서	배우자 미참석 시 개인신용정보 활용 동의	1통	동주민쎈타
4	주민등록등본	주소 등 확인	1통	동주민쎈타
5	호적등본	– 배우자여부 확인 ※ 단독세대주, 배우자 분리세대, 만19세 이상 미혼의 조합원이 해당됨	1통	동주민쎈타
6	분양계약서	– 분양계약 확인	–	조 합

7	• 재직증명서
	• 근로소득원천징수 영수증(근로소득자)
	• 사업자등록증명원 (사업소득자)
		– DTI(총부채상환비율) 산출을 위한
		   소득 확인
		※ 만 30세 미만 미혼 조합원, 배우자가
		   주택담보대출을 보유한 경우에 해당
			각
			1통
				재직회사
				세 무 서

8	금융거래확인서	– 주택담보대출 보유여부 확인
		※ 조합원 및 배우자가 금융기관에서
		   주택담보대출(이주비대출포함)을
		   받은 경우
			각
			1통
				대출은행

9	–	–	–	–

※ 조합원의 경우 반드시 본인이 대출신청 해야 하며, 대리인은 신청을 할 수 없습니다.
※ 대출 관련 준비서류는 각 금융지원기관에 따라 차이가 있을 수 있으므로 준비서류의
   확정은 해당 금융지원기관과 협의 후 확정하시기 바랍니다.

2) 해외체류 국민(해외취업, 유학, 재외공관파견 등 외국거주 또는 체류하는 대한민국 국민)

(1) 본인이 신청 시 - 국내거주 국민과 동일(앞의 '조합원 본인이 신청 시' 참조)
(2) 대리인이 신청 시

NO	준비서류	용 도	통 수	발급 기관
1	위임장 (해당은행 서식)	- 국내대리인의 대리권 확인 ※ 조합원 및 배우자 모두 해외에 체류하는 조합원 및 배우자 각각 위임장 작성	2통	재외공관 인증
2	조합원 신분증 사본	- 본인의 위임여부 확인 ※ 주민등록증, 운전면허, 여권 등 사본	1통	-
3	대리인 신분증	- 대리인 확인 ※ 주민등록증, 운전면허, 여권 등	-	-
4	조합원 및 배우자 인감도장	- 대출관계 서류 날인	-	-
5	배우자 인감도장 및 인감증명서	- 배우자 미참석 시 개인신용정보 활용 동의 ※ 조합원 및 배우자 각각 위임장 작성의 경우는 생략	1통	동주민쎈타
6	조합원 주민등록등본	- 주소 등 확인	1통	동주민쎈타
7	조합원 호적등본	- 배우자여부 확인 ※ 단독세대주, 배우자분리세대, 만19세 이상 미혼조합원에 해당	1통	동주민쎈타
8	분양계약서	- 분양계약 확인	-	조 합
9	• 재직증명서 • 근로소득 원천징수영수증 (근로소득자) • 사업자등록증명원 • 소득금액사실증명원 (사업소득자)	- DTI(총부채상환비율) 산출을 위한 소득확인 ※ 만 30세 미만 미혼 조합원, 배우자가 주택담보대출을 보유한 경우에 해당	각 1통	재직회사 세 무 서
10	금융거래확인서	- 주택담보대출 보유여부 확인 ※ 조합원 및 배우자가 금융기관에서 주택담보대출(이주비대출포함)을 받은 경우	각 1통	대출은행

3) 재외국민(영주권자)

(1) 본인이 신청 시

NO	준비서류	용　도	통수	발급 기관
1	조합원 및 배우자 신분증	– 본인 및 국적 확인 ※ 여권, 국내거소신고증	–	–
2	조합원 및 배우자 인감도장	– 대출관계 서류 날인	–	–
3	배우자 인감도장 및 인감증명서	– 배우자 미참석 시 개인신용정보 활용 동의	1통	동사무소
4	주민등록등본	– 주소 등 확인 ※ 국내주소말소의 경우 '재외국민등록부' 　또는 '재외국민 거주사실증명서'	1통	동사무소 재외공관
5	호적등본	– 배우자여부 확인 ※ 단독세대주, 배우자분리세대, 　만19세 이상 미혼조합원에 해당	1통	동사무소
6	분양계약서	– 분양계약 확인	1통	조　합
7	● 재직증명서 ● 근로소득 　원천징수영수증 　(근로소득자) ● 사업자등록증명원 ● 소득금액사실증명원 　(사업소득자)	– DTI(총부채상환비율) 산출을 위한 소득확인 ※ 만 30세 미만 미혼 조합원, 배우자가 　주택담보대출을 보유한 경우에 해당	각 1통	재직회사 세　무　서
8	금융거래확인서	– 주택담보대출 보유여부 확인 ※ 조합원 및 배우자가 금융기관에서 　주택담보대출(이주비대출포함)을 받은 경우	각 1통	대출은행

(2) 대리인이 신청 시

NO	준비서류	용 도	통 수	발급 기관
1	위임자 (해당 은행 서식)	- 국내대리인의 대리권 확인 ※ 조합원 및 배우자 모두 해외에 체류하는 　조합원 및 배우자 각각 위임장 작성	2통	재외공관 인 증
2	조합원 신분증 사본	- 본인의 위임여부 확인 ※ 여권 사본	1통	-
3	대리인신분증	- 대리인 확인 ※ 주민등록증, 운전면허, 여권 등	-	-
4	조합원 및 배우자 인감도장	- 대출관계 서류 날인	-	-
5	배우자 인감도장 및 인감증명서	- 배우자 미참석 시 개인신용정보 활용 동의 ※ 조합원 및 배우자 각각 위임장 작성의 　경우는 생략	1통	동사무소
6	주민등록등본	- 주소 등 확인 ※ 국내주소 말소의 경우 '재외국민등록부' 　또는 '재외국민 거주사실증명서'	1통	동사무소 재외공관
7	호적등본	- 배우자여부 확인 ※ 단독세대주, 배우자분리세대, 　만19세 이상 미혼조합원에 해당	1통	동사무소
8	분양계약서	- 분양계약 확인	-	조 합
9	● 재직증명서 ● 근로소득 　원천징수영수증 　(근로소득자) ● 사업자등록증명원 ● 소득금액사실증명원 　(사업소득자)	- DTI(총부채상환비율) 산출을 위한 소득확인 ※ 만 30세 미만 미혼 조합원, 배우자가 　주택담보대출을 보유한 경우에 해당	각1 통	재직회사 세 무 서
10	금융거래확인서	- 주택담보대출 보유여부 확인 ※ 조합원 및 배우자가 금융기관에서 　주택담보대출(이주비대출포함)을 받은 경우	각 1통	대출은행

4) 외국인(시민권자 등 외국국적자)

NO	준비서류	용 도	통 수	발급기관
1	조합원 및 배우자 신분증	- 본인 확인 ※ 여권, 외국인등록증	-	-
2	조합원 및 배우자 인감도장 또는 서명	- 대출관계 서류 날인	-	-
3	배우자 인감도장 또는 인감증명서	- 배우자 미참석 시 개인신용정보 활용 동의	1통	동주민쎈타 재외공관
4	외국인등록사실증명서 또는 국내거소신고사실증명원	- 주소 등 확인	1통	동주민쎈타 관리사무소
5	호적등본	- 배우자여부 확인 ※ 단독세대주, 배우자분리세대, 만19세 이상 미혼조합원에 해당	1통	동주민쎈타
6	분양계약서	- 분양계약 확인	-	조 합
7	• 재직증명서 • 근로소득 원천징수영수증 (근로소득자) • 사업자등록증명원 • 소득금액사실증명원 (사업소득자)	- DTI(총부채상환비율) 산출을 위한 소득확인 ※ 만 30세 미만 미혼 조합원, 배우자가 주택담보대출을 보유한 경우에 해당	각1통	재직회사 세 무 서
9	금융거래확인서	– 주택담보대출 보유여부 확인 ※ 조합원 및 배우자가 금융기관에서 주택담보대출(이주비대출포함)을 받은 경우	각1통	대출은행

※ 조합원의 경우 반드시 본인이 대출신청 해야 하며, 대리인의 경우 신청할 수 없습니다.

8. 중도금 대출 관련 상담연락처

대출은행	담당자	전화번호
△△ 은행 00동지점	000 팀장 000 과장	02) 000 - 0000 02) 000 - 0000
◇◇ 은행 00동지점	000 팀장 000 과장	02) 000 - 0000 02) 000 - 0000

분 양 계 약 장 소 안 내

(약 도)

주소 : 서울시 00구 00동 000번지 (3호선 00역 1번출구)
TEL : 02) 0000 - 0000

반포주공0단지 재건축정비사업조합

주 소: 서울시 서초구 00동 76-5 00빌딩 000호 (우 : 137-909)
☎ 02)533-0000, 3477-0000   FAX: 02)3477-0000
홈페이지: www. banpo2.com

조합원 개인별 분담금 통지서

❏ 조합원 인적사항

조합원 성명	홍길동	기존 동-호수	200 - 200
배정 동-호수	100 - 1901	배정 주택형	62T2

❏ 조합원 분담금총액

권리가액	000,000,000	분양금액	0,000,000,000	분담금총액	000,000.000

※ 상기 분담금총액은 관리처분계획을 기준한 금액으로 추후 일반분양(임대분양 포함) 및
　 사업추진 상황에 따라 변동될 수 있습니다.

❏ 조합원 분담금 납부일정

회　차	납부율	납 부 일 자	납 부 금 액	비　고
계　약　금	20%	계약 시	00,000,000	무통장입금, 계좌이체
제1차 중도금	10%	0000. 01. 25	00,000,000	
제2차 중도금	10%	0000. 06. 25	00,000,000	
제3차 중도금	10%	0000. 11. 26	00,000,000	
제4차 중도금	10%	0000. 04. 25	00,000,000	
제5차 중도금	10%	0000. 09. 25	00,000,000	
제6차 중도금	10%	0000. 02. 25	00,000,000	
잔　　금	20%	입주예정일	00,000,000	정산한 금액 납부

※ 회차별 납부금액은 위의 '조합원 분담금총액'을 기준으로 차수에 따라 배분한 금액이며,
　 천원이하의 금액은 잔금납부 시 정산하여 납부하게 됩니다.
※ 계약금의 납부방법은 무통장입금이나 계좌이체를 통해서만 납부가 가능하며, 현금납부는
　 불가능하니 이점 유의하시기 바랍니다.

0000년 0월 00일

반포주공0단지 재건축정비사업조합
조　합　장　　　0　0　0　(인)

❏ **2022년 종합부동산세율(주택)**(종부세법 제9조<개정 2020.8.18.>)('21년 귀속분부터 적용)

과세표준	1주택 & 비조정대상지역 2주택		조정대상지역 2주택 & 비조정대상지역 3주택 이상		비 고
	세 율	누진공제액	세 율	누진공제액	
3억원 이하	0.6%	0원	1.2%	0원	
3억원 초과 6억원 이하	0.8%	60만원	1.6%	120만원	
6억원 초과 12억원 이하	1.2%	300만원	2.2%	480만원	
12억원 초과 50억원 이하	1.6%	780만원	3.6%	2,160만원	
50억원 초과 94억원 이하	2.2%	3,780만원	5.0%	9,160만원	
94억원 초과	3.0%	1억 1,300만원	6.0%	1억8,560만원	
세부담상한율 (종부세법 제10조)	150%	-	300%	-	법인은 미적용

※ 1. 종합부동산세는 6월을 기준(6월 기준 재산세 납세자)하여 12월에 과세되며, **인별로 부과된다**.
   2. 법인은 과세표준에 관계없이 2주택 이하(조정대상지역 내 2주택 제외)는 3%, 3주택 이상(조정대상지역 2주택)은 6%가 적용된다.(종부세법 제9조제2항)
   3. 중과세율이 적용되는 법인은 종합부동산세 과세 시 기본공제(6억원) 폐지(종부세법 제8조제1항)

❏ **종합부동산세(주택) 고령자 및 장기보유 감면내역**(종부세법 제9조)('21년부터 적용)

개정 전				개정 후('20.7·10. 대책) <개정 2020.8.18.>			
고령자 감면		장기보유 감면		고령자 감면		장기보유 감면	
연 령	공제율	보유기간	공제율	연 령	공제율	보유기간	공제율
60세~65세	10%	5년~10년	20%	60세~65세	20%	5년~10년	20%
65세~70세	20%	10년~15년	40%	65세~70세	30%	10년~15년	40%
70세 이상	30%	15년 이상	50%	70세 이상	40%	15년 이상	50%
◦ 공제한도: 고령자 +장기보유 합계 70%				◦ 공제한도: 고령자 +장기보유 합계 80%			

※ 주택분 종합부동산세는 인별로 과세하며, **납세의무자가 1세대 1주택자로서 과세기준일 현재 만60세 이상, 5년 이상 보유한 자의 고령자 및 장기보유 감면내역이다**(종부세법 제9조제7항).
※ 1주택과 다른 주택의 부속토지(주택의 건물과 부속토지의 소유자가 다른 경우의 그 부속토지를 말한다)를 함께 소유하고 있는 경우에는 1세대 1주택으로 본다(종부세법 제8조제4항).
※ 종합부동산세법 제9조제1항에 따라 종합부동산세액을 계산할 때 적용해야 하는 주택 수는 종합부동산세법 시행령 제4조의2제3항에 따른다(주택을 공유한 경우 각자 1주택소유자로 본다. 등)
   (종부세법 시행령 제4조의2제3항(신설 2019.2.12.>).
※ 위의 감면혜택은 1세대 1주택인 경우에 한하여 혜택을 받을 수 있다.(종부세법 제9조제6항 및 제7항)
   즉, 종합부동산세는 인별로 과세하나, 감면혜택은 1가구1주택에 한하여 적용된다.
주) 이 규정은 종부세의 세대별 부과가 불합리한 차별이므로 개인별로 산정하라는 헌법재판소의 헌법 불합치 결정(헌법재판소 2008.11.13. 자 2006헌바112 결정)에 정면으로 위배되는 규정으로 판단된다.

❑ 2022년 종합부동산세(주택) 세액 산출식(종부세법 제9조제1항)(개정 2020.8.18.)

1. 납세의무자가 2주택 이하를 소유한 경우(조정대상지역 내 2주택을 소유한 경우는 제외)

과세표준	세 율	비 고
3억원 이하	1천분의 6	
3억원 초과 ~ 6억원 이하	180만원+(3억원을 초과하는 금액의 1천분의 8)	
6어원 초과 ~ 12억원 이하	420만원+(6억원을 초과하는 금액의 1천분의 12)	
12억원 초과 ~ 50억원 이하	1천140만원+(12억원을 초과하는 금액의 1천분의 16)	
50억원 초과 ~ 94억원 이하	7천220만원+(50억원을 초과하는 금액의 1천분의 22)	
94억원 초과	1억6천900만원+(94억원을 초과하는 금액의 1천분의 30)	

2. 납세의무자가 3주택 이상을 소유하거나 조정대상지역 내 2주택을 소유한 경우

과세표준	세 율	비 고
3억원 이하	1천분의 12	
3억원 초과 ~ 6억원 이하	360만원+(3억원을 초과하는 금액의 1천분의 16)	
6어원 초과 ~ 12억원 이하	840만원+(6억원을 초과하는 금액의 1천분의 22)	
12억원 초과 ~ 50억원 이하	2천160만원+(12억원을 초과하는 금액의 1천분의 36)	
50억원 초과 ~ 94억원 이하	1억5천840만원+(50억원을 초과하는 금액의 1천분의 50)	
94억원 초과	3억7천840만원+(94억원을 초과하는 금액의 1천분의 60)	

※ [종부세＝과표×세율] <과표(과세표준)>＝(공시가격－공제금액)×공정시장가액비율

❑ 2022년 종합부동산세 공제금액

구 분	대상물건	공제금액	비고
주 택	아파트, 단독주택, 다세대, 다가구 등	6억원 (1세대 1주택자 11억원)	
종합부동산토지	나대지, 잡종지 등	5억원	
별도합산토지	상가, 사무실의 부속토지 등	80억원	

주-1) 종부세의 납부할 세액은 납부고지서상에 기재되어있는 종합부동산세와 농어촌특별세 (종부세의 20%)의 합계액이다.

□ 1주택 종합부동산세액 산출 시 부부(夫婦) 단독명의/공동명의 비교(2021년부터 적용)

구 분	단독명의 1주택	부부 공동명의 1주택	비 고
주택 수 산정	1주택	2주택으로 간주	
기본소득 공제	11억원	12억원	
고령자/장기보유 세액공제	최대 80%까지 공제 적용	미적용	

주-1) 부부 공동명의 1주택 소유자의 경우, 매년 9월16일부터 9월 30일까지 관할 세무서에 고령자·장기보유공제가 적용되는 단독명의 방식으로 과세방식 변경을 신청하면 해당 공제를 받을 수 있다. (종부세법 제10조의2[본조신설 2020.12.29.]. 9월에 미신청한 경우에는 종부세 고지서가 나가는 12월 1~15일에 과세특례 신청을 할 수 있다.

주-2) 국세청 시뮬레이션 결과(예)
· 공동명의자가 모두 60세 미만이고 주택 보유 기간이 5년 미만인 경우 : 주택 공시가격과 상관없이 부부 공동명의 납부가 유리하다.
· 공동명의 소유주 가운데 1명이 65세인 경우 : 주택을 5년간 보유했다면 공시가격이 13억8000만원 이상일 경우와 10년을 보유했다면 공시가격이 12억7000만원 이상인 경우 단독명의 납부방식이 유리하다. 15년 이상 보유했을 경우라면 공시가격이 12억4000만원 이상부터 단독명의가 유리하다.

주-3) 1가구 1주택 부부 공동 명의자들이 단독명의 납부방식을 신청하면 부부 중 지분율이 높은 사람이 납세의무자가 된다.

주-4) 1가구 1주택 부부 공동 명의자들이 단독명의 납부방식을 신청하려면 국세청 홈 택스(hometax.go.kr)나 주소지 관할 세무서에 단독명의 납부 변경 신청을 할 수 있다.

▶ 부부의 연령·보유기간별 단독명의가 유리한 집값의 기준금액(공시가격)

(공시가격 기준, 부부 50%씩 지분소유일 때 아래 기준금액 이상인 경우에는 공동명의보다 단독명의가 종부세액이 적음을 나타내는 도표이다)

보유기간 \ 연령	60세 미만	60세 이상~65세미만	65세 이상~70세미만	70세 이상
5년 미만	공동명의 유리	54억3000만원	41억8000만원	30억6000만원
5년 이상~10년 미만	54억3000만원	30억6000만원	13억8000만원	13억1000만원
10년 이상~15년 미만	30억6000만원	13억1000만원	12억7000만원	12억4000만원
15년 이상	13억8000만원	12억7000만원	12억4000만원	12억4000만원

60세 남편, 58세 아내가 공시가격 16억원 주택을 50%씩 보유한 경우
· 공동명의 납부 : 68만7182원 총 137만4364원
· 단독명의 납부 : 98만8800원

※ 위 도표는 조선일보 2021년 9월 7일자 A8면에서 인용한 것임

□ 2022년 **부동산 양도소득세율**('20.7·10 대책 반영)('21.6.1. 이후 양도분부터 적용)

구 분	주택, 입주권	분양권	토지, 상가, 공장, 등	조정지역의 1세대 2주택, 비사업용 토지	조정지역의 1세대 3주택, 조정지역의 비사업용 토지	누진공제
· 미등기양도	70%	-	70%	70%	70%	-
· 보유기간이 1년 미만	70%	70%	50%	50%	50%	-
· 보유기간이 2년 미만	60%	60%	40%	40%	40%	-
· 보유기간이 2년 이상	기본세율 (6%~45%)					
양도차익 (과세표준)	(기 본)세 율					
· 1,200만원 이하	6%	6%	6%	26%	36%	-
· 1,200만원 초과 ~4,600만원 이하	15%	15%	15%	35%	45%	-108만원
· 4,600만원 초과 ~8,800만원 이하	24%	24%	24%	44%	54%	-522만원
· 8,800만원 초과 ~1억5천만원 이하	35%	35%	35%	55%	65%	-1,490만원
· 1억5천만원 초과 ~3억원 이하	38%	38%	38%	58%	68%	-1,940만원
· 3억원 초과 ~5억원 이하	40%	40%	40%	60%	70%	-2,540만원
· 5억원 초과 ~10억원 이하	42%	42%	42%	62%	72%	-3,540만원
· 10억원 초과	45%	45%	45%	65%	75%	-6,540만원
관계 법령	소득세법 제104조제1항 및 제7항, 소득세법 제55조제1항(개정 20`.12.29.)			소득세법 제104조제1항 및 제7항, 소득세법 제89조제2항		

※ 다주택자(분양권 포함)의 중과세율(규제지역 내) <u>최고세율</u>('20.7·10 대책 반영)
 : **·2주택 이상 : 기본세율(6~45%)+20%=65%, ·3주택 이상 : 기본세율(6~45%)+30%=75%**

※ 법인의 경우 주택양도소득세율(법인세법 제55조의2)('20.7·10 대책 반영)
 : 법인세율(10~25%)에 더해 추가 과세되는 세율을 현행 10%에서 20%로 상향

※ 주택수에 분양권을 포함하는 것은 2020.1.1. 이후 새로 취득하는 분양권부터 적용한다.
  분양권 취득(분양권 당첨일) 후 3년 이내에 기존주택을 처분하거나, 새집 완공(입주일) 후 2년
  이내에 기존주택을 처분하고 새집 완공 후 2년 이내에 세대원 전원이 이사해 1년 이상 실 거주하면
  1주택 1분양권 비과세 요건(일시적 2주택)에 해당된다.(2021.1.8. 조선일보 B2면)

※ 분양권에 대한 중과는 지역 및 보유기간을 불문하고 중과세율을 적용한다.
 : ·1년 미만: 70%, ·1년 이상 2년 미만: 60% 적용(소득세법 제104조제1항제2호·제3호)

※ 주택 양도소득세 면제조건은 1세대 1주택으로, 실거래가 12억원(소득세법 제89조제1항제3호 <2021.12.8.
  일부개정 및 시행>) 이하로, **주택보유기간이 2년 이상인 경우(대통령령으로 정하는 요건)이다.**
  <u>**이때, 조정대상지역의 경에는 보유기간 2년 이상 외에 거주기간 2년 이상이 추가된다.**</u>

❏ 2022년 양도소득세 장기보유 특별공제율('21.1.1. 이후 양도분부터 적용)

보유/거주 기간	1세대 1주택			다주택자,토지, 건물, 원조합원의 조합원입주권	장기임대주택	장기일반민간 임대주택	조정지역 내 다주택자 혹은 임대주택
	보유 기간	거주 기간	계				
2년 이상	12%	8% (주1)	20%	6%	6%	-	특별공제율 없음 (1세대 1주택 또는 준공공임대주택만 혜택 적용)
3년 이상		12%	24%				
4년 이상	16%	16%	32%	8%	8%	-	
5년 이상	20%	20%	40%	10%	10%	-	
6년 이상	24%	24%	48%	12%	14(12+2)%	-	
7년 이상	28%	28%	56%	14%	18(14+4)%	-	
8년 이상	32%	32%	64%	16%	22(16+6)%	50%	주) 장기임대주택 =(민간건설임대주택+ 민간매입임대주택+ 공공건설임대주택+ 공공매입임대주택)
9년 이상	36%	36%	72%	18%	26(18+8)%	50%	
10년 이상	40%	40%	80%	20%	30(20+10)%	70%	
11년 이상	-			22%	-	-	주) 장기일반민간 임대주택 =(공공지원민간 임대주택+ 장기일반민간 임대주택)
12년 이상				24%			
13년 이상				26%			
14년 이상				28%			
15년 이상				30%			
관계 법령	소득세법 제95조 (표-2)			소득세법 제95조 (표-1)	조세특례제한법 제97조의4	조세특례제한법 제97조의3	

주1: 거주기간이 2년 이상 3년 미만에 해당한다. 단, 보유기간이 3년 이상에 한정한다.
즉, 보유기간 4%(2년 이상 거주하는 경우에 한한다)+거주기간 4%로 분할하여 적용한다.

주2: 1세대가 2주택 이상을 보유한 경우에는 1주택 외의 주택을 모두 처분한 후 1주택을 보유하게 된 날부터 1주택의 보유기간을 기산한다.(소득세법 시행령 제154조제5항<개정 2021.2.17.>

주3: 양도소득세법 개정 후 신규로 구입하는 주택의 경우, 위의 보유기간에 따른 감면혜택을 대신하여 양도차액이 5억 미만: 40%, 10억 미만: 30%, 20억 미만: 20%, 20억 이상: 10%로 개정·발의됨)

※ 소득세법 시행령 제154조제5항 전문

⑤ 제1항에 따른 보유기간의 계산은 법 제95조제4항에 따른다. 다만, 2주택 이상(제155조, 제155조의2 및 제156조의2 및 제156조의3에 따라 일시적으로 2주택에 해당하는 경우 해당 2주택은 제외하되, 2주택 이상을 보유한 1세대가 1주택 외의 주택을 모두 처분[양도, 증여 및 용도변경 (「건축법」 제19조에 따른 용도변경을 말하며, 주거용으로 사용하던 오피스텔을 업무용 건물로 사실상 용도변경하는 경우를 포함한다)하는 경우를 말한다. 이하 이 항에서 같다]한 후 신규주택을 취득하여 일시적 2주택이 된 경우는 제외하지 않는다)을 보유한 1세대가 1주택 외의 주택을 모두 처분한 경우에는 처분 후 1주택을 보유하게 된 날부터 보유기간을 기산한다. <개정 2019.2.12., 2021.2.17.>

▶ 위 제⑤항의 2019.2.12. 개정 부칙 제1조(시행일)제3호 전문
: 3. 제154조제5항의 개정규정 : 2021년 1월 1일

▶ 위 제⑤항의 2021.2.17. 개정 부칙 제9조(1세대 1주택의 범위에 관한 적용례) 전문
: 제154조제5항 단서의 개정규정은 이 영 시행(2021.1.1.) 이후 2주택 이상을 보유한 1세대가 증여 또는 용도변경하는 경우부터 적용한다. (위헌소지를 감안하여 보완/개정한 것으로 판단됨)

☐ 고가주택 기준금액

	구 분	고가주택 기준금액	비 고
1	재산세 감면기준	9억원(공시가격)	
2	LTV(주택담보대출비율) 규제강화기준	9억원(시세)	
3	1주택자 종부세 과세기준	11억원(공시가격)	
4	1주택자 양도세 과세기준	12억원(시세)	
5	주택담보대출 한도기준	15억원(시세)	
	부동산중개수수료 최고세율		

☐ 2022년 주택 취득세율(지방세법)('20.7·10 대책 반영)('20.8.11.부터 적용)

구 분		'20.7·10 대책 이전	개 정		비 고
			조정지역	그 외지역	
개 인	1주택	주택가격에 따라1~3%	주택가격에 따라1~3%		일시적 2주택은 1주택 세율 적용
	2주택		8%	1~3%	
	3주택		12%	8%	
	4주택 이상	4%	12%	12%	
법 인		주택가격에 따라1~3%	12%		

☐ 주택시장 규제별 해당지역(시행일)('21.8·30 기준)

해당지역	(청약)조정대상지역 총112개 지역	투기과열지구 총49개 지역	투기지역 총15개 지역
서울	전지역 25개구('16.11.3)	전지역 25개구('17.8.3)	강남(서울'03.4.30), 서초, 송파, 강동,용산, 성동, 노원, 마포, 양천, 영등포, 강서, 종로, 중, 동대문, 동작
경기	• 과천, 성남, 하남 ('16.11.3), • 광명('17.6.19) • 구리, 안양 ('18.8.28) • 수원, 안양, 의왕('20.2.21) • 고양, 남양주(주1), 화성, 군포, 부천, 용인(주2), 오산, 안성(주3), 평택, 광주(주4), 양주(주5), 의정부 ('20.6.19) • 김포(주6)('20.11.20), • 파주(주7)('20.12.18) • 동두천(주8)('21.8.30)	• 과천('17.8.3) • 성남분당('17.9.6) • 광명, 하남('18.8.28) • 수원, 성남수정, 안양, 안산단원, 구리, 군포, 의왕, 용인수지·기흥, 동탄2(주2)('20.6.19)	–
인천	• 중(주9), 동, 미추홀, 연수, 남동, 부평, 계양, 서('20.6.19)	• 연수, 남동, 서('20.6.19)	–

부산	• 해운대, 수영, 동래, 남, 연제 ('20.11.20), • 서구, 동구, 영도구, 부산진구, 금정구, 북구, 강서구, 사상구, 사하구('20.12.18)	-	-
대구	• 수성('20.11.20), • 중구, 동구, 서구, 남구, 북구, 달서구, 달성군(주10) ('20.12.18)	• 수성('17.9.6)	-
광주	• 동구, 서구, 남구, 북구, 광산구, ('20.12.18)	-	-
대전	• 동, 중, 서, 유성, 대덕 ('20.6.19)	• 동, 중, 서, 유성('20.6.19)	-
울산	• 중구, 남구('20.12.18)	-	-
세종	• 세종(주11)('16.11.3)	• 세종('17.8.3)(주1)	• 세종 (행복도시 건설 예정지역)
충북	• 청주(주12)('20.6.19)	-	-
충남	• 천안동남(주13), 서북(주14), 논산(주15), 공주(주16) ('20.12.18)	-	-
전북	• 전주완산·덕진('20.12.18)	-	-
전남	• 여수(주17), 순천(주18), 광양(주19)('20.12.18)	-	-
경북	• 포항남(주20), 경산(주21), ('20.12.18)	-	-
경남	• 창원성산('20.12.18)	• 창원성산('20.12.18) ▶창원시 의창구 동읍, 북면 지정해제(주3)('21.8.30)	-

[조정대상지역 주석]

주1) 화도읍, 수동면 및 조안면 제외

주2) 처인구 포곡읍, 모현읍, 백암면, 양지면 및 원삼면 가재월리·사암리·미평리·좌항리·맹리· 두창리 제외

주3) 일죽면, 죽산면, 삼죽면, 미양면, 대덕면, 양성면, 고삼면, 보개면, 서운면 및 금광면 제외

주4) 초월읍, 곤지암읍, 도척면, 퇴촌면, 남종면 및 남한상성면 제외

주5) 백석읍, 남면, 광적면 및 은현면 제외

주6) 통진읍, 대곶면, 월곶면 및 하성면 제외

주7) 문산읍, 파주읍, 법원읍, 조리읍, 월롱면, 탄현면, 광탄면, 파평면, 적성면, 군내면, 장단면, 진동면 및 진서면 제외

주8) 광암동, 걸산동, 안흥동, 상봉암동, 하봉맘동, 탑동동 제외

주9) 을왕동, 남북동, 덕교동 및 무의동 제외

주10) 가창면, 구지면, 하빈면, 논공읍, 옥포읍, 유가읍 및 현풍읍 제외

주11) 건설교통부고시 제2006-418호에 따라 지정된 행정중심복합도시 건설 예정지역으로, 「신행정수도 후속대책을 위한 연기·공주지역 행정중심복합도시 건설을 위한 특별법」 제15조제1호에 따라 해제된 지역을 포함

주12) 낭성면, 미원면, 가덕면, 남일면, 문의면, 남이면, 현도면, 강내면, 옥산면, 내수읍 및 북이면 제외

주13) 목천읍, 풍세면, 광덕면, 북면, 성남면, 수신면, 병천면 및 동면 제외

주14) 성환읍, 성거읍, 직산읍 및 입장면 제외

주15) 강경읍, 연무읍, 성동면, 광석면, 노성면, 상월면, 부적면, 연산면, 벌곡면, 양촌면, 가야곡면, 은진면 및 채운면 제외

주16) 유구읍, 이인면, 탄천면, 계룡면, 반포면, 의당면, 정안면, 우성면, 사곡면 및 신풍면 제외

주17) 돌산읍, 율촌면, 화양면, 남면, 화정면 및 삼산면 제외

주18) 승주읍, 황전면, 월등면, 주암면, 송광면, 외서면, 낙안면, 별량면 및 상사면 제외

주19) 봉강면, 옥룡면, 옥곡면, 진상면, 진월면 및 다압면 제외

주20) 구룡포읍, 연일읍, 오천읍, 대송면, 동해면, 장기면 및 호미곶면 제외

주21) 하양읍, 진량읍, 압량읍, 와촌면, 자인면, 용성면, 남산면 및 남천면 제외

[투기과열지구 주석]

주1) 건설교통부고시 제2006-418호(2006.10.13.)에 따라 지정된 행정중심복합도시 건설 예정지역으로, 「신행정수도 후속대책을 위한 연기·공주지역 행정중심복합도시 건설을 위한 특별법」제15조제1호에 따라 해제된 지역을 포함

주2) 화성시 반송동·석우동, 동탄면 금곡리·목리·방교리·산척리·송리·신리·영천리· 오산리·장지리·중리·청계리 일원에 지정된 동탄2택지개발지구에 한함

주3) 대산면, 동읍 및 북면제외(북면 감계리 일원 감계지구*, 무동리 일원 무동지구**는 투기 과열지구 지정을 유지)

　* 「창원도시관리계획(감계지구 지구단위계획)결정(변경) 및 지형도면 고시(창원시 고시 제2020-379호, 2020.12.31.), 「창원도시관리계획(감계지구 지구단위계획)결정(변경) 및 지형도면 고시에 대한 정정고시(창원시 고시 제2021-11호(2021.1.29.)」에 따른 구역

　** 「창원도시관리계획(무동지구 지구단위계획) 결정(변경) 및 지형도면 고시(창원시 고시 제2020-110호, 2020.5.29.)」에 따른 구역

❏ 주택시장 규제지역별 규제내용
('17.8·2/'18.9·13/'19.12·16/'20.6·17/'20.7·10/'20.11·19/'20.12·17 대책 및
2021년 2월 6일 주택법 시행령 개정내용 반영)

1. (청약)조정대상지역

구분	조정대상지역 규제내용
금융	• 가계대출에서 LTV는 9억원이하 50%, 9억원초과 30%, DTI는 50% -(서민·실수요자)는 LTV, DTI에서 10% 우대
	• 중도금대출발급요건 강화(분양가격 10% 계약금 납부, 세대당 보증건수 1건으로 제한)
	• 2주택이상 보유세대는 주택신규 구입을 위한 주택담보대출 금지(LTV 0%) • 주택 구입 시 실거주목적을 제외한 주택담보대출 금지(전 규제지역) - 전 규제지역 내 주택 구입을 위한 주택담보대출 시 주택구입가격과 관계없이 구입 후 6개월 내 전입 의무. (예외) 1주택세대가 6개월 내에 기존주택 처분 및 신규주택 전입 시는 예외(전입 의무)
세제	• 다주택자 양도세 중과·장기특별공제 배제(2주택은 +20%P, 3주택은 +30%P)
	• 분양권 전매 시에는 양도세율 50% 적용, 분양권도 주택수에 포함(신규 구입분부터)
	• 2주택이상 보유자는 종부세 추가과세(+0.6%P~2.8%P 추가과세)
	• 일시적 2주택자의 종전주택 양도기간(1년 이내 신규주택 전입 및 1년 이내 양도 의무)
	• 1주택이상자 신규 취·등록 및 임대주택의 세제혜택 축소 (양도세 중과, 종부세 합산과세)
전매 제한	• 주택 분양권 전매제한(1지역: 소유권이전등기 시, 2지역: 1년6개월, 3지역: 6개월)
	• 오피스텔 분양권 전매제한(소유권이전등기 혹은 사용승인일로부터 1년 중 짧은 기간)
청약	• 1순위 자격요건 강화/일정분리 -청약통장 가입 후 2년 경과+납입횟수 24회 이상 -5년 이내 당첨자가 세대에 속하지 않을 것, 세대주 일 것 -(국민, 민영 가점제) 무주택자, (민영 추첨제) 1주택 소유자 ※추첨제의 75%는 무주택자, 25%는 기존주택 처분 조건의 1주택자에게 공급
	• 가점제 적용 확대(85m²이하 75%, 85m²이상 30%)
	• 가점제 적용 배제(가점제 당첨된 자 및 가점제 당첨된 세대에 속하는 자는 2년간 가점제 적용을 배제한다)
기타	• 주택 거래(취득) 시 자금조달계획서 제출(신고) 의무화(조정대상지역, 투기과열지구) (거래가액과 무관, 기존주택 보유현황, 현금증여 등, 계약 후 60일 이내에 제출[신고])

1. 조정대상지역(위 규제내용 외에 조정대상지역에서의 규제내용)
   - 1주택자 양도소득세 비과세 요건강화(2년 이상 보유 + 실거주 + 9억원 이하)
   - 주택 수 산정시 분양권 포함(소득세법 제89조제2항)('21.1.1. 이후 취득분부터 적용)
   - 주택매매·임대사업자의 규제지역·비규제지역의 모든 지역에서 신규 주택담보대출 금지.
   - 법인보유 주택에 대한 종부세율 인상(개인 최고세율: 3~4%)과 법인세율(양도차익에 부과하는 법인세율)을 30~45%로 인상 및 6억 공제한도 폐지('20.6·17 대책)
   - 보금자리론 대상 실거주요건 부과('20.6·17 대책)('20.7.1부터 시행)
   -3개월 내 전입 및 1년 이상 실거주 유지 의무
   - HUG 전세대출 보증한도 축소(1주택자 대상 2억원으로 인하)('20.6·17 대책)(내규 개정 이후)
   - 분양가 상한제 민간주택 입주자에게 5년간 거주의무 부과(건축법 관련)

2. 투기과열 지구
   - (조정대상지역 규제내용 포함-투기과열지구에서 별도로 규정하는 사항은 제외)
   - 가계대출에서 LTV는 9억원이하 40%, 9억원초과 20%, 15억원초과 0%, DTI는 40%
   (서민/실수요자는 !00% 우대), 주택구입비가 15억원을 초과하면 주택담보대출 불가
   - 정비사업분양 재당첨 제한
   - 소유권 보전등기 및 소유권이전등기일로부터 3개월간 해당 대출, 주택구입목적의 담보대출, 임차보증금반환을 위한 대출금지
   - 재건축 조합원의 지위는 조합설립인가부터 소유권이전등기 시까지 양도 금지
   - 재개발 조합원의 지위는 관리처분계획인가부터 소유권이전등기 시까지 양도 금지
   - 주택 거래(취득) 시 거래가액과 무관하게 자금조달계획서 15종 제출(신고) 및 계약체결일로부터 60일 이내에 시장·군수 또는 구청장에게 공동으로 부동산거래 신고
   - 전세자금대출보증 이용 제한 강화(내규 개정 이후 시행)('20.6·17 대책)
   -투기과열지구 및 투기지역 시세 3억원 초과 구입 시 적용
   - 주택·분양권 전매제한
   -소유권이전등기는 최대 5년간 전매제한
   -분양가상한제 적용주택 전매기간 강화/ 의무거주 최대 5년
   - 2주택 이상 보유세대는 주택신규구입을 위한 주택담보대출 금지. 주택구입 시 실거주목적 외의 주택담보대출 금지.(예외: 무주택세대가 주택구입 후 6개월 이내 전입, 1주택세대가 기존주택을 6개월내 처분 및 전입 시)

3. 투기지역
   - (조정대상지역 및 투기과열지구 규제내용 포함-투기지역에서 별도로 정하는 사항은 제외)
   - 주택 담보대출 건수는 세대당 1건 제한(기존주택 2년 이내 처분약정 시 예외)
   - 2건 이상 아파트 주택담보대출이 있는 경우 만기연장 제한
   - 임대업자의 임대용 주택 취득 외 주택구입 목적의 기업자금 신규대출 금지
   - 전세자금대출보증 이용 제한 강화(기존 전세자금대출 회수)('20.6·17 대책)
   -투기과열지구 및 투기지역 시세 3억원 초과 주택 구입 시 적용
   - 가계대출에서 LTV와 DTI를 40%로 제한
   -주택담보대출에서 LTV와 DTI를 주택담보대출 1건 이상 세대는 30%, 실소유자는 50% 적용
   - 시가 9억원 초과 주택의 주택담보대축 차주에 대해서는 은행권에서 40%의 DSR 규제 적용
   - 주택분양에 대한 중도금 및 잔금 대출 금지
   - 재건축·재개발 주택에 대한 이주비 대출, 추가분담금에 대한 중도금대출 및 잔금대출금지. 단, 재건축·재개발 조합원이 1주택 1세대로서 조합설립인가 전까지 일정기간(1년 이상) 실 거주 시 제외)

❑ 민간택지 분양가상한제 적용지역('19.12·16 대책 반영)

(서울시)

1) 구의 전역이 지정된 경우(13개구: 총 445개동)

: 강남구, 서초구, 송파구, 강동구, 영등포구, 마포구, 성동구, 동작구, 양천구, 용산구, 중구, 광진구, 서대문구(13개구)

2) 구의 일부 동만 지정된 경우(5개구 37개동)

(1) 강서구: 방화동, 공항동, 마곡동, 등촌동, 화곡동(5개동)

(2) 노원구: 상계동, 월계동, 중계동, 하계동(4개동)

(3) 동대문구: 이문동, 휘경동, 제기동, 용두동, 청량리, 답십리, 회기동, 전농동(8개동)

(4) 성북구: 성북동, 정릉동, 장위동, 돈암동, 길음동, 동소문동2·3가, 보문동1가, 안암동3가, 동선동4가, 삼선동1·2·3가(13개동)

(5) 은평구: 불광동, 갈현동, 수색동, 신사동, 증산동, 대조동, 역촌동(7개동)

(경기도)

(1) 광명시: 광명동, 소하동, 철산동, 하안동(4개동)

(2) 하남시: 창우동, 신장동, 덕풍동, 풍산동(4개동)

(3) 과천시: 별양동, 부림동, 원문동, 주암동, 중앙동(5개동)

❑ 증여세율과 증여세 공제한도(주택)(2022.1. 현재)

증여세율			증여세 공제한도	
과세표준	적용세율	누진공제액	증여자	공제한도액
1억원 이하	10%	-	배우자	6억원
1억원 초과~ 5억원 이하	20%	1,000만원	직계존속	5,000만원 (미성년자 2천만원)
5억원 초과~10억웜 이하	30%	6,000만원	직계비속	5,000만원
10억원 초과~30억원 이하	40%	16,000만원	기타친족 (6촌 이내 혈족, 4촌 이내 인척)	1,000만원
30억원 초과	50%	46,000만원	기타	없음

주-1 과세표준은 시가(시가 파악이 불가능한 경우 공시지가)을 원칙으로 한다.

주-2 증여세 계산법 ; 과세표준(증여재산-증여재산공제액) × 세율= 납부세액

주-3 증여세 공제한도는 증여자나 수증자를 기준으로 **10년간 수증/증여한 재산**을 합산한 금액에서 위의 증여세 공세한도 금액이 공제된다.

❏ 재건축부담금 예정액 산출의 예(가상의 자료에 의한 참고사항)(개정·시행: 2021.2.19.)

구 분		A−아파트	B−아파트	C−아파트
① 조정한 개시시점 주택가액	추진위 설립일 기준 공시가격×α	370억원	2700억원	1조3000억원
② 정상주택가격 상승분	①×해당지역 집값 상승률	110억원	1800억원	3400억원
③ 개발비용	공사비, 조합운영비, 제세공과금 등	400억원	2700억원	1조4000억원
④ 종료시점 주택가액	준공일 기준 조합원 주택 공시가격＋일반 분양분 분양가	970억원	7700억원	3조8000억원
⑤ 초과이익	④−(①＋②＋③)	90억원	500억원	7600억원
⑥ 조합원당 평균초과이익	⑤÷조합원수	1억1300만원	1억4000만원	5억1000만원
조합원당 평균부담금	⑥×부과율 (10~50%)	2100만원	3400만원	2억2000만원
용적률	−	기존용적률: 230% 신축용적률: 300%	기존용적률: 176% 신축용적률: 300%	기존적용률: 110% 신축용적률: 300%

✳ 재건축부담금 산출식 ✳

재건축 부담금 = 재건축 초과이익 × 부과율(전체 재건축 초과이익÷조합원 수)

[재건축 초과이익] : 「종료시점주택가액」에서 아래 항목을 제외한 금액

　　　　　① 「조정한 개시시점주택가액」(종료시점에 적용한 공시율[α]을 동일하게 적용하여 조정한 금액), (공시율: 공시가격의 시세 반영률<현실화율>)

　　　　　② 정상주택가격상승분 총액(정기예금 이자율 또는 평균 집값 상승률로 계산)

　　　　　③ 공사비, 설계비, 조합운영비 등 개발비용

[부과율] 　　　: 조합원 1인당 평균이익에 따라 0~50%가 적용된다.

[부과 대상] : 재건축사업으로 얻게 되는 이익이 조합원 1인당 평균 3000만원을 넘으면, 초과하는 금액에 대해 10~50%의 부담금을 부과한다.

2018년 1월 1일 이후에 관리처분계획 인가를 신청하는 재건축단지.

주1. <u>조정한 개시시점주택가액</u> : 재건축추진위원회 승인일(단, 재건축추진위원회 승인일이 종료시점으로부터 10년 초과 시에는 종료시점으로부터 역산하여 10년이 되는 날)

　　　　　　　　　　(종료시점에 적용한 공시율[α]을 개시시점에 동일하게 적용하여 조정한 금액)

2. <u>종료시점주택가액</u> 　　　: 준공인가일 혹은 건축물의 사용개시일의 가액

3. 정상 주택가격 상승분: 정기예금 이자율과 시·군·구 평균주택 가격상승률 중 높은 비율을 곱하여 산정한 금액

4. 개발비용: 공사비, 설계·감리비, 조합운영비, 부대비용, 제세공과금 등

5. 조합원 1인당 평균이익별 부과율

조합원 1인당 평균이익	부과율 및 부담금 산식
3천만원 초과~5천만원 이하	3천만원 초과금액의 10% × 조합원수
5천만원 초과~7천만원 이하	(200만원＋3천만원 초과금액의 20%) × 조합원수
7천만원 초과~9천만원 이하	(600만원＋7천만원 초과금액의 30%) × 조합원수
9천만원 초과~1억1천천만원 이하	(1,200만원＋9천만원 초과금액의 40%) × 조합원수
1억1천만원 초과	(2,000만원＋1억1천만원 초과금액의 50%) × 조합원수

아파트단지 내 정원 – 암석원(巖石園)

구름카페(여름)

부록-1 : 정비사업 조합설립추진위원회 구성동의서
도시 및 주거환경정비법 시행규칙 [별지 제4호서식]

행정기관에서 부여한 연번범위				연 번		/

I. 소유자 인적사항

인 적 사 항	성 명			생년월일	
	주민등록상 주 소			전화번호	

소유권 현 황	※ 재건축사업의 경우				
	소유권 위치(주소)				
	등기상 건축물지분(면적)		㎡	등기상 대지지분(면적)	㎡

	※ 재개발사업의 경우			
	권리 내역	토지	소재지 (공유여부)	면적(㎡)
			(계 필지)	
			( )	
			( )	
		건축물	소재지 (허가유무)	동 수
			( )	
			( )	
		지상권 (건축물 외 수목 또는 공작물의 소유목적)	설정 토지	지상권의 내용

II. 동의사항

1. 추진위원회 명칭				

2. 추진위원회 구성 ※ 공란으로 두고 동의를 얻을 수 없음	직 책	성 명	생년월일	주 소
	위원장			
	감 사			
	부위원장			
	추진위원			

3. 추진위원회 업무	(1) 정비사업전문관리렵자, 설계자 선정(필요시) (2) 개략적인 사업시행계획서의 작성 (3) 조합설립 인가를 받기 위한 준비업무 (4) 조합정관 초안 작성 (5) 조합설립을 위한 토지등소유자의 동의서 받기 (6) 조합설립을 위한 창립총회의 개최
4. 운영규정	※ 별첨

Ⅲ. 동의내용

가. 본인은 동의서에 자필서명 및 지장날인하기 전에 동의서를 얻으려는 자로부터 다음 각 호의 사항을 사전에 충분히 설명·고지 받았음.

(1) 본 동의서의 제출 시 「도시 및 주거환경정비법」 제31조제2항에 따라 조합설립에 동의한 것으로 의제된다는 사항

(2) 본 동의서를 제출한 경우에도 조합설립에 반대하고자 할 경우 「도시 및 주거환경정비법 시행령」 제33조제2항에 따라 조합설립인가 신청 전에 반대의 의사표시를 함으로써 조합설립에 동의한 것으로 의제되지 않도록 할 수 있음과 반대의 의사표시의 절차에 관한 사항

나. 본인은 Ⅱ. 동의 사항(추진위원회 명칭, 구성, 업무, 운영규정)이 빠짐없이 기재되어 있음을 확인하고 충분히 숙지하였으며, 기재된 바와 같이 추진위원장, (부위원장), 감사 및 추진위원으로 하여 000 재건축/재개발사업 조합설립추진위원회를 구성하고 동 추진위원회가 Ⅱ. 동의 사항 중 3. 추진위원회 업무를 추진하는데 동의함.

년   월   일

위 동의자 : (자필로 이름을 써넣음) 지장날인

(   )사 업 조합설립추진위원회 귀중

부록-2 : 조합 설립동의서[□재개발사업, □재건축사업]
도시 및 주거환경정비법 시행규칙[별지 제6호서식]

※ 색상이 어두운 란은 동의자가 적지 않습니다.

행정기관에서 부여한 연번범위			연 번	/

Ⅰ. 동의자 현황

인 적 사 항	성 명		생년월일	
	주민등록상 주 소		전화번호	

소유권 현 황 ※ 재개발 사업인 경 우	토 지 (총 필지)	소 재 지 (공유 여부)		면적(㎡)
		( )		
		( )		
		( )		
	건 축 물	소 재 지 (허가 유무)		동 수
		( )		
		( )		
		( )		
	지 상 권 (건축물 외의 수목 또는 공작물의 소유 목적으로 설정한 권리를 말합니다)	설 정 토 지		지상권의 내용

소유권 현 황 ※ 재건축 사업인 경 우	소유권 위치 (주소)	(단독주택)		
		(아파트·연립주택)		
		(상가)		
	등기상 건축물지분 (면적, ㎡)		등기상 대지지분 (면적, ㎡)	

Ⅱ. 동의 내용

1. 조합설립 및 정비사업 내용

가. 신축건축물의 설계개요	대지 면적 (공부상 면적)	건축 연면적	규 모	비 고
	㎡	㎡		

나. 공사비 등 정비사업에 드는 비용	철거비	신축비	그 밖의 비용	합 계

다. 나목에 따른 비용의 분담	1) 조합정관에 따라 경비를 부과·징수하고, 관리처분 시 가청산하며, 조합청산 시 청산금을 최종 확정한다. 2) 조합원 소유 자산의 가치를 조합정관이 정하는 바에 따라 산정하여 그 비율에 따라 비용을 부담한다. 3) 분양대상자별 분담금 추산방법(예시) 분양대상자별 분담금 추산액 = 분양예정인 대지 및 건축물의 추산액 − (분양대상자별 종전의 토지 및 건축물의 가격 × 비례율*) * 비례율 = (사업완료 후의 대지 및 건축물의 총 수입 − 총사업비) / 종전의 토지 및 건축물의 총 가액

라. 신축건축물 구분소유권의 귀속에 관한 사항	※ 개별 정비사업의 특성에 맞게 정합니다. 다만, 신축 건축물의 배정은 토지소유자의 의사가 최대한 반영되도록 하되, 같은 면적의 주택 분양에 경합이 있는 경우에는 종전 토지 및 건축물의 가격 등을 고려하여 우선 순위를 정하거나 추첨에 따르는 등 구체적인 배정 방법을 정하여 향후 관리처분계획을 수립할 때 분양면적별 배분의 기준이 되도록 합니다. (예시) 1) 사업시행 후 분양받을 주택 등의 면적은 분양면적(전용면적＋공용면적)을 기준으로 하고, 대지는 분양받은 주택 등의 분양면적 비례에 따라 공유지분으로 분양한다. 2) 조합정관에서 정하는 관리처분계획에 관한 기준에 따라 주택을 소유한 조합원의 신축 건축물에 대한 면적 결정은 조합원의 신청규모를 우선적으로 고려하되, 같은 규모에서 경합이 있는 경우에는 종전 토지 및 건축물의 가격이 높은 순서에 따르고, 동·호수는 전산추첨으로 결정한다. 3) 조합원에게 우선분양하고 남는 잔여주택 및 상가 등 복리시설은 관계 법령과 조합정관이 정하는 바에 따라 일반분양한다. 4) 토지는 사업완료 후 지분등기하며 건축물은 입주조합원 각자 보존등기 한다.

2. 조합장 선정동의

조합의 대표자(조합장)는 조합원총회에서 조합정관에 따라 선출된 자로 한다.

3. 조합정관 승인

「도시 및 주거환경정비법」 제35조에 따라 정비사업 조합을 설립할 때 그 조합정관을 신의성실의 원칙에 따라 준수하며, 조합정관이 정하는 바에 따라 조합정관이 변경되는 경우 이의 없이 따른다.

* 조합정관 간인은 임원 및 감사 날인으로 대체합니다.

---

4. 정비사업 시행계획서

(   )재개발사업·재건축사업 조합설립추진위원회에서 작성한 정비사업 시행계획서와 같이 재개발사업·재건축사업을 한다.

※ 본 동의서를 제출한 경우에도 조합설립에 반대하고자 할 경우 「도시 및 주거환경정비법 시행령」 제33조제2항에 따라 조합설립인가를 신청하기 전까지 동의를 철회할 수 있습니다. 다만, 동의 후 「도시 및 주거환경정비법 시행령」 제31조제2항 각 호의 사항이 변경되지 아니한 경우에는 최초로 동의한 날부터 30일까지만 철회할 수 있으며, 30일이 지나지 아니한 경우에도 조합설립을 위한 창립총회 후에는 철회할 수 없습니다.

위와 같이 본인은 (   )재개발사업·재건축사업 시행구역의 토지등소유자로서 위의 동의 내용을 숙지하고 동의하며, 「도시 및 주거환경정비법」 제35조에 따른 조합의 설립에 동의합니다. 또한, 위의 조합 설립 및 정비사업 내용은 사업시행계획인가내용, 시공자 등과의 계약내용 및 제반 사업비의 지출내용에 따라 변경될 수 있으며, 그 내용이 변경됨에 따라 조합원 청산금 등의 조정이 필요할 경우 「도시 및 주거환경정비법」 및 같은 법 시행령에서 정하는 변경절차를 거쳐 사업을 계속 추진하는 것에 동의합니다.

년   월   일

위 동의자 : (자필로 이름을 써넣음) 지장날인

(   ) 재개발사업
(   ) 재건축사업   조합설립추진위원회 귀중

조합원 총회 개최 홍보용역 계약서

1. 발 주 자 : 반포주공 ○단지 재건축 정비사업조합

2. 수 급 자 : ㈜ ○○ 개발

3. 용역계약명 : 재건축조합 설립을 위한 창립총회 개최에 대한 홍보용역

4. 용역계약금액 : 일금 　　　　　　원정(₩ 　　　　　　)

5. 용역계약기간 : 20 　 년 　 월 　 일부터 ~ 20 　 년 　 월 　 일까지
　　　　　　　(용역기간은 "갑"과 "을"이 합의하여 해당기간을 변경할 수 있다)

발주자 반포주공 ○단지 재건축 정비사업조합(이하 "갑"이라한다)과 수급자 주식회사 ○○ 개발(이하 "을"이라 한다)은 위의 용역에 대한 계약을 체결하고 이를 성실히 이행하기로 한다.

　　　　　　　　　　　　　　　　　　　　년　　 월　　 일

　　　　　　"갑"(발주자)　 반포주공 ○단지 재건축 정비사업조합
　　　　　　　　　　　　 조 합 장　　 ○ ○ ○　　 (인)

　　　　　　"을"(수급자)　 ㈜ ○○ 개발
　　　　　　　　　　　　 대 표 이 사　　 ○ ○ ○　　 (인)

용역계약 일반조건

제1조(계약의 목적)

본 용역계약은 "갑"의 반포주공○단지 재건축 정비사업을 위한 조합 창립총회를 원활히 개최하기 위한 홍보업무와 관련하여 "갑"과 "을"간의 필요한 사항을 규정함을 목적으로 한다.

제2조(상호간의 협조 및 계약준수)

① "갑"과 "을"은 본 계약을 준수하기 위해 신의와 성실로 상호 협조하기로 한다.

② "갑"과 "을"은 본 계약을 수행함에 있어 상호 이익이 될 수 있도록 상호 정보를 교환하기로 한다.

제3조(용역 기간)

본 계약의 용역 기간은 20 년 월 일부터 20 년 월 일까지로 한다. 다만, "갑"과 "을"이 협의하여 용역 기간을 조정할 수 있다.

제4조(용역업무의 내역)

"을"이 수행할 업무내역은 반포주공○단지 재건축 정비사업을 위한 조합 창립총회를 원활히 개최하기 위한 홍보업무와, "갑"의 조합원이 총회에 직접 참석하는 것을 대신하여 '서면결의서'를 작성·제출하는데 필요한 정보를 제공하고, 이를 이행하는데 도움이 되도록 하는 것을 업무의 주된 내역으로 하며, 그 세부내역은 다음과 같다.

1) 창립총회 개최를 위한 홍보업무와 조합원 '서면결의서'의 징구
2) 조합원의 제반 의견청취 및 건의사항 등의 파악
3) 창립총회 결의사항에 대한 설명
4) 기타 "갑"이 필요하다고 인정하여 "을"에 요청하는 사항

다만, "을"은 '건설산업기본법' 등 제반 관련 법규를 준수하여 해당 업무를 수행하여야 한다.

제5조(용역 금액)

① "을"이 용역업무를 수행함에 따른 용역금액은 별첨 견적서상의 산정기준에 따라 위 제3조의 용역기간이 종료된 날을 기준으로 하여 책정하기로 한다.

② "을"의 용역금액은 실제 수행된 용역을 기준으로 산정하며, "을"은 필요한 용역수행의 이행 후 "갑"에게 서면으로 업무수행에 따른 용역금액의 지급을 청구하기로 한다.

이때, 부가가치세 및 업무수행에 따른 실비는 "갑"과 "을"이 별도 정산하기로 하며, "갑"의 판단에 따라 용역수행원에게 성과급을 지급할 수 있다.

③ 용역금액의 지급시기

1) 계약기간 중 실제 수행한 업무를 기준으로 관련 세금계산서의 수취와 함께 지급한다.
2) 계약기간의 종료시점에 해당 월에 발생된 실제비용을 포함하여 지급하기로 하며, 관련 세금계산서를 수취한 후 30일 이내에 지급하기로 한다.
3) 용역금액의 초과에 대한 조치
   실제 수행한 업무내역이 계약한 총 금액을 초과하는 경우 용역금액의 총액을 변경할 수 있다.

제6조(관리책임자의 선임)

① "을"은 본 용역업무를 수행함에 있어 "을"을 대표할 관리책임자(이하 "관리책임자"라 한다)를 정하여 "갑"에게 통지하고, 해당 "관리책임자"로 하여금 다음 각 호의 사항을 수행하도록 하여야 한다.

    1) "을"의 용역수행원에 대한 근로자로서의 노무관리와 작업상의 연락과 용역수행원별 작업내역의 조정

    2) 본 계약업무 수행에 관한 "갑"과의 정보교환 및 조정

    3) "을"의 용역수행원에 대한 업무규율의 유지와 그 외의 업무수행에 필요한 제반 사항에 대한 교육 및 인원관리

② "갑"이 본 용역계약에 따른 발주자로서의 업무요청 등의 방법은 "을"이 선임하여 "갑"에게 통지한 "관리책임자"를 통하여 업무를 행하며, "을"의 "용역수행원"에 대해 직접 요청은 하지 않기로 한다.

③ "을"이 선정한 "관리책임자"를 "갑"에게 통지할 경우 "관리책임자"의 성명, 연락처 등 필요한 인적사항을 서면으로 통지하여야 한다. 이를 변경하는 경우에도 같다.

제7조(업무수행계획에 대한 보고)

① "을"은 자신이 수행해야할 업무에 대한 업무수행계획서를 작성하여 업무를 수행하여야 한다. "을"은 계약업무를 수행함에 있어 원활한 업무의 수행을 위해 "갑"에게 적절한 자료나 조치 등을 요청할 수 있으며, 이 요청이 있을 경우 "갑"은 적극 협조하여야 한다.

② "을"은 수행한 업무내역에 대하여 정기 혹은 수시로 "갑"에게 서면보고를 하여야 한다.

제8조(업무수행에 따른 책임)

① "을"은 "갑"과의 계약에 따른 업무 및 "갑"이 요청하는 업무에 대해 최선을 다해 수행하여야 한다.

② "을"은 용역업무의 수행에 적합한 자로 하여금 "갑"의 용역업무를 수행하도록 하여야 하며, "용역수행자"가 근무를 태만히 하거나 불법적인 해위를 하는 등 용역수행원으로서 부적합하다고 판단되는 경우 "갑"은 해당 인원의 교체를 요청할 수 있으며, 이 요청이 정당한 경우 "을"은 해당 인원을 즉시 교체하여야 한다.

③ "갑"의 용역을 수행하기로 하여 선정된 "용역수행원"이 "갑"의 용역 이외의 용역을 수행하고자 하는 경우 "갑"의 사전 승인을 받아야 한다.

④ "을"은 "갑"의 사전 승인없이 본 계약서상의 권리·의무를 제3자에게 양도하거나 기타의 처분행위를 할 수 없다.

제9조(업무수행에 필요한 자료 및 장소의 제공)

① 본 계약에 따른 용역업무를 수행함에 있어 "을"이 필요로 하는 기구나 소모품 등 필요한 모든 것은 "갑"이 부담하기로 한다. 단, "갑"의 기존 설비에 부속된 기자재에 대해서는 예외로 하며, "을"의 업무수행상 필요에 따라 "갑"과 협의하여 "갑"의 설비를 사용하거나 임대할 수 있다.

② "갑"은 "을"의 용역업무 수행을 위해 필요한 경우로서 "을"의 요청이 있는 경우에는 "을"의 업무수행 효율성을 제고하기 위해 사무실 등 필요한 시설을 제공할 수 있다.

제10조(비밀의 보장)

"갑"과 "을"은 본 용역계약에 따라 수행 중 알게 된 상대방의 비밀을 제3자에게 누설하거나 제공하여서는 아니 된다. 이를 위반한 경우에는 이로 인해 발생되는 모든 손해를 배상하여야 한다.

제11조(계약서의 해석 및 기타사항)

① 본 계약서상의 이의가 발생되는 경우 "갑"과 "을"이 협의하여 결정하기로 한다.

② 본 계약서상에 명시되어있지 않은 사항에 대하여는 민법 등의 관계법령 및 사회통념에 따르며, 소송의 제기 시 관할 법원은 "갑"의 소재지로 한다.

제12조(계약의 해지)

① "갑" 또는 "을"이 다음 각 호의 하나에 해당하는 경우 각각 상대방에 대한 사전 최고없이 계약을 해지할 수 있다. 본 항에 따른 계약의 해지는 상대방에 대한 손해배상청구에는 그 효력을 미치지 아니 한다.

1) 이 계약서에서 정한 사항을 위반하거나 이행을 태만히 하는 경우

2) 금융기관의 거래정지처분이 있는 경우

3) 재산상의 신용에 관한 압류, 가압류, 가처분을 받거나 경매, 강제집행, 체납처분 등을 받은 경우

4) 파산·화의·회사정리·회사갱생의 절차가 있는 경우

5) 기타 '갑" 또는 "을"의 귀책사유로 본 계약의 이행이 불가능한 것으로 판단되는 경우

② 본 조에 따라 계약이 해지되는 경우 "을"은 본 용역업무에 관한 제반 자료를 "갑"에게 인계하고, 이후 업무수행이 원활히 수행될 수 있도록 적극 협조하여야 한다.

제13조(계약의 효력)

본 계약서의 효력은 계약 체결일로부터 발효되며, 용역계약의 체결을 증명하기 위하여 계약서 2부를 작성한 후 "갑"과 "을"이 각각 1부씩 보관하기로 한다.   (이상)

부록-4 : 정비사업 조합설립추진위원회 운영규정(국토부 제정)(고시)

[시행 2018.2.9.] [국토교통부고시 제2018-102호, 2018.2.9., 타법개정]

국토교통부(주택정비과), 044-201-3393

제1조(목적)

이 운영규정은 「도시 및 주거환경정비법」 제31조제1항 및 제34조제1항에 따라 정비사업 조합설립추진위원회(이하 "추진위원회"라 한다)의 구성·기능·조직 및 운영에 관한 사항을 정하여 공정하고 투명한 추진위원회의 운영을 도모하고 원활한 정비사업추진에 이바지함을 목적으로 한다.

제2조(추진위원회의 설립)

① 정비사업조합을 설립하고자 하는 경우 위원장 및 감사를 포함한 5인 이상의 위원 및 「도시 및 주거환경정비법」(이하 "법"이라 한다) 제34조제1항에 따른 운영규정에 대한 토지등소유자(이하 "토지등소유자"라 한다) 과반수의 동의를 얻어 조합설립을 위한 추진위원회를 구성하여 『도시 및 주거환경정비법 시행규칙』이 정하는 방법 및 절차에 따라 시장·군수 또는 자치구의 구청장(이하 "시장·군수등"이라 한다)의 승인을 얻어야 한다.

② 제1항에 따른 추진위원회 구성은 다음 각 호의 기준에 따른다.

1. 위원장 1인과 감사를 둘 것

2. 부위원장을 둘 수 있다.

3. 위원의 수는 토지등소유자의 10분의 1 이상으로 하되, 토지등소유자가 50인 이하인 경우에는 추진위원을 5인으로 하며 추진위원이 100인을 초과하는 경우에는 토지등소유자의 10분의 1 범위 안에서 100인 이상으로 할 수 있다.

③ 다음 각 호의 어느 하나에 해당하는 자는 추진위원회 위원이 될 수 없다.

1. **미성년자, 피성년후견인 또는 피한정후견인**

2. **파산선고를 받고 복권되지 아니한 자**

3. 금고 이상의 실형을 선고받고 그 집행이 종료(종료된 것으로 보는 경우를 포함한다) 되거나 집행이 면제된 날부터 2년이 경과되지 아니한 자

4. 금고 이상의 형의 집행유예를 받고 그 유예기간 중에 있는 자

5. 법을 위반하여 벌금 100만원 이상의 형을 선고받고 **5(10)년**이 지나지 아니한 자

④ 제1항의 토지등소유자의 동의는 별표의 ○○정비사업 조합설립추진위원회 운영규정안 (이하 "운영규정안"이라 한다)이 첨부된 『도시 및 주거환경정비법 시행규칙』 별지 제4호 서식의 「**정비사업 조합설립추진위원회 구성동의서**」에 동의를 받는 방법에 의한다.

⑤ 추진위원회의 구성에 동의한 토지등소유자(이하 "추진위원회 동의자"라 한다)는 법 제35조제1항부터 제5항까지에 따른 조합의 설립에 동의한 것으로 본다. 다만, 법 제35조에 따른 조합설립인가 신청 전에 **시장·군수등** 및 추진위원회에 조합설립에 대한 반대의 의사표시를 한 추진위원회 동의자의 경우에는 그러하지 아니하다.

제3조(운영규정의 작성)

① 정비사업조합을 설립하고자 하는 경우 추진위원회를 시장·군수에게 승인 신청하기 전에 운영규정을 작성하여 토지등소유자의 과반수의 동의를 얻어야 한다.

② 제1항의 운영규정은 별표의 운영규정안을 기본으로 하여 다음 각 호의 방법에 따라 작성한다.

    1. 제1조·제3조·제4조·제15조제1항을 확정할 것

    2. 제17조제7항·제19조제2항·제29조·제33조·제35조제2항 및 제3항의 규정은 사업특성·지역상황을 고려하여 법에 위배되지 아니하는 범위 안에서 수정 및 보완할 수 있음

    3. 사업추진상 필요한 경우 운영규정안에 조·항·호·목 등을 추가할 수 있음

③ 제2항 각 호에 따라 확정·수정·보완 또는 추가하는 사항이 법·관계법령, 이 운영규정 및 관련 행정기관의 처분에 위배되는 경우에는 효력을 갖지 아니한다.

④ 운영규정안은 재건축사업을 기본으로 한 것이므로 재개발사업 등을 추진하는 경우에는 일부 표현을 수정할 수 있다.

제4조(추진위원회의 운영)

① 추진위원회는 법·관계법령, 제3조의 운영규정 및 관련 행정기관의 처분을 준수하여 운영되어야 하며, 그 업무를 추진함에 있어 **사업시행구역 안의** 토지등소유자의 의견을 충분히 수렴하여야 한다.

② 추진위원회는 법 제31조제1항에 따른 추진위원회 설립승인 후에 위원장 및 감사를 변경하고자 하는 경우 시장·군수등의 승인을 받아야 하며, 그 밖의 경우 시장·군수등에게 신고하여야 한다.

제5조(해산)

① 추진위원회는 조합설립인가일까지 업무를 수행할 수 있으며, 조합이 설립되면 모든 업무와 자산을 조합에 인계하고 추진위원회는 해산한다.

② 추진위원회는 자신이 행한 업무를 법 제44조에 따른 총회에 보고하여야 하며, 추진위원회가 행한 업무와 관련된 권리와 의무는 조합이 포괄 승계한다.

③ 추진위원회는 조합설립인가 전 추진위원회를 해산하고자 하는 경우 추진위원회 동의자 3분의 2 이상 또는 토지등소유자의 과반수 동의를 받아 시장·군수등에게 신고하여 해산할 수 있다.

제6조(승계 제한)

이 운영규정이 정하는 추진위원회 업무범위를 초과하는 업무나 계약, 용역업체의 선정 등은 조합에 승계되지 아니한다.

제7조(재검토기한)

국토교통부장관은 「훈령·예규 등의 발령 및 관리에 관한 규정」에 따라 이 고시에 대하여 2018년 7월 1일 기준으로 매3년이 되는 시점(매 3년째의 6월 30일까지를 말한다)마다 그 타당성을 검토하여 개선 등의 조치를 하여야 한다.

○○정비사업 조합설립추진위원회 운영규정(국토교통부 제정 표준운영규정)

제1장 총 칙

제1조(명칭)

① 이 **재건축/재개발사업** 조합설립추진위원회의 명칭은 ○○○ **재건축/재개발사업** 조합설립추진위원회(이하 "추진위원회"라 한다)라 한다.

② 추진위원회가 시행하는 **재건축/재개발사업**의 명칭은 ○○○ **재건축/재개발사업** (이하 "사업"이라 한다)이라 한다.

제2조(목적)

추진위원회는 「도시 및 주거환경정비법」 (이하 "법"이라 한다)과 이 운영규정이 정하는 바에 따라 **재건축/재개발사업조합**(이하 "조합"이라 한다)의 설립인가준비 등 관련 업무를 충실히 수행하여 원활한 사업추진에 이바지함을 목적으로 한다.

제3조(사업시행구역)

추진위원회의 사업시행구역은 ○○ (시·도) ○○ (시·군·구) ○○ (읍·면) ○○ (리·동) ○○번지 외 ○○필지(상의 ○○아파트 단지)로서 대지의 총면적은 ○○㎡으로 한다.

제4조(사무소)

① 추진위원회의 주된 사무소는 ○○ (시·도) ○○ (시·군·구) ○○ (읍·면) ○○ (리·동) ○○ 번지 ○○호에 둔다.

② 추진위원회의 사무소를 이전하는 경우 **사업시행구역 내** 법 제2조제9호 가목 및 나목에 따른 토지등소유자(이하 "토지등소유자"라 한다)에게 통지하여야 한다.

제5조(추진업무 등)

① 추진위원회는 다음 각 호의 업무를 수행한다.

1. 설계자의 선정 및 변경
2. 법 제102조에 따른 정비사업전문관리업자(이하 "정비사업전문관리업자"라 한다)의 선정
3. 개략적인 사업시행계획서의 작성
4. 조합의 설립인가를 받기 위한 준비업무
5. 추진위원회 운영규정 작성(다만, 추진위원회 설립승인 시 토지등소유자의 과반수의 동의를 얻은 운영규정을 작성하여 시장·군수 또는 자치구의 구청장에게 신고한 경우는 제외한다) 및 변경
6. 조합정관 초안 작성
7. 토지등소유자의 동의서 징구
8. 조합의 설립을 위한 창립총회의 준비 및 개최
9. 그 밖에 법령의 범위 내에서 추진위원회 운영규정이 정하는 사항

② 삭제<2010.9.16.>

③ 추진위원회는 주민총회에서 법 제29조에 따른 방법으로 정비사업전문관리업자를 선정하여 제1항제2호를 제외한 제1항 각 호의 업무를 수행하도록 할 수 있다.

④ 시공자·**감정평가법인등**의 선정 등 조합의 업무에 속하는 부분은 추진위원회의 업무범위에 포함되지 아니한다. 다만, 추진위원회가 조합설립 동의를 위하여 법 제35조제8항에 따른 **추정분담금**을 산정하기 위해 필요한 경우 **감정평가법인등을** 선정할 수 있다.

제6조(운영원칙)

① 추진위원회는 법, 관계법령, 이 운영규정 및 관련 행정기관의 처분을 준수하여 운영되어야 하며, 그 업무를 추진함에 있어 **사업시행구역 내** 토지등소유자의 의견을 충분히 수렴하여야 한다.

② 추진위원회는 법 제31조제1항에 따른 추진위원회 **구성승인** 후에 위원장 및 감사를 변경하고자 하는 경우 **시장·군수 또는 자치구의 구청장(이하 "시장·군수등" 이라한다)의 승인을 얻어야 하며, 그 밖의 경우 시장·군수등에게 신고하여야 한다.**

제7조(추진위원회 운영기간)

추진위원회의 운영기간은 추진위원회 승인일부터 법 제34조제4항에 따라 조합설립인가 후 조합에 회계장부 및 관련 서류를 인계하는 날까지로 한다.

제8조(토지등소유자의 동의)

① 추진위원회의 업무에 대한 토지등소유자의 동의는 「도시 및 주거환경정비법 시행령」(이하 "영"이라 한다)제33조에 따른다.

② 법 제36조의 규정은 제1항의 규정에 의한 동의에 관하여 이를 준용한다.

③ 삭제 <2018.2.9.>

제9조(권리·의무에 관한 사항의 공개·통지방법)

① 추진위원회는 토지등소유자의 권리·의무에 관한 다음 각 호의 사항(변동사항을 포함한다. 이하 같다)을 토지등소유자가 쉽게 접할 수 있는 장소에 게시하거나 인터넷 등을 통하여 공개하고, 필요한 경우에는 토지등소유자에게 서면통지를 하는 등 토지등소유자가 그 내용을 충분히 알 수 있도록 하여야 한다.

1. 안전진단 결과(재건축사업에 한함)
2. 정비사업전문관리업자의 선정에 관한 사항
3. 토지등소유자의 부담액 범위를 포함한 개략적인 사업시행계획서
4. 추진위원회 **위원**의 선정에 관한 사항
5. 토지등소유자의 비용부담을 수반하거나 권리·의무에 변동을 일으킬 수 있는 사항
6. 영 제26조에 따른 추진위원회의 업무에 관한 사항
7. **창립총회 개최의 방법 및 절차**
8. 조합설립에 대한 동의철회(법 제31조제2항 단서에 따른 반대의 의사표시를 포함한다) 및 방법
9. 영 제30조제2항에 따른 조합설립 동의서에 포함되는 사항
10. 삭제 <2018.2.9.>

② 제1항의 공개·통지방법은 이 운영규정에서 따로 정하는 경우를 제외하고는 다음 각 호의 방법에 따른다.

1. 토지등소유자에게 등기우편으로 개별 통지하여야 하며, 등기우편이 주소불명, 수취거절 등의 사유로 반송되는 경우에는 1회에 한하여 일반우편으로 추가 발송한다.

2. 토지등소유자가 쉽게 접할 수 있는 일정한 장소의 게시판(이하 "게시판"이라 한다)에 **14일 이상** 공고하고 게시판에 게시한 날부터 3월 이상 추진위원회 사무소에 **관련** 서류와 도면 등을 비치하여 토지등소유자가 열람할 수 있도록 한다.

3. 인터넷 홈페이지가 있는 경우 홈페이지에도 공개하여야 한다. 다만, 특정인의 권리에 관계되거나 외부에 공개하는 것이 곤란한 경우에는 그 요지만을 공개할 수 있다.

4. 제1호의 등기우편이 발송되고 제2호의 게시판에 공고가 있는 날부터 공개·통지된 것으로 본다.

제10조(운영규정의 변경)

① 운영규정의 변경은 토지등소유자의 4분의 1 이상 또는 추진위원회의 의결로 발의한다.

② 운영규정이 변경된 경우에는 추진위원회는 시장·군수등에게 이를 신고하여야 한다.

제2장 토지등소유자

제11조(권리·의무의 승계)

양도·상속·증여 및 판결 등으로 토지등소유자가 된 자는 종전의 토지등소유자가 행하였거나 추진위원회가 종전의 권리자에게 행한 처분 및 권리·의무 등을 포괄 승계한다.

제12조(토지등소유자의 명부 등)

① 추진위원회는 토지등소유자의 명부와 추진위원회 구성에 동의한 토지등소유자의 명부(이하 "동의자 명부"라 한다)를 작성하여 관리하여야 한다.

② 추진위원회 구성에 동의하지 아니한 자를 동의자 명부에 기재하기 <u>위해서는</u> 「도시 및 주거환경정비법 시행규칙」 별지 제4호서식의 <u>추진위원회 (구성)동의서</u>를 징구하여야 하며, 해당 토지등소유자는 추진위원회 구성에 동의한 토지등소유자가 납부한 운영경비의 동일한 금액과 그 금액의 지연납부에 따른 이자를 납부하여야 한다.

제13조(토지등소유자의 권리·의무)

① 토지등소유자는 다음 각 호의 권리와 의무를 갖는다. 다만, 제3호부터 제5호까지의 규정은 추진위원회 구성에 동의한 자에 한한다.

1. 주민총회의 출석권·발언권 및 의결권
2. 추진위원회 위원(제15조제1항에 따른 위원을 말한다)의 선임·선출권
3. 추진위원회 위원(제15조제1항에 따른 위원을 말한다)의 피선임·피선출권
4. 추진위원회 운영경비 및 그 연체료의 납부의무
5. 그 밖에 관계 법령 및 이 운영규정, 주민총회 등의 의결사항 준수의무

② 토지등소유자의 권한은 평등하며, 권한의 대리행사는 원칙적으로 인정하지 아니하되, 다음 각 호에 해당하는 경우에는 권한을 대리할 수 있다. 이 경우 토지등소유자의 자격은

변동되지 아니한다.

1. 토지등소유자가 권한을 행사할 수 없어 배우자·직계존비속·형제자매 중에서 성년자를 대리인으로 정하여 위임장을 제출하는 경우
2. 해외거주자가 대리인을 지정한 경우
3. 법인인 토지등소유자가 대리인을 지정한 경우(이 경우 법인의 대리인은 추진위원회의 위원으로 선임될 수 있다.)

③ 토지등소유자가 그 권리를 양도하거나 주소 또는 인감을 변경하였을 경우에는 그 양수자 또는 변경 당사자는 그 행위의 종료일부터 14일 이내에 추진위원회에 그 변경 내용을 신고하여야 한다. 이 경우 신고하지 아니하여 발생되는 불이익 등에 대하여 해당 토지등소유자는 추진위원회에 이의를 제기할 수 없다.

④ 토지등소유자로서 추진위원회 구성에 동의한 자는 추진위원회가 사업시행에 필요한 서류를 요구하는 경우 이를 제출할 의무가 있으며 추진위원회의 승낙이 없는 한 이를 회수할 수 없다. 이 경우 추진위원회는 요구서류에 대한 용도와 수량을 명확히 하여야 하며, 추진위원회의 승낙이 없는 한 회수할 수 없다는 것을 미리 고지하여야 한다.

⑤ 소유권을 수인이 공동 소유하는 경우에는 그 수인은 대표자 1인을 대표소유자로 지정하고 별지 서식의 대표소유자선임동의서를 작성하여 추진위원회에 신고하여야 한다. 이 경우 소유자로서의 법률행위는 그 대표소유자가 행한다.

제14조(토지등소유자 자격의 상실)

토지등소유자가 주택 또는 토지의 소유권을 이전하였을 때에는 그 자격을 즉시 상실한다.

제3장 위   원

제15조(위원의 선임 및 변경)

① 추진위원회의 위원은 다음 각 호의 범위 이내로 둘 수 있으며, 상근하는 위원을 두는 경우 추진위원회의 의결을 거쳐야 한다.

1. 위원장
2. 부위원장
3. 감사 _인
4. 추진위원 _인

② **위원은 추진위원회 설립에 동의한 자 중에서 선출하되, 위원장·부위원장 및 감사는 다음 각 호의 어느 하나에 해당하는 자이어야 한다.**

1. **피선출일 현재 사업시행구역 안에서 3년 이내에 1년 이상 거주하고 있는 자(다만, 거주의 목적이 아닌 상가 등의 건축물에서 영업 등을 하고 있는 경우 영업 등은 거주로 본다)**
2. **피선출일 현재 사업시행구역 안에서 5년 이상 토지 또는 건축물(재건축사업의 경우 토지 및 건축물을 말한다)을 소유한 자**

③ 위원의 임기는 선임된 날부터 2년까지로 하되, 추진위원회에서 재적위원(추진위원회의 위원이 임기 중 궐위되어 위원 수가 이 운영규정 본문 제2조제2항에서 정한 최소 위원의 수에 미달되게 된 경우 재적위원의 수는 이 운영규정 본문 제2조제2항에서 정한

최소 위원의 수로 본다. 이하 같다) 과반수의 출석과 출석위원 3분의 2 이상의 찬성으로 연임할 수 있으나, 위원장·감사의 연임은 주민총회의 의결에 의한다.

④ 임기가 만료된 위원은 그 후임자가 선임될 때까지 그 직무를 수행하고, 추진위원회에서는 임기가 만료된 위원의 후임자를 임기만료 전 2개월 이내에 선임하여야 하며 위 기한 내(에) 추진위원회에서 후임자를 선임하지 않을 경우 토지등소유자 5분의 1 이상이 시장·군수등의 승인을 얻어 주민총회를 소집하여 위원을 선임할 수 있으며, 이 경우 제20조 제5항 및 제6항, **제24조 제2항**을 준용한다.

⑤ 위원이 임기 중 궐위된 경우에는 추진위원회에서 재적위원 과반수 출석과 출석위원 3분의 2 이상의 찬성으로 이를 보궐 선임할 수 있으나, 위원장·감사의 보궐선임은 주민총회의 의결에 의한다. 이 경우 보궐 선임된 위원의 임기는 전임자의 잔임기간으로 한다.

⑥ 추진위원의 선임방법은 추진위원회에서 정하되, 동별·가구별 세대수 및 시설의 종류를 고려하여야 한다.

제16조(위원의 결격사유 및 자격상실 등)

① 다음 각 호의 어느 하나에 해당하는 자는 위원이 될 수 없다.

1. **미성년자, 피성년후견인 또는 피한정후견인**
2. **파산선고를 받고 복권되지 아니한 자**
3. 금고 이상의 실형의 선고를 받고 그 집행이 종료(종료된 것으로 보는 경우를 포함한다)되거나 집행이 면제된 날부터 2년이 경과되지 않은 자
4. 금고 이상의 형의 집행유예를 받고 그 유예기간 중에 있는 자
5. 법 또는 관련 법률에 의한 징계에 의하여 면직의 처분을 받은 날부터 2년이 경과되지 아니한 자
6. **법을 위반하여 벌금 100만원 이상의 형을 확정판결 받은 날부터 (5)10년이 지나지 아니한 자**

② 위원이 제1항 각 호의 어느 하나에 해당하게 되거나 선임 당시 그에 해당하는 자이었음이 판명되거나, 위원장·부위원장· 및 감사가 선임 당시에 제15조제2항 각 호의 어느 하나에 해당하지 않은 것으로 판명된 경우 당연 퇴임한다.

③ 제2항에 따라 퇴직된 위원이 퇴직 전에 관여한 행위는 그 효력을 잃지 아니한다.

④ 위원으로 선임된 후 그 직무와 관련한 형사사건으로 기소된 경우에는 기소내용에 따라 확정판결이 있을 때까지 제18조의 절차에 따라 그 자격을 정지할 수 있고, 위원이 그 사건으로 받은 확정판결내용이 법 제135조부터 제138조까지의 벌칙규정에 따른 벌금형에 해당하는 경우에는 추진위원회에서 신임여부를 의결하여 자격상실여부를 결정한다.

제17조(위원의 직무 등)

① 위원장은 추진위원회를 대표하고 추진위원회의 사무를 총괄하며 주민총회 및 추진위원회의 의장이 된다.

② 감사는 추진위원회의 사무 및 재산상태와 회계에 관하여 감사하며, 주민총회 및 추진위원회에 감사결과보고서를 제출하여야 하고 토지등소유자 5분의1 이상의 요청이 있을 때에는 (공인회계사)회계감사기관에게 감사인 회계감사를 의뢰하여야 한다.

③ 감사는 추진위원회의 재산관리 또는 업무집행이 공정하지 못하거나 부정이 있음을

발견하였을 때에는 추진위원회에 보고하기 위하여 위원장에게 추진위원회 소집을 요구하여야 한다. 이 경우 감사의 요구에도 불구하고 위원장이 회의를 소집하지 아니하는 경우에는 감사가 직접 추진위원회를 소집할 수 있다.

④ 감사는 제3항 직무위배행위로 인해 감사가 필요한 경우 추진위원 또는 외부전문가로 구성된 감사위원회를 구성할 수 있다. 이 경우 감사는 감사위원회의 의장이 된다.

⑤ 부위원장·추진위원은 위원장을 보좌하고, 추진위원회에 부의된 사항을 심의·의결한다.

⑥ 다음 각 호의 경우 해당 안건에 관하여는 부위원장, 추진위원 중 연장자 순으로 추진위원회를 대표한다.

1. 위원장이 자기를 위한 추진위원회와의 계약이나 소송에 관련되었을 경우

2. 위원장의 유고로 인하여 그 직무를 수행할 수 없을 경우

3. 위원장의 해임에 관한 사항

⑦ 추진위원회는 그 사무를 집행하기 위하여 필요하다고 인정되는 때에는 추진위원회 사무국을 둘 수 있으며, 사무국에 상근하는 유급직원을 둘 수 있다. 이 경우 사무국의 운영규정을 따로 정하여 주민총회의 인준을 받아야 한다.

⑧ 위원은 동일한 목적의 사업을 시행하는 다른 조합·추진위원회 또는 정비사업전문관리업자 등 관련단체의 임원·위원 또는 직원을 겸할 수 없다.

제18조(위원의 해임 등)

① 위원이 직무유기 및 태만 또는 관계 법령 및 이 운영규정에 위반하여 토지등소유자에게 부당한 손실을 초래한 경우에는 해임할 수 있다.

② 제16조제2항에 따라 당연 퇴임한 위원은 해임 절차없이 선고받은 날부터 그 자격을 상실한다.

③ 위원이 자의로 사임하거나 제1항에 따라 해임되는 경우에는 지체없이 새로운 위원을 선출하여야 한다. 이 경우 새로 선임된 위원의 자격은 위원장 및 감사의 경우 시장·군수등의 승인이 있은 후에, 그 밖의 위원의 경우 시장·군수등에게 변경신고를 한 후에 대외적으로 효력이 발생한다.

④ 위원의 해임·교체는 토지등소유자의 해임요구가 있는 경우에 재적위원 3분의 1 이상의 동의로 소집된 추진위원회에서 위원정수(운영규정 제15조에 따라 확정된 위원의 수를 말한다. 이하 같다)의 과반수 출석과 출석위원 3분의 2 이상의 찬성으로 해임하거나, 토지등소유자 10분의 1 이상의 발의로 소집된 주민총회에서 토지등소유자의 과반수 출석과 출석 토지등소유자의 과반수 찬성으로 해임할 수 있다. 다만, 위원 전원을 해임할 경우 토지등소유자의 과반수의 찬성으로 해임할 수 있다.

⑤ 제4항에 따라 해임대상이 된 위원은 해당 추진위원회 또는 주민총회에 참석하여 소명할 수 있으나 위원정수에서 제외하며, 발의자 대표의 임시사회로 선출된 자는 해임 총회의 소집 및 진행에 있어 추진위원장의 권한을 대행한다.

⑥ 사임 또는 해임절차가 진행 중인 위원이 새로운 위원이 선출되어 취임할 때까지 직무를 수행하는 것이 적합하지 아니하다고 인정될 때에는 추진위원회 의결에 따라 그의 직무수행을 정지하고 위원장이 위원의 직무를 수행할 자를 임시로 선임할 수 있다. 다만, 위원장이 사임하거나 해임되는 경우에는 제17조제6항의 규정에 따른다.

제19조(보수 등)

① 추진위원회는 상근하지 아니하는 위원 등에 대하여는 보수를 지급하지 아니한다. 다만, 위원의 직무수행으로 발생되는 경비는 지급할 수 있다.

② 추진위원회는 상근위원 및 유급직원에 대하여 별도의 보수규정을 따로 정하여 보수를 지급하여야 한다. 이 경우 보수규정은 주민총회의 <u>인준</u>을 받아야 한다.

제4장 기 관

제20조(주민총회)

① 토지등소유자 전원으로 주민총회를 구성한다.

② 주민총회는 위원장이 필요하다고 인정하는 경우에 개최한다. 다만, 다음 각 호의 어느 하나에 해당하는 때에는 위원장은 해당 일부터 2월 이내에 주민총회를 개최하여야 한다.
  1. 토지등소유자 5분의 1 이상이 주민총회의 목적사항을 제시하여 청구하는 때
  2. 추진위원 3분의 2 이상으로부터 개최요구가 있는 때

③ 제2항 각 호에 따른 청구 또는 요구가 있는 경우로서 위원장이 2개월 이내에 정당한 이유없이 주민총회를 소집하지 아니하는 때에는 감사가 지체없이 주민총회를 소집하여야 하며, 감사가 소집하지 아니하는 때에는 제2항 각 호의 규정에 따라 소집을 청구한 자의 대표가 시장·군수등의 승인을 얻어 이를 소집한다.

④ 주민총회를 개최하거나 일시를 변경하는 경우에는 주민총회의 목적·안건·일시·장소·변경 사유 등에 관하여 미리 추진위원회의 의결을 거쳐야 한다. 다만, 제2항 각 호에 따라 주민총회를 소집하는 경우에는 그러하지 아니하다.

⑤ 제2항 및 제3항의 규정에 의하여 주민총회를 소집하는 경우에는 회의개최 14일 전부터 회의목적·안건·일시 및 장소 등을 게시판에 게시하여야 하며, 토지등소유자에게는 회의 개최 10일 전까지 등기우편으로 이를 발송·통지하여야 한다. 이 경우 등기우편이 반송된 경우에는 지체없이 1회에 한하여 추가 발송한다.

⑥ 주민총회는 제5항에 따라 통지한 안건에 대하여만 의결할 수 있다.

제21조(주민총회의 의결사항)

다음 각 호의 사항은 주민총회의 의결을 거쳐 결정한다.
  1. 추진위원회 승인 이후 위원장·감사의 선임·변경·보궐선임·연임
  2. 운영규정의 변경
  3. 정비사업전문관리업자 및 설계자의 선정 및 변경
  4. 삭제<2010.9.16>
  5. 제30조에 따른 개략적인 사업시행계획서의 변경
  6. 제31조5항에 따른 감사인의 선정
  7. 조합설립추진과 관련하여 추진위원회에서 주민총회의 의결이 필요하다고 결정하는 사항

제22조(주민총회의 의결방법)

① 주민총회는 법 및 이 운영규정이 특별히 정한 경우를 제외하고 추진위원회 구성에

동의한 토지등소유자 **과반수 출석으로 개의**하고 **출석한 토지등소유자**(동의하지 않은 토지등소유자를 포함한다)**의 과반수 찬성으로 의결**한다.

② 토지등소유자는 서면 또는 제13조제2항 각 호에 해당하는 대리인을 통하여 의결권을 행사할 수 있다. 이 경우 서면에 의한 의결권 행사는 제1항에 따른 출석으로 본다.

③ 토지등소유자는 규정에 의하여 출석을 서면으로 하는 때에는 안건내용에 대한 의사를 표시하여 주민총회 전일까지 추진위원회에 도착되도록 하여야 한다.

④ 토지등소유자는 제2항에 따라 출석을 대리인으로 하고자 하는 경우에는 위임장 및 대리인 관계를 증명하는 서류를 추진위원회에 제출하여야 한다.

⑤ 주민총회 소집결과 정족수에 미달되는 때에는 재소집하여야 하며, 재소집의 경우에도 정족수에 미달되는 때에는 추진위원회 회의로 주민총회를 갈음할 수 있다.

제23조(주민총회운영 등)

① 주민총회의 운영은 이 운영규정 및 의사진행의 일반적인 규칙에 따른다.

② 의장은 주민총회의 안건내용 등을 고려하여 다음 각 호에 해당하는 자 중 토지등소유자가 아닌 자를 주민총회에 참석하여 발언하도록 할 수 있다.

　1. 추진위원회 사무국 직원

　2. 정비사업전문관리업자, 건축사 사무소 등 용역업체 관계자

　3. 그 밖에 위원장이 주민총회운영을 위하여 필요하다고 인정하는 자

③ 의장은 주민총회의 질서를 유지하고 의사를 정리하며, 고의로 의사진행을 방해하는 발언·행동 등으로 주민총회질서를 문란하게 하는 자에 대하여 그 발언의 정지·제한 또는 퇴장을 명할 수 있다.

④ 추진위원회는 주민총회의 의사규칙을 정하여 운영할 수 있다

제24조(추진위원회의 개최)

① 추진위원회는 위원장이 필요하다고 인정하는 때에 소집한다. 다만, 다음 각 호의 어느 하나에 해당하는 때에는 위원장은 해당 일부터 14일 이내에 추진위원회를 소집하여야 한다.

　1. 토지등소유자의 10분의 1 이상이 추진위원회의 목적사항을 제시하여 소집을 청구하는 때

　2. 재적 추진위원 3분의 1 이상이 회의의 목적사항을 제시하여 청구하는 때

② 제1항 각 호의 어느 하나에 따른 소집청구가 있는 경우로서 위원장이 14일 이내에 정당한 이유없이 추진위원회를 소집하지 아니한 때에는 감사가 지체없이 이를 소집하여야 하며 이 경우 의장은 제17조제6항의 규정에 따른다. 감사가 소집하지 아니하는 때에는 소집을 청구한 자의 공동명의로 소집하며 이 경우 의장은 발의자 대표의 임시사회로 선출된 자가 그 의장이 된다.

③ 추진위원회의 소집은 회의개최 7일 전까지 회의목적·안건·일시 및 장소를 기재한 통지서를 추진위원회의 위원에게 송부하고, 게시판에 게시하여야 한다. 다만, 사업추진상 시급히 추진위원회의 의결을 요하는 사안이 발생하는 경우에는 회의 개최 3일 전에 이를 통지하고 추진위원회 회의에서 안건상정여부를 묻고 의결할 수 있다. 이 경우 출석위원 3분의 2 이상의 찬성으로 의결할 수 있다.

제25조(추진위원회의 의결사항)

① 추진위원회는 이 운영규정에서 따로 정하는 사항과 다음 각 호의 사항을 의결한다.

1. 위원(위원장·감사를 제외한다)의 보궐선임
2. 예산 및 결산의 승인에 관한 방법
3. 주민총회 부의안건의 사전심의 및 주민총회로부터 위임받은 사항
4. 주민총회 의결로 정한 예산의 범위 내에서의 용역계약 등
5. 그 밖에 추진위원회 운영을 위하여 필요한 사항

② 추진위원회는 제24조제3항에 따라 통지한 사항에 관하여만 의결할 수 있다.

③ 위원은 자신과 관련된 해임·계약 및 소송 등에 대하여 의결권을 행사할 수 없다.

제26조(추진위원회의 의결방법)

① 추진위원회는 이 운영규정에서 특별히 정한 경우를 제외하고는 **재적위원 과반수 출석으로 개의하고 출석위원 과반수의 찬성으로 의결한다.** 다만, 제22조제5항에 따라 **주민총회의 의결을 대신하는 의결사항은 재적위원 3분의 2 이상의 출석과 출석위원 3분의 2 이상의 찬성으로 의결한다.**

② 위원은 대리인을 통한 출석을 할 수 없다. 다만, 위원은 서면으로 추진위원회 회의에 출석하거나 의결권을 행사할 수 있으며, 이 경우 제1항에 따른 출석으로 본다.

③ 감사는 재적위원에는 포함하되 의결권을 행사할 수 없다.

④ 제23조의 규정은 추진위원회 회의에 준용할 수 있다.

제27조(의사록의 작성 및 관리)

① 주민총회 및 추진위원회의 의사록에는 위원장·부위원장 및 감사가 기명날인하여야 한다.

② 위원의 선임과 관련된 의사록을 관할 시장·군수에게 송부하고자 할 때에는 위원의 명부와 그 피선자격을 증명하는 서류를 첨부하여야 한다.

제5장 사업시행 등

제28조 삭제<2010.9.16>

제29조(용역업체의 선정 및 계약)

용역업체의 선정은 법 제29조에 따른다.

제30조(개략적인 사업시행계획서의 작성)

추진위원회는 다음 각 호의 사항을 포함하여 개략적인 사업시행 계획서를 작성하여야 한다.

1. 용적률·건폐율 등 건축계획
2. 건설예정 세대수 등 주택건설계획
3. 철거 및 신축비 등 공사비와 부대경비
4. 사업비의 분담에 관한 사항
5. 사업완료 후 소유권의 귀속에 관한 사항

제6장 회 계

제31조(추진위원회의 회계)

① 추진위원회의 회계는 매년 1월 1일(설립승인을 받은 해당 연도의 경우에는 승인일부터 12월 31일까지로 한다.

② 추진위원회의 예산·회계는 기업회계원칙에 따르되, 추진위원회는 필요하다고 인정하는 때에는 다음 각 호의 사항에 관하여 별도의 회계규정을 정하여 운영할 수 있다.

1. 예산의 편성과 집행기준에 관한 사항
2. 세입·세출예산서 및 결산보고서의 작성에 관한 사항
3. 수입의 관리·징수방법 및 수납기관 등에 관한 사항
4. 지출의 관리 및 지급 등에 관한 사항
5. 계약 및 채무관리에 관한 사항
6. 그 밖에 회계문서와 장부에 관한 사항

③ 추진위원회는 추진위원회의 지출내역서를 매분기별로 게시판에 게시하거나 인터넷 등을 통하여 공개하고, 토지등소유자가 열람할 수 있도록 하여야 한다.

④ 추진위원회는 매 회계년도 종료일부터 30일 내에 결산보고서를 작성한 후 감사의 의견서를 첨부하여 추진위원회에 제출하여 의결을 거쳐야 하며, 추진위원회 의결을 거친 결산보고서를 주민총회 또는 토지등소유자에게 서면으로 보고하고 추진위원회 사무소에 3월 이상 비치하여 토지등소유자들이 열람할 수 있도록 하여야 한다.

⑤ 추진위원회는 납부 또는 지출된 금액의 총액이 3억 5천만원 이상인 경우에는 「주식회사 등의 외부감사에 관한 법률」 제2조제7호에 따른 <u>감사인의 회계감사</u>를 받는다. 제36조에 따라 중도 해산하는 경우에도 또한 같다.

⑥ 추진위원회는 제5항에 따라 실시한 회계감사 결과를 회계감사 종료일부터 15일 이내 시장·군수등에게 보고하고, 추진위원회 사무소에 이를 비치하여 토지등소유자가 열람할 수 있도록 하여야 한다.

⑦ 추진위원회는 사업시행상 조력을 얻기 위하여 용역업자와 계약을 체결하고자 하는 경우에는 「국가를 당사자로 하는 계약에 관한 법률」을 준용할 수 있다.

제32조(재원)

추진위원회의 운영 및 사업시행을 위한 자금은 다음 각 호에 의하여 조달한다.

1. 토지등소유자가 납부하는 경비
2. 금융기관 및 정비사업전문관리업자 등으로부터의 차입금
3. <u>지방자치단체의 장</u>이 융자하는 융자금

제33조(운영경비의 부과 및 징수)

① 추진위원회는 조합설립을 추진하기 위한 비용을 충당하기 위하여 토지등소유자에게 운영경비를 부과·징수 할 수 있다.

② 제1항에 따른 운영경비는 추진위원회의 의결을 거쳐 부과할 수 있으며, 토지등소유자의 토지 및 건축물 등의 위치·면적·이용상황·환경 등 제반여건을 종합적으로 고려하여 공평

하게 부과하여야 한다.

③ 추진위원회는 납부기한 내에 운영경비를 납부하지 아니한 토지등소유자(추진위원회 구성에 찬성한 자에 한한다)에 대하여는 금융기관에서 적용하는 연체금리의 범위에서 연체료를 부과할 수 있다.

제7장 보 칙

제34조(조합설립 동의서)

① 추진위원회가 법 제35조제2항부터 제4항까지의 규정에 따라 조합설립을 위한 토지등소유자의 동의를 받는 경우 「도시 및 주거환경정비법 시행규칙」 별지 제6호서식의 조합설립 동의서에 동의를 받아야 한다. 이 경우 다음 각 호의 사항에 동의한 것으로 본다.
  1. 건설되는 건축물의 설계의 개요
  2. 공사비 등 정비사업에 드는 비용
  3. 제2호의 비용의 분담에 관한 기준(제1호의 설계개요가 변경되는 경우 비용의 분담기준을 포함한다)
  4. 사업완료 후 소유권의 귀속에 관한 사항
  5. 조합정관

② 추진위원회는 조합설립에 필요한 동의를 받기 전에 다음 각 호의 정보를 토지등소유자에게 제공하여야 한다.
  1. 토지등소유자별 분담금 추산액 및 산출근거
  2. 그 밖에 추정분담금의 산출등과 관련하여 시·도조례로 정하는 정보

제35조(관련 자료의 공개와 보존)

① 추진위원회위원장은 정비사업시행에 관하여 다음 각 호(제1호부터 제9호까지를 말한다)의 서류 및 관련 자료가 작성되거나 변경된 후 15일 이내에 토지등소유자가 알 수 있도록 인터넷(인터넷에 공개하기 어려운 사항은 그 개략적인 내용만 공개할 수 있다)과 그 밖의 방법을 병행하여 토지등소유자의 주민등록번호를 제외하고 공개하여야 하며, 토지등소유자의 열람·복사 요청이 있는 경우 15일 이내에 그 요청에 따라야 한다. 이 경우 복사에 필요한 비용은 실비의 범위 안에서 청구인의 부담으로 한다.
  1. 추진위원회 운영규정 등
  2. 정비사업전문관리업자 및 설계자 등 용역업체의 선정계약서
  3. 추진위원회·주민총회 의사록
  4. 사업시행계획서
  5. 해당 정비사업의 시행에 관한 공문서
  6. 회계감사보고서
  7. 월별 자금 입금·출금 세부내역
  8. 연간 자금운용 계획에 관한 사항
  9. 정비사업전문관리업자·설계자 등 용역업체와의 세부 계약 변경에 관한 사항
  10. 토지등소유자 명부

② 추진위원회 또는 정비사업전문관리업자는 주민총회 또는 추진위원회가 있은 때에는 제1항에 따른 서류 및 관련 자료와 속기록·녹음 또는 영상자료를 만들어 이를 조합설립인가일부터 30일 이내에 조합에 인계하여야 하고, 중도해산의 경우 청산업무가 종료할 때까지 이를 보관하여야 한다.

③ 토지등소유자가 제1항 각 호의 사항을 열람·복사하고자 하는 때에는 서면으로 요청하여야 하며, 청구인은 제공받은 서류와 자료를 사용목적 외의 용도로 이용·활용하여서는 아니 된다.

④ 추진위원회는 제1항에 따라 공개의 대상이 되는 서류 및 관련 자료의 경우 매 분기가 끝나는 달의 다음 달 15일까지 다음 각 호의 사항을 토지등소유자에게 서면으로 통지하여야 한다.
  1. 공개 대상의 목록
  2. 공개 자료의 개략적인 내용
  3. 공개 장소
  4. 대상자별 정보공개의 범위
  5. 열람·복사 방법
  6. 등사에 필요한 비용

제36조(승계)

① 추진위원회는 조합설립인가일까지 업무를 수행할 수 있으며, 조합이 설립되면 모든 업무와 자산을 조합에 인계하고 해산한다.

② 추진위원회는 자신이 행한 업무를 조합의 총회에 보고하여야 하며, 추진위원회가 그 업무범위 내에서 행한 업무와 관련된 권리와 의무는 조합이 포괄승계 한다.

제37조(민법의 준용 등)

① 추진위원회에 관하여는 법에 규정된 것을 제외하고는 민법의 규정 중 사단법인에 관한 규정을 준용한다.

② 법·민법 기타 다른 법률과 이 운영규정에서 정하는 사항 외에 추진위원회 운영과 사업시행 등에 관하여 필요한 사항은 관계 법령 및 관련 행정기관의 지침·지시 또는 유권해석 등에 따른다.

③ 이 운영규정이 법령의 개정으로 변경되어야 할 경우 운영규정의 개정절차에 관계없이 변경되는 것으로 본다. 다만, 관계 법령의 내용이 임의규정인 경우에는 그러하지 아니 하다.

부   칙

이 운영규정은 ○○시장·군수·구청장으로부터 ○○재건축/재개발사업 조합설립추진위원회로 승인을 받은 날부터 시행한다.

<별지 : 대표소유자 선임동의서>

대표소유자 선임동의서

1. 소유권 현황
■ 재건축사업인 경우

소유권 위치	[아파트] : 동 호, [상 가] : 번지 동 호		
등기상 건축물지분(면적)	_____ m²	등기상 대지지분(면적)	_____ m²

■ 재개발사업인 경우

권리 내역	토 지	④ 소 재 지 (공유여부)		⑤ 면적(m²)
		(계 필지)		
		(	)	
		(	)	
		(	)	
권리 내역	건축물	⑥ 소 재 지 (허가유무)		⑦ 동 수
		(	)	
		(	)	
		(	)	

    상기 소유 물건의 공동소유자는 ○○○을 대표소유자로 선임하고 ○○ 재건축/재개발조합설립추진위원회와 관련한 소유자로서의 법률행위는 대표소유자가 행하는데 동의합니다.

년   월   일

○ 대표자(선임수락자)
　성명 :　　　　　　　(서명 또는 지장날인)
　생년월일 :
　전화번호 :

○ 위임자(동의자)
　① 성명 :　　　　　　　(서명 또는 지장날인)
　　생년월일 :
　　전화번호 :

　② 성명 :　　　　　　　(서명 또는 지장날인)
　　생년월일 :
　　전화번호 :

　③ 성명 :　　　　　　　(서명 또는 지장날인)
　　생년월일 :
　　전화번호 :

첨부: 주민등록증, 여권 등 신원을 확인할 수 있는 신분증명서 사본 각 1부

○○재건축/재개발사업 조합설립추진위원회 귀중

재건축정비사업조합 표준정관

[재건축정비사업조합 표준정관의 제정목적과 활용방법]

□ 표준정관의 제정목적

본 표준정관은 도시 및 주거환경정비법령의 규정에 의한 노후·불량건축물 등의 소유자가 재건축정비사업조합을 설립하여 정비사업을 시행하는 경우 조합정관에 규정하여야 할 사항과 정관 작성상 유의할 점 등을 조합설립인가권자 및 조합설립추진위원회, 관련 주민들에게 제공하여 재건축정비사업조합이 적법타당하고 민주적, 합리적으로 운영될 수 있도록 함은 물론 효율적이고 경제적으로 추진될 수 있도록 하기 위함이며, 표준정관 제정에 대한 근거 법령은 법 제40조제2항에 그 근거를 두고 있다.

□ 표준정관의 활용방법

본 표준정관은 하나의 예시로 법적 구속력은 없으나,「서울시 도시정비조례 제20조」제1항 제4호에는 '정관은 법 제40조제2항에 따른 표준정관을 준용하여 작성함을 원칙으로 한다.' 라고 규정하고 있다. 따라서 조합의 특성과 여건에 따라 관련 조항을 추가, 삭제, 수정하여 달리 규정할 수도 있으나, 조합원의 권익과 관계되는 사항에 대한 규정완화 등은 다양한 검토와 구성원 전체의 합의절차 등을 거쳐 엄정하게 처리하여야 하며 여러 관계 법령에 위반되게 작성 되어서는 아니 된다.

【주】: 표준정관의 주석은 표준정관에 직접 규정하되, 해당 조항이 지니는 의의와 성격, 실제 정관의 제정이나 개정 시 주의해야 할 점, 각 조항의 기준·범위 등을 설명한 것이다.

(본 표준정관은 전부개정된 법령 등에 따라 필자가 임의 수정하여 새로이 작성한 것으로, 필자가 수정하였거나 추가한 내용은 진한 글씨체로 표기하고 밑줄을 그었다.)

국 토 교 통 부

- 목 차 -

제10장 보 칙

제1장 총 칙

제1조(명칭)

① 본 조합의 명칭은 ○○○ 재건축정비사업조합(이하 "조합"이라 한다)이라 한다.

② 본 조합이 시행하는 재건축사업의 명칭은 ○○○ 재건축사업(이하 "사업"이라 한다)이라 한다.

제2조(목적)

조합은 도시 및 주거환경정비법(이하 "법"이라 한다)과 이 정관이 정하는 바에 따라 제3조의 **사업시행구역**(이하 "사업시행구역"이라 한다)의 건축물을 철거하고 그 토지 위에 새로운 건축물을 건설하여 도시 및 주거환경을 개선하고 조합원의 주거안정 및 주거생활의 질적 향상에 이바지함을 목적으로 한다.

제3조(사업시행구역)

조합의 사업시행구역은 ○○ (시·도) ○○ (시·군·구) ○○ (읍·면) ○○ (리·동) ○○번지 외 ○○필지(상의 ○○아파트 단지)로서 토지의 총면적은 ○○㎡(○○평)으로 한다. 다만, 사업시행상 불가피하다고 인정되어 관계 법령 및 이 정관이 정하는 바에 따라 추가로 편입되는 토지 등이 있을 경우에는 사업시행구역과 토지의 총면적이 변경된 것으로 본다.

【주】 도시 및 주거환경정비법 제8조제1항 및 제3항에 근거하여 지형여건, 주변 환경으로 보아 사업시행상 불가피하다고 인정할 경우 인근의 단독·다세대주택 등을 일부 포함할 수 있음을 감안한 것임

제4조(사무소)

① 조합의 주된 사무소는 ○○ (시·도) ○○ (시·군·구) ○○ (읍·면) ○○ (리·동) ○○ 번지 ○○호에 둔다.

② 조합사무소를 이전하는 경우 대의원회(대의원회가 없는 경우 이사회)의 의결을 거쳐 인근지역으로 이전할 수 있으며, 조합원에게 통지한다.

제5조(시행방법)

① 조합원은 소유한 토지 및 건축물을 조합에 현물로 출자하고, 조합은 법 제74조 규정에 의하여 인가받은 관리처분계획에 따라 공동주택 및 부대시설·복리시설을 건설하여 공급한다.

② 조합은 사업시행을 위하여 필요한 경우 정비사업비 일부를 금융기관 등으로부터 대여받아 사업을 시행할 수 있다.

③ 조합은 인·허가 등의 **행정업무의 대행, 사업성 검토 및 사업시행계획서의 작성, 설계자·시공자 선정에 관한 업무의 지원, 사업시행인가의 신청에 관한 업무의 대행, 관리처분계획의 수립에 관한 업무의 대행 등을 지원하는 정비사업전문관리업자를 선정 또는 변경할 수 있다.**

【주】 도시및주거환경정비법 제32조 및 제102조의 규정에 의하여 정비사업전문관리업자를 선정하고 관련 업무를 지원할 수 있음.

④ 조합은 조합원의 과반수 동의를 얻어 **특별시장, 특별자치도지사, 시장·군수** 또는 자치구의

구청장(이하 **"시장·군수등"**라 한다) 또는 법 제2조제10호의 규정에 의한 **토지주택공사등**과 공동으로 사업을 시행할 수 있다.

⑤ 조합은 일부 건축물의 존치 또는 리모델링에 관한 내용이 포함된 사업시행계획서를 작성하여 사업시행인가를 신청할 수 있으며, 이 경우 존치 또는 리모델링되는 건축물 소유자의 동의(**구분소유자가 있는 경우 구분소유자 3분의 2 이상의 동의와 해당 건축물 연면적의 3분의 2 이상의 구분소유자의 동의로 한다**)를 얻어야 한다.

제6조(사업기간)

사업기간은 조합설립인가일부터 법 제89조에서 규정한 청산업무가 종료되는 날까지로 한다.

제7조(조합원의 권리·의무에 관한 사항의 고지·공고방법)

① 조합은 조합원의 권리·의무에 관한 사항을 조합원에게 성실히 고지·공고하여야 한다.

② 제1항의 고지·공고방법은 이 정관에서 따로 정하는 경우를 제외하고는 다음 각 호의 방법에 따른다.

1. 관계 조합원에게 등기우편으로 개별 고지하여야 하며, 등기우편이 주소불명, 수취 거절 등의 사유로 반송되는 경우에는 1회에 한하여 일반우편으로 추가 발송한다.

2. 조합원이 쉽게 접할 수 있는 일정한 장소의 게시판(이하 "게시판"이라 한다)에 14일 이상 공고하고 게시판에 게시한 날부터 3월 이상 조합사무소에 관계 서류와 도면 등을 비치하여 조합원이 열람할 수 있도록 한다.

3. 인터넷 홈페이지가 있는 경우 홈페이지에도 공개하여야 한다. 다만, 특정인의 권리에 관계되거나 외부에 공개하는 것이 곤란한 경우에는 그 요지만을 공개할 수 있다.

【주】조합이 조합원의 권리.의무 변동에 관한 사항을 사전에 성실히 고지토록 하여 조합원이 권리.의무에 관한 사항을 제대로 알고 사업추진에 협조할 수 있도록 하고, 집행부의 권한 남용이나 조합과 조합원간의 분쟁을 방지하기 위한 것으로 조합 여건에 따라 조합 사무소의 게시기간, 열람기간, 등기우편 발송횟수, 통지갈음 여부 등 구체적인 내용은 달리 정할 수 있음

4. 제1호의 등기우편이 발송되고, 제2호의 게시판에 공고가 있는 날부터 고지·공고된 것으로 본다.

제8조(정관의 변경)

① 정관을 변경하고자 할 때에는 조합원 5분의 1 이상, 대의원 과반수 또는 조합장의 발의가 있어야 한다.

② 정관을 변경하고자 하는 경우에는 조합원 과반수(법 제40조 제1항제2호·제3호·제4호· 제8호·제13호 또는 제16호의 경우에는 조합원 3분의 2 이상을 말한다)의 동의를 얻어 **시장·군수등**의 인가를 받아야 한다. 다만, 도시 및 주거환경정비법 시행령(이하 "시행령"이라 한다) 제39조에서 정하는 경미한 사항을 변경하고자 하는 때에는 법 또는 정관이 정하는 방법에 따라 변경하고(**대의원회의 의결을 거쳐 변경하고**) 시장·군수등에게 **신고하여야 한다.**

【주】도시 및 주거환경정비법 제40조제3항 정관의 변경 관련 규정을 정리한 것임.

③ 법 제36조의 규정은 제2항의 규정에 의한 동의에 이를 준용한다.

제2장 조 합 원

제9조(조합원의 자격 등)

① 조합원은 법 제2조제9호나목의 규정에 의한 토지등소유자(이하 "토지등소유자"라 한다)로서 조합설립에 동의한 자로 한다. 다만, 조합설립에 동의하지 아니한 자는 **제44조**의 규정에 의한 분양신청기한까지 다음 각 호의 사항이 기재된 별지 1의 동의서를 조합에 제출하여 조합원이 될 수 있다.

【주】 조합설립당시 재건축에 동의하지는 않았으나 여건변동 등으로 참여를 원할 경우 분양신청기간 종료 전까지는 조합원이 될 수 있도록 하여 기존 건축물의 소유자의 권익을 가급적 보호하도록 한 것임.

  1. 건설되는 건축물의 설계의 개요
  2. **공사비 등 정비사업비용에 드는 비용(이하 "정비사업비"라 한다)**
  3. 정비사업비의 분담기준
  4. 사업완료후 소유권의 귀속에 관한 사항
  5. 조합정관

【주】 도시 및 주거환경정비법 시행령 제30조제2항에서 규정하고 있는 조합원 동의서 내용을 조합정관에 포함함으로서 소송 등 민원을 예방코자 함

② 동일인이 2개 이상의 주택 등을 소유하는 경우에는 그 주택 등의 수에 관계없이 1인의 조합원으로 본다.

③ 1세대로 구성된 세대원이 각각 주택 등을 소유하고 있는 경우 및 하나의 (구분)소유권이 수인의 공유에 속하는 때에는 그 수인을 대표하는 1인을 조합원으로 본다. 이 경우 그 수인은 대표자 1인을 대표조합원으로 지정하고 별지 2의 대표조합원 선임동의서를 작성하여 조합에 신고하여야 하며, 조합원으로서의 법률행위는 그 대표조합원이 행한다.

④ 양도·상속·증여 및 판결 등으로 조합원의 권리가 이전된 때에는 조합원의 권리를 취득한 자로 조합원이 변경된 것으로 보며, 권리를 양수받은 자는 조합원의 권리와 의무 및 종전의 권리자가 행하였거나 조합이 종전의 권리자에게 행한 처분, 청산 시 권리·의무에 관한 범위 등을 포괄 승계한다.

⑤ 해당 정비사업의 건축물 또는 토지를 양수한 자라 하더라도 법 제39조제2항 본문에 해당하는 경우 조합원이 될 수 없고 조합원이 될 수 없는 자는 법 제39조제3항이 정하는 바에 따른다.

제10조(조합원의 권리·의무)

① 조합원은 다음 각 호의 권리와 의무를 갖는다.

  1. 토지 또는 건축물의 분양청구권

2. 총회의 출석권·발언권 및 의결권
3. 임원의 선임권 및 피선임권.
4. 대의원의 선출권 및 피선출권
5. 정비사업비, 청산금, 부과금과 이에 대한 연체료 및 지연손실금(이주지연, 계약지연, 조합원 분쟁으로 인한 지연 등을 포함함)등의 비용 납부의무

주】조합원에게 금전적 부담이 되는 사항을 보다 명확히 규정하기 위한 것으로 조합에 따라 보다 구체적으로 명시할 수도 있음

6. 사업시행계획에 의한 철거 및 이주 의무
7. 그 밖에 관계 법령 및 이 정관, 총회 등의 의결사항 준수의무

② 조합원의 권한은 평등하며 권한의 대리행사는 원칙적으로 인정하지 아니하되, 다음 각 호에 해당하는 경우에는 권한을 대리할 수 있다. 이 경우 조합원의 자격은 변동되지 아니 한다.
1. 조합원이 권한을 행사할 수 없어 배우자·직계존비속·형제자매 중에서 성년자를 대리인 으로 정하여 위임장을 제출하는 경우
2. 해외거주자가 대리인을 지정한 경우
3. 법인인 토지등소유자가 대리인을 지정한 경우(이 경우 법인의 대리인은 조합의 임원 또는 대의원으로 선임될 수 있다.

【주】조합원의 부재, 유고 등으로 조합원의 권한을 대리로 행사하는 경우에 자격 등에 대한 분쟁이 많은 점을 감안한 것임

③ 조합원이 그 권리를 양도하거나 주소 또는 인감을 변경하였을 경우에는 그 양수자 또는 변경 당사자는 그 행위의 종료일부터 14일 이내에 조합에 그 변경내용을 신고 하여야 한다. 이 경우 신고하지 아니하여 발생되는 불이익 등에 대하여 해당 조합원은 조합에 이의를 제기할 수 없다.

【주】전매 등으로 조합원의 권리가 양도되는 경우가 많으나 제때에 신고가 되지 않아 조합원과 조합 사이에 마찰이 생기고 사업추진에 지장을 초래하는 경우가 많은 점을 감안한 것임.

④ 조합원은 조합이 사업시행에 필요한 서류를 요구하는 경우 이를 제출할 의무가 있으며 조합의 승낙이 없는 한 이를 회수할 수 없다. 이 경우 조합은 요구서류에 대한 용도와 수량을 명확히 하여야 하며, 조합의 승낙이 없는 한 회수할 수 없다는 것을 미리 고지 하여야 한다.

【주】조합에서 인감증명 등 사업시행에 필요한 서류를 불필요하게 많이 제출받아 이를 악용하는 경우가 있고, 조합원은 기제출한 서류를 반환해 줄 것을 요구하여 사업에 지장을 주고 있는 경우 등이 많아 이를 방지하기 위한 것임

제11조(조합원 자격의 상실)
① 조합원이 건축물의 소유권이나 입주자로 선정된 지위 등을 양도하였을 때에는 조합원의 자격을 즉시 상실한다.
② 관계 법령 및 이 정관에서 정하는 바에 따라 조합원의 자격에 해당하지 않게 된 자의 조합원자격은 자동 상실된다.

【주】 조합원이 권리나 지위 등을 양도하였을 경우 또는 관계 법령 및 정관에서 정하는 조합원에 해당하지 않게 된 경우에 조합원의 자격이 조합 내부의 별도 절차(총회, 대의원회 의결 등)나 행정절차(변경신고, 인가 등)를 받을 때까지 지속되는지 여부에 대한 논란이 많은 점을 감안한 것임

③ 조합원으로서 고의 또는 중대한 과실 및 의무불이행 등으로 조합에 대하여 막대한 손해를 입힌 경우에는 총회의 의결에 따라 조합원을 제명할 수 있다. 이 경우 제명 전에 해당 조합원에 대해 청문 등 소명기회를 부여하여야 하며, 청문 등 소명기회를 부여하였음에도 이에 응하지 아니한 경우에는 소명기회를 부여한 것으로 본다.

【주】 소수의 조합원이 의무 등을 불이행하여 피해를 주고 있는 사례가 많아 이를 최소화하기 위한 것이나, 조합이 이를 남용할 소지도 있으므로 청문 등 소명기회를 부여토록 한 것이다.

④ 조합원은 임의로 조합을 탈퇴할 수 없다. 다만, 부득이한 사유가 발생한 경우 총회 또는 대의원회의 의결에 따라 탈퇴할 수 있다.

【주】 조합원에게 부득이한 사유가 생겼을 경우 탈퇴를 인정하되 개인사정에 따라 빈번하게 탈퇴가 이루어진다면 사업추진에 지장이 많으므로 총회 또는 대의원회의 의결에 따르도록 한 것이며, 총회에서 의결할 것인지 대의원회에서 의결할 것인지는 해당 조합의 조합원수, 단지 규모, 탈퇴가 조합에 미치는 영향 등을 감안하여 결정하면 될 것임

제3장 시공자, 설계자 및 정비사업전문관리업자의 선정

제12조(시공자의 선정 및 계약)

① 조합은 사업시행인가를 받은 후 법 제29조제1항에 의하여 **국토교통부장관**이 고시한 **「정비사업의 시공자 선정기준」**에 따라 시공자를 선정하여야 한다. 선정된 시공자를 변경하는 경우도 또한 같다.

② 조합은 제1항의 규정에 의하여 선정된 시공자와 그 업무범위 및 관련 사업비의 부담 등 사업시행 전반에 대한 내용을 협의한 후 미리 총회의 의결을 거쳐 별도의 계약을 체결하여야 하며, 그 계약내용에 따라 상호간의 권리와 의무가 부여된다. 계약내용을 변경하는 경우도 같다. 다만, 금전적인 부담이 수반되지 아니하는 사항의 변경은 대의원회(대의원회가 없는 경우 이사회)의 의결을 거쳐야 한다.

【주】 조합과 시공자간의 계약은 조합원의 권익보호 및 사업추진에 매우 중요한 사항이므로 미리 총회의 인준을 받고 계약을 체결토록 한 것이나, 경미한 사항의 경우에도 총회의 의결로 하는 경우 사업추진에 지장을 줄 수도 있으므로 금전적 부담이 수반되지 않는 경미한 사항 등은 대의원회 또는 이사회의 의결 등으로 할 수 있을 것임

(국토교통부장관이 고시한「정비사업의 시공자 선정기준」은 제1편-제7장-제8절에 수록됨)

③ 조합은 제2항의 규정에 의하여 시공자와 체결한 계약서를 조합해산 일까지 조합사무소에 비치하여야 하며, 조합원의 열람 또는 복사요구에 응하여야 한다. 이 경우 복사에 드는

비용은 복사를 원하는 조합원이 부담한다.

④ 제2항의 계약내용에는 토지 및 건축물의 사용·처분, 공사비 및 부대비용 등 사업비의 부담, 시공보증, 시공상의 책임, 공사기간, 하자보수 책임 등에 관한 사항을 포함하여야 한다.

제13조(설계자의 선정 및 계약)

① 설계자는 건축사법 제23조의 규정에 적합하여야 하며, 설계자의 선정은 일반경쟁입찰방법 또는 지명경쟁입찰방법으로 하되, 1회 이상 일간신문에 입찰공고를 하고, 현장설명회를 개최한 후 **입찰참여 계획서**를 제출받아 총회에서 선정한다. 다만, 미응찰 등의 이유로 **2회** 이상 유찰된 경우에는 총회의 의결을 거쳐 수의계약 할 수 있다. 선정된 설계자를 변경하는 경우도 같다.

② 제12조제2항 및 제3항의 규정은 설계자의 선정 및 계약에 관하여 이를 준용한다. 이 경우 "시공자"는 각각 "설계자"로 본다.

제14조(정비사업전문관리업자의 선정 및 계약)

① 조합이 정비사업전문관리업자를 선정 또는 계약하고자 하는 경우에는 제13조의 규정을 준용한다. 이 경우 "설계자"는 각각 "정비사업전문관리업자"로 본다.

② 조합은 정비사업전문관리업자가 법 제106조제1항 규정에 의해 등록취소처분 등을 받은 경우, 처분 등을 통지받거나 처분사실을 안날로부터 3월 이내 해당 업무계약의 해지여부를 결정하여야 한다.

③ 조합은 정비사업전문관리업자가 법 제106조제5항에 해당하게 되는 경우 즉시 업무를 중지시키고 관계 서류를 인계받아야 한다.

제4장 임원 등

제15조(임원)

① 조합에는 다음 각 호의 임원을 둔다.
1. 조합장 1인
2. 이사 ( )인
3. 감사 **1인 이상 ( )인 이내**

【주】조합장 1인과 3인 이상 5인 이하(토지등소유자가 100인을 초과하는 때에는 5인 이상 10인 이하)의 이사와 1인 이상 3인 이하의 감사를 둔다.

② **조합임원은 총회에서 조합원 과반수 출석과 출석 조합원 과반수의 동의를 얻어 다음** 각 **호의 1에 해당하는 조합원 중에서 선임한다. 다만, 임기 중 궐위된 경우에는 다음 각 호의 1에 해당하는 조합원 중에서 대의원회가 이를 보궐선임 한다. 이 경우 조합장은 선임일부터** 법 제74조제1항에 **따른 관리처분계획인가를 받을 때까지는 해당 정비구역에서 거주(영업을 하는 자의 경우 영업을 말한다.)**
1. **정비구역에서 거주하고 있는 자로서 선인을 직전 3년 동안 정비구역 내 거주 기간이 1년 이상일 것.**

2. 정비구역에 위치한 건축물 또는 토지(재건축사업의 경우에는 건축물과 그 부속토지를 말한다)를 5년 이상 소유하고 있을 것

【주】 도시및주거환경정비법 제41조제1항<개정 2019.4.23.>, [시행일: 2019.10.24.]에서 규정한 조합임원선임 관련 내용을 정리함

③ 임원의 임기는 선임된 날부터 **3년**까지로 하되, 총회의 의결을 거쳐 연임할 수 있다.

【주】 ~~소규모 주택단지 등 사업이 단기간 내에 완료될 수 있다고 판단하는 경우 (__)년으로 정할 수 있을 것임 (도시정비법이 개정되어 이 주석은 삭제가 필요함)~~

④ 제2항 단서의 규정에 따라 보궐 선임된 임원의 임기는 전임자의 잔임기간으로 한다.

⑤ 임기가 만료된 임원은 그 후임자가 선임될 때까지 그 직무를 수행한다.

제16조(임원의 직무 등)

① 조합장은 조합을 대표하고 조합의 사무를 총괄하며 총회와 대의원회 및 이사회의 의장이 된다.

② 이사는 조합장을 보좌하고, 이사회에 부의된 사항을 심의·의결하며 이 정관이 정하는 바에 의하여 조합의 사무를 분장한다.

③ 감사는 조합의 사무 및 재산상태와 회계에 관하여 감사하며 정기 총회에 감사결과 보고서를 제출하여야 하며, 조합원 5분의1 이상의 요청이 있을 때에는 (~~공인회계사~~)회계감사기관에 **감사인의 회계감사**를 의뢰하여 (~~공인회계사가~~)회계감사기관이 작성한 감사보고서를 총회 또는 대의원회에 제출하여야 한다.

【주】 조합회계 등 감사의 업무에 관하여 의혹이 있을 경우 (~~공인회계사~~)회계감사기관에 (~~회계감사~~) 감사인 회계감사를 의뢰토록 하여 의혹을 해소할 수 있도록 한 것으로 요청 정족수는 조합의 규모 등에 따라 적정하게 조정할 수 있음.

④ 감사는 조합의 재산관리 또는 조합의 업무집행이 공정하지 못하거나 부정이 있음을 발견하였을 때에는 대의원회 또는 총회에 보고하여야 하며, 조합장은 보고를 위한 대의원회 또는 총회를 소집하여야 한다. 이 경우 감사의 요구에도 조합장이 소집하지 아니하는 경우에는 감사가 직접 대의원회를 소집할 수 있으며 대의원회의 의결에 의하여 총회를 소집할 수 있다. 회의소집 절차와 의결방법 등은 **제20조제7항, 제22조 및 제26조**의 규정을 준용한다.

【주】 소집요구권을 감사, 대의원, 조합원에게 부여하여 부정에 대한 신속한 조치를 기할 수 있도록 함.

⑤ 감사는 제4항 직무위배행위로 인해 감사가 필요한 경우 조합임원 또는 외부전문가로 구성된 감사위원회를 구성할 수 있다. 이 경우 감사는 감사위원회의 의장이 된다.

⑥ 다음 각 호의 경우에는 해당 안건에 관해 (상근)이사 중에서 연장자 순으로 조합을 대표한다.
  1. 조합장이 유고 등으로 인하여 그 직무를 수행할 수 없을 경우
  2. 조합장이 자기를 위한 조합과의 계약이나 소송 등에 관련되었을 경우
  3. 조합장의 해임에 관한 사항

⑦ 조합은 그 사무를 집행하기 위하여 필요하다고 인정하는 때에는 조합의 인사규정이

정하는 바에 따라 상근하는 임원 또는 유급직원을 둘 수 있다. 이 경우 조합의 인사 규정은 미리 총회의 의결을 받아야 한다.

【주】상근임원의 종류 및 상근임원의 업무범위·권한·의무, 유급 직원의 수 및 직함, 업무내용 등을 별도의 인사규정을 마련하여 운영하도록 한 것이나, 조합의 규모나 성격에 따라 별도의 인사규정이 없이 정관에 직접 정할 수도 있을 것임

⑧ 조합 임원은 같은 목적의 사업을 시행하는 다른 조합·추진위원회 또는 해당 사업과 관련된 시공자·설계자·정비사업전문관리업자 등 관련 단체의 임원·위원 또는 직원을 겸할 수 없다.

제17조(임원의 결격사유 및 자격상실 등)

① 다음 각 호의 어느 하나에 해당하는 자는 조합임원, 전문조합관리인 및 대의원이 될 수 없다.
  1. <u>미성년자·피성년후견인 또는 피한정후견인</u>
  2. 파산선고를 받고 복권되지 아니한 자
  3. 금고 이상의 실형의 선고를 받고 그 집행이 종료(종료된 것으로 보는 경우를 포함한다)되거나 집행이 면제된 날부터 2년이 경과되지 아니 한자
  4. 금고 이상의 형의 집행유예를 받고 그 유예기간 중에 있는 자
  5. <u>도시정비법을 위반하여 벌금 100만원 이상의 형을 선고받고 10년이 지나지 아니한 자</u>
  (주 : 도시및주거환경정비법 제43조제1항제5호에 따라 필자가 임의로 수정함)

② **조합임원이 다음 각 호의 어느 하나에 해당하는 경우에는 당연 퇴임한다.**
  1. <u>제1항 각 호의 어느 하나에 해당하게 되거나 선임 당시 그에 해당하는 자이었음이 판명된 경우</u>
  2. <u>조합임원이 표준정관 제15조제2항에 따른 자격요건을 갖추지 못하는 경우</u>
  (주 : 도시및주거환경정비법 제43조제2항의 개정에 따라 필자가 임의로 수정함)

③ 제2항의 규정에 의하여 퇴임된 임원이 퇴임 전에 관여한 행위는 그 효력을 잃지 아니한다.

【주】<u>도시및주거환경정비법 제43조제3항</u> 규정에 의하여 임원의 퇴임 전에 행위에 대한 효력을 인정함으로서, 업무의 영속성을 유지가능토록 함.

④ 임원으로 선임된 후 직무위배행위로 인한 형사사건으로 기소된 경우에는 그 내용에 따라 확정판결이 있을 때까지 제18조제4항의 절차에 따라 그 자격을 정지할 수 있다. 또한, 임원이 그 사건으로 받은 확정판결내용이 <u>법 제137조 및 제138조</u> 벌칙규정에 의한 벌금형에 해당하는 경우에는 총회에서 자격상실여부를 의결한다.

【주】직무와 관련된 사건으로 기소된 후 확정판결까지의 기간이 장기화 될 경우 해당 임원의 자격시비 등으로 조합 업무추진에 지장이 많음을 감안한 것임

제18조(임원의 해임 등)

① 임원이 직무유기 및 태만 또는 관계 법령 및 이 정관에 위반하여 조합에 부당한 손해를 초래한 경우에는 해임할 수 있다. 이 경우 사전에 해당 임원에 대해 청문 등 소명기회를 부여하여야 하며, 청문 등 소명기회를 부여하였음에도 이에 응하지 아니한 경우에는 소명기회를 부여한 것으로 본다. 다만, 제17조제2항의 규정에 의하여 당연 퇴임한 임원에 대해서는 해임절차 없이 그 사유가 발생한 날로부터 그 자격을 상실한다.

② 임원이 자의로 사임하거나 제1항의 규정에 의하여 해임되는 경우에는 지체없이 새로운 임원을 선출하여야 한다. 이 경우 새로 선임된 임원의 자격은 **시장·군수등의** 조합설립변경인가 및 법인의 임원변경등기를 하여야 대외적으로 효력이 발생한다.

③ 임원의 해임은 조합원 10분의 1 이상 또는 대의원 3분의 2 이상의 요구로 조합장(조합장이 해임 대상인 경우는 발의자 공동명의로 한다)이 소집한 총회에서 조합원 과반수의 출석과 출석조합원 과반수의 동의를 얻어 해임할 수 있다. 조합장이 해임 대상인 경우 발의자 대표의 임시사회로 선출된 자가 그 의장이 된다.

④ 제2항의 규정에 의하여 사임하거나 또는 해임되는 임원의 새로운 임원이 선임, 취임할 때까지 직무를 수행하는 것이 적합하지 아니하다고 인정될 때에는 이사회 또는 대의원회 의결에 따라 그의 직무수행을 정지하고 조합장이 임원의 직무를 수행할 자를 임시로 선임할 수 있다. 다만, 조합장이 사임하거나 퇴임·해임되는 경우에는 제16조제6항을 준용한다.

【주】임원이 직무태만, 부정 등으로 해임되는 경우에는 새로운 임원이 선출될 때까지 업무를 수행하는 것이 적정하지 못한 경우가 대부분이므로 업무공백이나 부작용이 없도록 그 절차를 정한 것임

제19조(임직원의 보수 등)

① 조합은 상근임원 외의 임원에 대하여는 보수를 지급하지 아니한다. 다만, 임원의 직무수행으로 발생되는 경비는 지급할 수 있다.

② 조합은 상근하는 임원 및 유급직원에 대하여 조합이 정하는 별도의 보수규정에 따라 보수를 지급하여야 한다. 이 경우 보수규정은 미리 총회의 의결을 거쳐야 한다.

【주】상근하는 임원 및 유급직원에 대한 보수는 사업비에 영향을 미치므로 별도의 보수규정을 마련하여 운영토록 하고 총회의 의결을 거치도록 한 것이나, 조합의 규모에 따라 정관에 보수에 관한 사항 등을 직접 규정할 수도 있음

③ 유급직원은 조합의 인사규정이 정하는 바에 따라 조합장이 임명한다. 이 경우 임명 결과에 대하여 사후에 대의원회의 인준을 받아야 하며 인준을 받지 못하면 즉시 해임하여야 한다.

【주】유급직원은 조합사무를 실무적으로 수행하므로 조합장이 관련 규정에 따라 임명토록 한 것이며, 사후에 대의원회의 인준(또는 총회인준으로 조정가능)을 받도록 한 것임

제5장 기 관

제20조(총회의 설치)

① 조합에는 조합원 전원으로 구성하는 총회를 둔다.

② 총회는 정기총회·임시총회로 구분하며 조합장이 소집한다.

③ 정기총회는 매년 1회, 회계연도 종료일부터 2월 이내에 개최한다. 다만, 부득이한 사정이 있는 경우에는 3월 범위 내에서 사유와 기간을 명시하여 일시를 변경할 수 있다.

【주】조합의 내부 사정에 따라 정기총회 일시를 탄력적으로 운영할 수 있도록 한 것이나, 총회 소집을 무기한 연기하거나 지체할 수 있도록 하는 것은 바람직하지 못하므로 3월 범위 내로 한 것임

④ 임시총회는 조합장이 필요하다고 인정하는 경우에 개최한다. 다만, 다음 각 호의 1에 해당하는 때에는 조합장은 해당일로부터 2월 이내에 총회를 개최하여야 한다.

    1. **조합원 5분의 1 이상**(정관의 기재사항 중 제40조제1항제6호에 따른 조합임원의 권리·의무·보수·선임방법·변경 및 해임에 관한 사항을 변경하기 위한 총회의 경우는 10분의 1 이상으로 한다)이 총회의 목적사항을 제시하여 청구하는 때

    2. **대의원 3분의 2 이상으로부터 개최요구가 있는 때**

⑤ 제4항의 각호의 규정에 의한 청구 또는 요구가 있는 경우로서 조합장이 2월 이내에 정당한 이유 없이 총회를 소집하지 아니하는 때에는 감사가 지체 없이 총회를 소집하여야 하며, 감사가 소집하지 아니하는 때에는 제4항 각호의 규정에 의하여 소집을 청구한 자의 공동명의로 이를 소집한다.

【주】일정 비율 이상의 조합원, 대의원 또는 감사에게 총회소집 요구권을 부여함으로써 조합원의 권익을 보호하도록 함. 이때, 총회소집요구 정족수는 조합원수, 조합의 규모 등에 따라 적절히 정할 수 있을 것임

⑥ 제2항 내지 제5항의 규정에 의하여 총회를 개최하거나 일시를 변경하는 경우에는 총회의 목적·안건·일시·장소·변경사유 등에 관하여 미리 이사회의 의결을 거쳐야 한다. 다만, 제5항의 규정에 의한 조합장이 아닌 공동명의로 총회를 소집하는 경우에는 그러하지 아니하다.

⑦ 제2항 내지 제5항의 규정에 의하여 총회를 소집하는 경우에는 회의개최 14일전부터 회의목적·안건·일시 및 장소 등을 게시판에 게시하여야 하며 각 조합원에게는 회의 개최 7일전까지 등기우편으로 이를 발송, 통지하여야 한다.

⑧ 총회는 제7항에 의하여 통지한 안건에 대해서만 의결할 수 있다.

제21조(총회의 의결사항)

다음 각 호의 사항은 총회의 의결을 거쳐 결정한다.

1. 정관의 변경(법 제40조제4항 **단서의 규정에 의한 사항의 변경은 제외한다**)

2. 자금의 차입과 그 방법·이율 및 상환방법

3. 법 제93조의 규정에 의한 부과금의 금액 및 징수방법

4. 정비사업비의 **세부 항목별 사용계획이 포함된 예산안 및 예산의 사용내역**

5. 예산으로 정한 사항 외에 조합원의 부담이 될 계약

6. (철거업자)시공자·설계자·**감정평가법인등**의 선정 및 변경

7. 정비사업전문관리업자의 선정 및 변경

8. 조합임원 및 대의원의 선임 및 해임(임기 중 궐위된 자를 보궐 선임하는 경우 제외한다)

9. 정비사업비의 조합원별 분담내역

10. 법 제74조의 규정에 의한 관리처분계획의 수립 및 변경(법 제74조제1항 **본문** 단서의 규정에 의한 경미한 변경을 제외한다)

11. 법 제89조의 규정에 의한 청산금의 징수·지급(분할징수·분할지급을 포함한다)과 조합 해산 시의 회계보고

12. 조합의 합병 또는 해산(사업완료로 인한 해산은 제외한다)

13. 법 제52조에 의한 사업시행계획서의 작성 및 변경(법 제50조제1항 단서에 의한 경미한 변경의 경우는 제외한다)

14. 그 밖에 이 정관에서 총회의 의결 또는 인준을 거치도록 한 사항

【주】 조합원의 재산권과 관련된 정관 조문, 계약관계 및 관리처분계획 등 재건축사업의 시행에 있어서 핵심적인 사항에 대해서는 가급적 총회에서 조합원 스스로가 결정하도록 하여야 할 것이며, 그 밖의 조합원에게 경제적으로 부담되는 사항 등 주요 사항을 조합 특성에 맞게 정할 수 있음.

제22조(총회의 의결방법)

① 총회는 법, 이 정관에서 특별히 정한 경우를 제외하고는 조합원 과반수 출석으로 개의하고 출석조합원의 과반수 찬성으로 의결한다.

② 제1항의 규정에 불구하고 다음 각 호에 관한 사항은 조합원 과반수 출석과 출석조합원 3분의 2 이상의 찬성으로 의결한다.

1. 정관 제○조, 제○조제○항의 개정 및 폐지에 관한 사항

2. ....

3. ....

【주】 조합원의 재산권·비용부담에 관한 사항 등 조합원의 권익과 직결되는 중요한 사항을 발췌하여 개의요건 및 의결정족수를 강화할 수 있도록 한 것으로 중요한 정관의 개폐, 그 밖에 중요한 사항을 구체적으로 명시할 수 있음

③ 조합원은 서면 또는 제10조제2항 각 호에 해당하는 대리인을 통하여 의결권을 행사할 수 있다. 서면 행사하는 경우에는 제1항 및 제2항의 규정에 의한 출석으로 본다.

④ 조합원은 제3항의 규정에 의하여 출석을 서면으로 하는 때에는 안건내용에 대한 의사를 표시하여 총회 전일까지 조합에 도착되도록 하여야 한다.

⑤ 조합원은 제3항의 규정에 의하여 출석을 대리인으로 하고자 하는 경우에는 위임장 및 대리인 관계를 증명하는 서류를 조합에 제출하여야 한다.

⑥ 총회 소집결과 정족수에 미달되는 때에는 재소집하여야 하며, 재소집의 경우에도 정족수에 미달되는 때에는 대의원회로 총회를 갈음할 수 있다(단, 법 제40조 제1항제2호·제3호·제4호·제8호·제13호 또는 제16호에 관한 사항은 그러하지 아니하다).

【주】 대의원회가 총회를 대신하여 의결할 경우에도 특례를 두어, 조합원의 권익을 보호하도록 한 것으로, 조합원의 권익에 직결되는 사항에 대해서는 대의원회가 총회를 대신할 수 없도록 하여 조합원 스스로가 총회에 참석하여 의견권을 행사하여야 할 것임.

⑦ 제3항의 규정에도 불구하고 시공자 선정을 위한 총회는 조합원 과반수가 직접 참석한 경우(대리인이 참석한 때에는 직접 참석으로 본다)에 한하여 의사를 진행할 수 있다.

제23조(총회운영 등)

① 총회는 이 정관 및 의사진행의 일반적인 규칙에 따라 운영한다.

② 의장은 총회의 안건의 내용 등을 고려하여 다음 각 호에 해당하는 자등 조합원이 아닌 자를 총회에 참석하여 발언하도록 할 수 있다.

1. 조합직원
2. 정비사업전문관리업자·시공자 또는 설계자
3. 그 밖에 의장이 총회운영을 위하여 필요하다고 인정하는 자

③ 의장은 총회의 질서를 유지하고 의사를 정리하며, 고의로 의사진행을 방해하는 발언·행동 등으로 총회질서를 문란하게 하는 자에 대하여 그 발언의 정지·제한 또는 퇴장을 명할 수 있다.

④ 제1항과 제3항의 의사규칙은 대의원회에서 정하여 운영할 수 있다.

제24조(대의원회의 설치)

① 조합에는 대의원회를 둔 다.
【주】조합원이 100인 이상인 경우만 해당됨

② 대의원의 수는 ( )인 이상 ( )인 이하로 하되, 동별(街區別)로 최소( )인의 대의원을 선출하여야 한다.
【주】대의원 수는 동별 또는 단지규모 등을 고려하여 조합원의 10분의 1 이상으로 하되, 조합원의 10분의 1이 100인을 넘는 경우에는 100인의 대의원으로 구성한다. 동별로 고루 선출하되, 단독주택지의 경우에는 가구별로 균형있게 선출함

③ 대의원은 조합원 중에서 선출하며, 조합장이 아닌 조합임원은 대의원이 될 수 없다.
【주】도시및주거환경정비법 제46조제3항에 규정된 내용으로서 대의원회에서 의결함에 있어 순수 대의원회의 의견을 충분히 반영하기 위한 것임

④ 대의원의 선출 또는 궐위된 대의원의 보선은 다음 각 호의 1에 해당하는 조합원 중에서 선임한다. 다만, 궐위된 대위원의 보선은 대의원 5인 이상의 추천을 받아 대의원회가 이를 보궐 선임한다.

1. 정비구역에서 거주하고 있는 자로서 선임일 직전 3년 동안 정비구역 내 거주 기간이 1년 이상일 것
2. 정비구역에 위치한 건축물 또는 토지(재건축사업의 경우에는 건축물과 그 부속토지를 말한다)를 5년 이상 소유하고 있을 것

【주】대의원은 원칙적으로 조합원이 직접 선출하여야 할 것이나, 조합원의 이주로 인하여 소집이 어려울 경우에는 보선에 한해 대의원회에서 선출할 수 있도록 한 것이며, 대의원자격 요건으로 거주기간을 조합여건에 따라 정할 수 있음.

⑤ 대의원회는 조합장이 필요하다고 인정하는 때에 소집한다. 다만, 다음 각 호의 1에 해당하는 때에는 조합장은 해당 일부터 14일 이내에 대의원회를 소집하여야 한다.

　1. 조합원 10분의 1 이상이 총회의 목적사항을 제시하여 소집을 청구하는 때

　2. 대의원의 3분의 1 이상이 회의의 목적사항을 제시하여 청구하는 때

⑥ 제5항 각 호의 1에 의한 소집청구가 있는 경우로서 조합장이 14일 이내에 정당한 이유 없이 대의원회를 소집하지 아니한 때에는 감사가 지체 없이 이를 소집하여야 하며, 감사가 소집하지 아니하는 때에는 제5항 각호의 규정에 의하여 소집을 청구한 자의 공동명의로 이를 소집한다.

【주】 일정한 수 이상의 대의원이 대의원회의 소집을 요구하였으나 의장(조합장)이 이에 불응할 경우에 대비하여 보완한 것임

⑦ 대의원회 소집은 회의개최 7일전에 회의목적·안건·일시 및 장소를 기재한 통지서를 대의원에게 송부하고, 게시판에 게시하여야 한다. 다만, 사업추진상 시급히 대의원회의 의결 을 요하는 사안이 발생하는 경우에는 회의 개최 3일 전에 통지하고 대의원회에서 안건상정여부를 묻고 의결할 수 있다.

⑧ 대의원 해임에 관한 사항은 제18조제1항을 준용한다.

제25조(대의원회의 의결사항)

① 대의원회는 다음 각 호의 사항을 의결한다.

　1. 궐위된 임원 및 대의원의 보궐선임

　2. 예산 및 결산의 승인에 관한 방법

　3. 총회 부의안건의 사전심의 및 총회로부터 위임받은 사항

　4. 총회의 의결로 정한 예산의 범위 내에서의 용역계약 등

【주】 사업추진상 불가피하게 발생하는 계약(세무사, 법무사, 회계사, 교통영향평가 및 감정평가업체 등)에 대하여 대의원회에서 결정 가능토록 함.

② 대의원회는 제24조제7항의 규정에 의하여 통지한 사항에 관하여만 의결할 수 있다. 다만, 통지 후 시급히 의결할 사항이 발생한 경우, 의장의 발의와 출석대의원 과반수 동의를 얻어 안건으로 채택한 경우에는 그 사항을 의결할 수 있다.

③ 대의원 자신과 관련된 사항에 대하여는 그 대의원은 의결권을 행사할 수 없다.

④ 이사·감사는 대의원회에 참석하여 의견을 진술할 수 있다.

제26조(대의원회의 의결방법)

① 대의원회는 법 및 이 정관에서 특별히 정한 경우를 제외하고는 대의원 과반수 출석으로 개의하고 출석대의원 과반수의 찬성으로 의결한다. 다만, 제22조제6항의 규정에 의하여 대의원회가 총회의 권한을 대행하여 의결하는 경우에는 재적 대의원 3분의 2 이상의 출석과 출석대의원 3분의 2 이상의 동의를 얻어야 한다.

【주】 총회의 권한을 대행하는 사항에 대해서는 출석 및 의결 정족수를 강화하여 조합운영을 보다 신중하게 하도록 한 것임

② 대의원은 대리인을 통한 출석을 할 수 없다. 다만, 서면으로 대의원회에 출석하거나 의결권을 행사할 수 있다. 이 경우 제1항의 규정에 의한 출석으로 본다.

③ 제23조의 규정은 대의원회에 이를 준용한다.

제27조(이사회의 설치)

① 조합에는 조합의 사무를 집행하기 위하여 조합장과 이사로 구성하는 이사회를 둔다.

② 이사회는 조합장이 소집하며, 조합장은 이사회의 의장이 된다.

제28조(이사회의 사무)

이사회는 다음 각 호의 사무를 집행한다.

1. 조합의 예산 및 통상업무의 집행에 관한 사항
2. 총회 및 대의원회의 상정안건의 심의·결정에 관한 사항
3. 업무규정 등 조합 내부규정의 제정 및 개정안 작성에 관한 사항
4. 그 밖에 조합의 운영 및 사업시행에 관하여 필요한 사항

【주】별도의 조항으로 전문적이고 효율적인 조합운영을 위하여 이사회 보좌기관으로서 자문 또는 고문기관을 둘 수 있음.

제29조(이사회의 의결방법)

① 이사회는 대리인 참석이 불가하며, 구성원 과반수 출석으로 개의하고 출석 구성원 과반수 찬성으로 의결한다.

② 구성원 자신과 관련된 사항에 대하여는 그 구성원은 의결권을 행사할 수 없다.

③ 제26조제2항의 규정은 이사회의 의결에 준용한다.

제30조(감사의 이사회 출석권한 및 감사요청)

① 감사는 이사회에 출석하여 의견을 진술할 수 있다. 다만, 의결권은 가지지 아니한다.

② 이사회는 조합운영상 필요하다고 인정될 때에는 감사에게 조합의 업무에 대하여 감사를 실시하도록 요청할 수 있다.

제31조(의사록의 작성 및 관리)

조합은 총회·대의원회 및 이사회의 의사록을 작성하여 청산 시까지 보관하여야 하며, 그 작성기준 및 관리 등은 다음 각 호와 같다. 다만, 속기사의 속기록일 경우에는 제1호의 규정을 적용하지 아니한다.

1. 의사록에는 의사의 경과, 요령 및 결과를 기재하고 의장 및 출석한 이사가 기명날인하여야 한다.
2. 의사록은 조합사무소에 비치하여 조합원이 항시 열람할 수 있도록 하여야 한다.
3. 임원의 선임 또는 대의원의 선출과 관련된 총회의 의사록을 관할 **시장·군수등**에게 송부하고 자 할 때에는 임원 또는 대의원 명부와 그 피선자격을 증명하는 서류를 첨부하여야 한다.

제6장 재 정

제32조(조합의 회계)

① 조합의 회계는 매년 1월1일(설립인가를 받은 해당 년도는 인가일)부터 12월말일까지로 한다.

② 조합의 예산·회계는 기업회계의 원칙에 따르되 조합은 필요하다고 인정하는 때에는 다음 사항에 관하여 별도의 회계규정을 정하여 운영할 수 있다. 이 경우 회계규정을 정할 때는 미리 총회의 인준을 받아야 한다.

1. 예산의 편성과 집행기준에 관한 사항
2. 세입·세출예산서 및 결산보고서의 작성에 관한 사항
3. 수입의 관리·징수방법 및 수납기관 등에 관한 사항
4. 지출의 관리 및 지급 등에 관한 사항
5. 계약 및 채무관리에 관한 사항
6. 그 밖에 회계문서와 장부에 관한 사항

③ 조합은 매 회계년도 종료일부터 30일 내에 결산보고서를 작성한 후 감사의 의견서를 첨부하여 대의원회에 제출하여 의결을 거쳐야 하며, 대의원회의 의결을 거친 결산보고서를 총회 또는 조합원에게 서면으로 보고하고 조합사무소에 이를 3월 이상 비치하여 조합원들이 열람할 수 있도록 하여야 한다.

④ 조합은 다음 각 호의 1에 해당하는 시기에 「주식회사 등의 외부감사에 관한 법률」 제2조 제7호 및 제9조에 따른 규정에 따른 **'감사인'의 회계감사**를 받아야 한다.

1. 추진위원회에서 조합으로 인계되기 전까지 납부 또는 지출된 금액이 3억5천만원 이상인 경우에 **인계되기 전 7일 이내**
2. 사업시행인가고시일전까지 납부 또는 지출된 금액이 7억원 이상인 경우에 고시일 부터 20일 이내
3. 준공인가신청일까지 납부 또는 지출된 금액이 14억원 이상인 경우에 **준공검사의 신청일 부터 7일 이내**
4. 토지등소유자 또는 조합원 5분의 1 이상이 사업시행자에게 회계감사를 요청하는 경우에 **제4항에 따른 절차를 고려한 상당한 기간 이내**

【주】 도시 및 주거환경정비법 제112조<개정 2021.7.6.>의 규정에 의한 감사인의 회계감사를 실시 함에 있어 동법 시행령 제88조의 규정에 의한 시기별로 회계감사를 받아야 한다.

⑤ 제4항의 규정에도 불구하고 비용의 납부 및 지출내역에 대하여 조합원 5분의 4 이상 동의할 경우 **감사인의 회계감사**를 받지 아니할 수 있다.

(주: 제5항은 2018년 2월 9일 도정법 시행령 제88조의 개정으로 삭제가 필요함)

⑥ 조합은 제4항의 규정에 의하여 실시한 회계감사 결과를 회계감사종료일로부터 15일 이내에 **시장·군수등**에게 보고하고, 조합사무소에 이를 비치하여 조합원들이 열람할 수 있도록 하여야 한다.

제33조(재원)

조합의 운영 및 사업시행을 위한 자금은 다음 각 호에 의하여 조달한다.

1. 조합원이 현물로 출자한 토지 및 건축물
2. 조합원이 납부하는 정비사업비 등 부과금
3. 건축물 및 복리시설의 분양 수입금

4. 조합이 금융기관 및 시공자 등으로부터 조달하는 차입금
5. 대여금의 이자 및 연체료 등 수입금
6. 청산금
7. 그 밖에 조합재산의 사용수익 또는 처분에 의한 수익금

제34조(정비사업비의 부과 및 징수)

① 조합은 사업시행에 필요한 비용을 충당하기 위하여 조합원에게 공사비 등 주택사업에 소요되는 비용(이하 "정비사업비"라 한다)을 부과·징수 할 수 있다.

② 제1항의 규정에 의한 정비사업비는 총회의 의결을 거쳐 부과할 수 있으며, 추후 사업 **시행구역의** 토지 및 건축물 등의 위치·면적·이용상황·환경 등 제반여건을 종합적으로 고려하여 관리처분계획에 따라 공평하게 금액을 조정하여야 한다.

③ 조합은 납부기한 내에 정비사업비를 납부하지 아니한 조합원에 대하여는 **금융기관**에서 적용하는 연체금리의 범위 내에서 연체료를 부과할 수 있으며 법 제93조제4항의 규정에 따라 **시장·군수등**에게 정비사업비의 징수를 위탁할 수 있다.

【주】 사업추진을 위한 경비 등 정비사업비의 납부 및 이의 연체에 대한 조합의 처분 등에 대한 규정을 두어 조합원이 이를 숙지토록 하고, 일부 미납자로 인한 다수 조합원의 피해를 방지할 수 있도록 한 것임

제7장 사업시행

제35조(국민주택규모 주택 건설의무)

법 제54조 재건축사업의 **국민주택규모 주택 건설(의무) 규정**으로 인하여 재건축 국민주택규모 주택을 공급하여야 할 경우에는 관계 법령에 적합한 범위 내에서 국민주택규모 주택공급에 대한 사업계획을 작성하여 총회의 의결을 받아야 한다.

제36조(사업시행계획의 동의)

조합은 사업시행인가를 신청하기 전에 **조합원 과반수의 동의**를 얻어야 한다. **다만,** 법 제45 제4항 **단서에 따라 비사업비가 100분의 10(생산자물가상승률분,** 법 제73조에 **따른 손실보상 금액은 제외한다) 이상 늘어나는 경우에는 조합원 3분의 2 이상의 찬성으로 의결하여야 한다.**

제37조(이주대책)

① 사업시행으로 주택이 철거되는 조합원은 사업을 시행하는 동안 자신의 부담으로 이주하여야 한다.

② 조합은 이주비의 지원을 희망하는 조합원에게 조합이 직접 금융기관과 약정을 체결하거나, 시공자와 약정을 체결하여 지원하도록 알선할 수 있다. 이 경우 이주비를 지원받은 조합원은 **사업시행구역의** 소유 토지 및 건축물을 담보로 제공하여야 한다.

【주】 이주비에 있어 차입대상에 따라 조정 가능함.

③ 제2항의 규정에 의하여 이주비를 지원받은 조합원 또는 그 권리를 승계한 조합원은 지원받은 이주비를 주택 등에 입주 시까지 시공자(또는 금융기관)에게 환불하여야 한다.

④ 조합원은 조합이 정하여 통지하는 이주기한 내에 해당 건축물에서 퇴거하여야 하며, 세입자 또는 임시거주자 등이 있을 때에는 당 조합원의 책임으로 함께 퇴거하도록 조치하여야 한다.

⑤ 조합원은 본인 또는 세입자 등이 해당 건축물에서 퇴거하지 아니하여 기존 주택 등의 철거 등 사업시행에 지장을 초래하는 때에는 그에 따라 발생되는 모든 손해에 대하여 변상할 책임을 진다.

⑥ 제5항의 규정에 의하여 조합원이 변상할 손해금액과 징수방법 등은 대의원회에서 정하여 총회의 승인을 얻어 해당 조합원에게 부과하며, 이를 기한 내에 납부하지 아니한 때에는 해당 조합원의 권리물건을 환가처분하여 그 금액으로 충당할 수 있다.

【주】소수 조합원의 의무불이행으로 사업지연 등 다수 조합원의 피해를 초래한 경우에는 변상책임이 있음을 미리 모든 조합원이 숙지토록 하여 분쟁을 예방하고 사업수행에 원활을 기하기 위한 것임

제38조(지장물 철거 등)

① 조합은 관리처분계획인가 후, **사업시행구역의** 건축물을 철거할 수 있다.

② 조합은 제1항의 규정에 의하여 건축물을 철거하고자 하는 때에는 30일 이상의 기간을 정하여 구체적인 철거계획에 관한 내용을 미리 조합원 등에게 통지하여야 한다.

③ **사업시행구역의** 통신시설·전기시설·급수시설·도시가스시설등 공급시설에 대하여는 해당 시설물 관리권자와 협의하여 철거기간이나 방법 등을 따로 정할 수 있다.

④ 조합원의 이주 후 건축법 제36조의 규정에 의한 철거 및 멸실신고는 조합이 일괄 위임받아 처리하도록 한다.

【주】철거 및 멸실신고 절차를 조합이 일괄처리함으로서 사업기간의 단축 등의 효과가 나타날 수 있음

제39조(보상의 예외 등)

사업시행구역의 철거되는 일체의 지장물중 등기 또는 행정기관의 공부에 등재되지 아니한 지장물은 보상대상이 될 수 없다.

제40조(지상권 등 계약의 해지)

① 조합은 사업의 시행으로 인하여 지상권·전세권 또는 임차권의 설정목적을 달성할 수 없는 권리자가 계약상 금전의 반환청구권을 조합에 행사할 경우 조합은 해당 금전을 지급할 수 있다.

② 조합은 제1항에 의하여 금전을 지급하였을 경우 해당 조합원에게 이를 구상할 수 있으며 구상이 되지 아니한 때에는 해당 조합원에게 귀속될 건축물을 압류할 수 있으며 이 경우 압류한 권리는 저당권과 동일한 효력을 가진다.

③ 조합설립인가일 이후에 체결되는 지상권·전세권설정계약 또는 임대차계약의 계약기간에 대하여는 민법 제280조·제281조 및 제312조제2항, 주택임대차보호법 제4조제1항, 상가건물임대차보호법 제9조제1항의 규정은 이를 적용하지 아니한다.

제41조(매도청구 등)

① 조합은 재건축사업을 시행함에 있어 <u>법 제35조제3항 및 제4항</u>의 규정에 의한 **조합설립의 동의**를 하지 아니한 자(건축물 또는 토지만 소유한 자를 포함한다)의 토지 및 건축물에 대하여는 <u>법 제64조</u>에 따라 매도청구를 할 수 있다. 이 경우 (구분)소유권 및 토지사용권은 **사업시행구역의** 매도청구의 대상이 되는 토지 또는 건축물의 소유권과 그 밖의 권리로 본다.

② 제1항에 의한 매도청구 시 매도청구의 소에 관한 조합 측 당사자는 조합장에게 있다.

제42조(소유자의 확인이 곤란한 건축물 등에 대한 처분)

① 조합은 사업을 시행함에 있어 조합설립인가일 현재 토지 또는 건축물의 소유자의 소재 확인이 현저히 곤란한 경우 전국적으로 배포되는 2 이상의 일간신문에 2회 이상 공고하고, 그 공고한 날부터 30일 이상이 지난 때에는 그 소유자의 소재확인이 현저히 곤란한 토지 또는 건축물의 감정평가액에 해당하는 금액을 법원에 공탁하고 사업을 시행할 수 있다. 이 경우 그 감정평가액은 **시장·군수등이** 추천하는 「**감정평가 및 감정평가사에 관한 법률**」에 **따른 감정평가법인등**(이하 "**감정평가법인등**"라 한다) 2인 이상이 평가한 금액을 산술평균하여 산정한다.

② 사업을 시행함에 있어 조합설립인가일 현재 조합원 전체의 공동소유인 토지 또는 건축물에 대하여는 조합소유의 토지 또는 주택 등으로 보며 이를 관리처분계획에 명시한다.

제8장   관리처분계획

제43조(분양통지 및 공고 등) (전부개정된 도정법에 따라 필자가 인의 수정함)

조합은 사업시행의 고시가 있는 날(사업시행인가 이후 시공자를 선정하는 경우에는 시공자와 계약을 체결한 날)부터 **120일 이내**에 다음 각 호의 사항을 토지등소유자에게 통지하고, 해당 지역에서 발간되는 일간신문에 공고하여야 한다. **이 경우 제10호의 사항은 통지하지 아니 하고, 제11호의 사항은 공고하지 아니 한다.**

1. 분양대상자별 종전의 토지 또는 건축물의 명세 및 사업시행계획인가의 고시가 있은 날을 기준으로 한 가격(사업시행계획인가 전에 철거된 건축물은 시장·군수등에게 허가를 받은 날을 기준으로 한 가격)
2. 분양대상자별 분담금의 추산액
3. 분양신청기간 및 장소
4. 사업시행인가의 내용
5. 사업의 종류·명칭 및 정비구역의 위치·면적
6. 분양대상 토지 또는 건축물의 내역
7. 분양신청자격
8. 분양신청방법
9. 분양을 신청하지 아니한 자에 대한 조치
10. **토지등소유자외의 권리자의 권리신고방법**

11. 분양신청서

12. 그 밖에 시·도 조례가 정하는 사항

【주】분양신청·계약 및 이와 관련한 조합원의 권리·의무 등을 <u>도시 및 주거환경정비법 제72조</u>에 따라 철저히 고지·공고하도록 하되, 분양신청을 하지 않을 경우 청산토록 법에 명시하고 있는 바, 조합은 선의의 피해자가 없도록 하기 위해 추가적인 통지방법을 강구 할 수 있음

제44조(분양신청 등)

① <u>제72조제1항제3호</u>의에 따른 분양신청기간은 그 통지한 날부터 **30일 이상 60일 이내**로 하여야 한다. 다만, 조합은 관리처분계획의 수립에 지장이 없다고 판단하는 경우에는 분양신청기간을 20일의 범위에서 한 차례만 연장할 수 있다.

② 토지 또는 건축물을 분양받고자 하는 조합원은 분양신청서에 소유권의 내역을 명시하고, 그 소유의 토지 및 건축물에 관한 **등기사항전부증명서** 등 그 권리를 입증할 수 있는 증명서류를 조합에 제출하여야 한다.

③ 제1항 및 제2항의 규정에 의한 분양신청서를 우편으로 제출하고자 할 경우에는 그 신청서가 분양신청기간 내에 발송된 것임을 증명할 수 있도록 등기우편 등으로 제출하여야 한다.

④ 조합은 조합원이 다음 각 호의 1에 해당하는 경우에는 관리처분계획이 인가·고시된 다음날부터 **90일** 이내에 다음 각 호에서 정하는 자와 토지, 건축물 또는 그 밖의 권리의 손실보상에 관한 협의를 하여야 한다. 다만, 조합은 분양신청기간 종료일의 다음 날부터 협의을 시작할 수 있다.

1. 분양신청을 하지 아니한 자

2. 분양신청기간 종료 이전에 분양신청을 철회한 자

3. **제72조제6항 본문에 따라 분양신청을 할 수 없는 자**

4. 법 제74조에 따라 인가된 관리처분계획에 따라 분양대상에서 제외된 자

【주】<u>도시 및 주거환경정비법 제73조</u>에 근거하여 재건축사업에 동의하고도 분양신청을 하지 않아 원활한 사업진행에 차질을 빚을 경우에 대비한 것으로, 조합원의 권리.의무와 직결되는 중요한 사항이므로 이를 이행치 않을 경우의 불이익 등에 대해 충분히 설명, 고지하여야 할 것임

⑤ 조합원은 관리처분계획인가 후 ○일 이내에 분양계약체결을 하여야 하며 분양계약 체결을 하지 않는 경우 제4항의 규정을 준용한다.

【주】관리처분계획인가후 조합은 분양계약체결 장기화를 방지하기 위해 계약체결과 관련하여 일정기간을 정할 수 있음·

제45조(보류지)

분양대상의 누락, 착오 등의 사유로 인한 관리처분계획의 변경과 소송 등의 사유로 향후 추가분양이 예상되는 경우 분양하는 공동주택 총 건립세대수의 __% 이내와 복리시설의 일부를 보류지로 정할 수 있다.

제46조(관리처분계획의 기준)

조합원의 소유재산에 관한 관리처분계획은 분양신청 및 공사비가 확정된 후 건축물철거 전에 수립하며 다음 각 호의 기준에 따라 수립하여야 한다.

1. 조합원이 출자한 종전의 토지 및 건축물의 **가격·면적을** 기준으로 새로이 건설되는 주택 등을 분양함을 원칙으로 한다.

2. 사업시행 후 분양받을 건축물의 면적은 **분양면적(주거전용면적+주거공유면적)**을 기준으로 하며, 1필지의 대지위에 2인 이상에게 분양될 건축물이 설치된 경우에는 건축물의 **분양면적 (공급면적)의 비율**에 의하여 그 대지소유권이 주어지도록 하여야 한다. 이 경우 토지의 소유관계는 공유로 한다. (도정법 시행령 63조제1항제6호)

3. 조합원에게 분양하는 주택의 규모는 건축계획을 작성하여 사업시행인가를 받은 후 주택형별로 확정한다.

4. 조합원에 대한 신축건축물의 주택형별 배정에 있어 조합원 소유 종전건축물의 가격· 면적·유형·규모 등에 따라 우선순위를 정할 수 있다.

【주】일정 주택형에 신청이 몰릴 경우 다툼이 예상되는 바, 이에 대한 기준을 미리 설정할 수 있으며, 면적으로 결정이 불합리한 경우에는 금액으로 순위를 정할 수 있다.

5. 조합원이 출자한 종전의 토지 및 건축물의 면적을 기준으로 산정한 주택의 분양대상 면적과 사업시행 후 조합원이 분양받을 주택의 규모에 차이가 있을 때에는 해당 사업계획서에 의하여 산정하는 주택형별 가격을 기준으로 환산한 금액의 부과 및 지급은 제54조 및 제55조의 규정을 준용한다.

6. **사업시행구역에** 건립하는 상가 등 복리시설은 조합이 시공자와 협의하여 별도로 정하는 약정에 따라 공동주택과 구분하여 관리처분계획을 수립할 수 있다.

7. 조합원에게 공급하고 남는 잔여주택이 20세대 이상인 경우에는 일반에게 분양하며, 그 잔여주택의 공급시기와 절차 및 방법 등에 대하여는 주택공급에관한규칙이 정하는 바에 따라야 한다. 잔여주택이 20세대 미만인 경우에는 그러하지 아니하다.

【주】주택공급에 관한 규칙에 따라 일반분양하는 경우는 잔여주택이 20세대 이상일 때임을 설명한 것임

8. **1세대 또는 1명이 하나 이상의 주택 또는 토지를 소유한 경우 1주택을 공급하고, 같은 세대에 속하지 아니하는 2명 이상이 1주택 또는 1토지를 공유한 경우에는 1주택만 공급 한다.** 다만 다음 각 목의 어느 하나에 해당하는 토지등소유자에 대하여는 소유한 주택 수만큼 공급할 수 있다.

   1) **과밀억제권역에** 위치하지 아니한 재건축사업의 토지등소유자. 다만, 투기과열지구 또는 「주택법」 제63조의2제1항제1호에 따라 지정된 조정대상지역에서 사업시행계획 인가 (최초사업시행계획인가를 말한다)를 신청하는 재건축사업의 토지등소유자는 제외한다.

   2) 근로자(공무원인 근로자를 포함한다) 숙소, 기숙사 용도로 주택을 소유하고 있는 토지등소유자.

   3) 국가, 지방자치단체 및 토지주택공사등

9. **복리시설**(부속 토지를 포함한다. 이하 이 호에서 같다)의 소유자에게는 **복리시설**을 공급한다. 다만, 다음 각목의 1에 해당하는 경우에는 **복리시설의** 소유자에게 1주택을

공급할 수 있다.

　가. 새로운 **복리시설**을 공급받지 아니하는 경우로서 종전의 **복리시설**의 가액이 분양주택의 최소분양단위규모 추산액에 총회에서 정하는 비율(정하지 아니한 경우에는 1로 한다)을 곱한 가액 이상일 것

　나. 종전 **복리시설**의 가액에서 새로이 공급받는 **복리시설**의 추산액을 차감한 금액이 분양주택의 최소분양단위규모 추산액에 총회에서 정하는 비율을 곱한 가액 이상일 것

　다. 새로이 공급받는 **복리시설**의 추산액이 분양주택의 최소분양단위규모 추산액 이상일 것

　라. 조합원 전원이 동의한 경우

10. 종전의 주택 및 **복리시설**(부속되는 토지를 포함한다)의 평가는 **감정평가법인등** 2인 이상이 평가한 금액을 산술평가한 금액으로 한다.

【주】 동별 입지상 주거환경이 크지 않고, 유사한 주택구조 또는 층별 시세차가 크지 않는 경우 등 감정평가를 실시할 필요가 크지 않은 경우에는 면적기준으로 가치평가 하는 것으로 규정할 수 있음

11. 분양예정인 주택 및 **복리시설**(부속되는 토지를 포함한다)의 평가는 감정평가법인등 2인 이상이 평가한 금액을 산술평가한 금액으로 한다.

【주】 감정평가법인등을 선정할 때 재개발사업과 같이 시장·군수등의 추천을 받는 것으로도 규정할 수 있음

12. 그 밖에 관리처분계획을 수립하기 위하여 필요한 세부적인 사항은 관계 규정 등에 따라 조합장이 정하여 대의원회의 의결을 거쳐 시행한다.

제47조(분양받을 권리의 양도 등)

① 조합원은 조합원의 자격이나 권한, 입주자로 선정된 지위 등을 양도한 경우에는 조합에 변동 신고를 하여야 하며, 양수자에게는 조합원의 권리와 의무, 자신이 행하였거나 조합이 자신에게 행한 처분·절차, 청산 시 권리의무에 범위 등이 포괄 승계됨을 명확히 하여 양도하여야 한다.

② 제1항의 규정에 의하여 사업시행구역안의 토지 또는 건축물에 대한 권리를 양도받은 자는 **등기사항전부증명서** 등 증명서류를 첨부하여 조합에 신고하여야 하며, 신고하지 아니하면 조합에 대항할 수 없다.

③ 조합은 조합원의 변동이 있는 경우 변경의 내용을 증명하는 서류를 첨부하여 **시장·군수등에** 신고하여야 한다.

【주】 조합설립인가 당시의 제출서류에 변동이 있을 때에는 반드시 변경인가를 받아야 하는 점을 감안하여, 이를 정확히 숙지토록 하기 위하여 동 내용을 추가로 규정한 것임.

제48조(관리처분계획의 공람 등)

① 조합은 관리처분계획의 인가를 받기 전에 관계 서류의 사본을 30일 이상 토지등소유자에게 공람하고 다음 각 호의 사항을 각 조합원에게 통지하여야 한다.

　1. 관리처분계획의 개요

　2. 주택 및 토지지분면적 등 분양대상 물건의 명세

　3. 그 밖에 조합원의 권리·의무와 이의신청 등에 관한 사항

② 조합원은 제1항의 규정에 의한 통지를 받은 때에는 조합에서 정하는 기간 안에 관리처분계획에 관한 이의신청을 조합에 제출 할 수 있다.

③ 조합은 제2항의 규정에 의하여 제출된 조합원의 이의신청 내용을 검토하여 합당하다고 인정되는 경우에는 관리처분계획의 수정 등 필요한 조치를 취하고, 그 조치 결과를 공람·공고 마감일부터 10일 안에 해당 조합원에게 통지하여야 하며, 이의신청이 이유 없다고 인정되는 경우에도 그 사유를 명시하여 해당 조합원에게 통지하여야 한다.

【주】관리처분계획의 수립에 있어서 합당한 의견일 경우에는 조합원의 의사가 최대한 반영될 수 있도록 한 것임

④ 조합은 제3항의 규정에 따라 관리처분계획을 수정한 때에는 총회의 의결을 거쳐 확정한 후 그 내용을 각 조합원에게 통지하여야 한다.

⑤ 조합원의 동·호수추첨은 ○○은행 전산추첨을 원칙으로 경찰관입회하에 공정하게 실시하여야 하며 추첨결과는 **시장·군수등**에게 통보하여야 한다.

제49조(관리처분계획의 통지 등)

① 조합은 관리처분계획고시가 있은 때에는 지체없이 다음 각 호의 사항을 분양신청을 한 각 조합원에게 통지하여야 한다. (개정된 법령에 따라 필요가 있어 수정), (법 제72조 및 영 제59조제1항)

  1. 분양대상자별 종전의 토지 또는 건축물의 명세 및 사업시행계획인가의 고시가 있은 날을 기준으로 한 가격(사업시행계획인가 전에 철거된 건축물은 시장·군수등에게 허가를 받은 날을 기준으로 한 가격)
  2. 분양대상자별 분담금의 추산액
  3. 분양신청기간 및 장소
  4. 사업시행인가의 내용
  5. 사업의 종류·명칭 및 정비구역의 위치·면적
  6. 분양대상 토지 또는 건축물의 내역
  7. 분양신청자격
  8. 분양신청방법
  9. 분양을 신청하지 아니한 자에 대한 조치
  10. 분양신청서
  11. 그 밖에 시·도 조례가 정하는 사항

② 관리처분계획의 인가고시가 있은 때에는 종전의 건축물의 소유자·지상권자·전세권자·임차권자 등 권리자는 법 제86조의 규정에 의한 이전의 고시가 있은 날(이하 "이전고시일"이라 한다)까지 종전의 토지 또는 건축물에 대하여 이를 사용하거나 수익할 수 없다. 다만, 조합의 동의를 얻은 경우에는 그러하지 아니하다.

제9장 완료조치

제50조(준공인가 및 입주통지 등)

① 조합은 관할 **시장·군수등**으로부터 준공인가증을 교부 받은 때에는 지체 없이 조합원에게 입주하도록 통지하여야 한다.

② 조합은 제1항의 규정에 의하여 입주통지를 한 때에는 통지된 날부터 1월 이내에 소유자별로 통지내용에 따라 등기신청을 할 수 있도록 필요한 조치를 하여야 하며, 토지 및 건축물 중 일반분양분에 대해서는 조합명의로 등기한 후 매입자가 이전등기 절차를 이행하도록 하여야 한다.

제51조(이전고시 등)

① 조합은 공사의 완료고시가 있은 때에는 지체 없이 토지확정측량을 하고 토지의 분할 절차를 거쳐 조합원과 일반분양자에게 이전하여야 한다. 다만, 사업의 효율적인 추진을 하는데 필요한 경우에는 해당 사업에 관한 공사가 전부 완료되기 전에 완공된 부분에 대하여 준공인가를 받아 토지 및 건축물별로 이를 분양받을 자에게 이전할 수 있다.

② 조합은 제1항의 규정에 의하여 건축물을 이전하고자 하는 때에는 조합원과 일반분양자에게 통지하고 그 내용을 해당 지방자치단체의 공보에 고시한 후 이를 **시장·군수등**에게 보고하여야 한다.

제52조(토지 및 건축물에 대한 권리의 확정)

대지 또는 건축물을 분양받을 자에게 <u>법 제86조제2항</u>의 규정에 의하여 소유권을 이전한 경우 종전의 토지 또는 건축물에 관한 지상권·전세권·저당권 또는 등기된 임차권과 주택임대차보호법 제3조제1항의 요건을 갖춘 임차권은 분양받은 토지 또는 건축물에 설정된 것으로 본다.

제53조(등기절차 등)

조합은 제51조 제2항의 규정에 의한 이전의 고시가 있은 때에는 지체없이 토지 및 건축물에 관한 등기를 지방법원지원 또는 등기소에 촉탁 또는 신청하여야 한다.

제54조(청산금 등)

① 토지 또는 건축물을 분양받은 자가 종전에 소유하고 있던 토지 또는 건축물의 가격과 분양받은 토지 또는 건축물의 가격사이에 차이가 있는 경우에는 조합은 이전고시일 후에 그 차액에 상당하는 금액(이하 "청산금"이라 한다)을 분양받은 자로부터 징수하거나 분양받은 자에게 지급하여야 한다. 다만, 분할징수 및 분할지급에 대하여 총회의 의결을 거쳐 따로 정한 경우에는 관리처분계획인가 후부터 이전고시일까지 일정기간 별로 분할징수하거나 분할 지급할 수 있다.

② 제1항의 규정을 적용함에 있어서 종전에 소유하고 있던 토지 또는 건축물의 가격과 분양받은 토지 또는 건축물의 가격은 **감정평가법인등** 2인 이상이 평가한 금액을 산술 평균하여 산정한다.

③ 제2항의 분양받은 토지 또는 건축물의 가격산정에 있어 다음 각 호의 비용을 가산한다. 다만, <u>법 제95조</u>의 규정에 의한 보조금은 이를 공제하여야 한다.

1. 조사·측량·설계 및 감리에 소요된 비용
2. 공사비
3. 정비사업의 관리에 소요된 등기비용·인건비·통신비·사무용품비·이자 그 밖에 필요한 경비

4. 법 제95조의 규정에 의한 융자금이 있는 경우에는 그 이자에 해당하는 금액
5. 정비기반시설 및 공동이용시설의 설치에 소요된 비용(법 제95조제1항의 규정에 의하여 **시장·군수등이** 부담한 비용을 제외한다)
6. 안전진단의 실시, 정비사업전문관리업자의 선정, 회계감사, 감정평가비용
7. 그 밖에 정비사업추진과 관련하여 지출한 비용으로서 총회에서 포함하기로 정한 것

제55조(청산금의 징수방법)

① 청산금을 납부하지 않은 조합원이 있을 경우 조합은 청산금 납부요청을 2회 이상 최고하고 최고최종일로부터 1월 이내 **시장·군수등**에게 청산금과 연체료의 징수를 위탁할 수 있다.
② 청산금을 지급받을 조합원이 이를 받을 수 없거나 거부한 때에는 조합은 그 청산금을 공탁한다.
③ 청산금을 지급받을 권리 또는 이를 징수할 권리는 이전고시일 다음 날부터 5년간 이를 행사하지 아니하면 소멸한다.

제56조(조합의 해산)

① 조합은 준공인가를 받은 날로부터 1년 이내에 이전고시 및 건축물 등에 대한 등기 절차를 완료하고 총회 또는 대의원회를 소집하여 해산 의결을 하여야 하며, 해산을 의결한 경우 **시장·군수등**에게 신고하여야 한다.
② 조합이 해산의결을 한 때에는 해산의결 당시의 임원이 청산인이 된다.
③ 조합이 해산하는 경우에 청산에 관한 업무와 채권의 추심 및 채무의 변제 등에 관하여 필요한 사항은 민법의 관계 규정에 따른다.

주) 조합의 해산은 민법에 준하도록 규정되어 있으며, 민법에는 해산일자를 규정하고 있지 않다. 한편, 필자는 본 표준정관은 조합이 시행할 의무가 있는 의무규정이 아니라고 이해하고 있다. 따라서 조합의 해산은 각종 소송의 진행 등 당시 해당 조합의 상황에 따라 결정되어야 할 것이다.

제57조(청산인의 임무)

청산인은 다음 각 호의 업무를 성실히 수행하여야 한다.
1. 현존하는 조합의 사무종결
2. 채권의 추심 및 채무의 변제
3. 잔여재산의 처분
4. 그 밖에 청산에 필요한 사항

제58조(채무변제 및 잔여재산의 처분)

청산 종결 후 조합의 채무 및 잔여재산이 있을 때에는 해산당시의 조합원에게 분양받은 토지 또는 건축물의 부담비용 등을 종합적으로 고려하여 형평이 유지되도록 공정하게 배분하여야 한다.

【주】잔여재산뿐 아니라 채무에 대해서도 규정하여 청산 시의 혼란을 줄이도록 한 것임

제59조(관계 서류의 이관)

조합은 사업을 완료하거나 폐지한 때에는 시·도 조례가 정하는 바에 따라 관계 서류를 시장·군수에게 인계하여야 한다.

제10장 보 칙

제60조(관련 자료의 공개와 보존)

① 조합은 사업시행에 관하여 다음 각 호의 서류 및 관련 자료를 인터넷 등을 통하여 공개하여야 하며, 조합원의 공람요청이 있는 경우에는 이를 공람시켜 주어야 한다. 다만, 개인비밀의 보호, 자료의 특성상 인터넷 등에 공개하기 어려운 사항은 개략적인 내용만 공개할 수 있다.

1. 정관
2. 설계자·시공자 및 정비사업전문관리업자의 선정계약서
3. 총회의사록
4. 추진위원회, 조합의 이사회 및 대의원회 의사록
5. 사업시행계획서
6. 관리처분계획서
7. 해당 사업의 시행에 관한 행정기관의 문서
8. 회계감사결과

② 조합 또는 정비사업전문관리업자는 총회 또는 중요한 회의가 있은 때에는 속기록녹음 또는 영상자료를 만들어 이를 청산 시까지 보관하여야 한다.

③ 조합원이 제1항 각호의 사항을 열람하고자 하는 때에는 서면으로 열람을 요청하여야 하며, 조합은 특별한 사유가 없는 한 이에 응하여야 한다.

제61조(약정의 효력)

조합이 사업시행에 관하여 시공자 및 설계자, 정비사업전문관리업자와 체결한 약정은 관계 법령 및 이 정관이 정하는 범위 안에서 조합원에게 효력을 갖는다.

제62조(재건축정비사업조합 설립추진위원회 행위의 효력)

조합설립인가일 전에 조합의 설립과 사업시행에 관하여 추진위원회가 행한 행위는 관계 법령 및 이 정관이 정하는 범위 안에서 조합이 이를 승계한 것으로 본다.

제63조(정관의 해석)

이 정관의 해석에 대하여 이견이 있을 경우 일차적으로 이사회에서 해석하고, 그래도 이견이 있을 경우는 대의원회에서 해석한다.

【주】이 정관의 해석상 다툼이 있을 경우를 대비하여 해석에 관한 권한을 미리 규정한 것으로. 이사회. 대의원회의 해석에도 이견이 있을 경우는 관할 행정기관의 해석이나 법원의 판결에 따를 수밖에 없을 것임

제64조(소송 관할 법원)

조합과 조합원간에 법률상 다툼이 있는 경우 소송관할 법원은 조합소재지 관할 법원으로 한다.

제65조(민법의 준용 등)

① 조합에 관하여는 도시 및 주거환경정비법에 규정된 것을 제외하고는 민법 중 사단 법인에 관한 규정을 준용한다.

② 법, 민법, 이 정관에서 정하는 사항 외에 조합의 운영과 사업시행 등에 관하여 필요한 사항은 관계 법령 및 관련 행정기관의 지침·지시 또는 유권해석 등에 따른다.

③ 이 정관이 법령의 개정으로 변경하여야 할 경우 정관의 개정절차에 관계없이 변경되는 것으로 본다. 그러나 관계 법령의 내용이 임의규정인 경우에는 그러하지 아니하다.

부 칙 -1

이 정관은 ○○구청의 조합설립인가를 받은 날부터 시행한다.

부 칙 - 2

1. 이 정관은 서울지방법원에 반포주공0단지 재건축정비사업조합으로 등기되고 총회의 의결 후 시행한다.

2. (종전 행위의 효력)
   이 정관 시행당시 종전의 조합에 의한 결정, 처분, 계약, 절차, 대의원회 결의로 시행 중인 각종 시행세칙 및 그 밖의 행위는 이 정관에 의하여 행하여진 것으로 본다.

<별지 1 : 재건축정비사업 조합설립 동의서>
: (위의 부록 - 1 참조)

<별지 2 : 대표조합원 선임동의서>

대표조합원 선임동의서

□ 소유권 현황

소유권 위치	동 호,	번지 상가 동	아파트 호	
등기상 건축물지분(면적)	m²	등기상 토지지분(면적)		m²

상기 소유 물건의 공동소유자는 ○○○을 대표조합원으로 선임하고 ○○재건축정비사업
조합과 관련한 소유자로서의 법률행위는 대표소유자가 행하는 데 동의합니다.

년   월   일

○ 대표자(선임수락자)
    성   명 :   (인) 날인
    주민등록번호 :
    전 화 번 호 :

○ 위임자(동의자)
    ① 성   명 :   (인)인감날인
      주민등록번호 :
      전 화 번 호 :
    ② 성   명 :   (인)인감날인
      주민등록번호 :
      전 화 번 호 :
    ③ 성   명 :   (인)인감날인
      주민등록번호 :
      전 화 번 호 :

첨부 : 대표자 및 위임자 인감증서 각1부

○○재건축정비사업조합 귀중

대의원회 운영규칙

차 례

제1장 총칙

제1조(목 적)

이 규칙은 반포주공0단지 재건축정비사업조합(이하 "조합"이라 한다)의 대의원회의
(이하 "회의"라 한다)를 효율적으로 운영하기 위하여 '조합정관 및 조합 운영규정'
(이하 "조합정관 등"이라 한다.)에서 정하지 않은 세부적인 사항을 규정함으로써 체계적
이고 원활한 회의진행을 목적으로 한다.

제2조(적용범위)

이 규칙은 조합정관 제24조에 따라 설치된 대의원회를 운영하기 위하여 조합정관에서
정하지 않은 회의운영 사항에 대하여 적용된다.

제3조(용어의 정의)

① "의장"이라 함은 조합정관 등에서 정한 조합장을 의미한다. 단, 조합장 유고 또는
   미출석 등 부득이한 사유로 불참 시에는 조합정관 등이 정하는 직무 대행자나 상근이사
   (관리, 기술)가 회의를 진행할 수 있다.
② "대의원회"라 함은 조합정관 등에서 정한 대의원이 반포주공0단지 재건축사업의 원활한
   업무를 수행하기 위하여 조합정관 제24조에 의해 설치된 기관을 뜻한다.
③ "대의원"이라 함은 조합정관 제24조 등에 따라 선출된 조합 대의원을 의미한다.
④ "사회자"라 함은 의장을 보좌하여 원활한 회의진행을 위해 의장이 선임한 자를
   의미하며, 이사, 대의원, 기타 조합원 또는 협력업체직원 등이 그대상이 될 수 있다.

제2장 회의개최 및 진행

제4조(회의의 개최)

회의의 개최는 조합정관 제24조 제6항 내지 제8항에 따른다.

제5조(결의사항)

회의의 의결사항은 조합정관 제25조에 따른다.

제6조(결의방법)

회의의 결의방법은 조합정관 제26조에 따른다.

제7조(의장의 권한)

의장은 이 규칙에 따라 회의를 민주적이고 효율적으로 진행하여야 하며, 회의장의 질서를
유지하고 다음 각 호에 따라 회의를 운영하여야 한다.
1. 참석인원 및 의결정족수를 확인한 후 회의개최를 선언하고, 사전 통지된 상정안건의
   처리순서에 따라 안건을 처리하여야 한다.

2. 대의원들이 안건의 핵심과 논점을 충분히 파악할 수 있도록 안건을 준비하여 상정한다.

3. 대의원 발언의 기회가 균등하게 이루어지도록 발언자를 지명한다.

4. 동의안건 내용을 참석대의원에게 정확히 정리하여 전달한다.

5. 동의안건에 대하여 충분한 토의 및 심의를 거친 후 표결을 실시하여야 하며, 표결 후 표결결과 및 가결 또는 부결을 선포한다.

6. 회의운영을 위해 필요하다고 인정되는 때에는 유회, 정회 또는 연기를 선포할 수 있다.

7. 상기 내용을 위반하거나 지시에 복종하지 않고 회의절서를 문란하게 하는 자에게는 경고를 발하거나 그 발언을 금지하게 하는 등 이 규칙 제30조의 규정을 적용하여 회의장 질서를 유지할 수 있다.

8. 회의 중 참석자가 정족수에 미달하게 된 사실이 확인된 때에는 즉시 유회를 선포한다.

9. 의장이 자기와 관련된 사항에 대하여 의결하는 경우 의장의 의결권은 없는 것으로 한다.

10. 의사일정이 종료된 때에는 폐회를 선포한다.

11. 기타 회의장의 질서유지 및 원활한 회의진행을 위하여 보안요원의 배치 등 필요한 조치를 할 수 있다.

12. 의장은 원활한 회의진행을 위한 사회자를 지명할 수 있다.

제8조(사회자, 간사의 선임)

① 의장은 원활한 회의진행을 위하여 사회자를 선임하여 회의진행을 수행하게 할 수 있다.

② 의장은 원활하고 효율적인 회의진행을 위하여 상근이사 중 간사를 선임할 수 있다. 상근이사의 유고시 의장이 지명하는 자가 대행할 수 있다.

③ 간사는 회의개최에 따른 준비 및 회의진행 중 회의록 작성이나 녹취 등을 행하여 의장을 보좌한다.

제9조(성원보고 및 개회의 선언)

① 의장은 예정된 개회시각이 되면 의사일정에 들어가기 전 대의원들에게 총원 및 참석인원, 의결정족수 등에 관한 성원보고를 하여야 한다. 다만, 부득이한 사정이 있는 때에는 성원보고를 늦출 수 있으며, 그 사유가 해소되는 즉시 성원보고를 하여야 한다.

② 의장은 간사나 사회자로 하여금 성원보고를 하게 할 수 있다.

③ 의장은 성원보고 후 회의 개회를 선언한다. 다만, 부득이한 사정이 있는 때에는 개회시각을 늦추어 그 사유가 해소되는 즉시 개회를 선언할 수 있다.

④ 예정된 개회 시간보다 30분 이상 성원이 되지 않을 경우에는 유회를 선언할 수 있다.

제10조(업무현황 등의 보고 및 설명)

① 의장은 개회선언 후 감사, 상근이사, 이사회에서 선출된 자 또는 의장이 지명한자에게 사업추진현황 등에 관하여 보고를 하게 할 수 있다.

② 제1항에 의한 보고 후 추가설명이 필요하다고 판단될 경우에는 보고자나 의장이 지명한 자로 하여금 추가 설명을 하게 할 수 있다.

제11조(안건상정의 순서)

① 의장은 기 배부된 대의원회의 개최통보서에 기재된 안건 및 순서에 따라 안건을 상정하는 것을 원칙으로 한다.

단, 참석대의원 과반수의 찬성으로 안건을 추가하거나 상정순서를 변경할 수 있다.

② 안건상정은 의안별로 상정함을 원칙으로 하되, 안건의 특성, 유사성 등을 고려하여 수개의 안건을 일괄상정 할 수 있다.

제12조(안건의 제안사유 보고 및 설명)

의장은 상정된 안건에 관하여 제안자 혹은 관계자에게 보고나 설명을 할 수 있는 기회를 부여 할 수 있다.

제13조(발언권의 요청 및 수락)

① 회의진행 중 대의원의 발언은 의장에게 발언권을 요청하여 의장으로부터 발언권을 얻은 이후에 만 발언할 수 있다.

② 상기 제1항 이외의 긴급 발언이 있을 경우에는 의장에게 발언권을 요청할 수 있으며, 의장이 필요하다고 인정하는 경우 발언권을 부여할 수 있다.

제14조(발언권의 부여순서)

① 대의원의 발언부여의 순서는 의장이 결정한다.

② 의장은 대의원의 발언요청이 있을 경우 발언할 수 있는 기회를 공평하게 부여하여야 한다.

③ 의장은 대의원들이 다양한 의견의 발언을 할 수 있도록 중복된 의견은 발언을 제한할 수 있다.

제15(발언의 방법)

① 발언할 대의원은 소유 동·호수 및 성명을 밝힌 후 발언하여야 한다.

② 대의원은 심의안건에 관하여 되도록 간결하고 명료하게 발언하여야 하며, 심의안건과 무관한 발언은 삼가야 한다.

제16조(발언의 제한)

① 의장은 원활한 의사진행을 위하여 다음과 같이 대의원의 발언을 제한할 수 있다.

1. 1개의 심의안건 당 동일대의원의 발언회수는 2회로 제한 할 수 있다.

2. 1회 발언시간은 3분 이내로 하는 것을 원칙으로 한다.

② 발언 시 제1항의 제한시간을 초과할 경우 의장은 발언을 제한할 수 있다.

단, 의장이 인정하는 경우 연장할 수 있다.

제17조(발언의 금지조치 등)

의장은 다음과 같은 발언에 대하여는 금지 또는 취소를 명할 수 있다.

1. 중복된 발언

2. 안건과 관계없는 발언

3. 선량한 풍속을 저해하거나 기타 사회질서에 어긋나는 발언

4. 의장의 지시에 따르지 않는 발언

5. 타인의 인신공격이나 모욕적 발언

6. 기타 회의 시 진행을 방해하는 발언

제18조(의장의 답변거부)

의장은 대의원의 질문이 다음 사항에 해당하는 경우에는 답변을 거부할 수 있다.

1. 질문사항이 회의의 목적에 관한 사항이 아닐 때

2. 답변을 함으로써 대의원이나 조합원 공동의 이익을 현저하게 해할 우려가 있는 경우

3. 질문이 중복되는 경우

4. 기타 답변을 거부할 정당한 사유가 있을 때

제19조(수정동의안의 제출)

① 대의원은 상정된 의안에 관하여 그 동일성을 해치지 않는 범위 내에서 수정동의안을 제출할 수 있다.

② 수정동의안이 제출된 때에는 의장은 참석 대의원에게 이의 채택여부를 묻는 것을 원칙으로 한다. 그러나 의장은 이 절차를 생략하고 바로 수정동의안을 심의에 부칠 수 있다.

제20조(긴급동의)

① 대의원은 의사진행에 지장을 초래하지 않는 한 회의 중에 의장에게 긴급동의를 제출할 수 있다.

② 의장은 긴급동의가 제출된 경우 의장의 판단에 의해 그 동의요청을 거부할 수 있다.

제21조(의사진행에 관한 동의)

① 대의원은 대의원회의 연기, 속행 등 의사진행과 관련하여 의장에게 동의를 요구 할 수 있다.

② 제1항의 동의가 제출되어 의장이 필요하다고 판단되는 경우에는 대의원들에게 그 동의의 채택여부를 물어 결정하여야 한다.

제22조(동의의 각하)

의장은 동의가 다음 사유에 해당되는 경우에는 바로 각하할 수 있다.

1. 해당 수정동의에 관한 의안이 심의에 들어가지 아니하였거나 심의를 종료한 경우

2. 이미 동일 내용의 동의가 부결된 경우

3. 대의원의 의사를 방해할 목적으로 제출된 것으로 판단될 경우

4. 부적법하거나 권리남용에 해당되는 경우

5. 그 이외에 합리적 이유가 없는 것이 객관적으로 판단되는 경우

제23조(연기 또는 속행)

① 대의원회의 연기 또는 속행은 대의원회의 결의에 의하여야 한다.

② 제1항의 연기 또는 속행을 결의하는 경우 일시나 장소 등을 미리 정하여야 한다.

③ 연기 또는 속행의 결의가 이루어진 때에는 의장은 그 결과를 공표한 후 현재 개최 중인 대의원회의의 산회를 선포하여야 한다.

제24조(휴회)

① 의장은 의사진행상 필요하다고 인정되는 경우에는 10분 동안의 휴회를 선언할 수 있다.

② 제1항의 규정에도 불구하고 의장이 필요하다고 인정하는 경우에는 휴회시간을 연장할 수 있다.

제25조(질의 및 토론의 종료)

의장은 상정된 안건에 대하여 충분한 질의와 토론이 이루어졌다고 인정되는 때에는 질의와 토론을 종료하고 해당 안건에 대한 동의여부를 물어야 한다.

제26조(표결의 선언)

① 의장은 표결 전에 표결에 부치는 안건의 내용을 명확히 한 후 표결을 실시해야 하며, 표결이 완료된 후 의장은 표결완료를 선언하고 개표결과를 선포하여야 한다.

② 표결의 절차, 방법 및 선포 등은 조합정관 등에 의하도록 한다.

③ 의장이 표결결과를 선포하였을 때는 누구든지 그 안건에 관하여 이의를 제기하는 등의 일체의 발언을 할 수 없다.

제27조(표결의 방법)

표결 방법은 별도의 규정이 있는 경우는 규정에 따르되 그 외에는 다음 각 항의 방식에 따른다.

1. 이의 없음을 확인하는 박수
2. 거수
3. 기명투표
4 무기명투표

제28조(회의의 종료)

표결이 완료되고 모든 일정이 완료된 경우에 의장이 폐회를 선언함으로써 모든 회의는 종료된다.

제29조(일사부재리의 원칙)

결의 또는 부결된 의안은 원칙적으로 재심의 할 수 없다. 다만, 출석 대의원 3분의 2 이상의 동의가 있을 때에는 그러하지 아니하다.

제3장   질서유지

제30조(의장의 질서유지권)

① 회의 중 대의원이 본 규칙을 위배하거나 회의장의 질서를 문란케 할 때에는 의장은 이를 경고 혹은 제지하거나 그 발언을 중지시킬 수 있다.

② 제1항의 명에 불복할 때에는 의장은 회의장에서 퇴장시킬 수 있다.

③ 의장의 명에 불복할 때에는 징계위원회에 회부할 수 있다.

④ 의장은 회의장이 문란하여 질서를 유지하기 곤란하다고 판단될 때에는 회의를 중지하거나 산회를 선포할 수 있다.

⑤ 의장은 회의장이 문란하여 질서유지가 필요하다고 판단하는 경우에는 별도의 질서유지원을 투입하여 질서를 유지시킬 수 있다.

제31조(회의의 공개 여부)

대의원회의의 참관 및 참관범위에 대한 결정은 의장이 결정하되, 출석 과반수의 동의가 있으면 이를 변경할 수 있다.

제32조(참관인의 규율)

① 의장은 의장 판단에 따라 회의장에 조합원을 포함한 참관인을 입장시킬 수 있다.

② 참관인은 의장의 지시에 따라 소정의 장소에서 참관해야 하며, 대의원을 현혹하는 등의 행위(유언비어, 욕설, 홍보물 배포 등)를 하여서는 안 된다.

③ 참관인은 회의에서 발언하거나 기타 회의진행을 방해하는 행위를 해서는 안 된다.

④ 참관인이 회의진행을 방해하거나 문란한 행동을 취할 경우 의장은 제30조에 따라 질서유지권을 발동할 수 있다.

제4장 의사록

제33조(의사록의 작성)

① 의장은 조합정관 등이 규정하는 바에 따라 회의진행에 관하여 속기, 녹화 및 녹취 등을 하여야 한다.

② 간사는 속기, 녹화 및 녹취를 기준으로 의사록을 작성하여 조합정관 등이 정하는 바에 따라 모든 이사가 날인할 수 있는 기회를 부여하여야 한다.

제34조(의사록의 비치)

회의의 의사록은 작성 후 계속하여 조합에 비치하고, 조합원의 열람 및 복사본의 요청에 응하여야 한다. 이 경우 도시 및 주거환경정비법 및 조합정관 등이 정하는 바에 따라 중요문서의 경우 복사를 거절하거나, 간략한 내용만을 열람 또는 복사하게 할 수 있으며, 복사비용은 신청자 개인의 비용으로 처리한다.

제35조(준용)

이 운영규칙은 이사회의 운영 시 준용할 수 있으며 이사회에서 본 규칙을 준용할 경우, 「회의」를 「이사회」로 「대의원」을 「이사」로 하여 이사회에 적용이 가능한 조항만을 적용하여 본 규칙을 준용할 수 있다.

제5장 징계

제36조(징계의 사유)

의장이 원활한 회의진행을 위하여 이 규칙 제30조에 따라 질서유지권을 발동하였으나 이에 불응하는 경우에는 해당자에 대한 징계조치를 징계위원회에 요구 할 수 있다.

제37조(징계의 절차)

① 징계위원회는 이사회를 징계위원회로 대체 운영한다.

② 참관인, 조합원, 대의원 및 이사의 징계요청이 있을 경우에는 관리이사의 확인을 거쳐 조합장에게 제출하고, 조합장은 징계결정안을 이사회에 상정하여 이사회의 결정에 따라 처리 한다.

③ 징계의 경우에는 당사자에게 소명의 기회를 부여하여야 하며, 소명을 거절할 경우에는 소명을 한 것으로 본다.

④ 징계위원회의 의결은 이사회 총원의 과반수 참석으로 개의하며, 참석인원 2/3의 찬성으로 의결한다.

제38조(징계의 종류)

1. 견 책 : 시말서를 청구하고 반성 또는 시정을 촉구한다.

2. 정 직 : 정직기간은 1월 이상 3월 이하로 하며, 그 기간 중에는 그 직무에 종사하지 못하며, 직위는 유지한다.

3. 파 면 : 해당자의 현재 신분을 면직시킨다.

제39(민사 및 형사상 책임과의 관계)

이 규칙에 의한 징계처분은 민사 및 형사상의 책임에 영향을 주지 않는다.

부   칙

제1조(시행일)

본 규칙은 대의원회의 결의 후 즉시 시행한다.

부록-7 정비사업의 임대주택 및 주택규모별 건설비율(국토교통부고시)(행정규칙)

[시행 2021.7.14.] [국토교통부고시 제2021-952호, 2021.7.14. 일부개정]

국토교통부(주택정비과), 044-201-3393

제1조(목적)

이 기준은 「도시 및 주거환경정비법」 제10조 및 **같은법 시행령 제1조의2**에 따라 국토교통부 장관이 고시하도록 한 정비사업의 임대주택 및 주택규모별 건설비율 등을 정함을 목적으로 한다.

제2조(용어의 정의)

이 기준에서 사용하는 용어의 정의는 다음과 같다.

1. 이 기준에서 사용하는 주택의 면적은 주거전용면적을 말하며, 그 면적은 「건축물대장의 기재 및 관리 등에 관한 규칙」 제4조에 따른 일반건축물대장 또는 집합건축물대장을 기준으로 산정하되, 주거전용면적을 정확히 산정하기 곤란한 경우에는 실측하여 산정한다.

2. "시·도"란 특별시·광역시·특별자치시·도·특별자치도 또는 「지방자치법」 제175조에 따른 서울특별시·광역시 및 특별자치시를 제외한 인구 50만 이상 대도시(이하 "대도시"라 한다)를 말한다.

3. "시·도지사"란 특별시장·광역시장·특별자치시장·도지사·특별자치도지사 또는 대도시 시장을 말한다.

제3조(주거환경개선사업의 임대주택 및 주택규모별 건설비율)

① 주거환경개선사업의 경우 건설하는 주택 전체 세대수(임대주택을 포함한다)의 90퍼센트 이상을 85제곱미터 이하 규모의 주택으로 건설하여야 한다.

② 주거환경개선사업의 경우 임대주택은 시·도지사가 전체 세대수의 30퍼센트 이하에서 정하여 고시하는 기준에 따라 건설하여야 한다.

③ 제2항에도 불구하고 특별시장·광역시장·특별자치시장·특별자치도지사·시장 또는 군수 (광역시의 군수는 제외한다)는 정비계획을 수립할 때 해당 정비구역 내 주민(세입자 포함한다)을 대상으로 임대주택 수요를 조사하고 그 결과에 따라 임대주택 건설비율을 별도로 정할 수 있다.

④ 주거환경개선사업의 경우 시·도지사가 전체 임대주택 세대수의 50퍼센트 이하에서 정하여 공보에 고시하는 기준에 따라 40제곱미터 이하 규모의 임대주택을 건설하여야 한다.

⑤ 시·도지사는 제2항 및 제4항의 기준을 고시함에 있어 다른 주거환경개선구역(주거환경 개선사업을 시행하는 정비구역을 말한다. 이하 같다)과 연계하여 전체 구역에 대한 공급 비율을 기준으로 사업구역 별 차등 적용할 수 있으며, 주택건설을 위한 대지면적이 10,000제곱미터 이하인 경우 임대주택을 건설하지 않도록 할 수 있다.

제4조(재개발사업의 임대주택 및 주택규모별 건설비율)

① 재개발사업의 사업시행자는 건설하는 주택 전체 세대수의 80퍼센트 이상을 85제곱미터 이하 규모의 주택으로 건설하여야 한다. 다만, 주택단지 전체를 평균 5층 이하로 건설하는

경우에는 그러하지 아니하다.

② 제1항에도 불구하고 시·도지사는 필요한 경우 제1항에 따른 주택규모별 건설비율이하의 건설비율을 별도로 정하여 공보에 고시할 수 있다.

③ 재개발사업의 사업시행자는 건설하는 주택 전체 세대수[「도시 및 주거환경정비법」(이하 "법"이라 한다) 제54조제1항에 따라 정비계획으로 정한 용적률을 초과하여 건축함으로써 증가된 세대수는 제외한다]의 20퍼센트(법 제54조제4항에 따라 공급되는 임대주택은 제외한다)를 임대주택으로 건설하여야 하며, 전체 임대주택 세대수(법 제54조제4항에 따라 공급되는 임대주택은 제외한다)의 30퍼센트 이상 또는 건설하는 주택 전체 세대수의 5퍼센트 이상을 주거전용면적 40제곱미터 이하 규모의 임대주택(법 제54조제4항에 따라 공급되는 임대주택은 제외한다)으로 건설하여야 한다.

④ 제3항에도 불구하고 다음 각 호의 어느 하나에 해당하는 경우 재개발사업의 사업시행자는 임대주택을 건설하지 아니할 수 있다.

1. 건설하는 주택 전체 세대수가 200세대 미만인 경우

2. 도시·군관리계획 상 자연경관지구 및 최고고도지구 내에서 7층 이하의 층수제한을 받게 되는 경우

3. 일반주거지역 안에서 자연경관·역사문화경관 보호 및 한옥 보존 등을 위하여 7층 이하로 개발계획을 수립한 경우

4. 「항공법」 및 「군사기지 및 군사시설 보호법」의 고도제한에 따라 7층 이하의 층수제한을 받게 되는 경우

5. 제1종 일반주거지역에서 용도지역을 변경하지 않고 개발계획을 수립하는 경우

⑤ 제3항에도 불구하고 정비구역에서 학교용지를 확보하여야 하는 경우에는 시·도지사가 정하는 바에 따라 임대주택 세대수를 50퍼센트 범위 내에서 차감하여 조정할 수 있다.

⑥ 제3항에도 불구하고 시·도지사가 임대주택 건설비율을 다음 각 호의 범위에서 공보에 고시한 경우에는 고시된 기준에 따른다. 다만, 「국토의 계획 및 이용에 관한 법률 시행령」 제30조제1항제2호에 따른 상업지역에서의 임대주택 건설비율에 대해서는 시·도지사가 지역의 세입자 수와 주택 수급 여건 등을 고려하여 제1호의 지역은 5퍼센트까지, 제2호의 지역은 2.5퍼센트까지, 제3호의 지역에 대해서는 0퍼센트까지 완화하여 정할 수 있다.

1. 「수도권정비계획법」 제2조제1호에 따른 수도권 중 서울특별시: 건설하는 주택 전체 세대수의 10퍼센트 이상 20퍼센트 이하

2. 「수도권정비계획법」 제2조제1호에 따른 수도권 중 인천광역시 및 경기도: 건설하는 주택 전체 세대수의 5퍼센트 이상 20퍼센트 이하

3. 제1호 및 제2호 외의 지역: 건설하는 주택 전체 세대수의 5퍼센트 이상 12퍼센트 이하

⑦ 시장·군수가 정비계획을 수립할 때 관할 구역에서 시행된 재개발사업으로 건설하는 주택 전체 세대수에서 「도시 및 주거환경정비법 시행령」 별표 3 제2호가목(1)에 해당하는 세입자가 입주하는 임대주택 세대수가 차지하는 비율이 시·도지사가 정하여 고시한 임대주택 비율보다 높은 경우 또는 관할 구역의 특성상 주택수급안정이 필요한 경우에는 다음 산식에 따라 산정한 임대주택 비율 이하의 범위에서 임대주택 비율을 높일 수 있다.

> 해당 시·도지사가 고시한 임대주택 비율 + (건설하는 주택 전체 세대수 × 10/100)

제5조(재건축사업의 임대주택 및 주택규모별 건설비율)

① 「수도권정비계획법」 제6조제1항제1호에 따른 과밀억제권역에서 시행하는 재건축사업의 사업시행자는 건설하는 주택 전체 세대수의 60퍼센트 이상을 85제곱미터 이하 규모의 주택으로 건설하여야 한다.

② 제1항에도 불구하고 다음 각 호를 충족하는 경우에는 제1항을 적용하지 아니한다.

  1. 조합원에게 분양하는 주택의 주거전용면적의 합이 종전 주택(재건축하기 전의 주택을 말한다)의 주거전용면적의 합보다 작거나 30퍼센트의 범위에서 클 것

  2. 조합원 이외의 자에게 분양하는 주택을 모두 85제곱미터 이하 규모로 건설할 것

제6조(공공재개발사업에서의 공공임대주택 건설비율)

「도시 및 주거환경정비법 시행령」(이하 "시행령"이라 한다) 제1조의2제1항에서 "국토교통부장관"이 고시한 비율은 다음 각 호를 의미한다. 다만, 시·도지사는 「국토의 계획 및 이용에 관한 법률 시행령」 제30조제1항제2호부터 제4호까지의 지역에서는 시·도지사가 공보에 고시한 바에 따라 임대주택 세대 수를 50퍼센트 범위 내에서 차감하여 조정할 수 있다.

1. 「수도권정비계획법」 제2조제1호에 따른 수도권 중 서울특별시 : 전체 세대 수의 20퍼센트

2. 「수도권정비계획법」 제2조제1호에 따른 수도권 중 서울특별시 외의 지역 : 전체 세대 수의 10퍼센트

3. 제1호 및 제2호 외의 지역 : 전체 세대 수의 10퍼센트

제7조(재검토기한)

국토교통부장관은 이 고시에 대하여 「훈령·예규 등의 발령 및 관리에 관한 규정」(대통령훈령 제334호)에 따라 이 고시에 대하여 2021년 7월 1일 기준으로 매 3년이 되는 시점(매 3년째의 6월 30일까지를 말한다)마다 그 타당성을 검토하여 개선 등의 조치를 하여야 한다.

부 칙 <제2018-102호,2018.2.9.>

(정비사업의 임대주택 및 주택규모별 건설비율 등 4개 국토교통부 고시 일괄개정)

이 고시는 발령한 날부터 시행한다.

부 칙 <제2020-528호, 2020.7.22.>

제1조 (시행일) 이 고시는 9월 24일부터 시행한다.

부 칙 <제2021-952호, 2021.7.14.>

이 고시는 발령한 날부터 시행한다.

부록-8 건축물의 분양에 관한 법률(약칭: 건축물분양법)

[시행 2021.1.1.] [법률 제17007호, 2020.2.18. 타법개정]

국토교통부(부동산개발정책과), 044-201-3435,3450

제1조(목적)

이 법은 건축물의 분양 절차 및 방법에 관한 사항을 정함으로써 건축물 분양과정의 투명성과 거래의 안전성을 확보하여 분양받는 자를 보호하고 국민경제의 건전한 발전에 이바지함을 목적으로 한다.

제2조(정의)

이 법에서 사용하는 용어의 뜻은 다음과 같다.

1. "건축물"이란 「건축법」 제2조제1항제2호의 건축물을 말한다.

2. "분양"이란 분양사업자가 건축하는 건축물의 전부 또는 일부를 2인 이상에게 판매하는 것을 말한다. 다만, 「건축법」 제2조제2항에 따른 건축물의 용도 중 둘 이상의 용도로 사용하기 위하여 건축하는 건축물을 판매하는 경우 어느 하나의 용도에 해당하는 부분의 바닥면적이 제3조제1항제1호에서 정한 규모 이상에 해당하고 그 부분의 전부를 1인에게 판매하는 것은 제외한다.

3. "분양사업자"란 「건축법」 제2조제1항제12호의 건축주로서 건축물을 분양하는 자를 말한다.

4. "분양받은 자"란 제6조제3항부터 제5항까지의 규정에 따라 분양사업자와 건축물의 분양계약을 체결한 자를 말한다.

제3조(적용 범위)

① 이 법은 「건축법」 제11조에 따른 건축허가를 받아 건축하여야 하는 다음 각 호의 어느 하나에 해당하는 건축물로서 같은 법 제22조에 따른 사용승인서의 교부(이하 "사용승인"이라 한다) 전에 분양하는 건축물에 대하여 적용한다.

　　1. 분양하는 부분의 바닥면적(「건축법」 제84조에 따른 바닥면적을 말한다)의 합계가 3천제곱미터 이상인 건축물

　　2. 업무시설 등 대통령령으로 정하는 용도 및 규모의 건축물

② 제1항에도 불구하고 다음 각 호의 어느 하나에 해당하는 건축물에 대하여는 이 법을 적용하지 아니한다.

　　1. 「주택법」에 따른 주택 및 복리시설

　　2. 「산업집적활성화 및 공장설립에 관한 법률」에 따른 지식산업센터

　　3. 「관광진흥법」에 따른 관광숙박시설

　　4. 「노인복지법」에 따른 노인복지시설

　　5. 「공공기관의 운영에 관한 법률」에 따른 공공기관이 매입하는 업무용 건축물

　　6. 「지방공기업법」에 따른 지방공기업이 매입하는 업무용 건축물

③ 제2조제2호 단서 및 제2항에도 불구하고 제2조제2호 단서에 따라 분양에 해당하지

아니하는 방법으로 매입한 건축물과 제2항제5호 및 제6호에 해당하는 건축물의 전매 또는 전매 알선에 대하여는 제6조의3제3항 및 제10조제2항제5호를 적용한다.

제4조(분양 시기 등)

① 분양사업자는 다음 각 호의 구분에 따라 건축물을 분양하여야 한다.

    1. 「자본시장과 금융투자업에 관한 법률」에 따른 신탁업자와 신탁계약 및 대리사무계약을 체결한 경우 또는 금융기관 등으로부터 분양보증을 받는 경우: 「건축법」제21조에 따른 착공신고 후

    2. 해당 건축물의 사용승인에 대하여 다른 **건설사업자** 둘 이상의 연대보증을 받아 공증받은 경우: <u>골조공사의 3분의 2 이상이 완료된 후</u>

② 제1항제1호의 적용과 관련하여 신탁회사가 분양사업자로 되는 신탁계약이 체결된 경우에는 착공신고 후 분양을 위한 별도의 신탁계약이 필요하지 아니하다.

③ 제1항제1호에서 "분양보증"이란 분양사업자가 파산 등의 사유로 분양계약을 이행할 수 없게 되는 경우 해당 건축물의 분양(사용승인을 포함한다)의 이행이나 납부한 분양대금의 환급(분양받은 자가 원하는 경우로 한정한다)을 책임지는 보증을 말한다.

④ 제1항제1호에 따른 신탁계약·대리사무계약의 방법과 기준, 분양보증을 할 수 있는 금융기관 등의 종류 및 범위는 대통령령으로 정한다.

⑤ 제1항제2호에서 "다른 **건설사업자**"란 「건설산업기본법」제2조제7호에 따른 **건설사업자**로서 대통령령으로 정하는 **건설사업자**를 말한다. <개정 2019.4.30.>

⑥ 분양사업자는 건축물을 분양하려는 경우에는 건축할 대지(垈地)의 소유권을 확보하여야 한다. 다만, 건축할 대지의 소유권이 국가 또는 지방자치단체에 있거나 그 밖에 대통령령으로 정하는 경우에는 그러하지 아니하다.

⑦ 분양사업자는 제6항에 따라 소유권을 확보한 대지에 저당권, 가등기담보권, 전세권, 지상권 및 등기되어 있는 부동산임차권이 설정되어 있는 경우에는 이를 말소하여야 한다. 다만, 분양사업자가 국가 또는 지방자치단체인 경우 등 대통령령으로 정하는 경우에는 그러하지 아니하다.

제5조(분양신고)

① 분양사업자는 건축물을 분양하려는 경우에는 「건축법」제11조에 따른 허가권자(이하 "허가권자"라 한다)에게 신고하여야 한다.

② 분양사업자는 제1항에 따라 분양신고를 할 때에는 신탁계약서, 대리사무계약서, 대지의 **등기사항전부증명서** 등 대통령령으로 정하는 서류를 갖추어 허가권자에게 제출하여야 한다. 다만, 허가권자가 「전자정부법」제36조제1항에 따라 행정정보의 공동이용을 통하여 확인한 서류의 경우에는 그러하지 아니하다.

③ 허가권자는 분양신고의 내용을 검토하여 이 법에 적합한 경우에는 분양신고를 수리(受理)하고 그 사실을 분양사업자에게 통보하여야 한다.

제6조(분양방법 등)

① 분양사업자는 제5조제3항에 따른 분양신고의 수리 사실을 통보받은 후에 분양 광고에

따라 분양받을 자를 공개모집하여야 한다. 이 경우 대통령령으로 정하는 용도 및 규모의 건축물에 대해서는 인터넷을 활용하여 분양받을 자를 공개모집하여야 한다.

② 제1항에 따른 분양 광고에는 건축물의 위치·용도·규모 및 내진설계 등 대통령령으로 정하는 사항이 포함되어야 한다.

③ 분양사업자는 제1항에 따른 분양 광고에 따라 분양신청을 한 자 중에서 공개추첨의 방법으로 분양받을 자를 선정하여야 한다.

④ 분양사업자는 제3항에 따라 분양받을 자로 선정된 자와 분양계약을 체결하여야 하며, 분양계약서에는 분양 건축물의 표시(공용부분의 위치·규모를 포함한다), 신탁계약·대리사무 계약 또는 분양보증계약의 종류, 신탁업자 또는 분양보증기관의 명칭 등 분양계약의 체결에 영향을 줄 수 있는 사항으로서 대통령령으로 정하는 사항이 포함되어야 한다. <개정 2019.8.20.>

⑤ 제3항에 따라 분양받을 자를 선정하고 남은 부분이 있거나 제4항에 따라 분양계약을 체결하고 남은 부분이 있는 경우에는 그 남은 부분에 대하여 분양받을 자를 선정할 때에는 대통령령으로 정하는 방법으로 한다. 이 경우 분양받을 자로 선정된 자와의 분양계약 체결에 관하여는 제4항을 적용한다 .

⑥ 제1항에 따른 공개모집의 절차, 방법 등에 필요한 사항은 대통령령으로 정한다.

제6조의2(거주자 우선 분양)

① 분양사업자는 「주택법」 제63조제1항에 따라 지정된 투기과열지구 내 대통령령으로 정하는 지역에서 건축물을 분양하려는 경우에는 분양분의 100분의 20의 범위에서 대통령령으로 정하는 바에 따라 분양 신고일 현재 그 건축물 건설지역의 거주자(주된 사무소의 소재지가 있는 법인을 포함한다. 이하 같다)로서 분양을 신청한 자 중에서 분양받을 자를 우선 선정하여야 한다. 이 경우 분양사업자는 분양 광고에 이를 밝혀야 한다.

② 제1항은 제6조제1항에 따라 최초 공개모집이 이루어진 경우에만 적용한다.

제6조의3(분양 건축물의 전매행위 제한)

① 「주택법」 제63조제1항에 따라 지정된 투기과열지구 또는 같은 법 제63조의2제1항제1호에 따라 지정된 조정대상지역에서 대통령령으로 정하는 용도 및 규모의 건축물을 분양받은 자 또는 소유자는 분양계약을 체결한 날부터 사용승인 후 1년의 범위에서 대통령령으로 정하는 기간에는 분양받은 자의 지위 또는 건축물을 전매(매매, 증여, 그 밖에 권리가 변동되는 모든 행위를 포함하되 상속은 제외한다. 이하 같다)하거나 이의 전매를 알선할 수 없다. 이 경우 전매제한 기간은 행정구역, 「주택법」 제63조제1항에 따라 지정되는 투기과열지구 또는 같은 법 제63조의2제1항제1호에 따라 지정되는 조정대상지역 등을 고려하여 대통령령으로 다르게 정할 수 있다.

② 제1항에 해당하지 아니하는 건축물로서 분양사업자와 분양받은 자가 제6조제4항에 따른 분양계약 체결을 한 건축물의 경우에는 사용승인 전에 2명 이상에게 전매하거나 이의 전매를 알선할 수 없다.

③ 제2조제2호 단서에 따라 분양에 해당하지 아니하는 방법으로 매입한 건축물과 제3조 제2항제5호 및 제6호에 해당하는 건축물의 경우에는 사용승인 전에 2인 이상에게

전매하거나 이의 전매를 알선할 수 없다.

제6조의4(분양 건축물의 계약 취소)

허가권자 또는 분양사업자는 다음 각 호의 어느 하나에 해당하는 경우에는 분양받은 자와의 계약을 취소할 수 있다.

1. 제6조의2제1항에 따른 분양을 거짓이나 그 밖의 부정한 방법으로 받은 경우
2. 제6조의3제1항 또는 제2항을 위반하여 전매한 경우

제7조(설계의 변경)

① 분양사업자는 분양한 건축물에 대하여 사용승인 전에 건축물의 면적 또는 층수의 증감(增減) 등 분양받은 자의 이해관계에 중대한 영향을 줄 수 있는 설계변경으로서 대통령령으로 정하는 설계변경을 하려는 경우에는 분양받은 자 전원의 동의를 받아야 한다.

② 분양사업자는 제1항에 따른 설계변경에 해당하지 아니하는 설계변경으로서 국토교통부령으로 정하는 설계변경을 하려는 경우에는 미리 그 내용을 분양받은 자 전원에게 알려야 한다.

③ 제1항과 제2항에 따른 동의 및 통보의 시기, 절차, 그 밖에 필요한 사항은 국토교통부령으로 정한다.

제8조(분양대금의 납입)

① 분양사업자가 분양받은 자로부터 받는 분양대금은 계약금·중도금 및 잔금으로 구분한다.

② 제1항에 따른 계약금·중도금 및 잔금의 비율과 이를 받을 수 있는 시기는 대통령령으로 정한다.

제9조(시정명령)

① 허가권자는 분양사업자의 분양 광고의 내용이 제5조제3항에 따라 수리된 분양신고의 내용과 다르거나 제6조제2항에 따른 사항을 포함하지 아니하였다고 인정되는 경우에는 즉시 분양사업자에게 시정을 명하고, 그 사실을 해당 허가권자가 운영하는 정보통신망에 공표하여야 한다.

② 분양사업자는 제1항에 따른 시정명령을 받은 경우에는 시정명령을 받은 날부터 10일 이내에 시정명령을 받은 내용과 정정할 사항을 대통령령으로 정하는 방법으로 공표하여야 한다.

③ 분양사업자는 제2항에 따른 시정명령을 이행하기 전에 제6조에 따라 분양받을 자를 선정하였거나 분양계약을 체결하였을 때에는 분양받을 자로 선정된 자 또는 분양받은 자에게 제2항에 따른 공표 내용을 알려야 한다.

제9조의2(보고 및 감독)

① **국토교통부장관, 특별시장, 광역시장 또는 도지사는** 허가권자에게 분양사업자의 분양신고 등과 관련하여 필요한 자료 제출이나 보고를 요구할 수 있다. <개정 2020.2.18.>

② 허가권자는 제1항에 따른 자료 제출이나 보고를 요구받은 경우에는 특별한 사유가 없으면 그 요구에 따라야 한다.

③ 국토교통부장관(**특별시장, 광역시장, 특별자치시장 또는 특별자치도지사의 명령이나 처분에 한정한다), 특별시장, 광역시장 또는 도지사**는 허가권자가 한 명령이나 처분이 이 법에 위반된다고 인정하는 경우에는 그 명령 또는 처분의 취소·변경이나 그 밖에 필요한 조치를 명할 수 있다. <개정 2020.2.18.>

④ 제3항에 따른 필요한 조치명령을 받은 허가권자는 그 시정 결과 등을 국토교통부장관, **특별시장, 광역시장 또는 도지사**에게 지체 없이 보고하여야 한다. <개정 2020.2.18.>

제10조(벌칙)

① 제5조제1항에 따른 분양신고를 하지 아니하거나, 거짓이나 그 밖의 부정한 방법으로 분양신고를 하고 건축물을 분양한 자는 3년 이하의 징역 또는 3억원 이하의 벌금에 처한다.

② 다음 각 호의 어느 하나에 해당하는 자는 1년 이하의 징역 또는 1억원 이하의 벌금에 처한다.

   1. 제6조제1항을 위반하여 분양신고의 수리 사실을 통보받지 아니하고 분양 광고를 하거나 공개모집이 아닌 방법으로 분양받을 자를 모집하거나 인터넷을 활용하여 모집하여야 하는 용도 및 규모의 건축물임에도 불구하고 인터넷을 활용하지 아니하고 분양받을 자를 공개모집한 자

   2. 제6조제3항을 위반하여 공개추첨의 방법에 따르지 아니하고 분양받을 자를 선정한 자

   3. 제6조제4항 또는 제5항 후단을 위반하여 분양계약을 체결한 자

   4. 제6조의2제1항을 위반하여 분양한 분양사업자

   5. 제6조의3제1항부터 제3항까지의 규정을 위반하여 전매한 자 및 이의 전매를 알선한 자

   6. 제7조제1항 또는 제2항을 위반하여 분양받은 자 전원에게 동의를 받지 아니하거나 알리지 아니하고 설계변경을 한 자

③ 삭제 <2017.10.24.>

제11조(양벌규정)

법인의 대표자나 법인 또는 개인의 대리인, 사용인, 그 밖의 종업원이 그 법인 또는 개인의 업무에 관하여 제10조제1항 또는 제2항의 위반행위를 하면 그 행위자를 벌하는 외에 그 법인 또는 개인에게도 해당 조문의 벌금형을 과(科)한다. 다만, 법인 또는 개인이 그 위반행위를 방지하기 위하여 해당 업무에 관하여 상당한 주의와 감독을 게을리 하지 아니한 경우에는 그러하지 아니 하다.

제12조(과태료)

① 다음 각 호의 어느 하나에 해당하는 자에게는 1억원 이하의 과태료를 부과한다.

   1. 제8조를 위반하여 분양대금을 받은 자

   2. 제9조제2항 또는 제3항을 위반하여 공표하지 아니하거나 공표 내용을 알리지 아니한 분양사업자

② 제9조의3제1항에 따른 자료의 제출·보고를 하지 아니하거나 거짓으로 제출·보고 하거나 조사 또는 검사를 거부·방해 또는 기피한 자에게는 500만원 이하의 과태료를 부과한다.

③ 제1항 및 제2항에 따른 과태료는 대통령령으로 정하는 바에 따라 국토교통부장관 또는 허가권자가 부과·징수한다.

부 칙 <법률 제16484호, 2019.8.20.>
제1조(시행일) 이 법은 공포 후 6개월이 경과한 날부터 시행한다.
제2조(분양방법 등에 관한 적용례)
    제6조제4항의 개정규정은 이 법 시행 후 최초로 분양사업자가 제5조에 따른 분양신고를 하는 경우부터 적용한다.
부 칙 <법률 제17007호, 2020.2.18.>
제1조(시행일) 이 법은 2021년 1월 1일부터 시행한다. <단서 생략><이하 기록 생략>

부록-9 건축물의 분양에 관한 법률 시행령(약칭: 건축물분양법 시행령)

[시행 2021.11.2.] [대통령령 제32103호, 2021.11.2., 일부개정]

국토교통부(부동산개발정책과), 044-201-3435,3450

제1조(목적)

이 영은 「건축물의 분양에 관한 법률」에서 위임된 사항과 그 시행에 필요한 사항을 규정함을 목적으로 한다.

제2조(적용 범위)

「건축물의 분양에 관한 법률」(이하 "법"이라 한다) 제3조제1항제2호에서 "대통령령으로 정하는 용도 및 규모"란 분양하려는 부분의 용도 및 규모가 다음 각 호의 어느 하나에 해당하는 것을 말한다. <개정 2019.10.8., 2021.11.2.>

1. 건축법시행령 별표1 제14호나목2)에 따른 오피스텔("오피스텔"이라 한다)로서 30실(室) 이상인 것

2. 건축법시행령 별표1 제15호가목에 따른 생활숙박시설(이하 "생활숙박시설"이라 한다)로서 30실 이상이거나 생활숙박시설 영업장의 면적이 해당 건축물 연면직의 3분의 1 이상인 것

3. 주택 외의 시설과 주택을 동일 건축물로 짓는 건축물 중 주택 외의 용도로 쓰이는 **바닥면적**(「건축법 시행령」제119조제1항제3호에 따라 산정(算定)한 바닥면적을 말한다. 이하 같다)의 합계가 **3천제곱미터 이상인 것**

4. 바닥면적의 합계가 3천제곱미터 이상으로서 임대 후 분양전환을 조건으로 임대하는 것(분양전환 시 임차인에게 우선순위를 부여하는 것을 포함한다)

제3조(신탁계약 및 대리사무계약 등)

① 법 제4조제1항제1호에 따른 신탁계약(이하 "신탁계약"이라 한다)에는 다음 각 호의 사항이 포함되어야 한다.

1. 분양받은 자의 소유권등기 전날까지의 토지와 그 정착물의 소유권 관리에 관한 사항

2. 신탁받은 소유권의 처분에 관한 사항

3. 신탁을 정산할 때에 분양받은 자가 납부한 분양대금을 다른 채권 및 수익자의 권리보다 우선하여 정산하여야 한다는 사항

② 법 제4조제1항제1호에 따른 대리사무계약(이하 "대리사무계약"이라 한다)에는 다음 각 호의 사항이 포함되어야 한다.

1. 분양받은 자를 보호하기 위한 분양수입금 관리계좌의 개설에 관한 사항

2. 분양사업자는 분양수입금 총액을 신탁업자(「자본시장과 금융투자업에 관한 법률」에 따른 신탁업자를 말한다. 이하 같다)에게 양도하여야 한다는 사항

3. 분양대금은 신탁계약 및 대리사무계약에서 정한 토지매입비, 공사비, 설계비, 감리비 또는 그 밖의 부대사업비 등 해당 분양사업과 관련된 용도로만 사용할 수 있다는 사항

4. 그 밖에 신탁계약의 목적을 달성하기 위하여 국토교통부령으로 정하는 사항

③ 신탁업자는 제2항제2호에 따라 양도받은 분양수입금을 별도의 독립된 계정으로 회계처리하여야 하며, 신탁계약 및 대리사무계약에서 정한 목적으로만 사용하여야 한다.

④ 신탁업자가 분양받은 자로부터의 입출금, 분양계약의 해제, 주소 관리 등 분양업무를

수행하는 경우에는 그 관리 내용을 공정하고 투명하게 전산으로 관리하여야 하고, 분양 개시일부터 6개월마다 분양사업자에게 통지하여야 한다.

제4조(분양보증기관의 종류 등)

① 법 제4조제4항에 따라 분양보증을 할 수 있는 금융기관 등의 종류는 다음 각 호와 같다.

1. 「보험업법」 제4조제1항제2호 라목에 따른 보증보험을 취급하는 보험회사(이하 "보험회사"라 한다)

2. 「은행법」 제2조제2호에 따른 은행

3. 그 밖에 국토교통부령으로 정하는 기관

② 제1항에 따른 분양보증기관은 분양보증업무를 수행할 때 다음 각 호의 행위를 할 수 있다.

1. 보증심사 및 이행(재산조사를 포함한다)을 위한 조사 및 관계인에 대한 자료 제공 요청

2. 공사감리자에 대한 시공방법·공정현황·사용자재 및 자재품질 등에 관한 자료 제출 요청

3. 사용승인 신청 등 국토교통부령으로 정하는 보증의 이행과 관련된 업무

제5조(연대보증을 할 수 있는 건설업사자의 요건 등) [제목개정 2020.2.18.]

법 제4조제5항에서 "대통령령으로 정하는 건설사업자"란 「건설산업기본법」 제9조제1항에 따라 종합공사를 시공하는 업종의 등록을 한 건설사업자로서 다음 각 호의 어느 하나에 해당하는 건설사업자를 말한다. 다만, 분양사업자와 「독점규제 및 공정거래에 관한 법률」 제2조제3호에 따른 계열회사의 관계에 있는 건설사업자는 제외한다. <개정 2020.2.18.>

1. 자본금이 연대보증 대상 건설공사 계약금액의 50퍼센트 이상일 것

2. 연대보증 대상 건설공사에 해당되는 용도의 건축물을 시공한 실적이 있고, 최근 5년간 수주(受注)한 금액이 연대보증 대상 건설공사 계약금액의 2배 이상일 것

제6조(토지소유권 확보의 예외 등)

① 법 제4조제6항 단서에서 "대통령령으로 정하는 경우"란 다음 각 호의 어느 하나에 해당하는 경우를 말한다.

1. 분양사업자가 「한국토지주택공사법」에 따른 한국토지주택공사(이하 "한국토지주택공사"라 한다) 또는 「지방공기업법」에 따라 건축사업을 하기 위하여 설립된 지방공사인 경우

2. 건축할 대지가 「도시개발법」 등 관계 법률에 따른 환지(換地) 예정지인 경우

3. 「도시개발법」, 「택지개발촉진법」 등 관계 법률에 따라 조성된 대지를 공급받은 경우로서 그 대지의 지적(地籍)이 정리되지 아니하여 소유권을 확보할 수 없는 경우. 이 경우 대지의 사용권리를 증명하는 서류를 제출하여야 한다.

② 법 제4조제7항 단서에서 "대통령령으로 정하는 경우"란 다음 각 호의 어느 하나에 해당하는 경우를 말한다. <개정 2018.2.9., 2019.10.8.>

1. 분양사업자가 국가, 지방자치단체, 한국토지주택공사 또는 「지방공기업법」에 따라 건축사업을 하기 위하여 설립된 지방공사인 경우

2. 분양사업자가 「도시 및 주거환경 정비법」 또는 「빈집 및 소규모주택 정비에 관한 특례법」에 따른 정비사업조합인 경우

3. 법 제4조제1항제1호에 따라 분양보증을 받은 경우로서 분양보증기관이 저당권 또는 가등기담보권 등 담보물권(擔保物權)을 설정한 경우

4. 법 제4조제7항 본문에 따른 저당권 또는 가등기담보권 설정액에 상당하는 금액을 보험회사의 책임으로 변제(辨濟)한다는 보증보험에 가입한 경우

5. 다음 각 목의 어느 하나에 해당하는 구분지상권이 설정된 경우로서 구분지상권자의 동의를 받은 경우

가. 「도로법」 제28조제3항에 따른 구분지상권

나. 「도시철도법」 제12조에 따른 구분지상권

다. 「철도의 건설 및 철도시설 유지관리에 관한 법률」 제12조의3에 따른 구분지상권

제7조(분양신고)

① 분양사업자가 법 제5조제2항에 따라 분양신고를 할 때에 분양신고서에 첨부하여야 하는 서류는 다음 각 호와 같다. 이 경우 「건축법」 제11조에 따른 허가권자(이하 "허가권자"라 한다)는 「전자정부법」 제36조제1항에 따른 행정정보의 공동이용을 통하여 해당 건축물을 건축할 대지의 **토지등기사항전부증명서**를 확인하여야 한다. <개정 2020.2.18.>

1. 신탁계약서 및 대리사무계약서 또는 분양보증서의 사본(법 제4조제1항제1호에 따라 착공신고 후에 분양을 하는 경우로 한정한다)

2. 연대보증서 및 「건축법」 제25조에 따라 지정된 공사감리자(이하 "공사감리자"라 한다)의 공정확인서(법 제4조제1항제2호에 따라 골조공사의 3분의 2 이상을 완료한 후에 분양을 하는 경우로 한정한다)

3. 분양광고안

4. 「부동산개발업의 관리 및 육성에 관한 법률」 제7조에 따른 부동산개발업등록증 또는 같은 법 시행령 제7조제2항에 따라 등록사업자와 체결한 협약서(같은 법 제4조에 따라 부동산개발업 등록을 해야 하는 분양사업자만 해당한다)

② 허가권자는 제1항 각 호 외의 부분 후단에 따라 확인한 **토지등기사항전부증명서**에 제6조 제2항제5호 각 목에 따른 구분지상권이 설정되어 있는 경우 그 구분지상권자의 동의 여부를 확인해야 한다. <신설 2020.2.18.>

③ 허가권자는 분양사업자로부터 분양신고서가 제출된 경우에는 신고 접수일부터 5일 이내에 수리(受理) 여부를 결정하여야 하고, 분양신고를 수리할 때에는 분양사업자에게 국토교통부령으로 정하는 분양신고확인증을 발급하여야 한다. <개정 2019.10.8.>

제7조의2(공개모집의 방법 등) [본조신설 2018.1.23.]

① 법 제6조제1항 후단에서 "대통령령으로 정하는 용도 및 규모의 건축물"이란 오피스텔 로서 300실 이상인 건축물을 말한다.

② 분양사업자는 법 제6조제1항 후단에 따라 인터넷을 활용하여 분양받을 자를 공개모집 하는 경우 다음 각 호의 어느 하나에 해당하는 기관 중 국토교통부장관이 지정·고시하는 기관에 청약접수 및 분양받을 자의 선정에 관한 업무를 대행하도록 해야 한다. <개정 2019.10.8.>

1. 「공공기관의 운영에 관한 법률」 제4조에 따른 공공기관

2. 「건설산업기본법」, 「부동산개발업의 관리 및 육성에 관한 법률」, 「주택법」 및 그 밖의 법률에 따라 설립된 협회

3. 「민법」 제32조에 따라 금융위원회의 허가를 받아 설립된 금융결제원

③ 제2항에 따라 청약접수 및 분양받을 자의 선정에 관한 업무를 수행하는 기관은 청약 경쟁률을 인터넷 홈페이지 등에 게시하여야 한다.

④ 법 제6조제1항에 따른 공개모집은 1일 8시간 이상으로 해야 하며, 같은 조 제3항에 따른 공개추첨은 공개모집이 끝난 이후에 해야 한다. <신설 2019.10.8.>

제8조(분양 광고 등)

① 법 제6조제2항에 따라 분양 광고에 포함하여야 하는 사항은 다음 각 호와 같다. 다만, 두 번째 이후의 분양 광고로서 광고 문구에 제2호부터 제5호까지, 제5호의2, 제6호, 제10호의2 및 제16호의 사항은 분양사업장(분양 건축물의 견본 등을 설치하고 청약 안내 등을 하는 장소를 말한다. 이하 같다)에서 게시한다는 것을 밝히고 이를 포함하지 아니할 수 있다. <개정 2020.2.18., 2021.11.2.>

1. 분양신고번호 및 분양신고일

2. 대지의 지번(地番)

3. 건축물 연면적

4. 분양가격(면적별·용도별 또는 위치별로 구분할 수 있다)

5. 건축물의 층별 용도

5의2. 건축물의 내진(耐震)설계에 관한 다음 각 목의 사항

　가. 「건축법」 제48조제3항에 따른 내진성능 확보 여부

　나. 「건축법」 제48조의3제2항에 따라 산정한 내진능력

5의3. 건축물의 대지에 관한 다음 각 목의 사항

　가. 「국토의 계획 및 이용에 관한 법률」에 따른 용도지역, 용도지구, 용도구역 현황 및 지구단위계획의 수립 여부

　나. 「교육환경 보호에 관한 법률」 제8조에 따른 교육환경보호구역 설정 여부

5의4. 건축물의 용도가 생활숙박시설인 경우 다음 각 목의 사항

　가. 「공중위생관리법」 제3조제1항 전단에 따른 숙박업 신고 의무가 있다는 내용과 위반 시 제재처분에 관한 사항

　나. 「건축법」 제19조 및 같은 법 시행령 제14조에 따라 단독주택, 공동주택 또는 오피스텔로 용도변경을 한 경우에만 주거용으로 사용할 수 있다는 내용과 위반 시 제재처분에 관한 사항

6. 분양사업자(신탁계약에 따라 「자본시장과 금융투자업에 관한 법률」에 따른 신탁 업자가 분양사업자가 되는 경우에는 분양사업자와 위탁자를 말한다)·분양대행사 및 시공업체의 명칭

7. 분양대금의 관리자와 분양사업자 간의 관계

8. 신탁업자 또는 분양보증기관의 명칭(법 제4조제1항제1호에 해당하는 경우로 한정한다)

9. 연대보증을 한 둘 이상의 **건설사업자**의 명칭(법 제4조제1항제2호에 해당하는 경우로 한정한다)

10. 준공예정일 및 입주예정일

10의2. **분양받은 자의 사용승인 전 건축물 방문에 관한 사항(건축물이 오피스텔인 경우로**

한정한다)

11. 분양받을 자의 모집기간 ·모집방법(인터넷을 활용한 청약접수 가능 여부 및 방법을 포함한다)및 선정 일시

12. 구분소유권에 대하여 우선적으로 공개모집을 하는 경우 그 업종, 건축물 내 위치, 전체 분양면적 중 우선 모집 면적비율, 분양받을 자의 자격제한 등 우선 공개모집의 내용에 관한 사항(제3항에 해당하는 경우로 한정한다)

13. 거주자 우선 분양에 관한 사항(법 제6조의2에 해당하는 경우로 한정한다)

14. 전매행위 제한에 관한 사항(법 제6조의3에 해당하는 경우로 한정한다)

15 구분지상권의 설정에 관한 사항(제6조제2항제5호에 해당하는 경우로 한정한다)

16. 그 밖에 국토교통부령으로 정하는 사항

② 분양사업자는 분양 광고를 전국을 주된 보급지역으로 하는 일간신문 또는 해당 사업장이 위치한 지역을 주된 보급지역으로 하는 일간신문에 1회 이상 게재하여야 한다. 다만, 분양분이 100실 미만인 오피스텔의 경우 해당 사업장이 위치한 시·군·자치구의 인터넷 홈페이지에 게시하는 방법으로 분양 광고를 할 수 있다. <개정 2017.10.17.>

③ 분양 광고는 최초 청약 신청 접수일 5일 이전에 하여야 한다. <신설 2017.10.17.>

④ 다음 각 호의 어느 하나에 해당하는 구분소유권에 대해서는 청약 자격을 제한하여 우선적으로 공개모집할 수 있다. <개정 2017.10.17.>

1. 바닥면적의 합계가 1천제곱미터 이상인 구분소유권

2. 연면적의 5분의 1 이상인 구분소유권

⑤ 분양사업장을 설치할 때에는 국토교통부장관이 정하는 기준에 따라 설치하여야 하며, 분양 광고의 내용과 다르게 견본을 설치하거나 분양 안내를 할 수 없다. <개정 2017.10.17.>

제9조(분양계약서)

① 법 제6조제4항에서 "대통령령으로 정하는 사항"이란 다음 각 호의 사항을 말한다. <개정 2020.2.18., 2021.11.2.>

1. 분양사업자·분양대행사 및 시공업체의 명칭

2. 분양신고번호 및 신고확인증 발급일

3. 분양 건축물의 표시(전용면적·공용면적·계약면적 및 대지지분을 포함한다). 이 경우 오피스텔의 전용면적은 건축물의 외벽의 내부선을 기준으로 산정한 면적으로 하고, 2세대 이상이 공동으로 사용하는 부분으로서 다음 각 목의 어느 하나에 해당하는 공용면적을 제외하며, 바닥면적에서 전용면적을 제외하고 남는 외벽면적은 공용면적에 가산한다.

   가. 복도·계단·현관 등 오피스텔의 지상층에 있는 공용면적

   나. 가목의 공용면적을 제외한 지하층·관리사무소 등 그 밖의 공용면적

3의2. 공용부분의 위치·규모가 표시된 국토교통부령으로 정하는 건축 평면도(분양받은 부분이 위치한 층만 해당한다)

4. 분양대금 계좌번호 및 예금주, 분양대금의 관리자

5. 신탁계약 및 대리사무계약 또는 분양보증계약의 종류와 신탁업자 또는 분양보증 기관의 명칭(법 제4조제1항제1호에 따라 착공신고 후 분양을 하는 경우로 한정한다)

6. 연대보증을 한 둘 이상의 **건설사업자**의 명칭(법 제4조제1항제2호에 따라 골조공사를 3분의 2 이상 완료한 후에 분양을 하는 경우로 한정한다)

7. 분양가격, 계약금·중도금·잔금 등의 납부시기 및 납부방법(계약금, 회차별 중도금, 잔금으로 구분하여 납부일 및 납부 금융기관 등을 분명하게 밝혀야 한다)

8. 분양계약 후 건축물의 내부구조 변경에 관한 사항

9. 준공예정일 또는 입주예정일

9의2. 「집합건물의 소유 및 관리에 관한 법률」 제9조의3제2항에 따른 공정증서의 설명 및 확인에 관한 사항

10. 분양계약증명서의 고유번호

10의2. 법 제6조의3에 따른 전매행위 제한에 관한 사항

11. 분양사업자가 분양대상 건축물과 관련하여 다음 각 목의 어느 하나에 해당하는 경우에는 분양받은 자가 분양계약을 해약(解約)할 수 있다는 사항

　가. 법 제9조에 따른 시정명령을 받은 경우

　나. 법 제10조에 따라 벌금형 이상의 형을 선고받은 경우

　다. 법 제12조에 따른 과태료 부과처분을 받은 경우

12. 구분지상권의 설정에 관한 사항(제6조제2항제5호에 해당하는 경우로 한정한다)

13. 그 밖에 허가권자가 필요하다고 인정하는 사항

② 법 제6조제5항 전단에 따라 분양사업자는 분양계약 등을 체결하고 남은 부분이 있는 경우에는 수의계약(隨意契約)으로 분양할 수 있다.

　1. 삭제 <2014.12.3.>　　　2. 삭제 <2014.12.3.>　　　3. 삭제 <2014.12.3.>

③ 삭제 <2014.12.3.>

제9조의2(거주자 우선 분양 기준)

① 삭제 <2018.1.23.>

② 주택법 제63조제1항에 따라 지정된 투기과열지구 또는 같은 법 제63조의2제1항제1호에 따라 지정된 조정대상지역에서 분양하는 건축물 중 다음 각 호의 구분에 따른 분양분은 분양신고일 현재 그 건축물이 건설되는 지역의 거주자로서 분양을 신청한 자 중에서 1명당 1실을 기준으로 우선 분양하여야 한다. <개정 2018.10.23., 2021.11.2.>

　1. 오피스텔

　　가. 분양분이 100실 이상인 경우: 분양분의 100분의 10 이상 100분의 20 이하의 범위에서 제1항 각 호의 지방자치단체의 장이 정하는 비율에 해당하는 분양분

　　나. 분양분이 100실 미만인 경우: 분양분의 100분의 10 이하의 범위에서 제1항 각 호의 지방자치단체의 장이 정하는 비율에 해당하는 분양분

　2. 오피스텔 외의 건축물: 분양분(제8조제3항에 따른 우선 모집분은 제외한다)의 100분의 10 이하의 범위에서 **허가권자가 정하는 비율**에 해당 하는 분양분

③ 제2항에 따른 우선 분양을 신청한 자 중에서 분양받을 자로 선정되지 못한 자는 별도의 신청 절차 없이 법 제6조제3항에 따라 분양신청을 한 자에 포함한다.

제9조의3(전매행위의 제한기간 등)

① 법 제6조의3제1항 전단에서 "대통령령으로 정하는 용도 및 규모의 건축물"이란 오피스

텔로서 100실 이상인 건축물을 말한다. <개정 2018.1.23.>

② 법 제6조의3제1항 전단에서 "대통령령으로 정하는 기간"이란 사용승인일부터 소유권이전등기일까지의 기간을 말한다. 다만, 사용승인일부터 1년이 지난 날까지 소유권이전등기를 마치지 아니한 경우에는 사용승인일부터 1년간을 말한다.

제10조(설계의 변경)

법 제7조제1항에서 "대통령령으로 정하는 설계변경"이란 다음 각 호의 어느 하나에 해당하는 변경을 말한다. <개정 2020.2.18.>

1. 건축물 공급가격의 인상을 초래하는 변경
2. 공용면적·전용면적·대지지분 또는 층고가 감소하는 변경. 다만, 「공간정보의 구축 및 관리 등에 관한 법률」 제2조제4호의2에 따른 지적확정측량에 따라 대지지분이 2퍼센트 이내로 감소하는 경우로서 대지지분의 감소가 부득이하다고 허가권자가 인정하는 경우는 제외한다.
3. 내장재료 및 외장재료의 변경(공사감리자가 건축허가를 받을 당시의 재료와 동등하거나 그 이상이라고 판단한 변경은 제외한다)
4. 용도변경(구분소유되는 분양구획의 용도가 「건축법 시행령」 별표 1의 같은 호에 속하는 용도로의 변경은 제외한다)
5. 난방기기·냉방기기 등 주요 설비를 변경하여 건축물 사용가격의 인상을 초래하는 변경
6. 층수가 증감(增減)되는 경우
7. 연면적이 10퍼센트 이상 증감되는 경우

제11조(분양대금)

① 분양사업자가 법 제8조제2항에 따라 분양받은 자로부터 받는 계약금은 분양대금의 20퍼센트 이내로 하고, 중도금은 분양대금의 70퍼센트 이내로 한다. 다만, 법 제4조제1항 제2호에 해당하는 경우에는 분양사업자가 계약금·중도금 및 잔금의 비율을 따로 정할 수 있다.

② 제1항 본문에 따른 분양대금은 다음 각 호의 구분에 따라 그 해당 시기에 받을 수 있다.
   1. 계약금: 계약 체결 시
   2. 중도금: 공사감리자의 공정확인서에 의한 건축공사비(대지 매입비는 제외한다)의 50퍼센트 이상의 투입이 확인된 때를 기준으로 그 전후 각 2회 이상으로 구분하여 받을 수 있으며, 최초로 납부하는 중도금은 계약일부터 1개월이 지난 날부터 받을 수 있다.
   3. 잔금: 사용승인일 이후. 다만, 「건축법」 제22조제3항 단서에 따라 임시 사용승인을 받아 입주하는 경우에는 잔금 중 50퍼센트는 입주일에, 나머지 50퍼센트는 사용승인일 이후에 받을 수 있다.

제12조(공표 방법 및 절차 등)

① 허가권자는 법 제9조제1항에 따라 분양사업자에게 위반행위의 시정을 명할 때에는 위반행위의 내용 및 정도, 기간 및 횟수, 매체 및 광고의 크기 등을 고려하여야 한다.

② 허가권자가 제1항에 따라 위반행위의 시정을 명할 때에는 해당 분양사업자에게 미리 공표 문안 등에 관하여 허가권자와 협의하게 할 수 있다.

③ 시정명령을 받은 분양사업자는 시정명령을 받은 날부터 10일 이내에 시정명령을 받은 내용과 정정사항 등을 위반행위가 이루어진 해당 간행물·분양사업장 또는 전자매체에 공표하여야 한다.

④ 제3항에 따른 공표는 평일(토요일과 「관공서의 공휴일에 관한 규정」 제2조에 따른 공휴일을 제외한 날을 말한다)에 게재하도록 하고, 공표 제목에는 시정명령을 받은 사실을 명료하게 표시하여야 하며, 위반행위가 이루어진 분양 광고 크기의 4분의 1 이상으로 공표하여야 한다.

⑤ 허가권자는 시정명령을 받은 분양사업자가 제3항에 따라 공표한 날부터 10일 이내에 그 명령을 이행하였는지를 확인하여야 한다.

제12조의2(규제의 재검토)

국토교통부장관은 다음 각 호의 사항에 대하여 다음 각 호의 기준일을 기준으로 3년마다 (매 3년이 되는 해의 기준일과 같은 날 전까지를 말한다) 그 타당성을 검토하여 개선 등의 조치를 하여야 한다. <개정 2017.10.17., 2020.2.18.>

1. 제2조에 따른 적용 범위: 2014년 1월 1일
2. 제5조에 따른 연대보증을 할 수 있는 **건설사업자**의 요건 등: 2014년 1월 1일
3. 삭제 <2020.3.3.>   4. 삭제 <2020.3.3.>   5. 삭제 <2020.3.3.>
6. 삭제 <2020.3.3.>   7. 삭제 <2016.12.30.>
8. 제9조의2에 따른 거주자 우선 분양 기준: 2014년 1월 1일
9. 제9조의3에 따른 전매행위의 제한기간 등: 2014년 1월 1일
10. 제11조에 따른 분양대금 납입방법: 2014년 1월 1일
11. 삭제 <2020.3.3.>

부   칙 <대통령령 제30509호, 2020.3.3.>

(규제 재검토기한 해제 등을 위한 144개 대통령령의 일부개정에 관한 대통령령)

이 영은 공포한 날부터 시행한다.

부   칙 <대통령령 제32103호, 2021.11.2.>

제1조(시행일)

이 영은 공포한 날부터 시행한다.

제2조(분양광고에 관한 적용례)

제8조제1항제5호의4의 개정규정은 이 영 시행 이후 분양사업자가 법 제5조에 따라 분양 신고를 하는 경우부터 적용한다.

제3조(분양계약서에 관한 적용례)

제9조제1항제9호의3의 개정규정은 이 영 시행 이후 분양사업자가 법 제5조에 따라 분양 신고를 하는 경우부터 적용한다.

제4조(적용 범위에 관한 경과조치)

이 영 시행 전에 「건축법」 제21조에 따라 착공신고를 한 건축물에 대해서는 제2조제2호의 개정규정에도 불구하고 종전의 규정에 따른다.

[시행 2021.11.2.] [국토교통부령 제909호, 2021.11.2., 일부개정]

국토교통부(부동산개발정책과), 044-201-3435,3450

제1조(목적)

이 규칙은 「건축물의 분양에 관한 법률」 및 같은 법 시행령에서 위임된 사항과 그 시행에 필요한 사항을 규정함을 목적으로 한다.

제2조(대리사무계약의 내용)[전문개정 2011.8.11.]

「건축물의 분양에 관한 법률 시행령」 (이하 "영"이라 한다) 제3조제2항제4호에서 "국토교통부령으로 정하는 사항"이란 다음 각 호의 사항을 말한다. <개정 2021.5.14.>

1. 계약금을 포함한 분양대금의 수납·관리 등
2. 부도·파산 등으로 사업 추진이 불가능한 경우 분양수입금 관리계좌의 남은 금액은 분양받은 자에게 우선하여 지급하여야 한다는 사항을 포함한 분양대금의 지출 원칙, 방법 및 용도
2의2. 건축공사가 6개월 이상 중단되거나 영 제8조제1항제10호에 따른 준공예정일부터 6개월 이상 준공이 지연되는 경우 공사의 이행 방법에 관한 사항
3. 「자본시장과 금융투자업에 관한 법률」 에 따른 신탁업자(이하 "신탁업자"라 한다)가 분양사업자의 사업을 감독할 권한, 분양사업자가 신탁업자에게 자료를 제출할 의무 등
4. 자금 집행순서 및 시공사에 공사비를 지급하는 방법·시기
5. 분양계약의 관리
6. 건축공사의 공정(工程) 관리(시공사가 분양사업자에게 공사비를 청구할 때 시공사의 예정 공정계획에 비례하여 공사비를 지급할 수 있도록 신탁업자가 실제 공정 현황을 파악하는 등의 업무를 말한다)에 대한 사항
7. 분양받은 자를 위한 공사 진척 사항의 열람 및 게시 방법
8. 그 밖에 신탁업자와 분양사업자가 협의하여 정한 사항

제3조(분양보증을 할 수 있는 금융기관 등) <개정 2013.3.23., 2015.7.1.>

영 제4조제1항제3호에서 "국토교통부령으로 정하는 기관"이란 다음 각 호의 기관을 말한다.
1. 「건설산업기본법」 제54조에 따라 설립된 공제조합
2. 「주택도시기금법」 제16조에 따른 주택도시보증공사(HUG)

제4조(보증업무의 수행 등) [전문개정 2011.8.11.]

영 제4조제2항제3호에서 "국토교통부령으로 정하는 보증의 이행과 관련된 업무"란 사용승인의 신청, 계약금을 포함한 분양대금의 수납·관리 등 보증의 이행과 관련된 업무를 말한다.

제5조(분양신고서 등) [전문개정 2011.8.11.]

① 영 제7조제1항에 따른 분양신고서는 별지 제1호서식과 같다.
② 영 제7조제2항에 따른 분양신고확인증은 별지 제2호서식과 같다.<개정 2019.10.10.>

제6조(분양 광고) [전문개정 2011.8.11.]

영 제8조제1항제15호에서 "국토교통부령으로 정하는 사항"이란 분양대금의 납부시기를 말한다.
<개정 2018.1.22., 2019.10.10.>
1. 분양대금의 납부시기
2. 청약신청금 납부금액, 납부방법 및 환불시기

제7조(분양계약서) [본조신설 2020.2.21.]

① 영 제9조제1항제3호의2에서 "국토교통부령으로 정하는 건축 평면도"란 「건축법 시행규칙」 별표 2에 따른 평면도(「건축법」 제16조에 따라 변경된 경우 변경된 것을 말한다)를 말한다. <개정 2021.11.2.>

② 영 제9조제1항제9호의3에서 "국토교통부령으로 정하는 서식"이란 별지 제2호의2서식의 생활숙박시설 관련 확인서를 말한다. <신설 2021.11.2.>

제8조(설계의 변경) [전문개정 2011.8.11.]

① 「건축물의 분양에 관한 법률」(이하 "법"이라 한다) 제7조제1항에 따른 분양받은 자의 동의는 다음 각 호의 방법으로 하여야 한다.
  1. 서면동의의 방법으로 할 것. 이 경우 분양받은 자의 주소 또는 거소(居所)가 분명하지 아니하거나 그 밖의 사유로 동의를 받기 어려울 때에는 허가권자에게 그 사유를 증명하는 서류를 제출하여야 한다.
  2. 동의를 구하기 전에 해당 설계변경을 한 건축사의 도장이 찍힌 관련 도서와 설명서를 「우편법 시행규칙」 제25조제1항제4호가목에 따른 내용증명(이하 "내용증명"이라 한다) 우편으로 보내거나 직접 내줄 것

② 법 제7조제2항에서 "국토교통부령으로 정하는 설계변경"이란 다음 각 호의 어느 하나에 해당하는 변경을 말한다. <개정 2020.2.21.>
  1. 분양받은 자의 분양면적을 변경하지 아니하는 범위에서 내부구조의 위치변경(변경되는 부분의 면적이 건축허가를 받은 연면적의 3퍼센트 이상인 경우로 한정한다)
  2. 분양받은 자의 분양면적을 변경하지 아니하는 건축물의 배치 조정
  3. 공사감리자가 건축허가를 받을 당시의 재료와 동등하거나 그 이상이라고 판단한 내장재료 및 외장재료의 변경
  4. 주된 건축물이 아닌 부속 건축물 및 그 용도의 변경. 다만, 위치변경은 제외한다.
  5. 구분소유되는 분양구획의 용도변경(「건축법 시행령」 별표 1의 같은 호에 속하는 용도로 변경되는 경우로 한정한다)
  6. 연면적이 10퍼센트 미만으로 증감(增減)되는 경우

③ 법 제7조제2항에 따른 분양받은 자에 대한 통보는 다음 각 호의 방법으로 하여야 한다.
  1. 설계변경 신청일 10일 전까지 통보할 것
  2. 내용증명 우편으로 통보하거나 직접 내줄 것. 이 경우 분양받은 자의 주소 또는 거소가 분명하지 아니하거나 그 밖의 사유로 서류를 송달할 수 없을 때에는 허가권자에게 통보사실과 통보내용을 증명하는 서류를 제출하여야 한다.
  3. 통보내용에는 해당 설계변경을 한 건축사의 도장이 찍힌 관련 도서와 설명서를 포함할 것

제8조의2(조사공무원의 증표) [본조신설 2018.1.22.]

법 제9조의3제2항에 따른 증표는 별지 제3호서식과 같다.

제9조(규제의 재검토) [본조신설 2014.12.31.]

국토교통부장관은 다음 각 호의 사항에 대하여 다음 각 호의 기준일을 기준으로 2년마다 (매 2년이 되는 해의 기준일과 같은 날 전까지를 말한다) 그 타당성을 검토하여 개선 등의 조치를 하여야 한다.

1. 제8조제1항에 따른 분양받은 자의 동의 방법: 2015년 1월 1일
2. 제8조제2항에 따른 분양받은 자에 대한 통보 대상 설계 변경의 종류: 2015년 1월 1일
3. 제8조제3항에 따른 분양받은 자에 대한 통보 방법: 2015년 1월 1일

부   칙 <국토교통부령 제691호, 2020.2.21.> 부칙보기

제1조(시행일) 이 규칙은 공포 후 1개월이 경과한 날부터 시행한다.

제2조(대리사무계약의 내용에 관한 특례)

이 규칙 시행 전에 분양사업자가 법 제5조제1항에 따라 분양신고를 한 경우로서 다음 각 호의 어느 하나에 해당하는 경우 분양사업자는 다음 각 호의 구분에 따라 제2조제2호의2에 규정된 사항을 대리사무계약의 내용에 포함해야 한다.

1. 이 규칙 시행 당시 건축공사가 6개월 이상 중단되어 있거나 영 제8조제1항제10호에 따른 준공예정일보다 6개월 이상 준공이 지연되어 있는 경우: 이 규칙 시행 이후 1개월 이내

2. 이 규칙 시행 후 건축공사가 6개월 이상 중단되거나 영 제8조제1항제10호에 따른 준공예정일보다 6개월 이상 준공이 지연되는 경우(이 규칙 시행 전에 건축공사가 중단되거나 준공이 지연되어 이 규칙 시행 후 그 기간이 6개월 이상으로 되는 경우를 포함한다): 건축공사가 중단되거나 준공이 지연된 후 6개월이 되는 날부터 1개월 이내

[별지 제1호서식] : 분양신고서

(별지 내용은 법제처 국가법령정보센터 홈페이지 http://www.law.go.kr/ 참조)

부   칙 <국토교통부령 제909호, 2021.11.2.>

이 규칙은 공포한 날부터 시행한다.

부록-11 재건축초과이익 환수에 관한 법률(약칭: 재건축이익 환수법)

[시행 2022.1.21.] [법률 제18315호, 2021.7.20., 일부개정]

국토교통부(주택정비과) 044-201-3386

제1조(목적)

이 법은 「도시 및 주거환경정비법」에 의한 재건축사업 및 「빈집 및 소규모주택 정비에 관한 특례법」에 따른 소규모재건축사업에서 발생되는 초과이익을 환수함으로써 주택가격의 안정과 사회적 형평을 도모하여 국민경제의 건전한 발전과 사회통합에 이바지함을 목적으로 한다.

<개정 2017.2.8., 2017.3.21., 2020.6.9.>

제2조(정의)[시행일 : 2021.10.21.] 제2조

이 법에서 사용하는 용어의 정의는 다음과 같다. <개정 2020.8.18., 2021.7.20.>

1. "재건축초과이익"이라 함은 「도시 및 주거환경정비법」 제2조제2호다목에 따른 재건축사업 및 「빈집 및 소규모주택 정비에 관한 특례법」 제2조제1항제3호다목에 따른 소규모재건축사업(이하 "재건축사업"이라 한다)으로 인하여 정상주택가격상승분을 초과하여 다음 각 목의 어느 하나에 귀속되는 주택가액의 증가분으로서 제7조에 따라 산정된 금액을 말한다.
   가. 「도시 및 주거환경정비법」 제35조에 따라 설립된 재건축조합[같은 법 제26조제1항에 따라 지정된 공공시행자(같은 항제1호에 따라 지정된 경우는 제외한다. 이하 "공공시행자"라 한다) 및 같은 법 제27조제1항제3호에 따라 지정된 신탁업자를 포함한다] 및 「빈집 및 소규모주택 정비에 관한 특례법」 제23조에 따라 설립된 조합(이하 "조합"이라 한다)
   나. 조합원(사업시행자가 공공시행자인 경우 「도시 및 주거환경정비법」 제2조제9호나목에 따른 토지등소유자를 말하며, 사업시행자가 신탁업자인 경우 위탁자를 말한다. 이하 같다)
2. "정상주택가격상승분"이라 함은 제10조에 따라 산정된 금액을 말한다.
3. "재건축부담금"이라 함은 재건축초과이익 중 이 법에 따라 국토교통부장관이 부과·징수하는 금액을 말한다.
4. "개시시점 부과대상 주택"이라 함은 제8조에 따른 부과개시시점의 재건축사업의 대상이 되는 주택을 말한다. 다만, 국가 또는 공공기관 등이 보유하는 주택으로서 대통령령으로 정하는 주택을 제외할 수 있다.
5. "종료시점 부과대상 주택"이라 함은 제8조에 따른 부과종료시점의 재건축사업으로 건축된 주택을 말한다. 다만, 국가 또는 공공기관 등이 보유하는 주택으로서 대통령령이 정하는 주택을 제외할 수 있다.

제3조(재건축초과이익의 환수)

국토교통부장관은 재건축사업에서 발생되는 재건축초과이익을 이 법에서 정하는 바에 의하여 재건축부담금으로 징수하여야 한다.

제3조의2(재건축부담금 면제를 위한 임시 특례) [본조신설 2012.12.18.]

제3조에도 불구하고 제5조에 따른 재건축부담금 부과대상 사업으로서 <u>2017년 12월 31일까지</u> 「도시 및 주거환경정비법」 제74조제1항에 따른 관리처분계획의 인가 및 「빈집 및 소규모주택 정비에 관한 특례법」 제29조제1항에 따른 사업시행계획인가를 신청한 재건축사업에 대하여는 재건축부담금을 면제한다. <개정 2017.3.21.>

제4조(징수금의 배분)

① 제3조에 따라 징수된 재건축부담금은 국가에 100분의 50이, 해당 특별시·광역시·도에 100분의 <u>30이</u>, 해당 특별자치시·특별자치도에 100분의 50이, 해당 시·군·구(자치구를 말한다. 이하 같다)에 100분의 <u>20이</u> 각각 귀속된다. <개정 2020.8.18.>

② 제1항에 따른 재건축부담금의 국가 귀속분은 「주택도시기금법」에 따른 주택도시기금(이하 "주택도시기금"이라 한다)의 재원으로 귀속된다. <개정 2020.6.9.>

③ 제1항에 다른 재건축부담금의 지방자치단체 귀속분은 「도시 및 주거환경정비법」 제126조에 따라 설치되는 도시·주거환경정비기금(이하 "도시·주거환경정비기금"이라 한다) 또는 「도시재정비 촉진을 위한 특별법」 제24조에 따라 설치되는 재정비촉진특별회계(이하 "재정비촉진특별회계"라 한다) 또는 「주택법」 제84조에 따라 설치되는 국민주택사업특별회계(이하 "국민주택사업특별회계"라 한다) <u>또는 「도시재생 활성화 및 지원에 관한 특별법」 제28조에 따라 설치되는 도시재생특별회계(이하 "도시재생특별회계"라 한다)</u>의 재원으로 귀속된다. <개정 2020.8.18.>

④ 국토교통부장관은 제2항에 따라 주택도시기금에 귀속되는 재원을 다음 각 호의 사항을 고려하여 지방자치단체가 운용하는 도시·주거환경정비기금 또는 재정비촉진특별회계 또는 국민주택사업특별회계 <u>또는 도시재생특별회계의</u> 재원으로 특별시·광역시·특별자치시·도·특별자치도와 시·군·구에 각각 100분의 50을 지원하여야 하며, 구체적인 지원기준·절차 그 밖에 필요한 사항은 대통령령으로 정한다. <개정 2020.8.18.>

1. 지방자치단체별 주거기반시설의 설치 수준
2. 지방자치단체별 주거복지실태 평가결과 및 주거복지 증진 노력 등
3. 그 밖에 대통령령이 정하는 사항

⑤ 국토교통부장관은 필요한 경우 특별시장·광역시장·특별자치시장·도지사·특별자치도지사(이하 "시·도지사"라 한다) 또는 시장·군수·구청장(자치구의 구청장을 말한다. 이하 같다)으로 하여금 도시·주거환경정비기금, 재정비촉진특별회계, 국민주택사업특별회계 및 도시재생특별회계의 운용계획 및 운용상황을 보고하게 할 수 있다. <개정 2020.8.18.>

제5조(대상사업) <전문개정 2020.8.18.>

재건축부담금 부과대상 행위는 <u>제2조제1호에 따른</u> 재건축사업으로 한다.

제6조(납부의무자) [시행일 : 2021.10.21.] 제6조

① <u>재건축사업을 시행하기 위하여 조합은 이 법에서 정하는 바에 따라 재건축부담금을 납부할 의무가 있다. 다만, 종료시점 부과대상 주택을 공급받은 조합원(조합이 해산된 경우, 정비</u>

구역이 해제된 경우 또는 신탁이 종료된 경우에는 부과종료시점 당시의 조합원, 「도시 및 주거환경정비법」 제2조제9호나목에 따른 토지등소유자 또는 위탁자를 말한다)이 다음 각 호에 해당하는 경우에는 2차 납부의무를 진다. <개정 2020.8.18., 2021.7.20.>

1. 조합이 해산된 경우
2. 조합의 재산으로 그 조합에 부과되거나 그 조합이 납부할 재건축부담금·가산금 등에 충당하여도 부족한 경우

2의2. 정비구역이 해제된 경우

3. 신탁이 종료된 경우
4. 신탁업자가 해당 재건축사업의 신탁재산으로 납부할 재건축부담금·가산금 등에 충당하여도 부족한 경우

② 신탁업자가 제1항에 따라 재건축부담금을 납부하는 경우에는 해당 재건축사업의 신탁재산 범위에서 납부할 의무가 있다. <신설 2017.3.21.>

③ 제1항에 따라 재건축부담금을 납부하여야 할 의무가 있는 조합은 조합원별로 종전자산을 평가한 가액 등 대통령령으로 정하는 사항을 고려하여 제14조에 따른 재건축부담금 예정액의 조합원별 납부액과 제15조에 따라 결정 및 부과하는 재건축부담금의 조합원별 분담기준 및 비율을 결정하여 이를 관리처분계획에 명시하여야 한다. <개정 2020.6.9.>

④ 제1항 단서에 따른 조합원의 2차 납부의무는 제12조에 따라 산정된 재건축부담금 중 **제3항에 따른** 관리처분계획상 분담비율을 적용하여 산정한 금액에 **한정한다**. <개정 2020.8.18.>

⑤ 재건축부담금의 납부의무의 승계, 연대납부의무에 관하여는 「국세기본법」 제23조부터 제25조까지, 제23조의2 및 제38조부터 제41조까지의 규정을 준용한다. <개정 2020.6.9.>

제7조(부과기준)

재건축부담금의 부과기준은 종료시점 부과대상 주택의 가격 총액(이하 "종료시점 주택가액"이라 한다)에서 다음 각 호의 모든 금액을 공제한 금액으로 한다. 다만, 부과대상 주택 중 일반분양분의 종료시점 주택가액은 분양시점 분양가격의 총액과 제9조 제3항에 따라 산정한 종료시점까지 미분양된 일반분양분의 가액을 반영한 총액으로 한다. <개정 2020.8.18.>

1. 개시시점 부과대상 주택의 가격 총액(이하 "개시시점 주택가액"이라 한다)
2. 부과기간 동안의 개시시점 부과대상 주택의 정상주택가격상승분 총액
3. **제11조의** 규정에 의한 개발비용 등

제8조(기준시점 등) [시행일 : 2021.10.21.] 제8조

① 부과개시시점은 재건축사업을 위하여 최초로 구성된 조합설립추진위원회(이하 "추진위원회"라 한다)가 승인된 날로 한다. 다만, 부과대상이 되는 재건축사업의 전부 또는 일부가 다음 각 호의 어느 하나에 해당하는 경우에는 다음 각 호의 어느 하나에 해당하는 날을 부과 개시시점으로 한다. <개정 2020.6.9., 2021.7.20.>

1. 2003년 7월 1일 이전에 조합설립인가를 받은 재건축사업은 최초로 조합설립인가를 받은 날
2. 추진위원회 또는 재건축조합이 합병된 경우는 각각의 최초 추진위원회 승인일 또는 재건축조합인가일

2의2. 「도시 및 주거환경정비법」 제26조제1항에 따라 공공시행자가 공공재건축사업 사업
　　　시행자로 최초 지정 승인된 날(추진위원회의 구성 승인이 없는 경우에 한정한다)
　　3. 「도시 및 주거환경정비법」 제27조제1항제3호에 따라 신탁업자가 사업시행자로 최초
　　　지정 승인된 날(추진위원회의 구성 승인이 없는 경우에 한정한다)
　　4. 그 밖에 대통령령이 정하는 날
② 제1항의 규정에도 불구하고 부과개시시점부터 부과종료시점까지의 기간이 10년을 초과
　하는 경우에는 부과종료시점으로부터 역산하여 10년이 되는 날을 부과개시시점으로 한다.
　<개정 2020.6.9.>
③ 부과종료시점은 해당 재건축사업의 준공인가일로 한다. 다만, 부과대상이 되는 재건축
　사업의 전부 또는 일부가 다음 각 호의 어느 하나에 해당하는 경우에는 다음 각 호의 어느
　하나에 해당하게 된 날을 부과종료시점으로 한다. <개정 2020.6.9.>
　　1. 관계 법령에 의하여 재건축사업의 일부가 준공인가된 날
　　2. 관계 행정청의 인가 등을 받아 건축물의 사용을 개시한 날
　　3. 그 밖에 대통령령이 정한 날

제9조(주택가액의 산정)

① 제7조에 따른 개시시점 주택가액은 「부동산 가격공시에 관한 법률」에 따라 공시된 부과대상
　주택가격(공시된 주택가격이 없는 경우는 제3항에서 규정한 절차에 따라 국토교통부장관이
　산정한 부과개시시점 현재의 주택가격)총액에 공시기준일부터 개시시점까지의 정상주택가격
　상승분을 반영한 가액으로 한다. <개정 2020.8.18.>
② 제1항에도 불구하고 제15조에 따라 재건축부담금을 결정·부과하는 경우에는 제1항에
　따른 개시시점 주택가액에 종료시점 주택가액과 종료시점 실거래가격(실거래가격이
　없거나 부족한 경우에는 인근 유사단지의 실거래가격을 고려한 적정가격을 말한다)과의
　비율을 적용하여 조정한 가액으로 한다. 이 경우 실거래가격의 산정 및 비율적용의 기준·
　방법에 관하여 필요한 사항은 대통령령으로 정한다. <신설 2020.8.18.>
　[제9조제2항 시행일 : 2021.2.19.]
③ 제7조에 따른 종료시점 주택가액은 대통령령이 정하는 바에 따라 국토교통부장관이 대통령
　령으로 정하는 부동산 가격의 조사·산정에 관하여 전문성이 있는 기관(이하 "부동산가격
　조사 전문기관"이라 한다)에 의뢰하여 종료시점 현재의 주택가격 총액을 조사·산정하고
　이를 「부동산 가격공시에 관한 법률」에 따른 부동산가격공시위원회(이하 "부동산가격공시
　위원회"라 한다)의 심의를 거쳐 결정한 가액으로 한다. 이 경우 본문에 따라 산정된 종료
　시점 현재의 주택가격은 「부동산 가격공시에 관한 법률」 제16조, 제17조 및 제18조에 따라
　공시된 주택가격으로 본다. <개정 2020.8.18.>

제10조(정상주택가격상승분의 산정)

① 제7조제2호에 따른 정상주택가격상승분은 제9조제1항 및 제2항에 따른 개시시점 주택가액에
　국토교통부장관이 대통령령이 정하는 바에 따라 고시하는 정기예금이자율과 종료시점까지의 해당
　재건축 사업장이 소재하는 특별자치시·특별자치도·시·군·구의 평균주택가격상승률 중 높은
　비율을 곱하여 산정한다. <개정 2020.8.18.>

② 제1항에 따른 평균주택가격상승률은 「주택법」 제89조의 규정에 따라 국토교통부장관의 위탁을 받아 기금수탁자가 통계청 승인을 받아서 작성한 주택가격 통계를 이용하여 산정한다. 다만, 특별자치시·특별자치도·시·군·구의 주택가격 통계가 생산되기 이전기간의 평균 주택가격상승률은 국토교통부장관이 대통령령이 정하는 바에 따라 부동산가격조사 전문 기관에 의뢰하여 해당 특별자치시·특별자치도·시·군·구의 기준시가 변동률, 통계청 승인을 받은 해당 특별자치시·특별자치도·시·군·구가 소재하는 광역지방자치 단체의 주택가격 상승률 등을 고려하여 조사·산정하고 이를 부동산가격공시위원회의 심의를 거쳐 결정한다. <개정 2020.6.9.>

제11조(개발비용 등의 산정)

① 제7조제3호에 따른 개발비용은 해당 주택재건축사업의 시행과 관련하여 지출된 다음 각 호의 금액을 합하여 산출한다. <개정 2020.6.9.>
1. 공사비, 설계감리비, 부대비용 및 그 밖의 경비
2. 관계 법령의 규정 또는 인가 등의 조건에 의하여 납부의무자가 국가 또는 지방자치단체에 납부한 각종 세금과 공과금
3. 관계 법령의 규정 또는 인가 등의 조건에 의하여 납부의무자가 공공시설 또는 토지 등을 국가 또는 지방자치단체에 제공하거나 기부한 경우에는 그 가액. 다만, 그 대가로 「국토의 계획 및 이용에 관한 법률」, 「도시 및 주거환경정비법」 및 「빈집 및 소규모주택 정비에 관한 특례법」에 따라 용적률 등이 완화된 경우에는 그러하지 아니하다.
4. 삭제 <2012.12.18.>
5. 그 밖에 대통령령이 정하는 사항
② 제1항 각 호의 산정방법 등에 관하여 필요한 사항은 대통령령으로 정한다.

제12조(부과율)

납부의무자가 납부하여야 할 재건축부담금은 제7조에 따라 산정된 재건축초과이익을 해당 조합원 수로 나눈 금액에 다음의 부과율을 적용하여 계산한 금액을 그 부담금액으로 한다.<개정 2020.6.9.>
1. 조합원 1인당 평균이익이 3천만원 이하 : 면제
2. 조합원 1인당 평균이익이 3천만원 초과 5천만원 이하 : 3천만원을 초과하는 금액의 100 분의 10 × 조합원수
3. 조합원 1인당 평균이익이 5천만원 초과 7천만원 이하 : 200만원 × 조합원수 + 5천만원을 초과하는 금액의 100분의 20 × 조합원수
4. 조합원 1인당 평균이익이 7천만원 초과 9천만원 이하 : 600만원 × 조합원수 + 7천만원을 초과하는 금액의 100분의 30 × 조합원수
5. 조합원 1인당 평균이익이 9천만원 초과 1억1천만원 이하 : 1천200만원 × 조합원수 + 9천 만원을 초과하는 금액의 100분의 40 × 조합원수
6. 조합원 1인당 평균이익이 1억1천만원 초과 : 2천만원 × 조합원수 + 1억1천만원을 초과 하는 금액의 100분의 50 × 조합원수

제13조(양도소득세액의 개발비용 인정)

① 이 법 시행일 전에 제8조제1항에 따른 부과개시시점 이후 개시시점 부과대상 주택(대지분을 포함한다. 이하 같다)의 양도로 인하여 발생한 소득에 대하여 양도소득세가 부과된 경우에는 제11조에도 불구하고 해당 양도세액 중 부과개시시점부터 양도시점까지에 상당하는 세액을 같은 조의 규정에 따른 개발비용에 계상할 수 있다. 이 경우 납부의무자는 제20조의 규정에 따라 제출하는 부담금액공제산출내역서에 공제받고자하는 양도소득세액 및 그 산출근거를 포함하여야 한다. <개정 2020.6.9.>

② 제1항에 따라 개발비용으로 계상되는 양도세액의 산정방법 등은 대통령령으로 정한다.

제14조(재건축부담금의 예정액 통지 등)[시행일 : 2022.1.21.] 제14조제3항

① 납부의무자는 다음 각 호의 구분에 따라 이 법에 의한 재건축부담금 산정에 필요한 자료를 국토교통부령으로 정하는 바에 따라 국토교통부장관에게 제출하여야 한다. 다만, 제1호의 경우 기한 내에 시공사가 선정되지 아니하면 자료제출 기한을 시공사와의 계약 체결일부터 1개월 이내로 연장할 수 있다. <개정 2020.8.18.>

  1. 「도시 및 주거환경정비법」 제2조 제2호 다목에 따른 재건축사업의 경우에는 사업시행인가 고시일부터 3개월 이내

  2. 「빈집 및 소규모주택 정비에 관한 특례법」 제2조 제1항 제3호 다목에 따른 소규모 재건축사업의 경우에는 조합설립인가를 받은 후 시공사와의 계약 체결일부터 1개월 이내

② 국토교통부장관은 제1항에 따라 자료를 제출받은 날로부터 30일(제22조제3항에 따라 부동산가격조사 전문기관에 재건축부담금 예정액 검증을 의뢰한 경우에는 45일) 이내에 납부의무자에게 재건축부담금의 부과기준 및 예정액을 통지하여야 한다. <개정 2020.8.18.>

③ **국토교통부장관은 제2항에 따라 재건축부담금 예정액을 통지한 경우에는 부과종료시점까지 국토교통부령으로 정하는 바에 따라 매년 1월 말까지 재건축부담금 예정액을 납부의무자에게 통지하여야 한다.** <신설 2021.7.20.>

제15조(재건축부담금의 결정 및 부과)

① 국토교통부장관은 부과종료시점부터 **5월 이내에** 재건축부담금을 결정·부과하여야 한다. 다만, 납부의무자가 제16조제1항의 규정에 따라 고지 전 심사를 청구한 경우에는 그 결과의 서면통지일로부터 **1개월** 이내에 재건축부담금을 결정·부과하여야 한다. <개정 2020.8.18.>

② 국토교통부장관은 제1항에 따라 재건축부담금을 결정·부과하고자 하는 경우에는 대통령령으로 정하는 바에 따라 미리 납부의무자에게 그 부과기준 및 재건축부담금을 통지하여야 한다. <개정 2020.6.9.>

제16조(고지 전 심사 청구 등)

① 제15조에 따라 재건축부담금을 통지받은 납무의무자는 부담금에 대하여 이의가 있는 경우 사전통지를 받은 날로부터 50일 이내에 국토교통부장관에게 심사(이하 "고지 전 심사"라 한다)를 청구할 수 있다. <개정 2020.6.9.>

② 고지 전 심사를 청구하고자 할 때에는 대통령령으로 정하는 사항을 기재한 고지 전 심사 청구서를 국토교통부장관에게 제출하여야 한다. <개정 2020.6.9.>

③ 제1항에 따라 고지 전 심사의 청구를 받은 국토교통부장관은 그 청구일로부터 30일 이내에 이를 심사하여 대통령령이 정하는 사항을 기재하여 그 결과를 서면으로 통지하여야 한다. <개정 2020.6.9.>

④ 제1항에 따른 고지 전 심사 청구의 내용이 제9조 및 제10조와 관련된 사항일 경우 국토교통부장관은 부동산가격조사 전문기관의 검증과 부동산가격공시위원회의 심의를 거쳐 재건축부담금을 재산정하여 부과하여야 하며, 이 경우 제3항에도 불구하고 심사기간을 최장 60일까지 연장할 수 있다. <개정 2020.6.9.>

제17조(재건축부담금의 납부)

① 재건축부담금의 납부의무자는 부과일부터 6개월 이내에 재건축부담금을 납부하여야 한다. <개정 2020.6.9.>

② 재건축부담금은 현금에 의한 납부를 원칙으로 한다. 다만, 대통령령으로 정하는 납부대행기관을 통하여 신용카드·직불카드 등(이하 "신용카드등"이라 한다)으로 납부하거나 해당 재건축사업으로 건설·공급되는 주택으로 납부(이하 "물납"이라 한다)할 수 있다. <개정 2017.3.21.>

③ 제2항 단서에 따라 재건축부담금을 신용카드등으로 납부하는 경우에는 납부대행기관의 승인일을 납부일로 본다. 이 경우 납부대행기관의 지정, 지정 취소, 납부대행 수수료 및 운영 등에 필요한 사항은 대통령령으로 정한다. <신설 2017.3.21.>

④ 제2항에 따라 물납한 주택의 가액은 다음 각 호의 가격 중 높은 가격으로 한다. 이 경우 물납의 구체적 기준·절차 및 가격의 산정 기준·방법 등 필요한 사항은 대통령령으로 정한다. <개정 2020.8.18.>
1. 제9조제3항을 준용하여 산정한 가격
2. 동일 공급유형 일반분양분의 분양시점 분양가격. 다만, 동일 공급유형의 일반분양분이 없는 경우에는 근접한 공급유형의 면적별 일반분양 단가를 반영하여 산정한 가격을 말한다.

⑤ 제2항의 규정에 따라 물납된 주택은 제4조에도 불구하고 주택도시기금으로 귀속되며, 국토교통부장관은 물납된 주택을 국민 주거안정과 주택시장 안정에 기여할 수 있도록 운용하여야 한다. <개정 2020.6.9.>

제18조(재건축부담금의 징수 등)

재건축부담금의 납부의 고지, 납부의 연기 및 분할납부, 징수방법, 행정심판의 특례 등 재건축부담금의 납부·징수에 관하여 이 법에 규정되어 있는 것을 제외하고는 「개발이익환수에 관한 법률」 제15조부터 제17조까지, 제19조부터 제23조까지와 제26조의 규정을 준용한다. 다만, 2차 납부의무 조합원에 대한 납부고지는 「국세징수법」 제7조를 준용한다. <개정 2008.12.29.>

제19조(부담금의 사전징수 및 예치)

① 납부의무자는 관리처분계획에 따라 제14조에 따른 재건축부담금 예정액의 전부 또는 일부를 조합원으로부터 사전에 징수할 수 있다. <개정 2020.6.9.>

② 납부의무자는 국토교통부장관이 지정하는 계좌를 통해서만 제1항의 규정에 따라 재건축

부담금을 사전에 징수하여 예치할 수 있으며, 계좌의 개설, 관리 등과 관련하여 필요한 사항은 대통령령으로 정한다. <개정 2013. 3. 23.>

③ 제1항에 따라 재건축부담금을 사전에 징수·예치하고자 하는 경우 납부의무자는 조합원별 부담금 배분기준, 부담금 예정액, 계좌번호 등 대통령령으로 정하는 사항을 **명확하게 기록한** 납부 고지서를 조합원에게 통지하여야 한다. <개정 2020.6.9., 2021.7.20.>

④ 국토교통부장관은 제15조에 따라 결정된 재건축부담금에서 제2항에 따라 부과시점 이전에 예치 받은 금액에 제10조에 따라 고시된 정기예금이자율의 2배에 해당하는 이자를 합한 금액을 차감한 후 재건축부담금을 부과할 수 있으며, 이자의 계산방식 등 구체적인 사항은 대통령령으로 정한다. <개정 2020.6.9.>

제20조(자료제출의무)

납부의무자는 부과종료시점으로부터 1개월 이내에 다음 각 호의 구분에 따라 국토교통부령으로 정하는 바에 따라 제11조의 규정에 의한 개발비용 등의 산정 및 제13조에 따른 부담금액 공제에 필요한 내역서를 국토교통부장관에게 제출하여야 한다. <개정 2020.8.18.>
1. 「도시 및 주거환경정비법」에 의한 준공인가를 받은 경우
2. 「빈집 및 소규모주택 정비에 관한 특례법」에 의한 준공인가를 받은 경우
3. 제8조제2항 각 호에 해당하는 경우

제21조(자료의 통보)

① 재건축사업에 관하여 인가 등을 한 행정청은 인가 등을 한 날부터 15일 이내에 그 사실을 국토교통부장관에게 통보하여야 한다. <개정 2017.3.21.>

② 국토교통부장관이 재건축부담금을 부과한 경우에는 국토교통부령이 정하는 바에 의하여 대상사업·납부의무자·부과금액·사업기간 및 부과일 등에 관한 사항을 부과일부터 15일 이내에 국세청장에게 통보하여야 한다. <개정 2020.6.9.>

제22조(권한의 위임 등)

① 국토교통부장관은 이 법에 의한 재건축부담금의 결정·부과 및 징수에 관한 권한을 대통령 령이 정하는 바에 따라 시·도지사 또는 시장·군수·구청장에게 위임할 수 있다.

② 시·도지사 또는 시장·군수·구청장은 제1항의 규정에 의하여 재건축부담금의 결정·부과 및 징수와 관련하여 발생한 비용을 제4조의 규정에 의하여 해당지방자치단체에 귀속되는 재건축부담금으로 충당할 수 있다. <제1항 및 제2항 개정 2020.6.9.>

③ 제1항에 따라 권한을 위임받은 시·도지사 또는 시장·군수·구청장은 제14조에 따른 재건축부담금의 예정액 통지 및 제15조에 따른 재건축부담금의 결정·부과를 위하여 필요한 경우 대통령령으로 정하는 바에 따라 부동산가격조사 전문기관에 검증을 의뢰 할 수 있다. <신설 2020.8.18.>, [시행일 : 2021.2.19.] 제22조제3항

제23조(벌칙)

① 재건축부담금을 면탈·감경할 목적 또는 면탈·감경하게 할 목적으로 다음 각 호의 어느 하나에 해당하는 행위를 한 자는 3년 이하의 징역 또는 면탈·감경하였거나 면탈·감경 하고자 한 재건축부담금의 3배 이하에 상당하는 벌금에 처한다. <개정 2009.4.1.>

1. 허위의 계약을 체결한 자

2. 제20조에 따른 내역서를 허위로 제출한 자

② 법인의 대표자나 법인 또는 개인의 대리인, 사용인, 그 밖의 종업원이 그 법인 또는 개인의 업무에 관하여 제1항의 위반행위를 하면 그 행위자를 벌하는 외에 그 법인 또는 개인에게도 제1항의 벌금형을 과(科)한다. 다만, 법인 또는 개인이 그 위반행위를 방지하기 위하여 해당 업무에 관하여 상당한 주의와 감독을 게을리 하지 아니한 경우에는 그러하지 아니하다. <개정 2009.4.1.>

제24조(과태료)

① 제20조에 따른 내역서를 제출하지 아니하거나 게을리한 자에게는 다음 각 호의 어느 하나에 의한 과태료를 부과한다. <개정 2020.6.9.>

1. 제출하지 아니하거나 게을리한 기간(이하 이 항에서 "해태기간"이라 한다)이 기간 만료일부터 1월 이상 2월 미만인 때 : 재건축부담금의 100분의 1에 상당하는 금액 이하

2. 해태기간이 2월 이상 6월 미만인 때 : 재건축부담금의 100분의 2에 상당하는 금액 이하

3. 해태기간이 6월 이상 12월 미만인 때 : 재건축부담금의 100분의 4에 상당하는 금액 이하

4. 해태기간이 12월 이상인 때 : 재건축부담금의 100분의 8에 상당하는 금액 이하

② 제1항에 따른 과태료는 대통령령으로 정하는 바에 따라 국토교통부장관이 부과·징수한다. <개정 2013.3.23.>

③ 삭제 <2009.4.1.> ④ 삭제 <2009.4.1.> ⑤ 삭제 <2009.4.1.>

부   칙 <법률 제18315호, 2021. 7. 20.> 부칙보기

제1조(시행일)

이 법은 공포한 날부터 시행한다. 다만, 제2조, 제6조 및 제8조의 개정규정은 공포 후 3개월이 경과한 날부터 시행하고, 제14조제3항의 개정규정은 공포 후 6개월이 경과한 날부터 시행한다.

제2조(공공시행자 등의 재건축부담금 부과에 관한 적용례)

① 제6조제1항의 개정규정은 이 법 시행 이후 관리처분계획인가를 신청하는 재건축사업부터 적용한다.

② 제1항에 따른 재건축부담금은 이 법 시행일 전의 사업시행기간을 포함하여 산정하되, 이 법 시행일을 기준으로 안분계산(按分計算)하여 이 법 시행일 이후의 사업시행기간에 해당하는 금액을 부과한다.

제3조(재건축부담금 예정액 통지에 관한 적용례)

제14조제3항의 개정규정은 이 법 시행 이후 제14조제2항에 따라 재건축부담금 예정액을 통지한 재건축사업부터 적용한다.

부록-12 재건축초과이익 환수에 관한 법률 시행령(약칭: 재건축이익환수법 시행령)

[시행 2021.2.19.] [대통령령 제31469호, 2021.2.19., 일부개정]

국토교통부(주택정비과) 044-201-3386

제1조(목적)

이 영은 「재건축초과이익 환수에 관한 법률」에서 위임된 사항과 그 시행에 관하여 필요한 사항을 규정함을 목적으로 한다.

제2조(부과대상에서 제외되는 주택)

「재건축초과이익 환수에 관한 법률」(이하 "법"이라 한다) 제2조제4호 단서 및 제5호 단서에서 "국가 또는 공공기관 등이 보유하는 주택으로서 대통령령이 정하는 주택"이란 각각 다음 각 호의 주택을 말한다. <개정 2017.9.5., 2021.2.19>

1. 국가 또는 지방자치단체가 보유하는 주택
2. 「공공기관의 운영에 관한 법률」 제4조에 따른 공공기관 또는 「지방공기업법」 세49조에 따라 주택사업을 수행하기 위하여 설립된 지방공사(이하 "지방공사"라 한다)가 임대목적으로 보유하는 주택
3. 관계 법령에 따라 주택을 건설·공급하는 때에 국가 또는 지방자치단체로 보는 기관이 임대목적으로 보유하는 주택

제3조(징수금의 지원을 위한 평가기준 및 지원절차 등)

① 재건축부담금 부과대상이 되는 재건축 사업장이 소재한 지방자치단체의 장은 법 제4조제1항에 따라 재건축부담금이 귀속되는 기금 또는 회계와 동 재원의 운용계획을 부과종료 시점까지 국토교통부장관에게 보고하여야 한다.

② 법 제4조제4항제3호에서 "대통령령이 정하는 사항"이란 지방자치단체별 정책추진 기반조성 노력을 말한다. <개정 2020.9.15.>

③ 국토교통부장관은 「주택도시기금법」에 따른 주택도시기금(이하 "주택도시기금"이라 한다)에 귀속되는 재건축부담금을 법 제4조제4항에 따라 지방자치단체에 지원하려는 경우에는 다음 각 호의 사항을 다음 각 호의 구분에 따른 가중치를 적용하여 평가한 결과를 기준으로 하여 지원액을 정한다. 다만, 국토교통부장관은 재건축부담금을 보다 효율적으로 배분하기 위하여 필요하다고 인정하는 경우에는 다음 각 호의 사항을 다음 각 호의 구분에 따른 가중치의 100분의 10 범위에서 조정한 가중치를 적용하여 평가할 수 있다. <개정 2020.9.15.>
1. 지방자치단체별 주거기반시설의 설치 수준 : 10퍼센트
2. 지방자치단체별 주거복지실태 평가 결과 : 30퍼센트
3. 지방자치단체별 주거복지 증진 노력 : 45퍼센트
4. 지방자치단체별 정책추진 기반조성 노력 : 15퍼센트
5. 삭제 <2020.9.15.>

④ 국토교통부장관은 제3항에 따른 가중치에 관하여 보다 세부적인 기준을 정하여 고시한다.

⑤ 국토교통부장관은 지방자치단체별로 제3항 각 호의 사항을 제3항 및 제4항에 따른 가중치를

적용하여 평가하는 경우에는 관계 전문가의 의견을 들어야 한다.

⑥ 국토교통부장관은 필요한 경우 제5항에 따른 평가를 전문기관에 의뢰할 수 있다.

⑦ 법 제4조제4항에 따라 재건축부담금을 배분받으려는 지방자치단체의 장은 국토교통부령이 정하는 바에 따라 <u>1월31일까지</u> 재건축부담금 사용계획서를 국토교통부장관에게 제출하여야 한다. <개정 2008.2.29., 2013.3.23., <u>2021.2.19.</u>>

⑧ 국토교통부장관은 제7항에 따라 제출된 재건축부담금 사용계획서에 대한 심의결과를 3월 말까지 관계 지방자치단체의 장에게 통보하여야 한다. <개정2013.3.23., <u>2021.2.19.</u>>

⑨ 법 제4조제4항에 따라 재건축부담금을 배분받은 지방자치단체의 장은 해당 자금의 집행명세 등 결산명세서를 다음 연도 <u>1월31일까지</u> 국토교통부장관에게 제출하여야 한다. <개정 2008.2.29., 2013.3.23., <u>2021.2.19.</u>>

제4조(조합원별 재건축부담금 분담의 기준)

① 법 제6조제3항에서 "<u>조합원별로 종전자산을 평가한 가액 등</u> 대통령령이 정하는 사항"이라 함은 다음 각 호의 사항을 말한다. <개정 2017.9.5., 2018.2.9., <u>2021.2.19.</u>>

1. 조합원(「도시 및 주거환경정비법」 제27조제1항제3호 또는 「빈집 및 소규모주택 정비에 관한 특례법」 제19조제1항에 따라 신탁업자가 사업시행자로 지정된 경우에는 위탁자를 말한다. 이하 같다)<u>별 개시시점 부과대상 주택의 가격</u>

2. <u>조합원별 종료시점 부과대상 주택의 가격 추정액</u>

3. 「도시 및 주거환경정비법」 제89조 또는 「빈집 및 소규모주택 정비에 관한 특례법」 제41조에 따른 조합원별 관리처분계획상 <u>청산금</u>

② 「도시 및 주거환경정비법」 제35조 또는 「빈집 및 소규모주택 정비에 관한 특례법」 제23조에 따라 설립된 재건축조합(도시 및 주거환경정비법 제27조제1항제3호 또는 「빈집 및 소규모 주택 정비에 관한 특례법」 제19조제1항에 따라 사업시행자로 지정된 신탁업자를 포함한다. 이하 "조합"이라 한다)은 제1항 각 호의 사항을 고려하여 산정된 조합원별 순이익을 모두 합산한 총액 에서 조합원별 순이익이 차지하는 비율에 기초하여 조합원별 재건축부담금의 분담비율을 결정 하여야 한다. <개정 2017.9.5., 2018.2.9.>

제5조(부과개시시점) [전문개정 2018.2.9.]

법 제8조제1항제4호에서 "그 밖에 대통령령이 정하는 날"이란 다음 각 호의 어느 하나에 해당하는 날을 말한다. <개정 <u>2021.2.19.</u>>

1. 「도시 및 주거환경정비법」에 따른 재건축사업을 위하여 구성된 조합설립추진위원회(이하 "추진 위원회"라 한다)가 분할된 경우에는 분할 이전에 최초로 해당 추진위원회의 승인을 받은 날. 다만, 법 제8조제1항제1호에 해당하는 조합이 분할된 경우에는 분할 이전에 최초로 해당 조합의 인가를 받은 날을 말한다.

2. 「빈집 및 소규모주택 정비에 관한 특례법」 제18조제1항에 따라 <u>특별자치시장·특별자치도지사·</u> <u>시장·군수 또는 자치구의 구청장(이하 "시장·군수·구청장"이라 한다)</u>이 직접 시행하기로 결정된 날 또는 「한국토지주택공사법」에 따라 설립된 한국토지주택공사 <u>또는 지방공사가</u> 사업시행자로 최초 지정된 날(주민합의체 또는 조합의 구성이 없는 경우만 해당한다)

3. 「빈집 및 소규모주택 정비에 관한 특례법」 제19조제1항에 따라 신탁업자가 사업시행자로 최초 지정된 날(주민합의체 또는 조합의 구성이 없는 경우만 해당한다)

4. 「빈집 및 소규모주택 정비에 관한 특례법」 제22조에 따라 소규모재건축사업의 주민합의체 구성을 신고한 날

5. 「빈집 및 소규모주택 정비에 관한 특례법」 제23조에 따라 소규모재건축사업의 조합설립인가를 받은 날

제6조(주택가액의 산정)

① 개시시점 부과대상 주택의 가격 총액(이하 "개시시점주택가액"이라 한다)을 법 제9조제2항 전단에 따라 조정한 가액은 다음 계산식에 따라 산정한 금액으로 한다. <신설 2021. 2. 19.>

> 법 제9조제2항 전단에 따라 조정한 개시시점 주택가격 = A × B × C
> A: 개시시점주택가격
> B: 종료시점 부과대상 주택의 가격 총액(이하 "종료시점주택가격이하 한다)을 종료시 거래가격으로 나눈 값
> C: 개시시점 실거래가격을 개시시점주택가격으로 나눈 값

② 제1항의 계산식에서 실거래가격은 다음 각 호의 방법에 따라 산정한다. 이 경우 인근 유사단지의 범위 등 구체적인 산정방법은 국토교통부장관이 정하여 고시한다. <신설 2021.2.19.>

1. 다음 각 목의 구분에 따른 기간에 「부동산 거래신고 등에 관한 법률」 제3조에 따라 신고된 거래가격을 기준으로 할 것

   가. 개시시점 실거래가격의 경우: 개시시점 전후 1년 이내

   나. 종료시점 실거래가격의 경우: 종료시점 전 1년 이내

2. 제1호 각 목의 구분에 따른 기간에 「부동산 거래신고 등에 관한 법률」 제3조에 따라 신고된 건수가 월평균 1건 미만인 경우에는 인근 유사단지에서 「부동산 거래신고 등에 관한 법률」 제3조에 따라 신고된 거래가격을 고려한 적정가격으로 할 것

3. 인근 유사단지에서 「부동산 거래신고 등에 관한 법률」 제3조에 따라 신고된 건수가 월평균 1건 미만이고, 납부의무자의 요청에 따라 시장·군수·구청장이 감정평가가 필요하다고 인정하는 경우에는 감정평가를 실시하여 산정한 가액으로 할 것. 이 경우 감정평가 방법에 관하여는 「도시 및 주거환경정비법」 제74조제2항을 준용하며, 감정평가에 드는 비용은 납부의무자가 부담해야 한다.

③ 다음 각 호의 어느 하나에 해당하는 주택가액의 산정에 관하여는 「부동산 가격공시에 관한 법률」 제16조제5항·제18조제5항 및 같은 법 시행령 제31조·제45조를 준용한다.

<개정 2021.2.19.>

1. 공시된 부과대상 주택가격이 없어 법 제9조제1항에 따라 산정하는 개시시점주택가액

2. 법 제9조제2항 전단에 따른 조정된 개시시점주택가액

3. 법 제9조제3항 전단에 따라 산정·결정하는 종료시점주택가액

④ 국토교통부장관은 「도시 및 주거환경정비법」 제54조제4항에 따라 건설된 재건축소형주택에 대하여 법 제9조제3항 전단에 따라 종료시점 주택가격을 산정하는 경우에는 「부동산 가격공시에 관한 법률」 제25조에 따른 시·군·구(자치구인 구를 말한다. 이하 같다)부동산가격공시위원회(이하 "시·군·구부동산가격공시위원회"라 한다)로 한다. <개정 2017.9.5., 2018.2.9., 2021.2.19.>

⑤ 국토교통부장관은 제3항 각 호의 주택가액을 산정하는 경우에는 국토교통부령으로 정하는 바에 따라 해당 조합의 의견을 들어야 한다. <개정 2021.2.19.>

⑥ 법 제9조제3항 전단에 따른 부동산가격공시위원회는 「부동산 가격공시에 관한 법률」 제24조에 따른 중앙부동산가격공시위원회(이하 "중앙부동산가격공시위원회"라 한다)를 말한다. 다만, 법 제9조에 따른 주택가액의 산정 권한이 시장·군수 구청장에게 위임된 경우에는 「부동산 가격공시에 관한 법률」 제25조에 따른 시·군·구(자치구인 구를 말한다. 이하 같다)부동산가격공시위원회(이하 "시·군·구부동산가격공시위원회"라 한다)를 말한다. <개정2017.9.5., 2021.2.19.>

⑦ 국토교통부장관은 법 제9조제1항 및 제2항에 따라 산정한 주택가액에 계산이 틀렸거나 잘못 기록한 것, 그 밖에 국토교통부령이 정하는 명백한 오류가 있음을 발견한 때에는 지체없이 정정(訂正)하여야 한다. <개정 2013.3.23., 2021.2.9.>

제6조의2(조정된 개시시점주택가액의 산정 의뢰) [본조신설 2021.2.19.]

① 국토교통부장관은 법 제9조제2항에 따른 조정된 개시시점주택가액의 조사·산정을 「한국부동산원법」에 따른 한국부동산원(이하 "한국부동산원"이라 한다)에 의뢰해야 한다.

② 제1항에 따라 주택가액의 조사·산정을 의뢰받은 한국부동산원은 국토교통부령으로 정하는 바에 따라 주택가액 조사·산정보고서를 국토교통부장관에게 제출해야 한다.

③ 국토교통부장관은 한국부동산원이 수행한 주택가액의 조사·산정이 부당하다고 인정되는 경우에는 그 사유를 구체적으로 밝혀 다시 조사·산정을 의뢰할 수 있다.

④ 국토교통부장관은 제1항에 따라 주택가액의 조사·산정을 한국부동산원에 의뢰하는 경우 국토교통부장관이 정하는 수수료를 지급해야 한다.

제7조(부동산가격조사 전문기관의 선정 등)

① 법 제9조제3항 전단에서 "대통령령으로 정하는 부동산 가격의 조사·산정에 관하여 전문성이 있는 기관"이란 한국부동산원을 말한다. <개정 2021.2.19.>

② 국토교통부장관은 법 제9조제3항 전단 및 이 조 제1항에 따라 종료시점주택가액의 조사·산정을 한국부동산원에 의뢰하여야 한다. <개정 2020.12.8., 2021.2.19>

③ 제2항에 따른 한국부동산원의 종료시점주택가액의 조사·산정에 관하여는 제6조의2제2항부터 제4항까지의 규정을 준용한다. <신설 2021.2.19.>

④ 제3항에 따라 제6조의2제3항을 준용하는 경우 한국부동산원이 다시 조사·산정한 가액을 종료시점주택가액으로 본다. <신설 2021.2.19.>

⑤ 삭제 <2021.2.19.>

⑥ 삭제 <2021.2.19.>

⑦ 삭제 <2021.2.19.>

제8조(정상주택가격상승분의 산정)

① 국토교통부장관은 법 제10조제1항에 따라 금융기관의 1년 만기 정기예금 평균이자율을 고려하여 정기예금 이자율을 산정·고시한다. <개정 2008.2.29., 2013.3.23.>

② 법 제10조제2항 단서에 따라 특별자치시·특별자치도·시·군·자치구(이하 "시·군·구"라 한다)의 주택가격 통계가 생산되기 이전 기간의 평균주택가격상승률은 국토교통부장관이 한국부동산원에 의뢰하여 조사·산정한 내용을 기초로 중앙부동산가격공시위원회의 심의를 거쳐 결정한다. <개정 2020.12.8.>

③ 국토교통부장관은 제2항에 따라 평균주택가격상승률을 결정한 때에는 그 내용을 고시하여야 한다.

④ 법 제10조제1항에 따른 정상주택가격상승분은 그 산정기간이 1월 미만인 월에 대하여는 정기예금 이자율 또는 해당 시·군·구의 평균주택가격상승률을 일 단위로 안분 적용하여 산정한다. <개정 2017.9.5., 2021.2.19.>

제9조(개발비용의 산정)

① 법 제11조제1항제5호에서 "대통령령이 정하는 사항"이란 다음 각 호의 사항을 말한다. <개정 2018.2.9., 2021.2.19.>
  1. 조합(추진위원회를 포함한다)의 운영과 관련된 경비
  2. 「도시 및 주거환경정비법」 제54조에 따른 재건축국민주택규모 주택 건설과 관련된 비용

② 법 제11조제1항 각 호의 금액에 대한 구체적인 구성항목은 별표와 같다.

③ 법 제11조제1항 각 호에 따른 개발비용은 납부의무자가 해당 재건축사업(「빈집 및 소규모 주택 정비에 관한 특례법」에 따른 소규모재건축사업을 포함한다. 이하 같다)의 시행과 관련하여 지출한 비용으로서 「주식회사의 외부감사에 관한 법률」 제2조제7호에 따른 감사인의 회계감사를 받은 후 계약서, 금융 및 세금 납부 자료 등 그 증명서류를 갖추어 제시한 금액에 한한다. <개정 2018.2.9.,2018.10.30.>

④ 제3항에 따라 납부의무자가 제시하는 금액 중 법 제11조제1항제1호·제2호 및 제5호에서 정하는 개발비용을 합한 금액이 「주택법」 제57조제6항제2호부터 제7호까지의 규정에 따른 금액 등에 비추어 적정범위를 초과하는 경우 국토교통부장관은 외부 전문기관에 회계감사를 의뢰하는 등의 방법으로 해당 개발비용의 적정성을 확인하여야 하며, 그 적정성을 확인할 수 없는 비용은 해당 개발비용에 계상하지 아니 한다. <개정 2016.8.11.>

⑤ 국토교통부장관은 제4항에 따라 개발비용의 적정성을 확인하기 전에 이에 관한 의견을 듣기 위하여 자문위원회를 구성·운영할 수 있다. 다만, 법 제9조에 따른 주택가액의 산정 권한이 시장·군수·구청장에게 위임된 경우에는 시장·군수·구청장이 자문위원회를 구성·

운영하거나 유사한 기능을 수행하는 위원회 등에 의견을 들을 수 있다. <개정 2017.9.5.>

제10조(양도소득세의 개발비용 인정)

법 제13조에 따라 개발비용으로 계상되는 양도소득세액을 산정하는 경우에는 양도소득세를 일 단위로 안분하여 산정한다.

제11조(재건축부담금의 사전통지)

① 국토교통부장관은 법 제15조제2항에 따라 재건축부담금을 결정·부과하기 전에 부과종료 시점부터 3월 이내에 그 부과기준 및 재건축부담금을 납부의무자에게 미리 서면으로 통지 **해야 한다**. <개정 2013.3.23., 2021.2.19.>

② 제1항에 따른 재건축부담금의 사전통지의 구체적인 방법은 국토교통부령으로 정한다. <개정 2013.3.23.>

제12조(고지 전 심사)

① 법 제16조제2항에서 "대통령령이 정하는 사항"이란 다음 각 호의 사항을 말한다. <개정 2021.2.19.>
  1. 청구인의 성명(청구인이 법인인 경우에는 법인의 명칭 및 대표자의 성명을 말한다)
  2. 청구인의 주소 또는 거소(청구인이 법인인 경우에는 법인의 주소 및 대표자의 주소 또는 거소를 말한다)
  3. 재건축부담금 부과대상 주택에 관한 자세한 내용
  4. **법 제15조제2항**에 따라 사전 통지된 부과기준과 재건축부담금
  5. 고지 전 심사의 청구 이유

② 납부의무자가 제1항 각 호의 사항에 대하여 관계 증명서류 등이 있는 경우에는 이를 고지 전 심사청구서에 첨부하여야 한다.

③ 법 제16조제3항에서 "대통령령이 정하는 사항"이라 함은 다음 각 호의 사항을 말한다. <개정 2021.2.19.>
  1. 청구인의 성명(청구인이 법인인 경우에는 법인의 명칭 및 대표자의 성명을 말한다)
  2. 청구인의 주소 또는 거소(청구인이 법인인 경우에는 법인의 주소 및 대표자의 주소 또는 거소를 말한다)
  3. 재건축부담금 부과대상 주택의 자세한 내용
  4. 부과기준과 납부할 재건축부담금
  5. 고지 전 심사의 결과 및 그 이유

④ 법 제16조제4항에 따른 부동산가격공시위원회는 중앙부동산가격공시위원회를 말한다. 다만, 고지 전 심사에 관한 권한이 시장·군수·구청장에게 위임된 경우에는 시·군·구부동산 가격공시위원회를 말한다. <개정 2017.9.5.>

⑤ 법 제16조제4항에 따른 고지 전 심사의 구체적인 절차는 국토교통부령으로 정한다. <개정 2013.3.23.>

제12조의2(납부대행기관의 지정 등) [본조신설 2017.9.5.]

① 법 제17조제2항 단서에서 "대통령령으로 정하는 납부대행기관"이란 다음 각 호의 기관을 말한다.

  1. 「민법」 제32조에 따라 금융위원회의 허가를 받아 설립된 금융결제원

  2. 정보통신망을 이용하여 신용카드·직불카드 등(이하 이 조에서 "신용카드등"이라 한다)에 의한 결제를 수행하는 기관 중 시설, 업무수행능력, 자본금 규모 등을 고려하여 국토교통부장관이 납부대행기관으로 지정하여 고시한 기관

② 국토교통부장관은 제1항제2호에 따른 납부대행기관이 다음 각 호의 어느 하나에 해당하는 경우에는 납부대행기관의 지정을 취소할 수 있다. 이 경우 국토교통부장관은 그 지정 취소 사실을 관보에 고시하여야 한다.

  1. 제1항제2호에 따른 시설 축소, 자본금 규모 감소 등으로 인하여 재건축부담금 납부 업무를 정상적으로 수행하기 어렵다고 인정되는 경우

  2. 신용카드등에 의한 재건축부담금 납부 업무를 정상적으로 운영하지 못하는 등 업무수행 능력에 문제가 있다고 판단되는 경우

③ 납부대행기관은 신용카드등에 의한 납부대행 용역의 대가로 납부금액의 1천분의 10을 초과하지 아니하는 범위에서 납부의무자로부터 납부대행 수수료를 받을 수 있다.

④ 납부대행기관은 제3항에 따른 납부대행 수수료에 대하여 국토교통부장관의 승인을 받아야 한다. 이 경우 국토교통부장관은 납부대행기관의 운영경비 등을 종합적으로 고려하여 납부 대행 수수료를 승인하여야 한다.

⑤ 제1항부터 제4항까지에서 규정한 사항 외에 신용카드등에 의한 재건축부담금의 납부에 필요한 사항은 국토교통부장관이 정할 수 있다.

제13조(물납의 신청 등)

① 법 제17조제4항에 따라 물납을 신청하려는 자는 재건축부담금의 금액, 물납하려는 주택의 소재지, 물납 대상 주택의 면적·위치·가격 등을 적은 물납신청서를 국토교통부장관에게 제출 하여야 한다. <개정 2017.9.5.>

② 국토교통부장관은 제1항에 따른 물납신청서를 받은 날부터 30일 이내에 신청인에게 수납 여부를 서면으로 통지하여야 한다.

③ 물납을 신청할 수 있는 주택의 가액은 해당 재건축부담금의 부과액을 초과할 수 없으며, 납부의무자는 부과된 재건축부담금과 물납주택의 가액과의 차액을 현금으로 납부하여야 한다.

④ 물납에 충당할 주택의 가액 산정은 법 제9조에 따라 산정된 부과종료시점의 주택가액에 부과종료시점부터 제2항에 따라 서면으로 통지한 날까지의 정상주택가격상승분을 합한 금액으로 한다.

제14조(재건축부담금의 사전징수 및 예치를 위한 계좌의 개설 등)

① 납부의무자가 법 제19조제2항에 따라 재건축부담금을 사전에 징수하여 예치하기 위한 계좌를 개설하려는 경우 납부의무자는 국토교통부장관에게 재건축부담금의 사전징수를 위한 계좌의 개설을 신청할 수 있다. <개정 2013.3.23.>

② 제1항에 따라 계좌의 개설을 신청받은 국토교통부장관은 신청일부터 7일 이내에 「주택도시

기금법」 제10조제2항 및 제3항에 따라 주택도시기금 운용·관리에 관한 사무를 위탁받거나 재위탁받은 자로서 해당주택재건축사업이 시행되는 지역에 있는 금융기관에 해당 조합과 국토교통부장관의 공동명의로 계좌를 개설하여야 한다. 다만, 재건축부담금의 결정 및 부과 권한이 시장·군수·구청장에게 위임된 경우에는 조합과 시장·군수·구청장의 공동명의로 개설 하여야 한다. <개정 2018.2.9.>

③ 법 제19조제1항 및 제2항에 따라 사전 징수하여 예치된 재건축부담금은 주택도시기금으로 귀속된다. <개정 2015.6.30.>

④ 법 제19조제3항에서 "대통령령이 정하는 사항"이라 함은 다음 각 호의 사항을 말한다. <개정 2021.2.19.>

1. 재건축부담금의 부과기준 및 재건축부담금의 예정액 총액

2. 조합원별 재건축부담금의 배분기준 및 조합원별 재건축부담금의 예정액

3. 납부할 계좌번호

⑤ 법 제19조제4항에 따른 이자는 일 단위로 안분하여 산정한다.

⑥ 제1항에 따른 계좌의 개설 신청에 관한 구체적인 방법은 국토교통부령으로 정한다. <개정 2013.3.23.>

제15조(재건축사업의 조사) [제목개정 2018.2.9.]

국토교통부장관은 재건축부담금의 부과대상인 재건축사업의 누락을 방지하기 위하여 재건축 사업에 대한 현지조사 또는 관계 행정청에 대한 사실조회 등 필요한 조치를 할 수 있다.

제16조(재건축부담금 부과대상 사업의 고지)

국토교통부장관은 법 제21조에 따라 관계 행정청의 통보를 받은 때에는 납부의무자에게 국토교통부령으로 정하는 사항을 미리 고지하여야 한다. <개정 2013.3.23., 2021.2.19.>

제17조(권한의 위임)

① 국토교통부장관은 법 제22조제1항에 따라 다음의 권한을 시장·군수·구청장에게 위임한다. <개정 2018.2.9.>

1. 법 제9조에 따른 주택가액의 산정

2. 법 제14조에 따른 재건축부담금 산정에 필요한 자료 제출의 접수 및 재건축부담금의 부과기준·예정액의 통지

3. 법 제15조에 따른 재건축부담금의 결정·부과 및 재건축부담금의 사전통지

4. 법 제16조에 따른 고지 전 심사청구의 접수, 심사 및 심사결과의 통지

5. 법 제17조제2항·제4항 및 이 영 제13조에 따른 물납신청서의 접수 및 수납여부의 통지

6. 법 제18조에 따른 재건축부담금 납부의 고지, 추징, 납부기일 선 징수, 납부의 연기, 분할납부, 납부의 독촉, 체납처분, 결손처분

7. 법 제19조 및 이 영 제14조에 따른 재건축부담금의 사전 징수금의 예치를 위한 계좌의 개설 신청의 접수, 계좌의 개설

8. **법 제20조**에 따라 제출된 자료의 접수

9. 법 제21조제1항 및 이 영 제16조에 따라 관계 행정청으로부터 통보된 자료의 접수 및 납부의무자에의 고지, 법 제21조제2항에 따른 국세청장에 대한 자료의 통보

10. 법 제24조에 따른 과태료의 부과·징수

11. 제9조제4항에 따른 개발비용의 확인

12. 제15조에 따른 주택재건축사업의 조사

② 시장·군수·구청장은 제1항에 따라 징수한 재건축부담금 중 국가귀속분은 주택도시기금에, 지방자치단체 귀속분은 「도시 및 주거환경정비법」 제126조에 따라 설치되는 도시·주거환경정비기금, 「도시재정비 촉진을 위한 특별법」 제24조에 따라 설치되는 재정비촉진특별회계 또는 「주택법」 제84조에 따라 설치되는 국민주택사업특별회계에 지체 없이 납입하여야 한다. <개정 2018.2.9., 2021.2.19.>

③ 시장·군수·구청장은 제1항에 따라 물납을 받은 때에는 지체 없이 해당 주택을 주택도시기금 소관 국유재산으로 하기 위한 등기 이전, 그 밖의 필요한 조치를 하여야 한다. <개정 2017.9.5.>

④ 시장·군수·구청장은 제1항에 따라 징수한 분기별 재건축부담금의 부과실적, 징수실적, 납입실적, 물납실적을 작성하여 다음 분기 첫째 달 10일까지 국토교통부장관에게 제출하여야 한다. <개정 2017.9.5.>

제17조의2(재건축부담금 예정액 등의 검증) [본조신설 2021.2.19]

① 법 제22조제1항 및 이 영 제17조제1항에 따라 국토교통부장관의 권한을 위임받은 시장·군수·구청장은 법 제22조제3항에 따라 한국부동산원에 법 제14조에 따른 재건축부담금의 예정액 통지 및 법 제15조에 따른 재건축부담금의 결정·부과를 위하여 필요한 경우 한국부동산원에 검증을 의뢰할 수 있다.

② 제1항에 따라 검증을 의뢰받은 한국부동산원은 법 제9조부터 제11조까지의 규정에 따른 주택가액, 정상주택가격상승분, 개발비용 등이 적정하게 산정되었는지를 검증해야 한다.

③ 한국부동산원은 제1항에 따른 조사·검증에 필요한 경우에는 분야별 외부 전문가로 구성된 심사단 또는 자문위원회를 구성·운영할 수 있다.

④ 한국부동산원은 정확한 검증을 위하여 필요하다고 인정하는 경우에는 「감정평가 및 감정평가사에 관한 법률」 제29조에 따라 인가를 받은 감정평가법인 등에 재건축부담금의 조사·검토를 의뢰할 수 있다.

⑤ 제1항부터 제4항까지에서 규정한 사항 외에 한국부동산원의 검증 처리기간 등 검증에 필요한 세부 사항은 국토교통부장관이 정하여 고시한다.

제17조의3(규제의 재검토) [제17조의2에서 이동 <2021.2.19.>]

국토교통부장관은 제4조에 따른 조합원별 재건축부담금 분담의 기준에 대하여 2014년 1월 1일을 기준으로 3년마다(매 3년이 되는 해의 1월 1일 전까지를 말한다) 그 타당성을 검토하여 개선 등의 조치를 하여야 한다.

제18조(과태료의 부과·징수)

① 삭제 <2010.3.4.>

② 삭제 <2010.3.4.>

③ 국토교통부장관은 위반행위의 동기·결과 및 횟수 등을 고려하여 법 제24조제1항 각 호에 따른 과태료 상한액의 2분의 1 범위 안에서 과태료를 경감할 수 있다.<개정 2013.3.23.>

④ 삭제 <2010.3.4.>

부   칙 <대통령령 제31469호, 2021. 2. 19.>

이 영은 2021년 2월 19일부터 시행한다.

개발비용 등의 구성항목(제9조제2항 관련)

개발비용의 구성항목		내 역
1. 법 제11조제1항제1호	가. 공사비	해당 재건축사업으로 설치되는 제반 시설공사(공동주택과 이에 수반되는 복리시설 및 주차장에 한한다)에 드는 건축·토목·조경·철거공사비, 예술장식품 설치비, 시공보증수수료 등
	나. 설계감리비	해당 재건축사업을 위하여 투입되는 설계 및 감리에 관한 비용
	다. 부대비용	법 제11조제1항제1호에 해당하는 총비용 중에서 공사비, 설계감리비, 그 밖의 경비를 제외한 비용으로서 분양 관련 비용, 수도·가스·전기시설 인입(引入)비용, 등기비용 등
	라. 그 밖의 경비	교통·환경영향평가 등 사업시행인가와 관련된 비용, 주택 및 토지매입비, 조합원의 이주를 위하여 드는 이주비용에 대한 금융비용, 안전진단비용, 측량비용, 감정평가수수료, 「도시 및 주거환경정비법」에 따른 정비사업전문관리업자에 대한 위탁 및 자문비용, 회계·감사비용, 해당 재건축사업과 관련된 용역비용 등
2. 법 제11조제1항제2호	가. 제세공과금	해당 재건축사업을 위하여 지출되는 취득세, 등록세, 면허세, 법인세, 산업재해보상보험료 등
	나. 부담금	기반시설부담금, 광역교통시설부담금, 그 밖의 원인자부담금 등
3. 법 제11조제1항제3호	가. 공공시설	이 별표에 따라 산정된 토지의 가액에 그 시설의 조성원가를 합산한 금액
	나. 토지	제공 또는 기부시점의 가장 가까운 시점에 공시된 해당토지의 개별공시지가에 그 개별공시지가가 공시된 달부터 제공 또는 기부시점이 포함된 달의 직전 달까지의 월별지가변동률을 곱한 금액
4. 삭제 <2010.3.4>		
5. 법 제11조제1항제5호	가. 재건축조합의 운영비	재건축조합 운영비, 소송 비용 등 재건축조합(추진위원회를 포함한다)의 운영과 관련된 제반 비용
	나. 재건축국민주택 규모 주택 건설 관련 비용	「도시 및 주거환경정비법」 제55조제2항에 따라 부속토지를 인수자에게 기부채납하는 것으로 보는 경우 그 대지지분 상당액. 이 경우 대지지분 상당액은 특별자치도지사·시장·군수 또는 구청장이 법 제9조제2항의 절차를 준용하여 산정한다.

부록-13 재건축초과이익 환수에 관한 법률 시행규칙(약칭: 재건축이익환수법 시행규칙)

[시행 2021.2.19.] [국토교통부령 제824호, 2021.2.19., 일부개정]

국토교통부(주택정비과) 044-201-3386

제1조(목적)

이 규칙은 「재건축초과이익 환수에 관한 법률」 및 <u>같은 법</u> 시행령에서 위임된 사항과 그 시행에 관하여 필요한 사항을 규정함을 목적으로 한다. <개정 2021.2.19.>

제2조(재건축부담금 사용계획서)

「재건축초과이익 환수에 관한 법률」 (이하 "법"이라 한다) 제4조제4항에 따라 재건축부담금을 배분받으려는 지방자치단체의 장은 「재건축초과이익 환수에 관한 법률 시행령」 (이하 "영"이라 한다) 제3조제7항에 따라 별지 제1호서식의 재건축부담금 사용계획서를 국토교통부장관에게 제출하여야 한다. <개정 2013.3.23.>

제3조(조합에 대한 의견청취) [제목개정 2021.2.19.]

① 특별자치시장·특별자치도지사·시장·군수 또는 자치구의 구청장(이하 "시장·군수·구청장"이라 한다)은 법 제9조에 따라 조사·산정한 주택가액에 대하여 <u>영 제6조제5항</u>에 따라 조합의 의견을 들으려는 경우에는 해당 특별자치시·특별자치도·시·군 또는 자치구(이하 "시·군·구"라 한다)에 주택가격열람부를 비치하고 그 인터넷 홈페이지에 다음 각 호의 사항을 10일 이상 게시하여야 하며, 그 사실을 해당주택재건축조합에 사전에 통보하여야 한다. <개정 2017.9.5., <u>2021.2.19.</u>>
   1. 주택가격열람부의 열람기간, 열람장소 및 열람방법
   2. 의견제출기간 및 의견제출장소
② 제1항에 따라 열람한 주택가액에 대하여 이의가 있는 재건축조합은 의견제출기간 내에 해당 시장·군수·구청장에게 의견을 제출할 수 있다. <개정 2017.9.5.>
③ 제2항에 따라 주택재건축조합으로부터 의견을 제출받은 시장·군수·구청장은 의견제출 기간이 만료되는 날부터 10일 이내에 제출받은 의견을 심사하여 그 결과를 통지하여야 한다. <개정 2017.9.5.>
④ 시장·군수·구청장은 제3항에 따른 심사에 필요한 경우에는 해당주택가액을 다시 조사·산정할 수 있다. <개정 2017.9.5.>

제4조(주택가액의 정정 사유)

① 영 제6조제5항에서 "그 밖에 국토교통부령이 정하는 명백한 오류"라 함은 다음 각 호의 어느 하나에 해당하는 경우를 말한다. <개정 2013.3.23.>
   1. 영 제6조제3항에 따른 의견청취절차를 거치지 아니한 경우
   2. 주택가액에 영향을 미치는 주택의 동·호수, 층의 표시 등 주요 요인을 잘못 조사한 경우
② 시장·군수·청장은 영 제6조제5항에 따라 오류를 정정(訂正)하려는 때에는 「부동산 가격 공시에 관한 법률」 제25조에 따른 시·군·구부동산가격공시위원회(이하 "시·군·구부동산가격

공시위원회"라 한다)의 심의를 거쳐야 한다. 다만, 시장·군수·구청장은 주택가액에 계산이 틀렸거나 잘못 기록한 오류를 정정하려는 때에는 시·군·구부동산가격공시위원회의 심의를 거치지 아니하고 직권으로 정정할 수 있다. <개정 2017.9.5.>

제5조(주택가액 조사·산정보고서)

영 제7조제6항에 따라 시장·군수·구청장으로부터 주택가액의 조사·산정을 의뢰받은 기관은 별지 제2호서식의 주택가액 조사·산정보고서에 개별주택의 가격에 대한 세부사항을 첨부하여 시장·군수·구청장에게 제출하여야 한다. <개정 2017.9.5.>

제6조(정기예금 이자율의 고시)

국토교통부장관은 영 제8조제1항에 따라 인터넷 홈페이지에 법 제10조제1항에 따른 정기예금 이자율을 1월 단위로 고시하여야 한다.

제7조(재건축부담금의 예정액 산정을 위한 자료의 제출)

① 납부의무자는 법 제14조제1항에 따라 재건축부담금의 예정액을 산정하기 위하여 다음 각 호의 사항이 포함된 별지 제3호서식의 재건축부담금 예정액 산정을 위한 명세서에 다음 각 호의 사항을 증명할 수 있는 서류를 첨부하여 시장·군수·청장에게 제출하여야 한다.
   1. 사업주체
   2. 사업시행기간
   3. 시공사
   4. 법 제11조에 따른 개발비용 추정액
   5. 부과대상 주택 중 일반분양분의 분양가격 추정액
   6. 그 밖에 특별자치도지사·시장·군수 또는 구청장이 필요하다고 인정하는 자료
② 시장·군수·구청장은 제1항에 따라 납부의무자가 제출한 자료가 재건축부담금의 예정액을 산정하기에 부족하다고 인정하는 경우에는 추가로 관련 자료의 제출을 납부의무자에게 요청할 수 있다. <개정 2017.9.5.>
③ 제2항에 따라 자료제출을 추가로 요청받은 납부의무자는 그 요청받은 날부터 10일 이내에 추가 자료를 제출하여야 한다.

제8조(재건축부담금의 부과기준 등의 통지)

법 제14조제2항에 따른 재건축부담금의 부과기준 및 예정액의 통지는 별지 제4호 서식에 따른다.

제9조(재건축부담금의 사전통지)

영 제11조제2항에 따른 재건축부담금의 사전통지는 별지 제5호 서식에 따른다.

제10조(고지 전 심사)

① 시장·군수·구청장은 법 제16조제2항에 따라 고지 전 심사청구서를 제출받은 경우 그 심사

청구의 내용 중 법 제10조제2항 단서에 따라 국토교통부장관이 시·군·구의 주택가격 통계가 생산되기 이전 기간에 대하여 산정한 평균주택가격상승률에 대하여는 국토교통부장관의 의견을 들어야 한다. <개정 2017.9.5.>

② 시장·군수·구청장은 제1항에 따른 국토교통부장관의 의견을 반영하여 법 제16조에 따른 심사결과의 통지 및 재건축부담금의 재산정 등을 시행하여야 한다. <개정 2017.9.5.>

③ 법 제16조제2항에 따른 고지 전 심사청구는 별지 제6호서식에 따라 관계 증명서류 또는 증거물과 함께 청구한다.

④ 법 제16조제3항에 따른 심사결과의 통지는 별지 제7호서식에 따른다.

제11조(물납신청서)

① 법 제17조제3항 및 영 제13조제1항에 따라 물납을 신청하려는 자는 별지 제8호서식의 물납신청서에 다음 각 호의 서류를 첨부하여 특별자치도지사·시장·군수 또는 구청장에게 제출하여야 한다. 이 경우 시장·군수·구청장은 「전자정부법」 제36조제1항에 따른 행정정보의 공동이용을 통하여 물납하려는 주택의 **등기사항전부증명서**를 확인하여야 한다. <개정 2017.9.5.>

  1. 물납주택가액의 산출 근거
  2. 재건축부담금과 물납주택가액 사이의 차액 산정 근거

② 시장·군수·구청장은 영 제13조제2항에 따라 물납허가를 결정한 때에는 별지 제9호서식의 물납허가서를 송부하여야 한다. <개정 2017.9.5.>

제12조(납부고지서 등)

법 제18조에 따라 「개발이익환수에 관한 법률」 제15조 및 제15조의2가 준용되는 재건축부담금 납부의 고지 및 그 영수증서는 별지 제10호서식에 따른다.

제13조(정정통지서)

법 제18조에 따라 「개발이익환수에 관한 법률」 제15조가 준용되는 재건축부담금 부과 고지내용에 대한 정정의 통지는 별지 제11호서식에 따른다.

제14조(납부연기신청서 등)

① 법 제18조에 따라 「개발이익환수에 관한 법률」 제17조가 준용되는 재건축부담금 납부연기의 신청은 별지 제12호서식에 따른다.

② 제1항의 신청서에는 연기사유를 증명할 수 있는 자료를 첨부하여야 한다.

③ 시장·군수·구청장은 제1항에 따른 신청에 대하여 납부연기허가를 결정한 때에는 별지 제13호서식의 납부연기허가서를 교부하여야 한다. <개정 2017.9.5.>

제15조(분할납부신청서 등)

① 법 제18조에 따라 「개발이익환수에 관한 법률」 제17조가 준용되는 재건축부담금 분할납부의

신청은 별지 제14호서식에 따른다.

② 제1항의 신청서에는 분할납부 사유를 증명할 수 있는 서류를 첨부하여야 한다.

③ 시장·군수·구청장은 제1항에 따른 신청에 대하여 분할납부 허가를 결정한 때에는 별지 제15호서식에 따른 분할납부허가서를 교부하여야 한다. <개정 2017.9.5.>

제16조(독촉장)

법 제18조에 따라 「개발이익환수에 관한 법률」 제18조가 준용되는 재건축부담금 납부의 독촉은 별지 제16호서식에 따른다.

제17조(재건축부담금의 사전징수 및 예치를 위한 계좌개설신청서)

납부의무자가 영 제14조제1항에 따라 재건축부담금을 사전에 징수하여 예치하기 위한 계좌를 개설하려는 경우에는 별지 제17호서식의 재건축부담금 사전징수·예치를 위한 계좌개설신청서를 시장·군수·구청장에게 제출하여야 한다. <개정 2017.9.5.>

제18조(자료제출의무)

① 법 제20조에 따라 납부의무자가 법 제11조에 따른 개발비용의 산정 및 법 제13조에 따른 개발비용에 계상되는 양도소득세액의 산정에 필요한 내역서를 제출하려는 경우에는 별지 제18호서식의 개발비용 산출내역서를 시장·군수·구청장에게 제출하여야 한다. <개정 2017.9.5.>

② 재건축사업의 일부가 준공인가 되거나 관계 행정청의 인가 등을 받아 건축물의 사용을 개시함으로써 해당 재건축사업에 대한 부과종료시점이 도래한 경우로서 준공된 사업별로 개발비용을 구분하여 산출하기 곤란한 경우에는 전체 재건축사업이 완료된 날부터 1월 이내에 개발비용 산출내역서를 제출할 수 있다. 이 경우 부과종료시점이 서로 다른 대상 주택은 그 내역서를 따로 구분하여 작성하여야 한다.

③ 제1항의 개발비용 산출내역서에는 설계서 등 개발비용 산출 증명서류를 첨부하여야 한다.

제19조(자료의 통보)

① 법 제21조제1항에 따른 인가 등의 통보는 별지 제19호서식에 따른다.

② 제1항에 따라 통보한 사항이 변경된 때에는 15일 이내에 별지 제20호서식에 따라 그 변경사실을 통보하여야 한다.

③ 법 제21조제2항에 따른 재건축부담금의 부과통보는 별지 제21호서식에 따른다.

제20조(재건축부담금 부과대상 사업의 고지)

① 영 제16조에서 "국토교통부령이 정하는 사항"이라 함은 다음 각 호의 사항을 말한다. <개정 2017.9.5.>

　　1. 재건축부담금 부과대상 사업명

　　2. 재건축사업의 위치 및 면적

3. 법 제7조에 따른 재건축부담금의 부과기준
4. 법 제14조에 따른 재건축부담금 예정액의 산정을 위한 자료제출의무에 관한 사항
5. 법 제19조에 따른 재건축부담금의 사전징수 및 예치에 관한 사항
6. 법 제20조에 따른 개발비용 산출내역서 제출의무에 관한 사항
7. 법 제23조에 따른 벌칙부과에 관한 사항
8. 법 제24조에 따른 과태료부과에 관한 사항
② 영 제16조에 따른 재건축부담금 부과대상 사업의 고지는 법 제21조제1항에 따른 인가 등의 통보를 받은 날부터 15일 이내에 하여야 한다.

제21조(재건축부담금 부과징수대장)

시장·군수·구청장은 법 제14조·제15조 및 제17조 내지 제19조에 따라 재건축부담금을 부과·징수하거나 법 제21조제1항에 따라 재건축사업의 인가 등을 통보받거나 영 제15조에 따라 재건축사업에 대한 조사 등을 한 때에는 별지 제22호서식의 재건축부담금 부과징수대장에 이를 기록·관리하여야 한다. <개정 2017.9.5.>

제22조(위임사항의 처리보고)

영 제17조제4항에 따른 분기별 재건축부담금의 부과실적, 징수실적, 납입실적, 물납실적의 보고는 별지 제23호 서식에 따른다.

제23조(과태료납부통지서)

영 제18조제4항에 따른 과태료의 징수절차에 관하여는 「국고금관리법 시행규칙」을 준용한다. 이 경우 납입고지서에는 이의방법 및 이의기간 등을 함께 기재하여야 한다.

부 칙 <국토교통부령 제445호, 2017.9.5.>

제1조(시행일) 영은 2017년 9월 22일부터 시행한다.

[별표]

[별지 제1호서식] 재건축부담금 사용계획서 제출

[별지 제2호서식] 주택가액 조사·산정보고서

[별지 제3호서식] 재건축부담금 예정액 산정을 위한 명세서

[별지 제4호서식] 재건축부담금의 부과기준 및 예정액 통지서

[별지 제5호서식] 재건축부담금 사전통지서

[별지 제6호서식] 재건축부담금 고지 전 심사청구서

[별지 제7호서식] 재건축부담금 고지 전 심사결정통지서

[별지 제8호서식] 물납신청서

[별지 제9호서식] 물납허가서

[별지 제10호서식] 재건축부담금 납부고지서 겸 영수증

[별지 제11호서식] 납부고지정정통지서

[별지 제12호서식] 재건축부담금 납부연기신청서

[별지 제13호서식] 재건축부담금 납부연기허가서

[별지 제14호서식] 재건축부담금 분할납부신청서

[별지 제15호서식] 재건축부담금 분할납부허가서

[별지 제16호서식] 독촉장

[별지 제17호서식] 재건축부담금 사전징수·예치를 위한 계좌개설신청서

[별지 제18호서식] 개발비용 산출내역서드

[별지 제19호서식] 재건축사업의 인가 등의 통보

[별지 제20호서식] 재건축사업의 인가 등의 변경 통보

[별지 제21호서식] 재건축부담금의 부과 통보

[별지 제22호서식] 재건축부담금 부과징수대장

[별지 제23호서식] 재건축부담금 부과·징수·납입·물납 등 실적 보고서

㈜ **별지서식은 법제처 국가법령정보센터 홈페이지 http://www.law.go.kr/ 참조**

■ 박 정삼

現 김·장 법률사무소 구성원 변호사

서울대학교 법과대학 졸업

■ 박 용범

前 반포주공2단지 재건축조합 기술이사

고려대학교 건축공학과 졸업

2022 재건축·재개발사업을 위한

조 합 행 정 업 무 지 침 서 (상 권)

발 행 일 : 2017년 3월 30일 초판 발행

　　　　　 2018년 5월 30일 개정판 발행

　　　　　 2020년 1월 30일 보정판 발행

　　　　　 2022년 1월 30일 제2개정판 발행

편 저 자 : 박 용범

감　　수 : 박 정삼

발 행 인 : 김 용성

발 행 처 : **법률출판사**

주　　소 : 서울시 동대문구 휘경로2길 3. 4층

등록번호 : 제1-1982호

전　　화 : 02) 962-9154

팩　　스 : 02) 962-9156

홈페이지 : www. LnBpress.com

ISBN 978-89-5821-396-3 13360

정가 120,000원

저작권
인지